최신 법령에 따른 (2026년)

행정심판 · 특별행정심판

- 운전면허(정지 · 취소)
- 건축공사 중지처분
- 식품접객업 영업정지
- 정보공개처분
- 교원 불이익 처분
- 국가유공자 부당한 처분
- 헌법소원 포함
- 조세 · 감사원 심사청구

편저 : 정 주 수

법률정보센터

머 리 말

행정심판은 위법·부당한 행정행위로 인하여 권익을 침해당한 자가 행정기관에 대하여 그 시정을 구하는 행정쟁송의 절차로서 행정소송의 제기를 위한 필요적인 전심절차로 하는 제도를 말한다.

이와같이 행정심판 전치주의를 인정하는 근거는 행정청에게 반성의 기회를 부여하여 자율적으로 시정케 하고 행정의 능률을 보장하며 사법부인 법원의 소송부담을 경감시키고 또한 행정청의 전문지식을 활용할 수 있다는 점에서 볼수 있다.

오늘날 행정수요가 폭발적으로 팽창함에 따라 행정기관의 행정처분 또한 다양한 형태의 모습을 보여주고 있다.

행정심판제도는 행정청에서 내린 행정처분이 과연 적법하고 타당하게 이루어진 처분인가에 대하여 심사숙고하고 재검토하는 기회를 부여하게 되는 전심절차로서 소중한 과정이 될것이고 행정청의 처분을 받은 국민이나 주민은 그 처분이 위법·부당한 처분이 아닌가 하는 의문을 명쾌하게 확인하는 행정절차라고 하겠다.

본서는 이와같은 수요에 조금이라도 대처하기 위하여 수집된 관련자료를 취사선택하여 누구라도 손쉽게 활용할 수 있도록 엮어본 것이다.

따라서 본서는 행정소송에 관한 학술연구서도 아니고 참고자료인 체계화된 실무서이다.

본서의 내용은

① 제1장 행정심판

② 제2장 행정소송과 행정심판

③ 제3장 운전면허취소정지처분

④ 제4장 건축공사중지처분취소

⑤ 제5장 특별행정심판

⑥ 제6장 행정심판 신청서

⑦ 제7장 정보공개청구 행정심판

⑧ 제8장 국가유공자 관련 행정심판

⑨ 제9장 특별 행정심판

⑩ 제10장 행정심판 신청서

⑪ 제11장 헌법재판

⑫ 행정심판관련 현행 2023년 3월 21일 기준 법률 및 시행령 규칙을 수록・배열하였다.

그러므로 본서는 행정심판에 관한 사례와 헌법재판을 수록한 사례자료편람이라 하겠다.

끝으로 본서가 일반국민을 비롯하여 행정심판관련 업무를 처리하는 여러분야의 많은 분들에게 널리 활용되기를 바라고자 한다.

편저자 정 주 수

목 차

제1장 행정심판

제1절 행정심판 절차

제3절 행정심판용어

제2장 행정소송과 행정심판

제3장 운전면허(정지) 처분

제1절 운전면허(정지) 처분

제2절 운전면허(취소) 처분

제4장 영업정지 정지처분

제5장 교원에 대한 불이익 처분

제6장 건축공사중지처분취소

제8장 국가유공자 관련 행정심판

제9장 특별 행정심판

제1절 조세행정심판제도 연혁 및 개요

제2절 지방세법에 의한 지방세 특별 행정심판

제3절 국세기본법에 의한 국세특별 행정심판

제4절 감사원법에 의한 심사청구(세금포함)

제10장 행정심판 신청서

제11장 헌법재판

제1절 헌법재판의 개념

서식색인

ㄱ

ㄴ

ㄷ

ㅂ

ㅅ

ㅇ

ㅈ

ㅊ

ㅌ

ㅍ

ㅎ

제1장

행정심판

제1장 행정심판

제1절 행정심판 절차

1. 행정심판의 의의 및 기능

행정심판은 행정기관이 처분결정에 대한 불복심사절차를 말합니다. 따라서 행정심판위원회를 통해 국민의 권리 또는 이익의 침해를 구제하기 위한 심판절차입니다.

가. 행정심판의 의의

(1) 행정심판위원회가 행하는 행정상 법률관계의 분쟁에 대한 심리・판정하는 약식쟁송 절차로서, 실정법상으로는 이의신청, 심사청구, 심판청구, 행정심판 등의 명칭으로 불리고 있습니다.

(2) 「헌법」은 재판의 전심절차로서 행정심판을 할 수 있고, 그 절차는 법률로 정하되, 사법절차가 준용되어야 한다고 규정하여 행정심판이 행정상 분쟁에 관해 재판에 준하는 성질을 가지고 있다(헌법 제107조제3항).

나. 행정심판의 기능

(1) 행정심판은 행정기관이 심리・판단하는 약식행정쟁송절차이므로 국민의 권익구제제도로서는 불완전한 것임에도 불구하고, 행정심판제도가 채택되는 이유는 다음과 같습니다.

(2) 자율적 행정통제

(가) 행정관청으로 하여금 그 행정처분을 다시 검토하게 하여 시정할 수 있는 기회를 준다. [1]

다. 용어정의

(1) "법원행정처 전자행정심판시스템"이란 위원회가 법 제52조제1항에 따라 지정・운영하는 전자정보처리조직을 말한다.

(2) "전자문서"란 컴퓨터 등 정보처리능력을 가진 장치에 의하여 전자적인 형태로 작성되거나 변환되어 송신・수신 또는 저장되는 정보를 말한다.

(3) "전자행정심판코너"란 전자행정심판시스템의 일부로서, 이 규칙에서 정한 바에 따라

---

1) 대법원 1988. 2. 23. 선고 87누704 판결).

행정심판에 필요한 전자문서를 제출할 수 있도록 법원 홈페이지에 개설한 "행정심판 청구" 코너를 말한다(법원행정처 행정심판규칙 제2조).

2. 행정심판의 종류

가. 행정심판의 종류

(Ⅰ) 행정심판에 관한 일반법인 「행정심판법」은 그 심판절차 일반에 관해 규정하고 있으며, 조세관계, 특허관계, 토지행정 등 다양한 행정 분야의 개별법에서 특별행정심판절차를 규정하고 있습니다.

(Ⅱ) 「행정심판법」은 행정심판으로서 ① 취소심판, ② 무효등확인심판, ③ 의무이행심판의 세 종류를 규정하고 있습니다(행정심판법 제5조).

(1) 행정법상 무효, 취소 일반론

행정법상 위법한 행정행위에 관하여는 그 하자가 중대하고 명백한 경우에는 무효이며 그렇지 않은 경우 단지 취소사유로 보는 것이 통설과 판례의 입장이다.

행정법상 무효와 취소의 차이는 취소의 경우에는 일단 행정소송에 의하여 취소되기 전에는 그 처분이 아직 유효한 것으로 취급되며, 제소기간의 제한을 받으나, 무효의 경우에는 행정소송을 거치지 않고도 관련 민사소송 등에서 그 효력을 다툴 수 있으며 제소기간의 제한을 받지 않는다는 데에 의의가 있다.

(2) 취소심판

행정청의 위법 또는 부당한 처분의 취소 또는 변경을 구하는 행정심판 입니다(행정심판법 제5조 제1호).

취소심판은 청구기간의 제한(행정심판법 제27조), 집행부정지의 원칙(행정심판법 제30조 제1항), 사정재결(행정심판법 제44조) 등을 특징으로 한다.

(가) 예로는 ○○영업정지처분취소청구, ○○불허가처분취소청구 등이 있습니다.

청구기간 제한, 집행부정지의 원칙, 사정재결이 적용됩니다(행정심판법 제27조, 제30조 제1항 및 제44조).

인용재결이 있게 되면, 원처분은 처음부터 없는 상태로 됩니다. 즉, 그 재결의 형성력에 의하여 해당 처분은 별도의 행정처분을 기다릴 것 없이 당연히 취소되어 소멸됩니다[2]

(나) 사정재결

① 위원회는 심판청구가 이유가 있다고 인정하는 경우에도 이를 인용(認容)하는 것이 공공복리에 크게 위배된다고 인정하면 그 심판청구를 기각하는 재결을

2) 대법원 1998. 4. 18. 선고 97누17131 판결

할 수 있다. 이 경우 위원회는 재결의 주문(主文)에서 그 처분 또는 부작위가 위법하거나 부당하다는 것을 구체적으로 밝혀야 한다(행정심판법 제44조 제1항).

② 위원회는 제1항에 따른 재결을 할 때에는 청구인에 대하여 상당한 구제방법을 취하거나 상당한 구제방법을 취할 것을 피청구인에게 명할 수 있다(행정심판법 제44조 제2항).

(3) 무효등확인심판

행정청의 처분의 효력 유무 또는 존재 여부에 대한 확인을 구하는 행정심판을 말합니다(행정심판법 제5조 제2호).

(가) 종류로는 처분의 유효확인심판 · 무효확인심판 · 실효확인심판 · 존재확인심판 · 부존재확인심판 등이 있다.

i 청구기간의 적용을 받지 않고, 사정재결을 할 수 없습니다(행정심판법 제27조 · 제44조).

ii 인용이 되기 위해서는 취소사유로는 부족하고 그 하자가 중대 · 명백한 경우에 한하여 무효로 인정됩니다[3]

iii 청구인에게 그 행정처분이 무효인 사유를 주장 · 입증할 책임이 있습니다[4]

(4) 의무이행심판

행정청의 위법 또는 부당한 거부처분이나 부작위에 대하여 일정한 처분을 하도록 하는 심판을 말합니다(행정심판법 제5조 제3호).

(가) 예로는 행정정보공개 이행청구, 개인택시운송사업면허 이행청구 등이 있습니다.
청구기간의 제한을 받지 않으며, 집행정지의 대상도 되지 않습니다(행정심판법 제27조).
인용재결이 있으면, 해당 행정청은 재결의 취지에 따른 처분을 해야 합니다.

(나) 해당 행정청이 처분을 하지 않는 때에는 행정심판위원회가 당사자의 신청에 따라 기간을 정하여 서면으로 시정을 명하고 그 기간 내에 이행하지 않는 경우에 직접 해당 처분을 할 수 있습니다(행정심판법 제49조 제2항, 제50조).

(5) 사건유형

중앙행정심판위원회에 청구되고 있는 행정심판 사건의 유형은 다음과 같은 것들이 있다.

① 건설업면허정지나 취소처분의 취소청구

② 산림전용부담금 부과처분의 취소청구

③ 도시계획시설 결정처분의 취소청구

---

3) 대법원 1990. 12. 11. 선고 90누3560 판결

4) 대법원 1992. 3. 10. 선고 91누6030 판결

④ 의사면허자격정지나 취소처분의 취소청구
⑤ 각종 영업정지처분의 취소청구
⑥ 운전면허 정지나 취소처분의 취소청구
⑦ 개인택시 운송사업면허 취소처분의 취소청구
⑧ 개인택시 운송사업면허 제외처분의 취소청구
⑨ 과징금부과처분의 취소청구
⑩ 품목허가나 제조업무 정지처분의 취소청구
⑪ 법인설립허가신청 반려처분의 취소청구
⑫ 각종 시험 불합격처분의 취소청구

(6) 현행법상 필요적 전치주의의 적용을 받는 처분

(가) 공무원에 대한 징계 기타 불이익처분(국가공무원법 제16조 제1항, 교육공무원법 제53조 제1항, 지방공무원법 제20조의2)

일반 공무원은 처분이 있음을 안 날부터 30일 내에 소청심사위원회에 심사 청구를 하여(국가공무원법 제76조, 지방공무원법 제67조 제2항), 소청결정서 정본을 송달받은 날부터 90일 이내에 소송을 제기하여야 하며(법 제20조), 교원인 공무원은 처분이 있음을 안 날부터 30일 내에 교육부에 설치된 교원소청심사위원회에 소청심사 청구를 하여 소청결정서 정본을 송달받은 날부터 90일 이내에 소송을 제기하여야 한다(교원특별법 제9조, 제10조).[5]

(나) 국세・관세법상의 처분(국세기본법 제56조 제2항, 관세법 제120조 제2항, 다만 지방세법상의 처분은 제외[6]), 주류의 제조 및 판매 면허에 관한 세무행정청의 처분)[7]

국세・관세법 상의 처분의 경우 종래 국세청장・관세청장에의 심사청구와 국세심판원에의 심판청구라는 2단계 절차를 순차로 거쳐야 하였으나, 1999. 8. 31. 국세기본법을 개정하면서부터는 두 절차 중 하나만 거치면 바로 소를 제기할 수 있도록 하였다. 같은 처분에 대하여 심사청구와 심판청구를 중복하여 제기할 수

5) 특수경력직 공무원(국가공무원법 제3조 제1항), 법관징계법이 적용되는 법관과 검사징계법이 적용되는 검사의 경우는 소청심사를 거칠 필요가 없다.

6) 지방세법에 따른 처분에 불복하는 경우 지방세심의위원회에 이의신청 및 심사청구를 거쳐야만 행정소송을 제기할 수 있도록 규정하였던 구 지방세법 제78조 제2항 및 제81조가 이를 위헌으로 본 헌법재판소 2001. 6. 28. 선고 2000헌바30 결정에 따라 2001. 12. 29. 지방세법 개정으로 삭제된 후 지방세법의 특별행정심판절차는 임의적 절차로 바뀌었다. 위와 같이 개정된 지방세법은 다시 2010. 3. 31. 지방세기본법, 지방세법 및 지방세특례제한법 3개의 법률로 나뉘어 전면 개정되었는데, 행정심판절차를 규율하는 총칙 부분은 지방세기본법에 규정되어 있다.

7) 국세의 종목과 세율을 정하고 있는 각종 세법과 국세기본법, 국세징수법, 조세특례제한법, 「국제조세조정에 곤한 법률」, 조세범 처벌법 및 조세범 처벌절차법에 의거한 처분에 대하여는 국세기본법이 정한 특별 행정심판절차를, 관세법에 기한 처분에 대하여는 관세법이 정한 특별 행정심판절차를 각 거쳐야 한다(국세기본법 제55조, 제2조 제2호, 관세법 제119조). 적극적 처분은 물론, 거부처분이나 부작위 등 소극적 처분도 위 법률들이 정한 특별 행정심판절차를 거쳐야 함은 물론이다. 또한, 국세기본법 제2조 제2호에 규정된 '세법에 따른 처분'에 대하여는 과세처분 여부를 불문하고 국세기본법이 정한 특별 행정심판절차를 거쳐야 하므로(국세기본법 제55조 제1항), 주세법 2장에 규정된 주류의 제조 및 판매의 면허에 관한 세무 행정청의 처분도 국세기본법이 정한 특별 행정심판절차를 거쳐야 한다.

는 없으나(국세기본법 제55조 제9항, 관세법 제119조 제8항), 그에 앞서 임의적으로 당해 처분을 하거나 하였어야 할 세무서장(세관장)이나 지방국세청장에게 이의신청을 할 수 있고(국세기본법 제55조 제3항, 제66조, 관세법 제119조 제1항 단서, 제132조), 감사원법 제3장의 감사원에 대한 심사청구를 거쳐 바로 소를 제기할 수도 있다(감사원법 제43조, 제44조, 국세기본법 제56조 제4항, 관세법 제120조 제4항). 공매대행을 하는 한국자산관리공사를 상대로 공매처분취소의 소를 구할 때도 전심절차를 거쳐야 함은 물론이다.

(다) 운전면허취소처분 등 도로교통법에 의한 각종 처분(도로교통법 제142조, 다만, 과태료 처분과 통고처분은 제외)

(라) 해양수산부장관 등의 선박검사 등 처분(선박안전법 제68조 제7항, 제72조 제3항)

(마) 지방자치법상의 사용료·수수료 또는 분담금의 부과나 징수[8]는 행정심판이 아닌 이의신청을 필수적으로 거쳐야 한다(지방자치법 제140조 제3항, 제5항)

(바) 노동위원회의 결정, 특허청의 거절결정, 감사원의 변상판정, 토지수용위원회의 재결 등과 같이 원 처분이 아니라 행정심판 재결만이 소송의 대상이 되는 사건의 경우 행정심판을 거침이 불가피하나, 이는 행정소송의 대상에 관하여 원처분주의가 아닌 재결주의를 채택한 데 따르는 결과일 뿐이므로 필요적 전치주의의 예로 볼 수는 없다.

(7) 국·공립학교 교원

국·공립학교 교원에 대한 징계처분이 행정처분임은 분명하므로 교원소청심사위원회의 결정에 불복하여 행정소송을 제기할 수 있음은 교원특별법 제10조 제3항의 규정이 있고, 행정쟁송법 상으로서 정당하다.

사립학교 교원과는 달리 국·공립학교 교원이 징계처분 등을 받은 때에는 우선 교원특별법 소정의 교원소청심사위원회에 심사를 청구하여야 하고, 그 결정에 불복이 있으면 원처분청을 상대로 하여 원처분의 취소를 구하는 행정소송으로 다퉈야 한다. 즉, 교원소청심사위원회에의 심사청구는 임의적인 것이 아니라 반드시 그 절차를 밟아야 하는 필요적인 것이다(교원특별법 제9조, 제10조, 교육공무원법 제53조, 국가공무원법 제16조 제1항). 교원특별법 상 교원소청심사위원회에 대한 불복절차는 특별행정심판절차이고, 교원소청심사위원회의 결정은 행정심판의 재결에 해당한다.

---

8) 대법원 1984. 5. 22. 선고 83누452 판결. 단, 지방자치법 제140조 ㅈ3항에서 정한 이의신청은 행정청의 위법·부당한 처분에 대하여 행정기관이 심판하는 행정심판과는 구별되는 별개의 제도이나, 이의신청과 행정심판은 모두 본질에 있어 행정처분으로 인하여 권리나 이익을 침해당한 상대방의 권리구제에 목적이 있고, 행정소송에 앞서 먼저 행정기관의 판단을 받는 데 목적을 둔, 엄격한 형식을 요하지 않는 서면행위이므로, 이의신청을 제기해야 할 사람이 처분청에 '행정심판청구서'라는 표제의 서류를 제출한 경우라 할지라도 서류의 내용에 이의신청 요건에 맞는 불복취지와 사유가 충분히 기재되어 있다면 이를 처분에 대한 이의신청으로 볼 수 있다. 대법원 2012. 3. 29. 선고 2011두26886 판결

3. 행정심판기관

가. 행정심판기관이란

(1) 행정심판청구를 수리하여 이를 심리・판정할 권한을 가진 기관을 말합니다.
(2) 행정심판의 객관성・공정성을 확보하기 위해 상당한 독립성이 보장된 합의제 행정기관입니다.
(3) 행정심판위원회와 국무총리행정심판위원회가 있습니다.

행정심판위원회	국무총리행정심판위원회
직근 상급행정기관 소속	국민권익위원회 소속
해당 행정청 소속	
시・도지사 소속	

나. 행정심판위원회

(1) 행정청의 처분 또는 부작위에 대한 행정심판청구를 심리・재결을 하는 심판기관입니다(행정심판법 제6조 제1항).
(2) ① 직근 상급행정기관, ② 해당 행정청, ③ 시・도지사 소속에 구성됩니다.
  (가) 원칙적으로 해당 행정청의 직근 상급행정기관에 구성됩니다(행정심판법 제6조 제1항).
  (나) 다음의 어느 하나에 속하는 행정청의 처분 또는 부작위에 대한 심판청구를 심리・재결하기 위해 해당 행정청에 행정심판위원회가 구성됩니다(행정심판법 제6조 제2항).
    i 대통령 직속기관의 장
    ii 국회사무총장・법원행정처장・헌법재판소사무처장 및 중앙선거관리위원회사무총장
    iii 그 밖에 소관 감독행정기관이 없는 행정청
  (다) 특별시장・광역시장・도지사・제주특별자치도지사에 소속된 각급 국가행정기관 또는 그 관할구역 안에 있는 자치행정기관(시장・군수・구청장 등)의 처분 또는 부작위에 대한 심판청구를 심리・재결하기 위해 각각 특별시장・광역시장・도지사・제주특별자치도지사 소속으로 행정심판위원회가 구성됩니다(행정심판법 제6조 제3항).

다. 국무총리행정심판위원회

(1) 다음의 처분 또는 부작위에 대한 심판청구를 심리・재결하기 위해 국민권익위원회에

국무총리행정심판위원회가 구성됩니다(행정심판법 제6조 제2항).

(가) 특별시장・광역시장・도지사・제주특별자치도지사(교육감을 포함)의 처분이나 부작위, 그 밖에 국무총리나 중앙행정기관이 직근 상급행정기관이나 소관 감독 행정기관에 해당하는 처분이나 부작위

(나) 국가특별지방행정기관의 처분 또는 부작위. 다만, 법무부 및 대검찰청에 소속된 국가특별지방행정기관을 제외됩니다(행정심판법 시행령 제2조).[9]

(다) 국무총리나 행정 각 부 장관의 처분 또는 부작위

라. 행정심판위원회 및 국무총리행정심판위원회의 구성

(1) 다음과 같이 구성됩니다(행정심판법 제7조).

구분	행정심판위원회	국무총리행정심판위원회
위원장	• 해당심판위원회가 소속된 행정청	• 국민권익위원회의 부위원장 중 1명
위원의 자격	• 행정심판위원회의 위원은 해당 행정심판위원회가 소속된 행정청이 다음의 어느 하나에 해당하는 자 또는 그 소속공무원 중에서 위촉하거나 지명하는 자로 합니다. 1. 변호사의 자격이 있는 자 2. 대학 또는 교육대학에서 법률학 등을가르치는 부교수 이상의 직에 있거나 있었던 자 3. 행정기관의 4급 이상 공무원 또는 고위공무원단에 속하는 일반직공무원으로 있었던 자 또는 그 밖에 행정심판에 관한 지식과 경험이 있는 자	행정심판위원회와 동일
회의	위원장과 위원장이 매회의 마다 지정하는 6명의 위원으로 구성하되, 위의 각호에 해당하는 자가 4명 이상 포함	위원장, 상임위원과 위원장이 매 회의마다 지정하는 위원을 포함하여 총 9명으로 구성하되, 위의 각호에 해당하는 자가 5명 이상 포함
의결정족수	회의 구성원 과반수의 출석과 출석위원 과반수의 찬성으로 의결	회의 구성원 과반수의 출석과 출석위원 과반수의 찬성으로 의결

4. 고지제도

가. 고지제도란

(1) 고지제도의 의의

9) 특별지방행정기관이란, 특정한 중앙행정기관에 소속되어 해당 관할구역 내에서 시행되는 소속 중앙행정기관의 권한에 속하는 행정사무를 관장하는 국가의 지방행정기관을 말합니다(「행정기관의 조직과 정원에 관한 통칙」 제2조제2항). 특별지방행정기관의 예로는 지방노동청・지방환경청 등이 있습니다.

(가) 행정청이 처분을 함에 있어 그 상대방 또는 이해관계인에게 해당 처분에 대해 불복청구의 가능성 및 그를 위한 필요사항(심판청구절차 · 청구기간)을 알려주는 제도를 말합니다.

(나) 「행정심판법」은 처분의 상대방 또는 이해관계인에 대한 처분청의 직권 또는 청구에 기한 고지의무를 규정하고, 그 불고지 또는 오고지에 대한 구제수단을 마련하고 있습니다(행정심판법 제58조).

(2) 고지제도의 필요성

(가) 행정청이 처분을 함에 있어 그 상대방 또는 이해관계인에게 해당 처분에 대해 불복청구의 가능성 및 그를 위한 심판청구절차 · 청구기간을 알려줌으로써 심판청구의 기회를 보장하여 줍니다.

(나) 고지제도를 통해 행정청은 행정쟁송의 제기 가능성에 대해 인식하게 되고, 그에 따라 행정청은 처분을 함에 있어 보다 신중을 기하게 됩니다.

나. 고지의 종류

(1) 직권에 의한 고지와 신청에 의한 고지로 나누어집니다.

(2) 직권에 의한 고지

(가) 고지의 대상은 서면에 의한 처분입니다(행정심판법 제58조 제1항).
여기서 처분은 「행정심판법」에 따른 심판청구의 대상인 처분뿐만이 아니라, 널리 다른 법령에 따른 심판청구의 대상이 되는 처분을 포함합니다.

(나) 행정청이 불복신청의 대상이 되는 처분을 하는 경우 상대방에게 고지해야 할 사항은 다음과 같습니다(행정심판법 제58조 제1항).

i 불복신청이 가능하다는 것
ii 불복신청을 해야 할 행정청
iii 청구절차
iv 불복신청기간

(다) 고지의 상대방은 해당 처분의 상대방입니다(행정심판법 제58조 제1항).

(3). 신청에 의한 고지

(가) 이해관계인은 고지를 해야 하는 대상은 아니지만, 필요시에는 처분청에 대해 고지를 신청할 수 있습니다.
즉, 행정청은 이해관계인으로부터 해당 처분이 행정심판의 대상이 되는 처분인지의 여부와 행정심판의 대상이 되는 경우에 행정심판위원회 및 청구기간에 관하여 알려줄 것을 요구받은 때에는 지체 없이 이를 알려야 합니다(행정심판법 제58조 제2항 본문).

이 경우 서면으로 알려줄 것을 요구받은 때에는 서면으로 알려야 합니다(행정심판법 제58조 제2항 단서).

다. 불고지·오고지의 효과

(1) 불고지의 효과

(가) 행정청이 고지를 하지 않아 청구인이 심판청구서를 소정의 행정기관이 아닌 다른 행정기관에 제출한 때에는, 해당 행정기관은 그 심판청구서를 지체 없이 정당한 행정청으로 이송하고, 그 사실을 청구인에게 통지해야 합니다(행정심판법 제23조 제2항, 제3항).

이 경우 심판청구기간의 계산에 있어서는 당초의 행정기관에 심판청구서가 제출된 때에 정당한 행정청에 심판청구가 제기된 것으로 봅니다(행정심판법 제23조 제7항).

(나) 행정청이 심사청구기간을 고지하지 않은 경우 처분이 있은 날부터 180일 이내에 심판청구를 할 수 있습니다(행정심판법 제27조 제3항, 제6항).

(2) 오고지의 효과

(가) 행정청이 고지를 잘못해서 청구인이 심판청구서를 소정의 행정기관이 아닌 다른 행정기관에 제출한 때에는, 해당 행정기관은 그 심판청구서를 지체 없이 정당한 행정청에 이송하고, 그 사실을 청구인에게 통지해야 합니다(행정심판법 제23조 제2항, 제6항).

이 경우 심판청구기간의 계산에 있어서는 당초의 행정기관에 심판청구서가 제출된 때에 정당한 행정청에 심판청구가 제기된 것으로 봅니다(행정심판법 제23조 제7항).

(나) 행정청이 심판청구기간을 착오로 잘못 고지한 경우에는 그 잘못 고지된 기간 내에(행정심판법 제27조 제5항), 전혀 고지하지 않은 경우에는 처분이 있은 날부터 180일 이내에 심판청구를 할 수 있다(행정심판법 제27조 제6항).

5. 행정심판의 대상

행정심판의 대상은 행정청의 처분 또는 부작위입니다

가. 행정심판의 대상

(1) 심판청구의 대상으로 될 수 있는 사항을 말합니다.

(2) 「행정심판법」은 위법·부당한 행정청의 처분 또는 부작위에 대해 행정심판을 제기할 수 있도록 하고 있습니다(행정심판법 제1조, 제3조제1항).

나. 행정청이란

(1) 처분 또는 부작위를 할 수 있는 권한을 가진 행정기관을 말하는데, 행정청에는 행정조직법적 의미의 행정관청뿐만 아니라 널리 국가 또는 지방자치단체의 행정에 관한 의사를 외부에 결정·표시할 수 있는 권한을 가진 행정기관이 모두 포함됩니다.

(가) 따라서 공기업 및 공공시설기관도 그 권한의 범위 내에서는 행정청이 될 수 있습니다.

예를 들어, 한국토지공사는 「공공용지의 취득 및 손실보상에 관한 특례법」에 따라 실시하는 이주대책 대상자선정행위에서 행정청의 지위를 가지고, 근로복지공단은 「산업재해보상보험법」에 따라 부과하는 산업재해보상보험료 부과행위에 있어서 행정청의 지위를 가집니다.

(나) 또한 법원이나 국회도 행정처분을 하는 범위 내에서는 행정청에 포함됩니다.

예를 들어, 국회 또는 법원의 직원에 대한 징계, 법원장의 법무사합동법인설립인가 등에 있어서는 법원이나 국회도 행정청의 지위를 가집니다.

(2) 행정청에는 법령에 따라 행정권한의 위임 또는 위탁을 받은 행정기관, 공공단체 및 그 기관 또는 사인이 포함됩니다(행정심판법 제2조).

(3) 행정심판에 있어서의 행정청은 당해 처분 또는 부작위를 한 행정청을 가리키는 것이 원칙이나, 처분이나 부작위가 있은 뒤에 그 처분이나 부작위에 관한 권한이 다른 행정청에 승계된 때에는 새로이 그 권한을 승계한 행정청이 처분청 또는 부작위청이 됩니다(행정심판법 제17조 제1항 단서).

다. 처분이란

(1) 「행정심판법」은 행정심판의 대상인 처분을, 행정청이 행하는 구체적 사실에 관한 법집행으로서의 공권력의 행사 또는 그 거부와 그 밖에 이에 준하는 행정작용이라고 정의하고 있습니다(행정심판법 제2조).

(가) 처분은 행정청의 행위이어야 합니다.

(나) 구체적 사실에 관한 법집행이란, 구체적인 인·허가 신청에 대해 법규에서 정한 요건을 충족하는지를 판단하여 법을 해석·적용하여 국민의 권리·이익을 설정하거나 제한하는 행정작용을 말합니다.

(다) 공권력의 행사 또는 그 거부란, 행정청이 우월한 지위에서 하는 권력적인 행위를 말합니다.

라. 행위형식에 따른 처분의 예

(1) 행정행위

(가) 행정청이 일방적으로 국민의 권리·의무에 구체적 변동을 가져오거나 이를 확정하는 권력적 작용으로서, 처분성이 인정됩니다.

(나) 이러한 행정행위에 해당하는 행정기관의 행위에는 실정법상 인가, 허가, 면허, 특허, 결정, 재결 등이 있습니다.

(2) 반복된 행위

(가) 행정실무상 동일한 처분이 반복해서 행해지는 경우에는, 1차 처분만이 행정청의 처분으로서 행정심판의 대상이 됩니다.
상대방의 의무는 제1차 처분으로 발생하는 것이고, 제2차, 제3차의 처분은 단지 이행촉구 내지 기한연기의 통보에 불과한 것이기 때문입니다. [10]

(나) 다만, 거부처분의 경우에는 국민이 신청할 수 있는 횟수 등을 제한하는 법규가 없는 이상, 동일한 내용을 수차 신청할 수 있고 그에 따라 거부처분이 수회 있을 수 있는 것이므로, 이러한 거부처분은 각각 독립처분으로 행정심판의 대상이 됩니다. [11]

(3) 행정입법

(가) 행정기관이 조문의 형식으로 일반·추상적인 규정을 정립하는 작용 또는 그에 따라 정립된 규범을 말합니다.
행정입법에는 국가행정권에 의한 입법인 법규명령·행정규칙과, 지방자치단체에 의한 자치입법인 조례·규칙이 있습니다.

※ 법규명령으로는, ① 대통령의 긴급명령, 긴급재정·경제명령, ② 대통령령, ③ 총리령·부령, ④ 중앙선거관리위원회규칙 등이 있고, 행정규칙으로는 ① 관청내부의 사무분장규정, ② 사무처리규정, ③ 훈령, 지시, 예규, 일일명령, ④ 영조물규칙(국립대학교학칙·국립도서관규칙) 등이 있습니다.

(나) 일반성·추상성으로 인하여 처분이 될 수 없으나, 행정입법이라도 그 자체가 직접적으로 개인의 권리·이익에 영향을 미치는 것이면, 그 처분성이 인정될 수 있습니다.[12]

i 처분성이 인정된 행정입법의 예

① 지방분교의 폐지에 관한 지방자치단체의 조례(대법원 1996. 9. 20. 선고 95누8003 판결)

② 항정신병치료제의 요양급여에 관한 보건복지령인 고시(대법원 2003. 10. 9. 자 2003무23 결정)

10) 대법원 1994. 10. 28. 선고 94누5144 판결
11) 대법원 1992. 10. 27. 선고 92누1643 판결
12) 대법원 1991. 8. 27. 선고 91누1738 판결, 대법원 1954. 8. 19. 선고 4286행상37 판결

(4) 행정계획

(가) 행정주체가 장래 일정기간 내에 도달하고자 하는 목표를 설정하고, 그를 위하여 필요한 수단들을 조정하고 통합하는 작용 또는 그 결과로 설정된 활동기준을 말합니다.

(나) 일반적으로 행정계획은 행정기관의 구상 또는 행정지침에 불과하고, 대외적으로 국민에 대하여 혹은 대내적으로 행정기관에 대해 법적 구속력을 갖지 않으므로 행정심판의 대상이 되지 않습니다.

i 처분성이 부인된 행정계획의 예

① 종합계획 등 청사진계획

ii 그러나, 행정계획이라도 법적 구속력을 갖는 행정계획이 있는데, 이러한 행정계획은 행정심판의 대상이 될 수 있습니다.

iii 처분이 인정된 행정계획의 예

① 택지계발예정지구의 지정・고시(대법원 1992. 8. 14. 선고 91누11582 판결)

② 토지거래허가구역의 지정(대법원 2006. 12. 22. 선고 2006두12883 판결)

(5) 사실행위

(가) 일정한 법률효과의 발생을 목적으로 하는 것이 아니라, 직접적으로는 사실상의 결과만을 가져오는 행정주체의 행위형식을 말합니다.

(나) 원칙적으로 행정심판의 대상이 되지 않으나, 예외적으로 행정심판의 대상이 되는 처분에 해당되는 사실행위가 있습니다.

i 처분에 해당되는 사실행위는 다음과 같습니다.

① 단수처분(대법원 1979. 12. 28. 선고 79누218 판결)

② 서신 검열행위(헌법재판소 전원재판부 1998. 8. 27. 96헌마398)

(6) 사법행위(私法行爲)

(가) 행정청이 사법행위의 당사자가 되어 행하는 행위를 말합니다.

(나) 원칙적으로 행정심판의 대상이 되는 처분이 되지 않으나, 행정심판의 대상이 되는 경우도 있습니다.

i 처분성이 부인된 사법행위의 예

① 국유잡종재산매각(대법원 1974. 7. 14. 선고 74누97 판결)

② 국유광업권처분(대법원 1970. 3. 21. 선고 69다2286 판결)

③ 국유림대부(대법원 1983. 9. 2. 선고 83누292 판결)

ii 처분성이 긍정된 사법행위의 예

① 행정재산의 허가사용(대법원 1997. 4. 11. 선고 96누17325 판결)

(7) 행정청의 내부행위 및 행정기관 상호 간의 행위

(가) 행정청의 행위가 외부에 표시되지 않고 내부적 의사결정 단계에 머물고 있는 경우에는 아직 개인의 권리・의무에 직접 영향을 미치지 않으므로 행정심판의 대상이 되지 않습니다.

i 처분성이 부인된 행정청의 내부행위 및 행정기관 상호 간의 행위

① 국세환급금결정(대법원 1989. 6. 15. 선고 88누6436 전원합의체판결)

② 외환은행장이 수입허가의 유효기간을 연장하려고 할 때 상공부장관과하는 협의(대법원 1971. 9. 14. 선고 71누99 판결)

(8) 알선・권고・경고・통지・질의회신 등

(가) 행정청의 알선・권고・경고・통지・질의회신・호의적 중재・조정・희망의 표시・지도 등과 같은 행위는 개인에 대하여 직접적으로 법적 효과를 발생시키지 않기 때문에 행정심판의 대상이 되지 않습니다.

i 처분성이 부인된 예

① 유흥전문음식점업의 허가관청이 내리는 영업시간의 준수지시(대법원 1982. 12. 28. 선고 82누366 판결)

(9) 장부 등에의 등재・등록

(가) 장부 등에의 등재・말소 등의 행위는 행정사무집행의 편의와 사실증명에의 자료로 삼기 위한 것이고, 그 등재로 권리변동이 생기는 것이 아니므로 행정심판의 대상이 되지 않으나, 국민의 권리관계에 영향을 미치는 것은 예외적으로 행정심판의 대상이 됩니다.

i 처분성이 부인된 등재・등록행위의 예

① 특허청장의 상표사용권등록행위(대법원 1991. 8. 13. 선고 90누9419 판결)

② 토지대장에의 등재(대법원 1992. 12. 8. 선고 92누7542 판결)

③ 임야도에의 등록(대법원 1991. 11. 26. 선고 91누5150 판결)

④ 가옥대장에의 등재(대법원 1982. 10. 26. 선고 82누411 판결)

ii 처분성이 인정된 등재・등록행위의 예

① 지적공부에의 지목의 기재행위(대법원 2004. 4. 22. 선고 2003두9015 전원합의체 판결)

마. 부작위란

(1) 신청

행정청이 당사자의 신청에 대하여 상당한 기간 내에 일정한 처분을 해야 할 법률상 의무가 있음에도 불구하고 이를 하지 않는 것을 말합니다 (행정심판법 제2조).

(2) 부작위의 성립요건

(가) 법규상·조리상 신청권이 있는 자의 신청이 있을 것

i 부작위가 성립되기 위해서는 법규상 또는 조리상 일정한 행정처분을 요할 수 있는 당사자의 신청이 있어야 합니다.

① 그러한 신청권이 없는 자의 신청으로 단지 행정청이 직권발동을 촉구하는데 지나지 않은 신청에 대한 무응답은 부작위위법확인소송의 대상이 될 수 없습니다(대법원 1993. 4. 23. 선고 92누17099 판결).

(나) 상당한 기간이 경과할 것

i 행정소송의 대상인 부작위가 되기 위해서는 행정청이 일정한 처분을 해야 할 상당한 시간이 지나도 아무런 처분을 하지 않아야 합니다.

① 상당한 기간이란, 행정청이 신청에 대해 처분을 하는데 통상 필요로 하는 기간으로, 「행정절차법」에 따라 공포된 처리기간은 상당한 기간을 판단하기 위한 기준이 될 수 있습니다(행정절차법 제19조).

(다) 행정청에 일정한 처분을 할 법률상 의무가 있을 것

i 부작위는 행정청이 신청을 인용하는 처분이나 기각하는 처분 등을 해야 할 법률상 의무가 있음에도 이를 하지 않는 경우에 성립합니다.

① 법률상 의무에는 명문의 규정에 따라 인정되는 경우는 물론, 법령의 해석상 인정되는 경우도 포함됩니다(대법원 1991. 2. 11. 선고 90누5825 판결).

(라) 처분이 아무런 처분도 하지 않을 것

i 부작위위법확인소송은 처분이 존재하지 않은 경우에 허용되는 것이고, 처분이 존재하는 이상은 가령 그 처분이 무효인 행정처분처럼 중대하고 명백한 하자로 말미암아 처음부터 당연히 효력이 발생하지 않은 경우라도 부작위위법확인소송의 대상이 될 수 없습니다(대법원 1990. 12. 11. 선고 90누4266 판결).

6. 행정심판의 당사자

가. 당사자적격

특정의 심판사건에서 당사자가 될 수 있는 자격을 말하는 것으로서, 유효하게 심판을 수행하고 재결을 받기 위해서는 청구인적격과 피청구인적격이 있어야 합니다.

(1) 청구인적격

(가) 청구인적격이란

① 특정의 행정심판에 있어서 청구인으로 심판을 제기하고 본안에 관한 재결을 받기에 적합한 자격을 말합니다.

② 행정심판에서는 심판청구의 대상인 특정 처분의 위법·부당 여부의 확정에 관하여 법률상 이해관계를 가지는 자가 정당한 당사자가 됩니다.

(나) 청구인적격의 요건

① 취소심판청구는 처분의 취소 또는 변경을 구할 법률상 이익이 있는 자가 제기할 수 있습니다(행정심판법 제13조 제1항).

② 처분의 효과가 기간의 경과, 처분의 집행 그 밖의 사유로 인하여 소멸된 뒤에도 그 처분의 취소로 인하여 회복되는 법률상 이익이 있는 자도 취소심판청구를 제기할 수 있습니다(행정심판법 제13조 제1항 후단).

③ 무효등확인심판은 처분의 효력 유무 또는 존재 여부에 대한 확인을 구할 법률상 이익이 있는 자가 제기할 수 있습니다(행정심판법 제13조 제2항).

④ 의무이행심판청구는 행정청의 거부처분 또는 부작위에 대하여 일정한 처분을 구할 법률상 이익이 있는 자가 제기할 수 있습니다(행정심판법 제13조 제3항).

(2) 법률상 이익이란

(가) 원칙적으로 해당 처분 등의 근거 법률에 따라 보호되고 있는 직접적이고 구체적인 이익이어야 하고 공익보호의 결과로 국민 일반이 가지는 추상적·평균적·일반적 이익이나 반사적 이익과 같이 간접적이거나 사실적·경제적 이익까지 포함하는 것은 아닙니다[13].

(나) 법에 따라 보호되는 이익은, 해당 처분의 근거 법규를 기본으로 하되, 개인의 이익을 보호하는 명문의 규정이 없더라도 근거 법규와 관련 법규의 합리적 해석상, 처분의 근거가 된 법규가 행정청을 제약하는 이유가 순수 공익이 아닌 개인적 구체적 이익을 보호하는 취지가 포함되어 있다고 해석되는 경우에는 법률상 보호되는 이익으로 취급됩니다.[14]

(3) 법률상 이익이 있다고 인정된 사례

(가) 경업자(競業者, 경쟁업자)

① 동일한 사업구역 내에 있는 사업자의 사업용 화물자동차면허대수를 늘리는 보충인가처분에 대한 기존 경업자(대법원 1992. 7. 10. 선고 91누9107 판결)

② 기존 시외버스를 시내버스로 전환하는 사업계획변경인가처분 때문에 영업상 손실을 입게 될 기존의 다른 시내버스업자(대법원 2002. 10. 25. 선고 2001두4450

---

13) 대법원 1992. 12. 8. 선고 91누13700 판결
14) 대법원 1975. 5. 13. 선고 73누96 판결

판결)

(나) 경원자(競願者)

① 군내 1개소에 한하여 신규허가가 가능한 LPG 충전사업의 신규허가를 신청한 수인 중 신청이 반려된 경원자(대법원 1992. 5. 8. 선고 91누13274 판결)

② 서울 도봉구지역을 방송구역으로 하는 종합유선방송국 운영법인 선정(종합유선방송국허가대상법인선정처분)에서 제외된 법인
(대법원 1996. 6. 28. 선고 96두3630 판결)

(다) 인근 주민

① 주거지역 내 공설화장장 설치허가에 대하여 주거의 안녕과 생활환경 침해를 주장하는 인근 주민(대법원 1995. 9. 26. 선고 94누14544 판결)

② 국립공원 내 집단시설지구 기본설계변경승인처분으로 인하여 환경적 이익 침해를 주장하는 인근 주민(대법원 2001. 7. 27. 선고 99두2970 판결)

③ 환경영향평가대상사업인 양수발전소건설사업승인처분으로 인하여 환경적 이익을 침해받았음을 주장하는 인근 주민(대법원 1998. 9. 22. 선고 97누19571 판결)

④ 발전용원자로 등의 설치허가에 대하여 방사선물질에 의하여 생명, 신체의 피해를 입으리라고 예상되는 지역내 주민(대법원 1998. 9. 8. 선고 97누19588 판결)

(라) 직접적 이해관계인

① 원 납세의무자에 대한 과세처분에 대하여 납부통지서를 받은 제2차 납세의무자 및 물적 납세의무자·납세보증인(국세기본법 제55조제2항)

② 주된 소득자에 대한 납세고지에 대하여 연내납세의무자인 자산합산대상 가족
(대법원 1993. 5. 25. 선고 92누12575 판결)

③ 접견신청인의 구속피고인에 대한 접견허가거부처분에 대하여 접견대상자였던 구속피고인(대법원 1992. 5. 8. 선고 91누7552 판결)

④ 도시계획사업실시계획인가처분에 대한 사업시행지역안의 토지 소유자(대법원 1995. 12. 8. 선고 93누9927 판결)

⑤ 「근로기준법」의 노동위원회의 사용자에 대한 휴업수당지급유예승인처분에 대한 근로자(대법원 1995. 6. 30. 선고 94누9955 판결)

(4) 법률상 이익이 부정된 사례

(가) 경찰허가를 받은 경업자

① 객실 증설을 가능토록 한 숙박업 구조변경허가에 대한 인근 숙박업자(대법원 1990. 8. 14. 선고 89누7900 판결)

② 양곡가공업허가에 대한 기존업자(대법원 1990. 11. 13. 선고 89누756 판결)

③ 약사들의 한약조제권인정시험 합격처분에 대한 한의사(대법원 1998. 3. 10. 선고

97누4289 판결)

(나) 반사적 이익을 침해받은 자

① 도로용도폐지처분에 따라 산책로를 이용할 이익을 침해받은 자(대법원 1992. 9. 22. 선고 91누13212 판결)

② 상수원보호구역변경처분에 관하여 그 상수원으로부터 급수를 받는 주민(대법원 1995. 9. 26. 선고 94누14544 판결)

③ 무자격전임강사의 임용처분으로 학습권이 침해되었음을 주장하는 학생(대법원 1993. 7. 27. 선고 93누8139 판결)

④ 국립대학교 부교수임용처분에 대하여 교수회의 구성원인 같은 학과 교수(대법원 1995. 12. 12. 선고 95누11856 판결)

(다) 단체와 그 구성원 간

① 주식회사에 대한 위생접객업영업정지처분취소처분에 대한 대표이사(대법원 1995. 12. 5. 선고 95누1484 판결)

② 의료보험조합에 대한 대표이사취임불승인처분에 대하여 그 대표이사로 취임하지 못하게 된 자(대법원 1995. 12. 26. 선고 95누14664 판결)

③ 비법인사단인 주택조합에 대한 주택조합설립인가신청반려처분에 대하여 그 주택조합의 조합원이나 대표자(대법원 1996. 3. 8. 선고 94누12487 판결)

④ 대한혼인상담연합회에 대한 법인설립허가신청반려처분에 대하여 그 구성원이자 대표자(대법원 1996. 8. 20. 선고 96누1405 판결)

(라) 간접적 이해관계인

① 회사에 대한 자동차운송사업면허처분취소처분에 대하여 회사 소유의 택시를 양도받은 차주(대법원 1992. 9. 1. 선고 92누5805 판결)

② 도로부지의 점용허가처분에 대하여 해당 도로부지의 기존 무단 점유자(대법원 1991. 11. 26. 선고 91누1219 판결)

③ 운전기사의 합승행위를 이유로 소속 운수회사에 대하여 과징금부과처분이 있은 경우 해당 운전기사(대법원 1994. 4. 12. 선고 93누24247 판결)

④ 토지구획정리사업 시행자가 행한 환지처분에 대하여 위 시행자로부터 공사를 도급받은 자(대법원 1999. 7. 23. 선고 97누1006 판결)

(5) 청구인의 지위승계

행정심판을 청구하기 전에 사망한 자는 상속인 그 밖의 법령에 의하여 심판청구의 대상인 처분에 관계되는 권리 또는 이익을 승계한 자가 그 청구인의 지위를 승계하며 법인과 사단 또는 재단인 청구인에 관하여 합병이 있은 때에는 합병 후 존속하는 법인 등이나 또는 합병에 의하여 설립된 법인 등은 그 청구인의 지위를 승계한다(행정심판법 제16조).

(가) 지위승계의 허가

① 법 제16조제5항에 따라 청구인의 지위를 승계하고자 하는 자는 위원회에 서면으로 승계신청을 하여야 한다.

② 위원회가 제1항의 신청을 받은 때에는 지체 없이 이를 심사하여 허가여부를 결정하여야 한다(법원행정처 행정심판규칙 제12조).

(나) 청구인의 지위승계에 대한 이의신청의 처리

① 법 제16조제8항의 이의신청은 그 사유를 소명하여 서면으로 하여야 한다.

② 위원회가 법 제16조제8항의 이의신청을 받은 때에는 이를 지체 없이 위원회의 회의에 상정하여야 한다.

③ 위원회는 이의신청에 대한 결정을 한 후 그 결과를 신청인, 당사자 및 참가인에게 각각 통지하여야 한다(법원행정처 행정심판규칙 제13조).

(다) 행정심판 청구인의 지위 승계에 대한 이의신청의 처리

① 법 제16조제8항에 따른 이의신청은 그 사유를 소명하는 서면으로 하여야 한다.

② 위원회가 법 제16조제8항에 따라 이의신청을 받았을 때에는 지체 없이 위원회의 회의에 부쳐야 한다.

③ 위원회는 제2항에 따른 이의신청에 대한 결정을 한 후 그 결과를 신청인, 당사자 및 법 제20조 또는 제21조에 따라 심판참가를 하는 자에게 각각 알려야 한다(법원행정처 행정심판규칙 제14조).

(6) 피청구인적격

(가) 피청구인 적격

① 심판청구는 행정청(처분청 또는 부작위청)을 피청구인으로 하여 제기해야 합니다(행정심판법 제17조 제1항 본문).

② 다만, 처분이나 부작위와 관계되는 권한이 다른 행정청에 승계된 때에는 이를 승계한 행정청을 피청구인으로 해야 합니다(행정심판법 제17조 제1항 단서).

(나) 피청구인의 경정

① 청구인이 피청구인을 잘못 지정한 때에는 위원회는 당사자의 신청 또는 직권에 의하여 결정으로써 피청구인을 경정할 수 있습니다(행정심판법 제17조 제2항).

② 행정심판위원회가 피청구인의 경정결정을 한 때에는 그 결정정본을 당사자와 새로운 피청구인에게 송달해야 합니다(행정심판법 제17조 제3항).

③ 피청구인의 경정결정이 있는 때에는 종전의 피청구인에 대한 심판청구는 취

하되고 새로운 피청구인에 대한 심판청구가 처음에 심판청구를 한 때에 제기된 것으로 봅니다(행정심판법 제17조 제4항).

④ 심판청구가 제기된 후에 피청구인이 승계된 경우에는 당사자의 신청 또는 직권에 의하여 결정으로써 피청구인을 경정합니다(행정심판법 제17조 제5항).

⑤ 당사자가 법 제17조제2항 및 제5항에 따라 피청구인의 경정을 신청하고자 하는 때에는 위원회에 그 뜻을 기재한 서면을 제출하여야 한다.
위원회가 제1항의 신청을 받은 때에는 지체 없이 이를 심사하여 허가여부를 결정하여야 한다.
법 제17조제6항에 따른 이의신청의 처리에 관하여는 제13조, 제14조의 규정을 준용한다(법원행정처 행정심판규칙 제14조).

7. 행정심판 청구기간

행정심판의 청구는 처분이 있음을 안 날부터 90일 이내, 처분이 있은 날부터 180일 이내에 제기해야 합니다.

가. 행정심판의 청구기간

(1) 행정심판 제한

「행정심판법」은 행정상 법률관계를 조속히 안정시키기 위해 심판청구기간에 제한을 두고 있습니다.

(2) 적용의미

심판청구기간은 취소심판청구와 거부처분에 대한 의무이행심판청구에만 적용되고, 그 성질상 무효확인심판청구와 부작위에 대한 의무이행심판청구에는 적용되지 않습니다(행정심판법 제27조 제7항).

나. 원칙적 행정심판 청구기간

(1) 청구기간

행정심판의 청구는 처분이 있음을 안 날부터 90일 이내 또는 처분이 있은 날부터 180일 이내에 제기해야 합니다(행정심판법 제27조 제1항, 제3항).

(가) 이러한 두 가지의 청구기간 중 어느 하나라도 기간이 지나면 해당 심판청구는 부적법한 것으로서 각하됩니다.

(2) 처분이 있음을 안 날이란

(가) 당사자가 통지, 공고 그 밖의 방법으로 해당 처분이 있었다는 사실을 현실적으로 안 날을 의미합니다. 15)

i 격지자에게 서면통지 하는 경우에는 그 서면이 상대방에게 도달한 날을 말합니다.

ii 공시송달의 경우는 서면이 상대방에게 도달한 것으로 간주되는 날을 말합니다.

iii 사실행위의 경우에는 그 행위가 있었고 그것이 자기의 권익을 침해하고 있음을 인식하게 된 날을 말합니다.

(나) 다만, 처분을 기재한 서류가 당사자의 주소에 송달되는 등으로 사회통념상 처분이 있음을 당사자가 알 수 있는 상태에 놓여진 때에는 반증이 없는 한 그 처분이 있음을 알았다고 추정됩니다16)

도달되지 않음(처분이 있음을 모른 경우)	도달됨(처분이 있음을 안 경우)
• 세입자 • 이웃집 주민 • 세입자가 수령하였으나 20일이 지난 후에 전달 • 7세의 미성년인 딸이 수령한 경우 • 청구인이 교도소 수감 중 통지서 반송 • 이사한 이후 전주소지의 아파트 경비원(또는 옆집 아주머니)이 수령한 경우	• 부친 • 청구인 구속 중 가족에게 통지 • 회사 직원 • 세입자가 수령하여 청구인에게 구두로 통지를 하여 청구인이 경찰서에 출두하여 처분사실을 확인한 경우 • 12세의 미성년인 아들이 수령한 경우 • 우편물 수령을 위임한 친구가 수령한 경우

(3) 처분이 있은 날의 의미

(가) 처분이 통지에 따라 외부에 표시되고 그 효력이 발생한 날을 말합니다. 17)

i 처분은 송달되어 상대방에게 도달할 때 처분의 효력이 발생합니다(행정절차법 제15조제1항).

ii 송달받을 자의 주소 등을 통상의 방법으로 확인할 수 없는 경우나 송달이 불가능한 경우에는 송달받을 자가 알기 쉽도록 관보・공보・게시판・일간신문 중 하나 이상 그리고 인터넷에 공고됩니다(행정절차법 제15조제4항).

(나) 고시 또는 공고에 따라 행정처분을 하는 경우에는 고시일 또는 공고일에 그 행정처분이 있었음을 알았던 것으로 보아 청구기간을 기산해야 합니다18)

---

15) 대법원 1995. 11.24. 선고 95누11535 판결
16) 대법원 1995. 12. 28. 선고 99두9742 판결
17) 대법원 1977. 11. 22. 선고 77누195 판결
18) 대법원 2000. 9. 8. 선고 99두11257 판결

ⅰ 여기서 고시일 또는 공고일이란, 고시 또는 공고의 효력이 발생된 날을 말하며, 처분의 효력은 공고일 부터 14일이 경과된 날에 발생합니다(행정절차법 제15조제3항).

ⅱ 고시·공고 등에 의하여 효력이 발생하는 처분
불특정 다수인에 대한 처분으로서 관보·신문에 고시문을 게재하거나 게시판에 공고하는 방법으로 외부에 표시함으로써 효력이 발생하는 처분에 대하여는, 공고 등이 있음을 현실로 알았는지를 불문하고, 근거법규가 정한 처분의 효력 발생일[19](근거법규가 효력발생일을 정하지 아니한 경우에는 공고 후 5일이 경과한 날[20])에 처분이 있음을 알았다고 보고, 그 때부터 제소기간을 기산한다.[21] 공고 등에 의하여 효력이 발생하도록 되어 있는 행정처분은 그 효력이 불특정 다수인에게 동시에 발생하므로 그 제소기간 역시 일률적으로 정함이 상당하기 때문이다.[22]

다. 예외적 기간

(1) 90일에 대한 예외 (행정심판법 제27조 제2항)

(가) 청구인이 천재지변, 전쟁, 사변(사변), 그 밖의 불가항력으로 인하여 제1항에서 정한 기간에 심판청구를 할 수 없었을 때에는 그 사유가 소멸한 날부터 14일 이내에 행정심판을 청구할 수 있다. 다만, 국외에서 행정심판을 청구하는 경우에는 그 기간을 30일로 한다.

(2) 180일에 대한 예외 (행정심판법 제27조 제3항)

(가) 심판청구는 정당한 사유가 있으면 180일을 경과한 후에도 제기할 수 있습니다.

ⅰ 정당한 사유에 해당하는 사례

① 개별토지가격결정에 있어 그 처분의 통지가 없는 경우(대법원 1993. 3. 23. 선고 92누8613 판결)

---

19) 예컨대 국토계획법 제31조 제1항은 도시관리계획결정은 고시일부터 5일 후에 그 효력이 발생한다고 정하고 있다.

20) 1991. 6. 19. 대통령령 제13390호로 제정되고 1999. 8. 7. 대통령령 제16521호로 개정된 사무관리규정 제8조 제2항은 공고문서에 특별한 규정이 있는 경우를 제외하고는 공고 후 5일이 경과됨으로써 효력이 발생하도록 정하고 있었다. 이후 사무관리규정은 전면 개정되어(2011. 12. 21. 대통령령 제23383호) 그 명칭도 「행정업무의 효율적 운영에 관한 규정」으로 바뀌었으나, 공고문서의 효력에 관하여는 동일한 내용의 규정이 유지되고 있다(제6조 제3항).

21) 대법원 1995. 8. 22. 선고 94누5694 판결(관리처분계획인가고시), 2000. 9. 8. 선고 99두11257 판결(도시계획시설결정고시), 2001. 7. 27. 선고 99두9490 판결 및 2007. 6. 14. 선고 2004두619 판결(청소년유해매체물결정고시) 등. 인가된 관리처분계획 자체의 취소를 구하는 소송의 제소기간에 대하여는 견해가 대립되나, 서울행정법원의 압도적 다수 판결(서울행정법원 2006. 12. 7. 선고 2006구합12340 판결, 2006. 11. 15. 선고 2005구합13360 판결 등)은 인가처분의 취소소송과 같이 관리처분계획의 인가고시가 있은 후 5일이 경과한 날에 처분이 있음을 알았다고 보아 그때부터 제소기간이 시작한다는 견해를 취하고 있다.

22) 대법원 2001. 7. 27. 선고 99두9490 판결, 2006. 4. 14. 선고 2004두3847 판결. 이 점에 대해서는 처분의 효력시기의 확정과 처분이 있음을 안 날의 확정을 구별하여야 한다는 견해도 있다. 이재권, "고시·공고에 의하여 이루어지는 처분에 대한 제소기간기산일", 행정재판실무편람 Ⅰ(2001), 22

② 처분의 상대방이 아닌 제3자가 행정처분이 있음을 모른 경우(대법원 1995. 8. 25. 선고 94누13121 판결)

③ 제3자의 제소의 경우 처분 등의 직접 상대방이 아닌 제3자는 행정심판 청구기간을 지키기 어렵다는 이유를 들어 제3자가 처분의 취소소송을 제기할 때 원칙상 필요적 전치주의의 적용을 받지 않는다는 견해도 있다. 그러나 판례는 이들에 대하여 원칙적으로 행정심판법 제27조 제3항 단서 소정의 '처분이 있은 날로부터 180일 이내에 행정심판을 제기할 수 없었던 정당한 사유가 있는 경우'에 해당하는 것으로 보아[23] 행정심판 청구기간에 특수성을 인정하고 있을 뿐, 전치주의의 적용 자체를 부인할 수는 없다고 보고 있다.[24]

(3) 심판청구기간의 오고지 또는 불고지

(가) 행정청은 서면으로 처분을 하는 경우에는 그 상대방에게 당해 처분에 대하여 행정심판을 제기할 수 있는지의 여부와, 제기하는 경우의 심판청구절차 및 청구기간을 알려야 합니다(행정심판법 제58조 제2항).

(나) 이 경우 착오로 소정의 기간보다 장기로 고지된 경우에는 그 고지된 기간 내에 청구하면 되고, 청구기간을 고지하지 않은 경우에는 180일 이내에 행정심판을 청구하면 됩니다(행정심판법 제27조 제5항 및 제6항).[25]

8. 행정심판청구

[I] 서면청구

행정심판은 청구인이 피청구인인 행정청 또는 소관 행정심판위원회에 심판청구서를 제출함으로써 개시됩니다.

가. 심판청구서의 작성

(1) 일정한 사항을 기재한 서면으로 해야 합니다(행정심판법 제28조 제1항).

(가) 심판청구서에 반드시 기재해야 할 사항(행정심판법 제28조 제2항, 제3항).

i 청구인의 이름·주소 및 전화번호 등(청구인이 법인이나 법인격 없는 사단 또는 재단인 경우에는 대표자 또는 관리인의 이름·주소 및 전화번호 등)

ii 심판청구가 선정대표자 또는 대리인에 의하여 제기되는 경우에는 선정대표자 또는 대리인의 이름·주소 및 전화번호 등

---

23) 대법원 1997. 9. 12. 선고 96누14661 판결, 1991. 5. 28. 선고 90누1359 판결.

24) 대법원 1989. 5. 9. 선고 88누5150 판결

25) 대법원 2001. 11. 13. 선고 2000두536 판결, 대법원 2001. 5. 8. 선고 2000두6919 판결

iii 피청구인인 행정청과 소관 행정심판위원회

iv 심판청구의 대상이 되는 처분의 내용(부작위에 대한 심판청구인 경우에는 부작위의 전제가 되는 신청의 내용과 날짜)

v 처분이 있은 것을 안 날, 심판청구의 취지 및 이유

vi 처분을 한 행정청의 고지의 유무 및 내용

(2) 행정심판청구의 필요적 기재사항에 흠결이 있는 경우에는 보정을 명받을 수 있습니다(행정심판법 제32조 제1항).

나. 심판청구서의 제출

(1) 심판청구서의 제출

(가) 청구인은 피청구인인 행정청 또는 소관 행정심판위원회에 심판청구서를 제출해야 합니다(행정심판법 제23조 제1항).

위법·부당한 행정처분으로 말미암아 권리 이익이 침해되었음을 주장하면서 그 처분의 취소 또는 변경을 구하는 취지의 서면이 처분청이나 재결청에 제출되면 그 표제(진정서, 청원서, 이의신청서, 답변서 등)나 형식 여하를 불문하고 불비한 사항의 보정이 가능한 한 적법한 행정심판청구로 보아야 한다.[26]

(나) 행정청이 처분을 하면서 행정심판을 제기할 수 있는 지의 여부 등을 고지하지 않거나 잘못 알려서 청구인이 심판청구서를 다른 행정기관에 제출한 때에는 해당 행정기관은 그 심판청구서를 지체 없이 정당한 권한 있는 행정청에 송부하게 됩니다(행정심판법 제23조 제2항).

다. 행정청의 처리

(1) 행정청의 직권 시정

(가) 행정청은 심판청구가 이유있다고 인정되는 경우 심판청구의 취지에 따르는 처분이나 확인을 하고 지체 없이 이를 행정심판위원회와 청구인에게 통지합니다(행정심판법 제23조 제3항).

(2) 행정심판위원회로의 송부

(가) 행정청은 직권시정을 하거나 심판청구가 취하된 경우를 제외하고는 심판청구서를 받은 날부터 10일 이내에 답변서를 첨부해서 행정심판위원회에 송부합니다(행정심판법 제23조 제3항, 제4항, 제42조 제1항 및 제24조).

(3) 답변서의 제출

26) 대법원 1990. 6. 8. 선고 89누851 판결, 1995. 9. 5. 선고 94누16250 판결, 1997. 2. 11. 선고 96누14067 판결, 1999. 6. 22. 선고 99두2772 판결, 2000. 6. 9. 선고 98두2621 판결 등

(가) 피청구인은 심판청구서의 부본을 받은 날부터 10일 이내에 답변서를 행정심판위원회에 제출해야 합니다(행정심판법 제24조).

답변서에는 처분 또는 부작위의 근거와 이유를 명시하고 심판청구의 취지와 이유에 대응하는 답변을 기재해야 합니다(행정심판법 제24조).

(나) 행정심판위원회는 피청구인으로부터 답변서가 제출된 때에는 그 부본을 청구인에게 송달해야 합니다(행정심판법 제24조).

라. 심판청구의 변경

(1) 청구의 변경

(가) 청구인은 행정심판위원회의 의결이 있기 전까지 청구의 기초에 변경이 없는 한도 내에서 청구취지 또는 청구이유를 변경할 수 있습니다(행정심판법 제29조 제1항).

예를 들어, 취소심판을 무효확인심판으로 변경(청구취지의 변경)하거나 처분의 위법을 부당으로 변경(청구이유의 변경)하는 것을 말합니다.

청구의 기초에 변경이 없어야 한다는 것은, 현재 제기되어 있는 심판청구에 의해 구제받으려고 하는 청구인의 법률상 이익이 동일해야 함을 의미합니다.

(2) 처분변경으로 인한 청구의 변경

(가) 피청구인인 행정청이 심판청구 제기 후에 그 대상인 처분을 변경한 때에는, 청구인은 변경된 처분에 맞추어 청구의 취지 또는 이유를 변경할 수 있습니다(행정심판법 제29조 제2항).

예를 들어, 영업허가의 취소처분을 정지처분으로 변경하는 경우입니다.

(나) 청구의 변경은 서면으로 하되, 그 부본을 다른 당사자에게 송달해야 합니다(행정심판법 제29조 제3항 및 제4항).

(다) 행정심판위원회는 청구의 변경이 이유없다고 인정할 때에는 신청 또는 직권에 의하여 결정으로써 그 변경을 허가하지 아니할 수 있습니다(행정심판법 제29조 제5항).

(3) 청구의 변경에 대한 이의신청

(가) 청구의 변경에 대한 이의신청의 처리

법 제29조제7항에 따른 이의신청의 처리에 관하여는 제13조를 준용한다(법원행정처 행정심판규칙 제20조).

법 제29조제7항에 따른 이의신청의 처리에 관하여는 제14조를 준용한다(법원행정처 행정심판규칙 제21조).

마. 심판청구의 대리

(1) 심판청구의 당사자인 청구인과 피청구인은 대리인을 선임하여 해당 심판청구에 관한 행위를 대리하게 할 수 있습니다.

(가) 청구인은 다음에 해당하는 자를 대리인으로 선임할 수 있습니다(행정심판법 제18조 제1항).

i 법정대리인

ii 청구인의 배우자, 직계존·비속 또는 형제자매

iii 청구인인 법인의 임원 또는 직원

iv 변호사

v 다른 법률의 규정에 의하여 심판청구의 대리를 할 수 있는 자

vi 제2호부터 제5호까지 이외의 자로서 행정심판위원회의 허가를 받은 자

(나) 피청구인은 다음에 해당하는 자를 대리인으로 선임할 수 있습니다(행정심판법 제18조 제2항).

i 소속 직원

ii 변호사

iii 다른 법률의 규정에 의하여 심판청구의 대리를 할 수 있는 자

iv 행정심판위원회의 허가를 받은 자

(다) 대리인은 청구인과 피청구인을 위하여 그 사건에 관한 모든 행위를 할 수 있습니다(행정심판법 제18조 제3항 및 제15조 제3항).

(라) 대리인을 선정한 당사자는 필요하다고 인정할 때에는 선정대표자를 해임하거나 변경할 수 있습니다(행정심판법 제18조 제3항 및 제15조 제5항).

(마) 대리인의 허가

① 청구인 또는 피청구인이 법 제18조제1항제5호(같은 조 제2항에서 준용하는 경우를 포함한다)에 따라 대리인 선임 허가 신청을 하고자 하는 때에는 위원회에 다음 각 호의 사항을 기재한 서면을 제출하여야 한다.

1. 대리인이 될 자의 인적사항

2. 대리인을 선임하고자 하는 이유

3. 청구인 또는 피청구인과 대리인과의 관계

② 위원회가 제1항의 신청을 받은 때에는 지체 없이 이를 심사하여 허가여부를 결정하고 그 뜻을 신청인에게 통지하여야 한다(법원행정처 행정심판규칙 제15조).

(바) 대리인 선임의 허가

① 행정심판 청구인 또는 피청구인이 법 제18조제1항 및 제2항에 따라 위원회의 허가를 받아 대리인을 선임하려면 다음 각 호의 사항을 적은 서면으로 위원회에 허가를 신청하여야 한다.

1. 대리인이 될 자의 인적사항

2. 대리인을 선임하려는 이유
3. 청구인 또는 피청구인과 대리인의 관계

② 위원회가 제1항의 신청을 받았을 때에는 지체 없이 이를 심사하여 허가 여부를 결정하고 그 결과를 신청인에게 알려야 한다(법원행정처 행정심판규칙 제16조).

바. 대표자 등의 자격

① 대표자·관리인·선정대표자 또는 대리인의 자격은 서면으로 소명하여야 한다.

② 청구인이나 피청구인은 대표자·관리인·선정대표자 또는 대리인이 그 자격을 잃으면 그 사실을 서면으로 위원회에 신고하여야 한다. 이 경우 소명 자료를 함께 제출하여야 한다(행정심판법 제19조).

(1) 심판청구서의 첨부서류

법 제28조제1항에 따른 심판청구서에는 법 제19조제1항에 따른 대표자 · 관리인 · 선정대표자 또는 대리인의 자격을 소명하는 서면과 법 제34조제1항에 따른 증거서류 또는 증거물을 첨부할 수 있다(법원행정처 행정심판규칙 제19조).

(2) 심판청구서의 첨부서류

법 제28조제1항에 따른 심판청구서에는 법 제19조제1항에 따른 대표자 · 관리인 · 선정대표자 또는 대리인의 자격을 소명하는 서면과 법 제34조제1항에 따른 증거서류 또는 증거물을 첨부할 수 있다(법원행정처 행정심판규칙 제20조).

(3) 전자서명 등

① 전자정보처리조직을 통하여 행정심판 절차를 밟으려는 자는 「전자서명법」 제2조제3호에 따른 공인전자서명이나 다른 법령에 따라 본인임을 확인하기 위하여 인정되는 전자적 수단에 의한 서명을 하여야 한다.

② 전자정보처리조직을 통하여 행정심판 절차를 밟으려는 대표자 · 관리인 · 선정대표자 또는 대리인은 법 제19조에 따른 서면을 전자적인 이미지형태로 변환하여 전자정보처리조직을 통하여 제출할 수 있다. 다만, 위원회가 필요하다고 인정하여 그 원본의 제출을 요청하면 이에 따라야 한다(법원행정처 행정심판규칙 제37조).

[II] 전자문서청구

가. 전자정보처리조직을 통한 심판청구 등

행정심판 절차를 밟는 자는 심판청구서와 그 밖의 서류를 전자문서화하고 이를 정보통신망을 이용하여 위원회에서 지정·운영하는 전자정보처리조직 즉, 행정심판 절차에 필요한 전자문서를 작성·제출·송달할 수 있도록 하는 하드웨어, 소프트웨어, 데이터베이스, 네트워크, 보안요소 등을 결합하여 구축한 정보처리능력을 갖춘 전자적 장치를 통하여 제출할 수 있다(법원행정처 행정심판규칙 제52조 제1항).

나. 전자정보처리조직의 운영 등 지원

중앙행정심판위원회는 다른 행정심판위원회 전자정보처리조직의 적정한 운영을 위하여 전자정보처리조직의 구축과 운영에 필요한 지도 및 지원을 할 수 있다(행정심판법 시행령 제40조).

다. 정의

(1) "법원행정처 전자행정심판시스템"이란 위원회가 법 제52조제1항에 따라 지정ㆍ운영하는 전자정보처리조직을 말한다.
(2) "전자문서"란 컴퓨터 등 정보처리능력을 가진 장치에 의하여 전자적인 형태로 작성되거나 변환되어 송신ㆍ수신 또는 저장되는 정보를 말한다.
(3) "전자행정심판코너"란 전자행정심판시스템의 일부로서, 이 규칙에서 정한 바에 따라 행정심판에 필요한 전자문서를 제출할 수 있도록 법원 홈페이지에 개설한 "행정심판청구" 코너를 말한다(법원행정처 행정심판규칙 제32조).

9. 집행정지신청

가. 집행부정지의 원칙 및 예외

(1) 심판청구가 있어도 처분의 집행은 정지되지 않으나, 예외적으로 일정한 요건 하에서 집행정지가 인정됩니다.
(2) 행정심판이 제기되어도 원칙적으로 처분의 효력이나 그 집행 또는 절차의 속행은 정지되지 않습니다(행정심판법 제30조 제1항).
(3) 그러나, 위법하거나 부당한 처분으로 침해되는 국민의 권익구제를 위해 행정심판위원회는 일정한 요건 하에서 당사자의 신청이나 직권으로 집행정지 결정을 할 수 있도록 하고 있습니다.
(4) 행정심판위원회는 처분이나 그 집행 또는 절차의 속행으로 생길 회복하기 어려운 손해를 예방하기 위하여, 긴급한 필요가 있다고 인정할 때 집행정지결정을 할 수 있습니다.

나. 집행정지의 요건

(1) 집행정지의 대상인 처분이 존재할 것

(가) 처분의 집행이 이미 완료되었거나 그 목적이 달성된 경우에는 집행정지 대상인 처분의 실체가 없으므로 집행정지는 불가능합니다.
거부처분에 대한 집행정지신청은 실익이 없습니다. [27]거부처분의 경우에는 처분의 효력이 정지되더라도 그 처분이 없었던 것과 같은 상태를 만드는 것에 지나지 않고 그 이상 행정청에 대해 어떠한 처분을 명하는 등 적극적인 상태를 만들어 내는 경우를 포함하지 않기 때문입니다.

(2) 본안 행정심판이 계속되고 있을 것
(가) 처분에 대한 집행정지는 취소심판 등 본안 행정심판이 계속 중에 있어야 합니다.[28]

(3) 회복하기 어려운 손해발생의 우려가 있을 것
(가) 회복하기 어려운 손해란, 금전보상이 불능인 경우뿐만 아니라 금전보상으로는 사회통념상 당사자가 참고 견디기가 현저히 곤란한 손해를 말합니다.

(4) 긴급한 필요가 있을 것
(가) 회복하기 어려운 손해가 발생이 시간적으로 절박하거나 이미 시작되어서 본안 재결을 기다릴 만한 시간적 여유가 없는 경우에만 허용됩니다.

(5) 공공복리에 중대한 영향을 미칠 우려가 없을 것(행정심판법 제30조 제3항)

(6) 공공복리에 중대한 영향이란, 단순히 공익실현에 지장이 있는 정도를 넘어서, 개인에게 회복될 수 없는 손해가 발생하더라도 이를 개인이 감수해야 하는 정도의 것을 말합니다.

(7) 본안 청구가 이유 없음이 명백하지 않을 것
(가) 본안 소송에서의 처분의 취소 가능성이 없음에도 처분의 효력이나 집행의 정지를 인정한다는 것은 제도의 취지에 반하기 때문입니다.[29]

다. 집행정지의 대상 및 범위

(1) 집행정지의 대상은 처분의 효력, 처분의 집행 또는 절차의 속행이고, 집행정지의 범위는 그 전부 또는 일부입니다(행정심판법 제30조 제2항 본문).

(2) 집행정지의 신청 및 결정
당사자가 집행정지신청을 하려는 때에는 심판청구와 동시에 또는 심판청구에 대한 재결이 있기 전까지 신청의 취지와 원인을 기재한 서면을 행정심판위원회에 제출해야 합니다(행정심판법 제30조 제5항).

(3) 집행정지신청서면에는 심판청구서 사본 및 접수증명서를 첨부해야 합니다. 다만, 심

27) 대법원 1991. 5. 2. 선고 91두15 결정
28) 대법원 2007. 6. 15. 선고 2006무89 결정
29) 1999. 11. 26. 선고 99부3 결정

판청구가 계속 중인 때에는 심판청구서 사본 및 접수증명서를 첨부하지 않습니다(행정심판법 제30조 제5항).

(4) 집행정지의 결정은 행정심판위원회가 합니다(행정심판법 제30조 제2항).

(가) 다만, 행정심판위원회의 심리·결정을 기다려서는 회복하기 어려운 손해가 발생할 우려가 있을 때에는 위원회의 위원장은 직권으로 심리·결정에 갈음하는 결정을 할 수 있습니다.

이 경우 위원장은 위원회에의 추인을 받아야 하며, 추인을 받지 못한 때에는 집행정지 또는 집행정지의 취소에 관한 결정을 취소해야 합니다(행정심판법 제30조 제6항).

라. 집행정지 결정의 효과

(1) 처분의 효력정지는 행정행위의 공정력을 바탕으로 한 해당 처분의 구속력 등을 잠정적으로 정지시킴으로써 처분 자체가 없었던 것과 같은 상태로 됩니다.

(2) 집행정지의 효력은 당사자인 신청인과 피신청인에게 미치는 것은 당연하나, 관계 행정청과 제3자에게도 미칩니다.

마. 집행정지의 취소

(1) 행정심판위원회는 집행정지가 공공복리에 중대한 영향을 미치거나 그 정지사유가 없어진 때에는 당사자의 신청이나 직권으로 집행정지 결정을 취소할 수 있습니다(행정심판법 제30조 제4항).

(2) 당사자가 집행정지의 취소신청을 하려는 때에는 집행정지결정 후 심판청구에 대한 재결이 있기 전까지 신청의 취지와 원인을 기재한 서면에 심판청구서 사본 및 접수증명서를 행정심판위원회에 제출해야 합니다(행정심판법 제30조 제5항).

(가) 다만, 위원회에 심판청구가 계속 중인 경우에는 심판청구서 사본 및 접수증명서는 첨부하지 않아도 됩니다.

바. 임시처분

(1) 위원회는 처분 또는 부작위가 위법·부당하다고 상당히 의심되는 경우로서 처분 또는 부작위 때문에 당사자가 받을 우려가 있는 중대한 불이익이나 당사자에게 생길 급박한 위험을 막기 위하여 임시지위를 정하여야 할 필요가 있는 경우에는 직권으로 또는 당사자의 신청에 의하여 임시처분을 결정할 수 있다.

(2) 제1항에 따른 임시처분에 관하여는 제30조제3항부터 제7항까지를 준용한다. 이 경우 같은 조 제6항 전단 중 "중대한 손해가 생길 우려"는 "중대한 불이익이나 급박한 위험이 생길 우려"로 본다.

(3) 제1항에 따른 임시처분은 제30조제2항에 따른 집행정지로 목적을 달성할 수 있는 경우에는 허용되지 아니한다(행정심판법 제31조).

(가) 위원회의 심리 · 결정

임시처분에 대한 위원회의 심리 · 결정에 관하여는 제21조를 준용한다(법원행정처 행정심판규칙 제22조).

법 제31조제1항에 따른 임시처분에 대한 위원회의 심리 · 결정에 관하여는 제22조를 준용한다(법원행정처 행정심판규칙 제23조).

10. 심리의 방식

행정심판의 심리는 요건심리와 본안심리로 나누어 집니다.
심리에는 불고불리 및 불이익금지의 원칙이 적용됩니다.

가. 심리기관

(1) 행정심판의 심리는 행정심판위원회가 담당하고 있습니다. 행정심판청구서가 위원회에 제출되거나 회부되면 심리가 시작됩니다.

(2) 심판청구의 심리는 그 내용에 따라 요건심리와 본안심리로 나누어집니다.

나. 요건심리

(1) 해당 심판청구가 그 제기요건을 갖추고 있는지 여부를 심리하는 것으로서, 심리결과 제기요건을 갖추지 못해 부적법한 경우에는 그 심판청구는 각하됩니다.

(가) 예를 들어, 청구인 적격이 없는 자의 심판청구나 심판청구기간이 경과된 후에 제기된 심판청구 등은 부적법한 경우에 해당합니다.

(2) 그러나, 제기요건의 불비가 보정될 수 있는 것인 때에는, 행정심판위원회가 상당한 기간을 정하여 그 보정을 명하거나, 경미한 것은 직권으로 보정합니다(행정심판법 제32조 제1항).

(가) 보정은 서면으로 해야 하며, 그 보정서에는 당사자의 수에 따른 부본을 첨부해야 합니다(행정심판법 제32조 제2항).

(나) 행정심판위원회는 제출된 보정서 부본을 지체 없이 다른 당사자에게 송달해야 합니다(행정심판법 제32조 제3항).

(다) 보정이 있는 경우에는 처음부터 적법한 심판청구가 제기된 것으로 봅니다(행정심판법 제32조 제4항).

(라) 심판청구의 보정

① 법 제32조제1항에 따른 보정(補正)의 요구는 다음 각 호의 사항을 적은 서면으로 하여야 한다(법원행정처 행정심판규칙 제24조).
1. 보정할 사항
2. 보정이 필요한 이유
3. 보정할 기간
4. 제1호부터 제3호까지에서 규정한 사항 외에 보정에 필요한 사항

(3) 행정심판위원회가 심판청구에 흠결이 있어 보정을 명한 경우에는 그 보정기간은 재결기간에 산입되지 않습니다(행정심판법 제32조 제5항).

다. 본안심리

(1) 요건심리의 결과 심판청구를 적법한 것으로 받아들여, 해당 심판청구의 내용에 관하여 실질적으로 심사하는 것을 말합니다.

(2) 본안심리의 결과 청구의 내용이 이유있는 때에는 인용되고, 그렇지 않은 때에는 기각됩니다.

라. 심리의 범위

(1) 불고불리 및 불이익금지의 원칙

(가) 행정심판의 권리구제적 기능을 중시하여, 행정심판의 심리·재결에 있어 불고불리 및 불이익금지의 원칙이 적용됩니다(행정심판법 제47조).

i 불고불리의 원칙이란, 행정심판위원회는 심판청구의 대상이 되는 처분 또는 부작위 외의 사항에 대하여는 재결하지 못한다는 원칙을 말합니다(행정심판법 제47조 제1항).

ii 불이익금지의 원칙이란, 행정심판위원회는 심판청구의 대상이 되는 처분보다 청구인에게 불이익한 재결을 하지 못한다는 원칙을 말합니다(행정심판법 제47조 제2항).

(2) 법률문제와 사실문제

(가) 행정심판의 심리에 있어서는 심판청구의 대상인 처분이나 부작위에 관해 법률문제로서의 적법·위법의 문제뿐만 아니라, 재량행위에 있어서의 당·부당의 문제, 그리고 사실문제까지도 심리할 수 있습니다.

마. 심리의 방식

(1) 대심주의(對審主義)

(가) 대립되는 분쟁 당사자들의 공격·방어를 통해 심리를 진행하는 제도를 말합니다.

(나) 행정심판위원회는 청구인과 피청구인에게 공격·방어 방법을 제출하게 하고, 제출된 공격·방어 방법을 기초로 하여 심리하고 있습니다(행정심판법 제23조, 제24조).

(2) 처분권주의(處分權主義)

(가) 쟁송의 개시, 그 대상과 범위 및 종료에 대해 당사자가 주도권을 가지고 이들에 대해 자유로이 결정할 수 있는 원칙을 말합니다.

(나) 행정심판은 청구인의 심판청구에 의해 개시되고, 청구인이 심판의 대상과 범위를 결정하며, 심판청구를 취하함으로써 심판절차를 종료시킬 수 있습니다(행정심판법 제23조, 제29조 및 제42조).

(3) 직권심리주의(職權審理主義)

(가) 행정심판위원회가 직권으로 심리를 진행하는 동시에, 필요한 자료를 수집하는 제도를 말합니다.

(나) 행정심판위원회는 필요할 때에는 당사자가 주장하지 않은 사실에 대해서도 심리할 수 있고, 직권으로 당사자·참고인을 신문할 수 있으며, 전문가에게 감정·검증 등을 명할 수 있습니다(행정심판법 제40조 제1항, 제36조 제1항).

(4) 구술심리 또는 서면심리

(가) 행정심판위원회는 행정심판의 심리를 구술심리 또는 서면심리의 방식으로 진행합니다(행정심판법 제40조 본문).

i 구술심리란, 구술의 진술을 재결의 기초로 하는 것을 말합니다.

ii 서면심리란, 서면상의 진술만을 재결의 기초로 하는 것을 말합니다.

(나) 행정심판위원회는 당사자가 구술심리를 신청한 경우 서면심리만으로 결정할 수 있다고 인정되는 경우 이외에는 구술심리를 해야 합니다(행정심판법 제40조 단서).

(다) 위원회는 심리기일 7일 전까지 당사자와 참가인에게 서면 또는 법 제38조제4항에 따른 간이통지방법으로 심리기일을 알려야 한다(법원행정처 행정심판규칙 제26조).

(5) 비공개주의

(가) 행정심판은 원칙적으로 공개되지 않습니다.

(나) 행정심판위원회에서 위원이 발언한 내용 그 밖에 공개할 경우 행정심판위원회의 심리·의결의 공정성을 해할 우려가 있는 사항으로서 다음의 어느 하나에 해당하는 사항은 공개하지 않습니다(행정심판법 제41조 및 행정심판법 시행령 제29조).

i 행정심판위원회(소위원회와 전문위원회를 포함)의 회의에서 위원이 발언한 내용이 기재된 문서

ii 심리 중에 있는 심판청구사건의 재결에 참여할 위원의 명단

iii 그 밖에 공개할 경우 행정심판위원회의 심리·재결의 공정성을 해할 우려가

있다고 인정되는 사항을 말할 수 있다.

ⅳ 행정절차법 제23조는 행정처분의 이유를 제시하도록 규정하고 있으므로 비공개결정간주처분은 이러한 이유제시의무를 위배한 것으로서 바로 위법하다고 볼 것인지가 문제된다. 이와 같은 경우를 모두 처분사유가 존재하지 않는 것으로 보아 행정절차법에 따른 처분의 이유제시가 없다는 이유로 바로 위법하다고 보는 것은 이를 비공개결정으로 간주하여 이의신청, 행정심판 또는 행정소송의 대상으로 규정한 정보공개법의 규정의 취지에 반하므로, 그 후 공공기관이 청구권자에게 처분사유를 통지하였거나 청구권자가 제기한 이의신청, 행정심판 또는 행정소송에서 처분사유를 제시하였다면 이를 비공개결정의 처분사유로 보아 그 당부를 판단함이 상당하다.[30]

바. 증거조사의 방식

(1) 행정심판위원회는 심리를 위해 필요할 때에는 당사자의 신청 또는 직권에 의해 다음의 방법으로 증거조사를 할 수 있습니다(행정심판법 제36조 제1항).

(가) 당사자 본인 또는 참고인을 신문하는 일

(나) 당사자 또는 관계인이 소지하는 문서·장부·물건 그 밖의 증거자료의 제출을 요구하고 이를 영치하는 일

(다) 특별한 학식과 경험을 가진 제3자에게 감정을 명하는 일

(라) 필요한 물건·사람·장소 그 밖에 사물의 성상 또는 상황을 검증하는 일

(2) 행정심판위원회는 필요할 때에는 행정청의 직원 또는 다른 행정기관에 촉탁하여 증거조사를 할 수 있습니다(행정심판법 제36조 제2항).

(3) 행정심판위원회는 필요할 때에는 관계 행정기관에 대해 필요한 서류를 제출하게 하거나 의견을 진술하게 할 수 있습니다(행정심판법 제36조 제3항).

(4) 국무총리행정심판위원회에서 심리·재결하는 심판청구의 경우 다음의 구분에 따른 행정청은 의견서를 제출하거나 의견을 진술할 수 있습니다(행정심판법 제36조 제5항).

(가) 특별시장·광역시장·도지사·제주특별자치도지사(교육감을 포함)의 처분이나 부작위, 그 밖에 국무총리나 중앙행정기관이 직근 상급행정기관이나 소관 감독 행정기관에 해당하는 처분이나 부작위에 대한 심판청구 : 직근 상급행정기관이나 소관 감독 행정기관에 해당하는 국무총리 또는 중앙행정기관

(나) 법무부 및 대검찰청에 소속된 국가특별지방행정기관을 제외한 국가특별지방행정기관(정부조직법 제3조 또는 다른 법률의 규정)의 처분 또는 부작위에 대한 심판청구 : 해당 국가특별지방행정기관이 소속된 중앙행정기관

---

30) 서울행정법원 2007. 8. 28. 선고 2007구합7826 판결 등

사. 당사자의 권한

(1) 위원·직원에 대한 기피 신청권

(가) 당사자는 행정심판위원회의 위원에게 심리·재결의 공정을 기대하기 어려운 경우 기피신청을 할 수 있습니다. 이 경우 행정심판위원회의 위원장은 기피신청에 대해 행정심판위원회의 의결을 거치지 않고 결정합니다(행정심판법 제10조 제2항).

(2) 구술심리 신청권

(가) 당사자는 행정심판위원회에 구술심리를 신청할 수 있습니다. 이 경우 위원회는 서면심리만으로 결정할 수 있다고 인정되는 경우 외에는 구술심리를 해야 합니다(행정심판법 제40조 제2항).

(3) 보충서면 제출권

(가) 당사자는 심판청구서·보정서·답변서 또는 참가신청서에서 주장한 사실을 보충하고 다른 당사자의 주장을 다시 반박하기 위해 필요할 때에는 보충서면을 제출할 수 있습니다(행정심판법 제33조 제1항).

(나) 행정심판위원회가 보충서면의 제출기한을 정한 때에는 그 기한 내에 제출해야 합니다(행정심판법 제33조 제2항).

(다) 법 제28조제1항에 따른 심판청구서에는 법 제19조제1항에 따른 대표자·관리인·선정대표자 또는 대리인의 자격을 소명하는 서면과 법 제34조제1항에 따른 증거서류 또는 증거물을 첨부할 수 있다(법원행정처 행정심판규칙 제19조).

(4) 물적증거 제출권

(가) 당사자는 심판청구서·보정서·답변서 또는 참가신청서에 덧붙여 그 주장을 뒷받침하는 증거서류 또는 증거물을 제출할 수 있습니다. 이 경우 다른 당사자의 수에 따르는 증거서류의 부본을 첨부해야 합니다(행정심판법 제34조 제1항 및 제2항).

(5) 사용자등록 (행정심판시행령 제35조)

① 전자정보처리조직을 이용하려는 자는 위원회가 지정하는 방식으로 다음 각 호의 사항을 기재하여 사용자등록을 하여야 한다. <개정 2015.12.30>

1. 사용자의 이름
2. 사용자의 생년월일
3. 사용자의 주소
4. 사용자의 전화번호
5. 사용자의 아이디(전자정보처리조직의 사용자를 식별하기 위한 식별부호를 말한다. 이하 같다)

6. 사용자의 전자우편주소

② 전자정보처리조직을 이용한 행정심판 절차의 수행을 위하여 위원회가 필요하다고 인정하는 경우 피청구인은 위원회가 지정하는 방식으로 전자정보처리조직에 다음 각 호의 사항을 기재하여 등록하여야 한다.

1. 피청구인의 명칭
2. 피청구인의 주소
3. 피청구인의 아이디
4. 전자정보처리조직을 사용할 담당부서 및 담당자

(6) 증거조사 신청권

(가) 당사자는 그의 주장을 뒷받침하기 위해 필요할 때에는, 행정심판위원회에 본인·참고인 신문, 증거자료의 제출요구, 감정·검증 등 증거조사를 할 것을 신청할 수 있습니다(행정심판법 제36조 제1항).

(나) 문서의 서식 (행정심판시행규칙 제5조)

① 위원회 및 위원회 위원장의 결정은 별지 제6호서식 및 별지 제7호서식에 따른다.

② 제1항, 제2조 및 제3조에 따른 서식 외에 위원회 또는 법 제36조제2항에 따라 증거조사를 하는 자가 행정심판에 관하여 사용하는 문서의 서식은 다음 각 호와 같다. <개정 2017.10.19>

1. 법 제21조제1항 및 「행정심판법 시행령」(이하 "영"이라 한다) 제18조에 따른 심판참가 요구서: 별지 제8호서식
2. 법 제32조제1항 및 영 제24조제1항에 따른 보정요구서: 별지 제9호서식
3. 법 제36조 및 영 제25조제3항부터 제5항까지의 규정에 따른 증거조사조서: 별지 제10호서식
4. 법 제36조제1항에 따른 증거자료 영치증명서: 별지 제11호서식
5. 법 제36조제1항에 따른 감정의뢰서: 별지 제12호서식
6. 법 제36조제1항에 따른 감정통지서: 별지 제13호서식
7. 법 제36조제2항 및 영 제25조제5항에 따른 증거조사 촉탁서: 별지 제14호서식
8. 법 제40조제2항에 따른 서면심리 통지서: 별지 제15호서식
9. 법 제46조에 따른 재결서: 별지 제16호서식

9의 2. 법 제50조의2제5항에 따른 집행문: 별지 제16호의2서식

10. 영 제28조에 따른 회의록: 별지 제17호서식

③ 청구인, 행정심판 피청구인(이하 "피청구인"이라 한다), 참가인 또는 관계인이

행정심판에 관하여 사용하는 문서의 서식은 다음 각 호와 같다. <개정 2012.9.20, 2017.10.19, 2018.11.1, 2025.9.24>

1. 법 제10조에 따른 제척·기피 신청서: 별지 제18호서식
2. 법 제15조제1항에 따른 선정대표자 선정서: 별지 제19호서식
3. 법 제15조제5항에 따른 선정대표자 해임서: 별지 제20호서식
4. 법 제16조제3항에 따른 청구인 지위 승계 신고서: 별지 제21호서식
5. 법 제16조제5항에 따른 청구인 지위 승계 허가신청서: 별지 제22호서식
6. 법 제16조제8항 및 영 제14조제1항, 법 제17조제6항 및 영 제15조제3항, 법 제20조제6항 및 영 제17조, 법 제29조제7항 및 영 제21조 등에 따른 위원회 결정에 대한 이의신청서: 별지 제23호서식
7. 법 제17조제2항·제5항 및 영 제15조제1항에 따른 피청구인 경정신청서: 별지 제24호서식
8. 법 제18조에 따른 대리인 선임서(위임장): 별지 제25호서식
9. 법 제18조제1항제5호, 같은 조 제2항 및 영 제16조제1항에 따른 대리인 선임 허가신청서: 별지 제26호서식
10. 법 제18조제3항에 따른 대리인 해임서: 별지 제27호서식

10의2. 법 제18조의2제1항 및 영 제16조의2에 따른 국선대리인 선임 신청서: 별지 제27호의2서식

11. 법 제19조제2항에 따른 대표자 등의 자격상실 신고서: 별지 제28호서식
12. 법 제20조제2항에 따른 심판참가 허가신청서: 별지 제29호서식
13. 법 제28조 및 영 제20조에 따른 행정심판 청구서: 별지 제30호서식
14. 법 제29조에 따른 청구변경신청서: 별지 제31호서식
15. 법 제30조제5항에 따른 집행정지결정 취소신청서: 별지 제32호서식
16. 법 제30조제5항 및 영 제22조제1항에 따른 집행정지신청서: 별지 제33호서식
17. 법 제31조제2항에 따른 임시처분 신청서: 별지 제34호서식
18. 법 제31조제2항에 따른 임시처분 취소신청서: 별지 제35호서식
19. 법 제32조제2항에 따른 심판청구 보정서: 별지 제36호서식
20. 법 제34조제1항 및 제2항에 따른 증거서류 등 제출서: 별지 제37호서식
21. 법 제36조제1항 및 영 제25조제1항에 따른 증거조사 신청서: 별지 제38호서식

21의2. 법 제38조제2항에 따른 심리기일 변경 신청서: 별지 제38호의2서식

22. 법 제40조제1항 단서 및 영 제27조에 따른 구술심리 신청서: 별지 제39호서식

23. 법 제42조제1항 · 제3항 및 영 제30조, 법 제15조제3항에 따른 심판청구 취하서: 별지 제40호서식
24. 법 제42조제2항 · 제3항 및 영 제30조에 따른 심판참가신청 취하서: 별지 제41호서식
25. 법 제50조제1항에 따른 의무이행심판 인용재결 이행신청서: 별지 제42호서식
25의2. 법 제50조의2제1항 및 영 제33조의2제1항에 따른 간접강제신청서: 별지 제42호의2서식
25의3. 법 제50조의2제2항 및 영 제33조의2제1항에 따른 간접강제결정 변경신청서: 별지 제42호의3서식
25의4. 법 제50조의2제5항에 따른 집행문부여 신청서: 별지 제42호의4서식
25의5. 법 제50조의2제6항에 따라 준용되는 「민사집행법」 제31조에 따른 승계집행문부여 신청서: 별지 제42호의5서식
26. 법 제55조에 따른 증거서류 등 반환신청서: 별지 제43호서식
27. 영 제31조제1항에 따른 재결경정신청서: 별지 제44호서식

(라) 제3항의 증거조사조서에는 다음 각 호의 사항을 기재하고, 위원장이 기명날인 또는 서명한다(법원행정처 행정심판규칙 제24조 제4항).

1. 사건의 표시
2. 증거조사의 일시와 장소
3. 증거조사에 참여한 위원의 이름
4. 출석 당사자 · 대표자 · 대리인 등의 이름
5. 증거방법 및 조사대상
6. 증거조사의 결과

아. 관련청구의 병합과 분리

(1) 행정심판위원회는 수개의 청구사건이 같은 또는 서로 관련되는 사안에 관하여 제기된 것이거나, 또는 동일한 행정청이 행한 유사한 내용의 처분에 관한 것인 때 등 필요하다고 인정될 경우, 심리의 신속성 · 경제성의 관점에서 이들 사건을 병합하여 심리하거나 병합된 관련청구를 분리하여 심리할 수 있습니다(행정심판법 제37조).

자. 심판청구의 취하

(1) 청구인은 심판청구에 대한 재결이 있을 때까지 서면으로 심판청구를 취하할 수 있습니다(행정심판법 제42조 제1항).

(2) 참가인은 심판청구에 대한 재결이 있을 때까지 서면으로 참가신청을 취하할 수 있습니다(행정심판법 제42조 제2항).

(3) 법 제42조제1항 및 제2항에 따라 청구인 또는 참가인이 심판청구 또는 참가신청을 취하하는 경우에는 그 청구 또는 신청의 전부 또는 일부를 취하할 수 있다(법원행정처 행정심판규칙 제30조 제1항).

11. 심리의 종료

가. 재결의 의의 및 종류

(1) 심리

행정청의 처분 또는 부작위에 대한 행정심판청구사건에 관해 행정심판위원회가 심리의 결과를 판단하는 행위를 말한다(행정심판법 제2조).

(2) 각하재결

(가) 심판청구의 요건심리의 결과 그 제기요건에 흠결이 있는 부적법한 것이라는 이유로 본안심리를 거부하는 재결을 말합니다(행정심판법 제43조 제1항).

(나) 재결서의 주문은 '이 건 심판청구를 각하한다'로 표현됩니다.

(3) 기각재결

(가) 본안심리의 결과 심판청구가 이유없다고 하여 청구를 배척하고 원처분을 유지하는 재결을 말합니다(행정심판법 제43조 제2항).[31]
재결서의 주문은 '청구인의 청구를 기각한다'로 표현됩니다.

(4) 인용재결

(가) 인용재결에는 재결청이 스스로 처분을 직접 취소 또는 변경하는 형성재결과 처분청에 대하여 취소 또는 변경을 명하는 이행재결의 두 종류가 있다(행정심판법 제43조 제3항 참조).

(나) 본안심리의 결과 원처분이나 부작위가 위법 또는 부당하다고 인정하여 청구의 취지를 받아들이는 재결을 말합니다(행정심판법 제43조 제3항~제5항).[32]

(다) 청구취지를 받아들이는 것이므로, 청구취지에 따라 ① 취소·변경재결, ② 무효등확인재결, ③ 의무이행재결로 나누어집니다.
① 취소·변경재결
(i) 행정심판위원회는 취소심판의 청구가 이유있다고 인정하는 때에는 처분

---

31) 대법원 2001. 7. 27. 선고 99두2970 판결은 원처분에 대한 행정심판을 각하하는 재결을 받자 원고가 원처분의 취소와 각하재결의 취소를 모두 청구하였고, 법원은 위 두 취소청구를 모두 인용하였다.

32) 대법원 1995. 6. 13. 선고 94누15592 판결, 1997. 12. 23. 선고 96누10911 판결, 1998. 4. 24. 선고 97누17131 판결

을 취소 또는 변경하거나 처분청에게 취소 또는 변경할 것을 명할 수 있습니다(행정심판법 제43조 제3항).

(ii) 재결서의 주문은 '피청구인이 2010. 10. 10. 청구인에 대하여 한 00처분은 이를 취소한다 또는 피청구인이 2015. 5. 20. 청구인에 대하여 한 00취소처분은 이를 3월의 00정지처분으로 변경한다'로 표현됩니다.

② 무효등확인재결

(i) 무효등확인심판의 청구가 이유있다고 인정할 때 해당 처분의 효력의 유무 또는 존재 여부를 확인하는 재결을 말합니다(행정심판법 제43조 제4항).

(ii) 재결서의 주문은 '피청구인이 2014. 7. 16. 청구인에 대하여 한 2014. 8. 18일. 자 00처분은 이를 무효임을 확인한다'로 표현됩니다.

③ 의무이행재결

(i) 의무이행심판청구가 이유있다고 인정하여 그 부작위의 바탕이 된 신청에 따른 처분을 하거나 하도록 명하는 재결을 말합니다(행정심판법 제43조 제5항).

(ii) 재결서의 주문은 '피청구인은 청구인이 정보공개이행을 청구한 정보 중 000을 공개하라'로 표현됩니다.

(5) 사정재결

(가) 심판청구가 이유있다고 인정되는 경우에도 이를 인용하는 것이 현저히 공공복리에 적합하지 않은 때에 그 심판청구를 기각하는 재결을 말합니다(행정심판법 제44조 제1항).

취소심판과 의무이행심판에만 적용되며, 무효등확인심판에는 적용되지 않습니다(행정심판법 제44조 제3항).

(나) 사정재결을 하는 경우에는 해당 처분이나 부작위의 위법·부당성을 확정함으로써 행정상 손해배상청구 등을 쉽게 할 수 있도록 재결의 주문에서 그 처분이나 부작위가 위법 또는 부당한 것임을 명시합니다(행정심판법 제44조 제1항 단서).

(다) 재결서의 주문은 '청구인의 청구를 기각한다. 다만, 피청구인이 2014. 0. 00. 청구인에 대하여 한 00처분은 위법하다'로 표현됩니다.

(라) 또한 행정심판위원회는 사정재결을 함에 있어 청구인에 대해 상당한 구제방법을 취하거나, 피청구인에게 상당한 구제방법을 취할 것을 명할 수 있습니다(행정심판법 제44조 제2항).

상당한 구제방법이란, 원칙적으로 사정재결로 인하여 청구인이 받는 피해 전체이며 금전을 통한 배상 또는 피해제거시설의 설치 등의 다른 적절한 방법 등을 말합니다.

나. 재결의 절차

(1) 재결기간

(가) 재결은 피청구인인 행정청 또는 행정심판위원회가 심판청구서를 받은 날부터 60일 이내에 해야 합니다. 다만, 부득이한 사정이 있을 때에는 위원장이 직권으로 30일을 연장할 수 있다(행정심판법 제45조 제1항).

(나) 부득이한 사정에 따라 재결기간을 연장한 때에는 재결기간이 만료되기 7일 전까지 당사자에게 이를 통지해야 합니다(행정심판법 제45조 제2항).

(다) 행정심판위원회가 심판청구에 흠결이 있어 보정을 명한 경우의 보정기간은 재결기간에 산입되지 않습니다(행정심판법 제32조 제5항).

(라) 필요적 전치의 완화

i 행정심판 재결을 기다릴 필요가 없는 경우(행정심판법 제18조 제2항)

행정심판청구는 하여야 하나 그 재결 결과를 기다릴 필요 없이 행정소송을 제기할 수 있는 경우로서, 행정심판을 청구조차 하지 아니하고 직접 제소할 수 있는 다음 ii항의 경우와 구별된다.

① 행정심판을 청구한 후 60일 경과한 때(제1호)

② 처분의 집행 또는 절차의 속행으로 생길 중대한 손해를 예방하여야 할 긴급한 필요가 있을 때(제2호)

'중대한 손해를 예방하여야 할 긴급한 필요가 있을 때'에 해당하는지는 개별적·구체적으로 판단할 문제이나, 위 ①과 관련하여 볼 때 행정심판청구가 있은 날로부터 60일을 기다렸다가는 처분이 집행되는 등으로 말미암아 회복이 곤란한 손해를 입을 위험성이 있는 경우를 말한다 할 것이다.

③ 법령의 규정에 의한 행정심판기관이 의결 또는 재결을 하지 못할 사유가 있는 때(제3호)

행정심판법은 재결 행정청과 심리의결기관으로서의 행정심판위원회를 따로 두고 있는데, 행정심판위원회가 구성되지 아니하거나 정족수에 달할 수 없는 특별한 사유가 있는 등의 사정으로 소정의 기간에 당해 행정심판청구사건을 심리·의결할 수 없을 것으로 인정될 때에는 그 사유를 소명하고 재결을 기다릴 것 없이 행정소송을 제기할 수 있으며, 또 행정심판위원회의 의결이 있더라도 재결청이 재결을 할 수 없다고 인정되는 사유가 있는 때에는 재결을 거칠 것 없이 그 사유를 소명하고 곧바로 행정소송을 제기할 수 있다.

④ 그 밖의 정당한 사유가 있는 때

ii 행정심판을 청구할 필요가 없는 경우(법 제18조 제3항)

① 동종 사건에 대하여 이미 행정심판의 기각재결이 있은 때(제1호)
당해사건에 관하여 타인이 행정심판을 제기하여 그에 관한 기각재결이 있은 때에는 행정소송의 원고 자신이 따로 행정심판절차를 밟을 것 없이 행정소송을 제기할 수 있다. 다만, 판례는 쟁점이 동일한 것만으로는 동종사건으로 보고 있지 않는 등 동종 사건의 범위를 상당히 좁게 인정하고 있다.[33)]

② 서로 내용상 관련되는 처분 또는 같은 목적을 위하여 단계적으로 진행되는 일련의 처분 중 어느 하나가 이미 행정심판의 재결을 거친 때(제2호)
선후관계에 있는 여러 개의 행정처분 중 선행처분과 후행처분이 서로 내용상 관련되어 일련의 발전적 과정에서 이루어진 것이라든가 후행처분이 선행처분의 필연적 결과로서 이루어져 선행처분에 대한 행정심판 재결이 있는 때에는 후행처분에 대한 행정심판도 동일한 운명에 처하게 될 관계에 있는 경우, 또는 일방에 대한 허가 등의 처분이 타방에 대한 부허가로 귀결될 수 밖에 없는 경원(競願)관계에 있는 처분 등의 경우 선행처분이나 일방에 대한 처분에 대하여 행정심판을 거쳤으면 후행처분이나 타방에 대한 처분에 대하여는 따로 행정심판을 거칠 필요가 없다는 것이다.[34)]

③ 행정청이 사실심의 변론종결 후 소송의 대상인 처분을 변경하여 당해 변경된 처분에 관하여 소를 제기하는 때(제3호)
예를 들어 공무원징계처분에 대하여 재량권 남용을 이유로 이를 취소하는 판결을 하자 행정청이 징계의 정도를 낮추어 다시 징계처분을 한 경우에는 행정심판을 거침이 없이 바로 그 변경된 처분에 대하여 소를 제기할 수 있다. 취소소송이 사실심에 계속되고 있는 동안 당해 소송의 대상인 처분이 행정청에 의하여 변경된 때에는 그 변경된 처분에 맞추어 소를 변경할 수 있는바, 그러한 경우에도 변경된 처분에 대하여 따로 행정심판을 거칠 필요가 없다(법 제22조 제3항).

④ 처분을 행한 행정청이 행정심판을 거칠 필요가 없다고 잘못 알린 때(제4호)
행정청이 서면에 의한 처분을 하는 때에는 그 상대방에게 당해 처분에 대한 행정심판을 제기할 수 있는지, 심판 청구절차 및 청구기간을 알려주도록 되어 있는데(행정심판법 제58조 제1항, 제2항, 행정절차법 제26조),[35)] 행정청이 착오로 당해 처분에 대하여 행정심판을 제기할 필요가 없는 것으로 잘못 고지한 때(행정심판을 제기할 수 없다고 잘못 고지한 경우도 포함)에는, 행정소송의

33) 대법원 1994. 11. 8. 선고 94누4653 판결, 대법원 1996. 8. 23. 선고 96누4671 판결 등
34) 대법원 1987. 7. 7. 선고 85누393 판결, 1991. 6. 28. 선고 90누6521 판결, 1991. 7. 26. 선고 91누117 판결, 1992. 9. 22. 선고 92누1322 판결, 1993. 6. 29. 선고 92누19194 판결, 2000. 9. 26. 선고 99두1557 판결 등
35) 대법원 1987. 11. 24. 선고 87누529 판결

원고가 될 자는 그것이 잘못된 고지임을 알았는지에 관계없이 행정심판절차를 거치지 아니하고 취소소송 등을 제기할 수 있다.[36)]

(2) 재결의 방식

(가) 재결은 서면으로 합니다(행정심판법 제46조 제1항).

(나) 행정심판위원회는 재결서에 다음 사항을 기재하고 기명날인합니다(행정심판법 제46조 제2항).

i 사건번호와 사건명

ii 당사자・대표자 또는 대리인의 이름과 주소

iii 주문

iv 청구의 취지

v 이유

vi 재결한 날짜

(다) 재결서에 기재하는 이유에는 주문 내용이 정당함을 인정할 수 있는 정도의 판단이 표시됩니다(행정심판법 제46조 제3항).

(라) 재결의 경정

법 제46조에 따른 재결서에 오기(誤記), 계산착오 또는 그 밖에 이와 비슷한 잘못이 있는 것이 명백한 경우에는 위원장은 직권으로 또는 당사자의 신청에 의하여 경정 결정을 할 수 있다(행정심판시행령 제31조).

(3) 재결의 범위

(가) 행정심판위원회는 심판청구의 대상이 되는 처분 또는 부작위 외의 사항에 대하여는 재결하지 못합니다(행정심판법 제47조 제1항).

(나) 행정심판위원회는 심판청구의 대상이 되는 처분보다 청구인에게 불이익한 재결을 하지 못합니다(행정심판법 제47조 제2항).

(4) 재결의 송달

(가) 재결이 행해진 경우 행정심판위원회는 지체 없이 당사자에게 재결서의 정본을 송달해야 하고, 청구인에게 송달이 있은 때에 재결의 효력이 발생합니다(행정심판법 제48조 제1항 및 제2항).

(나) 심판청구 참가인에게도 재결서의 등본이 송달됩니다(행정심판법 제48조 제3항).

다. 재결의 효력

(1) 기속력

---

36) 서울고법 2002. 3. 28. 선고 2001누13036 판결(확정)

(가) 심판청구의 당사자인 행정청과 관계행정청이 재결의 취지에 따르도록 기속하는 효력을 말합니다.

(나) 심판청구를 인용하는 재결은 피청구인과 그 밖의 관계 행정청을 기속(羈束)한다. (행정심판법 제49조 제1항).

(다) 행정청은 재결에 기속되므로, 처분청은 처분을 취소하는 재결이 있는 경우 재결의 취지에 반하는 처분을 다시 해서는 안 됩니다. 즉, 동일한 사정 아래에서는 같은 내용의 처분을 되풀이해서는 안 됩니다[37]

(라) 행정심판에서 처분의 취소재결 또는 무효재결이 있으면, 행정청은 해당 처분과 관련하여 행해진 후속처분이나 사실상의 조치 등에 기한 법률관계·사실관계는 위법한 것이 되므로, 행정청은 이를 원상으로 회복할 의무를 집니다.
예를 들어, 건물의 철거명령이 취소되면, 행정청은 이 처분을 전제로 한 계고처분을 취소해야 합니다.

(마) 재결에 의하여 취소되거나 무효 또는 부존재로 확인되는 처분이 당사자의 신청을 거부하는 것을 내용으로 하는 경우에는 그 처분을 한 행정청은 재결의 취지에 따라 다시 이전의 신청에 대한 처분을 하여야 한다(행정심판법 제49조 제2항 본문).
신청에 따른 처분이 절차의 위법 또는 부당을 이유로 재결로써 취소된 경우에는 제2항을 준용한다.(행정심판법 제49조 제4항).

(2) 형성력

(가) 행정심판위원회에서 처분을 취소 또는 변경하는 재결을 한 경우 피청구인인 행정청에 의한 별도의 처분을 기다릴 필요 없이 재결의 내용에 따라 행정법관계에 변동이 생기는 효력을 말한다.
예를 들어, 건축허가취소처분을 취소하는 재결이 있으면, 해당 처분은 처분 시에 소급하여 효력이 소멸하므로 처분청은 별도의 건축허가취소의 취소처분을 할 필요는 없습니다.

(3) 불가쟁력

(가) 재결은 그 자체에 고유한 위법이 있는 경우 그에 대한 행정소송을 제기할 수 있으나, 그 제소기간이 경과되면 더 이상 재결의 효력을 다툴 수 없게 됩니다.
행정소송의 제소기간은 원칙적으로 처분이 있음을 안 날부터 90일, 처분이 있은 날부터 1년입니다.

(4) 불가변력

(가) 재결은 쟁송절차에 따른 판단행위이므로, 일단 재결이 행해진 이상, 설령 그것이

37) 대법원 1983. 8. 23. 선고 82누302 판결

위법하다 하더라도 행정심판위원회 스스로도 이를 취소 또는 변경할 수 없는 효력을 말합니다.

(나) 재결은 본질상 쟁송절차를 통한 준재판이라 할 수 있으므로, 재심 그 밖에 특별한 규정이 없는 한 행정심판위원회가 스스로 취소·변경할 수 없습니다[38]

i 다만, 재결에 오기·계산착오 그 밖에 이와 비슷한 잘못이 있는 것이 명백한 때에는 행정심판위원회위원장은 직권 또는 당사자의 신청에 따라 경정 결정을 할 수 있습니다(법원행정처 행정심판규칙 제29조).

(5) 공정력

(가) 행정행위의 성립에 하자가 있는 경우에도 그것이 중대·명백하여 무효로 인정되는 경우를 제외하고는, 권한 있는 기관에 의해 취소되기까지 유효한 것으로 통용되는 힘을 말합니다.

(나) 재결은 행정처분의 일종으로서 공정력을 가집니다.

라. 재결에 대한 불복

(1) 재심판청구 금지

(가) 심판청구에 대한 재결이 있는 경우에는 해당 재결 및 동일한 처분 또는 부작위에 대하여 다시 심판청구를 제기할 수 없습니다(행정심판법 제51조).

i 재심판청구는 부적법한 것으로 각하되며, 시·도지사의 재결에 대해 국무총리 행정심판위원회에 재심청구를 하는 것도 재심판청구금지 규정에 저촉되어 부적법한 것으로 각하됩니다.

ii 행정심판 전치주의를 택하는 것은 행정청으로 하여금 스스로 시정할 기회를 주는데 의미가 있는 것으로서 이미 그러한 기회가 주어진 뒤 이루어진 재결이나 그 재결에 따른 처분의 취소를 구하는 소송에서는 다시 행정심판을 청구하는 것이 불필요함은 물론 불가능하다(행정심판법 제51조).

(2) 재결에 대한 불복방법

(가) 재결 그 자체에 고유한 위법이 있는 경우에는 행정소송을 제기할 수 있습니다(행정소송법 제19조 단서).

따라서, 청구인은 재결 자체의 고유한 절차상 또는 내용상 하자가 없는 한 재결 자체의 위법을 다투어 재결취소소송을 제기하기 보다는, 원처분의 위법을 다투는 원처분의 취소소송 등을 제기해야 합니다.

(나) 재결에 불복하는 행정소송은, 재결서 정본을 송달받은 날부터 90일 이내에 피고의 소재지를 관할하는 법원에 제기하면 됩니다(행정소송법 제20조제1항).

---

38) 대법원 1965. 4. 22. 선고 63누200 판결

(3) 청구인의 지위 승계에 대한 이의신청의 처리

법 제16조제8항에 따른 이의신청은 그 사유를 소명하는 서면으로 하여야 한다(행정심판법 시행령 제14조 제1항).

(가) 참가신청에 대한 이의신청의 처리

법 제20조제6항에 따른 이의신청의 처리에 관하여는 제13조를 준용한다(법원행정처 행정심판규칙 제16조).

(나) 심판참가에 대한 이의신청의 처리

법 제20조제6항에 따른 이의신청의 처리에 관하여는 제14조를 준용한다(법원행정처 행정심판규칙 제17조).

(4) 제3자 또는 행정청 심판참가

위원회는 필요하다고 인정하면 그 행정심판 결과에 이해관계가 있는 제3자나 행정청에 그 사건 심판에 참가할 것을 요구할 수 있다(행정심판법 제21조 제1항).

12. 행정소송심판 및 이의신청 사례

가. 행정소송 판례

(1) 처리절차 관련

사건번호(기관)	사건쟁점	판결내용
서울행정법원 2011구합39967 (서울시 동작구)	이의신청한 건의 각하 처분에 대해 소를 제기	이의신청을 각하 또는 기각하는 결정은 사실상 정보공개청구에 관한 기존의 결정의 유지를 전제로 한 것에 불과하여 정보공개청구인의 권리, 의무에 새로운 변동을 초래하는 것이 아니므로 독자적인 항고소송의 대상이 된다고 볼 수 없고, 이 사건 소는 행정소송의 대상이 아닌 사항에 대한 것으로서 부적법 《각하》
대법원 2010두24913 (서울시 동작구)	행정처분의 취소를 구하는 항고소송에서 처분청은 당초 처분의 근거로 삼은 사유와 기본적 사실관계가 동일성이 있다고 인정되는 한도 내에서만 다른 사유를 추가하거나 변경할 수 있음	피고가 추가로 비공개처분 사유로 제시한 정보공개법 제9조제1항제5호에서 주장하는 사유는 당초 처분사유인 정보공개법 제9조 제1항 제4호, 제7호에서 주장하는 사유와는 기본적 사실관계가 동일하다고 할 수 없고, 행정처분의 취소를 구하는 항고소송에서 처분청은 당초 처분의 근거로 삼은 사유와 기본적 사실관계가 동일성이 있다고 인정되는 한도 내에서만 다른 사유를 추가하거나 변경할 수 있는바, 정보공개법 제9조 제1항 제5호의 처분사유 추가는 허용되지 아니함 《공개》

(2) 공개여부 관련

사건번호(기관)	사건쟁점	판결내용
수원지방법원 2012구합3201 (경기 화성시)	종중 등록 당시 각 부동산에 관한 재산세 등 과세정보자료 일체	납세자가 종중인 경우 종중원은 납세자가 될 수 없으므로 지방세기본법 제114조 제1항 본문 소정의 다른 사람에 해당한다. 이 사건 정보는 지방세기본법 제114조 제1항 본문에서 비공개사항으로 규정한 과세정보로서 정보공개법 제9조 제1항 제1호에 따른 비공개대상정보인 '다른 법률 또는 법률이 위임한 명령에 의하여 비밀 또는 비공개 사항으로 규정된 정보'에 해당한다 할 것이고, 원고 주장과 같이 공공기관이 "지방세기본법 제114조 제1항만을 근거로 하여 과세정보를 공개하지 않을 수 없고, 정보공개법 제9조 제1항 각 호 소정의 비공개대상정보에 해당하는지 여부를 공익과 사익을 비교형량하여 판단하여야 한다"고 볼 아무런 근거가 없으므로, 원고의 위 주장은 이유 없으므로 기각《비공개》
의정부지방법원 2012구합1681 (대한석탄공사)	○○광업소 도급업체의 2012년 용역 및 도급 설계내역서	''○○광업소 도급업체의 2012년 용역 및 도급 설계내역서''를 비공개(제7호)한 것에 대하여 청구된 정보는 작업의 작업량, 투입 인원수, 소요 작업비, 연차수당, 퇴직금 등의 세부내역과 기업이윤을 고려하여 추정가격을 산정한 자료로 공개된다하여 기업의 사업활동이 부당하게 제약당하는 등의 불이익이 발생한다 보기 어렵기에 정보공개법 제9조 제1항 제7호에서 정한 비공개대상정보에 해당하지 않음《공개》
광주지방법원 2012구합3248 (광주광역시)	소외 회사의 운송수입금대장, 자동운행기록장치에 따른 운송수입금 내역(개인신상정보 제외), 유류비	정보공개법 제9조 제1항 제7호에 해당 《비공개》
대법원 2010두24913 (서울시 동작구)	재단법인 ○○사의 기본재산 처분에 관련된 자료	정보공개법 제9조 제1항 제7호 소정의 '법인 등의 경영·영업상 비밀'은 '타인에게 알려지지 아니함이 유리한 사업활동에 관한 일체의 정보', '사업활동에 관한 일체의 비밀사항'을 의미하는 것이고 그 공개
대법원 2010두24913 (서울시 동작구)		여부는 이를 공개하는 것이 법인 등의 정당한 이익을 현저히 해할 우려가 있는지 여부에 따라 엄격하게 결정해야 함. 재단법인 00사가 이미 매각하고 그에 따른 정관변경까지 완료한 기본재산의 처분에 관한 자료를 공개한다고 하여 재단법인00사나 그 계약상대방의 어떠한 이익을 해한다고 볼 만한 자료가 없는 점 등의 사정들을 감안하여, 재단법인 00사가 거래하는 금융기관의 계좌번호만 빼고 이를 공개하는 것이 재단법인 00사 등의 정당한 이익을 현저히 해한다고 볼 수 없다고 판단《공개》
서울고등법원 2011누44954 (외교통상부)	대한민국과 미국간에 체결된 자유무역협정문에 번역 오류가 있다는 문제가 제기되어 피고가 이를 정정하는 일이 발생하자 외교통상부장관에 대하여 종전 협정문에 대한 번역 정오표를 공개하라고 청구	원고가 청구한 한미 FTA 번역 오류 정오표는 정보공개법 제9조 제1항 제2호 소정의 비공개 대상 정보에 해당하지 않으므로 원고의 정보공개청구를 거부한 피고의 처분은 위법하다. 《공개》

사건번호(기관)	사건쟁점	판결내용
대구지방법원 2012구단3076 (경북북부제1교도소)	징벌위원회 회의록	"징벌위원회 회의록은 징벌절차를 진행한 내용과 징벌위원회 위원장과 위원들이 비공개로 심사, 의결한 내용이 확연히 구분되므로 비공개대상정보 부분을 분리하거나 가리고 복사하여 그 사본을 공개하는 방법으로 공개대상부분만을 공개함으로써 정보공개의 목적을 달성할 수 있을 것이므로 이 사건 정보 중 징벌위원회 위원장과 위원들이 비공개로 심사, 의결한 내용 부분을 제외한 나머지 부분에 대한 정보공개거부처분은 위법《공개》
대법원 2010두7048 (광주광역시 지방경찰청)	청구인이 고발한 피의자들에 대한 의견서	공개청구대상인 정보가 의견서 등에 해당한다고 하여 곧바로 정보공개법 제9조 제1항 제4호에 규정된 비공개대상정보라고 볼 것은 아니고, 의견서 등의 실질적인 내용을 구체적으로 살펴 수사의 방법 및 절차 등이 공개됨으로써 수사기관의 직무수행을 현저히 곤란하게 한다고 인정할 만한 상당한 이유가 있어야만 위 비공개대상정보에 해당한다고 봄이 타당하다. 이 사건 정보 중 개인 인적사항 부분을 제외한 나머지 부분인 범죄사실, 적용법조, 증거관계, 고소인 및 피고소인의 진술, 수사결과 및 의견 등은 비록 그것이 수사기록 중의 의견서, 법률검토 등에 해당하여 수사에 관한 사항에 포함되는 것이기는 하나, 원고는 관련사건의 고소인으로서 그 권리구제를 위하여 경찰의 송치의견서의 내용을 알 필요성이 큰 반면 그 정보의 내용, 수집경로 등이 노출되어 향후 범죄의 예방이나 정보수집, 수사활동 등에 영향을 미치는 경우로 보기 어려운 점 등에 비추어 보면, 위 정보가 공개될 경우 피고의 직무수행을 현저히 곤란하게 하거나 피의자의 인권 및 공익 목적을 해하는 결과를 야기한다고 인정하기 어렵다는 이유를 들어 이 사건 정보 중 개인 인적사항 부분을 제외한 나머지 부분은 정보공개법 제9조 제1항 제4호의 비공개대상정보에 해당하지 아니한다고 판단《공개》
대전지방법원 2012구합3059 (충남대학교 병원)	청소용역 원가산정내역서, 외주근로조건 이행확약서에 대한 부분공개결정 취소소송	원가산정내역서는 00기업 소속 근로자들의 기본급, 각종 수당, 퇴직적립금, 각종 보험료 등의 세부내역과 기업이윤을 고려하여 원가를 산정한 자료이고, 외주근로조건 이행확약서는 00기업이 피고와 사이에 용역계약을 수행함에 있어 기재된 근로조건대로 계약을 성실히 이행할 것을 확약한다는 내용의 자료로서 위 각 정보의 내용이 외부에 알려진다고 해서 기업의 사업활동이 부당하게 제약당하는 등의 불이익이 발생한다고 보기 어렵고, 정보공개법의 입법목적과 취지, 원가산정내역 등이 공개된다고 하여 ○○기업이 다른 용역업체와의 관계에서 경쟁력이 현저히 저하된다거나 영업활동이 곤란해진다고 단정할만한 자료가 없는 점, 오히려 이 사건 공개청구 정보는 00기업 소속 근로자들의 현재 근로조건을 검토하고 개선방안을 마련함에 있어 핵심적인 정보인 점 등을 종합하면 이사건 비공개처분은 위법 《공개》
청주지방법원 2012구합2028 (충청북도 충주시)	원고 사업의 실시계획인가 및 그와 관련된 농지전용협의와 산지전용협의 서류 정보공개결정에 대해 공개내용과 관련된 원고(제3자)가 정보공개청구자와 소송이 진행중이며, 영업상 비밀에 해당한다며 정보공개결정 취소 소송 제기	소송중인 사항도 재판의 쟁점과 직접적 관련이 있다고 보이지 않아 재판결과에 구체적 영향을 미칠 위험이 없는 정보는 공개대상이며, 사업의 실시계획 인가 및 그와 관련된 농지전용협의와 산지전용협의는 그 자체가 원고의 영업상의 비밀에 해당하지 않아 비공개대상정보에 해당하지 않다는 판례《공개》

사건번호(기관)	사건쟁점	판결내용
대전지방법원 211구합4802 (대전지방검찰청)	대전지방검찰청 2006형제 ○○호 사건기록 중 개인정보 부분을 제외한 나머지 부분 공개 청구	원고 작성의 고소장, 수사지휘통지서, 고소사건접수통지서, 수사보고(유선지휘), 사건송치서사본, 수사결과보고, 사건처리결과통지, 의견서, 수사지휘, 수사보고라는 제목을 가진 문서들인데 이러한 문서들이 피고가 주장하는 바와 같은 비공개대상정보의 성격을 가진 정보(정보공개법 제9조 제1항 제4호, 제5호, 제6호)임에 인정할 만한 아무런 증거가 없음《공개》
대법원 2012두2603 (감사원)	자신의 민원제기에 대하여 조사한 내용 및 감사결과와 관련한 내부 품의서 또는 의견서	직원에 대한 감찰은 민원과 감사의 성격을 동시에 지녀 감사의 속성상 조사결과에 이르기까지 조사내용이나 의사결정과정이 공개된다면 감사의 공정을 기하기 어려운 측면이 있고, 관련자들의 진술이 공개될 경우 자신의 진술내용의 공개 부담으로 심리적 압박을 받아 자유롭게 진술하기 어렵고 조사에 응하지 않을 우려가 있어 감사 종료 후에도 외부에 공개되지 않을 필요가 있음《비공개》

나. 행정심판 재결례

(1) 처리절차 관련

사건번호(기관)	사건쟁점	판결내용
2010-07455 중앙행정심판위원회 (국민권익위원회)	국민권익위원회에 신고된 신고서를 신고자의 동의 없이 공개할 수 있는지	신고자의 구체적인 인적사항은 아니나 신고서 작성시기, 장소, 경로 등만으로도 다른 정보와 결합하여 신고자 신분을 유추하게 만들 수 있는 정보로 비공개 가능《기각》
2012-05077 중앙행정심판위원회 (서울특별시)	조례에서 정한 바와 달리 서면심의로 진행하고, 회의록도 작성하지 않는 등 심의회 절차상 하자를 이유로 정보공개 이의신청 기각결정 취소청구	공공기관에 정보의 공개를 청구한 자가 공공기관의 정보공개 비공개결정 등에 대하여 이의신청을 한 경우 공공기관이 그 이의신청에 대한 결정을 하려는 때에는 심의회 심의를 반드시 거쳐야 할 법적 의무가 있다고 할 것인데 피청구인이 서울특별시 정보공개 조례에서 정한 적법한 방법에 따른 심의회를 거치지 않은 이상 청구인의 이의신청이 '이미 심의회를 거친 사항'에 해당한다고 볼 수 없고, 동 심의회의 절차상 하자가 보완되었다거나 치유되었다는 자료도 달리 확인되지 않는 점을 고려할 때 피청구인의 이 사건 처분은 절차상 하자가 있어 위법, 부당하다 할 것이다.《이의신청 기각결정 취소》
2012-22994 중앙행정심판위원회 (국토해양부)	본인의 자동차등록원부 내용	비록 그 외형이 정보공개 청구의 형태를 띠고 있다 하더라도 이는 정보공개법의 규율대상이 되는 정보공개 청구로 볼 수는 없으며, 단지 민원을 제기한 것에 불과하다고 보아야 한다. 따라서 피청구인이 청구인이 제기한 민원에 대해 자동차등록원부의 내용은 정보공개청구의 대상이 아니고 자동차등록원부의 발급신청은 자동차등록규칙 에 따라 등록관청에 신청을 해야 한다는 내용으로 이 사건 통지를 한 것은 민원회신에 해당하여 위 통지를 청구인의 권리의무나 법률관계에 어떠한 영향을 미치는 '처분'으로 볼수는 없다《각하》

사건번호(기관)	사건쟁점	판결내용
2012-12878 중앙행정심판 위원회 (국토해양부)	① 귀부가 위탁한 기관으로부터 보고 받은 문건 일체 및 「자동차손해배상 보험법」 관련 위탁기관에 지침, 법령 등으로 요청한 문건과 요청한 문건을 받은 내용 일체, ② 최초 의무보험 미가입정보 수집에 따른 지방자치단체장들로부터 보험개발원, 보험회사 등에게 납부해야 할 수수료 책정문건과 보험개발원, 보험회사 등으로부터 받은 의견서 등, ③ 귀부가 현재 또는 과거에 각 연계에 따라 전기통신사업자에게 납부한 수수료 내역에 대한 부존재 통지	청구인의 주장 이외에 피청구인이 이 사건 정보를 보유하고 있다고 인정할 만한 객관적인 자료가 확인되지 않는 점 등을 종합적으로 고려할 때 이 사건 정보는 정보가 특정되어 있지 않거나 생산·접수하지 않아 보유하고 있지 않다는 이유로 한 피청구인의 이 사건 처분이 위법·부당하다고 할 수 없다.《기각》
2012-48 경기도교육청행정 심판위원회 (가평교육지원청)	① 2009~2012 학교회계 예산서 ② 2008~2011 학교회계 결산서 ③ 2008~2012 업무추진비 지출부 ④ 2008~2012학교장 출장비 지출부 ⑤ 2009 운동장 인조잔디 조성사업 관련 서류를 사본, 출력물, 전자파일로 공개하라고 정보공개를 청구하였으나, 피청구인은 ①~②사항은 전자파일로 공개하였으며 ③~⑤사항은 정보공개법 시행령 제12조 제2항에 의거 공개대상의 정보의 과다하여 열람에 의한 공개로 결정하였음. 청구인은 공개방법을 열람공개가 아닌 파일 및 전자우편으로 공개하도록 행정심판청구	정보공개법 제13조 제2항의 규정에 의하면 공개대상 정보의 양이 과다하여 정상적인 업무수행에 현저한 지장을 초래할 우려가 있는 경우에는 정보의 사본 또는 복제물을 일정 기간별로 나누어 교부하거나 열람과 병행하여 교부할 수 있다고 되어있는 바, 이 건 정보의 정보량은 약 1,000매에 달하며, 행정실 직원 2명이 해당 학교의 전체 행정업무를 담당하는 상황이기 때문에, 이를 사본 등으로 공개하는 것은 피청구인의 정상적인 업무수행에 현저한 지장을 초래할 우려가 있다 판단되고, 이 건 정보를 열람의 방법으로 공개하는 것이 국민의 알 권리를 침해한다고 보기 어려움《기각》
2012-10990 중앙행정심판 위원회 (산림청)	전국 모든 토석채취업체에 대해 ① 최초 토석채취허가일자, ② 토석 채취면적, ③ 토석 채취량, ④ 연장기간 및 연장횟수 연장년월일, ⑤ 해당 사업장 지번, ⑥ 토석채취 종료일, ⑦ 토석채취 업체명 등 (이하 '이 사건 정보'라 한다)의 공개를 청구하였고, 정보를 보유·관리하고 있지 않다는 이유로 청구인에게 정보 부존재 통지(이하 '이 사건 처분'이라 한다)를 하였다. 청구 인은 정보부존재 결정통지할 것이 아니라 지체없이 소관기관으로 이송해야 함에도 불구하고 정보부존재로 결정통지한 이 사건 처분은 위법·부당하므로 정보공개 거부처분 취소를 요청하는 심판을 제기함	공공기관이 정보공개청구서를 해당 정보를 보유하고 있는 소관기관으로 이송하는 경우는 정보공개를 청구하는 자가 해당 정보의 보유기관을 알 수 없었을 것이라거나 적어도 명확하게 알 수 없었을 것이라는 개연성을 전제로 한 것으로서 정보공개를 청구하는 자의 편의를 위하여 규정하고 있는 것으로 보이는데 청구인은 정보공개청구서에 이송 관련 법 규정을 기재하여 피청구인이 해당 정보의 보유기관이 아니라는 것을 알 수 있었을 것으로 보여 청구인이 이에 해당한다고 보기 어려운 점, 청구인의 경우처럼 정보공개를 청구하는 자가 해당 정보의 보유기관을 명확하게 알고 있고, 요청 정보는 각급 지방자치단체에서 보유하는 것으로 추정되는 점, 달리 피청구인이 이 사건 정보를 보유하고 있음을 인정할만한 객관적인 자료도 없는 점 등을 종합적으로 고려할 때 이 사건 정보의 부존재를 이유로 한 피청구인의 이 사건 처분이 위법·부당하다고 할 수 없음청구인의 주장을 인정할 수 없으므로 청구인의 청구를 받아들이지 않음《기각》

사건번호(기관)	사건쟁점	판결내용
2012-01792 중앙행정심판 위원회 (국토해양부)	청구인이 별도로 제출한 공동주택 관리규약(안)의 내용이 주택소유자의 권리를 보호하는지에 관하여 검토한 내용 청구인이 별도로 제출한 공동주택 관리규약(안)의 내용이 주택소유자의 권리를 보호하는지에 관하여 검토한 내용	청구인이 제출한 관리규약(안)의 내용이 주택 소유자의 권리를 보호하는지에 관하여 검토한 내용을 공개하라고 하는 것은 행정청이 직무상 작성하여 보관하고 있는 정보를 공개해 달라고 하는 정보공개법상의 정보공개청구라기 보다는 청구인이 제출한 관리규약(안)의 내용을 법률적인 측면에서 검토해 달라는 취지의 신청에 불과하다 할 것이어서, 비록 청구인이 정보공개청구의 형식을 취하여 그러한 신청을 하고 있더라도 그 실질은 일종의 민원에 해당한다고 할 것이고, 피청구인이 그와 같은 민원을 관계 부처로 이송하고 해당 기관에 질의하는 것이 보다 타당하다는 취지로 회신한 것을 두고 처분이라고 볼 수도 없으므로 청구인의 이 사건 심판청구는 행정심판의 대상이 아닌 사항을 대상으로 한 것이어서 부적법《각하》
2012-14937 중앙행정심판 위원회 (충청남도)	피청구인이 비공개결정 통지한 "법인지원사업을 하면서 자격이 없는 업체에 보조금을 부당 지급하여 상급기관의 감사에 적발되어 처벌받은 내역서" 건에 대하여 정보공개 이행 청구	정보공개제도는 공공기관이 보유관리하는 정보를 그 상태대로 공개하는 제도로서 공개를 구하는 정보를 공공기관이 보유하고 있을 상당한 개연성이 있다는 것에 대하여 청구자에게 입증책임이 있음. 《기각》
2012-04671 중앙행정심판 위원회 (충청남도)	피청구인에게 2011년 직계존비속의 불법선거행위로 인하여 사무실 압수당한 물품 등의 내역서 공개청구에 대한 피청구인이 부존재 통지	정보공개제도는 공공기관이 보유관리하는 정보를 그 상태대로 공개하는제도로서 공개를 구하는 정보를 공공기관이 보유하고 있을 상당한 개연성이 있다는 것에 대하여 청구자에게 입증책임이 있음. 《기각》
2012-474 경기도행정심판위원회 (경기도 남양주시)	"2011년12월 남양주시 자동차관리과 공용차량관리현황" 정보공개 청구하였고,피청구인은 2012.03. 13 정보공개 결정 통지하였음. 청구인은 공개한 자료가 본인이 요청한 자료가 아니라며 정보비공개결정통지 처분취소 청구	청구인이 요구한 정보인 주유전표는 정보공개법 제9조 제1항 제7호에 해당하지 않아 공개해야하나, 공용관리차량 수리내역은 부존재하는 정보이므로 청구인의 주장은 이유없음《일부인용》
2012-57 대구지방 교청청행심위 (대구지방교정청)	공개정보위치 안내(URL)로 공개결정을 갈음한 보고체계확립에 관한 지침 등 13건에 대해 사본 • 출력본	소재안내로 공개결정에 갈음한 보고체계확립에 관한 지침 등 13건의 이의신청에 대한 각하 처분과 관련하여, 위 정보는 이미 공개 결정한 사항이라 정보공개법 제18조 제1항의 이의신청 대상요건에 부적합하여 각하한 것으로 청구인의 특수한 사정을 고려해도 청구인이 적극적으로 대상정보를 알려고 한다면 충분히 이를 취득할 수 있고 공개방법에 있어서도 행정적 수단의 차이일 뿐이므로 각하처분은 정당함.《기각》
2012-17 대전지방 교정청행심위 (천안교도소)	정보공개 결정기간 도과한 부분 공개결정 취소 심판	정보공개 결정기간 도과는 청구인의 주장이 이유 있다고 인정되므로 이를 "인용" 하여 향후 피청구인의 정보공개업무 처리시 주의를 촉구하고, 나머지 부분은 위법하거나 부당하다 할 수 없음《기각》

(2) 공개여부 관련

사건번호(기관)	사건쟁점	판결내용
2010-07565 중앙행정심판 위원회 (국민권익위원회)	행정심판위원회 출석 구술심리 사건의 출석자와 심리위원간의 속기록 공개	공개할 경우 구술심리과정에서 위원들의 자유롭고 활발한 의사표명에 상당한 제약을 초래하고 비공개로 보호되는 업무수행의 공정성 등의 이익이 국민의 알 권리 보장과 투명성 확보보다 적다고 할 수 없는 점 등을 고려, 행정심판법 제26조의2의 비공개 대상정보에 해당한다는 이유로 비공개한 것은 위법·부당한 처분이라 할 수 없음 《비공개》
2012-04668 중앙행정심판 위원회 (행정안전부)	1948. 8. 15 대한민국 정부수립이후 수훈자 명단 전체와 서훈사유	이사건 정보가 정보공개법 제9조 제1항 제6호의 비공개대상정보에 해당 《비공개》
2012-12338 중앙행정심판 위원회 (행정안전부)	2006년부터 2011년까지 주식백지신탁심사위원회가 각 연도별 심사한 현황	원고가 요청한 유사한 양식으로 이미 피청구인 홈페이지에 게재된 적이 있음. 위원회 회의의 비공개를 이유로 심사현황을 비공개로 할 수 없으며, 제5호 비공개대상 정보에 해당되지 않으므로 공개하여야 한다는 재결 《공개》
2012-10716 중앙행정심판 위원회 (행정안전부)	2012년도 5급 공무원 공개경쟁채용 제1차 시험에서 72.5점을 받은 행정직렬 일반행정직류 수험생의 숫자	국가공무원 5급 공채시험의 1차시험의 합격자 중 72.5점을 받은 행정직렬 일반행정직류 수험생의 숫자의 공개로 인하여 공정하고 안정적인 시험관리가 어려워진다고 인정할 만한 객관적, 구체적 자료가 없으며, 이미 사이버국가고시센터라는 웹사이트를 이용하여 합격자 점수분포현황을 5점 구간으로 구분하여 공개하고 있는데 그러한 정보는 이 사건 정보에 비하여 그 구분 단위의 폭이 상대적으로 넓을 뿐 그 기본적인 내용은 이 사건 정보와 동일하다는 점을 고려할 때, 이사건 정보가 공개된다고 하더라도 그로 인하여 공정하고 안정적인 시험관리를 하는데 현저한 지장을 받을 고도의 개연성이 있다고 보기 어려움 《공개》
2012-18003 중앙행정심판 위원회 (국토해양부)	자동차손해배상보장사업 분담금관리자가 피청구인에게 보고한 매 분기별 보고일시, 보고자가 포함된 보고문서와 그에 첨부된 '보험회사등별 책임보험금등의 보험료 해당수입액'	보험회사등의 책임보험 판매에 대한 영업실적으로 보험회사등의 경영·영업상의 비밀에 해당하므로 비공개대상정보에 해당한다고 주장하나, 이 사건 정보에는 각 보험회사와 공제조합의 보험사업자별 책임보험료 해당 수입액이 기재되어 있어 넓은 의미에서 '법인 등의 경영·영업상 비밀'에는 해당한다고 볼여지가 있으나, 보험회사등의 영업특성 및 업무규모 등 제반 사정을 개별·구체적으로 고려할 때 이 사건 정보가 공개된다고 하여 당해 보험회사등의 경영·영업활동에 중대한 지장을 초래하거나 그 영업이익·거래신용 또는 법적 지위에 직접적으로 상당한 침해가 발생한다고 보기는 어려우므로 이 사건 정보가 정보공개법 제9조제1항제7호에서 말하는 비공개대상정보에 해당한다고 보기는 어렵다 《공개》

사건번호(기관)	사건쟁점	판결내용
2012-17102 중앙행정심판 위원회 (교육과학기술부)	피청구인에게 '교육관련 지표 부실대학 감사결과 피청구인이 00대학에 요구한 처분요구사항 및 이에 대한 00대학의 답변"	이 사건 정보는 감사원이 교육관련 지표 부실대학에 대하여 감사한 결과에 따라 피청구인이 이 사건 대학에 처분을 요구한 사항 및 이에 대하여 이 사건 대학이 피청구인에게 답변한 내용이므로 감사업무와 관련된 것이어서 정보공개법 제14조에서 규정하고 있는 제9조제1항 각호의 1에 해당하는 부분과 공개가 가능한 부분이 혼합되어 있는 경우에 해당되지 아니하므로 이에 대한 청구인의 주장은 받아들일 수 없고, 이 사건 대학의 교직원 및 학교법인 전주기독학원의 임원에 대한 징계에 관한 사항, 학점이 취소된 학생들에 관한 사항, 회계처리에 관한 사항 등이 포함되어 있는바, 그 내용에는 대부분 특정인에 관한 것이 명시되어 있어 이러한 내용이 공개될 경우 특정인에 대한 식별이 가능하며, 이들의 수감내용이 공개됨으로서 관련 당사자들로부터 부당한 간섭을 받거나 업무의 공정한 수행에 지장을 초래하고, 개인의 사생활의 비밀 또는 자유를 침해할 우려가 있다고 인정됨《비공개》
2012-20372 중앙행정심판 위원회 (교육과학기술부)	대학설립 및 통·폐합 승인 신청 심사결과 및 조치계획의 자료 일체	이 사건 정보는 위 인가 및 승인 신청에 대한 심사결과가 포함되어 있어 더 이상 의사결정과정에 있는 사항 그 자체라고는 할 수 없으나 의사결정과정에 있는 사항에 준하는 사항이라 할 것이고, 이러한 심사결과 및 조치계획 등이 외부에 공개된다면 위원회의 공정하고 중립적인 운영에 지장을 줄 수 있을 뿐만 아니라 피청구인의 공정한 업무 수행에 현저한 지장을 초래한다고 볼 수 있으므로 이 사건 정보는 정보공개법 제9조제1항제5호의 비공개대상정보에 해당《비공개》
2012-328 경기도행정심판위원회 (경기도 남양주시)	"업무추진비 집행내역"	청구인이 요청한 업무추진비 집행내역에는 일반 개인에 대한 집행내역이 없고, 영수증의 업체명, 주소 등은 영업상의 비밀로 볼수 없으므로 비공개 대상이 아님《공개》
2012-06303 중앙행정심판 위원회 (국무총리실)	ODA 중점협력대상국 명단, 선정기준, 선정이유	ODA 중점협력대상국의 명단은 동 정보의 공개만으로 ODA 중점협력대상국으로 선정되지 않은 국가들과의 외교적 마찰이나 관계 소원 등 국가의 중대한 이익을 현저히 해할 우려가 있다고 단정하기는 어렵고, 국민의 알권리 보장 및 투명성을 높이기 위하여 동정보를 공개하여야 할 필요성이 크다고 판단됨, ODA 중점협력대상국을 선정하기 위한 기본원칙, 세부기준, 선정결과 등은 법 제9조 제1항 제2호의 '외교관계 등에 관한 사항'에 해당되므로 피청구인의 처분이 위법, 부당하다고 할 수 없음 《부분공개》

사건번호(기관)	사건쟁점	판결내용
2012-00986 중앙행정심판위원회 (여성가족부)	'성범죄자 알림e'에 공개된 성범죄자들의 사건개요를 사본·출력물로 공개하라고 정보공개를 청구하였으나, 피청구인은 청구인에게 이 사건 정보는 「아동·청소년의 성보호에 관한 법률 시행령」 제16조제2항에 따라 정보의 유출과 출력 등이 금지되어 있다는 이유로 비공개결정 처분	『아동·청소년의 성보호에 관한 법률』에 따르면 성범죄자의 공개정보는 법원의 판결에 따라 해당 정보통신망을 통해 공개하도록 되어 있어 피청구인이 법원의 판결과 달리 임의로 정보공개 여부를 결정하기는 어려우며, 성범죄자의 공개정보는 아동·청소년을 성범죄로부터 보호하기 위하여 성범죄 우려가 있는 자를 확인할 목적으로만 사용하도록 되어 있는 점 등을 종합적으로 고려해 볼 때 이 사건 정보를 청구인이 공개청구한 방법인 사본·출력물의 형태로 공개하는 것은 어렵다 할 것이므로, 이 사건 처분이 위법·부당하다고 할 수 없음 《기각》
2012-21781 중앙행정심판위원회 (한국은행)	2008년~2012년 한국은행 임직원의 징계현황 - 징계일시, 징계대상자(직위, 직급, 부서), 징계사유, 징계내역(파면, 해임, 정직, 감봉, 견책)	징계대상자(직위, 직급, 부서), 징계사유 및 징계내역(파면, 해임, 정직, 감봉, 견책)을 종합하면 징계대상자가 누구인지 추정할 수 있고 이러한 사항들이 공개될 경우 개인의 사생활의 비밀 또는 자유를 침해할 우려가 인정되나 징계일시와 같이 비공개대상정보에 해당하지 않는 경우 분리하여 부분공개해야 함 《부분공개》
2012-218 경기도행정심판위원회 (경기도 부천시)	○○종합사회복지관 수탁자로 선정된 해당 기관 정관 및 위탁신청서	사회복지기관 위수탁기관 선정점수는 공정한 업무수행에 지장을 초래하는 정보로 인정되어 비공개 하고, 심사위원 명단은 공공기관의 업무를 위탁한 수행한 것으로 판단하여 공개하며, 법인의 정관 정보는 법인의 영업상 비밀에 해당하지 않는 정보로 판단하여 공개 결정하여 비공개 결정에 대해서는 엄격하게 해석해야 한다《부분공개》
2012-5 광주광역시행정심판위원회 (광주광역시 남구)	청구인은 토지의 전 소유자로 피청구인과 개별공시지가 직권정정 거부처분 취소 소송 중 위 토지와 특성이 유사한 제3자의 토지에 대한 1991년도, 1996년도 개별공시지가 토지특성 조사표 정보공개 신청을 하였으나, 공공기관의정보공개에관한법률을 근거로 정보(비공개) 결정	토지조사결과표는 토지소유자의 성명이나 주민등록번호 등 타인을 인식할 만한 개인정보가 드러나지 아니하나, 개별토지의 공시지가결정을 위한 공무원의 조사 결과 및 지가결정에 필요한 기본수치 등 토지가격 산정 자료가 기재된 내부기초자료인 바, 일반국민에게 제한 없는 정보 접근을 허용할 경우, 행정청의 부동산 거래질서 확립 및 가격공시와 조세 등 각종 업무 수행에 상당한 차질이 있을 것으로 우려, 또한 부동산가격공시 및 감정평가에 관한 법률 제11조 및 같은 법 시행령 제18조에 따르면 개별토지의 가격 산정에 대한 의견청취 권리자를 토지소유자, 그 밖의 이해관계인에게 부여하고 있는데, 국토해양부 질의답변 자료에 의하면 "이해관계인"이라 함은 구체적인 권리·의무관계가 설정되어 있는 자를 말하며 단지 인근에 토지를 가지고 있다는 것만으로는 이해관계를 가진 자라 볼 수 없다고 해석. 따라서, 해당 정보의 성격에 비추어 피청구인의 비공개라는 결론에 있어서 위법·부당한 처분은 아니라고 볼 수 있음 《비공개》

사건번호(기관)	사건쟁점	판결내용
2012-03542 중앙행정심판 위원회 (원자력안전 위원회)	고리1호기 계속 운전과정에서 작성된 평가보고서 열람방식으로만 공개하기로 한 결정에 대한 취소청구	이 사건 평가보고서는 독립된 경제적 가치를 가지는 원자로와 관계시설의 설계, 제원과 함께 성능 및 안정성 판단에 필요한 각종 데이터 등이 포함되어 있고, 원자력이라는 에너지원의 특성상 그 자체가 고비용의 자산가치를 가지고 있는 점을 고려할 때 일반적인 평가보고서와는 달리 보아야 함. 영업비밀 침해문제와 국가안보 등 국익 문제를 고려했을 때 이 사건 평가보고서는 비공개 대상 정보임피청구인에 의한 정보비공개결정 처분은 적법한 처분이라 할 것임 《비공개》
2012-09376 중앙행정심판 위원회 (경상대학교)	총장업무추진비에 대한 정보공개를 청구하였으나, 정보공개법 제9조에 따라 '일자별 상세분류, 목적, 장소'등의 개략적으로 공개(부분공개 및 비공개)	업무추진비 사용일자를 세분하지 않은 채 월별 횟수 등을 개략적으로 공개한 것은 청구인의 정보공개 청구취지 및 국정운영의 투명성을 확보하려는 정보공개법의 입법취지에 반하므로 피청구인의 정보부분공개 결정은 위법·부당함《공개》
2012-296 서울시행정 심판위원회 (서울시 강서구)	지하철○호선 연장 관련 도시철도 기본계획 수립을 위한 조사용역결과 보고서 전문에 대한 정보공개 청구	지하철○호선 연장 관련 도시철도 기본계획 수립을 위한 조사용역결과 보고서 전문은 서울시에서 의사결정 또는 내부검토 과정에 있는 자료로서 공개될 경우 업무의 공정한 수행에 현저한 지장을 초래한다고 인정할만한 상당한 이유가 있는 정보라 할 것이므로 비공개결정한 처분은 적법 타당하다는 재결 《비공개》
2012-106 강원도행정심판위원회 (강원도 삼척시)	정보공개청구를 기각결정한 정보공개 심의회 회의록	"정보공개결정에 대한 이의신청에 대하여 심의의결과정을 기록한 회의록으로 의사결정과정에 있는 사항에 준하는 사항이라 할 것이고, 정보공개심의회의 속성상 합리적인 의사결정을 위해서는 위원들간의 자유로운 의견교환이 필수적이라 할 수 있으므로,그 내용이 공개될 경우 정보공개심의회의 독립적 심의결정에 영향을 미쳐 업무의 공정한 수행에 현저한 지장을 초래할 우려가 있으므로 비공개한 피정구인의 처분이 위법부당하다고 할 수 없음." 《비공개》
2012-61 대구지방 교청청행심위 (부산구치소)	CCTV 영상정보	CCTV 영상정보는 피청구기관의 전자장비 용량부족에 따른 녹화기록 보존의 한계로 촬영된 시점부터 10일 전·후 자동삭제되는 시스템이어서 법률상 이익이 없다고 볼 여지가 있으나, 법률상 이익의 확대에 의하여 행정심판 청구의 본안판단을 하건대, CCTV영상정보는 구체적인 물적·인적정보가 노출되어 수용관리업무수행에 현저한 지장을 초래할 우려가 있으므로 정보공개법 제9조 제1항 제4호 및 제6호에 의한 비공개처분은 위법·부당하지 않음. 《비공개》

사건번호(기관)	사건쟁점	판결내용
2012-222 전라남도 행정심판위원회 (전남 화순군)	화순군 5일 시장 시설 개선자금 1억2천만원의 공사비 내역	"화순군 5일 시장 시설 개선자금 1억2천만원의 공사비 내역을 공개하라"《공개》
2012-20014 중앙행정심판 위원회 (고용노동부)	대전시 내 76개 법인택시 사업장별(상호명시) 월별 고용보험 피보험 신규가입자수(가입일자, 취득일자 또는 등록일자 포함), 말소자수(말소일자 또는 실효일자 포함), 월별 고용보험 피보험자수, 2006년 1월부터 2012년 7월까지 공개 가능한 자료일체	이 사건 정보는 현재 독자적인 자료형태로 피청구인의 전산기기 내에 작성·보관되어 있지 않고 피청구인이 보유·관리하고 있는 개개의 정보자료를 이용하여 시간적·경제적인 부담 없이 전산기기로 쉽게 생성할 수 있는 정보라고 보기도 어려움.청구인의 청구를 받아들이지 않기로 함《기각》
2012-6 충청남도행정 심판위원회 (천안교육지원청)	청구인은 ○○○의 법정대리인 어머니로써 '12.09.04. 학교폭력자치위원회의 결정으로 인한 강제전학조치와 관련하여 회의록 등 관련자료	피청구인은 요청한 자료가 학교 폭력 관련 학생 정본으로 학교폭력예방 및 대책에 관한 법률 제19조에 의거하여 학교 폭력 사건에 대한 자치위원회의 공정하고 소신 있는 심의, 분쟁조정 활동을 보장하기 위하여 외부의 압력이나 불필요한 분쟁 발생의 가능성을 사전에 차단하기 위한 조치로 인정되는 정보라고 판단하여 비공개 결정 처분하였고, 충청남도 교육행정심판위원회의 결정으로 기각됨《비공개》
2012-106 강원도행정 심판위원회 (강원도 삼척시)	한우농가 정보공개청구에 대해 기각결정한 정보공개심의회 회의록	정보공개결정에 대한 이의신청에 대하여 심의의결과정을 기록한 회의록으로 의사결정과정에 있는 사항에 준하는 사항이라 할 것이고, 정보공개심의회의 속성상 합리적인 의사결정을 위해서는 위원들간의 자유로운 의견교환이 필수적이라 할수있으므로,그 내용이 공개될 경우 정보공개심의회의 독립적 심의결정에 영향을 미쳐 업무의 공정한 수행에 현저한 지장을 초래할 우려가 있으므로 정보공개법 제9조 제1항 제5호에 따라 비공개한 피청구인의 처분이 위법부당하다고 할 수 없음. 《비공개
2012-105 강원도행정 심판위원회 (강원도 삼척시)	한우사육농가의농장명,축주,사육두수,주소(농장및주민번호),전화번호정보공개청구하였으나,정보공개에관한법률제9조제1항제6호의규정에따라비공개결정하였고,처분당일이름,주민등록번호제외한 내용의 정보공개 재청구하였으나,개인사생활비밀 또는 자유를 침해할 우려가 있다고 판단되어 비공개결정	청구인이 공개를 청구한 한우농가의 농장명, 사육두수,주소,전화번호 등은 이를 공개할 경우 공개의 대상이 된 농장주의 신상 및 재산정도를 쉽게 파악할 수 있으며, 이런한 개인의 재산정보는 정보주체의 동의없이 공개할 경우 보호받아야할 정보주체의 사생활이 침해될 여지가 있다고 보여지므로, 이사건 정보가 정보공개법 제9조 제1항 제6호에 해당한다는 이유로 비공개한 피청구인의 이사건처분이 위법부당하다고 할 수 없음《비공개》

사건번호(기관)	사건쟁점	판결내용
2012-06519 중앙행정 심판위원회 (천안동남경찰서)	개인정보관리실태 점검 및 개인정보 파일 재정비 결과통보	이 사건 심의위원은 공무원 위원과 외부 민간인 위원으로 구성되어 있고, 그 중 공무원 위원은 피청구인 소속 또는 타 행정기관 소속 공무원으로서 '직무를 수행한 공무원'에 해당하므로 공무원들의 심의위원회에서의 직위와 성명은 비공개대상 정보가 아니며, 또한 외부 민간인 위원은 법령에 따라 교통안전시설심의위원회 위원으로 위촉된 점, 외부전문가의 심의위원회에서의 직위와 성명을 공개함으로써 외부 민간인 위원의 사명감과 책임감을 높이고 심리·의결에 공정을 기할 수 있으며 국정운영의 투명성을 강화할 수 있을 것으로 보이는 점 등을 종합적으로 고려하면 외부 민간인 위원의 심의위원회에서의 직위와 성명이 정보공개법 제9조제1항 제6호의 비공개대상 정보라고 보기도 어렵다.개인정보 관리실태 점검결과 통보중 외부위원의 명단 중 성명,직업은 정보공개법 비공개사유에 해당되지 않음《공개》
2012-11855 중앙행정심판 위원회 (한국토지 주택공사)	청구인 거주하는 아파트 친환경건축물 인증 관련 예비인증신청서, 본 인증신청서,각 신청서에 첨부하게 되어 있는 친환경 건축물 자체평가서와 자체평가서의 사실을 증명하는 자료	청구인의 주장을 일부 인정할 수 있으므로 청구인의 청구 중 예비인증신청서와 본 인증신청서에 대한 부분은 받아들이기로 하고, 나머지 청구는 받아 들이지 않기로 하여 주문과 같이 재결한다.《부분공개》
2012-20013 중앙행정 심판위원회 (고용노동부)	청구인의 사직과 관련한 당사자들로부터 피청구인이 징구한 경위서	피청구인이 정보를 공개하여 청구인이 얻게 되는 개인의 알권리 충족 등의 이익보다 비공개에 의하여 보호되는 업무수행의 공정성, 개인의 사생활 보호 등의 이익이 더 크다고 판단《비공개》
2012-24 대구지방 교정청행심위 (부산구치소)	'2012.2.13. 9시~20시 수용거실 (14동 15실)과 의료과까지의 이동상황, 의료과 치료실의 CCTV영상	CCTV에는 근무자와 다른 수용자들의 모습이 모두 녹화되어 있어 분실 또는 유출될 경우 개인의 사생활의 비밀과 자유를 침해할 우려가 있는점, 교정시설의 수용관리 업무의 효율적 수행을 현저히 곤란하게 할 우려가 있는점을 고려할때 피청구인의 비공개 결정은 정당《비공개》
2012-11224 중앙행정 심판위원회 (전라북도교육청)	피청구인은 청구인에게 수수료 250원을 계좌 입금 하라고 했고, 청구인은 수수료 계좌에 1,000원을 무통장 계좌 입금함. 청구인에게 수수료가 착오로 고지되었다는 이유로 1,000원을 반환하자 공금에서 인출되었다는 것이 입증되는 문건 사본을 정보공개 청구, 피청구인이 생산하지 않아 보유관리하고 있지 않는 정보라는 이유로 정보 부존재 통지하였으나, 청구인이 입금한 계좌에서 출금하여 반환해야 하는것이 원칙임에도 피청구인은 해당 정보가 없다며 거짓으로 위법 부당한 이 사건 처분을 했으므로 이 사건 정보를 공개해야 한다고 판단되어 행정심판을 제기	수수료 1,000원을 청구인에게 반환하였기 때문에 이 사건 정보를 피청구인이 생산하지 않아 보유 관리하고 있지 않으므로 부존재라는 이유로 이 사건 처분을 한 점, 청구인은 피청구인이 이 사건 정보를 보유 관리하고 있을 상당한 개연성이 있다는 점을 객관적으로 증명하지 못하고 있으므로 공공기관의 정보공개에 관한 법률 시행령 제6조에 따라 이 사건 정보의 부존재를 통지한 피청구인의 이 사건 처분이 위법 부당하다고 할 수 없고, 이 사건 처분의 위법 부당을 전제로 하여 이 사건 정보의 공개를 구하는 청구인의 청구에 따라 피청구인이 이 사건 정보를 공개할 의무는 없다"《부존재》

사건번호(기관)	사건쟁점	판결내용
2012-26 대구지방 교정청행심위 (경북북부 제2교도소)	청구인은 수용자 신분으로서 피신청인에게 「계호업무지침」 정보공개를 청구하였으나, 피청구인은 동 지침이 공개될 경우 교정행정의 직무수행을 현저히 곤란하게할 정보라고 판단하여 비공개 결정	이 사건 지침은 수용자 계호에 대한 상세한 내용을 담고 있어 동 정보가 공개될 경우 수용자들의 관리 및 질서유지, 계호근무자들의 안전 확보 등 교정행정의 직무수행을 현저히 곤란하게 한다고 인정할 만한 상당한 이유가 있어 피청구인의 정보비공개결정에는 어떠한 위법도 없음" 《비공개》
2012행심40 경기도교육청 행심위 (고양교육지원청)	청구인 자녀가 전학한 학교와 반	공공기관의 정보공개에 관한 법률 제9조제1항제1호에 따르면 공공기관이 보유.관리하는 정보는 공개대상이 되나 다른 법률 또는 법률이 위임한 명령에 의하여 비밀 또는 비공개 사항으로 규정된 정보에 대해서는 이를 공개하지 아니할 수 있도록 하고, 가정폭력방지 및 피해자 보호 등에 관한 법률 시행령제1조의 3 제5항에서 교육장이 가정폭력 피해자가 동반한 가정구성원인 아동을 전학조치한 사실에 대하여 취학업무 관계자가 아닌 자에게 공개되지 아니하도록 관리・감독하도록 하고 있으며, 가정폭력범죄의 처벌 등에 관한 특례법 제18조 제3항에 따르면 가정폭력 피해자가 보호하고 있는 아동의 교육을 담당하는 학교의 교직원은 정당한 사유가 없으면 해당 아동의 취학, 진학, 전학 또는 입소의 사실을 가정폭력행위자인 친권자를 포함하여 누구에게든지 누설하여서는 아니된다라고 규정하고 있는 바, 청구인이 이 사건 정보공개 청구한 ' 청구인 자녀가 전학한 학교와 반' 은 법률과 법률이 위임한 명령에 의하여 비밀과 비공개 사항으로 규정된 것으로 볼 수 있으므로, 피청구인이 공공기관의 정보공개에 관한 법률 제9조제1항제1호에 따라 청구인의이의신청에 대하여 기각 처분한 것은 위법.부당하다고 할 수 없다. 그렇다면, 청구인의 청구는 청구인의 다른 주장에도 불구하고 이유 없다고 인정되므로 이를 기각 《비공개》
2012-52 서울지방 교정청행심위 (성동구치소)	1) 2011.6.28.부터 같은 해 12. 25. 까지 성동구치소의 접견기록, 2) 접견시 대화내용기록지, 3) 접견시 접견실의 cctv 영상녹화기록지 대하여 정보공개청구를 하였으나, 2012. 8. 29. 부분공개결정	위 접견기록지 및 접견녹음파일은 「통신비밀보호법」 제3조, 「형의 집행 및 수용자의 처우에 관한 법률」 제41조 제2항 및 「동시행령」 제62조 제3항에 의해 보호간리되는 문서로서 접견정보 취급자도 직무상 알게된 접견정보를 누설하거나 권한 없이 처리하거나 다른 사람이 이용하도록 제공하는 등 부당하게 사용할 수 없고, 법원의 재판 업무 수행을 위하여 필요한 때, 범죄의 수사와 공소의 제기 및 유지에 필요한 때 등 접견기록물의 제출을 요청받은 경우에 제공할 수 있는 점 등을 종합적으로 고려해 볼 때 위 처분은 위법,부당하다 할 수 없다. 《비공개》

사건번호(기관)	사건쟁점	판결내용
2012-47 서울지방 교정청행심위 (성동구치소)	"징벌위원회 관련자료 일체"에 대하여 정보공개 청구하였으나, 부분공개 결정 통지하자 행정심판을 청구	조사과정에서 선의로 참가한 목격자의 인적사항 등이 포함되어 있어, 설사 근무자 및 다른 수용자의 개인정보를 제외하고 내용만을 공개한다 하더라도 내용만으로도 특정인을 식별할 수 있을 뿐만 아니라 공개로 인한 심리적 위축으로 직무수행의 공정성과 소신에 따른 판단 및 진술을 곤란하게 할 수 있는 정보로 판단되므로 피청구인이 부분공개 처분한 것은 정보공개법 제9조 제1항 제4호, 제6호에 따른 것으로 위법, 부당하다 할 수 없다.《비공개》
2012-10 광주지방 교정청행심위 (광주교도소)	교정업무편람	교정업무편람은 교정행정업무를 효율적으로 수행하기 위하여 교정공무원이 숙지하여야 할 업무지침 등을 각 교정기관의 실정에 맞게 작성하여 활용하는 것으로서 수용자에 대한 구체적인 계호방법 등 교정처우기법과 수용자들에 대한 통제 및 평가 방법 등이 광범위하게 포함되어 있어 이를 공개할 경우 교정시설의 안전과 질서유지, 수용자의 관리 및 적정한 처우 및 교정·교화에 관한 교정행정 업무의 공정하고 효율적인 수행에 직접적이고 구체적인 장애를 줄 고도의 개연성이 농후함을 인정할 수 있어, 이를 이유로 피청구인이 비공개 처분한 것은 정보공개법 제9조 제1항 제4호에 따른 것으로 위법·부당하다 할 수 없다.《비공개》
2012-5 경기도행정 심판위원회 (경기도 수원시)	팔달구 우만동 00-00번지 건축허가에 관하여 건축허가서류일체(건축심의회의록, 각 부서의견조회 회신 등)	공개 요구된 정보와 관련있는 제3자의 비공개요청이 있다는 이유만으로 비공개 처분한 것은 재량을 전혀 행사하지 않은 위법이 있고 정보공개법제9조제1항각호에 따른 비공개대상정보에 해당되지않는 이상 공개 또는 비공개 대상 정보를 삭제하고 부분공개 하여야 한다는 재결, 각 부서 의견조회 회신내용 은 이미 건축허가가 종결된 사안에 대한 정보이므로 내부 의사결정과정 또는 내부검토과정에 있는 사항에 해당하지 아니하고, 달리 의견조회 회신내용이 정보공개법 제9조 제1항 각 호에 따른 비공개대상 정보에 해당한다고 볼 만한점이 없는 이상 각 의견조회 회신내용의 비공개 결정 처분은 위법하다《부분공개》
2012-693 경기도행정 심판위원회 (경기도 파주시)	○○건설이라는 법인에 속한 임○○가 탄현면 문지리 산○-○ 지구단위계획 및 결정조건에 대한 정보공개를 신청, 청구인은 탄현면 문지리 산○-○ 외 1필지의 소유자로서 이 사건 토지 위에 조성될 ○○○○조성공사의 도급인인데, 청구인과 청구외 ○○건설은 현재 소송 진행중에 있으며, 정보청구인 임○○가 정보를 악용하여 부당한 재판결과 초래 및 사업 방해의 가능성이 농후하다고 주장하며 행정심판 청구	이 사건 정보인 탄현면 문지리 산0-0 일원에 대한 도시관리계획 결정과 결정조건은 피청구인이 국민에게 널리 알릴 목적으로 작성한 고시로서, 이미 2010.11.24자 경기도보에 파주시 고시 제2010-149호로 게시되어 공개되어 있고, 법인·단체 또는 개인의 경영·영업상 비밀에 관한 사항에 해당하는 사업계획, 자금조달내역, 자산내역 등이 기재되어 있지 않음이 확인되므로 피청구인의 이 사건 정보공개결정은 적법·타당하다는 사례《공개》

사건번호(기관)	사건쟁점	판결내용
2012-418 경기도행정 심판위원회 (경기도 파주시)	청구인과 소송이 진행 중인 상대방(○○건설)의 소속직원이 탄현면 문지리 산○-○번지 관련 개발행위허가서를 정보공개 청구, 청구인은 개발행위허가서가 정보공개법상 비공개대상으로 청구인의 영업상 비밀에 해당하고, 정보공개청구자가 소송에 부당한 영향을 미치려는 의도가 있다고 주장하며 행정심판 제기	정보내용 중 '공사원가계산서'는 업체의 경영·영업상 비밀에 해당되므로 이 부분은 비공개하고, 나머지는 공개함이 타당《부분공개》
2012-219 경기도행정 심판위원회 (경기도 파주시)	도시가스 입상관 설계와 관련된 정보공개를 신청하였으나, 피청구인이 정보공개법 제9조 제1항 제4호 및 제7호 규정을 근거로 비공개 결정통보를 하였고, 청구인은 다시 이의신청을 하였으며, 정보공개심의위원회에서 비공개결정을 하자 청구인은 행정심판 제기	공공기관이 보유하는 정보는 이를 공개하는 것이 원칙이고, 피청구인은 이 사건 처분의 근거로 든 재판에 영향을 줄만한 '구체적 이유'나 직무수행을 곤란하게 할 '상당한 이유'에 대해 아무런 언급을 하지 않았고, 아파트 도시가스입상관에 대한 정보는 제3자의 경영·영업상의 비밀에 해당한다고 보기 어려워 공개해야 한다는 사례《공개》
2012-06300 중앙행정 심판위원회 (법무부인천공항출입국 관리 사무소)	2010년 8월31일에서 9월6일까지 강원도 양구군수, 기획감사실장, 농업기술센터소장, 통일농업시험장 등의 출입국기록(출국일시,귀국일시,방문국 등)	1. 출입국기록(출국일시, 귀국일시)에 대한 판단 - 특정인의 출국일시,귀국일시와 같은 출입국기록은 개인에 관한 사항으로서 공개될 경우 개인의 사생활의 비밀 또는 자유를 침해할 우려가 있어 비공개함이 타당함 2. 출입국기록(방문국)에 대한 판단 - 청구인의 심판청구 중 동 정보 부분은 피청구인이 보유, 관리하고 있지 아니한 정보에 대한 것으로 처분의 취소를 구할 법률상 이익이 없으므로 행정심판 적법요건을 갖추지 못한 부적법한 청구로 각하한다.《비공개》
2012-363 경삼남동 행정심판위 (경상남도 김해시)	수급자 신청서 및 은행통장 정보	수급자 신청서 및 은행계좌번호 정보는 개별법에서 비공개로 규정하고 있는 정보에 해당하며, 민법상 미성년자라 하더라도 정보공개법상 제3자의 의견을 구하는 절차는 이루어져야 함은 별론으로 하고, 청구인이 법원에 문서송부촉탁을 신청하여 피청구인이 청구정보를 모두 공개하였기에 정보 비공개결정 취소심판을 구할 법률상의 이익이 없어 각하 결정함《비공개》
2012-167 경상남도행정 심판위원회 (경상남도)	'○○읍 조성 간판디자인 제작설치사업' 입찰에 참여한 모든 업체의 정량평가점수	정량평가점수 정보만으로는 업체들의 경영상태 등을 구체적으로 파악할 수는 없어 제3자인 업체들의 정당한 이익을 해할 우려가 있다고 보기도 어려우며, 「지방자치단체 입찰 시 낙찰자 결정기준(행정안전부 예규, 제405호)」에 의하면 "지방자치단체의 장 또는 계약담당자는 제안서평가위원회 개최 후, 평가위원별 평가점수를 공개해야 한다."고 규정하고 있는 것으로 보아, 이를 정보비공개 대상에 해당한다고 볼 수 없음《공개》

사건번호(기관)	사건쟁점	판결내용
2012-35 경상남도행정심판위원회 (경상남도)	'2011년 공유재산인 일반재산 중 토지 관리대장 및 사용정리부'	공유재산관리대장은 지번, 면적, 변동사유, 대부 및 사용현황, 대부료 등을 상세히 표기하고 있어, 이를 특정인에게만 공개할 경우 무분별한 대부 신청, 인접지의 부동산 투기, 무단점유 및 불법 경작에 따른 손해배상 등의 문제가 발생할 소지가 있어, 법 제9조제1항제8호에서 규정하고 있는 '공개될 경우 부동산 투기·매점매석 등으로 특정인에게 이익 또는 불이익을 줄 우려가 있다고 인정되는 정보'에 해당《비공개》
2012-7 부산고등 검찰청행심위 (부산지방검찰청)	부산지방검찰청이 수사한 사건의 담당부서, 담당부장검사, 주임검사 명단	공공기관의 정보공개에 관한 법률 제9조 제1항 제4호에 진행중인 재판에 관련된 정보와 범죄의 예방, 수사, 공소의 제기 및 유지, 형의 집행, 교정, 보안처분에 관한 사항으로서 공개될 경우 그 직무수행을 현저히 곤란하게 하거나 형사피고인의 공정한 재판을 받을 권리를 침해한다고 인정할 만한 상당한 이유가 있는 경우 이를 공개하지 않을 수 있다고 규정하고 있다, 그러나 동료검사를 공소제기하고 그 유지 업무를 담당한 주임검사 및 부장검사의 명단을 공개함으로써 공소를 유지하는 주임검사가 심리적으로 부담을 갖게 될수는 있으나 그러한 사정만으로는 진행 중인 재판에 영향을 끼쳐 공소유지 직무수행을 현저히 곤란하게 하거나 형사피고인의 공정한 재판을 받을 권리를 침해한다고 보기 부족하고, 위 법 제9조 제1항 6호 라목에 공개하지 아니할 수 있는 개인정보 대상에서 "직무를 수행한 공무원의 성명.직위에 관한 정보"는 제외하고 있다. 서울중앙지검을 비롯한 타청에서는 담당부서, 부장, 주임검사를 공개하고 있다. 위와 같은 제반사정을 종합해 볼 때 담당부장 및 주임검사 이름에 대한 피청구인의 비공개 결정은 부당하다.청구인의 청구를 인용함. 정보공개 거부처분을 취소함. 《공개》
2012-121 인천시행정 심판위원회 (인천광역시 남동구)	인천 논현 2택지개발사업지구 부동산 소유사실확인서 발급대장(2001. 1. 1 ~ 2007. 7. 1)	소유사실 확인서는 공표를 목적으로 작성된 것이지 이를 공개한다고 개인의 사생활의 비밀과 자유를 침해한다고 할 수 없고, 부동산 등기법에서 정한 등기기재사항과 동일하다 할 것이므로 비공개정보로 볼 수 없어 일부 개인정보침해부분을 제외한 나머지 일체를 공개하여야 함. 소유사실확인서 발급대장 기재 사항중 확인된 자의 주소 및 생년월일을 제외한 사항을 공개한다" 《부분공개》

사건번호(기관)	사건쟁점	판결내용
2012-67 대구지방 교정청행정심위 (포항교도소)	청구인의 수용거실 CCTV영상 녹화물과 동일 수용동 복도의 CCTV녹화물	CCTV는 수용자의 도주 및 자살 등 교정사고 방지를 위해 설치된 것으로 그 내용을 공개할 경우 촬영되는 범위와 CCTV 시스템 운영방법이 노출되는 등 교정 시설의 수용관리 업무의 효율적 수행을 현저히 곤란하게 할 우려가 있는 점, 청구대상 정보 중 수용동 복도 부분은 근무자와 다른 수용자들의 모습이 모두 녹화되어 있어 분실 또는 유출될 경우 개인의 사생활의 비밀과 자유를 침해할 우려가 있는 점을 고려할 때 피청구인의 비공개결정은 그 처분에 상당한 이유가 있어 이를 위법·부당하다고 볼 수는 없는바, 공공기관의 정보공개에 관한 법률 제9조 제1항 4호 및 6호에 의거 비공개함이 상당하다. 이에 본 건 청구인의 행정심판 청구는 그 이유가 없으므로 기각함.《비공개》
2012-6 대전고등 검찰청행심위 (대전지방검찰청)	대전지방검찰청 2012형제0000호 사건의 사건수사기록, 참고인조사기록	고소장, 진술조서 등에 관한 정보는 공공기관의정보공개에관한법률 제9조 제1항 제6호에 규정된 비공개대상 정보에 해당되지 않는 바 이에 대한 열람등사거부처분은 부적법하나, 나머지 부분의 정보는 법 제9조 제1항 제6호에서 정한 비공개대상정보에 해당되는 바 이에 대한 열람등사거부처분은 적법함《비공개》
2012-3 대전고등 검찰청행심위 (대전지방검찰청)	대전지방검찰청 2011형제0000호 사건의 경찰의견서, 경찰사건기록목록, 고소인 진술조서, 검사 각하이유고지 등	공개청구대상인 경찰의견서, 경찰사건기록목록은 내부문서인 수사보고, 수사지휘 등 수사에 관한 사항으로서 공개될 경우 직무수행을 현저히 곤란하게 할 우려가 있는 수사에 관한 사항이 포함되어 있음으로 비공개사유가 존재함이 명백하여 기각《비공개》
2012-03807 중앙행정 심판위원회 (부산광역시 지방경찰청)	희망버스 사건 수사의 피의자 및 피내사자에 관하여 '통신사실확인자료요청'과 '금융거래 정보의 제공요구서' 관련 자료	이 사건에서 비공개처리된 수사관련한 기록물은 직무수행을 현저히 곤란하게 하는 자료는 아니라 판단하여 인용 결정《공개》
2012-14045 중앙행심판 위원회 (부산광역시 지방경찰청)	교통사망사고로 인하여 국과수 감정결과	이 사건에서 비공개 처리된 수사관련한 기록물은 직무수행을 현저히 곤란하게 하는 자료는 아니라 판단하여 인용 결정《공개》
2012-11220 중앙행정심판위원회 (건강보험심사평가원)	유방촬영장치를 보유하고 있는 전국 모든 요양기관의 병원주소, 유방촬영기의 종류, 제작사, 제조연월일, 정밀검사 날짜 및 결과	유방촬영장치가 적합함에도 불구하고 의료장비의 사양에 따라 병원의 선호도가 달라지고 기피가 발생할 수 있음에 따라 유방촬영기의 종류, 제작사, 제조연월일은 비공개대상정보에해당하고, 유방촬영기가 있는 요양기관의 병원주소, 정밀검사 날짜 및 결과는 비공개대상 정보에 해당하지 않음《부분공개》

사건번호(기관)	사건쟁점	판결내용
2012-15163 중앙행정 심판위원회 (서울지방노동 위원회)	2009.11.~2010.1. 피청구인이 생산 발송 하였거나 다른 기관 등으로부터 접수한 문서의 목록 일체 중 비공개 대상정보를 제외한 나무지 부분	피청구인 문서목록중 수, 발신자에 민원인의 이름이 기재되어있는 바, 이는 개인에 관한 사항으로 공개될 경우 개인의 사행활의 비밀 또는 자유를 침해할 우려가 있다고 할것이나, 이를 제외한 나머지 부분(등록일자, 문서번호, 문서제목, 유형, 비고)은 비공개대상정보라고 할 수 없으므로 이를 목록에서 전부 제외하여 비공개한것은 위법, 부당하다. 또한, 사업장 명칭이 기재되어 공개되는것은 당해 법인 등의 영업 특서 및 업무규모 등 제반 사정을 개별, 구체적으로 고려하여야 할 것인바, 이사건 정보가 불특정 다수인에게 널리 알려져 있다고 볼 수 없을 뿐만 아니라, 상당한 노력에 의하여 비밀로 유지된 정보라고 보기도 어려우며, 일부 목록의 수,발신자에 법인 등의 명칭이 기재되어 있다고 하더라도 정보의 공개로 인하여 당해 법인 등의 경영, 영업활동에 중대한 지장을 초래한다고 볼 수 없다. 청구인의 청구 중 정보공개 거부 처분 취소 청구 및 이 사건 정보 중 비공개대상정보를 제외한 나머지 부분에 관한 정보공개 이행청구는 청구인의 주장을 인정할 수 있으므로 받아들이기로 하고 나머지 청구는 받아들이지 않기로 한다.《부분공개》

제2절 행정심판쟁점 정리

1. 학원의 설립ㆍ운영 및 과외교습

행정심판이란 행정관청으로부터 위법·부당한 행정처분을 받은 경우에 신속하고 간편하게 잘못된 처분을 바로 잡을 수 있는 제도입니다.

가. 행정소송의 대상 및 한계

(1) 공법상의 법적 분쟁일 것.

(2) 공법상의 법적 분쟁 중에서 당사자 사이의 권리의무에 관한 다툼으로서 법령의 적용에 의하여 해결할 수 있는 분쟁(법률상 쟁송)일 것.

(3) 단지 법률의 적용에 관한 다툼이 있다는 것만으로는 제기할 수 없고 이해 대립하는 당사자 사이에서 구체적이고도 현실적인 권리의무에 관련된 것일 것(구체적 사건성).

(4) 개인의 구체적인 권리의무나 법률상 이익에 직접 관계되지 않는 일반적 추상적인 법

적 상태에 대한 분쟁은 행정소송 대상이 아님. 또 법령의 적용에 해결할 수 있는 있는 것만이 사법심사의 대상(법적 해결가능성)이다.

나. 부작위청구소송 인정여부

(1) 부작위청구소송이란 행정청이 특정 행정행위나 그 밖의 행정작용을 하지 않을 것을 법원에 요구하는 행정소송을 말한다.
(2) 대법원은 행정청이 일정한 적극적인 처분을 하지 못하도록 그 금지를 구하는 예방소송인 이른 바 금지소송이나 부작위의무확인소송, 작위의무확인소송은 부적법하다고 판시(1989. 1. 24. 선고 88누3314 판결)
(3) 3권분립의 원칙상 행정청의 행위에 대해 민사상 가처분도 할 수 없다.

다. 행정소송의 종류

(1) 주관적 소송 중 항고소송으로는 취소소송, 무효확인소송, 부작위위법확인소송이 있으며, 당사자소송으로는 형식적 당사자소송(개별법에서 특별한 규정이 있는 경우에만 허용하는 소송), 실질적 당사자소송(대립하는 대등 당사자간의 공법상의 권리 또는 법률관계 그 자체를 소송물로 하는 소송)이 있다.
(2) 객관적 소송 중 민중소송으로는 국민투표무효소송, 선거무효소송, 당선무효소송이 있으며, 기관소송으로는 지방의회나 교육위원회의 의결무효소송, 주무부장관이나 상급 지방자치단체장의 감독처분에 대한 이의소송 등이 있다.

라. 항고소송이란

항고소송은 행정청이 우월한 의사의 주체로서 행한 행정작용에 대한 불복의 소송을 총칭하는 것으로 행정청의 위법한 처분 등이나 부작위로 인하여 권리·이익을 침해받은 자가 그 위법을 다투기 위하여 제기하는 소송으로 취소소송, 무효등확인소송, 부작위위법확인소송 등이 있다(행정소송법 제3조 제1호).

마. 취소소송이란

(1) 항고소송 중 가장 대표적인 소송으로서, 행정청의 위법한 처분 등을 취소 또는 변경하는 소송(행정소송법 제4조 제1호)
(2) 취소소송의 대상이 되기 위해서는 처분성이 있을 것을 요한다.

바. 『처분』이란

행정청의 공법상의 행위로서 특정사항에 대하여 국민의 구체적 권리 의무에 직접적인 변동을 초래하는 행위를 말한다.

사. 부작위위법확인소송이란

행정청의 부작위가 위법하다는 것을 확인하는 소송을 말함(행정소송법 제4조 제3호). 행정청이 당사자의 신청에 대하여 상당한 기간 내에 신청을 인용하는 적극적 처분 또는 각하하거나 기각하는 등 소극적 처분을 하여야 할 법률상의 의무가 있음에도 불구하고 이를 하지 아니하는 경우, 부작위가 위법하다는 것을 확인함으로써 행정청의 응답을 신속하게 하여 부작위 또는 무응답이라는 소극적 위법상태를 제거함을 목적으로 하는 소송임. 즉, 행정청이 아무런 응답(인용하든 거부하든)을 하지 않는 것이 위법하다는 확인을 구하는 것이지 원고의 신청을 인용하지 않는 것이 위법하다는 확인을 구하는 소송이 아니다.

아. 당사자소송이란

행정청의 처분 등을 원인으로 하는 법률관계에 관한 소송 그 밖의 공법상의 법률관계에 관한 소송으로서 그 법률관계의 한쪽 당사자를 피고로 하는 소송을 말함(행정소송법 제3조 제2호). 따라서 반드시 처분을 전제로 하거나 처분을 다툴 필요없이 행정청의 처분 등으로 인하여 생긴 개인의 권리나 의무를 다투는 소송임. 즉, 당사자로서 자기가 갖고 있는 권리나 상대방이 부담하는 의무에 대하여 바로 다투는 것이라고 생각하면 이해하기 쉽다.

예 : 공무원이 비위사실로 면직처분을 당한 경우, 면직이 무효라고 주장하면서 국가를 상대로 여전히 공무원으로서 권리·의무를 지니고 있다는 공무원의 지위확인을 구하는 소송이 이에 해당한다.

자. 취소소송과 무효확인소송과의 관계

서로 별개의 독립된 소송이므로 행정청의 처분 등에 불복하는 자는 제소요건이 충족된다면 바라는 목적을 가장 효과적으로 달성할 수 있는 유형의 항고소송을 선택할 수 있음. 통상은 취소소송을 주위적 청구로, 무효확인소송을 예비적 청구로 병합 제기할 것이나, 소송요건의 구비여부 등이 문제될 때에는 무효확인소송을 주위적 청구로, 취소소송을 예비적 청구로 구할 수 있다.

차. 무효확인소송과 당사자소송간의 관계

처분이 무효인 경우는 이른바 공정력이 없어 누구나 어떠한 방법으로나 그 효력을 부인할 수 있는 것이므로 항고소송으로서 무효확인소송과 당사자 소송도 가능함. 예, 공무원 파면 처분이 무효인 경우 항고소송으로서 파면처분무효확인의 소뿐만 아니라 무효임을 전제로 한 공무원지위확인소송도 가능, 또 과세처분무효확인의 소(항고소송)와 조세채

무부존재확인의 소(당사자소송)도 가능

카. 행정소송과 민사소송과의 관계

행정소송은 그 대상이 국가나 공공단체가 당사자의 일방 또는 쌍방인 법률관계이고, 민사소송은 사법상의 법률관계를 그 대상으로 한다는 점에서 구분(공법과 사법의 구별). 예, 사립학교 교직원의 징계처분에 대하여는 사립학교 법인을 상대로 민사소송을 제기하여야 하고, 국·공립학교 교직원은 행정소송으로 제기해야 한다.

그러나 국가 또는 공공단체가 순수한 사경제적 지위에서 행한 법률관계는 사법상의 법률관계에 속하므로 민사소송에 해당한다.

타. 행정소송의 특징

행정소송도 행정소송법에 특별한 규정이 없는 한 민사소송법을 준용(행정소송법 제8조 제2항)하나 취소소송에 관하여는 민사소송과는 다른 특칙 즉, 재판관할, 원고적격, 피고적격, 피고의 경정, 행정심판전치주의, 제소기간, 직권증거조사, 사정판결, 집행정지 등에 관한 특칙을 두고 있음. 따라서 민사소송에서 준용되는 당사자처분권주의, 부제소특약, 자백의 구속력, 화해, 인낙, 청구의 포기등은 인정되지 않으며, 직권소송참가, 사정판결등을 할 수 있다.

파. 『사정판결』을 하는 경우

원고의 청구가 이유 있다고 인정하는 경우에도 처분 등을 취소하는 것이 현저히 공공복리에 적합하지 아니하다고 인정하는 때에는 법원은 원고의 청구를 기각할 수 있음(행정소송법 제28조).

하. 행정소송에서도 『소취하』를 할 수 있는지

행정소송도 민사소송과 마찬가지로 소 또는 상소의 취하로 소송을 종료시킬 수 있으며, 당사자의 불출석으로 인한 소 취하 간주에 관한 민사소송법 제268조(양쪽 당사자가 출석하지 아니한 경우)가 적용되며, 판결 전에 소를 취하하였더라도 제소기간의 장애가 없다면 다시 소를 제기할 수 있다.

거. 행정심판과 행정소송의 차이점

행정심판은 처분 등을 행한 행정청에 대하여 이의를 제기하여 처분청의 상급기관으로 하여금 다시 한 번 심리하도록 하여 법원의 간섭 없이 행정청 스스로 행정의 능률성과 동일성을 확보하기 위하여 마련된 행정청에 마련된 제도이며, 이에 반하여 행정소송은 행정청의 위법한 처분 그 밖의 공권력의 행사, 불행사의 등으로 인한 국민의 권리 또는 이익의 침해를 구제하고 공법상의 권리관계 또는 법적용에 관한 분쟁해결을 도모하는 법원의 재판절차이다.

너. 『행정심판전치주의』란

(1) 법에 의하여 행정심판이 인정되고 있는 경우에는 행정소송을 제기하기 전에 행정심판을 먼저 거치게 하는 제도임. 따라서 위법한 처분으로 인하여 권리 이익을 침해받은 자는 상급 행정기관 등에 행정심판을 청구할 수 있는바 소제기 전에 반드시 행정심판을 거치도록 하는 경우를 필요적 전치주의라고 하며 이에 해당하는지는 개별법에서 규정하고 있다.

(2) 행정심판전치주의를 요하는 소송중 적용되는 소송유형
취소소송, 부작위위법확인소송, 무효를 선언하는 의미의 취소소송
※ 그러나 무효확인소송은 행정심판을 거칠 필요가 없다.

더. 행정소송은 반드시 행정심판을 먼저 거쳐야 하는지

(1) 구 행정소송법(1998. 3. 1. 시행 전 법률)에서는 행정소송을 제기하려면 반드시 먼저 행정심판을 거치도록 하는 필요적 전치주의를 택하여 행정심판을 거치지 않으면 행정소송을 제기할 수 없도록 하였으나, 행정심판전치주의의 장점을 살리지 못한 채 국민에게 불필요한 절차를 요구함으로써 권리구제의 신속성을 저해하는 장애요인으로 작용하고 있다는 판단에 따라 개정 행정소송법 제18조 제1항에서 '취소소송은 법령의 규정에 의하여 당해 처분에 대한 행정심판을 제기할 수 있는 경우에도 이를 거치지 아니하고 제기할 수 있다'라고 하여 임의적 전치주의를 채택하고 있다(그러나 개별법에 전치를 반드시 거치도록 하는 경우는 예외).

(2) 필요적 전치주의를 규정한 경우는 별도 항목으로 기술한다.

러. 행정심판 청구기간 (일반)

원칙 : 심판청구는 처분이 있음을 안 날로부터 90일 이내에 제기하여야 하며, 처분이 있은 날로부터 180일을 경과하면 제기하지 못한다. 다만 정당한 사유가 있는 경우에는 그러하지 아니한다(행정심판법 제27조 제1항, 제3항).

머. 행정소송에 앞서 행정심판청구의 실익은

임의적 행정심판전치주의하에서는 행정심판을 거칠 것인지 여부는 원고의 선택에 맡겨져 있으나 행정심판을 먼저 제기하면 다음과 같은 장점이 있음. 첫째, 행정심판에서는 행정소송과는 달리 심판의 범위가 확대됨. 즉 행정처분이 위법한 경우뿐만 아니라 부당한

경우도 인용재결을 할 수 있음. 둘째, 심판청구인의 출석없이 비교적 단기에 저렴한 비용으로 권리구제를 받을 수 있음. 셋째, 설사 행정심판에서 권리구제를 받지 못하였다 하더라도 이후 행정소송절차에서 행정심판기록 제출명령제도에 의하여 간편하게 소송자료를 얻을 수 있다(행정소송법 제25조).

버. 필요적 전치사건에서 행정심판을 제기함이 없이 바로 행정소송을 제기할 수 있는 경우

(1) 동종사건에 대하여 이미 행정심판의 기각재결이 있은 때.
(2) 서로 내용상 관련되는 처분 또는 같은 목적을 위하여 단계적으로 진행되는 처분 중 어느 하나가 이미 행정심판의 재결을 거친 때 선행처분과 후행처분이 서로 내용상 관련된 경우, 후행처분이 선행처분의 필연적 결과로서 이루어진 경우 등 무용의 절차반복을 피하고자 하는데 그 취지가 있음. 원칙적으로 피고가 동일해야 한다.
(3) 소송계속 중이거나 또는 변론종결 후에 행정청이 당해 항고소송의 대상인 처분을 변경하여 그 변경된 처분에 대한 항고소송을 제기하는 때 (행정소송법 제22조 제3항, 행정소송법 제18조 제3항 제3호)
(4) 처분청이 행정심판을 거칠 필요가 없다고 잘못 알릴 때(고지의무 : 행정절차법 제26조) 행정심판서 접수담당공무원이나 심판업무담당공무원 등이 행정심판을 거칠 필요가 없다고 잘못 알려 준 경우

서. 반드시 행정심판을 먼저 거쳐야 하는 소송(필요적 전치주의 적용 대상 처분)

(1) 공무원에 대한 징계 기타 불이익처분
(2) 국세기본법과 관세법상의 처분
   ※ 지방세는 제외됨.
(3) 노동위원회의 결정
   부당해고, 부당노동행위등
(4) 도로교통법에 의한 처분
   운전면허 취소·정지등
   * 필요적 전치를 요하는 처분 중 처분의 취소소송과 부작위위법확인소송의 제기시에는 반드시 행정심판을 거쳐야 하나, 무효확인소송의 제기에는 행정심판을 거칠 필요가 없다.

어. 행정사건의 관할

(1) 종래 2심제로 되어있던 것을 1998. 3. 1.부터 시행된 개정 행정소송법과 법원조직법에서는 행정사건도 3심제로 (행정법원-고등법원-대법원) 하면서 일반법원인 하나인 『서울행정법원』을 설치하여 행정사건의 1심 사건을 맡도록 하였다.
(2) 다만 행정법원이 설치되지 아니한 지역에 있어서는 행정법원이 설치될 때까지 『지

방법원의 본원』이 행정법원의 권한에 속하는 사건을 관할토록 하였음. 따라서 지방법원 지원에서는 행정사건 관할권이 없다(법원조직법 제40조의4, 법원조직법개정법률 부칙 제2조. 단, 춘전지방법원 강릉지원은 예외임.)

저. 행정사건은 행정법원의 전속관할

(1) 행정소송법에는 행정사건이 행정법원의 전속관할에 속함을 밝히는 규정이 없어 논란의 여지가 있으나, 성질상 행정사건은 행정법원의 전속관할에 속하고 행정법원에 속하지 아니하는 사건을 지방법원이나 가정법원이 행함은 전속관할 위반이 되고 절대적 상고이유가 된다.
(2) 다만, 행정법원이 설치되지 않는 지역에서는 지방법원에서 처리하여야 하므로 관할위반의 문제는 생기지 않음. 그러나 "취소소송에서는 사실심의 변론종결시까지 관련 청구소송을 병합하거나 피고 외의 자를 상대로 한 관련청구소송을 취소소송이 계속된 법원에 병합하여 제기할 수 있다"고 규정하여 행정사건과 병합하여 관련 민사사건을 처리할 수 있다(행정소송법 제10조 제2항).

처. 행정소송의 관할(토지관할)

(1) 제1심의 관할 법원은 피고의 소재지를 관할하는 행정법원이다. 다만 피고가 중앙행정기관 또는 그 장인 경우에는 서울행정법원이 관할함(행정소송법 제9조 제1항).
(2) 토지의 수용, 기타 부동산 또는 특정의 장소에 관계되는 처분 등에 대한 취소소송은 그 부동산 또는 장소의 소재지를 관할하는 행정법원에도 이를 제기할 수 있음(같은 법 제9조 제2항).
(3) 서울행정법원의 관할 : 서울특별시

터. 행정소송에서도 소송대리가 가능한지

(1) 행정사건은 원칙적으로 판사 3인으로 구성된 합의부에서 재판하여야 하는 합의사건이다(법원조직법 제7조 제3항).
(2) 행정소송은 합의사건이므로 당사자 본인이 직접 소송을 행하거나 변호사 또는 지배인 등 법률상 인정된 대리인에 의하여서만 소송이 가능하다.
(3) 다만 재정단독사건(합의부가 단독판사가 재판할 것으로 결정한 사건)에 대하여는 법원의 허가를 얻어 소송대리가 가능하다.
(4) 서울행정법원의 재정단독사건(단독판사가 재판) : 자동차운전면허관련 사건, 조세사건 중 양도소득세사건, 산업재해등으로 인한 공무상요양불승인, 추가상병불승인(피고는 근로복지공단, 공무원연금관리공단인 경우만 해당) 사건, 단 유족보상청구소송은 합의사건이다.

퍼. 심급관할

(1) 서울고등법원 전속관할
독점규제및공정거래에관한법률 제55조
약관의규제에관한법률 제30조의2
하도급거래공정화에관한법률 제27조
(2) 서울고등법원 관할
보안관찰법 제23조
(3) 대법원 재판관할
대통령·국회의원·도지사등의 선거무효 또는 당선무효소송
국민투표무효소송(국민투표법 제92조)
지방의회나 교육위원회의 의결무효소송(지방자치법 제107조, 제172조, 지방교육자치에관한법률 제28조)
지방자치단체장 · 교육감의 주무부장관이나 상급지방자치단체장의 감독처분에 대한 이의소송(지방자치법 제69조, 제170조, 지방교육자치에관한법률 제3조)
※ 관련법률의 변경에 따라 그때그때 달라질 수 있음.

허. 행정소송 사건의 이송

(1) 소장을 법원을 잘못 지정하여 접수한 경우, 소송 계속중 관할이 없다고 인정된 경우(민사소송법 제34조) 또는 손해나 지연을 피하기 위하여 필요한 경우(민사소송법 제35조)에는 해당법원에 이송할 수 있다.
(2) 직권(위 전단부분), 당사자의 신청(위 후단)에 의한다.
(3) 민사소송법은 지방법원간에(행정법원<->지방법원·가정법원)만 허용되나 행정사건은 행정법원<->고등법원, 대법원간에도 허용(행정소송법 제7조)된다.
(4) 행정소송은 종류 및 피고를 달리하는 소송들에 대하여도 관련청구인 이상 병합을 인정하여 취소·무효를 구하는 항고소송에 당해 처분등에 관련된 손해배상, 부당이득금 반환, 원상회복등 민사소송이나 당사자소송을 병합가능(행정소송법 제10조 제1항, 제38조, 제44조 제2항)한다.

고. 잘못 지정한 피고의 경정

(1) 소송계속 중 피고로 지정된 자를 다른 자로 변경하는 것 서울특별시장을 서울특별시, 강남구청장을 강남구로 한 경우
(2) 민사소송에서는 피고가 본안에 대하여 변론을 한 후에는 그의 동의가 있어야만 가능하나

(3) 행정소송에서는 위와 같은 제한 없으며, 제소기간은 처음에 제기한 때에 제소한 것으로 본다.
(4) 원고의 신청에 의하며 구두로도 가능
(5) 항소심에서도 가능하나 상고심에서는 불가능
(6) 취소소송은 물론 항고소송이나 당사자소송에도 준용

노. 『소송참가』란

(1) 타인 간에 계속 중인 소송에 제3자가 그 소송절차에 참가하는 것으로
(2) 제3자는 소송의 결과에 따라 권리 또는 이익의 침해를 받아야 하며
(3) 본인, 당사자의 신청이나 직권에 의하여 소송에 참가(행정소송법 제16조 제1항)
(4) 원·피고 어느 쪽으로도 참가가능
(5) 실무상으로는 부당해고구제재심판정취소의 소에 있어서 피고를 위한 보조참가형태가 많이 이용되고 있다.

도. 항고소송의 대상

(1) 행정처분은 행정청의 행위이어야 한다. 시장, 군수, 구청장이 대상이며, 국가나 지방자치단체는 대상안된다.
(2) 행정처분은 공권력적 행위이어야 한다. 공법상계약이나 사법행위는 제외
(3) 행정처분은 구체적 사실에 대한 법집행 행위이어야 한다.
(4) 국민의 권리·의무에 직접 영향이 있는 법적 행위이어야 한다. 단순한 행정청 내부의 중간처분, 의견, 질의답변 또는 내부적 사무처리 절차, 알선, 권유, 행정지도 등 비권력적 사실행위 등은 항고대상 아니니다.
(5) 행정처분으로서 외형을 갖춘 것이어야 한다.
(6) 불복절차나 불복할 것을 예정하고 있지 않아야 한다. 과태료처분, 통고처분 등은 비송사건절차법 또는 즉결심판법으로 판단을 받아야 하며, 검사의 처분, 검사의 기소유예 및 불기소처분, 공탁공무원처분과 등기관의 처분에 대하여도 관련법에 의하여 불복하여야 하며 행정소송 대상이 아니다.

로. 행정관청의 『거부처분』이 행정소송(항고소송)이 되는지

(1) 행정청이 국민으로부터 공권력의 행사를 신청 받고도 그에 응하지 아니하고 각하하거나 기각하는 경우
(2) 적극적으로 거부의사를 나타냈다는 점에서 부작위와 구별
(3) 거부처분의 처분성을 부정하여 항고소송이 아니라고 본 사례
금융감독원장의 금융기관에 대한 감독권행사요구 거부, 건축물관리대장 등재사항에

대한 정정신청 거부, 청원이나 진정에 대한 거부회신, 토지대장상 지목변경신청 거부, 지적도 복구신청 또는 등재사항 변경신청 거부 등

(4) 판례는 당사자의 법률상 또는 조리상 신청권의 존재를 요한다고 함.

모. 행정소송의 제기기간

(1) 행정심판청구를 거친 경우

(2) 재결서 정본을 송달받은 날로부터 90일 이내
재결이 있은 날로부터 1년 이내

(3) 행정심판청구를 거칠 필요가 없는 경우
행정처분 등이 있음을 안 날로부터 90일 이내
(가) 처분 등이 있음을 안 날이란 통지나 공고 기타의 방법에 의하여 당해 처분의 존재를 현실적으로 알게 된 날
(나) 정당한 사유 없이 수령 거절한 경우에도 적법송달로 간주
행정처분이 있은 날로부터 1년 이내
(다) 유효한 행정처분이 전제되어야 하며 외부적으로 성립되어야 한다.

보. 집행정지란

(1) 행정작용에 대하여는 행정목적의 원활한 수행 등을 위하여 민사상의 의사표시와는 다른 '공정력'(행정처분의 유효성을 추정하는 힘)과 자력집행력을 인정하고 있다.

(2) 우리 행정소송법은 행정처분이 위법한 것임을 전제로 취소소송이 제기되었다 하더라도 권한 있는 기관에 의하여 취소되지 않는 한 집행이 정지되지 않는다(행정소송법 제23조 제1항)는 집행부정지원칙을 취하고 있음.

(3) 그러나 집행부정지의 원칙을 획일적으로 적용하게 되면 원고가 후일 승소하는 경우에도 이미 집행이 종료되어 회복할 수 없는 손해를 입게 되는 부당한 결과를 초래할 수 있으므로 이를 예방하기 위한 것이다(행정소송법 제23조 제2항 - 제6항).

(4) 취소소송과 무효등확인소송이 제기된 경우에 집행정지 가능(행정소송법 제23조 제2항, 제38조 제1항)하나, 거부처분에 대하여는 실익이 없다.

소. 집행정지 신청 요건

(1) 신청서에 인지 2,000원 첨부, 송달료는 22,000원 (당사자 1인당 2회분) 납부와 상대방 수에 해당하는 부본 첨부

(2) 대상인 처분 등의 존재
처분 전이나 처분의 소멸 후에는 그 대상이 없으므로 허용되지 않음.

(3) 본안 소송이 적법하게 존재할 것

본안의 소제기 후 또는 동시에 신청하여야 함.

(4) 본안소송의 승소 개연성이 있어야

(5) 회복하기 어려운 손해 발생의 우려
개인적 손해로 사회통념상 그 원상회복이나 금전배상이 불가능한 경우

(6) 긴급한 필요성

(7) 공공복리에 중대한 영향을 미칠 우려가 없을 것

오. 집행정지의 심리방식

(1) 집행정지의 관할법원은 본안사건이 계속중인 법원

(2) 항소심과 상고심에서도 신청가능

(3) 집행정지신청이 있으면 구두변론을 할 것인지 서면심리로 할 것인지를 법원의 재량에 의하여 결정

(4) 실무상은 심문에 의하여 결정하는 경우가 대부분

(5) 신청자는 법원으로 하여금 주장사실이 일응 확실하리라는 추정을 할 수 있도록 소명해야

(6) 집행정지 또는 기각결정에 대하여 1주일 이내에 즉시항고 가능

(7) 인지첩부 4,000원, 송달료 33,000원 납부

조. 소의 취하

(1) 원고가 소의 전부 또는 일부를 철회하는 법원에 대한 소송행위

(2) 소취하로 소송계속은 소급적으로 소멸되어 종료

(3) 상대방이 본안에 대하여 준비서면 제출, 준비절차에서 진술, 변론을 한 경우에는 상대방의 동의를 얻어야 취하의 효력이 있다.

(4) 참가인도 취하가 가능하나 참가인과 피참가인 모두의 의사가 합치되어야 한다.

(5) 제출자의 신분확인이 필요하다.
제출자가 본인일 경우 신분증 소지필요
대리인을 시켜 제출할 경우 본인의 인감이 날인된 취하서와 인감증명서 첨부

(6) 소취하 후에도 제소기간에 지장이 없다면 다시 소제기 가능

초. 행정소송 판결의 효력

(1) 판결이 확정되면 더 이상 재판을 통하여 그 당부를 다툴 수 없게 되고(형식적 확정력), 법원도 더 이상 그 내용을 변경하거나 그와 다른 판결을 할 수가 없을 뿐만 아니라 당사자 또한 확정된 권리관계에 관하여 다른 내용의 권리를 주장할 수 없게 된다(실질적 확정력, 기판력).

(2) 취소소송에서 인용판결이 확정되면 관계행정청은 동일한 사실관계 아래서 동일한 당사자에게 동일한 내용의 처분을 반복하여서는 안된다(반복금지효).
(3) 거부처분을 행한 행정청은 판결의 취지에 따라 원래의 신청에 대한 처분을 하도록 재처분의무를 규정(행정소송법 제30조 제2항, 제38조 제2항)함.
(4) 처분 등을 취소하는 확정판결은 그 사건에 관하여 당사자인 행정청과 그 밖의 관계행정청을 기속한다.

토. 판결내용에 위반한 행정청의 처분(기속력 위반의 효과)

(1) 기속력은 법원이 판단한 동일한 이유에 기하여 동일한 내용의 처분을 하는 것을 금하고, 별도의 이유에 기하여 동일한 내용의 처분은 가능함. 예 : 공무원의 징계처분취소판결이 있은 뒤에 그 징계처분 사유 설명서의 기재사유 이외의 사유를 들어 다시 징계처분을 할 수 있다.
(2) 사실관계에 변동이 있을 때에는 판결의 기속력이 인정 안된다.
(3) 따라서 기속력에 위반하여 한 행정행위는 위법한 것으로서 무효사유에 해당(1990.12.11.선고 90누3560 판결)한다.

포. 행정소송의 불복절차(항소, 상고)

(1) 제1심 행정법원의 종국판결에 대하여 항소할 수 있다.
(2) 항소심 법원은 고등법원(재정단독결정에 의하여 단독판사가 심판한 사건의 항소심도 같음)이다.
(3) 항소의 제기기간, 방식, 절차 등에 관하여는 민사소송과 같다(행정소송법 제8조).
(4) 항소심인 고등법원의 판결에 대하여 불복(상고)하면 대법원에서 심판한다.
(5) 상고제기 방식은 항소와 같다.
(6) 상소(항소,상고)를 제기한 사람은 종국판결이 있기 전까지는 언제든지 상대방의 동의 없이 항소취하 가능하다.

호. 처분행정청이 법원의 판결에 따른 의무이행을 하지 않은 경우(간접강제)

(1) 거부처분 취소, 무효임을 확인하는 판결, 부작위가 위법하다는 판결이 확정되었음에도 행정청이 이에 상응한 처분 등을 하지 아니한 경우
(2) 제1심 수소법원은 당사자의 신청에 의하여 결정으로 상당한 기간을 정하고 그 기간 내에 이행하지 아니하는 때에는 그 지연기간에 따라 일정한 배상을 명하거나 손해배상을 명
(3) 신청서에 인지첩부 1,000원, 송달료 33,000원(3회분), 부본 1통 필요
(4) 간접강제결정은 심문없이 할 수 있으나, 처분의무행정청을 심문하여야 함

(5) 배상금 등의 지급방법, 액수는 법원이 제반사정을 참작하여 자유재량으로 결정
(6) 처분의무행정청이 위 배상금등을 지급하지 않을 시는 강제집행 가능

구. 소제기

(1) 행정소송을 제기하려면 다음 사항을 먼저 챙겨야
- 행정소송 중에서 어떤 종류의 소송을 할 것인가
- 필요한 전심절차를 거쳐야 하는 사건은 아닌가
- 누구를 상대로 할 것인가
- 언제까지 어느 법원에 행정소송을 제기할 것인가

(2) 소장은 작성 및 방식은 민사소송과 같은 방식으로
- 당사자 표시(원고: 주민등록번호, 주소, 전화번호, fax, 피고: 주소)
- 청구취지(원고의 주장이 인용될 경우의 판결주문에 해당)
- 청구원인(피고의 처분 등이 위법한 점에 대하여 사실상 법률상 주장)
- 위 주장사실을 입증할 수 있는 증거자료
- 상대방 수에 상응하는 부본과 인지 및 송달료

누. 피고는 누구를 지정해야 하는지

(1) 처분행정청이 피고로 되는 경우
서울특별시장, 법무부장관
(2) 보통지방행정기관이 피고로 되는 경우
서울특별시 서초구청장, 충주시장, 강원도 고성군수, 영암군 미암면장
(3) 특별지방행정기관이 피고로 되는 경우
예산세무서장, 동해경찰서장, 서울북부보훈지청장, 용인교육청 교육장
(4) 공·사법인이 피고로 되는 경우
대한주택공사
사장 ○○○
(5) 합의제 기관이 피고로 되는 경우
중앙노동위원회위원장, 중앙토지수용위원회
(6) 의회가 피고로 되는 경우
대전광역시 대덕구의회 의장 ○○○

두. 행정심판제기방법

(1) 행정심판청구 대상 및 청구기간

(가) 학원설립・운영자 및 과외교습자가 「학원의 설립・운영 및 과외교습에 관한 법률」을 위반한 경우에는 학원의 등록말소, 교습정지 및 폐지 명령을 받게 됩니다. 이러한 행정처분을 받은 학원설립・운영자 및 과외교습자는 경우에 따라서 행정관청의 처분이 잘못된 것이라던지 혹은 행정처분의 사유는 인정하지만 행정처분의 정도가 너무 가혹하다는 생각을 가질 수 있습니다. 이 때 행정관청을 상대로 소송을 생각해 볼 수도 있겠으나, 대부분의 운영자는 비용, 시간 등의 부담으로 인하여 소송이 망설여질 수 있습니다. 이러한 경우에 비용이 들지 않고 운영자의 신속한 권리구제를 위해서 마련된 구제수단이 바로 행정심판입니다.

(나) 행정심판의 청구기간(행정심판법 제27조)

처분이 있음을 안 날로부터 : 90일 이내 제기
처분이 있은 날부터 : 180일 이내 제기

루. 행정심판의 청구방법

(1) 서면청구방법(행정심판법 제28조)

(가) 행정심판청구서는 행정청 또는 행정심판위원회나 국무총리행정심판위원회의 민원실에서 교부받아 작성하면 됩니다.

(나) 작성된 행정심판청구서(행정심판법 시행규칙 제6조제3항제12호 및 별지 서식제29호)는 1부를 복사하여 처분청이나 위원회에 방문 또는 우편으로 제출하시면 됩니다.

(2) 온라인청구방법(전자정부법 제33조)

(가) 온라인 행정심판(www.simpan.go.kr)은 현재 국무총리행정심판위원회의 소관사건 중 운전면허처분 관련사건·보훈처분 관련사건·산재 및 고용보험료 부과처분 관련사건 등 청구건수가 많고 처분청의 전산환경이 뒷받침되는 사건에 대하여 시행하고 있으며, 처분청이 시장・군수 또는 구청장인 경우에는 적용되지 않습니다.

(3) 청구서 작성방법

내용 구분	작성 방법 소개
청구인	〈개인의 경우〉 • 청구인의 성명과 주민등록번호를 기재합니다. 주민등록번호는 사건진행 현황 조회시 사건번호를 모르는 경우 필요합니다. ※ 청구인이 여러 명일 경우에는 대표자의 성명만 기재하고, 그 외 다수의 청구인의 인적사항은 청구서에 별지로 첨부합니다. • 연락가능한 전화번호, 휴대전화번호, E-mail 주소 등을 기재합니다. 휴대전화번호, E-mail 주소는 심판진행 과정에서의 각종 SMS, E-mail 안내를 위하여 필요합니다. • 주소는 주민등록표상 주소, 거주하는 장소를 기재하여, 주소 외에 행정심판 관련서류를 받고자 하는 장소가 있는 경우에는 송달장소란에 기재할 수 있습니다.

<table>
<tr><td>청
구
인</td><td>〈법인의 경우〉
• 법인이나 단체의 이름을 법인/단체명란에 기재하고 대표자의 성명을 대표자성명란에 기재하며, 법인이나 단체의 법인번호나 사업자등록번호 또는 대표자 주민등록번호 등을 기재합니다. 법인번호나 사업자등록번호, 대표자 주민등록번호는 사건진행 현황 조회시 필요합니다.
• 대표자의 연락가능한 전화번호, 휴대전화번호, E-mail 주소 등을 기재합니다. 휴대전화번호, E-mail주소는 심판진행 과정에서의 각종 SMS, E-mail 안내를 위하여 필요합니다.
• 주소는 법인인 경우 법인의 주된 사무소가 소재하는 곳(법인등기부상의 주소)을 기재하고, 단체인 경우 단체의 주된 사무소가 소재하는 곳 또는 대표자의 주소를 기재합니다. 주소 외에 행정심판 관련 서류를 받으려는 장소가 있는 경우에는 송달장소란에 기재할 수 있습니다.
※ 청구서를 온라인으로 제출하기 위해서는 국무총리행정심판위원회에 회원으로 가입해야 합니다.
가입시 먼저 청구인이 개인인지 법인·단체인지를 먼저 선택합니다.</td></tr>
<tr><td>대
리
인</td><td>• 「행정심판법」에서 정하는 아래의 대리인이 선임된 경우에 기재합니다.
1. 법정대리인
2. 청구인의 배우자, 직계존 • 비속 또는 형제자매
3. 청구인인 법인의 임원 또는 직원
4. 변호사
5. 다른 법률의 규정에 의하여 심판청구의 대리를 할 수 있는 자
6. 위 이외의 자로서 위원회의 허가를 받은 자
• 대리인이 개인인 경우, 대리인의 성명과 주민등록번호를 기재하며, 법인이나 단체인 경우 법인이나 단체의 이름을 법인/단체명란에 기재하고 대표자의 성명을 대표자성명란에 기재한 후, 법인이나 단체의 법인번호나 사업자등록번호 또는 대표자 주민등록번호 등을 기재합니다. 대리인이 법무법인, 노무법인 등의 구성원인 변호사 또는 노무사인 경우에는 해당 구성원을 대표자란에 기재합니다. 대리인의 기재사항은 법인·단체인 청구인의 기재사항을 참고하시기 바랍니다.
• 대리인의 유형은 반드시 기재하여야 합니다.
• 대리인의 주소를 기재합니다. 대리인이 선임된 사건은 심판진행과정에서 발생하는 각종 통지 및 문서의 송달을 대리인의 주소지나 연락처로 합니다.</td></tr>
<tr><td>재
결
청</td><td>1. 재결청(심리의결기관)은 피청구인의 상급관청, 감독관청 등으로 귀하의 심판청구에 대해 최종적인 판단인 재결을 하는 행정기관을 말합니다.
(예시)
피청구인이 “경기지방경찰청장”일 경우 재결청은 그 상급관청인 “경찰청장”이 됨.</td></tr>
<tr><td>피
청
구
인</td><td>• 행정심판의 상대방으로 반드시 기재해야 합니다.
• 피청구인이란 귀하께서 행정심판을 청구한 행정기관으로서, 귀하께서 무효· 위법 또는 부당하다고 주장하시는 행정처분을 행한 행정기관을 말합니다.
• 피청구인의 명칭은 보통 귀하에 대한 처분을 한 행정기관의 장이 됩니다.
• 피청구인의 기관검색 목록에 없는 기관은 온라인 행정심판이 지원되지 않거나 국무총리행정심판위원회의 소관이 아닌 기관입니다.</td></tr>
<tr><td>처분
내용</td><td>• 심판청구에서 다투고자 하는 행정기관의 처분내용을 기재합니다(예시: 허가거부처분, 과징금부과처분, 영업(업무)정지·취소처분 등).
(예시)
제0종 자동차운전면허 취소처분, 제0종 자동차운전면허 정지처분, 제0종 자동차연습면허 취소처분
• 일정한 신청 또는 청구에 대하여 아무런 처분을 하지 아니하는 것에 대한 심판청구인 경우에는 “부작위처분” 으로 기재합니다.
• 처분의 내용은 행정심판의 대상물을 확정하는 것이므로 반드시 기재하여야 합니다.</td></tr>
</table>

처분일	• 심판대상인 처분을 알게 된 날을 기재합니다. • 문서로써 처분을 통지받은 경우 문서에 기재된 날이 아닌 실제로 처분을 알게 된 날을 기재합니다(예시: 행정관청으로부터 2025년 1월 20일부터 2025년 1월 30일까지 처분을 한다는 내용의 문서를 2025년 1월 10일 발송하여 2025년 1월 15일 수령하였다면 처분일은 2025년 1월 15일입니다). • 처분일을 잘 모를 경우 기재하지 않아도 됩니다.
고지여부 및 고지내용	• 행정관청이 처분당시 처분에 대하여 불복하고자 하는 경우의 절차 및 기한 등에 대하여 청구인에게 알려주었는지 여부와 알려준 내용을 기재합니다. • 대부분의 고지는 처분을 한 문서에 기재되므로 처분을 한 문서의 내용을 확인 후 고지 유무를 기재하고, 고지의 내용은 처분한 문서에 기재된 내용을 옮겨 적으시면 됩니다. • 고지여부 및 고지내용을 잘 모를 경우 기재하지 않아도 됩니다.
청구취지	• 행정심판을 청구하여 행정청으로부터 구하고자 하는 재결의 내용을 간략히 기재합니다 (예시) - 면허취소처분 • 피청구인이 2025. 00. 00. 청구인에게 한 제0종 00운전면허 취소처분을 취소한다. • 피청구인이 2025. 0. 0. 청구인에게 한 제0종 00운전면허 취소처분을 110일의 제0종 00운전면허 정지처분으로 변경한다. - 면허정지처분 • 피청구인이 2025. 00. 00. 청구인에게 한 000일의 제0종 00운전면허 정지처분을 취소한다. - 연습면허취소처분 • 피청구인이 2025. 00. 00. 청구인에게 한 제0종 00연습운전면허 취소처분을 취소한다. • "피청구인이 2025년 1월 1일 청구인에게 한 과징금부과처분은 이를 취소한다."라는 재결음 구함). • 청구취지는 반드시 기재하여야 합니다.
청구원인	○ 대리인이 행정심판을 청구하게 된 이유와 처분의 위법·부당성 등에 대한 청구인의 구체적인 주장으로 반드시 기재하여야 합니다. 청구원인의 기재는 따로 형식이 정하여 진 것은 아니나 일반적으로 다음과 같은 순서로 기재합니다. 1. 이 건 처분에 이르게 된 경위 - 청구인이 처분 등을 받게 된 경위를 6하 원칙에 따라 기재합니다. 2. 이 건 처분의 위법·부당성 - 피청구인의 처분이 위법하거나 부당하다고 생각하는 이유와 근거를 제시합니다. 3. 결론 - 청구인이 결론적으로 주장하고자 하는 바를 기재합니다. ※ 청구원인은 본란에서 직접 작성하거나 워드프로세서로 작성하여 첨부파일로 제출하여도 됩니다
증거서류	청구인의 주장을 입증할 증거서류를 첨부합니다. ※ 증거서류 외에도 사건과 관련해 청구인에게 유리하다고 생각되는 모든 자료를 제출할 수 있습니다. 예 : 진정서, 탄원서, 주민등록등·초본, 호적등본, 재직증명서, 표창장 등 각종 상장, 사업자등록증, 장애인수첩 등

무. 처리절차

(1) 심판청구서 작성

(가) 심판청구는 서면으로 해야 합니다(행정심판법 제28조 제1항).

(나) 심판청구서에는 청구인·대표자·관리인·선정대표자 또는 대리인이 기명날인해야

합니다(행정심판법 제28조 제5항).

(다) 피청구인 수에 따른 부본을 첨부해야 하며, 대표자·관리인·선정대표자 또는 대리인을 소명하는 서면과 증거서류 또는 증거물을 첨부할 수 있습니다(행정심판법 시행령 제18조).

(라) 법 제28조제1항에 따른 심판청구서에는 법 제19조제1항에 따른 대표자 · 관리인 · 선정대표자 또는 대리인의 자격을 소명하는 서면과 법 제34조제1항에 따른 증거서류 또는 증거물을 첨부할 수 있다(법원행정처 행정심판규칙 제19조).

(2) 심판청구서의 기재사항

(가) 처분에 대한 심판청구인 경우(행정심판법 제28조 제2항)

㉠	청구인의 이름·주소 및 전화번호 등
㉡	청구인이 법인이나 법인격 없는 사단 또는 재단인 경우에는 대표자 또는 관리인의 이름·주소 및 전화번호 등
㉢	심판청구가 선정대표자 또는 대리인에 의하여 제기되는 경우에는 선정대표자 또는 대리인의 이름·주소 및 전화번호 등
㉣	피청구인인 행정청과 행정심판위원회 및 국무총리행정심판위원회(이하 "위원회"라 함)
㉤	심판청구의 대상이 되는 처분의 내용
㉥	처분이 있은 것을 안 날, 심판청구의 취지 및 이유
㉦	처분을 한 행정청의 고지의 유무 및 내용

(나) 부작위에 대한 심판청구인 경우(행정심판법 제28조 제3항)

㉠	청구인의 이름·주소 및 전화번호 등
㉡	청구인이 법인이나 법인격 없는 사단 또는 재단인 경우에는 대표자 또는 관리인의 이름·주소 및 전화번호 등
㉢	심판청구가 선정대표자 또는 대리인에 의해 제기되는 경우에는 선정대표자 또는 대리인의 이름·주소 및 전화번호 등
㉣	피청구인인 행정청과 위원회
㉤	심판청구의 취지 및 이유
㉥	해당 부작위의 전제가 되는 신청의 내용과 날짜

(3) 심판청구서의 제출 및 처리절차

(가) 제출기관 및 제출기한

i 심판청구서는 피청구인인 행정청 또는 위원회에 제출합니다(행정심판법 제23조 제1항).

ii 행정처분에 대하여 위법·부당한 처분통지서를 받은 날부터 90일 이내(행정심판법 제27조 제1항), 처분통지서를 직접 받지 못한 경우는 180일 이내(행정심판법 제27조 제3항)에 행정심판 청구서를 작성한 후 피청구인의 수에 따른 부본(보통의 경우 사본 1부를 의미 함)을 첨부하여 처분을 한 처분청 또는 위원회 중 한 곳에 제출하면 됩니다.

※ 행정심판 청구서는 국무총리행정심판위원회 홈페이지(www.simpan.go.kr)나 처분청 민원실에서 교부받아 작성하면 되며, 인터넷으로도 청구할 수 있습니다.

(나) 심판청구서의 접수

① 접수시 유의사항

i 심판청구서를 제출받은 행정청은 피청구인 적격이 없거나 심판청구가 부적법하다고 인정되는 경우에도 접수 거부·반려할 수 없습니다 (행정심판법 제43조 제1항 및 제2항).

㉠ 위원회 심리·의결을 거쳐 각하재결의 형식으로 처리합니다.

ii 행정청은 청구인의 심판청구서를 수리시 단지 형식적인 요건심사에 그치는 것이므로 기재사항의 순서가 다르게 되어 있는 경우, 각 항목별로 명확하게 분리하지 않고 기재된 경우, 서식이 다른 경우 등이 있더라도 수리해야 합니다[39]

㉠ 표제가 심판청구로서 명시되어 있는 경우 이를 심판청구로서 인정해야 함은 당연하지만, 표제가 심판청구로 되어 있지 아니하더라도 이를 심판청구서로 인정해야 할 경우가 있습니다.

㉡ 진정·탄원 등으로 표시되어 있더라도 그 내용이 행정청의 위법·부당한 처분 또는 부작위에 의한 권익을 침해당한 자로부터 그 시정을 구하는 것인 한 심판청구로 보아야 합니다.

② 정당한 기관에 이송

i 행정청이 고지를 하지 않았거나 잘못 알려 심판청구서가 다른 행정기관에 제출된 경우에는 해당 행정기관은 지체 없이 정당한 권한 있는 행정청에 이송하고 청구인에게 이송사실을 통지해야 합니다 (행정심판법 제23조 제2항 및 제6항).

---

39) 대법원 1990. 6. 8. 선고 90누851 판결, 대법원 1995. 9. 5. 선고 94누16250 판결 참조

㉠ 다른 법률에 특별한 불복절차가 정하여져 있는 경우에는 「행정심판법」에 따른 행정심판의 대상이 될 수 없어 각하됨이 원칙이나, 각하하기 보다는 심판청구서를 정당한 권한 있는 행정기관에 이송함이 바람직합니다.

(다) 심판청구서의 송부

i 시정조치

㉠ 피청구인인 행정청이 그 심판청구가 이유있다고 인정한 때에는 심판청구의 취지에 따르는 처분이나 확인을 하고 지체없이 이를 위원회와 청구인에게 통지합니다(행정심판법 제23조 제3항).

㉡ 피청구인인 행정청이 스스로 시정조치를 한 경우 이에 해당하는 부분에 관한 한 행정심판 절차가 종료됩니다.

ii 답변서 작성

㉠ 심판청구서가 제출되면 피청구인인 행정청은 청구인 주장에 대한 답변서를 작성합니다.

㉡ 위원회에 직접 심판청구서가 제출된 경우 지체없이 그 부본을 피청구인인 행정청에 송부하여 답변서를 작성 제출토록 합니다(행정심판법 제24조).

㉢ 답변서는 심판청구서에 나타난 청구인의 주장에 대한 피청구인인 행정청의 주장을 기재한 최초의 서면입니다.

㉣ 심판청구에 대한 심리가 주로 서면심리로 이루어지므로, 답변서의 내용이 부실하거나 부정확할 경우 기각되거나 각하되어야 할 심판청구사건이 인용되는 사례가 생길 수 있습니다.

(라) 위원회에 송부

i 피청구인인 행정청이 그 심판청구가 이유있다고 인정한 때에는 심판청구의 취지에 따르는 처분이나 확인을 하고 지체없이 이를 위원회와 청구인에게 통지합니다 (행정심판법 제23조 제3항).

ii 위원회가 표시되지 않았거나 잘못 표시된 경우에도 피청구인인 행정청은 정당한 권한있는 위원회에 심판청구서를 송부하여야 하며, 지체 없이 이 사실을 청구인에게 통지합니다 (행정심판법 제23조 제5항 및 제6항).

iii 청구인인 행정청이 위원회로부터 심판청구서 부본을 송달 받은 경우에는 그 받은 날부터 10일 이내에 답변서를 위원회에 제출합니다(행정심판법 제24조 제1항).

iv 답변서에는 다른 당사자의 수에 따르는 부본을 첨부합니다(행정심판법 제24조).

(4) 행정심판청구의 심리・의결

(가) 답변서 부본의 송달

i 위원회는 지체없이 피청구인인 행정청이 제출한 답변서의 부본을 다른 당사자에게 송달합니다 (「행정심판법」 제24조).

ii 청구인이 여러 명인 경우에는 청구인마다 답변서 부본을 송달합니다.

(나) 보충서면의 제출

i 심판청구서를 받은 피청구인은 그 심판청구가 이유 있다고 인정하면 심판청구의 취지에 따라 직권으로 처분을 취소·변경하거나 확인을 하거나 신청에 따른 처분을 할 수 있다. 이 경우 서면으로 청구인에게 알려야 한다(「행정심판법」 제33조).

ii 위원회에서 청구인에게 답변서 부본을 송달할 때 보충서면을 제출할 수 있음을 통지하고, 그에 따라 보충서면이 제출되면 그 부본을 다시 피청구인에게 송달하여 보충서면을 제출할 수 있도록 합니다.

iii 보충서면의 제출은 임의적이며 반드시 1회에 한정되는 것은 아닙니다.

iv 위원회는 보충서면을 제출할 수 있는 기한을 정할 수 있고, 이를 당사자에게 통보하여야 합니다 (「행정심판법」 제33조 제2항).

(다) 심리방식과 내용

i 요건심리(형식적 심리 또는 본안전 심리)

㉠ 요건심사: 심판청구가 그 제기요건을 갖추고 있는지 여부를 미리 심리하는 것입니다. 심판청구가 제기요건을 갖추지 못한 부적법한 것일 때에는 위원회는 이를 각하의결하게 됩니다.

㉡ 보정요구: 심판청구가 부적법하지만 보정할 수 있는 사항인 경우에는 행정심판위원회는 상당한 기간을 정하여 청구인에게 보정요구를 해야 하며, 경미한 경우에는 직권으로 보정할 수 있습니다 (「행정심판법」 제32조 제1항).

ii 보정(補正)이 가능한 경우: 청구인의 서명날인이 누락된 경우

㉠	청구의 대상이 되는 처분의 내용 또는 부작위의 전제가 되는 신청의 내용이 누락된 경우
㉡	청구취지가 누락된 경우
㉢	청구이유가 누락된 경우 등

iii 보정(補正)이 불가능한 경우(이 경우는 각하의결을 해야 함)

㉠	심판청구를 할 수 없는 자가 한 것인 때
㉡	심판청구를 할 수 없는 처분에 대하여 한 것인 때
㉢	심판청구기간이 경과한 후에 한 것인 때 등

㉢ 본안심리는 심판청구의 형식적 요건을 충족한 경우에 처분 또는 부작위의

위법·부당여부에 대하여 심리하는 것입니다. 본안 심리결과 처분 또는 부작위가 위법·부당하면 인용, 위법·부당하지 않으면 기각의결을 하게 됩니다.

(라) 심리절차상 원리

i 대심주의: 서로 대립되는 분쟁당사자의 공격과 방어에 의하여 심리를 진행합니다.

ii 직권심리주의 : 행정심판위원회는 사건의 심리를 위하여 필요하다고 인정할 때에는 직권에 의하여 증거조사를 할 수 있으며, 당사자가 주장하지 아니한 사실에 대해서도 심리할 수 있습니다(행정심판법 제40조 제1항 및 제36조 제1항). 다만, 불고불리의 원칙으로 인하여 행정심판의 직권심리도 심판청구의 대상인 처분이나 부작위 이외의 사항에 미칠 수는 없습니다.

iii 서면심리주의와 구술심리주의: 행정심판의 심리는 구술심리 및 서면심리로 하되, 당사자가 구술심리를 신청한 때에는 서면심리를 함이 필요하다고 인정되는 경우 외에는 구술심리를 하도록 합니다 (행정심판법 제40조 제2항). 구술심리는 심리기일 3일전까지 행정심판위원회에 서면 또는 구술로 신청합니다 (행정심판법 시행령 제23조제1항).

iv 비공개주의 : 심리의 능률을 도모하는 관점에서 채택되었습니다. 「행정심판법」 제41조에서 위원회의 발언내용 그 밖에 공개할 경우 위원회의 심리·의결의 공정성을 해할 우려가 있는 사항으로 위원이 위원회에서 발언한 내용을 기재한 문서, 위원회의 회의에 참여할 위원명단 등의 사항은 공개하지 않도록 하였습니다.

(마) 심리의 범위

i 불고불리 및 불이익변경 금지의 원칙

㉠ 청구인이 심판청구를 하지 않은 사항에 대하여 심리하거나 청구의 취지에 반하여 원처분보다 불이익한 내용의 심리·의결을 할 수 없습니다(행정심판법 제47조).

㉡ 행정심판위원회는 예외로 당사자가 주장하지 않은 사실에 대하여도 심리할 수 있으나 청구인의 청구범위를 유지하면서 청구에 대한 판단에 필요한 범위에서 심리할 수 있을 뿐입니다(대법원 1987. 11. 10. 선고 86누491 판결).

ii 법률문제와 사실문제

㉠ 법률문제뿐 아니라 당·부당(當·不當)의 재량문제를 포함한 사실문제도 심리 가능합니다.

(바) 심판참가

i 심판결과에 대하여 이해관계가 있는 제3자 또는 행정청은 위원회의 허가를 받

아 그 사건에 참가할 수 있습니다(행정심판법 제20조 제1항).

㉠ 여기의 이해관계는 사실상의 이해관계가 아닌 법률상의 이해관계를 말합니다.

㉡ 복효적 행정행위의 증가로 이해관계 있는 제3자의 심판참가가 확대되는 추세에 있습니다.

(사) 재결의 형식

재결방식은 서면으로 한다(제46조 제1항). 그러므로 위원회는 재결서를 작성하여야 한다. 재결서의 기재사항은 ① 사건번호와 사건명, ② 당사자・대표자 또는 대리인의 이름과 주소, ③ 주문, ④ 청구의 취지, ⑤ 이유, ⑥ 재결한 날짜다(제46조 제2항).

(아) 행정심판의 재결

① 의의

i 심판청구에 대한 심리의 결과를 판단하는 행위로서, 심판청구사건에 대한 위원회의 종국적 판단인 의사표시를 말합니다. 법원의 판결과 그 성질이 비슷하여 재결을 준사법행위로 볼 수 있습니다.

㉠ 재결은 피청구인인 행정청 또는 위원회가 심판청구서를 받은 날부터 60일 이내에 하여야 하며 다만, 부득이한 사정이 있을 때에는 위원장이 직권으로 30일을 연장할 수 있습니다(행정심판법 제45조 제1항).

ii 위원회는 지체없이 당사자에게 재결서의 정본을 송달하여야 하며, 재결은 청구인에게 송달이 있은 때에 그 효력이 생깁니다(행정심판법 제48조 제1항 및 제2항).

② 재결의 종류

각하재결	의미	요건심리결과 심판청구의 제기요건에 흠결이 있는 부적합한 심판청구임을 이유로 하여 본안에 대한 심리를 거절하는 재결을 말합니다 (행정심판법 제43조 제1항). 요건심리는 가장 기본적인 사항이므로 당사자의 주장이 없더라도 위원회 직권으로 조사하여 심리할 수 있습니다.
	각하 사유	- 심판청구대상이 아닌 것(민원, 사실행위 등)에 대한 청구를 한 경우 - 이해관계가 없는 제3자 등 청구인적격이 없는 자가 청구한 경우 - 심판청구기간을 넘겨 심판청구를 한 경우 - 처분이 이미 소멸된 경우(회복되는 법률상 이익이 없을 것) - 재심판청구인 경우
기각재결	의미	본안심리의 결과, 그 심판청구가 이유 없다고 인정하여 청구를 배척하고 원처분을 유지하는 재결을 말합니다(행정심판법 제43조 제2항).
	사정 재결	- 행정청의 행위가 잘못된 것은 인정하지만, 원처분이 취소되면 공공복리에 적합하지 않다고 인정하는 때에는 청구를 기각할 수 있습니다. 다만, 재결 주문에서 그 처분이 위법 또는 부당하다는 것을 명시해야 합니다(행정심판법 제44조 제1항).

인용재결	의미	본안심리의 결과, 심판청구가 이유 있고 원처분이나 부작위가 위법 또는 부당하다고 인정하여 청구의 취지를 받아들이는 내용의 재결을 말합니다(행정심판법 제43조 제3항).
	일부인용재결	- 처분을 감경하는 취지의 재결을 말합니다(위법하지는 않지만 부당).

③ 재결주의가 채택되어 있는 예

i 노동위원회의 처분

㉠ 노동위원회의 처분

노동위원회법 제26조, 제27조, 노동조합법 제85조에 따르면, 지방노동위원회 등의 원처분은 소송의 대상이 되지 못하고, 그에 대한 행정심판 재결에 해당하는 중앙노동위원회의 재심판정만이 소송의 대상이 된다.[40]

㉡ 구제신청기간

부당해고 등에 대한 구제신청기간은 부당해고 등이 있었던 날로부터 3개월이다(근로기준법 제28조). 지방노동위원회의 구제명령 또는 기각결정에 불복하는 사용자나 근로자는 구제명령서나 기각결정서를 통지받은 날부터 10일 이내에 중앙노동위원회에 재심을 신청할 수 있다(근로기준법 제31조 제1항). 이는 불변기간이다(노동위원회법 제26조 제3항).

㉢ 제소기간

중앙노동위원회의 재심결정에 대하여 사용자나 근로자는 재심판정서를 송달받은 날부터 15일 이내에 행정소송법의 규정에 따라 소를 제기할 수 있다(근로기준법 제31조 제2항).

ii 감사원의 변상판정 구제신청기간

감사원법 제36조, 제40조에 따르면, 원처분에 해당하는 회계관계직원에 대한 감사원의 변상판정은 소송의 대상이 되지 못하고 감사원의 재심의 판정(재결)이 소송의 대상이 된다.[41]

iii 특허거절 사정 등

특허출원에 대한 심사관의 거절사정에 대하여 불복하기 위하여는 바로 소를 제기할 수 없고, 먼저 특허심판원에 심판청구를 하고 그 심결을 소송

40) 대법원 1995. 9. 15. 선고 95누8050 전원합의체 판결
41) 대법원 1984. 4. 10. 선고 84누91 판결

대상으로 하여 특허법원에 심결취소를 구하는 소를 제기하여야 한다(특허법 제186조, 제189조, 실용신안법 제33조, 디자인보호법 제75조, 상표법 제86조 등 참조).

ⅳ 교원소청심사위원회 결정의 해당 여부

교원특별법 제7조, 제9조, 제10조에 따르면, 교원이 징계처분 등 불이익처분(교육공무원법 제11조의3 제4항 및 사립학교법 제53조의2 제6항에 의한 교원에 대한 재임용거부처분을 포함한다)을 당하면 그 처분이 있음을 안 날로부터 30일 이내에 교육부의 교원소청심사위원회에 소청심사를 청구할 수 있도록 되어 있고, 교원소청심사위원회의 결정에 대하여 행정소송법이 정하는 바에 따라 소를 제기할 수 있다.

사립학교 교원의 경우는 징계처분 등 불이익처분이 민사소송의 대상일 뿐 행정처분이 아니므로, 교원소청심사위원회의 결정은 행정심판 재결에 해당하는 것이 아니라 원처분으로서 항고소송의 대상이 된다. 그러나 국·공립학교 교원의 경우는 징계처분 등이 원처분으로서 항고소송의 대상이 되고, 교원소청심사위원회의 결정은 일반공무원(교원이 아닌 국·공립학교 직원도 이에 해당)의 소청심사위원회의 결정에 대응하는 행정심판의 재결에 해당하므로(국가공무원법 제16조 제2항, 교육공무원법 제53조 제1항 참조) 그 자체에 고유한 위법이 있을 때에만 소송의 대상이 된다.[42]

④ 재결의 효력

ⅰ 심판청구를 인용하는 재결은 피청구인과 그 밖의 관계 행정청을 기속(羈束)한다(행정심판법 제49조 제1항).

㉠ 재결이 있으면 피청구인인 행정청을 비롯한 관계 행정청은 재결의 내용에 따라 처분을 취소·변경하거나 재결의 취지에 따라 신청에 대한 처분을 해야 할 의무를 지게 됩니다.

㉡ 재결의 기속력은 재결의 주문 및 그 전제가 된 요건사실의 인정과 처분에 한정됩니다.

ⅱ 재결에 의하여 취소되거나 무효 또는 부존재로 확인되는 처분이 당사자의 신청을 거부하는 것을 내용으로 하는 경우에는 그 처분을 한 행정청은 재결의 취지에 따라 다시 이전의 신청에 대한 처분을 하여야 한다(행정심판법 제49조 제2항).

ⅲ 법령개정, 사정변경 등 당초 처분시와 다른 새로운 사유가 발견된 경우에는 취소재결에도 불구하고 이를 이유로 다시 처분 할 수는 있습니다.

⑤ 행정심판원회의 직접처분

㉠ 의무이행명령재결은 행정청이 당초의 신청에 따라 처분의 이행을 명하는

42) 대법원 1994. 2. 8. 선고 93누17874 판결

것입니다. 만일 당해 행정청이 재결의 취지에 따른 처분을 하지 않는다면 위원회가 직접 해당 처분을 할 수 있습니다.

ⓛ 청구인의 실질적인 권리를 보호하고 행정심판 재결의 실효성을 확보하기 위해 도입된 제도입니다.

ⓒ 재결의 기속력은 재결의 주문 및 그 전제가 된 요건사실의 인정과 처분에 한정됩니다.

⑥ 행정심판위원회 결정에 대한 이의신청

i 청구인의 지위 승계(제16조)

ii 피청구인의 경정(제17조)

iii 제3자의 심판 참가(제20조)

iv 청구의 변경 신청(제29조) 등에 대한 행정심판위원회의 불허가 결정에 대해서는 이의신청제도를 두고 있다.

⑦ 보충서면 제출권

당사자는 심판청구서·답변서·보정서 또는 참가신청서를 제출한 후에 이미 제출한 주장사실을 보충하거나 상대방의 주장을 다시 반박하기 위하여 필요한 보충서면을 제출할 수 있다(제33조 제1항).

⑧ 증거서류 등

증거서류 등의 제출과 관련해서는 당사자는 심판청구서·보정서·답변서·참가신청서·보충서면 등에 덧붙여 그 주장을 뒷받침하는 증거서류나 증거물을 제출할 수 있다(제34조 제1항). 증거서류에는 다른 당사자의 수만큼 증거서류 부본을 함께 제출한다(제34조 제2항).

⑨ 재결에 대한 불복

i 재심판청구 금지: 심판청구의 재결이 있는 경우에는 당해 재결뿐만 아니라 동일한 처분 또는 부작위에 대하여 다시 심판청구를 할 수 없습니다(행정심판법 제51조).

ii 재결에 대한 행정소송: 행정심판 재결 자체에 고유한 위법(예: 심판청구기간 도과하여 청구되었는데 인용재결을 한 경우, 재결권한 없는 행정심판위원회에서 재결을 한 경우 등)이 있음을 이유로 행정소송을 제기할 수 있습니다.

㉠ 재결은 그 자체로 행정처분이긴 하나, 행정심판을 다시 거치지 않고 바로 행정소송을 제기할 수 있습니다 (행정소송법 제18조제3항제2호).
재결 자체에 위법이 없는 한 청구인은 원처분에 대한 위법을 주장하여 원처분에 대한 행정소송을 제기할 수도 있습니다.
재결서 정본을 송달받은 날부터 90일 이내에 피청구인의 소재지를 관할하는 법원에 제기할 수 있습니다 (행정소송법 제9조제1항 및 행정소송법 제20조제1항).

ⓛ 행정청의 경우 재결에 대해 불복할 수 있는 수단은 현 제도에는 없습니다.

(5) 집행정지

(가) 우리나라 「행정심판법」에서는 집행정지제도를 두고 있는데, 집행정지란 당해 처분이나 그 집행 또는 절차의 속행으로 인하여 생길 수 있는 회복하기 어려운 손해를 예방하기 위하여 긴급한 필요가 있다고 인정될 때에 당사자의 신청이나 직권에 의해 그 처분의 효력이나 그 집행 또는 절차의 속행의 전부 또는 일부의 정지를 결정할 수 있습니다(행정심판법 제30조 제2항 및 제3항). 따라서 행정처분을 받은 학원설립・운영자가 그 행정처분의 취소를 구하면서 회복하기 어려운 손해를 예방하기 위하여 긴급한 필요가 있다고 인정할 때에는 집행정지도 함께 신청하여야 할 것입니다.

(나) 학원설립・운영자가 행정관청으로부터 교습정지, 교습소폐지, 등록말소 등 행정처분을 받은 후 그 행정처분의 취소를 구하는 행정심판청구를 제기하더라고 그 행정처분에 따른 집행행위가 당연히 정지되지는 않습니다. 이는 「행정심판법」에서 "행정심판의 청구가 문제된 처분의 효력이나 그 집행 또는 절차의 속행에 영향을 주지 아니한다(행정심판법 제30조 제1항)"고 하여 집행부정지의 원칙을 채택하고 있기 때문입니다.

(다) 학원설립・운영자가 행정처분에 대하여 행정심판을 제기하더라도 교습정지, 교습소폐지, 등록말소 등의 효과는 여전히 지속되고 있으므로 학원설립・운영자는 그 행정처분에 반하는 활동을 해서는 안 될 것입니다. 그런데, 학원설립・운영자의 행정처분의 위법·부당함을 이유로 행정심판을 제기하더라도 행정처분의 집행의 속행으로 인하여 교습활동을 할 수 없으므로 사후에 행정심판을 통하여 위법·부당한 처분이 밝혀지더라도 그 처분의 집행 또는 절차의 속행으로 인하여 입게 되는 손해를 회복하기 어려울 수가 있습니다.

(라) 집행정지 신청방법

i 집행정지는 행정심판위원회의 직권 또는 당사자의 신청에 의하고(행정심판법 제30조 제2항), 신청은 심판청구와 동시 또는 본안에 대한 재결이 있기 전까지 신청취지와 원인을 기재한 서면(행정심판법 시행규칙 별지 제31호서식 참조)에 심판청구서 사본 및 접수증명서를 첨부하여 위원회에 청구하도록 하고 있습니다(행정심판법 제30조 제5항).

2. 운전면허 관련 행정심판

운전면허 관련처분 취소 행정심판은 국민권익위원회 중앙행정심판위원회에서 운전면허 취소처분 등의 위법·부당여부를 심리하는 국민의 권익구제수단으로, 운전면허관련처분 결정통지서를 받은 날로부터 90일 이내 신청이 가능합니다.

가. 운전면허 관련 행정심판

(1) 자동차운전면허 관련 행정심판의 유형

(가) 면허취소처분(규제「도로교통법 시행규칙」제91조제1항 및 별표 28 제2호)

① 운전면허 소지자가 운전을 하던 중 음주운전(혈중알콜농도 0.08%이상)

② 자동차이용 범죄

③ 구호조치 및 신고의무불이행

④ 부정 사용 목적으로 면허증대여(차용)

⑤ 적성검사 미필

⑥ 벌점 및 누산점수 초과 등의 이유로 면허취소 처분을 받은 경우

(나) 면허정지처분(규제「도로교통법 시행규칙」제91조제1항 및 별표 28 제3호)

① 운전면허 소지자가 운전을 하던 중 음주운전(혈중알콜농도 0.03%이상 0.08%미만)

② 속도위반

③ 벌점 및 누산점수 초과(40점이상)

④ 교통사고 야기시 조치불이행 등의 이유로 면허정지 처분을 받은 경우

(다) 연습면허취소처분

연습면허 소지자가 중요법규(교통사고 및 준수사항 위반)를 3회 이상 위반해 해당 연습면허가 취소된 경우

(2) 행정심판의 필요적 전치주의

운전면허취소·정지처분에 대한 행정소송은 행정심판의 재결을 거치지 아니하면 제기할 수 없습니다(「도로교통법」 제142조).

따라서 운전면허 행정처분에 대한 불복으로서 행정소송을 제기하기 위해서는 행정심판의 재결을 거쳐야 합니다.

나. 운전면허 관련 행정심판청구서 작성 방법

(1) 자동차운전면허취소처분 관련 행정심판청구서 작성례

[별지] 행정심판 청구서 (행정심판법 시행규칙 [별지 제30호서식] <개정 2025.9.24>)

<table>
<tr><td colspan="3">행정심판 청구서</td></tr>
<tr><td>접수번호</td><td>접수일</td><td></td></tr>
<tr><td colspan="3"></td></tr>
<tr><td rowspan="4">청구인</td><td colspan="2">성명</td></tr>
<tr><td colspan="2">주소</td></tr>
<tr><td colspan="2">주민등록번호(외국인등록번호)</td></tr>
<tr><td colspan="2">전화번호</td></tr>
<tr><td rowspan="4">[ ] 대표자
[ ] 관리인
[ ] 선정대표자
[ ] 대리인
※ 해당사항이 있는 경우 하나의 [ ]만 작성합니다</td><td colspan="2">성명</td></tr>
<tr><td colspan="2">주소</td></tr>
<tr><td colspan="2">주민등록번호(외국인등록번호)</td></tr>
<tr><td colspan="2">전화번호</td></tr>
<tr><td>피청구인</td><td colspan="2"></td></tr>
<tr><td>소관
행정심판위원회</td><td colspan="2">[ ] 중앙행정심판위원회 [ ] ○○시・도행정심판위원회 [ ] 기타</td></tr>
<tr><td colspan="3"></td></tr>
<tr><td>처분 내용 또는
부작위 내용</td><td colspan="2"></td></tr>
<tr><td>처분이 있음을
안 날</td><td colspan="2"></td></tr>
<tr><td>청구취지 및 청구이유</td><td colspan="2">별지로 작성</td></tr>
<tr><td>처분청의 불복절차 고지 유무</td><td colspan="2"></td></tr>
<tr><td>처분청의 불복절차 고지 내용</td><td colspan="2">[ ] 유 [ ] 부</td></tr>
<tr><td>증거 서류</td><td colspan="2"></td></tr>
<tr><td>국선대리인
선임 신청여부</td><td colspan="2">[ ] 여 [ ] 부
※ 국선대리인 선임을 신청하는 경우에는 「행정심판법 시행규칙」 별지 제27호의2 서식에 따른 국선대리인 선임 신청서를 별도로 첨부하시기 바랍니다.</td></tr>
<tr><td>구술심리
신청여부</td><td colspan="2">[ ] 여 [ ] 부
※ 구술심리를 신청하는 경우에는 「행정심판법 시행규칙」 별지 제39호서식에 따른 구술심리신청서를 별도로 첨부하시기 바랍니다.</td></tr>
<tr><td colspan="3">「행정심판법」 제28조 및 같은 법 시행령 제20조에 따라 위와 같이 행정심판을 청구합니다.

년 월 일

청구인 (서명 또는 인)

○○행정심판위원회 귀중</td></tr>
</table>

<table>
<tr><td>첨부
서류</td><td>1. 대표자, 관리인, 선정대표자 또는 대리인의 자격을 소명하는 서류(대표자, 관리인, 선정대표자 또는 대리인을 선임하는 경우에만 제출합니다)
2. 주장을 뒷받침하는 증거서류나 증거물</td><td>수수료
없음</td></tr>
</table>

국선대리인 제도 안내

1. 제도개요

청구인이 경제적 능력으로 인해 대리인을 선임할 수 없는 경우에는 행정심판위원회에 국선대리인을 선임해 줄 것을 신청할 수 있습니다

2. 신청자격

가. 「국민기초생활 보장법」 제2조제2호에 따른 수급자

나. 「한부모가족지원법」 제5조 및 제5조의2에 따른 지원대상자

다. 「기초연금법」 제2조제3호에 따른 기초연금 수급자

라. 「장애인연금법」 제2조제4호에 따른 수급자

마. 「북한이탈주민의 보호 및 정착지원에 관한 법률」 제2조제2호에 따른 보호대상자

바. 그 밖에 행정심판위원회의 위원장이 경제적 능력으로 인해 대리인을 선임할 수 없다고 인정하는 사람

3. 신청절차

국선대리인의 선임을 신청하려는 청구인은 「행정심판법 시행규칙」 별지 제27호의2서식에 따른 국선대리인 선임 신청서를 제출해야 하며, 신청자격에 해당하는 사람이라는 사실을 소명하는 서류를 함께 제출해야 합니다.

구술심리 제도 안내

1. 제도개요

행정심판의 심리는 구술심리나 서면심리로 합니다. 다만, 당사자가 구술심리를 신청한 경우에는 서면심리만으로 결정할 수 있다고 인정되는 경우 외에는 구술심리로 진행합니다.

2. 신청절차

당사자가 구술심리를 신청하려면 행정심판위원회에「행정심판법 시행규칙」 별지 제39호서식의 구술심리 신청서를 제출하거나 구술로 신청해야 합니다.

처리절차

청구서 작성	➜	접수	➜	재결	➜	송달
청구인		○○행정심판위원회		○○행정심판위원회		

다. 음주운전 행정심판에서 구제가 되지 않는 사례

(1) 청구인의 위반행위가 규제 「도로교통법」 제93조제1항에 따라 반드시 취소하도록 규정하고 있는 경우

- 삼진아웃에 해당하는 경우
- 음주측정에 불응자
- 운전면허 발급 결격사유가 있는 사람이 면허를 취득한 경우
- 허위 또는 부정한 방법으로 운전면허를 취득한 경우
- 정지기간 중에 운전면허증 또는 운전면허증을 대신하는 증명서를 발급받은 경우
- 수시 또는 정기 적성검사를 받지 않았거나 또는 불합격한 경우
- 자동차나 원동기 장치 자전거를 훔치거나 빼앗은 경우
- 단속 중인 경찰공무원 등을 폭행한 자
- 미등록 자동차를 운전한 자
- 연습운전면허의 취소사유가 있었던 자
- 다른 법률에 따라 다른 행정기관의 장이 운전면허의 취소처분을 요청한 자

(2) 청구인의 법규위반 정도가 중대하여 심판청구를 기각한 사례

- 자동차를 이용한 범죄로 면허가 취소된 전력이 있는데 음주운전으로 면허가 취소된 사건
- 10년 이내 사망사고전력이 있던 청구인이 음주운전으로 면허가 취소된 사건
- 운전면허정지기간 중에 운전을 한 경우
- 자동차를 이용한 범죄(감금)를 범한 경우
- 청구인이 운전면허증을 대여한 경우

(3) 행정심판 청구요건을 충족하지 못해 대상이 되지 않은 대표적인 각하 사례

- 청구기간이 경과한 경우(처분 사실을 알게 된 날부터 90일, 있은 날부터 180일 초과)
- 처분성이 없는 경우(단순 벌점부과, 결격기간 부여)

제3절 행정심판용어

▣ 각하 사유

※ 심판청구가 부적법한 청구가 되는 사유를 말합니다. 대표적인 것은 다음과 같습니다.
※ 심판청구사항이 아닌 것에 대한 심판청구
※ 대통령의 처분 또는 부작위에 관한 심판청구
※ 청구인 적격이 없는 자 또는 청구인이 될 수 없는 자가 제기한 심판청구
※ 심판청구기간을 지난 심판청구
※ 심판청구의 기재사항이 불비하거나 기타의 사유로 부적법하여 그 보정을 명하였음에도 소정의 기간 내에 보정하지 않은 때
※ 대상이 소멸한 심판청구
※ 재심판청구

▣ 각하재결

※ 각하재결이란, 청구사건에 대한 요건심리 결과 심판청구의 제기요건에 흠결이 있는 부적법한 심판청구임을 이유로 하여 본안에 대한 심리를 거절하는 재결을 말합니다. 각하재결은 심판청구에 대한 요건심리만으로 행하는 재결입니다.

▣ 고지제도

※ 행정청이 처분을 할 때 처분의 상대방에게 행정심판을 청구할 수 있는지 여부, 심판청구절차, 행정심판 제기기간 등 행정심판 제기에 필요한 사항을 미리 알려주도록 행정청에 고지의무를 부과하는 제도를 말합니다. 행정청이 고지를 하지 않은 경우에 행정심판 제기 기간은 처분이 있은 날부터 180일 이내 입니다.

▣ 구술심리

※ 당사자가 직접 행정심판위원회의 회의에 참석하여 진술하는 심리방식을 말합니다.

▣ 국가특별지방행정기관

※ 정부조직법 및 다른 법률에 의하여 설치된 국가의 지방행정기관을 말합니다. 국세청 소속의 지방국세청 및 세무서, 조달청 소속의 지방조달청, 병무청 소속의 지방병무청, 철도청 소속의 지방철도청, 식품의약품안정청 소속의 지방식품의약품안정청 등이 국가특별지방행정 기관에 해당합니다.

▣ 기각재결

※ 기각재결이란, 청구사건에 대한 심리결과, 청구인의 심판청구가 이유 없다고 인정하여 청구를 배척하고 당초의 처분을 유지하는 재결을 말합니다. 기각은 심판청구의 내용에 관한 재결이기 때문에, 형식적 요건에 관한 재결인 각하와는 구별됩니다.

▣ 기속력

※ 기속력이란 피청구인인 행정청 및 관계 행정청이 재결의 취지에 따르도록 구속하는 효력을 말합니다. 이에 따라 재결이 있으면 피청구인인 행정청을 비롯한 관계행정청은 재결의 취지에 따라 처분을 취소·변경하여야 할 의무를 지게 됩니다.

▣ 기피신청

※ 당사자가 특정 위원에게 심리·의결의 공정을 기대하기 어려운 사정이 있는 경우에 해당 위원을 심리·의결에서 배제해 주도록 하는 신청을 말합니다. 기피신청이 있으면, 상급기관(국무총리행정심 판위원회의 경우에는 위원장)은 기피신청에 대하여 위원회의 의결을 거치지 아니하고 결정합니다.

▣ 답변서

※ 청구인의 행정심판청구에 대하여 상대방인 처분청이 제출하는 변론이 기재된 문서를 말합니다. 통상 청구인의 주장에 대한 반박과 자신의 처분이 적법·타당함을 기재합니다.

▣ 대리인

※ 청구인을 대신하여 행정심판을 청구한 사람을 말합니다.

▣ 대리인의 자격이 있는 자

1. 청구인의 배우자, 직계존비속 또는 형제자매
2. 청구인인 법인의 임원 또는 직원
3. 변호사
4. 다른 법률의 규정에 의하여 심판청구의 대리를 할 수 있는 자
5. 위에서 정한 자 외에 위원회의 허가를 받은 자

▣ 병합

※ 위원회는 필요하다고 인정하는 경우 관련되는 심판청구를 병합하여 심리할 수 있습니다. 병합이란 하나의 심판절차에 수인의 당사자가 관여하는 심판형태를 말합니다. 병합은 다수당사자간의 관련분쟁을 같은 절차 내에서 동시에 심리함으로써 심판의 중복을 피하여 당사자와 위원회의 노력을 절약하게 됩니다.

▣ 보정

※ 청구인의 심판청구가 부적법하나 보정할 수 있다고 인정하는 때에는 행정심판위원회는 상당한 기간을 정하여 그 보정을 요구합니다. 다만, 보정할 사항이 경미한 경우에는 직권으로 보정할 수 있습니다.

▣ 부본

※ 부본이란 원본전부의 사본을 말합니다.

▣ 부작위

※ 행정청이 당사자의 신청에 대하여 상당한 기간 내에 일정한 처분을 하여야 할 법률상 의무가 있음에도 불구하고 이를 하지 아니하는 것을 말합니다.

▣ 분리

※ 위원회는 필요하다고 인정하는 경우 관련되는 심판청구를 분리하여 심리할 수 있습니다. 분리란 병합과 반대되는 개념으로 병합되어 청구된 사건 중 사건의 성질상 하나의 심판절차에 다수의 당사자가 관여할 수 없어 사건의 내용대로 나누어 심리하는 것을 말합니다.

▣ 불고불리의 원칙

※ 법원은 소송의 제기가 없으면 재판할 수 없고, 소송의 제기가 있더라도 당사자가 청구한 사항에 대하여 청구의 범위 내에서 심리·판단하여야 한다는 소송법상의 원칙으로 행정심판제도에서도 채택하고 있습니다.

▣ 불이익변경 금지의 원칙

※ 상급기관은 심판청구의 대상이 되는 처분보다 청구인에게 불이익한 재결을 할 수 없다는 원칙입니다.

▣ 비공개대상정보

※ 위원회(소위원회를 포함)의 회의에서 위원이 발언한 내용이 기재된 문서나, 심리 중에 있는 심판청구사건의 의결에 참여할 위원의 명단은 외부에 공개되지 않은 정보입니다.

▣ 사정재결

※ 취소심판이나 의무이행심판의 절차에서, 다투어지고 있는 처분 또는 부작위가 위법 또는 부당하다고 인정되면 인용재결을 하는 것이 원칙이지만, 예외적으로 심판청구가 이유있다고 인정되는 경우에도 이를 인용하는 것이 현저히 공공복리에 적합하지 아니하다고 인정하는 때에 그 심판청구를 기각하는 재결을 말합니다. 사정재결을 하는 경우에는 상급기관은 직접 청구인에 대하여 상당한 구제방법을 취하거나 피청구인인 행정청으로 하여금 상당한 구제방법을 취할 것을 명할 수 있습니다.

▣ 서면심리

※ 당사자가 직접 행정심판위원회의 회의에 참석하 여 진술하지 않고 제출된 서류만으로 심리하는 방식을 말합니다.

▣ 선정대표자

※ 청구인이 다수인 경우 청구인들 스스로 또는 위원회의 권고에 의하여 청구인을 대표하여 심판을 수행할 자로 선정된 자를 말합니다. 하나의 처분 또는 부작위에 대하여 다수인이 공동으로 심판청구를 하는 경우에는 청구인 중 3인 이하의 대표자를 선정할 수 있으며, 청구인이 대표자를 선정하지 아니한 경우 위원회는 필요하다고 인정할 때에는 청구인에게 대표자를 선정할 것을 권고할 수 있습니다.

▣ 소위원회

※ 위원장이 지정하는 심판청구사건을 미리 검토하기 위하여 5인 이내의 위원으로 구성되어 운영됩니다. 사실관계나 법리적으로 복잡한 사건을 위원회 개최에 앞서 미리 심도 있게 검토하여 위원회에 보고합니다.

▣ 심리

※ 행정심판위원회가 행정심판 청구사건의 사실관계 및 법률관계를 명백히 하기 위하여 당사자 및 관계인의 주장과 반박을 듣고, 그를 뒷받침하는 증거 기타의 자료 등을 수집·조사하는 것을 말합니다.

▣ 심리기일

※ 행정심판위원회에서 행정심판 청구사건을 심리하기 위하여 정한 날짜를 말하며, 심리기일 7일 전까지 행정심판위원회가 당사자에게 서면으로 심리기일을 통지하게 됩니다.

▣ 심판참가

※ 심판참가란 심판청구의 대상이 된 처분이나 부작위에 대하여 이해관계가 있는 제3자 또는 행정청이 신청 또는 위원회의 요구에 의하여 당해 사건에 참가하는 것을 말합니다.

▣ 심판청구기간

※ 심판청구는 처분이 있음을 안 날부터 90일 이내에 제기하여야 합니다. 또한, 정당한 사유 없이 처분이 있은 날로부터 180일을 경과하면 제기하지 못합니다. 행정청이 심판청구기간을 규정에 의한 기간보다 긴 기간으로 잘못 알린 경우에 그 잘못 알린 기간 내에 심판청구가 있으면 그 심판청구는 적법하게 청구된 것으로 봅니다. 행정청이 심판청구기간을 알리지 아니한 때에는 처분이 있은 날부터 180일 이내에 심판청구를 할 수 있습니다. 무효 등 확인심판청구와 부작위에 대한 의무인 행정심판청구는 심판청구기간의 제한이 없습니다.

▣ 의결

※ 행정심판위원회가 행정심판 청구사건에 대하여 최종적인 결정을 하는 것을 말합니다. 위원 과반수의 출석과 출석위원 과반수의 찬성으로 의결하게 됩니다.

▣ 의결서

※ 행정심판청구사건에 대하여 행정심판위원회에서 의결한 내용을 기재한 문서로서 의결 후 작성되어 상급기관에 보내지게 되며, 상급기관은 의결서의 내용대로 재결서를 작성하여 재결하게 됩니다.

▣ 인용재결

※ 인용재결이란 청구사건에 대한 심리결과 심판청구가 이유 있고, 당초의 처분이나 부작위가 위법 또는 부당하다고 인정하여 청구인의 주장을 받아들이는 내용의 재결입니다. 인용재결은 당초의 처분을 직접 취소·취소변경하거나, 처분청에 대하여 당해 처분의 취소·변경 또는 필요한 처분을 할 것을 명할 수도 있습니다.

▣ 일부인용재결

※ 일부인용재결이란 청구사건에 대한 심리결과 청구인의 심판청구가 일부 이유 있고, 처분청의 처분이 위법하지는 않지만 재량권의 행사가 적정하지 않다고 인정하여 청구인의 주장을 일부 받아들이는 내용의 재결입니다. 일부인용재결이 있으면, 당초의 처분을 감경하거나 일부 변경하게 됩니다.

▣ 재결

※ 재결이란 행정심판의 청구에 대하여 상급기관이 소관 행정심판위원회의 심리·의결내용에 따라 행하는 최종적인 판단을 말합니다. 재결내용은 재결서에 기재하여 당사자에게 송달합니다.

▣ 재결경정

※ 재결에 오기(誤記)나 계산착오와 같은 잘못이 명백한 때에는 상급기관은 직권 또는 당사자의 신청에 의하여 행정심판위원회의 의결을 거쳐 재결의 경정을 할 수 있습니다.

▣ 재결례

※ 과거에 있었던 행정심판 청구사건에 대한 재결 사례입니다.

▣ 재결서

※ 행정심판청구사건에 대하여 최종적인 판단을 기재한 문서로서 상급기관이 작성하여 당사자(청구인, 피청구인)에게 송달하게 되며, 행정심판의 효력은 재결서가 당사자에게 도달되어야 효력이 발생합니다.

▣ 상급기관

※ 처분청의 상급기관으로 행정심판 청구사건에 대하여 최종판단인 재결을 행하는 기관으로서 행정심판 위원회의 의결에 따라 재결을 행합니다.

▣ 재심판청구의 금지

※ 심판청구에 대한 재결이 있는 경우 당해 재결 및 동일한 처분 또는 부작위에 대하여 다시 심판을 제기할 수 없습니다. 이는 무익한 절차를 반복하는데 따른 행정청 및 국민의 부담을 막기 위한 것입니다.

▣ 정본

※ 정본이란 원본의 사본으로 원본과 같은 효력이 인정되는 문서를 말합니다.

▣ 제척

※ 특정 사건의 당사자 또는 사건의 내용과 특수한 관계를 가진 위원 등을 심리에서 배제하는 것을 말합니다. 제척사유는 다음과 같습니다.

1. 위원 또는 그 배우자나 배우자이었던 자가 당해 사건의 당사자가 되거나 당해 사건에 관하여 공동권리자 또는 의무자의 관계에 있는 경우
2. 위원이 당해 사건의 당사자와 친족관계에 있거나 있었던 경우
3. 위원이 당해 사건에 관하여 증언이나 감정을 한 경우
4. 위원이 당해 사건에 관하여 당사자의 대리인으로서 관여하거나 관여하였던 경우
5. 위원이 당해 사건의 대상이 된 처분 또는 부작위에 관여한 경우

▣ 증거서류

※ 당사자는 심판청구서·보정서·답변서 또는 참가신청서에 덧붙여 그 주장을 뒷받침하는 증거서류 또는 증거물을 제출할 수 있습니다. 증거서류는 다른 당사자의 수에 따르는 부본을 첨부하여야 합니다.

▣ 증거조사

※ 위원회는 사건의 심리를 위하여 필요하다고 인정할 때에는 당사자의 신청 또는 직권에 의하여 증거조사를 할 수 있습니다. 증거조사 방법은 다음과 같습니다.

1. 당사자 본인 또는 참고인을 신문하는 일
2. 당사자 또는 관계인이 소지하는 문서·장부·물건 그 밖의 증거자료의 제출을 요구하고 이를 영치하는 일
3. 특별한 학식과 경험을 가진 제3자에게 감정을 명하는 일
4. 필요한 물건·사람·장소 그밖에 사물의 형상 또는 상황을 검증하는 일

▣ 지위승계

※ 청구인이 사망한 때에는 상속인 그밖에 법령에 의하여 심판청구의 대상인 처분에 관계되는 권리 또는 이익을 승계한 자는 청구인의 지위를 승계하며, 심판청구의 대상인 처분에 관계되는 권리 또는 이익을 양수한 자는 위원회의 허가를 받아 청구인의 지위를 승계할 수 있습니다.

▣ 직접처분

※ 직접처분이란 재결의 집행력을 확보하기 위한 제도로서, 피청구인인 행정청이 재결의 취지에 따른 처분을 하지 않는 경우 상급기관이 직접 처분을 하는 것을 말합니다.

▣ 집행정지

※ 행정심판을 청구하여도 심판의 대상이 되는 처분의 효력이나 집행은 원칙적으로 정지되지 않습니다. 집행을 정지하고자 하는 경우 행정심판청구와 함께 별도로 집행정지 신청을 하여야 합니다. 집행정지 신청에 대한 인용결정이 있게 되면, 행정심판의 대상이 된 처분 등은 행정심판의 재결이 있을 때까지 그 집행이 정지됩니다.

▣ 처분

※ 행정청의 법집행으로서의 공권력 행사 또는 그 거부와 이에 준하는 행정작용을 말합니다.

▣ 처분이 있은 날

※ 행정청이 통지·공고 기타의 방법으로 처분을 하여 상대방이 그 처분에 대하여 인식한지 여부와 관련 없이 처분의 효력이 발생한 날을 말합니다.

▣ 처분이 있음을 안 날

※ 행정청의 통지·공고 기타의 방법으로 처분이 있었음을 현실적으로 알게 된 날을 의미합니다. 보통 행정청의 처분을 기재한 문서가 도착하면 처분이 있음을 알았다고 봅니다.

▣ 처분청

※ 행정심판 청구의 대상이 처분 등을 행한 행정청을 말합니다. 피청구인과 같은 의미입니다.

▣ 청구서

※ 행정심판을 청구하고자 하는 경우 작성하여 제출하는 문서입니다. 작성된 청구서는 부본을 첨부하여 처분청이나 상급기관으로 제출합니다.

▣ 청구의 변경

※ 청구인은 청구의 기초에 변경이 없는 범위 안에서 청구의 취지 또는 이유를 변경할 수 있습니다. 피청구인이 심판청구 후에 그 대상인 처분을 변경한 경우에도 청구인은 변경된 처분에 맞추어 청구를 변경할 수 있습니다.

▣ 청구인

※ 행정심판을 청구한 사람을 말합니다.

▣ 청구인 적격

※ 청구인 적격이란 행정심판에서 정당한 당사자로서 심판을 제기하고 재결을 받기에 적합한 자격을 말합니다.

▣ 취하

※ 청구인은 심판청구에 대한 재결이 있을 때까지 서면으로 심판청구를 취하할 수 있습니다. 심판청구를 취하하면 처음부터 심판청구가 없는 것으로 됩니다.

▣ 피청구인

※ 행정심판 청구의 대상인 처분 등을 행한 행정청을 말합니다. 처분청과 같은 의미입니다.

▣ 피청구인 경정

※ 청구인이 피청구인을 잘못 지정한 경우 행정심판위원회는 당사자의 신청 또는 직권에 의하여 피청구인을 경정할 수 있습니다. 심판청구가 제기된 후 처분 또는 부작위와 관계되는 권한이 다른 행정청에 승계된 때에도 피청구인을 경정합니다.

▣ 피청구인 적격

※ 청구인으로부터 행정심판을 제기 받은 상대방은 당해 심판청구의 대상인 처분 또는 부작위를 행한 행정청이어야 합니다.

▣ 행정소송

※ 권리구제절차라는 점에서 행정심판과 같으나 판단기관이 독립된 국가기관인 사법부라는 점에서 가장 큰 차이가 있습니다. 행정소송을 제기하고자 하는 경우 취소소송의 경우 처분 등이 있음을

안 날 부터 90일 이내, 처분 등이 있은 날부터 1년 이내에 제기할 수 있습니다. 행정소송의 제기는 피청구인의 주소지 관할 행정법원에 소장을 제출하시면 됩니다.

▣ 행정심판

※ 행정청의 위법·부당한 처분 그밖에 공권력의 행사·불행사 등으로 권리나 이익을 침해받은 국민이 행정기관에 제기하는 권리구제 절차를 말합니다.

▣ 행정심판위원회

※ 행정심판 청구사건을 심리·의결하기 위하여 설치한 합의제 행정기관입니다. 국무총리행정심판위원회와 시·도행정심판위 원회 등으로 구분됩니다.

▣ 회피신청

※ 위원이 제척사유에 해당되거나 기피신청 사유에 해당하는 경우 스스로 심리·의결에서 배제되도록 신청하는 것을 말합니다.

제2장

행정소송과 행정심판

제2장 행정소송과 행정심판

제1절 서 론

위법한 처분으로 인하여 권리 이익을 침해받은 자는 상급 행정기관 등에 행정심판을 청구할 수도 있는바, 행정심판과 행정소송과의 관계를 어떻게 조정할 것인지에 관하여, ①필요적 전치주의와 ②임의적 전치주의의 두 종류가 있다.

① 필요적 전치주의는 행정심판을 항고소송의 필요적 전치절차로 하여 행정심판을 거치지 않은 항고소송을 허용하지 않는 데 대하여, ②임의적 전치주의는 행정심판을 거치는 것을 항고소송의 요건으로 요구치 아니하고 행정심판을 거칠 것이지 여부를 원고의 재량에 맡기는 것이다.

개정된 행정소송이 시행된 1998. 3. 1.부터 일반 행정소송은 임의적 전치주의로 바뀌었고(행정소송법 제18조 제1항), 조세소송만이 필요적 전치주의가 적용되고 있다(국세기본법 제55조 제1항, 제3항, 제56조 제2항).

전심절차의 단계는 종전에는 국세청장에 대한 심사청구와 국세심판소장에 대한 심판청구의 필요적 2심급제로 되어 있었으나, 1999. 8. 31. 국세기본법이 개정되면서 단심급제로 변경되었다. 이에 따라 종전에는 심사청구와 심판청구를 차례로 거쳐야만 행정소송을 제기할 수 있었으나, 2000. 1. 1. 이후에는 심사청구와 심판청구 중 어느 하나만 선택적으로 거치면 행정소송을 제기할 수 있게 되었다(국세기본법 제55조 제1항, 제3항, 제56조 제2항).

다만, 심사청구나 심판청구에 앞서 당해 처분을 한 세무서장이나 지방국세청장에게 이의신청을 할 수 있으므로(국세기본법 제55조 제3항, 제66조, 관세법 제119조, 제132조), 결국 국세에 관한 불복절차는 원칙적 단심급제(심사청구 또는 심판청구)이고, 선택적으로 2심급제(이의신청을 거친 후 심사청구 또는 심판청구)라고 할 수 있다.

제2절 임의적 전치주의(원칙)

행정소송법 18조 1항 본문과 이를 준용하는 38조 2항은, 취소소송과 부작위위법확인소송에서 원칙적으로 임의적 전치주위를 택하고 있음을 명백히 하고 있다. 한편 위 조문에서 말하는 “행정심판”이란, 행정기관이 재결청 되는 행정쟁송을 의미하는 것으로 실정법상으로 ①행정심판, ②이의신청, ③심사청구, ④심판청구 등의 모든 경우를 포함하는 개념이다.

임의적 전치주의 하에서는 행정심판을 거칠 것인지 아닌지의 여부가 원고의 재량에 맡겨져 있으므로 행정처분으로 인하여 권리 이익을 침해 받은 자는 바로 행정소송을 제기할 수도 있고, 행정심판과 행정소송을 동시에 청구하거나 또는 행정심판을 거쳐 행정소송을 청구할 수도 있다.

행정심판에서는 행정처분의 위법뿐만 아니라 부당을 주장할 수도 있고 그 절차가 비교적 간편하다는 점 등 그 나름대로의 장점이 있으므로, 바로 행정소송을 제기하지 아니하고 행정심판을 신청할 실익이 있다. 또한 설사 행정심판에서 권리구제의 목적을 달성하지 못한 경우라도 이후 행정소송절차에서 행정심판기록 제출명령제도에 의하여 간편하게 소송자료를 얻을 수 있는 장점도 있다.

임의적 전치절차 적용되는 사건에서는 행정심판을 거쳤는지 아닌지의 여부가 소송요건이 아니므로, 법원은 원고가 행정심판을 청구하였는지 아닌지의 여부를 원칙적으로 심리할 필요는 없지만, 행정심판 재결에 의하여 처분이 취소되거나 변경되는 경우가 있으므로 그에 따라 소를 변경하게 하거나 부적법 각하해야 한다.

특히 제소기간에 있어 행정심판을 청구하지 않고 바로 취소소송을 제기하는 경우는 처분 있음을 안 날로부터 90일 이내에 소를 제기하여야 하지만, 행정심판을 청구한 경우는 그 기산점이 재결서정본을 송달받은 날이 되므로(행소 20조 1항), 처분 있음을 안 날로부터 90일이 경과된 뒤에 취소소송이 제기되었다고 해서 바로 소를 각하할 것이 아니라, 행정심판을 청구한 바가 있는지 심리하여 제소기간의 준수여부를 판단해야 한다.

제3절 필요적 전치주의(예외)

1. 취 지

행정소송법 18조 1항 단서와 이를 준용하는 38조 2항은, 취소소송과 부작위위법확인소송에서 예외적으로 필요적 전치주의(행정심판 청구로 족한 것이 아니라 재결까지 거쳐야 점에서 필요적 재결 전치주의라고도 한다)가 적용되는 사건이 있음을 밝히고 있다.

이러한 필요적 전치주의는 주로 대량적으로 행해진 처분이나 전문 기술적인 성질을 띤 처분 등에 대하여 소송을 앞서 행정심판을 거치도록 함으로써 행정청에게 스스로 시정할 기회를 마련하여 행정청이 전문지식의 활용으로 자율적이고 능률적으로 행정작용을 하도록 하는 한편, 법원의 부담경감을 꾀하기 위한 데에 그 취지가 있다.

2. 적용 범위

가. 필요적 전치를 요하는 처분

(1) "법률"의 근거

제소에 앞서 필요적으로 행정심판을 거치도록 하기 위해서는 처분의 근거가 되는 "형식적 의미의 법률"에 필요적 전치를 요하는 규정이 있어야 한다.

법률 이외의 법규명령이나 조례·규칙으로써는 이를 규정할 수 없다. 설사 당해 처분이 법규명령이나 조례·규칙에 근거한 것이라 하더라도 마찬가지이다. 이에 대하여 조례에 근거한 처분에 대하여는 조례로써 필요적 전치로 할 수 있다는 반대 견해가 있지만, 필요적 전치주의는 일종의 재판청구권의 제한으로서, 국가사무의 하나인 사법에 관한 사무(지자법 제11조 1호)이므로, 조례로써는 불가능하다고 본다.

(2) 명시적 규정

법률에 "행정심판의 재결을 거치지 않으면 취소소송을 제기할 수 없다"는 취지의 명시적 규정이 필요하다. 필요적 전치주의는 예외적인 제도이므로, 재결을 거치지 않으면 소송을 제기할 수 없음이 명시적으로 규정되어야 한다.

(3) 현행법상 필요적 전치주의의 적용을 받는 처분

현행법상 필요적 전치를 거쳐야 하는 것으로는, ① 공무원에 대한 징계 기타 불이익처분(국가공무원법 제16조 제1항, 교육공무원법 제53조 제1항, 지방공무원법 제20조의2), ② 국세·관세법상의 처분(국세기본법 제56조 제2항, 관세법 제120조 제2항, 다만 지방세법상의 처분은 제외[1]), 주류의 제조 및 판매 면허에 관한 세무행정청의 처분)[2], ③ 운전면허취소처분 등 도로교통법에 의한 각종 처분(도로교통법 제142조, 다만, 과태료분과 통고처분은 제외), ④ 해양수산부장관 등의 선박검사 등 처분(선박안전법 제68조 제7항, 제72조 제3항)을 들 수 있다.

그밖에 노동위원회의 결정이나 특허청의 거절사정 등과 같이 원처분이 아니라 행정심판 재결만이 소송의 대상이 되는 사건에 있어서도 행정심판을 거침이 불가피하지만

---

1) 지방세법에 따른 처분에 불복하는 경우 지방세심의위원회에 이의신청 및 심사청구를 거쳐야만 행정소송을 제기할 수 있도록 규정하였던 구 지방세법 제78조 제2항 및 제81조가 이를 위헌으로 본 헌법재판소 2001. 6. 28. 선고 2000헌바30 결정에 따라 2001. 12. 29. 지방세법 개정으로 삭제된 후 지방세법의 특별행정심판절차는 임의적 절차로 바뀌었다. 위와 같이 개정된 지방세법은 다시 2010. 3. 31. 지방세기본법, 지방세법 및 지방세특례제한법 3개의 법률로 나뉘어 전면 개정되었는데, 행정심판절차를 규율하는 총칙 부분은 지방세기본법에 규정되어 있다.

2) 국세의 종목과 세율을 정하고 있는 각종 세법과 국세기본법, 국세징수법, 조세특례제한법, 「국제조세조정에 곤한 법률」, 조세범 처벌법 및 조세범 처벌절차법에 의거한 처분에 대하여는 국세기본법이 정한 특별 행정심판절차를, 관세법에 기한 처분에 대하여는 관세법이 정한 특별 행정심판절차를 각 거쳐야 한다(국세기본법 제55조, 제2조 제2호, 관세법 제119조). 적극적 처분은 물론, 거부처분이나 부작위 등 소극적 처분도 위 법률들이 정한 특별 행정심판절차를 거쳐야 함은 물론이다. 또한, 국세기본법 제2조 제2호에 규정된 '세법에 따른 처분'에 대하여는 과세처분 여부를 불문하고 국세기본법이 정한 특별 행정심판절차를 거쳐야 하므로(국세기본법 제55조 제1항), 주세법 2장에 규정된 주류의 제조 및 판매의 면허에 관한 세무 행정청의 처분도 국세기본법이 정한 특별 행정심판절차를 거쳐야 한다.

이는 재결주의가 채택된 결과로서, 통상적인 필요적 전치주의 사건과는 구별된다.

나. 필요적 전치가 적용되는 소송

(1) 취소소송과 부작위위법확인의 소송

필요적 전치를 요하는 처분이라 하더라도 그 처분의 취소소송과 부작위위법확인소송의 제기에만 행정심판을 거쳐야 하는 것뿐(행소38조 2항), 무효확인소송의 제기에는 행정심판을 거칠 필요가 없다(행소 38조 1항). 왜냐하면 무효확인소송은 외형상 행정행위로서 존재할 뿐 당초부터 법률적으로 아무런 효력이 없는 처분에 대하여 그 무효임을 공적으로 확인 받기 위한 소송에 불과하기 때문이다.

(2) 무효를 선언하는 의미의 취소소송

무효를 선언하는 의미의 취소소송에 대해서는 그 실질이 무효확인의 소임을 중시하여 행정심판전치주의의 적용이 없다는 견해도 있으나, 취소사유와 무효사유의 구분은 상대적일 뿐만 아니라 실체적 심리를 거쳐 밝혀질 성질의 것이므로, 소송요건을 갖추었는지 여부는 실체심리에 앞서 형식적으로 판단되어야 한다는 점에 비추어 보면, 어쨌든 최소소송의 형식을 취하고 있는 이상, 실체에 있어서는 무효확인을 구하는 소송이라 하더라도, 취소소송이 갖추어야 할 소송요건인 행정심판 전치주의의 요건을 충족하여야 할 것이다.

(3) 제3자의 제소와 행정심판 전치주의

처분 등의 직접 상대방이 아닌 제3자는 행정심판 청구기간을 지키기 어렵다는 점을 들어 이들이 취소소송을 제기함에는 원칙적으로 전치주의의 적용이 없다는 견해도 있지만, 이들에 대해서는 행정심판법 제27조 제3항 단서 소정의 행정심판을 처분이 있는 날로부터 180일 이내에 제기할 수 없었던 정당한 사유가 있는 경우에 해당하는 것으로 보는 등 행정심판 청구기간에 특수성을 인정하는 것으로 족하고, 전치주의의 적용 자체를 부인할 수는 없다.

(4) 재결이나 재결에 따른 처분

행정심판의 재결에 대한 취소소송에서는 다시 행정심판을 청구하는 것이 불필요할 뿐 아니라 불가능하며(행정심판법 제51조), 이행재결에 따른 처분에 대한 취소소송에서는 다시 행정심판 절차를 거칠 필요가 없다.

행정심판 전치주의를 택하는 것은 행정청으로 하여금 스스로 시정할 기회를 주는데 의미가 있는 것으로서 이미 그러한 기회가 주어진 뒤에 이루어진 재결이나 그 재결에 따른 처분의 취소를 구하는 경우에는 행정심판 전치주의의 적용이 없다.

3. 내 용

가. 소송요건

필요적 전치주의가 적용되는 사건에 있어서는 행정심판의 청구와 그 재결의 존재는 소송요건이다.

따라서, 이러한 사건에 있어서는 먼저 행정심판을 청구하여 재결이 있은 후에 제소하여야 하고, 만일 재결이 있기 전에 소송을 제기하면 부적법한 소로서 각하하여야 한다. 그러나 소송요건의 충족 여부는 변론종결시를 기준으로 하는 것이므로 소를 각하하기 전에 재결이 있으면 그 흠이 치유되며, 행정심판의 청구조차 하지 않고 제기된 소송도 변론종결시까지 전치의 요건을 충족하면 각하할 수 없다.

실무상으로는 행정심판 재결이 없이 소가 제기되었다 할지라도 바로 소를 각하하지 않고, 재결이 있을 때까지 기다리는 등 흠의 치유를 기다려 본안판단을 하는 것이 보통이다.

한편, 전심절차 등의 소송요건은 직권조사사항이므로 법원은 당사자의 이의가 없더라도 직권으로 조사해야 하고, 그 경유 여부가 불분명한 경우에는 석명권을 행사하여 이를 밝혀야 한다. 그러므로 원고가 전심절차를 거치지 않았다고 시인하더라도 바로 전심절차를 거치지 않았다고 단정할 수 없고, 처분을 고지 받은 날이라고 주장하는 날이 행정심판청구일로부터 역산하여 심판청구기간을 넘더라도 바로 부적법한 소라고 단정할 수 없다. 다만, 법원이 행정심판을 거치지 않고 소를 제기한 당사자에게 전치절차를 거치도록 종용하거나 그 보정을 명해야 할 필요는 없다.

나. 행정심판 청구는 적법 여부

(1) 필요적 전치를 한 이유는 행정청에게 반성할 기회를 주어 스스로 위법·부당을 시정할 수 있도록 하기 위한 것이므로 행정심판청구는 적법한 것이어야 한다. 행정심판청구가 부적법하여 각하되거나 보정요구를 받고도 이에 불응하여 각하된 경우에는 전치요건을 충족하였다고 볼 수 없다.

그러나 행정심판청구가 적법한지 여부는 법원이 판단할 문제이고 재결청의 판단에 구애되지 않으므로, 적법한 행정심판청구임에도 재결청이 부적법하다고 하여 각하한 경우 또는 행정심판청구로 볼 수 있음에도 형식적 요건의 불비 등을 이유로 행정심판청구로 취급하지 않은 경우 등도 적법한 행정심판절차를 거친 것으로 보아야 한다. 또한, 보정사항이 없음에도 보정명령을 하거나 보정할 사항이 경미하여 직권으로 보정할 수 있음에도 불구하고 보정요구를 하고, 심판 청구인이 이에 불응한다 하여 심판 청구를 각하한 경우에는, 각하결정 자체가 위법하게 되므로, 이 경우에는 전치요건을 갖춘 것으로 볼 것이다.

반면에, 부적법한 행정심판은 재결청이 이를 적법한 것으로 오인하고 본안판단을 했다고 할지라도, 행정심판 전치의 요건을 충족시켰다고 볼 수 없다. 그러므로 행정심판청구기간이 도과된 뒤에 제기된 행정심판청구에 대하여 재결청이 각하하지 않고 본안판단을 한 경우에도 전치요건은 충족되지 않는다.

다. 2단계 이상의 행정심판 절차가 있는 경우

개별법령에서 필요적 전치주의를 규정하면서 두 단계 이상의 행정심판절차를 규정하는 경우가 있다. 이때는 행정소송을 제기함에 있어 이 두 단계의 행정심판을 모두 거쳐야 하는지 여부에 관하여 명문으로 규정함이 보통이고, 일반적으로는 두 단계의 행정심판을 모두 거치도록 요구하는 경우가 대부분이다.

그러나 이와 같은 명문의 규정이 없는 경우에는 1차의 행정심판만을 거치는 것으로 전치주의를 충족한다고 해석하여야 할 것이다. 왜냐하면, 행정청에 반성의 기회를 한번 주면 전치주의의 입법취지는 달성될 수 있는 것이고 또한 필요 이상의 절차를 되풀이 하도록 하는 것이 국민에게 쓸데없는 부담이 되기 때문이다.

라. 심판청구와 행정소송의 관련성

(1) 인적 관련

행정심판 전치주의의 취지는 특정 행정처분에 대하여 행정청 스스로 재검토할 기회를 주려는데 있는 것이므로, 특정 행정처분에 대하여 행정심판 청구가 있고 그 재결이 있으면 필요적 전치의 요건은 충족된 것으로 보아야 하고, 행정심판 청구인과 행정소송의 원고는 원칙적으로 동일인이어야 한다.

다만, 행정소송의 원고가 행정심판청구인과 동일한 지위에 있거나 그 지위를 실질적으로 승계한 자인 경우는 원고 자신이 행정심판을 거치지 않은 경우에도 그 행정소송은 적법하고, 동일한 행정처분에 대하여 공동의 법률적 이해관계를 갖는 공동권리자 1인이 적법한 행정심판을 거친 경우 다른 공동권리자는 행정심판을 경유함이 없이 바로 소송을 제기할 수 있다 할 것이다.

(2) 물적 관련

행정심판의 대상인 처분과 소송의 대상인 처분은 원칙적으로 동일하여야 한다. 대상인 처분이 다르면 설령 불복의 이유가 공통된다 하더라도 각각에 대하여 따로따로 행정심판 재결을 거쳐야 되고 어느 하나의 처분에 대하여 행정심판 재결을 거쳤다 하여 다른 처분에 대하여 전치의 요건을 충족했다고 할 수 없다.

다만, "서로 내용상 관련되는 처분 또는 같은 목적을 위하여 단계적으로 진행되는 처분중 어느 하나가 이미 행정심판의 재결을 거친 때"(행소 18조 3항 2호)에는 행정심판을 청구하지 않고 소송을 제기할 수 있다.

(3) 주장의 공통여부

행정심판 전치주의는 소송의 제기 전에 행정심판 재결을 거칠 것을 요구하는데 그치고, 청구인이 행정심판 절차에서 주장하지 않았던 위법사유를 소송에서 새로 주장할 수 없도록 하는 취지는 아니다. 그러므로 행정심판에서는 처분의 절차적 위법만을 주장하였더라도 소송단계에 이르러 비로소 처분의 실체적 위법을 주장할 수도 있다. 왜냐하면, 행정심판청구가 있으면 재결청은 직권에 의하여 신청인이 주장하지 않은 사항에 대해서도 심사할 수 있는 것이므로, 소송단계에서 주장·입증을 특별히 제한하지 않아도 행정청에 재심사의 기회를 부여한다는 전치의 목적은 달성할 수 있기 때문이다.

4. 필요적 전치의 완화

행정소송법 18조 2항, 3항은 필요적 전치주의가 요구되는 사건이라 하더라도 일정한 요건 하에 예외를 인정함으로써, 일률적으로 전치를 거치도록 하는 데서 올 수 있는 폐단(국민의 권리구제에 불필요한 장애가 됨)을 방지하고 있다. 이러한 예외는 행정심판 청구는 필요로 하되 재결까지 기다릴 필요가 없을 때(행소 18조 2항)와 행정심판청구자체가 필요 없는 때(행소 18조 3항)의 두 가지로 나뉜다.

이러한 필요적 전치의 예외는 어디까지나 취소소송 등의 원고를 위한 것이므로, 행정심판을 거칠 필요가 없음에도 불구하고 이를 거쳤다 하더라도, 제소기간의 기산점을 재결서 송달일이 아닌 처분이 있음을 안 날로 함으로써 원고에게 불리하게 해서는 안 된다.

현행법상 필요적 전치를 요하는 대표적 처분인 국세·관세법상의 처분에 대하여는 행정소송법 18조 제1항 본문과 함께 2항, 3항의 규정까지 그 적용이 배제되므로(국세기본법 56조 2항, 관세법 120조 2항), 실제 아래에서 설명되는 전치주의의 완화는 위 처분에는 그대로 적용되지는 않으나, 뒤에서 따로 보는 바와 같이 조세소송에서도 세법상의 특별조문에 의하여 또는 성질상 필요적 전치가 완화되는 경우가 많다.

가. 행정심판 재결을 기다릴 필요가 없는 경우

이는 행정심판청구는 이를 해야 하나 그 재결을 기다릴 필요 없이 행정소송을 제기할 수 있는 경우로서 행정심판을 청구 없이 직접 제소할 수 있는 아래의 "나"의 경우와는 구별된다.

여기에 해당하는 경우 당사자는 행정심판 재결을 기다리지 않고 바로 행정소송을 제기할 수 있음은 물론 행정심판 재결을 기다려 소송을 제기할 수도 있다.

(1) 행정심판을 청구한 후 60일을 경과한 때

이는 행정심판의 재결이 부당하게 지연됨으로 인하여 국민이 입게 될 불이익을 구제하기 위하여, 행정심판의 청구에 대한 원칙적인 재결기간인 60일(행정심판법 제45조 제1항)을 지나도 그에 대한 재결이 없는 경우에는 재결을 기다릴 것이 없이 직접 행정소송을 제기할 수도 있도록 한 예외조치이다.

이 60일 경과의 요건은 행정소송을 제기한 날에 충족하여야 하는 것이 원칙이나 소송요건은 변론종결시까지 갖추면 되는 것이므로 당해 소송의 변론종결시까지에 '60일의 경과'라는 요건이 충족되면서 행정심판 전치주의에 대한 흠이 치유되는 것으로 본다.

(2) 처분의 집행 또는 절차의 속행으로 생길 중대한 손해를 예방해야 할 긴급한 필요가 있을 때

재결을 기다리다가 처분의 집행, 절차의 속행 또는 부작위의 계속으로 중대한 손해가 발생할 긴급한 사유가 있는 사건에 있어서는 재결을 기다릴 필요 없이 행정소송을 제기할 수 있도록 하여, 본질적인 권리구제수단으로서의 행정소송의 실효성을 확보하기 위한 것이다.

"중대한 손해를 예방하여야 할 긴급한 필요가 있을 때"에 해당하는지 여부는 개별적 구체적으로 판단할 문제이나, 위 (1)항과 관련하여 볼 때 행정심판청구가 있는 날로부터 60일을 기다렸다가는 처분이 집행되는 등으로 말미암아 회복이 곤란한 손해를 입을 위험성이 있는 경우를 말한다 할 것이다.

이러한 긴급성을 요하는 경우는 판결 자체를 기다릴 시간적 여유도 없는 경우가 대부분일 것이므로, 행정소송법 제23조 제2항에 의한 집행정지결정을 받아 두어야 할 때가 많을 것이고, 집행정지결정이 있은 뒤에는 행정심판의 재결 전에 판결을 하여야 할 긴급성이 소멸되는 것이 보통일 것이다. 그러므로 이 항에 의한 재결주의의 예외는 주로 집행정지하기에 적절치 않은 거부처분 등에 대하여 속히 본안 판단을 받을 필요가 있는 경우에 그 효용이 있을 것이다.

(3) 법령의 규정에 의한 행정심판기관이 의결 또는 재결을 하지 못할 사유가 있을 때

행정심판 기관이 행정심판에 대한 의결이나 재결을 하지 못할 경우는 일반적으로 예견할 수 없는 일이나, 만일에 그러한 사유가 있는데도 불구하고 재결을 기다리는 것은 무용한 시간의 낭비를 초래하고 결과적으로 행정 구제 제도의 취지에 어긋나게 되는 것임에 비추어 그러한 사유가 있는 때에는 재결을 기다릴 필요 없이 바로 행정소송을 제기할 수 있도록 한 것이다.

행정심판법은 재결의 공정성을 확보하기 위하여 행정심판의 재결에 관한 기능을 나누어서 재결 행정청과 심리의결기관으로서의 행정심판위원회를 분립시키고 있는데, 행정심판위원회가 구성되지 않거나 정족수에 달할 수 없는 특별한 사유가 있는 등으로 말미암아 소정의 기간 내에 당해 행정심판사건을 심리 의결할 수 없을 것으로 인정 될 때에는 그 사유를 소명하고 재결을 기다릴 것이 없이 행정소송을 제기할 수 있다.

또 행정심판위원회의 의결이 있더라도 재결청이 재결을 할 수 없다고 인정되는 사유가 있는 때에는 재결을 거칠 것 없이 그 사유를 소명하고 행정소송을 제기할 수 있다.

(4) 그 밖의 정당한 사유가 있는 때

일반적인 개괄규정으로서 시기 기타 사유로 재결을 기다려서는 청구의 목적을 달성하는 것이 불가능하거나 현저히 곤란한 경우 등을 말한다.

나. 행정심판을 청구할 필요가 없는 경우

다음의 경우에는 행정심판을 청구함이 없이 바로 행정소송을 제기할 수 있다. 아래의 (1), (2)에 규정된 예외 사유는 엄격히 본다면 행정심판 전치의 범위에 관한 문제로서, 성질상 당연히 행정심판을 제기함이 없이 행정소송을 제기할 수 있는 것이라 할 것이나, 행정소송법은 해석상의 의문을 없애는 뜻에서 종래의 통설 및 판례의 태도를 성문화한 것이다.

(1) 同種事件에 대하여 이미 행정심판의 기각재결이 있은 때

행정심판의 재결결과가 명확하여 기간재결이 예상되는 경우(인용재결이 예상될 수 없는 경우)에는 전치가 무의미하기 때문이다.

당해사건에 관하여 타인이 행정심판을 제기하여 그에 관한 기간재결이 있은 때에는 행정소송의 원고 자신이 따로 행정심판절차를 밟을 것 없이 행정소송을 제기할 수 있음은 물론이고, 당해 사건 자체는 아니더라도 "동종사건" 즉 당해 사건과 기본적인 점에서 동질성을 인정할 수 있는 다른 사건에 대한 행정심판의 기각재결이 있은 때에는 행정심판절차를 거침이 없이 행정소송을 제기할 수 있다.

다만, 판례는 쟁점이 동일하다 하여 동종사건으로 보고 있지는 않고, 동종사건의 범위를 상당히 좁게 인정하고 있다.

(2) 서로 내용상 관련되는 처분 또는 같은 목적을 위하여 단계적으로 진행되는 처분 중 어느 하나가 이미 행정심판의 재결을 거친 때

선후 수개의 행정처분 중 선행처분과 후행처분이 서로 내용상 관련되어 일련의 발전적 과정에서 이루어진 것이라든가 후행처분이 선행처분의 필연적 결과로서 이루어져 선행처분에 대한 행정심판 재결이 있는 때에는 후행처분에 대한 행정심판도 동일한 운명에 처하게 될 관계에 있는 경우, 또는 일방에 대한 허가 등의 처분이 타방에 대한 불허가로 귀결될 수밖에 없는 경원(競願)관계에 있는 처분 등에 있어서 선행처분이나 일방에 대한 처분에 대하여 행정심판을 거쳤으면 후행처분이나 타방에 대한 행정처분에 대해서는 행정심판을 거칠 필요가 없다는 것이다.

그 취지는 이러한 처분들을 비록 형식적으로는 별개의 행정처분이라 하여도 그 분쟁사유가 공통성을 내포하고 있어 선행처분 등에 대한 전치절차의 이행만으로도 이미 처분청으로 하여금 그 스스로 재고하여 시정할 기회를 부여한 것으로 볼 수 있으므로, 구태여 후행처분 등에 대하여 다시 전치의 요건을 갖추지 않고도 행정소송으로 이를 다툴 수 있도록 함으로써 무용의 절차 반복을 피하고자 하는데 있다.

이러한 취지에 비추어 볼 때 선행처분과 후행처분의 행정청은 원칙적으로 동일하여야 하고, 처분청이 서로 다른 경우는 필연적으로 뒤따르게 되는 처분이라 하더라도 여기에 해당한다고 쉽게 인정하기 어려울 것이다.

(3) 소송계속 중이나 또는 변론종결 후에 행정청이 당해 항고소송의 대상인 처분을 변경하여 그 변경된 처분에 대한 항고소송을 제기하는 때

취소소송이 사실심에 계속되고 있는 동안에 당해 소송의 대상인 처분이 행정청에 의하여 변경된 때에는 그 변경된 처분에 맞추어 소를 변경할 수 있는바, 그러한 경우에는 변경된 처분에 대하여 따로 행정심판을 거칠 필요가 없다(행소 22조 3항).

이를테면, 공무원징계처분에 대하여 재량권남용을 이유로 이를 취소하는 판결이 있자 행정청이 징계의 정도를 낮추어 감경된 징계처분(=판결에 따른 처분)을 하였으나, 그에 대하여도 역시 불만인 경우 그 새로운 처분에 대하여는 다시 행정심판절차를 거칠 필요가 없이 바로 취소소송을 제기할 수 있다고 보아야 한다.

(4) 처분청이 행정심판을 거칠 필요가 없다고 잘못 고지한 때

(가) 행정청이 서면에 의한 처분을 하는 대에는 그 상대방에게 ① 당해 처분에 대한 행정심판을 제기할 수 있는지의 여부, ② 제기하는 경우의 심판 청구절차 및 청구기간을 알려주도록 되어 있는데(告知義務 ⇒행정심판법 제58조 1,2항, 행정절차법 26조), 행정청이 착오로 당해 처분에 대하여 행정심판을 제기할 필요가 없는 것으로 잘못 고지한 때(행정심판을 제기할 수 없다고 잘못 고지한 경우도 포함)에는, 행정소송의 원고가 될 자는 그것이 잘못된 고지인지를 알았는지 여부에 관계없이 행정심판절차를 거치지 아니하고 취소소송 등을 제기할 수 있다.

행정에 대한 신뢰를 보호함과 동시에 행정청의 성실한 고지를 도모하려는 취지이다.

(나) 처분청이 아닌 재결청이 위와 같은 잘못된 고지를 한 경우에도 행정소송법 제18조 제3항 제4호의 유추 적용에 의하여 행정심판을 제기함이 없이 그 취소소송을 제기할 수 있다고 보아야 한다.

(다) 어느 누구의 어떠한 행위를 처분청이나 재결청의 잘못된 고지로 볼 것인지 여부는 행정조직상의 형식적인 권한 분장에 구애될 것이 아니라, 담당자의 조직상의

지위와 임무, 당해 언동을 하게 된 구체적은 경위 및 그에 대한 행정심판 청구인의 신뢰가능성에 비추어 실질에 의하여 판단해야 한다.

따라서, 행정심판서 접수담당 공무원이나, 심판업무담당 공무원 등이 행정심판을 거칠 필요가 없다고 잘못 알려 준 경우, 이들이 비록 처분청 등의 공적인 의사를 대외적으로 표시할 지위나 권한이 없는 자라 할지라도, 여기에 해당한다고 보아야 한다.

5. 특별 전치절차

행정심판법이 정하고 있는 행정심판을 "일반 전치절차"라고 하였을 때, 개별법령이 정하고 있는 행정심판을 "특별 전치절차"라고 표현할 수 있다. 이 특별 전치절차에도 임의적인 것과 필요적인 것이 있는데, 여기서는 필요적 특별 전치절차에 관하여 본다.

개별법령이 필요적 전치주의를 취하면서 특별 행정심판절차를 규정하고 있는 경우에는, 행정심판법 제3조의 해석상, 그 특별 전치절차를 거쳐야만 전치주의를 충족한 것이 되고 일반 전치절차만을 거쳐야만 전치주의를 충족한 것이 되고 일반 전치절차만을 거쳐 제소한 경우에는 전치주의 흠결이 될 것이며, 특별 전치절차를 거친 후 다시 일반 전치절차를 거쳐서 제소한 경우에는 제소기간의 기산점을 그 일반 전치절차의 재결서 송달일로 해줄 수 없기 때문에 결국 제소기간 도과의 불이익을 입게 된다.

가. 조세소송의 전치절차

(1) 필요적 전치절차

2000. 1. 1. 이후 최초로 제기된 심사청구·심판청구부터는 심사청구와 심판청구 중 어느 하나만 선택적으로 거치면 행정소송을 제기할 수 있는 것으로 바뀌었다(국세기본법 제55조 제1항, 제3항, 제56조 제2항). 다만 심사청구에 앞서 당해 처분을 한 세무서장이나 지방국세청장에게 이의신청을 할 수 있으므로, 결국 국세에 관한 불복절차는 원칙적으로 단심급(심사청구 또는 심판청구)이고, 선택적으로 2심급(이의신청, 심사청구 또는 심판청구)이다.

한편, 감사원법에 의한 심사청구를 거친 경우에는 국세기본법에 의한 전심절차를 거친 것으로 보게 되므로(국세기본법 제56조 제4항, 제55조 제5항 제3호), 감사원법에 의한 심사청구 절차를 거쳐 바로 소를 제기할 수도 있다.

(2) 적용대상

(가) 적용대상 소송

필요적 전치가 적용되는 일반적인 경우와 같이 취소소송과 부작위위법확인의 소, 무효를 선언하는 의미의 취소의 소에서 전치절차를 거쳐야 하고, 무효 확인의 소에서 전치절차를 거칠 필요가 없다.

(나) 적용대상 처분

행정소송법은 행정심판 전치에 대한 원칙과 예외에 관하여 취소소송에서 규정하고(행정소송법 제18조 제1항, 국세기본법 제56조 제2항), 부작위위법확인소송에서 이를 준용하고 있으므로(행정소송법 제38조 제2항), 행정심판 전치주의는 항고소송 중 과세처분 취소소송(무효선언을 구하는 의미의 취소소송 포함[3])과 부작위위법확인소송에서만 적용되고, 무효등확인소송과 당사자소송에는 그 적용이 없다.

한편 세법에 의한 처분인 한, 순수한 행정처분의 의미를 갖고 있는 주류면허처분, 주류영업허가취소처분[4]이나 압류처분, 공매처분 등도 그 취소를 구하는 소를 제기하기 위해서는 국세기본법상 전심절차를 거쳐야 한다.

(3) 전치절차 개관

(가) 국세처분 및 관세처분에 대한 불복절차

종전에는 국세처분(관세처분을 포함한다, 이하 같다)에 대하여 취소소송 등을 제기 하기 위해서는 국세청장에의 심사청구와 국세심판소에의 심판청구라는 2단계 절차를 순차적으로 거쳐야 했다. 그리하여 국세처분에 대한 구제절차가 지나치게 복잡하고 최종결정까지 시간과 비용의 낭비가 적지 않았다.

이에 2000. 1. 1. 이후 최초로 제기된 심사청구·심판청구부터는 심사청구와 심판청구 중 어느 하나만 선택적으로 거치면 행정소송을 제기할 수 있는 것으로 바뀌었다(국세기본법 제55조 제1항, 제3항, 제56조 제2항). 다만 심사청구에 앞서 당해 처분을 한 세무서장이나 지방국세청장에게 이의신청을 할 수 있으므로, 결국 국세에 관한 불복절차는 원칙적으로 단심급(심사청구 또는 심판청구)이고, 선택적으로 2심급(이의신청, 심사청구 또는 심판청구)이다.

① 국세처분에 대하여 불복하기 위해서는 먼저 당해 처분을 했거나 했어야 할 세무서장(세관장)을 거쳐 국세청장(관세청장)에게 심사청구를 하거나, 또는 국세심판원장에게 심판청구를 하여 결정을 받은 후, 결정서 정본 송달일로부터 90일 내에 소를 제기함이 원칙이다. 동일한 처분에 대하여 심사청구와 심판청구를 중복하여 제기할 수 없다.

다만, 심사청구나 심판청구에 앞서 당해 처분을 한 세무서장(세관장)이나 그 세무서장(세관장)을 거쳐 지방국세청장에게의 불복절차인 이의신청 절차를 임의적으로 거칠 수 있다.

이와 같이 국세처분에 대한 전치절차는 필요적으로 1단계(심사청구 또는 심판청

3) 대법원 1990. 12. 26. 선고 90누6279 판결
4) 대법원 2002. 9. 24. 선고 2001두1727 판결

구), 임의적으로 2단계(이의신청과 심사청구 또는 이의신청과 심판청구)이다.

② 그밖에 감사원법 제3장에 규정된 심사청구라는 절차를 거쳐 바로 소를 제기할 수도 있다. 즉 국세처분에 불복하고자 하는 자는 처분 있음을 안 날(처분의 통지를 받은 때는 그 받은 날)로부터 90일 이내에 당해 세무서장(세관장)을 거쳐 감사원에 심사청구를 할 수 있고, 심사청구에 대한 결정의 통지를 받은 날로부터 90일 내에 바로 처분청을 피고로 하여 국세(관세)처분의 취소를 구하는 소를 제기할 수도 있다.

(나) 지방세처분에 대한 불복절차

지방세처분에 대한 불복절차는, 도세(특별세 · 광역시세 포함)에 대해서는 도지사(특별시장이나 광역시장 포함)에게, 시 · 군 · 구세(특별시세 및 광역시세 중 도시계획세 및 공동시설세, 도세 중 공동시설세 포함)에 대해서는 시장 · 군수에게 각 이의신청을 하고, 이의신청에 대한 도지사 또는 시장 · 군수의 결정에 대하여 불복이 있으면, 도지사의 결정에 대하여는 행정자치부장관에게, 시장 · 군수의 결정에 대해서는 도지사 또는 행정자치부장관에게 심사청구를 한다.

다만, 과세전적부심사를 거친 후에 과세된 처분에 대해서는 이의신청절차를 거치지 않고 바로 심사청구를 할 수 있다.

물론 이 경우에 이의신청절차를 거쳐 심사청구를 할 수도 있다 할 것이다.

위와 같이 지방세처분에 대한 임의적 전심절차는 원칙적으로 두 단계(이의신청과 심사청구), 예외적으로 1단계(심사청구)이다. 그러나 판례에 의하면 위 지방세법의 규정에도 불구하고 1단계(이의신청)만을 거치고 제소할 수도 있다.

주의를 요할 것은, 도세도 원칙적으로 시 · 군에 그 부과징수가 위임되어 있어, 시장 · 군수가 처분청이 되나(따라서 행정소송의 피고도 도지사가 아닌 시장 · 군수이다), 이의신청은 도지사에게 하여야 한다는 점이다.

또한, 감사원법상의 심사청구절차를 거쳐 바로 소를 제기할 수 있음은 국세의 경우와 같다.

(다) 청구 기간

① 국세처분에 대한 제1단계 불복 절차인 이의신청이나 심사청구, 심판청구 또는 감사원에의 심사청구, 지방세처분에 대한 이의신청이나 심사청구, 감사원에의 심사청구는 처분 있음을 안 날(처분의 통지를 받은 때는 그 받은 날)로부터 90일 내에 하여야 한다.

여기의 이의신청이나 심사청구기간 기산일로서의 "처분 있음을 안 날"은 법령에 의하여 처분의 통지를 받도록 되어 있지 않은 자에 대하여, "처분의 통지를 받은 때"는 법령에 의하여 처분의 통지를 받도록 되어 있는 자에 대하여 각 적용되는 것으로 해석된다. 따라서, 통상의 납세의무자 등 법령에 의하여 과세처분의 통지를 받도록 되어 있는 자는 적법히 통지를 받으면 설사 처분 있음을 알지 못하였다 하더라도 그 때부터 청구기간이 기간되고, 반대로 적법히 통지를 받지 못하였으면 처분 있음을 알았다 하더라도 청구기간이 개시되지 아니한다.

"처분 있음을 안 날"이란 당해 처분이 있음을 현실적으로 안 날을 의미하며, 그 내용이나 위법여부까지 알아야 하는 것이 아니다.

"처분의 통지를 받은 날"이란 "안 날"과는 구별되는 개념으로, 현실적으로 알았는지 여부를 불문하고, "알 수 있는 상태' 즉 송달 받을 자의 세력범위 또는 생활지배권범위 내에 도달된 상태를 말한다.

이러한 서류의 송달은 적법한 것이어야 하는바, 서류의 송달 방법으로는 교부송달과 우편송달, 공시송달의 방법이 있고, 교부송달 및 우편송달의 경우에는 보충송달과 유치송달이 적용된다.

민사소송법상의 송달과의 주된 차이점은, ㉮ 군관계인이나 피구속자에 대한 송달에 관한 특별규정이 없으므로, 이들에 대한 송달도 주소지로 하면 되고, ㉯ 공시송달 요건에 관한 별도의 규정이 마련되어 있으며, ㉰ 우편송달의 경우도 도달시(통상우편의 경우는 우편물이 보통 도달할 수 있었을 때 도달한 것으로 추정) 송달의 효력이 발생하도록 한 점(민소법상 우편송달의 효력발생시기는 발송시임) 등이다.

② 국세처분에 대하여 국세청장에 대한 심사청구나 국세심판원장에 대한 심판청구에 앞서 이의신청절차를 거치는 경우, 그 심사청구, 심판청구는 이의신청에 대한 결정문을 송달받은 날로부터 90일 내에 하여야 한다. 지방세 부과처분에 대한 심사청구도 이의신청에 대한 결정문을 송달받은 날로부터 90일 이내에 하여야 한다.

세법상의 처분에 대한 행정심판 결정문의 송달에도 국세기본법 1장 3절의 송달에 관한 규정이 적용되고, 행정심판법 41조에 의한 민사소송법이 준용되지 아니하므로, 송달의 의미와 내용은 위 ①에서 설명한 바와 같다.

③ 국세처분이나 지방세처분에 대한 행정심판인 이의신청이나 심사청구, 심판청구는 우편에 의할 경우는 청구기간 내에 발송한 것이면 적법한 청구로 보는 특별규정이 있으므로, 비록 이들 청구서가 청구기간이 지난 뒤에 재결청에 접수되었더라도 부적법하지 않음에 주의하여야 한다.

국세처분이나 지방세처분에 대한 또 하나의 행정심판 절차인 감사원에의 심사청구에 관하여는 명문의 규정이 없으므로, 그 심사청구서가 소정기간 내에 감사원에 접수되어야 하는지 아니면 발송된 것이면 족한지에 관하여 견해의 대립이 있을 수 있다.

한편, 국세처분이나 지방세처분 모두 행정소송의 제기에 관하여는 위와 같은 특별규정이 준용되지 아니하므로, 제소가 적법하기 위하여는 소정기간 내에 법원에 소장이 접수되어야 한다.

* 국세불복절차 개요도

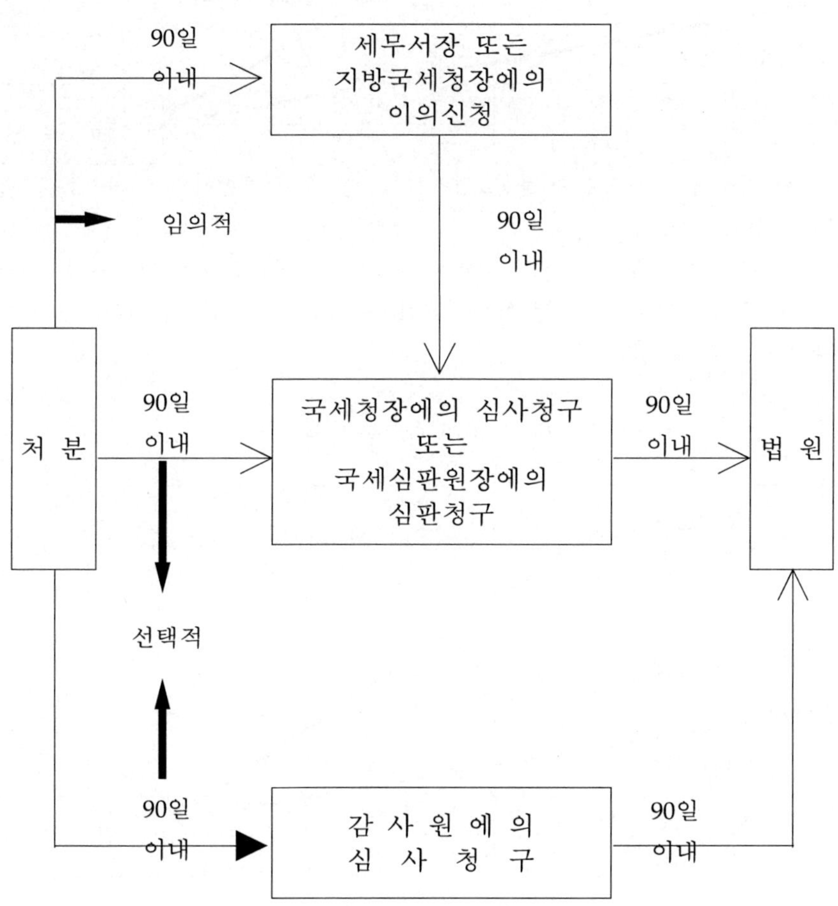

* 이의신청서, 심사청구서, 심판청구서를 우편으로 제출할 경우는 기간 내에 발송하면 되나, 소장은 소정기간 내 법원에 접수되어야 한다.

* 도세부과처분에 대한 불복절차 개요도

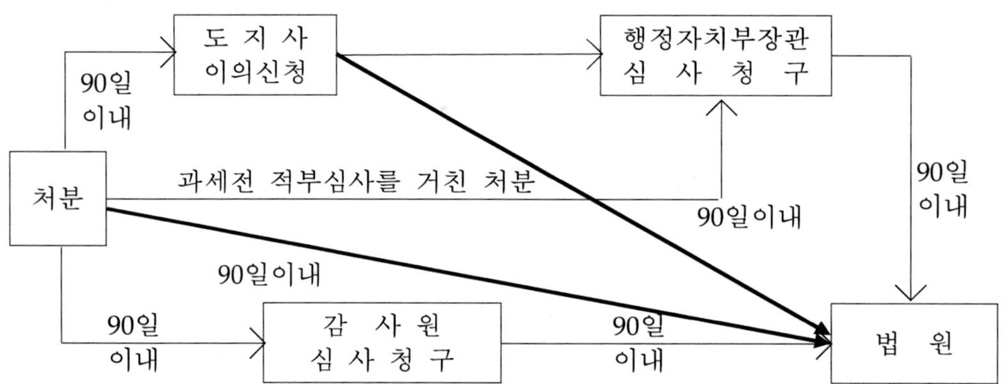

* 이의신청이나 심사청구를 우편으로 제출할 경우는 기한 내에 발송하면 되나, 소의 제기는 소정기간 내 법원에 접수되어야 한다.
* 과세전적부심사를 거친 처분에 대하여는 통상의 2단계 행정심판절차를 거치거나, 또는 이의신청절차를 거침이 없이 바로 심사청구의 1단계 행정심판절차를 거쳐 제소할 수 있다. 위 지방세법상의 불복절차 없이 제소할 수 있음은 물론이다.

* 시 · 군세 부과처분 불복절차 개요도

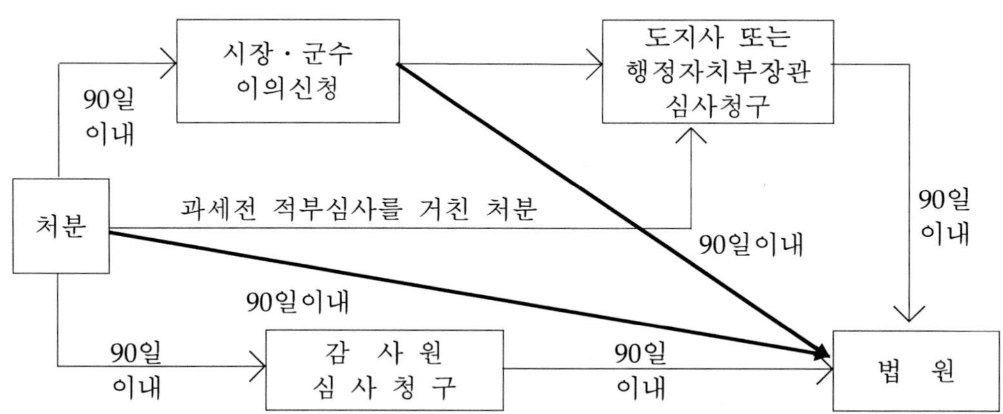

* 이의신청이나 심사청구를 우편으로 제출할 경우는 기한 내에 발송하면 되나, 소의 제기는 소정기간 내 법원에 접수되어야 한다.
* 과세전적부심사를 거친 처분에 대하여는 통상의 2단계 행정심판절차를 거치거나, 또는 이의신청절차를 거침 이 없이 바로 심사청구의 1단계 행정심판절차를 거쳐 제소할 수 있다. 위 지방세법상의 불복절차 없이 제소할 수 있음은 물론이다.

(4) 조세소송에서 전치주의의 완화

국세기본법과 관세법은 임의적 행정심판전치를 규정한 행정소송법 18조에 불구하고 행정소송의 제기에 앞서 필요적으로 특별 행정 심판절차를 거치도록 요구하면서 나아가 필요적 전치요건의 완화를 규정한 행정소송법 18조 2항, 3항의 적용까지 명문으로 배체하고 있다.

그러나 행정심판전치주의의 취지 등에 비추어 볼 때 행정심판을 거치는 것이 행정청에게는 불필요하고 납세자에게는 가혹하다고 볼 수 있는 등 정당한 사유가 있는 때에는, 전치요건의 예외를 인정함이 타당하다 할 것이므로, 조세소송에 있어서도 전치의 요건이 완화되는 경우가 있다.

이러한 행정심판 전치의 완화는 필요적 전치주의가 적용되는 다른 처분에 대한 소송에서와 마찬가지로, 어디까지나 행정소송의 원고를 위한 것이므로, 행정심판 재결을 기다리거나 심판청구를 할 필요가 없음에도 불구하고, 행정심판 재결을 기다리거나 심판청구절차를 거쳤다고 하여 제소기간 등에 있어 원고에게 불리하게 되어서는 안 된다는 점을 주의하여야 한다.

조세소송에서 전치주의가 완화되는 경우도 크게 행정심판청구는 필요하나 재결을 기다릴 필요가 없는 경우와 행정심판청구 자체가 필요 없는 두 가지 경우로 나누어진다.

(가) 재결을 기다릴 필요가 없는 경우(법정기한 내 재결의 통지가 없는 경우)

1) 행정심판 재결을 기다릴 필요가 없는 경우(법 제18조 제2항)

① 행정심판을 청구한 후 60일을 경과한 때(제1호)

② 처분의 집행 또는 절차의 속행으로 생길 중대한 손해를 예방하여야 할 긴급한 필요가 있을 때(제2호)

'중대한 손해를 예방하여야 할 긴급한 필요가 있을 때'에 해당하는지는 개별적·구체적으로 판단할 문제이나, 위 ①과 관련하여 볼 때 행정심판청구가 있은 날로부터 60일을 기다렸다가는 처분이 집행되는 등으로 말미암아 회복이 곤란한 손해를 입을 위험성이 있는 경우를 말한다 할 것이다. 본호는 주로 집행정지에 적절치 않은 거부처분 등에 대하여 속히 본안 판단을 받을 필요가 있는 경우 효용이 있을 것이다.

③ 법령의 규정에 의한 행정심판기관이 의결 또는 재결을 하지 못할 사유가 있는 때(제3호)

행정심판법은 재결 행정청과 심리의결기관으로서의 행정심판위원회를 따로 두고 있는데, 행정심판위원회가 구성되지 아니하거나 정족수에 달할 수 없는 특별한 사유가 있는 등의 사정으로 소정의 기간에 당해 행정심판청구사건을 심리·의결할 수 없을 것으로 인정될 때에는 그 사유를 소명하고 재결을 기다릴 것 없이 행정소송을 제기할 수 있으며, 또 행정심판 위원회의 의결이 있더라도 재결청이 재결을 할 수 없다고 인정되는 사유가 있는 때에는 재결을 거칠 것 없이 그 사유를 소명하고 곧바로 행정소송을 제기할 수 있다.

④ 그 밖의 정당한 사유가 있는 때

⑤ 감사원의 심사 결정이 법정 기간 내에 이루어지지 않은 경우

국세(관세 포함)와 지방세 과세처분에 대한 특별 행정심판절차인 감사원의 심사청구절차에 관하여는, 감사원의 심사결정이 감사원법 46조 3항이 정한 기간(3월) 내에 이루어지지 않을 경우 바로 소를 제기할 수 있도록 허용하는 규정이 없으므로, 조세소송의 전심절차로 감사원에의 심사청구를 택한 납세자는 감사원의 결정을 기다려 소송을 제기할 수밖에 없다. 물론 소 제기시 감사원의 결정이 없었더라도 변론종결시까지 결정이 있게 되면 하자는 치유된다.

(나) 행정심판 청구가 불필요한 경우

① 처분이 동일한 때

행정심판 전치주의의 취지에 비추어 볼 때, 조세소송에 있어서도 행정심판과 행정소송 사이에 원칙적으로 당사자와 대상이 동일하면 전치주의를 다시 거칠 필요가 없다.

다만 동일한 과세처분에 의하여 여러 사람이 동일한 납세의무를 부담하는 경우에 그 중 1인이 불복신청절차를 거쳤고 그 불복사유가 동일하다면 다른 납세의무자는 전심절차를 거침이 없이 소송을 제기할 수 있다.

또한 공동상속의 경우, 상속세 부과처분에 대한 불복은 상속인 각자가 자기의 납부의무 있는 세액에 대하여 제기하는 것이 원칙이나, 공동상속인을 대표하여 상속세의 과세표준과 세액이 통지를 받을 수 있는 자가 전심절차를 거친 때에는 나머지 상속인들은 구태여 동일한 전심절차를 거칠 필요가 없다.

② 동일하지는 않지만 관련처분일 때

조세소송의 전심절차는 각 소송물마다 따로 밟아야 함이 원칙이다. 따라서 동일한 매출누락을 원인으로 하여 법인세, 부가가치세, 각종근로소득세 등이 부과되었을 때(동일한 법인소득에 근거하여 법인세, 각종근로소득세, 방위세 등이 부과되었을 때도 마찬가지임), 각 과세처분별로 전심절차를 거쳐야 하고 어느 하나의 처분에 대하여 전심절차를 거쳤다 하여 다른 처분에 대하여 바로 소를 제기할 수 없고, 과세연도를 달리하는 종합토지세 부과처분은 비록 납세의무자와 과세대상 물건이 동일하고 그 쟁점이 같다고 하더라도 별도의 전심절차를 거쳐야 하며, 원고가 특정 회사의 제2차 납세의무자인지 여부가 동일한 쟁점이

라 하더라도 세금의 종류, 과세연도 등이 달라 처분이 별개이면 별도로 전심절차를 거쳐야 한다.

또한 행정심판 단계에 있어서는 가산세 부과처분의 위법만을 다투다가 행정소송에서 본세의 취소를 구하는 것은 본세에 대하여 행정심판 전치의 요건을 갖추지 못하여 부적법하다.

그러나 같은 목적을 위한 단계적 발전적 과정에 있거나 필연적 결과로서 이루어진 처분, 또는 형식상은 독립된 별개의 처분이나 사실상 동일한 처분에 대하여는 앞선 처분에 대하여 전심절차를 밟은 경우, 뒤의 처분에 대하여 또 다시 전심절차를 거치도록 요구할 필요는 없다.

예를 들면, ㉮ 국세징수법에 의한 가산금 및 중가산금 징수처분은 국세의 납세고지처분과 별개의 행정처분이지만, 국세채권의 내용이 구체적으로 확정된 후에 비로소 발생하는 징수권의 행사이므로 국세의 과세처분에 대하여 적법한 전심절차를 거친 이상, 국세 과세처분의 위법을 이유로 하는 가산금 및 중가산금 징수처분 취소소송 제기시 따로 전심절차를 거쳐야 되는 것은 아니고, ㉯ 동일 목적을 위하여 진행되는 체납처분절차에 있어서 선행처분인 압류처분의 위법을 이유로 후행처분인 공매처분의 취소를 구하는 경우, 압류처분에 대하여 전심절차를 거쳤다면 공매처분에 대하여 따러 전심절차를 거칠 필요가 없다. ㉰ 또한 상속세 연부연납 허가에 따라 나누어 부과되는 상속세 부과처분은 실질적으로 동일한 처분이 형식상 나뉘어 있을 뿐이므로, 과세표준산정 잘못 등을 들어 1차년도분 상속세부과처분의 취소를 구하는 전심절차를 거친 때에는, 동일한 이유로 2차년도분 상속세부과처분의 취소를 구하는 소를 제기함에 있어서 전심절차를 거칠 필요가 없고, ㉱ 동일한 계약관계에서 발생한 2년에 걸친 이자에 대한 원천징수의무불이행을 이유로 한 2개의 가산세부과처분이 세목과 납세의무자 및 원고 주장의 위법사유가 동일한 경우 선행과세처분에 대한 전심절차를 거쳤다면 후행과세처분에 대하여 별도의 전심절차를 거칠 필요가 없다.

③ 처분이 변경될 때

㉮ 감액경정처분은 당초 처분의 일부 취소의 성질의 가지는 데 지나지 않고 소송의 대상이 되는 것은 감액처분에 의하여 감액된 당초의 처분이므로, 당초의 처분에 대하여 전심절차를 거치면 되고, 감액경정처분은 독립된 행정심판 대상이 되지 않을 뿐만 아니라, 별도의 전심절차를 거칠 필요도 없다.

㉯ 증액경정처분이나 그 밖의 변경처분(예를 들면, 특정 소득의 신고 누락을 이유로 과세처분을 하였다가 귀속년도 착오를 이유로 당초의 과세처분을 취소하고 다음 연도

의 소득 누락으로 보아 다시 과세처분을 하는 경우)은 당초처분이 뒤의 처분에 흡수되거나 소멸하고, 증액경정처분이나 변경처분이 소송의 대상이 되므로 당초의 처분에 대하여 전심절차를 밟았다 하더라도 증액경정처분에 대하여 별도의 전심절차를 거쳐야 함이 원칙이다.

그러나, 과세처분의 불복절차 진행 중에 과세관청이 그 대상인 처분을 증액하거나 변경하였는데, 그 위법사유가 공통된 경우에는 당초의 과세처분에 대하여 적법한 전심절차를 거친 이상 과세관청으로 하여금 기본적인 사실관계에 법률문제에 대하여 다시 한번 검토할 수 있는 기회를 부여하였다고 볼 수 있을 뿐만 아니라 납세의무자에게 굳이 같은 사유로 또 전심절차를 거치게 하는 것은 가혹하므로 납세의무자는 증액경정처분이나 변경처분에 대하여 다시 전심절차를 거치지 아니하고도 취소의 소를 제기할 수 있다.

④ 중간처분이 대하여 전심 절차가 거친 경우

인정상여처분이나 소득금액변동통지는 과세처분에 앞선 중간단계의 처분으로 그 자체 항고소송의 대상이 되지 못하나, 필연적으로 그에 따른 과세처분이 예상되는 것이므로, 납세자가 이들 중간 단계의 처분에 불복하여 행정심판을 거친 경우, 이는 중간단계의 처분에 터잡아 장래 있게 될 과세처분에 대하여 불복 전치절차를 거친 것으로 보는 것이 타당하고, 과세처분에 대하여 다시 전치절차를 거치도록 요구할 것이 아니다.

나. 공무원 징계처분에 대한 행정심판

(1) 사립학교 교원

개정 사립학교법의 적용을 받는 사립학교 교원은 재임용거부 등 의사에 반하는 불이익한 처분에 대하여 그 처분이 있음을 안 날로부터 30일 이내에 교원소청심사위원회에 심사청구를 하고 그 교원소청심사위원회의 결정에 불복이 있으면 교원특별법 제10조 제3항의 규정에 따라 그 결정서를 송달받은 날로부터 90일 이내에 행정소송을 제기할 수 있다.

(2) 국·공립학교 교원

교육공무원 중 교원이 징계처분 기타 본인의 의사에 반하는 불이익처분에 대하여 불복이 있을 때에는 그 처분이 있음을 안 날부터 30일 이내에 교원소청심사위원회에 심사청구를 하여야 하고, 그 교원소청심사위원회의 결정에 불복이 있으면 그 결정서 송달일부터 90일 이내에 교원특별법 제10조 제3항에 따라 취소소송을 제기하여야 한다.

다. 노동위원회의 결정에 대한 행정심판(재결주의)

부당해고 등에 대한 구제신청기간은 부당해고 등이 있었던 날로부터 3개월이다(근로기준법 제28조). 지방노동위원회의 구제명령 또는 기각결정에 불복하는 사용자나 근로자는 구제명령서나 기각결정서를 통지받은 날부터 10일 이내에 중앙노동위원회에 재심을 신청할 수 있다(근로기준법 제31조 제1항). 이는 불변기간이다(노동위원회법 제26조 제3항).

중앙노동위원회의 재심결정에 대하여 사용자나 근로자는 재심판정서를 송달받은 날부터 15일 이내에 행정소송법의 규정에 따라 소를 제기할 수 있다(근로기준법 제31조 제2항).

라. 해양수산부장관의 검사·확인·검정에 대한 행정심판

해양수산부장관 또는 그 대행검사기관의 검사·확인·검정에 대하여 불복이 있는 자는 그 검사 등의 결과에 관한 통지를 받은 날부터 90일내에 해양수산부장관에게 재검사·재확인·재검정을 신청하고, 그 재검사 등의 결정서를 받은 날부터 90일내에 소를 재기하여야 한다.

6. 공공기관의정보공개에 관한 법률 제7조의 비공개대상정보

가. 공공기관의 비공개결정에 대한 청구인의 불복절차

(1) 행정심판

공공기관의 비공개결정에 대하여는 청구인은 행정심판법이 정하는 바에 따라 행정심판을 청구할 수 있다. 이 경우 국가 및 지방 자치단체 외의 공공기관의 처분 또는 부작위에 대한 재결청은 관계중앙행정기관의 장으로 한다(법 제23조 제1항). 청구인은 이의신청절차를 거치지 아니하고 행정심판을 청구할 수 있다(법 제23조 제2항).

나. 비공개대상정보

(1) 정보공개법 제9조 제1항은 비공개대상정보를 한정적으로 열거하는 한정적 열거주의를 취하고, 비공개에 의하여 주로 보호받는 이익이 국익, 공익, 사익 등 어느 것인지에 착안하여, 법령비정보(法令秘情報), 국가안전보장 등 국익관련 정보, 국민의 생명보호 등 공익 관련 정보, 재판·범죄 수사 등 관련 정보, 일반행정업무수행정보, 개인정보, 법인 등의 영업상 비밀 관련 정보, 특정인의 이익·불이익 관련 정보로 구분하고 있다. 이를 다시 크게 나누면 그 하나는 공공기관 이외의 제3자이 개인·법인에 관한 정보를 처분청이 관리하고 있는 경우에 그 제3자의 권익을 보호하기 위한 비공개정보(정보공개법 제9조 제1항 제6호, 제7호, 제8호)이고, 다른 하나는 처분청 자체의 기능을 보호할 필요성에 관계된 사유에 관한 정보이다(정보공개법 제9조 제1항 제2호 내지 제5호).

(가) 취지

비밀 또는 비공개 사항을 규정한 개별법령을 우선적으로 적용하여 정보 공개법령과의 상충·충돌을 회피하기 위하여 비공개사유로 정한 것이다. 비밀이라 함은 그 내용이 누설되는 경우 국가안전보장에 유해로운 결과를 초래할 우려가 있는 국가기밀로서 보안업무규정에 의하여 비밀로 분류된 것을 말하며, 그 중요성과 가치의 정도에 따라 Ⅰ,Ⅱ,Ⅲ급 비밀 및 대외비로 분류된다.

(2) **생명·신체·재산의 보호 및 공익관련정보**(3호 : 공개될 경우 국민의 생명·신체 및 재산의 보호 기타 공공의 안전과 이익을 현저히 해할 우려가 있다고 인정되는 정보)

(가) 취지

공공의 안전과 이익에 지장을 초래할 우려가 있는 정보를 보호하기 위한 것이다. 5호나 6호의 내용과 중복되는 정보도 있으나, 이는 각각 보호되는 성격이 다르므로 별도로 규정하고 있다.

(나) 국민의 생명·신체 및 재산의 보호관련정보

이는, 방재·방범에 방해가 되는 정보, 사람의 생명·생활·지위 등이 위협받는 정보, 평온하고 정상적인 생활에 지장을 초래할 우려가 있는 정보를 말한다. 예컨대, 수사관계 조회사항, 건축물 등의 경비 위탁 내용, 위험물의 저장 위치, 보유중인 독극물의 종류, 위법·부정행위 등의 통보자, 피의자, 참고인 등에 관한 정보이다.

(다) 기타 공공의 안전과 이익에 관련된 정보

사회생활에 필요한 법규범이나 사회통념상의 규칙이 유지되어야 하는 사항 예컨대 교통단속, 전염병, 예방, 식품·환경·약사 등의 위생 감시, 건축규제 등에 관한 활동 사항을 말한다.

(3) **재판·범죄관련정보**(4호 : 진행중인 재판에 관련된 정보와 범죄의 예방, 수사, 공소의 제기 및 유지, 형의 집행, 교정, 보안처분에 관한 사항으로서 공개될 경우 그 직무수행을 현저히 곤란하게 하거나 형사피고인의 공정한 재판을 받을 권리를 침해한다고 인정할 만한 상당한 이유가 있는 정보)

(가) 취지

공개될 경우 직무수행을 현저히 곤란하게 하거나 형사피고인의 공정한 재판을 받을 권리의 침해를 방지하기 위한 규정이다. 진행중인 재판에 관련된 정보를 비공개로 하는 이유는, 당사자의 인격적·재산적인 이익에 치명적인 손상을 주는 점, 재판을 위한 증거서류가 제3자에게 공개되는 것을 꺼려 제출되지 아니하는 일이 없어야 한다는 점, 판결 전에 재판기록이 공개되어 제3자가 그 당부를 논할 경우 재판의 독립에 문제가 발생한다는 점 등을 들 수 있다.

(4) 일반행정운영정보(5호 : 감사감독검사시험·규제·입찰계약기술개발·인사관리·의사결정과정 또는 내부검토 과정에 있는 사항 등으로서 공개될 경우 업무의 공정한 수행이나 연구·개발에 현저한 지장을 초래한다고 인정할 만한 상당한 이유가 있는 정보)

(가) 취지

공공기관이 수행하고 있는 다양한 업무의 집행과정에서 작성 또는 취득한 정보가 공개되면 당해 업무에 많은 영향을 미치거나 공정하고 효율적인 업무의 운영이 현저히 곤란하게 될 우려가 있는 정보를 보호하기 위함이다.

(나) 감사·감독·검사 관련 정보

당해 검사 등의 목적이나 실효성을 손상시킬 우려가 있는 사항(검사 등의 범위·방법·시기·장소 등), 감사 등의 결과 및 결과 등에 따른 조치요구사항, 처분 또는 개선 조치에 관한 사항 등을 말한다. 예컨대, 불시감사의 대상·시기·방법, 감사원감사위원회 및 징계위원회의 회의록 또는 징계의결내용(감사), 직무감찰 등의 대상기관 선정·시기 등에 관한 사항, 퇴폐 유흥음식점의 단속계획, 식품접객업소 단속계획(감독), 물품 또는 식품의 검사 범위·방법·시기 등 관련 문서(검사) 등이다. 다만, 권한 행사의 기본방침 및 결과의 기본사항에 관한 정보는 공개한다.

(다) 시험관련정보

시험의 적정한 실기 또는 판정에 지장을 줄 우려가 있는 정보이다. 예컨대, 국가고시·자격시험의 채점, 국가고시·자격시험 출제위원 명단, 국가고시 면접위원 명단 등이다. 다만, 직원의 임용에 관한 시험의 수험절차에 관한 정보는 공개한다. 최근 문제은행식 출제방식을 취하고 있는 사법시험 제1차시험의 문제와 답안을 공개하지 아니한 결정에 대한 불복 소송이 제기되어 항소심 계류중이다.

(라) 규제관련정보

① 신청절차 및 심사기준에 관한 사항

공개함으로써 심사업무의 적정한 수행에 지장을 주는 정보를 말한다. 통신업자 선정 관련 심사위원 명단, 고속전철 역사 결정 심사위원 명단 등이다. 다만, 인·허가의 신청절차에 관한 규정 및 인허가의 심사기준은 공개한다.

② 개별 신청, 심사, 결정에 관한 사항

㉮ 특정 개인의 식별이 가능한 문서, 법인 등의 사업계획, 생산기술 등의 사항으로서 개인 및 법인 등의 정당한 이익을 침해하거나 불이익을 주는 정보

㉯ 무기, 화약, 마약 등의 취급, 관련 시설에 관한 정보로서 공공의 안전과 질서유지에 지장을 주는 정보

㉰ 지방자치단체, 특수법인 등에 대한 인·허가 문서로서 공공사업 또는 계약업무의 정당한 수행에 지장을 초래하는 정보 등을 말한다. 다만, 개별

인허가신청서, 법령 등의 규정에 따른 첨부서류 및 심사·결정에 관한 문서는 인허가 종료 후 공개가 가능하다.

(마) 입찰관련정보

① 입찰예정자의 경영내용, 업무내용 또는 평가결과를 기재한 사항 등 개인 및 법인에 해당하는 사항을 기재한 정보(입찰참가신청서, 첨부서류, 유자격자명부 등)

② 입찰 또는 견적실시의 목적을 달성할 수 없을 정도의 우려가 있는 정보(입찰예정가격을 예측할 수 있는 단가 등)

③ 설계·시공자에게 불이익을 줄 우려가 있는 정보(설계·시공상의 노하우, 건축물의 설계도 등)등을 말한다.

(바) 기술개발 관련 정보

연구의 자유나 지적소유권을 저해하는 사항, 연구의 중간단계에 있는 사항 중 국민에게 오해를 줄 우려가 있는 정보를 말한다. 다만, 국가의 연구기관, 기타 행정기관에서의 연구과제, 연구계획 및 연구성과는 원칙적으로 공개한다.

(사) 인사 관련 정보

① 직원 등의 임면, 복무, 급여, 연수 등의 인사에 관한 개인정보(직원의 근무성적평가에 관한 정보, 승진심사위원회의 심사내용)

다만, 간부직원의 명부 및 인사이동상황, 합의제행정기관의 위원명부, 각종 상담원의 명단, 서훈·포상 등의 수상자명단 등은 공개한다.

② 임면, 급여 등 인사운영에 지장을 줄 우려가 있는 사항 또는 임의로 제공된 정보로서 장래 정보제공자의 협력을 얻기 곤란한 정보

인사에 관한 조사결과, 통계보고결과 및 교육·연수실시결과에 대해서는 공개한다.

(아) 의사결정과정 및 내부검토과정 정보

국민의 오해나 혼란을 초래할 수 있는 행정내부의 심의·협의·조사 등의 자료(내부에서 심의중인 안건 또는 미확인자료, 공공기관 내부의 회의 및 의견교환의 기록 등), 청구인 등의 특정인에게 부당한 이익 또는 불이익을 주는 정보(조사 또는 시험연구결과, 각종 개발계획 또는 검토안), 행정 내부의 자유로운 의견교환에 방해를 줄 수 있는 정보(공공기관 내부의 회의, 의견교환기록), 공공기관 내부의 심의 등을 위하여 필요한 자료(업무의 기획, 검토를 위해 수집되는 자료) 등이다.

(5) 개인정보(6호 : 당해 정보에 포함되어 있는 이름·주민등록번호 등에 의하여 특정인을 식별할 수 있는 개인에 관한 정보. 다만, 다음에 열거한 개인에 관한 정보를 제외한다.)

(가) 법령 등이 정하는 바에 의하여 열람할 수 있는 정보

(나) 공공기관이 작성하거나 취득한 정보로서 공표를 목적으로 하는 정보

(다) 공공기관이 작성하거나 취득한 정보로서 공개하는 것이 공익 또는 개인의 권리

구제를 위하여 필요하다고 인정되는 정보

(라) 공개가능한 개인정보

위에서 보았듯이 개인식별형 규정 형식을 취한 이상은 단서를 두지 않을 수 없다.

① 누구라도 법령 등의 규정에 따라 열람할 수 있는 정보(등기부등본)

② 공표를 목적으로 작성 또는 취득한 정보(심의회 등 위원명부, 수상자 명단)

③ 공개하는 것이 공익상 필요한 정보(신체장애자 상담원명부), 개인의 권리구제를 위해 필요한 정보(확정판결 후 채무자의 재산상황 등)

(마) 공무원의 개인정보

공무원개인에 관한 정보에 대해서는 그 성격에 따라 취급이 상이할 것이다. 승인서에 기재된 장관명, 조약・협정의 조인자명, 회계기관으로서의 지출부담행위 담당관의 이름 등에 대해서는 이들 직원이 행정기관으로서 행위를 하기 때문에 여기에서 말하는 개인에 관한 정보로 취급되지 않는다. 다만, 공무원에 관한 정보라도 근무성적, 학력, 소득 등에 관한 정보, 출장명령의 직원 이름 등은 개인정보에 해당된다. 앞으로 판공비 사건에서 논란이 예상된다.

(6) 법인(사업자)정보(7호) : 법인, 단체 또는 개인의 영업상 비밀에 관한 사항으로서 공개될 경우 법인 등의 정당한 이익을 현저히 해할 우려가 있다고 인정되는 정보, 다만, 다음에 열거한 정보를 제외.

(가) 사업활동에 의하여 발생하는 위해로부터 사람의 생명・신체 또는 건강을 보호하기 위하여 공개할 필요가 있는 정보

(나) 위법・부당한 사업활동으로부터 국민의 재산 또는 생활을 보호하기 위하여 공개할 필요가 있는 정보

(다) 공개 가능한 법인정보

① 사업활동의 위해로부터 사람의 생명 또는 건강보호 관련 정보 : 약해, 식중독 등에 의한 위해 발생을 미리 방지하거나 위해가 확대되는 것을 방지하기 위하여 관련 정보는 공개한다.

② 위법・부당한 사업활동으로부터 국민의 재산 또는 생활을 보호하기 위한 정보 : 국민의 재산 또는 생활의 피해가 발생하는 것을 방지하기 위해서 사업자의 각종 행정처분통지서 등은 공개한다.

(7) 특정인의 이익·불이익 관련 정보(8호) : 공개될 경우 부동산투기·매점매석 등 특정인에게 이익 또는 불이익을 줄 우려가 있다고 인정되는 정보

(가) 대상정보

용지매수계약서, 설계단가표, 각종 개발계획 등이다.

제3장

운전면허(정지)처분

제1절　운전면허(정지)처분

제2절　운전면허(취소)처분

제3장 운전면허(정지)처분

면허정지처분 요점정리

제1절 운전면허(정지) 처분

1. 면허정지처분

가. 운전면허 소지자가 운전을 하던 중 교통법규를 위반하거나 교통사고를 발생시켰을 경우 일정기간 동안 운전을 할 수 없도록 하는 제도입니다. 면허정지 처분은 벌점에 의해 내려지는데, 1회의 위반 · 사고로 인한 벌점 또는 처분벌점이 40점 이상이 되면 1일 1점씩 계산해서 운전면허가 정지됩니다. 운전면허가 정지되면 운전면허증을 반납해야 하고, 정지기간 중에는 운전을 할 수 없습니다.

나. 운전면허 정지기간 중에, 운전면허가 취소되어 2년 동안 운전면허를 다시 취득할 수 없고, 1년 이하의 징역이나 300만원 이하의 벌금에 처해지게 됩니다(「도로교통법」 제152조, 「도로교통법 시행규칙」 제91조 제1항 및 별표 28).

다. 운전면허 정지처분의 기준이 되는 벌점은 법규를 위반하거나 사고를 일으켰을 때, 그 위반의 경중, 피해의 정도 등에 따라 배점되는 점수입니다. 자신이 받은 벌점 중 구체적인 법규위반·사고야기에 대하여 앞으로 정지처분기준을 적용하는데 필요한 벌점으로서, 누산점수에서 이미 정지처분이 집행된 벌점의 합계치를 뺀 점수를 처분벌점이라고 하는데 이 처분벌점이 40점 이상이 될 때부터 면허정지처분을 결정하여 집행하게 되고, 누산점수가 1년간 121점 이상, 2년간 201점 이상, 3년간 271점 이상이면 운전면허가 취소됩니다.(「도로교통법 시행규칙」 제91조 제1항 및 별표 28).

라. 벌점 부과 기준

마. 처분벌점의 소멸 및 상계

바. 처분벌점 및 정지처분 집행일수의 감경(「도로교통법 시행규칙」 별표 28 제1호 라목)

2. 2025년 4월 1일 기준 음주운전 처벌 규정 (도로교통법 제148조의2)

가. 행정처분(도로교통법 제148조의2 기준)

행 위	법정형(초범기준)
0.03% ~ 0.08% 미만	1년 이하 징역이나 500만원 벌금
0.08% ~ 0.20% 미만	1년 이상 2년 이하 징역이나 500만원 이상 1,000만원 이하 벌금

0.20% 이상	2년 이상 5년 이하 징역이나 1,000만원 이상 2,000만원 이하 벌금
음주측정거부 음주측정방해	1년 이상 5년 이하 징역이나 500만원 이상 2,000만원 이하 벌금

나. 행정처분(도로교통법 시행규칙 [별표 28])

농도범위	면허처분
0.03% ~ 0.08% 미만	면허정지 100일
0.08% ~ 0.20% 미만	면허 취소
0.20% 이상	면허 취소 + 1년간 재취득 금지

다. 행정처분(도로교통법 제148조의2 기준 1회 적발처벌기준)

행 위	처벌수위	면허
혈중알코올 농도 0.03% ~ 0.08% 미만	1년 이하 징역이나 500만원 벌금	운전면허정지+ 벌점 100점 부과
혈중알코올 농도 0.08% ~ 0.20% 미만	1년 이상 2년 이하 징역이나 500만원 이상 1,000만원 이하 벌금	운전면허 취소 (1년간 면허취득불가)
혈중알코올 농도 0.20% 이상	2년 이상 5년 이하 징역이나 1,000만원 이상 2,000만원 이하 벌금	
음주측정거부 음주측정방해	1년 이상 5년 이하 징역이나 500만원 이상 2,000만원 이하 벌금	
무면허운전	1년 이하의 징역 또는 300만원 이하의 벌금	

라. 10년 이내 2회 적발 처벌기준

범죄유형	처벌수위	면허
혈중알코올 농도 0.03% ~ 0.2% 미만	1년 이상 5년 이하의 징역 또는 500만원 이상 2000만원 이하의 벌금	운전면허취소 (2년간 면허취득 불가)
혈중알코올 농도 0.2% 이상	2년 이상 6년 이하의 징역 또는 1000만원 이상 3000만원 이하의 벌금	
음주측정거부	1년 이상 6년 이하의 징역 또는 500만원 이상 3000만원 이하의 벌금	

마. 도주사망 발생한 교통사고

범죄유형	처벌수위	면허
교통사고로 사람을 다치게 하고 도주한 경우	1년 이상의 유기징역 또는 500만원 이상 3000만원 이하의 벌금	운전면허 취소 (4년간 면허취득 불가)

교통사고로 사람을 사망하게 하고 도주한 경우	무기징역 또는 5년 이상의 징역	운전면허 취소 (5년간 면허취득 불가)
술이나 약물 등에 취하여 운전을 하다 사람이 다친 경우	1년 이상 15년 이하의 징역 또는 1000만원 이상 3000만원 이하의 벌금	운전면허 취소 (2년간 면허취득 불가)
술이나 약물 등에 취하여 운전을 하다 사람이 사망한 경우	무기징역 또는 3년 이상의 징역	운전면허 취소 (5년간 면허취득 불가)

바. 약물운전·측정거부

구 분	기존 처벌	2026년 개정 (강화)
약물운전	3년 이하 징역 1,000만원 이하 벌금	5년 이하 징역 2,000만원 이하 벌금
측정거부	1년 이상 5년 이하 징역 500만원 이상 2,000만원 이하 벌금	5년 이하 징역 2,000만원 이하 벌금

사. 음주운전 교통사고 감경·가중요소

구분		감경요소	가중요소
특별양형인자	행위	• 범행동기에 특히 침착할 사유가 있는 경우 • 운전으로 인한 도로교통상의 위험이 매우 낮은 경우	• 운전으로 인한 도로교통상의 위험이 매우 높은 경우 • 공무수행에 상당한 지장을 초래한 경우
	행위자/기타	• 청각 및 언어 장애인 • 심신미약(본인 책임 없음) • 자수	• 동종 누범
일반양형인자	행위	• 생계형 범죄(1유형)	-
	행위자/기타	• 진지한 반성 • 형사처벌 전력 없음	• 범행 후 증거은폐 또는 은폐시도 • 이종 누범, 누범에 해당하지 않는 동종전과 (집행 종료 또는 판결 확정 후 10년 미만)

3. 음주운전 방지장치 적용 (2026. 10. 25. 시행)

가. 음주운전 방지장치 관련 법령 시행일

○ (시행일 2024. 10. 25.) 음주운전 방지장치의 정의, 음주운전 방지장치 부착 조건부 운전면허 등을 규정한 도로교통법(법률 제19745호, 2023. 10. 24.) 시행일은 2024. 10. 25.

○ (최초 적용일 2026. 10. 24.) 2024. 10. 25. 법 시행 즉시 단속된 상습 음주운전자라도 최소 2년의 면허 결격 기간*(면허 취득 제한)이 경과해야 하므로, 최초 적용일은 2026. 10. 24.

* **결격기간** : 음주운전 단속 후 운전면허 재취득이 제한되는 기간

► 음주운전 죄종별 운전면허 결격기간

죄종	결격기간
음주 뺑소니, 사망사고	5년
2회 이상 + 교통사고	3년
2회 이상, 음주 교통사고	2년
단순음주(0.08% 이상), 음주 측정불응	1년
무면허 음주운전	1년

나. 음주운전 방지장치 대상자

○ 음주운전 방지장치 대상자는 최근 5년 이내 2회 이상 음주운전한 자
- 5년 이내 음주운전 재범 비중은 약 40%, 음주운전 방지장치를 통해 상습 음주운전을 원천 봉쇄하여 음주운전 재범자 감소에 기여할 것으로 예상

다. 음주운전 방지장치 부착 기간

○ 도로교통법상 운전면허 취득 결격기간은 혈중 알코올 농도·사고 발생 시 피해 등 위법 행위와 결과의 중대성에 따라 1~5년 규정
- 음주운전 방지장치 부착 기간은 음주운전 결격기간과 동일

예시	
과거 5년 이내 음주운전 전력이 있는 A씨가 2026년 1월 1일, 다시 음주운전으로 적발되어 운전면허 취소되고, **결격기간 2년** 처분을 받은 경우	
운전면허 취득 불가 기간 (결격기간)	2026. 1. 1. ~ 2027. 12. 31. (2년)
음주운전 방지장치 부착 기간	2028. 1. 1. ~ 2029. 12. 31.까지 음주운전 방지장치 부착 조건으로 2년간 운전 가능
※ 만약 2029. 10. 1. 에 음주운전 방지장치 부착 조건부 운전면허 취득시 2029. 12. 31.까지(3개월) 음주운전 방지 장치 부착 조건부면허로 운전하고, **음주운전 방지장치 부착기간 경과시(2029. 12. 31.) 일반 면허로 자동 전환**	

라. 음주운전 방지장치 설치 비용

○ 음주운전 방지장치 설치비용은 약 300만 원 측정
- 구매 외 대여(렌탈)도 가능하도록 한국도로교통공단과 정책 협의 중

마. 음주운전 방지장치 관련 형벌 및 행정처분

미설치 운전	(형벌) 1년↓징역 또는 3백만원↓ 벌금(도교법 제152조 제1호의2) (행정처분) 필요적 운전면허 취소(도교법 제93조 제1항 제22호)
무등록 운전	(행정처분) 필요적 운전면허 취소(도교법 제93조 제1항 제21호)
음주운전 방지장치를 해체・조작하거나 그 밖의 방법으로 효용을 해친 자	(형벌) 3년↓징역 또는 3천만원↓ 벌금(도교법 제148조의3 제1항)
해체・조작 또는 그 밖의 방법으로 효용이 떨어진 것을 알면서 해당 장치가 설치된 자동차등을 운전	(형벌) 3년↓징역 또는 3천만원↓ 벌금(도교법 제148조의3 제2항) (행정처분) 필요적 운전면허 취소(도교법 제93조 제1항 제23호)
대신 호흡 등 부정한 방법 운전	(형벌) 3년↓징역 또는 3천만원↓ 벌금(도교법 제148조의3 제3항)
정기검사 미실시, 기록 미제출	(과태료) 10만 원에서 500만 원(도교법 제160조 제1항 제9호)

4. 음주운전 형사처벌 및 운전면허 결격(정지)기간

가. 음주운전 형사처벌 수준 변화

<table>
<tr><th colspan="2">구 분</th><th colspan="2">'윤창호법'('19.6.25. 시행)</th><th colspan="3">'윤창호법' 위헌* 보완('23.4.4.시행)</th></tr>
<tr><td rowspan="4">단순
음주
(1회)</td><td>0.03~
0.05%</td><td>0.03~
0.08%</td><td>징역 1년 이하,
벌금 500만원 이하</td><td colspan="3">징역 1년 이하,
벌금 500만원 이하</td></tr>
<tr><td>0.05~
0.1%</td><td>0.08~
0.2%</td><td>징역 1년~2년,
벌금 500만원~1천만원</td><td colspan="3">징역 1년~2년,
벌금 500만원~1천만원</td></tr>
<tr><td>0.1~
0.2%</td><td>0.2% 이상</td><td>징역 2년~5년,
벌금 1천만원~2천만원</td><td colspan="3">징역 2년~5년,
벌금 1천만원~2천만원</td></tr>
<tr><td>0.2%
이상</td><td rowspan="2">단순음주
(2회 이상)</td><td rowspan="2">징역 2년~5년,
벌금 1천만원~2천만원</td><td rowspan="2">단순
음주
(10년 내
2회 이상)</td><td>0.03~
0.2%</td><td>징역 1년~5년,
벌금 500만원~2천만원</td></tr>
<tr><td colspan="2">단순음주(2회)</td><td>0.2%
이상</td><td>징역 2년~6년,
벌금 1천만원~3천만원</td></tr>
<tr><td colspan="2" rowspan="2">측정거부·
측정방해*
(* '25.6. 4. 시행)</td><td colspan="2" rowspan="2">징역 1년~5년,
벌금 500만원~2천만원</td><td colspan="2">1회</td><td>징역 1년~5년,
벌금 500만원~2천만원</td></tr>
<tr><td colspan="2">10년 내 2회 이상</td><td>징역 1년~6년,
벌금 500만원~3천만원</td></tr>
</table>

* 소위 윤창호법(제148조의2 제1항)은 위반행위와 재범행위 사이 시간적 제한이 없어 책임과 형벌 간의 비례원칙 위반으로 위헌(헌법재판소 2021. 11. 25.자 2019헌바446 결정(전합))

나. 음주운전 행정처분 및 결격(정지) 기간

구분	행정처분	(결격)기간	해당 조항
혈중알코올농도 (0.03% 이상 ~ 0.08% 미만)	면허정지 (벌점 100점)	1년 이하	제93조제1항제1호
음주·거부·방해 뺑소니 / 사망사고	면허취소	5년	제82조제2항제3호
상습(2회)음주·거부·방해 교통사고	면허취소	3년	제82조제2항제5호
음주·거부·방해 상습(2회) / 교통사고	면허취소	2년	제82조제2항제6호
단순 음주(0.08% 이상) ·거부·방해	면허취소	1년	제82조제2항제7호

5. 약물운전

가. 타액을 이용한 약물검사 간이시약기 (Oraltox, 미국)

○ 구강 내 검체(타액)를 채취하여 약물 10종* 복용 여부를 확인(소요시간: 약 8분, 개당 단가: 45,000원)

* 암페타민, 대마, 코카인, 아편, 메스암페타민, 부프레놀핀, 벤조다이제핀, 펜타닐, 옥시코돈, 트라마돌

나. (상습) 약물운전 및 약물운전 측정불응 처벌

최근 마약뿐만 아니라 프로포폴, 졸피뎀 등 향정신성의약품에 취해 운전하여 '약물 측정 불응죄'를 신설하고 약물 운전 처벌 기준을 5년 이하의 징역 또는 2천만 원 이하의 벌금(기존 3년 이하 징역 또는 1천만 원 이하 벌금)으로 상향하였다.

또한, 상습적인 음주운전 행위를 근절하고자, 최근 5년 내 2회 이상 적발된 위반자가 결격 기간 종료 후 면허를 재취득하면 차량에 '음주운전 방지장치'를 부착해야만 차량 운전이 가능한 조건부 면허 제도를 2026년 10월부터 본격적으로 시행한다.

음주 감지 시 차량 시동이 아예 걸리지 않도록 함으로써 상습 음주운전자의 재범 가능성을 원천적으로 봉쇄하였다

	개정 전		현행	
구분	1회 위반	2회 이상 위반(상습)	1회 위반	2회 이상 위반(상습)
측정불응	규정 없음	규정 없음	5년 이하 징역/ 2천만원 이하	1년 ~ 6년 징역/500만원 ~ 3천만원
약물운전	3년 이하 징역/ 1천만원 이하	규정 없음	5년 이하 징역/ 2천만원 이하	2년 ~ 6년 징역/1천만원 ~ 3천만원

6. 누산벌점 및 처분벌점

「도로교통법」에서는 벌점을 누산점수 및 처분벌점으로 구분하여 관리하는데, 누산점수는 교통법규 위반이나 교통사고 시 벌점을 누적하여 합산한 점수에서 상계치(무위반 · 무사고기간의 경과로 인한 벌점 소멸, 특별교통안전교육에 따른 처분벌점 감경)를 뺀 점수를 말한다.

처분벌점은 누산점수에서 이미 정지처분이 집행된 벌점의 합계치를 말한다. 처분벌점은 앞으로 운전면허정지처분 또는 운전면허취소처분을 하는 데에 필요한 벌점이다.

7. 벌점의 관리

가. 최근 3년 간의 벌점

벌점은 행정처분기준을 적용하고자 하는 위반행위 또는 사고가 있었던 날을 기준으로 하여 과거 3년간의 모든 벌점을 누산하여 관리한다.

나. 무위반·무사고에 의한 벌점의 소멸

처분벌점이 40점 미만인 경우에, 최종의 위반일 또는 사고일부터 위반 및 사고 없이 1년이 경과한 때에는 그 처분벌점은 소멸한다.

다. 도주차량 신고에 따른 벌점의 공제

교통사고(인적 피해사고)를 야기하고 도주한 차량을 검거하거나 신고하여 검거하게 한 운전자(교통사고의 피해자가 아닌 경우에 한함)에 대하여는 40점의 특혜점수를 부여하여 기간에 관계 없이 그 운전자가 정지 또는 취소처분을 받게 될 경우, 검거 또는 신고별로 각 1회에 한하여 누산점수에서 이를 공제한다.

8. 처분벌점의 소명 및 상계

가. 무위반, 무사고기간 경과에 따른 벌점 소멸 (「도로교통법 시행규칙」 별표 28 제1호 나목(2))

처분벌점이 40점 미만인 경우에, 최종의 위반일 또는 사고일로부터 위반 및 사고 없이 1년이 경과한 때에는 그 처분벌점은 소멸한다.

나. 벌점 공제 (「도로교통법 시행규칙」 별표 28 제1호 나목(3))

(1) 인적 피해 있는 교통사고를 야기하고 도주한 차량의 운전자를 검거하거나 신고하여 검거하게 한 운전자(교통사고의 피해자가 아닌 경우로 한정한다)에게는 검거 또는 신고할 때마다 40점의 특혜점수를 부여하여 기간에 관계없이 그 운전자가 정지 또는 취소처분을 받게 될 경우 누산점수에서 이를 공제한다. 이 경우 공제되는 점수는 40점 단위로 한다.

(2) 경찰청장이 정하여 고시하는 바에 따라 무위반·무사고 서약을 하고 1년간 이를 실천한 운전자에게는 실천할 때마다 10점의 특혜점수를 부여하여 기간에 관계없이 그 운전자가 정지처분을 받게 될 경우 누산점수에서 이를 공제하되, 공제되는 점수는 10점 단위로 한다. 다만, 교통사고로 사람을 사망에 이르게 하거나 법 제93조제1항제1호·제5호의2·제10호의2·제11호 및 제12호 중 어느 하나에 해당하는 사유로 정지처분을 받게 될 경우에는 공제할 수 없다.

다. 특별교통안전교육에 따른 처분벌점 및 정지처분 집행일수의 감경 (「도로교통법 시행규칙」 별표 28 제1호 라목(1))

(1) 처분벌점이 40점 미만인 사람이 특별교통안전 권장교육 중 벌점감경교육 또는 특별교통안전 의무교육(법 제73조제2항제5호에 따른 특별교통안전 의무교육만 해당한다) 중 법규준수교육을 마친 경우에는 경찰서장에게 교육확인증을 제출한 날부터 처분벌점에서 20점을 감경한다.

(2) 운전면허 정지처분을 받게 되거나 받은 사람이 특별교통안전 의무교육이나 특별교통안전 권장교육 중 법규준수교육(권장)을 마친 경우에는 경찰서장에게 교육확인증을 제출한 날부터 정지처분기간에서 20일을 감경한다. 다만, 해당 위반행위에 대하여 운전면허행정처분 이의심의위원회의 심의를 거치거나 행정심판 또는 행정소송을 통하여 행정처분이 감경된 경우에는 정지처분기간을 추가로 감경하지 아니하고, 정지처분이 감경된 때에 한정하여 누산점수를 20점 감경한다.

(3) 운전면허 정지처분을 받게 되거나 받은 사람이 특별교통안전 의무교육이나 특별교통안전 권장교육 중 법규준수교육(권장)을 마친 후에 특별교통안전 권장교육 중 현장참여교육을 마친 경우에는 경찰서장에게 교육확인증을 제출한 날부터 정지처분기간에서 30일을 추가로 감경한다. 다만, 해당 위반행위에 대하여 운전면허행정처분 이의심의위원회의 심의를 거치거나 행정심판 또는 행정소송을 통하여 행정처분이 감경된 경우에는 그러하지 아니하다.

라. 모범운전자에 대한 처분집행일수 감경 (「도로교통법 시행규칙」 별표 28 제1호 라목(2))

모범운전자(법 제146조에 따라 무사고운전자 또는 유공운전자의 표시장을 받은 사람으로서 교통안전 봉사활동에 종사하는 사람을 말한다.)에 대하여는 면허 정지처분의 집행기간을 2분의 1로 감경한다. 다만, 처분벌점에 교통사고 야기로 인한 벌점이 포함된 경우에는 감경하지 아니한다.

마. 정지처분 집행일수의 계산에 있어서 단수의 불산입 등 (「도로교통법 시행규칙」 별표 28 제1호 라목(3))

정지처분 집행일수를 계산할 때 1일 미만의 날짜는 산입하지 않는다.

9. 운전면허정지처분 절차

운전면허 소지자가 운전을 하던 중 교통법규를 위반하거나 교통사고를 발생시켰을 경우 일정기간 동안 운전을 할 수 없습니다(규제「도로교통법」 제93조, 규제「도로교통법 시행규칙」 제91조제1항 및 별표 28).

<벌점에 따른 면허정지 또는 취소처분>

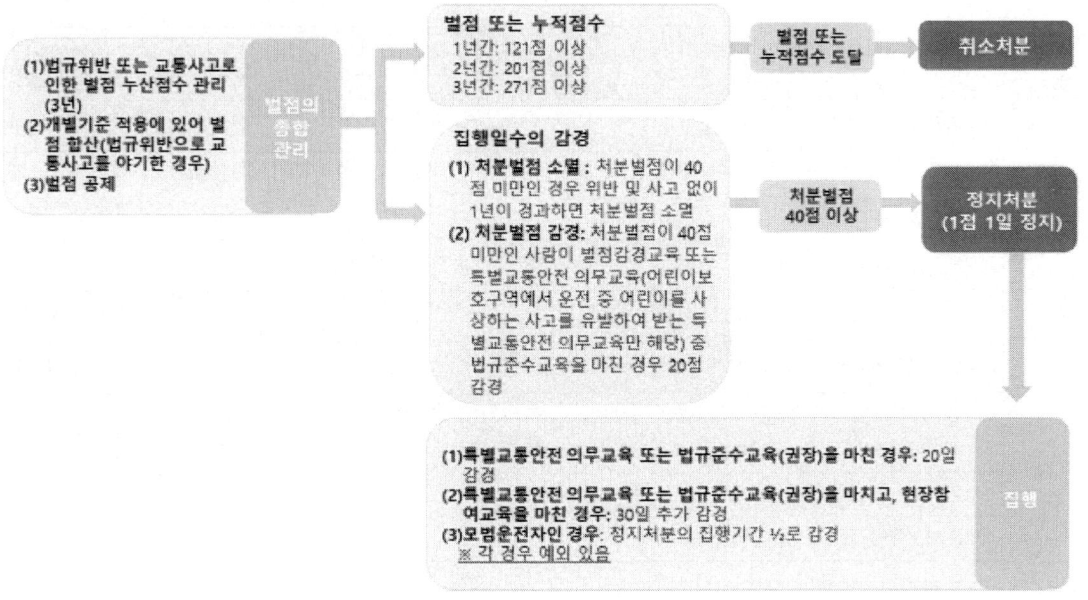

가. 누산점수 및 처분점수

(1) "누산점수"란, 위반·사고시의 벌점을 누적하여 합산한 점수에서 상계치(무위반·무사고 기간 경과 시에 부여되는 점수 등)를 뺀 점수를 말합니다(「도로교통법 시행규칙」

별표 28).

(2) 누산점수 = 매 위반·사고 시 벌점의 누적 합산치-상계치

(3) "처분벌점"이란, 구체적인 법규위반·사고야기에 대해 앞으로 정지처분기준을 적용하는 데 필요한 벌점으로서, 누산점수에서 이미 정지처분이 집행된 벌점의 합계치를 뺀 점수를 말합니다(「도로교통법 시행규칙」 별표 28).

(4) 처분벌점 = 누산점수-이미 처분이 집행된 벌점의 합계치 = 매 위반·사고 시 벌점의 누적 합산치-상계치-이미 처분이 집행된 벌점의 합계치

나. 운전면허 정지처분 기준

(1) 벌점·처분벌점 초과로 인한 면허 정지
운전면허 정지처분은 1회의 법규 위반·교통사고로 인한 벌점 또는 처분벌점이 40점 이상이 된 때부터 결정하여 집행됩니다[「도로교통법 시행규칙」 별표 28 제1호다목 (2)].

(2) 정지처분 개별기준
① 법규위반에 따른 벌점기준(「도로교통법 시행규칙」 별표 28 제3호가목)

벌점	위반사항	적용법조 (도로교통법)
100	1. 속도위반(100km/h 초과)	제17조제3항
	2. 술에 취한 상태의 기준을 넘어서 운전한 때(혈중알코올농도 0.03퍼센트 이상 0.08퍼센트 미만)	제44조제1항
	2의2. 자동차등을 이용하여 형법상 특수상해 등(보복운전)을 하여 입건된 때	제93조
80	3. 속도위반(80km/h 초과 100km/h 이하)	제17조제3항
60	3의2. 속도위반(60km/h 초과 80km/h 이하)	제17조제3항
40	4. 정차·주차위반에 대한 조치불응(단체에 소속되거나 다수인에 포함되어 경찰공무원의 3회이상의 이동명령에 따르지 아니하고 교통을 방해한 경우에 한한다)	제35조제1항
	4의2. 공동위험행위로 형사입건된 때	제46조제1항
	4의3. 난폭운전으로 형사입건된 때	제46조의3
	5. 안전운전의무위반(단체에 소속되거나 다수인에 포함되어 경찰공무원의 3회 이상의 안전운전 지시에 따르지 아니하고 타인에게 위험과 장해를 주는 속도나 방법으로 운전한 경우에 한한다)	제48조
	6. 승객의 차내 소란행위 방치운전	제49조제1항제9호
	7. 출석기간 또는 범칙금 납부기간 만료일부터 60일이 경과될 때까지 즉결심판을 받지 아니한 때	제138조 및 제165조

30	8. 통행구분 위반(중앙선 침범에 한함)	제13조제3항
	9. 속도위반(40㎞/h 초과 60㎞/h 이하)	제17조제3항
	10. 철길건널목 통과방법위반	제24조
	10의2. 회전교차로 통행방법 위반(통행 방향 위반에 한정한다)	제25조의2제1항
	10의3. 어린이통학버스 특별보호 위반	제51조
	10의4. 어린이통학버스 운전자의 의무위반(좌석안전띠를 매도록 하지 아니한 운전자는 제외한다)	제53조제1항·제2항·제4항·제5항 및 제53조의5
	11. 고속도로·자동차전용도로 갓길통행	제60조제1항
	12. 고속도로 버스전용차로·다인승전용차로 통행위반	제61조제2항
	13. 운전면허증 등의 제시의무위반 또는 운전자 신원확인을 위한 경찰공무원의 질문에 불응	제92조제2항
15	14. 신호·지시위반	제5조
	15. 속도위반(20㎞/h 초과 40㎞/h 이하)	제17조제3항
	15의2. 속도위반(어린이보호구역 안에서 오전 8시부터 오후 8시까지 사이에 제한속도를 20km/h 이내에서 초과한 경우에 한정한다)	제17조제3항
	16. 앞지르기 금지시기·장소위반	제22조
	16의2. 적재 제한 위반 또는 적재물 추락 방지 위반	제39조제1항·제4항
	17. 운전 중 휴대용 전화 사용	제49조제1항제10호
	17의2. 운전 중 운전자가 볼 수 있는 위치에 영상 표시	제49조제1항제11호
	17의3. 운전 중 영상표시장치 조작	제49조제1항제11호의2
	18. 운행기록계 미설치 자동차 운전금지 등의 위반	제50조제5항
	19. 삭제 <2014.12.31.>	
10	20. 통행구분 위반(보도침범, 보도 횡단방법 위반)	제13조제1항·제2항
	21. 차로통행 준수의무 위반, 지정차로 통행위반(진로변경 금지장소에서의 진로변경 포함)	제14조제2항·제5항, 제60조제1항
	22. 일반도로 전용차로 통행위반	제15조제3항
	23. 안전거리 미확보(진로변경 방법위반 포함)	제19조제1항·제3항·제4항
	24. 앞지르기 방법위반	제21조제1항·제3항, 제60조제2항
	25. 보행자 보호 불이행(정지선위반 포함)	제27조
	26. 승객 또는 승하차자 추락방지조치위반	제39조제3항
	27. 안전운전 의무 위반	제48조
	28. 노상 시비·다툼 등으로 차마의 통행 방해행위	제49조제1항제5호
	29. 자율주행자동차 운전자의 준수사항 위반	제56조의2제1항
	30. 돌·유리병·쇳조각이나 그 밖에 도로에 있는 사람이나 차마를 손상시킬 우려가 있는 물건을 던지거나 발사하는 행위	제68조제3항제4호
	31. 도로를 통행하고 있는 차마에서 밖으로 물건을 던지는 행위	제68조제3항제5호

② 사고결과에 따른 벌점기준 (「도로교통법 시행규칙」 별표 28 제3호나목(1))

구분		벌점	내용
인적 피해 교통 사고	사망 1명마다	90	사고발생 시부터 72시간 이내에 사망한 때
	중상 1명마다	15	3주 이상의 치료를 요하는 의사의 진단이 있는 사고
	경상 1명마다	5	3주 미만 5일 이상의 치료를 요하는 의사의 진단이 있는 사고
	부상신고 1명마다	2	5일 미만의 치료를 요하는 의사의 진단이 있는 사고

- 교통사고 발생 원인이 불가항력이거나 피해자의 명백한 과실인 때에는 행정처분을 받지 않습니다.
- 자동차와 사람 사이의 교통사고의 경우 쌍방과실인 때에는 벌점이 2분의 1로 감경됩니다.
- 자동차끼리의 교통사고의 경우에는 그 사고원인 중 중한 위반행위를 한 운전자만 벌점을 받게 됩니다.
- 교통사고로 인한 벌점 산정에 있어서 처분 받을 운전자 본인의 피해에 대하여는 벌점이 산정되지 않습니다.

③ 교통사고 후 구호조치 등 불이행에 따른 벌점 기준 (「도로교통법 시행규칙」 별표 28 제3호나목(2))

불이행사항	적용법조 (도로교통법)	벌점	내용
교통사고 야기시 조치 불이행	제54조 제1항	15	1. 물적 피해가 발생한 교통사고를 일으킨 후 도주한 때 2. 교통사고를 일으킨 즉시(그때, 그 자리에서 곧)사상자를 구호하는 등의 조치를 하지 아니하였으나 그 후 자진신고를 한 때
		30	가. 고속도로, 특별시·광역시 및 시의 관할구역과 군(광역시의 군을 제외한다)의 관할구역 중 경찰관서가 위치하는 리 또는 동 지역에서 3시간(그 밖의 지역에서는 12시간) 이내에 자진신고를 한 때
		60	나. 가목에 따른 시간 후 48시간 이내에 자진신고를 한 때

(3) 처분벌점 및 정지처분 집행일수의 감경(「도로교통법 시행규칙」 별표 28 제1호라목)

(가) 특별교통안전교육에 따른 처분벌점 및 정지처분집행일수의 감경

1) 처분벌점이 40점 미만인 사람이 특별교통안전 권장교육 중 벌점감경교육 또는 특별교통안전 의무교육(법 제73조제2항제5호에 따른 특별교통안전 의무교육만 해당한다) 중 법규준수교육을 마친 경우에는 경찰서장에게 교육확인증을 제출한 날부터 처분벌점에서 20점을 감경한다.

2) 운전면허 정지처분을 받게 되거나 받은 사람이 특별교통안전 의무교육이나 특별교통안전 권장교육 중 법규준수교육(권장)을 마친 경우에는 경찰서장에게

교육확인증을 제출한 날부터 정지처분기간에서 20일을 감경한다. 다만, 해당 위반행위에 대하여 운전면허행정처분 이의심의위원회의 심의를 거치거나 행정심판 또는 행정소송을 통하여 행정처분이 감경된 경우에는 정지처분기간을 추가로 감경하지 아니하고, 정지처분이 감경된 때에 한정하여 누산점수를 20점 감경한다.

3) 운전면허 정지처분을 받게 되거나 받은 사람이 특별교통안전 의무교육이나 특별교통안전 권장교육 중 법규준수교육(권장)을 마친 후에 특별교통안전 권장교육 중 현장참여교육을 마친 경우에는 경찰서장에게 교육확인증을 제출한 날부터 정지처분기간에서 30일을 추가로 감경한다. 다만, 해당 위반행위에 대하여 운전면허행정처분 이의심의위원회의 심의를 거치거나 행정심판 또는 행정소송을 통하여 행정처분이 감경된 경우에는 그러하지 아니하다.

(나) 모범운전자에 대한 처분집행일수 감경

모범운전자(법 제146조에 따라 무사고운전자 또는 유공운전자의 표시장을 받은 사람으로서 교통안전 봉사활동에 종사하는 사람을 말한다.)에 대하여는 면허 정지처분의 집행기간을 2분의 1로 감경한다. 다만, 처분벌점에 교통사고 야기로 인한 벌점이 포함된 경우에는 감경하지 아니한다.

(다) 정지처분 집행일수를 계산할 때 1일 미만의 날짜는 산입하지 않는다.

다. 운전면허 정지처분 도해

(1) 운전면허 정지기간

정지처분을 받으면 운전면허증을 반납해야 하고, 정지기간이 지나면 운전면허증을 돌려받습니다(「도로교통법」 제138조제1항 및 제95조제3항).

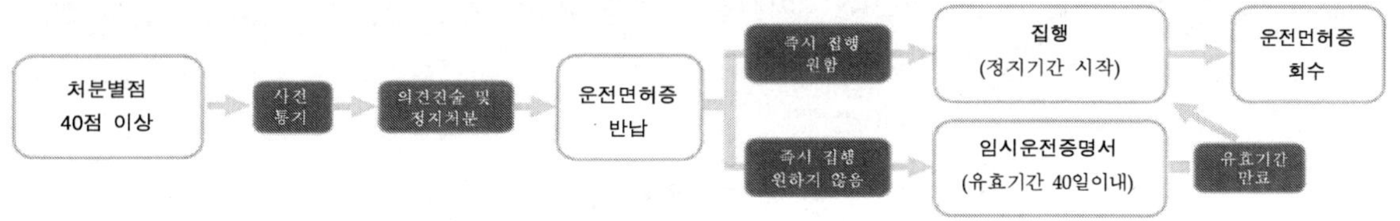

라. 처분 전 통지

시·도경찰청장은 운전면허 정지처분을 하기 전에 미리 처분의 당사자에게 처분 내용과 의견제출 기한 등을 통지해야 하며, 처분의 이유와 행정심판을 제기할 수 있는 기간 등을 함께 통지하게 됩니다(규제「도로교통법」 제93조제4항 본문).

마. 운전면허증 반납

(1) 한 번의 교통법규 위반이나 여러 번의 교통법규 위반으로 벌점이 40점 이상이 되면 운전면허정지처분 사전통지서를 받습니다. 사전통지서를 받은 운전자는 의견을 진술하고, 운전면허증을 반납해야 합니다(「도로교통법」 제95조제1항, 규제「도로교통법 시행규칙」 제91조제1항 및 별표 28).
(2) 경찰공무원은 위를 위반하여 운전면허증을 반납하지 않은 사람이 소지한 운전면허증을 직접 회수(모바일운전면허증의 경우 전자적 회수 포함)할 수 있습니다(「도로교통법」 제95조제2항).
(3) 운전자가 사전통지를 받고 운전면허증을 반납하지 않은 경우에는 3만원의 범칙금통고처분을 받을 수 있습니다(「도로교통법」 제95조 및 「도로교통법 시행령」 별표 8 제68호).

바. 임시운전증명서

(1) 운전면허 정지처분을 받은 운전자가 운전면허증을 반납하면서 바로 운전면허정지기간이 시작되기를 원하지 않는 경우에는 신청에 의해 임시운전증명서를 발급받아 그 유효기간(40일 이내의 기간이며, 경찰서장이 필요하다고 인정하는 경우에는 한 번에 한해 20일 범위에서 연장가능)까지 운전할 수 있고, 그 유효기간이 지난 다음에는 운전면허정지기간이 시작되어 운전할 수 없습니다[「도로교통법 시행규칙」 제88조제2항 및 별표 28 제1호나목(5)].
(2) 만약 운전자가 운전면허정지기간이 바로 시작되기를 희망하면 임시운전증명서를 발급받지 않고 즉시 운전면허정지기간을 시작할 수 있으며, 이 경우에는 운전을 할 수 없습니다.

※ 임시운전증명서에 대한 자세한 내용은 이 콘텐츠의 <운전면허 유지하기-운전면허증 관리-운전면허증을 항상 가지고 다녀야 합니다.> 에서확인할 수 있습니다.

제2절 운전면허(취소) 처분

1. 운전면허취소

가. 운전면허취소처분 취소소송 (도로교통법의 규정 내용과 취지에 따라 판단)

운전면허에 관한 소송은 운전면허취소처분 취소소송이 대부분이다. 도로교통법 제93조

제1항은 운전면허 취소·정지의 개별 사유를 정하고 있다. 도로교통법 시행규칙 [별표 28]은 벌점의 기준을 포함하여 취소·정지처분의 구체적 기준을 정하고 있는데, 위 기준은 행정청 내부의 재량준칙에 불과한 것으로서 대외적으로 국민이나 법원을 기속하는 효력이 없으므로 처분의 적법 여부는 위 기준만으로 판단할 것이 아니라 도로교통법의 규정 내용과 취지에 따라 판단하여야 한다.[1)]

나. 세분하여 각 그 면허의 종류

도로교통법과 그 시행령 및 시행규칙은 자동차의 운전면허를 제1종 운전면허와 제2종 운전면허로 구분하고 제1종 운전면허는 대형면허, 보통면허, 소형면허, 특수면허로, 제2종 운전면허는 보통면허, 소형면허, 특수면허, 원동기장치자전거면허로 세분하여 각 그 면허의 종류에 따라 운전할 수 있는 있는 차종으로 구분 되어 있다.

다. 운전면허를 취소하거나 면허의 효력을 정지

도로교통법 제93조 제1항은 일정한 사유가 있는 경우에 운전면허를 취소하거나 면허의 효력을 정지시킬 수 있다고 규정하고 있다.

라. 취소 또는 정지함에 있어서도 서로 별개의 것으로 취급

한 사람이 여러 종류의 자동차운전면허를 취득하는 경우뿐만 아니라 이를 취소 또는 정지함에 있어서도 서로 별개의 것으로 취급한다.[2)]

마. 위반행위 당시 운전한 차량을 기준

위반행위 당시 운전한 차량을 기준으로 하여 그 차량을 운전할 수 있는 면허 여러개인 경우[3)]

바. 승용차를 운전하는 경우 (모든 면허를 이용하여 승용차를 운전한 것으로 봄)

승용차를 운전하는 경우에는 승용차를 운전할 수 있는 모든 면허를 이용하여 승용차를 운전한 것으로 볼 수 있기 때문이다. 대법원은 제1종 보통, 제1종 특수 운전면허를 가진 자가 택시를 음주운전한 경우에 제1종 보통 운전면허외에 제1종 보통 운전면허외에 제1종 특수 운전면허까지도 취소할 수 있다고 하고 있다.

사. 다른 면허(小)에 의하여 운전할 수 있는 차량의 전부를 취소

1) 대법원 2004. 12. 23. 선고 2003두3017 판결 등
2) 대법원 2000. 9. 26. 선고 2000두5425 판결, 선고 95누8850 판결
3) 대법원 1998. 5. 15. 선고 98두3853 판결, 1996. 2. 13. 선고 95누17120 판결, 1998. 3. 24. 선고 98두1031 판결, 97누1310 판결

다른 면허(小)에 의하여 운전할 수 있는 차량의 전부를 취소되는 면허(大)에 의하여도 운전할 수 있는 경우

(1) 제1종 특수 운전면허(레커)를 가진 자가 레커차를 음주운전한 경우에 레커차를 운전할 수 있는 제1종 특수 운전면허(레커)를 취소하는 외에 이에 완전히 포함되는 제2종 보통 운전면허, 원동기장치자전거면허도 취소나 정지할 수 있다.[4]

(2) 제1종 보통면허 및 제1종 대형면허로만 운전이 가능한 12인승 승합자동차를 음주운전한 경우에는 운전할 수 있는 차량이 상당수 중복된다고 하더라도 제1종 특수면허를 취소할 수 없다.

사. 취소나 정지의 사유가 운전면허를 받은 사람에 관한 것일 경우

(3) 도로교통법 제93조 제7호(운전면허취득 결격사유에 해당하게 된 때), 제12호(다른 사람의 자동차등을 훔치거나 빼앗은 때), 제13호(다른 사람이 부정하게 운전면허를 받도록 하기 위하여 제83조의 규정에 의한 운전면허시험에 응시한 때), 제15호 전단(운전면허증을 다른 사람에게 빌려주어 운전하게 한 때), 제18호(다른 법률의 규정에 의하여 관계행정기관의 장이 운전면허의 취소 또는 정지의 처분을 요청한 때) 등은 면허취소 내지 정지의 사유가 사람에 관한 것으로 볼 여지가 많은 것으로 판단된다.

2. 벌점초과로 인한 운전면허취소처분

가. 도로교통법시행규칙상 벌점의 법적 성질

(1) 도로교통법시행규칙 제91조 제1항 관련 [별표 28]운전면허취소·정지처분기준의 일반기준에서는 벌점·누산점수 초과로 인한 면허취소와 벌점·처분벌점 초과로 인한 면허정지에 관하여 규정하고 있고, 이에 따라 행정청도 위와 같은 기준에 따른 면허취소시에는 처분사유로 벌점초과사실만을 기재하고 있다.

나. 운전면허취소·정지처분기준 (「도로교통법 시행규칙」 별표 28 제91조 제1항 관련)

(1) 일반기준

(가) 용어의 정의

① "벌점"이라 함은, 행정처분의 기초자료로 활용하기 위하여 법규위반 또는 사고야기에 대하여 그 위반의 경중, 피해의 정도 등에 따라 배점되는 점수를 말한다.

② "누산점수"라 함은, 위반·사고시의 벌점을 누적하여 합산한 점수에서 상계치(무위반·무사고 기간 경과 시에 부여되는 점수 등)를 뺀 점수를 말한다. 다

4) 대법원 선고 96누17578 판결, 선고 97누2313 판결, 선고 96누9959 판결, 선고 94누9672 판결

만, 제3호가목의 7란에 의한 벌점은 누산점수에 이를 산입하지 아니하되, 범칙금 미납 벌점을 받은 날을 기준으로 과거 3년간 2회 이상 범칙금을 납부하지 아니하여 벌점을 받은 사실이 있는 경우에는 누산점수에 산입한다.
[누산점수=매 위반·사고 시 벌점의 누적 합산치–상계치]

③ "처분벌점"이라 함은, 구체적인 법규위반·사고야기에 대하여 앞으로 정지처분기준을 적용하는데 필요한 벌점으로서, 누산점수에서 이미 정지처분이 집행된 벌점의 합계치를 뺀 점수를 말한다.

처분벌점 = 누산점수 - 이미 처분이 집행된 벌점의 합계치 = 매 위반·사고 시 벌점의 누적 합산치 - 상계치 - 이미 처분이 집행된 벌점의 합계치

(나) 벌점의 종합관리

① 누산점수의 관리
법규위반 또는 교통사고로 인한 벌점은 행정처분기준을 적용하고자 하는 당해 위반 또는 사고가 있었던 날을 기준으로 하여 과거 3년간의 모든 벌점을 누산하여 관리한다.

② 무위반·무사고기간 경과로 인한 벌점 소멸
처분벌점이 40점 미만인 경우에, 최종의 위반일 또는 사고일로부터 위반 및 사고 없이 1년이 경과한 때에는 그 처분벌점은 소멸한다.

③ 벌점 공제

㉮ 인적 피해 있는 교통사고를 야기하고 도주한 차량의 운전자를 검거하거나 신고하여 검거하게 한 운전자(교통사고의 피해자가 아닌 경우로 한정한다)에게는 검거 또는 신고할 때마다 40점의 특혜점수를 부여하여 기간에 관계없이 그 운전자가 정지 또는 취소처분을 받게 될 경우 누산점수에서 이를 공제한다. 이 경우 공제되는 점수는 40점 단위로 한다.

㉯ 경찰청장이 정하여 고시하는 바에 따라 무위반·무사고 서약을 하고 1년간 이를 실천한 운전자에게는 실천할 때마다 10점의 특혜점수를 부여하여 기간에 관계없이 그 운전자가 정지처분을 받게 될 경우 누산점수에서 이를 공제하되, 공제되는 점수는 10점 단위로 한다. 다만, 교통사고로 사람을 사망에 이르게 하거나 법 제93조제1항제1호·제5호의2·제10호의2·제11호 및 제12호 중 어느 하나에 해당하는 사유로 정지처분을 받게 될 경우에는 공제할 수 없다.

④ 개별기준 적용에 있어서의 벌점 합산(법규위반으로 교통사고를 야기한 경우)
법규위반으로 교통사고를 야기한 경우에는 3. 정지처분 개별기준 중 다음의

각 벌점을 모두 합산한다.

㉮ 이 법이나 이 법에 의한 명령을 위반한 때(교통사고의 원인이 된 법규위반이 둘 이상인 경우에는 그 중 가장 중한 것 하나만 적용한다.)

㉯ 교통사고를 일으킨 때 (1) 사고결과에 따른 벌점

㉰ 교통사고를 일으킨 때 (2) 조치 등 불이행에 따른 벌점

⑤ 정지처분 대상자의 임시운전 증명서

경찰서장은 면허 정지처분 대상자가 면허증을 반납한 경우에는 본인이 희망하는 기간을 참작하여 40일 이내의 유효기간을 정하여 별지 제79호서식의 임시운전증명서를 발급하고, 동 증명서의 유효기간 만료일 다음 날부터 정해진 정지처분을 집행하며, 당해 면허 정지처분 대상자가 정지처분을 즉시 받고자 하는 경우에는 임시운전 증명서를 발급하지 않고 즉시 운전면허 정지처분을 집행할 수 있다.

(다) 벌점 등 초과로 인한 운전면허의 취소·정지

① 벌점·누산점수 초과로 인한 면허 취소

1회의 위반·사고로 인한 벌점 또는 연간 누산점수가 다음 표의 벌점 또는 누산점수에 도달한 때에는 그 운전면허를 취소한다.

[별표 28] 제1호 다목 (1)

기간	벌점 또는 누산점수
1년간	121점이상
2년간	201점이상
3년간	271점이상

② 벌점 · 처분벌점 초과로 인한 면허정지

운전면허 정지처분은 1회의 위반·사고로 인한 벌점 또는 처분벌점이 40점 이상이 된 때부터 결정하여 집행하되, 원칙적으로 1점을 1일로 계산하여 집행한다.

(라) 처분벌점 및 정지처분 집행일수의 감경

① 특별교통안전교육에 따른 처분벌점 및 정지처분집행일수의 감경

㉮ 처분벌점이 40점 미만인 사람이 특별교통안전 권장교육 중 벌점감경교육 또는 특별교통안전 의무교육(법 제73조제2항제5호에 따른 특별교통안전 의무교육만 해당한다) 중 법규준수교육을 마친 경우에는 경찰서장에게 교육확인증을 제출한 날부터 처분벌점에서 20점을 감경한다.

㉯ 운전면허 정지처분을 받게 되거나 받은 사람이 특별교통안전 의무교육이나 특별교통안전 권장교육 중 법규준수교육(권장)을 마친 경우에는 경찰서장에게 교육확인증을 제출한 날부터 정지처분기간에서 20일을 감경한다. 다만, 해당 위반행위에 대하여 운전면허행정처분 이의심의위원회의 심의를 거치거나 행정심판 또는 행정소송을 통하여 행정처분이 감경된 경우에는 정지처분기간을 추가로 감경하지 아니하고, 정지처분이 감경된 때에 한정하여 누산점수를 20점 감경한다.

㉰ 운전면허 정지처분을 받게 되거나 받은 사람이 특별교통안전 의무교육이나 특별교통안전 권장교육 중 법규준수교육(권장)을 마친 후에 특별교통안전 권장교육 중 현장참여교육을 마친 경우에는 경찰서장에게 교육확인증을 제출한 날부터 정지처분기간에서 30일을 추가로 감경한다. 다만, 해당 위반행위에 대하여 운전면허행정처분 이의심의위원회의 심의를 거치거나 행정심판 또는 행정소송을 통하여 행정처분이 감경된 경우에는 그러하지 아니하다.

② 모범운전자에 대한 처분집행일수 감경

모범운전자(법 제146조에 따라 무사고운전자 또는 유공운전자의 표시장을 받은 사람으로서 교통안전 봉사활동에 종사하는 사람을 말한다.)에 대하여는 면허 정지처분의 집행기간을 2분의 1로 감경한다. 다만, 처분벌점에 교통사고 야기로 인한 벌점이 포함된 경우에는 감경하지 아니한다.

③ 정지처분 집행일수를 계산할 때 1일 미만의 날짜는 산입하지 않는다.

(마) 행정처분의 취소

교통사고(법규위반을 포함한다)가 법원의 판결로 무죄확정[혐의가 없거나 죄가 되지 않아 불송치 또는 불기소(불송치 또는 불기소를 받은 이후 해당 사건이 다시 수사 및 기소되어 법원의 판결에 따라 유죄가 확정된 경우는 제외한다)를 받은 경우를 포함한다. 이하 이 목에서 같다]된 경우에는 즉시 그 운전면허 행정처분을 취소하고 당해 사고 또는 위반으로 인한 벌점을 삭제한다. 다만, 법 제82조제1항 제2호 또는 제5호에 따른 사유로 무죄가 확정된 경우에는 그러하지 아니하다.

(바) 처분기준의 감경

① 감경사유

㉮ 음주운전으로 운전면허 취소처분 또는 정지처분을 받은 경우

운전이 가족의 생계를 유지할 중요한 수단이 되거나, 모범운전자로서 처분당시 3년 이상 교통봉사활동에 종사하고 있거나, 교통사고를 일으키고 도주한 운전자를 검거하여 경찰서장 이상의 표창을 받은 사람으로서 다음

의 어느 하나에 해당되는 경우가 없어야 한다.

ⓐ 혈중알코올농도가 0.1퍼센트를 초과하여 운전한 경우

ⓑ 음주운전 중 인적피해 교통사고를 일으킨 경우

ⓒ 경찰관의 음주측정요구에 불응하거나 도주한 때 또는 단속경찰관을 폭행한 경우

ⓓ 과거 5년 이내에 3회 이상의 인적피해 교통사고의 전력이 있는 경우

ⓔ 과거 5년 이내에 음주운전의 전력이 있는 경우

㉯ 벌점·누산점수 초과로 인하여 운전면허 취소처분을 받은 경우
운전이 가족의 생계를 유지할 중요한 수단이 되거나, 모범운전자로서 처분당시 3년 이상 교통봉사활동에 종사하고 있거나, 교통사고를 일으키고 도주한 운전자를 검거하여 경찰서장 이상의 표창을 받은 사람으로서 다음의 어느 하나에 해당되는 경우가 없어야 한다.

ⓐ 과거 5년 이내에 운전면허 취소처분을 받은 전력이 있는 경우

ⓑ 과거 5년 이내에 3회 이상 인적피해 교통사고를 일으킨 경우

ⓒ 과거 5년 이내에 3회 이상 운전면허 정지처분을 받은 전력이 있는 경우

ⓓ 과거 5년 이내에 운전면허행정처분 이의심의위원회의 심의를 거치거나 행정심판 또는 행정소송을 통하여 행정처분이 감경된 경우

㉰ 그 밖에 정기 적성검사에 대한 연기신청을 할 수 없었던 불가피한 사유가 있는 등으로 취소처분 개별기준 및 정지처분 개별기준을 적용하는 것이 현저히 불합리하다고 인정되는 경우

② 감경기준
위반행위에 대한 처분기준이 운전면허의 취소처분에 해당하는 경우에는 해당 위반행위에 대한 처분벌점을 110점으로 하고, 운전면허의 정지처분에 해당하는 경우에는 처분 집행일수의 2분의 1로 감경한다. 다만, 다목(1)에 따른 벌점·누산점수 초과로 인한 면허취소에 해당하는 경우에는 면허가 취소되기 전의 누산점수 및 처분벌점을 모두 합산하여 처분벌점을 110점으로 한다.

③ 처리절차
①의 감경사유에 해당하는 사람은 행정처분을 받은 날(정기 적성검사를 받지 아니하여 운전면허가 취소된 경우에는 행정처분이 있음을 안 날)부터 60일 이내에 그 행정처분에 관하여 주소지를 관할하는 시·도경찰청장에게 이의신청을 하여야 하며, 이의신청을 받은 시·도경찰청장은 제96조에 따른 운전면허행정처분 이의심의위원회의 심의·의결을 거쳐 처분을 감경할 수 있다.

(2) 취소처분 개별기준 (「도로교통법 시행규칙」 제91조 및 별표 28 제2호)

일련번호	위반사항	적용법조 (도로교통법)	내용
1	교통사고를 일으키고 구호조치를 하지아니한 때	제93조	○ 교통사고로 사람을 죽게 하거나 다치게 하고, 구호조치를 하지 아니한 때
2	술에 취한 상태에서 운전한 때	제93조	○ 술에 취한 상태의 기준(혈중알코올농도 0.03퍼센트 이상)을 넘어서 운전을 하다가 교통사고로 사람을 죽게 하거나 다치게 한 때 ○ 혈중알코올농도 0.08퍼센트 이상의 상태에서 운전한 때 ○ 술에 취한 상태의 기준을 넘어 운전한 사람, 술에 취한 상태의 측정에 불응한 사람 또는 법 제44조제5항에 따른 음주측정방해행위를 한 사람이 다시 술에 취한 상태(혈중알코올농도 0.03퍼센트 이상)에서 운전한 때
3	술에 취한 상태의 측정에 불응한 때	제93조	○ 술에 취한 상태에서 운전하거나 술에 취한 상태에서 운전하였다고 인정할 만한 상당한 이유가 있음에도 불구하고 경찰공무원의 측정 요구에 불응한 때
3의2	음주측정방해행위를 한 경우	제93조	○ 법 제44조제5항을 위반하여 술에 취한 상태에 있다고 인정할만한 상당한 이유가 있는 사람이 자동차등을 운전한 후 음주측정방해행위를 한 경우
4	운전면허증을 부정하게 사용할 목적으로 다른 사람에게 운전면허증을 대여한 경우	제93조	○ 면허증 소지자가 부정하게 사용할 목적으로 다른 사람에게 면허증을 빌려준 경우 ○ 면허 취득자가 부정하게 사용할 목적으로 다른 사람의 면허증을 빌려서 사용한 경우
5	결격사유에 해당	제93조	○ 교통상의 위험과 장해를 일으킬 수 있는 정신질환자 또는 뇌전증환자로서 영 제42조제1항에 해당하는 사람 ○ 앞을 보지 못하는 사람(한쪽 눈만 보지 못하는 사람의 경우에는 제1종 운전면허 중 대형면허·특수면허로 한정한다) ○ 듣지 못하는 사람(제1종 운전면허 중 대형면허·특수면허로 한정한다) ○ 양 팔의 팔꿈치 관절 이상을 잃은 사람, 또는 양팔을 전혀 쓸 수 없는 사람. 다만, 본인의 신체장애 정도에 적합하게 제작된 자동차를 이용하여 정상적으로 운전할 수 있는 경우는 제외한다. ○ 다리, 머리, 척추 그 밖의 신체장애로 인하여 앉아 있을 수 없는 사람 ○ 교통상의 위험과 장해를 일으킬 수 있는 마약, 대마, 향정신성 의약품 또는 알코올 중독자로서 영 제42조제3항에 해당하는 사람

6	약물을 사용한 상태에서 자동차등을 운전한 때	제93조	○ 약물(마약·대마·향정신성 의약품 및 「화학물질관리법 시행령」 제11조에 따른 환각물질)의 투약·흡연·섭취·주사 등으로 정상적인 운전을 하지 못할 염려가 있는 상태에서 자동차등을 운전한 때
6의2	공동위험행위	제93조	○ 법 제46조제1항을 위반하여 공동위험행위로 구속된 때
6의3	난폭운전	제93조	○ 법 제46조의3을 위반하여 난폭운전으로 구속된 때
6의4	속도위반	제93조	○ 법 제17조제3항을 위반하여 최고속도보다 100km/h를 초과한 속도로 3회 이상 운전한 때
7	정기적성검사 불합격 또는 정기적성검사 기간 1년경과	제93조	○ 정기적성검사에 불합격하거나 적성검사기간 만료일 다음 날부터 적성검사를 받지 아니하고 1년을 초과한 때
8	수시적성검사 불합격 또는 수시적성검사 기간 경과	제93조	○ 수시적성검사에 불합격하거나 수시적성검사 기간을 초과한 때
9	삭제 <2011.12.9>		
10	운전면허 행정처분기간중 운전행위	제93조	○ 운전면허 행정처분 기간중에 운전한 때
11	허위 또는 부정한 수단으로 운전면허를 받은 경우	제93조	○ 허위·부정한 수단으로 운전면허를 받은 때 ○ 법 제82조에 따른 결격사유에 해당하여 운전면허를 받을 자격이 없는 사람이 운전면허를 받은 때 ○ 운전면허 효력의 정지기간중에 면허증 또는 운전면허증에 갈음하는 증명서를 교부받은 사실이 드러난 때
12	등록 또는 임시운행 허가를 받지 아니한 자동차를 운전한 때	제93조	○ 「자동차관리법」에 따라 등록되지 아니하거나 임시운행 허가를 받지 아니한 자동차(이륜자동차를 제외한다)를 운전한 때
12의2	자동차등을 이용하여 형법상 특수상해 등을 행한 때(보복운전)	제93조	○ 자동차등을 이용하여 형법상 특수상해, 특수폭행, 특수협박, 특수손괴를 행하여 구속된 때
13	삭제 <2018. 9. 28.>		
14	삭제 <2018. 9. 28.>		
15	다른 사람을 위하여 운전면허시험에 응시한 때	제93조	○ 운전면허를 가진 사람이 다른 사람을 부정하게 합격시키기 위하여 운전면허 시험에 응시한 때
16	운전자가 단속 경찰공무원 등에 대한 폭행	제93조	○ 단속하는 경찰공무원 등 및 시·군·구 공무원을 폭행하여 형사입건된 때
17	연습면허 취소사유가 있었던 경우	제93조	○ 제1종 보통 및 제2종 보통면허를 받기 이전에 연습면허의 취소사유가 있었던 때(연습면허에 대한 취소절차 진행중 제1종 보통 및 제2종 보통면허를 받은 경우를 포함한다)

18	음주운전 방지장치 부착 조건부 운전면허를 받은 운전자등이 준수사항을 위반한 경우	제93조	○ 법 제50조의3제1항을 위반하여 음주운전 방지장치가 설치된 자동차등을 시·도경찰청에 등록하지 않고 운전한 경우 ○ 법 제50조의3제3항을 위반하여 음주운전 방지장치가 설치되지 않거나 설치기준에 부합하지 않은 음주운전 방지장치가 설치된 자동차등을 운전한 경우 ○ 법 제50조의3제4항을 위반하여 음주운전 방지장치가 해체·조작 또는 그 밖의 방법으로 효용이 떨어진 것을 알면서 해당 자동차등을 운전한 경우

3. 운전면허행정처분제도

가. 운전면허 취소처분 개별기준 (도로교통법 시행규칙 별표 28 제2호)

(1) 교통사고를 일으키고 구호조치를 하지아니한 때

교통사고로 사람을 죽게 하거나 다치게 하고, 구호조치를 하지 아니한 때

(2) 술에 취한 상태에서 운전한 때

① 술에 취한 상태의 기준(혈중알코올농도 0.03퍼센트 이상)을 넘어서 운전을 하다가 교통사고로 사람을 죽게 하거나 다치게 한 때

② 혈중알코올농도 0.08퍼센트 이상의 상태에서 운전한 때

③ 술에 취한 상태의 기준을 넘어 운전한 사람, 술에 취한 상태의 측정에 불응한 사람 또는 법 제44조제5항에 따른 음주측정방해행위를 한 사람이 다시 술에 취한 상태(혈중알코올농도 0.03퍼센트 이상)에서 운전한 때

(3) 술에 취한 상태의 측정에 불응한 때

술에 취한 상태에서 운전하거나 술에 취한 상태에서 운전하였다고 인정할 만한 상당한 이유가 있음에도 불구하고 경찰공무원의 측정 요구에 불응한 때

(4) 음주측정방해행위를 한 경우

법 제44조제5항을 위반하여 술에 취한 상태에 있다고 인정할만한 상당한 이유가 있는 사람이 자동차등을 운전한 후 음주측정방해행위를 한 경우

(5) 운전면허증을 부정하게 사용할 목적으로 다른 사람에게 운전면허증을 대여한 경우

① 면허증 소지자가 부정하게 사용할 목적으로 다른 사람에게 면허증을 빌려준 경우

② 면허 취득자가 부정하게 사용할 목적으로 다른 사람의 면허증을 빌려서 사용한 경우

(5) 결격사유에 해당

① 교통상의 위험과 장해를 일으킬 수 있는 정신질환자 또는 뇌전증환자로서 영 제42조제1항에 해당하는 사람
② 앞을 보지 못하는 사람(한쪽 눈만 보지 못하는 사람의 경우에는 제1종 운전면허 중 대형면허·특수면허로 한정한다)
③ 듣지 못하는 사람(제1종 운전면허 중 대형면허·특수면허로 한정한다)
④ 양 팔의 팔꿈치 관절 이상을 잃은 사람, 또는 양팔을 전혀 쓸 수 없는 사람. 다만, 본인의 신체장애 정도에 적합하게 제작된 자동차를 이용하여 정상적으로 운전할 수 있는 경우는 제외한다.
⑤ 다리, 머리, 척추 그 밖의 신체장애로 인하여 앉아 있을 수 없는 사람
⑥ 교통상의 위험과 장해를 일으킬 수 있는 마약, 대마, 향정신성 의약품 또는 알코올 중독자로서 영 제42조제3항에 해당하는 사람

(6) 약물을 사용한 상태에서 자동차 등을 운전한 때

약물(마약·대마·향정신성 의약품 및 「화학물질관리법 시행령」 제11조에 따른 환각물질)의 투약·흡연·섭취·주사 등으로 정상적인 운전을 하지 못할 염려가 있는 상태에서 자동차등을 운전한 때

(7) 공동위험행위

법 제46조제1항을 위반하여 공동위험행위로 구속된 때

(8) 공동위험행위

법 제46조제1항을 위반하여 공동위험행위로 구속된 때

(9) 난폭운전

법 제46조의3을 위반하여 난폭운전으로 구속된 때

(10) 속도위반

법 제17조제3항을 위반하여 최고속도보다 100km/h를 초과한 속도로 3회 이상 운전한 때

(11) 정기적성검사 불합격 또는 정기적성검사 기간 1년경과

정기적성검사에 불합격하거나 적성검사기간 만료일 다음 날부터 적성검사를 받지 아니하고 1년을 초과한 때

(12) 수시적성검사 불합격 또는 수시적성검사 기간 경과

수시적성검사에 불합격하거나 수시적성검사 기간을 초과한 때

(13) 운전면허 행정처분기간중 운전행위

운전면허 행정처분 기간중에 운전한 때

(14) 허위 또는 부정한 수단으로 운전면허를 받은 경우

① 허위·부정한 수단으로 운전면허를 받은 때
② 법 제82조에 따른 결격사유에 해당하여 운전면허를 받을 자격이 없는 사람이 운전면허를 받은 때
③ 운전면허 효력의 정지기간중에 면허증 또는 운전면허증에 갈음하는 증명서를 교부받은 사실이 드러난 때

(15) 등록 또는 임시운행 허가를 받지 아니한 자동차를 운전한 때

「자동차관리법」에 따라 등록되지 아니하거나 임시운행 허가를 받지 아니한 자동차(이륜자동차를 제외한다)를 운전한 때

(16) 자동차등을 이용하여 형법상 특수상해 등을 행한 때(보복운전)

자동차등을 이용하여 형법상 특수상해, 특수폭행, 특수협박, 특수손괴를 행하여 구속된 때

(17) 다른 사람을 위하여 운전면허시험에 응시한 때

운전면허를 가진 사람이 다른 사람을 부정하게 합격시키기 위하여 운전면허 시험에 응시한 때

(18) 운전자가 단속 경찰공무원 등에 대한 폭행

단속하는 경찰공무원 등 및 시·군·구 공무원을 폭행하여 형사입건된 때

(19) 연습면허 취소사유가 있었던 경우

제1종 보통 및 제2종 보통면허를 받기 이전에 연습면허의 취소사유가 있었던 때(연습면허에 대한 취소절차 진행중 제1종 보통 및 제2종 보통면허를 받은 경우를 포함한다)

(20) 음주운전 방지장치 부착 조건부 운전면허를 받은 운전자등이 준수사항을 위반한 경우

(가) 법 제50조의3제1항을 위반하여 음주운전 방지장치가 설치된 자동차등을 시 · 도 경찰청에 등록하지 않고 운전한 경우
(나) 법 제50조의3제3항을 위반하여 음주운전 방지장치가 설치되지 않거나 설치기준에 부합하지 않은 음주운전 방지장치가 설치된 자동차등을 운전한 경우
(다) 법 제50조의3제4항을 위반하여 음주운전 방지장치가 해체 · 조작 또는 그 밖의 방법으로 효용이 떨어진 것을 알면서 해당 자동차등을 운전한 경우

나. 정지처분 개별기준

(1) 법규위반에 따른 벌점기준(「도로교통법 시행규칙」 별표 28 제3호가목)

벌점	위반사항	적용법조 (도로교통법)
100	1. 속도위반(100km/h 초과)	제17조제3항
	2. 술에 취한 상태의 기준을 넘어서 운전한 때(혈중알코올농도 0.03퍼센트 이상 0.08퍼센트 미만)	제44조제1항
	2의2. 자동차등을 이용하여 형법상 특수상해 등(보복운전)을 하여 입건된 때	제93조
80	3. 속도위반(80km/h 초과 100km/h 이하)	제17조제3항
60	3의2. 속도위반(60km/h 초과 80km/h 이하)	제17조제3항
40	4. 정차·주차위반에 대한 조치불응(단체에 소속되거나 다수인에 포함되어 경찰공무원의 3회이상의 이동명령에 따르지 아니하고 교통을 방해한 경우에 한한다)	제35조제1항
	4의2. 공동위험행위로 형사입건된 때	제46조제1항
	4의3. 난폭운전으로 형사입건된 때	제46조의3
	5. 안전운전의무위반(단체에 소속되거나 다수인에 포함되어 경찰공무원의 3회 이상의 안전운전 지시에 따르지 아니하고 타인에게 위험과 장해를 주는 속도나 방법으로 운전한 경우에 한한다)	제48조
	6. 승객의 차내 소란행위 방치운전	제49조제1항제9호
	7. 출석기간 또는 범칙금 납부기간 만료일부터 60일이 경과될 때까지 즉결심판을 받지 아니한 때	제138조 및 제165조
30	8. 통행구분 위반(중앙선 침범에 한함)	제13조제3항
	9. 속도위반(40km/h 초과 60km/h 이하)	제17조제3항
	10. 철길건널목 통과방법위반	제24조
	10의2. 회전교차로 통행방법 위반(통행 방향 위반에 한정한다)	제25조의2제1항
	10의3. 어린이통학버스 특별보호 위반	제51조
	10의4. 어린이통학버스 운전자의 의무위반(좌석안전띠를 매도록 하지 아니한 운전자는 제외한다)	제53조제1항·제2항 ·제4항·제5항 및 제53조의5
	11. 고속도로·자동차전용도로 갓길통행	제60조제1항
	12. 고속도로 버스전용차로·다인승전용차로 통행위반	제61조제2항
	13. 운전면허증 등의 제시의무위반 또는 운전자 신원확인을 위한 경찰공무원의 질문에 불응	제92조제2항

15	14. 신호·지시위반	제5조
	15. 속도위반(20㎞/h 초과 40㎞/h 이하)	제17조제3항
	15의2. 속도위반(어린이보호구역 안에서 오전 8시부터 오후 8시까지 사이에 제한 속도를 20km/h 이내에서 초과한 경우에 한정한다)	제17조제3항
	16. 앞지르기 금지시기·장소위반	제22조
	16의2. 적재 제한 위반 또는 적재물 추락 방지 위반	제39조제1항·제4항
	17. 운전 중 휴대용 전화 사용	제49조제1항제10호
	17의2. 운전 중 운전자가 볼 수 있는 위치에 영상 표시	제49조제1항제11호
	17의3. 운전 중 영상표시장치 조작	제49조제1항제11호의2
	18. 운행기록계 미설치 자동차 운전금지 등의 위반	제50조제5항
	19. 삭제 <2014.12.31.>	
10	20. 통행구분 위반(보도침범, 보도 횡단방법 위반)	제13조제1항·제2항
	21. 차로통행 준수의무 위반, 지정차로 통행위반(진로변경 금지장소에서의 진로변경 포함)	제14조제2항·제5항, 제60조제1항
	22. 일반도로 전용차로 통행위반	제15조제3항
	23. 안전거리 미확보(진로변경 방법위반 포함)	제19조제1항·제3항·제4항
	24. 앞지르기 방법위반	제21조제1항·제3항, 제60조제2항
	25. 보행자 보호 불이행(정지선위반 포함)	제27조
	26. 승객 또는 승하차자 추락방지조치위반	제39조제3항
	27. 안전운전 의무 위반	제48조
	28. 노상 시비·다툼 등으로 차마의 통행 방해행위	제49조제1항제5호
	29. 자율주행자동차 운전자의 준수사항 위반	제56조의2제1항
	30. 돌·유리병·쇳조각이나 그 밖에 도로에 있는 사람이나 차마를 손상시킬 우려가 있는 물건을 던지거나 발사하는 행위	제68조제3항제4호
	31. 도로를 통행하고 있는 차마에서 밖으로 물건을 던지는 행위	제68조제3항제5호

(주)

1. 삭제 <2011.12.9>
2. 범칙금 납부기간 만료일부터 60일이 경과될 때까지 즉결심판을 받지 아니하여 정지처분 대상자가 되었거나, 정지처분을 받고 정지처분 기간중에 있는 사람이 위반 당시 통고받은 범칙금액에 그 100분의 50을 더한 금액을 납부하고 증빙서류를 제출한 때에는 정지처분을 하지 아니하거나 그 잔여기간의 집행을 면제한다. 다만, 다른 위반행위로 인한 벌점이 합산되어 정지처분을 받은 경우 그 다른 위반행위로 인한 정지처분 기간에 대하여는 집행을 면제하지 아니한다.

3. 제7호, 제8호, 제10호, 제12호, 제14호, 제16호, 제20호부터 제27호까지 및 제30호부터 제31호까지의 위반행위에 대한 벌점은 자동차등을 운전한 경우에 한하여 부과한다.
4. 위 표에도 불구하고 어린이보호구역 및 노인 · 장애인보호구역 안에서 오전 8시부터 오후 8시까지 사이에 다음 각 목에 따른 위반행위를 한 운전자에게는 해당 목에서 정하는 벌점을 부과한다.
   가. 제1호 및 제3호 중 어느 하나에 해당하는 위반행위: 120점
   나. 제3호의2, 제9호, 제14호, 제15호 또는 제25호(법 제27조제7항은 제외한다) 중 어느 하나에 해당하는 위반행위: 해당 호에 따른 위반행위에 부과하는 벌점의 2배
5. 제25호에도 불구하고 법 제27조제6항제3호에 따른 도로 외의 곳에서 보행자 보호 의무를 불이행한 경우에는 벌점을 부과하지 않는다.

(2) 자동차등의 운전 중 교통사고를 일으킨 때

① 사고결과에 따른 벌점기준 (「도로교통법 시행규칙」 별표 28 제3호 나목(1))

구분		벌점	내용
인적 피해 교통 사고	사망 1명마다	90	사고발생 시부터 72시간 이내에 사망한 때
	중상 1명마다	15	3주 이상의 치료를 요하는 의사의 진단이 있는 사고
	경상 1명마다	5	3주 미만 5일 이상의 치료를 요하는 의사의 진단이 있는 사고
	부상신고 1명마다	2	5일 미만의 치료를 요하는 의사의 진단이 있는 사고

(비고)
1. 교통사고 발생 원인이 불가항력이거나 피해자의 명백한 과실인 때에는 행정처분을 하지 아니한다.
2. 자동차등 대 사람 교통사고의 경우 쌍방과실인 때에는 그 벌점을 2분의 1로 감경한다.
3. 자동차등 대 자동차등 교통사고의 경우에는 그 사고원인 중 중한 위반행위를 한 운전자만 적용한다.
4. 교통사고로 인한 벌점산정에 있어서 처분 받을 운전자 본인의 피해에 대하여는 벌점을 산정하지 아니한다.

② 조치등 불이행에 따른 벌점기준 (「도로교통법 시행규칙」 별표 28 제3호나목(2))

불이행사항	적용법조 (도로교통법)	벌점	내용
교통사고 야기 시 조치 불이행	제54조제1항	15	1. 물적 피해가 발생한 교통사고를 일으킨 후 도주한 때
			2. 교통사고를 일으킨 즉시(그때, 그 자리에서 곧)사상자를 구호하는 등의 조치를 하지 아니하였으나 그 후 자진신고를 한 때
		30	가. 고속도로, 특별시·광역시 및 시의 관할구역과 군(광역시의 군을 제외한다)의 관할구역 중 경찰관서가 위치하는 리 또는 동 지역에서 3시간(그 밖의 지역에서는 12시간) 이내에 자진신고를 한 때
		60	나. 가목에 따른 시간 후 48시간 이내에 자진신고를 한 때

③ 운전할 수 있는 차의 종류(제53조 관련)

<table>
<tr><th colspan="3">운전면허</th><th rowspan="2">운전할 수 있는 차량</th></tr>
<tr><th>종별</th><th colspan="2">구분</th></tr>
<tr><td rowspan="3">제1종</td><td colspan="2">대형면허</td><td>1. 승용자동차
2. 승합자동차
3. 화물자동차
4. 삭제<2018. 4. 25.>
5. 건설기계
가. 덤프트럭, 아스팔트살포기, 노상안전기
나. 콘크리트믹서트럭, 콘크리트펌프, 천공기(트럭 적재식)
다. 콘크리트믹서트레일러, 아스팔트콘크리트재생기
라. 도로보수트럭, 3톤 미만의 지게차, 트럭지게차
6. 특수자동차[대형견인차, 소형견인차 및 구난차(이하 "구난차등"이라 한다)는 제외한다]
7. 원동기장치자전거</td></tr>
<tr><td colspan="2">보통면허</td><td>1. 승용자동차
2. 승차정원 15명 이하의 승합자동차
3. 삭제<2018. 4. 25.>
4. 적재중량 12톤 미만의 화물자동차
5. 건설기계(도로를 운행하는 3톤 미만의 지게차로 한정한다)
6. 총중량 10톤 미만의 특수자동차(구난차등은 제외한다)
7. 원동기장치자전거</td></tr>
<tr><td colspan="2">소형면허</td><td>1. 3륜화물자동차
2. 3륜승용차자동차
3. 원동기장치자전거</td></tr>
<tr><td rowspan="3">제1종</td><td rowspan="3">특수면허</td><td>대형견인차</td><td>1. 견인형 특수자동차
2. 제2종 보통면허로 운전할 수 있는 차량</td></tr>
<tr><td>소형견인차</td><td>1. 총중량 3.5톤 이하의 견인형 특수자동차
2. 제2종 보통면허로 운전할 수 있는 차량</td></tr>
<tr><td>구난차</td><td>1. 구난형 특수자동차
2. 제2종 보통 면허로 운전할 수 있는 차량</td></tr>
<tr><td rowspan="3">제2종</td><td colspan="2">보통면허</td><td>1. 승용자동차
2. 승차정원 10명 이하의 승합자동차
3. 적재중량 4톤 이하의 화물자동차
4. 총중량 3.5톤 이하의 특수자동차(구난차등은 제외한다)
5. 원동기장치자전거</td></tr>
<tr><td colspan="2">소형면허</td><td>1. 이륜자동차(운반차를 포함한다)
2. 원동기장치자전거</td></tr>
<tr><td colspan="2">원동기장치자전거면허</td><td>원동기장치자전거</td></tr>
<tr><td rowspan="2">연습면허</td><td colspan="2">제1종 보통</td><td>1. 승용자동차
2. 승차정원 15명 이하의 승합자동차
3. 적재중량 12톤 미만의 화물자동차</td></tr>
<tr><td colspan="2">제2종 보통</td><td>1. 승용자동차
2. 승차정원 10명 이하의 승합자동차
3. 적재중량 4톤 이하의 화물자동차</td></tr>
</table>

비고

1. 「자동차관리법」 제30조에 따라 자동차의 형식이 변경승인되거나 같은 법 제34조에 따라 자동차의 구조 또는 장치가 변경승인된 경우에는 다음의 구분에 따른 기준에 따라 이 표를 적용한다.
   가. 자동차의 형식이 변경된 경우: 다음의 구분에 따른 정원 또는 중량 기준
      1) 차종이 변경되거나 승차정원 또는 적재중량이 증가한 경우: 변경승인 후의 차종이나 승차정원 또는 적재중량
      2) 차종의 변경 없이 승차정원 또는 적재중량이 감소된 경우: 변경승인 전의 승차정원 또는 적재중량
   나. 자동차의 구조 또는 장치가 변경된 경우 : 변경승인 전의 승차정원 또는 적재중량
2. 별표 9 (주) 제6호 각 목에 따른 위험물 등을 운반하는 적재중량 3톤 이하 또는 적재용량 3천리터 이하의 화물자동차는 제1종 보통면허가 있어야 운전을 할 수 있고, 적재중량 3톤 초과 또는 적재용량 3천리터 초과의 화물자동차는 제1종 대형면허가 있어야 운전할 수 있다.
3. 피견인자동차는 제1종 대형면허, 제1종 보통면허 또는 제2종 보통면허를 가지고 있는 사람이 그 면허로 운전할 수 있는 자동차(「자동차관리법」 제3조에 따른 이륜자동차는 제외한다)로 견인할 수 있다. 이 경우, 총중량 750킬로그램을 초과하는 3톤 이하의 피견인자동차를 견인하기 위해서는 견인하는 자동차를 운전할 수 있는 면허와 소형견인차면허 또는 대형견인차면허를 가지고 있어야 하고, 3톤을 초과하는 피견인자동차를 견인하기 위해서는 견인하는 자동차를 운전할 수 있는 면허와 대형견인차면허를 가지고 있어야 한다.

(3) 자동차등 이용 범죄 및 자동차등 강도·절도 시의 운전면허 행정처분 기준

① 취소처분 기준 {(별표 28) 제2호, 제4호}

일련번호	위반사항	적용법조(도로교통법)	내용
1	자동차등을 범죄의 도구나 장소로 이용하여 다음의 어느 하나의 죄를 범한 경우 ○「국가보안법」 중 제4조부터 제9조까지의 죄 및 같은 법 제12조 중 증거를 날조 · 인멸 · 은닉한 죄 ○「형법」 중 다음 어느 하나의 범죄 ·살인, 사체유기 또는 방화 ·강도, 강간 또는 강제추행 ·약취 · 유인 또는 감금 ·상습절도(절취한 물건을 운반한 경우에 한정한다) ·교통방해(단체 또는 다중의 위력으로써 위반한 경우에 한정한다) ○「보험사기방지 특별법」 제9조 및 제10조(제9조의 미수범만 해당한다)의 죄	제93조제1항 제11호	○ 자동차등을 법정형 상한이 유기징역 10년을 초과하는 범죄의 도구나 장소로 이용한 경우 ○ 자동차등을 범죄의 도구나 장소로 이용하여 운전면허 취소·정지 처분을 받은 사실이 있는 사람이 다시 자동차등을 범죄의 도구나 장소로 이용한 경우. 다만, 일반교통방해죄의 경우는 제외한다.
2	다른 사람의 자동차등을 훔치거나 빼앗은 경우	제93조제1항 제12호	○ 다른 사람의 자동차등을 빼앗아 이를 운전한 경우 ○ 다른 사람의 자동차등을 훔치거나 빼앗아 이를 운전하여 운전면허 취소·정지 처분을 받은 사실이 있는 사람이 다시 자동차등을 훔치고 이를 운전한 경우

② 정지처분 기준

일련번호	위반사항	적용법조 (도로교통법)	내용	벌점
1	자동차등을 범죄의 도구나 장소로 이용하여 다음의 어느 하나의 죄를 범한 경우 ○ 「국가보안법」 중 제5조, 제6조, 제8조, 제9조 및 같은 법 제12조 중 증거를 날조·인멸·은닉한 죄 ○ 「형법」 중 다음 어느 하나의 범죄 ·살인, 사체유기 또는 방화 ·강간·강제추행 ·약취·유인 또는 감금 ·상습절도(절취한 물건을 운반한 경우에 한정한다) ·교통방해(단체 또는 다중의 위력으로써 위반한 경우에 한정한다) ○ 「보험사기방지 특별법」 제8조 및 제10조(제8조의 미수범만 해당한다)의 죄	제93조제1항 제11호	○자동차등을 법정형 상한이 유기징역 10년 이하인 범죄의 도구나 장소로 이용한 경우	100
2	다른 사람의 자동차등을 훔친 경우	제93조제1항 제12호	○다른 사람의 자동차등을 훔치고 이를 운전한 경우	100

(비고)
가. 행정처분의 대상이 되는 범죄행위가 2개 이상의 죄에 해당하는 경우, 실체적 경합관계에 있으면 각각의 범죄행위의 법정형 상한을 기준으로 행정처분을 하고, 상상적 경합관계에 있으면 가장 중한 죄에서 정한 법정형 상한을 기준으로 행정처분을 한다.
나. 범죄행위가 예비·음모에 그치거나 과실로 인한 경우에는 행정처분을 하지 아니한다.
다. 범죄행위가 미수에 그친 경우 위반행위에 대한 처분기준이 운전면허의 취소처분에 해당하면 해당 위반행위에 대한 처분벌점을 110점으로 하고, 운전면허의 정지처분에 해당하면 처분 집행일수의 2분의 1로 감경한다.

(4) 다른 법률에 따라 관계 행정기관의 장이 행정처분 요청 시의 운전면허 행정처분 기준

일련번호	적용법조 (도로교통법)	내용	정지기간
1	제93조제1항 제18호	○ 「양육비 이행확보 및 지원에 관한 법률」 제21조의3에 따라 여성가족부장관이 운전면허 정지처분을 요청하는 경우	100일

(비고)
1. 「양육비 이행확보 및 지원에 관한 법률」 제21조의3제3항에 따라 해당 양육비 채무자가 양육비 전부를 이행한 때에는 위 표에 따른 운전면허의 정지처분을 철회한다.
2. 위 표에 따른 운전면허의 정지처분에 대해서는 특별교통안전교육에 따른 정지처분집행일수의 감경은 적용하지 않는다.

다. 처분의 당사자에게 처분 내용 (법 제93조 제4항)

(1) 시 · 도경찰청장은 제1항 또는 제2항에 따라 운전면허의 취소처분 또는 정지처분을 하려고 하거나 제3항에 따라 연습운전면허 취소처분을 하려면 그 처분을 하기 전에

미리 행정안전부령으로 정하는 바에 따라 처분의 당사자에게 처분 내용과 의견제출 기한 등을 통지하여야 하며, 그 처분을 하는 때에는 행정안전부령으로 정하는 바에 따라 처분의 이유와 행정심판을 제기할 수 있는 기간 등을 통지하여야 한다. 다만, 제87조제2항 또는 제88조제1항에 따른 적성검사를 받지 아니하였다는 이유로 운전면허를 취소하려면 행정안전부령으로 정하는 바에 따라 처분의 당사자에게 적성검사를 할 수 있는 날의 만료일 전까지 적성검사를 받지 아니하면 운전면허가 취소된다는 사실의 조건부 통지를 함으로써 처분의 사전 및 사후 통지를 갈음할 수 있다.[5)]

(2) 위법한 공고가 행해진 경우의 처분의 효력

(가) 행정소송법과 행정심판법이 무효확인소송 및 무효확인심판과 함께 부존재확인소송 및 부존재확인 심판을 인정하고 있다(행정소송법 제35조, 행정심판법 제5조).

라. 운전면허의 결격사유 (제82조)

(1) 다음 각 호의 어느 하나에 해당하는 사람은 운전면허를 받을 수 없다.

(가) 18세 미만(원동기장치자전거의 경우에는 16세 미만)인 사람

(나) 교통상의 위험과 장해를 일으킬 수 있는 정신질환자 또는 뇌전증 환자로서 대통령령으로 정하는 사람

(다) 듣지 못하는 사람(제1종 운전면허 중 대형면허 · 특수면허만 해당한다), 앞을 보지 못하는 사람(한쪽 눈만 보지 못하는 사람의 경우에는 제1종 운전면허 중 대형면허 · 특수면허만 해당한다)이나 그 밖에 대통령령으로 정하는 신체장애인

(라) 양쪽 팔의 팔꿈치관절 이상을 잃은 사람이나 양쪽 팔을 전혀 쓸 수 없는 사람. 다만, 본인의 신체장애 정도에 적합하게 제작된 자동차를 이용하여 정상적인 운전을 할 수 있는 경우에는 그러하지 아니하다.

(마) 교통상의 위험과 장해를 일으킬 수 있는 마약 · 대마 · 향정신성의약품 또는 알코올 중독자로서 대통령령으로 정하는 사람

(바) 제1종 대형면허 또는 제1종 특수면허를 받으려는 경우로서 19세 미만이거나 자동차(이륜자동차는 제외한다)의 운전경험이 1년 미만인 사람

(사) 대한민국의 국적을 가지지 아니한 사람 중 「출입국관리법」 제31조에 따라 외국인등록을 하지 아니한 사람(외국인등록이 면제된 사람은 제외한다)이나 「재외동포의 출입국과 법적 지위에 관한 법률」 제6조제1항에 따라 국내거소신고를 하지 아니한 사람

(2) 다음 각 호의 어느 하나의 경우에 해당하는 사람은 해당 각 호에 규정된 기간이 지나지 아니하면 운전면허를 받을 수 없다. 다만, 다음 각 호의 사유로 인하여 벌금 미만의 형

5) 도로교통법 제87조, 제93조 제1항 제8호·제4항, 같은 법 시행규칙 제84조 제4항

이 확정되거나 선고유예의 판결이 확정된 경우 또는 기소유예나 「소년법」 제32조에 따른 보호처분의 결정이 있는 경우에는 각 호에 규정된 기간 내라도 운전면허를 받을 수 있다

(가) 제43조 또는 제96조제3항을 위반하여 자동차등을 운전한 경우에는 그 위반한 날(운전면허효력 정지기간에 운전하여 취소된 경우에는 그 취소된 날을 말하며, 이하 이 조에서 같다)부터 1년(원동기장치자전거면허를 받으려는 경우에는 6개월로 하되, 제46조를 위반한 경우에는 그 위반한 날부터 1년). 다만, 사람을 사상한 후 제54조제1항에 따른 필요한 조치 및 제2항에 따른 신고를 하지 아니한 경우에는 그 위반한 날부터 5년으로 한다.

(나) 제43조 또는 제96조제3항을 3회 이상 위반하여 자동차등을 운전한 경우에는 그 위반한 날부터 2년

(다) 다음 각 목의 경우에는 운전면허가 취소된 날(제43조 또는 제96조제3항을 함께 위반한 경우에는 그 위반한 날을 말한다)부터 5년

① 제44조제1항·제2항, 제45조제1항·제2항 또는 제46조를 위반(제43조 또는 제96조제3항을 함께 위반한 경우도 포함한다)하여 운전을 하다가 사람을 사상한 후 제54조제1항 및 제2항에 따른 필요한 조치 및 신고를 하지 아니한 경우

② 제44조제1항·제2항, 제45조제1항(약물의 영향으로 인하여 정상적으로 운전하지 못할 우려가 있는 상태에서 운전한 경우에 한정한다) 또는 제2항을 위반(제43조 또는 제96조제3항을 함께 위반한 경우도 포함한다)하여 운전을 하다가 사람을 사망에 이르게 한 경우

③ 제44조제5항과 관련하여 술에 취한 상태에 있다고 인정할 만한 상당한 이유가 있는 사람이 자동차등을 운전하다가 사람을 사상한 후 제54조제1항 및 제2항에 따른 필요한 조치 및 신고를 하지 아니하고 음주측정방해행위를 한 경우(제43조 또는 제96조제3항을 함께 위반한 경우도 포함한다)

④ 제44조제5항과 관련하여 술에 취한 상태에 있다고 인정할 만한 상당한 이유가 있는 사람이 자동차등을 운전하다가 사람을 사망에 이르게 하고 음주측정방해행위를 한 경우(제43조 또는 제96조제3항을 함께 위반한 경우도 포함한다)

(라) 제43조부터 제46조까지의 규정에 따른 사유가 아닌 다른 사유로 사람을 사상한 후 제54조제1항 및 제2항에 따른 필요한 조치 및 신고를 하지 아니한 경우에는 운전면허가 취소된 날부터 4년

(마) 제6호나목·다목 또는 마목을 2회 이상 위반(제43조 또는 제96조제3항을 함께 위반한 경우도 포함한다)한 경우에는 운전면허가 취소된 날(제43조 또는 제96조제3항을 함께 위반한 경우에는 그 위반한 날을 말한다)부터 3년, 자동차등을 이용하여 범죄행위를 하거나 다른 사람의 자동차등을 훔치거나 빼앗은 사람이 제

43조를 위반하여 그 자동차등을 운전한 경우에는 그 위반한 날부터 3년

(바) 다음 각 목의 경우에는 운전면허가 취소된 날(제43조 또는 제96조제3항을 함께 위반한 경우에는 그 위반한 날을 말한다)부터 2년

① 제44조제1항, 제2항 또는 제5항을 2회 이상 위반(제43조 또는 제96조제3항을 함께 위반한 경우도 포함한다)한 경우

② 제44조제1항 또는 제2항을 위반(제43조 또는 제96조제3항을 함께 위반한 경우도 포함한다)하여 운전을 하다가 교통사고를 일으킨 경우

③ 제44조제5항과 관련하여 술에 취한 상태에 있다고 인정할 만한 상당한 이유가 있는 사람이 자동차등을 운전하여 교통사고를 일으키고 음주측정방해행위를 한 경우(제43조 또는 제96조제3항을 함께 위반한 경우도 포함한다)

④ 제45조제1항(약물의 영향으로 인하여 정상적으로 운전하지 못할 우려가 있는 상태에서 운전한 경우에 한정한다) 또는 제2항을 2회 이상 위반(제43조 또는 제96조제3항을 함께 위반한 경우도 포함한다)한 경우

⑤ 제45조제1항(약물의 영향으로 인하여 정상적으로 운전하지 못할 우려가 있는 상태에서 운전한 경우에 한정한다) 또는 같은 조 제2항을 위반(제43조 또는 제96조제3항을 함께 위반한 경우도 포함한다)하여 운전을 하다가 교통사고를 일으킨 경우

⑥ 제46조를 2회 이상 위반(제43조 또는 제96조제3항을 함께 위반한 경우도 포함한다)한 경우

⑦ 제93조제1항제8호 · 제12호 또는 제13호의 사유로 운전면허가 취소된 경우

(사) (가)부터 (바)까지의 규정에 따른 경우가 아닌 다른 사유로 운전면허가 취소된 경우에는 운전면허가 취소된 날부터 1년(원동기장치자전거면허를 받으려는 경우에는 6개월로 하되, 제46조를 위반하여 운전면허가 취소된 경우에는 1년). 다만, 제93조제1항제9호의 사유로 운전면허가 취소된 경우에는 그러하지 아니하다.

(아) 운전면허효력 정지처분을 받고 있는 경우에는 그 정지기간

(자) 제96조에 따른 국제운전면허증 또는 상호인정외국면허증으로 운전하는 운전자가 운전금지 처분을 받은 경우에는 그 금지기간

(차) 제80조의2제2항에 따라 음주운전 방지장치를 부착하는 기간(조건부 운전면허의 경우는 제외한다)

(3) 제93조에 따라 운전면허 취소처분을 받은 사람은 제2항에 따른 운전면허 결격기간이 끝났다 하여도 그 취소처분을 받은 이후에 제73조제2항에 따른 특별교통안전 의무교육을 받지 아니하면 운전면허를 받을 수 없다.

마. 취소 · 정지의 사유가 다른 운전면허와 공통된 것인 경우

(1) 위반행위시 운전한 차량을 운전할 수 있는 다른 면허의 경우

(가) 자동차운전면허취소처분취소 (대법원 1992.9.22. 선고 91누8289 판결)

한 사람이 여러 종류의 자동차운전면허를 취득하는 경우뿐 아니라 이를 취소 또는 정지함에 있어서도 서로 별개의 것으로 취급하는 것이 원칙이라 할 것이고 그 취소나 정지의 사유가 특정의 면허에 관한 것이 아니고 다른 면허와 공통된 것이거나 운전면허를 받은 사람에 관한 경우에는 여러 운전면허 전부를 취소 또는 정지할 수도 있다고 보는 것이 상당할 것이지만, 이륜자동차로서 제2종 소형면허를 가진 사람만이 운전할 수 있는 오토바이는 제1종 대형면허나 보통면허를 가지고서도 이를 운전할 수 없는 것이어서 이와 같은 이륜자동차의 운전은 제1종 대형면허나 보통면허와는 아무런 관련이 없는 것이므로 이륜자동차를 음주운전한 사유만 가지고서는 제1종 대형면허나 보통면허의 취소나 정지를 할 수 없다.

(나) 자동차운전면허취소처분취소 (대법원 1995.11.16. 선고 95누8850 전원합의체 판결)

① 한 사람이 여러 종류의 자동차 운전면허를 취득하는 경우뿐 아니라 이를 취소 또는 정지함에 있어서도 서로 별개의 것으로 취급하는 것이 원칙이고, 한 사람이 여러 종류의 자동차 운전면허를 취득하는 경우 1개의 운전면허증을 발급하고 그 운전면허증의 면허번호는 최초로 부여한 면허번호로 하여 이를 통합관리하고 있다고 하더라도, 이는 자동차 운전면허증 및 그 면허번호 관리상의 편의를 위한 것에 불과할 뿐 그렇다고 하여 여러 종류의 면허를 서로 별개의 것으로 취급할 수 없다거나 각 면허의 개별적인 취소 또는 정지를 분리하여 집행할 수 없는 것은 아니다.

② 외형상 하나의 행정처분이라 하더라도 가분성이 있거나 그 처분대상의 일부가 특정될 수 있다면 그 일부만의 취소도 가능하고 그 일부의 취소는 당해 취소부분에 관하여 효력이 생긴다고 할 것인바, 이는 한 사람이 여러 종류의 자동차 운전면허를 취득한 경우 그 각 운전면허를 취소하거나 그 운전면허의 효력을 정지함에 있어서도 마찬가지이다.

③ 제1종 보통, 대형 및 특수 면허를 가지고 있는 자가 레이카크레인을 음주운전한 행위는 제1종 특수면허의 취소사유에 해당될 뿐 제1종 보통 및 대형 면허의 취소사유는 아니므로, 3종의 면허를 모두 취소한 처분 중 제1종 보통 및 대형 면허에 대한 부분은 이를 이유로 취소하면 될 것이나, 제1종 특수면허에 대한 부분은 원고가 재량권의 일탈·남용하여 위법하다는 주장을 하고 있음에도, 원심이 그 점에 대하여 심리·판단하지 아니한 채 처분 전체를 취소한 조치는 위법하다고 하여 원심판결 중 제1종 특수면허에 대한 부분을 파기환송

한 사례.

(2) **취소되는 면허(大)의 부분집합이 되는 다른 면허(小)의 경우**

(가) 자동차운전면허취소처분취소 (대법원 1994.11.25. 선고 94누9672 판결)[6]

① 누이의 시어머니 문상을 갔다가 소주를 마시고 혈중알콜농도 0.22%의 주취상태에서 처 소유의 승용차를 운전하여 귀가하다가 음주사실을 확인한 경찰관의 지시에 불응하고 음주측정을 피하기 위해 도주하다가 붙잡힌 운전자에 대한 자동차운전면허취소처분이 재량권의 한계를 일탈한 것이 아니라고 본 사례.

② 한 사람이 여러 종류의 자동차운전면허를 취득하는 경우뿐 아니라 이를 취소 또는 정지하는 경우에 있어서도 서로 별개의 것으로 취급하는 것이 원칙이기는 하나, 자동차운전면허는 그 성질이 대인적 면허일뿐만 아니라 도로교통법 시행규칙 제26조 별표 14에 의하면, 제1종 대형면허 소지자는 제1종 보통면허로 운전할 수 있는 자동차와 원동기장치자전거를, 제1종 보통면허 소지자는 원동기장치자전거까지 운전할 수 있도록 규정하고 있어서 제1종 보통면허로 운전할 수 있는 차량의 음주운전은 당해 운전면허뿐만 아니라 제1종 대형면허로도 가능하고, 또한 제1종 대형면허나 제1종 보통면허의 취소에는 당연히 원동기장치자전거의 운전까지 금지하는 취지가 포함된 것이어서 이들 세 종류의 운전면허는 서로 관련된 것이라고 할 것이므로 제1종 보통면허로 운전할 수 있는 차량을 음주운전한 경우에 이와 관련된 면허인 제1종 대형면허와 원동기장치자전거면허까지 취소할 수 있는 것으로 보아야 한다.

(나) 자동차운전면허취소처분취소 (대법원 1997. 2. 28. 선고 96누17578 판결)

한 사람이 여러 종류의 자동차운전면허를 취득하는 경우뿐 아니라 이를 취소 또는 정지하는 경우에 있어서도 서로 별개의 것으로 취급하는 것이 원칙이고, 제1종 대형면허를 가진 사람만이 운전할 수 있는 대형승합자동차는 제1종 보통면허를 가지고 운전할 수 없는 것이기는 하지만, 자동차운전면허는 그 성질이 대인적 면허일 뿐만 아니라 도로교통법시행규칙 제26조 [별표 14]에 의하면, 제1종 대형면허 소지자는 제1종 보통면허 소지자가 운전할 수 있는 차량을 모두 운전할 수 있는 것으로 규정하고 있어, 제1종 대형면허의 취소에는 당연히 제1종 보통면허 소지자가 운전할 수 있는 차량의 운전까지 금지하는 취지가 포함된 것이어서 이들 차량의 운전면허는 서로 관련된 것이라고 할 것이므로, 제1종 대형면허로 운전할 수 있는 차량을 음주운전하거나 그 제재를 위한 음주측정의 요구를 거부한

6) 대법원 1996. 11. 8. 선고 96누9959 판결도 같은 취지에서 제1종 보통면허로 운전할 수 있는 승용차를 음주운전한 경우 이와 관련된 원동기장치자전거 면허까지 취소할 수 있다고 판시하였다.

경우에는 그와 관련된 제1종 보통면허까지 취소할 수 있다.

(다) 자동차운전면허취소처분취소 (대법원 1998. 3. 24. 선고 98두1031 판결)[7]

① 한 사람이 여러 자동차운전면허를 취득한 경우 이를 취소함에 있어서 서로 별개로 취급하는 것이 원칙이나, 취소사유가 특정의 면허에 관한 것이 아니고 다른 면허와 공통된 것이거나 운전면허를 받은 사람에 관한 것일 경우에는 여러 면허를 전부 취소할 수도 있다.

② 도로교통법 제68조 제6항의 위임에 따라 운전면허를 받은 사람이 운전할 수 있는 자동차 등의 종류를 규정하고 있는 도로교통법시행규칙 제26조 [별표 14]에 의하면 제1종보통, 제1종대형, 제1종특수자동차운전면허소유자가 운전한 12인승 승합자동차는 제1종보통 및 제1종대형자동차운전면허로는 운전이 가능하나 제1종특수자동차운전면허로는 운전할 수 없으므로, 위 운전자는 자신이 소지하고 있는 자동차운전면허 중 제1종보통 및 제1종대형자동차운전면허만으로 운전한 것이 되어, 제1종특수자동차운전면허는 위 승합자동차의 운전과는 아무런 관련이 없고, 또한 위 [별표 14]에 의하면 추레라와 레이카는 제1종특수자동차운전면허를 받은 자만이 운전할 수 있어 제1종보통이나 제1종대형자동차운전면허의 취소에 제1종특수자동차운전면허로 운전할 수 있는 자동차의 운전까지 금지하는 취지가 당연히 포함되어 있는 것은 아니다.

바. 취소 · 정지의 사유가 운전면허를 받은 사람에 관한 것인 경우

취소나 정지의 사유가 운전면허를 받은 사람에 관한 것에 해당한다고 판단한 사안은 찾아볼 수 없다. 대법원은 음주운전,[8] 음주측정불응,[9] 과실치상 후 도주,[10] 벌점 초과,[11] 차량 절취[12]는 모두 사람에 관한 것이 아니라 특정의 면허에 관한 것이라고 전제한 다음, 복수면허에 관한 일반원칙에 따라 그 취소의 범위를 결정하고 있다.

4. 제소기간과 관련한 문제

가. 필요적 전치주의

7) 대법원 1998. 5. 15. 선고 98두3853 판결도 같은 취지로 판시하고 있다(원고가 운전한 승합자동차가 승차정원 9인 이하의 승합자동차라면 제1종 대형 및 보통 자동차운전면허는 물론 제1종 특수 자동차운전면허로도 이를 운전할 수 있으므로 피고가 원고의 제1종 대형 및 보통 자동차운전면허는 물론 제1종 특수 자동차운전면허까지도 취소할 수 있다고 할 것이나, 반면, 원고가 운전한 승합자동차가 승차정원 10인 이상 16인 이하의 승합자동차라면 제1종 대형 및

8) 대법원 1997. 11. 28. 선고 97누10659 판결

9) 대법원 1997. 2. 28. 선고 96누17578 판결

10) 대법원 1997. 5. 16. 선고 97누1310 판결

11) 대법원 2004. 12. 23. 선고 2003두3017 판결

12) 대법원 2012. 5. 24. 선고 2012두1891 판결

(1) 도로교통법 제142조는 이 법에 의한 처분으로서 당해 처분에 대한 행정소송은 행정심판의 재결을 거치지 아니하면 이를 제기할 수 없다고 규정하여 필요적 전치주의를 취하고 있다.

나. 행정심판 청구기간

(1) 주관적 청구기간

행정심판청구 중 취소심판은 처분이 있음을 안 날로부터 90일 이내에 제기하여야 하는데, 청구인이 천재·지변·전쟁·사변 그밖에 불가항력으로 인하여 위 기간 내에 심판청구를 할 수 없었을 때에는 그 사유가 소멸한 날로부터 14일 이내에 심판청구를 제기할 수 있다.[13]

(2) 객관적 청구기간

심판청구는 처분이 있은 날로부터 180일을 경과하면 제기하지 못하고, 다만, 정당한 사유가 있는 경우에는 그러하지 아니하다(행정심판법 제27조 제3항③심판청구는 처분이 있은 날로부터 180일을 경과하면 제기하지 못한다. 다만, 정당한 사유가 있는 경우에는 그러하지 아니하다.) 운전면허취소 내지 정지처분이 적법하게 공고되고, 그로부터 10일이 경과한 날이 처분이 있은 날이 되는 것이다.

5. 조정권고의 활용

시행규칙 [별표 28]은 ① 음주운전으로 운전면허 취소처분 또는 정지처분을 받은 때, ② 벌점·누산점수 초과로 운전면허 취소처분을 받은 때에는 일정한 적극, 소극의 요건을 갖춘 경우[14][15]

6. 형사재판과의 관계

운전면허취소·정지 사유가 음주운전이나 무면허운전인 경우와 같이 형사처벌의 대상도 되어 행정처분과 별도로 형사절차가 진행되는 경우가 있다. 시행규칙 [별표 28] 1. 마.

13) 행정심판법 제27조, 대법원 선고 90누2284 판결, 선고 88누940 판결

14) 음주운전의 경우 처분기준 감경 제외사유는 시행규칙 [별표 28] 1. 바. (1) (가)에서 정하고 있는데, ① 혈중알코올농도가 0.12%를 초과하여 운전한 경우, ② 음주운전 중 인적피해 교통사고를 일으킨 경우, ③ 경찰관의 음주측정요구에 불응하거나 도주한 때 또는 단속경찰곤을 폭행한 경우(이 경우는 필요적 취소사유이다), ④ 과거 5년 이내에 3회 이상의 인적피해 교통사고의 전력이 있는 경우 및 ⑤ 과거 5년 이내에 음주운전의 전력이 있는 경우가 그것이다.

15) 벌점·누산점수 초과의 경우 처분기준 감경 제외사유는 시행규칙 [별표 28] 1. 바. (1) (나)에서 정하고 있는데, ① 과거 5년 이내에 운전면허 취소처분을 받은 전력이 있는 경우, ② 과거 5년 이내에 3회 이상 인적피해 교통사고를 일으킨 경우, ③ 과거 5년 이내에 3회 이상 운전면허 정지처분을 받은 전력이 있는 경우 및 ④ 과거 5년 이내에 운전면허행정처분 이의심의위원회의 심의를 거치거나 행정심판 또는 행정소송을 통하여 행정처분이 감경된 경우가 그것이다.

에 따르면 형사재판에서 무죄판결이 확정되는 경우 운전면허 행정처분을 취소하게 되어 있다.

7. 운전면허 처분에 대한 이의신청 (도로교통법 제94조)

가. 제93조제1항 또는 제2항에 따른 운전면허의 취소처분 또는 정지처분이나 같은 조 제3항에 따른 연습운전면허 취소처분에 대하여 이의(異議)가 있는 사람은 그 처분을 받은 날부터 60일 이내에 행정안전부령으로 정하는 바에 따라 시·도경찰청장에게 이의를 신청할 수 있다

나. 시·도경찰청장은 제1항에 따른 이의를 심의하기 위하여 행정안전부령으로 정하는 바에 따라 운전면허행정처분 이의심의위원회(이하 "이의심의위원회"라 한다)를 두어야 한다

다. 제1항에 따라 이의를 신청한 사람은 그 이의신청과 관계없이 「행정심판법」에 따른 행정심판을 청구할 수 있다. 이 경우 이의를 신청하여 그 결과를 통보받은 사람(결과를 통보받기 전에 「행정심판법」에 따른 행정심판을 청구한 사람은 제외한다)은 통보받은 날부터 90일 이내에 「행정심판법」에 따른 행정심판을 청구할 수 있다.

라. 이의심의위원회의 위원 중 공무원이 아닌 사람은 「형법」 제129조부터 제132조까지의 규정을 적용할 때에는 공무원으로 본다.

8. 교통법칙 통고처분

가. 범칙행위자에 대한 통고처분제도

(1) 의의

범칙금 통고처분제도란 경미한 교통법규 위반자에 대하여 경찰관이 직접 위반장소에서 위반자에게 범칙금을 납부할 것을 통고하여 범칙금을 나부하도록 하고 운전을 계속하게 하는 제도를 말한다.

본 제도는 경미한 위반자에 대하여 일일이 즉심에 회부하는 번잡성을 피하고 신속간편하게 처리함으로써 즉결심판을 받은 것과 도일한 효과를 부여하여 사무처리의 능률을 기할 뿐만 아니라 운전자에게도 법원에 출두하여 재판을 받는 부담을 없애고 신속·원활을 생명으로 하는 현대의 교통행정에 이바지하는 제도인 것이다.

(2) 범칙행위

「범칙행위」라 함은 도로교통법 제156조·제157조 각호의 죄에 해당하는 위반행위를 말한다. 즉, 운전자나 보행자 등이 도로교통법령을 위반하여, 20만원 이하의 벌금

이나 구류 · 과료에 처할 수 있는 구성요건에 해당하는 위법 · 유책한 행위이다.

(3) 범칙자

「범칙자」라 함은 범칙행위를 행한 사람으로서 다음에 해당하지 아니하는 사람을 말한다.

① 범칙행위 당시 운전면허증을 제시하지 못한 자동차 등의 운전자

② 범칙행위로 교통사고를 일으킨 사람. 다만, 교통사고처리특례법 제3조 제2항 및 제4조의 규정에 의하여(피해자의 처벌의사가 없거나 종합보험 등에의 가입으로 가해자를 처벌하지 않게 되는 경우) 업무상과실치상죄 · 중과실치상죄에 대한 벌을 받지 아니하게 된 사람과, 도로교통법 제151조(차의 운전자가 다른 사람의 건조물이나 그 밖의 재물을 손괴한 죄)에 대한 벌을 받지 아니하게 된 사람은 제외한다.

③ 제80조의 규정에 의한 국제운전면허증을 가진 사람

(4) 범칙금

"범칙금"이란 범칙자가 제163조에 따른 통고처분에 따라 국고(國庫) 또는 제주특별자치도의 금고에 내야 할 금전을 말하며, 범칙금의 액수는 범칙행위의 종류 및 차종(車種) 등에 따라 대통령령으로 정한다(도로교통법 제162조 제3항).

(5) 즉결심판회부(도로교통법 제163조)

(가) 경찰서장이나 제주특별자치도지사(제주특별자치도지사의 경우에는 제6조제1항 · 제2항, 제61조제2항에 따라 준용되는 제15조제3항, 제39조제6항, 제60조, 제62조, 제64조부터 제66조까지, 제73조제2항제2호부터 제5호까지 및 제95조제1항의 위반행위는 제외한다)는 범칙자로 인정하는 사람에 대하여는 이유를 분명하게 밝힌 범칙금 납부통고서로 범칙금을 낼 것을 통고할 수 있다. 다만, 다음 각 호의 어느 하나에 해당하는 사람에 대하여는 그러하지 아니하다

① 성명이나 주소가 확실하지 아니한 사람

② 달아날 우려가 있는 사람

③ 범칙금 납부통고서 받기를 거부한 사람

(나) 제주특별자치도지사가 제1항에 따라 통고처분을 한 경우에는 관할 경찰서장에게 그 사실을 통보하여야 한다.

(6) 범칙금납부통고서 발부(교통단속처리지침 제16·19조)

① 교통범칙금 납부통고서는 3매를 1조로 하여 동시에 기록 발부하여야 한다.

② 통고처분을 하는 운전자에 대하여는 다음 각 목의 서류를 교부하여야 한다.

가. 범칙금 영수증서

나. 범칙금 납부통고서

다. 범칙금 납부고지서

③ 범칙금납부통고서는 볼펜을 사용, 묵서가 되도록 한다.

④ 범칙금 통고서상의 범칙금액은 아라비아 숫자와 한글을 동시에 기록하여야 한다.

※예 : 30,000원(삼만원)

⑤ 범칙금 2차 납부 기한 내에 납부치 아니하는 경우에는 즉결심판에 회부되며 또한 범칙금 납부기간 만료일로부터 60일까지 즉결심판을 받지 아니하거나 범칙 금액에 100분의50을 더한 금액(이하 "범칙금등" 이라 한다)을 납부하지 아니한 경우에는 운전면허가 정지된다는 사실을 고지하여야 한다.

⑥ 통고서의 서식에 따른 내용은 빠짐없이 기록하고 기록내용의 식별이 용이하도록 정확하게 기재하여야 한다.

⑦ 자전거·우마차·손수레·경운기 등의 단속은 운전자용 범칙금 납부 통고서를 사용, 통고처분을 하여야 한다.

(7) 범칙금의 납부

1) 1차납부기한

① 통고처분의 규정에 의하여 범칙금납부통고서를 받은 사람은 10일 이내에 경찰청장이 지정하는 한국은행 본·지점과 한국은행이 지정한 국고대리점 및 국고수납대리점 또는 우체국에 납부고지서, 영수필통지서, 영수증서를 제시하고 이에 기재된 범칙금을 납부하여야 한다. 다만, 천재지변 그 밖의 부득이한 사유로 말미암아 그 기간 내에 범칙금을 납부할 수 없는 때에는 그 부득이한 사유가 없어지게 된 날로부터 5일 이내에 납부하여야 한다.

② 수납기관은 범칙금영수증서를 교부한 때에는 지체없이 그 범칙금납부통고서를 발행한 경찰서장에게 범칙금영수필통지서를 송부하여야 한다. 범칙금액은 분할하여 납부할 수 없다.

2) 2차납부기한

1차납부기한 내에 범칙금을 납부하지 않는 사람은 납부기간이 만료되는 날의 다음 날부터 20일 이내에 통고받은 범칙금에 100분의 20을 더한 금액을 납부하여야 한다.

(8) 통고처분에 따른 기간 산정

범칙금 통고당일은 산정치 않으며 그 익일부터 기산한다. 범칙금납부최종일이 공휴일이 연속될 때에도 이와 같다.

나. 범칙행위자에 대한 처리

(1) 범칙행위 및 범칙금액(운전자) (도로교통법시행령 제93조 제1항 관련[별표 8])

[별표 8] 범칙행위 및 범칙금액(운전자) <도로교통법 시행령 개정 2025. 6. 2.>

범칙행위 및 범칙금액(운전자)(제93조제1항 관련)

범칙행위	근거 법조문 (도로교통법)	차량 종류별 범칙금액
1. 속도위반(60㎞/h 초과) 1의2. 어린이통학버스 운전자의 의무 위반(좌석안전띠를 매도록 하지 않은 경우는 제외한다)	제17조제3항 제53조제1항·제2항, 제53조의5	1) 승합자동차등: 13만원 2) 승용자동차등: 12만원 3) 이륜자동차등: 8만원
1의3. 인적 사항 제공의무 위반(주·정차된 차만 손괴한 것이 분명한 경우에 한정한다)	제54조제1항제2호	1) 승합자동차등: 13만원 2) 승용자동차등: 12만원 3) 이륜자동차등: 8만원 4) 자전거등 및 손수레등: 6만원
1의4. 개인형 이동장치 무면허 운전 1의5. 약물의 영향과 그 밖의 사유로 정상적으로 운전하지 못할 우려가 있는 상태에서 자전거등을 운전	제43조 제50조제8항	자전거등: 10만원
2. 속도위반(40㎞/h 초과 60㎞/h 이하) 3. 승객의 차 안 소란행위 방치 운전 3의2. 어린이통학버스 특별보호 위반	제17조제3항 제49조제1항제9호 제51조	1) 승합자동차등: 10만원 2) 승용자동차등: 9만원 3) 이륜자동차등: 6만원
3의3. 제10조의3제2항에 따라 안전표지가 설치된 곳에서의 정차·주차 금지 위반 3의4. 승차정원을 초과하여 동승자를 태우고 개인형 이동장치를 운전	제32조제6호 제50조 제10항	1) 승합자동차등: 9만원 2) 승용자동차등: 8만원 3) 이륜자동차등: 6만원 4) 자전거등 및 손수레등: 4만원
4. 신호·지시 위반 5. 중앙선 침범, 통행구분 위반 5의2. 자전거횡단도 앞 일시정지의무 위반 6. 속도위반(20㎞/h 초과 40㎞/h 이하) 7. 횡단·유턴·후진 위반	제5조 제13조제1항부터 제3항까지 및 제5항 제15조의2 제3항 제17조제3항 제18조	1) 승합자동차등: 7만원 2) 승용자동차등: 6만원 3) 이륜자동차등: 4만원 4) 자전거등 및 손수레등: 3만원

8. 앞지르기 방법 위반	제21조제1항·제3항, 제60조 제2항		
9. 앞지르기 금지 시기·장소 위반	제22조		
10. 철길건널목 통과방법 위반	제24조		
10의2. 회전교차로 통행방법 위반	제25조의2 제1항		
11. 횡단보도 보행자 횡단 방해(신호 또는 지시에 따라 도로를 횡단하는 보행자의 통행 방해와 어린이 보호구역에서의 일시정지 위반을 포함한다)	제27조제1항 · 제2항 · 제7항		
12. 보행자전용도로 통행 위반(보행자전용도로 통행방법 위반을 포함한다)	제28조제2항·제3항		
12의2. 긴급자동차에 대한 양보·일시정지 위반	제29조제4항·제5항		
12의3. 긴급한 용도나 그 밖에 허용된 사항 외에 경광등이나 사이렌 사용	제29조제6항		
13. 승차 인원 초과, 승객 또는 승하차자 추락 방지조치 위반	제39조제1항·제3항·제6항		
14. 어린이·앞을 보지 못하는 사람 등의 보호 위반	제49조제1항제2호		
15. 운전 중 휴대용 전화 사용	제49조제1항제10호		
15의2. 운전 중 운전자가 볼 수 있는 위치에 영상 표시	제49조제1항제11호		
15의3. 운전 중 영상표시장치 조작	제49조제1항제11호의2		
16. 운행기록계 미설치 자동차 운전금지 등의 위반	제50조제5항제1호·제2호		
17. 삭제 <2014.12.31.>			
18. 삭제 <2014.12.31.>			
19. 고속도로·자동차전용도로 갓길 통행	제60조제1항		
20. 고속도로버스전용차로·다인승전용차로 통행 위반	제61조제2항		

21. 통행 금지·제한 위반	제6조제1항·제2항·제4항	1) 승합자동차등: 5만원 2) 승용자동차등: 4만원 3) 이륜자동차등: 3만원 4) 자전거등 및 손수레등: 2만원
22. 일반도로 전용차로 통행 위반	제15조제3항	
22의2. 노면전차 전용로 통행 위반	제16조제2항	
23. 고속도로·자동차전용도로 안전거리 미확보	제19조제1항	
24. 앞지르기의 방해 금지 위반	제21조제4항	
25. 교차로 통행방법 위반	제25조	
25의2. 회전교차로 진입 · 진행방법 위반	제25조의2제2항 · 제3항	
26. 교차로에서의 양보운전 위반	제26조	
27. 보행자의 통행 방해 또는 보호 불이행	제27조 제3항부터 제5항까지 및 같은 조 제6항제1호 · 제2호	
28. 삭제 <2016.2.11.>		
29. 정차·주차 금지 위반(제10조의3 제2항에 따라 안전표지가 설치된 곳에서의 정차·주차 금지 위반은 제외한다)	제32조	
30. 주차금지 위반	제33조	
31. 정차·주차방법 위반	제34조	
31의2. 경사진 곳에서의 정차·주차방법 위반	제34조의3	
32. 정차·주차 위반에 대한 조치 불응	제35조제1항	
33. 적재 제한 위반, 적재물 추락 방지 위반 또는 영유아나 동물을 안고 운전하는 행위	제39조 제1항 및 제4항부터 제6항까지	
34. 안전운전의무 위반	제48조제1항	
35. 도로에서의 시비·다툼 등으로 인한 차마의 통행 방해 행위	제49조제1항제5호	
36. 급발진, 급가속, 엔진 공회전 또는 반복적·연속적인 경음기 울림으로 인한 소음 발생 행위	제49조제1항제8호	
37. 화물 적재함에의 승객 탑승 운행 행위	제49조제1항제12호	
38. 삭제 <2014.12.31.>		

38의2. 개인형 이동장치 인명보호 장구 미착용 38의3. 자율주행자동차 운전자의 준수사항 위반 39. 고속도로 지정차로 통행 위반 40. 고속도로·자동차전용도로 횡단·유턴·후진 위반 41. 고속도로·자동차전용도로 정차·주차 금지 위반 42. 고속도로 진입 위반 43. 고속도로·자동차전용도로에서의 고장 등의 경우 조치 불이행	제50조제4항 제50조의2제1항 제60조제1항 제62조 제64조 제65조 제66조	
44. 혼잡 완화조치 위반 45. 차로통행 준수의무 위반, 지정차로 통행 위반, 차로 너비보다 넓은 차 통행 금지 위반(진로 변경 금지 장소에서의 진로 변경을 포함한다) 46. 속도위반(20㎞/h 이하) 47. 진로 변경방법 위반 48. 급제동 금지 위반 49. 끼어들기 금지 위반 50. 서행의무 위반 51. 일시정지 위반 52. 방향전환 • 진로변경 및 회전교차로 진입 • 진출 시 신호 불이행 53. 운전석 이탈 시 안전 확보 불이행	제7조 제14조제2항·제3항·제5항 제17조제3항 제19조제3항 제19조제4항 제23조 제31조제1항 제31조제2항 제38조제1항 제49조제1항제6호	1) 승합자동차등: 3만원 2) 승용자동차등: 3만원 3) 이륜자동차등: 2만원 4) 자전거등 및 손수레등: 1만원
54. 동승자 등의 안전을 위한 조치 위반 55. 시 • 도경찰청 지정·공고 사항 위반 56. 좌석안전띠 미착용 57. 이륜자동차 • 원동기장치자전거(개인형 이동장치는 제외한다) 인명보호 장구 미착용 57의2. 등화점등 불이행·발광장치 미착용(자전거 운전자는 제외한다) 58. 어린이통학버스와 비슷한 도색·표지 금지 위반	제49조제1항제7호 제49조제1항제13호 제50조제1항 제50조제3항 제50조제9항 제52조제4항	
59. 최저속도 위반 60. 일반도로 안전거리 미확보	제17조제3항 제19조제1항	1) 승합자동차등: 2만원 2) 승용자동차등: 2만원 3) 이륜자동차등: 1만원

61. 등화 점등·조작 불이행(안개가 끼거나 비 또는 눈이 올 때는 제외한다) 62. 불법부착장치 차 운전(교통단속용 장비의 기능을 방해하는 장치를 한 차의 운전은 제외한다) 62의2. 사업용 승합자동차 또는 노면전차의 승차 거부 63. 택시의 합승(장기 주차·정차하여 승객을 유치하는 경우로 한정한다)·승차거부·부당요금징수행위 64. 운전이 금지된 위험한 자전거등의 운전	제37조제1항제1호 · 제3호 및 같은 조 제2항 제49조제1항제4호 제50조제5항제3호 제50조제6항 제50조제7항	4) 자전거등 및 손수레등: 1만원
64의2. 술에 취한 상태에서의 자전거등 운전	제44조제1항	1) 개인형 이동장치: 10만원 2) 자전거: 3만원
64의3. 술에 취한 상태에 있다고 인정할만한 상당한 이유가 있는 자전거등 운전자가 경찰공무원의 호흡조사 측정에 불응	제44조제2항	1) 개인형 이동장치: 13만원 2) 자전거: 10만원
65. 돌, 유리병, 쇳조각, 그 밖에 도로에 있는 사람이나 차마를 손상시킬 우려가 있는 물건을 던지거나 발사하는 행위 66. 도로를 통행하고 있는 차마에서 밖으로 물건을 던지는 행위	제68조제3항제4호 제68조제3항제5호	모든 차마: 5만원
67. 특별교통안전교육의 미이수 가. 과거 5년 이내에 법 제44조를 1회 이상 위반하였던 사람으로서 다시 같은 조를 위반하여 운전면허효력 정지처분을 받게 되거나 받은 사람이 그 처분기간이 끝나기 전에 특별교통안전교육을 받지 않은 경우 나. 가목 외의 경우	제73조제2항	차종 구분 없음: 15만원 10만원
68. 경찰관의 실효된 면허증 회수에 대한 거부 또는 방해	제95조제2항	차종 구분 없음: 3만원

비고
1. 위 표에서 "승합자동차등"이란 승합자동차, 4톤 초과 화물자동차, 특수자동차, 건설기계 및 노면전차를 말한다.
2. 위 표에서 "승용자동차등"이란 승용자동차 및 4톤 이하 화물자동차를 말한다.
3. 위 표에서 "이륜자동차등"이란 이륜자동차 및 원동기장치자전거(개인형 이동장치는 제외한다)를 말한다.
4. 위 표에서 "손수레등"이란 손수레, 경운기 및 우마차를 말한다.
5. 위 표 제65호 및 제66호의 경우 동승자를 포함한다.

※ 도로교통법 (2026. 7. 1. 시행)

제148조의2 (벌칙) ① 제44조제1항, 제2항 또는 제5항을 위반(자동차등 또는 노면전차를 운전한 경우로 한정한다. 다만, 개인형 이동장치를 운전한 경우는 제외한다. 이하 이 조에서 같다)하여 벌금 이상의 형을 선고받고 그 형이 확정된 날부터 10년 내에 다시 같은 조 제1항, 제2항 또는 제5항을 위반한 사람(형이 실효된 사람도 포함한다)은 다음 각 호의 구분에 따라 처벌한다. <개정 2023. 1. 3., 2024. 12. 3.>

1. 제44조제2항 또는 제5항을 위반한 사람은 1년 이상 6년 이하의 징역이나 500만원 이상 3천만원 이하의 벌금에 처한다.
2. 제44조제1항을 위반한 사람 중 혈중알코올농도가 0.2퍼센트 이상인 사람은 2년 이상 6년 이하의 징역이나 1천만원 이상 3천만원 이하의 벌금에 처한다.
3. 제44조제1항을 위반한 사람 중 혈중알코올농도가 0.03퍼센트 이상 0.2퍼센트 미만인 사람은 1년 이상 5년 이하의 징역이나 500만원 이상 2천만원 이하의 벌금에 처한다.

② 다음 각 호의 어느 하나에 해당하는 사람은 1년 이상 5년 이하의 징역이나 500만원 이상 2천만원 이하의 벌금에 처한다. <개정 2024. 12. 3.>

1. 술에 취한 상태에 있다고 인정할 만한 상당한 이유가 있는 사람으로서 제44조제2항에 따른 경찰공무원의 측정에 응하지 아니하는 사람(자동차등 또는 노면전차를 운전한 경우로 한정한다)
2. 술에 취한 상태에 있다고 인정할 만한 상당한 이유가 있는 사람으로서 제44조제5항을 위반하여 자동차등 또는 노면전차를 운전한 후 음주측정방해행위를 한 사람

③ 제44조제1항을 위반하여 술에 취한 상태에서 자동차등 또는 노면전차를 운전한 사람은 다음 각 호의 구분에 따라 처벌한다.

1. 혈중알코올농도가 0.2퍼센트 이상인 사람은 2년 이상 5년 이하의 징역이나 1천만원 이상 2천만원 이하의 벌금
2. 혈중알코올농도가 0.08퍼센트 이상 0.2퍼센트 미만인 사람은 1년 이상 2년 이하의 징역이나 500만원 이상 1천만원 이하의 벌금
3. 혈중알코올농도가 0.03퍼센트 이상 0.08퍼센트 미만인 사람은 1년 이하의 징역이나 500만원 이하의 벌금

④ 제45조제1항[약물의 영향으로 인하여 정상적으로 운전하지 못할 우려가 있는 상태에서 자동차등(개인형 이동장치는 제외한다) 또는 노면전차를 운전한 경우에 한정한다. 이하 이 항에서 같다] 또는 제2항을 위반하여 벌금 이상의 형을 선고받고 그 형이 확정된 날부터 10년 내에 다시 같은 조 제1항 또는 제2항을 위반한 사람(형이 실효된 사람도 포함한다)은 다음 각 호의 구분에 따라 처벌한다. <신설 2025. 4. 1.>

1. 제45조제1항을 위반한 사람은 2년 이상 6년 이하의 징역이나 1천만원 이상 3천만원 이하의 벌금에 처한다.
2. 제45조제2항을 위반한 사람은 1년 이상 6년 이하의 징역이나 500만원 이상 3천만원 이하의 벌금에 처한다.

⑤ 제45조제1항을 위반하여 약물의 영향으로 인하여 정상적으로 운전하지 못할 우려가 있는 상태에서 자동차등(개인형 이동장치는 제외한다) 또는 노면전차를 운전한 사람은 5년 이하의 징역이나 2천만원 이하의 벌금에 처한다. <개정 2025. 4. 1.>

⑥ 약물의 영향으로 인하여 정상적으로 운전하지 못할 우려가 있는 상태에 있다고 인정할 만한 상당한 이유가 있는 사람으로서 제45조제2항에 따른 경찰공무원의 측정에 응하지 아니하는 사람은 5년 이하의 징역이나 2천만원 이하의 벌금에 처한다. <신설 2025. 4. 1.> [전문개정 2018. 12. 24.]

[2023. 1. 3. 법률 제19158호에 의하여 2022. 5. 26. 헌법재판소에서 위헌 결정된 이 조 제1항을 개정함.]
[2023. 1. 3. 법률 제19158호에 의하여 2022. 8. 31. 헌법재판소에서 위헌 결정된 이 조 제1항을 개정함.]
[2023. 1. 3. 법률 제19158호에 의하여 2021. 11. 25. 헌법재판소에서 위헌 결정된 이 조 제1항을 개정함.]

(2) 범칙행위 및 범칙금액표 (보행자) (동법시행령 제93조 제1항 관련 [별표9]) <개정 2023. 10. 17.>

범칙행위 및 범칙금액(보행자 등)(제93조제1항 관련)

범칙행위	근거 법조문 (도로교통법)	범칙 금액
1. 보행자가 돌·유리병·쇳조각이나 그 밖에 도로에 있는 사람이나 차마를 손상시킬 우려가 있는 물건을 던지거나 발사하는 행위	제68조제3항제4호	5만원
2. 보행자가 교통안전시설이 표시하는 신호 또는 지시와 법 제5조제2항에 따른 경찰공무원등이 하는 신호 또는 지시를 위반한 경우(실외이동로봇이 위반한 경우에는 실외이동로봇 운용자를 포함한다. 이하 제3호, 제5호, 제6호 및 제11호부터 제14호까지에서 같다)	제5조	3만원
3. 보행자가 보도와 차도가 구분된 도로에서 보도로의 통행 의무를 위반한 경우	제8조제1항 본문	
4. 실외이동로봇의 운용자가 실외이동로봇의 운용 장치를 도로의 교통상황과 실외이동로봇의 구조 및 성능에 따라 차, 노면전차 또는 다른 사람에게 위험과 장해를 주는 방법으로 운용하는 경우	제8조의2제2항	
5. 보행자가 지하도 또는 육교가 설치되어 있는 도로에서 지하도 바로 위 또는 육교 바로 밑으로 횡단한 경우	제10조제2항 본문	
6. 보행자가 안전표지 등에 의하여 횡단이 금지되어 있는 도로의 부분에서 그 도로를 횡단한 경우	제10조제5항	
7. 보행자가 술에 취하여 도로에서 갈팡질팡하는 행위	제68조제3항제1호	
8. 보행자가 도로에서 교통에 방해되는 방법으로 눕거나 앉거나 서있는 행위	제68조제3항제2호	
9. 보행자가 교통이 빈번한 도로에서 공놀이 또는 썰매타기 등의 놀이를 하는 행위	제68조제3항제3호	
10. 보행자가 도로를 통행하고 있는 차마에 뛰어오르거나 매달리거나 차마에서 뛰어내리는 행위	제68조제3항제6호	
11. 보행자가 법 제6조제1항에 따른 시·도경찰청장의 통행 금지 또는 제한, 같은 조 제2항에 따른 경찰서장의 통행 금지 또는 제한, 같은 조 제4항에 따른 경찰공무원의 통행 금지 또는 제한을 위반한 경우	제6조	2만원
12. 보행자가 횡단보도, 지하도, 육교나 그 밖의 도로 횡단시설이 설치되어 있는 도로에서 그 곳으로 횡단하지 않은 경우(제5호의 행위는 제외한다)	제10조제2항 본문	
13. 보행자가 차의 바로 앞이나 뒤로 횡단한 경우	제10조제4항 본문	
14. 보행자가 경찰공무원이 보행자, 차마 또는 노면전차의 통행이 밀려서 교통 혼잡이 뚜렷하게 우려될 때 혼잡을 덜기 위하여 한 조치를 위반한 경우	제7조	1만원
15. 법 제9조제1항에 따른 행렬등의 보행자나 지휘자가 차도의 우측 통행 의무를 위반한 경우	제9조제1항 후단	

(3) 행정처분기준

<table>
<tr><th>항목</th><th colspan="2">내용</th><th>비고</th></tr>
<tr><td>벌점 • 처분 별점쵸과로 인한 면허정지</td><td colspan="2">1회의 위반, 사고로 인한 벌점 또는 처분벌점이 40점 이상이 된 때</td><td>1점을 1일씩 계산 집행</td></tr>
<tr><td rowspan="2">벌점·누산점수초과로 인한 면허취소기준</td><td>기간</td><td>벌점 또는 누산점수</td><td rowspan="2">3년간 관리
(당해 위반 또는 사고가 있었던 날을 기준으로 함)</td></tr>
<tr><td>1 년간
2 년간
3 년간</td><td>121점 이상
201점 이상
271점 이상 기간</td></tr>
<tr><td>처분벌점의 소멸
(무위반 및 무사고자 기간경과)</td><td colspan="2">처분 벌점이 40점 미만일 경우에 최종 위반일 또는 사고일로부터 위반 및 사고 없이 1년이 경과한 때</td><td>누산점수에서 공제</td></tr>
<tr><td>모범운전자 정지처분집행일수 감경</td><td colspan="2">모범운전자(법 제146조에 따라 무사고운전자 또는 유공운전자의 표시장을 받은 사람으로서 교통안전 봉사활동에 종사하는 사람)에대하여 면허정지처분 집행기간을 1/2로 감경</td><td>교통사고 야기로 인한 벌점이 포함된 경우 제외</td></tr>
<tr><td>교통소양교육을 이수한 때 정지처분 집행일수감경</td><td colspan="2">경찰서장에게 교육필증을 제출한 날부터 정지처분기간에서 20일 감경</td><td>해당 위반행위에 대하여 운전면허행정처분 이의심의 위원회의 심의를 거치거나 행정심판 또는 행정소송을 통하여 행정처분이 감경된 경우에는 정지처분기간을 추가로 감경하지 않고, 정지처분이 감경된 때에 한정하여 누산점수를 20점 감경</td></tr>
<tr><td rowspan="4">운전면허취소 개별기준</td><td colspan="2">술에 취한 상태의 인명사고(혈중알콜농도 0.05% 이상)</td><td rowspan="4">전체 16개항목 중에 특히 주요항목</td></tr>
<tr><td colspan="2">술에 만취된 상태의 운전(혈중알콜농도 0.1% 이상)</td></tr>
<tr><td colspan="2">교통사고 야기도주</td></tr>
<tr><td colspan="2">단속 공무원 등 폭행(구속된 때)외 12건</td></tr>
</table>

9. 차종별 조치 (교통단속처리지침)

가. 한국 군용차량 (동지침 제29조)

① 군인이나 군속이 군용차량 운전중 범칙행위를 한 때에는 통고서를 발부하지 아니하고, 별지 제9호서식의 적발통보서를 작성하여야 한다.

② 제1항의 적발통보서는 경찰서장의 결재를 받아 그 운전자의 소속부대에 서면 통보하여야 한다.

③ 군인이나 군속이 일반운전면허 없이 일반차량을 운전 중 범칙행위를 한 때에도 제2항과 같다. 단, 군인이나 군속이 일반운전면허로 일반차량을 운전한 때에는 일반운전자와 동일하게 단속 · 처리한다.

나. 주한 미군용차량 (동지침 제30조)

① 주한 미군용차량을 미국 군인 · 군속이 공무수행 중 법규위반을 한 때에는 제29조제1항, 제2항에 따라 처리한다.
② 미국 군인 또는 군속이 규정에 의한 운전면허로 일반차량을 운전중 법규위반 하는 때에는 내국인과 같이 동일하게 처리한다. 다만 기한 내 범칙금을 납부하지 않은 경우 경찰서장은 "즉결심판및범칙금등납부통지서"를 가까운 "주한미군차량등록소"에 월단위로 통보하여야 한다.

다. 외교관용차량 등 (동지침 제31조)

① 외교관(그 가족을 포함한다) 및 주한 외국공관(대사 · 공사 · 대표 · 국제기구) 차량이 범칙행위와 과태료처분에 해당하는 교통법규를 위반한 때에는 내국인과 같이 동일하게 단속 · 처리한다. 다만 통고처분을 이행하지 않거나 과태료를 납부하지 않을 경우 외교통상부(주한공관담당관)에 서면 통보하여야 한다.
② 주한외국공관에 고용된 행정 · 기능직원(외국인)은 제1항과 같이 처리하고, 노무직원(외국인)은 공무수행중일 때 한하여 제1항과 같이 처리한다.
③ 내국인이 주한외국공관 차량을 운전 중 교통법규를 위반한 때에는 일반교통법규위반과 동일하게 처리한다.

10. 과태료 처분

가. 부과대상 및 요건

① 신호위반 · 중앙선침범 · 전용차로 통행위반 · 속도위반 · 주정차위반 · 고속도로 갓길통행금지 위반 사실이 사진 · 비디오테이프 기타 영상기록매체에 의하여 입증되나,
② 위반행위를 한 운전자를 확인할 수 없어,
③ 통고처분을 할 수 없거나 단속공무원이 현장에서 위반운전자에게 경찰서출석고지서를 발부할 수 없는 경우

나. 과태료 부과 및 징수절차

(1) 과태료 (도로교통법 제160조)

① 다음 각 호의 어느 하나에 해당하는 사람에게는 500만원 이하의 과태료를 부과한다. <개정 2014.1.28, 2020.5.26, 2023.10.24>

1. 제78조를 위반하여 교통안전교육기관 운영의 정지 또는 폐지 신고를 하지 아니한 사람

2. 제109조제2항을 위반하여 강사의 인적 사항과 교육 과목을 게시하지 아니한 사람
3. 제110조제2항을 위반하여 수강료등을 게시하지 아니하거나 같은 조 제3항을 위반하여 게시된 수강료등을 초과한 금액을 받은 사람
4. 제111조를 위반하여 수강료등의 반환 등 교육생 보호를 위하여 필요한 조치를 하지 아니한 사람
5. 제112조를 위반하여 학원이나 전문학원의 휴원 또는 폐원 신고를 하지 아니한 사람
6. 제115조제1항에 따른 간판이나 그 밖의 표지물 제거, 시설물의 설치 또는 게시문의 부착을 거부 · 방해 또는 기피하거나 게시문이나 설치한 시설물을 임의로 제거하거나 못쓰게 만든 사람
7. 제52조제1항에 따라 어린이통학버스를 신고하지 아니하고 운행한 운영자
8. 제52조제3항에 따른 요건을 갖추지 아니하고 어린이통학버스를 운행한 운영자
9. 제50조의3제6항을 위반하여 음주운전 방지장치가 설치된 자동차등을 등록한 후 행정안전부령에 따른 음주운전 방지장치 부착 자동차등의 운행기록을 제출하지 아니하거나 정상 작동 여부를 검사받지 아니한 사람

② 다음 각 호의 어느 하나에 해당하는 사람에게는 20만원 이하의 과태료를 부과한다. <개정 2024.3.19>

1. 제49조제1항(같은 항 제1호 및 제3호만 해당한다)을 위반한 차 또는 노면전차의 운전자
2. 제50조제1항을 위반하여 동승자에게 좌석안전띠를 매도록 하지 아니한 운전자
3. 제50조제3항 및 제4항을 위반하여 동승자에게 인명보호 장구를 착용하도록 하지 아니한 운전자(자전거 운전자는 제외한다)
4. 제52조제2항을 위반하여 어린이통학버스 안에 신고증명서를 갖추어 두지 아니한 어린이통학버스의 운영자

4의2. 제53조제2항을 위반하여 어린이통학버스에 탑승한 어린이나 영유아의 좌석안전띠를 매도록 하지 아니한 운전자

4의3. 제53조의3제1항을 위반하여 어린이통학버스 안전교육을 받지 아니한 사람

4의4. 제53조의3제3항을 위반하여 어린이통학버스 안전교육을 받지 아니한 사람에게 어린이통학버스를 운전하게 하거나 어린이통학버스에 동승하게 한 어린이통학버스의 운영자

4의5. 제53조제7항을 위반하여 안전운행기록을 제출하지 아니한 어린이통학버스의 운영자

5. 제67조제2항에 따른 고속도로등에서의 준수사항을 위반한 운전자

6. 제73조제4항을 위반하여 긴급자동차의 안전운전 등에 관한 교육을 받지 아니한 사람
7. 제87조제1항을 위반하여 운전면허증 갱신기간에 운전면허를 갱신하지 아니한 사람
8. 제87조제2항 또는 제88조제1항을 위반하여 정기 적성검사 또는 수시 적성검사를 받지 아니한 사람
9. 제11조제4항을 위반하여 어린이가 개인형 이동장치를 운전하게 한 어린이의 보호자
10. 제56조의3제1항을 위반하여 자율주행자동차 안전교육을 받지 아니한 사람

③ 차 또는 노면전차가 제5조, 제6조제1항 · 제2항(통행 금지 또는 제한을 위반한 경우를 말한다), 제13조제1항 · 제3항 · 제5항, 제14조제2항 · 제5항, 제15조제3항(제61조제2항에서 준용하는 경우를 포함한다), 제17조제3항, 제18조, 제19조제3항, 제21조제1항 · 제3항, 제22조, 제23조, 제25조제1항 · 제2항 · 제5항, 제25조의2제1항 · 제2항, 제27조제1항 · 제7항, 제29조제4항 · 제5항, 제32조부터 제34조까지, 제37조(제1항제2호는 제외한다), 제38조제1항, 제39조제1항 · 제4항, 제48조제1항, 제49조제1항제10호 · 제11호 · 제11호의2, 제50조제3항, 제60조제1항 · 제2항, 제62조 또는 제68조제3항제5호를 위반한 사실이 사진, 비디오테이프, 그 밖의 영상기록매체 또는 적재량 측정자료에 의하여 입증되고 다음 각 호의 어느 하나에 해당하는 경우에는 제56조제1항에 따른 고용주등에게 20만원 이하의 과태료를 부과한다. <개정 2025.1.7>

1. 위반행위를 한 운전자를 확인할 수 없어 제143조제1항에 따른 고지서를 발급할 수 없는 경우(제15조제3항, 제29조제4항 · 제5항, 제32조, 제33조 또는 제34조를 위반한 경우만 해당한다)
2. 제163조에 따라 범칙금 통고처분을 할 수 없는 경우

④ 제3항에도 불구하고 다음 각 호의 어느 하나에 해당하는 경우에는 과태료처분을 할 수 없다. <개정 2015.8.11, 2018.3.27>

1. 차 또는 노면전차를 도난당하였거나 그 밖의 부득이한 사유가 있는 경우
2. 운전자가 해당 위반행위로 제156조에 따라 처벌된 경우(제163조에 따라 범칙금 통고처분을 받은 경우를 포함한다)
3. 「질서위반행위규제법」 제16조제2항에 따른 의견 제출 또는 같은 법 제20조제1항에 따른 이의제기의 결과 위반행위를 한 운전자가 밝혀진 경우
4. 자동차가 「여객자동차 운수사업법」에 따른 자동차대여사업자 또는 「여신전문금융업법」에 따른 시설대여업자가 대여한 자동차로서 그 자동차만 임대한 것이 명백한 경우

(2) 과태료의 부과·징수 등 (도로교통법 제161조)

① 제160조제1항부터 제3항까지의 규정에 따른 과태료는 대통령령으로 정하는 바에 따라 다음 각 호의 자가 부과 · 징수한다. <개정 2024.3.19>

1. 제160조제1항부터 제3항까지(제15조제3항에 따른 전용차로 통행, 제32조부터 제34조까지의 규정에 따른 정차 또는 주차, 제53조제7항에 따른 안전운행기록 제출, 제53조의3제1항에 따른 어린이통학버스 안전교육, 제53조의3제3항에 따른 어린이통학버스 운영자 의무 규정을 위반한 경우는 제외한다)의 과태료: 시 · 도경찰청장
2. 제160조제1항(제52조제1항 · 제3항을 위반한 경우만 해당한다), 제2항(제49조제1항제1호 · 제3호, 제50조제1항 · 제3항, 제52조제2항, 제53조제2항, 제53조의3제1항 · 제3항 및 제56조의3제1항을 위반한 경우만 해당한다) 및 제3항(제5조, 제13조제3항, 제15조제3항, 제17조제3항, 제29조제4항 · 제5항, 제32조부터 제34조까지의 규정을 위반한 경우만 해당한다)의 과태료: 제주특별자치도지사
3. 제160조제2항제4호의3 · 제4호의4 · 제4호의5 · 제10호 및 같은 조 제3항(제15조제3항, 제29조제4항 · 제5항, 제32조부터 제34조까지의 규정을 위반한 경우만 해당한다)의 과태료: 시장등
4. 제160조제2항제4호의3 · 제4호의4 · 제4호의5의 과태료: 교육감

② 시 · 도경찰청장은 이 법에 따른 과태료 징수와 관련된 업무의 일부를 대통령령으로 정하는 바에 따라 「한국자산관리공사 설립 등에 관한 법률」에 따라 설립된 한국자산관리공사에 위탁할 수 있다. <신설 2020.12.22>

도로교통법상 과태료 부과권자 - 지방경찰청장, 시장 등

① 신호위반, 중앙선침범, 고속도로 전용차로 위반 · 속도 위반, 고속도로 갓길통행 금지 등의 과태료부과 · 징수권자 - 지방경찰청장

② 일반도로의 전용차로 통행위반, 주 · 정차위반 등의 과태료 부과 · 징수권자 - 시장 등

(3) 부득이한 사유 (도로교통법시행규칙 제142조)

법 제160조제4항제1호에서 "그 밖의 부득이한 사유"라 함은 당해 위반행위가 다음 각 호의 어느 하나에 해당하는 경우를 말한다.

1. 범죄의 예방·진압이나 그 밖에 긴급한 사건·사고의 조사를 위한 경우
2. 도로공사 또는 교통지도단속을 위한 경우
3. 응급환자의 수송 또는 치료를 위한 경우

4. 화재·수해·재해 등의 구난작업을 위한 경우
5. 「장애인 복지법」에 따른 장애인의 승·하차를 돕는 경우
6. 그 밖에 부득이한 사유라고 인정할 만한 상당한 이유가 있는 경우

(4) 과태료 부과 및 징수 절차 등 (도로교통법시행령 제88조)

① 시 · 도경찰청장, 시장등 또는 교육감은 법 제160조 및 법 제161조에 따라 과태료를 부과하려는 경우에는 행정안전부령으로 정하는 단속대장과 과태료 부과대상자 명부에 그 내용을 기록하여야 한다. 이 경우 단속대장은 특별한 사유가 없으면 전자적 처리가 가능한 방법으로 작성 · 관리하여야 한다. <개정 2020.12.31>

② 시장등은 법 제160조제3항에 따라 법 제32조부터 제34조까지의 규정을 위반한 차의 운전자를 고용하고 있는 사람이나 직접 운전자나 차를 관리하는 지위에 있는 사람 또는 차의 사용자(이하 "고용주등"이라 한다)에게 과태료를 부과하려는 경우에는 주차 · 정차위반 차에 과태료부과대상차표지를 붙인 후 해당 차를 촬영하거나 무인 교통단속용 장비로 주차 · 정차위반 차를 촬영한 사진증거 등의 증거자료를 갖추어 부과하여야 하고, 증거자료는 관련 번호를 부여하여 보존하여야 한다.

③ 시장등은 법 제160조제3항에도 불구하고 같은 조 제4항제3호에 따라 차의 고용주등에게 과태료처분을 할 수 없을 때에는 위반행위를 한 운전자를 증명하는 자료를 첨부하여 관할 경찰서장에게 그 사실을 통보하여야 한다.

④ 법 제160조에 따른 과태료의 부과기준은 별표 6과 같다. 다만, 어린이보호구역 및 노인 · 장애인보호구역에서 오전 8시부터 오후 8시까지 법 제5조, 제17조제3항 및 제32조부터 제34조까지의 규정 중 어느 하나를 위반한 경우 과태료의 부과기준은 별표 7과 같다. <개정 2023.12.19>

⑤ 「질서위반행위규제법」 제18조에 따른 자진납부자에 대한 과태료 감경 비율은 같은 법 시행령 제5조의 감경 범위에서 다음 각 호의 기준에 따라 행정안전부령으로 정하는 비율로 한다. <개정 2014.11.19, 2017.7.26>

1. 과태료 체납률
2. 위반행위의 종류, 내용 및 정도
3. 범칙금과의 형평성

⑥ 법 제160조에 따른 과태료는 과태료 납부고지서를 받은 날부터 60일 이내에 내야 한다. 다만, 천재지변이나 그 밖의 부득이한 사유로 과태료를 낼 수 없을 때에는 그 사유가 없어진 날부터 5일 이내에 내야 한다.

⑦ 시장등은 과태료의 납부 고지를 받은 자가 납부기간 이내에 과태료를 내지 아니하면 「질서위반행위규제법」 제24조제3항에 따른 체납처분을 하기 전에 지방세 중 자동차세의 납부고지서와 함께 미납과태료(가산금을 포함한다)의 납부를 고지

할 수 있다.

⑧ 시·도경찰청장 또는 시장등은 차의 등록원부가 있는 지역 또는 노면전차 운영자의 소재지(법인인 경우에는 주된 사무소의 소재지를 말한다)가 있는 지역(이하 "차적지"라 한다)이 다른 관할구역인 경우에는 행정안전부령으로 정하는 바에 따라 차적지를 관할하는 시·도경찰청장 또는 시장등에게 과태료 징수를 의뢰하여야 한다. 이 경우 과태로 징수를 의뢰한 시장등은 차적지를 관할하는 시장등에게 징수된 과태료의 100분의 30 범위에서 행정안전부령으로 정하는 징수 수수료를 지급하여야 한다. <개정 2014.11.19, 2017.7.26, 2019.3.26, 2020.12.31>

⑨ 제1항부터 제8항까지에서 규정한 사항 외에 과태료의 부과 및 징수 등에 필요한 사항은 행정안전부령으로 정한다. <개정 2017.7.26>

과태료금액표 (도로교통법 시행령 [별표 6] <개정 2025. 3. 18.>

과태료의 부과기준(제88조제4항 본문 관련)

위반행위 및 행위자	근거 법조문 (도로교통법)	과태료 금액
1. 법 제5조를 위반하여 신호 또는 지시를 따르지 않은 차 또는 노면전차의 고용주등	제160조제3항	1) 승합자동차등: 8만원 2) 승용자동차등: 7만원 3) 이륜자동차등: 5만원
1의2. 법 제6조제1항 및 제2항을 위반하여 통행을 금지하거나 제한한 도로를 통행한 차 또는 노면전차의 고용주등	제160조제3항	1) 승합자동차등: 6만원 2) 승용자동차등: 5만원 3) 이륜자동차등: 4만원
1의3. 법 제11조제4항을 위반하여 어린이가 개인형 이동장치를 운전하게 한 어린이의 보호자	제160조제2항제9호	10만원
1의4. 법 제13조제1항을 위반하여 보도를 침범한 차의 고용주등	제160조제3항	1) 승합자동차등: 8만원 2) 승용자동차등: 7만원 3) 이륜자동차등: 5만원
2. 다음 각 목의 어느 하나에 해당하는 차의 고용주등 가. 법 제13조제3항을 위반하여 중앙선을 침범한 차 나. 법 제25조의2제1항을 위반하여 회전교차로에서 반시계방향으로 통행하지 않은 차 다. 법 제60조제1항을 위반하여 고속도로에서 갓길로 통행한 차 라. 법 제61조제2항에서 준용되는 제15조제3항을 위반하여 고속도로에서 전용차로로 통행한 차	제160조제3항	1) 승합자동차등: 10만원 2) 승용자동차등: 9만원 3) 이륜자동차등: 7만원
2의2. 법 제13조제5항을 위반하여 안전지대 등 안전표지에 의하여 진입이 금지된 장소에 들어간 차의 고용주등	제160조제3항	1) 승합자동차등: 8만원 2) 승용자동차등: 7만원 3) 이륜자동차등: 5만원

2의3. 다음 각 목의 어느 하나에 해당하는 차의 고용주등 가. 법 제14조제2항 본문을 위반하여 차로를 따라 통행하지 않은 차 나. 법 제14조제2항 단서를 위반하여 시·도경찰청장이 지정한 통행방법에 따라 통행하지 않은 차 다. 법 제14조제5항을 위반하여 안전표지가 설치되어 특별히 진로 변경이 금지된 곳에서 진로를 변경한 차 라. 법 제19조제3항을 위반하여 진로를 변경하려는 방향으로 오고 있는 다른 차의 정상적 통행에 장애를 줄 우려가 있음에도 진로를 변경한 차 마. 법 제38조제1항을 위반하여 방향전환·진로변경 및 회전교차로 진입·진출하는 경우에 신호하지 않은 차	제160조제3항	1) 승합자동차등: 4만원 2) 승용자동차등: 4만원 3) 이륜자동차등: 3만원
3. 법 제15조제3항을 위반하여 일반도로에서 전용차로로 통행한 차의 고용주등	제160조제3항	1) 승합자동차등: 6만원 2) 승용자동차등: 5만원 3) 이륜자동차등: 4만원
4. 법 제17조제3항을 위반하여 제한속도를 준수하지 않은 차 또는 노면전차의 고용주등	제160조제3항	
가. 60㎞/h 초과		1) 승합자동차등: 14만원 2) 승용자동차등: 13만원 3) 이륜자동차등: 9만원
나. 40㎞/h 초과 60㎞/h 이하		1) 승합자동차등: 11만원 2) 승용자동차등: 10만원 3) 이륜자동차등: 7만원
다. 20㎞/h 초과 40㎞/h 이하		1) 승합자동차등: 8만원 2) 승용자동차등: 7만원 3) 이륜자동차등: 5만원
라. 20㎞/h 이하		1) 승합자동차등: 4만원 2) 승용자동차등: 4만원 3) 이륜자동차등: 3만원
4의2. 다음 각 목의 어느 하나에 해당하는 차의 고용주등 가. 법 제18조를 위반하여 횡단·유턴·후진을 한 차 나. 법 제21조제1항 및 제3항을 위반하여 앞지르기를 한 차 다. 법 제22조를 위반하여 앞지르기가 금지된 시기 및 장소인 경우에 앞지르기를 한 차 라. 법 제62조를 위반하여 고속도로등에서 횡단·유턴·후진을 한 차	제160조제3항	1) 승합자동차등: 8만원 2) 승용자동차등: 7만원 3) 이륜자동차등: 5만원 1) 승합자동차등: 6만원 2) 승용자동차등: 5만원 3) 이륜자동차등: 4만원
4의3. 법 제23조를 위반하여 끼어들기를 한 차의 고용주등	제160조제3항	1) 승합자동차등: 4만원 2) 승용자동차등: 4만원 3) 이륜자동차등: 3만원

4의4. 다음 각 목의 어느 하나에 해당하는 차 또는 노면전차의 고용주등 가. 법 제25조제1항을 위반하여 우회전을 한 차 나. 법 제25조제2항을 위반하여 좌회전을 한 차 다. 법 제25조제5항을 위반하여 다른 차 또는 노면전차의 통행에 방해가 될 우려가 있음에도 교차로(정지선이 설치되어 있는 경우에는 그 정지선을 넘은 부분을 말한다)에 들어간 차 또는 노면전차 라. 법 제25조의2제2항을 위반하여 회전교차로에 진입한 차	제160조제3항	1) 승합자동차등: 6만원 2) 승용자동차등: 5만원 3) 이륜자동차등: 4만원
4의5. 다음 각 목의 어느 하나에 해당하는 차 또는 노면전차의 고용주등 가. 법 제27조제1항을 위반하여 보행자의 횡단을 방해하거나 위험을 줄 우려가 있음에도 일시정지하지 않은 차 또는 노면전차 나. 법 제27조제7항을 위반하여 어린이 보호구역 내의 횡단보도 앞에서 일시정지하지 않은 차 또는 노면전차	제160조제3항	1) 승합자동차등: 8만원 2) 승용자동차등: 7만원 3) 이륜자동차등: 5만원
5. 법 제29조제4항 및 제5항을 위반하여 도로의 오른쪽 가장자리에 일시정지하지 않거나 진로를 양보하지 않은 차 또는 노면전차의 고용주등	제160조제3항	1) 승합자동차등: 8만원 2) 승용자동차등: 7만원 3) 이륜자동차등: 5만원
6. 법 제32조(제6호는 제외한다)부터 제34조까지의 규정을 위반하여 정차 또는 주차를 한 차의 고용주등	제160조제3항	1) 승합자동차등: 5만원 (6만원) 2) 승용자동차등: 4만원 (5만원)
6의2. 법 제32조제6호를 위반하여 정차 또는 주차를 한 차의 고용주등	제160조제3항	
가. 제10조의3제2항에 따라 안전표지가 설치된 곳에 정차 또는 주차를 한 경우		1) 승합자동차등: 9만원 (10만원) 2) 승용자동차등: 8만원 (9만원)
나. 가목 외의 곳에 정차 또는 주차를 한 경우		1) 승합자동차등: 5만원 (6만원) 2) 승용자동차등: 4만원 (5만원)
6의3. 법 제37조제1항제1호 · 제3호 및 같은 조 제2항을 위반하여 등화점등 · 조작을 불이행(안개가 끼거나 비 또는 눈이 올 때는 제외한다)한 차 또는 노면전차의 고용주등	제160조제3항	1) 승합자동차등: 3만원 2) 승용자동차등: 3만원 3) 이륜자동차등: 2만원
6의4. 다음 각 목의 어느 하나에 해당하는 차 또는 노면전차의 고용주등 가. 법 제39조제1항을 위반하여 승차 인원에 관한 운행상의	제160조제3항	1) 승합자동차등: 8만원 2) 승용자동차등: 7만원 3) 이륜자동차등: 5만원

안전기준을 넘어선 상태로 운전한 차 나. 법 제39조제1항을 위반하여 적재중량 및 적재용량에 관한 운행상의 안전기준을 넘어선 상태로 운전한 차 다. 법 제39조제4항을 위반하여 운전 중 실은 화물이 떨어지지 않도록 덮개를 씌우거나 묶는 등 확실하게 고정될 수 있도록 필요한 조치를 하지 않은 차 라. 법 제48조제1항을 위반하여 안전운전의무를 지키지 않은 차 또는 노면전차		1) 승합자동차등: 6만원 2) 승용자동차등: 5만원 3) 이륜자동차등: 4만원
7. 법 제49조제1항제1호를 위반하여 고인 물 등을 튀게 하여 다른 사람에게 피해를 준 차 또는 노면전차의 운전자	제160조제2항제1호	1) 승합자동차등: 2만원 2) 승용자동차등: 2만원 3) 이륜자동차등: 1만원
8. 법 제49조제1항제3호를 위반하여 창유리의 가시광선 투과율 기준을 위반한 차의 운전자	제160조제2항제1호	2만원
8의2. 다음 각 목의 어느 하나에 해당하는 차 또는 노면전차의 고용주등 가. 법 제49조제1항제10호를 위반하여 운전 중 휴대용 전화를 사용한 차 또는 노면전차 나. 법 제49조제1항제11호를 위반하여 운전 중 운전자가 볼 수 있는 위치에 영상을 표시한 차 또는 노면전차 다. 법 제49조제1항제11호의2를 위반하여 운전 중 영상표시장치를 조작한 차 또는 노면전차	제160조제3항	1) 승합자동차등: 8만원 2) 승용자동차등: 7만원 3) 이륜자동차등: 5만원
9. 법 제50조제1항을 위반하여 동승자에게 좌석안전띠를 매도록 하지 않은 운전자 가. 동승자가 13세 미만인 경우 나. 동승자가 13세 이상인 경우	제160조제2항제2호	 6만원 3만원
10. 법 제50조제3항 및 제4항을 위반하여 동승자에게 인명보호 장구를 착용하도록 하지 않은 운전자(자전거 운전자는 제외한다)	제160조제2항제3호	2만원
10의2. 법 제50조제3항을 위반하여 운전자 또는 동승자가 인명보호 장구를 착용하지 않은 이륜자동차·원동기장치자전거(개인형 이동장치는 제외한다)의 고용주등	제160조제3항	3만원
10의3. 법 제50조의3제6항을 위반하여 음주운전 방지장치가 설치된 자동차등을 등록한 후 행정안전부령에 따른 음주운전 방지장치 부착 자동차등의 운행기록을 제출하지 않거나 정상 작동 여부를 검사받지 않은 사람 가. 음주운전 방지장치 부착 자동차등의 운행기록을 제출하지 않거나 정상 작동 여부를 검사받지 않은 기간이 3일 이내인 사람 나. 음주운전 방지장치 부착 자동차등의 운행기록을 제출하지 않거나 정상 작동 여부를 검사받지 않은 기간이 3일 초과	제160조제1항제9호	 10만원 10만원에 법 제50조의3제6항에 따른 검사 시기 종료일의 다음 날부터 계산하여

150일 이내인 사람 다. 음주운전 방지장치 부착 자동차등의 운행기록을 제출하지 않거나 정상 작동 여부를 검사받지 않은 기간이 150일을 초과한 사람		3일을 초과할 때마다 10만원을 더한 금액 500만원
10의4. 법 제52조제1항을 위반하여 어린이통학버스를 신고하지 않고 운행한 운영자	제160조제1항제7호	30만원
11. 법 제52조제2항을 위반하여 어린이통학버스 안에 신고증명서를 갖추어 두지 않은 어린이통학버스의 운영자	제160조제2항제4호	3만원
11의2. 법 제52조제3항에 따른 요건을 갖추지 아니하고 어린이통학버스를 운행한 운영자	제160조제1항제8호	30만원
11의3. 법 제53조제2항을 위반하여 어린이통학버스에 탑승한 어린이나 유아의 좌석안전띠를 매도록 하지 않은 운전자	제160조제2항 제4호의2	6만원
11의4. 법 제53조제7항을 위반하여 안전운행기록을 제출하지 아니한 어린이통학버스 운영자	제160조제2항 제4호의5	8만원
11의5. 법 제53조의3제1항을 위반하여 어린이통학버스 안전교육을 받지 않은 사람	제160조제2항 제4호의3	8만원
11의6. 법 제53조의3제3항을 위반하여 어린이통학버스 안전교육을 받지 않은 사람에게 어린이통학버스를 운전하게 하거나 어린이통학버스에 동승하게 한 어린이통학버스의 운영자	제160조제2항제4호의4	8만원
11의7. 법 제60조제1항을 위반하여 고속도로등에서 자동차의 고장 등 부득이한 사정이 없음에도 행정안전부령으로 정하는 차로에 따라 통행하지 않은 차의 고용주등	제160조제3항	1) 승합자동차등: 6만원 2) 승용자동차등: 5만원
11의8. 법 제60조제2항을 위반하여 고속도로에서 앞지르기 통행방법을 준수하지 않은 차의 고용주등	제160조제3항	1) 승합자동차등: 8만원 2) 승용자동차등: 7만원
12. 법 제67조제2항에 따른 고속도로등에서의 준수사항을 위반한 운전자	제160조제2항제5호	1) 승합자동차등: 2만원 2) 승용자동차등: 2만원 3) 이륜자동차등: 1만원
12의2. 법 제68조제3항제5호를 위반하여 도로를 통행하고 있는 차에서 밖으로 물건을 던지는 행위를 한 차의 고용주등	제160조제3항	6만원
12의3. 법 제73조제4항을 위반하여 긴급자동차의 안전운전 등에 관한 교육을 받지 않은 사람	제160조제2항제6호	8만원
13. 법 제78조를 위반하여 교통안전교육기관 운영의 정지 또는 폐지 신고를 하지 않은 사람	제160조제1항제1호	100만원

14. 법 제87조제1항을 위반하여 운전면허증 갱신기간에 운전면허를 갱신하지 않은 사람	제160조제2항제7호	2만원
15. 법 제87조제2항 또는 제88조제1항을 위반하여 정기 적성검사 또는 수시 적성검사를 받지 않은 사람	제160조제2항제8호	3만원
16. 법 제109조제2항을 위반하여 강사의 인적 사항과 교육 과목을 게시하지 않은 사람	제160조제1항제2호	100만원
17. 법 제110조제2항을 위반하여 수강료등을 게시하지 않거나 같은 조 제3항을 위반하여 게시된 수강료등을 초과한 금액을 받은 사람	제160조제1항제3호	100만원
18. 법 제111조를 위반하여 수강료등의 반환 등 교육생 보호를 위하여 필요한 조치를 하지 않은 사람	제160조제1항제4호	100만원
19. 법 제112조를 위반하여 학원이나 전문학원의 휴원 또는 폐원 신고를 하지 않은 사람	제160조제1항제5호	100만원
20. 법 제115조제1항에 따른 간판이나 그 밖의 표지물의 제거, 시설물의 설치 또는 게시문의 부착을 거부·방해 또는 기피하거나 게시문이나 설치한 시설물을 임의로 제거하거나 못 쓰게 만든 사람	제160조제1항제6호	100만원

비고
1. 위 표에서 "승합자동차등"이란 승합자동차, 4톤 초과 화물자동차, 특수자동차, 건설기계 및 노면전차를 말한다.
2. 위 표에서 "승용자동차등"이란 승용자동차 및 4톤 이하 화물자동차를 말한다.
3. 위 표에서 "이륜자동차등"이란 이륜자동차 및 원동기장치자전거(개인형 이동장치는 제외한다)를 말한다.
4. 위 표 제6호 및 제6호의2의 과태료 금액에서 괄호 안의 것은 같은 장소에서 2시간 이상 정차 또는 주차 위반을 하는 경우에 적용한다.

다. 과태료 처분 제외 기준

(1) 도로교통법 제160조 제4항 제1호 (차를 도난당하였거나 그 밖의 부득이한 사유가 있는 경우)
(2) 도로교통법 시행규칙 제142조 (부득이한 사유)

제외항목	증빙서류	비고 (관할기관)
☐ 도로교통법 제160조 제4항 제1호		
1. 차를 도난당하였거나 그 밖의 부득이한 사유가 있는 경우	도난신고 확인서(무소유증명) 경찰관서에 신고된 신고일자를 기준	경찰서
☐ 도로교통법시행규칙 제142조		

1. 범죄의 예방·진압이나 그 밖의 긴급한 사건·사고의 조사를 위한 경우 - 범인검거, 추적 및 긴급사태 발생시 - 집회 등 긴급진압을 위한 경우 - 긴급 범죄수사 및 조사를 위한 경우	소속기관의 공문서 범죄(사건) 조사서 혹은 근무일지 -경찰 공무원증	검·경찰서장
2. 도로공사 또는 교통지도단속을 위한 경우 - 긴급도로보수를 위한 주차 - 교통 혼잡 지역의 지도단속을 위한 경우	소속기관의 공문서 공사계약서 지도단속일지 혹은 근무일지	소속기관장
3. 응급환자의 수송 또는 치료를 위한 경우 [참고1] (기준표-응급의료에 관한 법률시행규칙) - 긴급환자의 수송, 입원 및 진료를 위한 경우 - 혼자 보행이 불가능하거나 거동이 불편한 환자 - 환자의 위급여부를 판단할 수 없는 유아환자 (통상적으로 초등학교 입학 전의 아동)	○ 진료확인서(치료확인서, 소견서) - 진료일시 , 병명 명시 - 입원수속중이거나 유아 외래환자일 경우 병원 앞 주차 - 병·의원장 발행 진료확인서 상 응급환자로 확인되거나 혼자서 보행이 불가한 환자의 외래진료 시 - 환자와 차량소유자와의 관계(가족 등),환자수송 경위,주차한 장소 등을 확인하여 제외대상 해당 여부를 확인함 - 환자본인이 자동차를 운전하여 진료 받은 경우와 입원환자의 문병,간식 등 물품반입을 위한 경우는 과태료 부과 대상임	병원장
4. 화재·수해·재해 등의 구난작업을 위한 경우	소속기관의 공문서 참여(작업)확인서	소속기관장
5. 장애인 복지법」에 따른 장애인의 승·하차를 돕는 경우 (장애인 복지법에 따른 보행상 장애가 있는 경우 [참고2])	○ 장애인복지카드(장애인등록증) 장애인진술서(확인서) - 승하차가 불편한 장애인본인 및 이를 돕기 위한 주차 - 장애인 본인소유의 비사업용 차량(보철용 차량) - 동거가족 또는 타인의 차량으로 장애인의 승·하차를 돕는 경우는 보행이 불편한 장애인으로 등록된 객관적인 증명서류	
6. 그 밖에 부득이한 사유라고 인정할 만한 상당한 이유가 있는 경우		
- 긴급한 공무수행을 위하여 불가피한 사유가 있을 때 (사건사고 취재 등)	소속기관 공문서 업무(취재)내역서 기자증	소속기관장

- 전기,가스,전화,상수도 등 고장 및 파손으로 긴급보수를 위하여 잠시 정차할 때	소속기관 공문서 보수내역서 출동내역서	소속기관장
- 운행 중 차량고장으로 운행이 불가한 경우	정비점검내역서(입고, 출고일, 수리내역 명시) 견인 시- 견인내역서 - 주행 중 고장으로 차량운행이 불가한 차량(정비업체의 수리내역서) - 보험회사 접수사실 확인서 - 고장이전에 주차한 차량은 제외	정비업소 보험사
- 현금수송차량	소속기관 공문서, 근무내역서 (출동시간, 출동지역명시) 차량동선 확인서	금융기관
- 음주운전으로 적발되어 운행 금지된 차량	적발통지서	경찰서
- 공사로 인하여 주차장 진입이 불가능 할 때 (※ 공사에 이용된 차량에 한함)	공사사실 확인서	공사기관
- 보안공사 차량으로 긴급 출동한 차량	소속기관 공문서 출동내역서	소속기관
- 개인차고 진입을 위하여 잠시 정차할 때	건축물관리대장	약도
- 사업용 차량으로 화물을 상,하차하여 운반 등을 했을 때 ※ 버스 승강장 부근은 제외	거래내역서(납품확인) 사업자등록증 (택배 등 사업용차량, 상당한 무게, 부피, 수량) ※ 상당한 부피, 무게, 수량 - 장소, 정황으로 판단	해당점포 대표확인
- 갑자기 설사나 복통 또는 신체에 이상이 발생 약국에서 약을 제조한 사실이 있는 경우	사실 확인서 (영수증 등) (위반장소 인근 약국에 한함)	약사확인
- 국가유공자의 경우 (장애인주차 가능표지 부착한 차량)	국가유공자증 사본, 장애인주차 가능표지 사본	

11. 운전면허 관련 행정심판

가. 자동차운전면허 관련 행정심판의 유형

(1) 면허취소처분(규제「도로교통법 시행규칙」제91조제1항 및 별표 28 제2호)

- 운전면허 소지자가 운전을 하던 중 음주운전(혈중알콜농도 0.08%이상)
- 자동차이용 범죄
- 구호조치 및 신고의무불이행

- 부정 사용 목적으로 면허증대여(차용)
- 적성검사 미필
- 벌점 및 누산점수 초과 등의 이유로 면허취소 처분을 받은 경우

(2) 면허정지처분(규제 「도로교통법 시행규칙」 제91조제1항 및 별표 28 제3호)

- 운전면허 소지자가 운전을 하던 중 음주운전(혈중알콜농도 0.03%이상 0.08%미만) 속도위반
- 벌점 및 누산점수 초과(40점이상)
- 교통사고 야기시 조치불이행 등의 이유로 면허정지 처분을 받은 경우

(3) 연습면허취소처분

- 연습면허 소지자가 중요법규(교통사고 및 준수사항 위반)를 3회 이상 위반해 해당 연습면허가 취소된 경우

(4) 행정심판의 필요적 전치주의

- 운전면허취소·정지처분에 대한 행정소송은 행정심판의 재결을 거치지 아니하면 제기할 수 없습니다(「도로교통법」 제142조).
  따라서 운전면허 행정처분에 대한 불복으로서 행정소송을 제기하기 위해서는 행정심판의 재결을 거쳐야 합니다.

나. 운전면허 관련 행정심판청구서 작성 방법

[별지] 행정심판 청구서 (행정심판법 시행규칙 [별지 제30호서식] <개정 2025.9.24>)

행정심판 청구서		
접수번호	접수일	
청구인	성명	
	주소	
	주민등록번호(외국인등록번호)	
	전화번호	
[ ] 대표자 [ ] 관리인 [ ] 선정대표자 [ ] 대리인 ※ 해당사항이 있는 경우 하나의 [ ]만 작성합니다	성명	
	주소	
	주민등록번호(외국인등록번호)	
	전화번호	
피청구인		
소관 행정심판위원회	[ ] 중앙행정심판위원회 [ ] ○○시 · 도행정심판위원회 [ ] 기타	

처분 내용 또는 부작위 내용	
처분이 있음을 안 날	
청구취지 및 청구이유	별지로 작성
처분청의 불복절차 고지 유무	
처분청의 불복절차 고지 내용	[ ] 유 [ ] 부
증거 서류	
국선대리인 선임 신청여부	[ ] 여 [ ] 부 ※ 국선대리인 선임을 신청하는 경우에는 「행정심판법 시행규칙」 별지 제27호의2 서식에 따른 국선대리인 선임 신청서를 별도로 첨부하시기 바랍니다.
구술심리 신청여부	[ ] 여 [ ] 부 ※ 구술심리를 신청하는 경우에는 「행정심판법 시행규칙」 별지 제39호서식에 따른 구술심리신청서를 별도로 첨부하시기 바랍니다.

「행정심판법」 제28조 및 같은 법 시행령 제20조에 따라 위와 같이 행정심판을 청구합니다.

년 월 일

청구인 (서명 또는 인)

○○행정심판위원회 귀중

첨부서류	1. 대표자, 관리인, 선정대표자 또는 대리인의 자격을 소명하는 서류(대표자, 관리인, 선정대표자 또는 대리인을 선임하는 경우에만 제출합니다) 2. 주장을 뒷받침하는 증거서류나 증거물	수수료 없음

국선대리인 제도 안내

1. 제도개요

청구인이 경제적 능력으로 인해 대리인을 선임할 수 없는 경우에는 행정심판위원회에 국선대리인을 선임해 줄 것을 신청할 수 있습니다

2. 신청자격

가. 「국민기초생활 보장법」 제2조제2호에 따른 수급자

나. 「한부모가족지원법」 제5조 및 제5조의2에 따른 지원대상자

다. 「기초연금법」 제2조제3호에 따른 기초연금 수급자

라. 「장애인연금법」 제2조제4호에 따른 수급자

마. 「북한이탈주민의 보호 및 정착지원에 관한 법률」 제2조제2호에 따른 보호대상자

바. 그 밖에 행정심판위원회의 위원장이 경제적 능력으로 인해 대리인을 선임할 수 없다고 인정하는 사람

3. 신청절차

국선대리인의 선임을 신청하려는 청구인은 「행정심판법 시행규칙」 별지 제27호의2서

식에 따른 국선대리인 선임 신청서를 제출해야 하며, 신청자격에 해당하는 사람이라는 사실을 소명하는 서류를 함께 제출해야 합니다.

구술심리 제도 안내

1. 제도개요
   행정심판의 심리는 구술심리나 서면심리로 합니다. 다만, 당사자가 구술심리를 신청한 경우에는 서면심리만으로 결정할 수 있다고 인정되는 경우 외에는 구술심리로 진행합니다.
2. 신청절차
   당사자가 구술심리를 신청하려면 행정심판위원회에 「행정심판법 시행규칙」 별지 제39호서식의 구술심리 신청서를 제출하거나 구술로 신청해야 합니다.

처리절차

청구서 작성	➜	접수	➜	재결	➜	송달
청구인		○○행정심판위원회		○○행정심판위원회		

다. 항목별 작성방법

구분	내용
청구인	1. 청구인의 성명과 주민등록번호를 기재합니다. 주민등록번호는 사건진행 현황 조회시 사건번호를 모르는 경우 필요합니다. ※ 청구인이 여러 명일 경우에는 별도의 용지에 청구인들의 이름, 주민등록번호, 주소 등을 각각 기재해 첨부할 수 있으며, 필요에 따라 3명 이하의 대표자를 선정할 수 있습니다. 2. 연락가능한 전화번호, 휴대전화번호, E-mail 주소 등을 기재합니다. 휴대전화번호, E-mail주소는 심판진행 과정에서의 각종 SMS, E-mail 안내를 위해 필요합니다. 3. 주소는 주민등록표상 주소, 거주하는 장소를 기재하여, 주소 외에 행정심판 관련서류를 받고자 하는 장소가 있는 경우에는 송달장소란에 기재할 수 있습니다.
대리인	1. 행정심판법에서 정하는 아래의 **대리인**이 **선임된 경우 기재**합니다. ·법정대리인 ·청구인의 배우자, 청구인 또는 배우자의 사촌 이내의 혈족 ·청구인이 법인이거나 청구인 능력이 있는 법인이 아닌 사단 또는 재단인 경우 그 소속 임직원 ·변호사 ·다른 법률의 규정에 의해 심판청구의 대리를 할 수 있는 자 ·그 밖에 행정심판위원회의 허가를 받은 자 2. 대리인이 개인인 경우, 대리인의 성명과 주민등록번호를 기재하며, 법인이나 단체인 경우 법인이나 단체의 이름을 법인/단체명란에 기재하고 대표자의 성명을 대표자성명란에 기재한 후, 법인이나 단체의 법인번호나 사업자등록번호 또는 대표자 주민등록번호 등을 기재합니다. 대리인이 법무법인, 노무법인 등의 구성원인 변호사 또는 노무사인 경우에는 해당 구성원을 대표자란에 기재합니다. 대리인의 기재사항은 법인·단체인 청구인의 기재사항을 참고하시기 바랍니다. 3. 대리인의 유형은 반드시 기재해야 합니다. 4. 대리인의 주소를 기재합니다. 대리인이 선임된 사건은 심판진행과정에서 발생하는 각종 통지 및 문서의 송달을 대리인의 주소지나 연락처로 합니다.

재결청	1. 재결청(심리의결기관)은 피청구인의 상급관청, 감독관청 등으로 귀하의 심판청구에 대해 최종적인 판단인 재결을 하는 행정기관을 말합니다. (예시) 피청구인이 "경기지방경찰청장"일 경우 재결청은 그 상급관청인 "경찰청장"이 됨.
피청구인	1. 행정심판의 상대방으로 반드시 기재해야 합니다. 2. 피청구인이란 귀하께서 행정심판을 청구한 행정기관으로서, 귀하께서 무효 위법 또는 부당하다고 주장하시는 행정처분을 행한 행정기관을 말합니다. 3. 피청구인의 명칭은 보통 귀하에 대한 처분을 한 행정기관의 장이 됩니다. 4. 피청구인의 기관검색 목록에 없는 기관은 온라인 행정심판이 지원되지 않거나 중앙 행정심판위원회의 소관이 아닌 기관입니다.
처분내용	1. 심판청구에서 다투고자 하는 행정기관의 처분내용을 기재합니다. (예시) 제0종 자동차운전면허 취소처분, 제0종 자동차운전면허 정지처분, 제0종 자동차연습면허 취소처분 2. 일정한 신청 또는 청구에 대해 아무런 처분을 하지 아니하는 것에 대한 심판청구인 경우에는 "OOO부작위처분" 으로 기재합니다. 3. 처분의 내용은 행정심판의 대상물을 확정하는 것이므로 반드시 기재해야 합니다.
처분일	1. 심판대상인 처분을 알게 된 날을 기재합니다. 문서로써 처분을 통지받은 경우 문서에 기재된 날이 아닌 실제로 처분을 알게 된 날을 기재합니다. (예시) 행정관청으로부터 2025년 1월 20일부터 2025년 1월 30일까지 처분을 한다는 내용의 문서를 2025년 1월 10일 발송해 2025년 1월 15일 수령하였다면 처분일은 2025년 1월 15일입니다. 2. 처분일을 잘 모를 경우 기재하지 않아도 됩니다.
고지여부 및 고지내용	1. 행정관청이 처분당시 처분에 대해 불복하고자 하는 경우의 절차 및 기한 등에 대해 청구인에게 알려주었는지 여부와 알려준 내용을 기재합니다. 2. 대부분의 고지는 처분을 한 문서에 기재되므로 처분을 한 문서의 내용을 확인 후 고지 유무를 기재하고, 고지의 내용은 처분한 문서에 기재된 내용을 옮겨 적으시면 됩니다. 3. 고지여부 및 고지내용을 잘 모를 경우 기재하지 않아도 됩니다.
청구취지	1. 행정심판을 청구해 재결청으로부터 구하고자 하는 재결의 내용을 간략히 기재합니다. (예시) - 면허취소처분 ·피청구인이 2025. 00. 00. 청구인에게 한 제0종 00운전면허 취소처분을 취소한다. ·피청구인이 2025. 0. 0. 청구인에게 한 제0종 00운전면허 취소처분을 110일의 제0종 00운전면허 정지처분으로 변경한다. - 면허정지처분 · 피청구인이 2025. 00. 00. 청구인에게 한 000일의 제0종 00운전면허 정지처분을 취소한다. - 연습면허취소처분 ·피청구인이 2025. 00. 00. 청구인에게 한 제0종 00연습운전면허 취소처분을 취소한다. 2. 청구취지는 반드시 기재해야 합니다.
청구원인	행정심판을 청구하게 된 이유와 처분의 위법·부당성 등에 대한 청구인의 구체적인 주장으로 **반드시 기재**해야 합니다. 청구원인의 기재는 따로 형식이 정해진 것은 아니나 일반적으로 다음과 같은 순서로 기재합니다. 1. 이 건 처분에 이르게 된 경위 - 청구인이 처분 등을 받게 된 경위를 육하 원칙에 따라 기재합니다. 2. 이 건 처분의 위법·부당성 - 피청구인의 처분이 위법하거나 부당하다고 생각하는 이유와 근거를 제시합니다. 3. 결 론 - 청구인이 결론적으로 주장하고자 하는 바를 기재합니다. ※ 청구원인은 본란에서 직접 작성하거나 워드프로세서로 작성해 파일로 제출해도 됩니다. ※ 별지의 청구취지와 청구원인 이외의 심리에 유리하게 작용되리라 예상되는 서류(진정서, 탄원서, 주민등록등·초본, 호적등본, 재직증명서, 표창장 등 각종 상장, 사업자등록증, 장애인수첩 등)를 첨부하셔도 됩니다.

증거서류	청구인의 주장을 입증할 증거서류를 첨부합니다. ※ 증거서류 외에도 사건과 관련해 청구인에게 유리하다고 생각되는 모든 자료를 제출할 수 있습니다. 예 : 진정서, 탄원서, 주민등록등·초본, 호적등본, 재직증명서, 표창장 등 각종 상장, 사업자등록증, 장애인수첩 등

라. 음주운전 행정심판에서 구제가 되지 않는 사례

(1) 청구인의 위반행위가 규제 「도로교통법」 제93조제1항에 따라 반드시 취소하도록 규정하고 있는 경우

- 삼진아웃에 해당하는 경우
- 음주측정에 불응자
- 운전면허 발급 결격사유가 있는 사람이 면허를 취득한 경우
- 허위 또는 부정한 방법으로 운전면허를 취득한 경우
- 정지기간 중에 운전면허증 또는 운전면허증을 대신하는 증명서를 발급받은 경우
- 수시 또는 정기 적성검사를 받지 않았거나 또는 불합격한 경우
- 자동차나 원동기 장치 자전거를 훔치거나 빼앗은 경우
- 단속 중인 경찰공무원 등을 폭행한 자
- 미등록 자동차를 운전한 자
- 연습운전면허의 취소사유가 있었던 자
- 다른 법률에 따라 다른 행정기관의 장이 운전면허의 취소처분을 요청한 자

(2) 청구인의 법규위반 정도가 중대하여 심판청구를 기각한 사례

- 자동차를 이용한 범죄로 면허가 취소된 전력이 있는데 음주운전으로 면허가 취소된 사건
- 10년 이내 사망사고전력이 있던 청구인이 음주운전으로 면허가 취소된 사건
- 운전면허정지기간 중에 운전을 한 경우
- 자동차를 이용한 범죄(감금)를 범한 경우
- 청구인이 운전면허증을 대여한 경우

(3) 행정심판 청구요건을 충족하지 못해 대상이 되지 않은 대표적인 각하 사례

- 청구기간이 경과한 경우(처분 사실을 알게 된 날부터 90일, 있은 날부터 180일 초과)
- 처분성이 없는 경우(단순 벌점부과, 결격기간 부여)

[서식 1] 자동차운전면허정지처분취소청구서

<table>
<tr><td colspan="5">행 정 심 판 청 구 서</td></tr>
<tr><td rowspan="2">청구인</td><td>① 성명</td><td>○○○</td><td>② 주민등록번호</td><td>630120 - 0000000</td></tr>
<tr><td>③ 주소</td><td colspan="3">○○시 ○○구 ○○동 ○○번지</td></tr>
<tr><td>④ 선정대표자·관리인 또는 대 리 인</td><td colspan="4">○○○ 홍길동
○○시 ○○구 ○○동 ○번지</td></tr>
<tr><td>⑤ 피청구인</td><td colspan="2">○○지방경찰청장</td><td>⑥ 재결청</td><td>행정자치부</td></tr>
<tr><td>⑦ 청구대상인 처분내용</td><td colspan="4">피청구인이 20○○.○○.○○. 청구인에 대하여 한 ○○일(20○○.○○.○○~20○○.○○.○○.)의 제○종 ○○운전면허정지처분</td></tr>
<tr><td>⑧ 처분있음을 안날</td><td colspan="4">20○○.○○.○○.</td></tr>
<tr><td>⑨ 심판청구 취지·이유</td><td colspan="4">(별지 기재와 같음)</td></tr>
<tr><td>⑩ 처분청의 고지유무</td><td colspan="2">처분시 행정심판청구에 대한 고지(안내)가 있었는지를 기재합니다.</td><td>⑪ 고지내용</td><td>처분청의 기재(안내) 내용을 기재합니다.</td></tr>
<tr><td>⑫ 증거서류 (증거류)</td><td colspan="4">운전면허정지처분결정통지서 사본
(이외에 청구인이 자신의 주장을 입증하거나, 기타 참고자료로 제출하기를 바라는 서류의 목록을 기재합니다.)</td></tr>
<tr><td>⑬ 근거법조</td><td colspan="4">행정심판법 제28조, 행정심판법시행령 제18조</td></tr>
<tr><td colspan="5">위와 같이 행정심판을 청구합니다.
20○○. ○○. ○○.
청구인 ○ ○ ○
서울특별시지방경찰청장 귀하</td></tr>
<tr><td colspan="4" rowspan="2">※ 첨부서류 : 청구서부본(청구서 및 증거서류의 사본을 말합니다.)</td><td>수수료</td></tr>
<tr><td>없음</td></tr>
</table>

[서식 2] 자동차운전면허취소처분취소청구서

<table>
<tr><td colspan="5">행 정 심 판 청 구 서</td></tr>
<tr><td rowspan="2">청구인</td><td>① 성명</td><td>○○○</td><td>② 주민등록번호</td><td>630120 - 0000000</td></tr>
<tr><td>③ 주소</td><td colspan="3">○○시 ○○구 ○○동 ○○번지</td></tr>
<tr><td>④ 선정대표자·관리인 또는 대 리 인</td><td colspan="4">○○○ 홍길동
○○시 ○○구 ○○동 ○번지</td></tr>
<tr><td>⑤ 피청구인</td><td colspan="2">○○지방경찰청장</td><td>⑥재결청</td><td>행정자치부</td></tr>
<tr><td>⑦ 청구대상인 처분내용</td><td colspan="4">자동차 운전면허 취소처분</td></tr>
<tr><td>⑧ 처분있음을 안날</td><td colspan="4">20○○.○.○.</td></tr>
<tr><td>⑨ 심판청구 취지·이유</td><td colspan="4">(별지 기재와 같음)</td></tr>
<tr><td>⑩ 처분청의 고지유무</td><td colspan="2">행정심판청구에 대한 고지(안내)가 있었음</td><td>⑪고지내용</td><td>운전면허취소처분에 대한 이의시 행정심판청구방법</td></tr>
<tr><td>⑫ 증거서류 (증거류)</td><td colspan="4">1. 운전면허취소결정통지서, 2. 재직증명서,
3. 경위서, 4. 주민등록등본,
5. 기타 청구인이 제시하기를 원하는 서류</td></tr>
<tr><td>⑬ 근거법조</td><td colspan="4">행정심판법 제28조, 행정심판법시행령 제18조</td></tr>
<tr><td colspan="5">위와 같이 행정심판을 청구합니다.

20○○. ○○. ○○.

청구인 ○ ○ ○

서울특별시지방경찰청장 귀하</td></tr>
<tr><td colspan="4" rowspan="2">※ 첨부서류 : 청구서부본</td><td>수수료</td></tr>
<tr><td>없음</td></tr>
</table>

[서식 3] 자동차운전면허취소처분청구 (3회 이상 음주운전)

행 정 심 판 청 구

재결 요지

피청구인은 청구인이 혈중알코올농도 0.055%의 술에 취한 상태에서 음주운전을 하였다는 이유로 이 사건 처분을 하였으나, 위 인정사실에 따르면 이 사건 사고를 조사한 경찰공무원이 호흡에 의한 청구인의 혈중알코올농도가 0.045%로 측정되자 위드마크공식을 적용하지 아니한 채 청구인을 훈방한 점, 청구인은 경찰공무원으로부터 통보받은 호흡측정에 의한 음주측정결과를 신뢰하여 채혈측정을 요구할 필요성이 없었던 사실이 인정되는 점 등을 고려하면, 이 사건 사고 당시 청구인의 혈중알코올농도 수치는 「도로교통법」상 운전이 금지되는 정도에 이르지 않는다는 것에 대한 신뢰가 형성되었다고 인정되는 상황에서 피청구인이 이 사건 사고 후 약 32일이 경과한 뒤에 청구인에게 채혈측정의 기회를 부여하지 아니한 채 호흡측정에 의한 혈중알코올농도 0.045%에 위드마크공식을 적용하여 산출한 결과(혈중알코올농도 0.055%)에 의존하여 행한 이 사건 처분은 위법 · 부당하다.

청 구 인 김 ○ ○(511111-1234567, 연락처 : 011-200-0000)
대전 대덕구 덕암동 51의 1 11통 1반 102번지
피청구인 충남지방경찰청장
재결청 경찰청장
청구대상인 처분대상 : 자동차운전면허취소처분

청 구 취 지

피청구인이 2014. 8. 1. 청구인에게 한 2014. 9. 2.자 제1종 대형, 제1종 보통 운전면허 취소처분을 취소한다.
라는 재결을 구합니다.

청 구 원 인

1. 사건개요

청구인이 2014. 6. 21. 혈중알코올농도 0.055%의 술에 취한 상태에서 운전하다가 적발되자 피청구인은 2014. 8. 1. 청구인이 3회 이상 음주운전을 했다는 이유로 청구인의 운전면허를 취소(이하 '이 사건 처분'이라 한다)하였다.

2. 관계법령

도로교통법 제93조제1항제2호

도로교통법 시행규칙 제91조제1항, 별표 28 중 2. 취소처분 개별기준 일련번호란 2

3. 인정사실

청구인과 피청구인이 제출한 자료에 따르면 다음과 같은 사실을 인정할 수 있다.

가. 청구인은 이 사건 당시 택배배송을 하던 자로서 1998. 5. 4. 제1종 보통운전면허를 취득한 이래 1회의 교통사고전력(2013. 11. 13. 중상 1명 · 물적 피해)과 5회의 교통법규위반전력(2009. 6. 29, 2012. 3. 28. 각각 음주운전 등)이 있다.

나. 청구인은 2009. 6. 29. 의정부경찰서 관내에서 음주운전(혈중알코올농도 0.080%)으로 적발되었고, 2012. 3. 28. 의정부경찰서 관내에서 음주운전(혈중알코올농도 0.068%)으로 적발되었으며, 2014. 6. 21. 07:10경 술에 취한 상태에서 아반떼 승용차를 운전하다가 경기도 의정부시 본원로에 있는 ○○슈퍼 앞길에서 신호를 위반하여 진행하던 다른 아반떼 승용차에 충격되는 교통사고를 당하였고, 위 사고를 조사하는 과정에서 음주운전한 사실이 적발되어 같은 날 08:27경 음주측정을 한 결과 혈중알코올농도가 0.045%로 측정되자 훈방되었다.

다. 의정부경찰서 경비교통과 교통조사팀 소속 경찰공무원은 2014. 7. 24. 청구인을 의정부경찰서로 출석시켜 주취운전자 적발보고서, 피의자신문조서 등을 작성하면서 이 사건 사고 당일 음주측정에 의한 청구인의 혈중알코올농도에 사고시부터 측정시까지의 시간(77분) 경과에 따른 혈중알코올농도감소분 0.010%(위드마크공식을 적용하여 산출한 것)를 합산하여 청구인의 혈중알코올농도를 0.055%로 추정하였다.

라. 이에 따라 피청구인은 2014. 8. 1. 청구인에게 이 사건 처분을 하였다.

마. 이 사건 적발 당시 피청구인이 청구인에게 혈액채취 등의 방법으로 다시 음주측정할 수 있음을 알렸다고 볼 만한 자료는 확인되지 않는다.

4. 이 사건 처분의 위법 · 부당 여부

가. 관계법령의 내용

「도로교통법」 제44조제1항에 따르면 누구든지 술에 취한 상태에서 자동차를 운전할 수 없도록 되어 있고, 같은 조제2항에 따르면 경찰공무원은 교통의 안전과 위험방지를 위하여 필요하다고 인정하거나 제1항을 위반하여 술에 취한 상태에서 자동차를 운전하였다고 인정할 만한 상당한 이유가 있는 경우에는 운전자가 술에 취하였는지를 호흡조사로 측정할 수 있고, 이 경우 운전자는 경찰공무원의 음주측정에 응하도록 되어 있으며, 같은 조 제3항에 따르면 측정결과에 불복하는 운전자에 대하여는 그 운전자의 동의를 받아 혈액채취 등의 방법으로 다시 측정할 수 있다고 되어 있고, 같은 법 제93조제1항제2호에 따르면 같은 법 제44조제1항 또는 제44조제2항 후단을 2회 이상 위반한 사람이 다시 제44조제1항을 위반하여 운전면허 정지사유에 해당된 때에는 반드시 운전면허를 취소하도록 되어 있다.

나. 판단

1) 음주운전에 대한 행정처분은 음주운전 당시의 혈중알코올농도를 기준으로 삼아야 할 것이며, 음주운전시점과 음주측정시점이 다른 경우 음주운전시점의 혈중알코올농도를 추정함에 있어서는 당사자의 평소 음주정도, 체질, 음주속도, 음주 후 신체활동의 정도 등 다양한 요소들이 시간당 감소치에 영향을 미칠 수 있으나 그 시간당 감소치는 대체로 0.03%에서 0.008% 사이라는 것은 이미 알려진 신빙성 있는 통계자료에 의하여 인정되고 있으므로, 피청구인이 청구인의 호흡측정에 의한 혈중알코올농도에 위드마크공식을 적용하여 음주사고 당시 청구인의 혈중알코올농도를 0.055%로 추정하여 행한 피청구인의 이 사건 처분은 일응 적법·타당한 처분인 것으로 보일 수 있기는 하나, 「도로교통법」 제44조제2항에 의하여 경찰공무원이 운전자가 술에 취하였는지의 여부를 알아보기 위하여 실시하는 측정은 호흡에 의한 것으로 이해하여야 할 것이고, 한편 같은 조 제3항에서 제2항의 규정에 의하여 술에 취하였는지의 여부를 측정한 결과에 불복하는 운전자에 대하여는 그 운전자의 동의를 얻어 혈액채취 등의 방법으로 다시 측정할 수 있다고 되어 있으므로, 운전자가 호흡측정의 결과에 불복하고 혈액채취의 방법에 의한 측정을 요구하는 경우에 경찰공무원은 이에 응하여야 하며, 경찰공무원이 운전자에게 혈액채취의 방법에 의한 측정을 요구할 수 있는 기회를 주지 않았다거나 운전자의 정당한 요구에도 불구하고 혈액채취의 방법에 의한 측정을 실시하지 않았다면 호흡측정의 결과만으로 운전자의 주취운전사실을 증명할 수는 없다고 할 것이다.

2) 피청구인은 청구인이 혈중알코올농도 0.055%의 술에 취한 상태에서 음주운전을 하였다는 이유로 이 사건 처분을 하였으나, 위 인정사실에 따르면 이 사건 사고를 조사한 경찰공무원이 호흡에 의한 청구인의 혈중알코올농도가 0.045%로 측정되자 위드마크공식을 적용하지 아니한 채 청구인을 훈방한 점, 청구인은 경찰공무원으로부터 통보받은 호흡측정에 의한 음주측정결과를 신뢰하여 채혈측정을 요구할 필요성이 없었던 사실이 인정되는 점 등을 고려하면, 이 사건 사고 당시 청구인의 혈중알코올농도 수치는 「도로교통법」상 운전이 금지되는 정도에 이르지 않는다는 것에 대한 신뢰가 형성되었다고 인정되는 상황에서 피청구인이 이 사건 사고 후 약 32일이 경과한 뒤에 청구인에게 채혈측정의 기회를 부여하지 아니한 채 호흡측정에 의한 혈중알코올농도 0.045%에 위드마크공식을 적용하여 산출한 결과(혈중알코올농도 0.055%)에 의존하여 행한 이 사건 처분은 위법·부당하다.

증 거 방 법

1. 증 제1호증　　　　자동차운전면허취소통지서

1. 증 제2호증	가족관계등록사항별증명서
1. 증 제3호증의 1	사업자등록증
2, 3	사진
1. 증 제4호증의 1	형사제1심소송기록표지
2	의견서
3	공소장
4	범죄인지보고
5	음주운전자적발보고서
6	주취운전자정황진술보고서
7	피의자신문조서
8	자동차운전면허대장
9	교통법규위반, 교통사고야기이력
1. 증 제5호증의 1, 2	부채증명원
1. 증 제6호증의 1 내지 3	진정서 및 탄원서

첨 부 서 류

1. 위 증거방법 각 1통

20○○. ○○. ○○.

위 청구인 김 ○ ○

국무총리 행정심판 위원회 귀중

[주] 1. 행정심판의 의의

행정청의 위법·부당한 처분이나 부작위 등으로 인하여 권리와 이익을 침해당한 자가 그 구제를 위해 상급행정청에 시정을 요구하면 상급행정청에서 이를 심판하는 행정쟁송절차를 말합니다(행정심판법제1조).

교통운전자는 자동차를 운전하다 보면 교통법규 위반으로 인해 지방경찰청으로부터 운전면허 정지·취소 처분 등을 받는 경우도 있고 자동차 등록·관리 과정에서 시·도지사(시·도 조례로 권한이 위임된 경우는 시장·군수·구청장)로부터 처분을 받는 경우가 발생합니다.

이러한 행정청의 처분에 대해 그 처분이 옳은지 부당한지에 대한 판단은 최종적으로 법원이 하는 것이 원칙입니다. 하지만 법원의 판단을 구하는 소송은 그 절차가 까다롭고 비용이나 시간도 상당히 많이 소요되어 일반인들은 쉽게 제기하기가 어렵습니다.

그래서 행정청이 내린 처분에 대해 부당·가혹하다고 생각하는 일반국민들을 위해 행정심판이라는 제도를 마련하여 간편하고 신속하게 권리를 구제하고 있습니다.

2. 행정심판전치주의

「도로교통법」에 따르면, 교통법규 위반에 따른 행정처분에 대해서는 행정심판의 재결을 거친 후에 행정소송을 제기하도록 하여 행정심판전치주의를 채택하고 있습니다(도로교통법 제142조). 따라서 교통법규 위반에 따른 행정처분에 대해서는 바로 행정소송을 제기할 수 없습니다.
반면, 자동차 등록·관리에 관한 처분의 경우에는 「자동차관리법」에서 행정심판에 관해 따로 규정을 두고 있지 않으므로, 행정심판을 거치지 않고 바로 행정소송을 제기할 수 있습니다.

3. 행정심판의 청구기간
   · 처분이 있음을 안 날부터 : 90일 이내 제기
   · 처분이 있은 날부터 : 180일 이내 제기
   <예외>
   (가) 무효등확인심판이나 의무이행심판 : 청구기간 제한 없음
   (나) 행정처분 사실을 모르는 제3자 : 180일 이후에도 원칙적으로 가능
   따라서 두 가지의 청구기간 중 어느 하나라도 기간이 지나면 해당 심판청구는 부적법한 심판청구가 됩니다.

[서식 4] 자동차운전면허정지처분취소심판청구서 (불가피한 음주운전)

심 판 청 구 서

재 결 요 지

청구인이 운전면허취소기준치를 넘어 술에 취한 상태에서 자동차를 운전한 것은 사실이나, 호우와 그에 따른 저수지 방류로 인해 하류에 위치한 하상주차장에 주차해 둔 청구인의 차량이 하천범람으로 물에 잠겨 떠내려갈지도 모르는 긴급한 상황에 처하게 되자 위 차량을 우선 안전한 장소로 이동시키기 위해 불가피하게 운전하게 된 사정으로 그 운전경위에 참작할만한 사정이 있는 점, 청구인이 운전면허를 취득한 이래 19년 7개월 동안 사고 없이 운전한 점, 이 사건 음주운전으로 아무런 피해가 발생하지 않은 점 등을 고려할 수 있다.

청 구 인 ○ ○ ○
피청구인 ○○지방경찰청장
재결청 경찰청장

청 구 취 지

피청구인이 2007. 10. 9. 청구인에게 한 2007. 11. 9.자 제1종 보통운전면허취소처분을 취소한다.

청 구 원 인

1. 사건개요 청구인이 2007. 9. 14. 혈중알코올농도 0.197%의 술에 취한 상태에서 운전했다는 이유로 피청구인이 2007. 10. 9. 청구인의 운전면허를 취소하였다.
2. 청구인 주장 청구인이 ○○리 하상주차장에 화물차를 주차해 놓고 술을 마시던 중 국지성 집중호우와 △△저수지의 방류시간과 맞물려 □□주차장 하천이 갑자기 불어나 차량의 바퀴까지 물에 잠기고 차량이 떠내려 갈 정도로 범람하여, 급한 마음에 제방위 안정지대로 차량을 옮기려고 약 3미터 가량 이동하다 급류에 밀려 바퀴 한쪽이 하상주차장 다리 보도블록에 걸려 움직이지 못하고 지체하는 사이 경찰이 출동하여 음주운전으로 단속, 운전면허가 취소되었는바, 범람한 하천으로 인해 차량을 이동하기 위해 불가피하게 짧은 거리를 운전한 점, 농업에 종사하는 관계로 운전면허가 꼭 필요한 점 등을 고려할 때 이 사건 처분은 위법·부당하다.
3. 관계법령 도로교통법 제93조제1항제1호 도로교통법 시행규칙 별표 28중 2. 취소처분 개별기준의 일련번호란 2
4. 인정사실 청구인과 피청구인이 제출한 자료에 의하면 다음과 같은 사실을 인정할 수 있다.

   가. 청구인은 이 사건 당시 농업에 종사하던 자로서, 1988. 1. 22. 제1종 보통운전면허

를 취득한 이래 교통사고전력은 없고, 3회의 교통법규위반전력(2004. 2. 26. 제한속도 위반 등)이 있다.

나. 청구인은 2007. 9. 14. 21:20경 술에 취한 상태에서 화물차를 운전하다가 충청북도 ○○군 ○○읍 ○○리에 있는 □□주차장 도로상에서 신고를 받고 출동한 경찰관에게 적발되어 음주측정을 한 결과 혈중알코올농도가 0.178%로 측정되자 이에 불복하고 채혈을 요구하여 같은 날 22:27경 혈액을 채취하여 국립과학수사연구소에 감정을 의뢰한 결과 혈중알코올농도가 0.197%로 측정되었다.

다. ○○경찰서 △△지구대 소속 경사 ○○○ 작성의 도로교통법위반 피의자 검거보고에 의하면, " ○○경찰서 △△지구대 관내 112 순찰 근무 중 불상의 운전자로부터 □□주차장 내 다리위에 사람이 탑승한 채 차량이 빠져있다는 제보를 받고 현장에 임한바, 위 차량 내에 피의자가 탑승한 채 차량을 빼기 위하여 시동을 건 상태로 엑셀레이터를 밟고 있어 일응 안전지대로 피신을 시키기 위해 위 차량에서 내리라고 하자 ' 음주운전을 하였다. 미안하다 ' 고 진술하므로 피의자를 △△지구대로 임의동행하여 입안을 물로 헹구게 한 후 측정기를 이용하여 측정한바, 전기 측정수치로 확인되므로 동인을 도로교통법 위반(음주운전)으로 검거, 단속한 것임 " 이라고 기재되어 있다.

라. 청구인이 2007. 9. 30. 서명·무인한 피의자신문조서에 의하면, 청구인이 2007. 9. 14. ○○읍 ○○리에 있는 하상주차장내 도로상에 화물차를 주차시켜 놓고, 1차로 소주 2잔을 마시고 같은 날 20:00경부터 21:00경까지 근처 상호불상의 단란주점에서 혼자 맥주(2홉) 6-7병을 마시고 나서 밖으로 나와 보니 비가 많이 내려 주차되어 있는 위 차량을 다른 곳으로 이동시키기 위해 약 3미터 정도 운전을 하다 운전부주의로 하상주차장 다리난간에 우측 바퀴가 걸쳐서 더 이상 운전을 하지 못하였다고 진술한 사실이 기재되어 있다.

마. 한국농촌공사 ○○지사에서 작성한 △△저수지 저수량 하천방류 계획 알림(수신자 : ○○군수, ○○경찰서장, ○○청소년수련원, ○○읍장)에 의하면, "① 현재저수상황(2007. 9. 14. 09:00) - 수위 : 97.80(EL,m), 저수율 : 76.0% 16,579천톤, ② 방류계획(레디얼 게이트) - 방류시간 : 2007. 9. 14.(금) 12:00- - 방류호기 : 2, 3호기 20㎝, 초당방류 : 17.6톤/sec - 기타 : 기상상황에 따라 방류시간 및 방류량은 변동이 있을시 사전에 전언 및 전송으로 연락, ③ 협조사항 - △△하상 주차장 차량통제(내일은 ○○장날이므로 각별한 주의가 요구됨) ○○청소년 수련원 학생안전대비 지도 등 하류지역 피해가 없도록 조치. 끝. " 으로 기재되어 있다.

바. ○○기상대장 작성의 기상현상 증명서에 의하면, 2007. 9. 14. 14:00부터 24:00까지 청주 지방의 강수량(㎜) 합계는 54.5, 시간당 강수량이 19:00 - 4.0, 20:00 - 0.5, 21:00 - 8.0, 22:00 - 12.0으로 기재되어 있다.

사. 국무총리행정심판위원회의 직권조사에 의하면, 2007. 9. 14. 12:00부터 △△저수지의 저수량 조절을 위해 하천방류가 이루어졌고, 단속경찰관이 택시기사 신고를 받고 현장에 도착하였을 당시, 비가 계속 내리는 상태였으며, 청구인의 차량이 하천다리 중간 부분에서 우측 조수석 바퀴가 다리 난간에 걸쳐 움직이지 못하는 상태

에 있었고, 하천의 물이 주차장 위로 범람하여 성인의 발목 정도까지 물이 차오르고 있었다.

5. 이 사건 처분의 위법·부당 여부 청구인이 운전면허취소기준치를 넘어 술에 취한 상태에서 자동차를 운전한 것은 사실이나, 위 인정사실에 의하면, 호우와 그에 따른 저수지 방류로 인해 하류에 위치한 □□주차장에 주차해 둔 청구인의 차량이 하천범람으로 물에 잠겨 떠내려갈지도 모르는 긴급한 상황에 처하게 되자 위 차량을 우선 안전한 장소로 이동시키기 위해 불가피하게 운전하게 된 사정으로 그 운전경위에 참작할 만한 사정이 있는 점, 청구인이 운전면허를 취득한 이래 19년 7개월 동안 사고 없이 운전한 점, 이 사건 음주운전으로 아무런 피해가 발생하지 않은 점 등을 고려할 때 이 사건 처분은 다소 가혹하다. 6. 결 론 그렇다면 청구인의 주장을 일부 인정할 수 있으므로 이 사건 처분을 감경하기로 하여 주문과 같이 의결한다.

입 증 방 법

1. 소갑 제1호증 면허취소결정통지서
1. 소갑 제2호증 재직증명서
1. 소갑 제3호증 운전경력증명서
1. 소갑 제4호증 음주경위서(○○○)
1. 소갑 제5호증 주민등록증 사본
1. 소갑 제6호증 자술서
1. 소갑 제7호증 탄원서
1. 소갑 제8호증 주민등록증 사본

그 밖의 입증방법은 심판의 진행에 따라 수시로 제출하겠습니다.

첨 부 서 류

1. 위 입증방법 각 1통
1. 심판청구서부본 1통
1. 위임장 1통

20○○년 ○월 ○일

위 청구인의 대리인
변호사 ○ ○ ○ (인)

○○지방경찰청장 귀중

[서식 5] 자동차운전면허정지처분취소심판청구서 (화물차음주운전)

심 판 청 구 서

청 구 인 장 호 민
○○시 ○○구 ○○동 ○○

청구대리인 변 호 사 김 길 동
○○시 ○○구 ○○동 ○○ (우편번호 ○○○ - ○○○)

피청구인 ○○지방경찰청장, 재결청 경찰청장

청구대상인 처분내용 자동차운전면허 정지처분
처분있음을 안날 20○○. ○. ○.
심판청구 취지 및 이유 (별지 기재와 같음)
처분청의 고지유무 있음 고지내용 음주운전
증거서류 별지 기재와 같음
근거법조 행정심판법 제28조, 동법시행령 제18조

위와 같이 행정심판을 청구합니다.

20○○년 ○월 ○일

위 청구대리인
변호사 김 길 동 (인)

○○지방경찰청장 귀하

[별 지]

청 구 취 지

피청구인이 20○○. ○. ○.자로 음주운전을 사유로 청구인에 대하여 한 자동차 운전면허 정지처분은 이를 취소한다.
라는 재결을 구합니다.

청 구 이 유

1. 청구인은 19○○. ○. ○. ○○북도 지사로부터 제1종 보통 운전면허증을 취득하여 ○○정기화물주식회사에서 8ton 화물자동차를 운전한 것을 시작으로 현재까지 줄곧 자동차 운전으로 생업을 유지해 왔으며 주식회사 ○○화학의 화물자동차 운전기사로 재직하고 있었습니다.
2. 청구인의 음주경위
   가. 청구인은 20○○. ○. ○. ○○:○○경 ○○동 소재 형님집에서 형님과 함께 맥주 3홉들이 2병을 나눠 마시고 새벽 0시 20분경 가족들을 태우고 귀가하던 도중 집근처 대로변에서 간이검문소를 설치하고 운전자의 음주측정을 실시하고 있는 경찰관의 지시에 따라 음주측정에 응하였습니다.
   나. 당시 청구인은 형님집에 가족들과 함께 차로 갔기 때문에 맥주컵으로 1잔반 정도밖에 마시지 않았고 또한, 술 마신 후 3~4시간을 보냈으므로 이전의 경험에 비추어 음주측정을 받아도 아무 문제가 없으리라 생각하여 순순히 측정에 응하였던 것입니다. 또한 측정결과도 단속기준에 해당하지 않았던지, 측정결과를 확인하던 경찰관은 고개를 갸우뚱하며 "또 기계가 잘못됐나…"하고 혼잣말하며 다시 측정해보자고 하여 이에 응하였습니다. 그런데도 음주측정수치가 생각했던 것만큼 나오지 않았던지 재차 측정을 요구하였습니다.
   다. 3차 측정결과 그 수치가 0.085%가 나왔다고 기계를 청구인에게 내밀며 운전면허 정지사유에 해당한다고 하였습니다. 이에 대해 본인은 그 측정결과를 인정할 수 없으므로 재차 공정하고 정확한 측정을 요구하였습니다. 단속경찰관은 종전에 사용하였던 측정기를 가지고 재차 2회 측정하며 단속기준인 면허정지에 해당한다는 말만 반복하였습니다. 청구인은 이 결과는 도저히 인정할 수 없다고 항변하였으나, 이는 받아들여지지 않았습니다.
   라. 그 후 청구인은 경찰서에서도 이러한 측정결과를 도저히 인정할 수 없다고 하였음에도 청구인의 주장은 끝내 받아들여지지 않았습니다.
3. 이상과 같이 이건 음주측정 결과는 공정하고 정확한 측정결과가 아니므로 이를 근거로 피청구인이 청구인의 운전면허를 정지함은 부당하며, 또한 가사 실제 음주측정치가 0.085%라 하더라도 청구인이 운전을 하게된 경위, 음주의 정도 기타 제반사정을 고려

한다면 피청구인의 운전면허 정지처분은 재량권을 일탈 혹은 남용한 행위라 보여지므로 그 처분을 취소하여 주시기 바랍니다.

입 증 방 법

1. 소갑 제1호증 자동차운전면허정지통지서
1. 소갑 제2호증 재직증명서
1. 소갑 제3호증 경력증명서
1. 소갑 제4호증 주민등록등본
1. 소갑 제5호증 탄원서(회사동료)

첨 부 서 류

1. 위 입증방법 각 1통
1. 심판청구서부본 1통
1. 위임장(변호사선임서) 1통

20○○년 ○월 ○일

위 청구인의 대리인
변호사 김 길 동 (인)

○○경찰청장 귀하

[서식 6] 자동차운전면허취소처분취소심판청구서 (어민생선운반 음주운전)

<table>
<tr><td colspan="6">행 정 심 판 청 구</td></tr>
<tr><td rowspan="2">청 구 인</td><td>이 름</td><td>어 홍 기</td><td>주민등록
번 호</td><td colspan="2">222222-*******</td></tr>
<tr><td>주 소</td><td colspan="4">○○시 ○○구 ○○동 ○○</td></tr>
<tr><td>선정대표자 관리인
또는 대리인</td><td colspan="5">변호사 김 길 동
○○시 ○○구 ○○동 ○○(우편번호 ○○○ - ○○○)</td></tr>
<tr><td>피 청 구 인</td><td colspan="2">○○지방경찰청장</td><td>재 결 청</td><td colspan="2">경 찰 청 장</td></tr>
<tr><td>청구대상인 처분내용
(부작위의 전제가 되는
신청내용일자)</td><td colspan="5">자동차 운전면허 취소처분</td></tr>
<tr><td>처분 있음을 안 날</td><td colspan="5">20○○년 ○월 ○일</td></tr>
<tr><td>심판청구취지 이유</td><td colspan="5">별지기재와 같음</td></tr>
<tr><td>처분청의 고지유무</td><td colspan="2">20○○년 ○월 ○일</td><td>고 지
내 용</td><td colspan="2">자동차면허 취소</td></tr>
<tr><td>증거서류</td><td colspan="5">별지기재와 같음</td></tr>
<tr><td>근거법조</td><td colspan="5">행정심판법 제28조, 동 시행령 제18조</td></tr>
<tr><td colspan="6">위와 같이 행정심판을 청구합니다.

20○○년 ○월 ○일

청 구 인 어 홍 기 (인)

○○ 지방경찰청장 귀하</td></tr>
<tr><td>첨부서류</td><td>청구서부본</td><td></td><td>수 수 료</td><td colspan="2">없 음</td></tr>
</table>

[별 지]

청 구 취 지

20○○년 ○월 ○일자 제○○○호 피청구인의 청구인에 대한 자동차운전면허(서울 ○종 보통, 면허번호 : ○○○호)를 취소한다라는 운전면허취소처분은 이를 취소한다.
라는 재결을 구합니다.

청 구 이 유

1. 사건개요
청구인은 20○○. ○월경 서울에서 자동차운전면허(○종 보통)를 취득하고 그 뒤 계속해서 청구인 소유 자동차를 스스로 운전해 오던 중 20○○년 ○월 ○일 ○○시경 ○○시 ○○구 ○○동 ○○번지 앞도로에서 음주운전(혈중알콜농도 ○퍼센트)을 했다는 이유로 피청구인에 의해 같은 해 ○월 ○일 운전면허를 취소당하였고 다음날 취소처분통지를 받았습니다.

2. 피청구인의 처분의 위법 및 부당성
(1) 청구인은 20○○년 ○월 ○일 ○○시경 친구인 청구외 박진영집에서 소주1잔을 마시고 청구인의 자동차를 운전하여 귀가를 하던 중 경찰관에 의해 음주측정을 당하였습니다.
(2) 당시 음주측정을 하여 혈중알콜농도가 ○○%로 나타났는데, 음주측정결과는 청구인이 마신 술의 양, 음주후에 경과된 시간, 주취상태 및 음주후 운전태도, 운전거리 및 음주운정으로 인해 사고가 없던 점 등에 비춰볼 때 위 수치는 믿기 어려운 수치입니다.
(3) 한편, 청구인은 운전업에 종사하는 자로 20○○년 ○월 ○일 ○○지역의 어민들이 생산한 생선 등을 매일 ○○지역까지 운반해 주기로 계약을 체결한 상태인데, 만일 피청구인의 청구인에 대한 이건 운전면허취소처분이 취소되지 않는다면, 1년간 운전면허를 취득하지 못하여 생업에 막대한 지장을 받는 것은 변론하고 위 운송계약을 파기하게 되어 막대한 손해배상을 부담해야할 처지에 있습니다.
(4) 따라서 청구인의 이러한 제반 사정들을 잘 알고 있으면서 단지 음주측정기의 기계적인 수치만을 믿고 청구인의 운전면허를 취소한 피청구인의 이건 운전면허취소처분은 위와 같은 제반 사정에 비추어 볼 때 너무 가혹하며 적절한 재량권의 범위를 벗어난 위법, 부당한 처분이라 할 것입니다.

3. 따라서 위와 같은 제반 사정에 비춰볼 때 피청구인의 청구인에 대한 이건 운전면허취소는 재량권의 범위를 벗어난 위법, 부당한 처분이라 할 것이므로, 청구인은 신청취지

와 같은 결정을 구하고자 부득이 이건 청구에 이르게 되었습니다.

입 증 방 법

1. 소갑 제1호증 자동차운전면허취소통지서
1. 소갑 제2호증 인우보증서

첨 부 서 류

1. 위 입증방법 각 1통
1. 심판청구서부본 1통

○○지방경찰청장 귀중

[서식 7] 자동차운전면허취소처분취소심판청구 (회사업무차량 음주운전)

행 정 심 판 청 구

청 구 인 강 만 식
○○시 ○○구 ○○동 ○○ (우편번호 ○○○ - ○○○)

피청구인 ○○지방경찰청장, 재결청 경찰청장

청 구 취 지

피고가 20○○. ○. ○. 원고에 대하여 한 자동차운전면허(면허번호 : 서울○○-○○-○○○○○-○)의 취소처분을 취소한다.
라는 재결을 구합니다.

청 구 원 인

1. 청구인의 운전면허취득 및 피청구인의 운전면허취소처분 청구인은 1990. 5. 31. 서울특별시 지방경찰청장으로부터 제1종 보통 자동차운전면허(면허번호 : 서울○○-○○-○○○○○-○)를 취득한 후 10년 동안 음주운전 전력 없이 운전을 하여 오던 중 20○○. ○. ○. 23:00경 경찰관의 음주측정요구에 불응하였다는 이유로 피청구인은 20○○. ○. ○. 도로교통법 제78조의 규정을 들어 청구인의 위 운전면허를 취소하는 처분을 하였습니다.

2. 이 사건의 경위
   가. 청구인은 농민들이 생산하는 유기 농산물을 중간 유통과정을 거치지 않고 도시 소비자들에게 직거래 공급하는 "사단법인 한결"의 기획관리부 부장으로 근무하고 있습니다.
   나. 청구인은 20○○. ○. ○. 19:30경 사직원을 제출한 부하직원 홍진영을 설득하여 사표제출의 철회를 권유하였으나 주장을 굽히지 않기에 저녁을 먹으면서 설득시켜 보려고 외투와 가방을 사무실에 두고 식당으로 자리를 옮겨 저녁식사를 하면서 사표철회를 계속 설득하였습니다.
   다. 청구인과 위 홍진영은 저녁식사를 하면서 소주 1병과 맥주 1병을 시켜 나누어 마시면서 사표철회를 종용하였으나 설득이 되지 않아 "가족들과 상의한 후 내일 다시 의논하자"고 말하고 22:00경 식당을 나왔으며, 식당을 나온 후 위 홍진영을 먼저 보내려고 택시를 잡으려고 하였지만 20분이상이 지나도 택시를 잡을 수가 없었습니다.
   라. 그날따라 날씨가 너무 추운데다가 길거리에서 20분이상 서성거리다보니 직원 홍진

영이 춥고 한기가 든다고 하면서 청구인에게 회사차량으로 전철역까지만 태워 줄 것을 부탁하기에 청구인은 춥고 한기가 든다는 위 홍진영의 말을 거절할 수가 없어 100미터 정도 떨어진 도로 건너편 사무실에 가서 골목에 세워 둔 회사 업무용 차량을 운전하여 위 홍진영을 태우고 ○○전철역까지 바래다주러 가다가 약 100미터 정도 운행한 ○○사거리 부근 현대아파트 신호등 앞에서 신호대기 중 경찰관으로부터 음주측정요구를 받았습니다.

마. 청구인은 경찰관으로부터 음주측정을 요구받고 3차례에 걸쳐 입에 대고 불면서 측정에 응하였으나 너무 당황하고 놀란 나머지 기준대로 음주측정을 하지 못함으로서 측정거부로 입건되어 운전면허가 취소된 것입니다.

바. 청구인은 위 홍진영을 ○○전철역까지 태워주고 다시 사무실로 돌아와서 외투와 가방을 가지고 좌석버스를 타고 가려고 위 외투와 가방을 사무실에 그대로 두고 가던 중이었기 때문에 청구인의 집인 분당까지 운전할 의사는 당초부터 전혀 없는 상태였습니다.

3. 운전면허취소처분의 위법부당성

가. 피청구인의 청구인에 대한 이건 면허취소처분은 도로교통법 제78조의 규정에 의하여 마련된 동법 시행규칙 제53조 제1항에 정한 [별표16]의 운전면허행정처분의 기준의 "2항 취소처분개별기준 중 2-2"에 의하고 있고, 위 [별표16] 운전면허행정처분의 2. 취소처분개별기준 중 2-2 기준에 의하면 "술에 취한 상태에서 운전하거나 술에 취한 상태에 있다고 인정할 만한 상당한 이유가 있음에도 불구하고 경찰공무원의 측정요구에 불응한 때에는 운전자의 운전면허를 취소한다" 라고 규정하고 있습니다.

나. 그런데 위 시행규칙 제53조 제1항에 정한 [별표16]의 운전면허행정처분 기준은 그 규정의 성질과 내용으로 보아 운전면허의 취소처분 등에 관한 행정청 내부의 사무처리준칙을 규정한 것으로 행정조직 내부의 관계행정기관이나 직원을 기속함에 그치고 법원이나 국민을 기속하는 효력은 없다고 보아야 한다는 것이 대법원 판례(1990. 10. 16. 선고 대법원 90누4297호 판결, 1989. 11. 24. 선고 대법원 89누4055호 판결 등)임에도 피청구인은 청구인이 도로교통법 제41조 제1항을 위반하고 위 [별표16]의 운전면허취소처분의 개별기준(음주측정블응)에 해당된다는 사유만으로 곧바로 이건 처분을 하였고, 또한 피청구인의 이건 취소처분을 하기에 앞서서 그로써 달성하려는 공익목적과 개인이 입는 피해의 정도 등 제반사정을 마땅히 비교형량하여 판단하여야 함에도 불구하고 아래와 같은 청구인의 특별한 사정을 전혀 고려함이 없이 일방적으로 행하여진 이건 취소처분은 재량권을 일탈 내지 남용한 위법이 있다 할 것입니다.

4. 청구인의 특별한 사정

가. 청구인은 ◎◎대학교 대학원에서 식품자원 경제학을 전공하고 현재 박사과정을 밟으면서 이론을 실무에 접목시키기 위해 농민과 소비자간의 유기농산물 직거래운동을 통해 도시와 농촌간의 삶의 연대폭을 넓혀 가는 일을 추진하는 농수산부인가 비영리 사단법인 ☆☆이란 법인체에 근무하면서 사회활동을 해오고 있습니다.

나. 청구인은 대학원에서 전공한 학문을 현실에 접목시키는 사회운동을 하느라고 전곡방방곡곡의 농촌을 다니면서 유기농업 또는 무농약농업을 하는 농민들을 발굴하고 또 이들이 생산한 유기농산물 및 환경농산물을 도시소비자 회원들에게 적극 홍보하여 도시와 농촌의 교류를 통해 친환경적인 농업생산기반과 안전한 먹거리 문화를 만드는 운동을 해왔습니다.

다. 청구인은 이와 같은 사회운동을 하느라고 1개월에 20일 이상을 유기농산물, 환경농산물을 재배하는 농민들을 발굴하기 위해 전국 방방곡곡을 돌아다니고 있으며, 현재 사단법인 한 살림의 전국 회원 수는 33,000가구가 되며, 이들이 생산한 유기농산물을 직원들과 함께 차량으로 운반하여 이를 도시소비자들에게 공급하는 일까지 겸하고 있습니다.

라. 그러므로 청구인은 단 한시라도 차량 없이는 활동할 수가 없는 실정에 있으며 또한 운전면허가 취소되면 직장에서도 해고될 처지에 있습니다.

마. 청구인은 처와 딸 1명을 그리고 시골의 노부모를 부양하고 있는데 면허취소로 직장에서 해고될 경우 생계가 막막할뿐더러 박사학위논문 준비에 많은 지장을 초래케 됩니다.

바. 이 사건 음주운전은 인명 피해나 대물 피해가 없는 단순 음주운전으로서 경찰관의 음주측정요구를 받고 너무 당황하여 후후하면서 3번이나 불었으나, 수치가 정확히 나오지 않자 담당 경찰관이 소극적으로 불었다는 이유로 경찰서로 연행하여 측정거부로 입건한 것입니다.

사. 청구인은 당시 술을 조금 마셨기 때문에 음주측정을 정확히 했을 경우에도 면허정지에 해당하는 수치가 나왔을 정도였으며, 당시 청구인은 우봉진을 전철역까지 태워주고 사무실로 다시 돌아와서 주차해 두고 가려고 외투와 박사학위논문작성에 필요한 자료가 들어 있는 가방을 사무실에 두고 갔습니다.

아. 청구인이 운전한 거리는 약100미터 정도밖에 되지 않는 짧은 거리였습니다.

자. 청구인은 음주운전 전력이 없습니다.

5. 결론

위에서 보는 바와 같이 청구인의 이 사건 음주운전의 경위, 음주량, 음주운전거리, 음주운전 전력이 없는 점, 박사과정을 밟으면서 한편으로 유기농산물 재배농가를 발굴하기 위해 1개월에 20일간 전국 방방곡곡을 찾아다니고 있는 점, 운전면허가 취소되면 직장에서 해고되는 점, 해고될 경우 생계가 막막한 점 등을 참작할 때에 이 사건 운전면허취소처분은 그로 인하여 달성하려는 공익목적보다는 청구인 및 그 가족이 받게 되는 불이익이 더욱 크다 할 것이어서 이는 법에 의하여 부여된 재량권의 범위를 일탈하거나 남용한 위법한 처분이므로 그 취소를 구하고자 청구에 이르렀습니다.

입 증 방 법

1. 소갑 제1호증 면허취소결정통지서
1. 소갑 제2호증 재직증명서
1. 소갑 제3호증 운전경력증명서
1. 소갑 제4호증 음주경위서(○○○)
1. 소갑 제5호증 주민등록증 사본
1. 소갑 제6호증 자술서
1. 소갑 제7호증 탄원서
1. 소갑 제8호증 주민등록증 사본

그 밖의 입증방법은 심판의 진행에 따라 수시로 제출하겠습니다.

첨 부 서 류

1. 위 입증방법 각 1통
1. 심판청구서부본 1통
1. 위임장 1통

20○○년 ○월 ○일

위 청구인의 대리인
변호사 김 길 동 (인)

○○지방경찰청장 귀중

[서식 8] 자동차운전면허취소처분 취소심판청구 (배달업종 음주운전)

행 정 심 판 청 구

청 구 인 이 철 수
○○시 ○○구 ○○동 ○○ (우편번호 ○○○ - ○○○)

피청구인 ○○지방경찰청장, 재결청 경찰청장

자동차운전면허취소처분 취소심판청구

청 구 취 지

피청구인이 20○○. ○. ○. 청구인에 대하여 한 자동차운전면허 (대구 제1종 보통 ○-○○○○○○-○○호)의 취소처분을 취소한다.
라는 재결을 구합니다.

청 구 원 인

1. 청구인은 1995. 6.경 ○○운전면허시험장에서 자동차운전면허(1종보통)를 취득하고 그 뒤 계속해서 원고 소유 승용차를 스스로 운전해 오던 중 20○○. ○. ○○. 19:00경 음주운전을 하였다는 이유로 20○○. ○. ○. 피청구인에 의하여 운전면허를 취소당하였습니다.
2. 그러나 피청구인에 대한 운전면허취소처분은 피청구인이 운전을 하지 않고는 생계를 유지할 수 없는 차량을 이용하여 배달을 하는 업종에 종사하는 점에서 볼 때 너무나 과다한 처분으로 처분과 청구인의 행위와의 사이에 비례관계에 위반한 부당한 처분이라 사료되는 바 이에 대한 취소를 구하고자 이 건 청구에 이른 것입니다.

입 증 방 법

1. 소갑 제1호증 자동차운전면허취소통지서
1. 소갑 제2호증 사업자등록증 사본서
1. 소갑 제3호증 주민등록등본

첨 부 서 류

1. 위 입증방법 각 1통
1. 심판청구서부본 1통

20○○년 ○월 ○일

위 청구인 이 철 수 (인)

○○지방경찰청장 귀중

[서식 9] 자동차운전면허 취소처분 취소청구 (운전면허 결격기간 중 취득한 운전면허)

심 판 청 구 서

청 구 인 ○ ○ ○
○○시 ○○구 ○○동 ○○ (우편번호 ○○○ - ○○○)

피청구인 ○○지방경찰청장, 재결청 경찰청장

자동차운전면허취소처분 취소심판청구

청 구 취 지

피청구인이 2014. 7. 11. 청구인에게 한 2014. 8. 10.자 제1종 보통운전면허 취소처분을 취소한다.

청 구 원 인

1. 사건개요
   청구인이 운전면허 결격기간(2014. 3. 28. ~ 2015. 3. 27.) 중에 제1종 보통운전면허를 취득하였다는 이유로 피청구인이 2014. 7. 11. 청구인의 운전면허를 취소(이하 '이 사건 처분'이라 한다)하였다.

2. 관계법령
   도로교통법 제43조, 제82조제2항제1호, 제93조제1항제7호
   도로교통법 시행규칙 제91조제1항 별표 28 중 2. 취소처분 개별기준의 일련번호란 11

3. 인정사실
   청구인과 피청구인이 제출한 자료에 따르면 다음과 같은 사실을 인정할 수 있다.
   가. 청구인은 이 사건 당시 회사원이던 자로서, 2008. 2. 1. 제2종 원동기장치자전거운전면허를, 2011. 11. 18. 제1종 보통운전면허를 각각 취득한 후 2013. 3. 26. 음주운전(혈중알코올농도 0.064%)으로 벌점 100점을 받았으나 20일을 감경받아 80일의 운전면허 정지처분(2013. 5. 28. ~ 2013. 8. 15.)을 받았다.
   나. 피청구인은 청구인이 2013. 6. 7. 위 운전면허 정지기간 중에 운전하였다는 이유로 2014. 2. 18. 청구인의 운전면허를 2014. 3. 29.자로 취소하고 그 통지서를 2014. 3.

12. 운전면허대장상의 주소지로 발송하여 청구인의 어머니가 2014. 3. 17. 수령하였고, 이후 피청구인은 다시 2014. 3. 13. 청구인의 운전면허를 2013. 6. 7.자로 소급하여 취소하고 그 처분일자를 '2014. 3. 29.'에서 '2013. 6. 7.'로 변경(※ 그 결과로 운전면허 결격기간은 '2014. 3. 29. ~ 2015. 3. 28.'에서 '2013. 6. 7. ~ 2014. 6. 6.'으로 변경)한 후 그 통지서를 2014. 4. 2. 운전면허대장상의 주소지로 발송하여 청구인의 어머니가 2014. 4. 4. 수령하였다.

다. 청구인은 2014. 3. 28. 무면허 음주운전(혈중알코올농도 0.092%)으로 적발되어 2014. 4. 2. 수원지방검찰청 안산지청으로부터 구약식처분(벌금 300만원)을 받았다.

라. 청구인은 2014. 6. 10. 제1종 보통운전면허를 취득하였고, 피청구인은 청구인이 2014. 3. 28.자 무면허 음주운전으로 인한 결격기간(2014. 3. 28. ~ 2015. 3. 27.) 중에 제1종 보통운전면허를 취득하였다는 이유로 이 사건 처분을 하였다.

4. 이 사건 처분의 위법·부당 여부

가. 관계법령의 내용

「도로교통법」 제82조제2항에 다음 각 호의 어느 하나의 경우에 해당하는 사람은 해당 각 호에 규정된 기간이 지나지 아니하면 운전면허를 받을 수 없고, 이 경우 제1호부터 제5호까지의 규정은 벌금 이상의 형(집행유예를 포함한다)을 선고받은 사람에게만 적용하며, 같은 법 제43조의 규정에 위반하여 무면허로 자동차 등을 운전한 경우에는 그 위반한 날부터 1년의 기간이 지나지 아니하면 운전면허를 받을 자격이 없다고 되어 있다.

나. 위 인정사실에 따르면, 피청구인은 청구인이 2014. 3. 28. 무면허 음주운전(혈중알코올농도 0.092%)을 하였고, 위 무면허운전에 따른 운전면허 결격기간(2014. 3. 28. - 2015. 3. 27.) 중인 2014. 6. 10. 제1종 보통운전면허를 취득하였다는 이유로 이 사건 처분을 하였는데, 청구인이 2014. 3. 28. 운전할 당시에는 피청구인의 위 2개의 취소처분 중 어느 것에 따르더라도 청구인의 운전면허가 취소된 상태에 있지 않았기 때문에 청구인의 2014. 3. 28.자 운전은 무면허운전에 해당하지 않으므로 피청구인이 청구인에게 2014. 3. 28.자 음주운전에 대하여 운전면허 정지처분을 하는 것은 별론으로 하고, 청구인이 무면허운전에 따른 운전면허 결격기간 중인 2014. 6. 10. 제1종 보통운전면허를 취득하였다는 이유로 한 피청구인의 이 사건 처분은 위법·부당하다.

5. 결론

그렇다면 청구인의 무면허 운전에 따른 운전면허결격기간 중에 제1종 보통운전면허를 취득한 것에 대한 피청구인이 청구인에게 한 이 사건 처분은 위법 · 부당하므로 취소하여야 할 것이다.

입 증 방 법

1. 소갑 제1호증 자동차운전면허취소통지서
1. 소갑 제2호증 사업자등록증 사본서
1. 소갑 제3호증 주민등록등본

첨 부 서 류

1. 위 입증방법 각 1통
1. 심판청구서부본 1통

20○○년 ○월 ○일

위 청구인 ○ ○ ○ (인)

○○지방경찰청장 귀중

[서식 10] 자동차운전면허취소처분취소청구 (구호조치와 신고의무)

심판청구서

사건명 자동차운전면허취소처분취소청구
처분청 제천경찰서

청 구 취 지

피청구인이 2014. 8. 14. 청구인에게 한 2014. 8. 14.자 제1종 대형운전면허 취소처분을 취소한다.
라는 재결을 구합니다.

청 구 원 인

1. 사건개요
청구인이 2012. 5. 18. 자동차를 운전하다가 교통사고를 일으켜 사람을 다치게 하고도 피해자를 구호하는 등의 필요한 조치를 이행하지 않았다는 이유로 피청구인이 2014. 8. 14. 청구인의 운전면허를 취소(이하 '이 사건 처분'이라 한다)하였다.

2. 이 건 처분의 위법·부당
가. 관계법령
도로교통법 제93조제1항제1호 · 제6호 및 제4항
도로교통법 시행령 제86조제3항제5호
도로교통법 시행규칙 제91조제1항, 제93조제1항 · 제2항, 별표 28 중 2. 취소처분 개별기준 일련번호란 1 · 2
행정절차법 제3조, 제21조, 제22조
나. 인정사실
청구인과 피청구인이 제출한 자료에 따르면 다음과 같은 사실을 인정할 수 있다.
(1) 청구인은 이 사건 당시 마트에서 근무하던 자로서 2007. 5. 9. 제2종 보통운전면허를 취득하여 2011. 8. 13. 음주운전 등으로 운전면허가 취소되어 2014. 1. 29. 제1종 대형운전면허를 취득하였다.
(2) 청구인은 2012. 5. 18. 17:05경 아반떼 승용차를 운전하다가 대구광역시 중구 국채보상로 ○○관광 앞길에서 진행방향 앞쪽에서 진행하던 원동기장치자전거를 충격하여 위 원동기장치자전거 운전자 이○○에게 전치 2주의 인적 피해와 1만원의 물적 피해가 있는 교통사고를 일으키고도 아무런 구호조치의무와 신고의무를 이행하지 않은 상태에서 현장을 이탈하였다.

(3) 청구인이 서명·무인한 피의자신문조서에 "청구인은 사고 당시 신호 대기 중 신호가 바뀌자 엑셀을 밟아 갑자기 출발하면서 앞에 있는 원동기장치자전거를 충돌하였고, 피해자가 도로에 쓰러져 있는 것을 보고 겁이 나서 피해자 구호를 하지 못하고 현장을 떠났다"는 취지로 기재되어 있다.

(4) 청구인이 서명·무인한 2014. 7. 30.자 진술서에는 취소사유고지란에 '청구인은 아반떼 승용차량 운전자로서 2012. 5. 18. 17:05경 업무로 위 차량을 운전하여 대구광역시 중구 국채보상로 ㅇㅇ관광 앞 도로를 공평네거리 방향에서 중앙네거리 방향으로 진행하다 인적·물적 피해를 야기한 후 도주하였고, 결격기간 내에 운전면허를 취득한 것으로 운전면허 취소대상자임을 고지한다'는 취지로 기재되어 있다.

(5) 대구중부경찰서장의 2014. 7. 30.자 운전면허취소처분 사전통지서에 성명은 '조ㅇㅇ'로, 출석요구일은 '2014년 7월 30일'로 각각 기재되어 있고, 나머지 주요내용은 [별지]와 같다.

(6) 피청구인은 2014. 8. 14. 이 사건 처분을 하였는데, 위반내용은 '청구인은 2012. 5. 18. 17:05경 아반떼 차량을 운전하다가 대구광역시 중구 국채보상로 ㅇㅇ관광 앞 도로에서 신호대기 중인 오토바이를 충돌하여 그 운전자인 피해자에게 약 2주간의 치료를 요하는 다발성 타박상 등의 상해를 입게 하고도 그 즉시 정차하여 피해자를 구호하는 등의 필요한 조치를 취하지 않고 도주한 자임'으로 기재되어 있다.

3. 이 사건 처분의 위법·부당 여부

가. 관계법령 등

1) 「도로교통법」 제93조제1항제1호와 같은 항 제6호에 지방경찰청장은 운전면허를 받은 사람이 술에 취한 상태에서 운전을 한 때와 교통사고로 사람을 사상한 후 필요한 조치 또는 신고를 하지 아니한 때에 운전면허를 취소하거나 1년 이내의 범위 내에서 운전면허의 효력을 정지시킬 수 있다고 되어 있다.

2) 「도로교통법」 제93조제4항에 지방경찰청장은 운전면허의 취소처분을 하려면 그 처분을 하기 전에 미리 처분의 당사자에게 처분 내용과 의견제출 기한 등을 통지하여야 하고, 같은 법 시행령 제86조제3항제5호에는 법 제93조제4항에 따른 운전면허 취소처분을 위한 사전 통지에 대한 권한은 관한 경찰서장에게 위임되어 있다.

3) 「도로교통법 시행규칙」 제93조제1항·제2항에 지방경찰청장이 운전면허의 취소처분을 하려는 때에는 운전면허취소처분사전통지서를 그 대상자에게 발송 또는 발급하여야 하고, 위와 같이 통지를 받은 처분의 상대방 또는 그 대리인은 지정된 일시에 출석하거나 서면으로 이의를 제기할 수 있도록 되어 있으며, 이 경우 지정된 기일까지 이의를 제기하지 아니한 때에는 이의가 없는 것으로 본

다고 되어 있다.

4) 「행정절차법」 제3조제1항에 처분·신고·행정상 입법예고·행정예고 및 행정지도의 절차(이하 '행정절차'라 한다)에 관하여 다른 법률에 특별한 규정이 있는 경우를 제외하고는 이 법에서 정하는 바에 따르고, 같은 법 제21조제1항 · 제4항에 따르면 행정청은 당사자에게 의무를 부과하거나 권익을 제한하는 처분을 하는 경우에는 미리 처분의 제목, 당사자의 성명 또는 명칭과 주소, 처분하고자 하는 원인이 되는 사실과 처분의 내용 및 법적 근거 및 이에 대하여 의견을 제출할 수 있다는 뜻과 의견을 제출하지 아니하는 경우의 처리방법, 의견제출기관의 명칭과 주소, 의견제출기한, 기타 필요한 사항을 당사자 등에게 통지하여야 하되, 공공의 안전 또는 복리를 위하여 긴급히 처분을 할 필요가 있는 경우, 법령 등에서 요구된 자격이 없거나 없어지게 되면 반드시 일정한 처분을 하여야 하는 경우에 그 자격이 없거나 없어지게 된 사실이 법원의 재판 등에 의하여 객관적으로 증명된 때, 당해 처분의 성질상 의견청취가 현저히 곤란하거나 명백히 불필요하다고 인정될 만한 상당한 이유가 있는 경우에는 제1항의 규정에 의한 통지를 아니 할 수 있다.

또한 「행정절차법」 제22조제3항 · 제4항에 행정청이 당사자에게 의무를 부과하거나 권익을 제한하는 처분을 함에 있어서 다른 법령 등에서 필요적으로 청문을 실시하거나 공청회를 개최하도록 규정하고 있는 경우 외에는 당사자 등에게 의견제출의 기회를 주도록 하고, 제21조제4항 각 호의 어느 하나에 해당하는 경우와 당사자가 의견진술의 기회를 포기한다는 뜻을 명백히 표시한 경우에는 의견청취를 아니할 수 있으며, 이러한 처분의 사전통지 및 의견청취제도는 행정청이 당사자에게 침해적 행정처분을 함에 있어 그 처분의 사유에 대하여 당사자에게 변명할 유리한 자료를 제출할 기회를 부여함으로써 위법사유의 시정가능성을 고려하고 처분의 신중과 적정을 기하려는 데 그 취지가 있는 것이므로 행정청이 침해적 행정처분을 함에 있어 사전통지 및 의견청취를 실시하지 않아도 되는 예외적인 경우에 해당하지 않는 한 반드시 위 절차를 거쳐야 하고, 이를 결여한 처분은 위법한 처분으로서 취소사유에 해당한다고 보아야 할 것이다(대법원 2004. 5. 28. 선고, 2004두1254 판결 참조).

나. 위법성 여부

「행정절차법」의 목적과 사전통지 및 의견제출 기회부여 절차를 두게 된 취지에 비추어 보면 사전통지 및 의견제출 기회부여 절차는 엄격하게 지켜져야 할 것인데, 위 인정사실에 따르면 이 사건 처분은 청구인의 운전면허를 취소하는 것으로서 피청구인은 이 사건 처분을 하기 전에 청구인에게 「행정절차법」 제21조제1항에 따라 처분의 사전통지를 하여야 하고, 청구인에게 「행정절차법」 제22조제3항에 따른 의견제출의 기회를 주어야 함에도 불구하고 피청구인이 이 사건 처분을 함에 있어 청구인에게 「행정절차법」에 따른 사전통지를 하면서 행정처분사유를 '음주운전'으로 잘못 기재한 것으로 확인된 점 등을 종합적으로 고려할 때 피청구인의 이 사건 처분은 「행정절차법」 상 사전통지 및 의견청취에 관한 규정을 위반한 위법·부당한 처분이다

4. 결 론

그렇다면 피청구인이 청구인이 인적 피해가 있는 교통사고를 일으키고도 사상자를 구호하는 등 필요한 조치를 하지 않았다는 이유로 한 피청구인의 이 건 처분은 다소 가혹하다 할 것이므로 취소되어야 한다.

증 거 방 법

1. 증 제1호증	자동차운전면허취소통지서
1. 증 제2호증	가족관계등록사항별증명서
1. 증 제3호증의 1	사업자등록증
증 제3호증의2, 3	사진
1. 증 제4호증의 1	형사제1심소송기록표지
증 제4호증의 2	의견서
증 제4호증의 3	공소장
증 제4호증의 4	범죄인지보고
증 제4호증의 5	음주운전자적발보고서
증 제4호증의 6	주취운전자정황진술보고서
증 제4호증의 7	피의자신문조서
증 제4호증의 8	자동차운전면허대장
증 제4호증의 9	교통법규위반, 교통사고야기이력
1. 증 제5호증의 1, 2	부채증명원
1. 증 제6호증의 1 내지 3	진정서 및 탄원서

첨 부 서 류

1. 위 증거방법	각 1통

20○○. ○. ○

충북제천경찰서 귀중

[주] 참조 조문
행정절차법

제3조 (적용 범위) ① 처분, 신고, 행정상 입법예고, 행정예고 및 행정지도의 절차(이하 "행정절차"라 한다)에 관하여 다른 법률에 특별한 규정이 있는 경우를 제외하고는 이 법에서 정하는 바에 따른다.
② 이 법은 다음 각 호의 어느 하나에 해당하는 사항에 대하여는 적용하지 아니한다.
1. 국회 또는 지방의회의 의결을 거치거나 동의 또는 승인을 받아 행하는 사항
2. 법원 또는 군사법원의 재판에 의하거나 그 집행으로 행하는 사항
3. 헌법재판소의 심판을 거쳐 행하는 사항
4. 각급 선거관리위원회의 의결을 거쳐 행하는 사항
5. 감사원이 감사위원회의의 결정을 거쳐 행하는 사항
6. 형사(刑事), 행형(行刑) 및 보안처분 관계 법령에 따라 행하는 사항
7. 국가안전보장·국방·외교 또는 통일에 관한 사항 중 행정절차를 거칠 경우 국가의 중대한 이익을 현저히 해칠 우려가 있는 사항
8. 심사청구, 해양안전심판, 조세심판, 특허심판, 행정심판, 그 밖의 불복절차에 따른 사항
9. 「병역법」에 따른 징집·소집, 외국인의 출입국·난민인정·귀화, 공무원 인사 관계 법령에 따른 징계와 그 밖의 처분, 이해 조정을 목적으로 하는 법령에 따른 알선·조정·중재(仲裁)·재정(裁定) 또는 그 밖의 처분 등 해당 행정작용의 성질상 행정절차를 거치기 곤란하거나 거칠 필요가 없다고 인정되는 사항과 행정절차에 준하는 절차를 거친 사항으로서 대통령령으로 정하는 사항

제21조 (처분의 사전 통지) ① 행정청은 당사자에게 의무를 부과하거나 권익을 제한하는 처분을 하는 경우에는 미리 다음 각 호의 사항을 당사자등에게 통지하여야 한다.
1. 처분의 제목
2. 당사자의 성명 또는 명칭과 주소
3. 처분하려는 원인이 되는 사실과 처분의 내용 및 법적 근거
4. 제3호에 대하여 의견을 제출할 수 있다는 뜻과 의견을 제출하지 아니하는 경우의 처리방법
5. 의견제출기관의 명칭과 주소
6. 의견제출기한
7. 그 밖에 필요한 사항

② 행정청은 청문을 하려면 청문이 시작되는 날부터 10일 전까지 제1항 각 호의 사항을 당사자등에게 통지하여야 한다. 이 경우 제1항제4호부터 제6호까지의 사항은 청문 주재자의 소속·직위 및 성명, 청문의 일시 및 장소, 청문에 응하지 아니하는 경우의 처리방법 등 청문에 필요한 사항으로 갈음한다.
③ 제1항제6호에 따른 기한은 의견제출에 필요한 상당한 기간을 고려하여 정하여야 한다.
④ 다음 각 호의 어느 하나에 해당하는 경우에는 제1항에 따른 통지를 하지 아니할 수 있다.
1. 공공의 안전 또는 복리를 위하여 긴급히 처분을 할 필요가 있는 경우
2. 법령등에서 요구된 자격이 없거나 없어지게 되면 반드시 일정한 처분을 하여야 하는 경우에 그 자격이 없거나 없어지게 된 사실이 법원의 재판 등에 의하여 객관적으로 증명된 경우
3. 해당 처분의 성질상 의견청취가 현저히 곤란하거나 명백히 불필요하다고 인정될 만한 상당한 이유가 있는 경우

⑤ 처분의 전제가 되는 사실이 법원의 재판 등에 의하여 객관적으로 증명된 경우 등 제4항에 따른 사전 통지를 하지 아니할 수 있는 구체적인 사항은 대통령령으로 정한다. <신설 2014.1.28.>
⑥ 제4항에 따라 사전 통지를 하지 아니하는 경우 행정청은 처분을 할 때 당사자등에게 통지를 하지 아니한 사유를 알려야 한다. 다만, 신속한 처분이 필요한 경우에는 처분 후 그 사유를 알릴 수 있다. <신설 2014.12.30.>
⑦ 제6항에 따라 당사자등에게 알리는 경우에는 제24조를 준용한다. <신설 2014.12.30.> [전문개정 2012.10.22.]

제22조 (의견청취) ① 행정청이 처분을 할 때 다음 각 호의 어느 하나에 해당하는 경우에는 청문을 한다. <개정 2014.1.28.>

1. 다른 법령등에서 청문을 하도록 규정하고 있는 경우
2. 행정청이 필요하다고 인정하는 경우
3. 다음 각 목의 처분 시 제21조제1항제6호에 따른 의견제출기한 내에 당사자등의 신청이 있는 경우
가. 인허가 등의 취소
나. 신분·자격의 박탈
다. 법인이나 조합 등의 설립허가의 취소

② 행정청이 처분을 할 때 다음 각 호의 어느 하나에 해당하는 경우에는 공청회를 개최한다.
1. 다른 법령등에서 공청회를 개최하도록 규정하고 있는 경우
2. 해당 처분의 영향이 광범위하여 널리 의견을 수렴할 필요가 있다고 행정청이 인정하는 경우

③ 행정청이 당사자에게 의무를 부과하거나 권익을 제한하는 처분을 할 때 제1항 또는 제2항의 경우 외에는 당사자등에게 의견제출의 기회를 주어야 한다.

④ 제1항부터 제3항까지의 규정에도 불구하고 제21조제4항 각 호의 어느 하나에 해당하는 경우와 당사자가 의견진술의 기회를 포기한다는 뜻을 명백히 표시한 경우에는 의견청취를 하지 아니할 수 있다.

⑤ 행정청은 청문·공청회 또는 의견제출을 거쳤을 때에는 신속히 처분하여 해당 처분이 지연되지 아니하도록 하여야 한다.

⑥ 행정청은 처분 후 1년 이내에 당사자등이 요청하는 경우에는 청문·공청회 또는 의견제출을 위하여 제출받은 서류나 그 밖의 물건을 반환하여야 한다.

[전문개정 2012.10.22.]

참조 판례

대법원 2004.5.28. 선고 2004두1254판결

【판시사항】

[1] 행정청이 당사자에게 의무를 과하거나 권익을 제한하는 처분을 함에 있어서 당사자에게 행정절차법상의 사전통지를 하거나 의견제출의 기회를 주지아니한 경우, 그 처분이 위법한 것인지 여부(한정적극)

[2] 건축법상의 공사중지명령에 대한 사전통지를 하고 의견제출의 기회를 준다면 많은 액수의 손실보상금을 기대하여 공사를 강행할 우려가 있다는 사정이 사전통지 및 의견제출절차의 예외사유에 해당하지 아니한다고 한 사례

【재판요지】

[1] 행정절차법 제21조 제1항, 제4항, 제22조 제1항 내지 제4항에 의하면, 행정청이 당사자에게 의무를 과하거나 권익을 제한하는 처분을 하는 경우에는 미리 처분하고자 하는 원인이 되는 사실과 처분의 내용 및 법적 근거, 이에 대하여 의견을 제출할 수 있다는 뜻과 의견을 제출하지 아니하는 경우의 처리방법 등의 사항을 당사자 등에게 통지하여야 하고, 다른 법령 등에서 필요적으로 청문을 실시하거나 공청회를 개최하도록 규정하고 있지 아니한 경우에도 당사자 등에게 의견제출의 기회를 주어야 하되, "당해 처분의 성질상 의견청취가 현저히 곤란하거나 명백히 불필요하다고 인정될 만한 상당한 이유가 있는 경우" 등에는 처분의 사전통지나 의견청취를 하지 아니할 수 있도록 규정하고 있으므로, 행정청이 침해적 행정처분을 함에 있어서 당사자에게 위와 같은 사전통지를 하거나 의견제출의 기회를 주지 아니하였다면 사전통지를 하지 않거나 의견제출의 기회를 주지 아니하여도 되는 예외적인 경우에 해당하지 아니하는 한 그 처분은 위법하여 취소를 면할 수 없다.

[2] 건축법상의 공사중지명령에 대한 사전통지를 하고 의견제출의 기회를 준다면 많은 액수의 손실보상금을 기대하여 공사를 강행할 우려가 있다는 사정이 사전통지 및 의견제출절차의 예외사유에 해당하지 아니한다고 한 사례

[별지]

- 다 음 -

귀하(청구인)가 아래와 같이 운전면허 취소대상이 된 사실에 대하여 확인하고자 하오니, 대구중부경찰서(교통사고조사계 · 민원실)로 운전면허취소처분사전통지서, 운전면허증 및 도장을 지참하시고 출석해 주시기 바랍니다.

행정처분내용 : 운전면허 취소
행정처분사유 : 음주운전

※ 일 · 공휴일은 휴무일입니다.
※ 위 기한 내에 의견제출을 하지 않을 경우 의견이 없는 것으로 간주합니다.

20○○년 ○월 ○일

대구중부경찰서장

[서식 11] 자동차운전면허취소처분취소청구 (누적벌점으로 인한 취소)

심판청구서

사건명 자동차운전면허취소처분취소청구
처분청 ○○경찰서

재 결 요 지

청구인은 혈중알코올농도가 운전면허 정지기준치를 초과하는 술에 취한 상태에서 자동차를 운전하다가 2회의 피해 없는 교통사고를 일으킨 것이므로, 청구인이 1회 음주운전 중 2회의 피해 없는 교통사고를 일으켰다는 이유로 피청구인이 청구인에게 자동차운전면허 정지처분 등을 하는 것은 별론으로 하고, 청구인이 2회의 음주운전을 했다는 이유로 피청구인이 청구인에게 한 이 사건 처분은 위법·부당하다.

청 구 취 지

피청구인이 2014. 2. 14. 청구인에게 한 2014. 2. 16.자 제2종 보통운전면허 취소처분을 취소한다.
라는 재결을 구합니다.

청 구 원 인

1. 사건개요

   청구인이 2013. 12. 18. 음주운전으로 벌점 100점을 받아 1년간 누산점수가 121점 이상이 되었다는 이유로 피청구인이 2014. 2. 14. 청구인의 운전면허를 취소(이하 '이 사건 처분'이라 한다)하였다.

2. 관계법령

   도로교통법 제93조제2항
   도로교통법 시행규칙 제91조제1항, 별표 28 중 1. 일반기준 다.의 (1)

3. 인정사실

   청구인과 피청구인이 제출한 자료에 따르면 다음과 같은 사실을 인정할 수 있다.

   가. 청구인은 이 사건 당시 의사이던 자로서 1989. 5. 21. 제2종 보통운전면허를 취득한 이래 교통사고전력은 없고, 2회의 교통법규위반전력(1998. 5. 30. 중앙선 침범, 2002. 4. 30. 신호 또는 지시 위반)이 있다.

   나. 청구인은 2013. 12. 17. 23:45경 술에 취한 상태에서 뉴클릭 승용차를 운전하다가

경기도 김포시 고촌읍 ○○리에 있는 ○○탕 앞길에서 뒤로 밀리면서 정차 중인 신○○ 운전의 BMW 승용차를 충격하여 피해 없는 1차 교통사고를 일으키고 아무런 조치 없이 그대로 현장을 이탈하였고, 다시 2013. 12. 18. 00:05경 서울특별시 강서구 ○○동에 있는 ○○마을 입구에서 가드레일을 충격하여 피해 없는 2차 교통사고를 일으킨 후 적발되어 청구인의 혈중알코올농도가 0.086%로 측정되자 피청구인은 2차 교통사고에 대하여 음주운전으로 100점의 벌점을 부과하고, 또한 1차 교통사고에 대해서도 위드마크공식을 적용하여 청구인의 혈중알코올농도를 0.098%로 추정한 후 음주운전으로 벌점 100점을 부과하여 청구인의 1년간 누산점수가 200점이 되었다.

다. 청구인이 서명·무인한 2013. 12. 24.자 피의자신문조서에 따르면, 별지와 같은 취지로 진술한 내용 등이 기재되어 있다

4. 이 사건 처분의 위법·부당 여부

가. 관계법령의 내용

「도로교통법」 제93조제2항, 같은 법 시행규칙 제91조제1항 및 별표 28 중 1. 일반기준 다.의 (1)에 따르면, 지방경찰청장은 벌점 또는 연간 누산점수가 1년간 121점 이상, 2년간 201점 이상, 3년간 271점 이상에 도달한 때에는 그 운전면허를 취소할 수 있다고 되어 있다.

나. 위법성 여부

위 인정사실에 따르면 청구인은 혈중알코올농도가 운전면허 정지기준치를 초과하는 술에 취한 상태에서 자동차를 운전하다가 2회의 피해 없는 교통사고를 일으킨 것이므로, 청구인이 1회 음주운전 중 2회의 피해 없는 교통사고를 일으켰다는 이유로 피청구인이 청구인에게 자동차운전면허 정지처분 등을 하는 것은 별론으로 하고, 청구인이 2회의 음주운전을 했다는 이유로 피청구인이 청구인에게 한 이 사건 처분은 위법·부당하다.

5. 결론

그렇다면 청구인이 2회의 음주운전을 했다는 이유로 피청구인이 청구인에게 한 이 사건 처분은 위법 · 부당하므로 취소되어야 할 것이다.

증 거 방 법

1. 증 제1호증	자동차운전면허취소통지서
1. 증 제2호증	가족관계등록사항별증명서
1. 증 제3호증의 1	사업자등록증
증 제3호증의2, 3	사진
1. 증 제4호증의 1	형사제1심소송기록표지

증 제4호증의 2	의견서
증 제4호증의 3	공소장
증 제4호증의 4	범죄인지보고
증 제4호증의 5	음주운전자적발보고서
증 제4호증의 6	주취운전자정황진술보고서
증 제4호증의 7	피의자신문조서
증 제4호증의 8	자동차운전면허대장
증 제4호증의 9	교통법규위반, 교통사고야기이력
1. 증 제5호증의 1, 2	부채증명원
1. 증 제6호증의 1 내지 3	진정서 및 탄원서

첨 부 서 류

1. 위 증거방법 각 1통

20○○. ○. ○

서울중량경찰서 귀중

[별지]

- 다 음 -

※ 사고경위 관련 진술 : 사고 당일 제가 술을 많이 마셔서 어디를 갈려고 하였는지 모르고 더군다나 왜 음주운전을 하였는지도 모름. 그러나 피해자의 진술 및 피해자 차량에 설치된 블랙박스 영상에 제가 강화 방면에서 서울 방면으로 편도4차로를 1차로로 진행하다 사고지점에 이르러 정차하고 있다가 제 차량이 뒤로 밀리면서 피해자 BMW 승용차량 앞부분을 제 차량 뒷부분으로 충격하여 사고가 났다고 하는데 이에 대해서 인정함. 그러나 저는 사실은 전혀 기억이 없음

문 : 피의자는 왜 기억이 나지 않는다고 하는지
답 : 그날 제가 술을 많이 마셔서 기억이 전혀 나지 않음

문 : 피의자는 그러면 음주운전한 사실을 인정하는지
답 : 인정함

문 : 그리고 사고사실도 인정하는지
답 : 사고사실도 인정함

문 : 피해자의 진술에 의하면 사고 후에 피해자가 피의자 차량에 다가갔더니 운전대를 붙잡고 엎드려 있었다고 하는데
답 : 기억이 전혀 없음

문 : 그때 경찰차량이 싸이렌을 울리면서 사고현장에 도착하였고, 경찰관과 피해자가 대화를 하고 있을 때 피의자는 도주하였다고 하는데
답 : 정말로 전혀 기억이 없음

문 : 사고 후에 어떻게 하였는지
답 : 저는 사고 후에 어떻게 하였는지 전혀 기억이 나지 않으나, 어느 순간 제 처가 저를 차에 태워서 가길래 어디인지 물어보았더니 서울 강서경찰서 관할에서 제가 음주운전을 하다가 가드레일을 받아서 사고가 났다고 하였고 죽지 않은게 이상하다고 하였음. 그 말을 듣고 저는 술이 많이 취해 잠들어 버렸음. 그 다음 날 아침에 제 처가 서울 강서경찰서에서 음주측정을 하였는데 음주측정결과는 0.086%가 나왔다는 말을 들었음

[서식 12] 자동차운전면허 취소처분 취소청구 (적성검사기간에 받지 아니한 경우)

심판청구서

사건명 자동차운전면허취소처분취소청구
처분청 ○○경찰서

청 구 취 지

피청구인이 2013. 5. 15. 청구인에게 한 2013. 7. 30.자 제1종 보통운전면허 조건부 취소처분을 취소한다.

청 구 원 인

1. 사건개요

청구인이 정기적성검사기간(2012. 1. 30. ~ 2012. 7. 29.)내에 적성검사를 받지 아니하자 피청구인이 2013. 5. 15. 청구인의 운전면허를 2013. 7. 30.자로 조건부 취소(이하 '이 사건 처분'이라 한다)를 하였다.

2. 관계법령

도로교통법 제93조제1항제9호, 제4항
도로교통법 시행규칙 제93조, 별표 28 중 2. 취소처분 개별기준의 일련번호란 7

3. 인정사실

청구인과 피청구인이 제출한 자료에 의하면 다음과 같은 사실을 인정할 수 있다.

가. 청구인은 이 사건 당시 택배 운전기사이던 자로서 1999. 3. 23. 제1종 보통운전면허를 취득한 이래 교통사고전력은 없고, 7회의 교통법규위반전력(1999. 9. 7. 신호 또는 지시 위반, 2001. 7. 13. · 2002. 1. 11. · 2002. 6. 8. · 2006. 8. 23. 및 2011. 8. 9. 범칙금 미납, 2011. 4. 17. 주정차금지 위반)이 있다.

나. 청구인이 정기적성검사기간(2012. 1. 30. ~ 2012. 7. 29.)이 경과하도록 적성검사를 받지 아니하였다.

다. 피청구인은 2013. 5. 15. 청구인의 운전면허를 2013. 7. 30.자로 조건부 취소를 한 후 '운전면허조건부 취소결정통지서'를 2013. 5. 16. 일반우편으로, 2013. 5. 24. 및 2013. 6. 13. 2회에 걸쳐 등기우편으로 청구인의 운전면허대장상 주소지인 '경기도 성남시 ○○구 ○○로**번길 *, ***호'로 발송하였는데, 2013. 5. 24.자 등기우편은 '수취인부재'로, 2013. 6. 13.자 등기우편은 '폐문부재'로 각각 반송되자, 2013. 6. 28.부터 2013. 7. 11.까지 14일간 경기지방경찰청 게시판에 운전면허 조건부 취소처분 결정내용을 공고하였다.

라. 경기도 성남시 수정구 태평3동장이 2014. 10. 2. 발급한 주민등록표(초본)에 따르면, 청구인은 2011. 9. 22. '경기도 성남시 ○○구 ○○동 ****-***'로 전입하였고, 위 주소는 2011. 10. 31. 도로명 주소인 '경기도 성남시 ○○구 ○○로**번길 *, ***호'로 변경되었으며, 이후에는 변경사항이 없다.

4. 이 사건 처분의 위법 · 부당 여부

가. 관계법령의 경우

「도로교통법」 제93조제1항제9호 및 제4항, 같은 법 시행규칙 제93조 및 별표 28 중 2. 취소처분 개별기준의 일련번호란 7에 따르면, 지방경찰청장은 제1종 운전면허를 받은 사람이 정기적성검사기간 만료일 다음 날부터 적성검사를 받지 않고 1년을 초과한 때에는 운전면허를 취소할 수 있고, 운전면허를 취소하고자 하는 때에는 처분의 당사자에게 적성검사를 할 수 있는 날의 만료일 전까지 적성검사를 받지 아니하면 운전면허가 취소된다는 사실의 조건부 통지로 처분의 사전 및 사후 통지를 갈음할 수 있으며, 다만 그 대상자의 주소 등을 통상적인 방법으로 확인할 수 없거나 발송이 불가능한 경우에는 운전면허대장에 기재된 그 대상자의 주소지를 관할하는 경찰관서의 게시판에 14일간 이를 공고함으로써 통지에 대신할 수 있다고 규정되어 있다.

나. 위법성 여부

위 인정사실에 따르면, 청구인이 정기적성검사기간(2012. 1. 30. ~ 2012. 7. 29.)내에 적성검사를 받지 아니하자 피청구인이 2013. 5. 15. 청구인의 운전면허를 2013. 7. 30.자로 조건부취소결정을 하고, 동 사실을 2013. 5. 16. 일반우편으로, 2013. 5. 24. 및 2013. 6. 13. 2회에 걸쳐 등기우편으로 청구인의 운전면허대장상 주소지인 '경기도 성남시 ○○구 ○○로**번길 *, ***호'로 발송하였으나, 위 2회의 등기우편이 수취인부재 또는 폐문부재로 반송되어 경기지방경찰청 게시판에 운전면허 조건부 취소처분 결정내용을 2013. 6. 28.부터 2013. 7. 11.까지 공고한 사실은 인정되나, 청구인은 2011. 9. 22. '경기도 성남시 ○○구 ○○로**번길 *, ***호'에 전입한 사실이 인정되어 통상적으로 주소를 알 수 있었음에도 불구하고 수취인부재 또는 폐문부재를 이유로 공고한 사실에 비추어 볼 때, 이러한 사정 하에서는 청구인의 주소 등을 통상적인 방법으로 확인할 수 없거나 발송이 불가능한 경우에 해당한다고 할 수 없어 공고요건이 충족되었다고 볼 수 없기 때문에 공고로 통지를 갈음할 수 없는 것이므로 피청구인의 이 사건 처분은 공고절차를 위반하여 위법 · 부당하다.

5. 결론

그렇다면 공고로 통지를 갈음할 수 없는 것이므로 피청구인이 청구인에게 한 이 사건 처분은 위법·부당하다 할 것이므로 취소되어야 할 것이다.

증 거 방 법

1. 증 제1호증	자동차운전면허취소통지서
1. 증 제2호증	가족관계등록사항별증명서
1. 증 제3호증의 1	사업자등록증
증 제3호증의2, 3	사진
1. 증 제4호증의 1	형사제1심소송기록표지
증 제4호증의 2	의견서
증 제4호증의 3	공소장
증 제4호증의 4	범죄인지보고
증 제4호증의 5	음주운전자적발보고서
증 제4호증의 6	주취운전자정황진술보고서
증 제4호증의 7	피의자신문조서
증 제4호증의 8	자동차운전면허대장
증 제4호증의 9	교통법규위반, 교통사고야기이력
1. 증 제5호증의 1, 2	부채증명원
1. 증 제6호증의 1 내지 3	진정서 및 탄원서

첨 부 서 류

1. 위 증거방법 각 1통

20○○. ○. ○

서울중랑경찰서 귀중

[서식 13] 자동차운전면허정지처분취소청구 (음주측정 불응)

심판청구서

사건명 자동차운전면허취소처분취소청구
처분청 ○○경찰서

청 구 취 지

피청구인이 2012. 11. 26. 청구인에게 한 2012. 12. 24.자 제1종 보통, 제2종 보통 운전면허 취소처분을 취소한다.

청 구 원 인

1. 사건 개요

청구인이 2012. 10. 27. 음주측정에 불응했다는 이유로 피청구인이 2012. 11. 26. 청구인의 운전면허를 취소하였다.

2. 관계법령

도로교통법 제93조 제1항 제3호
도로교통법 시행규칙 제91조 제1항, 별표 28 중 2. 취소처분 개별기준의 일련번호란 3

3. 인정사실

청구인과 피청구인이 제출한 자료에 따르면 다음과 같은 사실을 인정할 수 있다.

가. 청구인은 이 사건 당시 전자부품 도소매업자이던 자로서, 1999. 9. 22. 제2종 보통 운전면허를 취득한 이래 1회의 교통사고전력(2004. 2. 14. 물적 피해)과 4회의 교통법규위반전력(2007. 3. 3. 음주운전, 2010. 4. 13. 신호위반 등)이 있다.

나. 청구인은 2012. 10. 27. 17:10경 술에 취한 상태에서 승용차를 운전하던 중 경기도 ○○시 ○○구 ○○동에 있는 ○○촌 앞길 차 안에서 잠을 자다가 신고를 받고 출동한 경찰관에게 음주운전사실이 적발되어 같은 날 1차 17:57경, 2차 18:07경, 3차 18:17경 등 3차례에 걸쳐 음주측정을 요구받았으나 이에 불응하였다.

다. 청구인이 서명·무인한 피의자신문조서를 보면, 청구인은 술을 마신 후 운전석에서 잠을 자다가 경찰관이 음주측정을 요구하였으나 이를 거부하였다는 취지의 진술을 한 것으로 기재되어 있고, 음주운전적발 당시 작성한 주취운전자정황진술보고서에는 청구인의 언행상태는 '발음 및 억양이 흐림'으로, 운전자의 혈색은 '눈이 충혈되고, 얼굴색이 붉음'으로 기재되어 있다.

라. 경기○○○○경찰서에서 작성한 2012. 11. 15.자 수사보고서를 보면, 청구인의 여

동생인 이○○은 청구인이 적발된 장소가 자신이 자동차를 최종 주차한 곳이 아니어서 청구인이 음주운전을 한 것 같다는 취지의 진술을 한 것으로 기재되어 있다.

4. 이 사건 처분의 위법·부당 여부

「도로교통법」 제44조 제2항에 따르면, 경찰공무원은 교통안전과 위험방지를 위하여 필요하다고 인정하거나 술에 취한 상태에서 자동차를 운전하였다고 인정할 만한 상당한 이유가 있는 때에는 운전자가 술에 취하였는지 여부를 측정할 수 있으며, 운전자는 이러한 경찰공무원의 측정요구에 응하여야 한다고 되어 있고, 같은 법 제93조 제1항 제3호에 따르면, 제44조 제2항에 의한 경찰공무원의 측정에 응하지 아니한 때에는 그 운전면허를 반드시 취소하도록 되어 있다.

청구인은 음주운전을 한 사실이 없으므로 음주운전을 전제로 한 이 사건 처분이 위법 · 부당하다.

이에 따라 경찰관이 청구인에게 음주측정을 요구했음에도 불구하고 청구인이 정당한 사유 없이 이에 불응하여 처분하는 것은 부당하며, 청구인의 업무특성 및 생계유지상 운전면허가 필요하다. 피청구인의 이 사건 처분이 위법·부당하다할 것이다.

5. 결　론

그렇다면 청구인의 음주운전 사실이 없으므로 음주운전을 전제로한 이 사건 처분은 위법 · 부당하다 할 것이므로 취소되어야 한다.

증 거 방 법

1. 증 제1호증	자동차운전면허취소통지서
1. 증 제2호증	가족관계등록사항별증명서
1. 증 제3호증의 1	사업자등록증
증 제3호증의2, 3	사진
1. 증 제4호증의 1	형사제1심소송기록표지
증 제4호증의 2	의견서
증 제4호증의 3	공소장
증 제4호증의 4	범죄인지보고
증 제4호증의 5	음주운전자적발보고서
증 제4호증의 6	주취운전자정황진술보고서
증 제4호증의 7	피의자신문조서
증 제4호증의 8	자동차운전면허대장
증 제4호증의 9	교통법규위반, 교통사고야기이력

1. 증 제5호증의 1, 2 부채증명원
1. 증 제6호증의 1 내지 3 진정서 및 탄원서

첨 부 서 류

1. 위 증거방법 각 1통

20○○. ○. ○

서울중랑경찰서 귀중

[주] 참조 조문

도로교통법 제44조 제2항·제93조 제1항 제3호, 도로교통법 시행규칙 제91조 제1항, 별표 28 중 2. 취소처분 개별기준의 일련번호란 3

[서식 14] 자동차운전면허정지처분취소청구 (신호위반에 대한 검찰의 무혐의 처분)

심판청구서

사건명 자동차운전면허 정지처분 취소청구
처분청 서울종암경찰서

청 구 취 지

피청구인이 2007. 9. 28. 청구인에게 한 45일(2007. 11. 6. ~ 2007. 12. 20.)의 제1종 대형 운전면허정지처분을 취소한다.
라는 재결을 구합니다.

청 구 원 인

1. 사건개요

청구인이 2006. 12. 24. 안전운전의무 위반으로 205만 3,000원의 물적 피해와 중상 2명과 경상 1명의 인적 피해가 있는 교통사고를 일으켜 벌점 45점을 부과 받아 피청구인이 2007. 9. 28. 청구인에게 45일(2007. 11. 6. ~ 2007. 12. 20.)의 운전면허정지처분(이하 " 이 사건 처분 " 이라 한다)을 하였다.

2. 관계법령

도로교통법 제93조제2항
도로교통법 시행규칙 별표 28중 1. 일반기준 다.의(1)

3. 인정사실

청구인과 피청구인이 제출한 자료에 의하면 다음과 같은 사실을 인정할 수 있다.

가. 청구인은 이 사건 당시 시내버스 운전기사로서, 1979. 7. 31. 제1종 보통운전면허를 취득하여 2005. 5. 3. 음주운전 중 사고로 운전면허가 취소된 후, 2005. 9. 12. 제1종 대형운전면허를 다시 취득하였는데, 최초로 운전면허를 취득한 이래 3회의 교통사고전력(2005. 3. 9. 음주운전 중 사고 등)과 3회의 교통법규위반전력(2004. 12. 25. 운전자 준수사항 위반 등)이 있다.

나. 청구인이 2006. 12. 24. 10:00경 시내버스를 운전하다가 서울특별시 ○○구 ○○동 ○○사거리에서 신호위반으로 다른 차량 2대를 들이받아 205만 3,000원의 물적 피해와 중상 2명과 경상 1명의 인적 피해가 있는 교통사고를 일으켰다는 이유로 피

청구인은 2007. 4. 17. 청구인에게 50일의 운전면허 정지처분(2007. 5. 27. ~ 2007. 7. 15.)을 하였으나,

다. 서울중앙지방검찰청은 2007. 4. 30. 청구인의 신호위반에 대해 청구인이 운전한 시내버스는 녹색신호 중에 교차로에 진입하였을 것으로 추정되므로 달리 피의사실을 인정할 증거가 없다는 이유로 무혐의 처분을 하였다.

라. 이후 피청구인은 2007. 9. 28. 청구인에게 안전운전의무 위반으로 205만 3,000원의 물적 피해와 중상 2명과 경상 1명의 인적 피해가 있는 교통사고를 일으켰다는 이유로 45점의 벌점부과와 함께 이 사건 처분을 하였다.

4. 이 사건 처분의 위법·부당

피청구인은, 청구인의 신호위반에 대한 검찰의 무혐의 처분이 있자 청구인이 안전운전의무 위반으로 물적 피해와 인적 피해가 있는 교통사고를 일으켰다는 이유로 이 사건 처분을 하였으나, 청구인의 신호위반에 대한 검찰의 무혐의 처분으로 청구인이 신호위반을 하지 않았다고 볼 수 있다.

5. 결 론

그렇다면 피청구인이 청구인이 안전운전의무를 위반했다고 보기 어려운 점, 피청구인이 교통사고를 조사할 때 청구인의 안전운전의무 위반을 명시하지 않은 점, 달리 청구인이 안전운전의무를 위반했다는 객관적인 증거가 없는 점 등을 종합적으로 고려해 볼 때, 피청구인이 청구인에게 한 이 사건 처분은 사실관계를 오인한 위법·부당한 처분은 다소 가혹하다 할 것이므로 취소되어야 한다.

증 거 방 법

1. 증 제1호증	자동차운전면허취소통지서
1. 증 제2호증	가족관계등록사항별증명서
1. 증 제3호증의 1	사업자등록증
증 제3호증의2, 3	사진
1. 증 제4호증의 1	형사제1심소송기록표지
증 제4호증의 2	의견서
증 제4호증의 3	공소장
증 제4호증의 4	범죄인지보고
증 제4호증의 5	음주운전자적발보고서
증 제4호증의 6	주취운전자정황진술보고서

증 제4호증의 7	피의자신문조서
증 제4호증의 8	자동차운전면허대장
증 제4호증의 9	교통법규위반, 교통사고야기이력
1. 증 제5호증의 1, 2	부채증명원
1. 증 제6호증의 1 내지 3	진정서 및 탄원서

첨 부 서 류

1. 위 증거방법 각 1통

20○○. ○. ○

서울종암경찰서 귀중

[서식 15] 자동차운전면허취소처분취소청구 (혈액채취 방법에 의한 측정의 기회를 박탈)

심판청구서

사건명 자동차운전면허취소처분취소청구
처분청 대구중부경찰서

청 구 취 지

피청구인이 2007. 4. 25. 청구인에게 한 2007. 5. 26.자 제1종 보통자동차운전면허취소처분을 취소한다.
라는 재결을 구합니다.

청 구 원 인

1. 사건개요

청구인이 2007. 3. 31. 혈중알코올농도 0.053%의 술에 취한 상태에서 운전하다가 사람을 다치게 했다는 이유로 피청구인이 2007. 4. 25. 청구인의 운전면허를 취소하였다.

2. 청구인 주장

청구인은 사고직후 병원으로 이송되었고 295분이 지나 호흡측정을 하였는데 당시 경찰관이 측정수치가 0.014%이므로 음주운전은 아니며 중앙선침범과 인적피해 벌점을 합쳐 60점의 벌점이라고 하여 그 말을 믿었고, 피청구인은 2주가 지나서야 위드마크공식에 따라 계산된 혈중알코올농도 0.053%를 적용하여 운전면허가 취소된다고 통지하였는바, 만약 이런 사실을 알았더라면 채혈측정을 요구하였을 것이므로 호흡측정치에 위드마크공식을 적용하여 산출된 혈중알코올농도를 기준으로 한 이건 처분은 위법·부당하다.

3. 이 건 처분의 위법·부당

가. 관계법령

도로교통법 제93조제1항제1호
동법 시행규칙 별표28중 2. 취소처분 개별기준의 일련번호란 2

나. 위법성

(1) 제출된 자료에 의하면, 청구인은 이 사건 당시 회사원이던 자로서, 2001. 1. 29. 제1종 보통운전면허를 취득한 이래 이 건 처분 전까지 1회의 교통사고전력(2004. 8. 27. 경상 1인과 물적피해)과 1회의 교통법규위반전력(2004. 4. 10. 음주운전)이 있다.

(2) 기록에 의하면 다음과 같은 사실을 인정할 수 있다.

(가) 청구인이 2007. 3. 31. 08:50경 경상북도 ○○군 ○○읍 ○○리 소재 ○○ 앞길에서 승용차를 운전하던 중 빗길에 미끄러지면서 중앙선을 침범하여 마주오던 이○○의 차량을 충격하여 이○○에게 4주, 이○○의 차량에 동승하고 있던 하○○에게 3주의 치료를 요하는 인적 피해와 10만원의 물적 피해가 있는 교통사고를 일으켰다.

(나) 청구인은 사고 직후 병원으로 이송되었고 사고시각으로부터 295분이 지난 13:45경 호흡측정기로 혈중알코올농도를 측정한 결과 0.014%로 측정되었다.

(다) 피청구인은 음주측정에 의한 혈중알코올농도에 사고시부터 측정시까지의 시간경과(295분)에 따른 혈중알코올농도감소분(위드마크공식을 적용하여 산출한 것)을 합산하여 청구인의 사고 당시의 혈중알코올농도를 0.053%로 추정하였고, 2007. 4. 16. 청구인에 대한 제2회 피의자신문과정에서 그 사실을 알려주었다.

(라) 사고당일인 2007. 3. 31. 작성한 교통사고보고(1)(실황조사서)의 현장상황-음주운전란에는 청구인이 사고당시'정상운전'한 것으로 표시되어 있다.

(마) 청구인이 서명·무인한 2007. 4. 16. 자 피의자신문조서에 의하면 사고 당일 아침 배탈이 나서 08:20경 매실주를 소주잔으로 2잔 마신 사실은 있으나 혈중알코올농도가 0.053%로 나온 것은 의문스러우며 당시 위드마크계산법에 대한 설명을 들었더라면 혈액채취를 요구했을 것이라고 진술한 것으로 기재되어 있다.

(바) 청구인에 대한 주취운전자적발보고서는 현장출동 경찰관의 수사보고서를 토대로 ○○경찰서 교통사고조사계 경찰관이 2007. 4. 16. 작성하였으며 주취운전자정황진술보고서는 작성되지 않았다.

(3) 「도로교통법」 제44조 제1항, 제2항에 의하면 경찰공무원은 술에 취한 상태에서 자동차등을 운전하였다고 인정할만한 상당한 이유가 있는 때에는 운전자가 술에 취하였는지 여부를 호흡조사에 의하여 측정할 수 있고, 그 결과에 불복하는 운전자에 대하여는 그 운전자의 동의를 얻어 혈액채취등의 방법으로 다시 측정할 수 있다고 규정되어 있다.

위 인정사실을 종합하여 보면 사고당일 출동한 경찰관은 청구인이 음주운전을 하지 않았다고 판단하여 채혈측정이 가능함을 고지하는 등의 절차를 거치지 않았으나, 교통사고 조사를 담당한 ○○경찰서 담당경찰관이 사고로부터 16일이 지나서야 수사보고서에 첨부된 호흡측정치를 보고 위드마크공식을 적용하여 청구인이 음주운전 하였다고 판단하여 이 건 처분에 이르게 된 점이 인정되는바, 만약 청구인이 호흡측정 당시 위드마크 공식에 의한 역추산 방식에 의하여 음주운전으로 운전면허가 취소될 수 있음을 알았다면 혈액채취를 요구하였을 가능성이 매우 높다고 보임에도 불구하고, 사고 당시 담당경찰관이 호흡측정결과가 음주운전 한계수치에 미달하자 아무런 조치를 하지 않음으로써 결과적으로 청구인으로부터 혈액채취 방법에 의한 측정의 기회를 박탈한 것이라고 할 것이므로, 청구인이 중앙선침범으로 2인의 피해자에게 각각 중상을 입힌 사고를 일으킨 점으로 인하여 벌점 60점의 행정처분을 받을 수 있음을 별론한다.

4. 결 론

그렇다면, 피청구인이 청구인에게 혈액채취의 기회가 있음을 고지하지 않고 행한 이건 처분은 청구인의 절차적 권리를 침해한 위법한 처분이라고 할 것이다.

증 거 방 법

1. 증 제1호증	자동차운전면허취소통지서
1. 증 제2호증	가족관계등록사항별증명서
1. 증 제3호증의 1	사업자등록증
증 제3호증의2, 3	사진
1. 증 제4호증의 1	형사제1심소송기록표지
증 제4호증의 2	의견서
증 제4호증의 3	공소장
증 제4호증의 4	범죄인지보고
증 제4호증의 5	음주운전자적발보고서
증 제4호증의 6	주취운전자정황진술보고서
증 제4호증의 7	피의자신문조서
증 제4호증의 8	자동차운전면허대장
증 제4호증의 9	교통법규위반, 교통사고야기이력
1. 증 제5호증의 1, 2	부채증명원
1. 증 제6호증의 1 내지 3	진정서 및 탄원서

첨 부 서 류

1. 위 증거방법 각 1통

20○○. ○. ○

대구중부경찰서 귀중

[서식 16] 자동차운전면허취소처분취소청구 (단속경찰관은 채취한 혈액에 대해 보존 및 관리)

심판청구서

사건명 자동차운전면허 취소처분 취소청구
처분청 부산중부경찰서

청 구 취 지

피청구인이 2007. 7. 25. 청구인에게 한 2007. 8. 28.자 제1종 보통운전면허취소처분을 취소한다.
라는 재결을 구합니다.

청 구 원 인

1. 사건개요
   청구인이 2007. 6. 30. 혈중알코올농도 0.130%의 술에 취한 상태에서 운전했다는 이유로 피청구인이 2007. 7. 25. 청구인의 운전면허를 취소(이하 ' 이 사건 처분 ' 이라 한다)하였다.

2. 청구인 주장
   청구인이 음주운전으로 단속되어 음주측정을 한 결과, 0.130%로 수치가 나와 이에 불복하여 채혈측정을 요구하여 채혈을 하고 귀가하였는데, 경찰에서 채혈한 샘플이 깨졌다고 하면서 다시 채혈해야 한다고 하여 할 수 없이 2차 채혈을 한 결과 0.071%로 판정되었으나, 피청구인이 적발이후 상당기간이 경과한 뒤의 채혈결과를 인정할 수 없다고 하면서 최초 호흡측정치를 근거로 이 사건 처분을 하였는바, 이는 「도로교통법」에서 인정하는 청구인의 채혈측정 받을 기회를 부당하게 박탈한 것이므로, 호흡측정치를 근거로 한 이 사건 처분은 위법하여 취소되어야 한다.

3. 피청구인 주장
   최초 호흡측정 당시 측정기기가 오작동 했다거나 측정방법이 잘못되었다고 의심할 사정이 없고, 단속 시부터 365분이 지난 뒤 2차 채혈한 수치(0.071%)에 위드마크 공식을 적용한 결과(0.119%)도 운전면허 취소처분 기준치를 초과하고 있으므로, 결국 호흡측정치를 근거로 한 이 사건 처분은 적법하다.

4. 관계법령
   도로교통법 제93조제1항제1호

도로교통법 제44조제3항
도로교통법 시행규칙 별표 28중 2. 취소처분 개별기준의 일련번호란 2

5. 인정사실

청구인과 피청구인이 제출한 자료에 의하면 다음과 같은 사실을 인정할 수 있다.

가. 청구인은 이 사건 당시 기계부품 제조업체에서 주임으로 근무하던 자로서, 2000. 7. 26. 제1종 보통운전면허를 취득한 이래 교통사고전력은 없고, 1회의 교통법규위반전력(2006. 4. 11. 제한속도 위반)이 있다.

나. 청구인은 2007. 6. 30. 02:30경 술에 취한 상태에서 승용차를 운전하다가 부산광역시 ○○구 ○○동에 있는 △△△ 앞길에서 단속경찰관에게 적발되어 음주측정기에 의한 음주측정을 한 결과 혈중알코올농도가 0.130%로 측정되자 청구인이 채혈을 요구하여 같은 날 02:50경 채혈을 하였다.

다. 부산○○경찰서 △△지구대 소속 경사 ○○○이 청구인의 혈액을 채취한 채혈용기를 보관하던 중 관리소홀로 채혈용기를 파손하여 위 용기에 담긴 혈액의 감정을 실시하지 못하게 되었고, 이에 2007. 6. 30. 08:35경 청구인을 불러 혈액채취동의서를 작성케 한 후 2차 채혈을 하여 국립과학수사연구소에 감정을 의뢰한 결과, 청구인의 혈중알코올농도가 0.071%로 측정되었다.

라. 피청구인은 교통단속처리지침(상당한 시간이 경과하였을 경우 채혈하되 보강증거로 활용)과 관련판례(대법원 2002. 3. 15. 선고 2001도7121 판결) 등을 이유로 음주측정기에 의한 최초 음주측정기에 의한 음주측정 후 2차 채혈 시까지 365분이 경과한 상태에서 채혈하여 감정한 혈액감정수치인 0.071%{위드마크공식 적용치는 0.119%(0.071% + 시간당 혈중알코올농도감소치 0.008% × 365분/60분 0.119%)}에 대해서는 보충증거로만 활용하고, 단속현장에서 음주측정기에 의한 측정수치인 0.130%를 적용하여 이 사건 처분을 하였다.

마. 부산○○경찰서 △△지구대 소속 경사 ○○○ 작성의 수사보고에 의하면,

(1) 채혈용기 파손 경위에 관한 내용은 2007. 6. 30. 02:30경 부산광역시 ○○구 ○○동에 있는 △△△ 앞길에서 승용차량 운전자가 혈중알코올농도 0.130% 상태에서 운전하다 적발된 후 음주측정기 측정수치에 불응 채혈을 요구하여 같은 날 02:50경 ○○구 ○○동에 있는 △△병원 응급실에서 운전자 상대로 채혈하여 용기에 넣어 밀봉 후, 같은 날 05:00경 특수절도 피의자 김○○를 형사계에 인계하면서 위 채혈용기를 교통지도계에 인계하기 위해 김○○ 입건서류와 함께 순찰차로 경찰서 도착한 후 피의자 감시 및 도주 방지 위해 위 채혈용기를 순찰차 지붕 위에 올려놓고, 특수절도 사건경위를 간략하게 설명하고 김○○를 형사계 당직반에 인계한 후, 채혈용기를 순찰차 지붕위에 올려놓은 사실을 미처 알지 못하고 지구대로 돌아오던 중 산업도로 ○○동역과 ○○○역 중간 지점에서 순찰차 지붕위에 올려놓은 채혈용기가 생각나 확인해 보니 채혈용기가

보이지 않아 주행한 길을 되돌아갔으나 채혈용기가 부서진 상태로 도로에 떨어진 것을 발견한 것으로,

(2) 혈액 재채취에 관한 내용은 청구인이 2007. 6. 30. 08:20경 △△지구대에 자진 출석하여 진술서 및 혈액채취동의서를 작성한 것으로 각각 기재되어 있다.

6. 이 사건 처분의 위법성

가. 「도로교통법」 제44조제3항의 규정에 의하면, 술에 취하였는지의 여부를 측정한 결과에 불복하는 운전자에 대하여는 그 운전자의 동의를 얻어 혈액채취 등의 방법으로 다시 측정할 수 있도록 되어 있고, 경찰청의 교통단속처리지침에 의하면, 피측정자가 채혈을 요구하거나 측정 결과에 불복하는 때에는 주취운전자 적발보고서를 작성한 후 즉시 피측정자의 동의를 얻어 가장 가까운 병원 등 의료기관에서 채혈한 혈액을 반드시 국립과학수사연구소에 감정의뢰 하여야 하고, 그 감정결과는 음주측정기 측정결과에 우선한다고 되어 있는바, 이와 같은 도로교통법의 관련 규정이나 경찰청 내부지침 등을 종합하면, 운전자가 음주측정기에 의한 측정결과에 불복하면서 혈액채취 방법에 의한 측정을 요구한 때에는 경찰공무원은 혈액을 채취하여 감정을 의뢰하되, 이를 위하여 채취한 혈액에 대한 보존 및 관리 등을 철저히 하여야 하는데, 만일 채취한 혈액이 분실되거나 오염되는 등의 사유로 감정이 불능으로 된 때에는 음주측정기에 의한 측정 결과가 특히 신빙할 수 있다고 볼 수 있는 때에 한하여 음주측정기에 의한 측정 결과만으로 음주운전 사실 및 그 주취 정도를 증명할 수 있다고 할 것이다.

나. 청구인이 음주운전으로 단속되어 음주측정기로 음주측정한 결과 0.130%로 수치가 나오자 이에 불복, 단속경찰관에게 채혈을 요구하여 단속경찰관이 청구인을 인근 병원으로 데려가 혈액을 채취하였다면, 단속경찰관은 채취한 혈액에 대해 보존 및 관리를 철저히 해야 할 의무가 있다 할 것임에도, 단속경찰관관이 그 보관을 소홀히 한 나머지 이를 파손하여 혈액 감정이 불가능하게 되어 결과적으로 청구인이 정상적인 채혈측정의 기회를 상실하게 된 점, 2차 채혈이 이루어진 것은 단속경찰관이 채취한 혈액에 대해 관리를 소홀히 한 탓으로, 청구인이 정당한 이유 없이 시간을 보내다가 상당한 시간이 경과한 후에 호흡측정 결과에 이의를 제기하면서 혈액채취를 요구하여 이루어진 것이 아니므로, 2차 채혈 결과를 단순히 참고자료로만 활용하고, 호흡측정치를 이 사건 처분의 근거로 한 것이 경찰청 교통단속처리지침의 취지에도 부합하지 않는 것으로 보이는 점, 음주측정기에 의한 측정결과만으로 당시 청구인의 혈중알코올농도가 운전면허취소기준인 혈중알코올농도 0.1%를 초과하였다고 단정할 수 없는 점 등을 고려할 때, 청구인의 정당한 요구에도 불구하고 경찰관의 잘못으로 혈액채취 방법에 의한 측정결과를 확인할 수 없다.

7. 결 론

그렇다면 피청구인이 청구인에 대하여 음주측정기에 의한 측정결과를 근거로 청구인의 운전면허를 취소한 이 사건 처분은 재량권을 일탈한 위법한 처분이므로 취소되어야 한다.

증 거 방 법

1. 증 제1호증	자동차운전면허취소통지서
1. 증 제2호증	가족관계등록사항별증명서
1. 증 제3호증의 1	사업자등록증
증 제3호증의2, 3	사진
1. 증 제4호증의 1	형사제1심소송기록표지
증 제4호증의 2	의견서
증 제4호증의 3	공소장
증 제4호증의 4	범죄인지보고
증 제4호증의 5	음주운전자적발보고서
증 제4호증의 6	주취운전자정황진술보고서
증 제4호증의 7	피의자신문조서
증 제4호증의 8	자동차운전면허대장
증 제4호증의 9	교통법규위반, 교통사고야기이력
1. 증 제5호증의 1, 2	부채증명원
1. 증 제6호증의 1 내지 3	진정서 및 탄원서

첨 부 서 류

1. 위 증거방법 각 1통

20○○. ○. ○

부산중부경찰서 귀중

[서식 17] 자동차운전면허취소처분취소청구 (감금이유로)

심 판 청 구 서

사건명 자동차운전면허취소처분취소청구
처분청 경북포항경찰서

청 구 취 지

피청구인이 2014. 5. 23. 청구인에게 한 2014. 6. 22.자 제1종 보통, 제2종 보통 운전면허 취소처분을 취소한다.
라는 재결을 구합니다.

청 구 원 인

1. 사건개요
   청구인이 2014. 3. 21. 자동차를 이용하여 범죄행위(감금)를 하였다는 이유로 피청구인이 2014. 5. 23. 청구인의 운전면허를 취소하였다.

2. 관계법령
   도로교통법 제93조제1항제11호
   도로교통법 시행규칙 제91조제1항, 별표 28 중 2. 취소처분의 개별기준 일련번호란 13.

3. 인정사실
   청구인과 피청구인이 제출한 자료에 의하면 다음과 같은 사실을 인정할 수 있다.
   가. 청구인은 이 사건 당시 일정한 직업이 없던 자로서 2002. 4. 6. 제2종 보통운전면허를 취득하였다.
   나. 청구인은 2014. 3. 21. 12:50경 경상남도 진주시 하대동 **번지 ○○마트 앞 노상에서 강○○(이하 '피해자'라 한다)을 유인하여 그랜저 승용차에 태운 후 경상북도 성주군 월항면 ○○리 ***번지 ○○○여관 앞 공영주차장까지 주행하면서 피해자를 내리지 못하도록 감금하였다는 이유로 피청구인이 2014. 5. 23. 이 사건 처분을 하였다.
   다. 경북성주경찰서에서 작성한 2014. 3. 21.자 피의자신문조서에 따르면, '피해자가 차에서 뛰어 내린다고 했을 때 왜 내려 주지 않았는가요'라는 취지의 질문에 대하여, 청구인이 '그 동안 쌓인 것이 많아 화가 나서, 몇 번 내려달라고 하는 것을 거절하였다. 그리고 오다 보니 성주군 월항면 ○○○여관 앞까지 오게 되었다'라는 취지로 진술하였다.

라. 성주경찰서의 2014. 3. 27.자 의견서(수신 : 대구지방검찰청 서부지청장)에 따르면, 범죄사실에 대하여 “청구인은 피해자와 3년 동안 동거하다 2014. 2. 중순경 헤어진 사람으로서, 2014. 3. 21. 12:50경 경상남도 진주시 하대동 ***번지에 있는 ○○마트 앞 노상에서 피해자에게 ‘이야기 할 것이 있다’라며 유인하여 자신의 그랜저 승용차량에 태운 후 수차례 내려달라는 피해자의 요구를 묵살한 채 같은 날 14:23경 경상북도 성주군 월항면 ○○리 ***번지 ○○○여관 앞 공영주차장까지 약 140Km를 그대로 질주하여 피해자로 하여금 차에서 내리지 못하도록 함으로써 약 1시간 33분 동안 피해자를 감금하였다” 라는 취지의 기재사항이 있다.

마. 성주경찰서장은 2014. 4. 14. 청구인의 주소지인 ‘경상남도 진주시 ○○로**번길 **-*로 운전면허취소처분 사전통지서를 발송한 후 2014. 4. 30. 청구인의 주소지를 관할하는 경찰관서의 장인 진주경찰서장에게 운전면허취소처분 사전통지 공고를 의뢰하였다.

바. 진주경찰서장은 2014. 4. 30.부터 2014. 5. 13.까지 14일간 청구인의 운전면허취소처분 사전통지 공고를 한 후 그 결과를 2014. 5. 13. 성주경찰서장에게 통보하였다.

사. 피청구인이 2014. 5. 30. 청구인의 주소지인 ‘경상남도 진주시 ○○로**번길 **-*로 발송한 운전면허취소처분 결정통지서를 청구인이 2014. 6. 3. 수령하였다.

4. 이 사건 처분의 위법·부당 여부

가. 관계법령의 내용

「도로교통법 시행규칙」 제93조제1항에 따르면, 지방경찰청장은 법 제93조에 따라 운전면허취소처분을 하려는 때에는 운전면허취소처분 사전통지서를 그 대상자에게 발송 또는 발급하여야 한다. 다만 그 대상자의 주소 등을 통상적인 방법으로 확인할 수 없거나 발송이 불가능한 경우에는 운전면허대장에 기재된 그 대상자의 주소지를 관할하는 경찰관서의 게시판에 14일간 이를 공고함으로써 통지를 대신할 수 있도록 되어 있고, 「도로교통법」 제147조제3항 및 「도로교통법 시행령」 제86조제3항제5호에 따르면, 법 제93조제4항에 따른 운전면허취소처분을 위한 사전통지에 대한 지방경찰청장의 권한은 관할 경찰서장에게 위임되어 있다.

나. 위법성 여부

위 인정사실 및 제출된 자료에 따르면, 이 사건 처분과 관련하여 진주경찰서장이 「도로교통법 시행규칙」 제93조제1항의 공고요건인 ‘청구인의 주소 등을 통상적인 방법으로 확인할 수 없거나 발송이 불가능한 경우’에 해당하는지에 대한 아무런 근거가 없는 상태에서 14일간(2014. 4. 30. - 2014. 5. 13.) ‘운전면허취소처분 사전통지 공고’를 함으로써 운전면허취소처분 사전통지를 대신하였는데, 위와 같은 방법으로 행한 진주경찰서장의 운전면허취소처분 사전통지는 「도로교통법 시행규칙」 제93조제1항의 공고요건을 갖추지 못하였기 때문에 그 하자가 중대하고 명백하여 효력이 없고, 이러한 무효인 사전통지절차에 근거하여 행한 피청구인의 이 사건 처분은 위법 · 부당하다.

5. 결 론

그렇다면, 피청구인이 청구인에 대하여 자동차를 이용하여 범죄행위 하였다는 이유로 처분한 운전면허취소는 부당하므로 취소되어야 할 것이다.

증 거 방 법

1. 증 제1호증	자동차운전면허취소통지서
1. 증 제2호증	가족관계등록사항별증명서
1. 증 제3호증의 1	사업자등록증
증 제3호증의2, 3	사진
1. 증 제4호증의 1	형사제1심소송기록표지
증 제4호증의 2	의견서
증 제4호증의 3	공소장
증 제4호증의 4	범죄인지보고
증 제4호증의 5	음주운전자적발보고서
증 제4호증의 6	주취운전자정황진술보고서
증 제4호증의 7	피의자신문조서
증 제4호증의 8	자동차운전면허대장
증 제4호증의 9	교통법규위반, 교통사고야기이력
1. 증 제5호증의 1, 2	부채증명원
1. 증 제6호증의 1 내지 3	진정서 및 탄원서

첨 부 서 류

1. 위 증거방법 각 1통

20○○. ○. ○

경북포항경찰서 귀중

[서식 18] 자동차운전면허 취소처분 취소청구 (살인행위)

심판청구서

사건명 자동차운전면허취소처분취소청구
처분청 ○○경찰서

청 구 취 지

피청구인이 2013. 1. 14. 청구인에게 한 2013. 1. 14.자 제2종 보통, 제2종 원동기장치자전거 운전면허 취소처분을 취소한다.

청 구 원 인

1. 사건개요
   청구인이 2012. 10. 17. 자동차를 이용하여 범죄행위(살인)를 하였다는 이유로 피청구인이 2013. 1. 14. 청구인의 운전면허를 취소하였다.

2. 관계법령
   도로교통법 제93조 제1항 제11호
   도로교통법 시행규칙 별표 28중 2. 취소처분 개별기준의 일련번호란 13

3. 인정사실
   청구인과 피청구인이 제출한 자료에 따르면, 다음과 같은 사실을 인정할 수 있다.
   가. 청구인은 이 사건 당시 핸드폰 판매점을 하던 자로서, 1994. 2. 1. 제1종 보통운전면허를 취득하여 2002. 9. 21. 벌점초과로 운전면허가 취소된 후 2005. 8. 19. 제2종 보통운전면허를 취득하였는데, 최초로 운전면허를 취득한 이래 3회의 교통사고 전력(2012. 10. 15. 경상 1명, 물적 피해)과 3회의 교통법규위반전력(2008. 9. 9. 음주운전 등)이 있다.
   나. 2012. 10. 17.자 교통사고실황조사서를 보면 청구인이 2012. 10. 17. 19:15경 강원도 ○○시 ○면 ○○리에 있는 ○○삼거리에서 ○○산 방면 편도 2차로 도로에서 청구인이 운전하던 승용차에서 내려 ○○산전망대로 걸어 올라가던 피해자 황○○(여, 22세)을 청구인이 운전하던 승용차 앞 범퍼 부분으로 충격하여 사망하게 한 것으로 기재되어 있다.
   다. 강원○○경찰서의 2013. 1. 1.자 수사결과보고를 보면 별지와 같은 내용이 기재되어 있다.

4. 이 사건 처분의 위법·부당 여부

가. 「도로교통법」 제93조 제1항 제11호에 따르면 지방경찰청장은 운전면허를 받은 사람이 자동차 등을 이용하여 살인 또는 강간 등 안전행정부령이 정하는 범죄행위를 한 때에는 운전면허를 취소할 수 있도록 규정되어 있고, 같은 법 시행규칙 제92조 및 별표 28의 2. 취소처분 개별기준의 일련번호란 13에 따르면 자동차 등을 이용하여 범죄행위를 한 때라 함은 「형법」을 위반한 살인, 사체유기, 방화, 강도, 강간, 강제추행, 약취·유인·감금, 상습절도, 교통방해의 범죄에 이용된 때라고 규정되어 있다.

나. 위 인정사실에 따르면 청구인의 살인 혐의에 대한 경찰의 수사 과정에서 밝혀진 청구인과 피해자의 관계, 사고 당일 정황 및 교통사고 경위, 사고발생 장소, 사고 후 청구인의 태도, 국립과학수사연구원의 사고차량 감정 및 사체 부검, 교통사고 분석 결과, 고의 사고 여부에 대한 거짓말탐지기 검사 결과 등을 고려할 때 청구인이 자신과 헤어질 것을 요구하는 피해자 황○○에게 격분하여 승용차로 황○○을 고의로 충격해 사망에 이르게 함으로써 자동차를 이용하여 범죄행위(살인)를 한 것으로 보인다.

다. 이에 대해 청구인은 살인 혐의에 대해 형사재판이 진행중임에도 이 사건 처분을 한 것은 무죄추정의 원칙에 위배된다.

5. 결 론

그렇다면 피청구인의 이 사건 처분은 위법 · 부당하므로 취소되어야 할 것이다.

증 거 방 법

1. 증 제1호증	자동차운전면허취소통지서
1. 증 제2호증	가족관계등록사항별증명서
1. 증 제3호증의 1	사업자등록증
증 제3호증의2, 3	사진
1. 증 제4호증의 1	형사제1심소송기록표지
증 제4호증의 2	의견서
증 제4호증의 3	공소장
증 제4호증의 4	범죄인지보고
증 제4호증의 5	음주운전자적발보고서
증 제4호증의 6	주취운전자정황진술보고서
증 제4호증의 7	피의자신문조서
증 제4호증의 8	자동차운전면허대장
증 제4호증의 9	교통법규위반, 교통사고야기이력

1. 증 제5호증의 1, 2 부채증명원
1. 증 제6호증의 1 내지 3 진정서 및 탄원서

첨 부 서 류

1. 위 증거방법 각 1통

20○○. ○. ○

경북포항경찰서 귀중

[주] 참조 조문
도로교통법 제93조 제1항 제11호, 도로교통법 시행규칙 별표 28중 2. 취소처분 개별기준의 일련번호란 13

[별지]

- 다 음 -

o 범죄사실
- 청구인은 전 부인 사이에 1남 1녀를 둔 이혼남으로 2011년 1월경 피해자 황○○을 만나 약 1년 8개월간 동거를 하다 19살 나이차가 나고 이혼전력이 있으며 슬하에 자녀가 있다는 등의 이유로 피해자가 청구인과 헤어질 것을 마음먹고 주거지를 옮겨 혼자 생활하고 있는 것에 불만을 품고 있었음.
- 청구인은 2012. 10. 15. 발생한 교통사고로 ○○시 ○○동에 있는 ○○병원에서 입원치료 중 2012. 10. 17. 18:20경 피해자가 병원으로 찾아와 새로운 남자친구가 생겼다며 헤어지자고 통보한 후 택시를 타고 가려고 하자, 피해자에게 새 남자친구인 한명(37세)이 있는 곳으로 태워 주겠다고 속여 승용차 조수석에 승차케 한 후 차량을 운전하여 ○○산전망대 쪽으로 가는 동안 헤어지려고 하는 피해자 마음을 돌리려고 계속 대화를 시도하였으나 피해자가 계속 차에서 내리려고 하는 등 말을 듣지 아니하자, 19:15경 차량 통행량이 많지 않고 인적이 드문 ○○산전망대 방면 외곽순환도로 우측 도로변에 차량을 세운 후 피해자가 한명에게 전화하며 급하게 차에서 내려 구봉산전망대 쪽으로 뛰어 올라가는 것에 격분한 나머지 살해하기로 마음먹고,
- 피해자가 걸어 가는 쪽으로 차량을 진행하여 앞범퍼 부분으로 피해자를 충격 후 바닥에 쓰러진 피해자를 재차 약 23미터 가량을 차량 하부로 끌고 가 그 자리에서 다발성 장기손상으로 사망하게 하여 피해자를 살해함

o 수사결과 및 의견
- 청구인은 시력이 좋지 않아 피해자를 보지 못하여 사고가 난 것이라며 살인의 범의가 없었다고 주장하나,
- 피해자가 청구인과 헤어질 것을 마음먹고 사건 당일 청구인을 찾아와 헤어지자고 한다는 이유로 차량에서 다투던 중 피해자가 대화를 거부하며 차에서 내린 직후에 사고가 발생한 점,
- 청구인이 이 사건 전에도 차량 운전을 하고 다녔고, 사고장소가 통행량이 많지 않고 인적이 드문 직선 오르막 도로이고 특별한 시야 장애가 없는 도로인 점,
- 사고 당시 제동조치를 전혀 취하지 않은 채 바닥에 쓰러진 피해자를 그대로 23미터 끌고 간 점,
- 고의사고 부분에 대한 거짓말탐지기 분석 결과 거짓 반응이 나왔고, 국립과학수사연구원의 차량 감정 및 사체 부검, 교통사고 분석 결과 피해자가 차량 전방에 있던 상태에서 차량 앞범퍼 부분에 의해 충격되며 바닥에 전도된 후 차량 하부에 끌리며 역과된 것 같다는 소견 등을 고려할 때
- 피해자를 충격하는 느낌이 전혀 없었고 비명소리조차 듣지 못한 상태에서 단지 차량 하부에서 드르륵 소리가 나는 것을 듣고 차량을 세운 것이라는 청구인의 주장은 납득하기 어려움
- ○○산전망대 쪽으로 가는 것을 알고 피해자가 차에서 내리려고 하는 것을 제지하며 피해자 의사에 반해 사고장소까지 간 점, 피해자가 소지품이 든 가방을 차량에 둔 채 차량에서 급하게 내린 후 새남자친구인 한명에게 전화하여 '○○오빠한테 도망쳐 나왔어'라고 표현한 점에 볼 때 피해자가 상당한 위협을 받는 상태에서 급하게 차에서 내린 것으로 보여지고, 사고 직후 피해자 상태가 사망에 이를 정도로 심각함에도 감정의 표현 없이 현장에서 태연하게 행동한 점 등에 비추어 볼 때도 청구인이 피해자를 살해하기로 마음먹고 차량으로 고의로 충격해 사망하게 하여 살해한 점이 인정되므로 기소의견으로 송치함

[서식 19] 자동차운전면허취소처분취소청구 (다른 사람의 자동차 등을 훔쳤다는 이유)

심판청구서

사건명 자동차운전면허취소처분취소청구
처분청 경기도화성경찰서

청 구 취 지

피청구인이 2007. 3. 9. 청구인에게 한 2007. 4. 5.자 제1종 보통 운전면허취소처분을 취소한다.
라는 재결을 구합니다.

청 구 원 인

1. 사건개요
   청구인이 2007. 2. 24. 다른 사람의 자동차 등을 훔쳤다는 이유로 피청구인이 2007. 3. 9. 청구인의 운전면허를 취소하였다.

2. 청구인의 주장
   청구인은 ○○시 ○○구 ○○동 소재 "○○골프스쿨"이라는 실내 골프연습장을 경영하고 있는 자로서, 2007. 2. 24. 02:00경 영업을 마치고 주변에 소재한 포장마차에서 소주 반병 가량을 마시고 위 골프연습장으로 들어가던 중 청구인이 운영하는 골프연습장 부근 현대아파트 담벼락에 번호판 없는 50cc 원동기장치자전거가 세워져 있어 술김에 아무런 생각 없이 원동기장치자전거 의자에 앉아 시동페달을 밟자(키가 없어서 키로 시동을 걸지 않았음) 신기하게도 원동기장치자전거의 시동이 걸렸고, 시동을 끄려했으나 키가 없는 관계로 시동을 끌 방법이 없어 일단 동네 한 바퀴를 돌다보면 시동이 꺼질 것으로 생각하고 원동기장치자전거를 운전하게 되었는바, 청구인은 시동이 걸리자 나름대로 생각으로는 시동을 끄기 위해서는 할 수 없이 동네 한바퀴를 돌면 될 것이라고 생각한 점, 경찰관에게 적발될 당시 운행하던 방향이 이 건 원동기장치자전거의 당초 소재지 방향이었던 점, 이 건 원동기장치자전거의 경우 훔칠 가치조차 크지 않았다 할 것인 점, 청구인은 골프연습장 경영자로서 아무런 전과도 없는 점 등에 비추어 볼 때, 피청구인의 이 건 처분은 너무 가혹하므로 취소되어야 한다고 주장한다.

3. 이 건 처분의 위법·부당여부
   가. 관계법령
      도로교통법 제93조제1항제12호

동법 시행규칙 별표 28중 2. 취소처분 개별기준의 일련번호란 14.

나. 위법성

(1) 제출된 자료에 의하면, 청구인은 이 사건 당시 자영업자로서, 1994. 9. 12. 운전면허를 취득하였다.

(2) 기록에 의하면, 다음과 같은 사실을 각각 인정할 수 있다.

(가) 청구인은 2007. 2. 24. 03:10경 혈중알코올농도 0.076%의 술에 취한 상태에서 ○○시 ○○구 ○○동 ○○아파트 담벼락에 세워져 있던 원동기장치자전거를 운전하여 가다가 지나가던 경찰관에 단속되어 적발된 사실, 청구인이 서명·무인한 피의자신문조서에 의하면, 청구인은 "누구의 것인지는 모르고 아파트 담벼락에 세워진 것인데 누군가 타다가 버린 것으로 생각하고 호기심에 그냥 한번 오토바이에 올라타 클러치를 밟고 엑셀레터를 당기니까 시동이 걸려서 타게 되었다"고 기재되어 있다.

(나) ○○경찰서 ○○지구대에서 작성한 2007. 2. 24.자 단속경위서에 의하면, 2007. 2. 24. 04:00경 ○○시 ○○구 ○○동 ○○번지 앞길에서 청구인이 원동기장치자전거에 승차하여 진행 중인 것을 정지시켜 불심검문하자 청구인이 음주운전인 것으로 판명되어 ○○지구대로 연행하여 음주측정을 하였다고 기재되어 있다.

(다) 현재 오토바이는 청구인으로부터 압수한 후 1개월 이상 오토바이의 소유자가 나타나지 않아 「범죄수사규칙」 제113조 및 제115조에 근거하여 압수물 대가 보관(실제 주인이 나타나지 않고 압수물이 일정기간 방치된 경우 검찰의 지시에 따라 담당 경찰서에서 대리점 등에 평균적으로 2만원에서 3만원을 받고 판 후 검찰에 사건 송치시 대가 보관 서류 제출)에 의해 처분된 상태이다.

(라) 청구인이 서명·무인한 2007. 2. 24.자 피의자신문조서에 의하면, 청구인은 실내골프연습장을 운영하는 자로서 매달 약 300만원의 수입이 있고, 전과 및 검찰처분을 받은 전력이 없다고 기재되어 있다.

(3) 「도로교통법」 제93조제1항제12호와 같은 법 시행규칙 별표 28중의 2 취소처분개별기준의 일련번호란 14.에 의하면, "운전면허를 가진 사람이 다른 사람의 자동차 등을 훔치거나 빼앗아 이를 운전한 때"에는 그 운전면허를 취소하도록 되어 있고, "다른 사람의 자동차 등을 훔친 때"에 해당한다고 하기 위해서는 불법영득의 의사, 즉 영구적 또는 일시적으로 다른 사람의 자동차 등을 통하여 경제적 이익을 보유할 의사가 있어야 할 것인바, 위 인정사실에 의하면, 청구인은 적발 당시 정지수치에 해당하는 술에 취해 있었던 점, 청구인이 서명·무인한 피의자신문조서에 의하면, 청구인은 "누구의 것인지는 모르고 아파트 담벼락에 세워진 것인데 누군가 타다가 버린 것으로 생각하고 호기심에 그냥 한번 오토바이에 올라타 클러치를 밟고 엑셀레터를 당기니까 시동이 걸려서 타

게 되었다"고 진술한 점, 청구인은 실내골프연습장을 운영하는 자로서 일정한 수입을 유지하고 있고 아무런 전과도 없는 점, 청구인이 타다가 적발된 이 건 원동기장치자전거의 경우 일반적으로 그 경제적 가치가 그리 크지 않은 점 등에 비추어 볼 때 청구인이 다른 사람의 오토바이를 훔쳤다는 이유로 한 피청구인의 이 건 처분은 위법·부당하다.

3. 결 론

그렇다면, 피청구인이 청구인이 불법영득의 의사를 가지고 원동기장치자전거의 시동을 걸어 운전해 갔다기 보다는 술에 취한 상태에서 우연히 시동이 걸린 타인의 원동기장치자전거를 권리자의 동의 없이 불법으로 사용한 경우에 해당한다고 보는 것이 타당하므 로 이건 처분은 위법 · 부당하다 할 것이다.

증 거 방 법

1. 증 제1호증	자동차운전면허취소통지서
1. 증 제2호증	가족관계등록사항별증명서
1. 증 제3호증의 1	사업자등록증
증 제3호증의2, 3	사진
1. 증 제4호증의 1	형사제1심소송기록표지
증 제4호증의 2	의견서
증 제4호증의 3	공소장
증 제4호증의 4	범죄인지보고
증 제4호증의 5	음주운전자적발보고서
증 제4호증의 6	주취운전자정황진술보고서
증 제4호증의 7	피의자신문조서
증 제4호증의 8	자동차운전면허대장
증 제4호증의 9	교통법규위반, 교통사고야기이력
1. 증 제5호증의 1, 2	부채증명원
1. 증 제6호증의 1 내지 3	진정서 및 탄원서

첨 부 서 류

1. 위 증거방법 각 1통

20○○. ○. ○

경기도화성경찰서 귀중

[서식 20] 자동차운전면허취소처분취소청구 (운전면허를 가진 사람이 자동차 등을 훔치거나 빼앗은 때에는 운전면허를 취소)

심판청구서

사건명 자동차운전면허취소처분취소청구
처분청 경남창원경찰서

청 구 취 지

피청구인이 2007. 5. 16. 청구인에게 한 2007. 6. 12.자 제1종 보통운전면허 취소처분을 취소한다.
라는 재결을 구합니다.

청 구 원 인

1. 사건개요
청구인이 2007. 4. 5. 다른 사람의 자동차를 훔쳤다는 이유로 피청구인이 2007. 5. 16. 청구인의 운전면허를 취소하였다.

2. 관계법령
도로교통법 제93조제1항제12호
같은 법 시행규칙 별표 28중 2. 취소처분 개별기준의 일련번호란 14

3. 인정사실
청구인과 피청구인이 제출한 자료에 의하면, 다음과 같은 사실을 인정할 수 있다.
가. 청구인은 이 사건 당시 ○○회사에서 운전직 아르바이트 사원으로 재직하던 자로서, 1999. 6. 17. 제1종 보통운전면허를 취득한 이래 교통사고전력은 없고, 4회의 교통법규위반전력(2001. 11. 23. 불법부착장치차 운전 등)이 있다.
나. 청구인이 이 사건 당시 재직하던 ○○회사 대표 △△△는 2007. 2. 20. 피해자 □□□에게 300만원을 대출해 주면서 그의 소유 소형 화물차를 담보로 하고, 약정된 기일(2007. 3. 6.) 내에 대출금을 변제하지 않으면 위 차량을 가져가도 좋다는 약정을 한 다음 자동차 근저당 설정계약서, 차량인계동의각서, 매매승인서, 인감증명서, 위 차량 복제열쇠 등을 피해자로부터 교부받아 이를 보관하였다.
다. 피해자 □□□의 2007. 2. 20.자 차량인계동의각서에 의하면, "□□□는 본인 소유 차량을 매매 계약함에 있어 차량 인수인계 기일을 2007. 3. 6.로 정하고, 본인이 기일을 어길시 차량 인수자가 본인에게 통고치 않고 차량의 키를 드립니다" 라고 기재되어 있다.

라. 청구인은 ○○회사 대표 △△△가 보관하고 있던 위 차량 복제열쇠를 이용하여 2007. 4. 5. 19:00경 서울특별시 ○○구 ○○동 647-50번지 앞길에서 피해자가 주차해 둔 위 차량을 위 ○○회사의 소재지인 서울특별시 ○○구 ○○동 지하주차장까지 약 5킬로미터를 운행하였다.

마. 청구인이 서명·무인한 2007. 4. 6.자 및 2007. 4. 11.자 피의자신문조서에 의하면, 청구인은 ○○회사 대표 △△△가 피해자로부터 채무를 변제받기 위해 피해자의 집 앞에 가서 위 차량이 있으면 끌고 오라고 해서 피해자의 집 앞에 가보니 위 차량이 있어서 피해자가 집에 있는지를 확인하거나, 피해자의 허락을 받지 않고 몰래 위 차량을 운행하여 ○○회사의 소재지인 서울특별시 ○○구 ○○동 지하주차장까지 왔다고 진술하였다.

바. 서울○○지방검찰청에서는 2007. 4. 27. 청구인의 차량 절도 혐의에 대해 기소유예처분을 하였다.

4. 이 사건 처분의 위법·부당

가. 「도로교통법」 제93조제1항제12호, 같은 법 시행규칙 별표 28중2. 취소처분 개별기준의 일련번호 14란에는 운전면허를 가진 사람이 자동차 등을 훔치거나 빼앗은 때에는 운전면허를 취소하도록 하고 있는데, 이는 운전면허를 본래의 목적으로 사용하지 않고 다른 사람의 자동차 등을 훔치거나 빼앗는 수단으로 사용하는 것을 막기 위한 취지라 할 것인바, 다른 사람의 자동차를 훔친 때에 해당한다고 하기 위해서는 불법영득의 의사가 있어야 하고, 불법영득의 의사는 영구적으로 그 물건의 경제적 이익을 보유할 의사가 필요치 아니하고 일시적인 것으로 족하다 할 것이며 비록 약정에 기한 인도 등의 청구권이 인정된다고 하더라도 취거(取去) 당시에 점유 이전에 관한 점유자의 명시적·묵시적인 동의가 있었던 것으로 인정되지 않는 한 불법영득의 의사가 없었다고 할 수는 없다고 할 것이다.

나. 피청구인은 청구인이 위 피해차량을 훔쳤다는 이유로 이 사건 처분을 하였으나, 위 인정사실에 의하면, 피해자 □□□는 ○○회사 대표 △△△에게 대출금 300만원을 약정된 기일 내에 변제하지 않으면 피해자 □□□에게 통보하지 않은 채 위 차량을 임의로 인수하여(어떤 장소에서라도 주차장 또는 노상에서라도) 명의 이전하여도 아무런 이의를 제기치 않을 것이며, 위 인수인계 기일 이후에는 차량 내의 소지품에 대한 분실 시에도 인수인에게 민·형사상의 이의를 제기치 않을 것임을 동의하면서 복제된 차량키를 건네줌으로써 사전에 위 차량을 가져가도 좋다는 명시적인 동의가 있었다.

5. 결 론

그렇다면, 청구인이 위 피해차량을 가져간 행위는 절도행위에 해당한다고 할 수 없고,

다른 사람의 자동차를 훔쳤다는 이유로 행한 피청구인의 이 사건 처분은 위법하다.

증 거 방 법

1. 증 제1호증	자동차운전면허취소통지서
1. 증 제2호증	가족관계등록사항별증명서
1. 증 제3호증의 1	사업자등록증
증 제3호증의2, 3	사진
1. 증 제4호증의 1	형사제1심소송기록표지
증 제4호증의 2	의견서
증 제4호증의 3	공소장
증 제4호증의 4	범죄인지보고
증 제4호증의 5	음주운전자적발보고서
증 제4호증의 6	주취운전자정황진술보고서
증 제4호증의 7	피의자신문조서
증 제4호증의 8	자동차운전면허대장
증 제4호증의 9	교통법규위반, 교통사고야기이력
1. 증 제5호증의 1, 2	부채증명원
1. 증 제6호증의 1 내지 3	진정서 및 탄원서

첨 부 서 류

1. 위 증거방법	각 1통

20○○. ○. ○

경남창원경찰서 귀중

[서식 21] 자동차운전면허취소처분취소청구 (지정복장 위반과 자격증 게시의무 위반)

심판청구서

사건명 자동차운전면허정지처분취소청구
처분청 서울동작경찰서장

청 구 취 지

피청구인이 2007. 5. 1. 청구인에게 한 105일(2007. 6. 25. ~ 2007. 10. 7.)의 운전면허 정지처분을 취소한다.
라는 재결을 구합니다.

청 구 원 인

1. 사건개요

청구인이 신호 또는 지시위반으로 벌점 15점, 단속경찰공무원 등 폭행으로 벌점 90점을 부과받아 벌점이 총 105점이 되었다는 이유로 피청구인이 2007. 5. 1. 청구인에게 105일(2007. 6. 25. ~ 2007. 10. 7.)의 운전면허 정지처분을 하였다.

2. 청구인의 주장

「도로교통법」 제93조제1항제14호에 의하면, 같은 법에 의한 교통단속임무를 수행하는 경찰공무원등 및 시·군공무원에 대하여 폭행한 때 운전면허를 정지 또는 취소할 수 있도록 되어 있는바, 청구인이 폭행한 대상은 「여객자동차 운수사업법」 위반자를 단속하던 ○○구청 교통지도과 소속 공무원이므로 청구인의 경우 이에 해당하지 않음에도 피청구인이 벌점 90점을 부과하였으므로 이 사건 처분은 위법·부당하므로 취소되어야 한다.

3. 관계법령

도로교통법 제93조제1항제14호
도로교통
법 시행규칙 별표28중 3. 정지처분 개별기준 가. 일련번호란 3

4. 인정사실

청구인과 피청구인이 제출한 자료에 의하면 다음과 같은 사실을 인정할 수 있다.

가. 청구인은 이 사건 당시 택시기사로서, 2001. 4. 12. 제1종 보통운전면허를 취득한 이래 교통사고전력은 없고, 7회의 교통법규위반전력(2007. 1. 26. 좌석안전띠 미착용 등)이 있다.

나. 청구인은 2006. 7. 21. 신호 또는 지시 위반으로 벌점 15점을 부과받았고, 2007. 4. 11. 15:00경 택시를 운전하다가 서울특별시 ○○구 ○○동 ○○번지 앞길에서 「여객자동차 운수사업법」 위반자를 단속하던 ○○구청 교통지도과 소속 공무원인 박○○에 의하여 지정복장 위반과 자격증 게시의무 위반으로 단속되자, 위 박○○의 멱살을 잡아 3회 흔드는 등 폭행을 하여 피청구인으로부터 벌점 90점을 부과받았다.

다. ○○구청의 2006. 4. 3.자 직원업무분장표에 의하면, 위 박○○가 담당하는 업무는 「여객자동차 운수사업법」 위반차량의 지도단속, 대장 관리, 정비업체와 운수업체 등의 지도단속이다.

5. 이 사건 처분의 위법·부당 여부

청구인이 피해자 박○○를 폭행한 사실은 인정되나, 피해자는 「도로교통법」 에 의한 교통단속임무를 수행하는 경찰공무원등 및 시·군공무원이 아니다.

6 . 결 론

그렇다면 「여객자동차 운수사업법」 위반자를 단속하던 구청 공무원임에도 피청구인은 「도로교통법」 제93조제1항제14호를 적용하여 청구인에게 벌점 90점을 부과하고 이에 근거하여 이 사건 처분을 하였으므로 이 사건 처분은 위법·부당하므로 취소되어야 할 것이다.

증 거 방 법

1. 증 제1호증	자동차운전면허취소통지서
1. 증 제2호증	가족관계등록사항별증명서
1. 증 제3호증의 1	사업자등록증
증 제3호증의2, 3	사진
1. 증 제4호증의 1	형사제1심소송기록표지
증 제4호증의 2	의견서
증 제4호증의 3	공소장
증 제4호증의 4	범죄인지보고
증 제4호증의 5	음주운전자적발보고서

증 제4호증의 6	주취운전자정황진술보고서
증 제4호증의 7	피의자신문조서
증 제4호증의 8	자동차운전면허대장
증 제4호증의 9	교통법규위반, 교통사고야기이력
1. 증 제5호증의 1, 2	부채증명원
1. 증 제6호증의 1 내지 3	진정서 및 탄원서

첨 부 서 류

1. 위 증거방법　　각 1통

20○○. ○. ○

서울동작경찰서 귀중

[서식 22] 자동차운전면허취소처분취소청구 (적성검사 받지 않은 이유)

심판청구서

피청구인 : ○○○○경찰서
청구인 처분대상 : 자동차운전면허취소처분취소청구

청 구 취 지

피청구인이 2014. 1. 28. 청구인에게 한 2014. 4. 8.자 제1종 보통운전면허 조건부 취소처분을 취소한다.
라는 재결을 구합니다.

청 구 원 인

1. 사건개요
   청구인이 정기적성검사기간(2012. 10. 7. ~ 2013. 4. 6.)내에 적성검사를 받지 아니하자 피청구인이 2014. 1. 28. 청구인의 운전면허를 2014. 4. 8.자로 조건부 취소(이하 '이 사건 처분'이라 한다)를 하였다.

2. 이 건 처분의 위법
   가. 관계법령
   도로교통법 제93조제1항제9호, 제4항
   도로교통법 시행규칙 제93조, 별표 28 중 2. 취소처분 개별기준의 일련번호란 7
   나. 인정사실
   청구인과 피청구인이 제출한 자료에 의하면 다음과 같은 사실을 인정할 수 있다.
   (1) 청구인은 이 사건 당시 회사원이던 자로서 2003. 7. 4. 제2종 원동기장치자전거 운전면허를, 2005. 10. 7. 제1종 보통운전면허를 각각 취득하였다.
   (2) 청구인은 정기적성검사기간(2012. 10. 7. ~ 2013. 4. 6.)이 경과하도록 적성검사를 받지 아니하였다.
   (3) 피청구인은 2014. 1. 28. 청구인의 운전면허를 2014. 4. 8.자로 조건부 취소한 후 '운전면허조건부 취소처분결정서'를 2014. 1. 28. 일반우편으로, 2014. 2. 4. 등기우편으로 청구인의 운전면허대장상의 주소지인 '경상남도 창원시 진해구 충장로412번길 29 (이동)'로 발송하였는데, '주소불명'으로 반송되자 2014. 2. 14.부터 2014. 2. 27.까지 14일간 경상남도지방경찰청 게시판에 운전면허 조건부취소처분 결정내용을 공고하였다.

(4) 경상남도 창원시장이 2014. 10. 21. 발급한 주민등록표(초본)에 따르면, 청구인은 '2013. 4. 5. 경상남도 창원시 진해구 충장로412번길 29 (이동)'로 전입하였고, 이후 변동사항이 없다가 '2014. 9. 24. 경상남도 창원시 진해구 해원로 5, 107동 408호(이동, 남홍아파트)'로 전입한 것으로 되어 있다.

3. 이 사건 처분의 위법 · 부당 여부

가. 관계법령의 경우

「도로교통법」 제93조제1항제9호 및 제4항, 같은 법 시행규칙 제93조 및 별표 28 중 2. 취소처분 개별기준의 일련번호란 7에 따르면, 지방경찰청장은 제1종 운전면허를 받은 사람이 정기적성검사기간 만료일 다음 날부터 적성검사를 받지 않고 1년을 초과한 때에는 운전면허를 취소할 수 있고, 운전면허를 취소하고자 하는 때에는 처분의 당사자에게 적성검사를 할 수 있는 날의 만료일 전까지 적성검사를 받지 아니하면 운전면허가 취소된다는 사실의 조건부 통지로 처분의 사전 및 사후통지를 갈음할 수 있으며, 다만 그 대상자의 주소 등을 통상적인 방법으로 확인할 수 없거나 발송이 불가능한 경우에는 운전면허대장에 기재된 그 대상자의 주소지를 관할하는 경찰관서의 게시판에 14일간 이를 공고함으로써 통지에 대신할 수 있다고 규정되어 있다.

나. 위법성 여부

위 인정사실에 따르면, 청구인이 정기적성검사기간(2012. 10. 7. ~ 2013. 4. 6.)내에 적성검사를 받지 아니하자 피청구인이 2014. 1. 28. 청구인의 운전면허를 2014. 4. 8.자로 조건부취소결정을 하고, 동 사실을 2014. 1. 28. 일반우편으로, 2014. 2. 4. 등기우편으로 청구인의 운전면허대장상 주소지인 '경상남도 창원시 진해구 충장로 412번길 29 (이동)'로 발송하였으나, 동 등기우편이 주소불명으로 반송되어 경상남도지방경찰청 게시판에 운전면허 조건부 취소처분 결정내용을 2014. 2. 14.부터 2014. 2. 27.까지 공고한 사실은 인정되나, 청구인은 2013. 4. 5. '경상남도 창원시 진해구 충장로412번길 29 (이동)'로 전입한 이후 이 사건 처분서의 발송 및 공고로 처분통지를 갈음할 당시 주소지가 변경된 사실이 없고, 청구인이 당시 위 주소지에 거주하지 아니하였다는 사실을 입증할 수 있는 자료도 보이지 않았으며, 또한 달리 청구인 본인의 귀책사유로 청구인이 이 사건 처분통지서를 받을 수 없게 된 것이라고 단정할 수 없는 상태에서 피청구인은 청구인이 위 주소지에서 실제 거주하고 있는지에 대하여 확인 등 타당한 노력을 하지 않은 채 단순히 청구인에 대한 이 사건 처분통지서가 반송되었다는 이유만으로 공고로써 이 사건 처분통지를 갈음하였다.

위와 같은 사실을 종합하여 볼 때, 피청구인은 이 사건 처분통지를 함에 있어 공고요건을 충족하지 못하였음에도 불구하고 통지에 갈음한 공고절차를 통하여 이 사건 처분을 한 것이므로, 피청구인의 이 사건 처분은 그 과정상의 하자가 있는 위법·부당한 처분이다.

4. 결 론

그렇다면, 피청구인이 청구인에 대하여 위 공고는 공고의 요건을 갖추지 못하였다고 할 것이므로 수시적성검사를 받지 않았다는 이유로 행한 이 건 처분은 그 처분절차에 중대하고 명백한 하자가 있어 무효인 처분이라 할 것이다.

증 거 방 법

1. 증 제1호증	자동차운전면허취소통지서
1. 증 제2호증	가족관계등록사항별증명서
1. 증 제3호증의 1	사업자등록증
증 제3호증의2, 3	사진
1. 증 제4호증의 1	형사제1심소송기록표지
증 제4호증의 2	의견서
증 제4호증의 3	공소장
증 제4호증의 4	범죄인지보고
증 제4호증의 5	음주운전자적발보고서
증 제4호증의 6	주취운전자정황진술보고서
증 제4호증의 7	피의자신문조서
증 제4호증의 8	자동차운전면허대장
증 제4호증의 9	교통법규위반, 교통사고야기이력
1. 증 제5호증의 1, 2	부채증명원
1. 증 제6호증의 1 내지 3	진정서 및 탄원서

첨 부 서 류

1. 위 증거방법	각 1통

20○○. ○. ○

○○경찰서 귀중

[서식 23] 벌점부과처분취소청구 (중앙선침범)

심판청구서

사건명 벌점부과처분취소청구
처분청 서울남대문경찰서

청 구 취 지

피청구인이 2007. 3. 27. 청구인에게 한 30점의 벌점부과를 취소한다
라는 재결을 구합니다.

청 구 원 인

1. 사건개요

청구인이 2007. 3. 27. 중앙선을 침범하였다는 이유로 피청구인이 2007. 3. 27. 청구인에게 30점의 벌점을 부과하였다.

2. 청구인 주장

이에 대하여 청구인은, 당시 좌회전과 유턴 동시 신호를 보고 유턴하였으나, 청구인 차량 앞에 몇 대의 차량이 있어 급한 마음에 점선 조금 못 미쳐서 유턴하였는바, 단속경찰관은 중앙선 침범이라고 하나, 청구인 판단으로는 회전방법 위반에 해당하므로 벌점 30점 부과는 부당하다고 주장한다.

3. 이 건 청구의 행정심판 적격여부

가. 관계법령

행정심판법 제2조제1항제1호 및 제3조제1항

나. 위법성

(1) 청구인이 2007. 3. 27. 중앙선을 침범하였다는 이유로 피청구인이 2007. 3. 27. 청구인에게 30점의 벌점을 부과하자, 청구인은 2007. 4. 23. 벌점부과의 취소를 구하는 행정심판을 제기하였다.

(2) 운전면허행정처분기준상의 '벌점'의 배점은 도로교통법규 위반행위를 단속하는 기관이 「도로교통법」 제93조제2항 및 동법 시행규칙 별표 28의 규정에 의하여 자동차운전면허의 취소·정지처분의 기초자료로 활용하기 위하여 도로교통법규 위반의 경중, 피해의 정도 등에 따라 배정하는 점수를 말하는 것이다.

4. 결 론

그렇다면 피청구인이 청구인에 대하여 위 회전방법 위반으로 벌점부과는 위법 · 부당하므로 취소되어야 한다.

첨 부 서 류

1. 갑 제1호증 벌점부과처분 통지서
1. 갑 제2호증 주민등록등본 1부
1. 갑 제3호증 그 외 증명서류

20○○. ○. ○

서울남대문경찰서 귀중

[서식 24] 벌점부과처분취소청구서 (버스 내에서 승객이 넘어져 사고를 당하여 운전자에게 벌점을 부과한 경우)

심 판 청 구 서

청 구 인 : 김 ○ ○
서울 ○○구 ○○동 123-45번지
(전화 : 000-0000, H.P :)

피청구인 : 서울특별시지방경찰청장

벌점부과처분취소청구서

청 구 취 지

피청구인이 2005. 10. 19. 청구인에 대하여 한 벌점 15점의 부과처분은 이를 취소한다.
라는 재결을 구합니다.

청 구 원 인

1. 청구인 주장

청구인은 시내버스를 운전하던 자로서 이 사건 당일 청구인이 운전하던 버스내에서 청구외 임○혜(이하 "피해자"라고 한다)가 넘어져 6주간의 치료를 요하는 사고를 당하였다는 이유로 벌점 15점을 부과받았는 바, 이 사건사고는 피해자의 명백한 과실로 인한 사고이고, 이와 관련한 즉결심판에서도 무죄선고를 받았으며, 청구인이 위 벌점으로 인하여 개인택시운송사업면허도 신청할 수 없게 되었으므로 이 건 처분은 위법·부당하여 취소되어야 한다.

2. 결론

그렇다면 피청구인이 피해자의 과실로 인한 사고로 인하여 청구인에 대하여 벌점부과는 취소되어야 할 것이다.

첨 부 서 류

1. 갑 제1호증 벌점부과처분 통지서
1. 갑 제2호증 주민등록등본 1부

1. 갑 제3호증 그 외 증명서류

20○○. ○○. ○○.

위 청구인 김 ○ ○ (인)

서울특별시지방경찰청장 귀하

[서식 25] 범칙금부과처분취소청구서 (운전자 본인의 과실로 인한 사고 당자가가 아닌 경우)

심 판 청 구 서

청 구 인 : 김 ○ ○
합천시 ○○군 ○○리 124
(전화 : 000-0000, H.P :)

피청구인 : 합천경찰서장

범칙금부과처분취소청구서

청 구 취 지

피청구인이 2008. 12. 17. 청구인에 대하여 한 12만원의 범칙금부과처분은 이를 취소한다. 라는 재결을 구합니다.

청 구 원 인

1. 청구인 주장
청구인은 이 건 적발 경남 ○가 1994호 티코 승용차가 중앙선을 침범하여 마주오던 경남○가 5688호 그랜져 승용차와 충돌하고 위 티코 승용차가 청구인의 차량의 진행 방향으로 튕기면서 청구인의 엘란트라 승용차 위로 떨어진 교통사고인 바, 청구인은 청구인의 차량의 파손부위가 본네트만 파손되었고 범퍼는 전혀 파손되지 않은 것 등으로 볼 때 이 건 처분은 위법 · 부당하므로 취소되어야 한다.

첨 부 서 류

1. 갑 제1호증 범칙금부과처분 통지서
1. 갑 제2호증 주민등록등본 1부
1. 갑 제3호증 그 외 증명서류

20○○. ○○. ○○.

위 청구인 김 ○ ○ (인)

합천경찰서장 귀하

[서식 26] 개인택시면허정지처분취소심판청구서

<table>
<tr><td colspan="5">행 정 심 판 청 구</td></tr>
<tr><td rowspan="2">청구인</td><td>①이름</td><td>○○○</td><td>②주민등록번호</td><td>630120 - 1234567</td></tr>
<tr><td>③주소</td><td colspan="3">○○도 ○○시 ○○동</td></tr>
<tr><td>④ 선정대표자·
관리인 또는
대 리 인</td><td colspan="4">대 리 인 변호사 ○○○
○○시 ○○구 ○○동 ○번지</td></tr>
<tr><td>⑤ 피청구인</td><td colspan="2">○○시장</td><td>⑥재결청</td><td>○○도지사</td></tr>
<tr><td>⑦ 청구대상인
처분내용
(부작위의
전제가되는
신청내용·일자)</td><td colspan="4">피청구인이 청구인에 대하여 20○○.○.○.자로 한 개인택시 면허취소처분</td></tr>
<tr><td>⑧ 처분있음을
안 날</td><td colspan="4">20○○.○.○.</td></tr>
<tr><td>⑨ 심판청구취지·
이유</td><td colspan="4">(별지 기재와 같음)</td></tr>
<tr><td>⑩ 처분청의
고지유무</td><td colspan="2">있음</td><td>고지내용</td><td>60일내에 심판청구</td></tr>
<tr><td>⑫ 증거서류
(증거물)</td><td colspan="4">1. 처분통지서 사본 1통</td></tr>
<tr><td>⑬ 근거법조</td><td colspan="4"></td></tr>
<tr><td colspan="5">위와 같이 행정심판을 청구합니다.

20○○. ○○. ○○.

청구인 대리인 변호사 ○ ○ ○

○ ○ 도 지 사 귀하</td></tr>
<tr><td>첨부서류</td><td>청구서부본</td><td></td><td>수수료</td><td>없음</td></tr>
</table>

[서식 27] 개인택시운전면허취소처분취소청구 (도로법상 도로아닌 유료도로)

심판청구서

사건명 개인택시운전면허취소처분취소청구
처분청 수원중부경찰청

청 구 취 지

피청구인이 2007. 1. 16. 청구인에 대하여 한 2007. 2. 17.자 제1종 대형 및 제1종 보통 운전면허취소처분은 이를 취소한다.
라는 재결을 구합니다.

청 구 원 인

1. 사건개요

청구인이 2006. 11. 11. 음주측정에 불응하였다는 이유로 피청구인이 2007. 1. 16. 청구인의 운전면허를 취소하였다.

2. 청구인 주장

청구인은 음주운전으로 적발되어 운전면허가 취소되었으나, 청구인이 술에 취한 상태로 운전을 한 것은 「도로교통법」 상의 '도로'에 해당되지 아니하는 유료주차장 내에서 10m 정도(그림 1: 위치 ①~②)에 불과하고, 또한 청구인의 차량 앞바퀴가 주차장 밖으로 나오도록 운전한 것은 청구인이 아닌 대리운전기사로서 청구인은 결코 위 10m 이상 차량을 운전한 사실이 없으며, 더구나 청구인이 이 건으로 경찰에 적발될 당시 음주운전이 아닌 뒤 차량 탑승객과의 다툼으로 적발된 줄 알고 있었기 때문에 경찰관의 음주측정요구에 불응한 것이라고 주장한다.

3. 이 건 처분의 위법성

가. 관계법령

도로교통법 제44조제2항·제3항, 제93조제1항제3호
동법 시행규칙 별표28중 2. 취소처분 개별기준의 일련번호란 3

나. 위법성

(1) 청구인은 이 사건 당시 개인택시운전기사로서, 1989. 4. 14. 제1종 보통운전면허를 취득하였다.

(가) 청구인은 2006. 11. 10. 23:00경 이 건 유료주차장에 청구인의 개인택시를 주차시키고(그림 1: 위치 ①) 술을 마신 후 귀가하기 위하여 대리운전기사

를 불렀으나, 청구인과 대리운전기사간에 요금문제로 시비가 발생하여 대리운전기사가 차량을 주차라인 밖으로 약 2m 정도 이동시킨 상태에서 그냥 가버리자, 청구인이 다른 차량의 이동에 장해가 될 것을 우려하여 차량을 원래 위치(그림 1: 위치 ①)에서 주차관리소 앞까지(그림 1: 위치 ②) 약 10m 정도 이동하여 운전하였는데 이를 본 주차관리원이 경찰에 신고하였다.

(나) 청구인이 술에 취한 상태에서 운전을 한 것은 주차장 내에서의 10m 정도이고, 그 외 차량을 운전하여 주차장의 요금소 밖으로 나간 사실이 없으며, 차량을 운전하여 도로로 진행하지 않았으므로 음주운전에 적발된 것에 이의가 있어 경찰관의 음주측정에 불응하였다.

<그림 1 : 주차장 현장도면>

주차

관리소

↑

↑

←

(다) 대리운전기사 박○○이 제출한 경위서 및 유선진술에 의하면, 2006. 11. 11. 새벽 ○○가 주차장으로 대리운전 요청을 받고 요금소로 갔으나, 청구인과 주차장관리인 간에 주차요금 시비가 발생하여 다투던 끝에 결국 주차장관리인이 주차장 출입구의 차단기를 올려주어 박○○이 차량을 조금 앞으로 진행시켜 밖으로 나가려던 찰나(그림 1: 위치 ⑤), 이번에는 청구인의 차량 뒤에서 기다리고 있던 차량 탑승객들이 심한 욕설을 하면서 불평하자, 청구인이 박○○에게 내리라고 하면서 하차하여 뒤 차량 사람들에게 갔으며, 박○○은 청구인의 말대로 차량이 입구에 걸쳐진 채 세워두고 하차하였던바, 박○○은 청구인이 음주운전이 아니라 뒤 차량 사람들과 싸우다가 경찰에 적발된 것으로 알았다고 진술하였다.

(라) 주차장관리인 김○○의 유선진술에 의하면, 확실하지는 아니하나, 대리운전기사가 청구인의 차량을 운전하여 주차장 출입구까지 온 후, 요금문제로 다툼이 생겨 대리운전기사가 그냥 가버리자, 청구인이 주차장출입구까지 3m 정도(그림 1 : 위치 ④~⑤) 차량을 운전하는 것을 목격하였다고 한다.

(마) 경찰의 수사보고에 의하면 다음과 같다.

1) 위 주차장관리인 김○○의 신고를 받고 현장에 도착하니, 김○○인이 청구인을 지목하며 청구인이 택시를 운전하여 주차장 입구까지 운전하다가 차량에서 하차하였다고 진술하여 차량의 위치를 확인한바, 주변을 둘러싸고 있는 철조망을 기준으로 차량의 앞바퀴가 철조망 바깥으로

나와 있는 점에 주목하여, 동 주차장은 비록 김○○이 출입하는 차량을 감시하고 통제하는 등 불특정 다수인이 자유로이 통행할 수 없는 장소이나, 청구인의 차량 앞바퀴가 주차장 밖으로 나와 있는 점으로 보아 피의자는 일반인이 자유로이 통행할 수 있는 도로로 진입한 것으로 보아야 한다.

2) 청구인에게 2006. 11. 11. 02:30경부터 같은 날 02:50경까지 3차례에 걸쳐 음주측정을 시도하였으나, 청구인은 자신이 운전한 사실이 없음을 주장하면서 음주측정을 거부하였다.

(3) 「도로교통법」 제44조제2항에 의하면, 경찰공무원은 운전자가 음주운전을 하였다고 인정할 만한 상당한 이유가 있는 때에는 운전자가 술에 취하였는지의 여부를 호흡조사에 의하여 측정할 수 있으며, 운전자는 이러한 경찰공무원의 측정요구에 응하여야 한다고 되어 있고, 동법 제93조제1항제3호의 규정에 의하면 제44조제2항의 규정에 의한 음주측정에 응하지 아니한 때에는 그 운전면허를 취소하여야 한다고 되어 있다.

위 인정사실에 의하면, 단속 경찰관은 김○○의 진술과 청구인의 차량 앞바퀴가 유료주차장 밖으로 나와 있다는 사실에 주목하여 청구인이 음주운전을 하였다고 판단하여 청구인에게 음주측정을 시도하였으나 청구인이 3차례에 걸쳐 이에 불응하자 이 건 처분을 한 것인바, 경찰공무원으로서는 청구인의 차량 앞바퀴가 유료주차장 밖으로 나와 있고 주차관리인이 청구인을 지목하였다 하더라도, 청구인이 일관되게 음주운전 한 사실을 부인하고 청구인을 단속한 장소가 유료주차장 내라면 앞 뒤 정황을 잘 살펴 청구인이 음주운전을 하였다고 인정할만한 상당한 사유가 있는지 살펴보아야 할 책임이 있었다고 할 것인바, 수사보고상 이 건 처분은 술에 취한 청구인이 앞바퀴가 유료주차장 밖으로 나온 자신의 차량 주위에 있었다는 막연한 정황과 주차장관리인의 진술만으로 청구인이 음주운전을 한 것으로 미리 확정하고 청구인이 술에 취한 상태에서 운전하였다고 인정할만한 상황인지 충분히 살피지 아니한 채 음주측정을 시도한 후 청구인이 이에 불응하자 행한 것이므로, 피청구인의 이 건 처분은 위법·부당하다.

4. 결 론

그렇다면 피청구인이 청구인에 대한 운전면허 취소처분은 이를 취소하여야 할 것이다.

첨 부 서 류

1. 갑 제1호증의 1-4 각 경력증명서
1. 갑 제2호증 재직증명서

1. 갑 제3호증 확인원
1. 갑 제4호증 사실증명서
1. 갑 제5호증 면허대상제외 명령서
1. 갑 제6호증 면허발급신청서
1. 갑 제7호증 주민등록등본 1부

20○○. ○. ○

수원중부경찰서 귀중

[서식 28] 개인택시운송사업면허취소처분취소청구서

심 판 청 구 서

청 구 인 : 손 ○ ○
대구시 ○○구 ○○동 123-45
(전화 : 000-0000, H.P :)

피청구인 : 대구광역시장

개인택시운송사업면허취소처분취소청구서

근거법조 : 여객자동차운수사업법 제85조제1항제37호
동법시행령 제29조, 제31조제1항제1호

청 구 취 지

피청구인이 2000. 10. 25. 청구인에 대하여 한 개인택시운송사업면허취소처분은 이를 취소한다.

청 구 원 인

1. 청구인 주장
   가. 청구인은 이 사건 당일 청구인 소유의 대구○바 1892호 택시에 청구인의 형인 청구외 손○익과 청구인의 아들을 태우고 운전하고 가던 중, 포항시 북구 죽장면 입암리 소재 송내교 옆에서 청구인의 부주위로 중앙선을 침범하여 맞은편에서 오고 있던 청구외 이○택이 운전하는 경북○가 2493호 승용차를 충격하였다.
   나. 사고 후 청구인은 바로 차량에서 하차하여 피해 차량 쪽으로 갔는데, 피해차량에 탑승하였던 사람들이 차에서 내리자마자 청구인을 향하여 죽일 듯이 달려들고 위협을 하여, 이에 청구인은 너무 황당하고 겁이 나서 청구인의 형인 청구외 손○익에게 '환자는 후송하고 경찰에 연락하라는 등의 사고 뒤처리를 부탁한다'는 취지의 말을 한 피해자들을 피하여 이 사건 장소를 떠났다.
   다. 청구인은 사고현장을 떠난 후 청구외 손○익은 피해차량의 탑승자들에게 사과를 하고 환자를 후송하자는 말을 하고 있던 중, 위 사고 차량의 탑승자 중 누군가가 경찰에 사고 신고를 하여 경찰순찰차가 왔고, 위 손○익은 출동한 경찰관에게 사고 상황을 설명하였으며, 이 사건 사고를 야기한 사람은 자신의 동생인 손○익(청구인)임을 알리고 청구인의 인적사항을 경찰관에게 적어주면서 이 사건 사고에 대한 청구인의 과실부분에 대하여는 책임을 진다는 각서까지 작성하여 주었다.

라. 청구인은 이 사건 사고 후 자신의 신체에 위해를 가하려는 피해자들을 피해 사고 현장을 이탈하기는 하였으나, 청구인이 피해자를 구호하지 아니하고 사고현장을 이탈하여 사고 야기자로서 확정할 수 없는 상태를 초래한 경우에 해당하지 아니한다고 할 것이다.

마. 설사 위와 같은 사실이 인정되지 아니한다고 하더라도 청구인은 현재 소아마비 3급의 장애인인 어머니를 모시고 고등학교 1학년과 중학교 1학년에 각 다니고 있는 아들들을 부양하는 가장으로서 보증금 314만원, 월세 4만2,700원의 12평짜리 영구임대아파트에 살면서 어렵게 생활하고 있는데, 이 건 처분으로 인하여 생계가 막연하여 졌다는 점에서, 피청구인의 이 건 처분은 그에 의하여 달성하려는 공익의 목적과 상대방이 입게 될 불이익을 비교함에 있어 공익상의 필요보다는 그로 인하여 청구인이 입게 되는 개인적인 불이익이 너무 커 청구인에게 가혹하다 할 것이므로 이 건 처분은 재량권을 남용 내지 일탈한 위법한 처분이다.

첨 부 서 류

1. 갑 제1호증	운전면허취소통지서
1. 갑 제2호증	개인택시운송사업자운전면허취소통보서
1. 갑 제3호증	개인택시운송사업면허취소통지서
1. 갑 제4호증	청문서
1. 갑 제5호증	주민등록증 등본 1부
1. 갑 제6호증	그 외 증명서류

20○○. ○○. ○○.

위 청구인 손 ○ ○ (인)

대구광역시장 귀하

[주] 1. 행정심판의 의의

행정청의 위법·부당한 처분이나 부작위 등으로 인하여 권리와 이익을 침해당한 자가 그 구제를 위해 상급행정청에 시정을 요구하면 상급행정청에서 이를 심판하는 행정쟁송절차를 말합니다(행정심판법제1조).

교통운전자는 자동차를 운전하다 보면 교통법규 위반으로 인해 지방경찰청으로부터 운전면허 정지·취소 처분 등을 받는 경우도 있고 자동차 등록·관리 과정에서 시·도지사(시·도 조례로 권한이 위임된 경우는 시장·군수·구청장)로부터 처분을 받는 경우가 발생합니다.

이러한 행정청의 처분에 대해 그 처분이 옳은지 부당한지에 대한 판단은 최종적으로 법원이 하는 것이 원칙입니다. 하지만 법원의 판단을 구하는 소송은 그 절차가 까다롭고 비용이나 시간도 상당히 많이 소요되어 일반인들은 쉽게 제기하기가 어렵습니다.
그래서 행정청이 내린 처분에 대해 부당·가혹하다고 생각하는 일반국민들을 위해 행정심판이라는 제도를 마련하여 간편하고 신속하게 권리를 구제하고 있습니다.

2. 행정심판전치주의

「도로교통법」에 따르면, 교통법규 위반에 따른 행정처분에 대해서는 행정심판의 재결을 거친 후에 행정소송을 제기하도록 하여 행정심판전치주의를 채택하고 있습니다(도로교통법 제142조). 따라서 교통법규 위반에 따른 행정처분에 대해서는 바로 행정소송을 제기할 수 없습니다.
반면, 자동차 등록·관리에 관한 처분의 경우에는 「자동차관리법」에서 행정심판에 관해 따로 규정을 두고 있지 않으므로, 행정심판을 거치지 않고 바로 행정소송을 제기할 수 있습니다.

3. 행정심판의 청구기간

· 처분이 있음을 안 날부터 : 90일 이내 제기
· 처분이 있은 날부터 : 180일 이내 제기

<예외>

(가) 무효등확인심판이나 의무이행심판 : 청구기간 제한 없음
(나) 행정처분 사실을 모르는 제3자 : 180일 이후에도 원칙적으로 가능
따라서 두 가지의 청구기간 중 어느 하나라도 기간이 지나면 해당 심판청구는 부적법한 심판청구가 됩니다.

[서식 29] 개인택시운송사업면허취소처분취소등청구서

심 판 청 구 서

청 구 인 : 김 ○ ○
서울 ○○구 ○○동 ○가 123
(전화 : 000-0000, H.P :)

피청구인 : 서울특별시장

개인택시운송사업면허취소처분취소청구서

근거법조 : 행정심판법 제2조, 제3조, 제27조, 제51조

청 구 취 지

1. 피청구인은 2008. 8. 24. 문서번호 운물 9112-0922호의 민원회신을 철회하라.
2. 피청구인은 2002. 2. 27. 청구외 구○○에 대하여 한 개인택시운송사업면허취소처분은 이를 취소한다.
3. 행심 92-97호의 주문"청구인의 청구를 기각한다"라는 재결은 이를 취소한다. 내지 무효임을 확인한다.

청 구 원 인

1. 청구인 주장
   가. 청구인은 청구외 구○○을 상대로 면허번호 제00000호 개인택시운송사업면허의 소유권이전등록이행소송을 제기하여 승소한 후, 서울특별시장에게 이미 취소된 위 면허의 원상회복을 요구하였는 바, 서울특별시장은 위 판결은 원고 피고간의 사인간의 법률관계이므로 우리 시와는 법률적 행정적으로 관계가 없다는 내용의 민원회신을 하면서 청구인의 요구를 거부하였다.
   나. 민원서류회신문에는 원인이 되는 사실 및 법적 근거를 밝혀야 하는데, 위 민원회신문에는 법적 근거가 전혀 제시되어 있지 아니하기 때문에 위 민원회신은 무효인 행정처분이다.
   다. 자동차저당법에는 관련행정청이 저당권이 설정된 자동차에 대하여 말소등록을 하고자 할 때에는 미리 그 뜻을 저당권자에게 통지하여야 하고, 통지를 한 후 1개월이 경과한 후에 등록말소를 할 수 잇으나, 저당권자가 이 기간 내에 저당권의 행

사절차를 개시한 경우에는 그 행사절차가 완료될 때까지 말소등록을 하여서는 아니 되도록 되어 있는 바, 청구인은 위 구○○ 소유의 서울 2하 8086호 자동차에 대하여 저당권을 설정한 저당권자인데, 관할관청은 청구인에 대하여 등록말소통지를 하지도 아니하고 위 자동차의 등록을 말소하였는데, 이는 관련 법규정을 위반한 것으로 위법한 등록말소행위이다.

라. 개인택시와 개인택시운송사업면허는 1개의 물건으로 취급되는 것이기 때문에 청구인이 위 구○○소유의 개인택시에 대하여 설정한 저당권은 구○○의 개인택시운송사업면허까지 미친다.

마. 청구인은 위 구○○ 소유의 자동차에 대하여 저당권을 갖는 자로서 위 개인택시운송사업면허에 대하여 이해관계가 있다.

바. 피청구인은 위 구○○이 3회에 걸쳐 타인으로 하여금 대리운전을 하게 하였다는 이유로 위 구○○의 개인택시운송사업면허 면허번호 제30452호를 취소하였는바, 위 구○○은 타인으로 하여금 대리운전을 하도록 한 사실이 없음에도 불구하고 위 이유로 개인택시운송사업면허를 취소하였으므로 위 면허취소처분은 처분의 원인되는 근거사실도 없이 행해진 처분으로서 무효인 처분이다.

사. 위 구○○이 대리운전을 하였다고 기록하여 제출된 교통불편신고엽서는 허위이거나 또는 위조된 것인데도 불구하고, 이 신고엽서를 근거로 하여 위 구○○의 개인택시운송사업면허를 취소한 것은 잘못이다.

아. 이 건 심판청구는 재결의 무효를 구하는 것이므로 심판청구기간의 제한을 받지 않는다.

자. 피청구인은 청구인이 사건법호97-6338 개인택시운송사업면허취소처분취소청구를 하여 각하된 바 있는 사건에 대한 재심판청구이므로 각하되어야 한다고 주장하나, 청구인은 위 사건법호의 행정심판을 제기한 바 없을 뿐만 아니라, 이 건 심판청구는 피청구인이 2008. 8. 24. 청구인에게 보낸 운물 9112-0922호의 민원회신을 철회하고 2002. 2. 27. 피청구인이 위 구○○에게 대하여 한 개인택시운송사업면허취소처분의 취소와 그 원상회복을 구하는 것과 행심 92-97호의 서울특별시장의 재결의 취소 내지 무효 확인을 구하는 것이다.

첨 부 서 류

1. 갑 제1호증 민원회신문
1. 갑 제2호증 운행정지가처분자동차표시증
1. 갑 제3호증 운전면허증
1. 갑 제4호증 사실증명

1. 갑 제5호증　　　　진술조서,
1. 갑 제6호증　　　　운송사업면허취소 통지서
1. 갑 제7호증　　　　증인소환장
1. 갑 제8호증　　　　피의자신문조서 및 증인심문조서
1. 갑 제9호증　　　　변론조서
1. 갑 제10호증　　　　경력증명서
1. 갑 제11호증　　　　주민등록등본 1부

20○○. ○○. ○○.

위 청구인 김 ○ ○ (인)

서울특별시장 귀하

[서식 30] 개인택시운송사업면허전환처분등무효확인청구서

심 판 청 구 서

청 구 인 : 허 ○ ○
서울 ○○구 ○○동 123-45
(전화 : 000-0000, H.P :)

피청구인 : 서울특별시장

개인택시운송사업면허전화처분등무효확인청구서

근거법조 : 여객자동차운송사업법 제10조, 제23조, 제75조제1항, 동법시행령 제8조, 제26조제1항제6호, 동법시행규칙 제30조, 제31조

청 구 취 지

피청구인이 2007. 10. 27. 청구인의 개인모범택시운송사업을 중형개인택시운송사업으로 면허전환한 처분은 이를 무효임을 확인한다.

청 구 원 인

1. 청구인 주장

가. 청구인은 음주운전을 하다가 적발되어 운전면허가 취소되기 전까지 조금이라도 돈을 마련하려고 개인모범택시운송사업면허를 매각하고자 하였는데. 개인모범택시면허의 경우에는 양도가 허용되지 아니하고 중형개인택시면허는 양도가 허용되었기 때문에 청구인은 피청구인에게 면허전환을 요청하였고, 2007. 10. 27. 피청구인은 면허전환일로부터 2개월 이내에 면허를 타인에게 양도하여야 한다는 부담을 붙여서 면허전환을 하여 주었다.

나. 이에 따라 청구인은 마포구청에 중형개인택시운송사업면허의 양도·양수인가신청을 반려하였으며, 청구인의 운전면허가 2007. 11. 25.자로 취소되고, 동년 12. 11.자로 전환된 청구인의 중형개인택시운송사업면허 마저 취소되었으나, 국무총리행정심판위원회의 의결에 따라 청구인에 대한 운전면허취소처분이 취소되었고, 이에 다라 중형개인택시운송사업면허취소처분도 취소되어 청구인은 다시 운전업무를 계속할 수 있게 되었는 바, 청구인은 피청구인에게 개인모범택시운송사업면허로의

원상회복을 시켜주든지 또는 면허전환된 중형개인택시운송사업면허를 타인에게 양도하지 않을 수 있도록 요청하였으나, 피청구인은 당초의 면허전환부담 대로 청구인은 중형개인택시운송사업면허를 타인에게 양도해야 한다면서 이를 거부하였다.

다. 청구인은 면허전환을 받을 당시 이미 운전면허취소대상자로서 중형개인택시사업면허를 타인에게 양도할 수 없는 상태였으므로, 피청구인이 청구인에게 명한 면허전환일부터 2개월 이내에 중형개인택시운송사업을 타인에게 양도하도록 한 부담은 불능의 조건으로서 무효이다.

라. 통상 부담이 본체인 행정행위의 중요한 요소가 아닌 경우에 부담이 무효인 경우 그 부담만 무효이고, 무효인 부담이 본체인 행정행위의 중요한 요소인 경우에는 본체인 행정행위까지 무효라고 할 것인 바, 위에서 본 바와 같이 면허전환일 이후 2개월이내 사업면허를 타인에게 이전하라는 부담을 붙여서 한 면허전환처분에 있어서의 부담은 무효인 부담이므로 피청구인이 청구인에게 한 면허전환처분은 부담없는 현허전화처분이거나, 면허전환처분 전체가 무효인 처분이다.

마. 중형개인택시운송사업면허도 개인의 재산권일 뿐만 아니라 중형개인택시운송사업을 영위하는 것은 개인의 직업선택의 자유라고 할 것이고, 청구인이 면허전환신청을 한 때와 현재는 국무총리행정심판위원회의 의결로 사정이 달라졌음에도 불구하고, 무조건 중형개인택시운송사업면허를 양도하도록 강요하고 면허를 양도하지 않는다면, 청구인의 중형개인택시운송사업면허를 취소하겠다는 것은 헌법과 법률이 보장하고 있는 개인의 재산권과 직업선택의 자유를 지나치게 제한하는 것으로서 위법 · 부당하다.

첨 부 서 류

1. 갑 제1호증	자동차운송사업면허증
1. 갑 제2호증	개인모범택시운송사업면허의 중형개인택시면허로의 전환통보서
1. 갑 제3호증	자동차운송사업양도 · 양수인가신청반려서
1. 갑 제4호증	자동차운송사업면허취소 통지서
1. 갑 제5호증	직권말소예고통지서
1. 갑 제6호증	질의서
1. 갑 제7호증	민원회신
1. 갑 제8호증	자동차 운송사업면허취소처분취소통보서

1. 갑 제9호증 개인모범택시운송사업면허재교부신청회신서
1. 갑 제10호증 주민등록등본 1부

20○○. ○○. ○○

위 청구인 허 ○ ○ (인)

서울특별시장 귀하

[서식 31] 개인택시운송사업보충면허예정장순위결정처분변경이행청구서

심 판 청 구 서

청 구 인 : 최 ○ ○
서울 ○○구 ○○동 ○○아파트 12동 104호
(전화 : 000-0000, H.P :)

피청구인 : 서울특별시장

개인택시운송사업보충면허예정장순위결정처분변경이행청구서

근거법조 : 여객자동차운수사업법 제4조제1항, 제75조
동법시행규칙 제17조제1항 및 제7항

청 구 취 지

피청구인은 청구인에 대하여 2000. 1. 12.부터 2002. 7. 30.까지 누락된 무사고 운전경력을 산입하여 2007. 12. 9. 청구인에 대하여 한 개인택시운송사업보충면허예정자순위를 변경하라.

청 구 원 인

1. 청구인 주장
피청구인이 청구인의 최종사고경력을 실시한 결과 2002. 7. 30.에 사고가 있다는 이유로 청구인의 운전경력중 2000. 1. 11.부터 2002. 7. 30.까지의 기간을 산정하지 아니하고 이 건 처분을 하였으나, 운전경력증명서상의 교통사고기록이 삭제되었으므로 실제 무사고운전경력인 2년7월21일의 경력을 인정하여야 한다.

첨 부 서 류

1. 갑 제1호증 운전경력증명서
1. 갑 제2호증 경력증명발행기록부
1. 갑 제3호증 개인택시운송사업면허신청서
1. 갑 제4호증 개인택시면허신청자운전경력조사복명서
1. 갑 제5호증 개인택시면허개별심사표

1. 갑 제6호증 자동차운전면허대장
1. 갑 제7호증 민원처리결과회신문
1. 갑 제8호증 운전면허증효력조회회신문
1. 갑 제9호증 개인택시운송사업보충면허예정자확정통보서
1. 갑 제10호증 개인택시운송사업 보충면허대상자 모집등공고문
1. 갑 제11호증 이의신청서
1. 갑 제12호증 주민등록 등본 1부

20○○. ○○. ○○.

위 청구인 최 ○ ○ (인)

서울특별시장 귀하

[서식 32] 개인택시면허대상제외처분취소청구서

<table>
<tr><td colspan="5">행 정 심 판 청 구</td></tr>
<tr><td rowspan="2">청구인</td><td>① 성 명</td><td>박 ○ ○</td><td>② 주민등록 번 호</td><td>650108-1234567</td></tr>
<tr><td>③ 주 소</td><td colspan="3">서울특별시 중구 장충동 ○○번지 ○○아파트 203동 1204호(전화 : 02-724-1234)
송달주소 : 경기도 과천시 중앙동 ○번지 ○○빌딩 312호실
(행정심판청구관련 답변서 등을 주민등록지가 아닌 장소에서 수령하기를 원할 경우에는 송달주소도 함께 기재함)</td></tr>
<tr><td colspan="2">④ 선정대표자 · 관리인 또는 대리인</td><td colspan="3">선정대표자 · 관리인 또는 대리인이 있는 경우 성명 및 주소를 기재</td></tr>
<tr><td colspan="2">⑤ 피 청 구 인</td><td>서울특별시장</td><td>⑥재 결 청</td><td>경 찰 청 장</td></tr>
<tr><td colspan="2">⑦ 청구대상인 처분내용</td><td colspan="3">피청구인이 2007. 1. . 청구인에 대하여 한 개인택시운송사업면허제외 처분취소</td></tr>
<tr><td colspan="2">⑧ 처분있음을 안날</td><td colspan="3">2007. 1. .</td></tr>
<tr><td colspan="2">⑨ 심판청구 취지 · 이유</td><td colspan="3">별지 기재와 같음</td></tr>
<tr><td colspan="2">⑩ 처분청의 고지유무</td><td>행정심판청구에 대한 고지(안내)가 있었음</td><td>⑪고지내용</td><td>운전면허취소처분에 대한 이의시 행정심판청구방법</td></tr>
<tr><td colspan="2">⑫ 증거서류(증거물)</td><td colspan="3">1. 운전면허취소결정통지서, 2. 재직증명서, 3. 경위서,
4. 주민등록등본, 5. 기타 청구인이 제시하기를 원하는 서류</td></tr>
<tr><td colspan="2">⑬ 근 거 법 조</td><td colspan="3">행정심판법 제28조, 동법시행령 제18조</td></tr>
<tr><td colspan="5">위와 같이 행정심판을 청구합니다.
20○○. ○○. ○○.
청구인 박 ○ ○ (서명 또는 인)
서울특별시지방경찰청장 귀하</td></tr>
<tr><td colspan="4" rowspan="2">※첨부서류 : 청구서부본</td><td>수수료</td></tr>
<tr><td>없 음</td></tr>
</table>

[서식 33] 개인택시운송사업면허제외처분취소청구서

심 판 청 구 서

청 구 인 : 이 ○ ○
서울 ○○구 ○○동 123-45
(전화 : 000-0000, H.P :)

피청구인 : 서울특별시장

개인택시운송사업면허제외처분취소청구서

근거법조 : 여객자동차운수사업법 제4조제1항, 제75조
동법시행규칙 제17조

청 구 취 지

피청구인이 2007. 12. 9. 청구인에 대하여 한 개인택시운송사업면허제외처분은 이를 취소한다.

청 구 원 인

1. 청구인 주장
   가. 피청구인이 2007. 7. 22. 2007년도 개인택시운송사업 보충면허대상자 모집등공고를 함에 따라, 청구인이 2007. 8. 6. 개인택시면허발급 운선순위 3순위에 해당된다고 판단하고 피청구인에게 개인택시운송사업면허신청을 하였으나, 피청구인은 청구인의 기본경력이 부족하여 개인택시면허발급 우선순위 3순위에 해당하지 아니한다는 이유로 이 건 처분을 하였다.
   나. (주)○○교통(이하 "회사"라 한다)에서 고의 또는 과실로 청구인의 임금대장을 멸실한 것이며 임금대장이 없다하더라도 배차일보, 퇴직금(중간정산)지출결의서, 국민연금가입내역 등을 살펴보면 청구인이 위 기간동안 계속 근무한 사실이 분명하므로 이 건 처분은 위법 · 부당하다.
   다. 피청구인은 임금대장이 누락된 기간에 대하여 청구인이 실제 근무하였다고 하여도 임금을 지급받은 사실이 없으면 이는 운수종사자로서의 근무가 아닌 지 · 도급 운수종사자로 인정할 수 밖에 없다고 하나, 도급운행을 하려면 일정기간 계속하여

도급을 할 것인지 몇 개월씩 도급운행을 하였다고 하는 것은 사회통념이나 경험칙상 있을 수 없는 일이다.

첨 부 서 류

1. 갑 제1호증 개인택시운송사업 보충면허대상자 모집등공고문
1. 갑 제2호증 개인택시운송사업 보충면허 심사결과통지서
1. 갑 제3호증 이의신청서
1. 갑 제4호증 이의신청 처리통보서
1. 갑 제5호증 배차일보
1. 갑 제6호증 1999년 개인택시면허 개별심사표
1. 갑 제7호증 의료보험피보험자자격확인서
1. 갑 제8호증 퇴직금중간지출결의서
1. 갑 제9호증 국민연금가입내역서
1. 갑 제10호증 운전경력조사 복명서
1. 갑 제11호증 주민등록등본 1부

20○○. ○○. ○○.

위 청구인 이 ○ ○ (인)

서울특별시장 귀하

[주] 1. 행정심판의 의의
행정청의 위법·부당한 처분이나 부작위 등으로 인하여 권리와 이익을 침해당한 자가 그 구제를 위해 상급행정청에 시정을 요구하면 상급행정청에서 이를 심판하는 행정쟁송절차를 말합니다(행정심판법제1조).
교통운전자는 자동차를 운전하다 보면 교통법규 위반으로 인해 지방경찰청으로부터 운전면허 정지·취소 처분 등을 받는 경우도 있고 자동차 등록·관리 과정에서 시·도지사(시·도 조례로 권한이 위임된 경우는 시장·군수·구청장)로부터 처분을 받는 경우가 발생합니다.
이러한 행정청의 처분에 대해 그 처분이 옳은지 부당한지에 대한 판단은 최종적으로 법원이 하는 것이 원칙입니다. 하지만 법원의 판단을 구하는 소송은 그 절차가 까다롭고 비용이나 시간도 상당히 많이 소요되어 일반인들은 쉽게 제기하기가 어렵습니다.
그래서 행정청이 내린 처분에 대해 부당·가혹하다고 생각하는 일반국민들을 위해 행정심판이라는 제도를 마련하여 간편하고 신속하게 권리를 구제하고 있습니다.

2. 행정심판전치주의
「도로교통법」에 따르면, 교통법규 위반에 따른 행정처분에 대해서는 행정심판의 재결을 거친

후에 행정소송을 제기하도록 하여 행정심판전치주의를 채택하고 있습니다(도로교통법 제142조). 따라서 교통법규 위반에 따른 행정처분에 대해서는 바로 행정소송을 제기할 수 없습니다.
반면, 자동차 등록·관리에 관한 처분의 경우에는 「자동차관리법」에서 행정심판에 관해 따로 규정을 두고 있지 않으므로, 행정심판을 거치지 않고 바로 행정소송을 제기할 수 있습니다.

3. 행정심판의 청구기간
 · 처분이 있음을 안 날부터 : 90일 이내 제기
 · 처분이 있은 날부터 : 180일 이내 제기

<예외>

(가) 무효등확인심판이나 의무이행심판 : 청구기간 제한 없음

(나) 행정처분 사실을 모르는 제3자 : 180일 이후에도 원칙적으로 가능
따라서 두 가지의 청구기간 중 어느 하나라도 기간이 지나면 해당 심판청구는 부적법한 심판청구가 됩니다.

[서식 34] 개인택시면허대상제외처분취소청구서

심 판 청 구 서

청 구 인 : 박 ○ ○
서울 ○○구 ○○동 ○가 123
서울시 중구 장충동 ○○번지 ○○아파트 203동 1204호
(전화 : 000-0000, H.P :)

피청구인 : 서울특별시지방경찰청장

개인택시면허대상제외처분취소청구서

근거법조 : 여객자동차운수사업법 제4조 제1항, 제75조
동법시행규칙 제17조 제1항 및 제7항

청구취지

피청구인이 2007. 12. 9. 청구인에 대하여 한 개인택시운송사업면허제외처분은 이를 취소한다.

이 유

1. 청구인 주장
   가. 피청구인은 청구인이 2001. 2. 20. 사고기록이 있다는 이유로 청구인의 개인택시운송사업면허신청에 대하여 부적격자에 해당한다며 이 건 처분을 하였다.
   나. 청구인은 2001. 2. 20. ○○운수소속 영업용택시를 운전하다가 최○찬이 운전하는 ○○운수소속 영업용택시와 접촉사고가 있었으나 최초의 조사결과 청구인이 가해자로 오인되어 청구인이 이에 불복하자, 서울지방경찰청 사고조사반에서 재조사를 한 결과 청구인이 과실이 없다는 판정이 나왔다.
   다. 그런데 청구인의 운정경력증명서에 2007 . 2. 20. 교통사고기록이 있고 처분란에 공소권없음이라고 되어 있어 청구인이 서울지방검찰청 남부지청에 진정을 하자, 담당 검사로부터 청구인의 사고처분이 공소권없음으로 되어 있으나, 강서경찰서 교통사고재조사반의 조사결과에 청구인이 피해자로 되어 있어 일응 청구인이 과실이 없는 것으로 보이나, 청구인의 기록이 2005. 8. 15. 자로 폐기되어 청구인의 과실여부를 검토할 수 없다고 통보해 왔다.
   라. 위와 같이 청구인은 2007. 2. 20. 교통사고의 피해자임이 명백하고 사고 경위에 대

한 명확한 입증자료를 제시함에도 불구하고 피청구인이 2001. 2. 20. 교통사고기록이 있다는 이유로 청구인에 대하여 이 건 처분을 한 것은 위법 · 부당하다.

첨 부 서 류

1. 갑 제1호증의 1-4 각 경력증명서
1. 갑 제2호증 재직증명서
1. 갑 제3호증 확인원
1. 갑 제4호증 사실증명서
1. 갑 제5호증 면허대상제외 명령서
1. 갑 제6호증 면허발급신청서
1. 갑 제7호증 주민등록등본 1부

20○○. ○○. ○○.

위 청구인 박 ○ ○ (인)

서울특별시지방경찰청장 귀하

제4장

영업정지 정지 처분

Ⅰ. 개관

Ⅱ. 실무에서 자주 접하는 사건 유형

제4장 영업정지 정지처분

Ⅰ. 개관

실무에서 영업정지 관련 소송은 ① 청소년출입·고용금지업소에 청소년을 출입시키거나 청소년에게 주류를 제공하였다가 식품위생법 제75조 제1항 제13호, 제44조 제2항 제2, 4호에 따라 영업정지처분을 받은 식품접객영업자, ② 주류를 판매·제공하거나 남녀 접대부를 고용·알선하였을 때 「음악산업진흥에 관한 법률」 제27조 제1항 제5호, 제22조 제1항 제3, 4호에 따라 영업정지처분을 받은 노래연습장업자 및 ③ 「성매매알선 등 행위의 처벌에 관한 법률」 제4조 제2호, 제2조 제1항 제2호 나. 목에 위반하여 성매매의 장소를 제공하였다가 공중위생관리법 제11조 제1항에 따라 영업정지를 받은 숙박업자가 각 영업정지처분의 취소를 구하는 사례들이다.

Ⅱ. 사건 유형

1. 식품접객업 의의

가. 의의

식품접객업은 식품위생법 제36조 제2항, 동 시행령 제21조 제8호에 따라 ① 휴게음식점영업(주로 다류, 아이스크림류 등을 조리·판매하거나 패스트푸드점, 분식점 형태의 영업 등 음식류를 조리·판매하는 영업으로서 음주행위가 허용되지 아니하는 영업[1]), ② 일반음식점영업(음식류를 조리·판매하는 영업으로서 식사와 함께 부수적으로 음주행위가 허용되는 영업), ③ 단란주점영업(주로 주류를 조리·판매하는 영업으로서 손님이 노래를 부르는 행위가 허용되는 영업), ④ 유흥주점영업(주로 주류를 조리·판매하는 영업으로서 유흥종사자를 두거나 유흥시설을 설치할 수 있고 손님이 노래를 부르거나 춤을 추는 행위가 허용되는 영업) 등으로 분류된다.

1) 편의점, 슈퍼마켓, 휴게소, 그 밖에 음식류를 판매하는 장소에서 컵라면, 일회용 다류 또는 그 밖의 음식류에 뜨거운 물을 부어 주는 경우는 제외한다(같은 호 가.목 단서).

[해석 1] 식품의약품안전처 - 하나의 행위가 「식품 등의 표시·광고에 관한 법률」 및 「식품위생법」의 위반행위에 모두 해당되는 경우 행정처분의 적용 법령(「식품 등의 표시·광고에 관한 법률」 제4조 및 「식품위생법」 제44조 등 관련)

식품의약품안전처 – 하나의 행위가 「식품 등의 표시·광고에 관한 법률」 및 「식품위생법」의 위반행위에 모두 해당되는 경우 행정처분의 적용 법령(「식품 등의 표시·광고에 관한 법률」 제4조 및 「식품위생법」 제44조 등 관련)

안건번호 24-0015 회신일자 2024-06-26

1. 질의요지

「식품 등의 표시·광고에 관한 법률」(이하 "식품표시광고법"이라 함) 제4조제1항에서는 식품등(각주: 식품표시광고법 제2조제7호에 따른 "식품, 식품첨가물, 기구, 용기·포장, 건강기능식품, 축산물"을 말하며, 이하 같음)에는 각 호의 구분에 따른 사항을 표시하도록 규정하고 있고, 같은 조 제3항에서는 제1항에 따른 표시가 없는 식품등은 판매할 목적으로 영업에 사용해서는 아니 된다고 규정하면서, 같은 법 제16조제3항제1호 및 같은 조 제5항의 위임에 따른 같은 법 시행규칙 별표 7 Ⅱ. 개별기준 제4호가목1)가)에서 특별자치시장·특별자치도지사·시장·군수·구청장(이하 "시장·군수·구청장등"이라 함)은 같은 법 제2조제11호나목에 따른 영업자인 「식품위생법 시행령」 제21조제8호의 식품접객업자(이하 "식품접객업자"라 함)가 같은 법 제4조제3항을 위반한 경우로서 식품·축산물·식품첨가물(수입품을 포함함)에 대한 표시사항 전부를 표시하지 않은 것을 사용한 경우 영업정지 1개월과 해당 제품 폐기(1차 위반) 등을 규정하고 있는 한편, 「식품위생법」 제44조제1항제8호 및 같은 법 시행규칙 별표 17 제7호나목에서 식품접객업자와 그 종업원의 준수사항으로 식품표시광고법 제4조 등에 따른 표시사항을 모두 표시하지 않은 축산물 등은 음식물의 조리에 사용하여서는 아니 된다고 규정하면서, 같은 법 제75조제1항제13호 및 같은 조 제5항의 위임에 따른 같은 법 시행규칙 별표 23 Ⅱ. 개별기준 제3호 (식품접객업)의 표 제10호가목4)에서 식품의약품안전처장 또는 시장·군수·구청장등은 식품접객업자가 법 제44조제1항을 위반한 경우로서 별표 17 제7호나목을 위반한 경우 영업정지 15일(1차 위반) 등을 규정하고 있는바,

식품접객업자 중 「식품위생법 시행령」 제21조제8호나목에 따른 일반음식점영업을 하는 자(이하 "일반음식점영업자"라 함)(각주: 「식품위생법」 제37조제4항 및 같은 법 시행령 제25조제1항제8호에 따라 시장·군수·구청장등에게 일반음식점영업 신고를 한 경우를 대상으로 함)가 식품표시광고법 제4조제1항에 따른 표시사항 전부를 표시하지 않은 축산물을 음식물의 조리에 사용하여 영업한 경우, 식품표시광고법 시행규칙 별표 7 Ⅱ. 개별기준 제4호가목1)가)에 따른 행정처분 기준만 적용하면 되는지, 아니면 「식

품위생법 시행규칙」 별표 23 Ⅱ. 개별기준 제3호 (식품접객업)의 표 제10호가목4)에 따른 행정처분 기준도 함께 적용할 수 있는지?

2. 회답

이 사안의 경우, 식품표시광고법 시행규칙 별표 7 Ⅱ. 개별기준 제4호가목1)가)에 따른 행정처분 기준만 적용하면 됩니다.

3. 이유

식품접객업자의 준수사항 위반에 대한 행정처분의 기준을 정하고 있는 「식품위생법 시행규칙」 별표 23 Ⅱ. 개별기준 제3호 (식품접객업)의 표 제10호가목에서는 '식품접객업자의 준수사항(별표 17 제7호자목·파목·머목 및 별도의 개별 처분기준이 있는 경우는 제외한다)의 위반으로서' 1)부터 12)까지를 위반한 경우에 대한 행정처분 기준을 규정하고 있는데, 괄호에서 "별도의 개별 처분기준이 있는 경우"를 같은 목의 위반사항에서 제외하고 있는바, 이 사안에서 식품표시광고법 시행규칙 별표 7 Ⅱ. 개별기준 제4호가목1)가)에서 규정하고 있는 행정처분의 기준이 "별도의 개별 처분기준이 있는 경우"에 해당하는 것인지를 검토할 필요가 있습니다.

먼저 식품위생법령에서는 괄호 앞부분의 "별표 17 제7호자목·파목·머목" 부분은 조항을 특정하여 명시하면서 이와 달리 괄호 뒷부분에서는 "별도로 개별 처분기준이 있는 경우"라고만 하여 그 대상을 포괄적으로 규정하고 있을 뿐 별도의 개별 처분기준이 있는 법령을 식품위생법령으로 한정하고 있지 않은 점, 별도의 개별 처분기준이 있는 법령을 특정하거나 예시하지 않고 포괄적으로 규정한 것은 식품위생 등과 관련된 다른 법령에서 별도의 개별 처분기준이 규정될 수 있어 이를 사전에 조정하려는 취지라고 볼 수 있는 점 등을 고려할 때, 해당 규정은 식품위생법령 뿐만 아니라 다른 법령에 따른 개별 처분기준이 있는 경우에도 식품위생법령의 행정처분 기준 적용대상에서 제외하려는 것으로 해석하는 것이 합리적입니다.

그리고 식품접객업자 등의 준수사항을 규정하고 있는 「식품위생법 시행규칙」 별표 17 제7호의 입법연혁을 살펴보면, 구 「식품위생법 시행규칙」(각주: 2019. 4. 25. 총리령 제1535호로 타법개정되기 전의 것을 말하며, 이하 같음) 별표 17 제7호나목에서는 식품접객업자 등의 준수사항으로 '구 「축산물 위생관리법」(각주: 2018. 3. 13. 법률 제15487호로 일부개정되기 전의 것을 말하며, 이하 같음) 제6조제1항에 따른 표시사항을 모두 표시하지 않은 축산물은 음식물의 조리에 사용하여서는 아니 된다'고 규정하고 있어, 구 「식품위생법 시행규칙」 별표 17 제7호나목의 위반에 따른 행정처분의 대상은 "식품접객업자"였던 반면, 당시 구 「축산물 위생관리법」 제6조제1항에 따른 축산물의 표시기준의 적용대상은 같은 법 제21조제1항에 따른 식육즉석판매가공업자 등의 영업자로서 같은 법 제6조제1항의 위반에 따른 행정처분의 대상은 "식육즉석판매가공업자 등(각주: 구 「축산물 위생관리법」 제27조제1항제1호 및 같은 조 제6항의 위임에 따라 규정된 같은 법 시행규칙 별표 11 제2호라목 식육즉석판매가공업 제3호가목 등 참조)"이었던바, 구 식품위생법령 및 구 축산물 위생관리법령의 의무를 위반한 경우 행정처분의 대상은 각 법률에 따라 서로 다르게 규정되어 있었습니다.

그런데 2018년 3월 13일 법률 제15483호로 식품표시광고법을 제정하여 같은 법 제4조의 식품등의 표시기준에 구 「식품위생법」(각주: 2018. 3. 13. 법률 제15484호로 일부개정되기 전의 것을 말함) 제10조 및 구 「축산물 위생관리법」 제6조에 따른 표시기준을 통합하여 이관하면서, 식품표시광고법 시행규칙 별표 7 Ⅱ. 개별기준 제4호가목1)가)에서 "식품접객업자"가 표시사항 전부를 표시하지 않은 축산물을 사용한 경우에 대한 행정처분기준을 마련하였고, 동시에 '구 「축산물 위생관리법」 제6조'에 따른 축산물의 표시기준이 삭제됨에 따라 구 「식품위생법 시행규칙」 별표 17 제17호나목 중 "「축산물 위생관리법」 제6조제1항"을 "식품표시광고법 제4조"로 개정하여 현행과 같이 규정된 것인바, 이러한 입법연혁 및 규정체계를 고려할 때, 식품표시광고법령에 "식품접객업자가 식품표시광고법 제4조제1항에 따른 표시사항을 위반한 축산물을 사용한 경우"에 대한 행정처분기준을 신설한 이후에도 계속 동일한 행위에 대해 식품표시광고법령 뿐만 아니라 식품위생법령에 따라서도 행정처분 규정을 적용하도록 하려는 입법의도가 있는 것으로 보기는 어렵습니다.

또한 식품표시광고법은 「식품위생법」, 「건강기능식품에 관한 법률」 및 「축산물 위생관리법」에 분산되어 있는 식품등의 표시·광고에 관한 규정을 통합하는 동시에 식품등의 표시·광고에 관한 주요 내용을 법률로 규정함으로써 식품·건강기능식품·축산물·수입식품 등의 관련 영업자들이 표시·광고 규제의 주요 내용을 쉽게 파악할 수 있도록 하기 위하여 제정된 법률(각주: 2019. 3. 14. 법률 제15483호로 제정된 식품표시광고법 관련 국회 보건복지위원회 전문위원 검토보고서 참조)로서, 이러한 제정 취지를 고려하여 식품표시광고법 제3조에서는 식품등의 표시 또는 광고에 관하여 다른 법률에 우선하여 같은 법을 적용하도록 규정하고 있는바, 식품등의 표시와 관련한 하나의 행위에 대하여 식품표시광고법 제4조제3항과 「식품위생법」 제44조제1항제8호의 두 개의 법령이 적용되는 이 사안의 경우 식품표시광고법 제3조에 따라 같은 법이 우선 적용되어 식품표시광고법에 따른 행정처분 기준만 적용하도록 하는 것이 「식품위생법」에서 식품등의 표시·광고에 관한 규정을 별도로 분리하여 관련 영업자들이 표시·광고 규제의 주요 내용 및 제재처분의 기준을 쉽게 파악할 수 있도록 개편한 「식품위생법」과 식품표시광고법의 입법취지에도 부합하는 해석입니다.

따라서 이 사안의 경우, 식품표시광고법 시행규칙 별표 7 Ⅱ. 개별기준 제4호가목1)가)에 따른 행정처분 기준만 적용하면 됩니다.

<관편 법률>

식품 등의 표시·광고에 관한 법률

제3조 (다른 법률과의 관계) 식품등의 표시 또는 광고에 관하여 다른 법률에 우선하여 이 법을 적용한다.

제4조 (표시의 기준) ① 식품등에는 다음 각 호의 구분에 따른 사항을 표시하여야 한다. 다만, 총리령으로 정하는 경우에는 그 일부만을 표시할 수 있다.

1. 식품, 식품첨가물 또는 축산물
   가. 제품명, 내용량 및 원재료명
   나. 영업소 명칭 및 소재지
   다. 소비자 안전을 위한 주의사항
   라. 제조연월일, 소비기한 또는 품질유지기한
   마. 그 밖에 소비자에게 해당 식품, 식품첨가물 또는 축산물에 관한 정보를 제공하기 위하여 필요한 사항으로서 총리령으로 정하는 사항

2.·3. (생 략)

② (생 략)

③ 제1항에 따른 표시가 없거나 제2항에 따른 표시방법을 위반한 식품등은 판매하거나 판매할 목적으로 제조·가공·소분[(小分): 완제품을 나누어 유통을 목적으로 재포장하는 것을 말한다. 이하 같다]·수입·포장·보관·진열 또는 운반하거나 영업에 사용해서는 아니 된다.

식품 등의 표시·광고에 관한 법률 시행규칙

식품 등의 표시·광고에 관한 법률 시행규칙 [별표 7]

행정처분 기준(제16조 관련)

Ⅰ. 일반기준

Ⅱ. 개별기준

1. ~ 3. (생 략)

4. 「식품위생법 시행령」 제21조제8호의 식품접객업

위반사항

근거

법조문

행정처분 기준

1차 위반

2차 위반

3차 위반

가. 법 제4조제3항을 위반한 경우

1) 식품·축산물·식품첨가물(수입품을 포함한다)에 대한 표시사항을 위반한 경우로서

법 제14조부터 제16조까지

2. 숙박업 관련

가. 과징금 부과

공중위생관리법 제11조의2 제1항은 영업정지가 이용자에게 심한 불편을 주거나 그 밖에 공익을 해할 우려가 있는 경우에는 영업정지처분에 갈음하여 3천만원 이하의 과징금을 부과할 수 있도록 규정하고 있다.

과징금의 금액 등 필요한 사항에 대하여는 본법의 위임을 받아 공중위생관리법 시행령 제7조의2 제1항 [별표 1]이 정하고 있고, 전년도의 1년간 총 매출금액을 기준으로 영업정지 1일에 해당하는 과징금 부과기준을 정하고 있으며, 공중위생관리법 시행령 제7조의2 제2항에서는 그 금액을 가중 또는 감경할 수 있지만 가중하는 경우에도 그 총액이 3천만원을 초과할 수 없다고 규정하고 있다.

나. 법인이 영업허가를 받은 자임에도 법인의 대표이사에게 영업정지처분을 한 경우

식품위생법 제75조 제1항의 규정상 영업정지, 과징금 등 처분의 상대방은 '영업자'임이 명백하고, '영업자'란 제37조 제1항에 따라 영업허가를 받은 자나 같은 조 제4항에 따라 영업신고를 한 자 또는 같은 조 제5항에 따라 영업등록을 한 자를 지칭한다(동법 제2조 제10호).

처분의 상대방에 대한 오기(誤記)로 보아 행정청이 행정절차법 제25조에 따라 이를 정정할 수 있는지에 관해, 이를 부정한 하급심 판결례가 있다.[2]

다. 사실상 영업양도가 이루어진 경우 처분의 상대방

판례에 의할 때, 식품위생법 제39조 제3항에 의한 영업양도에 따른 지위승계신고를 수리하는 허가관청의 행위는 단순히 양도・양수인 사이에 이미 발생한 사법상의 사업양도의 법률효과에 의하여 양수인이 그 영업을 승계하였을 때, 양도인이 그의 의사에 따라 양수인에게 영업을 양도하면서 양수인으로 하여금 영업을 하도록 허락하였다면 양수인의 영업 중 발생한 위반행위에 대한 행정적인 책임은 영업허가자인 양도인에게 귀속한다고 할 것이다.[3]

---

2) 광주고법 전주원외재판부 2013. 4. 15. 선고 2012누1056 판결
3) 식품위생법 제78조

3. 식품접객업자의 법령 및 처분기준 위반 관련 (시행규칙 제89조 [별표 23]) (Ⅱ. 개별기준, 3. 식품접객업 10. 가. 1))

분류 / 사건	근거법령	처분기준
사해행위 또는 풍기문란행위 방지의무 위반	식품위생법 제75조 제1항 제13호, 제44조 제1항, 동 시행규칙 제57조 [별표 17] 제6호 다.목 (업소 안에서는 도박이나 그 밖의 사해행위 또는 풍기문란행위를 방지하여야 하며, 배달판매 등의 영업행위 중 종업원의 이러한 행위를 조장하거나 묵인하여서는 아니 된다.)	식품위생법 제75조 제4항, 동 시행규칙 제89조 [별표 23] II. 3. 제10호 가.목 2) (1차 : 영업정지 2개월 - 2차 : 영업정지 3개월 - 3차 : 영업허가 취소 또는 영업소 폐쇄)
유통기한 경과제품 보관, 사용	식품위생법 제75조 제1항 제13호, 제44조 제1항, 동 시행규칙 제57조 [별표 17] 제6호 카.목 (유통기한이 경과된 원료 또는 완제품을 조리·판매의 목적으로 보관하거나 이를 음식물의 조리에 사용하여서는 아니 된다.)	식품위생법 제75조 제4항, 동 시행규칙 제89조 [별표 23] II. 3. 제10호 가.목 4) (1차 : 영업정지 15일 - 2차 : 영업정지 1개월 - 3차 : 영업정지 3개월)
유흥접객원 고용, 종업원 유흥접객행위	식품위생법 제65조 제1항 제13호, 제44조 제1항, 동 시행규칙 제57조 [별표 17] 제6호 타.목 1) (휴게음식점영업정지·일반음식점영업자 또는 단판주점영업자가 유흥접객원을 고용하여 유흥접객행위를 하게 하거나 종업원의 이러한 행위를 조장하거나 묵인하는 행위)	식품위생법 제75조 제4항, 동 시행규칙 제89조 [별표 23] II. 3. 제10호 가.목 1) (1차 : 영업정지 1개월 - 2차 : 영업정지 2개월 - 3차 : 영업허가취소 또는 영업소 폐쇄)
일반음식점영업자가 주류만을 판매하거나 주로 다류를 조리·판매하는 다방형태의 영업을 하는 행위	식품위생법 제75조 제1항 제13호, 제44조 제1항, 동 시행규칙 제57조 [별표 17] 제6호 타.목 3) (일반음식점영업자가 주류만을 판매하거나 주로 다류를 조리·판매하는 다방형태의 영업을 하는 행위)	식품위생법 제75조 제4항, 동 시행규칙 제89조 [별표 23] II. 3. 제10호 가.목 1) (1차 : 영업정지 15일 - 2차 : 영업정지 1개월 - 3차 : 영업정지 3개월)

4. 청소년보호법관련 준수사항 위반 관련 (시행규칙 제89조 [별표 23])

분류 / 사건	근거법령	처분기준
청소년[4] 주류[5] 제공	식품위생법 제75조 제1항 제13호, 제44조 제2항 제4호	식품위생법 제75조 제4항, 동 시행규칙 제89조 [별표 23] Ⅱ. 3. 제11호 라.목 (1차 : 영업정지 2개월 - 2차 : 영업정지 3개월 - 3차 : 영업허가・등록취소 또는 영업소 폐쇄)
청소년 유흥접객원 고용	식품위생법 제75조 제1항 제13호, 제44조 제2항 제1호	식품위생법 제75조 제4항, 동 시행규칙 제89조 [별표 23] Ⅱ. 3. 제11호 가.목 (1차만으로도 영업허가・등록취소 또는 영업소 폐쇄)
청소년유해업소(청소년 출입・고용금지업소[6] 및 청소년고용금지업소[7])에 청소년 고용	식품위생법 제75조 제1항 제13호, 제44조 제2항 제2호, 제3호, 청소년보호법 제2조 제5호 가.목 3), 같은 호 나.목 3)	식품위생법 제75조 제4항, 동 시행규칙 제89조 [별표 23] Ⅱ. 3. 제11호 나.목 (1차 : 영업정지 3개월 - 2차 : 영업허가・등록취소 또는 영업소 폐쇄)
청소년출입・고용금지업소에 청소년을 출입시키는 행위	식품위생법 제75조 제1항 제13호, 제44조 제2항 제2호, 청소년보호법 제2조 제5호 가.목 3)	식품위생법 제75조 제4항, 동 시행규칙 제89조 [별표 23] Ⅱ. 3. 제11호 나.목 (1차 : 영업정지 1개월 - 2차 : 영업정지 2개월 - 3차 : 영업정지 3개월)

※ 청소년보호법

제62조 (양벌규정) 법인의 대표자나 법인 또는 개인의 대리인, 사용인, 그 밖의 종업원이 그 법인 또는 개인의 업무에 관하여 제55조부터 제57조까지의 어느 하나에 해당하는 위반행위를 하면 그 행위자를 벌하는 외에 그 법인 또는 개인을 5천만원 이하의 벌금에 처하고, 제58조부터 제61조까지의 어느 하나에 해당하는 위반행위를 하면 그 행위자를 벌하는 외에 그 법인 또는 개인에게도 해당 조문의 벌금형을 과(과)한다. 다만, 법인 또는 개인이 그 위반행위를 방지하기 위하여 해당 업무에관하여 상당한 주의와 감독을 게을리하지 아니한 경우에는 그러하지 아니하다

---

4) 만 19세 미만인 사람을 말한다. 다만, 만 19세가 되는 해의 1월 1일을 맞이한 사람은 제외한다(청소년 보호법 제2조 제1호).

5) 「청소년보호법」 제2조 제4호 가.목 1)은 청소년유해약물에 '주세법에 따른 주류'를 포함하고 있고, 주세법 제3조 제1호는 '주류'란 주정(酒精)[희석하여 음료로 할 수 있는 에틸알코올을 말하며, 불순물이 포함되어 있어서 직접 음료로 할 수는 없으나 정제하면 음료로 할 수 있는 조주정(粗酒精)을 포함한다.]과 알코올분 1도 이상의 음료[용해(鎔解)하여 음료로 할 수 있는 가루 상태인 것을 포함하되, 「약사법」에 따른 의약품으로서 알코올분이 6도 미만인 것과 국세청장이 제5조의2에 따른 주류판정심의위원회의 심의를 거쳐 주류가 아닌 것으로 결정한 것은 제외한다.]를 규정하고 있다.

6) 청소년보호법 제2조 제5호 가.목 3)에 따른 청소년 출입・고용금지업소를 말하고, 구체적으로는 단란주점영업 및 유흥주점영업을 의미한다(동 시행령 제5조 제2항).

7) 청소년보호법 제2조 제5호 나.목 3)에 따른 청소년고용금지업소를 의미하고 구체적으로는 휴게음식점영업으로서 주로 차 종류를 조리・판매하는 영업 중 종업원에게 영업장을 벗어나 차 종류 등을 배달・판매하게 하면서 소요 시간에 따라 대가를 받게 하거나 이를 조장 또는 묵인하는 형태로 운영되는 영업, 일반음식점영업 중 음식류의 조리・판매보다는 주로 주류의 조리・판매를 목적으로 하는 소주방・호프・카페 등의 형태로 운영되는 영업을 의미한다(동 시행령 제6조 제2항).

제55조 (벌칙) 제30조제1호의 위반행위를 한 자는 1년 이상 10년 이하의 징역에 처한다.

제56조 (벌칙) 제30조제2호 또는 제3호의 위반행위를 한 자는 10년 이하의 징역에 처한다.

제57조 (벌칙) 제30조제4호부터 제6호까지의 위반행위를 한 자는 5년 이하의 징역에 처한다.

제58조 (벌칙) 다음 각 호의 어느 하나에 해당하는 자는 3년 이하의 징역 또는 3천만원 이하의 벌금에 처한다. <개정 2016. 3. 2., 2016. 12. 20.>

1. 영리를 목적으로 제16조제1항을 위반하여 청소년에게 청소년유해매체물을 판매・대여・배포하거나 시청・관람・이용하도록 제공한 자
2. 영리를 목적으로 제22조를 위반하여 청소년을 대상으로 청소년유해매체물을 유통하게 한 자
3. 제28조제1항을 위반하여 청소년에게 제2조제4호가목4)・5)의 청소년유해약물 또는 같은 호 나목1)・2)의 청소년유해물건을 판매・대여・배포(자동기계장치・무인판매장치・통신장치를 통하여 판매・대여・배포한 경우를 포함한다)한 자
4. 제29조제1항을 위반하여 청소년을 청소년유해업소에 고용한 자
5. 제30조제7호부터 제9호까지의 위반행위를 한 자
6. 제44조제1항을 위반하여 청소년유해매체물 또는 청소년유해약물등을 수거하지 아니한 자

제59조 (벌칙) 다음 각 호의 어느 하나에 해당하는 자는 2년 이하의 징역 또는 2천만원 이하의 벌금에 처한다. <개정 2013. 3. 22., 2014. 3. 24., 2016. 1. 6., 2016. 3. 2., 2016. 12. 20., 2018. 12. 11.>

1. 제13조제1항 및 제28조제7항을 위반하여 청소년유해매체물 또는 청소년유해약물등에 청소년유해표시를 하지 아니한 자
2. 제14조(제28조제10항에서 준용하는 경우를 포함한다)를 위반하여 청소년유해매체물 또는 청소년유해약물등을 포장하지 아니한 자
3. 제18조를 위반하여 청소년유해매체물을 방송한 자
4. 제19조제1항을 위반하여 청소년유해매체물로서 제2조제2호차목에에 해당하는 매체물 중 「옥외광고물 등의 관리와 옥외광고산업 진흥에 관한 법률」에 따른 옥외광고물을 청소년 출입・고용금지업소 외의 업소나 일반인들이 통행하는 장소에 공공연하게 설치・부착 또는 배포한 자 또는 상업적 광고선전물을 청소년의 접근을 제한하는 기능이 없는 컴퓨터 통신을 통하여 설치・부착 또는 배포한 자
5. 삭제 <2021. 12. 7.>
6. 제28조제1항을 위반하여 청소년에게 제2조제4호가목1)・2)의 청소년유해약물 또는 같은 호 나목3)의 청소년유해물건을 판매・대여・배포(자동기계장치・무인판매장치・통신장치를 통하여 판매・대여・배포한 경우를 포함한다)하거나 영리를 목적으로 무상 제공한 자
7. 제28조제2항을 위반하여 청소년의 의뢰를 받아 제2조제4호가목1)・2)의 청소년유해약물을 구입하여 청소년에게 제공한 자

7의2. 영리를 목적으로 제28조제3항을 위반하여 청소년에게 청소년유해약물등을 구매하게 한 자

7의3. 제28조제5항을 위반하여 주류등의 판매・대여・배포를 금지하는 내용을 표시하지 아니한 자

8. 제29조제2항을 위반하여 청소년을 청소년 출입・고용금지업소에 출입시킨 자
9. 제29조제6항을 위반하여 청소년유해업소에 청소년의 출입과 고용을 제한하는 내용을 표시하지

아니한 자

제60조 (벌칙) 제15조(제28조제10항에서 준용하는 경우를 포함한다)를 위반하여 청소년유해매체물이나 청소년유해약물등의 청소년유해표시 또는 포장을 훼손한 자는 500만원 이하의 벌금에 처한다. <개정 2013. 3. 22., 2014. 3. 24., 2018. 12. 11.>

제61조 (벌칙) ① 제34조의2제5항을 위반하여 직무상 알게 된 비밀을 누설한 사람은 2년 이하의 징역 또는 2천만원 이하의 벌금에 처한다. <개정 2015. 6. 22.>

② 제43조를 위반하여 관계 공무원의 검사 및 조사를 거부·방해 또는 기피한 사람은 300만원 이하의 벌금에 처한다.

[전문개정 2014. 5. 28.]

5. 영업정지기간 중 영업 (시행규칙 제89조 [별표 23])

근거법령	처분기준
식품위생법 제75조 제2항, 제1항 […은 영업자가 제1항에 따른 영업정지 명령을 위반하여 영업을 계속하면 영업허가 또는 등록을 취소하거나 영업소 폐쇄를 명할 수 있다.]	식품위생법 제75조 제4항, 동 시행규칙 제89조 [별표 23] II. 3. 제13호 (1차만으로도 영업허가·등록취소 또는 영업소 폐쇄)

6. 노래연습장업 관련 (음악산업법 시행규칙 제15조 제1항 [별표 2])

분류 / 사건	근거법령	처분기준
주류 판매·제공	음악산업법 제27조 제1항 제5호, 제22조 제1항 제3호	음악산업법 제27조 제3항, 동 시행규칙 제15조 제1항 [별표 2] 2항 마.목
접대부 고용·알선	음악산업법 제27조 제1항 제5호, 제22조 제1항 제4호	음악산업법 제27조 제3항, 동 시행규칙 제15조 제1항 [별표 2] 2항 마.목 4) (1차 : 영업정지 1월 - 2차 : 영업정지 2월 - 3차 : 등록취소 영업폐쇄. 단, 남녀 불문하고 청소년을 접대부로 고용·알선하는 행위를 한 경우에는 음악산업법 제27조 제3항, 동 시행규칙 제15조 제1항 [별표 2] 2항 마.목 4)에 따라 1차만으로도 등록취소 영업폐쇄)
영업소 안에 주류를 보관하거나, 이용자의 주류 반입 묵인	음악산업법 제27조 제1항 제4호, 제22조 제1항 제6호, 동 시행령 제9조 [별표 1]	음악산업법 제27조 제3항, 동 시행규칙 제15조 제1항 [별표 2] 2항 마.목 9), 10) (1차 : 영업정지 10일 - 2차 : 영업정지 20일 - 3차 : 영업정지 1월 - 4차 : 영업정지 3월)

7. 식품 · 위생 관련 행정심판

가. 식품·위생 관련 행정심판의 유형

(1) 영업정지(규제 「식품위생법 시행규칙」 제89조 및 별표 23)

- 청소년 주류제공
- 호객행위
- 시설기준 위반 등 식품위생법령을 위반해 영업정지 처분을 받은 경우
- 소비기한(냉장 보관하는 우유류의 경우에는 "유통기한" 포함) 경과제품 보관·사용

※ 냉장 보관하는 우유류는 2031년 1월 1일까지 "유통기한" 표기 사용을 허용함(「식품 등의 표시·광고에 관한 법률 시행규칙」 부칙<총리령 제1813호, 2022. 06. 30.> 제2조제2항 참조)

(2) 영업허가 취소(규제 「식품위생법 시행규칙」 제89조 및 별표 23)

- 식품 제조·가공·판매·접객업의 영업자가 유해물질 함유 제품을 제조·판매
- 청소년을 유흥접객원으로 고용
- 청소년유해업소에 청소년 고용
- 청소년 출입·고용금지업소에 청소년을 출입시키는 행위
- 영업정지 명령을 위반해 영업을 계속하는 등의 식품위생법령상 중대한 위반행위를 해 영업허가 취소처분을 받은 경우

(3) 과징금 부과

- 식품 제조·가공·판매·접객업의 영업자가 식품위생법령을 위반해 영업정지등의 처분에 갈음하는 과징금부과 처분을 받은 경우

(4) 시정명령, 시설개수 명령 등

- 식품 제조·가공·판매·접객업의 영업자가 식품접객업자의 준수사항 및 시설기준의 위반 등의 사유로 시정명령, 시설개수 명령 등 기타의 처분을 받은 경우

나. 일반음식점 영업정지 관련 행정심판청구서 작성례 (행정심판 청구서) [별지 제30호 서식]

[별지] 행정심판 청구서 (행정심판법 시행규칙 [별지 제30호서식] <개정 2025.9.24>)

행정심판 청구서		
접수번호	**접수일**	

구분	내용
청구인	성명
	주소
	주민등록번호(외국인등록번호)
	전화번호
[ ] 대표자 [ ] 관리인 [ ] 선정대표자 [ ] 대리인 ※ 해당사항이 있는 경우 하나의 [ ]만 작성합니다	성명
	주소
	주민등록번호(외국인등록번호)
	전화번호
피청구인	
소관 행정심판위원회	[ ] 중앙행정심판위원회 [ ] ○○시·도행정심판위원회 [ ] 기타
처분 내용 또는 부작위 내용	
처분이 있음을 안 날	
청구취지 및 청구이유	별지로 작성
처분청의 불복절차 고지 유무	
처분청의 불복절차 고지 내용	[ ] 유 [ ] 부
증거 서류	
국선대리인 선임 신청여부	[ ] 여 [ ] 부 ※ 국선대리인 선임을 신청하는 경우에는 「행정심판법 시행규칙」 별지 제27호의2 서식에 따른 국선대리인 선임 신청서를 별도로 첨부하시기 바랍니다.
구술심리 신청여부	[ ] 여 [ ] 부 ※ 구술심리를 신청하는 경우에는 「행정심판법 시행규칙」 별지 제39호서식에 따른 구술심리신청서를 별도로 첨부하시기 바랍니다.

「행정심판법」 제28조 및 같은 법 시행령 제20조에 따라 위와 같이 행정심판을 청구합니다.

년 월 일

청구인 (서명 또는 인)

○○행정심판위원회 귀중

첨부 서류	1. 대표자, 관리인, 선정대표자 또는 대리인의 자격을 소명하는 서류(대표자, 관리인, 선정대표자 또는 대리인을 선임하는 경우에만 제출합니다) 2. 주장을 뒷받침하는 증거서류나 증거물	수수료 없음

국선대리인 제도 안내

1. 제도개요
   청구인이 경제적 능력으로 인해 대리인을 선임할 수 없는 경우에는 행정심판위원회에 국선대리인을 선임해 줄 것을 신청할 수 있습니다
2. 신청자격
   가. 「국민기초생활 보장법」 제2조제2호에 따른 수급자
   나. 「한부모가족지원법」 제5조 및 제5조의2에 따른 지원대상자
   다. 「기초연금법」 제2조제3호에 따른 기초연금 수급자
   라. 「장애인연금법」 제2조제4호에 따른 수급자
   마. 「북한이탈주민의 보호 및 정착지원에 관한 법률」 제2조제2호에 따른 보호대상자
   바. 그 밖에 행정심판위원회의 위원장이 경제적 능력으로 인해 대리인을 선임할 수 없다고 인정하는 사람
3. 신청절차
   국선대리인의 선임을 신청하려는 청구인은 「행정심판법 시행규칙」 별지 제27호의2서식에 따른 국선대리인 선임 신청서를 제출해야 하며, 신청자격에 해당하는 사람이라는 사실을 소명하는 서류를 함께 제출해야 합니다.

구술심리 제도 안내

1. 제도개요
   행정심판의 심리는 구술심리나 서면심리로 합니다. 다만, 당사자가 구술심리를 신청한 경우에는 서면심리만으로 결정할 수 있다고 인정되는 경우 외에는 구술심리로 진행합니다.
2. 신청절차
   당사자가 구술심리를 신청하려면 행정심판위원회에「행정심판법 시행규칙」 별지 제39호서식의 구술심리 신청서를 제출하거나 구술로 신청해야 합니다.

처리절차

청구서 작성	➜	접수	➜	재결	➜	송달
청구인		○○행정심판위원회		○○행정심판위원회		

다. 항목별 작성 방법

구분	내 용
청구인	먼저 청구인이 개인인지 법인·단체인지를 먼저 선택합니다. **<개인의 경우>** 1. 청구인의 성명과 주민등록번호를 기재합니다. 주민등록번호는 사건진행 현황 조회시 사건번호를 모르는 경우 필요합니다. ※ 청구인이 여러 명일 경우에는 별도의 용지에 청구인들의 이름, 주민등록번호, 주소 등을 각각 기재해 첨부할 수 있으며, 필요에 따라 3명 이하의 대표자를 선정할 수 있습니다. 2. 연락가능한 전화번호, 휴대전화번호, E-mail 주소 등을 기재합니다. 휴대전화번호, E-mail주소는 심판진행 과정에서의 각종 SMS, E-mail 안내를 위해 필요합니다. 3. 주소는 주민등록표상 주소, 거주하는 장소를 기재하여, 주소 외에 행정심판 관련서류를 받고자 하는 장소가 있는 경우에는 송달장소란에 기재할 수 있습니다. 4. 사망한 자, 소멸한 법인, 사업장, 법인의 지점 등 청구인이 될 수 없는 자의 이름을 기재하면 부적법한 청구가 되어 각하재결되므로 주의가 필요합니다. **<법인 또는 단체의 경우>** 1. 법인이나 단체의 이름을 법인/단체명란에 기재하고 대표자의 성명을 대표자성명란에 기재하며, 법인이나 단체의 법인번호나 사업자등록번호 또는 대표자 주민등록번호 등을 기재합니다. 법인번호나 사업자등록번호, 대표자 주민등록번호는 사건진행 현황 조회시 필요합니다. 2. 대표자의 연락가능한 전화번호, 휴대전화번호, E-mail 주소 등을 기재합니다. 휴대전화번호, E-mail주소는 심판진행 과정에서의 각종 SMS, E-mail 안내를 위해 필요합니다. 3. 주소는 법인인 경우 법인의 주된 사무소가 소재하는 곳(법인등기부상의 주소)을 기재하고, 단체인 경우 단체의 주된 사무소가 소재하는 곳 또는 대표자의 주소를 기재합니다. 주소 외에 행정심판 관련서류를 받고자 하는 장소가 있는 경우에는 송달장소란에 기재할 수 있습니다.
대리인	1. 행정심판법에서 정하는 아래의 대리인이 선임된 경우 기재합니다. ·법정대리인 ·청구인의 배우자, 청구인 또는 배우자의 사촌 이내의 혈족 ·청구인이 법인이거나 청구인 능력이 있는 법인이 아닌 사단 또는 재단인 경우 그 소속 임직원 ·변호사 ·다른 법률의 규정에 따라 심판청구의 대리를 할 수 있는 자 ·그 밖에 행정심판위원회의 허가를 받은 자 2. 대리인이 개인인 경우, 대리인의 성명과 주민등록번호를 기재하며, 법인이나 단체인 경우 법인이나 단체의 이름을 법인/단체명란에 기재하고 대표자의 성명을 대표자성명란에 기재한 후, 법인이나 단체의 법인번호나 사업자등록번호 또는 대표자 주민등록번호 등을 기재합니다. 대리인이 법무법인, 노무법인 등의 구성원인 변호사 또는 노무사인 경우에는 해당 구성원을 대표자란에 기재합니다. 대리인의 기재사항은 법인·단체인 청구인의 기재사항을 참고하시기 바랍니다. 3. 대리인의 유형은 반드시 기재해야 합니다. 4. 대리인의 주소를 기재합니다. 대리인이 선임된 사건은 심판진행과정에서 발생하는 각종 통지 및 문서의 송달을 대리인의 주소지나 연락처로 합니다.
피청구인	1. 행정심판의 상대방으로 반드시 기재해야 합니다. 2. 피청구인이란 귀하께서 행정심판을 청구한 행정기관으로서, 귀하께서 무효 위법 또는 부당하다고 주장하시는 행정처분을 행한 행정기관을 말합니다. 3. 피청구인의 명칭은 보통 귀하에 대한 처분을 한 행정기관의 장이 됩니다. 4. 피청구인의 기관검색 목록에 없는 기관은 온라인 행정심판이 지원되지 않거나 중앙 행정심판위원회의 소관이 아닌 기관입니다.

처분내용	1. 심판청구에서 다투고자 하는 행정기관의 처분내용을 기재합니다. (예시) 영업정지처분, 영업허가취소처분, 과징금부과처분 등 2. 일정한 신청 또는 청구에 대해 아무런 처분을 하지 아니하는 것에 대한 심판청구인 경우에는 "OOO 부작위처분" 으로 기재합니다. 3. 처분의 내용은 행정심판의 대상물을 확정하는 것이므로 반드시 기재해야 합니다.
처분일	1. 심판대상인 처분을 알게 된 날을 기재합니다. 문서로써 처분을 통지받은 경우 문서에 기재된 날이 아닌 실제로 처분을 알게 된 날을 기재합니다. (예시) 행정관청으로부터 2025년 1월 20일부터 2025년 1월 30일까지 처분을 한다는 내용의 문서를 2025년 1월 10일 발송해 2025년 1월 15일 수령하였다면 처분일은 2025년 1월 15일입니다. 2. 처분일을 잘 모를 경우 기재하지 않아도 됩니다.
고지여부 및 고지내용	1. 행정관청이 처분당시 처분에 대해 불복하고자 하는 경우의 절차 및 기한 등에 대해 청구인에게 알려주었는지 여부와 알려준 내용을 기재합니다. 2. 대부분의 고지는 처분을 한 문서에 기재되므로 처분을 한 문서의 내용을 확인 후 고지 유무를 기재하고, 고지의 내용은 처분한 문서에 기재된 내용을 옮겨 적으시면 됩니다. 3. 고지여부 및 고지내용을 잘 모를 경우 기재하지 않아도 됩니다.
청구취지	1. 행정심판을 청구해 재결청으로 부터 구하고자 하는 재결의 내용을 간략히 기재합니다. (예시) - 영업정지처분 ·피청구인이 2025. 00. 00. 청구인에게 한 1개월의 영업정지처분을 취소한다. - 영업허가취소처분 ·피청구인이 2025. 00. 00. 청구인에게 한 영업허가 취소처분을 취소한다. - 과징금부과처분 ·피청구인이 2025. 00. 00. 청구인에게 한 영업정지 1개월 처분에 갈음한 과징금 240만원 부과처분을 취소한다." 라는 재결을 구한다. - 시정명령처분 ·피청구인이 2025. 00. 00. 청구인에게 한 시정명령처분을 취소한다. - 시설개수명령처분 ·피청구인이 2025. 00. 00. 청구인에게 한 시설개수명령처분을 취소한다. 2. 청구취지는 반드시 기재해야 합니다.
청구원인	행정심판을 청구하게 된 이유와 처분의 위법·부당성 등에 대한 청구인의 구체적인 주장으로 반드시 기재해야 합니다. 청구원인의 기재는 따로 형식이 정해진 것은 아니나 일반적으로 다음과 같은 순서로 기재합니다. 1. 이 건 처분에 이르게 된 경위 -청구인이 처분 등을 받게 된 경위를 육하 원칙에 따라 기재합니다. 2. 이 건 처분의 위법·부당성 -피청구인의 처분이 위법하거나 부당하다고 생각하는 이유와 근거를 제시합니다. 3. 결 론 -청구인이 결론적으로 주장하고자 하는 바를 기재합니다. ※ 청구원인은 본란에서 직접 작성하거나 워드프로세서로 작성해 파일로 제출해도 됩니다.
증거서류	청구인의 주장을 입증할 증거서류를 첨부합니다. ※ 증거서류 외에도 사건과 관련해 청구인에게 유리하다고 생각되는 모든 자료를 제출할 수 있습니다. 예 : 진정서, 탄원서, 주민등록등·초본, 호적등본, 재직증명서, 표창장 등 각종 상장, 사업자등록증, 장애인수첩 등

라. 재결례

[청 구 인] ○○○
[피청구인] ○○구청장
[주 문] 청구인의 청구를 「기각」한다.
[청구취지] 피청구인이 2014. 10. 30. 청구인에게 한 「식품위생법위반 과징금부과 처분」을 취소한다.

이 유

1. 사건개요

청구인은 ○○구 ○○로 ○○호 소재 ○○ 이라는 일반음식점(이하'이 사건 업소'라 한다)을 운영하는 자로 2014. 4. 3.경부터 2014. 4. 25.경까지 제조연월일, 유통기한이 표기되지 않은 생닭을 유통업체로부터 납품받아 판매한 사실이 ○○경찰서에 적발되어 피청구인에게 통보되었고, 피청구인은 이에 대하여 2014. 8. 8. 식품위생법 제10조 위반으로 영업정지 7일의 행정처분을 사전통지 하였으나, 청구인이 2014. 8. 25. ○○검찰청에서 축산물위생관리법 위반에 대한 벌금 100만원 구약식 처분을 받고 과징금 처분을 원하는 의견을 제출하여, 피청구인은 2014. 10. 30. 영업정지 7일에 갈음한 과징금 부과(84만원) 처분(이하'이 사건 처분'이라 한다)을 하였다.

2. 청구인 주장

청구인은 다음과 같이 주장한다.

청구인은 2013년 2월부터 '○○'로부터 염지닭을 납품받아 가공 사용하였으나 유통기한 표시가 10개 포장된 큰 포장지에는 표기되어 있었으나 낱개 하나하나에 표기되어야 한다는 사실을 미처 알지 못했으며, 대출까지 받아서 어렵게 시작한 생계형 가게인데 청구인의 무지로 인하여 발생한 결과가 경제적, 정신적으로 너무나 힘이 들고, 자녀와 노모를 부양하는 여성가장으로서 과징금 84만원의 처분은 가혹한 처분으로 선처하여 줄 것을 요청하고 있다.

3. 피청구인 주장

피청구인은 다음과 같이 주장한다.

가. 청구인은 2014. 4. 3.경부터 4. 25.경까지 총 87마리의 생닭을 납품받을 당시 10개들이 큰 포장지에서 유통기한 표기를 확인하였다고 주장하고 있으나 ○○경찰서의 신문조서에 의하면 유통업체인 ○○의 작업 현장에서 유통기한을 표기하지 않은 사실과 일부 업체에 납품된 제품에 대하여 추적하여 확인한 결과 유통기한이 표기되지 아니한 사실이 확인되었고, ○○의 대표자 또한 유통기한을 위 기간 동안 표기하지 아니하고 유통하였다고 진술한 바 청구인이 납품받은 제품에는 유통기한이 표기되어 있었다는 주장은 받아들이기 어렵고, 또한 검찰로부터 구약식 벌금 100만원 처분을 받았다는 사실을 통해 청구인의 주장이 검찰에도 인정되지 않

앉음을 알 수 있으며,

나. 설령 청구인의 주장이 사실이라 하더라도 낱개 포장되어 있는 생닭의 유통기한을 확인하지 않은 것은 청구인도 인정한 바, 국민의 건강에 막대한 영향을 미칠 수 있는 무표시 제품을 청구인의 관리 소홀로 영업에 사용하였다는 사실은 식품위생상의 위해를 방지해야 한다는 식품접객업자의 의무를 져버린 것으로, 청구인은 가족을 부양하는 여성가장인 점과 어려운 가계형편을 들어 선처를 구하고 있으나 개인의 경제적 어려움은 행정처분의 경중을 판단하는 기준이 될 수 없으며, 식품접객업 영업에 사용하는 원재료인 생닭의 유통기한을 확인하지 아니하고 영업에 사용함으로써 식품접객업자의 의무를 져버린 점 등을 고려한다면 청구인의 청구는 마땅히 기각되어야 한다고 주장하고 있다.

4. 이 건 처분의 위법 · 부당여부

가. 관계법령

「식품위생법」 제10조, 제75조, 제82조

「식품위생법 시행령」 제53조 〔별표1〕

「식품위생법 시행규칙」 제89조 〔별표23〕

나. 사실관계

청구인 및 피청구인이 제출한 관련자료 등을 종합하여 보면 다음과 같은 사실을 인정할 수 있다.

1) 청구인은 2013. 2. 12.부터 이 사건 일반음식점을 운영하던 중 2014. 4. 3.경부터 2014. 4. 25.경까지 제조연월일, 유통기한이 표기되지 않은 생닭 87마리를 유통업체인 ○○로부터 납품받아 판매한 사실이 ○○경찰서에 적발되었고 ○○경찰서장은 이에 대하여 2014. 5. 16. 피청구인에게 행정처분 대상업소로 통보 하였다.

2) 위 1)의 위반행위에 대하여 통보받은 피청구인은 2014. 8. 8. 식품위생법 제10조 위반으로 영업정지 7일의 행정처분을 사전통지 하였으나, 청구인이 2014. 8. 25. ○○검찰청에서 축산물위생관리법 위반에 대한 벌금 100만원 구약식 처분을 받고 과징금 처분을 원하는 의견을 제출하여, 피청구인은 2014. 10. 30. 영업정지 7일에 갈음한 과징금 부과(84만원) 처분을 하였다.

다. 판 단

1) 먼저, 관계법령을 살펴보면

식품위생법 제10조 제1항에 의하면 식품의약품안전처장은 판매를 목적으로 하는 식품 또는 식품첨가물의 표시에 관한 기준을 정하여 고시할 수 있으며, 제1항에 따라 표시에 관한 기준이 정하여진 식품 등은 그 기준에 맞는 표시가 없으면 판매하거나 판매할 목적으로 수입·진열·운반하거나 영업에 사용하여서는 아니 되며 이를 위반한 경우에는 같은 법 제75조에 따라 영업허가나 등록을 취소하거나 6개월 이내의 기간을 정하여 그 영업의 일부 또는 전부를 정지할 수 있는바,같은 법 시행규칙 제89조 [별표23] 행정처분 기준에 따라 제조연월일 또는 유통기한을 표시하지 아니한 것을 사용한 경우 1차 위반 시 영업정지 7일과 해당 음식물 폐기의 처분을 하거나 같은 법 제82조 및 같은 법 시행령 제53조 [별표1]에 따른 과징금 처분을 할 수 있도록 규정하고 있다.

2) 이 사건 처분의 위법 · 부당 여부

청구인은 식품접객업자로서 식품으로 인하여 생기는 위생상의 위해를 방지하여 국민보건의 증진에 이바지함을 목적으로 하는 식품위생법 제정 취지에 따라 판매를 목적으로 하는 식품 등은 그 기준에 맞는 표시가 없으면 판매하거나 판매할 목적으로 수입·진열·운반하거나 영업에 사용하여서는 아니 됨에도 불구하고, 제조연월일, 유통기한이 표기되지 않은 생닭을 유통업체로부터 납품받아 판매하다 적발되어 벌금 100만원의 약식명령 처분을 받은바 식품위생법 위반이 명백하다 할 것이다.

또한, 행정법규 위반에 대한 제재는 행정목적 달성을 위하여 행정법규위반이라는 객관적 사실에 착안하여 가하는 제재이므로 위반자의 의무 해태를 탓할 수 없는 정당한 사유가 있는 등의 특별한 사정이 없는 한 위반자에게 고의나 과실이 없다고 하더라도 부과할 수 있는 것인 바, 이 사건은 달리 청구인에게 참작할 만한 사유가 있다고도 보이지 않으며, 해당 제품은 조리 · 판매에 가장 중요한 원재료로 적발대상의 양이 적지 않은 점 등을 고려해 볼 때 이 사건 처분을 통하여 실현하려는 공익 목적이 청구인이 입는 불이익보다 더 크다고 할 수 있어 이 사건 처분에 재량권을 일탈하거나 남용한 위법이 있다고 할 수 없다.

5. 결 론

그렇다면 청구인의 주장을 인정할 수 없으므로 청구인의 청구를 받아들이지 않기로 하여 주문과 같이 재결한다

바. 법제처 유권해석

식품의약품안전처 – '위반행위에 대하여 행정처분을 하기 위한 절차가 진행되는 기간 중'에 '같은 위반행위가 둘 이상 적발'된 경우 행정처분의 일반기준 적용(「식품위생법 시행규칙」 별표 23 I 제4호 등 관련)

문서번호 법제처-24-0281
회시일자 2024. 4. 24.

질의요지

「식품위생법 시행규칙」 별표 23 I 제1호에서는 "둘 이상의 위반행위가 적발된 경우로

서 위반행위가 같은 호 각 목의 어느 하나에 해당하는 경우에는 가장 중한 정지처분 기간에 나머지 각각의 정지처분 기간의 2분의 1을 더하여 처분한다"고 규정하고 있고, 같은 표 I 제4호에서는 "위반행위에 대하여 행정처분을 하기 위한 절차가 진행되는 기간 중에 반복하여 같은 사항을 위반하는 경우에는 그 위반횟수마다 행정처분 기준의 2분의 1씩 더하여 처분한다"고 규정하고 있는바,

영업정지에만 해당하는 위반행위 A1이 적발되어 행정처분을 하기 위한 절차가 진행되는 기간 중에 반복하여 같은 사항을 위반한 위반행위로서 각각 다른 날 발생한 A2·A3이 동시에 적발(각주: 위반행위 A1이 적발된 이후에 다른 날 위반행위 A2·A3가 각각 발생하여 동시에 적발된 경우로서, A2·A3가 각각 새로운 위반행위임을 전제로 함.)된 경우, 위반행위 A2·A3에 대하여 「식품위생법 시행규칙」 별표 23 I 제1호 및 제4호 중 제4호만 적용되는지?(각주: 「식품위생법 시행규칙」 별표 23 I 제4호가 적용되는 경우 A2·A3에 대한 행정처분은 A1에 대한 행정처분에 A2·A3의 행정처분 기준의 2분의 1씩만 더하여 처분하는 것을 전제로 함.)

회 답

이 사안의 경우, 위반행위 A2·A3에 대하여 「식품위생법 시행규칙」 별표 23 I 제1호 및 제4호 중 제4호만 적용됩니다.

이 유

먼저 「식품위생법 시행규칙」 별표 23 I 제4호에서는 '위반행위에 대하여 행정처분을 하기 위한 절차가 진행되는 기간 중에 반복하여 같은 사항을 위반하는 경우'에는 그 위반횟수마다 행정처분 기준의 2분의 1씩 더하여 처분한다고 규정하고 있고, 이 사안은 영업정지에만 해당하는 위반행위 A1이 적발되어 행정처분을 하기 위한 절차가 진행되는 기간 중에 반복하여 같은 사항을 위반한 위반행위 A2와 위반행위 A3이 발생하여 적발된 경우인바, 이 사안 위반행위에 대한 행정처분에 대해 같은 표 I 제4호의 일반기준이 적용된다는 점은 그 문언상 분명합니다.

그리고 「식품위생법 시행규칙」 별표 23 I 의 일반기준을 살펴보면, 제1호부터 제3호까지에서는 '둘 이상의 위반행위'가 적발된 경우에 대하여 규정하고 있고, 제4호·제5호에서는 '행정처분을 하기 위한 절차가 진행되거나 완료된 이후에 동일한 위반행위가 반복'하여 적발되는 경우에 대하여 규정하고 있으므로, 같은 표 I 제1호부터 제3호까지의 기준은 위반행위를 적발하여 그에 대한 행정처분 절차가 시작되기 전까지 적용되는 일반기준인 반면, 같은 표 I 제4호·제5호의 기준은 행정처분 절차가 시작된 이후에 적용되는 일반기준이라고 보는 것이 같은 표 I의 규정체계에 부합하는 해석입니다.

그렇다면 이 사안에서 위반행위 A2·A3가 동시에 적발된 것 그 자체는 '둘 이상의 위반행위가 적발'된 경우에 해당한다고 하더라도, 이는 종전에 이미 A1이 적발되어 같은 위

반행위에 대한 행정처분 절차가 진행되는 기간 중에 반복하여 같은 사항을 위반한 경우로서, 행정처분 절차가 진행되기 전까지만 적용되는 같은 표 I 제1호가 아닌 제4호가 적용된다고 할 것입니다.

따라서 이 사안의 경우, 위반행위 A2·A3에 대하여 「식품위생법 시행규칙」 별표 23 I 제1호 및 제4호 중 제4호만 적용됩니다.

<관계 법령>

식품위생법 시행규칙
[별표 23]
행정처분 기준(제89조 관련)
Ⅰ. 일반기준
1. 둘 이상의 위반행위가 적발된 경우로서 위반행위가 다음 각 목의 어느 하나에 해당하는 경우에는 가장 중한 정지처분 기간에 나머지 각각의 정지처분 기간의 2분의 1을 더하여 처분한다.
   가.·나. (생 략)
2.·3. (생 략)
4. 위반행위에 대하여 행정처분을 하기 위한 절차가 진행되는 기간 중에 반복하여 같은 사항을 위반하는 경우에는 그 위반횟수마다 행정처분 기준의 2분의 1씩 더하여 처분한다.
   가. ~ 라. (생 략)
5. ~ 19. (생 략)
Ⅱ.·Ⅲ (생 략)

8. 식품접객업영업자 등의 준수사항 (식품위생법 제44조 시행규칙 제57조 [별표 17]) <개정 2024. 7. 3.>

식품접객업영업자 등의 준수사항(제57조 관련) (법 제44조 제1항에 따라 식품접객영업자등이 지켜야 할 준수사항은 [별지 제17]과 같다.)

7. 식품접객업자(위탁급식영업자는 제외한다)와 그 종업원의 준수사항
   타. 허가를 받거나 신고한 영업 외의 다른 영업시설을 설치하거나 다음에 해당하는 영업행위를 하여서는 아니 된다.
      1) 휴게음식점영업자·일반음식점영업자 또는 단란주점영업자가 유흥접객원을 고용하여 유흥접객행위를 하게 하거나 종업원의 이러한 행위를 조장하거나 묵인하는 행위
      2) 휴게음식점영업자·일반음식점영업자가 음향 및 반주시설을 갖추고 손님이 노래를 부르도록 허용하는 행위. 다만, 연회석을 보유한 일반음식점에서 회갑연, 칠순연 등 가정의 의례로서 행하는 경우에는 그러하지 아니하다.
      3) 일반음식점영업자가 주류만을 판매하거나 주로 다류를 조리·판매하는 다방형태

의 영업을 하는 행위

4) 휴게음식점영업자가 손님에게 음주를 허용하는 행위

5) 식품접객업소의 영업자 또는 종업원이 영업장을 벗어나 시간적 소요의 대가로 금품을 수수하거나, 영업자가 종업원의 이러한 행위를 조장하거나 묵인하는 행위

6) 휴게음식점영업 중 주로 다류 등을 조리·판매하는 영업소에서 「청소년보호법」 제2조제1호에 따른 청소년인 종업원에게 영업소를 벗어나 다류 등을 배달하게 하여 판매하는 행위

7) 휴게음식점영업자·일반음식점영업자가 음향시설을 갖추고 손님이
춤을 추는 것을 허용하는 행위. 다만, 특별자치도·시·군·구의 조례로 별도의 안전기준, 시간 등을 정하여 별도의 춤을 추는 공간이 아닌 객석에서 춤을 추는 것을 허용하는 경우는 제외한다.

[서식 1] 영업허가취소처분취소심판청구서 (대중음식점)

행 정 심 판 청 구

청 구 인 김 호 진
○○시 ○○구 ○○동 ○○ (우편번호 ○○○ - ○○○)

피청구인 ○○시 ○○구청장

재 결 청 ○○시장

심판청구의 대상

대중음식점 영업허가 취소처분되는 처분의 내용

처분있음을 안 날

20○○년 ○월 ○일

청 구 취 지

피청구인이 20○○년 ○월 ○일 자로 청구인에 대하여 한 서울 ○○구 ○○동 ○○번지에 있는 대중음식점 푸드에 대한 영업허가취소처분을 취소한다.
라는 재결을 구합니다.

청 구 원 인

1. 이 사건 처분의 경위

청구인은 20○○년 ○월 ○일 피청구인으로부터 대중음식점 영업허가를 받아 서울 ○○구 ○○동 ○○번지에서 푸드라는 상호로 대중음식점 영업을 해 오던중 20○○년 ○월 ○일 위 업소에 청소년에게 주류를 제공하였다는 이유로 ○○구청 소속 단속반원들에게 적발되었습니다.

이에 피청구인은, 금번에 적발되기 전 20○○년 ○월 ○일과 ○○년 ○월 ○일 2차례에 걸쳐 같은 내용으로 적발되어 영업정지에 갈음한 과징금 처분을 하였고 청소년에게 주류를 제공, 식품위생법 제31조 영업자의준수사항을 위반하였다는 이유로 영업허가 취소사유에 해당 같은 법 시행규칙 제 58조의 별표15에 규정된 행정처분기준을 적용하여 20○○년 ○월 ○일 청구인에 대하여 위 대중음식점 영업허가를 취소하는 처분을 하였습니다.

2. 처분의 위법

가. 사실오인

청구인이 제3차로 적발될 당시 저녁8시 무렵 손님이 많은 관계로 청년과 청소년들을 구분하기가 쉽지 않았을 뿐만 아니라 처음에 3명의 건장한 청년들이 들어와 고기와 술을 시켜서 먹고 마시고 있었고 다음에 청소년이 들어와 자연스럽게 앉아서 고기를 먹고 있었던 터라 청구인은 전혀 의심을 하지 않았습니다. 청구인은 3명의 청년들과 같이 있는 걸로 보아 같은 또래로 착각을 할 수밖에 없었습니다. 그 당시로는 그 중에서 1명이 청소년인줄을 전혀 인식할 수 없었고 이로 말미암아 단속반들에 적발되어 영업허가를 취소 당하였는바, 그 당시 청소년이 술을 마셨는지 정확히 규명하지 아니하고 청소년에게 주류를 제공하는 행위로 이 사건 처분은 사실을 잘못 인정한 것으로서 위법합니다.

나. 재량남용, 일탈

가사 청소년에게 주류를 제공하는 위반사실이 인정된다 하더라도 처음 3명은 청소년이 아니었고 나중에 온 청소년은 전혀 예상할 수가 없었을 뿐 아니라 이 사건 음식점은 5명의 종업원을 두고 주로 고기 등을 조리판매 하면서 영업을 운영하고 있을 뿐만 아니라 청구인은 이미 2번에 걸쳐 같은 내용으로 적발되어 행정처분을 받은 상태라 평소 많은 주의를 가지고 영업을 해왔습니다.

3. 이러한 여러 사정등을 종합하여 보면, 청구인이 위와 같이 식품위생법 제31조를 위반하였다는 사유로 상당기간의 영업정지처분을 하는 것은 별론으로 하고 곧바로 이 사건 음식점의 영업으로 청구인은 청소년을 출입시켜 수익을 올리고 싶은 생각은 전혀 없었습니다.

또한 적발당시의 청소년이 술을 마셨는지 정확한 규명이 없었으며 이러한 정황을 비추어 볼 때 청소년에 대한 주류판매로 인하여 이 사건 음식점에 대한 영업허가가 취소됨으로써 청구인은 막대한 경제적 손해를 입게 되는 것입니다.

취소까지 한 이 사건처분은 그에 의하여 실현하고자 하는 공익목적을 감안한다 하더라도 재량권의 한계를 현저히 일탈한 위법한 처분인 것입니다.

입 증 방 법

1. 소갑 제1호증 통지서사본
1. 소갑 제2호증 허가증사본
1. 소갑 제3호증 진술서
1. 소갑 제4호증 확인서

첨 부 서 류

1. 위 입증방법 각 1통
1. 심판청구서부본 1통

20○○년 ○월 ○일

위 청구인 김 호 진 (인)

○○시 ○○구청장 귀하

[서식 2] 영업정지처분행정심판청구서 (대중음식점)

<table>
<tr><td colspan="5">행 정 심 판 청 구</td></tr>
<tr><td rowspan="2">청 구 인</td><td>성 명</td><td>김 국 진
(金 國 進)</td><td>주민등록번호</td><td>333333-*******</td></tr>
<tr><td>주 소</td><td colspan="3">○○시 ○○구 ○○동 ○○</td></tr>
<tr><td>선정대표자·관리인
또는 대리인</td><td colspan="4">대리인 변호사 김 길 동</td></tr>
<tr><td>피 청 구 인</td><td colspan="2">○○시 ○○구청장</td><td>재 결 청</td><td>서울특별시장</td></tr>
<tr><td>청구대상인 처분
내용(부작위의 전제가
되는 신청내용·일자</td><td colspan="4">피청구인이 20○○. ○. ○. 청구인에 대하여 한 대중음식점
영업허가 정지처분을 취소한다</td></tr>
<tr><td>처분이있음을 안날</td><td colspan="4">20○○. ○. ○</td></tr>
<tr><td>심판청구취지·이유</td><td colspan="4">(별지와 같음)</td></tr>
<tr><td>처분청의 고지유무</td><td colspan="2">유</td><td>고지내용</td><td>통 지</td></tr>
<tr><td>증거서류(증거물)</td><td colspan="4">통지서, 허가증, 진술서, 확인서, 관보</td></tr>
<tr><td>근거법조</td><td colspan="4">행정심판법 제19조, 동법시행령 제18조</td></tr>
<tr><td colspan="5">위와 같이 행정심판을 청구합니다

20○○년 ○월 ○일

청구 대리인 변호사 김 길 동 (인)

○○시 ○○구청장 귀하</td></tr>
<tr><td colspan="5">첨부서류 : 청구서부본, 위 각 증거서류 각 1통</td></tr>
</table>

[별 지]

청 구 취 지

피청구인이 20○. ○. ○. 청구인에 대하여 한 ○○시 ○○구 ○○동 ○○ 소재 대중음식점 맛나에 관한 영업정지처분을 취소한다.
라는 재결을 구합니다.

청 구 원 인

1. 처분의 경위

청구인이 ○○시 ○○구 ○○동 ○○에서「맛나」라는 상호로 대중음식점 영업을 하여 오던 중, 피청구인은 청구인이 20○. ○. ○. 00:00부터 00:30경 까지 위 식당에서 시간외 영업을 하였다는 이유로 식품위생법 제30조 및 같은 법 시행규칙 제53조의 규정에 의하여 20○○. ○. ○.자로 청구인에 대하여 같은 해 ○. ○부터 ○. ○까지 2개월 간 위 음식점에 대한 영업정지를 명하는 이 사건 처분을 하였습니다.

2. 이 사건처분의 위법사항

1) 청구인은 19○○. ○. ○. 피청구인으로부터 대중음식점 영업허가를 받아 서울 ○○시 ○○구 ○○동 ○○에서 40평 실내규모의 방5개와 홀을 만들어 맛나라는 상호로 대중음식점(일식)을 영업해 왔습니다.

2) 소외 김□□외 2명은 20○○. ○. ○. 21:00 경부터 홀에 들어와 식사를 하던 중 영업주는 위 손님들에게 영업시간이 끝났으니 나가 달라고 부탁하고 손님들이 아직 이야기 안 끝났으니 기다리라고 하면서 일부 반찬은 테이블에 남은 상태에서 홀 안의 집기정리 등을 하고 있는 동안에 00:30분경 단속반이 갑자기 들어와서 청구인은 영업시간을 위반한 것이 아님에도 영업시간위반으로 인정한 이 사건처분은 사실을 오인한 것으로서 위법합니다. 당시 위 업소에는 위 소외인들 외에 다른 손님은 없었습니다.

3) 또한 이 사건처분으로 인하여 청구인이 입을 불이익은 너무나 큰 것입니다

4) 위 사항을 종합하면 이 사건처분은 너무 가혹하여 재량권의 범위를 일탈한 위법한 처분입니다

[서식 3] 영업정지처분취소심판청구서 (대중음식점)

<table>
<tr><td colspan="5">행 정 심 판 청 구</td></tr>
<tr><td rowspan="2">청 구 인</td><td>이 름</td><td>○○○</td><td>주민등록번호</td><td>-</td></tr>
<tr><td>주 소</td><td colspan="3">서울시 ○○구 ○○동 ○</td></tr>
<tr><td>선정대표자·
관리인 또는 대리인</td><td colspan="4">대리인 ○○○○법무법인
서울 ○구 ○○로 1가 ○
담당변호사 ○○○</td></tr>
<tr><td>피청구인</td><td colspan="2">서울특별시 ○○구청장</td><td>재결청</td><td>서울특별시장</td></tr>
<tr><td>청구대상인처분내용
(부작위의 전제가되는
신청내용·일자)</td><td colspan="4">피청구인이 청구인에 대하여 20○○.○.○.자로 한 영업 (대중음식점)정지처분</td></tr>
<tr><td>처분있음을안날</td><td colspan="4">20○○.○.○</td></tr>
<tr><td>심판청구취지·이유</td><td colspan="4">(별지 기재와 같음)</td></tr>
<tr><td>처분청의고지유무</td><td colspan="2">없 음</td><td>고지내용</td><td>해당없음</td></tr>
<tr><td>증거서류(증거물)</td><td colspan="4">1. (별지 기재와 같음)</td></tr>
<tr><td>근거법조</td><td colspan="4">행정심판법 제28조, 동법시행령 제18조</td></tr>
<tr><td colspan="5">위와 같이 행정심판을 청구합니다.

20○○. ○○. ○○.

청구인 대리인○○○○법무법인
담당변호사 ○ ○ ○

○○시장 귀하</td></tr>
<tr><td colspan="4" rowspan="2">※ 첨부서류 : 청구서부본</td><td>수수료</td></tr>
<tr><td>없 음</td></tr>
</table>

[주] 1. 행정심판청구 대상 및 청구기간

음식점 영업자가 식품위생법령을 위반한 경우에는 시장, 군수, 구청장 등으로부터 영업정지, 허가취소처분 등을 받게 됩니다.

이러한 행정처분을 받은 음식점 영업자는 경우에 따라서 행정관청의 처분이 잘못된 것이라던지 혹은 행정처분의 사유는 인정하지만 행정처분의 정도가 너무 가혹하다는 생각을 가질 수가 있습니다. 이때 음식점 영업자는 행정관청을 상대로 소송을 생각해 볼 수도 있겠으나, 대부분의 영업자는 비용, 시간 등의 부담으로 인하여 소송이 망설여질 수 있습니다. 이러한 경우에 비용도 들지 않고 영업자의 신속한 권리구제를 위해서 마련된 구제수단이 바로 행정심판이라 하겠습니다.

가. 음식점영업 관련 행정심판대상이 되는 행정처분의 유형(예시)

i 신고 또는 허가거부
ii 시정명령(식품위생법 제55조)
iii 폐기 등의 처분(식품위생법 제56조)
iv 시설의 개수명령(식품위생법 제57조)
v 영업정지명령(식품위생법 제58조)
vi 허가의 취소명령(식품위생법 제58조)
vii 영업소의 폐쇄명령(식품위생법제58조)

그 밖에 음식점에 고용된 종업원의 고용보험 등과 관련하여 근로복지공단으로부터 부과받은 고용보험료부과처분, 산업재해보상보험료부과처분 등에 이의가 있는 경우에도 행정심판을 제기할 수 있습니다.

2. 행정심판의 청구기간

· 처분이 있음을 안 날부터 : 90일 이내 제기
· 처분이 있은 날부터 : 180일 이내 제기

<예외>

(1) 무효등확인심판청구, 의무이행심판청구 : 심판청구기간에 대한 제한이 없음

(가) 심판청구는 처분이 있음을 안 날부터 90일 이내에 제기하여야 하고,

(나) 어떠한 사정으로 처분이 있었음을 알지 못하였다 하더라도 다수의 이해관계에 · 영향을 미치는 행정법관계를 무한정 불확정한 상태로 둘 수 없으므로 처분이있은 날부터 180일이 지나면 행정심판을 청구할 수가 없습니다. 따라서 두 가지의 청구기간 중 어느 하나라도 기간이 지나면 당해 심판청구는 부적법한 심판청구가 됩니다.

음식점영업자가 「식품위생법」 등을 위반하여 시장, 군수, 구청장 등으로부터 행정처분을 받은 경우에는 그 행정심판의 심리관할은 시·도행정심판위원회가 되고, 고용보험료부과처분 및 산업재해보상보험료부과처분에 대한 심리관할은 국무총리행정심판위원회가 됩니다.

이하에서 "행정심판위원회"는 "시·도 행정심판위원회 또는 국무총리행정심판위원회"를 말합니다.

[서식 4] 영업정지처분취소 심판청구 (일반음식점)

행 정 심 판 청 구

청 구 인 ○○○
○○시 ○○구 ○○동 ○○ (우편번호 ○○○ - ○○○)
피청구인 ○○시 ○○구청장

영업정지처분취소 심판청구

청 구 취 지

피청구인이 2014. 3. 24. 청구인에게 한 일반음식점 영업정지 15일 처분을 취소한다.
라는 재결을 구합니다.

청 구 원 인

1. 사건개요
   청구인은 2012. 7. 12.부터 ○○시 ○○○길 21 소재에서 "○○○○"라는 일반음식점을 운영하여 오던 중 2014. 3. 6. 21:40경 피청구인에게 조리장 냉장고내에 총 5종의 식품[매일아침토스트 1봉(2014. 1. 25.까지), 블루베리시럽 500그램 1봉(2013. 3. 19.까지), 후레쉬모짜렐라 125그램 1개(2014. 2. 21.까지), 모듬소시지 400그램 1봉(2014. 2. 22.까지), 치킨너겟Ⅱ 1킬로그램 1봉(2013. 12. 6.까지)]이 유통기간이 경과된 사실이 적발되었고, 피청구인은 2014. 3. 24. 청구인에게 영업정지 15일 처분을 하였다.

2. 청구인 주장
   가. 청구인은 2014. 2. 12.부터 가게가 낡고 허름하고 장사도 잘 안되는 차에 저렴하게 리모델링을 해 준다는 업체가 있어 어렵게 대출을 받아 리모델링을 하였는데, 피청구인 식품의약과 지도계 직원으로부터 리모델링 공사기간에 전화로 청구인의 업소에서 유통기한이 지난 음식을 팔고 있다는 전화 민원제보가 수차례 있었다며 2014. 3. 4. 1차 단속을 받았고, 2014. 3. 6. 오픈일에 맞추어 2차 단속을 받았는데 청구인은 오픈일에도 음식을 판매하지 않았으며 리모델링 공사기간에도 유통기한 음식을 팔지도 않고 장사도 하지 않은 상태이다.
   나. 청구인은 리모델링 공사 지연으로 인해 청소와 냉장고 정리정돈을 하지 못하였고, 개인적으로 먹으려고 보관중인 음식도 가게에 보관하면 안 된다는 것을 정말 몰

랐으며 유통기한이 지난 음식을 판매목적으로 보관하지 않았으나(미개봉상태임), 팔지 않고 보관만 해도 위반이라는 것을 이번에 알았는데, 하루하루 벌어서 대출금은 물론 월세, 생활비를 충당하는 청구인으로서는 영업정지 15일 처분을 받을 경우 청구인 가족은 죽게 되니 부디 선처해 주시기 바란다.

3. 피청구인 주장

가. 냉장고에 보관중인 유통기한 경과식품 총 5종을 판매할 목적이 없었다는 청구인의 주장은 타당하지 않으며, 영업자는 냉장고에 보관하는 제품은 유통기한 경과여부, 식자재 부패 또는 변질 여부 등을 수시로 확인하여 식자재를 위생적으로 관리하여야 하며 유통기한이 경과한 식품은 발견 즉시 별도 보관하거나 폐기하여야 하고, 식자재가 부패·변질된 제품은 발견 즉시 폐기 처리하여야 한다.

나. 청구인은 2014. 2. 12.부터 영업소 리모델링 공사를 하였다고 하였는데, 영업소내 냉장고에는 유통기한이 경과된 3종의 제품[매일아침토스트 1봉(2014. 1. 25.까지), 블루베리시럽 500그램 1봉(2013. 3. 19.까지), 치킨너겟Ⅱ 1킬로그램 1봉(2013. 12. 6.까지)]이 공사 이전 및 리모델링 공사 이후 영업을 다시 시작한 2014. 3. 6.까지도 폐기처리 하지 않고 보관하고 있었으며, 본 청구의 대상이 된 처분과 관련하여 「식품위생법」 제44조 위반 행위임은 확인서 및 의견제출서에서 청구인이 이미 인정한 사항이므로 청구인의 주장은 이유 없고 마땅히 기각되어야 한다.

4. 관계법령

「식품위생법」 제44조, 제75조

「식품위생법 시행규칙」 제57조[별표17], 제89조[별표23]

5. 인정사실

청구인과 피청구인이 제출한 청구서, 답변서 및 증거자료 등 제출된 각 사본의 기재에 의하면 다음 사실을 인정할 수 있다.

피청구인은 위 1. 사건개요에 적시한 바와 같이 청구인 업소 조리장의 냉장고에서 5종의 제품이 유통기한이 경과된 사실을 적발하고 청구인의 처 홍○○으로부터 위 사실에 대한 확인(자인)서를 받은 후 2014. 3. 7. 청구인에게 처분 사전통지를 하였고, 청구인은 2014. 3. 19. 선처를 하여 달라는 의견 제출을 하였으나 피청구인은 2014. 3. 24. 청구인에게 영업정지 15일(2014. 4. 14.부터 2014. 4.28.까지) 처분을 하였다.

6. 결론

그렇다면 피청구인이 이러한 사정을 감안하지도 아니하고 일방적으로 취소한 이 건 처분은 위법·부당하므로 취소되어야 할 것이다.

입 증 방 법

1. 갑제1호증	영업정지 행정처분
1. 갑제2호증	일반음식점 신고증
1. 갑제3호증	사업자등록증

첨 부 서 류

1. 위 입증방법	각 1통
1. 심판청구서부본	1통

20○○년 ○월 ○일

위 청구인 장진영 (인)

○○시 ○○구청장 귀중

[서식 5] 영업정지처분 취소청구서 (일반음식점)

행 정 심 판 청 구

청 구 인 ○ ○ ○
○○시 ○○구 ○○동 ○○ (우편번호 ○○○ - ○○○)

피청구인 ○○시 ○○구청장

재 결 청 ○○시장

청 구 취 지

피청구인이 2014. 4. 25. 청구인에 대하여 한 영업정지 45일의 처분은 이를 취소한다.

청 구 원 인

1. 사건개요

청구인은 2013. 7. 1. 영업자 지위승계 신고하여 ○○시 ○○○길 7(○○동) 소재 '○○○ ○○점'이라는 상호의 일반음식점을 운영하던 중, 2014. 2. 8.부터 2014. 2. 11.까지 청소년인 이○○(16세)를 종업원으로 고용한 것이 ○○경찰서에 적발되어 2014. 2. 23. 피청구인에게 통보되었고, ○○지방검찰청이 2014. 3. 19.청소년보호법을 위반한 청구인에게 '기소유예'를 처분하였으며, 이에 피청구인이 2014. 4. 25. 식품위생법 제44조제2항의 규정을 위반한 청구인에 대하여 같은 법 제75조 및 같은 법 시행규칙 제89조에 의거 영업정지 45일(2014. 5. 12. ~ 2014. 6. 25.)의 처분을 하였다.

2. 청구인 주장

청구인은 다음과 같이 주장한다.

가. 첫 사회경험으로 청소년 유해업소를 운영하게 되면서 아르바이트생을 구하는 과정에 청소년을 고용하게 되었는데, 법을 잘 몰랐던 청구인은 청소년의 경우 부모의 승낙만 있으면 고용해도 되는 것으로 알고 고용 면접당시 어려운 가정사정으로 자신이 돈을 벌어야만 가족이 살 수 있다고 하는 지원자가 있어 배려하는 차원에서 부모의 허락을 받고 청소년 이○○를 고용하게 되었다.

나. 청소년 이○○를 고용한 후 4일이 지난 즈음 뜻하지 않은 폭력사건에 연루되어 조사받던 중, 청구인이 아르바이트생으로 청소년을 고용한 것이 법규 위반사실을 알게 되었으며, 청구인의 부주의로 인해 청소년을 고용한 잘못에 대해 깊이 반성하며 뉘우치고 있다.

다. 있는 돈 없는 돈을 모두 끌어 모아 장사를 시작한지 1년여에 불과하여 이제야 겨우 단골손님이 생기는 상황인데, 아르바이트생을 고용하고 4일 만에 적발당해 영업정지를 45일이나 받는 것은 너무나 큰 충격이며, 이는 차라리 장사를 하지 말라는 것과 다름없는 가혹한 처분이므로 청구인과 같은 영세업자의 사정을 감안하여 영업정지 기간을 최소화하여 주시는 선처를 바란다.

3. 피청구인 주장

이에 대하여 피청구인은 다음과 같이 주장한다.

가. 청구인은 식품위생법 제44조제2항의 규정에 의하여 청소년유해업소에 청소년을 고용해서는 아니 됨에도 불구하고 이 사건 일반음식점에서 청소년을 고용하다가 적발되었으며, 이에 대해 식품위생법 시행규칙 제89조 [별표23] 행정처분기준 Ⅱ. 개별기준 3.식품접객업 중 11호 '라'목에 따라 영업정지 3개월의 행정처분을 하여야 하나, [별표23] 행정처분기준 Ⅰ. 일반기준 제15호 행정처분 감경 규정에 의거, ○○지방검찰청에서 기소유예 처분한 점을 감안하여 피청구인은 원처분을 1/2을 감경하여 영업정지 45일의 행정처분을 하였다.

나. 청소년을 보호하고 육성한다는 국가적 시책을 역행한 중대한 위반행위를 고의성이 없고 사소한 부주의로 생각하는 청구인에게 피청구인이 행한 영업정지 45일의 처분은 결코 가혹하거나 재량권 행사의 정당한 한계를 넘은 위법이 있다고 보기 어렵고, 청소년을 종업원으로 고용하여 상업적 수단으로 이용한 영업행위에 대하여 엄중한 행정처분의 일관성을 지켜 식품접객업소의 건전한 영업의 조기정착과 위생분야 행정추진의 소기의 목적을 달성할 수 있도록 청구인의 청구는 이유 없는 것으로 기각하여 주시기 바란다.

4. 이 사건의 관계법령

가. 관계법령

(1) 식품위생법 제44조(영업자 등의 준수사항), 제75조(허가취소 등)

(2) 식품위생법 시행규칙 제89조(행정처분의 기준)

5. 결 론

그렇다면 피청구인이 이러한 사정을 감안하지도 아니하고 일방적으로 취소한 이 건 처분은 위법·부당하므로 취소되어야 할 것이다.

입 증 방 법

1. 소갑 제1호증 통지서사본
1. 소갑 제2호증 허가증사본

1. 소갑 제3호증 진술서
1. 소갑 제4호증 확인서

첨 부 서 류

1. 위 입증방법 각 1통
1. 심판청구서부본 1통

20○○년 ○월 ○일

위 청구인 ○ ○ ○ (인)

○○시 ○○구청장 귀하

[서식 6] 영업정지처분 취소청구서 (일반음식점)

행 정 심 판 청 구

청 구 인 ○ ○ ○
○○시 ○○구 ○○동 ○○ (우편번호 ○○○ - ○○○)

피청구인 ○○시 ○○구청장

재 결 청 ○○시장

주 문

청구인의 청구를 기각한다.

청 구 취 지

피청구인이 2014. 3. 24. 청구인에게 한 일반음식점 영업정지 15일 처분을 취소한다.

청 구 원 인

1. 사건개요

청구인은 2012. 7. 12.부터 ○○시 ○○○길 21 소재에서 "○○○○"라는 일반음식점을 운영하여 오던 중 2014. 3. 6. 21:40경 피청구인에게 조리장 냉장고내에 총 5종의 식품[매일아침토스트 1봉(2014. 1. 25.까지), 블루베리시럽 500그램 1봉(2013. 3. 19.까지), 후레쉬모짜렐라 125그램 1개(2014. 2. 21.까지), 모듬소시지 400그램 1봉(2014. 2. 22.까지), 치킨너겟Ⅱ 1킬로그램 1봉(2013. 12. 6.까지)]이 유통기간이 경과된 사실이 적발되었고, 피청구인은 2014. 3. 24. 청구인에게 영업정지 15일 처분을 하였다.

2. 청구인 주장

가. 청구인은 2014. 2. 12.부터 가게가 낡고 허름하고 장사도 잘 안되는 차에 저렴하게 리모델링을 해 준다는 업체가 있어 어렵게 대출을 받아 리모델링을 하였는데, 피청구인 식품의약과 지도계 직원으로부터 리모델링 공사기간에 전화로 청구인의 업소에서 유통기한이 지난 음식을 팔고 있다는 전화 민원제보가 수차례 있었다며 2014. 3. 4. 1차 단속을 받았고, 2014. 3. 6. 오픈일에 맞추어 2차 단속을 받았는데 청구인은 오픈일에도 음식을 판매하지 않았으며 리모델링 공사기간에도 유통기한 음식을 팔지도 않고 장사도 하지 않은 상태이다.

나. 청구인은 리모델링 공사 지연으로 인해 청소와 냉장고 정리정돈을 하지 못하였고,

개인적으로 먹으려고 보관중인 음식도 가게에 보관하면 안 된다는 것을 정말 몰랐으며 유통기한이 지난 음식을 판매목적으로 보관하지 않았으나(미개봉상태임), 팔지 않고 보관만 해도 위반이라는 것을 이번에 알았는데, 하루하루 벌어서 대출금은 물론 월세, 생활비를 충당하는 청구인으로서는 영업정지 15일 처분을 받을 경우 청구인 가족은 죽게 되니 부디 선처해 주시기 바란다.

3. 피청구인 주장

가. 냉장고에 보관중인 유통기한 경과식품 총 5종을 판매할 목적이 없었다는 청구인의 주장은 타당하지 않으며, 영업자는 냉장고에 보관하는 제품은 유통기한 경과여부, 식자재 부패 또는 변질 여부 등을 수시로 확인하여 식자재를 위생적으로 관리하여야 하며 유통기한이 경과한 식품은 발견 즉시 별도 보관하거나 폐기하여야 하고, 식자재가 부패·변질된 제품은 발견 즉시 폐기 처리하여야 한다.

나. 청구인은 2014. 2. 12.부터 영업소 리모델링 공사를 하였다고 하였는데, 영업소내 냉장고에는 유통기한이 경과된 3종의 제품[매일아침토스트 1봉(2014. 1. 25.까지), 블루베리시럽 500그램 1봉(2013. 3. 19.까지), 치킨너겟Ⅱ 1킬로그램 1봉(2013. 12. 6.까지)]이 공사 이전 및 리모델링 공사 이후 영업을 다시 시작한 2014. 3. 6.까지도 폐기처리 하지 않고 보관하고 있었으며, 본 청구의 대상이 된 처분과 관련하여 「식품위생법」 제44조 위반 행위임은 확인서 및 의견제출서에서 청구인이 이미 인정한 사항이므로 청구인의 주장은 이유 없고 마땅히 기각되어야 한다.

4. 관계법령

「식품위생법」 제44조, 제75조

「식품위생법 시행규칙」 제57조[별표17], 제89조[별표23]

5. 인정사실

청구인과 피청구인이 제출한 청구서, 답변서 및 증거자료 등 제출된 각 사본의 기재에 의하면 다음 사실을 인정할 수 있다.

피청구인은 위 1. 사건개요에 적시한 바와 같이 청구인 업소 조리장의 냉장고에서 5종의 제품이 유통기한이 경과된 사실을 적발하고 청구인의 처 홍○○으로부터 위 사실에 대한 확인(자인)서를 받은 후 2014. 3. 7. 청구인에게 처분 사전통지를 하였고, 청구인은 2014. 3. 19. 선처를 하여 달라는 의견 제출을 하였으나 피청구인은 2014. 3. 24. 청구인에게 영업정지 15일(2014. 4. 14.부터 2014. 4.28.까지) 처분을 하였다.

6. 결　론

그렇다면 피청구인이 이러한 사정을 감안하지도 아니하고 일방적으로 취소한 이 건 처분은 위법·부당하므로 취소되어야 할 것이다.

입 증 방 법

1. 소갑 제1호증 통지서사본
1. 소갑 제2호증 허가증사본
1. 소갑 제3호증 진술서
1. 소갑 제4호증 확인서

첨 부 서 류

1. 위 입증방법 각 1통
1. 심판청구서부본 1통

20○○년 ○월 ○일

위 청구인 ○ ○ ○ (인)

○○시 ○○구청장 귀하

[서식 7] 영업정지처분등 취소청구서 (일반음식점)

행 정 심 판 청 구

청 구 인 ○ ○ ○
○○시 ○○구 ○○동 ○○ (우편번호 ○○○ - ○○○)

피청구인 ○○시 ○○구청장

재 결 청 ○○시장

주 문

피청구인이 2014. 3. 17. 청구인에 대하여 한 일반음식점 영업정지 및 해당 음식물 폐기의 처분을 취소한다.

청 구 취 지

피청구인이 2014. 3. 17. 청구인에 대하여 한 일반음식점 영업정지 및 해당 음식물 폐기의 처분을 취소한다.

청 구 원 인

1. 사건개요

청구인은 ○○시 ○○로 5에서 '○○○○○○'라는 상호의 일반음식점(이하 '이 사건 업소'라 한다)을 운영하는 자로서, 2014. 1. 25. 22시경 남자손님 2명이 치킨 1마리와 소주를 주문하여 약 2시간 가량 먹고 남은 치킨을 포장해 간 뒤 치킨에서 피가 나왔다는 민원이 120콜센터에 접수되어, 이에 피청구인이 이 사건 업소에 2014. 1. 27. 지도·점검 결과 설익어서 인체에 해칠 우려가 있는 식품을 조리하여 제공한 사실에 관한 확인(자인)서를 받았고,

이에 피청구인은 청구인이 「식품위생법」 제4조를 위반하였다는 이유로 같은 법 75조에 따라 2014. 3. 17. 청구인에게 영업정지 7일(2014. 4. 8. ~ 2014. 4. 14)과 해당 음식물 폐기의 처분(이하 '이 사건 처분'이라 한다.)을 하였다.

2. 당사자 주장

가. 청구인 주장

1) 2014. 1. 25 22시경 청구인이 운영하는 영업장에 민원인이 일행 1명과 함께 치킨 1마리와 소주를 주문하고 약 2시간 가량 먹은 후 남은 치킨을 포장하여 나

갔으나 직원의 실수로 이중 계산이 되어 다시 계산을 하였고 민원인의 훈계에 직원이 잘 몰라서 그런 것에 양해를 구했으나 불쾌하다는 말만 되풀이하다 돌아갔다. 그 후 약 30분이 지나 민원인의 부인이 가져온 치킨에서 피가 나왔다며 항의 전화를 걸어 왔기에 실질적으로 민원인이 먹는 동안은 이상이 없었고 남은 치킨을 가져간 뒤로 직접 확인을 하지 못하였기에 일단 죄송하다며 "다시 가져오시면 새로 튀겨드리거나 그것이 싫으면 환불해 드리겠다"라고 하였더니 AI를 운운하며(당시에는 부안 오리에서만 AI가 발생하고 닭은 발생되지 않음) 화를 내다가 다음날 오픈 시간에 맞춰서 가져 오겠다고 하였다. 다음날 오픈 시간에 맞춰 기다리고 있었지만 민원인은 가게를 방문하지 않았고, 청구인은 이상이 없어서 넘어가나보다 생각 후 영업을 계속하였다.

2) 2014. 1. 27. 21:30경 피청구인은(지도·점검반 2명) 이 사건 업소를 방문하였고, 민원인이 스마트폰으로 설익은 부위를 사진으로 찍어 보냈다며 신고한 사진을 보여주어 있는 그대로 설명해 주었다. 피청구인의 방문으로 놀라 어떻게 해야 하냐며 묻자, 벌금은 없고 영업정지 7일정도 나올 거라 하여 설익은 닭을 직접 보지도 못하였고 피청구인측 또한 직접 본적이 없지 않느냐고 묻자 그러한 내용은 이의신청을 하면 그 내용을 참고하여 결과가 바뀔 수 있으니 그때 가서 말하라고 하며 청구인이 말한 것을 확인서에 적고 사인을 받아 갔다. 영업정지 사전통지를 받고 의견제출서를 보냈으나 청구인이 직접 설익은 고기를 판매한 사실이 있다는 내용에 사인을 했기 때문에 의견제출서를 인정할 수 없다고 하여 먹다 남은 것을 포장해 준 사실에 사인한 것이고 덜 익었는지 피가 나왔는지 직접 보지 못한 것을 어떻게 확인 할 수 있느냐며 항의를 했으나 그 어떤 재조치도 없이 2014. 3. 17. 영업정지 7일(2014. 4. 8. ~ 2014. 4. 14)과 해당 음식물 폐기를 명하는 처분을 받았다.

3) 피청구인은 청구인이 설익은 닭을 직접 본 사실이 없음을 알았으면 민원인과 청구인을 바로 접견시켜 설익은 닭의 진위를 확인할 수 있도록 해야 했음에도 불구하고 이의신청서에 모든 불만사항을 기재하면 된다고만 하고 재확인 절차를 무시 하였다. 당시 절차나 방법을 제대로 설명해 주었더라면 내용에 사인도 하지 않았을 것이며 민원인과 청구인이 직접 만나 사실 확인을 하였더라면 이렇게까지 억울하거나 답답하진 않을 것이다. 설익은 닭을 직접 본 사람은 민원인 밖에 없는 것이 현재 상황이다.

4) 늘 하던 대로 온도와 시간을 맞춰 닭을 튀겼고 민원인이 전화로 문제를 제기한 후에도 민원인에게 노력을 안 하였던 것도 아니며 신체상에 문제가 생긴 것도 아닌데 고의적이고 큰 실수로 범죄를 저지른 죄인으로 몰아가는 것 같아 일할 마음도 생기지 않고 허탈한 마음으로 하루하루 장사를 하고 있으며 AI로 3개월 가까이 적자로 가게를 운영하고 있는 판국에 영업정지 7일은 너무 큰 경제적 문제가 되고 설익은 닭을 직접 확인하기 전까지 인정할 수 없으므로 이 사건

처분을 취소해 줄 것을 요구하는 바이다.

나. 피청구인 주장

1) 청구인은 민원인이 사진 1장을 촬영하여 120콜센터에 신고한 사실만으로 영업정지 7일의 행정처분을 받는 것이 억울하다고 주장하나 통닭 조리시 설익은 통닭이 조리될 수도 있다는 사실을 인지하고 있으며 상기 위반 사실에 대하여 확인서에 서명을 하였고 이 사건 당시 전국적으로 AI(조류독감)가 발생하고 있는 상황임을 청구인도 인식하고 있었을 것이다. 식품을 조리·판매하는 영업주라면 평소보다 더 많은 주의를 기울여야 했음에도 손님에게 설익어서 인체의 건강을 해칠 우려가 있는 식품을 조리하여 제공하였다는 것은 명백히 식품위생법 제4조를 위반한 것이다.

2) 식품위생법 제4조(위해식품등의 판매등 금지)에 의하면 "누구든지 다음 각 호의 어느 하나에 해당하는 식품 등을 판매하거나 판매할 목적으로 채취·제조·수입·가공·사용·조리·저장·소분·운반 또는 진열하여서는 아니 된다. 1. 썩거나 상하거나 설익어서 인체의 건강을 해칠 우려가 있는 것"이라고 되어 있음에도 청구인은 부주의로 설익은 통닭을 판매하였기에 행정절차법 등 관련법에 따라 적법한 절차를 거쳐 이 사건 처분을 하였음에도 불구하고 이에 불복하는 청구인의 행정심판청구는 이유가 없이 기각되어야 마땅할 것이다.

3. 이 사건의 관계법령

가. 관계법령

【식품위생법】

제4조 (위해식품등의 판매 등 금지) 누구든지 다음 각 호의 어느 하나에 해당하는 식품등을 판매하거나 판매할 목적으로 채취·제조·수입·가공·사용·조리·저장·소분·운반 또는 진열하여서는 아니 된다. <개정 2016. 2. 3.>

1. 썩거나 상하거나 설익어서 인체의 건강을 해칠 우려가 있는 것

제44조 (영업자 등의 준수사항) ① 제36조제1항 각 호의 영업을 하는 자 중 대통령령으로 정하는 영업자와 그 종업원은 영업의 위생관리와 질서유지, 국민의 보건위생 증진을 위하여 영업의 종류에 따라 다음 각 호에 해당하는 사항을 지켜야 한다. <개정 2021.8.17>

제75조 (허가취소 등) ① 식품의약품안전처장 또는 특별자치시장·특별자치도지사·시장·군수·구청장은 영업자가 다음 각 호의 어느 하나에 해당하는 경우에는 대통령령으로 정하는 바에 따라 영업허가 또는 등록을 취소하거나 6개월 이내의 기간을 정하여 그 영업의 전부 또는 일부를 정지하거나 영업소 폐쇄(제37조제4항에 따라 신고한 영업만 해당한다. 이하 이 조에서 같다)를 명할 수 있다. 다만, 식품접객영업자가 제13호(제44조제2항에 관한 부분만 해당한다)를 위반한 경우로서 청소년의 신분증 위조·변조 또는 도용으로 식품접객영업자가 청소년인 사실을 알지 못하였거나 폭행 또는 협박으로 청소년임을 확인하지 못한 사정이 인정되는 경우에는 대통령령으로 정하는 바에 따라 해당 행정처분

을 면제할 수 있다. <개정 2024. 2. 6.>

13. 제44조제1항·제2항 및 제4항을 위반한 경우

⑤ 제1항 및 제2항에 따른 행정처분의 세부기준은 그 위반 행위의 유형과 위반 정도 등을 고려하여 총리령으로 정한다. <개정 2010. 1. 18., 2013. 3. 23., 2015. 3. 27.>

【식품위생법 시행규칙】

제89조 (행정처분의 기준) 법 제71조, 법 제72조, 법 제74조부터 법 제76조까지 및 법 제80조에 따른 행정처분의 기준은 별표 23과 같다.

[별표 23] 행정처분기준(제89조 관련)

Ⅰ. 일반기준

15. 다음 각 목의 어느 하나에 해당하는 경우에는 행정처분의 기준이, 영업정지 또는 품목·품목류 제조정지인 경우에는 정지처분 기간의 2분의 1 이하의 범위에서, 영업허가 취소 또는 영업장 폐쇄인 경우에는 영업정지 3개월 이상의 범위에서 각각 그 처분을 경감할 수 있다.

마. 위반사항 중 그 위반의 정도가 경미하거나 고의성이 없는 사소한 부주의로 인한 것인 경우

Ⅱ. 개별기준

1. 식품제조 · 가공업 등

영 제21조제1호의 식품제조·가공업, 같은 조 제2호의 즉석판매제조·가공업, 같은 조 제3호의 식품첨가물제조업, 같은 조 제5호가목의 식품소분업, 같은 호 나목3)의 유통전문판매업, 같은 조 제6호가목의 식품조사처리업, 같은 조 제7호의 용기 · 포장류제조업 및 같은 조 제9호의 공유주방 운영업.

위 반 사 항	근거법령	행 정 처 분 기 준		
		1차 위반	2차 위반	3차 위반
1. 법 제4조를 위반한 경우 나. 설익어서 인체의 건강을 해칠 우려가 있는 것	법 제72조 및 법 제75조	영업정지 15일과 해당음식물 폐기	영업정지 1개월과 해당음식물 폐기	영업정지 3개월과 해당 음식물 폐기

4. 결 론

그렇다면 피청구인이 이러한 사정을 감안하지도 아니하고 일방적으로 취소한 이 건 처분은 위법 · 부당하므로 취소되어야 할 것이다.

입 증 방 법

1. 소갑 제1호증 통지서사본
1. 소갑 제2호증 허가증사본

1. 소갑 제3호증 진술서
1. 소갑 제4호증 확인서

첨 부 서 류

1. 위 입증방법 각 1통
1. 심판청구서부본 1통

20○○년 ○월 ○일

위 청구인 ○ ○ ○ (인)

○○시 ○○구청장 귀하

[서식 8] 영업정지처분 취소청구서 (일반음식점)

행 정 심 판 청 구

청 구 인 ○ ○ ○
○○시 ○○구 ○○동 ○○ (우편번호 ○○○ - ○○○)

피청구인 ○○시 ○○구청장

재 결 청 ○○시장

주 문

청구인의 청구를 기각한다.

청 구 취 지

피청구인이 2014. 3. 24. 청구인에게 한 일반음식점 영업정지 15일 처분을 취소한다.

청 구 원 인

1. 사건개요

청구인은 2012. 7. 12.부터 ○○시 ○○○길 21 소재에서 "○○○○"라는 일반음식점을 운영하여 오던 중 2014. 3. 6. 21:40경 피청구인에게 조리장 냉장고내에 총 5종의 식품[매일아침토스트 1봉(2014. 1. 25.까지), 블루베리시럽 500그램 1봉(2013. 3. 19.까지), 후레쉬모짜렐라 125그램 1개(2014. 2. 21.까지), 모듬소시지 400그램 1봉(2014. 2. 22.까지), 치킨너겟Ⅱ 1킬로그램 1봉(2013. 12. 6.까지)]이 유통기간이 경과된 사실이 적발되었고, 피청구인은 2014. 3. 24. 청구인에게 영업정지 15일 처분을 하였다.

2. 청구인 주장

가. 청구인은 2014. 2. 12.부터 가게가 낡고 허름하고 장사도 잘 안되는 차에 저렴하게 리모델링을 해 준다는 업체가 있어 어렵게 대출을 받아 리모델링을 하였는데, 피청구인 식품의약과 지도계 직원으로부터 리모델링 공사기간에 전화로 청구인의 업소에서 유통기한이 지난 음식을 팔고 있다는 전화 민원제보가 수차례 있었다며 2014. 3. 4. 1차 단속을 받았고, 2014. 3. 6. 오픈일에 맞추어 2차 단속을 받았는데 청구인은 오픈일에도 음식을 판매하지 않았으며 리모델링 공사기간에도 유통기한 음식을 팔지도 않고 장사도 하지 않은 상태이다.

나. 청구인은 리모델링 공사 지연으로 인해 청소와 냉장고 정리정돈을 하지 못하였고,

개인적으로 먹으려고 보관중인 음식도 가게에 보관하면 안 된다는 것을 정말 몰랐으며 유통기한이 지난 음식을 판매목적으로 보관하지 않았으나(미개봉상태임), 팔지 않고 보관만 해도 위반이라는 것을 이번에 알았는데, 하루하루 벌어서 대출금은 물론 월세, 생활비를 충당하는 청구인으로서는 영업정지 15일 처분을 받을 경우 청구인 가족은 죽게 되니 부디 선처해 주시기 바란다.

3. 피청구인 주장

가. 냉장고에 보관중인 유통기한 경과식품 총 5종을 판매할 목적이 없었다는 청구인의 주장은 타당하지 않으며, 영업자는 냉장고에 보관하는 제품은 유통기한 경과여부, 식자재 부패 또는 변질 여부 등을 수시로 확인하여 식자재를 위생적으로 관리하여야 하며 유통기한이 경과한 식품은 발견 즉시 별도 보관하거나 폐기하여야 하고, 식자재가 부패·변질된 제품은 발견 즉시 폐기 처리하여야 한다.

나. 청구인은 2014. 2. 12.부터 영업소 리모델링 공사를 하였다고 하였는데, 영업소내 냉장고에는 유통기한이 경과된 3종의 제품[매일아침토스트 1봉(2014. 1. 25.까지), 블루베리시럽 500그램 1봉(2013. 3. 19.까지), 치킨너겟Ⅱ 1킬로그램 1봉(2013. 12. 6.까지)]이 공사 이전 및 리모델링 공사 이후 영업을 다시 시작한 2014. 3. 6.까지도 폐기처리 하지 않고 보관하고 있었으며, 본 청구의 대상이 된 처분과 관련하여 「식품위생법」 제44조 위반 행위임은 확인서 및 의견제출서에서 청구인이 이미 인정한 사항이므로 청구인의 주장은 이유 없고 마땅히 기각되어야 한다.

4. 관계법령

「식품위생법」 제44조, 제75조

「식품위생법 시행규칙」 제57조[별표17], 제89조[별표23]

5. 인정사실

청구인과 피청구인이 제출한 청구서, 답변서 및 증거자료 등 제출된 각 사본의 기재에 의하면 다음 사실을 인정할 수 있다.

피청구인은 위 1. 사건개요에 적시한 바와 같이 청구인 업소 조리장의 냉장고에서 5종의 제품이 유통기한이 경과된 사실을 적발하고 청구인의 처 홍○○으로부터 위 사실에 대한 확인(자인)서를 받은 후 2014. 3. 7. 청구인에게 처분 사전통지를 하였고, 청구인은 2014. 3. 19. 선처를 하여 달라는 의견 제출을 하였으나 피청구인은 2014. 3. 24. 청구인에게 영업정지 15일(2014. 4. 14.부터 2014. 4.28.까지) 처분을 하였다.

6. 결　　론

그렇다면 피청구인이 이러한 사정을 감안하지도 아니하고 일방적으로 취소한 이 건 처분은 위법·부당하므로 취소되어야 할 것이다.

입 증 방 법

1. 소갑 제1호증　　　　통지서사본
1. 소갑 제2호증　　　　허가증사본
1. 소갑 제3호증　　　　진술서
1. 소갑 제4호증　　　　확인서

첨 부 서 류

1. 위 입증방법　　　　각 1통
1. 심판청구서부본　　　　1통

20○○년 ○월 ○일

위 청구인 ○ ○ ○ (인)

○○시 ○○구청장 귀하

[서식 9] 영업허가취소처분청구서 (다방영업)

심 판 청 구 서

청 구 인 : 이 ○ ○
대구시 ○○구 ○○동 124
(전화 : 000-0000, H.P :)

피청구인 : 대구시장

식품영업허가취소처분청구서

청 구 취 지

피청구인이 청구인에 대하여 2006.9.30.자로 2006.10.2부 식품업영업 허가를 취소한 처분은 이를 취소한다.
라는 재결을 구합니다.

청 구 원 인

청구인은 관할청으로부터 제42호로 식품영업 소허가를 받아 대구시 서구 비산동 5구 1847, 1856, 2008-22번지 북부주차장 구내다방을 개설하여 그 영업을 하여 오던 중 2006.8.2.자 서보 1436-11765호로 같은해 9.1.부터 같은 달 15.까지 영업정지명령을 받고 그 영업정지 중에 있었다.
청구인은 위 영업정지기간중 관리인인 소외 ○○이로 하여금 다방종업원을 해산시키고 폐문관리를 시켜 일체 영업을 한 사실이 없음에도 불구하고 피청구인은 청구인이 그 영업정지기간중에 영업을 하였다는 사유로 2006.9.30.자로 2006.10.2.부 위 식품업영업허가를 취소하였음은 부당하다고 주장함에 대하여, 피청구인은 청구인이 그 영업정지기간중인 2006.9.11. 17:00경 위 영업정지명령을 위반하여 소외 박○○외 30여명을 상대로 영업을 하였으므로 식품위생법 제58조 제2항에 의하여 그 영업의 허가를 취소한 것이라 주장하는데, 청구인은 위 영업정지명령을 받고 소외 ○○이로 하여금 다방종업원을 해산시키고 영업을 중지하여 그 장소를 위 소외인으로 하여금 관리케하고 있었는데 2006.9.11. 위 소외 ○○이의 아들인 소외 전○○은 그의 고등학교 동창생인 소외 최○○ 등이 군에 입대하는 사람들과 송별회를 하는데 장소를 빌려 달라는 요청을 받고 동 휴업중인 다방을 그들의 송별회장소로 제공하고, 그 대가로 돈 10,000원을 받고 위 소외인들은 그날 17:00경부터 약 30여명이 모여 그들이 가지고 온 음료수 등을 나누어 먹으며, 24:00경까지 송별회를 한 사실 및 피청구인은 이것이 청구인이 그 영업정지 기간중에 영업을 계속하였다하여 식품위생법 제58조 제2항에 의거 그 영업의 허가를 취소한 사실이 있다.
그런데 식품위생법 제58조 제2항에는 영업의 정지명령을 위반하여 계속적으로 영업행위를 하는 때에는 그 영업의 허가를 취소할 수 있다라고 규정하고 있는바 동 법 제2조 제7항에는 "이 법에서 영업이라 함은 식품 또는 첨가물을 채취, 제조, 가공, 수입, 조리, 저장, 운반 또는 판매하거나 식품 또는 첨가물에 관한 기구, 용기 또는 포장을 제조, 수입, 운반 또는 판매하는 업을 말한다"라고 규정하고 있으므로 청구인은 위 영업정지 기간중에 다방종업원을 해산시키고 모든 다방영업을 중지중에 있었는데 단지 그 장소의 관리인이었던 소외 ○○이의 아들인 소외 전○○이 그 장소를 박○○외 30여명에게 그들의 송별회장소로 제공하고 대가를 받았다고 하여 그것이 식품위생법 제58조 제2항에서 말하는 계속적으로 영업행위를 하는 때에 해당한다고는 할 수 없다.
그렇다면 청구인은 위 영업정지기간중에 계속적으로 영업행위를 한 것이라 할 수 없고 따라서 그 영업정지명령에 위반한 사실이 없다할 것이므로, 청구인이 영업정지기간중에 영업행위를 계속하였음을 전제로 한 피청구인의 이건 영업허가취소처분은 위법 또는 부당하다할 것이다.

첨 부 서 류

1. 갑 제1호증 사업자 등록증 사본 1부
1. 갑 제2호증 행정처분 명령서 1부
1. 갑 제3호증 영업신고증 1부
1. 갑 제4호증 진술서
1. 갑 제5호증 그 외 증명서류

20○○. ○○. ○○.

위 청구인 이 ○ ○ (인)

○○시장 ○○구청장 귀하

[서식 10] 영업정지처분취소 심판청구 (노래방)

행 정 심 판 청 구

청 구 인 김 학 동
○○시 ○○구 ○○동 ○○ (우편번호 ○○○ - ○○○)

피청구인 ○○도 지방경찰청장

영업정지처분 취소청구

청 구 취 지

피청구인이 20○○. ○. ○. 청구인에 대하여 결정 고지한 45일의 영업정지처분은 이를 취소한다.
라는 재결을 구합니다.

청 구 원 인

1. 청구인은 ○○시 ○○구 ○○동 ○○ 소재 지하층 30평을 임차하여 '불러요노래방'이라는 상호로 노래연습장을 경영하고 있습니다.

2. 이 사건 단속경위
청구인은 20○○. ○. ○. ○○:○○경 위 노래연습장의 종업원인 김주희의 친구인 이홍기가 그의 일행 5명을 데리고 왔기에 이들의 주민등록증을 확인하기 위해 주민등록증 제시를 요구하였으나 위 이홍기만 주민등록을 소지하고 있어 그의 주민등록증으로만 18세가 넘었음을 확인하고, 박수민과 최철웅에게 나머지 일행들은 모두 친구들이냐고 묻자 그렇다는 말을 믿고 출입시켰는데, 20분 뒤에 피청구인의 관할인 역전파출소 소속 경찰관 2명으로부터 만 18세미만인 박수민 일행을 입장시켰다는 이유로 단속되었습니다.

3. 위 이홍기은 주민등록상 분명히 만 18세가 넘는 자이고, 그 일행 중 2명이 18세 미만자라는 이유로 단속되었는 바, 청구인으로서는 위 이홍기 일행이 종업원의 친구라 하고 이홍기이 18세 미만자가 아님이 확인되었기에 일행중 일부가 연령미달자라고 의심할 여지가 없었던 점에 비추어 본건 처분은 지나치게 가혹한 것이라 생각됩니다.

4. 또한 청구인은 사업 실패 후 은행과 친구들로부터 막대한 돈을 빌려 이 사건 노래연

습장을 임차해 내부시설 투자를 하고, 영상가요 반주기를 구입하여 영업을 하면서 생계를 꾸려나가고 있는데, 이 사건 행정처분으로 수입도 얻지 못하게 되어 채무이행은 물론이고 당장 생계유지도 힘든 형편입니다.

5. 따라서 이 사건의 단속경위 등 여러 사정을 참작할 때 피청구인의 45일간의 영업정지 처분은 부당하므로 이를 취소하여 주시기 바랍니다.

입 증 방 법

1. 갑 제1호증	행정처분통지서 사본
1. 갑 제2호증	종업원 진술서
1. 갑 제3호증	탄원서

첨 부 서 류

1. 위 입증방법	각 1통
2. 심판청구서부본	1통

20○○년 ○월 ○일

위 청구인 김 학 동 (인)

○○도 지방경찰청장 귀중

[서식 11] 영업정지처분 취소청구 (노래방)

행 정 심 판 청 구

청 구 인 홍 길 동
○○시 ○○구 ○○동 ○○ (우편번호 ○○○ - ○○○)

피청구인 ○○경찰서장

심판청구의 대상이 되는 처분의 내용 풍속영업의 규제에 관한 법률위반 제3조 제7항 영업정지 ○월의 처분

처분이 있는 것을 안 날 20○○. ○. ○.

청 구 취 지

피청구인이 청구인에 대하여 20○○. ○. ○.자로 결정
고지한 영업정지 ○월의 처분을 취소한다.
라는 재결을 구합니다.

청 구 원 인

1. 청구인은 ○○시 ○○구 ○○동 ○○소재에서 "찬찬찬 노래연습장"이라는 상호로 노래연습장을 경영하고 있으며 ○○경찰서장으로부터 시간외 영업을 하였다는 이유로 벌금 ○○○원과 20○○. ○. ○. 영업정지 ○월의 처분을 고지 받았습니다.

2. 당시상황
청구인은 20○○. ○. ○. ○○:○○경 손님 두팀이 영업소에 들어 왔을 때 노래 한곡당 약 ○-○분 가량의 시간이 소요되므로 24:00이내에 영업을 끝내기 위해 각방에 15곡씩만 입력을 시켰습니다. 하지만 손님들이 다음 노래를 부르기 위해 노래에 따라 지정된 코드번호를 찾는 시간이 길어지다 보니 24:00가 되었을때 각 방에 입력된 노래가 한두곡씩 남아 있게 되었습니다. 다른 손님들은 모두 퇴실하고 두팀만이 남아 있는데 마지막 한두곡을 부르기 위해 열심히 노래코드 번호를 찾는 것을 보고 영업시간이 다 되었으니 나가 달라는 말을 하지 못하고 금방 부르고 나가겠거니 하고 가게 청소를 하였던 것입니다.
그때 ○○지방경찰청 ○○경찰서 직원들이 단속을 나왔으며 그 시간은 ○○:○○경 이었으며 당시 손님들은 노래를 다 끝내고 음료수를 마시면서 이야기를 하다가 00:20-30

경 소지품을 챙겨들고 막 퇴실하려고 일어서서 밖으로 나오는 도중이었습니다.

3. 설치기계 및 작동원리

위 노래연습방은 각 방에 노래를 부를 수 있는 기계가 설치되어 있고 이 기계 동전 투입구에 동전 500원짜리를 넣으면 노래 1곡이 모니터에 노래가사와 화면이 나오면 손님들이 마이크를 잡고 노래를 따라 부르는 것입니다. 위 영업소는 자판기를 통해 손님들이 음료수만을 뽑아 먹을 수 있게 되어 있을 뿐 술은 판매하지 않는 곳입니다.

4. 청구인의 정상

청구인은 ○○시 ○○구 ○○동에서 ○○○원짜리 전세방을 얻어 사업에 실패하여 무직인 남편을 대신하여 집안을 꾸러나가려고 친지들로부터 조금씩 돈을 빌려 ○○시 ○○구 ○○동 ○○소재에서 지층 가게 30평을 ○○○원에 임대하여 10개의 방을 만들어 20○○. ○. ○.부터 노래연습장을 경영하여 온 것입니다. 청구인은 이번이 첫 위반이고 이건외 처벌받은 사실은 전혀 없습니다.

5. 결 론

이건은 영업시간에 들어온 손님들이 영업시간 종료시간에 임박하여 남아 있는 한 두 곡을 마저 부르다가 영업시간이 초과된 것이며, 영업시간이 지난 이후에 새로운 손님을 맞이하여 영업행위를 함으로써 법을 위반한 것이 아닙니다. 그리고 한 두 곡의 노래를 부를 시간이 남아 있는 상태에서 손님들에게 영업시간이 넘었으니 나가달라는 말을 하지 못하는 것은 인지상정이라고 할 것입니다. 따라서 이건은 피치 못한 상태에서 영업시간이 몇 분 초과된 경우이므로 영업정지의 행정처분은 지나치게 무거운 것인바, 영업 정지처분을 취소하여 주시기 바랍니다.

첨 부 서 류

1. 소갑제 1호증의 1	행정처분명령서 통지
1. 소갑제 1호증의 2	행정처분명령서
1. 소갑제 2호증	벌과금 예납고지서
1. 소갑제 3호증	풍속영업신고필증
1. 소갑제 4호증	사업자등록증
1. 소갑제 5호증	부동산임대차계약서
1. 소갑제 6호증	탄원서

첨 부 서 류

1. 위 입증방법	각 1통

1. 심판청구서부본 1통

20○○년 ○월 ○일

위 청구인 홍 길 동 (인)

○○경찰서장 귀중

[서식 12] 영업정지처분취소 심판청구 (노래방)

행 정 심 판 청 구

청 구 인 ○ ○ ○
○○시 ○○구 ○○동 ○○ (우편번호 ○○○ - ○○○)

피청구인 ○○도 지방경찰청장

영업정지처분 취소청구

청 구 취 지

피청구인이 청구인에 대하여 2014. 5. 26.자로 한 노래연습장 영업정지 1월 처분은 이를 취소한다.

청 구 원 인

1. 사건개요

가. 청구인은 ○○ ○구 ○○로 193(○○동)에서 '○○노래연습장'(이하 "이 사건 업소"라 한다.)이라는 노래연습장을 2011. 2. 24. 영업자지위승계 하여 영업하고 있는 자로, 이 사건 업소에서 2014. 5. 3. 23:00경 손님에게 맥주 피쳐 1병을 15,000원에 판매하였다가 ○○○○경찰서 소속 경찰관에 적발되어 위 사실이 피청구인에게 통보되었다.

나. 이에 피청구인은 처분사전통지 후 2014. 5. 26. 음악산업진흥에 관한 법률 제22조(노래연습장업자의 준수사항 등) 등에 근거하여 영업정지 1월(2014. 6. 9 ~ 7. 8.) 처분(이하 "이 사건 처분"이라 한다.)을 하였다.

2. 청구인 주장

가. 2014. 5. 3. 22:30경 남자 3명과 여자 2명이 들어왔는데, 짝이 안 맞으므로 도우미 1명을 불러달라고 하여 없다고 거절하니 맥주와 음료수를 주문하였다. 노래방에서 판매할 수 있는데 무알콜 맥주와 음료수를 들고 갔더니 이미 탁자위에 손님이 갖고 온 맥주, 소주, 막걸리, 과자 등이 있었다. 일행 중 1명이 술이 모자라는데 무알콜은 맛이 없으니 도수 있는 맥주를 사달라고 하여, 술이 많이 취했으니 노래만 부르고 가라고 하였는데, 일행 중에 생일이 있는 자가 있어 한잔씩만 먹고 간다고 사정을 하여 청구인 남편이 슈퍼에서 피쳐 1통을 사서 물통에 부어 주었다.

나. 일행 중 1명이 맥주양이 1750리터가 안되고, 거품이 없어서 가짜라고 시비를 걸며

행패를 부려, 그냥 놀다가 가시라고 하면서 손님이 가져와서 먹고 난 맥주, 소주, 막걸리 병을 치우면서 다음에 노래방에 올 때는 술을 가져오면 안된다고 하였더니 기분 나빠하면서 112에 신고하였다. 경찰관이 왔을 때 룸에는 아무것도 없었는데, 소파 뒤에 맥주가 든 컵을 숨겨놨다가 경찰관에게 노래연습장에서 술을 팔고 있으니 술을 검사해서 문 닫게 해달라고 하였다.

다. 계획적으로 술을 사달라고 한 뒤 신고한 것 같은 생각이 들고, 손님이 술을 사달라고 해도 법에 위반되는 행위는 하지 말아야 했는데 청구인 잘못도 크다. 장사가 너무 힘들어서 한 팀이라도 놓칠까봐 잠깐 실수를 했다.

라. 청구인은 93세 된 노모와 남편, 자녀 2명과 구미에 살면서 출퇴근 하고 있다. 남편은 다니던 회사의 부도로 실직상태이고, 전업주부로 있던 청구인이 이 사건 업소를 운영하여 생계를 유지하고 있다. 대출금 이자와 월세, 병원비 등으로 가게 문을 닫으면 형편이 너무 어렵고, 손님의 고발로 인해 영업을 못하게 되면 경제적, 정신적 피해가 너무 크므로 어려운 사정을 참작하여 선처를 바란다.

3. 피청구인 주장

가. ○○○○경찰서 수사과 사건처리결과 통보내용을 살펴볼 때 청구인의 주류판매 행위가 명백한 사실임이 인정된다.

나. 청구인은 손님의 요구로 남편이 슈퍼에서 맥주를 사온 후 물통에 담아 손님에게 제공한 사실을 인정하고 있으며, 손님이 계획적으로 술을 사달라고 한 뒤 신고한 것 같다고 하지만, 청구인은 적법한 영업을 영위하기 위해서는 관련법규를 준수하여야 하며, 이를 이행하지 아니하고 관련법을 위반한 것은 청구인이 지켜야 할 의무를 다하지 않은 것이므로 이는 전적으로 청구인에게 책임이 있다.

다. 청구인은 영업주로서 평소에 업소관리와 영업자준수사항을 성실히 이행하여야 하나, 2013. 6. 7.에도 주류판매 행위로 영업정지 처분을 받은 사실이 있으며, 1년도 지나지 않아 다시 같은 위반행위로 적발된 사실을 볼 때 평소에도 영업장에서 주류를 판매하고 있다는 사실이 증명되고 있을 뿐만 아니라, 청구인 스스로도 위반사실을 인정하고 있다. 건전한 영업질서 및 선량한 풍속유지 등을 위해 공익을 우선하여 행정처분 함이 당연하므로 청구인의 청구는 이유 없다 할 것이므로 청구인의 청구는 기각되어야 한다.

4. 이 사건의 관계법령

가. 관계법령

· 음악산업진흥에 관한 법률 제22조, 제27조

· 음악산업진흥에 관한 법률 시행규칙 제15조

- 주류판매 2차 : 영업정지 1월

5. 결 론

그렇다면 피청구인이 처분은 지나치게 무거운 것인바 영업정지처분을 취소하여 주시기 바랍니다.

입 증 방 법

1. 갑 제1호증	행정처분통지서 사본
1. 갑 제2호증	종업원 진술서
1. 갑 제3호증	탄원서

첨 부 서 류

1. 위 입증방법	각 1통
2. 심판청구서부본	1통

20○○년 ○월 ○일

위 청구인 김 학 동 (인)

○○도 지방경찰청장 귀중

[서식 13] 영업정지처분취소 심판청구 (노래방)

행 정 심 판 청 구

청 구 인 ○ ○ ○
○○시 ○○구 ○○동 ○○ (우편번호 ○○○ - ○○○)

피청구인 ○○도 지방경찰청장

영업정지처분 취소청구

청 구 취 지

피청구인이 2014. 4. 4. 청구인에게 한 노래연습장 영업정지 40일 처분을 영업정지 20일 처분으로 변경한다.
라는 재결을 구합니다.

청 구 원 인

1. 사건개요

청구인은 ○○시 ○○구 ○○로 137에서 '○○노래연습장'(이하 '이 사건 업소'라 한다)을 운영하는 자로서, 2013. 12. 31. 20:56경 손님 2명에게 시간당 25,000원을 받고 접대부(1명)를 알선하고 주류(맥주 4캔)를 판매한 사실이 적발되었고,
이에 피청구인은 2014. 2. 26. 청구인에게 처분사전통지 하고, 2014. 4. 4. 청구인에 대해 「음악산업진흥에 관한 법률」 제22조 위반을 이유로 영업정지 40일(2014. 4. 10. ~ 2014. 5. 19.) 처분(이하 '이 사건 처분'이라 한다)을 하였다.

2. 당사자 주장

가. 청구인 주장

1) 청구인은 위법 행위를 저지른 죄인으로, 잘못을 하고도 이렇게 이 사건 심판을 청구하게 되었다. 청구인은 잘못에 대하여 깊이 반성하고 뉘우치고 있다. 다시는 이러한 일이 발생하지 않도록 할 것임을 우선 맹세한다. 다만 이 사건 처분은 청구인에게 있어 사형선고나 다름없는 처분이고, 청구인과 가족의 생계가 걸려 있는 사안이라서 이 사건 심판을 청구하기에 이르렀다. 청구인은 생계유지를 위해 소규모 영업을 하고 있는 평범한 시민이다. 태어나서 단 한 번도 남을 원망해 보거나 남을 탓하지 않고 성실하게 살아가며 일한 만큼의 수익만을 내고 욕심 없이 살아가고 있었다.

2) 그러던 중 2013. 12. 31. 08:30경 남자손님들이 찾아와 룸으로 안내를 하였다. 그런데 그 중 한 손님이 태연하게 '한 시간만 놀다 갈게 도우미를 불러줄 수 없느냐?' 하기에, '죄송합니다. 저희는 도우미가 없습니다.' 라고 말하자, '그러면 조금 기다릴 테니 불러줄 수 있으면 불러 달라'고 끈질기게 요구하여 마침 알고 지내던 지인을 호출해 함께 노래 부르면서 놀아 드리라는 취지로 주선 한 것은 사실이다. 그러나 청구인은 상습적으로 도우미를 알선하거나 하는 일은 하지 않았다. 2013. 1. 21. 개업을 하여 영업을 시작한 후 처음 발생한 일이고, 도우미를 부를 줄도 모른다. 손님들이 끈질기게 도우미를 불러줄 것을 강요하여 장사도 되지 않는 상황에서 한 푼이라도 더 매출을 올려 보고자 지인에게 1 시간만 놀아 달라고 부탁을 했던 것이 이렇게 엄청난 대가를 치르게 될 줄은 상상도 하지 못했다.
3) 청구인의 전 재산을 투자하여 어렵게 한 생계를 위한 노력이 자칫 반사회적인 범법행위나 퇴폐영업장처럼 오인 받고 있는 점에 대하여 부끄럽고, 이런 일이 발생하도록 한 점에 대하여 이유 불문하고 깊이 반성하고 뉘우치고 있다. 그러나 나중에 확인된 사실이지만 이 사건 영업장에서 주류와 도우미를 부르도록 강요한 손님은 다름 아닌 노래연습장만을 찾아다니는 전문 파파라치였던 것이다. 청구인의 가게를 포함하여 안양시내 여러 군데를 돌아다니면서 같은 수법으로 노래연습장 업주들을 유인하여 함정고발을 하였으며, 이로 인해 ○○시내 노래연습장 모두가 어려움에 처해 있다. 특히 집요하게 눈이 나쁘다면서 노래책을 검색할 수 없다고 노래도우미를 불러 줄 것을 요구하거나, 서울에서 친구가 내려와 접대를 해야 한다면서 도우미가 없다고 거절하는 노래방업주들에게 작정하고 일을 꾸몄다. 그리고 도우미가 도착하면 몰래카메라로 촬영하여 구청과 경찰에 신고하는 등 악의적으로 불법행위를 하여 함정단속을 하였다.
4) 신고자는 수차에 걸쳐 거절하는 청구인에게 여자 혼자 영업을 하고 있는 것을 알고 좁은 입구에서 영업을 방해하면서 집요하게 도우미를 요구하고, 거절하는 청구인에게 눈을 흘기면서 위협적인 행동을 서슴지 않았다. 손님은 처음부터 불순한 동기를 가지고 청구인의 불법행위를 유도하였으며, 타인의 사생활을 불법적인 방법을 동원하여 몰래카메라로 촬영한 것으로, 이는 불법적인 방법으로 수집한 증거로서 그 효력이 없다 할 것이므로 이 사건 처분은 위법하거나 부당하므로 마땅히 취소되어야 할 것이다.
5) 과거 유사한 사례가 사회적 주목을 받았던 사실과 판례를 말하고자 한다. 노래연습장영업주가 함정고발의 횡포로 인하여 2008. 10.부터 2009. 2.까지 신고자(김○○)의 함정고발로 인해 4번의 고발을 당하자 삶의 의지를 잃고 목매 자살한 경우도 있다. 또한 공공의 이익을 위해 행해지는 것이라고 볼 수 없을 정도의 집요한 범법유도행위가 사회 불신을 조장하고 있으며, 영세한 업소만을 주로 택하여 수많은 자영업자의 생계의지마저 말살시키고 있다. 이 사건 처분으

로 달성하고자 하는 공익목적보다 청구인이 이로 인해 입게 될 불이익이 현저하게 커 이익교량의 원칙에도 위배된 과중한 처분으로 이는 부당하다 할 것이며, 집요하고도 계획적으로 범법행위를 유도하고 마치 청구인이 상습적으로 법을 위반한 것처럼 호도한 것 또한 너무 가혹하다고 생각된다.

6) 법이란 서민의 편에 있어야 할 것이다. 2008년에는 함정단속을 통해 서민을 핍박한 것은 용서받지 못한다는 기사도 있었다. 당시 ○○지방검찰청은 단속실적을 높이기 위해 노래방을 상대로 함정 단속을 벌인 혐의 등으로 전 경찰 초급간부 강모씨를 구속했다. 강씨는 평소 알고 지내던 사람들을 노래방에 들여보내 술을 주문하게 한 뒤 업주가 술을 판매하면 자신에게 연락하는 방법으로 10여 차례에 걸쳐 함정단속을 벌인 혐의 등을 받았다는 기사가 있다.

7) 노래방을 규율하는 법률이 「음악산업진흥에 관한 법률」 인 것으로 알고 있다. 위 법률 제22조에 따르면 노래연습장업자는 주류를 판매·제공하거나 접대부(남녀를 불문함)를 고용·알선하거나 호객행위를 해서는 안 되며, 누구든지 영리를 목적으로 노래연습장에서 손님과 함께 술을 마시거나 노래 또는 춤으로 손님의 유흥을 돋우는 접객행위를 하거나 타인에게 그 행위를 알선하여서는 아니 되도록 되어 있다는 것을 알고 있다. 어쨌든 행정당국으로서는 이와 같은 손쉬운 행정단속의 유혹에서 벗어나지 못하고 있고, 앞으로도 상당기간 파파라치가 설칠 수 있는 공간이 마련될 것이다.

8) 그러나 이런 식으로 함정단속을 하는 것이 정당하다고 할 수 없을 것이다. 형사법상 함정수사의 위법성에 대하여는 논외로 하더라도 어딘지 찜찜하다는 생각을 지울 수 없다. 전에 교통법규 위반 차량을 신고한 사람에게 포상금을 주는 '카파라치'제도가 돈벌이 수단으로 악용되는 폐단 때문에 시행된 지 2년도 못되어 2003. 1. 폐지된 바 있다. 시민들의 건전한 신고, 준법정신과는 거리가 먼 전문적인 돈벌이 수단으로 변질된 파파라치 제도는 분명히 문제가 있기 때문이다. 시민들의 자발적인 신고정신이나 준법정신에 입각한 범법행위 신고가 아니라 덫을 놓고 범법행위를 기다리는 식의 파파라치에 의한 신고는 우리 사회의 불신을 더욱 조장할 우려가 있다. 이 문제는 투명사회를 만들기 위한 내부 고발자에 의한 비리신고와는 차원을 달리해야 한다. 파파라치가 악취를 내며 윙윙거릴 수 있도록 할 것이 아니라 시민들로 하여금 자발적으로 법규를 준수할 수 있도록 하는 사회시스템을 확보할 방안은 없을까 생각하게 된다.

9) 또한, 이 사건 처분은 지나치게 가혹하다. 「음악산업진흥에 관한 법률 시행규칙」 별표2 행정처분의 기준에 따르면 '위반행위가 2이상인 경우로서 그에 해당하는 각각의 처분기준이 다른 경우에는 그 중 무거운 처분기준에 따른다. 다만, 둘 이상의 처분기준이 영업정지인 경우에는 6개월의 범위에서 무거운 처분기준의 2분의 1 이내에서 가중할 수 있다. 이 경우 그 행정 처분은 각 위반 행위별 처분기준을 합산한 기간을 초과할 수 없다.'고 되어 있다. 따라서 이 사건 처분

은 위법·부당하다. 같은 법 시행규칙 별표2를 적용하면 주류 판매·제공한 때(1차 영업정지 10일)와 접대부를 고용 알선한 때(1차 영업정지 1개월)로 그 중 무거운 처분기준은 1개월이다. 2분의1 이내에서 가중할 수 있다 하지만, 청구인의 위반행위가 처음이고 사건정황을 살펴보더라도 가중처분 한 것은 지나치게 가혹하다는 점을 정상 참작하여 주기 바란다.

10) 청구인이 이 사건 업소를 시작한 것은 2013. 1. 21.부터이며, 지금까지 약 1년 정도 경영하고 있다. 그동안 노래연습장으로서 가족 간, 직장인들 간의 여가공간으로 자리 잡아 왔으며, 그동안 단 한 번도 부당한 영업행위를 하지 않았다. 그러던 중 신고를 목적으로 한 손님들의 집요한 유도에 의해 불법을 저지르게 되었다. 하지만 청구인이 처음부터 위법행위를 하려고 했던 것이 아니라는 점을 정상 참작하여주기 바란다.

청구인은 1998년 결혼을 하여 남매를 두었다. 그러나 행복은 잠시였으며, 2009년 무능력하고 술만 마시면 폭력을 행사하는 남편과 이혼을 한 후에 청구인 홀로 남매를 키워 왔다. 무능력했던 남편으로부터는 양육비를 한 푼도 받지 못하여 중학교 3학년, 1학년인 2명의 자녀를 청구인 혼자 힘으로 키워 왔고, 부양하고 있다. 아직까지는 아이들에게 엄마인 청구인의 손길이 필요한 상황임에도 자녀들과 먹고 살기위해서는 늦은 밤에서 새벽까지 일을 해야 했으며, 몸이 힘들고 지칠 때마다 자식들을 생각하며 용기를 냈다. 그렇게 어렵게 하루하루를 살아가고 있는 현실에서 이 사건으로 인한 벌금과 영업정지 처분은 청구인에게 있어 사형선고나 다름없는 처분이라 할 것이다. 청구인의 힘으로 살아보고자 전 재산을 투자하고도 모자라서 이곳저곳에서 대출을 받아 어렵게 영업을 시작하였는데, 영업을 시작한지 불과 1년 만에 청구인 가족은 최악의 상황에 처하게 된 것이다.

11) 작금의 경기침체가 장기화 되면서 영업은 더욱더 어려워졌고, 1억 원이 넘는 초기 투자비용도 아직 회수하지 못한 상황이며, 상가 임대보증금 1,000만 원에 매월 월세 80만 원을 감당하기도 어려운 형편이다. 이 사건 업소는 생계형 영업장으로 운영을 하지 못하면 다른 생계수단이 없기 때문에 이 사건 처분은 가혹함을 넘어 위법·부당하다. 청구인 혼자의 고통이라면 얼마든지 감수할 수 있으나 이 모든 고통이 가족들에게 전해진다는 것이 너무 암담하여 단 하루도 편히 잠을 청한 적이 없다. 이번 사건 이후 눈물로, 뜬눈으로 잠을 지새운 적이 하루 이틀이 아니며, 수면제를 먹어야만 잠을 청할 수 있을 정도로 심한 불면증과 우울증에 시달리고 있다.

12) 영업을 하지 못하여 발생하는 손해는 청구인의 잘못으로 인한 것이기에 어쩔 수 없다지만, 이 사건 처분으로 수입을 얻지 못하게 되어 매월 고정적으로 지출되는 상가 임대료는 물론 청구인이 거주하고 있는 월세집이 걱정이다. 월세 보증금 5백만 원에 매월 40만 원의 월세를 지불하는 단칸방에서 3식구가 살고

있다. 이러한 상황에서 친정어머니까지 암진단을 받고 항암치료를 받고 있는 절체절명의 순간에 이번 사건까지 겹치게 되었으며, 당장의 채무이행은 물론이고 생계유지도 힘든 형편이다. 또한, ○○○행정심판위원회에서 위법행위가 처음이고 깊이 반성하고 있는 점, 도우미 접객알선을 하도록 한 유도행위가 있었던 점, 현재 우리사회가 처해있는 경제적 어려움과 생계형 업소인 점 등을 종합적으로 고려할 때 이 사건 처분으로 얻으려는 공익보다는 청구인이 입게 될 손해가 크다고 봄이 상당하다는 이유로 감경처분을 한 사례가 있는 줄 알고 있다(2000-26, 28호).

13) 경위가 어찌되었건 이 사건 처분이 있게 된 점에 대하여는 깊이 반성하고 뉘우치고 있다. 모든 것은 처신을 바로하지 못한 청구인에게 있다 할 것이다. 다만, 이 사건 처분이 사건 경위에 비하여 가혹하다는 점, 전문 파파라치의 불법행위 유도에 의한 함정단속과 위법하게 채증한 결과라는 점, 한 부모 가정의 가장으로 이 사건 업소 이외에는 다른 생계수단이 없다는 점, 생계유지를 위한 사업장으로 공익을 실현하고자 하는 목적보다 청구인이 입는 피해가 현저하게 커서 비례의 원칙에도 위배된다는 점 등을 고려하면 이 사건 처분은 지나치게 무거워 재량권을 일탈하거나 남용한 것으로서 위법하여 취소되어야 할 것이다.

나. 피청구인 주장

1) 청구인은 노래연습장을 등록하여 영업하는 자로 위법사항이 불순한 의도를 가진 전문 신고자(손님)의 신고에 따른 것이고, 신고자의 끈질긴 요구에 못 이겨 지인을 알선하였으며, 영업정지 기간을 가중하여 처분한 피청구인의 행위가 위법·부당하다고 주장하나, 신고서 내용과 동영상 CD를 확인한 결과 청구인은 손님의 주류 판매와 도우미 알선 요구에 자연스럽게 응하여 「음악산업진흥에 관한 법률」 제22조를 명백히 위반하여 주류를 판매하고 접대부를 알선하였으며, 안양경찰서 수사과의 수사결과 공문에도 '기소의견'으로 검찰에 송치하였다고 통보되었다.

2) 시민 개개인이 경제적, 심리적으로 안정적인 생활을 영위할 수 있도록 최선을 다하여 보살피는 것이 행정청으로서의 의무이지만 불법영업을 방지하여 법질서를 확립하고 영업질서를 유지하며 건전한 놀이문화 정착 및 청소년 유해 환경 확산 금지 등 공공의 이익과 안전을 지켜내야 하는 것 또한 행정청이 해야 할 일이다. 따라서 위 법률을 명백히 위반한 청구인에 대해 피청구인이 한 이 사건 처분은 적법·타당하므로 청구인의 청구는 기각되어야 할 것이다.

3. 이 사건의 관계법령

가. 관계법령

【음악산업진흥에 관한 법률】

제22조 (노래연습장업자의 준수사항 등) ① 노래연습장업자는 다음 각 호의 사항을 지켜야 한다

3. 주류를 판매·제공하지 아니할 것
4. 접대부(남녀를 불문한다)를 고용·알선하거나 호객행위를 하지 아니할 것
5. 「성매매알선 등 행위의 처벌에 관한 법률」 제2조제1항의 규정에 따른 성매매 등의 행위를 하게 하거나 이를 알선·제공하는 행위를 하지 아니할 것
6. 건전한 영업질서의 유지 등에 관하여 대통령령으로 정하는 사항을 준수할 것

③ 누구든지 영리를 목적으로 노래연습장에서 손님과 함께 술을 마시거나 노래 또는 춤으로 손님의 유흥을 돋우는 접객행위를 하거나 타인에게 그 행위를 알선하여서는 아니 된다. <개정 2024. 10. 22.>

제27조 (등록취소 등) ① 시장·군수·구청장은 제2조제8호부터 제11호까지 및 제13호의 규정에 따른 영업을 영위하는 자가 다음 각 호의 어느 하나에 해당하는 때에는 그 영업의 폐쇄명령, 등록의 취소처분, 6개월 이내의 영업정지명령, 시정조치 또는 경고조치를 할 수 있다. 다만, 제1호 또는 제2호에 해당하는 때에는 영업을 폐쇄하거나 등록을 취소하여야 하고, 제5호에 해당하는 경우로서 제22조제1항제2호 또는 제6호에 따른 준수사항 위반 중 청소년의 신분증 위조·변조 또는 도용으로 노래연습장업자가 청소년인 사실을 알지 못하였거나 폭행 또는 협박으로 노래연습장업자에게 청소년임을 확인하지 못한 사정이 있다고 인정되는 때에는 문화체육관광부령으로 정하는 바에 따라 해당 행정처분을 면제할 수 있다. <개정 2020. 2. 18., 2022. 9. 27., 2023. 8. 8.>

5. 제22조의 규정에 따른 노래연습장업자 준수사항을 위반한 때

② 제1항의 규정에 따라 영업의 폐쇄명령 또는 등록의 취소처분을 받은 자는 그 처분의 통지를 받은 날부터 7일 이내에 신고증 또는 등록증을 반납하여야 한다.

③ 제1항의 규정에 따른 행정처분의 기준 등에 관하여 필요한 사항은 문화체육관광부령으로 정한다. <개정 2008. 2. 29.>

【음악산업진흥에 관한 법률 시행규칙】

제15조 (행정처분의 기준 등) ① 법 제27조제1항에 따른 행정처분의 기준은 별표 2와 같다. <개정 2023. 3. 28.>

② 특별자치시장·특별자치도지사·시장·군수·구청장은 제1항에 따른 행정처분을 하는 경우에는 별지 제14호서식의 행정처분기록대장에 그 처분내용 등을 기록·관리해야 한다. <개정 2020. 12. 31.>

③ 특별자치시장·특별자치도지사·시장·군수·구청장은 법 제27조제1항 각 호 외의 부분 단서에 따라 다음 각 호의 어느 하나에 해당하는 경우에는 해당 노래연습장업자에 대한 행정처분을 면제한다. <개정 2024. 3. 29.>

[별표 2] <개정 2024. 3. 29.>

행정처분의 기준(제15조 관련)

1. 일반기준

가. 위반행위가 2 이상인 경우로서 그에 해당하는 각각의 처분기준이 다른 경우에는 그 중 무거운 처분기준에 따른다. 다만, 둘 이상의 처분기준이 영업정지인 경우에는 6개월의 범위에서 무거운 처분기준의 2분의 1 이내에서 가중할 수 있다. 이 경우 그 행정처분은 각 위반행위별 처분기준을 합산한 기간을 초과할 수 없다.

나. 어떤 위반행위에 대하여 그 행정처분을 하기 위한 절차가 진행되는 기간 중에 추

가로 다른 위반행위를 한 때에도 가목에 따라 처분한다.

바. 같은 위반행위로 4차 행정처분까지 받은 후 다시 5차 이상 위반행위를 한 경우 4차 위반 시의 처분기준이 영업정지 1개월인 경우에는 영업정지 3개월, 영업정지 2개월인 경우에는 영업정지 4개월, 영업정지 3개월인 경우에는 영업정지 6개월로 처분한다.

아. 영업정지처분기간 1개월은 30일로 보며, 감경처분하려는 경우 그 영업정지기간을 산정할 때 1일 미만은 처분기간에서 제외한다.

2. 개별기준

위반사항	근거 법령	행정처분기준			
		1차위반	2차위반	3차위반	4차위반
마. 법 제22조에 따른 노래연습장업자의 준수사항을 위반한 때	법 제27조 제1항 제5호				
3) 주류를 판매·제공한 때		영업정지 10일	영업정지 1월	영업정지 3월	등록취소 영업폐쇄
4) 접대부(남녀를 불문한다)를 고용·알선한 때		영업정지 1월	영업정지 2월	등록취소 영업폐쇄	

3. 결 론

그렇다면 피청구인이 이러한 사정을 감안하지도 아니하고 일방적으로 취소한 이 건 처분은 위법・부당하므로 취소되어야 할 것이다.

입 증 방 법

1. 갑 제1호증 행정처분통지서 사본
1. 갑 제2호증 종업원 진술서
1. 갑 제3호증 탄원서

첨 부 서 류

1. 위 입증방법 각 1통
2. 심판청구서부본 1통

20○○년 ○월 ○일

위 청구인 김 학 동 (인)

○○도 지방경찰청장 귀중

[서식 14] 영업정지처분취소 심판청구 (노래방)

행 정 심 판 청 구

청 구 인 ○ ○ ○
○○시 ○○구 ○○동 ○○ (우편번호 ○○○ - ○○○)

피청구인 ○○도 지방경찰청장

영업정지처분 취소청구

청 구 취 지

피청구인이 2014. 3. 7. 청구인에게 한 40일의 영업정지처분을 취소한다.
라는 재결을 구합니다.

청 구 원 인

1. 사건개요

청구인은 ○○시 ○○구 ○○○로 87에서 '○○노래연습장'이라는 상호로 노래연습장(이하 '이 사건 업소'라 한다)을 운영하는 자로, 2013. 7. 8. 22:50경 이 사건 업소에 출입한 청구외 신○○(이하 '이 사건 신고인'이라 한다)외 2인에게 주류(맥주 5캔)를 제공·판매하고 접대부를 알선한 사실(이하 '이 사건 위반행위'라 한다)이 이 사건 신고인으로부터 피청구인에게 신고 되었고, 피청구인은 이를 ○○○○경찰서에 수사의뢰하였으며 2013. 10. 24. 위 경찰서로부터 '기소의견으로 검찰에 송치하였다'는 사건처리 결과를 통지받았다.

이에, 피청구인은 청구인이 「음악산업진흥에 관한 법률」(이하 '음산법'이라 한다)제22조제1항제3호 및 제4호를 위반하였다는 이유로 「행정절차법」제21조에 따른 처분 사전통지를 거쳐 40일(2014. 3. 17. ~ 4. 25.)의 영업정지처분(이하 '이 사건 처분'이라 한다)을 하였다.

2. 당사자 주장

가. 청구인 주장

1) 이 사건 신고인은 이 사건 당일 미리 소형카메라를 소지한 후 계획에 따라 일부러 청구인에게 주류 및 접대부를 요구하였고 청구인이 이에 응하여 이 사건 위반행위를 하자 이를 곧바로 신고하였으며, 피청구인은 이를 근거로 이 사건 처분을 하였다. 일상적인 상황에서 청구인이 이 사건 위반행위를 하였다면 피청

구인의 이 사건 처분이 정당하겠으나 위 위반행위는 주변의 동일업종 또는 단란주점 영업주나 청구인에게 원한을 가진 자의 사주에 의해 이루어진 것으로 법 적용의 형평성과 공정성에 위반되는 것이다

2) 청구인은 ○○○○경찰서 및 검찰의 조사내역을 인정하지 않는 것은 아니나, 이 사건 신고인이 이 사건 위반행위를 피청구인에게 계획적으로 신고한 것은 그 자체가 불법행위로서 이 사건 처분을 행하는 과정 자체에 이미 위법이 존재하는 것이고, 신고인의 행위는 청구인을 함정에 빠뜨리려는 의도일 뿐 이 사건 업종의 운영 등과 관련된 법질서를 유지하려는 순수한 동기에서 비롯된 것이 아니라 법의 허점을 이용하여 청구인과 같은 업주들을 법규 위반자로 만들려는 목적 밖에 없는 것이므로 이 사건 처분은 위법·부당하여 취소되어야 한다.

나. 피청구인 주장

1) 음산법 제22조제1항제3호 및 제4호에 따르면 노래연습장업자는 주류를 제공·판매하거나 접대부를 고용·알선하여서는 아니되고, 이를 위반한 경우 같은 법 제27조제1항제5호 및 같은 법 시행규칙 제15조제1항별표2에 따라 영업정지 40일의 처분을 할 수 있다고 규정하고 있는바, 청구인은 이 사건 위반행위가 사전에 주변 관련 영업주들의 사주를 받아 고의적으로 이루어진 것으로 부당하다고 주장하지만, 청구인이 이 사건 위반행위를 한 것은 명백히 음산법을 위반한 것이고 피청구인이 수사의뢰한 ○○동부경찰서로부터도 기소의견으로 송치하였다는 수사결과를 통지 받았는바, 이 사건 처분이 이루어진 것은 당연한 것이다.

2) 법원의 판례에 따르면 “경찰에 신고목적으로 접대부 요청을 했어도, 알선의사가 있었다면 영업정지는 정당하고, 청구인이 영업자 준수사항의 의무이행 의지만 있었다면 손님들의 요구에 응하지 않고 이러한 불법행위를 저지르지 않았을 것이므로 청구인의 주장은 이유 없다”라고 판시한 바 있으므로(○○지방법원 2008. 6. 25. 선고구합1049, ○○지방법원 2008. 11. 19. 선고 2008구단727 판결 등 참조), 이 사건 위반행위의 적발이 신고할 목적으로 이루어져 위법·부당하다고 하는 청구인의 주장은 이유 없으므로 청구인의 이 사건 심판청구는 기각되어야 한다.

3. 이 사건의 관계법령

【음악산업진흥에 관한 법률】

제22조 (노래연습장업자의 준수사항 등) ① 노래연습장업자는 다음 각 호의 사항을 지켜야 한다. <개정 2019. 12. 3., 2023. 8. 8.>

1. 영업소 안에 화재 또는 안전사고 예방을 위한 조치를 할 것
2. 해당 영업장소에 대통령령으로 정하는 출입시간외에 청소년이 출입하지 아니하도록 할 것. 다만, 부모 등 보호자를 동반하거나 그의 출입동의서를 받은 경우 그 밖에 대통령령으로 정하는 경우에는 그러하지 아니하다.

3. 주류를 판매·제공하지 아니할 것
4. 접대부(남녀를 불문한다)를 고용·알선하거나 호객행위를 하지 아니할 것
5. 「성매매알선 등 행위의 처벌에 관한 법률」 제2조제1항의 규정에 따른 성매매 등의 행위를 하게 하거나 이를 알선·제공하는 행위를 하지 아니할 것
6. 건전한 영업질서의 유지 등에 관하여 대통령령으로 정하는 사항을 준수할 것

③ 누구든지 영리를 목적으로 노래연습장에서 손님과 함께 술을 마시거나 노래 또는 춤으로 손님의 유흥을 돋우는 접객행위를 하거나 타인에게 그 행위를 알선하여서는 아니 된다. <개정 2024. 10. 22.>

제27조 (등록취소 등) ① 시장·군수·구청장은 제2조제8호부터 제11호까지 및 제13호의 규정에 따른 영업을 영위하는 자가 다음 각 호의 어느 하나에 해당하는 때에는 그 영업의 폐쇄명령, 등록의 취소처분, 6개월 이내의 영업정지명령, 시정조치 또는 경고조치를 할 수 있다. 다만, 제1호 또는 제2호에 해당하는 때에는 영업을 폐쇄하거나 등록을 취소하여야 하고, 제5호에 해당하는 경우로서 제22조제1항제2호 또는 제6호에 따른 준수사항 위반 중 청소년의 신분증 위조·변조 또는 도용으로 노래연습장업자가 청소년인 사실을 알지 못하였거나 폭행 또는 협박으로 노래연습장업자에게 청소년임을 확인하지 못한 사정이 있다고 인정되는 때에는 문화체육관광부령으로 정하는 바에 따라 해당 행정처분을 면제할 수 있다. <개정 2020. 2. 18., 2022. 9. 27., 2023. 8. 8.>

1. 거짓이나 그 밖의 부정한 방법으로 신고 또는 등록을 한 때
2. 영업의 정지명령을 위반하여 영업을 계속한 때
3. 제18조의 규정에 따른 시설기준을 위반한 때
4. 제21조의 규정에 따른 변경신고 또는 변경등록을 하지 아니한 때
5. 제22조의 규정에 따른 노래연습장업자 준수사항을 위반한 때
6. 제29조제3항에 해당하는 음반등을 제작·유통 또는 이용에 제공하거나 이를 위하여 진열·보관 또는 전시한 때

② 제1항의 규정에 따라 영업의 폐쇄명령 또는 등록의 취소처분을 받은 자는 그 처분의 통지를 받은 날부터 7일 이내에 신고증 또는 등록증을 반납하여야 한다.

③ 제1항의 규정에 따른 행정처분의 기준 등에 관하여 필요한 사항은 문화체육관광부령으로 정한다. <개정 2008. 2. 29.>

【음악산업 진흥에 관한 법률 시행규칙】

제15조 (행정처분의 기준 등) ① 법 제27조제1항에 따른 행정처분의 기준은 별표 2와 같다. <개정 2023. 3. 28.>

② 특별자치시장·특별자치도지사·시장·군수·구청장은 제1항에 따른 행정처분을 하는 경우에는 별지 제14호서식의 행정처분기록대장에 그 처분내용 등을 기록·관리해야 한다. <개정 2020. 12. 31.>

③ 특별자치시장·특별자치도지사·시장·군수·구청장은 법 제27조제1항 각 호 외의 부분 단서에 따라 다음 각 호의 어느 하나에 해당하는 경우에는 해당 노래연습장업자에 대한 행정처분을 면제한다. <개정 2024. 3. 29.>

1. 노래연습장업자가 청소년의 신분증 위조·변조 또는 도용으로 청소년인 사실을 알지 못한 사정이 영상정보처리기기에 촬영된 영상정보, 진술 또는 그 밖의 방법으로 확인

된 경우

2. 노래연습장업자가 청소년의 폭행 또는 협박으로 청소년임을 확인하지 못한 사정이 영상정보처리기기에 촬영된 영상정보, 진술 또는 그 밖의 방법으로 확인된 경우
3. 노래연습장업자가 청소년의 신분증 위조·변조 또는 도용으로 청소년인 사실을 알지 못했거나 폭행 또는 협박으로 청소년임을 확인하지 못한 사정이 인정되어 불송치 또는 불기소(불송치 또는 불기소를 받은 이후 해당 사건에 대하여 다시 수사절차가 진행 중인 경우 또는 해당 사건에 대하여 공소가 제기되어 형사재판이 진행 중인 경우는 제외한다)를 받거나 선고유예 판결을 받은 경우

④ 제3항제1호 또는 제2호에도 불구하고 특별자치시장·특별자치도지사·시장·군수·구청장은 같은 항 제1호 또는 제2호에 해당하는 노래연습장업자가 법원의 판결에 따라 유죄로 확정된 경우(선고유예 판결을 받은 경우는 제외한다)에는 행정처분을 면제하지 아니한다. <신설 2024. 3. 29.>

⑤ 법 제23조에 따라 영업자의 지위를 승계하려는 자는 담당 공무원에게 해당영업소의 행정처분기록대장의 열람을 청구할 수 있다. <개정 2023. 3. 28., 2024. 3. 29.>

[별표 2]

행정처분의 기준(제15조 관련)

1. 일반기준

가. 위반행위가 2 이상인 경우로서 그에 해당하는 각각의 처분기준이 다른 경우에는 그 중 무거운 처분기준에 따른다. 다만, 둘 이상의 처분기준이 영업정지인 경우에는 6개월의 범위에서 무거운 처분기준의 2분의 1 이내에서 가중할 수 있다. 이 경우 그 행정처분은 각 위반행위별 처분기준을 합산한 기간을 초과할 수 없다.

나. 어떤 위반행위에 대하여 그 행정처분을 하기 위한 절차가 진행되는 기간 중에 추가로 다른 위반행위를 한 때에도 가목에 따라 처분한다.

다. 어떤 위반행위에 대하여 그 행정처분을 하기 위한 절차가 진행되는 기간 중에 반복하여 같은 위반행위(개별기준의 위반사항이 동일한 경우의 위반행위를 말한다. 이하 같다)를 하는 경우로서 처분기준이 영업정지인 때에는 위반횟수마다 처분기준의 2분의 1씩 더하여 처분한다. 이 경우 처분을 합산한 기간이 6개월을 초과할 수 없다.

라. 위반행위의 횟수에 따른 행정처분의 기준은 최근 1년간 같은 위반행위로 행정처분을 받은 경우에 적용한다. 이 경우 기간의 계산은 위반행위에 대하여 행정처분을 받은 날과 그 처분 후 다시 같은 위반행위를 하여 적발된 날을 기준으로 한다.

마. 라목에 따라 가중된 행정처분을 하는 경우 행정처분의 적용차수는 그 위반행위 전 행정처분 차수(라목에 따른 기간 내에 행정처분이 둘 이상 있었던 경우에는 높은 차수를 말한다)의 다음 차수로 한다.

바. 같은 위반행위로 4차 행정처분까지 받은 후 다시 5차 이상 위반행위를 한 경우 4차 위반시의 처분기준이 영업정지 1개월인 경우에는 영업정지 3개월, 영업정지 2개월인 경우에는 영업정지 4개월, 영업정지 3개월인 경우에는 영업정지 6개월로 처분한다.

사. 위반사항의 내용으로 보아 그 위반의 정도가 경미하거나 위반행위가 고의·과실이 아닌 사소한 부주의나 오류로 인한 것으로 인정되는 경우에는 그 처분을 감경할 수 있다. 이 경우 그 처분이 영업정지인 경우에는 그 처분기준의 2분의 1의 범위에서 감경할 수 있고, 영업폐쇄 또는 등록취소인 경우(법 제27조제1항제1호 및 제2호에 해당하여 영업폐쇄 또는 등록취소에 해당하는 경우는 제외한다)에는 3개월 이상의 영업정지처분으로 갈음할 수 있다.

아. 영업정지처분기간 1개월은 30일로 보며, 감경처분하려는 경우 그 영업정지기간을 산정할 때 1일 미만은 처분기간에서 제외한다.

2. 개별기준

위 반 사 항	근거 법령	행정처분기준			
		1차위반	2차위반	3차위반	4차위반
마. 법 제22조에 따른 노래연습장업자의 준수사항을 위반한 때	법 제27조 제1항 제5호				
3) 주류를 판매·제공한 때		영업정지 10일	영업정지 1월	영업정지 3월	등록취소 영업폐쇄
4) 접대부(남녀를 불문한다)를 고용·알선한 때		영업정지 1월	영업정지 2월	등록취소 영업폐쇄	

4. 결 론

그렇다면 피청구인이 이러한 사정을 감안하지도 아니하고 일방적으로 취소한 이 건 처분은 위법·부당하므로 취소되어야 할 것이다.

입 증 방 법

1. 갑 제1호증 행정처분통지서 사본
1. 갑 제2호증 종업원 진술서
1. 갑 제3호증 탄원서

첨 부 서 류

1. 위 입증방법 각 1통
2. 심판청구서부본 1통

20○○년 ○월 ○일

위 청구인 김 학 동 (인)

○○도 지방경찰청장 귀중

[서식 15] 영업정지처분 취소청구 (노래방)

행 정 심 판 청 구

청 구 인 홍 길 동
○○시 ○○구 ○○동 ○○ (우편번호 ○○○ - ○○○)

피청구인 ○○경찰서장

영업정지처분 취소청구

청 구 취 지

피청구인이 2014. 3. 10. 청구인에게 한 음악산업진흥에 관한 법률 위반 영업정지 60일 처분을 취소한다.
라는 재결을 구합니다.

청 구 원 인

1. 사건개요
   청구인은 ○○시 ○○○로 ○○○번길 40(○○동)에서'○○ 노래연습장'이라는 상호로 노래연습장(이하 '이 사건 업소'라 한다)을 운영하는 자로, 2014. 1. 20. 22:05경 이 사건 업소에 출입한 김○○의 요구로 접대부를 알선한 사실(이하 '이 사건 위반행위'라 한다)이 ○○경찰서에 적발되어 피청구인에게 통지되었다.
   이에 피청구인은 청구인에게 「음악산업진흥에 관한 법률」(이하 '음산법'이라 한다) 제22조제1항제4호를 위반하였다는 이유로 같은 법 제27조에 따라 영업정지 60일(2014. 3. 11. ~ 5. 9.)의 처분(이하 '이 사건 처분'이라 한다)을 하였다.

2. 당사자 주장
   가. 청구인 주장
      1) 청구인은 ○○시 ○○○로 ○○○번길, 40(○○동)에서'쾅쾅 노래연습장'이라는 상호를 걸고 생계유지를 위해 소규모 영업을 하고 있는 영세업자이다. 2014. 1. 20. 22:00경 험상궂게 생긴 4명의 남자 손님이 "노래방에서 도우미가 없다는 것이 말이되? 이런 식으로 장사 할 거냐?"는 무서운 말투로 끈질기게 강요하여 무서움에 강요를 뿌리치지 못하고 부득이 알고 있던 아가씨들을 주선하였으며 아가씨들이 도착하여 자리에 앉기도 전에 경찰이 도착하여 접대부 알선 협의로 경찰서 조사를 받게 되었다.

2) 청구인은 접대부를 고용하거나 알선한 사실이 없으며 평소 알고 지내던 지인들에게 손님들과 함께 놀아 줄 것을 부탁 하였던 것으로 피청구인이 청구인에게 처분한 '접대부 알선'혐의는 부당한 것이며 지인을 불러 함께 놀 수 있도록 알선한 행위에 있어서는 청구인이 경제적 이득을 챙긴 사실이 없으므로 위법·부당한 처분이다.

3) 청구인은 경기침체가 장기화 되면서 영업은 더욱 더 어려워지고 1억 원이 넘는 초기 투자비용도 아직 회수하지 못한 상황이며, 상가임대 보증금 3,000만 원에 월세 127만 원을 감당하기도 어려운 형편으로 은행에서 4,000만 원 대출받아 생활비로 충당하고 있는 실정이다. 이 사건 업소는 생계형으로 다른 생계 수단이 없기 때문에 이 사건 처분이 이루어진다면 다시는 헤어 나 올 수 없는 신용불량자로 전락하고, 모든 재산을 날릴 위기에 처하게 된다. 이 사건 처분은 사건 경위에 비하여 가혹하다는 점, 영리를 목적으로 고의로 한 행위가 아니라 손님의 강요에 의해 어쩔 수 없었다는 점, 생계유지를 위한 소규모 사업장인 점을 고려할 때 공익이 실현하고자 하는 목적보다 청구인이 입는 피해가 현저하게 커 비례 원칙에 위배된다는 점을 참작하여 선처를 바란다.

나. 피청구인 주장

1) 청구인은 2013. 3. 11. 이 사건 업소에서 손님에게 주류를 판매하고 접대부를 알선하여 2013. 5. 6. 업업정지 처분을 받은 전력이 있고 또 다시 이 사건 위반 영업행위를 하여 불법영업을 반복하고 있음을 알 수 있다. 또한 ○○경찰서 통보공문에 따르면 1시간에 3만 원을 받고 도우미를 알선하여 접객행위를 하였다. 또한 알고 지내던 아가씨를 불러 함께 놀 수 있도록 주선하였다는 것은 알선행위가 분명하다.

2) 청구인과 같은 노래연습장업자는 해당 업종에 대한 영업을 등록한 이상 관련 법규에 따른 준수사항을 엄격히 지켜야 하고, 이 사건 위반행위에 대한 제재로서 달성하고자 하는 공익적 목적이 결코 작다고 할 수 없으므로 청구인의 이 사건 심판청구는 기각되어야 한다.

3. 이 사건의 관계법령

【음악산업진흥에 관한 법률】

제22조 (노래연습장업자의 준수사항 등) ① 노래연습장업자는 다음 각 호의 사항을 지켜야 한다. <개정 2019. 12. 3., 2023. 8. 8.>

1. 영업소 안에 화재 또는 안전사고 예방을 위한 조치를 할 것
2. 해당 영업장소에 대통령령으로 정하는 출입시간외에 청소년이 출입하지 아니하도록 할 것. 다만, 부모 등 보호자를 동반하거나 그의 출입동의서를 받은 경우 그 밖에 대통령령으로 정하는 경우에는 그러하지 아니하다.
3. 주류를 판매・제공하지 아니할 것
4. 접대부(남녀를 불문한다)를 고용・알선하거나 호객행위를 하지 아니할 것
5. 「성매매알선 등 행위의 처벌에 관한 법률」 제2조제1항의 규정에 따른 성매매 등의 행위

를 하게 하거나 이를 알선·제공하는 행위를 하지 아니할 것

6. 건전한 영업질서의 유지 등에 관하여 대통령령으로 정하는 사항을 준수할 것

② 노래연습장업자는 제1항제2호 또는 제6호의 사항을 준수하기 위하여 필요한 경우 출입자에게 주민등록증(모바일 주민등록증을 포함한다) 또는 그 밖의 나이를 확인할 수 있는 증표의 제시를 요구할 수 있으며, 정당한 사유 없이 증표를 제시하지 아니하는 사람의 입장을 제한할 수 있다. <신설 2024. 10. 22.>

③누구든지 영리를 목적으로 노래연습장에서 손님과 함께 술을 마시거나 노래 또는 춤으로 손님의 유흥을 돋우는 접객행위를 하거나 타인에게 그 행위를 알선하여서는 아니 된다. <개정 2024. 10. 22.>

제27조 (등록취소 등) ① 시장·군수·구청장은 제2조제8호부터 제11호까지 및 제13호의 규정에 따른 영업을 영위하는 자가 다음 각 호의 어느 하나에 해당하는 때에는 그 영업의 폐쇄명령, 등록의 취소처분, 6개월 이내의 영업정지명령, 시정조치 또는 경고조치를 할 수 있다. 다만, 제1호 또는 제2호에 해당하는 때에는 영업을 폐쇄하거나 등록을 취소하여야 하고, 제5호에 해당하는 경우로서 제22조제1항제2호 또는 제6호에 따른 준수사항 위반 중 청소년의 신분증 위조·변조 또는 도용으로 노래연습장업자가 청소년인 사실을 알지 못하였거나 폭행 또는 협박으로 노래연습장업자에게 청소년임을 확인하지 못한 사정이 있다고 인정되는 때에는 문화체육관광부령으로 정하는 바에 따라 해당 행정처분을 면제할 수 있다. <개정 2020. 2. 18., 2022. 9. 27., 2023. 8. 8.>

1. 거짓이나 그 밖의 부정한 방법으로 신고 또는 등록을 한 때
2. 영업의 정지명령을 위반하여 영업을 계속한 때
3. 제18조의 규정에 따른 시설기준을 위반한 때
4. 제21조의 규정에 따른 변경신고 또는 변경등록을 하지 아니한 때
5. 제22조의 규정에 따른 노래연습장업자 준수사항을 위반한 때
6. 제29조제3항에 해당하는 음반등을 제작·유통 또는 이용에 제공하거나 이를 위하여 진열·보관 또는 전시한 때

② 제1항의 규정에 따라 영업의 폐쇄명령 또는 등록의 취소처분을 받은 자는 그 처분의 통지를 받은 날부터 7일 이내에 신고증 또는 등록증을 반납하여야 한다.

③ 제1항의 규정에 따른 행정처분의 기준 등에 관하여 필요한 사항은 문화체육관광부령으로 정한다. <개정 2008. 2. 29.>

【음악산업 진흥에 관한 법률 시행규칙】

제15조 (행정처분의 기준 등) ① 법 제27조제1항에 따른 행정처분의 기준은 별표 2와 같다. <개정 2023. 3. 28.>

② 특별자치시장·특별자치도지사·시장·군수·구청장은 제1항에 따른 행정처분을 하는 경우에는 별지 제14호서식의 행정처분기록대장에 그 처분내용 등을 기록·관리해야 한다. <개정 2020. 12. 31.>

③ 특별자치시장·특별자치도지사·시장·군수·구청장은 법 제27조제1항 각 호 외의 부분 단서에 따라 다음 각 호의 어느 하나에 해당하는 경우에는 해당 노래연습장업자에 대한 행정처분을 면제한다. <개정 2024. 3. 29.>

1. 노래연습장업자가 청소년의 신분증 위조·변조 또는 도용으로 청소년인 사실을 알지 못한 사정이 영상정보처리기기에 촬영된 영상정보, 진술 또는 그 밖의 방법으로 확인된 경우
2. 노래연습장업자가 청소년의 폭행 또는 협박으로 청소년임을 확인하지 못한 사정이 영상정

보처리기기에 촬영된 영상정보, 진술 또는 그 밖의 방법으로 확인된 경우

3. 노래연습장업자가 청소년의 신분증 위조·변조 또는 도용으로 청소년인 사실을 알지 못했거나 폭행 또는 협박으로 청소년임을 확인하지 못한 사정이 인정되어 불송치 또는 불기소(불송치 또는 불기소를 받은 이후 해당 사건에 대하여 다시 수사절차가 진행 중인 경우 또는 해당 사건에 대하여 공소가 제기되어 형사재판이 진행 중인 경우는 제외한다)를 받거나 선고유예 판결을 받은 경우

④ 제3항제1호 또는 제2호에도 불구하고 특별자치시장·특별자치도지사·시장·군수·구청장은 같은 항 제1호 또는 제2호에 해당하는 노래연습장업자가 법원의 판결에 따라 유죄로 확정된 경우(선고유예 판결을 받은 경우는 제외한다)에는 행정처분을 면제하지 아니한다. <신설 2024. 3. 29.>

⑤ 법 제23조에 따라 영업자의 지위를 승계하려는 자는 담당 공무원에게 해당영업소의 행정처분기록대장의 열람을 청구할 수 있다. <개정 2023. 3. 28., 2024. 3. 29.>

[별표 2]

행정처분의 기준(제15조 관련)

1. 일반기준

가. 위반행위가 2 이상인 경우로서 그에 해당하는 각각의 처분기준이 다른 경우에는 그 중 무거운 처분기준에 따른다. 다만, 둘 이상의 처분기준이 영업정지인 경우에는 6개월의 범위에서 무거운 처분기준의 2분의 1 이내에서 가중할 수 있다. 이 경우 그 행정처분은 각 위반행위별 처분기준을 합산한 기간을 초과할 수 없다.

사. 위반사항의 내용으로 보아 그 위반의 정도가 경미하거나 위반행위가 고의·과실이 아닌 사소한 부주의나 오류로 인한 것으로 인정되는 경우에는 그 처분을 감경할 수 있다. 이 경우 그 처분이 영업정지인 경우에는 그 처분기준의 2분의 1의 범위에서 감경할 수 있고, 영업폐쇄 또는 등록취소인 경우(법 제27조제1항제1호 및 제2호에 해당하여 영업폐쇄 또는 등록취소에 해당하는 경우는 제외한다)에는 3개월 이상의 영업정치처분으로 갈음할 수 있다.

아. 영업정지처분기간 1개월은 30일로 보며, 감경처분하려는 경우 그 영업정지기간을 산정할 때 1일 미만은 처분기간에서 제외한다.

2. 개별기준

위반사항	근거 법령	행정처분기준			
		1차위반	2차위반	3차위반	4차위반
마. 법 제22조에 따른 노래연습장업자의 준수사항을 위반한 때	법 제27조 제1항제5호				
3) 주류를 판매·제공한 때		영업정지 10일	영업정지 1월	영업정지 3월	등록취소 영업폐쇄
4) 접대부(남녀를 불문한다)를 고용·알선한 때		영업정지 1월	영업정지 2월	등록취소 영업폐쇄	

4. 결 론

그렇다면 피청구인이 이러한 사정을 감안하지도 아니하고 일방적으로 취소한 이 건 처분은 위법 · 부당하므로 취소되어야 할 것이다.

첨 부 서 류

1. 소갑제 1호증의 1 행정처분명령서 통지
1. 소갑제 1호증의 2 행정처분명령서
1. 소갑제 2호증 벌과금 예납고지서
1. 소갑제 3호증 풍속영업신고필증
1. 소갑제 4호증 사업자등록증
1. 소갑제 5호증 부동산임대차계약서
1. 소갑제 6호증 탄원서

첨 부 서 류

1. 위 입증방법 각 1통
1. 심판청구서부본 1통

20○○년 ○월 ○일

위 청구인 홍 길 동 (인)

○○경찰서장 귀중

[서식 16] 영업불허가처분취소청구서 (단란주점)

심 판 청 구 서

청 구 인 : 유 ○ ○
김제시 ○○구 ○○동 124
(전화 : 000-0000, H.P :)

피청구인 : 김제시장

영업불허가처분취소청구서

청 구 취 지

피청구인이 2007. 9. 10. 청구인에 대하여 한 영업불허가처분을 취소한다.
라는 재결을 구합니다.

청 구 원 인

1. 이 사건 처분의 경위
청구인이 2007. 9. 2. 피고에게 김제시 금산면 금산리 122의 4 소재 모악산 도립공원 집단시설지구내의 상가 및 음식점 8동 중 4동에 단란주점영업을 하기 위하여 식품위생법령에 따라 그 영업허가 권한을 가진 피고에게 그 허가를 신청하였으나 피청구인이 2007. 9. 10. 청구인에 대하여 군정조정위원회의 심의를 거쳐 2003. 3. 2. 제정한 도립공원 집단시설지구 공원시설 지침에 의하면 청구인 신청의 단란주점영업은 그 신규허가가 제한되고 있다는 이유로 이를 불허하는 처분(이하 이 사건 처분이라 한다)을 하였다.

2. 이 사건 처분의 적법여부
가. 당사자의 주장
(1) 자연공원법의 규정에 의하면, 식품접객업에 공용하는 시설을 공원시설로 둘 수 있고, 식품위생법상 단란주점영업은 식품접객업의 일종이므로 그에 적합한 시설을 갖추었다면 이를 허가하여야 하고, 모악산 도립공원 기본계획 변경신청 중 관리계획과 그에 관한 고시 및 전라북도지사의 모악산 집단시설지구내 공원사업시행허가의 내용에도 도로 전면에 식품접객업 영업허가를 제한한다는 내용이 없고, 도립공원 집단시설지구 공원시설지침에서도 그 제한시설로 일반유흥음식점을 명시하고 있을 뿐이므로 그에 해당하지 아니하는 단란주점영업

에 대하여는 이를 불허하여야 할 아무런 근거가 없음에도 이 사건 처분을 한 것으로서 위법하다.

(2) 피청구인은 이 사건 집단시설지구내에 타인이 신청한 노래방영업과 가요주점영업은 허가하였으면서도 청구인이 신청한 단란주점영업에 대하여는 불허하였으니 이는 형평의 관점에 비추어 보아 재량권의 한계를 일탈하였거나 재량권을 남용하여 한 것으로서 위법하다.

나. 관계법령

(1) 자연공원법 제2조 제3호는 도립공원이라 함은 특별시·광역시 및 도내의 풍경을 대표할 만한 국립공원 이외의 수려한 자연풍경지로서 제5조의 규정에 의하여 지정된 것을 말하고, 같은 법 제5조 제1항은 도립공원은 특별시장·광역시장 또는 도지사가 지정한다고 규정하고 있으며, 같은 법 제13조 제1항, 제16조에 의하면 도립공원에 관한 공원계획은 도지사가 결정하고 도지사가 공원계획을 결정하거나 변경한 때에는 환경부령이 정하는 바에 의하여 고시하여야 한다고 규정하고 있고, 같은 법 제18조는 도지사는 공원의 효율적인 보호와 이용을 도모하게 하기 위하여 공원계획으로 자연보존지구, 자연환경지구, 취락지구, 집단시설지구로 용도지구를 결정하도록 하고, 그 용도지구 중 집단시설지구안에서의 허용행위의 하나로 탐방휴양에 적합한 공원시설 및 그 부대시설의 설치행위를 들고 있다.

(2) 그리고 같은 법 제2조 제10호는 같은 법 시행령 제2조 제2호에 의하면 공원시설이라 함은 공원의 이용 또는 관리에 필요한 시설로서 대통령령이 정하는 것이라고 규정하고 있고 같은 법 시행령 제2조 제6호에는 공원구역 및 공원보호구역안에 설치하는 시설로서 식품접객·조리판매업에 공하는 시설을 들고 있으며, 식품위생법 제22조 제1항, 같은 법 시행령 제9조, 제10조, 제7조 제8호에 의하면, 식품접객업은 휴게음식점영업(음식류를 조리·판매하는 영업으로서 음주행위가 허용되지 아니하는 영업), 일반음식점영업(음식류를 조리·판매하는 영업으로서 식사와 함께 부수적으로 음주행위가 허용되는 영업), 단란주점영업(주로 주류를 조리·판매하는 영업으로서 손님이 노래를 부르는 행위가 허용되는 영업), 유흥주점영업(주로 주류를 조리·판매하는 영업으로서 유흥종사자를 두거나 유흥시설을 설치할 수 있고 손님이 노래를 부르거나 춤을 추는 행위가 허용되는 영업)으로 분류되고, 그와 같은 영업을 함에 있어서는 시장·군수 또는 구청장의 허가를 받도록 하고 있다.

(3) 자연공원법 제20조 제1항은 공원관리청이 아닌 자가 공원사업을 시행하거나 공원관리청이 설치한 공원시설을 관리하고자 할 때에는 공원관리청의 허가를 받아야 한다고 규정하고 있고, 자연공원법 시행규칙 제17조 제1항은 공원관리청이 법 제20조 제1항의 규정에 의한 공원사업시행허가를 하고자 할 때에는 법 제16조의 규정에 의하여 결정·고시된 공원계획의 범위안에서 허가를 하여

야 한다고 규정하고 있다.

첨 부 서 류

1. 갑 제1호증	사업자 등록증 사본	1부
1. 갑 제2호증	행정처분 명령서	1부
1. 갑 제3호증	영업신고증	1부
1. 갑 제4호증	진술서	
1. 갑 제5호증	그 외 증명서류	

20○○. ○○. ○○.

위 청구인 유 ○ ○ (인)

○○시 ○○구청장 귀하

[서식 17] 영업정지처분심판청구서 (유흥주점)

행 정 심 판 청 구

청 구 인 성명 : 장 호 순
주소 : ○○시 ○○구 ○○동 ○○ (우편번호 ○○○ - ○○○)
피청구인 서울시 ○○구청장

청 구 취 지

피청구인이 2014. 3. 26. 청구인에게 한 1개월의 영업정지처분을 취소한다.
라는 재결을 구합니다.

청 구 원 인

1. 사건개요

청구인은 ○○시 ○○동 88-6에서 '○○○'이라는 상호로 유흥주점(이하 '이 사건 업소'라 한다)을 운영하는 자로, 2013. 11. 13. 00:18경 성매매을 알선한 사실(이하 '이 사건 위반행위'라 한다)이 ○○경찰서에 적발되어 피청구인에게 통보되었고, 피청구인은 이 사건 위반행위가 「성매매 알선 등 행위의 처벌에 관한 법률」(이하 '성매매 처벌법'이라 한다) 제4조를 위반하였다는 이유로 「행정절차법」 제21조 및 제22조에 따라 처분사전통지와 의견제출절차를 거쳐, 「식품위생법」 제75조 및 같은 법 시행규칙 제89조별표23에 따라 1개월(2014. 4. 11.~2014. 5. 10.)의 영업정지처분(이하 '이 사건 처분'이라 한다)을 하였다.

2. 당사자 주장

가. 청구인 주장

1) 이 사건 업소는 영업부진과 과도한 선불금 및 유흥종사자들이 스스로 꺼린다는 이유로 유흥종사자를 직접 고용하지 않고 손님들의 유흥접객원 요구가 있을 때마다 유흥종사자를 외부에서 공급받아 유흥접객행위를 하는 형태로 영업이 이루어지고 있다. 따라서 청구인은 이 사건 당일 손님들의 요구에 따라 손님들에게 청구외 김○○(유흥접대부)을 불러 접객행위를 할 수 있도록 알선하고 접대비를 지급하였을 뿐 손님들과 청구외 김○○이 사건 업소에 나간 이후 그들 스스로 성매매 행위를 하였는지의 여부에 대해서는 전혀 알지 못한다. 그럼에도 불구하고 이 사건 당일 ○○경찰청 합동단속반원이 성매매 현장을 단속하였다고 위 김○○를 다시 이 사건 업소로 데리고 와 성매매 알선 여부에 대하여 추궁하자 종업원 전○○은 겁에 질려 성매매를 알선하였다고 거짓으로 자백하였

고 이러한 사실을 근거로 하여 피청구인의 이 사건 처분이 이루어진 것이다.

2) 이 사건 위반행위는 ○○경찰청합동단속반이 이 사건 업소에서 출입하는 손님들과 유흥접객원을 감시하다가 성매매현장을 적발하지 못하자 근처 모텔을 불심 검문하여 청구 외 김○○를 추궁하여 이 사건 업소에서 손님을 접대하였다는 진술을 받아낸 뒤 종업원 전○○ 또한 추궁하여 자백을 받아낸 것으로 함정수사에 의한 강제자백이며 이러한 사실관계에 근거하여 이 사건 처분을 할 수는 없다 할 것이다.

3) 피청구인은 「식품위생법」 제44조제2항에 근거하여 이 사건 처분을 하였다고 하지만 위 법 조항은 일반음식점, 휴게음식점 등에 대한 처벌조항이지 유흥주점에 대한 처벌조항이 아니므로 이에 근거한 이 사건 처분은 위법·부당하다. 나아가, 이 사건 처분의 기준이 된 같은 법 시행령 제89조별표23은 행정기관의 내부사무처리 준칙을 규정한 것으로 처분의 적법여부는 위 기준 뿐만 아니라 관련 사정 및 법령의 취지를 종합적으로 고려하여 그 적법 여부를 판단하여야 할 것인바, 이 사건 업소는 청구인의 유일한 생계수단이므로 이 사건 처분이 그대로 집행된다면 부채를 상환할 수 없게 된다는 점, 이 사건 처분 외에는 지금까지 관련 법규를 위반한 적이 없다는 점, 이 사건 위반행위는 경기경찰청합동단속반의 함정수사 또는 강제수사에 의한 것임을 고려한다면 이 사건 처분은 지나치게 과도하여 재량권을 일탈·남용한 위법이 있으므로 취소되어야 한다.

나. 피청구인 주장

1) 청구인은 이 사건 위반행위가 단속기관의 함정수사에 따라 강제로 받아낸 자백에 의한 것으로 위법사항이 없다고 주장하지만, 식품접객업자는 「식품위생법」에 의한 허가를 얻은 이상 종업원에 대한 관리·감독을 소홀히 한 부분에 대해 책임을 져야하고, ○○지방검찰청으로부터 벌금 700만 원(구약식) 처분을 받은 점을 본다면 청구인의 법규 위반행위가 확인된 것으로서 이 사건 처분은 적법·타당하다.

2) 청구인은 이 사건 처분이 잘못된 법령에 근거하여 이루어졌다고 주장하지만, 「식품위생법」 제44조제2항을 위반하였다는 것은 단순한 오기에 불과한 것이고, 이 사건 처분의 내용인 1개월의 영업정지는 같은 법 시행규칙 제89조별표23에 따라 성매매 처벌법 제4조에서 규정한 금지사항을 위반한 경우의 기준에 따른 것으로 적정하며, 청구인의 이 사건 위반행위는 같은 법 제75조에 따라 영업정지사유에도 해당하는 것이므로 단순히 행정기관 내부의 사무처리준칙에 따라 이 사건 처분이 이루어진 것이라는 청구인의 주장은 타당하지 않다.

3) 또한, 청구인은 이 사건 업소를 적자 운영을 하는 등 경제적 사정이 어렵다는 점을 호소하고 있으나, 식품접객영업자는 「식품위생법」에 따른 영업신고를 한 이상, 관련 법규에 따른 준수사항을 엄격히 준수하여야 할 의무가 있는 것이어서 이 사건 위반행위가 경미하다고 볼 수 없고, 이 사건 처분에 따른 제재

로서 달성하고자 하는 공익이 결코 작다고 할 수 없으므로 이 사건 처분은 위법·부당하지 않다. 따라서 청구인의 이 사건 심판청구는 기각되어야 한다.

3. 이 사건의 관계법령

가. 관계법령

【식품위생법】

第36조 (시설기준) ① 다음의 영업을 하려는 자는 총리령으로 정하는 시설기준에 맞는 시설을 갖추어야 한다. <개정 2020. 12. 29.>

1. 식품 또는 식품첨가물의 제조업, 가공업, 운반업, 판매업 및 보존업
2. 기구 또는 용기・포장의 제조업
3. 식품접객업
4. 공유주방 운영업(제2조제5호의2에 따라 여러 영업자가 함께 사용하는 공유주방을 운영하는 경우로 한정한다. 이하 같다)

② 제1항에 따른 시설은 영업을 하려는 자별로 구분되어야 한다. 다만, 공유주방을 운영하는 경우에는 그러하지 아니하다. <신설 2020. 12. 29.>

③ 제1항 각 호에 따른 영업의 세부 종류와 그 범위는 대통령령으로 정한다. <개정 2020. 12. 29.>

第44조 (영업자 등의 준수사항) ① 제36조제1항 각 호의 영업을 하는 자 중 대통령령으로 정하는 영업자와 그 종업원은 영업의 위생관리와 질서유지, 국민의 보건위생 증진을 위하여 영업의 종류에 따라 다음 각 호에 해당하는 사항을 지켜야 한다. <개정 2010. 1. 18., 2013. 3. 23., 2016. 2. 3., 2017. 12. 19., 2018. 12. 11., 2021. 8. 17.>

1. 「축산물 위생관리법」 제12조에 따른 검사를 받지 아니한 축산물 또는 실험 등의 용도로 사용한 동물은 운반・보관・진열・판매하거나 식품의 제조・가공에 사용하지 말 것
2. 「야생생물 보호 및 관리에 관한 법률」을 위반하여 포획・채취한 야생생물은 이를 식품의 제조・가공에 사용하거나 판매하지 말 것
3. 소비기한이 경과된 제품・식품 또는 그 원재료를 제조・가공・조리・판매의 목적으로 소분・운반・진열・보관하거나 이를 판매 또는 식품의 제조・가공・조리에 사용하지 말 것
4. 수돗물이 아닌 지하수 등을 먹는 물 또는 식품의 조리・세척 등에 사용하는 경우에는 「먹는물관리법」 제43조에 따른 먹는물 수질검사기관에서 총리령으로 정하는 바에 따라 검사를 받아 마시기에 적합하다고 인정된 물을 사용할 것. 다만, 둘 이상의 업소가 같은 건물에서 같은 수원(水源)을 사용하는 경우에는 하나의 업소에 대한 시험결과로 나머지 업소에 대한 검사를 갈음할 수 있다.
5. 제15조제2항에 따라 위해평가가 완료되기 전까지 일시적으로 금지된 식품등을 제조・가공・판매・수입・사용 및 운반하지 말 것
6. 식중독 발생 시 보관 또는 사용 중인 식품은 역학조사가 완료될 때까지 폐기하거나 소독 등으로 현장을 훼손하여서는 아니 되고 원상태로 보존하여야 하며, 식중독 원인규명을 위한 행위를 방해하지 말 것

7. 손님을 꾀어서 끌어들이는 행위를 하지 말 것
8. 그 밖에 영업의 원료관리, 제조공정 및 위생관리와 질서유지, 국민의 보건위생 증진 등을 위하여 총리령으로 정하는 사항

② 식품접객영업자는 「청소년 보호법」 제2조에 따른 청소년(이하 이 항에서 "청소년"이라 한다)에게 다음 각 호의 어느 하나에 해당하는 행위를 하여서는 아니 된다. <개정 2011. 9. 15.>
1. 청소년을 유흥접객원으로 고용하여 유흥행위를 하게 하는 행위
2. 「청소년 보호법」 제2조제5호가목3)에 따른 청소년출입·고용 금지업소에 청소년을 출입시키거나 고용하는 행위
3. 「청소년 보호법」 제2조제5호나목3)에 따른 청소년고용금지업소에 청소년을 고용하는 행위
4. 청소년에게 주류(酒類)를 제공하는 행위

③ 누구든지 영리를 목적으로 제36조제1항제3호의 식품접객업을 하는 장소(유흥종사자를 둘 수 있도록 대통령령으로 정하는 영업을 하는 장소는 제외한다)에서 손님과 함께 술을 마시거나 노래 또는 춤으로 손님의 유흥을 돋우는 접객행위(공연을 목적으로 하는 가수, 악사, 댄서, 무용수 등이 하는 행위는 제외한다)를 하거나 다른 사람에게 그 행위를 알선하여서는 아니 된다.

④ 제3항에 따른 식품접객영업자는 유흥종사자를 고용·알선하거나 호객행위를 하여서는 아니 된다.

제75조 (허가취소 등) ① 식품의약품안전처장 또는 특별자치시장·특별자치도지사·시장·군수·구청장은 영업자가 다음 각 호의 어느 하나에 해당하는 경우에는 대통령령으로 정하는 바에 따라 영업허가 또는 등록을 취소하거나 6개월 이내의 기간을 정하여 그 영업의 전부 또는 일부를 정지하거나 영업소 폐쇄(제37조제4항에 따라 신고한 영업만 해당한다. 이하 이 조에서 같다)를 명할 수 있다. 다만, 식품접객영업자가 제13호(제44조제2항에 관한 부분만 해당한다)를 위반한 경우로서 청소년의 신분증 위조·변조 또는 도용으로 식품접객영업자가 청소년인 사실을 알지 못하였거나 폭행 또는 협박으로 청소년임을 확인하지 못한 사정이 인정되는 경우에는 대통령령으로 정하는 바에 따라 해당 행정처분을 면제할 수 있다. <개정 2024. 2. 6.>
1. 제4조부터 제6조까지, 제7조제4항, 제8조, 제9조제4항, 제9조의3 또는 제12조의2 제2항을 위반한 경우
2. 삭제 <2018. 3. 13.>
3. 제17조제4항을 위반한 경우
4. 제22조제1항(제22조의3에 따라 비대면으로 실시하는 경우를 포함한다)에 따른 출입·검사·수거를 거부·방해·기피한 경우

4의2. 삭제 <2015. 2. 3.>

5. 제31조제1항 및 제3항을 위반한 경우
6. 제36조를 위반한 경우
7. 제37조제1항 후단, 제3항, 제4항 후단을 위반하거나 같은 조 제2항에 따른 조건을 위반한 경우

7의2. 제37조제5항에 따른 변경 등록을 하지 아니하거나 같은 항 단서를 위반한 경우

8. 제38조제1항제8호에 해당하는 경우
9. 제40조제3항을 위반한 경우
10. 제41조제5항을 위반한 경우
10의2. 제41조의2제1항을 위반한 경우
11. 삭제 <2016. 2. 3.>
12. 제43조에 따른 영업 제한을 위반한 경우
13. 제44조제1항·제2항 및 제4항을 위반한 경우
14. 제45조제1항 전단에 따른 회수 조치를 하지 아니한 경우
14의2. 제45조제1항 후단에 따른 회수계획을 보고하지 아니하거나 거짓으로 보고한 경우
14의3. 제46조의2제1항에 따른 보고를 하지 아니하거나 거짓으로 보고한 경우
15. 제48조제2항에 따른 식품안전관리인증기준을 지키지 아니한 경우
15의2. 제49조제1항 단서에 따른 식품이력추적관리를 등록하지 아니 한 경우
16. 제51조제1항을 위반한 경우
17. 제71조제1항, 제72조제1항·제3항, 제73조제1항 또는 제74조제1항(제88조에 따라 준용되는 제71조제1항, 제72조제1항·제3항 또는 제74조제1항을 포함한다)에 따른 명령을 위반한 경우
18. 제72조제1항·제2항에 따른 압류·폐기를 거부·방해·기피한 경우
19. 「성매매알선 등 행위의 처벌에 관한 법률」 제4조에 따른 금지행위를 한 경우
20. 「마약류 관리에 관한 법률」 제3조제11호에 따른 행위를 하거나 이를 교사·방조한 경우

② 식품의약품안전처장 또는 특별자치시장·특별자치도지사·시장·군수·구청장은 영업자가 제1항에 따른 영업정지 명령을 위반하여 영업을 계속하면 영업허가 또는 등록을 취소하거나 영업소 폐쇄를 명할 수 있다. <개정 2011. 6. 7., 2013. 3. 23., 2016. 2. 3.>

③ 식품의약품안전처장 또는 특별자치시장·특별자치도지사·시장·군수·구청장은 다음 각 호의 어느 하나에 해당하는 경우에는 영업허가 또는 등록을 취소하거나 영업소 폐쇄를 명할 수 있다. <개정 2011. 6. 7., 2013. 3. 23., 2013. 6. 7., 2016. 2. 3.>

1. 영업자가 정당한 사유 없이 6개월 이상 계속 휴업하는 경우
2. 영업자(제37조제1항에 따라 영업허가를 받은 자만 해당한다)가 사실상 폐업하여 「부가가치세법」 제8조에 따라 관할세무서장에게 폐업신고를 하거나 관할세무서장이 사업자등록을 말소한 경우

④ 식품의약품안전처장 또는 특별자치시장·특별자치도지사·시장·군수·구청장은 제3항제2호의 사유로 영업허가를 취소하기 위하여 필요한 경우 관할 세무서장에게 영업자의 폐업여부에 대한 정보 제공을 요청할 수 있다. 이 경우 요청을 받은 관할 세무서장은 「전자정부법」 제39조에 따라 영업자의 폐업여부에 대한 정보를 제공한다. <신설 2015. 3. 27., 2016. 2. 3.>

⑤ 제1항 및 제2항에 따른 행정처분의 세부기준은 그 위반 행위의 유형과 위반 정도 등을 고려하여 총리령으로 정한다. <개정 2010. 1. 18., 2013. 3. 23., 2015. 3. 27.>

【성매매 알선 등 행위의 처벌에 관한 법률】

제4조 (금지행위) 누구든지 다음 각 호의 어느 하나에 해당하는 행위를 하여서는 아니 된다.

1. 성매매
2. 성매매알선 등 행위
3. 성매매 목적의 인신매매
4. 성을 파는 행위를 하게 할 목적으로 다른 사람을 고용·모집하거나 성매매가 행하여진다는 사실을 알고 직업을 소개·알선하는 행위
5. 제1호, 제2호 및 제4호의 행위 및 그 행위가 행하여지는 업소에 대한 광고행위

【식품위생법 시행령】

제21조 (영업의 종류) 법 제36조제1항 각 호에 따른 영업의 세부 종류와 그 범위는 다음 각 호와 같다. <개정 2024. 5. 14.>

1.~7. 생략

8. 식품접객업

가. 휴게음식점영업: 주로 다류(茶類), 아이스크림류 등을 조리・판매하거나 패스트푸드점, 분식점 형태의 영업 등 음식류를 조리・판매하는 영업으로서 음주행위가 허용되지 아니하는 영업. 다만, 편의점, 슈퍼마켓, 휴게소, 그 밖에 음식류를 판매하는 장소(만화가게 및 「게임산업진흥에 관한 법률」 제2조제7호에 따른 인터넷컴퓨터게임시설제공업을 하는 영업소 등 음식류를 부수적으로 판매하는 장소를 포함한다)에서 컵라면, 일회용 다류 또는 그 밖의 음식류에 물을 부어 주는 경우는 제외한다.

나. 일반음식점영업: 음식류를 조리・판매하는 영업으로서 식사와 함께 부수적으로 음주행위가 허용되는 영업

다. 단란주점영업: 주로 주류를 조리・판매하는 영업으로서 손님이 노래를 부르는 행위가 허용되는 영업

라. 유흥주점영업: 주로 주류를 조리・판매하는 영업으로서 유흥종사자를 두거나 유흥시설을 설치할 수 있고 손님이 노래를 부르거나 춤을 추는 행위가 허용되는 영업

마. 위탁급식영업: 집단급식소를 설치・운영하는 자와의 계약에 따라 그 집단급식소에서 음식류를 조리하여 제공하는 영업

바. 제과점영업: 주로 빵, 떡, 과자 등을 제조・판매하는 영업으로서 음주행위가 허용되지 아니하는 영업

【구 식품위생법 시행규칙】(2013. 12. 13. 총리령 제1047호로 일부 개정되기 전의 것)

제89조 (행정처분의 기준) 법 제71조, 법 제72조, 법 제74조부터 법 제76조까지 및 법 제80조에 따른 행정처분의 기준은 별표 23과 같다.

4. 결 론

그렇다면 피청구인이 이러한 사정을 감안하지도 아니하고 일방적으로 취소한 이 건

처분은 위법・부당하므로 취소되어야 할 것이다.

입 증 방 법

1. 갑제1호증	행정처분통지서 사본
1. 갑제2호증	확인서
1. 갑제3호증	공소장
1. 갑제4호증	탄원서

첨 부 서 류

1. 위 입증방법	각 1통
1. 심판청구서부본	1통

20○○년 ○월 ○일

위 청구인 장 호 순 (인)

○○시 ○○구청장 귀중

[서식 18] 영업정지처분취소 심판청구 (유흥주점)

행 정 심 판 청 구

청 구 인 ○ ○ ○
○○시 ○○구 ○○동 ○○
청구대리인 소속변호사 김 길 동
○○시 ○○구 ○○동 ○○ (우편번호 ○○○ - ○○○)

피청구인 ○○시 ○○구청장

영업정지처분취소 심판청구

청 구 취 지

피청구인이 2014. 5. 1. 청구인에 대하여 한 영업정지 2개월의 처분은 이를 취소한다.
라는 재결을 구한다

청 구 원 인

1. 사건개요

청구인은 2011. 6. 28. 영업자 지위승계 신고를 하여 ○○시 ○○로 46(○○동) 소재 '○○○'라는 상호의 유흥주점을 운영하던 중, 2013. 12. 7. 20:30경 업소에 청소년인 조○○(16세) 등 7명의 연령을 확인하지 않은 채 출입하게 하고, 청소년 유해약물인 소주, 맥주 등을 판매한 것이 ○○경찰서에 적발되어 2013. 9. 6. 피청구인에게 통보되었고, 청구인이 처분 전 의견으로 형사사건 종결 후 행정처분을 바람에 따라 처분을 유예하였다가 2014. 3. 28. ○○지방법원 ○○지원에서 청구인 업소의 일일 종업원 권○○에게 벌금 100만원을 처분함에 따라 2014. 5. 1.「식품위생법」제44조제2항의 규정을 위반한 청구인에 대하여 같은 법 제75조 및 같은 법 시행규칙 제89조의 규정에 의거 영업정지 2개월(2014. 5. 19. ~ 2014. 7. 17.)의 처분을 하였다.

2. 청구인 주장

청구인은 다음과 같이 주장한다.

가. 사건당일 친정 부모님 간호를 위해 청구인이 친정에 가 있는 동안 가게를 지인에게 맡기면서 미성년자는 출입시키지 말라고 분명히 말했는데 이런 일이 발생하게 된 것에 대해 깊이 반성하고 있다.

나. 청구인의 남편은 직장암 선고를 받아 얼마 남지 않은 시한부 생활을 가정에서 하

고 있고, 청구인의 딸(28세)은 정신지체 3급 장애인으로 청구인이 이 업소 운영을 통해 얻은 수익으로 남편과 딸의 병원비, 약값을 대며 겨우 생활하고 있는데 영업정지 2개월은 너무나 가혹하므로 선처를 바란다.

3. 피청구인 주장

이에 대하여 피청구인은 다음과 같이 주장한다.

가. 정신적·육체적으로 미성숙한 청소년들에게 신분증이나 연령을 확인하지 않고 주류를 판매한 것은 소정의 위생교육을 받은 일반음식점 영업자로서 당연히 준수해야 할 법규를 명백한 위반하여 사회의 도덕적·법률적 규범을 흔든 범법행위이다.

나. 청구인은 지인의 불찰로 이번 사건이 발생하였다고 주장하나, 유흥주점은 청소년 유해업소로 지정되어 출입자체가 금지되어 있고, 16세의 어린 청소년이 외모를 아무리 성인의 흉내를 내었다 하더라도 언어와 행동에서 구분할 수 있었을 것으로 보여 지는데도 불구하고, 16세의 청소년을 유흥주점에 출입시키고 주류를 제공한 것은 단순 부주의로 보기 어렵고, 이 사건과 관련 없는 청구인 가정형편의 어려움을 이유로 행정심판을 청구한 청구인의 행위를 이해하기 어렵다.

다. 대다수 일반음식점 영업주들이 어려운 경제여건 하에서도 관계법령 등을 준수하면서 성실히 영업하고 있는 것과 비교하면 피청구인이 행한 행정처분은 식품위생법 관련규정에 의거 적법하게 처분되었으므로 청구인의 청구는 이유 없는 것으로 기각하여 주시기 바란다.

4. 이 사건의 관계법령

가. 관계법령

(1) 식품위생법 제44조(영업자 등의 준수사항), 제75조(허가취소 등)

(2) 식품위생법 시행규칙 제89조(행정처분의 기준)

5. 결 론

그렇다면 피청구인이 이러한 사정을 감안하지도 아니하고 일방적으로 취소한 이 건 처분은 위법·부당하므로 취소되어야 할 것이다.

입 증 방 법

1. 갑제1호증 영업신고증
1. 갑제2호증의 1 식품위생법위반업소 영업정지 통보
1. 갑제2호증의 2 영업정지명령서
1. 갑제3호증 임대차계약서
1. 갑제4호증 인증서

1. 갑제5호증 탄원서

첨 부 서 류

1. 위 입증방법 각 1통
1. 심판청구서부본 1통
1. 위임장 1통

20○○년 ○월 ○일

위 청구대리인
변호사 김 길 동 (인)

○○시 ○○구청장 귀중

[서식 19] 영업정지처분취소심판청구 (숙박업)

소 장

원 고 박 동 희
○○시 ○○구 ○○동 ○○ (우편번호 ○○○-○○○)

피 고 ○○시 ○○구청장
○○시 ○○구 ○○동 ○○ (우편번호 ○○○-○○○)

영업정지처분취소심판청구

청 구 취 지

피고가 20○○. ○. ○. 원고에 대하여 한 20○○. ○. ○.부터 같은 해 ○. ○.까지(2개월)의 숙박업영업정지처분은 이를 취소한다.
라는 재결을 구합니다.

청 구 원 인

1. 처분의 경위
원고는 19○○. ○.경 ○○시 ○○구 ○○동 ○○번지 소재 신라장이라는 상호의 여관을 인수하여 피고로부터 숙박업 허가를 득한 후 경영해 왔는 바, 피고는 원고가 20○○. ○. ○. 21 : 00경 위 여관에 미성년자를 혼숙하게 하였다는 이유로, 20○○. ○. ○. 자로 원고에 대하여 20○○. ○. ○.부터 같은 해 ○. ○.까지 2개월간 위 여관의 영업을 정지할 것을 명하는 처분을 하였습니다.

2. 처분의 위법성
이 사건 처분은 다음과 같은 점에서 위법하므로 취소되어야 합니다.
가. 공중위생법상 숙박업자는 “풍기 문란의 우려가 있는 미성년 남녀(일부가 성년자인 경우를 포함한다)의 혼숙을 하게 하거나 이를 하도록 내버려두어서는 아니 된다.” 라고 규정하고 있는 바, 원고의 업소에서는 투숙객이 혼숙한 사실이 없습니다.
이 사건의 경우는 김호자라는 30대 중반의 남자와 이혜미라는 19세의 여자가 위 여관에 다른 목적을 가지고 잠시 들어왔을 뿐으로, 그들은 성관계를 갖거나 잠을 잔 적이 없으므로, 공중위생법 제12조 제2항 제1호 나목에 정한 “풍기문란의 우려가 있는 미성년 남녀의 혼숙을 하게 하거나 이를 하도록 내버려 둔 경우”에 해당하지 아니한다 할 것입니다.

나. 이 사건 당일 21 : 00경 위 김호자라는 30대 중반의 남자가 20대 초반으로 보이는 이혜미라는 여자를 데리고 대실을 요구하여 원고가 여자에게 주민등록증을 요구하였던 바, 위 김호자는 "사람을 그렇게 믿지 못하느냐, 미성년자가 아니니 걱정 말라."고 하면서 화를 내었고, 이에 원고가 "숙박계라도 기재하라."고 요구하자 "잠시 쉬어 갈텐데 무슨 숙박계를 쓰느냐."고 화를 내므로 하는 수 없이 동 여관 308호실로 안내하였습니다.

3. 처분의 부당성

설령 위 행위가 명목상 공중위생법에 반하는 것이라고 하더라도 위와 같은 사정에 비추어 원고를 비난하기 어렵고, 이 사건의 실체에 비추어 볼 때, 이 사건 처분은 지나치게 형식에만 치우쳐 그 처분으로 달성하려는 원래의 목적에서 일탈하는 결과에 이르게 될 것인 바, 그렇다면 이 사건 처분은 원고에게 과도한 것으로 부당하다고 아니할 수 없어 마땅히 취소를 면키 어렵다고 할 것입니다. 따라서 위 처분은 위법하고 부당하므로 취소되어야 할 것입니다.

입 증 방 법

1. 갑 제1호증의 1 공중위생법 위반업소 행정처분
1. 갑 제1호증의 2 행정처분(영업정지)
1. 갑 제2호증 숙박업 신고증
1. 갑 제3호증 사업자 등록증

첨 부 서 류

1. 위 입증방법 각 1통
1. 소장부본 1통
1. 납부서 1통

20○○년 ○월 ○일

청 구 인 박 동 희 (인)

○○시 ○○구청장 귀중

[서식 20] 영업정지처분취소심판청구 (숙박업 - 공중위생관리법위반)

소 장

원 고 ○ ○ ○
○○시 ○○구 ○○동 ○○ (우편번호 ○○○-○○○)

피 고 ○○시 ○○구청장
○○시 ○○구 ○○동 ○○ (우편번호 ○○○-○○○)

영업정지처분취소심판청구

주 문

청구인의 청구를 기각한다.

청 구 취 지

피청구인이 2014. 3. 31. 청구인에 대하여 한 공중위생관리법 위반 영업정지처분을 취소한다.

청 구 원 인

1. 사건개요

청구인은 ○○시 ○○로 1671 (○○동) 소재 '○○○'(이하 '이 사건 업소'라 한다)라는 숙박업을 운영하는 자로 2014. 2. 5. 음란물을 TV를 통해 숙박을 하는 고객에게 관람하게 한 사실로 포천경찰서에 적발되었다.

이에 피청구인은 2014. 3. 31. 청구인이 「공중위생관리법」 제11조를 위반하였다는 이유로 같은 법 시행규칙 제19조에 따라 영업정지 2개월(2014.4.10.~2014.6.8.)의 처분(이하 '이 사건 처분'이라 한다)을 하였다.

2. 당사자 주장

가. 청구인 주장

1) 청구인이 건강이 좋지 않아 오래 전부터 ○○도에 거주하고 있으며 임○○을 총지배인으로 고용하여 영업을 하고 있던 중 경찰의 단속으로 성인방송이 적발되었으나, 성인방송은 코인기계로 시청하는 것으로 이 사건 업소와 상관이 없다. 손님이 직접 동전을 넣고 시청하는 것으로 수익금 일체도 기계업체가 가져가므로 코인기계로 시청하는 성인방송이 모텔 특성상 불법인지 몰랐다.

2) 경찰서에서 성인방송 자체가 불법이라 하여 코인기계는 즉시 철거하였으나, 영업정지 2개월이라는 중징계를 내리는 것은 매우 가혹한 조치라고 생각되기에 '과징금'으로 완화해 주기를 부탁한다. 이 사건 업소는 ○○시청, 소방서의 점검 시 한 번도 위반한 사실이 없으며 ○○시청에서 주관하는 대회, 공연 등 공공행사에도 많은 협조를 했으며 앞으로 ○○의 방문객들은 어찌 하며, 이 사건 업소 직원들의 생계가 막막하다.

3) 법을 몰랐다는 말은 변명이 되지 않는다는 것을 잘 알고 있으나, 이 사건은 성인방송을 시청할 수 있었다는 사실 자체를 몰라 억울한 것이며, 객실에서 일반영화를 상영하는 것으로 알아 왔던 사례로 지적 받은 즉시 모든 시설을 철거한지 오래 된 점과 여성 지배인이었다는 점 등을 신중히 고려해 주기 바란다.

앞으로 다시는 이런 일이 없도록 할 것이며 청구인의 잘못임을 알기에 영업정지 2개월을 과징금 처분으로 부탁한다.

나. 피청구인 주장

1) 청구인의 질환으로 이 사건 업소에 근무하지 못하여 대인인 임○○을 총지배인으로 선임하여 업무를 처리하고 있고, 업소에 설치된 코인기계는 그 수익금을 기계 설치 업체가 가져가기 때문에 불법인지 몰랐으므로 영업정지 2개월을 과징금으로 변경처분을 요구하나,

청구인은 「공중위생관리법」의 가장 기초적인 내용을 위반한 것으로 이 사건에 대해 과징금으로 처분해 달라는 이유에 대해 위반사항이 사회적 성행위 문란과 우리민족의 건전한 고유문화를 저해하는 행위로서 선처를 바랄 사항이 아니다.

2) 따라서, 피청구인의 이 사건 처분은 「공중위생관리법」에 의거 적법한 절차에 따른 것으로 청구인의 위반사항은 과징금처분 제외대상으로 규정되어 있어 기각하여야함이 타당하다.

3. 이 사건의 관계법령

【(구)공중위생관리법】

(구) 제11조 (공중위생영업소의 폐쇄등) ① 시장·군수·구청장은 공중위생영업자가 이 법 또는 이 법에 의한 명령에 위반하거나 또는 「성매매알선 등 행위의 처벌에 관한 법률」·「풍속영업의 규제에 관한 법률」·「청소년 보호법」·「의료법」에 위반하여 관계행정기관의 장의 요청이 있는 때에는 6월 이내의 기간을 정하여 영업의 정지 또는 일부 시설의 사용중지를 명하거나 영업소폐쇄 등을 명할 수 있다. 다만, 관광숙박업의 경우에는 당해 관광숙박업의관할행정기관의 장과 미리 협의하여야 한다. <개정 2002.8.26. , 2007.5.25. , 2011.9.15. >

② 제1항의 규정에 의한 영업의 정지, 일부 시설의 사용중지와 영업소폐쇄명령 등의 세부적인 기준은 보건복지부령으로 정한다. <개정 2008.2.29. , 2010.1.18. >

(구) 제11조의2 (과징금처분) ① 시장·군수·구청장은 제11조제1항의 규정에 의한 영업정지가 이용자에게 심한 불편을 주거나 그 밖에 공익을 해할 우려가 있는 경우에는 영업정지 처분

에 갈음하여 3천만원 이하의 과징금을 부과할 수 있다. 다만, 풍속영업의규제에관한법률 제3조 각호의 1 또는 이에 상응하는 위반행위로 인하여 처분을 받게 되는 경우를 제외한다.

【(구)공중위생관리법 시행규칙】

(구)제19조 (행정처분기준) 법 제7조제2항 및 법 제11조제2항의 규정에 의한 행정처분의 기준은 별표 7과 같다.

[별표 7] 행정처분기준(제19조관련) <개정 2012.12.11.>

Ⅱ. 개별기준

1. 숙박업

위반사항	근거법령	행정처분기준			
		1차위반	2차위반	3차위반	4차위반
2. 「성매매알선 등 행위의 처벌에 관한 법률」·「풍속영업의 규제에 관한 법률」·「청소년보호법」·「의료법」에 위반하여 관계행정기관의 장의 요청이 있는 때 가. 업소에서 음란한 문서·도서·영화·음반·비디오물 그 밖에 물건(이하 "음란한 물건"이라 한다)을 반포·판매·대여하거나 이를 하게 하는 행위와 음란한 물건을 관람·열람하게 하는 행위 및 반포·판매·대여·관람·열람의 목적으로 음란한 물건을 진열 또는 보관한 때	법 제11조 제1항	영업정지 2월	영업정지 3월	영업장 폐쇄명령	

【풍속영업의 규제에 관한 법률】

제3조 (준수 사항) 풍속영업을 하는 자(허가나 인가를 받지 아니하거나 등록이나 신고를 하지 아니하고 풍속영업을 하는 자를 포함한다. 이하 "풍속영업자"라 한다) 및 대통령령으로 정하는 종사자는 풍속영업을 하는 장소(이하 "풍속영업소"라 한다)에서 다음 각 호의 행위를 하여서는 아니 된다.

3. 음란한 문서·도화(圖畵)·영화·음반·비디오물, 그 밖의 음란한 물건에 대한 다음 각 목의 행위
   가. 반포(頒布)·판매·대여하거나 이를 하게 하는 행위
   나. 관람·열람하게 하는 행위
   다. 반포·판매·대여·관람·열람의 목적으로 진열하거나 보관하는 행위

   일본의 음란한 위성방송프로그램을 수신하여 숙박업소의 손님들로 하여금 시청하게 한 행위는 풍속법 제3조 제2호에 위반된다(대법원 2010.7.15. 선고. 2008도11679. 판결).

4. 결론

그렇다면 피청구인이 이러한 사정을 감안하지도 아니하고 일방적으로 취소한 이 건 처분은 위법·부당하므로 취소되어야 할 것이다.

입 증 방 법

1. 갑 제1호증의 1 공중위생법 위반업소 행정처분
1. 갑 제1호증의 2 행정처분(영업정지)
1. 갑 제2호증 숙박업 신고증
1. 갑 제3호증 사업자 등록증

첨 부 서 류

1. 위 입증방법 각 1통
1. 소장부본 1통
1. 납부서 1통

20○○년 ○월 ○일

청 구 인 ○ ○ ○ (인)

○○시 ○○구청장 귀중

[서식 21] 영업정지처분취소심판청구 (숙박업)

소 장

원 고 ○ ○ ○
○○시 ○○구 ○○동 ○○ (우편번호 ○○○-○○○)

피 고 ○○시 ○○구청장
○○시 ○○구 ○○동 ○○ (우편번호 ○○○-○○○)

주 문

청구인의 청구를 기각한다.

청 구 취 지

피청구인이 2014.3.12. 청구인에게 한 공중위생관리법 위반 영업정지 1개월 처분을 취소한다.

청 구 원 인

1. 사건개요

청구인은 ○○시 ○○구 ○○○로 190번길 3-14에서 '○○○'이라는 상호로 숙박업(이하 '이 사건 업소'라 한다)을 하는 자로, 2013. 6. 3. 17:20경 이 사건 업소 카운터 컴퓨터에 음란 동영상을 다운로드 한 후 공유기를 이용하여 각 객실로 전송시키는 방법으로 손님이 관람할 수 있게 하여「풍속영업의 규제에 관한 법률」제3조제3호다목을 위반한 사실이 ○○○○경찰서에 적발되어 피청구인에게 2013. 6. 18. 통보되었다.

이에 피청구인은 청구인이「공중위생관리법」제11조에 따라 2014. 3. 12. 영업정지 1개월(2014. 4. 1.~2014. 4. 30.) 처분(이하 '이 사건 처분'이라 한다)을 하였다.

2. 당사자 주장

가. 청구인 주장

1) 2013. 6. 3. 17:20경 ○○○○경찰서에서 청구인이 운영하는 이 사건 업소에 단속을 나와서 객실을 점검하던 중 음란 동영상이 저장되어 있는 사실이 적발되어 이 사건 업소의 종업원 이○○가 법원의 선고유예 판결을 받았고, 2014. 3. 12. ○○시로부터 풍속영업의 규제에 관한 법률 제3조제3호다목 및 공중위생관리법 제11조 위반으로 이 사건 처분을 통지받았다.

2) ○○○○경찰서 단속 당시 컴퓨터에 음란 동영상이 저장되어 있었던 것은 사실

이나, 청구인은 음란 동영상을 손님에게 관람시키거나 관람시킬 목적으로 음란 동영상을 보관하지 않았음을 ○○시 ○○시 일관되게 주장하였고, 종업원 이○○도 경찰 조사 과정에서 이 업소에 취직한지 몇 개월이 되지 않아 컴퓨터에 음란 동영상이 저장되어 있는 줄도 모르고 있었다고 진술하였음에도 경찰이 일방적으로 수사를 종결하고 적발 통지한 것이므로 본 사건의 단속과정에서 적용한 풍속영업의 규제에 관한 법률 제3조제3호다목이 규정한 행위에 해당하지 않으며, 공중위생법 시행규칙 제19조별표7이 규정한 음란한 물건을 관람·열람하게 하거나 관람·열람의 목적으로 진열·보관한 자의 지위에 있다고 보기 어려워 형법 제13조의 죄의 성립 요소인 사실을 인식하지 못한 행위는 벌하지 아니한다 및 같은 법 제17조 어떤 행위라도 죄의 요소 되는 위험 발생에 연결되지 아니한 경우 벌하지 아니한다는 규정에 따라 범죄 혐의가 없으므로 행정처분의 요건을 충족하지 않는다.

3) 청구인은 이 사건 업소를 운영하기 위해 2004. 1. 28. 인수하였으나 공사업자와 계약이 이행되지 않아 소송을 하느라 2008년 초부터 영업을 시작하였다. 당시 청구인은 직접 영업에 관여하지 않았고 2009. 9. 1.부터 2010. 6. 17.까지는 타인에게 임대하였다. 그 후에도 종업원을 고용하여 운영하다가 2013. 3. 7.부터 직접 운영하였는데 3개월이 채 지나지 않아 2013. 6. 3. 적발되었다. 이 사건 업소 주변에는 최신 설비를 갖춘 모텔이 10여 개 있는데다가 건물도 30년 가까이 노후되고 주차면적도 6개로 열악한 상황이다. 2004년 당시 29억 원(17억 원 부채 포함)에 모텔을 인수하여 지금까지 버텨왔으나 현재 부채가 37억 원 정도로 한 달 이자만 약 2,000만 원에 달하고 작년 9월경에는 자택에 화재까지 발생하여 절반 가까이 소실돼 청구인의 처 황○○는 충격으로 쓰러져 현재까지 거동이 불편한 상황이다. 상기 내용과 같이 극히 어려운 형편임에도 종업원의 고의성 없는 부주의를 이유로 한 이 사건 처분은 너무 과중한 처분이다.

나. 피청구인 주장

1) 청구인은 단속 시 컴퓨터에 음란 동영상이 저장은 되어 있었으나 손님들에게 관람시킬 목적이 아니었고, 심지어 종업원 이○○도 컴퓨터에 음란 동영상이 저장되어 있는 줄 몰랐다고 경찰 조사에 진술하였음에도 불구하고 경찰이 일방적으로 조사를 마무리한 것이라는 주장이나 ○○지방법원 판결결과 종업원 이○○이 벌금 100만 원의 선고유예를 받았으므로 이 사건 업소에서 위법행위가 발생한 것은 명백하다.

2) 피청구인은 이 사건 당사자 이○○에 대해 ○○지방법원의 '선고유예' 재판 결과를 반영하여 이 사건 처분을 영업정지 2월에서 1개월로 감경 처분하였다. 이 사건 처분은 피청구인에게 어떠한 처분내용에 대한 재량권 또는 판단의 여지를 남겨두지 않는 기속적 행정행위로서, 생계가 어렵다는 이유로 청구인의 행정처분이 면제될 수 없으며, 설사 그렇게 된다면 이와 유사한 위반사항으로 적발된

타 업소에도 영향을 끼쳐 사회질서 유지에 혼란을 초래할 것이므로 행정의 실효성은 무너지고 단속 행위는 법적 기능을 상실할 것이다.

3. 이 사건의 관계법령

【(구)공중위생관리법】

제11조 (공중위생영업소의 폐쇄등) ① 시장·군수·구청장은 공중위생영업자가 이 법 또는 이 법에 의한 명령에 위반하거나 또는 「성매매알선 등 행위의 처벌에 관한 법률」·「풍속영업의 규제에 관한 법률」·「청소년 보호법」·「의료법」에 위반하여 관계행정기관의 장의 요청이 있는 때에는 6월 이내의 기간을 정하여 영업의 정지 또는 일부 시설의 사용중지를 명하거나 영업소폐쇄등을 명할 수 있다. 다만, 관광숙박업의 경우에는 당해 관광숙박업의 관할행정기관의 장과 미리 협의하여야 한다.

② 제1항의 규정에 의한 영업의 정지, 일부 시설의 사용중지와 영업소폐쇄명령등의 세부적인 기준은 보건복지부령으로 정한다.

제11조의2 (과징금처분) ① 시장·군수·구청장은 제11조제1항의 규정에 의한 영업정지가 이용자에게 심한 불편을 주거나 그 밖에 공익을 해할 우려가 있는 경우에는 영업정지 처분에 갈음하여 3천만원 이하의 과징금을 부과할 수 있다. 다만, 풍속영업의규제에관한법률 제3조 각호의 1 또는 이에 상응하는 위반행위로 인하여 처분을 받게 되는 경우를 제외한다.

② 제1항의 규정에 의한 과징금을 부과하는 위반행위의 종별·정도 등에 따른 과징금의 금액등에 관하여 필요한 사항은 대통령령으로 정한다.

제12조 (청문) 시장·군수·구청장은 제7조의 규정에 의한 이용사 및 미용사의 면허취소·면허정지, 제11조의 규정에 의한 공중위생영업의 정지, 일부 시설의 사용중지 및 영업소폐쇄명령등의 처분을 하고자 하는 때에는 청문을 실시하여야 한다.

【풍속영업의 규제에 관한 법률】

제2조 (풍속영업의 범위) 이 법에서 "풍속영업"이란 다음 각 호의 어느 하나에 해당하는 영업을 말한다.

4. 「공중위생관리법」 제2조제1항제2호부터 제4호까지의 규정에 따른 숙박업, 목욕장업(沐浴場業), 이용업(理容業) 중 대통령령으로 정하는 것

제3조 (준수 사항) 풍속영업을 하는 자(허가나 인가를 받지 아니하거나 등록이나 신고를 하지 아니하고 풍속영업을 하는 자를 포함한다. 이하 “풍속영업자”라 한다) 및 대통령령으로 정하는 종사자는 풍속영업을 하는 장소(이하 “풍속영업소”라 한다)에서 다음 각 호의 행위를 하여서는 아니 된다

1. 「성매매알선 등 행위의 처벌에 관한 법률」 제2조제1항제2호에 따른 성매매알선등행위
2. 음란행위를 하게 하거나 이를 알선 또는 제공하는 행위
3. 음란한 문서·도화(圖畵)·영화·음반·비디오물, 그 밖의 음란한 물건에 대한 다음 각 목의 행위

가. 반포(頒布)·판매·대여하거나 이를 하게 하는 행위

나. 관람·열람하게 하는 행위

다. 반포·판매·대여·관람·열람의 목적으로 진열하거나 보관하는 행위

4. 도박이나 그 밖의 사행(射倖)행위를 하게 하는 행위

제6조 (위반사항의 통보 등) ① 경찰서장은 풍속영업자나 대통령령으로 정하는 종사자가 제3조를 위반하면 그 사실을 허가관청에 알리고 과세에 필요한 자료를 국세청장에게 통보하여야 한다. <개정 2016. 5. 29.>

② 제1항에 따른 통보를 받은 허가관청은 그 내용에 따라 허가취소·영업정지·시설개수 명령 등 필요한 행정처분을 한 후 그 결과를 경찰서장에게 알려야 한다.

③ 경찰청장 및 지방자치단체의 장은 제2항에 따른 행정처분을 받은 풍속영업소에 관한 정보를 공유하기 위하여 정보공유시스템을 구축·운영하여야 한다. <신설 2015. 3. 27.>

【(구)공중위생관리법 시행규칙】

제19조 (행정처분기준) 법 제7조제2항 및 법 제11조제2항의 규정에 의한 행정처분의 기준은 별표 7과 같다.

[별표 7] 행정처분기준(제19조 관련)

Ⅰ. 일반기준

1. 위반행위가 2 이상인 경우로서 그에 해당하는 각각의 처분기준이 다른 경우에는 그 중 중한 처분기준에 의하되, 2 이상의 처분기준이 영업정지에 해당하는 경우에는 가장 중한 정지처분기간에 나머지 각각의 정지처분기간의 2분의 1을 더하여 처분한다.
2. 행정처분을 하기 위한 절차가 진행되는 기간 중에 반복하여 같은 사항을 위반한 때에는 그 위반횟수마다 행정처분 기준의 2분의 1씩 더하여 처분한다.
3. 위반행위의 차수에 따른 행정처분기준은 최근 1년간 같은 위반행위로 행정처분을 받은 경우에 이를 적용한다. 이때 그 기준적용일은 동일 위반사항에 대한 행정처분일과 그 처분후의 재적발일(수거검사에 의한 경우에는 검사결과를 처분청이 접수한 날)을 기준으로 한다.
4. 행정처분권자는 위반사항의 내용으로 보아 그 위반정도가 경미하거나 해당위반사항에 관하여 검사로부터 기소유예의 처분을 받거나 법원으로부터 선고유예의 판결을 받은 때에는 Ⅱ. 개별기준에 불구하고 그 처분기준을 다음의 구분에 따라 경감할 수 있다.
   가. 영업정지의 경우에는 그 처분기준 일수의 2분의 1의 범위안에서 경감할 수 있다.
   나. 영업장폐쇄의 경우에는 3월 이상의 영업정지처분으로 경감할 수 있다.

Ⅱ. 개별기준

1. 숙박업

위반사항	관련 법규	행정처분기준			
		1차 위반	2차 위반	3차 위반	4차 위반
2. 「성매매알선 등 행위의 처벌에 관한 법률」·「풍속영업의 규제에 관한 법률」·「청소년보호법」·「의료법」에 위반하여 관계행정기관의 장의 요청이 있는 때 가. 업소에서 음란한 문서·도서·영화·음반·비디오물 그 밖에 물건(이하 "음란한 물건"이라 한다)을 반포·판매·대여하거나 이를 하게 하는 행위와 음란한 물건을 관람·열람하게 하는 행위 및 반포·판매·대여·관람·열람의 목적으로 음란한 물건을 진열 또는 보관한 때	법 제11조 제1항	영업정지 2월	영업정지 3월	영업장 폐쇄명령	

4. 결 론

그렇다면 피청구인이 이러한 사정을 감안하지도 아니하고 일방적으로 취소한 이 건 처분은 위법·부당하므로 취소되어야 할 것이다.

입 증 방 법

1. 갑 제1호증의 1 공중위생법 위반업소 행정처분
1. 갑 제1호증의 2 행정처분(영업정지)
1. 갑 제2호증 숙박업 신고증
1. 갑 제3호증 사업자 등록증

첨 부 서 류

1. 위 입증방법 각 1통
1. 소장부본 1통
1. 납부서 1통

20○○년 ○월 ○일

청 구 인 ○ ○ ○ (인)

○○시 ○○구청장 귀중

[서식 22] 영업정지처분및과태료부과처분취소청구서

(폐기물(오일휠터)를 최종 처리자에게 즉시 인도하지 아니하고 일시 보관한 경우)

심 판 청 구 서

청 구 인 : (주) ○○정유
부천시 ○○구 ○○동 124
(전화 : 000-0000, 팩스 : 000-0000)

피청구인 : 경인지방환경관리청장

영업정지처분및과태료부과처분취소청구서

청 구 취 지

1. 피청구인이 2000. 5. 12. 청구인에 대하여 한 청구인 공장의 부천지점 및 시화지점의 1월 (2000. 5. 26. ~ 2000. 6. 25.)의 영업정지처분은 이를 취소한다.
2. 피청구인이 2000. 5. 16. 청구인에 대하여 한 100만원의 과태료부과처분(부천지점)과 1,600만원의 과태료부과처분(시화지점)은 이를 취소한다.

라는 재결을 구합니다.

청 구 원 인

1. 청구인 주장
   가. 피청구인은 청구인이 카센타 등으로부터 수거하여 온 오일 휠터 약 1톤등을 즉시 최종 처리자에게 인도하여야 함에도 불구하고 이를 부천공장에 일시보관하고 있었다는 이유로 부천지점에 대하여 1개월의 영업정지처분과 100만원의 과태료부과처분을 하였고, 청구인이 군부대에서 수거하여 온 리듐전지 17톤을 즉시 최종처리업자에게 인도하지 아니하고 이를 일시보관하였고, 또 폐유를 30일을 초과하여 보관하고 있었다는 이유로 시화지점에 대하여 1월의 영업정지처분 및 1,600만원의 과태료부과처분을 하였는 바, 폐기물을 30일 이내에 처리하도록 한 폐기물관리법 제26조제8항 및 폐기물관리법시행규칙 제19조의2, 제19조의3에 규정은 업계의 현실을 무시한 행정법규이고, 특히 구체적인 기준을 정하고 있는 폐기물관리법시행규칙은 행정규칙의 성질을 띠고 있는 것이므로 이에 근거한 이 건 처분을 위법·부당하다.
   나. 폐기물처리업소에서 적정량의 폐기물을 30일 동안만 보관하도록 폐기물관리법에서 규정하고 있는 것은 가능한 빠른 시일내에 폐기물을 처리하여 2차적인 환경오염이

발생하는 것을 막으려는데 그 취지가 있다고 할 것인 바, 청구인은 위 폐기물을 보관함에 있어 철빔을 기둥으로 하고 그 위에 콘크리트 바닥과 지붕을 만들어 그 공간에 폐기물들을 보관하였으므로 2차 오염이 발생할 여지가 전혀 없고, 영업을 하다보면 최종처리 업체를 즉시에 찾아서 처리계약을 체결하기가 쉬운 것이 아니므로 폐기물을 일정기간 초과하여 보관하였다는 것만으로 제재를 가하도록 한 위 조항은 영업의 자유를 침해할 소지가 있는 위헌적인 조항이다.

다. 청구인은 부천공장에 22명, 시흥공장에 15명의 직원을 고용하여 회사를 운영하고 있는데, 폐기물처리업계는 약40여개의 국내경쟁업체가 치열하게 경쟁하고 있어서 한달간 영업을 하지 못하여 폐기물을 수거하지 못한다면 빨리 처리하여야만 하는 폐기물의 특성상 청구인의 모든 거래처를 타경쟁업체에 빼앗기게 될 것임이 명백하여 청구인 회사는 도산하고 37명의 실업자를 내게 될 것이 분명하고, 특히 부천공장의 경우에는 폐기물부적정보관 정도가 아주 경미함에도 불구하고 시화공장의 적발과 함께 동등취급을 받아서 피청구인이 두 공장에 대하여 동시에 1월의 영업정지처분을 한 것이므로 피청구인의 이 건 처분 등은 과잉금지원칙에 반하는 위법한 처분이라 할 것이다.

라. 청구인이 폐기물을 적정보관기간을 초과하여 보관하게 된 것은 전 대표이사인 청구의 남○○이 보다 많은 영업수입을 올리기 위하여 폐기물을 수거만 하여 놓고 이를 재처리하지 아니하였기 때문인 바, 법인의 경우 전 대표이사의 위반사항이 대표이사가 변경된 후에도 회사에 그대로 승계되는 것이 당연하지만, 이 사건의 경우는 전 대표이사가 거의 고의적으로 회사 업무를 등한시한 결과로 나타난 것이므로 청구인 회사는 전 대표이사의 잘못을 그대로 뒤집어쓰는 결과가 되었다.

마. 청구인 회사는 이○○이 2000. 1. 19.자로 새로 대표이사가 된 후 부천지점에 있던 오일휠터 1톤 정도를 처리하였고, 시화지점에 있던 리듐은 전량 처리하였으며, 폐유는 약 400드럼을 치우고 약 100드럼 정도만 남아 있는 상태이다.

첨 부 서 류

1. 갑 제1호증 사업자 등록증 사본 1부
1. 갑 제2호증 영업정지처분및과태료부과 통지서 1부
1. 갑 제3호증 그 외 증명서류

20○○. ○○. ○○.

위 청구인 (주) ○○정유 (인)

경인지방환경관리청장 귀하

[서식 23] 폐기물처리업영업정지처분등취소청구서 (허가매립용량을 약 3.58% 정도 초과한 것이 유지관리계획서상 유지·관리의무를 위반한 것인지 여부)

심 판 청 구 서

청 구 인 : 곽 ○ ○
울산 ○○구 ○○동 100-89
(전화 : 000-0000, H.P :)

피청구인 : 울산광역시장

폐기물처리영업정지처분등취소청구서

청 구 취 지

1. 피청구인이 2007. 12. 4. 청구인에게 한 1개월(2007. 12. 15. - 2008. 1. 14.)의 폐기물처리업 영업정지처분을 취소한다.
2. 피청구인이 2007. 12. 4. 청구인에게 한 개선명령처분을 취소한다.

라는 재결을 구합니다.

청 구 원 인

1. 사건개요

폐기물처리업자인 청구인이 허가매립용량을 초과하여 매립한 사실이 확인되자, 피청구인이 2007. 12. 4. 청구인에게 ① 1개월(2007. 12. 15. - 2008. 1. 14.)의 폐기물처리업 영업정지처분과 ② 개선명령처분(2008. 6. 5.까지 초과매립폐기물의 제거 등 허가매립고 준수)을 하였다.

2. 청구인의 주장

청구인이 사전에 환경부에 질의한 결과, ① 최종복토층 하부의 기울기 부분을 폐기물로 매립하는 것이 가능하고, ② 그로 인하여 허가매립용량을 5% 정도 초과하게 되는 경우 변경허가 대상이 아니라는 회신을 받았기 때문에 매립한 것이고, 이 사건에서 최종복토층 하부의 기울기 부분을 폐기물로 채움으로써 결과적으로 허가매립용량을 3.58% 정도 초과하였으나 이는 변경허가 대상이 아니어서 법이 허용하는 한도 내에 있다고 할 수 있으므로 이 사건 각 처분은 모두 위법·부당하다.

3. 이 사건 처분의 적법·타당 여부

가. 폐기물관리법 제31조제1항과 제4항에 의하면, 폐기물처리시설을 설치·운영하는 자는 환경부령으로 정하는 관리기준에 따라 그 시설을 유지·관리하여야 하고, 환경부장관은 폐기물처리시설의 설치 또는 유지·관리가 설치기준 또는 관리기준에 맞지 아니하면 그 시설을 설치·운영하는 자에게 환경부령으로 정하는 바에 따라 기간을 정하여 그 시설의 개선을 명하거나 그 시설의 사용 중지를 명할 수 있으며, 같은 법 시행규칙 제42조제1항과 별표 11 제1항 나목에 의하면, 폐기물처리시설 설치·운영자는 시설의 유지관리계획서에 따라 항시 시설을 적절하게 유지·관리하여야 하고, 같은 규칙 제83조제1항과 별표 21 제2항제17호 나목에 의하면, 같은 법 제31조제1항에 따른 관리기준에 맞지 아니하게 폐기물처리시설을 운영한 경우(바닥재의 강열감량 기준을 위반한 경우는 제외) 1차 위반시 1개월의 영업정지처분, 2차 위반시 3개월의 영업정지처분, 3차 위반시 6개월의 영업정지처분, 4차 위반시 허가취소처분을 하도록 규정하고 있고, 같은 법 시행규칙 제29조제1항제6호에 의하면, 허가 또는 변경허가를 받은 처리용량의 100분의 30 이상의 변경(허가 또는 변경허가를 받은 후 변경되는 누계를 말한다)이 있는 경우에 폐기물처리업의 변경허가를 받아야 한다고 규정하고 있다.

나. 구 폐기물관리법 시행규칙 제24조제1항과 별표 8에 의하면, 매립시설의 사용이 종료된 때에는 60센티미터 이상의 두께로 최종복토를 하되 차수기능, 빗물배제기능을 갖추도록 하고, 상층부에는 수목의 식재, 초지의 조성을 위한 식생대층을 설치하여야 하고, 폐기물관리법 시행규칙 제42조제1항과 별표 11에 의하면, 매립시설의 사용이 끝났을 때에는 최종복토층을 기울기가 2퍼센트 이상이 되도록 설치하여야 하고, 이 경우 최종복토층은 하부로부터 가스배제층(유기성폐기물을 매립하여 가스가 발생하는 경우만 해당한다)·차단층·배수층 및 식생대층을 차례대로 설치하여야 한다고 규정하고 있다.

다. 청구인이 피청구인에게 제출한 각 폐기물처리시설(매립시설) 사용개시 신고서와 유지관리계획서에는 허가매립고가 기재되어 있지 않고, 단지 청구인이 1998. 4. 24. 폐기물처리업 변경허가 신청시 제출한 종단면도에 최종복토층 60cm를 포함한 계획높이가 52m로 나와 있고 피청구인이 이를 허가한 것인데, 폐기물처리법 시행규칙 제29조제1항제6호에서 허가 또는 변경허가를 받은 처리용량의 100분의 30 이상의 변경(허가 또는 변경허가를 받은 후 변경되는 누계를 말한다)이 있는 경우에 폐기물처리업의 변경허가를 받아야 한다고 규정되어 있고, 청구인이 사전에 환경부에 질의를 하여 환경부로부터 ① 최종복토 하부 기울기 2%를 폐기물로 채워도 되고, ② 5% 정도 허가용량을 초과하는 경우는 변경허가 대상이 되지 않는다는 회신을 받고서 매립을 하면서 결과적으로 사용개시 신고한 매립용량을 약 3.58% 정도 초과하여 매립하게 된 사실 등이 있는 바, 청구인이 폐기물을 매립하면서 신고한 매립용량을 일부 초과한 것이 위법하다고 볼 수 없으므로 이에 대하여 행해진 이 사건 각 처분은 모두 위법·부당하다

첨 부 서 류

생 략

20○○. ○○. ○○.

위 청구인 곽 ○ ○ (인)

울산광역시장 귀하

[서식 24] 영업정지처분취소청구서 (사업장의 정제연료유가 폐기물관리법상 기준치 초과 경우)

심 판 청 구 서

청 구 인 : 류 ○ ○
김해시 ○○동 210-32
(전화 : 000-0000, H.P :)

피청구인 : 낙동강유역환경청장

영업정지처분취소청구서

청 구 취 지

피청구인이 2007. 6. 29. 청구인에게 한 1개월(2007. 7. 10. ~ 2007. 8. 9.)의 영업정지처분을 취소하고, 영업정지 1개월에 해당하는 과징금 부과처분으로 변경하라.
라는 재결을 구합니다.

청 구 원 인

1. 사건개요
   피청구인은 2007. 3. 28. 한국석유품질관리원영남지사에 의뢰하여 실시한 청구인 사업장의 정제연료유에 대한 시험분석 결과, 폐기물관리법상 기준치를 초과하였다는 이유로 청구인에게 "영업정지 1개월 및 과태료 500만원"의 처분사전통지를 했고, 청구인이 시험분석 결과에 대하여 이의를 제기하자, 피청구인은 한국석유품질관리원영남지사에 재분석을 의뢰했고, 한국석유품질관리원영남지사에서 전과 동일한 분석결과가 통보되자 청구인에게 1개월(2007.7.10. ~ 2007.8.9.)의 영업정지처분(이하 "이 사건 처분"이라 한다)과 500만원의 과태료 부과처분을 하였다.

2. 청구인의 주장
   영업의 정지가 그 영업의 이용자 등에게 심하게 불편을 주거나 공익을 해칠 우려가 있다고 인정되면 과징금을 부과할 수 있다는 관련법의 규정에 의하여 과징금 부과처분을 할 수 있음에도 불구하고, 영업정지 1월을 명한 것은 재량권을 일탈 또는 남용한 위법한 처분이므로 취소되어야 하고, 이 사건 처분은 과징금부과처분으로 변경되어야 한다.

3. 이 건 처분의 위법·부당 여부

구폐기물관리법(2007. 4. 11. 법률 제8371호로 개정되기 전의 것, 이하 같다) 제12조, 같은 법 시행령 제6조제2항, 같은 법 시행규칙 제8조 및 별표 4에 의하면, 폐기물을 수집・운반・보관・처리하고자 하는 자는 폐기물 관련 법령에서 정하는 기준 및 방법에 의하여야 한다고 되어 있고, 폐유를 정제연료유로 재활용하는 경우에 황분은 무게비율로 0.55퍼센트 이하(열분해방법 또는 감압증류방법으로 재활용하는 경우에는 0.2퍼센트 이하), 크롬 및 그 화합물은 리터당 5밀리그램 이하(열분해방법 또는 감압증류방법으로 재활용하는 경우에는 리터당 1밀리그램 이하), 인화점은 섭씨 40도씨 이상(열분해방법으로 재활용하는 경우에는 섭씨 30도씨 이상)에 적합해야 한다고 되어 있으며, 구폐기물관리법 제29조에 의하면, 이 법 또는 이 법에 의한 명령에 위반한 경우에 해당하여 영업의 정지를 명하고자 하는 경우 그 영업의 정지가 당해 영업의 이용자 등에게 심한 불편을 주거나 공익을 해할 우려가 있다고 인정되는 때에는 대통령령이 정하는 바에 따라 그 영업의 정지에 갈음하여 1억원 이하의 과징금을 부과할 수 있다고 규정되어 있다.

첨 부 서 류

1. 갑 제1호증	사업자 등록증 사본	1부
1. 갑 제2호증	행정처분 명령서	1부
1. 갑 제3호증	영업신고증	1부
1. 갑 제4호증	진술서	
1. 갑 제5호증	그 외 증명서류	

20○○. ○○. ○○.

위 청구인 류 ○ ○ (인)

낙동강유역환경청장 귀하

[서식 25] 총포판매업등영업정지처분취소청구서 (합격표시가 없는 분사기를 판매한 경우)

심 판 청 구 서

청 구 인 : 구 ○ ○
수원시 ○○구 ○○동 100-67
(전화 : 000-0000, H.P :)

피청구인 : 경기도지방경찰청장

총포판매업등영업정지처분취소청구서

청 구 취 지

피청구인이 2007. 8. 13. 청구인에 대하여 한 45일간(2007. 8. 18.~2007. 10. 1.)의 영업정지처분을 취소한다.
라는 재결을 구합니다.

청 구 원 인

1. 사건개요
청구인이 2006. 4. 11. 합격표시가 없는 분사기 1정을 판매목적으로 진열했다는 이유로 피청구인이 2007. 8. 13. 분사기판매업, 총포판매업, 전자충격기판매업, 도검판매업, 석궁판매업 전부에 대해 45일의 영업정지처분(이하 "이 사건 처분")을 하였다.

2. 청구인의 주장
총포·도검·화약류등단속법 제6조제1항에 따르면, 총포·도검·화약류·분사기·전자충격기·석궁의 판매업을 하고자 하는 자는 판매소마다 행정안전부령이 정하는 바에 의하여 판매소의 소재지를 관할하는 지방경찰청장의 허가를 받도록 되어 있어 위반한 항목에만 행정처분을 해야 함에도 불구하고, 피청구인은 경찰청장이 12년간 4회에 걸쳐 하달한 행정처분 처리지침에 따라 매회 다른 기준을 적용하다가 최근 지침에 따라 이 사건 처분을 한 것은 행정의 "신의성실의 원칙"을 저버리고 평등권을 침해하는 위법한 처분이다.

3. 이 사건 처분의 적법 · 타당 여부
가. 총포·도검·화약류등단속법 제6조에 따르면, 총포·도검·화약류·분사기·전자충격기·석궁의 판매업을 영위하고자 하는 사람은 판매소마다 행정안전부령이 정하는 바에

의하여 판매소의 소재지를 관할하는 지방경찰청장의 허가를 받아야 하고, 판매소의 위치·구조·시설 또는 설비를 변경하거나 판매하는 총포·도검·화약류·분사기·전자충격기·석궁의 종류를 변경하고자 하는 때에도 허가를 받아야 한다고 되어 있는바, 총포 등 판매업 허가는 종목별로 개개의 허가를 받도록 하고 있어 원칙적으로 허가마다 개별적·독립적 효력이 미친다고 할 것이어서 허가 취소나 영업정지 등의 행정 처분시에도 종목별로 따로 행해져야할 것이다.

또한, 총포·도검·화약류등단속법 제42조, 제45조, 제113조, 같은 법 시행규칙 제52조, 별표 17을 종합하면, 총포·분사기·전자충격기·석궁 중 대통령령이 정하는 것은 경찰청장의 검사를 받아야 하고, 총포·도검·화약류·분사기·전자충격기·석궁판매업자가 동 검사의 합격표시가 없는 총포·분사기·전자충격기·석궁을 판매하거나 판매할 목적으로 진열한 때에는 1회 위반시 3월의 효력정지처분을, 2회 위반시 6월의 효력정지처분을, 3차 이상 위반시 영업취소처분을 하도록 되어 있다.

나. 청구인이 2006. 4. 11. 검사합격의 표시가 없는 YSR-707 분사기 1정을 판매목적으로 진열한 사실이 있어 이 사건 처분 대상에 해당한다고 할 것이나, 그 전제로서 총포 등의 종류별로 따로 따로 허가를 받았다면 허가도 총포 등의 종류별로 존재한다고 할 것이므로 의무위반에 따른 제재도 허가종류별로 행해져야 할 것인바, 피청구인이 판매업 허가시 총포, 분사기, 전자충격기, 도검, 석궁에 대하여 각각 허가를 받도록 하였고, 이 사건 처분 시에도 처분서를 따로 하여 통지한 점 등을 종합적으로 고려할 때, 피청구인이 이 사건 처분을 함에 있어서 단지 공공의 안녕질서 등의 이유를 들어 청구인에 대하여 분사기에 한정하지 않고, 전 종목에 대하여 일률적으로 영업정지를 한 이 사건 처분은 위법·부당하다..

첨 부 서 류

생 략

20○○. ○○. ○○.

위 청구인 공 ○ ○ (인)

경기도지방경찰청장 귀하

[서식 26] 측량업영업정지처분취소청구서 (국립지리원 고시 지형도와 다르게 현황측량도를 작성한 경우)

심 판 청 구 서

청 구 인 : (주)○○토목측량공사
서울 ○○구 ○○동 123-45
(전화 : 000-0000 팩스 : 000-0000)

피청구인 : 서울지방국토관리청장

측량영업업정지처분취소청구서

청 구 취 지

피청구인이 2000. 1. 13. 청구인에 대하여 한 2월(2000. 2. 1. ~ 2000. 3. 31.)의 측량업영업정지처분은 이를 취소한다.
라는 재결을 구합니다.

청 구 원 인

1. 청구인 주장
   가. 청구인은 현황측량도를 작성하면서 국립지리원 고시 지형도와 현재 현황 등고선 간격이 상이하여 실제 현황에 맞추어 측량성과도를 작성하였다.
   나. 국립지리원 스스로 인정하듯이 국립지리원 고시 지형도는 등고선 간격 1/2이내의 오차가 있으며, 지도편집에서 실제위치와 0.7㎜의 위치변동이 있는 등 국립지리원 고시 1/5000 지형도의 정확도에 대하여 의문이 있다.
   다. 이와 같이 국립지리원의 1/5000지형도에도 당연히 오차가 있음에도 불구하고 청구인이 위 지형도와 다르게 측량도를 작성하였다는 이유로 한 이 건 처분은 부당하다.

첨 부 서 류

1. 갑 제1호증 감사원통보사항문
1. 갑 제2호증 용인시장공문서
1. 갑 제3호증 국립지리원민원회신문서
1. 갑 제4호증 용인시사실회신공문서
1. 갑 제5호증 청문서

1. 갑 제6호증 청구인의견진술서 및 처분서
1. 갑 제7호증 측량영업업정지 통지서
1. 갑 제8호증 사업자등록증 사본 1부
1. 갑 제9호증 그 외 증명서류

20○○. ○○. ○○.

위 원고 (주)○○토목측량공사 (인)

서울지방국토청장 귀하

제5장

교원에 대한 불이익처분

제5장 교원에 대한 불이익 처분

Ⅰ. 교원에 대한 불이익처분 관련 쟁송절차의 변천과정

1. 교원특별법 제정 이전의 교원의 징계처분에 대한 불복절차

가. 국·공립학교 교원에 대한 징계처분

국·공립학교 교원에 대한 징계처분은 구 교육공무원법(1991. 5. 31. 법률 제4376호로 개정되기 전의 것) 제50조에 따라 교육공무원징계위원회의 의결을 거쳐야 하고, 이에 불복이 있으면 같은 법 제52조에 의하여 불복절차를 밟게 되고, 소청심사위원회의 결정에도 불복이 있으면 원처분청을 상대로 당초 징계처분의 효력을 다투는 행정소송을 제기하게 된다(이른바 원처분주의).

나. 사립학교 교원에 대한 징계처분

사립학교 교원에 대한 징계처분은 구 사립학교법(1991. 5. 31. 법률 제4376호로 개정되기 전의 것) 제62조에 의하여 교원징계위원회의 의결을 거쳐야 하고, 이에 대한 불복이 있으면 같은 법 제67조에 따라 해당 학교법인의 재심위원회에 재심청구를 하거나 곧바로 징계처분의 무효확인 등을 구하는 민사소송을 제기할 수 있었다.

2. 교원특별법 제정 이후 교원의 징계처분에 대한 불복절차

가. 교원소청심사위원회에 대한 심사청구

교원특별법은 국·공립학교 교원과 사립학교 교원을 구별하지 않고 교육공무원징계위원회(국·공립학교 교원)와 교원징계위원회(사립학교 교원)의 의결을 거친 교원의 징계처분에 대한 재심을 교육인적자원부 산하에 설치한 교원징계재심위원회에서 담당하게 함으로써 교원의 징계처분에 대한 불복절차를 일원화하였다.

나. 법원에 의한 구제절차

(1) 사립학교 교원

(가) 민사소송에 의한 구제

사립학교 교원에 대한 징계처분 자체는 사법(私法)행위의 성질을 띠고 있고, 따라서 사립학교 교원의 경우 교원소청심사위원회에 대한 심사청구절차를 거쳤는지 불문하고(즉, 심사청구절차를 밟지 않거나 또는 심사청구절차를 밟은 후라도) 징계처분 자체에 대하여 민사소송을 제기하여 권리구제를 받을 수 있다(대법원 1993. 2. 12. 선고 92누13707 판결).

(나) 행정소송에 의한 구제

사립학교 교원이 징계처분에 대하여 교원소청심사위원회에 심사청구를 하고 교원소청심사위원회의 결정에 불복이 있으면 교원특별법 제10조 제3항의 규정에 따라 행정소송을 제기할 수 있는바, 이 경우 행정소송의 대상이 되는 행정처분은 교원소청심사위원회의 결정이지 학교법인의 징계처분 등이 아니다. 따라서 교원소청심사위원회가 소송의 피고가 된다(대법원 1993. 9. 10. 선고 93누487 판결, 1993. 9. 10. 선고 93누5741 판결).

(2) 국·공립학교 교원

국·공립학교 교원에 대한 징계처분이 행정처분임은 분명하므로 교원소청심사위원회의 결정에 불복하여 행정소송을 제기할 수 있음은 교원특별법 제10조 제3항의 규정이 아니더라도 행정쟁송법 일반이론에 비추어 정당하다 할 것이다.

사립학교 교원과는 달리 국·공립학교 교원이 징계처분 등을 받은 때에는 우선 교원특별법 소정의 교원소청심사위원회에 심사를 청구하여야 하고, 그 결정에 불복이 있으면 원처분청을 상대로 하여 원처분의 취소를 구하는 행정소송으로 다퉈야 한다. 즉, 교원소청심사위원회에의 심사청구는 임의적인 것이 아니라 반드시 그 절차를 밟아야 하는 필요적인 것이다(교원특별법 제9조, 제10조, 교육공무원법 제53조, 국가공무원법 제16조 제1항). 교원특별법 상 교원소청심사위원회에 대한 불복절차는 특별행정심판절차이고, 교원소청심사위원회의 결정은 행정심판의 재결에 해당한다.

3. 교원의 재임용거부에 대한 불복절차

가. 재임용거부와 관련한 2003년 이전의 대법원 판례

(1) 교수재임용거부처분무효확인 (대법원 1997. 6. 27. 선고 96다7069 판결)

사립학교와 지방자치단체 사이의 인계·인수 약정서에 의한 임용 약정은 어디까지나 그 약정의 효력 발생일에 그 임용기간이 남아 있는 교원에게만 적용되는 것일 뿐이고, 그 약정의 효력 발생일 이전에 이미 임용기간이 만료되었으나 재임용을 받지 못하여 소송으로 그 재임용 거부의 효력을 다투는 교원에 대하여는 설사 그가 재임용거부효력정지의 가처분이 인용되어 임시적으로 공립대학에서 근무한다고 하더라도 그 임용 약정이 적용되어 그 자와 종전 학교법인 사이의 교수 재임용에 관한 권리의 무관계가 사립학교를 인수한 지방자치단체에게 승계되는 것은 아니다.

(2) **부교수지위확인** (대법원 1997. 12. 23. 선고 97다25477 판결)

사립학교법 제53조의2 제3항에 따라 기간을 정하여 임용된 사립대학의 교원은 학교법인의 정관이나 인사규정에 재임용의무를 부여하는 근거 규정이 없다면, 임용기간의 만료로 그의 대학교원으로서의 신분관계는 당연히 종료되고, 교육법상 대학교수 등에게는 고도의 전문적인 학식과 교수 능력 및 인격 등을 갖출 것을 요구하고 있어서 임용기간이 만료되면 임용권자는 이와 같은 여러 가지 사정을 참작하여 재임용 여부를 결정할 수 있어야 할 필요성이 있으므로, 임용기간이 만료된 자를 다시 임용할 것인지 여부는 결국 임용권자의 판단에 따른 재량행위에 속한다.

(3) **교원재임용거부처분무효확인** (대법원 1997. 6. 10. 선고 97다3132 판결)

사립학교법 제53조의2 제3항의 규정에 의하여 기간을 정하여 임용된 사립대학의 교원은 학교법인의 정관이나 인사규정에 재임용의무를 부여하는 근거 규정이 없다면 재임용계약을 체결하지 못한 이상 재임용거부결정 등 특별한 절차를 거치지 않더라도 임용기간의 만료로 당연히 교원으로서의 신분을 상실하므로, 그 후 학교법인 등이 그 교원에 대하여 한 재임용제외처분 및 통지는 임기만료로 당연퇴직됨을 확인하고 알려주는 데 그칠 뿐 이로 인하여 그 교원과 학교법인 사이에 어떠한 법률효과가 발생하는 것은 아니고, 따라서 이에 대한 무효확인을 구할 소의 이익도 없다.

(4) **기간제임용탈락처분취소** (대법원 1998. 9. 22. 선고 98두10554 판결)

사립학교법 제53조의2 제3항에 따라 기간을 정하여 임용된 대학교육기관의 교원은 임용기간이 만료되면 재임용거부결정 등 특별한 절차를 거치지 않아도 당연퇴직되는 것이므로, 임용권자가 교원을 재임용하지 않기로 하는 결정을 하고서 이를 통지하였다고 하더라도, 이는 교원에 대하여 임기만료로 당연퇴직 됨을 확인하고 알려주는 데 지나지 아니하고, 이로 인하여 어떠한 법률효과가 발생하는 것이 아니므로 이러한 통지를 교원지위향상을위한특별법 제9조 제1항의 재심청구 대상인 '징계처분 기타 교원의 의사에 반하는 불리한 처분'이라고 볼 수 없다.

(5) **교수재임용거부처분취소** (대법원 2004. 4. 22. 선고 2000두7735 전원합의체 판결)

기간제로 임용되어 임용기간이 만료된 국·공립대학의 조교수는 교원으로서의 능력과 자질에 관하여 합리적인 기준에 의한 공정한 심사를 받아 위 기준에 부합되면 특별한 사정이 없는 한 재임용되리라는 기대를 가지고 재임용 여부에 관하여 합리적인 기준에 의한 공정한 심사를 요구할 법규상 또는 조리상 신청권을 가진다고 할 것이니, 임용권자가 임용기간이 만료된 조교수에 대하여 재임용을 거부하는 취지로 한 임용기간만료의 통지는 위와 같은 대학교원의 법률관계에 영향을 주는 것으로서 행정소송의 대상이 되는 처분에 해당한다.

나. 기간임용제 관련 구 사립학교법 규정 등에 대한 헌법불합치결정과 그 이후의 전개과정

(1) 국・공립대학 교원에 대한 재임용거부행위의 처분성 인정(판례변경)

국・공립대학의 교원에 대한 재임용거부행위의 처분성을 부인한 종전 견해(대법원 1997. 6. 27. 선고 96누4305 판결)를 대법원 2004. 4. 22. 선고 2000두7735 전원합의체 판결로 변경하였다.

(2) 2003년 헌법불합치결정에 따른 관련 법률의 제・개정 경위와 내용

(가) 교육공무원법 및 교원특별법이 개정

교육공무원법 역시 교원의 재임용 관련 조항을 개정하여(2005. 1. 27. 법률 제7353호, 이하 '개정 교육공무원법'이라 한다) 제11조의3 제2항부터 제6항을 신설하였는데 그 내용은 개정 사립학교법 제53조의2 제4항부터 제8항과 같다.

교원소청심사위원회의 심사대상이 되는 '교원의 의사에 반하는 불리한 처분'은 개정 교육공무원법 제11조의3 제4항 및 개정 사립학교법 제53조의2 제6항의 규정에 의한 교원에 대한 재임용거부처분을 포함한다고 규정하고 있다.

(나) 구제특별법의 제정

2003년 헌법불합치결정에 따른 개선 입법의 일환으로 재임용에서 탈락한 기간임용제 대학교원에게 재임용을 위한 재심사 기회를 부여하고자 구제특별법을 제정하였다. 구제특별법은 재임용 재심사 청구기한을 시행일인 2005. 10. 14.부터 6월 이내로 제한하였으므로(제6조 및 부칙), 2006. 4. 13.까지만 재임용 재심사 청구를 할 수 있었다.

구제특별법 상 교원소청심사특별위원회 결정의 기속력 유무를 놓고 견해의 대립이 있었으나 대법원은 2010. 9. 9. 선고한 2007다58353 판결에서 기속력을 부정하였다.

다. 개선 입법의 적용 범위

대법원은 2003년 헌법불합치결정에 따른 개선 입법을 완료한 후인 2006. 3. 9. 및 같은 해 선고된 판결들[1])에서 구 사립학교법 시행 당시의 재임용거부 사안에 대하여 2003년 헌법불합치결정의 당해 사건 및 병행사건이라는 이유로 헌법부합치결정의 소급효가 미친다고 보아 개정 사립학교법의 소급 적용을 인정하였다.

---

1) 대법원 2006. 3. 9. 선고 2003재다262 판결, 2006. 3. 9. 선고 2003다52647 판결, 2006. 3. 10. 선고 2004두7177 판결, 2006. 3. 24. 선고 2005다37024 판결, 2006. 7. 6. 선고 2005다16041 판결

Ⅱ. 사립학교 교원에 대한 불이익처분과 행정소송

1. 소송의 대상 및 당사자

가. 개정 사립학교법의 적용 대상인 사립학교 교원

개정 사립학교법의 적용을 받는 사립학교 교원은 재임용거부 등 의사에 반하는 불이익한 처분에 대하여 그 처분이 있음을 안 날로부터 30일 이내에 교원소청심사위원회에 심사청구를 하고 그 교원소청심사위원회의 결정에 불복이 있으면 교원특별법 제10조 제3항의 규정에 따라 그 결정서를 송달받은 날로부터 90일 이내에 행정소송을 제기할 수 있다.

2. 구체적 심리 내용

가. 징계처분의 경우

사립학교 교원에 대한 불이익처분 중 징계처분과 관련하여서는 ① 징계사유의 유무, ② 징계절차 위반 여부, ③ 당해 징계처분이 사회통념상 현저하게 타당성을 잃어 재량이 남용된다.

나. 재임용거부처분의 경우

재임용거부처분과 관련하여서는, 먼저 학교법인이 개정 사립학교법 제53조의2 제4항부터 제7항에 규정된 사전절차를 준수하였는지 여부를 살펴보아야 할 것이다.

Ⅲ. 국·공립학교 교원에 대한 불이익처분과 행정

1. 의의

사립학교 교원은 그 불이익처분에 대하여 민사소송을 제기할 수도 있고 행정처분인 교원소청심사위원회의 불이익처분에 대한 심사결정에 대하여 행정소송을 제기할 수도 있다. 그러나 국·공립학교 교원들에 대한 불이익처분은 그 자체가 행정처분이므로 그 불이익처분에 대한 소송형태로 가능한 것은 행정소송 뿐이다.

2. 소송의 대상 및 당사자

가. 취소소송

개정 교육공무원법의 적용을 받는 국·공립학교 교원의 경우 재임용거부를 포함하여 의사에 반하는 불이익한 처분의 취소를 구하는 소송을 교육감 등 원처분청을 상대로 제기할 수 있다. 이 경우 일반적 행정처분의 경우와 달리 필요적으로 그 처분이 있음을 안 날로부터 30일 이내 교원소청심사위원회에 심사청구를 하여야 하고, 그 교원소청심사위원회의 결정에 불복이 있으면 그 결정서 송달일부터 90일 이내에 교원특별법 제10조 제3항에 따라 취소소송을 제기하여야 한다.

나. 무효확인소송

국·공립학교 교원은 재임용거부를 포함하여 그 의사에 반하는 불이익한 처분에 대하여 그 하자가 중대·명백함을 이유로 무효확인을 구하는 행정소송을 제기할 수 있다.

[서식 1] 교원자격증교부이행청구서

심 판 청 구 서

청 구 인 : 마 ○ ○
서울 △△구 △△동 ○○아파트 13동 103호
(전화 : 000-0000, H.P :)

피청구인 : ○○대학교 총장

교원자격증교부이행청구서

청 구 취 지

피청구인은 청구인에 대하여 중등2급정교사자격증을 교부하라
라는 재결을 구합니다.

청 구 원 인

1. 청구인 주장
   가. 구 교원자격검정령시행규칙(1999. 1. 29. 개정되기 이전의 것을 말한다 이하 "시행규칙"이라 한다) 제15조제1항의 규정에 의하면, 교직과정을 이수하고자 자는 제2학년 중에 학교의 장에게 교직과정이수신청을 하여야 하며 학교장은 교직과정신청자중 인성, 적성 및 성적 등을 고려하여 당해 학년의 학과별입학정원의 30%범위안에서 선발하여 교직과정을 이수하게 하여야 한다고 규정되어 있는 바, 청구인은

위 규정에 의하여 적법한 절차에 의하여 교직과정이수신청을 하였음이 분명하며, 피청구인은 구 시행규칙 제15조제1항 후단의 규정에 의하여 청구인의 교직이수 및 성적 등을 고려하여 교원자격증을 교부하여야 함에도 불구하고 이를 교부하지 아니한 피청구인의 행위는 위법·부당하다 할 것이다.

나. 교육부 및 피청구인이 마련한 수강신청서에 수록된 교직과정이수에관한규정 제3조의규정에 의하면, 학과장은 교직과정 잠정이수 허가를 받은 학생에 한하여 2학년초 학과당 입학정원 30%범위 내에서 선발하여 그 명단을 매년 3월 20일까지 교무처장에게 통보하여야 한다"고 규정되어 있는 바, 위 규정은 피청구인의 내부적인 훈시규정에 불과하고 청구인을 비롯한 일반인에게는 효력이 없으며, 만약에 청구인의 경우와 같이 신청자중에서 명단에 누락된 자가 있을 경우에는 이를 시정하여야 함에도 불구하고 피청구인이 이를 하지 아니한 것은 위법·부당하다 할 것이다.

다. 청구인은 피청구인 소속의 2부대학 영어영문학과 학과장이 교직이수신청장에게 교육실습신청서를 제출하도록 하였기 때문에 신청을 하였고, 피청구인이 청구인의 신청을 받아들여 △△여자상업고등학교에서 교육실습을 하도록 하였으며, 또한 청구인은 피청구인의 교원자격무시험검정원서를 제출하라는 지시에 따라서 교원자격무시험검정원서를 제출하는 등 청구인이 법령의 규정에 따른 조치를 모두 하였으며, 청구인은 대학교를 수석으로 졸업하는 등 우수한 성적으로 교직과정을 수료하였음이 분명하므로 피청구인은 청구인에 대하여 중등2급정교사자격증을 교부하여야 한다.

첨 부 서 류

1. 갑 제1호증	교직과정이수신청자명단
1. 갑 제2호증	교육실습의뢰서
1. 갑 제3호증	교육실습결과보고서
1. 갑 제4호증	교원자격무시험검정원서
1. 갑 제5호증	졸업증명서
1. 갑 제6호증	민원서
1. 갑 제7호증	답변서
1. 갑 제8호증	교육부 교원자격검정업무편람
1. 갑 제9호증	교원자격증교부 통지서
1. 갑 제10호증	주민등록등본 1부

20○○. ○○. ○○.

위 청구인 마 ○ ○ (인)

○○대학교 총장 귀하

[서식 2] 교원지위확인의 소

소 장

원 고 ○○○ (주민등록번호)
○○시 ○○구 ○○길 ○○(우편번호 ○○○-○○○)
전화 · 휴대폰번호:
팩스번호, 전자우편(e-mail)주소:
피 고 학교법인 ◇◇학원
○○시 ○○구 ○○길 ○○(우편번호 ○○○-○○○)
이사장 ◈◈◈
전화 · 휴대폰번호:
팩스번호, 전자우편(e-mail)주소:

교원지위확인의 소

청 구 취 지

원고는 ◇◇대학교 법과대학의 조교수임을 확인한다.
라는 판결을 원합니다.

청 구 원 인

1. 원고는 피고 학교법인 ◇◇학원 산하 ◇◇대학교 법과대학 법학과의 조교수입니다.
2. 원고는 19○○. ○. ○. ◇◇대학의 전임강사로 임용되어 지금까지 매년 임용계약을 갱신하여 왔습니다.
   한편, 원고는 19○○. ○. ○. ◇◇대학의 조교수로 승진하였는바, 이 경우 그 승진되는 직위에 근거하여 임용계약을 다시 하여야 하고, 또 그 계약기간도 피고법인의 정관 제51조의 규정에 따라 10년 간이 되어야 함에도 불구하고 피고들은 이와 같은 절차를 무시하고 원고로 하여금 종전과 동일한 1년의 임용계약을 맺도록 하여, 3년간 계속 1년 단위의 임용계약을 체결하였습니다.
3. 그 뒤 20○○. 12. 27.경 피고들은 원고의 교원계약기간 만료일이 다음해 1. 5.이라고 주장하면서 다음 학년도부터는 교원으로 임용이 불가능하다고 통지하였습니다.
   그렇지만 원고는 ◇◇대학의 조교수이므로 정관 제51조에 따라 그 임용기간이 10년이고, 원고가 임용된 최후 계약의 효력개시일은 20○○. 1. 6.부터이므로, 원고가 위 개시일부터 10년 간, 즉 20○○. 1. 5.까지는 ◇◇대학의 조교수 자격을 가지고 있음은 명백한 것입니다.

4. 그럼에도 불구하고 피고들은 위와 같은 원고의 교원자격을 부인하면서 연구수당을 지급하지 아니하고 20○○학년도부터 교원으로 임용이 불가능하다고 통지하는 등 원고의 지위를 위태롭게 하고 있으므로 이를 법률적으로 확인 받기 위하여 이 사건 청구에 이른 것입니다.

입 증 방 법

1. 갑 제1호증 객원교수임용계약서
1. 갑 제2호증 계약만료통고서

첨 부 서 류

1. 위 입증방법 각 1통
1. 법인등기사항증명서 1통
1. 소장부본 1통
1. 송달료납부서 1통

20○○. ○. ○.

위 원고 ○○○ (서명 또는 날인)

○○지방법원 귀중

[서식 3] 병역의무이행관련교원미임용자등록거부처분취소청구서

(사립학교교원으로 근무하고 있는 것이 특별법상 적용이 배제되는 이미 임용된 "교원"에 해당하는지 여부)

심 판 청 구 서

청 구 인 : 오 ○ ○
마산시 ○○구 ○○동 550-67
(전화 : 000-0000, H.P :)

피청구인 : 경상남도교육감

병역의무이행관련교원미임용자등록거부처분취소청구서

청 구 취 지

피청구인이 2005. 11. 25. 청구인에 대하여 한 병역의무이행관련교원미임용자등록거부처분은 이를 취소한다.
라는 재결을 구합니다.

청 구 원 인

1. 사건개요

가. 청구인들은 1990. 10. 7. 이전에 국립 경상대학교를 졸업하고 경상남도 교육위원회의 교사임용후보자명부에 등재되어 임용이 예정되어 있었으나, 헌법재판소가 1990. 10. 8. 교사의 신규채용에 있어서 국·공립의 사범대학 등 출신자를 우선하여 채용하도록 규정한 교육공무원법 관계규정에 대하여 위헌으로 결정함에 따라 청구인들은 교원으로 임용되지 못하였다.

나. 청구인들은 2005. 5. 31. 공포·시행된 병역의무 이행관련 교원 미임용자 채용에 관한 특별법에 따라 임용등록을 신청하였으나, 피청구인은 이 사건 특별법 시행·공포일 현재(2005. 5. 31.) 사립학교 교원으로 임용되어 근무 중이라는 이유로 2005. 11. 25. 청구인들에 대하여 등록거부처분하였다.

2. 청구인의 주장

특별법에서 말하는 교원은 국·공립학교 교원을 말하는 것이고, 사립학교 교원은 신분보장 및 승진·전보 등에 있어서 국·공립학교 교원과 차이가 있어 동일한 것으로 볼 수 없다. 이 건 외 국립사범대학 졸업자 중 교원 미임용자 임용 등에 관한 특별법의

적용시에는 사립학교 교원도 등록하여 주고 있는 점 등을 고려할 때 이 건 처분은 위법・부당하다.

3. 이 건 처분의 위법・부당 여부
   가. 특별법 제2조에서 "위헌결정에 따라 '교원'으로 임용되지 아니한 자"라 함은 위헌결정에 따라 교육감이 국립사범대학 등의 졸업자를 우선하여 채용할 수 없어 교육공무원인 국・공립학교의 교원으로 임용되지 아니한 자를 말한다고 보아야 한다.
   나. 특별법은 위 위헌결정으로 인하여 발생한 병역의무 이행에 따른 불합리한 피해를 구제하고자 국립의 사범대학을 졸업한 자 중 교원으로 임용되지 못한 자를 특별채용하기 위하여 제정된 법으로서 이들을 특별채용하여야 할 의무 역시 특별시・광역시・도교육감에게 있으므로, 특별법에서 말하는 교원은 시・도교육감이 관리하는 교육공무원인 국・공립학교 교원만을 가리키고 학교법인 또는 사립학교 경영자가 임명하는 사립학교 교원은 제외된다고 보는 것이 교육공무원법과 유기적인 구조를 가지고 있는 이 사건 특별법의 제정목적 및 입법취지에 부합된다.
   다. 국・공립학교 교원과 사립학교 교원은 그 임용권자가 다를 뿐만 아니라 이에 따른 신분보장, 연금혜택 등 신분상 엄연한 차이가 존재하므로, 현재 사립학교 교원의 지위에 있다 하더라도 이 사건 특별법에 따라 보다 신분보장이 되는 국・공립학교 교원으로 전직하려는 자를 배제하여야 할 합리적인 이유가 없다.
   라. 이 사건 특별법 제2조에 규정된 "교원으로 임용되지 아니한 자"라 함은 국・공립학교의 교원으로 신규채용 되지 아니한 자를 의미한다고 보아야 할 것이므로, 청구인들이 이미 사립학교 교원으로 근무하고 있다는 이유로 행한 피청구인의 이 건 처분은 위법・부당하다.

첨 부 서 류

생 략

20○○. ○○. ○○.

위 청구인 오 ○ ○ (인)

경상남도교육감 귀하

제6장

건축공사중지처분취소

Ⅰ. 의 의

Ⅱ. 인근 주민이 제기하는 건축허가 등 취소

Ⅲ. 인근 주민이 제기하는 사용승인처분 취소

Ⅳ. 인근 주민이 제기하는 시정명령신청 거부처분 취소

제6장 건축공사중지처분취소

Ⅰ. 의 의

불법건축이라 함은 건축행위를 제한하는 법률에 반하여 건축물을 건축하는 행위를 말한다. 건축행위를 제한하는 법률로서 대표적인 것은 건축법, 국토의 계획 및 이용에 관한 법률이며, 그 외에도 도로법, 도시공원법 등 당해 법률의 제정목적에 따라 건축행위를 제한하는 법률이 있다.

1. 형식적 불법

형식적 불법에 대하여는 건축물의 완공 여부와 관계없이 형사처벌(행정벌)을 할 수 있고, 건축행위가 진행되고 있는 한 건축허가를 받기 전에는 공사를 할 수 없다는 내용의 공사중지명령을 할 수 있으며, 중지명령을 위반하면 별도로 처벌하거나 이행강제금[1]을 부과할 수 있다.

실질적 불법은 법이 출현을 막으려 했던 건축물을 시정하거나 제거하기 위한 것으로, 도시계획선을 침범한 건축, 주거지역 내 허용되지 않는 공장의 증축, 건축법상의 이적거리 위반 및 도시계획법상의 용적률 초과의 증축, 녹지지역 내 공장의 건축, 대지 안의 공지미달, 소방법위반의 건축 등이 있다. 건축물(또는 건축예정건물)이 실질적 불법성을 띠고 있는 것으로 판단되면 행정청은 건축허가, 사용승인 등을 거부하거나 취소할 수 있고, 철거·개축·증축·수선·용도변경·사용금지·사용제한 기타 필요한 조치를 명할 수 있으며(건축법 제69조 제1항), 그에 위반하면 처벌을 하거나 이행강제금을 부과할 수 있다(건축법 제69조의2 제1항 제1호).

2. 건축 가능한 토지

1) 건축법 제80조 (이행강제금) ① 허가권자는 제79조제1항에 따라 시정명령을 받은 후 시정기간 내에 시정명령을 이행하지 아니한 건축주등에 대하여는 그 시정명령의 이행에 필요한 상당한 이행기한을 정하여 그 기한까지 시정명령을 이행하지 아니하면 다음 각 호의 이행강제금을 부과한다. 다만, 연면적(공동주택의 경우에는 세대 면적을 기준으로 한다)이 85제곱미터 이하인 주거용 건축물과 제2호 중 주거용 건축물로서 대통령령으로 정하는 경우에는 다음 각 호의 어느 하나에 해당하는 금액의 2분의 1의 범위에서 해당 지방자치단체의 조례로 정하는 금액을 부과한다. <개정 2011.5.30>

1. 건축물이 제55조와 제56조에 따른 건폐율이나 용적률을 초과하여 건축된 경우 또는 허가를 받지 아니하거나 신고를 하지 아니하고 건축된 경우에는 「지방세법」에 따라 해당 건축물에 적용되는 1제곱미터의 시가표준액의 100분의 50에 해당하는 금액에 위반면적을 곱한 금액 이하의 범위에서 위반 내용에 따라 대통령령으로 정하는 비율을 곱한 금액
2. 건축물이 제1호 외의 위반 건축물에 해당하는 경우에는 「지방세법」에 따라 그 건축물에 적용되는 시가표준액에 해당하는 금액의 100분의 10의 범위에서 위반내용에 따라 대통령령으로 정하는 금액

측량·수로조사 및 지적에 관한 법률 제67조 제1항에서는 지목을 "전·답·과수원·목장용지·임야·광천지·염전·대(垈)·공장용지·학교용지·주차장·주유소용지·창고용지·도로·철도용지·제방(堤防)·하천·구거(溝渠)·유지(溜地)·양어장·수도용지·공원·체육용지·유원지·종교용지·사적지·묘지·잡종지"로 나누고 있고, 시행령 제58조에 의하면 건축이 가능한 지목은 "4. 목장용지 중, 주거용 건축물의 부지, 8. 대, 9. 공장용지, 10. 학교용지, 11. 주지, 28. 잡종지"이며, 각 그 지목에 맞는 건축물을 건축할 수 있다.

따라서 건축이 가능하지 않은 지목의 토지는 형질변경절차를 거쳐 건축 가능한 지목인 상태로 토지의 형상을 변경한 후에야 비로소 건축허가를 받을 수 있다.

한편 농지나 산지의 일부에 건축물을 건축할 수도 있는데 농지에 건축물을 건축하는 것은 농지 전용에(농지법 제2조 제7호), 산지에 건축물을 건축하는 것은 산지 전용에(산지관리법 제2조 제1호), 각 해당하여 농지전용허가 또는 협의나 농지전용의 신고(농지법 제34조, 제35조), 산지전용허가 및 산지전용신고(산지관리법 제14조, 제15조)가 있어야 한다. 농지나 산지의 전용허가는 재량행위이나 신고의 경우 허가권자는 관계법령에서 정한 신고 요건을 충족하면 수리를 하여야 하고, 허가 기준에 따라 산림경관 훼손이나 토사유출의 우려 등을 이유로 수리하지 않는 것은 위법하다(대법원 2012. 9. 27. 선고 2011두31970 판결). 다만 대법원 2010두14954 전원합의체판결의 취지상 국토계획법상의 행위허가 기준에 따라 수리하지 않는 것은 가능하다.

3. 건축신고

건축법은 제11조 제1항에서 건축물을 건축하거나 대수선하려는 자는 특별자치도지사 또는 시장·군수·구청장의 허가를 받아야 한다고 규정하고, 제14조 제1항에서 제11조에 해당하는 허가 대상 건축물이라도 일정 규모를 넘지 않는 건축물은 미리 특별자치도지사 또는 시장·군수·구청장에게 신고하면 건축허가를 받은 것으로 본다고 규정하고 있다.

건축법 시행령 제11조 제3항, 제9조 제1항, 건축법 시행규칙 제12조 제1항 제2호에서 정하는 인·허가 의제조항에 따른 허가 등을 받거나 신고를 하기 위하여 해당 법령에서 제출하도록 의무화하고 있는 신청서와 구비서류를 제출하면 족하다.

Ⅱ. 주민이 제기하는 건축허가 등 취소

1. 건축허가

가. 건축경찰법

건축법은 경찰법상의 허가제로서 대표적인 것이 바로 건축법상의 건축허가이다. 건축경찰법이란 건축물로부터 발생하는 위험을 방지하기 위해 국민의 재산권을 제한하는 공법규정을 말하는 것으로 강학상의 개념이다. 그러나 현행 건축법에는 재난방지요건, 방화요건 등 건축경찰법적 성격의 규정뿐 아니라 건폐율, 용적률, 용도제한 등 도시계획법적 성격의 규정이 혼재한다.

나. 건축허가 기속행위

판례는 건축허가를 기속행위로 보고 있다(대법원 1996. 3. 8. 선고 95누7451 판결, 1995. 12. 12. 선고 95누9051 판결, 1995. 6. 13. 선고 94다56883 판결, 2005. 7. 14. 선고 2004두6181 판결). 이는 행정청의 입장에서는 건축법 등이 정하고 있는 제한 사유 이외의 사유로는 건축허가를 임의로 거부할 수 없다는 것을 의미하고, 건축주의 입장에서는 허가요건을 충족하는 한 언제나 건축허가를 받을 수 있다는 것을 뜻한다.

한편, 현행 건축법 제11조 제5항[2]은 건축법상의 건축허가를 받으면, 다른 법률에서 정하는 처분들이 같이 발급되는 것으로 의제하고 있는데, 제3호의 국토의 계획 및 이용에 관한 법률 제56조의 규정에 의한 개발행위에는 토지형질변경행위가 포함되고, 판례[3]는 일관하여 토지형질변경행위를 재량행위로 보고 있으므로, 국토의 계획 및 이용에 관한 법률에 의한 토지형질변경허가가 역시 재량행위라고 보아야 할 것인바, 결국 기속행위인 건축법상의 건축허가를 받으면 재량행위인 도시계획법상의 건축허가(개발행위허가)가 의제되는 결과를 가져온다. 이러한 점에 비추어 볼 때 대법원 판례가 기속행위라고 하는 건축허가는 강학상의 건축경찰법상의 건축허가를 의미한다고 보아야 하며, 일률적으로 건축허가를 거부하기 위해서는 법령에 명시적인 근거가 있어야 한다.

판례도, 국토계획법상 도시지역에서 토지의 형질변경행위를 수반하는 건축허가는 건축법 제8조 제1항의 규정에 의한 건축허가와 국토계획법 제56조 제1항 제2호의 규정에 의한 토지의 형질변경허가의 성질을 아울러 갖는 것으로 보아야 할 것이고, 국토계획법 제58조 제1항 제4호, 제3항, 국토계획법 시행령 제56조 제1항 [별표 1의2] 제1호 (가)목 (3), (라)목 (1), (마)목 (1)의 각 규정을 종합하면, 국토계획법 제56조 제1항 제2호의 규정에 의한 토지의 형질변경허가는 그 금지요건이 불확정개념으로 규정되어 있어 그에 해당하

---

2) 제11조 (건축허가) ⑤ 제1항에 따른 건축허가를 받으면 다음 각 호의 허가 등을 받거나 신고를 한 것으로 보며, 공장건축물의 경우에는 「산업집적활성화 및 공장설립에 관한 법률」 제13조의2와 제14조에 따라 관련 법률의 인·허가등이나 허가등을 받은 것으로 본다. <개정 2020.3.31>
   3. 「국토의 계획 및 이용에 관한 법률」 제56조에 따른 개발행위허가
   5. 「산지관리법」 제14조와 제15조에 따른 산지전용허가와 산지전용신고, 같은 법 제15조의2에 따른 산지일시사용허가·신고. 다만, 보전산지인 경우에는 도시지역만 해당된다.
   7. 「농지법」 제34조, 제35조 및 제43조에 따른 농지전용허가·신고 및 협의

3) 대법원 2003. 11. 14. 선고 2002두3379 판결, 대법원 1994. 4. 12. 선고 93누20825 판결, 1995. 3. 10. 선고 94누5298 판결 등 참조.

는지 판단하는데 행정청에 재량을 부여하고 있다 할 것이므로, 국토계획법상 도시지역에서 토지의 형질변경행위를 수반하는 건축허가는 결국 재량행위에 속한다(대법원 2005. 7. 14. 선고 2004두6181 판결).

다. 건축법상 건축허가 대상

건축법상 건축허가의 대상이 되는 행위는 건축물의 건축행위이다. 건축법 제8조는 모든 건축물을 허가의 대상으로 정하는 태도를 취하지 않고, 한정적으로 나열된 건축물에 대해서만 건축허가를 받도록 정하고 있다. 예외적으로 소규모 건축물이거나 경미한 건축행위 등 통제의 필요성이 높지 않은 경우에는 건축신고로 건축허가가 대체된다(건축법 제9조 제1항).

국토계획법 제56조 제1항 제1호는 건축물의 건축을 개발행위로 규정하면서 개발행위를 하려는 자는 행정청으로부터 개발행위허가를 받아야 한다고 규정하고 있으므로, 건축허가를 받으려는 자는 건축법상의 건축허가와 동시에 국토계획법상의 개발행위허가까지 받아야 한다. 그런데 국토계획법 제58조 제1항에서는 개발행위허가의 기준으로, 용도지역별 특성을 고려하여 대통령령으로 정하는 개발행위의 규모에 적합할 것(제1호), 도시・군관리계획의 내용에 어긋나지 아니할 것(제2호), 도시・군계획사업의 시행에 지장이 없을 것(제3호), 주변지역의 토지이용실태 또는 토지이용계획, 건축물의 높이, 토지의 경사도, 수목의 상태, 물의 배수, 하천・호수・습지의 배수 등 주변환경이나 경관과 조화를 이룰 것(제4호), 해당 개발행위에 따른 기반시설의 설치나 그에 필요한 용지의 확보계획이 적절할 것(제5호) 등을 요구하고, 시행령 제56조 별로 검토할 사항을 규정하고 있다.

라. 인・허가 사항

건축법 제11조 제5항은 제1항에 따른 건축허가를 받으면 각호의 허가 등을 받거나 신고한 것으로 본다는 규정을 두고 있다.

건축허가에 따라 의제되는 허가나 신고는 건축법 제20조 제2항에 따른 공사용 가설건축물의 축조신고, 제83조에 따른 공작물의 축조신고, 국토계획법 제56조에 따른 개발행위허가, 같은 법 제86조 제5항에 따른 시행자의 지정과 제88조 제2항에 따른 실시계획의 인가, 산지관리법 제14조와 제15조에 따른 산지전용허가와 산지전용신고, 같은 법 제15조의2에 따른 산지일시사용허가・신고, 사도법 제4조에 따른 사도개설허가, 농지법 제34조, 제35조, 제43조에 따른 농지전용허가・신고 및 협의, 도로법 제38조에 따른 도로의 점용허가, 도로법 제34조와 제64조 제2항에 따른 비관리청 공사시행 허가와 도로의 점용허가, 도로법 제34조와 제64조 제2항에 따른 비관리청 공사시행 허가와 도로의 연결허가, 하천법 제33조에 따른 하천점용 등의 허가 등이다.

2. 청구인 적격

가. 행정처분

법 제12조는 "취소소송은 처분 등의 취소를 구할 법률상 이익이 있는 자가 제기할 수 있다.

법 제35조는 "무효 등 확인소송은 처분 등의 효력 유무 또는 존재 여부의 확인을 구할 법률상 이익이 있는 자가 제기할 수 있다"고 규정하고 있다. 따라서 처분의 상대방이 아닌 제3자라도 처분 등의 무효 또는 취소를 구할 법률상 이익이 있으면 원고 적격을 가질 수 있다.

행정처분의 상대방이 아닌 제3자라도 당해 처분으로 인하여 법률상 보호되는 이익을 침해당한 경우에는 그 처분의 취소 또는 변경을 구하는 행정심판을 제기하여 그 당부의 판단을 받을 법률상 자격이 있다 할 것이나(법률상 이익구제설), 여기서 말하는 법률상의 이익이란 당해 처분의 근거 법률에 의하여 보호되는 직접적이고 구체적인 이익이 있는 경우를 말한다. 그리고 당해 처분의 근거 법규 및 관련 법규에 의하여 보호되는 법률상 이익이란, ① 당해 처분의 근거 법규(근거 법규가 타 법령을 인용함으로 인하여 근거 법규가 된 경우까지를 아울러 포함한다)의 명문 규정에 의하여 보호받는 법률상 이익, ② 당해 처분의 근거 법규에 의하여 보호되지는 아니하나 당해 처분의 행정 목적을 달성하기 위한 일련의 단계적인 관련 처분들의 근거 법규에 의하여 명시적으로 보호받는 법률상 이익 등을 말한다(대법원 1998. 4. 24. 선고 97누3286 판결, 1998. 9. 4. 선고 97누19588 판결, 1998. 9. 22. 선고 97누19571 판결, 1998. 10. 20. 선고 97누5503 판결, 2006. 3. 16. 선고 2006두330 전원합의체 판결 등 참조).

간접적이거나 사실적·경제적인 이익까지 이에 포함되는 것은 아니라고 하고 있다(대법원 2006. 5. 25. 선고 2003두11988 판결).

따라서 건축허가처분의 직접 상대방이 아닌 제3자도 법률상 보호받는 이익을 건축허가로 침해당하는 경우에는 건축허가처분의 무효 또는 취소를 구할 수 있을 것인데 이러한 법률상 보호 이익으로는 소유권, 일조권, 주위토지통행권, 소유권 등에 기한 방해금지청구권 등을 들 수 있다.

나. 건축법상의 인근 주민 보호적 성격의 규정

(1) 일조 등 이격거리 제한규정

(가) 건축법

제61조 (일조 등의 확보를 위한 건축물의 높이 제한) ① 전용주거지역과 일반주거지역 안에서 건축하는 건축물의 높이는 일조 등의 확보를 위하여 정북방향(정북방향)의 인접 대지경계선으로부터의 거리에 따라 대통령령으로 정하는 높이

이하로 하여야 한다. <개정 2022.2.3>

② 다음 각 호의 어느 하나에 해당하는 공동주택(일반상업지역과 중심상업지역에 건축하는 것은 제외한다)은 채광(채광) 등의 확보를 위하여 대통령령으로 정하는 높이 이하로 하여야 한다. <개정 2013.5.10>

1. 인접 대지경계선 등의 방향으로 채광을 위한 창문 등을 두는 경우
2. 하나의 대지에 두 동(동) 이상을 건축하는 경우

③ 다음 각 호의 어느 하나에 해당하면 제1항에도 불구하고 건축물의 높이를 정남(정남)방향의 인접 대지경계선으로부터의 거리에 따라 대통령령으로 정하는 높이 이하로 할 수 있다. <개정 2017.2.8>

1. 「택지개발촉진법」 제3조에 따른 택지개발지구인 경우
2. 「주택법」 제15조에 따른 대지조성사업지구인 경우
3. 「지역 개발 및 지원에 관한 법률」 제11조에 따른 지역개발사업구역인 경우
4. 「산업입지 및 개발에 관한 법률」 제6조, 제7조, 제7조의2 및 제8조에 따른 국가산업단지, 일반산업단지, 도시첨단산업단지 및 농공단지인 경우
5. 「도시개발법」 제2조제1항제1호에 따른 도시개발구역인 경우
6. 「도시 및 주거환경정비법」 제8조에 따른 정비구역인 경우
7. 정북방향으로 도로, 공원, 하천 등 건축이 금지된 공지에 접하는 대지인 경우
8. 정북방향으로 접하고 있는 대지의 소유자와 합의한 경우나 그 밖에 대통령령으로 정하는 경우

④ 2층 이하로서 높이가 8미터 이하인 건축물에는 해당 지방자치단체의 조례로 정하는 바에 따라 제1항부터 제3항까지의 규정을 적용하지 아니할 수 있다.

(나) 건축법 시행령

제86조 (일조 등의 확보를 위한 건축물의 높이 제한) ① 전용주거지역이나 일반주거지역에서 건축물을 건축하는 경우에는 법 제61조제1항에 따라 건축물의 각 부분을 정북(정북) 방향으로의 인접 대지경계선으로부터 다음 각 호의 범위에서 건축조례로 정하는 거리 이상을 띄어 건축하여야 한다. <개정 2015.7.6, 2023.9.12>

1. 높이 10미터 이하인 부분: 인접 대지경계선으로부터 1.5미터 이상
2. 높이 10미터를 초과하는 부분: 인접 대지경계선으로부터 해당 건축물 각 부분 높이의 2분의 1 이상

② 다음 각 호의 어느 하나에 해당하는 경우에는 제1항을 적용하지 아니한다. <신설 2015.7.6, 2016.5.17, 2016.7.19, 2017.12.29>

1. 다음 각 목의 어느 하나에 해당하는 구역 안의 대지 상호간에 건축하는 건축물로서 해당 대지가 너비 20미터 이상의 도로(자동차·보행자·자전거 전용도로를 포함하며, 도로에 공공공지, 녹지, 광장, 그 밖에 건축미관에 지장이 없는 도시·군계획시설이 접한 경우 해당 시설을 포함한다)에 접한 경우
   가. 「국토의 계획 및 이용에 관한 법률」 제51조에 따른 지구단위계획구역, 같은 법 제37조제1항제1호에 따른 경관지구
   나. 「경관법」 제9조제1항제4호에 따른 중점경관관리구역
   다. 법 제77조의2제1항에 따른 특별가로구역
   라. 도시미관 향상을 위하여 허가권자가 지정·공고하는 구역
2. 건축협정구역 안에서 대지 상호간에 건축하는 건축물(법 제77조의4제1항에 따른 건축협정에 일정 거리 이상을 띄어 건축하는 내용이 포함된 경우만 해당한다)의 경우
3. 건축물의 정북 방향의 인접 대지가 전용주거지역이나 일반주거지역이 아닌 용도지역에 해당하는 경우

③ 법 제61조제2항에 따라 공동주택은 다음 각 호의 기준을 충족해야 한다. 다만, 채광을 위한 창문 등이 있는 벽면에서 직각 방향으로 인접 대지경계선까지의 수평거리가 1미터 이상으로서 건축조례로 정하는 거리 이상인 다세대주택은 제1호를 적용하지 않는다. <개정 2009.7.16, 2013.5.31, 2015.7.6, 2021.11.2, 2024.6.18>

1. 건축물(기숙사는 제외한다)의 각 부분의 높이는 그 부분으로부터 채광을 위한 창문 등이 있는 벽면에서 직각 방향으로 인접 대지경계선까지의 수평거리의 2배(근린상업지역 또는 준주거지역의 건축물은 4배) 이하로 할 것
2. 같은 대지에서 두 동(동) 이상의 건축물이 서로 마주보고 있는 경우(한 동의 건축물 각 부분이 서로 마주보고 있는 경우를 포함한다)에 건축물 각 부분 사이의 거리는 다음 각 목의 거리 이상을 띄어 건축할 것. 다만, 그 대지의 모든 세대가 동지(동지)를 기준으로 9시에서 15시 사이에 2시간 이상을 계속하여 일조(일조)를 확보할 수 있는 거리 이상으로 할 수 있다.
   가. 채광을 위한 창문 등이 있는 벽면으로부터 직각방향으로 건축물 각 부분 높이의 0.5배(도시형 생활주택의 경우에는 0.25배) 이상의 범위에서 건축조례로 정하는 거리 이상
   나. 가목에도 불구하고 서로 마주보는 건축물 중 높은 건축물(높은 건축물을 중심으로 마주보는 두 동의 축이 시계방향으로 정동에서 정서 방향

인 경우만 해당한다)의 주된 개구부(거실과 주된 침실이 있는 부분의 개구부를 말한다)의 방향이 낮은 건축물을 향하는 경우에는 10미터 이상으로서 낮은 건축물 각 부분의 높이의 0.5배(도시형 생활주택의 경우에는 0.25배) 이상의 범위에서 건축조례로 정하는 거리 이상

다. 가목에도 불구하고 건축물과 부대시설 또는 복리시설이 서로 마주보고 있는 경우에는 부대시설 또는 복리시설 각 부분 높이의 1배 이상

라. 채광창(창넓이가 0.5제곱미터 이상인 창을 말한다)이 없는 벽면과 측벽이 마주보는 경우에는 8미터 이상

마. 측벽과 측벽이 마주보는 경우[마주보는 측벽 중 하나의 측벽에 채광을 위한 창문 등이 설치되어 있지 아니한 바닥면적 3제곱미터 이하의 발코니(출입을 위한 개구부를 포함한다)를 설치하는 경우를 포함한다]에는 4미터 이상

3. 주택단지에 두 동 이상의 건축물이 법 제2조제1항제11호에 따른 도로를 사이에 두고 서로 마주보고 있는 경우에는 제2호가목부터 다목까지의 규정을 적용하지 아니하되, 해당 도로의 중심선을 인접 대지경계선으로 보아 제1호를 적용한다.

④ 법 제61조제3항 각 호 외의 부분에서 "대통령령으로 정하는 높이"란 제1항에 따른 높이의 범위에서 특별자치시장·특별자치도지사 또는 시장·군수·구청장이 정하여 고시하는 높이를 말한다. <개정 2014.10.14, 2015.7.6>

⑤ 특별자치시장·특별자치도지사 또는 시장·군수·구청장은 제4항에 따라 건축물의 높이를 고시하려면 국토교통부령으로 정하는 바에 따라 미리 해당 지역주민의 의견을 들어야 한다. 다만, 법 제61조제3항제1호부터 제6호까지의 어느 하나에 해당하는 지역인 경우로서 건축위원회의 심의를 거친 경우에는 그러하지 아니하다. <개정 2013.3.23, 2014.10.14, 2015.7.6, 2016.5.17>

⑥ 제1항부터 제5항까지를 적용할 때 건축물을 건축하려는 대지와 다른 대지 사이에 다음 각 호의 시설 또는 부지가 있는 경우에는 그 반대편의 대지경계선(공동주택은 인접 대지경계선과 그 반대편 대지경계선의 중심선)을 인접 대지경계선으로 한다. <개정 2009.7.16, 2014.11.11, 2015.7.6, 2016.5.17, 2021.11.2>

1. 공원(「도시공원 및 녹지 등에 관한 법률」 제2조제3호에 따른 도시공원 중 지방건축위원회의 심의를 거쳐 허가권자가 공원의 일조 등을 확보할 필요가 있다고 인정하는 공원은 제외한다), 도로, 철도, 하천, 광장, 공공공지, 녹지, 유수지, 자동차 전용도로, 유원지
2. 다음 각 목에 해당하는 대지(건축물이 없는 경우로 한정한다)

가. 너비(대지경계선에서 가장 가까운 거리를 말한다)가 2미터 이하인 대지
나. 면적이 제80조 각 호에 따른 분할제한 기준 이하인 대지
3. 제1호 및 제2호 외에 건축이 허용되지 아니하는 공지

⑦ 제1항부터 제5항까지의 규정을 적용할 때 건축물(공동주택으로 한정한다)을 건축하려는 하나의 대지 사이에 제6항 각 호의 시설 또는 부지가 있는 경우에는 지방건축위원회의 심의를 거쳐 제6항 각 호의 시설 또는 부지를 기준으로 마주하고 있는 해당 대지의 경계선의 중심선을 인접 대지경계선으로 할 수 있다. <신설 2018.9.4>

(다) 민사상 일조권 보호와 관련하여

판례는 건축허가 또는 아파트사업계획승인이 모든 건축관계 법령에 따라 적법하게 발급된 것이라 하여도 그로 인한 일조권의 침해가 사회적 수인한도를 넘는 한 불법행위로 구성하는 것으로 판단하고 있다(대법원 2000. 5. 16. 선고 98다56997 판결 등).

건축허가요건을 모두 충족한 건축허가를 받아 허가받은 내용대로 건축물을 건축하더라도 경우에 따라서는(수인한도를 넘는 일조권 침해가 있는 경우에는) 민사상 불법행위가 성립하고, 방해예방 내지 배제청구권으로서의 공사중지청구 또는 건물철거청구가 가능할 수도 있다는 것이다.

(2) 건폐율 제한규정

(가) 건폐율은 대지면적에 대한 건축면적의 비율을 말하는데, 각 건축물의 대지에 최소한의 공지를 확보하여 일조·채광·통풍을 얻게 하고, 화재시의 인접한 건축물과의 연소방지와 소방·재해 시의 피난 등을 용이하게 할 뿐만 아니라 도시의 평면적인 과밀화를 억제하여 도시의 쾌적한 생활환경을 보호하고 한정된 토지자원을 효율적으로 활용하기 위해 용도지역·지구에 따라 달리 정하고 있다.[4]

(나) 건축법

제55조 (건축물의 건폐율) 대지면적에 대한 건축면적[5](대지에 건축물이 둘 이상 있는 경우에는 이들 건축면적의 합계로 한다)의 비율(이하 "건폐율"이라 한다)의 최대한도는 「국토의 계획 및 이용에 관한 법률」 제77조에 따른 건폐율의 기준에 따른다. 다만, 이 법에서 기준을 완화하거나 강화하여 적용하도록 규정한 경우에는 그에 따른다.

---

4) 윤혁경, 건축법·조례 해설(개정증보판), 지문당(2004), 1-1223면.

5) 건축법 시행령 제119조 (면적 등의 산정방법) ① 법 제84조에 따라 건축물의 면적·높이 및 층수 등은 다음 각 호의 방법에 따라 산정한다. <개정 2024. 6. 18.>
2. 건축면적: 건축물의 외벽(외벽이 없는 경우에는 외곽 부분의 기둥으로 한다. 이하 이 호에서 같다)의 중심선으로 둘러싸인 부분의 수평투영면적으로 한다. 다만, 다음 각 목의 어느 하나에 해당하는 경우에는 해당 목에서 정하는 기준에 따라 산정한다.

(다) 대법원이 “건축관계 법령상 건폐율에 관한 규정을 둔 것은 당해 토지와 인근 토지의 이용관계를 조절하고, 토지의 규모나 도로사정 등을 고려하여 토지의 적정한 이용을 확보하기 위한 데 있다고 할 것이다” (대법원 1995. 2. 28. 선고 94누 12180 판결)

(3) 용적률 제한규정

(가) 용적률은 대지면적에 대한 건축물의 연면적(지상층 연면적) 비율을 말하는데, 지역·지구 등 도시관리수단과 기반시설·도시경관 등을 감안한 입체적인 제어수단으로 한정된 토지를 효율적으로 이용하고, 도시과밀화를 억제하여 쾌적한 생활환경을 보호하기 위하여 용적률을 제한하고 있다.

(나) 건축법 규정

제56조 (건축물의 용적률) 대지면적에 대한 연면적(대지에 건축물이 둘 이상 있는 경우에는 이들 연면적의 합계로 한다)의 비율(이하 “용적률”이라 한다)의 최대한도는 「국토의 계획 및 이용에 관한 법률」 제78조에 따른 용적률의 기준에 따른다. 다만, 이 법에서 기준을 완화하거나 강화하여 적용하도록 규정한 경우에는 그에 따른다.

3. 심리와 관련

가. 위법판단의 기준시

위법판단의 기준시는 처분시인 건축허가시이다. 설계가 변경되어 건축허가 변경허가를 받는 경우에도 변경허가의 위법 여부는 각 변경허가시를 기준으로 판단하여야 한다.

나. 제소기간

건축허가가 있음을 안 날로부터 90일 이내에, 건축허가가 있은 날로부터 1년 이내에 제기하여야 한다. 변경허가의 경우도 마찬가지다.

다. 입증책임

일조 등의 확보를 위한 건축물의 높이(이격거리)제한에 있어서 건축물의 높이는 건축물의 대지의 지표면을 기준으로 산정하고, 지표면에 고저차가 있는 경우에는 건축물의 주위가 접하는 각 지표면 부분의 높이를 당해 지표면부분의 수평거리에 따라 가중평균한 높이의 수평면을 지표면으로 보며, 건축물의 대지의 지표면과 인접대지의 지표면 간에 고저 차가 있는 경우에는 그 지표면의 평균수평면을 지표면으로 보아 이를 기점으로 건축물의 높이(이격거리)를 산정한다(건축법 제73조, 건축법 시행령 제119조 제1항 제5호 (나)목, 제2항)6), 평균수평면이 낮을수록 건축물의 높이가 높아지는 효과가 생겨 법정 이격거리가 길

6) 건축법 제84조 (면적·높이 및 층수의 산정) 건축물의 대지면적, 연면적, 바닥면적, 높이, 처마, 천장, 바닥 및 층수의 산정방법은 대통령령으로 정한다.

건축법 시행령 제119조(면적 등의 산정방법) ① 법 제84조에 따라 건축물의 면적·높이 및 층수 등은 다음 각 호의 방법에 따라 산정한다. <개정 2025.8.26>

1. 대지면적: 대지의 수평투영면적으로 한다. 다만, 다음 각 목의 어느 하나에 해당하는 면적은 제외한다.
   가. 법 제46조제1항 단서에 따라 대지에 건축선이 정하여진 경우: 그 건축선과 도로 사이의 대지면적
   나. 대지에 도시·군계획시설인 도로·공원 등이 있는 경우: 그 도시·군계획시설에 포함되는 대지(「국토의 계획 및 이용에 관한 법률」 제47조제7항에 따라 건축물 또는 공작물을 설치하는 도시·군계획시설의 부지는 제외한다)면적
2. 건축면적: 건축물의 외벽(외벽이 없는 경우에는 외곽 부분의 기둥으로 한다. 이하 이 호에서 같다)의 중심선으로 둘러싸인 부분의 수평투영면적으로 한다. 다만, 다음 각 목의 어느 하나에 해당하는 경우에는 해당 목에서 정하는 기준에 따라 산정한다.
   가. 처마, 차양, 부연(부연), 그 밖에 이와 비슷한 것으로서 그 외벽의 중심선으로부터 수평거리 1미터 이상 돌출된 부분이 있는 건축물의 건축면적은 그 돌출된 끝부분으로부터 다음의 구분에 따른 수평거리를 후퇴한 선으로 둘러싸인 부분의 수평투영면적으로 한다. 1) 「전통사찰의 보존 및 지원에 관한 법률」 제2조제1호에 따른 전통사찰: 4미터 이하의 범위에서 외벽의 중심선까지의 거리 2) 사료 투여, 가축 이동 및 가축 분뇨 유출 방지 등을 위하여 처마, 차양, 부연, 그 밖에 이와 비슷한 것이 설치된 축사: 3미터 이하의 범위에서 외벽의 중심선까지의 거리(두 동의 축사가 하나의 차양으로 연결된 경우에는 6미터 이하의 범위에서 축사 양 외벽의 중심선까지의 거리를 말한다) 3) 한옥: 2미터 이하의 범위에서 외벽의 중심선까지의 거리 4) 「환경친화적자동차의 개발 및 보급 촉진에 관한 법률 시행령」 제18조의5에 따른 충전시설(그에 딸린 충전 전용 주차구획을 포함한다)의 설치를 목적으로 처마, 차양, 부연, 그 밖에 이와 비슷한 것이 설치된 공동주택(「주택법」 제15조에 따른 사업계획승인 대상으로 한정한다): 2미터 이하의 범위에서 외벽의 중심선까지의 거리 5) 「신에너지 및 재생에너지 개발·이용·보급 촉진법」 제2조제3호에 따른 신·재생에너지 설비(신·재생에너지를 생산하거나 이용하기 위한 것만 해당한다)를 설치하기 위하여 처마, 차양, 부연, 그 밖에 이와 비슷한 것이 설치된 건축물로서 「녹색건축물 조성 지원법」 제17조에 따른 제로에너지건축물 인증을 받은 건축물: 2미터 이하의 범위에서 외벽의 중심선까지의 거리 6) 「환경친화적 자동차의 개발 및 보급 촉진에 관한 법률」 제2조제9호의 수소연료공급시설을 설치하기 위하여 처마, 차양, 부연 그 밖에 이와 비슷한 것이 설치된 별표 1 제19호가목의 주유소, 같은 호 나목의 액화석유가스 충전소 또는 같은 호 바목의 고압가스 충전소: 2미터 이하의 범위에서 외벽의 중심선까지의 거리 7) 그 밖의 건축물: 1미터
   나. 다음의 건축물의 건축면적은 국토교통부령으로 정하는 바에 따라 산정한다. 1) 태양열을 주된 에너지원으로 이용하는 주택 2) 창고 또는 공장 중 물품을 입출고하는 부위의 상부에 한쪽 끝은 고정되고 다른 쪽 끝은 지지되지 않는 구조로 설치된 돌출차양 3) 단열재를 구조체의 외기측에 설치하는 단열공법으로 건축된 건축물
   다. 다음의 경우에는 건축면적에 산입하지 않는다. 1) 지표면으로부터 1미터 이하에 있는 부분(창고 중 물품을 입출고하기 위하여 차량을 접안시키는 부분의 경우에는 지표면으로부터 1.5미터 이하에 있는 부분) 2) 「다중이용업소의 안전관리에 관한 특별법 시행령」 제9조에 따라 기존의 다중이용업소(2004년 5월 29일 이전의 것만 해당한다)의 비상구에 연결하여 설치하는 폭 2미터 이하의 옥외 피난계단(기존 건축물에 옥외 피난계단을 설치함으로써 법 제55조에 따른 건폐율의 기준에 적합하지 아니하게 된 경우만 해당한다) 3) 건축물 지상층에 일반인이나 차량이 통행할 수 있도록 설치한 보행통로나 차량통로 4) 지하주차장의 경사로 5) 건축물 지하층의 출입구 상부(출입구 너비에 상당하는 규모의 부분을 말한다) 6) 생활폐기물 보관시설(음식물쓰레기, 의류 등의 수거시설을 말한다. 이하 같다) 7) 「영유아보육법」 제15조에 따른 어린이집(2005년 1월 29일 이전에 설치된 것만 해당한다)의 비상구에 연결하여 설치하는 폭 2미터 이하의 영유아용 대피용 미끄럼대 또는 비상계단(기존 건축물에 영유아용 대피용 미끄럼대 또는 비상계단을 설치함으로써 법 제55조에 따른 건폐율 기준에 적합하지 아니하게 된 경우만 해당한다) 8) 「장애인·노인·임산부 등의 편의증진 보장에 관한 법률 시행령」 별표 2의 기준에 따라 설치하는 장애인용 승강기(이하 "장애인용 승강기"라 한다), 장애인용 에스컬레이터, 휠체어리프트 또는 경사로 9) 「가축전염병 예방법」 제17조제1항제1호에 따른 소독설비를 갖추기 위하여 같은 호에 따른 가축사육시설(2015년 4월 27일 전에 건축되거나 설치된 가축사육시설로 한정한다)에서 설치하는 시설 10) 「매장유산 보호 및 조사에 관한 법률」 제14조제1항제1호 및 제2호에 따른 현지보존 및 이전보존을 위하여 매장유산 보호 및 전시에 전용되는 부분 11) 「가축분뇨의 관리 및 이용에 관한 법률」 제12조제1항에 따른 처리시설(법률 제12516호 가축분뇨의 관리 및 이용에 관한 법률 일부개정법률 부칙 제9조에 해당하는 배출시설의 처리시설로 한정한다) 12) 「영유아보육법」 제15조에 따른 설치기준에 따라 직통계단 1개소를 갈음하여 건축물의 외부에 설치하는 비상계단(같은 조에 따른 어린이집이 2011년 4월 6일 이전에 설치된 경우로서 기존 건축물에 비상계단을 설치함으로써 법 제55조에 따른 건폐율 기준에 적합하지 않게 된 경우만 해당한다)
3. 바닥면적: 건축물의 각 층 또는 그 일부로서 벽, 기둥, 그 밖에 이와 비슷한 구획의 중심선으로 둘러싸인 부분의 수평투영면적으로 한다. 다만, 다음 각 목의 어느 하나에 해당하는 경우에는 각 목에서 정하는 바에 따른다.
   가. 벽·기둥의 구획이 없는 건축물은 그 지붕 끝부분으로부터 수평거리 1미터를 후퇴한 선으로 둘러싸인 수평투영면

적으로 한다.

나. 건축물의 노대등의 바닥은 난간 등의 설치 여부에 관계없이 노대등의 면적(외벽의 중심선으로부터 노대등의 끝부분까지의 면적을 말한다)에서 노대등이 접한 가장 긴 외벽에 접한 길이에 1.5미터를 곱한 값을 뺀 면적을 바닥면적에 산입한다.

다. 필로티나 그 밖에 이와 비슷한 구조(벽면적의 2분의 1 이상이 그 층의 바닥면에서 위층 바닥 아래면까지 공간으로 된 것만 해당한다)의 부분은 그 부분이 공중의 통행이나 차량의 통행 또는 주차에 전용되는 경우와 공동주택의 경우에는 바닥면적에 산입하지 아니한다.

라. 승강기탑(옥상 출입용 승강장을 포함한다. 이하 같다), 계단탑, 장식탑, 다락[층고(층고)가 1.5미터(경사진 형태의 지붕인 경우에는 1.8미터) 이하인 것만 해당한다], 건축물의 내부에 설치하는 냉방설비 배기장치 전용 설치공간(각 세대나 실별로 외부 공기에 직접 닿는 곳에 설치하는 경우로서 1제곱미터 이하로 한정한다), 건축물의 외부 또는 내부에 설치하는 굴뚝, 더스트슈트, 설비덕트, 그 밖에 이와 비슷한 것과 옥상·옥외 또는 지하에 설치하는 물탱크, 기름탱크, 냉각탑, 정화조, 도시가스 정압기, 그 밖에 이와 비슷한 것을 설치하기 위한 구조물과 건축물간에 화물의 이동에 이용되는 컨베이어벨트만을 설치하기 위한 구조물은 바닥면적에 산입하지 않는다.

마. 공동주택으로서 지상층에 설치한 기계실, 전기실, 어린이놀이터, 조경시설 및 생활폐기물 보관시설의 면적은 바닥면적에 산입하지 않는다.

바. 「다중이용업소의 안전관리에 관한 특별법 시행령」 제9조에 따라 기존의 다중이용업소(2004년 5월 29일 이전의 것만 해당한다)의 비상구에 연결하여 설치하는 폭 1.5미터 이하의 옥외 피난계단(기존 건축물에 옥외 피난계단을 설치함으로써 법 제56조에 따른 용적률에 적합하지 아니하게 된 경우만 해당한다)은 바닥면적에 산입하지 아니한다.

사. 제6조제1항제6호에 따른 건축물을 리모델링하는 경우로서 미관 향상, 열의 손실 방지 등을 위하여 외벽에 부가하여 마감재 등을 설치하는 부분은 바닥면적에 산입하지 아니한다.

아. 제1항제2호나목3)의 건축물의 경우에는 단열재가 설치된 외벽 중 내측 내력벽의 중심선을 기준으로 산정한 면적을 바닥면적으로 한다.

자. 「영유아보육법」 제15조에 따른 어린이집(2005년 1월 29일 이전에 설치된 것만 해당한다)의 비상구에 연결하여 설치하는 폭 2미터 이하의 영유아용 대피용 미끄럼대 또는 비상계단의 면적은 바닥면적(기존 건축물에 영유아용 대피용 미끄럼대 또는 비상계단을 설치함으로써 법 제56조에 따른 용적률 기준에 적합하지 아니하게 된 경우만 해당한다)에 산입하지 아니한다.

차. 「장애인·노인·임산부 등의 편의증진 보장에 관한 법률 시행령」 별표 2의 기준에 따라 설치하는 장애인용 승강기, 장애인용 에스컬레이터, 휠체어리프트 또는 경사로는 바닥면적에 산입하지 아니한다.

카. 「가축전염병 예방법」 제17조제1항제1호에 따른 소독설비를 갖추기 위하여 같은 호에 따른 가축사육시설(2015년 4월 27일 전에 건축되거나 설치된 가축사육시설로 한정한다)에서 설치하는 시설은 바닥면적에 산입하지 아니한다.

타. 「매장유산 보호 및 조사에 관한 법률」 제14조제1항제1호 및 제2호에 따른 현지보존 및 이전보존을 위하여 매장유산 보호 및 전시에 전용되는 부분은 바닥면적에 산입하지 아니한다.

파. 「영유아보육법」 제15조에 따른 설치기준에 따라 직통계단 1개소를 갈음하여 건축물의 외부에 설치하는 비상계단의 면적은 바닥면적(같은 조에 따른 어린이집이 2011년 4월 6일 이전에 설치된 경우로서 기존 건축물에 비상계단을 설치함으로써 법 제56조에 따른 용적률 기준에 적합하지 않게 된 경우만 해당한다)에 산입하지 않는다.

하. 지하주차장의 경사로(지상층에서 지하 1층으로 내려가는 부분으로 한정한다)는 바닥면적에 산입하지 않는다.

거. 제46조제4항제3호에 따른 대피공간의 바닥면적은 건축물의 각 층 또는 그 일부로서 벽의 내부선으로 둘러싸인 부분의 수평투영면적으로 한다.

너. 제46조제5항제3호 또는 제4호에 따른 구조 또는 시설(해당 세대 밖으로 대피할 수 있는 구조 또는 시설만 해당한다)을 같은 조 제4항에 따른 대피공간에 설치하는 경우 또는 같은 조 제5항제4호에 따른 대체시설을 발코니(발코니의 외부에 접하는 경우를 포함한다. 이하 같다)에 설치하는 경우에는 해당 구조 또는 시설이 설치되는 대피공간 또는 발코니의 면적 중 다음의 구분에 따른 면적까지를 바닥면적에 산입하지 않는다. 1) 인접세대와 공동으로 설치하는 경우: 4제곱미터 2) 각 세대별로 설치하는 경우: 3제곱미터

4. 연면적: 하나의 건축물 각 층의 바닥면적의 합계로 하되, 용적률을 산정할 때에는 다음 각 목에 해당하는 면적은 제외한다.

가. 지하층의 면적

나. 지상층의 주차용(해당 건축물의 부속용도인 경우만 해당한다)으로 쓰는 면적

다. 삭제 <2012.12.12>

라. 삭제 <2012.12.12>

마. 제34조제3항 및 제4항에 따라 초고층 건축물과 준초고층 건축물에 설치하는 피난안전구역의 면적

바. 제40조제4항제2호에 따라 건축물의 경사지붕 아래에 설치하는 대피공간의 면적

5. 건축물의 높이: 지표면으로부터 그 건축물의 상단까지의 높이[건축물의 1층 전체에 필로티(건축물을 사용하기 위한 경비실, 계단실, 승강기실, 그 밖에 이와 비슷한 것을 포함한다)가 설치되어 있는 경우에는 법 제60조 및 법 제61조제2

게 산정되고(주변 대지를 기준으로 동일한 높이의 건축물이라도 평균수평면이 낮은 경우 높이 수치가 크게 되고 그 결과 인접 대지 경계로부터 띄어야 할 이격거리 수치 역시 커진다). 평균수평면이 높

항을 적용할 때 필로티의 층고를 제외한 높이]로 한다. 다만, 다음 각 목의 어느 하나에 해당하는 경우에는 각 목에서 정하는 바에 따른다.

가. 법 제60조에 따른 건축물의 높이는 전면도로의 중심선으로부터의 높이로 산정한다. 다만, 전면도로가 다음의 어느 하나에 해당하는 경우에는 그에 따라 산정한다. 1) 건축물의 대지에 접하는 전면도로의 노면에 고저차가 있는 경우에는 그 건축물이 접하는 범위의 전면도로부분의 수평거리에 따라 가중평균한 높이의 수평면을 전면도로면으로 본다. 2) 건축물의 대지의 지표면이 전면도로보다 높은 경우에는 그 고저차의 2분의 1의 높이만큼 올라온 위치에 그 전면도로의 면이 있는 것으로 본다.

나. 법 제61조에 따른 건축물 높이를 산정할 때 건축물 대지의 지표면과 인접 대지의 지표면 간에 고저차가 있는 경우에는 그 지표면의 평균 수평면을 지표면으로 본다. 다만, 법 제61조제2항에 따른 높이를 산정할 때 해당 대지가 인접 대지의 높이보다 낮은 경우에는 해당 대지의 지표면을 지표면으로 보고, 공동주택을 다른 용도와 복합하여 건축하는 경우에는 공동주택의 가장 낮은 부분을 그 건축물의 지표면으로 본다.

다. 건축물의 옥상에 설치되는 승강기탑[라목3)에 따른 장애인용 승강기의 승강기탑으로서 그 높이가 12미터 이하인 것은 제외한다]·계단탑·망루·장식탑·옥탑 등으로서 그 수평투영면적의 합계가 해당 건축물 건축면적의 8분의 1(「주택법」 제15조제1항에 따른 사업계획승인 대상인 공동주택 중 세대별 전용면적이 85제곱미터 이하인 경우에는 6분의 1) 이하인 경우로서 그 부분의 높이가 12미터를 넘는 경우에는 그 넘는 부분만 해당 건축물의 높이에 산입한다.

라. 다음에 해당하는 것은 그 건축물의 높이에 산입하지 않는다. 1) 지붕마루장식·굴뚝·방화벽의 옥상돌출부나 그 밖에 이와 비슷한 옥상돌출물 2) 난간벽(그 벽면적의 2분의 1 이상이 공간으로 되어 있는 것만 해당한다) 3) 장애인용 승강기의 승강기탑으로서 그 높이가 12미터 이하인 것

6. 처마높이: 지표면으로부터 건축물의 지붕틀 또는 이와 비슷한 수평재를 지지하는 벽·깔도리 또는 기둥의 상단까지의 높이로 한다.
7. 반자높이: 방의 바닥면으로부터 반자까지의 높이로 한다. 다만, 한 방에서 반자높이가 다른 부분이 있는 경우에는 그 각 부분의 반자면적에 따라 가중평균한 높이로 한다.
8. 층고: 방의 바닥구조체 윗면으로부터 위층 바닥구조체의 윗면까지의 높이로 한다. 다만, 한 방에서 층의 높이가 다른 부분이 있는 경우에는 그 각 부분 높이에 따른 면적에 따라 가중평균한 높이로 한다.
9. 층수: 다음 각 목에 해당하는 것은 건축물의 층수에 산입하지 않고, 층의 구분이 명확하지 않은 건축물은 그 건축물의 높이 4미터마다 하나의 층으로 보고 그 층수를 산정하며, 건축물이 부분에 따라 그 층수가 다른 경우에는 그 중 가장 많은 층수를 그 건축물의 층수로 본다.

가. 승강기탑(다목에 따른 장애인용 승강기의 승강기탑은 제외한다), 계단탑, 망루, 장식탑, 옥탑, 그 밖에 이와 비슷한 건축물의 옥상 부분으로서 그 수평투영면적의 합계가 해당 건축물 건축면적의 8분의 1(「주택법」 제15조제1항에 따른 사업계획승인 대상인 공동주택 중 세대별 전용면적이 85제곱미터 이하인 경우에는 6분의 1) 이하인 것

나. 지하층

다. 장애인용 승강기의 승강기탑

10. 지하층의 지표면: 법 제2조제1항제5호에 따른 지하층의 지표면은 각 층의 주위가 접하는 각 지표면 부분의 높이를 그 지표면 부분의 수평거리에 따라 가중평균한 높이의 수평면을 지표면으로 산정한다.

② 제1항 각 호(제10호는 제외한다)에 따른 기준에 따라 건축물의 면적·높이 및 층수 등을 산정할 때 지표면에 고저차가 있는 경우에는 건축물의 주위가 접하는 각 지표면 부분의 높이를 그 지표면 부분의 수평거리에 따라 가중평균한 높이의 수평면을 지표면으로 본다. 이 경우 그 고저차가 3미터를 넘는 경우에는 그 고저차 3미터 이내의 부분마다 그 지표면을 정한다.

③ 다음 각 호의 요건을 모두 갖춘 건축물의 건폐율을 산정할 때에는 제1항제2호에도 불구하고 지방건축위원회의 심의를 통해 제2호에 따른 개방 부분의 상부에 해당하는 면적을 건축면적에서 제외할 수 있다. <신설 2020.4.21>

1. 다음 각 목의 어느 하나에 해당하는 시설로서 해당 용도로 쓰는 바닥면적의 합계가 1천제곱미터 이상일 것

가. 문화 및 집회시설(공연장·관람장·전시장만 해당한다)

나. 교육연구시설(학교·연구소·도서관만 해당한다)

다. 수련시설 중 생활권 수련시설, 업무시설 중 공공업무시설

2. 지면과 접하는 저층의 일부를 높이 8미터 이상으로 개방하여 보행통로나 공지 등으로 활용할 수 있는 구조·형태일 것

④ 제1항제5호다목 또는 제1항제9호에 따른 수평투영면적의 산정은 제1항제2호에 따른 건축면적의 산정방법에 따른다. <개정 2020.4.21>

⑤ 국토교통부장관은 제1항부터 제4항까지에서 규정한 건축물의 면적, 높이 및 층수 등의 산정방법에 관한 구체적인 적용사례 및 적용방법 등을 작성하여 공개할 수 있다. <신설 2021.5.4>

을수록 건축물의 높이가 낮아지는 효과가 생겨 법정 이격거리가 짧게 산정되는 것인바, 건축허가가 이격거리 제한을 위반하지 않았다는 점을 입증하기 위하여는 건축물의 높이를 결정짓는 건축물의 대지의 지표면의 높이를 알아야 하는데, 인접 대지의 지표면은 변동이 없어 입증이 쉬울 것이나, 건축허가를 받은 대지는 보통의 경우 토지의 굴착공사로 인하여 현상이 변화되고, 건축허가 신청시에 지표면의 높이를 측량한 현황측량제도를 제출하는 것도 아니므로 보통의 경우 행정청이 건축공사 이전의 건축물의 대지의 지표면의 높이를 밝히기는 쉬운 일이 아니다.

4. 건축물 완공과 소의 이익 (권리보호의 이익)

가. 대법원은 일관하여 건축공사가 완공된 경우 건축허가처분의 취소를 구할 소의 이익이 없다고 판시하고 있다.

* 대법원 1981. 7. 28. 선고 81누53 판결 [건축허가처분취소] 건축허가된 부지가 원고들의 공유이고 동 부지에 대하여 아무런 권리없는 소외인에 대하여 되어진 위 건축허가처분이 당연무효라고 하더라도 소외인이 원심 변론종결전에 이미 건축공사를 완료하고 준공검사필증까지 교부받았다면 동 건축허가처분의 무효확인을 받아 건물의 건립을 저지할 수 있는 단계는 지났다고 할 것이니 위 허가처분의 무효확인을 소구할 법률상의 이익이 없다.
* 대법원 1987. 5. 12. 선고 87누98 판결 [건축허가처분취소] 가. 위법한 행정처분의 취소를 구하는 소는 위법한 처분에 의하여 발생한 위법상태를 배제하여 원상으로 회복시키고 그 처분으로 침해되거나 방해받은 권리와 이익을 보호 구제하고자 하는 소송이므로 비록 그 위법한 처분을 취소한다고 하더라도 원상회복이 불가능한 경우에는 그 취소를 구할 이익이 없다.

나. 건축허가처분이 민법 제242조 제1항 또는 건축법 제41조 제4항, 동법시행령(1985.8.16 대통령령 제11740호로 개정되기 전의 것) 제90조 제2항 소정의 이격거리를 두지 아니하고 건축물을 건축하도록 되어 있어 위법하다고 할지라도, 그 건축허가에 기하여 건축공사를 시행하여 원심 변론종결전에 그 준공검사까지 마쳤다면 위 건축허가처분의 취소를 받아 위와 같은 이격거리를 확보할 수 있는 단계는 이미 지났을 뿐만 아니라 위 처분이 취소된다 하여 위와 같은 이격거리가 확보되는 것도 아니므로 결국 위 건축허가처분의 취소를 소구할 법률상의 이익이 없다고 할 것이다.

* 대법원 1987. 9. 8. 선고 86누375 판결 [가설건축물허가처분취소] 갑이 도시계획상 도로예정지로 고시되어 있는 자기소유의 토지위에 가설건축물허가를 받아 원심변론종결전에 그 허가내용대로 가설건축물을 완공하였다면 위 토지에 이미 사실상의 도로가 개설되어 을경영의 기숙사로 출입하는 유일한 통행로로 이용되고 있어서 위 건축허가처분이 결과적으로 위 토지에 대한 을의 주위토지통행권을 침해하는 위법한 처분이라고 하더라도 을이 위 건축허가처분의 취소를 받아 위 가설건축물의 건립을 저지할 수 있는 단계는 이미 지났을 뿐만 아니라 을이 민사소송으로서 갑을 상대로 통로개설등 통행권침해의 배제를 구함에 있어

위 가설건축물 건축허가처분의 취소를 명하는 판결이 반드시 필요한 것도 아니므로 을로서는 위 가설건축물 건축허가처분의 취소를 소구할 법률상의 이익이 있다고는 할 수 없다.

* 대법원 1992. 4. 24. 선고 91누11131 판결 [건축허가취소] 건축허가가 건축법 소정의 이격거리를 두지 아니하고 건축물을 건축하도록 되어 있어 위법하다 하더라도 그 건축허가에 기하여 건축공사가 완료되었다면 그 건축허가를 받은 대지와 접한 대지의 소유자인 원고가 위 건축허가처분의 취소를 받아 이격거리를 확보할 단계는 지났으며 민사소송으로 위 건축물 등의 철거를 구하는 데 있어서도 위 처분의 취소가 필요한 것이 아니므로 원고로서는 위 처분의 취소를 구할 법률상의 이익이 없다고 한 사례.
* 대법원 1992. 4. 28. 선고 91누13441 판결 [교회건축허가처분취소] 건축허가된 부지가 건축법상의 도로로서 출입, 통행하는 데 이용하고 있어서 건축허가처분이 건축법상 보장된 통행권 또는 통행이익을 침해하는 처분이라 하더라도 건축공사를 완료하고 준공검사까지 받았다면 건축허가의 취소를 받아 건축물의 건립을 저지함으로써 통행권 또는 통행이익을 확보할 수 있는 단계는 이미 지났고, 또한 건축허가처분이 취소된다 하여 바로 통행권 또는 통행이익이 확보되는 것도 아니며 민사소송으로 건축물의 철거나 손해배상청구를 하는 경우 건축허가처분의 취소를 명하는 판결이 필요한 것도 아니므로 건축허가처분의 취소를 소구할 법률상 이익이 없다.
* 대법원 1992. 10. 27. 선고 91누9329 판결 [환지처분무효] 처분의 취소나 효력 유무의 확인을 구할 법률상 이익의 유무는 그 처분의 성립시나 소제기시가 아니라 사실심의 변론종결시를 기준으로 판단하여야 하는 것이므로 건축허가처분이 당연무효라고 하더라도 사실심의 변론종결시까지 건축허가에 터잡은 건축공사가 완료되어 준공검사까지 받았다면 건축허가처분의 무효확인을 구할 법률상 이익이 없다.
* 대법원 1993. 6. 8. 선고 91누11544 판결 [건축허가무효확인 등] 건축허가처분이 당연무효라 하더라도 허가처분을 받은 자가 원심변론종결 전에 건축공사를 완료하고 준공검사필증까지 교부받았다면 건축허가처분의 무효확인을 받아 건물의 건립을 저지할 수 있는 단계는 지났다고 할 것이므로 허가처분의 무효확인을 소구할 법률상 이익이 없다.
* 대법원 1994. 1. 14. 선고 93누20481 판결 [건축사용검사허가처분취소] 가. 위법한 행정처분의 취소를 구하는 소는 위법한 처분에 의하여 발생한 위법 상태를 배제하여 원상으로 회복시키고 그 처분으로 침해되거나 방해받은 권리와 이익을 보호 구제하고자 하는 소송이므로 비록 그 위법한 처분을 취소한다 하더라도 원상회복이 불가능한 경우에는 그 취소를 구할 이익이 없다.

  나. 건축허가가 건축법 소정의 최소대지면적 제한규정을 어긴 것으로서 위법하다 하더라도, 그 건축허가에 기하여 건축공사가 완료되었다면 인접대지의 소유자가 위 건축허가처분의 취소를 받아 위 최소대지면적 제한규정에 맞게 시정할 단계는 지났으며, 위 건축물의 철거를 구하는 데 있어서도 위 건축허가처분의 취소가 필요한 것이 아니므로 인접대지 소유자로서는 위 건축허가처분의 취소를 구할 법률상 이익이 없다.
* 대법원 1996. 11. 29. 선고 96누9768 판결 [건축허가신청불허가처분취소] 위법한 행정처분의 취소를 구하는 소는 위법한 처분에 의하여 발생한 위법상태를 배제하여 원상으로 회복시키고 그 처분으로 침해되거나 방해받은 권리와 이익을 보호·구제하고자 하는 소송이므

로, 비록 그 위법한 처분을 취소한다 하더라도 원상회복이 불가능한 경우에는 그 취소를 구할 이익이 없다.

다. 건축물의 설계변경

건축물의 시공과정에서 작은 규모의 설계변경이 존재하는 경우 사용승인시에 일괄하여 신고7)할 수 있도록 허용하고 있는바, 설계변경의 내용이 인근 주민의 권리 또는 법률상 이익을 보호하는 허가(신고)요건을 위반한 것일 경우 건축물의 완공을 이유로 소의 이익을 부정함은 인근주민의 재판받을 권리를 침해하는 것이다.

Ⅲ. 주민이 제기하는 사용승인처분 취소

1. 사용승인

가. 건축허가의 효과

사용승인(사용검사, 준공검사)은 건축허가를 받아 건축된 건물이 건축허가 사항대로 건축 행정목적에 적합한가 여부를 확인하고 사용검사필증을 교부하여 줌으로써 허가 받은 자로 하여금 건축한 건물을 사용·수익할 수 있게 하는 법률효과를 발생시키는 것(대법원 1994. 1. 14. 선고 93누20481 판결 등 참조)이다.

2. 건축법의 규정

가. 건축물의 사용승인 (제22조)

① 건축주가 제11조·제14조 또는 제20조제1항에 따라 허가를 받았거나 신고를 한 건축물의 건축공사를 완료[하나의 대지에 둘 이상의 건축물을 건축하는 경우 동(棟)별 공사를 완료한 경우를 포함한다]한 후 그 건축물을 사용하려면 제25조제6항에 따라 공사감리자가 작성한 감리완료보고서(같은 조 제1항에 따른 공사감리자를 지정한 경우만 해당된다)와 국토교통부령으로 정하는 공사완료도서를 첨부하여 허가권자에게 사용승인을 신청하여야 한다. <개정 2013. 3. 23., 2016. 2. 3.>

---

7) 건축법 제16조 (허가와 신고사항의 변경) ① 건축주가 제11조나 제14조에 따라 허가를 받았거나 신고한 사항을 변경하려면 변경하기 전에 대통령령으로 정하는 바에 따라 허가권자의 허가를 받거나 특별자치도지사 또는 시장·군수·구청장에게 신고하여야 한다. 다만, 대통령령으로 정하는 경미한 사항의 변경은 그러하지 아니하다.

② 제1항 본문에 따른 허가나 신고사항 중 대통령령으로 정하는 사항의 변경은 제22조에 따른 사용승인을 신청할 때 허가권자에게 일괄하여 신고할 수 있다.

③ 제1항에 따른 허가 또는 신고 사항의 변경허가 또는 변경신고에 관하여는 제11조제5항 및 제6항을 준용한다. <신설 2011.5.30>

② 허가권자는 제1항에 따른 사용승인신청을 받은 경우 국토교통부령으로 정하는 기간에 다음 각 호의 사항에 대한 검사를 실시하고, 검사에 합격된 건축물에 대하여는 사용승인서를 내주어야 한다. 다만, 해당 지방자치단체의 조례로 정하는 건축물은 사용승인을 위한 검사를 실시하지 아니하고 사용승인서를 내줄 수 있다. <개정 2013. 3. 23.>

1. 사용승인을 신청한 건축물이 이 법에 따라 허가 또는 신고한 설계도서대로 시공되었는지의 여부
2. 감리완료보고서, 공사완료도서 등의 서류 및 도서가 적합하게 작성되었는지의 여부

③ 건축주는 제2항에 따라 사용승인을 받은 후가 아니면 건축물을 사용하거나 사용하게 할 수 없다. 다만, 다음 각 호의 어느 하나에 해당하는 경우에는 그러하지 아니하다. <개정 2013. 3. 23.>

1. 허가권자가 제2항에 따른 기간 내에 사용승인서를 교부하지 아니한 경우
2. 사용승인서를 교부받기 전에 공사가 완료된 부분이 건폐율, 용적률, 설비, 피난·방화 등 국토교통부령으로 정하는 기준에 적합한 경우로서 기간을 정하여 대통령령으로 정하는 바에 따라 임시로 사용의 승인을 한 경우

④ 건축주가 제2항에 따른 사용승인을 받은 경우에는 다음 각 호에 따른 사용승인·준공검사 또는 등록신청 등을 받거나 한 것으로 보며, 공장건축물의 경우에는 「산업집적활성화 및 공장설립에 관한 법률」 제14조의2에 따라 관련 법률의 검사 등을 받은 것으로 본다. <개정 2009. 1. 30., 2009. 6. 9., 2011. 4. 14., 2011. 5. 30., 2014. 1. 14., 2014. 6. 3., 2017. 1. 17., 2018. 3. 27., 2020. 3. 31., 2024. 1. 16.>

1. 「하수도법」 제27조에 따른 배수설비(排水設備)의 준공검사 및 같은 법 제37조에 따른 개인하수처리시설의 준공검사
2. 「공간정보의 구축 및 관리 등에 관한 법률」 제64조에 따른 지적공부(地籍公簿)의 변동사항 등록신청
3. 「승강기 안전관리법」 제28조에 따른 승강기 설치검사
4. 「에너지이용 합리화법」 제39조에 따른 보일러 설치검사
5. 「전기안전관리법」 제9조에 따른 전기설비의 사용전검사
6. 「정보통신공사업법」 제36조에 따른 정보통신공사의 사용전검사

6의2. 「기계설비법」 제15조에 따른 기계설비의 사용 전 검사

7. 「도로법」 제62조제2항에 따른 도로점용 공사의 준공확인
8. 「국토의 계획 및 이용에 관한 법률」 제62조에 따른 개발 행위의 준공검사
9. 「국토의 계획 및 이용에 관한 법률」 제98조에 따른 도시·군계획시설사업의 준공검사
10. 「물환경보전법」 제37조에 따른 수질오염물질 배출시설의 가동개시의 신고

11. 「대기환경보전법」 제30조에 따른 대기오염물질 배출시설의 가동개시의 신고
12. 삭제 <2009. 6. 9.>

⑤ 허가권자는 제2항에 따른 사용승인을 하는 경우 제4항 각 호의 어느 하나에 해당하는 내용이 포함되어 있으면 관계 행정기관의 장과 미리 협의하여야 한다.

⑥ 특별시장 또는 광역시장은 제2항에 따라 사용승인을 한 경우 지체 없이 그 사실을 군수 또는 구청장에게 알려서 건축물대장에 적게 하여야 한다. 이 경우 건축물대장에는 설계자, 대통령령으로 정하는 주요 공사의 시공자, 공사감리자를 적어야 한다.

나. 법제처 재결례

건축불허가처분 취소청구

[국민권익위원회 행심 제2012-032호, 2012. 3. 20., 기각]

【재결요지】

이 사건 신청지는 ○○해수욕장 일원 제1종지구단위계획구역으로 지정된 지역으로써 당초 청구인의 15층 건축물에 대하여 피청구인이 디자인위원회 자문 결과를 근거로 불허가 처분한 사실, 이에 대하여 청구인이 불허가처분 취소심판을 제기하였으나 기각된 사실, 이후 청구인이 1개 층을 줄여 이 사건 건축허가 신청을 하였는데 이는 당초 15층 건축물의 건축허가 신청내용과 크게 다르지 않다 할 것이고, 그렇다면 이를 두고 피청구인이 요구하는 정도의 건축물 높이 조정이 이루어졌다고 보기는 어려운 점(차후에는 이 사건 신청지에 수용 가능한 건축물 높이와 관련하여 청구인과 사전 협의가 이루어지는 것이 보다 바람직할 것으로 판단된다) 등 제반사실에 비추어 보면, 이 사건 신청지 일원 주변 여건을 고려하고 미관을 보존하여 지역이 조화롭게 발전할 수 있도록 하고자 하는 공익 목적에 근거한 이 사건 처분에 달리 위법·부당함은 없다 할 것이다.

【주 문】

청구인의 청구를 기각한다.

【청구취지】

피청구인이 2012. 1. 25. 청구인에 대하여 한 건축불허가 처분은 이를 취소한다.

【이 유】

1. 사건개요

가. 청구인이 2011. 7. 19. 부산광역시○구 ○○동 146-6, 149번지상 대지 662㎡(이하 "이 사건 신청지"라 한다)에 지하 2층 지상 15층, 연면적 4,218.13㎡ 규모의 공동주택 및 업무시설 등 신축을 위해 서구 도시디자인위원회(이하 "디자인위원회"라 한다) 자문심의를 신청하여 피청구인은 2011. 7. 28. 디자인위원회를 개최하고 심의결과를 청구인에게 통보하였다. 청구인은 2011. 8. 8. 디자인위원회 자문결과 4가지 사항 중 3건은 반영하고 건축물 높이조정은 미반영하여 피청구인에게 건축허가 신청서를 제출하였고, 피청구인은 2011. 8. 19. 청구인에게 디자인위원회 자문 시 의견 제시된 송도해수욕장 경관을 고려하여 주변 건물과 조화될 수 있도록 건축물 높이 조정 등을 검토하라는 사항이 미반영 되어 송도해수욕장 주변환경과 미관을 해칠 우려가 있다는 사유로 건축불허가처분 하였다.

나. 청구인이 2011. 8. 29. 위 불허가처분 취소심판을 제기하여 부산광역시행정심판위원회(이하 "위원회"라 한다)가 2011. 10. 4. '기각' 재결 하였다.

다. 기각재결 이후인 2012. 1. 16. 청구인이 당초 신청내용에서 건축물 층수를 조정(지하2층, 지상15층⇒지하2층, 지상14층)하여 건축허가를 신청하자, 피청구인은 2012. 1. 25. 청구인에게 이 사건 신청지는 송도해수욕장 주변에 위치함에 따라 주변 경관을 고려하여 주변 건물과 조화될 수 있는 건축계획이 필요하므로 신청내용은 주변 경관을 해칠 우려가 있다는 사유로 건축불허가처분(이하 "이 사건 처분"이라 한다) 하였다.

2. 청구인 주장 요지

이에 대하여 청구인은 다음과 같이 주장한다.

가. ○○해수욕장 주변 건물은 몇몇 건물을 제외하고는 약 20-50여년 전에 지어진 낡은 여관과 횟집 등으로 형성되어 있어 경관을 해치고 있으며, 지금의 잘 정비된 송도해수욕장 경관과 너무 상반되고 있다. 그럼에도 불구하고 현재 노후된 건물이 대부분인 주변 건물에 본 신축 건물로 하여금 조화를 이루라는 것은 납득할 수 없고 송도해수욕장의 미래발전과 경관을 해치는 앞뒤가 맞지 않는 발상이다. 오히려 청구인이 신청한 세련되고 현대적인 건물이 건축모델이 되어 상권 활성화, 주변 낙후된 건물의 건물주에게 상권경쟁력을 유발시켜 리모델링 등을 자연스럽게 유도하는 것이 송도해수욕장 경관과 주변 건물과의 조화를 이루는 데 바람직할 것이다.

나. 또한 청구인은 이 건 신축을 위해 이 사건 신청지에 있던 노후된 여관건물을 철거하였고 세련되고 멋진 디자인의 14층 건물을 신축하는 것이 훨씬 더 경관을 조화롭고 아름답게 만드는 것이라 생각한다.

다. 청구인은 디자인위원회 자문결과를 모두 성실히 반영하여 건축허가를 신청하였으나, 피청구인은 디자인심의시 검토한 자문내용과 상관없는 송도해수욕장 경관을 해칠 우려가 있다는 이유로 불허가 처분을 하였으며, 이는 법령상 근거 없는 명백한 위법사항이다.

라. 이 사건 신청지는 부산광역시에서 도시관리계획을 수립하여 고시한 제1종지구단위계획구역으로서 해당구역의 건축계획 등은 고시된 "송도해수욕장주변 지구단위계획"에 의거 제한 및 관리토록 하고 있으며, 또한 송도해수욕장 지구단위계획의 조감도를 보더라도 청구인이 신청한 건축물은 송도해수욕장 지구단위계획과 주변 건물과의 조화와 경관에 적합하다고 볼 수 있으므로, 당연하게 건축허가처분을 하여야 함에도 또다시 이 사건 처분한 것은 위법·부당하다.

마. 이상과 같이 청구인은 주변 건물과의 여건을 고려하고 또한 주변 경관을 침해하지 않는 범위 내에서 많은 노력과 시간을 들여 건축 관련법령에서 정한 건축물 규모 및 형태에 적합하게 건축허가를 신청하였으나 피청구인이 주변 건물과 조화될 수 있는 건축계획을 이유로 반려한 사항은 법적 근거 및 객관적 기준 없이 지극히 주관적 판단에 의한 처분이며, 관련법령에 저촉되지 않는 경우 당연히 건축허가 처리하여야 함에도 이 사건 처분한 것은 재량권의 범위를 일탈한 위법·부당한 처분으로 취소되어야 한다.

3. 피청구인 주장 요지

피청구인은 다음과 같이 주장한다.

가. 청구인은 지난해 8월 이 사건 신청지에 15층 건축물의 신축허가를 신청하였다가 피청구인으로부터 불허가처분을 받았고, 이 처분이 부당하다며 피청구인을 상대로 행정심판을 청구하였으나 위원회로부터 '기각' 재결을 받은바 있다. 본 사건에서는 지난 건축허가신청시보다 1개 층을 줄여서 건물높이를 48.8m에서 45.8m로, 층별 면적을 일부 수정한 것 이외에는 당초 신청한 것과 크게 다를 바 없고, 청구인의 청구내용은 이미 심리하여 기각된 사항이므로 본 청구는 기각되어야 한다.

나. 디자인위원회 심의내용 등 모든 사항을 성실히 반영하여 건축허가 신청을 하였으나 디자인위원회 심의시 검토한 자문내용과 상관없는 송도해수욕장 경관을 해칠 우려가 있다는 이유로 불허가 처분한 사항은 법령상으로도 근거가 없는 명백한 위법사항이라는 청구인의 주장에 대해서는, 이 사건 신청지는 토지이용계획상 일반상업지역, 방화지구, 최저고도지구(6m이상)로써 송도해수욕장 일원 제1종지구단위계획구역으로 지정된 지역이며, 청구인의 건축허가 신청이 처리될 경우 주변 건축물과 높이차이로 인한 부조화를 이룰 수 있으므로 이 사건 처분을 하였으며, 또한 「건축법」 제1조에서는 "건축법은 건축물의 대지·구조 및 설비 기준 및 용도 등을 정하여 건축물의 안전·기능·환경 및 미관을 향상시킴으로써 공공복리의 증진에 이바지함을 목적으로 한다."라고 규정하고 있고, 같은 법 제11조제1항에서는 "건축물을 건축하거나 대수선하려는 자는 시장·군수·구청장의 허가를 받아야 한다."라고 규정하고 있으며, 「부산광역시 서구 도시디자인 조례」에서도 정의, 자문대상 시설물등을 정해 놓았고, 본 건축허가 신청도 제1종지구단위계획구역의 3층 이상의 건축물로 해당이 되어 디자인위원회를 개최하여 전문가의 자문을 받았던 사항으로 법령상 근거 없는 명백한 위법사항이라는 것은 청구인의 자의적 해석

에 불과하다.

다. 피청구인은 이 사건 신청지 일원의 송도해수욕장 주변여건을 고려하고 미관을 보존하여 지역이 조화롭게 발전할 수 있도록 하고자 함이며, 이를 통해 피청구인이 지키고자 하는 공익이 이 사건 처분으로 침해당하는 청구인의 사익보다 크다 할 것이므로, 재량권을 일탈·남용한 위법한 처분이라는 청구인의 주장은 이유 없고 이 사건 청구는 기각되어야 한다.

4. 이 사건 처분의 위법·부당 여부

가. 관계법령 등

○ 「건축법」 제1조

○ 「부산광역시 서구 도시디자인 조례」 제2조, 제11조 [별표 2]

나. 판 단

(1) 청구인의 청구서, 피청구인의 답변서, 건축허가신청서, 건축물 디자인 심의(자문) 신청서, 도시디자인 심의(자문) 결과서, 부산광역시행정심판위원회 재결서(2011.10.4.) 등 각종 증거자료를 종합해 보면 다음과 같은 사실을 알 수 있다.

(가) 청구인이 2011. 7. 19. 이 사건 신청지에 지하2층 지상15층 규모의 공동주택 및 업무시설 등 신축을 위해 디자인위원회 자문심의를 신청하여 피청구인은 2011. 7. 28. 디자인위원회를 개최하고 심의결과를 청구인에게 통보하였다.

(나) 청구인은 2011. 8. 8. 디자인위원회 자문결과 4가지 사항 중 3건은 반영하고 건축물 높이조정은 미반영하여 피청구인에게 건축허가 신청서를 제출하였고, 피청구인은 2011. 8. 19. 청구인에게 디자인위원회 자문 시 건축물 높이 조정 등을 검토하라는 사항이 미반영 되어 송도해수욕장 주변환경과 미관을 해칠 우려가 있다는 사유로 건축불허가처분 하였다.

(다) 청구인이 2011. 8. 29. 위 불허가처분 취소심판을 제기하여 위원회가 2011. 10. 4. '기각' 재결 하였다.

(라) 기각재결 이후인 2012. 1. 16. 청구인이 당초 신청내용에서 건축물 층수를 조정(지하2층, 지상15층⇒지하2층, 지상14층)하여 건축허가를 신청하자, 피청구인은 2012. 1. 25. 청구인에게 이 사건 신청지는 송도해수욕장 주변에 위치함에 따라 주변 경관을 고려하여 주변 건물과 조화될 수 있는 건축계획이 필요하므로 신청내용은 주변 경관을 해칠 우려가 있다는 사유로 이 사건 처분 하였다.

(2) 살피건대, 「건축법」 제1조에 의하면 이 법은 건축물의 대지·구조·설비 기준 및 용도 등을 정하여 건축물의 안전·기능·환경 및 미관을 향상시킴으로써 공공복리의 증진에 이바지하는 것을 목적으로 한다고 규정되어 있고, 「부산광역시 서구 도시디자인 조례」 제2조에서 "도시디자인"이란 부산광역시 서구 도시경관의 보전·관리 및 형성을 위한 건축물·옥외광고물 및 도시시설물의 색

채 · 형태 · 조명 · 주변과의 조화성 등에 대한 계획 · 사업 또는 행위와 그 결과물을 말하며, 같은 조례 제11조 [별표 2]에서 미관지구, 경관지구 또는 지구단위계획 구역의 3층 이상의 건축물은 도시디자인 자문대상 시설물로 규정되어 있다.

(가) 청구인은 송도해수욕장 주변 건물은 대부분 노후화되어 경관을 해치고 있고 오히려 청구인의 신축 건물이 송도해수욕장 지구단위계획과 주변 경관에 적합하며, 디자인위원회 자문결과를 모두 반영하여 건축허가를 신청하였음에도 자문내용과 상관없는 송도해수욕장 경관을 해칠 우려가 있다는 이유로 이 사건 처분한 것은 법령상 근거 없는 명백한 위법사항이라고 주장하나,

(나) 이 사건 처분 사유인 ○○해수욕장 주변 경관을 해칠 우려가 있다는 사유는 당초 2011. 8. 19.자 불허가처분 사유인 디자인위원회 자문 시 건축물 높이 조정 등을 검토하라는 사항이 미반영 되어 송도해수욕장 주변환경과 미관을 해칠 우려가 있다는 사유의 연장선상에 있는 것으로 보이고, 그렇다면 결국 청구인의 14층 건축물이 주변 건축물과 높이 차이로 인한 부조화를 이룰 수 있다는 것이 이 사건 처분의 주된 사유라 할 것인바, 건축물 높이 조정과 관련한 피청구인의 판단에 위법 · 부당함이 있는지 본다.

이 사건 신청지는 ○○해수욕장 일원 제1종지구단위계획구역으로 지정된 지역으로써 당초 청구인의 15층 건축물에 대하여 피청구인이 디자인위원회 자문결과를 근거로 불허가처분한 사실, 이에 대하여 청구인이 불허가처분 취소심판을 제기하였으나 기각된 사실, 이후 청구인이 1개 층을 줄여 이 사건 건축허가 신청을 하였는데 이는 당초 15층 건축물의 건축허가 신청내용과 크게 다르지 않다 할 것이고, 그렇다면 이를 두고 피청구인이 요구하는 정도의 건축물 높이 조정이 이루어졌다고 보기는 어려운 점(차후에는 이 사건 신청지에 수용 가능한 건축물 높이와 관련하여 청구인과 사전 협의가 이루어지는 것이 보다 바람직할 것으로 판단된다) 등 제반사실에 비추어 보면, 이 사건 신청지 일원 주변 여건을 고려하고 미관을 보존하여 지역이 조화롭게 발전할 수 있도록 하고자 하는 공익 목적에 근거한 이 사건 처분에 달리 위법 · 부당함은 없다 할 것이다.

5. 결론

그렇다면, 청구인의 청구는 이유 없다 할 것이므로 이를 기각하기로 하여 주문과 같이 재결한다.

Ⅳ. 주민이 제기하는 시정명령신청 거부처분 취소

1. 불법건축

가. 중지명령

건축허가권자는 불법건축에 대하여 건축허가, 사용승인을 취소하거나 그 건축물의 건축주 등에 대하여 공사의 중지를 명하거나, 상당한 기간을 정하여 건축물의 철거・개축・수선・용도변경・사용금지・사용제한 기타 필요한 조치를 명할 수 있고(건축법 제69조 제1항), 허가 또는 승인이 취소된 건축물 또는 철거 등 시정명령을 받고 이행하지 아니한 건축물에 대하여는 전기・전화・수도의 공급자, 도시가스사업자 또는 관계 행정기관의 장에게 전기・전화・수도 또는 도시가스공급시설의 설치 또는 공급의 중지를 요청[8]할 수 있다(같은 조 제2항).

불법건축으로 인하여 자신의 법률상 이익의 침해를 받는 인근 주민은 건축허가권자에게 위와 같은 건축감독권을 발동하여 불법건축을 제지하여 줄 것을 신청할 수 있을 것이다. 특히 건축허가 없이 불법건축을 하는 경우, 건축허가 취소소송의 제소기간이 도과된 경우, 건축물이 완성된 경우, 적법한 건축허가를 받고서 허가받은 내용과 다르게 불법건축을 하는 경우에 건축허가 취소소송을 제기하는 것은 의미가 없다.

2. 판례

가. 건축허가및준공검사취소등에대한거부처분취소

대법원은 1999. 12. 7. 선고 97누17568 판결에서 "국민의 신청에 대한 행정청의 거부행위가 항고소송의 대상이 되는 행정처분에 해당하기 위하여는 국민의 행정청에 대하여 그 신청에 따른 행정행위를 하여 줄 것을 요구할 수 있는 법규상 또는 조리상의 권리가 있어야 한다."고 전제한 다음[9] "구 건축법(1999. 2. 8. 법률 제5895호로 개정되기 전의 것) 및 기타 관계 법령에 국민이 행정청에 대하여 제3자에 대한 건축허가의 취소나 준공검사의 취소 또는 제3자 소유의 건축물에 대한 철거 등의 조치를 요구할 수 있다는 취지의 규정이 없고, 같은 법 제69조 제1항 및 제70조 제1항은 각 조항 소정의 사유가 있는 경우에 시

---

8) 대법원 1996. 3. 22. 선고 96누433 판결 [시정명령처분등취소] 건축법 제69조 제2항, 제3항의 규정에 비추어 보면, 피고가 그 판시와 같이 위법 건축물에 대한 시정명령을 하고 나서 위반자인 원고가 이를 이행하지 아니하여 전기·전화의 공급자에게 그 위법 건축물에 대한 전기·전화공급을 하지 말아 줄 것을 요청한 행위는 권고적 성격의 행위에 불과한 것으로서 전기·전화 공급자나 특정인의 법률상 지위에 직접적인 변동을 가져오는 것은 아니므로 이를 항고소송의 대상이 되는 행정처분이라고 볼 수 없다

9) 대법원의 확립된 견해이다. 대법원 1984. 10. 23. 선고 84누227 판결, 1992. 6. 9. 선고 91누11278 판결, 1996. 5. 14. 선고 95누13081 판결, 1999. 8. 24. 선고 97누7004 판결, 2000. 2. 25. 선고 99두11455 판결 등.

장 · 군수 · 구청장에게 건축허가 등을 취소하거나 건축물의 철거 등 필요한 조치를 명할 수 있는 권한 내지 권능을 부여한 것에 불과할 뿐, 시장 · 군수 · 구청장에게 그러한 의무가 있음을 규정한 것은 아니므로 위 조항들도 그 근거 규정이 될 수 없으며, 그 밖에 조리상 이러한 권리가 인정된다고 볼 수도 없다."고 판시하여, 행정청의 시정명령신청 거부행위가 항고소송의 대상이 되는 행정처분에 해당하지 않는다고 판시하였다.

나. 부작위위법확인등

대법원은 이미 1993. 4. 23. 선고 92누17099 판결에서 "…위법시공되었다고 주장하는 지하층 과다표출, 이격거리 미확보, 차면시설 부실, 옥탑증축 등의 점은 피고가 건축법상의 위반건축물에 대한 시정명령에 관한 규정에 따라 필요한 조치를 할 수 있는 대상이기는 하나 인접대지 소유자인 원고가 피고에게 직접 그 개개의 행위에 대한 시정조치를 요구할 수 있는 법률상 또는 조리상 인정되는 신청권이 있고 그에 따라 피고에게 그 신청에 대하여 일정한 처분을 하여야 할 법률상 의무가 있다고 할 수 없으며…"라고 설시한 바 있으며, 1993. 11. 9. 선고 93누13988 판결 및 1996. 11. 29. 선고 96누9768 판결 등에서 위반건물에 대한 시정명령을 할 것인지 여부, 그 시기 및 명령의 내용 등은 행정청의 합리적 판단에 의하여 결정되어야 할 자유재량에 맡겨져 있다고 판시하였다.

3. 신청권에 관하여

가. 법규상의 신청권의 존부에 대한

(1) 신청권이 법령에 명백하게 규정된 경우 - 영업허가, 건축허가, 주택건설사업계획승인 등, 그 신청에 기한 행정청의 처분이 기속행위인지 재량행위인지를 불문하고 법규상 신청권 자체는 인정된다.

나. 판례상 조리상 신청권이 인정된 경우

(1) 검사임용신청의 경우 임용신청자는 조리상 임용권자에 대하여 재량권의 한계 일탈이나 남용이 없는 적법한 응답을 요구할 권리가 있다고 판단하여 신청권을 인정하였다 (대법원 1991. 2. 12. 선고 90누5825 판결).
(2) 기간제로 임용되어 임용기간이 만료된 국 · 공립대학의 조교수는 교원으로서의 능력과 자질에 대하여 합리적인 기준에 의한 공정한 심사를 받아 위 기준에 부합되면 특별한 사정이 없는 한 재임용되리라는 기대를 가지고 재임용 여부에 관하여 합리적인 기준에 의한 공정한 심사를 요구할 법규상 또는 조리상 신청권을 가진다고 판단하였다(대법원 2004. 4. 22. 선고 2000두7735 전원합의체 판결)

4. 『하도급거래 공정화에 관한 법률』 상의 벌점

가. 벌점

※ 건설산업기본법

제82조 (영업정지 등) ① 국토교통부장관은 건설사업자가 다음 각 호의 어느 하나에 해당하면 6개월 이내의 기간을 정하여 그 건설사업자의 영업정지를 명하거나 영업정지를 갈음하여 1억원 이하의 과징금을 부과할 수 있다. <개정 2019. 4. 30.>

6. 다음 각 목의 어느 하나에 해당하는 경우

가. 「건설기술 진흥법」 제54조제1항에 따른 시정명령을 이행하지 아니한 경우

나. 「건설기술 진흥법」 제48조제4항에 따른 시공상세도면의 작성의무를 위반하거나 건설사업관리를 수행하는 건설기술인 또는 공사감독자의 검토와 확인을 받지 아니하고 시공한 경우

다. 「건설기술 진흥법」 제55조에 따른 품질시험 또는 검사를 성실하게 수행하지 아니한 경우

라. 「건설기술 진흥법」 제62조제2항에 따른 안전점검을 성실하게 수행하지 아니한 경우

마. 「건설기술 진흥법」 제80조에 따른 시정명령을 이행하지 아니한 경우

※ 하도급거래 공정화에 관한 법률

제26조 (관계 행정기관의 장의 협조) ② 공정거래위원회는 제3조제1항부터 제7항까지 및 제12항, 제3조의4, 제4조부터 제12조까지, 제12조의2, 제12조의3, 제13조, 제13조의2, 제14조부터 제16조까지, 제16조의2제10항 및 제17조부터 제20조까지의 규정을 위반한 원사업자 또는 수급사업자에 대하여 그 위반 및 피해의 정도를 고려하여 대통령령으로 정하는 벌점을 부과하고, 그 벌점이 대통령령으로 정하는 기준을 초과하는 경우에는 관계 행정기관의 장에게 입찰참가자격의 제한, 「건설산업기본법」 제82조제1항제7호에 따른 영업정지, 그 밖에 하도급거래의 공정화를 위하여 필요한 조치를 취할 것을 요청하여야 한다. <개정 2023. 7. 18.>

※ 하도급거래 공정화에 관한 법률 시행령

제17조 (벌점 부과기준 등) ② 법 제26조제2항에서 “대통령령으로 정하는 기준을 초과하는 경우”란 별표 3 제1호라목에 따른 누산점수가 다음 각 호의 구분에 따른 점수를 초과하는 경우를 말한다. <개정 2011. 11. 1., 2013. 11. 27., 2016. 1. 22.>

1. 입찰참가자격의 제한 요청: 5점
2. 「건설산업기본법」 제82조제1항제7호의 사유에 따른 영업정지 요청: 10점

■ 하도급거래 공정화에 관한 법률 시행령 [별표 3] <개정 2023. 9. 26.>

벌점의 부과기준(제17조 관련)

1. 용어의 뜻

가. "벌점"이란 법 제26조제2항에 따른 입찰참가자격의 제한 요청 등의 기초자료로 사용하기 위하여 법을 위반한 사업자에게 공정거래위원회가 제2호에 따른 벌점의 부과기준에 따라 부과한 점수를 말한다.

나. "경감점수"란 사업자가 받은 벌점에서 제3호가목에 따른 벌점의 경감기준에 따라 경감하는 점수를 말한다.

다. "가중점수"란 사업자가 받은 벌점에서 제3호다목에 따라 가중하는 점수를 말한다.

라. "누산점수"란 다음의 구분에 따른 날을 기산일로 하여 과거 3년간 해당 사업자가 받은 모든 벌점을 더한 점수에서 해당 사업자가 받은 모든 경감점수를 더한 점수를 빼고 모든 가중점수를 더한 점수를 더한 점수를 말한다.

1) 상습법위반사업자 명단공표의 경우: 명단공표일이 속하는 연도 1월 1일

2) 입찰참가자격제한 요청 및 영업정지 요청의 경우: 법 제26조제2항에 따른 공정거래위원회의 시정조치일

마. "현금결제비율"이란 총 하도급대금 결제액 중에서 현금결제액(현금과 수표에 의한 결제액의 합계액을 말한다)의 비율을 말한다.

바. "입찰정보공개비율"은 경쟁입찰 방식을 통한 건설위탁 관련 하도급계약(법 제3조의5에 따른 건설위탁 관련 하도급계약은 제외한다. 이하 이 목에서 같다) 건수 중 하도급 입찰에 참가한 수급사업자에게 해당 입찰결과(최저 입찰금액과 낙찰금액을 말한다)를 입찰이 종료된 후 7일 이내에 공개한 하도급계약 건수의 비율을 말한다.

사. "연동계약"이란 목적물등의 원재료 가격이 변동하는 경우 그 변동분에 연동하여 하도급대금을 조정하는 것을 내용으로 하는 하도급계약을 말한다.

아. "하도급대금증액비율"이란 원사업자가 체결한 하도급계약(갱신계약을 포함한다)에 따라 수급사업자에게 지급하기로 한 하도급대금을 증액하여 지급한 경우 그 증액분의 비율을 말한다.

2. 벌점의 부과기준

가. 벌점은 법 위반행위가 속하는 위반유형에 대하여 각각 시정조치 유형별 점수를 산출하고(같은 유형에 속하는 법 위반행위에 대하여 서로 다른 유형의 시정조치를 한 경우에는 가장 중한 시정조치 유형의 점수만 반영한다), 각 시정조치 유형별 점수를 더하여 정하며, 시정조치 유형별 점수는 다음과 같다.

1) 경고(서면직권실태조사에서 발견된 법 위반 혐의사항에 대한 공정거래위원회의 자진시정 요청에 따른 경우): 0.25점

2) 경고(신고 또는 직권인지에 따른 경우): 0.5점

3) 시정권고: 1.0점

4) 시정명령(법 위반행위를 자진시정한 원사업자 또는 발주자에 대하여 향후 재발방지를 명하는 경우): 1.0점

5) 시정명령: 2.0점

6) 과징금: 2.5점(법 제4조, 제11조, 제12조의3제4항 또는 제19조를 위반한 행위로 과징금을 부과받은 경우는 2.6점으로 한다)

7) 고발: 3.0점(법 제4조, 제11조, 제12조의3제4항 또는 제19조를 위반한 행위로 고발된 경우는 5.1점으로 한다)

나. 가목에서 법 위반행위가 속하는 위반유형은 다음과 같다.

1) 서면 관련 위반: 법 제3조제1항부터 제7항까지 및 제12항을 위반한 경우

2) 부당납품단가 인하 관련 위반: 법 제4조, 제11조 또는 제16조의2제10항을 위반한 경우
3) 대금지급 관련 위반: 법 제6조, 제13조, 제13조의2, 제14조부터 제16조까지 및 제17조를 위반한 경우
4) 보복조치 및 탈법행위 관련 위반: 법 제19조 또는 제20조를 위반한 경우
5) 그 밖의 위반: 법 제3조의4, 제5조, 제7조부터 제10조까지, 제12조, 제12조의2, 제12조의3 또는 제18조를 위반한 경우

다. 가목의 기준에도 불구하고 원사업자가 법 제3조제5항을 위반하여 거래상 지위를 남용하거나 거짓 또는 그 밖의 부정한 방법으로 같은 조의 적용을 피하려는 행위를 한 경우에는 시정조치의 유형에 관계없이 3.1점을 부과한다. 다만, 원사업자가 법 제3조제5항을 위반하여 같은 조 제4항제4호에 따라 수급사업자와 하도급대금 연동을 하지 않기로 합의한 경우에는 5.1점을 부과한다.

라. 가목의 기준에도 불구하고 다음의 어느 하나에 해당하는 경우에는 그 벌점을 0점으로 한다.
1) 원사업자 또는 발주자가 미지급금을 법 제22조제2항에 따른 공정거래위원회의 조사가 개시된 날 또는 공정거래위원회로부터 미지급금의 지급에 관한 요청을 받은 날부터 30일 이내에 수급사업자에게 지급함에 따라 경고를 받은 경우
2) 분쟁당사자 사이에 합의가 이루어지고 당사자가 그 합의내용을 이행한 것이 확인된 경우로서 공정거래위원회가 법 제24조의6제4항에 따라 원사업자에게 시정조치 또는 시정권고를 하지 않은 경우

3. 벌점의 경감·가중 및 누산기준

가. 유형별 벌점의 경감점수는 다음과 같다.
1) 원사업자가 법 제3조의2에 따른 표준하도급계약서를 사용하여 체결한 하도급계약(변경계약 및 갱신계약을 포함한다)의 비율이 70% 이상인 경우(수급사업자에게 뚜렷하게 불리하도록 내용을 수정하거나 특약을 추가하는 경우 또는 표준하도급계약서가 개정된 날부터 3개월이 경과한 후에 종전의 표준하도급계약서를 사용하여 하도급계약을 체결한 경우는 제외한다): 다음의 구분에 따른 점수
가) 원사업자가 표준하도급계약서를 사용한 비율이 90% 이상인 경우: 2점
나) 원사업자가 표준하도급계약서를 사용한 비율이 70% 이상 90% 미만인 경우: 1점
2) 원사업자의 현금결제비율이 80% 이상인 경우: 다음의 구분에 따른 점수
가) 현금결제비율이 100%인 경우: 1점
나) 현금결제비율이 80% 이상 100% 미만인 경우: 0.5점
3) 원사업자가 법 제2조제9항에 따른 건설업자에 해당하고, 입찰정보공개비율이 50% 이상인 경우: 다음의 구분에 따른 점수
가) 입찰정보공개비율이 80% 이상인 경우: 1점
나) 입찰정보공개비율이 50% 이상 80% 미만인 경우: 0.5점
4) 원사업자가 공정거래위원회가 실시하는 공정거래 자율준수 프로그램(사업자가 공정거래 관련 법규를 준수하기 위해 자체적으로 제정·운영하는 교육, 감독 등의 내부준법체계를

말한다)에 대한 평가에서 우수 등급 이상을 받은 경우: 다음의 구분에 따른 점수

가) 최우수: 2점

나) 우수: 1점

5) 원사업자가 공정거래위원회가 실시하는 하도급거래 평가에서 모범업체로 선정된 경우: 3점

6) 원사업자 또는 대기업이 수급사업자 또는 협력사와 하도급 관련 법령의 준수 및 상호 지원·협력을 약속하는 협약을 체결하고, 공정거래위원회가 실시한 협약의 이행실적 평가에서 양호 등급 이상을 받은 경우

가) 최우수: 3점

나) 우수: 2점

다) 양호: 1점

7) 하도급대금지급관리시스템을 활용하거나 법 제14조제1항제2호에 따라 발주자, 원사업자, 수급사업자가 합의하여 발주자가 직접 수급사업자에게 대금을 지급한 경우: 다음의 구분에 따른 점수

가) 원사업자가 도급계약의 이행을 위해 체결한 하도급계약에 따라 지급해야 하는 하도급대금 중 발주자가 직접 수급사업자에게 지급한 하도급대금의 비율이 50% 이상인 경우: 1점

나) 원사업자가 도급계약의 이행을 위해 체결한 하도급계약에 따라 지급해야 하는 하도급대금 중 발주자가 직접 수급사업자에게 지급한 하도급대금의 비율이 50% 미만인 경우: 0.5점

8) 원사업자가 자신의 법 위반행위로 발생한 수급사업자의 피해를 자발적으로 구제한 경우(자진시정으로 제2호가목1) 또는 4)에 따른 벌점을 부과받은 경우는 제외한다): 다음의 구분에 따른 범위에서 구제 신속성이나 구제 규모 등을 고려하여 공정거래위원회가 정하는 비율에 따른 점수

가) 수급사업자에 대한 피해구제 비율이 100%인 경우: 해당 사건 벌점 중 25% 초과 50% 이하

나) 수급사업자에 대한 피해구제 비율이 50% 이상 100% 미만인 경우: 해당 사건 벌점 중 25% 이하

9) 원사업자가 체결한 하도급계약(변경계약 및 갱신계약을 포함한다) 건수 중 원재료 가격 변동분이 하도급대금에 반영되는 비율이 50% 이상이 되도록 체결한 연동계약(변경계약 및 갱신계약을 포함한다. 이하 같다) 건수의 비율이 10% 이상인 경우: 다음의 구분에 따른 점수

가) 원사업자가 해당 연동계약을 체결한 비율이 50% 이상인 경우: 1점

나) 원사업자가 해당 연동계약을 체결한 비율이 10% 이상 50% 미만인 경우: 0.5점

10) 하도급대금증액비율이 1% 이상인 경우: 다음의 구분에 따른 점수. 이 경우 목적물등의 원재료 가격이 변동하는 경우 그 변동분에 연동하여 하도급대금이 조정되는 비율 등 구체적 사정을 고려하여 1점 이하의 범위에서 공정거래위원회가 정하여 고시하는 점수를 더할 수 있다.

가) 하도급대금증액비율이 10% 이상인 경우: 1.5점
나) 하도급대금증액비율이 5% 이상 10% 미만인 경우: 1점
다) 하도급대금증액비율이 1% 이상 5% 미만인 경우: 0.5점

나. 가목에 따른 경감여부는 다음의 사항을 기준으로 판단한다.
1) 가목1)부터 7)까지, 9) 및 10)의 경우에는 누산점수 산정의 대상이 된 위반행위 중 가장 최근에 시정조치가 이루어진 위반행위의 시정조치일(상습법위반사업자 명단공표의 경우에는 명단공표일을 말한다)이 속한 사업연도의 직전 1개 사업연도 내에 해당 요건을 충족하였을 것
2) 가목5)에 해당하는 경우로서 모범업체 선정 근거가 된 사실의 전부 또는 일부가 다른 경감요건에 부합하는 경우 모범업체 선정에 따른 경감점수만 부여할 것
3) 가목8)에 따른 경감 대상 벌점은 공정거래위원회의 심의·의결 대상이 되는 사건별로 해당 사건과 관련된 벌점을 모두 합산한 벌점을 기준으로 할 것

다. 벌점의 가중점수는 다음과 같다.
원사업자 또는 발주자가 제1호라목에 따른 과거 3년 동안 법 제6조, 제13조제1항·제3항, 제6항부터 제8항까지의 규정, 제14조제1항, 제15조 또는 제17조제1항을 3회 이상 위반하고, 제2호다목1)에 따라 벌점을 2회 이상 면제받은 경우에는 "(벌점의 면제횟수 - 1) × 0.5"의 점수를 벌점에 가중한다.

라. 누산점수를 계산할 때에는 가목의 항목마다 1회만 벌점을 경감할 수 있으며, 다음의 어느 하나에 해당하는 벌점은 누산점수에 포함시키지 않는다.
1) 이의신청 등 불복절차가 진행 중인 사건에 대한 벌점
2) 법 제26조제2항에 따라 입찰참가자격 제한 요청이 이루어진 자에 대해 다시 입찰참가자격 제한을 요청하는 경우 과거에 입찰참가자격 제한 요청 시 누산점수 산정의 대상이 된 사건에 대한 벌점
3) 법 제26조제2항에 따라 영업정지 요청이 이루어진 자에 대해 다시 영업정지를 요청하는 경우 과거에 영업정지 요청 시 누산점수 산정의 대상이 된 사건에 대한 벌점

나. 벌점부과기준

벌점은 법 제17조 위반행위가 속하는 위반유형에 대하여 다음의 시정조치 유형별 점수를 산출하고, 각 시정조치 유형별 점수를 더한다(하도급거래 공정화에 관한 법률 시행령 별표 3).

1) 경고(공정거래위원회의 자진시정요청에 따른 경우) : 0.25점
2) 경고(신고 또는 직권인지에 따른 경우) : 0.5점
3) 시정권고 : 1.0점
4) 시정명령 : 2.0점
5) 과징금 : 2.5점

6) 고발 : 3.0점

■ 하도급거래 공정화에 관한 법률 시행령 [별표 3] <개정 2023. 9. 26.>

벌점의 부과기준(제17조 관련)

2. 벌점의 부과기준
   가. 벌점은 법 위반행위가 속하는 위반유형에 대하여 각각 시정조치 유형별 점수를 산출하고(같은 유형에 속하는 법 위반행위에 대하여 서로 다른 유형의 시정조치를 한 경우에는 가장 중한 시정조치 유형의 점수만 반영한다), 각 시정조치 유형별 점수를 더하여 정하며, 시정조치 유형별 점수는 다음과 같다.
      1) 경고(서면직권실태조사에서 발견된 법 위반 혐의사항에 대한 공정거래위원회의 자진시정 요청에 따른 경우): 0.25점
      2) 경고(신고 또는 직권인지에 따른 경우): 0.5점
      3) 시정권고: 1.0점
      4) 시정명령(법 위반행위를 자진시정한 원사업자 또는 발주자에 대하여 향후 재발방지를 명하는 경우): 1.0점
      5) 시정명령: 2.0점
      6) 과징금: 2.5점(법 제4조, 제11조, 제12조의3제4항 또는 제19조를 위반한 행위로 과징금을 부과받은 경우는 2.6점으로 한다)
      7) 고발: 3.0점(법 제4조, 제11조, 제12조의3제4항 또는 제19조를 위반한 행위로 고발된 경우는 5.1점으로 한다)

다. 처분기준

누산점수에 따라 다음의 조치를 한다(하도급거래 공정화에 관한 법률 제26조 제2항, 동법 시행령 제17조 제2항).

1) 10점 : 입찰참가자격의 제한 요청
2) 15점 : 영업정지 요청

라. 벌점의 경감기준

유형별 벌점의 경감점수는 다음과 같다.

1) 원사업자가 직전 1년 동안 계속하여 하도급거래에서 법 제3조의2에 따른 표준하도급계약서를 사용한 경우 : 2점
2) 한국공정경쟁연합회・한국생산성본부・건설업자단체・중소기업중앙회 그 밖에 공정거래위원회가 인정하는 기관에서 실시하는 3시간 이상의 하도급 관련 특별교육을 이수한 경우

① 업체 대표자가 이수한 경우 : 1점

② 하도급 관련 업무 담당임원이 이수한 경우 : 0.5점

3) 공정거래위원회 위원장 또는 관계 행정기관의 장으로부터 하도급거래 우수업체 표창을 받은 경우 : 3점

4) 현금결제 우수업체 또는 현금성결제 우수업체인 경우

① 현금결제비율 100% : 2점

② 현금결제비율 80% 이상 100% 미만 : 1.5점

③ 현금결제비율 60% 이상 80% 미만 : 1점

④ 현금성결제비율 100% : 0.5점

5) 전자입찰 우수업체인 경우

① 전자입찰비율 80% 이상 : 1점

② 전자입찰비율 60% 이상 80% 미만 : 0.5점

6) 원사업자가 수급사업자와 하도급 관련 법령의 준수 및 상호 지원·협력을 약속하는 협약을 체결하고, 공정거래위원회가 직전 1년 이내에 실시한 협약의 이행실적 평가에서 양호 등급이상을 받은 경우

① 최우수 : 3점

② 우수 : 2점

③ 양호 : 1점

7) 대기업과 중소기업간 또는 중소기업 상호간 계약체결 시 준수할 사항, 수급사업자 등의 공정한 선정·운용에 관한 사항 및 하도급거래 내부 심의위원회 설치·운용에 관한 사항 등에 관하여 공정거래위원회가 따로 정한 지침을 직전 1년 동안 도입·운용한 경우 : 각 지침마다 0.5점

[별지] 하도급법 위반사업자에 대한 과징금 부과기준에 관한 고시

하도급법 위반사업자에 대한 과징금 부과기준에 관한 고시

Ⅳ. 과징금의 산정

1. 기본산정기준

가. 기본산정기준은 위반행위를 그 내용 및 정도에 따라 "중대성이 약한 위반행위", "중대한 위반행위", "매우 중대한 위반행위"로 구분한 후, 아래에 정한 위반행위 중대성의 정도별 부과기준율 또는 부과기준금액을 적용하여 정한다. 이 때 위반행위 중대성의 정도는 [별표] 세부평가 기준표에 따라 산정된 점수를 기준으로 정한다. 다만,

위반행위로 인하여 발생한 하도급거래 질서의 저해정도, 수급사업자의 피해정도, 시장에 미치는 영향 등을 종합적으로 고려하여 위반행위 중대성의 정도를 달리 판단할 수 있다. 이 경우에는 그 이유를 의결서에 명시하여야 한다.

나. 기본산정기준은 하도급대금의 2배에 위반금액의 비율을 곱한 후, 중대성의 정도별 부과기준율을 곱하여 도출한다.

중대성의 정도	기준표에 따른 산정점수	부과기준율
매우 중대한 위반행위	2.2 이상	60% 이상 80% 이하
중대한 위반행위	1.4 이상 2.2 미만	40% 이상 60% 이하
중대성이 약한 위반행위	1.4 미만	20% 이상 40% 이하

다만, 50% 미만의 부과기준율을 곱하여 도출된 기본산정기준이 법 위반행위로 인해 심의일 당시 잔존하는 불법적 이익(법 위반행위로 인해 당초에 발생한 불법적 이익에서 자진시정을 통해 해소된 불법적 이익을 차감한 금액이며, 이 경우 불법적 이익은 법 위반금액을 의미한다)보다 적은 경우에는 그 잔존하는 불법적 이익에 해당하는 금액을 기본산정기준으로 한다.

다. 위반금액의 비율을 산정하기 곤란한 경우에는 중대성의 정도별 부과기준금액의 범위 내에서 기본산정기준을 도출한다.

중대성의 정도	기준표에 따른 산정점수	부과기준금액
매우 중대한 위반행위	2.2 이상	9억원 이상 20억원 이하
중대한 위반행위	1.4 이상 2.2 미만	2억원 이상 9억원 이하
중대성이 약한 위반행위	1.4 미만	4천만원 이상 2억원 이하

3. 2차 조정

가. 2차 조정은 위반사업자에게 다음의 나. 및 다.에서 정한 가중 또는 감경사유가 인정되는 경우에 가중비율에서 각각의 감경비율의 합을 공제한 비율을 1차 조정된 산정기준에 곱하여 산출된 금액을 1차 조정된 산정기준에 더하거나 빼는 방법으로 한다.

나. 가중사유 및 비율은 다음과 같이 정한다.

(1) 위반사업자가 법 제19조(보복조치의 금지)를 위반한 경우 : 100분의 20 이내

(2) 위반행위의 동질성이 인정되어 동시에 심의대상이 된 법 위반행위가 1년 이상의 기간에 걸쳐 반복적으로 발생하거나 지속된 경우로서 Ⅳ.1.다.의 규정에 따라 과징금을 부과하는 경우

(가) 기간이 1년 이상 2년 미만인 경우 : 100분의 10 이상 100분의 20 미만

(나) 기간이 2년 이상인 경우 : 100분의 20 이상 100분의 50 미만

단, 위 기간을 산정함에 있어 행위의 실행이 종료되었더라도 사업자가 그

실행의 결과를 유지하면서 그로 인하여 지속적으로 이익을 취득하거나 손해를 발생시키고 있는 경우에는 이익의 취득 혹은 손해의 발생이 종료된 날까지 행위가 지속된 것으로 본다.

다. 감경사유 및 비율은 다음과 같이 정한다.

(1) 위반행위를 자진시정한 경우. 이 때 자진시정이라 함은 해당 위반행위의 중지를 넘어서 위반행위로 발생한 효과를 적극적으로 제거하는 행위를 말하며, 이에 해당하는지 여부는 위반행위의 내용 및 성격, 공정한 하도급거래질서의 회복 또는 피해의 구제, 관련 영업정책이나 관행의 개선, 기타 재발 방지를 위한 노력 등을 종합적으로 감안하여 판단한다.

(가) 수급사업자의 피해를 모두 구제하였거나 위반행위의 효과를 실질적으로 모두 제거한 경우 : 100분의 50 이내

(나) 수급사업자의 피해를 모두 구제한 것은 아니지만 피해액의 50% 이상을 구제하였거나 위반행위의 효과를 상당부분 제거한 경우 : 100분의 30 이내

(다) 위 (가) 및 (나)에 해당하지 아니하나 위반행위의 효과를 제거하기 위해 적극적으로 노력하였고 자신의 귀책사유 없이 위반행위의 효과가 제거되지 않은 경우 : 100분의 10 이내

(라) 위 (가) 내지 (다)의 자진시정이 조사가 개시된 이후 또는 심사보고서의 송부 이후에 이루어진 경우에는 각각 감경률을 축소할 수 있다.

단, (가) 및 (나)와 관련하여 피해액 산정이 곤란하거나 위반행위로 인해 발생한 효과 중 일부분에 대해서만 피해액 산정이 가능한 경우에는 수급사업자의 피해구제를 포함하여 위반행위의 효과를 실질적으로 모두 또는 상당부분 제거하였는지 여부를 판단하여야 한다.

(2) 조사에 협력한 경우

(가) 심사관의 조사 단계부터 위원회의 심리 종결시까지 일관되게 행위사실을 인정하여 위법성 판단에 도움이 되는 자료를 제출하거나 진술을 하는 등 적극 협력한 경우 : 100분의 20 이내

(나) 심사관의 조사 단계 이후라도 위원회의 심리 종결 전에 행위사실을 인정하면서 위법성 판단에 도움이 되는 추가자료를 제출하거나 진술을 한 경우 : 100분의 10 이내

(3) 사건절차규칙 제69조제1항에 따라 소회의의 약식심의 결과를 수락한 경우 : 100분의 10 이내

[서식 1] 건축공사중지처분취소심판청구서

행 정 심 판 청 구

청 구 인 강 민 기
○○시 ○○구 ○○동 ○○ (우편번호 ○○○ - ○○○)

피 신 청 인 ○○시장

심판청구의 대상이 되는 처분내용 : 건축법에 의한 건축공사중지처분에 대한 거부처분

처분 있음을 안 날 : 20○○. ○. ○.

건축공사중지처분취소처분

청 구 취 지

피청구인이 청구인에 대하여 20○○. ○. ○.자로 한 건축공사중지처분에 대한 처분을 취소한다.
라는 재결을 구합니다.

청 구 원 인

1. 돼지사육, 축산물가공처리 및 판매업을 하고 있는 청구인은 경기도 ○○군 ○○면 ○○리 전 ○○평방미터상에 돼지사육장 및 도축장을 증·개축하기 위하여 200○. ○. ○. ○○도지사로부터 작업장설치허가와 농지전용허가를 얻고 같은 해 ○. ○. 피신청인으로부터 산림훼손허가 및 건축허가를 얻은 후 같은 달 ○. 건축공사를 착공하여 공사를 진행하고 있던 중 같은 달 ○.경 이웃에 거주하는 주민들이 하천 상류에 돼지사육장 및 도축장이 증·개축되면 하천이 지금보다 더 오염된다는 이유로 이를 반대하는 농성을 시청 앞에서 벌이자 피신청인은 같은달 25. 신청인에 대하여 건축허가 및 농지전용허가시 첨부한 부관사항의 미이행이라는 건축법 제42조 제1항을 들어 민원해결시까지 동 건축공사를 중지하라는 명령을 내렸습니다.

2. 그런데, 피신청인은 주민들이 집단적으로 민원을 제기하고 농성을 하자 이를 무마할 목적으로 신청인이 농지전용허가시 첨부한 부관사항인 "정화조 설치 및 환경오염방지시설 설치 등 타 관련법에 위배되지 않도록 하여야 하며 민원 발생시 사업시행자가 책임지고 처리하여야 한다"는 조항을 들어 동 공사로 인하여 민원이 발생하였으므로

신청인이 책임지고 동 민원사항을 해결하여야 공사를 계속할 수 있다는 취지의 결정을 내렸으나, 동 조항은 어떠한 민원에 대해서도 신청인이 책임지고 처리하여야 한다는 취지가 아니며 신청인이 정화조를 설치하지 않거나 환경오염방지시설 설치를 태만히 하는 등 타 법률에 위반된 행위를 하여 민원이 발생할 경우 이를 책임지고 처리하여야 한다는 의미로 봄이 타당하다 할 것입니다.

3. 따라서 신청인이 법에 위반되거나 타인의 권리를 부당하게 침해하는 행위를 하지 아니하였음에도 불구하고 피신청인이 주민들의 불법적인 집단민원을 무마할 목적으로 발한 동 공사의 중지명령은 법적인 요건을 갖추지 못한 위법한 결정이며 직업 선택의 자유 및 개인의 사유재산권 보장 등을 막는 부당한 조치입니다.

4. 그러므로 신청인이 법에 위반하였다고 인정할 만한 아무런 근거가 없음에도 불구하고 내려진 이 사건 명령은 위법하다 할 것이므로 이는 당연히 취소되어야 할 것입니다.

입 증 방 법

1. 소갑 제1호증 통지서 사본

첨 부 서 류

1. 위 입증방법 1통
1. 심판청구서부본 1통

20○○년 ○월 ○일

위 청구인 강 민 기 (인)

○○시장 귀중

제7장

정보공개청구 행정심판

제7장 정보공개청구 행정심판

1. 정보공개 청구에 대한 공공기관의 비공개 결정

가. 처리 절차

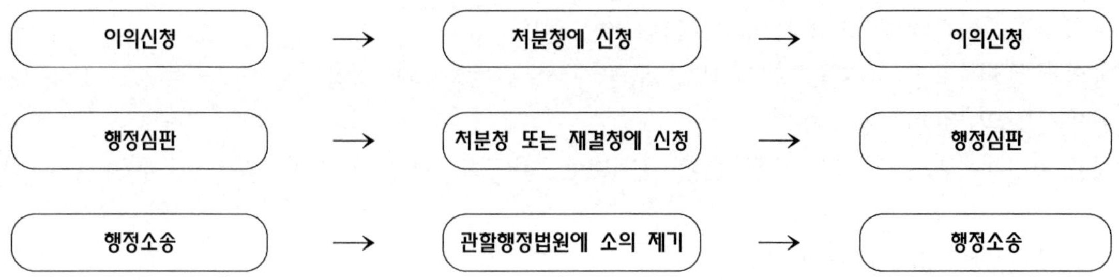

나. 불복 제기 절차

(1) 정보공개 청구에 대한 공공기관의 비공개 결정
(2) '이의신청', '행정심판', '행정소송' 등 순서에 상관없이 제기할 수 있다.
(3) 행정소송 등 모두 가능
(4) 행정심판 → 행정소송
(5) 이의신청 → 행정소송
(6) 이의신청 → 행정심판 → 행정소송
(7) 이의신청

다. 이의신청권자

(1) 정보공개와 관련하여 공공기관의 비공개 또는 부분 공개 결정에 대하여 법률상 이익의 침해를 받은 청구인이다(법 제18조).
(2) 비공개 요청을 받은 공공기관이 제3자의 의사에 반하여 공개하고자 하는 경우의 당해 제3자이다(법 제21조).

라. 이의신청 처리 기간

(1) 제기 기간 : 공공기관으로부터 공개 여부의 결정통지를 받은 날 또는 비공개의 결정이 있는 것으로 보는 날부터 "30일" 이내 신청한다(법 제18조 제1항)
(2) 처리 기간 : 공개 통지를 받은 날부터 "7일"이내, 단 부득이한 경우 7일 이내의 범위에서 연장 가능하다(법 제18조)

※ 각하 또는 기각 결정 시에는 행정심판(소송)을 제기할 수 있다는 취지를 결과 통지와 함께 통지 (법 제18조 제3항)

마. 이의신청 방법

(1) 인터넷 정보공개 시스템 이용 시 인터넷으로 신청 가능하다
(2) 기재 사항
신청인의 이름, 주민등록번호 및 주소(법인, 단체의 경우에는 그 명칭 및 사무소 또는 사업소의 소재지와 대표자의 이름)와 연락처
(3) 이의신청의 대상이 되는 정보의 정보공개 여부 결정의 내용
(4) 이의신청의 취지 및 이유
정보공개 여부의 결정통지를 받은 날 또는 비공개 결정이 있는 것으로 보는 날이다.

2. 행정심판(법 제19조) 대상

청구인, 제3자가 정보공개와 관련한 공공기관의 결정에 불복이 있는 때
비공개 요청을 받은 공공기관이 제3자의 의사에 반하여 공개하고자 하는 경우의 당해 제3자이다(법 제21조).

3. 심판 청구서의 제출

재결청 또는 피청구인인 행정청에 제출
행정청은 10일 이내에 심판 청구서를 재결청에 송부한다.

4. 재결청

국가기관, 지방자치단체 : 당해 행정청의 직근 상급기관
그 외의 공공기관의 감독행정기관 : 관계 중앙행정기관 또는 지방자치단체의 장

5. 심판청구기관

처분이 있음을 안 날부터 90일 이내 제기하여야 한다.
처분이 있은 날로부터 180일을 경과하면 제기 불가하다.

6. 재결기간

재결청 또는 피청구인인 행정청이 심판 청구서를 받은 날부터 60일 이내이다(부득이한 경우 30일 범위 안에서 연장 가능).

※ 이의신청 절차를 거치지 아니하고 행정심판청구 가능하다(법 제19조).
행정심판 위원의 비밀 누설금지
행정심판 위원이 비밀 누설 시에는 형법 기타 법률의 벌칙규정의 적용에 있어서는 공무원으로 간주한다(법 제19조 제4항).

7. 행정소송(법 제20조) 제소 기간

처분 등이 있음을 안 날부터 90일 이내
처분 등이 있는 말부터 1년을 경과하면 제기 불가하다.
이의신청, 행정심판을 거치지 아니하고 행정소송 가능하다.

8. 불복청구에 대한 결정의 종류

각하, 기각, 인용

9. 이의신청의 경우에도 행정심판

행정소송의 예에 따름
이의신청, 행정심판, 행정소송의 결정 종류

가. 각하

(이의신청 및 행정심판 및 행정소송) 제기 요건이 결여되어 부적법한 것인 경우에 본안심리를 거절한다(결정 및 재결 및 판결).

나. 기각

본안심리의 결과 (이의신청 및 행정심판 및 행정소송) 제기가 이유 없다고 인정하여 원 처분을 시인한다(결정 및 재결 및 판결).

다. 인용

본안심리 결과 (이의신청 및 행정심판 및 행정소송) 제기가 이유 있고, 원 처분이나 부작위가 위법 또는 부당하다고 인정, 청구인의 청구 취지를 받아들인다(결정 및 재결 및 판결).

10. 비공개, 불복 시

가. 이의신청(청구인 또는 제3자)
나. 처리부서는 이의신청에 대한 심의 결과를 이의신청 일로부터 7일 이내 청구인에게 서면 통지한다.

* 각하 또는 기각 결정시 행정심판(소송) 등을 제기할 수 있다는 불복 안내를 결정통지와 함께 공지한다(법 제18조 제3항).

11. 행정심판 소송 등

이의신청 결정에 불복하거나, 행정심판 결과에 불복하는 경우 행정심판전치주의가 적용되지 않는다.

가. 정보공개 관련 행정심판의 유형

(1) 정보공개처분

정보공개청구를 해 전부공개한다는 처분을 받았으나 불충분한 정보공개인 경우

(2) 정보비공개처분

비공개대상으로 규정된 정보(개인의 사생활의 비밀 등) 혹은 제3자의 비공개요청으로 인해 정보를 공개하지 않는다는 결정을 받은 경우

(3) 정보부분공개처분

비공개 대상부분과 공개가능 부분이 혼합되어 있으나 분리가능해 정보를 부분공개한다는 결정을 받은 경우

(4) 비공개 또는 부분공개결정에 대한 이의신청 각하·기각결정처분

비공개결정 또는 부분공개결정을 받고 이의신청을 하였으나 각하나 기각
결정을 받은 경우

나. 항목별 작성 방법

구 분	내 용
청구인	먼저 청구인이 개인인지 법인·단체인지를 먼저 선택합니다. **<개인의 경우>** 1. 청구인의 성명과 주민등록번호를 기재합니다. 주민등록번호는 사건진행 현황 조회시 사건번호를 모르는 경우 필요합니다. ※ 청구인이 여러 명일 경우에는 별도의 용지에 청구인들의 이름, 주민등록번호, 주소 등을 각각 기재해 첨부할 수 있으며, 필요에 따라 3명 이하의 대표자를 선정할 수 있습니다. 2. 연락가능한 전화번호, 휴대전화번호, E-mail 주소 등을 기재합니다. 휴대전화번호, E-mail주소는 심판진행 과정에서의 각종 SMS, E-mail 안내를 위해 필요합니다. 3. 주소는 주민등록표상 주소, 거주하는 장소를 기재하여, 주소 외에 행정심판 관련서류를 받고자 하는 장소가 있는 경우에는 송달장소란에 기재할 수 있습니다. 4. 사망한 자, 소멸한 법인, 사업장, 법인의 지점 등 청구인이 될 수 없는 자의 이름을 기재하면 부적법한 청구가 되어 각하재결되므로 주의가 필요합니다. **<법인 또는 단체의 경우>** 1. 법인이나 단체의 이름을 법인/단체명란에 기재하고 대표자의 성명을 대표자성명란에 기재하며, 법인이나 단체의 법인번호나 사업자등록번호 또는 대표자 주민등록번호 등을 기재합니다. 법인번호나 사업자등록번호, 대표자 주민등록번호는 사건진행 현황 조회시 필요합니다. 2. 대표자의 연락가능한 전화번호, 휴대전화번호, E-mail 주소 등을 기재합니다. 휴대전화번호, E-mail주소는 심판진행 과정에서의 각종 SMS, E-mail 안내를 위해 필요합니다. 3. 주소는 법인인 경우 법인의 주된 사무소가 소재하는 곳(법인등기부상의 주소)을 기재하고, 단체인 경우 단체의 주된 사무소가 소재하는 곳 또는 대표자의 주소를 기재합니다. 주소 외에 행정심판 관련서류를 받고자 하는 장소가 있는 경우에는 송달장소란에 기재할 수 있습니다.
대리인	1. 행정심판법에서 정하는 아래의 대리인이 선임된 경우 기재합니다. · 법정대리인 · 청구인의 배우자, 청구인 또는 배우자의 사촌 이내의 혈족 · 청구인이 법인이거나 청구인 능력이 있는 법인이 아닌 사단 또는 재단인 경우 그 소속 임직원 · 변호사 · 다른 법률의 규정에 따라 심판청구의 대리를 할 수 있는 자 · 그 밖에 행정심판위원회의 허가를 받은 자 2. 대리인이 개인인 경우, 대리인의 성명과 주민등록번호를 기재하며, 법인이나 단체인 경우 법인이나 단체의 이름을 법인/단체명란에 기재하고 대표자의 성명을 대표자성명란에 기재한 후, 법인이나 단체의 법인번호나 사업자등록번호 또는 대표자 주민등록번호 등을 기재합니다. 대리인이 법무법인, 노무법인 등의 구성원인 변호사 또는 노무사인 경우에는 해당 구성원을 대표자란에 기재합니다. 대리인의 기재사항은 법인·단체인 청구인의 기재사항을 참고하시기 바랍니다. 3. 대리인의 유형은 반드시 기재해야 합니다. 4. 대리인의 주소를 기재합니다. 대리인이 선임된 사건은 심판진행과정에서 발생하는 각종 통지 및 문서의 송달을 대리인의 주소지나 연락처로 합니다.
피청구인	1. 행정심판의 상대방으로 반드시 기재해야 합니다. 2. 피청구인이란 귀하께서 행정심판을 청구한 행정기관으로서, 귀하께서 무효 위법 또는 부당하다고 주장하시는 행정처분을 행한 행정기관을 말합니다. 3. 피청구인의 명칭은 보통 귀하에 대한 처분을 한 행정기관의 장이 됩니다. 4. 피청구인의 기관검색 목록에 없는 기관은 온라인 행정심판이 지원되지 않거나 중앙 행정심판위원회의 소관이 아닌 기관입니다.

처분내용	1. 심판청구에서 다투고자 하는 행정기관의 처분내용을 기재합니다. (예시) 정보공개결정 처분, 정보비공개결정 처분, 정보부분공개결정 처분, 이의신청 기각결정처분 등 2. 일정한 신청 또는 청구에 대해 아무런 처분을 하지 아니하는 것에 대한 심판청구인 경우에는 "OOO부작위처분" 으로 기재합니다. 3. 처분의 내용은 행정심판의 대상물을 확정하는 것이므로 반드시 기재해야 합니다.
처분일	1. 심판대상인 처분을 알게 된 날을 기재합니다. 문서로써 처분을 통지받은 경우 문서에 기재된 날이 아닌 실제로 처분을 알게 된 날을 기재합니다. (예시) 행정관청으로부터 2025년 1월 20일부터 2025년 1월 30일까지 처분을 한다는 내용의 문서를 2025년 1월 10일 발송해 2025년 1월 15일 수령하였다면 처분일은 2025년 1월 15일입니다. 2. 처분일을 잘 모를 경우 기재하지 않아도 됩니다.
고지여부 및 고지내용	1. 행정관청이 처분당시 처분에 대해 불복하고자 하는 경우의 절차 및 기한 등에 대해 청구인에게 알려주었는지 여부와 알려준 내용을 기재합니다. 2. 대부분의 고지는 처분을 한 문서에 기재되므로 처분을 한 문서의 내용을 확인 후 고지 유무를 기재하고, 고지의 내용은 처분한 문서에 기재된 내용을 옮겨 적으시면 됩니다. 3. 고지여부 및 고지내용을 잘 모를 경우 기재하지 않아도 됩니다.
청구취지	1. 행정심판을 청구해 재결청으로부터 구하고자 하는 재결의 내용을 간략히 기재합니다. (예시) - 정보공개결정처분 ·피청구인은 2025. 00. 00. 청구인에게 한 정보공개결정 처분한 사항을 이행해야 한다. ·피청구인이 2025. 00. 00. 청구인에게 한 정보공개결정 처분을 취소한다. ·피청구인은 청구인이 공개청구한 정보를 전자파일로 전송하는 형태로 청구인에게 공개하라. - 정보비공개결정처분 ·피청구인이 2025. 00. 00. 청구인에게 한 정보비공개결정 처분(또는 부작위)은 위법·부당하므로 피청구인은 청구인에게 정보공개를 이행해야 한다. - 정보부분공개결정처분 ·피청구인이 2025. 00. 00. 청구인에게 한 정보부분공개결정 처분(또는 부작위)은 위법·부당하므로 피청구인은 청구인에게 정보공개를 이행해야 한다. ·피청구인이 2025. 00. 00. 청구인에게 한 정보부분공개결정 처분을 취소한다. - 이의신청 기각결정처분 ·피청구인이 2025. 00. 00. 청구인에게 한 이의신청 기각결정 처분을 취소한다. ※ 사례: 정보공개 이의신청 기각결정 취소(국민권익위원회 중앙행심 2014-24094, 2015. 7. 14.) - 정보부존재결정처분 ·피청구인이 2025. 00. 00. 청구인에게 한 정보부존재결정 처분을 취소한다. 2. 청구취지는 반드시 기재해야 합니다.
청구원인	행정심판을 청구하게 된 이유와 처분의 위법·부당성 등에 대한 청구인의 구체적인 주장으로 반드시 기재해야 합니다. 청구원인의 기재는 따로 형식이 정해진 것은 아니나 일반적으로 다음과 같은 순서로 기재합니다. 1. 이 건 처분에 이르게 된 경위 - 청구인이 처분 등을 받게 된 경위를 육하 원칙에 따라 기재합니다. 2. 이 건 처분의 위법·부당성 - 피청구인의 처분이 위법하거나 부당하다고 생각하는 이유와 근거를 제시합니다. 3. 결 론 - 청구인이 결론적으로 주장하고자 하는 바를 기재합니다. ※ 청구원인은 본란에서 직접 작성하거나 워드프로세서로 작성해 파일로 제출해도 됩니다.

증거서류	청구인의 주장을 입증할 증거서류를 첨부합니다. ※ 증거서류 외에도 사건과 관련해 청구인에게 유리하다고 생각되는 모든 자료를 제출할 수 있습니다. 예 : 진정서, 탄원서, 주민등록등·초본, 호적등본, 재직증명서, 표창장 등 각종 상장, 사업자등록증, 장애인수첩 등

다. 행정심판 재결례

사건번호 : 2010-0049
사 건 명 : 정보비공개결정 취소청구
청 구 인 : ○○○
피청구인 : ○구청장
청구취지 : 피청구인이 청구인에게 한 정보비공개결정은 이를 취소한다.
관련법령 : 행정심판법 제35조
재 결 일 : 2010-06-28 00:00:00.0
재결결과 : 인용

주 문

피청구인이 2010. 4. 9. 청구인에게 한 정보 비공개결정은 이를 '취소'한다.

청 구 취 지

주문과 같다.

이 유

1. 사건개요
   청구인은 2010. 4. 5. 피청구인이 관리하는 국유(일반)재산 중 부동산에 한하여 국유재산현황(지번, 면적, 지목), 대부현황(대부만기일, 대부면적, 대부료, 사용실태), 국유재산매각에 관한 절차 및 일반적인 사항의 정보공개를 신청하였고 이에 피청구인은 공개할 경우 부동산투기, 매점매석 등으로 특정인에게 이익을 줄 수 있거나 미대부 재산에 대한 불법점유 등의 우려가 있음을 사유로 2010. 4. 9. 비공개결정 통지하였다.

2. 청구인 주장
   - 이에 대하여 청구인은 다음과 같이 주장한다.
   청구인은 2010. 4. 5. 피청구인에게 피청구인 관리부서 지적관리과에서 관리하는 국유(일반)재산 중 부동산에 한하여 국유재산현황(지번, 면적, 지목), 대부현황(대부만

기일, 대부면적, 대부료, 사용실태), 국유재산 매각에 관한 절차 및 일반적인 사항의 정보공개를 신청하였고 이에 대하여 피청구인은 다음과 같은 사유로 비공개결정처분을 한 사실이 있다.

1) 「공공기관의 정보공개에 관한 법률」 제9조제1항제8호의 규정에 의거 청구내용을 공개할 경우 부동산투기, 매점매석 등으로 특정인에게 이익을 줄 수 있거나 미대부재산에 대한 불법점유 등의 우려가 있어 비공개하며,
2) 「국유재산법」 제76조의 규정에 의거 보유 및 관리하고 있는 재산정보는 정보통신망을 활용한 정보공개시스템을 통하여 공표하도록 규정되어 있어 한국자산관리공사 전자자산처분시스템(온비드)에 공개되어 있음을 알려드리며, 국유재산의 매각절차 및 일반적인 사항 또한 이 사이트에서 확인 가능한 사항임.

「공공기관의 정보공개에 관한 법률」에 의하면 이 법의 목적은 공공기관이 보유·관리하는 정보에 대한 국민의 공개청구 및 공공기관의 공개의무에 관하여 필요한 사항을 정함으로써 국민의 알권리를 보장하고 국정에 대한 국민의 참여와 국정운영의 투명성을 확보함을 목적으로 하고 있으므로 청구인이 공개 신청한 국유재산 현황 등에 관한 정보(이하 "이건 정보"라 한다.)는 공공기관이 직무상 작성 취득하고 있는 문서로서 원칙적으로 공개의 의무가 있다 할 것이다.

이건 비공개결정에 대한 피청구인의 주장들을 살펴보면 중대한 문제점을 발견할 수 있다.

첫째, 「공공기관의 정보공개에 관한 법률」 제9조제1항 제8호의 규정인 '공개될 경우 부동산 투기·매점매석 등으로 특정인에게 이익 또는 불이익을 줄 우려가 있다고 인정되는 정보'에 대해 살펴보면, 부동산투기가 원칙적으로 토지의 양도차익을 목적으로 한 불법행위를 전제조건으로 한다면 이건 정보의 공개로 인하여 특정인이 불법적인 방법을 동원하여 국유재산을 매점매석하여 그 토지의 양도차익을 특정인이 실현해야한다는 것을 전제로 하는바, 현재 국유재산을 처분 및 매각할 수 있는 권리는 일차적으로 피청구인에게 있고 총괄청에게 처분의 허가를 득하여야 만이 가능한 것으로 이는 일반 부동산과는 다르게 국유재산법에 의한 관리계획에 따라 가능한 것으로 상당히 제한적으로 이루어지고 있어 투기수요를 야기하기에는 제도적으로 어려움이 있다 할 것이다.

둘째, 특정인에게 이익을 줄 우려가 있다는 주장에 대해 살펴보면, 국가는 국유재산의 관리처분의 기본원칙에 따라 국가전체의 이익이 극대화 되도록 그 가치를 높여 투명하고 효율적인 절차로 국유재산을 관리 및 처분하도록 법에 명시되어 있는 바, 피청구인과 그 해당 공무원들만이 국유재산에 대한 정보를 관리 및 취득하고 그 공개를 거부한다면 이는 자칫 국유재산의 대부 및 처분에 있어 관리공무원과 이해 당사자들 간의 유착 및 비리로 이어질 개연성이 상당히 크다고 할 것이고 오히려 국유재산을 투명하게 관리하여 공공가치와 활용가치를 극대화하는 것이 국유재산법의 취지라면 국유재산현황을 일반 국민들에게 더 가까이,

편하게 제공할 수 있게 하여 국민들이 적극적으로 국유재산을 활용할 수 있도록 배려함이 필요하다고 판단된다 할 것이다.

셋째, 미 대부재산에 대한 불법점유의 우려에 대해 살펴보면 피청구인은 국유재산법 제66조에 따라 국유재산 대장을 정비하고 그 실태를 파악할 의무가 있고, 만일 불법점유 등의 사유 발생 시 변상금징수, 연체료징수, 불법시설물철거 등과 같은 조치를 위할 수 있는 바, 그렇다면 미 대부재산에 대한 불법점유에 대한 우려는 피청구인의 관리, 감독을 강화하고 대장을 더욱 철저히 관리하여 발생하지 않도록 해야 할 사항이지 이건 정보의 공개로 인하여 그러한 사태가 발생할 수 있다는 것은 피청구인의 선입견에 기한 판단이라 할 것이다.

넷째, 피청구인은 청구인이 신청한 정보가 한국자산관리공사에서 운영하는 국유재산 매각대행 인터넷사이트인 온비드에서 확인이 가능한 사항이라 주장하는 바, 국유재산법 제76조에 따르면 국유재산의 효율적인 관리와 처분을 위하여 보유·관리하고 있는 정보를 정보통신망을 활용한 정보공개시스템을 통하여 공표하여야 한다고 명시하고 있고 국유재산법 제31조에 따르면 행정재산을 사용허가하려는 경우에는 그 뜻을 공고하여 일반경쟁에 부쳐야한다고 명시하고 있는 바 이는 이건 정보의 공개가 적법하다는 것을 의미합니다. 또한「공공기관의 정보공개에 관한 법률」제13조제4항에 따르면 공공기관은 정보의 비공개결정을 한 때에는 그 사실을 청구인에게 지체 없이 문서로 통지하여야 한다. 이 경우 비공개이유, 불복방법 및 불복절차를 구체적으로 명시하여야 한다.는 법규에도 불구하고 피청구인은 이러한 법규정을 준수하지 않았다. 이건 정보는 헌법과 법률에 규정된 국민의 알권리 보장과 국유일반재산 관리 집행의 투명성·효율성 확보라는 공익을 실현하고 국민들의 행정에 대한 관심과 참여정신을 고양하여 지방자치제도의 활성화를 도모하는 한편, 행정절차의 투명성과 책임성을 제고한다는 측면에서도 이를 일반 국민에게 공개할 필요성이 크다고 할 것인바 사정이 이와 같다면 피청구인이 2010. 4. 9. 결정한 청구인의 정보공개신청에 대한 비공개결정은 취소되어야 함이 당연한 바 그 재결을 구하기 위하여 본 심판을 청구하기에 이른 것이다.

3. 피청구인 주장

- 이에 대하여 피청구인은 다음과 같이 주장한다.

가. 비공개결정처분 처리내용

「공공기관의 정보공개에 관한 법률」제9조제1항 제8호에 따르면 공개될 경우 부동산 투기·매점매석 등으로 특정인에게 이익 또는 불이익을 줄 우려가 있다고 인정되는 정보는 비공개대상정보로 규정하고 있으며 이는 비공개 대상정보의 세부기준에 따르면 국유재산의 소재지, 지번 등 개별적인 재산명세로서 공개될 경우 국가의 권리보전조치에 지장을 초래하거나, 토지관련 사기 등의 수단으로 악용되거나, 부동산 투기 등 개인적인 용도로 남용될 가능성이 있는 정보로 정하고 있다.

또한,「국유재산법」제76조(정보공개)에 의하면 총괄청(기획재정부)은 국유재산의 효율적인 관리와 처분을 위하여 보유·관리하고 있는 정보를『정보통신망을 활용한 정보공개시스템을 통하여 공표하여야 한다』고 규정되어 있다. 이런 규정에 의거 총괄청(기획재정부) 주관으로 한국자산관리공사가 전자자산처분시스템(온비드)에 전국의 기획재정부 소관 국유재산에 대하여 행정구역별로 공표하여 국민의 알권리를 보장하고 있으므로 위 처분은 위법 또는 부당한 행위라 볼 수 없다.

나. 행정행위의 당위성

청구인이 주장하는「공공기관의 정보공개에 관한 법률」에 의하면 이 법의 목적은 공공기관이 보유·관리하는 정보에 대한 국민의 공개청구 및 공공기관의 공개의무에 관하여 필요한 사항을 정함으로써 국민의 알권리를 보장하고 국정에 대한 국민의 참여와 국정운영의 투명성을 확보함을 목적으로 하고 있으므로 청구인이 공개신청 한 국유재산 현황 등에 관한 정보는 공공기관이 직무상 작성 취득하고 있는 문서로서 원칙적으로 공개의 의무가 있다고 주장하고 있으나

공공기관이 보유·관리하고 있는 정보에 대한 공개를 요구받은 공공기관으로서는 법 제9조제1항 각호에서 정하고 있는 비공개사유에 해당하는 경우 비공개 할 수 있으며, 이건 청구내용인 국유재산 관리현황 및 대부현황은 법 제9조1항 제8호와 그 세부기준에 따라 국유재산의 소재지, 지번 등 개별적인 재산명세로서 공개될 경우 토지관련 사기 등의 수단으로 악용되거나, 부동산 투기 등 개인적인 용도로 남용될 가능성이 있는 정보로 규정하고 있어 공개의 의무가 없다고 할 것이며, 또한, 국유재산의 처분 및 매각은 국유재산법에 의한 관리계획에 따라 총괄청에게 처분의 허가를 득하여야 만이 가능한 것으로 이건 정보가 공개되더라도 부동산 투기·매점매석으로 인한 투기수요를 야기하기에는 제도적으로 어려움이 있어 특정인에게 이익 또는 불이익을 줄 우려가 없다고 주장하나 청구인은 부동산 투기·매점매석에 한하여 이를 주장하고 있으나,「공익사업을 위한 토지 등의 취득 보상에 관한 법률」제75조(건축물 등 물건에 관한 보상)에 따르면 건축물·입목·공작물 기타 토지에 정착한 물건에 대하여는 이전에 필요한 비용을 보상하여야 한다고 규정되어 있는바, 이건 정보를 공개할 경우 이 정보를 이용하여 개발예정지 내 또는 향후 개발 시 국유재산에 대하여 불법 보상을 목적으로 대부 또는 무단점유 등 토지관련 사기 등의 수단으로 악용될 우려가 있을 것이며 이건 정보공개 청구에 대한비공개 결정으로 인하여 보호되는 공익이 청구인이 입는 불이익보다 크다고 판단되어 청구정보에 대하여 비공개 처분한 것이다.

미 대부재산에 대한 불법점유 우려에 대하여 청구인은 피청구인의 관리, 감독을 강화하고 대장을 더욱 철저히 관리하여 발생하지 않도록 해야 할 사항이며, 만일 불법점유 등의 사유 발생 시 변상금 징수, 연체료 징수, 불법시설물 철거 등과 같은 조치를 취할 수 있다고 주장하나, 「국유재산법」제66조(대장과 실태조사) 및 같은 법 시행령 제68조(대장과 실태조사)의 규정에 따라 관리하고 있는 국유재산

에 대하여 1년에 한 번 이상 실태조사를 하여 불법점유 등의 사유 발생시에는 「국유재산법」 제72조(변상금의 징수)에 의거 그 재산에 대한 대부료의 100분의 120에 상당하는 변상금을 징수하고 이를 납부하지 않는 경우 「국유재산법」 제73조(연체료 등의 징수)의 규정에 따라 연체료 징수 등의 조치를 취하고 있으나, 국유재산법은 국유재산의 적정한 보호와 효율적인 관리를 목적으로 하고 있는 바, 불법점유 등의 사유가 발생한 후 변상금 부과, 연체료 징수, 불법시설물 철거 등의 처분을 행하는 것은 불법점유자에 대한 경제적 부담을 줌과 동시에 위 행정처분에 따른 공공기관의 업무가 과중되는 것이며 또한, 국유재산이 무단점유 될 경우 불법매매를 통한 점유권 양도를 비롯해 부동산 투기 및 사기 등의 부작용이 발생할 수 있으므로, 이는 국유재산 관리에 대한 공공기관의 효율적인 업무수행이라 볼 수 없을 것이다.

청구인은 2010. 2. 11. 선고 2009두6001호 대법원 판결에 따르면 「공공기관의 정보공개에 관한 법률」에 의한 정보공개제도는 공공기관이 보유·관리하는 정보를 그 상태대로 공개하는 제도이지만 전자적 형태로 보유·관리되는 정보의 경우에는 그 자료를 검색·편집할 수 있으므로 한국자산관리공사 전자자산처분시스템(온비드)의 자료를 검색·편집하여 이건 정보를 공개하여야 한다고 주장하나, 「공공기관의 정보공개에 관한 법률」 제2조제1호 "정보라 함은 공공기관이 직무상 작성 또는 취득하여 관리하고 있는 문서·도면·사진·필름·테이프·슬라이드 및 그 밖에 이에 준하는 매체 등에 기록된 사항을 말한다"에서 『관리』란 공공기관이 작성 또는 취득한 문서가 조직 내의 공용문서로서의 실질을 갖춘 상태, 즉 당해 행정기관의 조직에서 업무상 필요한 것으로 이용·보존되고 있음을 의미하므로, 한국자산관리공사 전자자산처분시스템(온비드)의 자료는 공공기관이 보유·관리되고 있는 정보라 할 수 없으므로 정보공개의 대상이 되지 아니할 것이라 판단된다.

또한 청구인은 「공공기관의 정보공개에 관한 법률」 제13조제4항에 따르면 공공기관은 정보의 비공개결정을 한 때에는 그 사실을 청구인에게 지체 없이 문서로 통지하여야하며, 이 경우 비공개이유, 불복방법 및 불복절차를 구체적으로 명시하여야 한다는 법류에도 불구하고 피청구인이 이러한 법규정을 준수하지 않았다고 주장하나, 청구인은 2010. 4. 5. 「공공기관의 정보공개에 관한 법률」 제10조제1항에 의거 이건 정보에 대하여 전자파일형태로 온라인 수령코자 같은 법률 제6조제2항제2호에 따라 정보통신망에 의하여 정보공개 청구한 바, 피청구인은 2010. 4. 9. 정보비공개결정통지서에 청구인의 청구정보내용, 비공개내용 및 사유를 작성하여 통보하였으며, 또한 이 결정에 대한 이의신청 및 행정심판 또는 행정소송을 제기할 수 있음을 통보한 바 있으므로 청구인의 주장은 부당하다 할 것이다.

다. 결 론

위에서 살펴본 바와 같이 피청구인이 청구인의 정보공개 청구에 대한 비공개결정 처분한 것은 적정한 것이며 청구인의 청구는 기각되어야 한다.

4. 관계법령
   - 공공기관의 정보공개에 관한 법률 제2조, 제9조
   - 국유재산법 제76조
5. 판단
   가. 인정사실
      1) 청구인은 2010. 4. 5. 피청구인이 관리하는 국유(일반)재산 중 부동산에 한하여 국유재산현황(지번, 면적, 지목), 대부현황(대부만기일, 대부면적, 대부료, 사용실태), 국유재산 매각에 관한 절차 및 일반적인 사항의 정보공개를 신청하였고, 이에 피청구인은 공개할 경우 부동산투기, 매점매석 등으로 특정인에게 이익을 줄 수 있거나, 미 대부재산에 대한 불법점유 등의 우려가 있음을 사유로 2010. 4. 9. '비공개 결정' 통지하였다.
      2) 위와 같은 이 사건 처분에 대해 청구인은 헌법과 법률에 규정된 국민의 알권리 보장과 국유잡종재산 관리 집행의 투명성·효율성 확보라는 공익을 실현하고 국민들의 행정에 대한 관심과 참여정신을 고양하여 지방자치제도의 활성화를 도모하는 한편, 행정절차의 투명성과 책임성을 제고한다는 측면에서도 이를 일반 국민에게 공개할 필요성이 크다는 것을 전제로 이 사건을 청구하였다.
   나. 이 건 처분의 위법·부당 여부
      1) 공공기관의 정보공개에 관한법률 제9조 제1항 제8호에 따르면 공개될 경우 부동산 투기·매점매석 등으로 특정인에게 이익 또는 불이익을 줄 우려가 있다고 인정되는 정보는 비공개대상정보로 규정하고 있고, '공공기관은 제1항 각 호의 범위 안에서 당해 공공기관의 업무의 성격을 고려하여 비공개대상정보의 범위에 관한 세부기준을 수립하고 이를 공개하여야 한다'라고 규정되어 있는 같은 조 제3항에 근거하여 규정된 비공개대상정보의 세부기준에 따르면, 국유재산의 소재지, 지번 등 개별적인 재산명세는 공개될 경우 국가의 권리보전조치에 지장을 초래하거나, 토지관련 사기 등의 수단으로 악용되거나, 부동산 투기 등 개인적인 용도로 남용될 가능성이 있는 정보로 규정하고 있다.
      2) 대법원은 '국민으로부터 보유·관리하는 정보에 대한 공개를 요구받은 공공기관으로서는 위 법 제9조제1항 각 호에서 정하고 있는 비공개사유에 해당하지 않는 한 이를 공개하여야 하고, 이를 거부하는 경우라 할지라도 대상이 된 정보의 내용을 구체적으로 확인·검토하여 어느 부분이 어떠한 법익 또는 기본권과 충돌되어 위 각 호의 어디에 해당하는지를 주장·증명하여야하며, 여기에 해당하는지 여부는 비공개에 의하여 보호되는 업무수행의 공정성 등의 이익과 공개에 의하여 보호되는 국민의 알권리의 보장과 국정에 대한 국민의 참여 및 국정운영의 투명성 확보 등의 이익을 비교·교량하여 구체적인 사안에 따라 개별적으로 판단하여야 한다'고 판시하고 있다(대법원 2009. 12. 10. 선고 2009두 12785 판결 참조).

3) 또한 대법원은 '전자적 형태로 보유·관리되는 정보의 경우에는, 그 정보가 청구인이 구하는 대로는 되어 있지 않다고 하더라도, 공개청구를 받은 공공기관이 공개청구대상정보의 기초 자료를 전자적 형태로 보유·관리하고 있고, 당해 기관에서 통상 사용되는 컴퓨터 하드웨어 및 소프트웨어와 기술적 전문지식을 사용하여 그 기초 자료를 검색하여 청구인이 구하는 대로 편집할 수 있으며, 그러한 작업이 당해 기관의 컴퓨터 시스템 운용에 별다른 지장을 초래하지 아니한다면, 그 공공기관이 공개청구대상정보를 보유·관리하고 있는 것으로 볼 수 있고, 이러한 경우에 기초 자료를 검색·편집하는 것은 새로운 정보의 생산 또는 가공에 해당한다고 할 수 없다'라고 설시하고 있다(대법원 2010. 2. 11. 선고 2009두6001 판결 참조).

4) 공공기관의 정보공개에 관한 법률 제14조는, '공개청구한 정보가 제9조 제1항 각 호에 정한 비공개대상 정보에 해당하는 부분과 공개가 가능한 부분이 혼합되어 있는 경우로서 공개청구의 취지에 어긋나지 아니하는 범위 안에서 두 부분을 분리할 수 있는 때에는 비공개대상 정보에 해당하는 부분을 제외하고 공개하여야 한다'고 규정하고 있다.

5) 위 법률 규정 및 대법원 판결에 비추어 살펴보면,

가) 청구인이 정보공개 청구 한 ① 국유재산현황(지번, 면적, 지목), ③ 국유재산 매각에 관한 절차는 헌법과 법률에 규정된 국민의 알권리 보장과 국유일반재산 관리 집행의 투명성·효율성 확보라는 공익을 실현하고, 행정절차의 투명성과 책임성을 제고한다는 측면에서 이를 공개할 필요성이 크다고 보이고, 이 부분을 공개하더라도 부동산투기, 매점매석 등으로 특정인에게 이익을 줄 수 있거나, 미 대부재산에 대한 불법점유 등의 우려가 있다고 보이지 아니하므로, 이 부분에 대한 '이 사건 처분' 은 부적법한 것으로 판단된다.

나) 다음, 대부현황(대부만기일, 대부면적, 대부료, 사용실태)에 대한 '이 사건 처분'에 대하여 살펴보면, 한국자산관리공사에서는 기획재정부 소관 일반재산 중 지방자치단체, 한국자산관리공사에 위임 및 위탁하여 관리중인 보존부적합, 영세규모 재산 등에 대한 국유재산의 상세정보를 '온비드 시스템'을 통해 국민에게 공개함으로써 국유지 수요자들의 정보 접근성을 높여 국유지의 활용도를 극대화하고 국유재산의 관리기관, 용도, 물건 소재지, 면적 등 물건정보와 위치 및 부근현황, 사진, 위치도, 지적도 등 판단에 필요한 일반정보를 제공받을 수 있도록 하여 수요자에 대한 편의를 제공하고 있다.

이 시스템은 누구나 이용이 가능하도록 공개되어 있으나, 대부만기일과 대부료는 그 자료가 등재되어 있지 않아 온비드 시스템 상으로는 정보를 얻을 수 없는바, 대부물건은 1년 단위로 최장 5년까지 대부계약이 가능하고, 1년마다 대부료를 재산정하여 계약을 체결하고 있으며 재계약 시 대부료

산정은 '당해연도의 재산가액 × 입찰에 의하여 결정된 첫해의 사용료 ÷ 입찰 당시의 재산가액'의 방식으로 산정하는 것으로 볼 때 온비드 시스템에 이를 비공개하여야 할 사유가 있는 것이 아니라 다만 수시로 변동되는 대부만기일과 대부료를 상황 발생시 실시간으로 자료를 변경하는 것에 무리가 있는 것으로 판단된다.
그렇다면 이 부분 공개 청구한 정보 또한 공개청구의 취지에 어긋나지 아니하는 범위 안에서 비공개대상 정보를 제외한 나머지 정보는 공개할 의무가 있다고 할 것이다.

6. 결 론

그렇다면 청구인의 주장을 인정할 수 있으므로 청구인의 청구를 받아들이기로 하여 주문과 같이 재결한다.

12. 행정소송 판례

사건번호	사건쟁점	판결내용
서울고등법원 2023누30064	• 원고는 피고에게 용산 부분반환부지의 임시활용을 위한 토양 안전성 분석및예방조치방안수립용역의 최종 보고서 정보공개를 청구함 • 피고는 정보공개법 제9조 제1항 제2호에 의거 비공개 결정하였고, 원고는 관련 자료에 대한 정보공개거부처분취소 소송을 제기, 원고승소함 • 피고는 이에 대해 불복하여 항소하였음	• 정보공개법 제9조 제1항 제2호가 비공개대상정보로 규정하고 있는 국가안전보장・국방・통일・외교관계 등에 관한 사항으로서 공개될 경우 국가의 중대한 이익을 현저히 해칠 우려가 있다고 인정되는 정보란' 정보공개법 제1조의 목적과 정보공개법 제9조 제1항 제2호의 규정에 의한 비공개대상정보의 입법 취지에 비추어 볼 때, 공개될 경우 국가의 중대한 이익을 객관적으로 현저하게 해칠 것이라는 고도의 개연성이 존재하는 경우를 말하는 것으로 해석해야 하고, 막연하고 추상적인 가능성에 그치는 경우는 이에 해당하지 아니하는 것으로 봄이 타당함. • 원고의 청구는 이유 있어 이를 인용하여야 하는데, 제1심 판결은 이와 결론이 같아 정당하므로 피고의 항소를 기각
대전고등법원 2023누11069	• 원고는 아파트 건설, 토목건축공사 등을 주도니 사업으로 영위하는 건설회사로서 '가칭 대전 도안2-6지구 도시개발구역'내 일부 토지를 보유한 회사이고, 피고들은 각 지방자치단체의 장으로서 '정보공개청구 목록'각 항 기재정보를 보유하고 있는 행정청임 • 원고는 피고의 전부 비공개 결정은 위법하여 취소되어야 할 것임을 주장하며 소를 제기하여 원고일부승소함 • 피고는 이에 대해 불복하여 항소하였음	• 토지소유자의 동의서, 토지조서, 편입농지조서, 편입산지조서 중 개인정보를 제외한 나머지 부분은 도시개발구역 내 토지소유자로서 도시개발구역의 지정이나 개발계획의 수립에 직접적인 이해관계를 가지는 원고에게는, 도시개발구역 지정제안, 환지방식의 도시개발계획 수립 이 도시개발법 제4조, 제11조에 따른 적법한 동의요건 을 갖춘 것인지 여부를 확인하기 위하여 그 공개가 필수적이고 도시개발사업의 공정한 진행을 위하여 필요한 정보라 할 것이어서, 그 정보의 공개에 의하여 원고가 얻는 이익이 그로 인하여 침해되는 이익보다 크다고 판단됨 • 따라서, 원고의 이 사건 개인정보를 제외한 나머지 부분에 관한 청구는 모두 이유 있으므로 이를 인용하여야 하는데, 제1심 판결은 이와 결론을 같이하여 정당하므로, 피고의 항소를 모두 기각

사건번호	사건쟁점	판결내용
대전고등법원 2022누12102	• 원고는 시민단체로서, 대전광역시 시내버스 준공영제 표준운송원가 산정에 관련 정보공개거부처분의 취소를	• 재정지원금은 대전광역시 시민이 납부하는 세금을 재원으로 하므로, 대전광역시에 거주하는 시민들로서는 재정지원금을 부담하는 지위에 있고, 그에 따라 위와 같이 재정지원금 증감에 영향을 미칠 수 있는 표준운송원가제도가 합리적으로 운영되고 있는지 여부에 대하여 알 권리가 있음 • 정보의 공개로 인하여 참가인들의 사업활동에 지장이 발생하고 경쟁상 지위가 침해된다는 사정은 불분명하거나 원고의 알권리 충족으로 달성하고자 하는 공익의 중요성에 미치지 못한다고 봄이 상당하므로 피고의 항소를 기각
춘천지방법원 강릉지원 2022구합30332	• 원고는 피고에게 ○○시 관내 아파트 입주자대표회의 구성원 법정의무 교육이수 관련 내역 등에 대하여 정보공개 청구하였으나, 피고가 동일 유사민원으로 종결 처리하자 소를 제기함	• 정보공개청구 대상인 처분이 권리와 이익의 침해 등이 해소된 경우 및 공공기관이 보유·관리하지 않는 경우 처분의 취소를 구할 소의 이익이 없고, 피고에게 의견을 묻는 것은 정보공개법」상의 정보에 해당되지 않으므로 각하
인천지방법원 2023구합54482	• 원고는 피고가 주차장 업체에 행정처분 사전통지를 한 사실, 주차장 업체가 의견서를 제출한 사실 ○○시가 법률자문을 위해 ○○시 고문변호사 3곳에 의뢰해 자문 결과를 검토한 사실에 대한 정보공개를 청구함 • 피고가 정보공개법 제9조 제1항 제5호 및 제6호에 해당하는 경우로 비공개결정을 하자 원고가 요청한 정보는 정보공개법 제9조 제1항 제5호의 사유에 해당하지 않으며 제6호에 해당하는 정보는 가리고 공개해야한다며 소 제기함	• 이 사건 대상정보에서 개인식별정보 등을 제외하면 분리 공개가 가능한 정보로 볼 수 있고 개인의 인격적, 정신적 내면생활에 지장을 초래하거나 자유로운 사생활을 영위 할 수 없게 될 위험성이 있는 정보로 보기도 어려움 • 추가로, 자문의뢰서의 경우 개인정보를 제외한 나머지 정보를 공개할 경우 자문활동이 위축된다고 볼 수 없음 • 따라서 이 사건 대상정보 중 개인을 알아볼 수 있는 정보 부분을 제외한 나머지 부분에 대하여 정보공개 청구는 부분 인용
대법원 23두52154	• 원고는 교직원 급여지급기준 및 연봉산출 기준 정보공개를 청구 • 피고가 정보공개법 제9조 제1항제7호에 의거 경영상영업상 비밀에 관한 사항으로공개될경우정당한이익을 현저히 해칠 우려가 있다고 판단하여 비공개 결정 처분하자 원고는 소 제기	• 이사건 정보는 학교 운영, 교원관리 및 신규 채용에 있어 공개하지 않는 것이 유리하기 때문에 법인의 경영상 비 밀에 해당한다고 봄이 타당하나, 공개로 인하여 피고의 정당한 이익을 현저히 해칠 우려가 있다고 인정하기에 부족하므로 원고 청구 일부 인용
서울행정법원 2022구합75563	• 원고는 피고 소속 직원의 불법행위의 피해자로 동 직원이 피고의징계처분에 대해 불복했는지 여부와 불복한 경우 소청심사위원회 사건번호 및 결과에 관한 정보공개를 청구함 • 피고는 정보공개법 제9조 제1항 제5호의 인사관리 정보에 해당함을 이유로 비공개 결정	• 징계처분에 대한 정보제공은 피해자의 피해회복을 촉진할 수 있으므로 징계처분 과정에서 피해자의 알 권리는 두텁게 보장될 필요 • 소청심사제도는 부당한 인사상 처분을 받은 공무원의 권익을 보호하는 권리구제제도이기는 하나 피해자의 알 권리가 완전히 부정당한다고 볼 수 없음 • 따라서, 이 사건 정보는 피해자의 권리구제를 가능하게 하므로 피해자에게 중요한 의미가 있는 반면, 피고 인사관리 업무를 공정하게 수행하는데 지장을 초래한다고 볼 수 없으므로 이 사건 처분은 위법·부당

사건번호	사건쟁점	판결내용
수원고등법원 2022누15260	• 원고는 피고에게 토지의 개발신청과 인허가 절차에 대한 정보공개를 청구하였으나 피고가 정보공개법 제9조 제1항 제6호에 의거 비공개 결정을 하자, 부당하다는 소를 제기함	• 처분청은 당초 처분의 근거 사유와 기본적 사실관계가 동일성이 있다고 인정되는 한도 내에서만 다른 사유를 추가·변경할 수 있는데, 항소심 법원에 이르러서야 정보공개법 제9조제1항제7호를 처분사유로 추가한 것은 기본적 사실관계의 동일성이 인정되지 않아 허용되지 않으므로 원고의 청구를 인용
수원지방법원 2022구합72022	• 원고는 피고 소속 직원의 징계 결과와 해당 징계처분 진행결과 정보를 청구 • 피고가 해당 정보에 대해 정보공개법 제9조 제1항 제1호 및 제6호에 의거 비공개결정을 하자, 피징계자에 대한 징계관련 정보가 비공개 대상이라는 이유만으로 비공개하는 것은 원고의 알권리를 침해하여 위법부당하다고 주장하며 소를 제기함	• 지방공무원법 제67조 제2항은 성폭력범죄 및 성희롱과 관련하여 피해자에 대한 통보 절차의 근거를 마련한 것으로, 이를 징계처분 중 성폭력·성희롱 범죄에 한하여 그 징계처분결과를 피해자에게 공개하고 그 외 사유에 대하여는 피해자에게 공개를 금지하는 규정이라고 할 수 없음 • 담당자 및 결재자 정보'는 정보공개법 제9조 제6호 라목에 따라, '담당자 및 결재자 정보 외 부분'은 정보공개법 제9조 제6호 다목에 따라 비공개대상의 예외로서 모두 공개 대상에 해당하므로 원고의 청구를 인용
부산지방법원 2023구합21885	• 원고는 피고에게 타인의 과세정보를 청구하였고, 피고가 정보공개법 제9조 제1항 제1호에 의거 비공개 결정 통지하자 원고가 소를 제기함	• 원고는 타인의 과세정보에 대해 피고에게 정보공개 청구 하였는 바, 이 사건 정보는 국세기본법 제81조의13 제1항에 따라 비공개대상정보에 해당함이 명백하므로, 원고 의 청구를 기각

※ 국가보훈부 참조

13. 행정심판 재결례

사건번호	사건쟁점	판결내용
전라북도 행정심판위원회 2023-23	• 청구인은 청구인이 근무 중 작성한 학력인정반 서류에 대해 정보공개를 청구함 • 피청구인은 해당정보가정보공개법 제9조 제1항 제5호, 제6호를 이유로 공정한 업무수행에 지장을 초래하며 개인정보로서 공개될 경우 사생활 비밀 또는 자유를 침해할 우려가 있다는 사유로 부분공개 결정 통지	• 학력인정반 서류 중 시험지와 채점표의 경우 그 문제의 작성이나 구성에 있어 특별한 난이도가 있는 것은 아니고, 문제의 독창성 등이 특별히 보장되어야 하는 것도 아니며, 위 시험에 대한 평가 결과나 그 평가 결과의 활용범위 등이 극히 제한적으로 보이므로, 위 시험지와 채 점표가 공개된다고 하더라도 관련 기관의 업무가 현저히 증가한다거나 파급효과가 크다고 볼 수 없음 • 한편, 이 사건 공개청구 대상 정보 중에서 학생들의 개인 정보를 제외한 나머지 정보가 비공개 대상 정보에 해당 하지 아니함에도 이를 공개하지 아니한 위법이 있다고 할 것인바, 이 사건 처분은 이 사건 공개청구 대상 정보 중에서 학생들의 성명 등 개인정보를 제외한 나머지 정보를 공개하지 아니한 범위 내에서 위법함(부분인용)
서울특별시교육청 행정심판위원회 2023-311	• 청구인은 피청구인에게 특정 과목 수행평가 <전체조>의 교과 선생님, 동료들이 평가한 기록 서명 등 개인정보를 제외한 원본을 정보공개 청구함 • 피청구인은 이 사건 정보를 정보공개법 제9조 제1항 제6호에 의거공개 될 경우 사생활의 비밀 또는 자유를 침해할 우려가 있다고 인정되는 정보로 판단하고 비공개 결정 통지	• 이 사건 정보의 공개가 해당 학교 내 모든 수행평가 결과에 대한 공개 요구로 이어질 경우, 매 학기마다 각 과목별 수시로 진행되는 수행평가 성적 확정에도 논란이 제기될 수 있어, 그 파급효과로 인하여 학교 내 수행평가 업무수 행에 초래될 현저한 지장을 배제할 수 없는 점 등을 종합 적으로 고려하였을 때, 피청구인이 근거로 제시한 정보 공개법 제9조제1항제6호와는 별도로 이 사건 정보는 정보공개법 제9조제1항제5호에 따른 비공개 대상에 해 당한다고 봄이 타당하므로, 피청구인이 청구인에게 한 이 사건 처분은 위법·부당한 처분이라고 보기 어려움(기각)
울산광역시 행정심판위원회 2023-22	• 청구인은 생활폐기물 수집운반 대행계약서(과업지시서 산출내역서 근로조건이행확약서 등 붙임서류 포함) 정보를 청구함 • 피청구인은 정보공개법 제9조 제1항 제5호에 의거 감사・감독・검사・시험・규제・입찰・계약・기술개발・인사관리에 관한 사항이나 의사결정 과정 또는 내부검토 과정에 있는 사항등으로서 공개될 경우 업무의 공정한 수행이나 연구・개발에 현저한 지장을 초래한다고 인정할 만한 상당한 이유가 있는 정보를 제외하고, 공개하는 부분공개 결정 통지	• 용역계약서, 근로조건 이행확약서 등 계약에 수반되는 서류의 경우 공개될 경우 업무의 공정한 수행이 객관적으로 현저하게 지장을 받을 것으로 보이지 않으며 이를 공개하여도 제3자의 경영상영상 비밀에 관한 사항이 담겨져 있거나 이를 추정할 수 있다거나 개인의 사생활 의 비밀 또는 자유를 침해한다고 볼 수 없으므로 청구인 의 정보공개 요청에 대해 비공개 결정한 이 사건 처분은 위법·부당함 • 다만, 인감증명서, 산출내역서 등의 정보에 대해서는 이것이 공개되면 법인등의 정당한 이익을 현저히 해할 우려가 있다고 보이고, 비공개에 의하여 보호되는 이익보다 공개에 의하여 보호되는 이익이 우월하다고 단정할 수도 없으므로, 이 사건 정보 중 앞서 언급한 정보들을 비공개한 부분은 위법·부당하다고 할 수 없음(부분인용)
충청남도교육청 행정심판위원회 2023-168	• 청구인은 ○○고등학교를 자퇴한 자녀의 성적과 특정 학생의 입학, 재학여부를 정보공개 청구함 • 피청구인은 청구인 자녀의 성적만 부분공개 결정 통지하였으나 특정 학생의 재학여부까지 공개할 것을 행정심판 청구	• 청구인이 정보공개를 청구한 특정 학생의 입학, 재학 여부는 개인정보보호법 제2조제1호의 개인을 알아볼 수 있는 민감정보에 해당하여 공개될 경우 개인의 사생활의 비밀 또는 자유를 침해할 우려가 있다고 인정되는 정보에 해당하므로 정보공개법 제9조제1항제6호에 따라 비공개 대상 정보에 해당함(기각)

사건번호	사건쟁점	판결내용
경기도 행정심판위원회 2023-1981	• 청구인은 피청구인에게 장애인전용 주차구역 관련 법률을 위반하여 부과된 과태료 내역(위반일, 처분일, 법 조항, 과태료 금액별로 구분)에 대하여 정보공개 청구 • 피청구인은 과태료 금액은 공개될 경우 사생활의 비밀 또는 자유를 침해할 우려가 있다는 이유로 해당 부분을 제외한 나머지 정보를 공개하는 부분공개 결정을 통지	• 과태료 금액은 그 자체가 특정 개인을 알아볼 수 있는 정보라고 보기 어렵고 다른 정보와 쉽게 결합하여 개인을 식별할 가능성이 있다고 보이지 않으므로 개인정보보호법에 따른 개인정보에 해당한다고 볼 수 없음 • 또한, 과태료 금액이 공개된다고 하더라도 위반자의 인적사항이나 차량번호등이 특정되어 있지 않은 이상 그 개인의 인격적·정신적 내면생활에 지장을 초래하거나 자유로운 사생활을 영위할 수 없게 될 위험성이 있다고 보기도 어려움 • 따라서, 과태료 금액에 대하여 정보공개법 제9조제1항제6호에서 정하는 비공개 대상 정보에 해당한다는 이유로 비공개한 것은 위법함(인용)
경상북도 행정심판위원회 2023-621	• 청구인은 피청구인에게 본인의 민원을 공무원들의 성명, 직위를 정보공개 청구함 • 피청구인은 정보공개법 제9조 제1항 제6호에 의거 개인사생활 침해를 근거로 비공개 결정 통지	• 정보공개법 제9조제1항제6호라목에 따르면 직무를 수행한 공무원의 성명과 직위는 공공기관이 보유·관리하는 정보로서 공개하지 아니할 수 없고, 청구인이 공개청구 한 이 사건 정보가 달리 개인정보로서 사생활의 비밀 또 는 자유를 침해할 우려가 있다고 보이지 않는바, 피청구인이 청구인에 대하여 한 이 사건 처분은 재량권을 일탈·남용한 위법, 부당함이 있음(인용)
중앙행정 심판위원회 2023-18678	• 청구인은 피청구인에게 교무위원 직무평가 결과보고서에 대한 정보공개 청구함 • 피청구인은 정보공개법 제9조 제1항 제5호 및 제6호를 근거로 비공개 결정통지	• 이 사건 정보는 피청구인 대학의 대학평의원회에서 각 교무위원이 수행한 업무에 대하여 잘한 점, 아쉬운 점, 개선을 바라는 점 등을 기재한 직무평가결과 보고서로서, 교무위원의 직책과 성명을 제외하고 공개되더라도 해당 교무위원을 특정할 수 있는, 각 교무위원의 근무성적 평가결과라 할 수 있고, 대학평의원회 교무위원 직무평가위원회의 회의록도 포함되어 있으므로 정보공개법 제9조제1항제6호의 개인에 관한 사항으로서 공개될 경우 사생활의 비밀 또는 자유를 침해할 우려가 있다고 인정됨 • 또한, 같은 법 제9조제1항제5호의 인사관리에 관한 사항으로서 공개될 경우 향후 직무평가업무를 담당하는 대학평의원회에서 의사결정에 상당한 부담을 가지게 되어 자유로운 의사개진에 지장을 받을 우려가 크고, 이해관계를 가진 자들로부터 제기될 지도 모르는 시시비비에 휘말리는 상황이 초래되어 이로 인해 업무수행상 공정성을 확보할 수 없을 우려가 있을 뿐만 아니라 이해당사자나 외부의 의사에 영합하게 되거나 소신 없이 일을 하게 될 우려마저 있는 등 평가 및 인사업무의 공정하고 원활한 수행에 현저한 지장을 초래할 우려가 있다고 보이며, 이 사건 정보를 공개함으로써 보호되는 청구인의 알권리 또는 권리구제의 이익보다 비공개로 인한 공익이 작다고 보기 어려움(기각)

사건번호	사건쟁점	판결내용
제주특별자치도 교육청 행정심판위원회 2023-22	• 청구인은 학교폭력심의사안 고나련 자료(학교폭력접수 사안 보고서 등)에 대하여 정보공개를 청구 • 피청구인은 정보공개법 제9조 제1항 제1호 및 제6호, 학교폭력예방법 제21조 제3항에 의거 부분공개 결정통지 • 이에 청구인은 비공개한 정보에 대해서 이의신청을 하였으나, 기각됨에 따라 이를 취소하는 행정심판을 청구	• 교사의 의견부분과 관련 학생 및 목격학생들의 진술부분 등은 장차 공개될 가능성이 있음을 인식하는 것만으로도 솔직하고 자유로운 기술에 제한을 받을 수 밖에 없을 것 이고, 이에 당사자들이 매우 민감한 반응을 보일 가능성이 높아, 이를 의식하고 의견진술을 꺼리게 됨으로써 회의전체에 대한 공정한 심의업무의 수행이 전반적으로 곤란해질 가능성이 존재한다는 점에서 공정한 업무수행을 위해 비공개정보로 판단함이 상당함 • 참석안내장 및 조치결정통보서, 학교폭력대책심의위원회 회의록 의결부분을 통해 청구인이 불복절차를 진행하고 방어권을 행사하도록 보장할 수 있다고 보여지므로 공개를 통해 보장하고자 하는 청구인의 알권리 및 권리 구제의 이익과 비교하여 비공개를 통해 확보하고자 하는 공정한 업무수행 및 진술자의 내밀한 진술 및 인격적·정 신적 내면생활을 보호해야할 필요성이 결코 적다고 할 수 없으므로, 이 사건 정보공개 거부처분이 사회통념상 현저하게 재량권을 일탈·남용하여 위법·부당하다고 볼 수 없음(기각)
인천광역시 행정심판위원회 2023-131	• 청구인은 강화군수의 병가 및 연기사용내역을 정보공개 청구 • 피청구인은 정보공개법 제9조 제1항 제6호에 의거 개인정보를 이유로 비공개 결정 통지	• 강화군수의 연가와 병가 일수를 공개할 공익적 필요성이 적은 반면, 이를 공개함으로써 강화군수의 사생활의 비밀 또는 자유를 침해할 우려가 크므로 강화군수의 연가와 병가일수는 정보공개법 제9조제1항 제6호에 규정된 비공개 정보에 해당됨 • 따라서, 피청구인이 강화군수의 연가와 병가 일수에 대하여 비공개 결정을 한 처분은 적법함(기각)
경상남도 행정심판위원회 2022-221	• 청구인은 “22년 출장내역과 공용차량 운행일지에 대하여 정보공개 청구 • 피고는 정보공개법 제9조 제1항 제6호에 의거 비공개 결정 통지	• 출장내역과 공용차량 운행일지는 공무원의 공무수행에 관한 공적 정보로서 공무원 개인의 사생활의 비밀과 자유에 대한 정보로 볼 수 없으므로 정보공개법 제9조 제1항 제6호에 근거한 비공개 대상정보라고 할 수 없음(인용)
중앙행정 심판위원회 2023-16945	• 청구인은 기관 간 공문과 외교문서의 존재 여부에 관한 정보 및 동 문서 내용의 정보공개를 청구 • 피청구인은 문서의 존재 여부에 대한 회신은 했으나, 나머지 정보는 정보공개법 제9조 제1항 제2호, 제4호, 제6호에 의거 비공개 결정 통지	• 이 사건 정보의 존재 여부는 이미 공개한 바, 청구인에게 공개된 정보에 대한 처분 취소를 구할 법률상 이익 불인정 • 이 사건 정보는 관할 출입국관리사무소가 국가적 범죄의 예방과 적발 목적으로 생산하여 기밀 엄수요청과 함께 피청구인에게 발송한 문서이거나, 초국가적 범죄 예방 등 국가적 협력을 위해 주한 외국대사관이 생산하여 피청구인이 접수한 외교문서로 개인정보가 다수 기재되어 있고, 피청구인은 관할 출입국관리사무소로부터 범죄의 예방, 수사 등에 관한 내부검토가 종료되었다는 안내를 받은 바 없으며, 각국 대사관이 생산한 문서는 해당 국가가 대한민국의 범죄 수사 등에 협조하여 구체적으로 어떤 정보를 제공하였는지를 알 수 있는 외교관계에 관 한 중요 정보로서 공개될 경우 국가의 중대한 이익을 현저히 해칠 우려가 있고, 개인사생활의 비밀을 침해할 우려가 매우 큰 정보이므로 정보공개법 제9조 제1항 제2호·제4호·제6호에 따른 이 사건 정보의 비공개처분은 적법함(기각, 각하)

사건번호	사건쟁점	판결내용
중앙행정 심판위원회 2023-10936	• 청구인은 최근 5년간 각 기관에서 청구인의 전산정보를 조회한 이력의 공개를 청구 • 피청구인은 이 사건 정보는 정보를 생성, 취합, 가공해야 하는 경우에 해당한다는 이유로 정보공개법 제11조 제5항 제1호에 따라 부존재결정 통지	• 피청구인이 이 사건 정보를 청구인에게 제공하기 위해서 는 피청구인이 보유하고 있는 개인정보 로그기록을 기초로 행정력을 투입하여 검색·편집하여야 가능할 것으로 보이고, 이러한 작업을 함에 있어 피청구인의 컴퓨터 시스템 운용에 상당한 지장이 초래되는 등 많은 노력이 필요하다고 보이는데, 청구인은 피청구인이 이 사건 정보를 생성 또는 가공하기 위해서 별다른 부담이나 시간이 투입되지 않는다는 점을 뒷받침할 만한 정황자료를 제시하지 못하고 있음 • 피청구인이 이 사건 정보를 보유·관리하고 있다는 사실을 인정할 만한 객관적인 자료도 확인되지 않는바, 청구인에게는 이 사건 정보의 공개를 구할 법률상 이익이 있다고 볼 수 없으므로 이 사건 심판청구는 부적법(각하)
중앙행정 심판위원회 2023-22745	• 청구인은 민원편람, 민원실 운영 관련 규정, 피청구인 소속공무원의 복무 정보, 직원감찰업무 담당공무원 정보 등에 대한 정보공개를 청구 • 피청구인은 정보의 소재를 안내하고 복무정보는 정보공개법 제9조 제1항 제2호, 5호, 6호 사유에 따라 비공개 결정	• 이 사건 심판청구 중 '민원처리기간을 확인할 수 있는 민원편람 수록 부분'은 누리집에 게시된 정보이고 '민원실의 운영시간 및 운영방법에 관한 사항을 정한 훈령, 예규, 고시 등 규정'에 대한 부분은 제·개정으로 피청구인이 보유하지 않은 정보로서 심판청구요건을 갖추지 못한 부적법한 청구(각하) • 제3자의 근무 및 급여 등 복무정보는 사생활의 비밀 또는 자유를 침해할 우려가 있는 정보에 해당하고, 어떠한 직무의 매개도 없이 공개하여야 한다는 것으로 보기는 어려우며, 공익이나 개인의 권리구제를 위하여 공개가 필요하다고 인정된다는등 정보공개법 제9조 제1항 제6호의 비공개대상정보에서 제외된다고 볼 만한 별다른 사정도 확인되지 않으므로 적법(기각) • 직원감찰업무 담당자 성명과 전화번호를 확인할 수 있는 문서 부분에 관한 청구는 피청구인이 그 소재에 대한 포괄적이고 추상적인 안내를 하였을 뿐, 구체적인 사유를 들지 않았음(부분인용)
서울특별시 행정심판위원회 2023-111	• 청구인은 ○○○아파트 입주자대표회의와 관리주체, 선거관리위원회, 입주자 등에 보낸 행정공문 일체에 관한 정보공개 청구 • 피청구인은 정보공개법 제9조 제1항 제5호에 의거 이 사건 정보가 법인·단체 또는 개인의 경영상·영업상 비밀에 관한 사항으로서 공개될 경우 법인 등의 정당한 이익을 현저히 해칠 우려가 있음을 이유로 비공개 결정 • 청구인은 비공개 결정에 대하여 이의신청, 피청구인은 이 사건 정보는 정보공개법 제9조 제1항 제5호, 제6호에 의거 이의신청 기각	• 정보공개를 구하는 사람이 다른 경로로 해당 정보를 취득할 가능성이 있다고 하더라도 해당 정보를 생산, 보유하고 있는 공공기관이 이를 공개할 의무가 면제된다고는 볼 수 없으므로 이러한 사정은 해당 정보를 비공개 할 사유가 될 수 없음 • 정보공개법 제11조제3항, 제21조제1항의 사항이 정보공개 여부를 결정함에 있어 공공기관이 제3자와의 관계에서 거쳐야 할 절차를 규정한 것에 불과할 뿐, 제3자의 비공개요청이 있다는 사유만으로 정보공개법상 정보의 비공개사유에 해당한다고 볼 수 없음(일부인용)

사건번호	사건쟁점	판결내용
서울특별시 행정심판위원회 2023-685	• 청구인은 청구하는 정보를 특정하지 않은 채 기관 및 업무 수행자에 대한 욕설을 단순히 기재하여 피청구인에게 정보공개 청구 • 피청구인은 정보공개법 제11조의2 및 같은 법 시행령 제6조 제5항에 따라 종결 처리	• 정보공개법 제2조제1호에 따르면 '정보'란 공공기관이 직무상 작성 또는 취득하여 관리하고 있는 문서 및 전자매체를 비롯한 모든 형태의 매체 등에 기록된 사항을 의미함 • 정보공개법상 정보공개를 요청하여야 공공기관으로서는 그 공개 여부를 판단할 수 있는데, 이 사건 정보공개청구서에는 공개를 청구하는 '정보'가 없는 점, 공직사회에 대한 혐오의 의사표시를 하고 기관 및 업무 수행자에 대한 욕설은 정보공개법상의 정보공개청구로 보기 어렵고, 이에 대하여 피청구인이 정보공개법 제11조의2에 따라 종결처리를 하고 청구인에게 이 사건 통지를 한 것은 청구인의 구체적인 권리·의무나 법률관계를 규율하여 청구인의 법적인 권리 또는 이익에 직접적인 영향을 주 는 처분으로 보기 어려움(기각)
경기도 행정심판위원회 2023-2105	• 청구인은 피청구인에게 개인정보를 제외한 '청구인 주소지 지하주차장에 설치된 기계식주차장의 검사대행기관으로부터 주차장법 시행규칙 제16조의8 제5항에 따라 통보받은 기계식주차장 검사확인증 발급 등 사실 통보 자료'에 대하여 정보공개 청구 • 피청구인은 청구인에게 해당 내용은 피청구인이 생산 및 접수하지 않은 정보라는 이유로 정보공개법 제11조 제5항 제1호에 의거 부존재결정 통지	• 주차장법 시행규칙 제16조의8제5항에 검사대행기관은 관할 시장에게 검사확인증 발급에 관한 그 사실을 통보하여야 한다고 규정되어 피청구인이 해당 정보를 보유관리하고 있을 개연성이 있고, 한국교통안전공단이 피청구인에게 시행한 관할 기계식주차장 정밀·사용정기검사 현황 알림 공문이 확인되어 해당 정보는 피청구인이 보유관리하고 있는 정보라고 봐야함(인용)
대전광역시 행정심판위원회 2023-21664	• 청구인은 피청구인에게 ① 청구인의 과목별 필기성적, ② 필기시험 전체 응시자 수, ③ 청구인의 필기시험 석차를 정보공개 청구 • 피청구인은 ① 청구인의 과목별 필기성적, ② 필기시험 전체 응시자 수를 공개하는 한편, ③ 청구인의 필기시험 석차는 정보공개법 제9조 제1항 제5호에 의거 비공개	• 이 사건 정보는 지방공무원임용시험에 응시한 청구인 본인의 필기시험 석차 정보로 이미 최종 합격자 결정이 끝난 시험의 선택형 시험에서 청구인이 획득한 총 점수의 순서 정보일 뿐이고, 설령 피청구인이 주장하는 바와 같이 이 사건 정보가 공개됨으로써 필기시험 석차에 영향을 받아 면접시험이 소극적으로 시행된다거나, 최종결과와 비교하여 이해관계를 가진 자들로부터 시시비비에 휘말릴 가능성이 일부 존재한다고 하더라도 그러한 사정만으로 이 사건 정보가 공개될 경우 업무의 공정한 수행이 객관적으로 현저하게 지장을 받을 고도의 개연성이 존재하는 경우의 정보'에 해당한다고 단정하기 어려움 • 이 사건 정보의 공개로 인해 보호되는 응시생의 알권리 보장 등의 이익보다 비공개에 의하여 보호되는 공익이 크다고 보기도 어려운바, 정보공개법 제9조 제1항 제5호에 해당한다는 이유로 정보의 공개를 거부한 처분은 위법 부당(인용)

※ 국가보훈부 참조

14. 이의신청 주요사례

처분기관	청구내용	처리결과	이 유(처리결과 요지)
법무부	• 참고인의 자술서·진술서	기각	• 해당 정보는 이름, 주민등록번호 외 칭호번호, 죄명 등 인적사항에 관한 정보가 포함되어 그 자체로 참고인의 사생활의 미리 또는 자유가 침해될 가능성이 있으므로 정보공개법 제9조 제1항 제6호에 따라 비공개
교육부	• 직작 내 괴롭힘 처리결과	부분인용	• 해당 정보는 개인정보를 포함하고 있어 정보공개법 제9조제1항제6호에 따라 비공개하였으나, 개인 정보 삭제 후 공개 결정
기획재정부	• 시행령 개정안 관련 관계기관 의견조회 문서	기각	• 해당 정보는 정부 내부 의사결정 과정 또는 검토과정에 있는 정보로서 공개될 경우 공정한 업무수행에 현저한 지장을 초래할 우려가 있으므로 정보공개법 제9조제1항 제5호에 따라 비공개
행정안전부	• 울진 산불 당시 재난안전통신망 사용기록	기각	• 해당 정보는 통신비밀보호법 제2조제11호에서 정의한 통신사실확인자료에 해당한다고 판단되므로 정보공개법 제9조제1항 제1호에 따라 비공개
개인정보보호 위 원 회	• 개인정보분쟁조정위원회 회의에 참석한 위원명단, 결정문 작성자, 담당자	기각	• 해당 정보는 개인정보보호법 시행령 제51조 제3항에서 비공개사항으로 규정하고 있는 사항이며, 개별 사건의 위원 명단이 공개될 시 위원들의 심리적 부담으로 인하여 자유로운 조정활동이 위축되는 등 업무의 공정한 수행에 현저한 지장을 초래하므로 정보공개법 제9조 제1항 제1호 및 제5호에 의거 비공개
국민권익 위 원 회	• 특정 사건의 행정심판위원회 회의록	기각	• 해당 정보는 행정심판법 제41조 및 동법 시행령 제29조제1호에 따라 비공개로 규정된 정보이므로, 정보공개법 제9조 제1항 제1호에 의거 비공개
방송통신 위 원 회	• 이동통신 대리점과 판매점 현황	인용	• 해당 정보는 법인 등의 정당한 이익을 해질 우려가 있는 경영 영업상 비밀에 관한 사항으로 정보공개법 제9조 제1항 제7호에 따라 비공개하였으나, 청구인의 이의신청을 통해 요구한 정보공개청구 자료요구 형태를 검토한 결과 공개 결정
국방부	• 본인의 병영상담기록지	인용	• 해당 정보에는 상담관의 개인적 의견이 반영될 수 있는 등 내부 검토 과정에 있는 정보로 판단하여 정보공개법 제9조제1항제5호에 따라 비공개하였으나, 청구인이 해당 상담에 참여한 본인이므로 공개 결정
국세청	• 타인의 사업자등록신청서, 영업신고증, 사업자등록증	기각	• 해당 정보는 타인의 과세정보로, 청구인과 해당 법인사업자의 관계는 서로 타인에 해당하므로 정보공개법 제9조제1항제1호 및 국세기본법 제81조의13 규정에 따라 비공개

처분기관	청구내용	처리결과	이 유(처리결과 요지)
대검찰청	• 조사, 신문 핵심원리 실무 매뉴얼	기각	• 해당 정보는 수사에 있어서 필요한 조사와 신문에 관한 검찰의 축적된 지식과 기술, 경험을 기초로 조사, 신문기법의 표준을 제시하고, 검찰수사교육의 기준을 제공하기 위해 제작된 내부 자료이며, 조사, 신문기법과 실무적 적용, 구체적 신문사례 등을 포함하고 있어 이를 공개할 경우 범죄의 예방, 수사 및 공소의 제기 및 유지 등과 관련하여 직무수행을 곤란하게 할 우려가 있어 정보공개법 제9조제1항제4 호에 따라 비공개
식품의약품 안 전 처	• 수입와인에 대한 성분검사 결과	기각	• 해당정보는 법인·단체 또는 개인의 경영상 비밀에 관한 사항으로서 공개될 경우 법인 등의 정당한 이익을 현저히 해칠 우려가 있다고 판단되어 정보공개 법 제9조제1항제7호에 따라 비공개
환경부	• 국가물관리위원회 회의 속기록	기각	• 해당 정보는 발인자를 익명처리하더라도 참석자 정보 등을 종합하여 발언자 개인을 특정하거나 유추 가능하여, 향후 위원간 자유로운 토론 및 논의 위축으로 위원회 심의업무 수행에 현저한 지장을 줄 우려가 있어 정보공개법 제9조제1항제5호에 따라 비공개
중소벤처 기업부	• 특정 직원의 복무 정보	기각	• 해당 정보는 직무수행과 무관한 개인의 휴가 정보로 공개될 경우 사생활의 비밀 또는 자유를 침해할 우려가 있다고 인정되므로 정보공개법 제9조 제1항 제6호에 따라 비공개
문화체육 관 광 부	• 정책광고 추친 자료	인용	• 해당 정보는 청구 당시 내부 검토 과정에 있는 사항으로 공개될 경우 업무의 공정한 수행에 현저한 지장을 초래한다고 인정할 만한 상당한 이유가 있어 정보공개법 제9조제1항제5호에 의거 비공개 결정하였으나, 이의신청 심의과정에서 내부 검토가 종료되어 정보 공개 결정
농림축산 식 품 부	• 농촌융복합산업 기초실태조사 자료	인용	• 해당 정보에 포함된 정보공개법 제9조 제1항 제6호에 해당하는 개인정보 삭제 후 공개 결정
서울특별시	• 제안서 평가위원 접수명단 및 예비명단	기각	• 해당 정보는 공개할 경우 향후 입찰 참여업체가 평가업무의 공정한 업무수행에 부정적인 영향을 끼칠 우려가 있고 사생활의 비밀 또는 자유를 침해할 우려가 있다고 인정되므로 정보공개법 제9조 제1항 제5호, 제8호에 따라 비공개
경 기 도	• 보상금 지급 정보	기각	• 해당정보는 타인의 보상금 지급내역에 관한 정보로, 개인 사생활의 비밀 또는 자유를 침해할 우려가 있다고 인정되는 정보에 해당되므로 정보공개법 제9조 제1항 제6호에 따라 비공개
부산광역시	• ○○구 소각장 부지 관련 자료	기각	• 해당 정보는 공유재산 매각과 관련된 내부정보 및 참여가능한 외부업체들에 대한 정보로서 공개될 경우 업체 간 내부담합 등 공정한 업무수행에 지장이 있을 수 있다고 판단하여 정보공개법 제9조제1항제5호에 따라 비공개

처분기관	청구내용	처리결과	이 유(처리결과 요지)
광주광역시	• 공공배달앱 사업의 실적보고서 및 정산서	인용	• 해당 정보는 법인의 경영상 비밀에 관한 사항으로서 공개될 경우 법인등의 성당한 이익을 현저히 해결 우려가 있다고 말단되어 정보공개법 제9조제1항제7호에 따라 비공개하였으나, 법인 계좌번호 삭제 후 공개
충청남도	• 구조안전 및 내진설계 확인서	기각	• 해당 정보는 주택건설사업승인을 위한 사업주체의 경영상노하우를 바탕으로 작성된 내용이 포함되어 있어 공개될 경우 법인의 정당한 이익을 현저히 해할 우려가 있다고 인정되므로 정보공개법 제9조제1항 제7호에 따라 비공개
경상북도	• 화재현장조사서	기각	• 해당 정보의 공개에 따른 청구인의 알권리 보호와 개인정보공개에 따른 개인사생활 침해 우려 및 공정한 업무 수행에 지상을 줄 수 있는 불이익을 비교 형량하였을 때 공개에 따른 국이익의 우려가 크다고 판단되므로 정보공개법 제9조제1형제5회 제6호에 따라 비공개
강원특별 자 치 도	• 2020년 ~ 현재까지 구급장비 세부 구매단가	기각	• 해당 정보는 계약업체의 경영상·영업 비밀에 관 한 사람으로서 공개될 경우 법인들의 정당한 이익 현저히 해질 우려가 있다. 인성되므로 정보공개를 제9조제1항제2호에 따라 비공개
세종특별 자 치 시	• ○○번지 개발행위 위반사항 내부 보고자료	기각	• 해당 정보는 현재 처분 실험 중의 사랑으로 의사결정과정 및 내부수는 과정으로 볼 수 있어 정보공개법제의소제1형제5호에 미리 비공개
울산광역시 교 육 청	• ○○고 학생봉사활동 운영안내 교사 연수 결과	부분인용	• 해당 정보는 성명, 주민등록번호 등 개인 정보보호법」 제2조제1호에 따른 개인정보로서 공개될 경우 사생활의 비밀 또는 자유를 침해할 우려가 있어 정보공개법 제9조제1항제6호에 따라 비공개하 였으나, 인권사생활침해 우려가 있는 내용을 삭제 후 공개 결정
부산광역시 교 육 청	• 특수교육운영위원회 임시회의 회의록	기각	• 해당 정보가 공개될 경우 향후 위원회에서 이뤄질 심사의 공정성과 중립성이 훼손될 수 있고 업무의 공정한 수행이 곤란하게 될 경우가 있어 정보공개법 제9조제1항제5호에 따라 비공개
인천광역시 교 육 청	• 타학생 및 학부모가 학교폭력대책심의위원회에 제출한 자료	기각	• 해당 정보는 외부로 누설될 경우 분쟁당사자 간에 논란을 일으킬 우려가 있음이 명백한 사항에 해당되어 정보공개법 제9조제1항제1호 및 학교폭력예방 및 대책에 관한 법률 제21조, 동법 시행령 33조에 따라 비공개
전라남도 교 육 청	• 늘봄학교 시범운영 학교별 예산 지원현황	인용	• 해당 정보는 내부검토 과정에 있는 사항으로서 공개될 경우 연구의 공정한 수행에 현저한 지장을 초래한다고 인정할 만한 상당한 이유가 있어 정보공개법 제9조 제1항 제5호에 따라 비공개하였으나, 학교 시범운영 사업이 이미 실시 중임을 고려하여 공개

처분기관	청구내용	처리결과	이 유(처리결과 요지)
충청북도 교 육 청	• ○○군 공사현장 교육환경 평가서	인용	• 해당 정보는 개인정보를 포함하고 있어 정보공개법 제9조 제1항 제8호에 따라 비공개하였으나, 개인정보 삭제 후 공개 결정
대구광역시 교 육 청	• 특정 학교법인의 교육용·수익용 기본재산 정보	기각	• 해당 정보는 법인의 내부정보로 경영상·영업상 비밀에 관한 사항에 해당되며, 외부에 공개될 경우 해당 법인의 운영에 직접적인 영향을 미칠 수 있으므로 저보공개법 제9조 제1항 제7호에 따라 비공개
경기도교육청	• 진로전담교사 선발 유공점수	기각	• 해당정보는 의사결정 및 공정한 업무수행을 위하여 작성된 내부검토 과정에 있는 자료로서 공개될 경우 기관의 공정하고 효율적인 업무 수행이 곤란한 정보이므로 정보공개법 제9조 제1항 제5호에 따라 비공개
서울특별시 교 육 청	• 통학구의 자문위원회 회의 자료	기각	• 해당정보는 특정인의 특정 근무지, 특정 근무년도 등의 개인정보로서 공개할 경우 개인의 사생활의 비밀 또는 자유를 침해할 우려가 있어 정보공개법 제9조 제1항 제6호에 따라 비공개 결정
한국국토정보 공 사	• ○○토지 경계복원측량 문서	기각	• 정보는 측량의뢰인의 재산보호에 지장을 초래 할 우려가 있어 정보공개법 제9조 제1항 제3호에 따라 비공개
한국장학재단	• 특정인의 로그인 기록	기각	• 해당 정보는 본인이 아닌 타인의 개인정보로서 공개할 경우 개인의 사생활의 비밀 또는 자유를 침해할 우려가 있어 정보공개법 제9조 제1항 제6호에 따라 비공개 결정
경기교통공사	• 특정 업체의 임금대장 및 임금산출 내역서	기각	• 해당정보는 법인·단체 또는 개인의 경영상 영업상 비밀에 관한 사항으로서 정보공개법 제9조 제1항 제7호에 따라 비공개
한국수력 원자력	• 개인별 피폭선량 정보	기각	• 해당 정보는 방사선작업종사자 개인의 피폭선량에 관한 내용으로 개인의 건강 등과 관련하여 사생활 영역에 해당되며 가명처리를 하더라도 공개될 경우 다른 정보와 결합하여 유추가 가능하므로 정보공개법 제9조 제1항 제8호에 따라 비공개
국민건강보험 공 단	• 진료비 세부내역	기각	• 해당 정보는 제3자의 관장성으로 공개될 경우 개인의 인격적 정신적 내면생활에 지장을 초래하거나 자유로운 사생활을 영위할 수 없게 될 위험성이 있으므로 정보공개법 제9조 제1항 제6호에 따라 비공개
국가철도공단	• ○○공사 사토장 정보	인용	• 해당 정보는 계약상대방의 설계·시공 노하우, 영업정보 사항이 포함되어 있어 공개될 경우 법인등의 정당한 이익을 현저히 해칠 우려가 있다고 판단되어 정보공개법 제9조 제1항 제7호에 따라 비공개하였으니, 해당 정보와 관련된 계약상대방(법인 등)이 없으으로 공개 결정
부산도시공사	• 사고발생 건설공사명	인용	• 해당 정도가 공개될 경우 해당업체의 대외 신인도 들어 일부 영향을 미칠 것을 그려하여 정보공개법 제9조 제1항 제7호에 따라 공사명을 제외하여 부분공개하였으나, 이의신청 취지에 비춘 청구인의 알권리 보호가 부분공개 사유보다 우선되어야 할 것으로 사료되어 공개

처분기관	청구내용	처리결과	이 유(처리결과 요지)
국민연금공단	• 근로능력평가 결과	기각	• 해당정보는 공개될 경우 평가대상자 간 형평성 및 갈등 야기 등으로 인해 공단이 원활하고 공정한 업무 수행할 수 없을 정도로 현저한 지장을 초래할 우려가 클 것이므로 정보공개법 제9조 제1항 제5호에 따라 비공개
한국무역보험공 사	• 특정 프로젝트 심사서	기각	• 해당 정보에는 프로젝트에 참여한 업체의 경영 및 영업상 비밀에 관한 사항이 포함되어 있어 정보공개법 제9조 제1항 제7호에 따라 비공개

※ 국가보훈부 참조

[서식 1] 정보공개 거부처분 취소청구 (재개발 관련 평면도)

심판청구서

사건명 정보공개 거부처분 취소청구
처분청 대구광역시장

청 구 취 지

피청구인이 2006. 9. 20. 청구인에게 한 정보공개거부처분을 취소하고 해당 정보를 공개하라.
라는 재결을 구합니다.

청 구 원 인

1. 사건개요

청구인이 2006. 9. 11. 피청구인에게 "○○동 ○○지구 재개발과 관련하여 평면도, 배치도, 단면도, 사업승인조건"(이하 '이 사건 정보'라 한다)의 공개를 청구하자, 피청구인은 2006. 9. 20. 이 사건 정보는 법인 등의 경영, 영업상 비밀에 관한 사항으로서 분양 전 공개될 경우 기업이익을 해할 우려가 있다는 이유로 이 사건 정보를 비공개결정(이하 '이 사건 처분'이라 한다)하였다.

2. 청구인 주장

가. 청구인은 ○○광역시 ○○구 ○○동 ○○번지에 거주하는 주민으로서, 청구인의 집에 바로 인접한 "○○동 ○○지구"에 주식회사 ○○○(이하 "사업시행사"라 한다)가 아파트와 편의시설 등 약 700세대의 아파트건설사업(이하 '이 사건 사업'이라 한다)을 추진하여 사업계획승인을 받았는데, 사업승인내용 중 청구인의 집 북

쪽에 접하는 도로 4미터와 청구인의 집 옆에 운동시설인 테니스장설치를 계획하고 있다는 것을 알게 되었다.

나. 청구인은 이 사건 사업부지와 인접하여 거주하고 있으므로 사업의 내용에 직접적인 영향(주거권, 일조권, 조망권, 통풍권, 행복추구권 침해 등)을 받을 수 있고, 테니스장이 설치되면 소음, 조명, 분진 등으로 인하여 고통을 입게 되며, 도로가 어떻게 되느냐에 따라 통행권에 영향을 받을 수 있으므로 이 사건 정보는 공개하여야 한다.

다. 이 사건 정보는 「공공기관의 정보공개에 관한 법률」(이하 "정보공개법"이라 한다)상 법인·단체 또는 개인(이하 "법인 등"이라 한다)의 경영·영업상 비밀에 해당하는 사항도 아니며, 공개된다고 하더라도 법인 등의 정당한 이익을 현저히 해할 우려가 있는 정보가 아니므로, 피청구인이 이러한 사유를 들어 비공개결정한 것은 위법·부당하다.

3. 피청구인 주장

가. 이 사건 사업은 현재 미착공상태로서, 사업으로 인한 각종 진동·소음·분진은 별도 신고 또는 허가를 얻도록 환경관련 법령으로 규제되고 있어 사람의 생명, 신체 또는 건강에 해를 끼칠 정도의 사업을 하는 것은 불가능하며, 주민운동시설은 인근 주민의 동의를 받아 설치하는 것이 아니고 「주택법」 제21조 및 「주택건설기준 등에 관한 규정」 제53조에 따라 500세대 이상의 주택건설사업시 단지 내에 의무적으로 설치되는 시설로서, 주민운동시설 주변을 조경식재 등으로 구획하고 인접지와 일정거리를 이격하도록 한 주택법령에 적합하게 계획되어 있을 뿐만 아니라, 대다수의 기존 공동주택지 내에는 주민운동시설이 있는데도 불구하고 인접지의 피해는 청구인의 주장과 같이 심각하게 거론되고 있지 않으므로 청구인의 주장은 이유 없다.

나. 이 사건 사업은 주민이 조합을 구성하여 추진하는 재개발사업이 아니고 사업지의 지주로부터 토지를 매입하여 추진하는 주택건설사업으로서 사업주체가 분양을 목적으로 하는 민영사업자인 점을 감안할 때, 분양 전 불특정인에게 이 사건 정보가 공개될 경우 영업방해 등으로 토지매입 등 경영에 어려움이 예상될 뿐 아니라, 주택단지 구성 및 단위세대평면을 기업체마다 특화시켜 분양률을 높이려는 민영사업자의 특성상 동일시기에 분양을 고려하는 타 업체에게 정보가 제공될 시에는 상대적 불이익이 초래될 수 있는 내용으로서 기업의 비밀에 해당된다 할 것이고, 청구인의 경우 자신의 남편소유의 부지를 고가에 매도하려는 목적이 있어 주택사업을 시행하는 사업주체의 이익을 현저히 해할 우려가 있다고 할 것이므로, 정보공개법 제9조제1항제7호가 규정한 비공개대상정보인 '법인 등의 경영·영업상 비밀에 관한 사항'에 해당된다고 볼 수 있으므로 이 사건 처분은 적법·타당하다.

4. 관계법령

공공기관의 정보공개에 관한 법률 제9조제1항제7호, 제21조

5. 인정사실

청구인과 피청구인이 제출한 심판청구서, 답변서, 주택건설사업계획승인신청서, 주택건설사업계획승인신청에 따른 협의, 도시계획심의 심의결과, 건축위원회 심의결과, 주택건설사업계획승인, 민원회신, 사업주체의 민원처리결과 등 각 사본의 기재에 의하면 다음과 같은 사실을 인정할 수 있다.

가. 이 사건 사업시행사는 2005. 11. 17. ○○광역시 ○○구 ○○동 ○○번지 외 ○○필지에 이 사건 사업에 대한 사업계획승인을 신청하였다.

나. 피청구인은 2005. 12. 8. 사업계획에 대한 적합 여부를 관련 행정기관의 장과 협의하던 중 2006. 4. 17. 사업시행사로부터 청구인의 소유 부지를 제척(고가의 지가요구로 협의불가)한 내용으로 변경계획서를 제출받아 그 변경내용에 대하여 2006. 5. 12. 지방도시계획위원회 심의, 2006. 5. 25. 지방건축위원회 심의, 2006. 6. 16. 관련 행정기관의 장과 재협의 등의 절차를 거쳐 2006. 7. 11. 주택건설사업계획승인을 하였다.

다. 청구인은 ○○광역시 ○○구 ○○동 ○○번지에 거주하는 주민으로서, 청구인의 집에 인접한 이 사건 사업부지의 사업계획승인에 대하여 2006. 7. 18. 사업승인의 취소를 요구하는 진정서를 제출하여 2006. 7. 24. 피청구인은 이 사건 사업에 대한 사업승인취소는 불가하다고 회신하였다.

라. 청구인이 2006. 9. 11. 피청구인에게 "○○동 ○○지구 재개발과 관련하여 평면도, 배치도, 단면도, 사업승인조건"의 공개를 청구하자, 피청구인은 2006. 9. 20. 이 사건 정보는 법인 등의 경영, 영업상 비밀에 관한 사항으로서 분양 전 공개될 경우 기업이익을 해할 우려가 있다는 이유로 이 사건 처분을 하였다.

마. 사업시행사가 피청구인에게 제출한 정보내용 설명에 의하면, "배치도"는 주택단지 내 동별 공동주택 및 부대복리시설에 대한 배치계획을 말하고, "평면도"는 평형별 단위세대에 대한 실배치 계획이며, "단면도"는 건물구조 및 마감자재에 대한 계획으로서 사업시행자가 용역업체와 개발한 상품에 대한 정보가 포함되고, "사업승인조건"은 착공 전, 분양승인 전, 사용검사 전 사업시행자가 이행해야 할 사항에 대한 내용으로서, 문화재, 공공시설, 하수도, 국·공유지 무상귀속 등 관련 협의사항이 포함되어 있다.

6. 이 사건 처분의 위법·부당 여부

가. 정보공개법 제9조제1항제7호에 의하면, 공공기관은 법인 등의 경영·영업상 비밀에 관한 사항으로서 공개될 경우 법인 등의 정당한 이익을 현저히 해할 우려가 있다고 인정되는 정보는 ① 사업활동에 의하여 발생하는 위해로부터 사람의 생명·신체

또는 건강을 보호하기 위하여 공개할 필요가 있는 정보와 ② 위법·부당한 사업활동으로부터 국민의 재산 또는 생활을 보호하기 위하여 공개할 필요가 있는 정보인 경우를 제외하고는 비공개할 수 있는바, 여기서 영업상의 비밀이란 공연히 알려져 있지 아니하고 독립된 경제적 가치를 가지는 것으로서 상당한 노력에 의하여 비밀로 유지된 생산방법·판매방법, 기타 영업활동에 유용한 기술상 또는 경영상의 정보를 말한다고 할 것이다.

나. 청구인은 이 사건 정보가 법인 등의 경영·영업상 비밀에 해당하는 사항도 아니고 공개된다고 하더라도 법인 등의 정당한 이익을 현저히 해할 우려가 없으므로 공개해야 한다고 주장한다.
또한, 청구인은 이 사건 사업으로 인하여 자신의 도로통행권, 행복추구권 등이 침해되므로 이 사건 정보는 사람의 생명·신체 또는 건강을 보호하기 위하여 반드시 공개할 필요가 있다고 주장한다.

다. 이 사건 정보 중 "사업승인조건"은 분양 전 사업시행사가 이행해야 할 사항들로서, 문화재 관련 사항, 관련기관과의 협의·신고 등의 절차, 도로와 공공시설 관련 기부채납용지에 관한 사항들이 포함되어 있으나, 위 정보가 영업상 비밀에 해당한다고 보기 어렵고, 설령 위 정보를 공개함으로써 업무의 원활한 수행이 일시적으로 다소 어려워질 수 있다고 하더라도 그러한 사실만으로 법인의 정당한 이익을 현저히 해할 우려가 있다고 보기는 어렵다 할 것이므로, 위 정보를 공개하지 않은 것은 위법·부당하다고 할 것이다.

7. 결 론
그렇다면 피신청인이 청구인에 대하여 법인의 정당한 이익을 현저히 해할 우려가 있다고 보기는 어렵다 할 것이므로, 위 정보를 공개하지 않은 것은 위법·부당하다고 할 것이다.

첨 부 서 류

1. 갑 제1호증의1 정보공개청구서
1. 갑 제1호증의2 정보비공개결정통지서
1. 갑 제2호증 주민등록등본 1부
1. 갑 제3호증 그 외 증명서류

20○○. ○. ○

대구광역시장 귀하

[서식 2] 정보공개(비공개)결정 이의신청서 (정보공개법 18①・21②)

정보공개(비공개)결정 이의신청서

<table>
<tr><td>접 수 일 자</td><td colspan="2"></td><td>접수번호</td><td></td></tr>
<tr><td rowspan="3">이 의
신청인</td><td>이 름
(법인명등
및 대표자)</td><td></td><td>주민등록번호
(사업자등록번호)</td><td></td></tr>
<tr><td rowspan="2">주 소
(소재지)</td><td rowspan="2"></td><td>전화번호
(모사전송번호)</td><td rowspan="2"></td></tr>
<tr><td>전자우편주소</td></tr>
<tr><td>공개 또는
비공개내용</td><td colspan="4"></td></tr>
<tr><td>통지서수령유무</td><td colspan="4">□ 정보(공개・부분공개・비공개)결정통지서를 년 월 일에 받았음.
□ 정보(공개・부분공개・비공개) 결정통지서를 받지 못했음
(법 제9조 제4항의 규정에 의하여 비공개의 결정이 있는 것으로 보는 날은 년 월 일임).</td></tr>
<tr><td>이의신청의
취지 및 이유</td><td colspan="4"></td></tr>
<tr><td colspan="5">공공기관의정보공개에관한법률 제18조 제1항 또는 제21조 제2항의 규정과 동법시행령 제18조제1항의 규정에 의하여 귀기관의 정보공개(비공개)결정에 대하여 위와 같이 이의신청서를 제출합니다.

20○○. ○○. ○○

위임인 (서명 또는 인)

(접수기관) 귀하</td></tr>
</table>

210mm×297mm(일반용지60g/㎡(재활용품))

[서식 3] 정보공개거부처분취소청구 (건축물의 설계도서검토 및 시공공법)

심판청구서

사건명 정보공개거부처분취소청구
처분청 서울특별시장

청 구 취 지

피청구인이 2006. 11. 24. 청구인에게 한 정보공개일부거부처분을 취소한다.
라는 재결을 구합니다.

청 구 원 인

1. 사건개요

청구인은 ○○○협회장으로서, 건축물의 허가·동의사항과 건설현황 등을 분석하여 정책개발 및 개선 등의 자료로 사용하기 위하여 피청구인에 대하여 ① 2006년 1월부터 2006년 10월까지의 소방대상물에 관한 건축허가동의일자, 건축물, 건축물 연면적, 건축주(시행사), 전화번호(팩스번호) 및 건축물의 주소에 관한 정보와 ② 소방공사 상주감리대상 건축물, 전화번호(팩스번호), 현장주소, 감리회사명, 상주감리원의 성명 및 회사전화번호에 관한 정보(이하 "이 건 정보"라 한다)의 공개를 청구한바, 피청구인은 2006. 11. 24. 이 건 정보를 공개하되 「공공기관의 정보공개에 관한 법률」(이하 "정보공개법"이라 한다) 제9조제1항제6호에 의한 사생활의 비밀 또는 자유를 침해할 우려가 있다는 이유로 ○○감리원의 성명에 관한 정보를 공개하지 아니하기로 결정하고 이를 청구인에게 통지(이하 "이 건 처분"이라 한다)하였다.

2. 청구인 주장

가. 건축물을 감독하는 감리원은 개인이 아닌 사회적 관리자로서 일정 규모 이상인 건축물의 설계도서검토 및 시공공법 등에 대하여 지도·감독하고 공정 등을 관리하는 기술자이며, 사회적으로 공공성에 대한 책임이 있어 중요 건축물에 대하여는 머릿돌 또는 명판에 감리원의 성명을 기록하는바, 감리원의 사회적 책임과 관리·감독자라는 사회적 지위에 있는 공인의 성격을 인정하여 이는 공개되어야 한다.

나. 청구인은 피청구인에 대하여 이 건 정보의 공개를 청구하면서 이 건 정보를 엑셀프로그램으로 작성하여 CD에 저장 또는 전자우편으로 교부하여 줄 것을 청구하였으나, 피청구인은 자료를 가공하지 않고 원본의 사본형태로 교부한바, 청구인이 요구한 형태대로 공개·교부하여야 한다.

3. 피청구인 주장

가. 정보공개법 제2조에 의한 "정보"라 함은, "공공기관이 직무상 작성 또는 취득하여 관리하고 있는 문서·도면·사진·필름·테이프·슬라이드 및 그 밖에 이에 준하는 매체 등에 기록된 사항"을 말하는바, 청구인이 요구하는 엑셀파일 형식의 정보는 원래의 정보에 새로이 가공을 요하는 것이므로, 정보공개법 제2조에 의한 "직무상 작성 또는 취득"하는 것이라고 볼 수 없다.

나. ○○감리원의 성명에 관한 정보는 정보공개법 제9조제1항제6호마목에 의하여 공개하도록 규정된 "공공기관이 공표를 목적으로 작성하거나 취득한 정보"라 볼 수 없고, 사생활의 비밀 또는 자유를 침해할 우려가 있으므로 이를 비공개하기로 결정한 피청구인의 이 건 처분은 적법·타당하다.

4. 이 건 처분의 위법·부당 여부

가. 관계법령

공공기관의 정보공개에 관한 법률 제3조, 제9조, 제15조

나. 판 단

(1) 청구인과 피청구인이 제출한 정보공개청구서, 정보비공개결정통지서 등 각 사본의 기재를 종합하여 보면 다음과 같은 사실을 각각 인정할 수 있다.

(가) 청구인은 ○○○협회 대표로서, 「소방시설설치유치 및 안전관리에 관한 법률」 제7조에 의한 건축허가의 동의, 「소방시설공사업법」 제18조, 같은 법 시행령 제11조에 의한 소방시설공사의 감리와 관련한 정보를 취득하여 정책개발 및 개선에 참고하고자, 2006. 11. 8. 피청구인에 대하여 ① 2004년 1월부터 2006년 10월까지의 소방대상물에 관한 건축허가동의일자, 건축물, 건축물 연면적, 건축주(시행사), 전화번호(팩스번호) 및 건축물의 주소에 관한 정보와 ② 소방공사 상주감리대상 건축물, 전화번호(팩스번호), 현장주소, 감리회사명, ○○감리원의 성명 및 회사 전화번호에 관한 정보를 엑셀프로그램으로 작성한 뒤 CD에 저장하거나 전자우편으로 교부하여 공개하여 줄 것을 청구하였다.

(나) 피청구인이 2006. 11. 10. 산하 22개 소방서에 공문을 시달하여 2006. 11. 16.까지 이 건 정보를 피청구인에게 제출하도록 지시하였고, 2006. 11. 17. 청구인에게 수수료 11만 4,800원, 우송료 6천원, 비영리단체 수수료감면액 5만 7,400원 총 6만 3,400원의 정보 공개·우송 비용을 청구인이 납부한 사실이 확인되면 2006. 11. 20. 정보공개법소정의 피청구인이 직무상 취득·관리하는 정보를 공개하겠다는 내용의 통지서를 발송하였다.

(다) 각 시·도 소방본부에서 피청구인에 대하여, 청구인의 공개요구자료가 과중하여 자료의 파악 및 작성기간을 재조정해 주도록 요청함에 따라, 청구인이 이를 수용하여 2006. 11. 22. ①에 관한 정보의 적용기간을 '2006년 1월

부터 2006년 10월까지'로 변경하여 다시 정보공개를 청구하였다.

(라) 피청구인이 2006. 11. 24. 청구인에 대하여 이 건 정보를 사본·출력물의 형태로 공개하되, 정보공개법 제9조제1항제6호에 의한 개인의 사생활의 비밀 또는 자유를 침해할 우려가 있다는 이유로 이 건 정보 중 ○○감리원의 성명에 관한 정보는 공개하지 아니하기로 결정하여 청구인에게 이를 통보하였다.

(마) 청구인은 2006. 12. 10. 피청구인에 대하여 ○○감리원의 성명에 관한 정보의 공개 및 청구인이 요청한 공개형태에 의한 정보공개를 요청하는 이의신청을 제기하였으나, 2006. 12. 11. 정보공개법 제2조에 의하여 "현존하는 정보를 새로이 가공하는 것은 업무수행에 현저한 지장을 초래할 우려가 있어서 직무상 관리·취득하고 있는 건축허가동의자료 복사본을 제공하게 되었다"는 피청구인의 전화 안내를 받고 이의신청을 취하한 후, 2006. 12. 20. 이 건 행정심판을 청구하였다.

(2) 정보공개법 제2조, 3조에 의하면, 공공기관이 직무상 작성 또는 취득하여 관리하는 정보는 같은 법이 정하는 바에 따라 공개하여야 한다고 규정되어 있으며, 같은 법 제9조제1항에서는 예외적으로 공개하지 아니할 수 있는 정보를 나열하고 있고, 같은 항 제6호에 의하면, 당해 정보에 포함되어 있는 이름·주민등록번호 등 개인에 관한 사항으로서 공개될 경우 개인의 사생활의 비밀 또는 자유를 침해할 우려가 있다고 인정되는 정보에 대하여는 공개하지 아니할 수 있도록 하되, 공공기관이 공표를 목적으로 작성하거나 취득한 정보로서 개인의 사생활의 비밀과 자유를 부당하게 침해하지 않는 정보와 공공기관이 작성하거나 취득하는 정보로서 공개하는 것이 공익 또는 개인의 권리구제를 위하여 필요하다고 인정되는 정보에 대하여서는 공개할 수 있도록 규정되어 있다. 살피건대, ○○감리원의 성명에 관한 정보는 원시적으로 피청구인이 "공표"를 목적으로 작성하거나 취득한 정보라고 볼 수는 없으나, 그 공개로 인하여 실현되는 청구인의 알권리와 공익적 측면을 배제할 수 없고, 또한 성명은 개인적인 사항에 속하는 것은 분명하나, 일반적으로 주민등록번호나 그 밖의 연락처 등과 별개로 성명만을 공개할 경우에는 개인의 사생활의 비밀 또는 자유를 침해할 우려가 있다고는 볼 수 없다.

5. 결 론

그렇다면, 피청구인은 청구인의 청구 중 ○○감리원의 성명 공개청구는 법 제9조제1항에서 규정하고 있는 비공개대상 정보에 해당한다고 보기 어렵다 할 것이므로 이 건 정보 중 ○○감리원의 성명에 관한 정보를 공개하지 아니하기로 결정한 것은 위법 · 부당할 것이므로 취소되어야 한다.

첨 부 서 류

1. 갑 제1호증의1	정보공개청구서	
1. 갑 제1호증의2	정보비공개결정통지서	
1. 갑 제2호증	주민등록등본	1부
1. 갑 제3호증	그 외 증명서류	

20○○. ○. ○

서울특별시장 귀하

[서식 4] 정보공개거부처분취소청구 (대학교병원 인사위원회에 제출된 청구인 관련 심사자료)

심판청구서

사건명 정보공개거부처분취소청구
처분청 부산대학교병원

청 구 취 지

피청구인이 2006. 12. 19. 청구인에 대하여 한 정보공개거부처분은 이를 취소한다.
라는 재결을 구합니다.

청 구 원 인

1. 사건개요

청구인은 청구인의 계약직 고용관계 해지와 관련하여 2006. 12. 8. 피청구인에게 ○○대학교병원 인사위원회에 제출된 청구인 관련 심사자료(이하 "이 건 정보"라 한다)에 대한 정보공개를 청구하였으나, 피청구인은 2006. 12. 18. 이 건 정보는 「공공기관의 정보공개에 관한 법률」 제9조제1항제5호의 규정에 의한 비공개대상정보에 해당한다는 이유로 청구인의 정보공개를 거부(이하 '이 건 처분'이라 한다)하였다.

2. 청구인 주장

이에 대하여 청구인은, 「공공기관의 정보공개에 관한 법률」의 규정상 인사위원회에서의 심의내용은 비공개대상정보라고 할 수 있으나, 동 위원회에 제출된 심사자료의 경우에는 비공개대상정보로 볼 수 없으므로 피청구인의 이 건 처분은 취소되어야 한다고 주장한다.

3. 피청구인 주장

피청구인은, 인사위원회에 제출된 심사자료나 심의내용은 「공공기관의 정보공개에 관한 법률」 제9조제1항제5호 및 ○○대학교병원인사규정 제15조의 규정에 의한 비공개대상정보에 해당하므로 피청구인의 이 건 처분은 적법·타당하다고 주장한다.

4. 이 건 처분의 위법·부당 여부

가. 관계법령

공공기관의 정보공개에 관한 법률 제3조 및 제9조제1항

나. 판 단

(1) 청구인 및 피청구인이 제출한 정보공개청구서, 정보공개청구회신, 심판청구서,

답변서 등 각 사본의 기재내용을 종합하여 보면, 다음과 같은 사실을 인정할 수 있다.

(가) 청구인은 2004. 7. 1. ○○대학교병원 재활의학과 물리치료실에 일반계약직으로 입사한 후 2006년 2월 공채계약직 시험에 합격하여 근무하던 자로서, 동 병원 인사위원회는 2006. 12. 4.부터 2006. 12. 8.까지 청구인에 대한 재계약 여부에 대하여 심의한 결과 2006. 12. 13. 재계약을 하지 않기로 결정하였다.

(나) 청구인이 2006. 12. 8. 피청구인에게 동 인사위원회에 제출된 청구인 관련 심사자료에 대한 정보공개를 청구하였고, 피청구인은 2006. 12. 18. 이 건 정보는 「공공기관의 정보공개에 관한 법률」 제9조제1항제5호 및 ○○대학교병원인사규정 제15조제4항의 규정에 따라 비공개대상정보라는 이유로 이 건 처분을 하였다.

5. 결 론

그렇다면, 피청구인이 청구인에 대하여 동 위원회에 제출된 심사자료의 경우에는 비공개대상정보로 볼 수 없으므로 피청구인의 이 건 처분은 취소되어야 한다고 주장한다.

첨 부 서 류

1. 갑 제1호증의1	정보공개청구서	
1. 갑 제1호증의2	정보비공개결정통지서	
1. 갑 제2호증	주민등록등본	1부
1. 갑 제3호증	그 외 증명서류	

20○○. ○. ○

부산대학교병원 귀중

[서식 5] 정보공개거부처분취소청구서 (아파트 건설원가 관련정보가 정보공개법의 비공개대상 정보에 해당하는지 여부)

심 판 청 구 서

청 구 인 : 권 ○ ○
성남시 ○○구 ○○동 100-78
(전화 : 000-0000, H.P :)

피청구인 : 대한주택공사(경기지역본부)

정보공개거부처분취소청구서

청 구 취 지

피청구인이 2007. 11. 30. 청구인에게 한 정보공개 거부처분을 취소한다.
라는 재결을 구합니다.

청 구 원 인

1. 사건개요

청구인이 2007. 11. 21. 피청구인에게 ○○시 ◇◇파크 2단지 건설원가와 관련된 ①택지비관련 정보(붙임 1), ②건축비관련 정보(붙임 2), ③기타정보(붙임 3)(이하 "이 사건 정보"라 한다)에 대한 정보공개를 청구하자, 피청구인은 2007. 11. 30. 이 사건 정보는 공공기관의정보공개에관한법률 제9조제1항제4호 및 제7호의 비공개대상 정보에 해당된다는 이유로 비공개결정(이하 "이 사건 처분"이라 한다)을 하였다.

2. 청구인의 주장

피청구인이 공공임대아파트인 ◇◇파크 2단지를 분양전환함에 있어 과다한 분양가를 책정하였는바, 청구인은 피청구인이 책정한 분양가가 적정한지에 대하여 확인하기 위해서 이 사건 정보의 공개를 요구하였는데, 이 사건 정보를 공개하지 않은 피청구인의 이 사건 처분은 위법·부당하다.

3. 이 사건 처분의 적법 · 타당 여부

가. 공공기관의정보공개에관한법률 제9조제1항제4호 및 제7호에 의하면, 진행 중인 재판에 관련된 정보와 범죄의 예방, 수사, 공소의 제기 및 유지, 형의 집행, 교정, 보안처분에 관한 사항으로서 공개될 경우 그 직무수행을 현저히 곤란하게 하거나

형사피고인의 공정한 재판을 받을 권리를 침해한다고 인정할 만한 상당한 이유가 있는 정보와 법인 등의 경영·영업상 비밀에 관한 사항으로서 공개될 경우 법인 등의 정당한 이익을 현저히 해할 우려가 있다고 인정되는 정보는 비공개할 수 있다고 되어 있다.

나. 이 사건 정보는 진행 중인 재판에 관련된 정보와 범죄의 예방, 수사, 공소의 제기 및 유지, 형의 집행, 교정, 보안처분에 관한 사항으로서 공개될 경우 그 직무수행을 현저히 곤란하게 할 만한 정보가 아니며, 또한 이 사건 정보는 이미 공사가 종료된 이 사건 아파트의 분양원가의 산출내역 등과 관련된 자료로서, 이 사건 정보가 공개됨으로 인하여 분양가 산출과정의 투명성을 확보할 수 있고, 나아가 공공기관이 내부적으로 빠지기 쉬운 행정편의주의와 형식주의 및 권한남용으로 인한 피해를 방지하는데 유효한 수단으로 작용하여 공공기관의 주택정책에 대한 투명성 및 행정절차의 투명성을 확보할 수 있는 계기가 될 수 있는 것으로 비추어 볼 때, 이 사건 정보가 피청구인의 경영·영업상 비밀에 관한 사항으로서 공개될 경우 피청구인의 정당한 이익을 현저히 해할 우려가 있다고 인정되는 정보에 해당한다고도 볼 수 없다. 그렇다면, 피청구인이 이 사건 정보가 공공기관의 정보공개에 관한 법률 제9조제1항제4호 및 제7호의 비공개대상 정보에 해당된다는 이유로 이 사건 정보를 공개하지 아니한 이 사건 처분은 위법·부당하다.

첨 부 서 류

1. 갑 제1호증의 1	정보공개청구서	
1. 갑 제1호증의 2	정보공개청구에대한 회신문	
1. 갑 제2호증	정보공개거부 통지서	
1. 갑 제3호증	주민등록등본	1부
1. 갑 제4호증	그 외 증명서류	

20○○. ○○. ○○.

위 청구인 권 ○ ○ (인)

대한주택공사(경기지역본부) 귀하

[서식 6] 정보공개이행청구 (시민단체명)

심판청구서

사건명 정보공개이행청구
처분청 전라북도지사

청 구 취 지

피청구인은 전라북도에 나온 행정자치부의 감사에서 명예감사관으로 선정되어 있는 ○○○이 소속되어 있는 시민단체명을 공개하라.
라는 재결을 구합니다.

청 구 원 인

1. 사건개요

청구인은 2007. 3. 19. 피청구인에게 전라북도에 나온 행정자치부의 감사에서 명예감사관으로 선정되어 있는 ○○○이 소속되어 있는 시민단체명(이하 "이 사건 정보"라고 한다)의 공개를 청구하였고, 피청구인은 2007. 3. 23. 이 사건 정보는 구 「공공기관의 정보공개에 관한 법률」(2007. 1. 3. 법률 제8171호로 개정되기 전의 것)(이하 "구 정보공개법"이라 한다) 제9조제1항제6호에 규정된 비공개대상 정보라는 이유로 정보공개를 거부하였으며, 이에 청구인이 2007. 3. 23. 피청구인에게 이의신청을 하였고, 2007. 3. 26. 이 사건 청구를 하였으며, 피청구인은 2007. 3. 27. 명예감사관 ○○○의 사전동의를 얻어 이 사건 정보를 청구인에게 공개하였다.

2. 청구인 주장

구 정보공개법 제9조제1항제6호에 의한 비공개대상 정보는 "주민등록번호 등 개인에 관한 사항으로서 공개될 경우 개인의 사생활의 비밀 또는 자유를 침해할 우려가 있다고 인정되는 정보"이며, 이 사건 정보는 이에 해당하지 않는바, 피청구인이 이 사건 정보를 공개해야 한다.

3. 피청구인 주장

청구인은 2007. 3. 23. 피청구인의 비공개 결정에 대해 이의신청을 하였고, 피청구인은 2007. 3. 27. 청구인에게 이 사건 정보를 이미 공개하였으므로, 청구인들이 더 이상 이 사건 정보의 공개를 구할 법률상 이익이 있다고 할 수 없어 이 사건 심판청구는 부적법하다.

4. 관계법령
행정심판법 제13조 제3항

5. 인정사실
청구인 및 피청구인이 제출한 정보공개청구서, 정보비공개결정통지서, 정보비공개결정 이의신청서, 이의신청인용결정통지서 등을 종합하여 보면, 다음과 같은 사실을 인정할 수 있다.
가. 청구인이 2007. 3. 19. 피청구인에게 이 사건 정보의 공개를 청구하였고, 피청구인은 2007. 3. 23. 이 사건 정보는 구 정보공개법 제9조제1항제6호에 따라 비공개대상이라는 이유로 비공개 결정을 하였다.
나. 청구인은 2007. 3. 23. 이 사건 정보는 구 정보공개법 제9조제1항제6호에 규정된 비공개대상 정보에 해당하지 않는다는 이유로 피청구인의 비공개 결정에 대해 이의신청을 하였고, 2007. 3. 26. 이 사건 청구를 하였다.
다. 피청구인은 2007. 3. 27. 청구인의 이의신청에 대해 인용결정을 하였고, 이의신청인용결정서에 따르면, ○○○ 명예감사관이 소속되어 있는 시민단체(직위)명은 "□□□"이며, 위 공개내용은 당사자인 위 명예감사관의 사전동의를 얻은 것이라고 기재되어 있다.

6. 결 론
그렇다면 구 정보공개법 제9조제1항제6호에 의한 비공개대상 정보는 "주민등록번호 등 개인에 관한 사항으로서 공개될 경우 개인의 사생활의 비밀 또는 자유를 침해할 우려가 있다고 인정되는 정보"이며, 이 사건 정보는 이에 해당하지 않는바, 피청구인이 이 사건 정보를 공개해야 한다.

첨 부 서 류

1. 갑 제1호증의1	정보공개청구서	
1. 갑 제1호증의2	정보비공개결정통지서	
1. 갑 제2호증	주민등록등본	1부
1. 갑 제3호증	그 외 증명서류	

20○○. ○. ○

전라북도지사 귀하

[서식 7] 정보공개이행청구서 (실업급여를 받지 못한 명예퇴직자들의 피해 원인을 규명하기 위하여 정보공개를 청구한 경우)

심 판 청 구 서

청 구 인 : 신 ○ ○
서울 ○○구 ○○동 123-56
(전화 : 000-0000, H.P :)

피청구인 : 한국전기통신공사

정보공개이행청구서

청 구 취 지

1. 피청구인은 청구인이 2006. 10. 29. 신청한 정보공개청구에 대하여 이를 이행하라.
2. 피청구인은 청구인이 2006. 12. 4. 신청한 정보공개청구에 대하여 이를 이행하라.

라는 재결을 구합니다.

청 구 원 인

1. 청구인 주장
   가. 청구인은 2005년 초 한국전기통신공사에서 명예퇴직한 자로서, 피청구인에 대하여 명예퇴직확인서상에 퇴직사유를 구조조정, 경영악화개선을 위한 권고퇴직 등 1년여나 지나 후에 이를 수용하여 결과적으로 2005년도 명예퇴직자들은 실업급여를 받지 못하게 되는 피해를 입게 되었으며, 이에 대한 잘못이 누구에게 있는지를 규명하기 위해 2회에 걸쳐 정보공개를 청구하였다.
   나. 그러나, 피청구인은 이유 없이 통지를 지연하거나 무성의하게 답변을 하고, 부실하게 처리하여 청구인의 권리를 박탈하고 있다.
   다. 공개청구한 정보 중 인력감축계획과 시행결과는 이미 집행된 사항이고, 영업상 비밀도 아니므로 정보공개법 소정의 비공개대상정보가 아니다. 또한, PIN TO KT 프로젝트는 보도된 바와 같이 조직 및 인력운영의 효율성을 추구하기 위한 것이므로 인력감축계획과는 무관하다는 피청구인의 주장은 진실을 은폐하는 것이며, 피청구인이 노동부중부사무소에 제출한 자료에 명시적으로 "자율적 경영체제와 획기적인 경영혁신을 도모하고자 '05. 1. 8.자 과감한 구조조정 및 조직개편을 단행"하였다고 밝힌바 있으면서도 2005. 8. 4. 이전에는 구조조정계획이 없었다고 주장하는 것 또한 마찬가지의 처사이다.

라. 더구나 피청구인은 일부 정보에 대하여 전라북도에 거주하는 청구인에게 서울까지 와서 열람하라고 하고 있는 바, 이는 비공개하는 것과 다름없다. 피청구인은 위와 같이 청구인이 공개를 청구한 정보를 보유하고 있으면서도 계속하여 처리를 지연하면서 부당하게 공개하지 않고 있으므로, 피청구인은 이제라도 청구인에게 위 정보를 공개하여야 마땅하다.

첨 부 서 류

1. 갑 제1호증의1	정보공개청구서	
1. 갑 제1호증의2	정보비공개결정통지서	
1. 갑 제2호증	주민등록등본	1부
1. 갑 제3호증	그 외 증명서류	

20○○. ○○. ○○.

위 청구인 신 ○ ○ (인)

한국전기통신공사 귀하

제8장

국가유공자 관련 행정심판

제8장 국가유공자 관련 행정심판

1. 국가유공자 관련 행정심판

가. 국가유공자 관련 행정심판의 유형

(1) 국가유공자 등록거부처분
(2) 보훈보상대상자 등록거부처분
(3) 고엽제후유증환자 등급판정처분
(4) 고엽제후유증환자 등록거부처분
(5) 고엽제후유증환자유족 등록거부처분

나. 행정심판청구 적격 (법 제9조[재판관할])

① 취소소송의 제1심관할법원은 피고의 소재지를 관할하는 행정법원으로 한다. <개정 2014.5.20>

② 제1항에도 불구하고 다음 각 호의 어느 하나에 해당하는 피고에 대하여 취소소송을 제기하는 경우에는 대법원소재지를 관할하는 행정법원에 제기할 수 있다. <신설 2014.5.20>
  1. 중앙행정기관, 중앙행정기관의 부속기관과 합의제행정기관 또는 그 장
  2. 국가의 사무를 위임 또는 위탁받은 공공단체 또는 그 장

③ 토지의 수용 기타 부동산 또는 특정의 장소에 관계되는 처분등에 대한 취소소송은 그 부동산 또는 장소의 소재지를 관할하는 행정법원에 이를 제기할 수 있다. <개정 2014.5.20>

다. 행정심판 대상 (법 제3조[행정소송의 종류])

행정소송은 다음의 네가지로 구분한다. <개정 1988.8.5>
1. 항고소송: 행정청의 처분등이나 부작위에 대하여 제기하는 소송
2. 당사자소송: 행정청의 처분등을 원인으로 하는 법률관계에 관한 소송 그 밖에 공법상의 법률관계에 관한 소송으로서 그 법률관계의 한쪽 당사자를 피고로 하는 소송
3. 민중소송: 국가 또는 공공단체의 기관이 법률에 위반되는 행위를 한 때에 직접 자기의 법률상 이익과 관계없이 그 시정을 구하기 위하여 제기하는 소송
4. 기관소송: 국가 또는 공공단체의 기관상호간에 있어서의 권한의 존부 또는 그 행사에 관한 다툼이 있을 때에 이에 대하여 제기하는 소송. 다만, 헌법재판소법 제2조의 규정에 의하여 헌법재판소의 관장사항으로 되는 소송은 제외한다.

> ※ 행정소송법
> **제2조 (정의)** ① 이 법에서 사용하는 용어의 정의는 다음과 같다.
> 2. "부작위"라 함은 행정청이 당사자의 신청에 대하여 상당한 기간내에 일정한 처분을 하여야 할 법률상 의무가 있음에도 불구하고 이를 하지 아니하는 것을 말한다.

라. 행정심판기간 (법 제18조 제3항 [행정심판과의 관계])

③ 제1항 단서의 경우에 다음 각호의 1에 해당하는 사유가 있는 때에는 행정심판을 제기함이 없이 취소소송을 제기할 수 있다. <개정 1994.7.27>

1. 동종사건에 관하여 이미 행정심판의 기각재결이 있은 때
2. 서로 내용상 관련되는 처분 또는 같은 목적을 위하여 단계적으로 진행되는 처분중 어느 하나가 이미 행정심판의 재결을 거친 때
3. 행정청이 사실심의 변론종결후 소송의 대상인 처분을 변경하여 당해 변경된 처분에 관하여 소를 제기하는 때
4. 처분을 행한 행정청이 행정심판을 거칠 필요가 없다고 잘못 알린 때

마. 서면에 의한 청구 (법 제19조[취소소송의 대상])

취소소송은 처분등을 대상으로 한다. 다만, 재결취소소송의 경우에는 재결 자체에 고유한 위법이 있음을 이유로 하는 경우에 한한다.

바. 심판청구서 제출

심판청구서는 처분청(피청구인인 행정청, 관할보훈(지)청장 또는 재결청(국가보훈처장)에 제출할 수 있으나 신속한 처리를 위해서는 처분청에 직접 제출하는 것이 좋습니다.

사. 재결결과에 대한 불복(법 제19조[취소소송의 대상])

취소소송은 처분등을 대상으로 한다. 다만, 재결취소소송의 경우에는 재결 자체에 고유한 위법이 있음을 이유로 하는 경우에 한한다.

> ※ 행정소송법
> **제20조 (제소기간)** ① 취소소송은 처분등이 있음을 안 날부터 90일 이내에 제기하여야 한다. 다만, 제18조제1항 단서에 규정한 경우와 그 밖에 행정심판청구를 할 수 있는 경우 또는 행정청이 행정심판청구를 할 수 있다고 잘못 알린 경우에 행정심판청구가 있은 때의 기간은 재결서의 정본을 송달받은 날부터 기산한다.
> ② 취소소송은 처분등이 있은 날부터 1년(제1항 단서의 경우는 재결이 있은 날부터 1년)을 경과하면 이를 제기하지 못한다. 다만, 정당한 사유가 있는 때에는 그러하지 아니하다.
> ③ 제1항의 규정에 의한 기간은 불변기간으로 한다. [전문개정 1994.7.27]
> **제39조 (피고적격)** 당사자소송은 국가·공공단체 그 밖의 권리주체를 피고로 한다.

아. 항목별 작성방법

구 분	내 용
청구인	먼저 청구인이 개인인지 법인·단체인지를 먼저 선택합니다. <개인의 경우> 1. 청구인의 성명과 주민등록번호를 기재합니다. 주민등록번호는 사건진행 현황 조회시 사건번호를 모르는 경우 필요합니다. ※ 청구인이 여러 명일 경우에는 별도의 용지에 청구인들의 이름, 주민등록번호, 주소 등을 각각 기재해 첨부할 수 있으며, 필요에 따라 3명 이하의 대표자를 선정할 수 있습니다. 2. 연락가능한 전화번호, 휴대전화번호, E-mail 주소 등을 기재합니다. 휴대전화번호, E-mail주소는 심판진행 과정에서의 각종 SMS, E-mail 안내를 위해 필요합니다. 3. 주소는 주민등록표상 주소, 거주하는 장소를 기재하여, 주소 외에 행정심판 관련서류를 받고자 하는 장소가 있는 경우에는 송달장소란에 기재할 수 있습니다. 4. 사망한 자, 소멸한 법인, 사업장, 법인의 지점 등 청구인이 될 수 없는 자의 이름을 기재하면 부적법한 청구가 되어 각하재결되므로 주의가 필요합니다. <법인 또는 단체의 경우> 1. 법인이나 단체의 이름을 법인/단체명란에 기재하고 대표자의 성명을 대표자성명란에 기재하며, 법인이나 단체의 법인번호나 사업자등록번호 또는 대표자 주민등록번호 등을 기재합니다. 법인번호나 사업자등록번호, 대표자 주민등록번호는 사건진행 현황 조회시 필요합니다. 2. 대표자의 연락가능한 전화번호, 휴대전화번호, E-mail 주소 등을 기재합니다. 휴대전화번호, E-mail주소는 심판진행 과정에서의 각종 SMS, E-mail 안내를 위해 필요합니다. 3. 주소는 법인인 경우 법인의 주된 사무소가 소재하는 곳(법인등기부상의 주소)을 기재하고, 단체인 경우 단체의 주된 사무소가 소재하는 곳 또는 대표자의 주소를 기재합니다. 주소 외에 행정심판 관련서류를 받고자 하는 장소가 있는 경우에는 송달장소란에 기재할 수 있습니다.
대리인	1. 행정심판법에서 정하는 아래의 대리인이 선임된 경우 기재합니다. ·법정대리인 ·청구인의 배우자, 청구인 또는 배우자의 사촌 이내의 혈족 ·청구인이 법인이거나 청구인 능력이 있는 법인이 아닌 사단 또는 재단인 경우 그 소속 임직원 ·변호사 ·다른 법률의 규정에 따라 심판청구의 대리를 할 수 있는 자 ·그 밖에 행정심판위원회의 허가를 받은 자 2. 대리인이 개인인 경우, 대리인의 성명과 주민등록번호를 기재하며, 법인이나 단체인 경우 법인이나 단체의 이름을 법인/단체명란에 기재하고 대표자의 성명을 대표자성명란에 기재한 후, 법인이나 단체의 법인번호나 사업자등록번호 또는 대표자 주민등록번호 등을 기재합니다. 대리인이 법무법인, 노무법인 등의 구성원인 변호사 또는 노무사인 경우에는 해당 구성원을 대표자란에 기재합니다. 대리인의 기재사항은 법인·단체인 청구인의 기재사항을 참고하시기 바랍니다. 3. 대리인의 유형은 반드시 기재해야 합니다. 4. 대리인의 주소를 기재합니다. 대리인이 선임된 사건은 심판진행과정에서 발생하는 각종 통지 및 문서의 송달을 대리인의 주소지나 연락처로 합니다.
피청구인	1. 행정심판의 상대방으로 반드시 기재하야 합니다. 2. 피청구인이란 귀하께서 행정심판을 청구한 행정기관으로서, 귀하께서 무효 위법 또는 부당하다고 주장하시는 행정처분을 행한 행정기관을 말합니다. 3. 피청구인의 명칭은 보통 귀하에 대한 처분을 한 행정기관의 장이 됩니다. 4. 피청구인의 기관검색 목록에 없는 기관은 온라인 행정심판이 지원되지 않거나 중앙행정심판위원회의 소관이 아닌 기관입니다.

처분내용	1. 심판청구에서 다투고자 하는 행정기관의 처분내용을 기재합니다. (예시) 국가유공자 등록거부처분, 보훈보상대상자 등록거부처분, 고엽제후유증환자 등급판정처분, 고엽제후유증환자 등록거부처분, 고엽제후유증환자유족 등록거부처분 2. 일정한 신청 또는 청구에 대해 아무런 처분을 하지 않는 것에 대한 심판청구인 경우에는 "OOO 부작위처분"으로 기재합니다. 3. 처분의 내용은 행정심판의 대상물을 확정하는 것이므로 반드시 기재하야 합니다.
처분일	1. 심판대상인 처분을 알게 된 날을 기재합니다. 문서로써 처분을 통지받은 경우 문서에 기재된 날이 아닌 실제로 처분을 알게 된 날을 기재합니다. (예시) 행정관청으로부터 2025년 1월 20일부터 2025년 1월 30일까지 처분을 한다는 내용의 문서를 2025년 1월 10일 발송해 2025년 1월 15일 수령하였다면 처분일은 2025년 1월 15일입니다. 2. 처분일을 잘 모를 경우 기재하지 않아도 됩니다.
고지여부 및 고지내용	1. 행정관청이 처분당시 처분에 대해 불복하고자 하는 경우의 절차 및 기한 등에 대해 청구인에게 알려주었는지 여부와 알려준 내용을 기재합니다. 2. 대부분의 고지는 처분을 한 문서에 기재되므로 처분을 한 문서의 내용을 확인 후 고지 유무를 기재하고, 고지의 내용은 처분한 문서에 기재된 내용을 옮겨 적으시면 됩니다. 3. 고지여부 및 고지내용을 잘 모를 경우 기재하지 않아도 됩니다.
청구취지	1. 행정심판을 청구해 재결청으로부터 구하고자 하는 재결의 내용을 간략히 기재합니다. (예시) 등록거부처분 ·피청구인이 2025.00.00. 청구인에게 한 국가유공자 등록거부처분을 취소한다. ·피청구인이 2025.00.00. 청구인에게 한 국가유공자 및 보훈보상대상자 등록거부처분을 취소한다. - 보훈보상대상자 등록거부처분 ·피청구인이 2025.00.00. 청구인에게 한 보훈보상대상자 등록거부의 처분을 취소한다. - 고엽제후유증환자 등급판정처분 ·피청구인이 2025.00.00. 청구인에게 한 고엽제후유증환자 등급판정처분을 취소한다. 등록거부처분 ·피청구인이 2025.00.00. 청구인에게 한 고엽제후유증환자 등록거부처분을 취소한다. -고엽제후유증환자유족 등록거부처분 ·피청구인이 2025.00.00. 청구인에게 한 고엽제후유증환자유족 등록거부처분을 취소한다. 2. 청구취지는 반드시 기재해야 합니다.
청구원인	행정심판을 청구하게 된 이유와 처분의 위법·부당성 등에 대한 청구인의 구체적인 주장으로 반드시 기재해야 합니다. 청구원인의 기재는 따로 형식이 정해진 것은 아니나 일반적으로 다음과 같은 순서로 기재합니다. 1. 이 건 처분에 이르게 된 경위 - 청구인이 처분 등을 받게 된 경위를 육하 원칙에 따라 기재합니다. 2. 이 건 처분의 위법·부당성 - 피청구인의 처분이 위법하거나 부당하다고 생각하는 이유와 근거를 제시합니다. 3. 결 론 - 청구인이 결론적으로 주장하고자 하는 바를 기재합니다. ※ 청구원인은 본란에서 직접 작성하거나 워드프로세서로 작성해 파일로 제출해도 됩니다.
증거서류	청구인의 주장을 입증할 증거서류를 첨부합니다. ※ 증거서류 외에도 사건과 관련해 청구인에게 유리하다고 생각되는 모든 자료를 제출할 수 있습니다. 예 : 진정서, 탄원서, 주민등록등·초본, 호적등본, 재직증명서, 표창장 등 각종 상장, 사업자등록증, 장애인수첩 등

[서식 1] 국가유공자 등록거부처분 취소청구

심판청구서

사건명 국가유공자 등록거부처분 취소청구
처분청 대전지방보훈청

청 구 취 지

피청구인이 2007. 4. 2. 청구인에게 한 국가유공자등록 거부처분을 취소한다.
라는 재결을 구합니다.

청 구 원 인

1. 사건개요

청구인이 1990. 9. 7. 육군에 입대하여 훈련 중 낙상으로 허리에 통증을 느끼기 시작하여 1990. 12. 8. 국군원주병원에 입원·치료하다가 1990. 12. 28. 국군진해병원으로 후송되어 1991. 1. 17. ‘수핵탈출증(요추4-5번간)’으로 수술을 받았다는 이유로 2007. 2. 15. 국가유공자등록을 신청하였으나, 피청구인은 기존의 비해당 결정을 번복할 수 있는 요건 변동이 없다는 이유로 2007. 4. 2. 국가유공자등록거부처분(이하 ‘이 사건 처분’이라 한다)을 하였다.

2. 청구인 주장

청구인이 군에 입대하기 약 2년 전 아르바이트로 노동을 하면서 허리를 다친 적이 있으나 이는 단순한 요부염좌로 며칠간 물리치료만 받았을 뿐이고, 방사선검사 상에도 별다른 이상이 없었던 점, 이후 징병신체검사 시에도 아무런 이상이 없어 정상적으로 군에 입대하게 된 점, 군에 입대하여 훈련소에서 레펠, 통나무 넘기 등 힘든 기초 군사훈련을 받다가 낙상하여 심한 허리통증이 시작된 점, 비록 지병이 있었다고 하더라도 군에서 수술을 할 정도로 허리의 상태가 악화된 점, 공무상병인증서와 의무조사보고서에도 청구인의 상이를 ‘공상’으로 기재하고 있는 점 등을 감안할 때, 청구인의 상이를 공상으로 인정하지 않은 피청구인의 이 사건 처분은 위법·부당하므로 취소되어야 한다.

3. 관계법령

국가유공자 등 예우 및 지원에 관한 법률 제4조제1항제6호, 제4조제2항제4호, 제6조 및 제83조제1항

국가유공자 등 예우 및 지원에 관한 법률 시행령 제3조, 제8조, 제9조, 제9조의2, 제

102조제1항 및 별표 1

4. 인정사실

가. 청구인과 피청구인이 제출한 등록신청서, 학교생활기록부, 병적기록표, 병적증명서, 공무상병인증서, 의무보고서, 국가유공자 등 요건관련 사실 확인서, 심의의결서, 국가유공자요건 비해당 결정 통지서 등 각 사본의 기재를 종합해 보면 다음과 같은 사실을 인정할 수 있다.

나. 청구인은 1990. 9. 7. 육군에 입대하여 1991. 2. 11. 이병으로 의병 전역하였다.

다. 제○○사단 보충대의 1991. 1. 29.자 공무상병인증서에 의하면, 청구인의 병명은 ' 요추부 염좌 ' 로, 전·공상 구분은 ' 공상 ' 으로, 발병원인 및 경위는 ' 청구인은 군 입대 전 허리에 통증이 발생하였으나, 특별한 치료 없이 생활해오다가 1990. 9. 7. 군에 입대하여 교육훈련을 받던 중 허리통증이 악화되어 의무대에서 약물치료 후 기초 군사훈련을 수료하고, 제○○사단 보충대로 전입하여 대기 중 증세가 더욱 심해져 국군원주병원으로 응급조치한 자임 ' 으로 각각 기재되어 있다.

라. 국군진해병원의 1991. 2. 4.자 의무조사보고서에 의하면, 청구인의 초진단명은 ' 수핵탈출증 ' 으로, 현진단명은 ' 추궁 절제 술후 상태 ' 로, 전·공상 구분은 ' 공상 ' 으로, 병력은 ' 보충대 입소 시부터 요추에 심한 통증을 느꼈으며, 그 후 통증이 더욱 악화되어 1990. 12. 8. 국군원주병원에 입원하여 1990. 12. 28. 국군진해병원으로 후송된 자로서, 1991. 1. 3. ○○○○병원에서 척추 전산화 단층촬영을 실시한 결과, 수핵탈출증으로 판명되어 1991. 1. 17. 편측 척추궁 절제술 및 수핵 제거술을 시행한 상태임 ' 으로, 현증세는 ' 요통 및 경미한 요부 운동장애 잔존 ' 으로 각각 기재되어 있다.

마. 육군참모총장의 2006. 3. 30.자 국가유공자 등 요건관련 사실 확인서에 의하면, 청구인의 상이당시소속은 ' ○○사단 ' 으로, 상이연월일은 ' 미상 ' 으로, 상이장소는 ' 부대 내 ' 로, 상이원인은 공란으로, 원상병명은 ' 추궁 절제 술후 상태 ' 로, 현상병명은 ' 허리 ' 로, 상이경위는 ' <확인결과> - 병상일지 : 상기 원상병명으로 1990. 12. 8. 원주병원, 진해병원 입원 기록 ' 으로 각각 기재되어 있다.

바. 2006년 제39차 보훈심사위원회에서는 청구인은 훈련 중 허리통증이 발현되었다고 진술하고, 병상일지 상 ' 수핵탈출증(요추4-5번간) ' 으로 군병원에서 치료한 기록은 확인되나, 병상일지 상 입대 전 작업을 하다가 허리를 다쳤다는 기록과 보충대에 입소 시부터 요추에 심한 통증이 있었다는 기록 등을 감안할 때 이는 입대 전 지병으로 판단되어 공무 관련 상이로 인정하기 곤란하다는 이유로 2006. 5. 16. 청구인을 「국가유공자 등 예우 및 지원에 관한 법률」 소정의 공상군경요건에 해당되지 않는 자로 심의·의결하였다.

사. 청구인이 재발급 받은 육군참모총장의 2006. 11. 23.자 국가유공자 등 요건관련 사실 확인서에 의하면, 청구인의 상이당시소속은 ' 2훈련소 ' 로, 상이연월일은 '

1999년 10월경 ' 으로, 상이장소는 ' 부대 내 ' 로, 상이원인은 공란으로, 원상병명은 ' 요추염좌, 추궁 절제 술후 상태, 수핵탈출증 ' 으로, 현상병명은 ' 요추 추간판 탈출증 ' 으로, 상이경위는 ' <확인결과> 병상일지 : 상기 원상병명으로 1990. 12. 8.부터 원주병원/진해병원 입원 기록 ' 으로 각각 기재되어 있다.

아. 2007년 제3차 보훈심사위원회에서는 청구인이 군 입대 전인 1988년경 아르바이트로 노동을 하다가 허리를 삐끗하여 병원과 한의원에서 물리치료를 받았으나 정상적으로 군에 입대하여 훈련소에서 레펠, 통나무 넘기 등을 하던 중 낙상하여 허리 통증이 발현되었다며 관련 자료를 추가 제출하여 ' 수핵탈출증(요추4-5번간) ' 을 공무관련 상이로 인정해줄 것을 신청하였으나, 기존의 비해당 의결을 번복할 수 있는 구체적이고 객관적인 입증자료가 없어 이를 공무관련 상이로 인정하기 곤란하다는 이유로 2007. 1. 9. 청구인을 「국가유공자 등 예우 및 지원에 관한 법률」 소정의 공상군경요건에 해당되지 않는 자로 심의·의결하였다.

자. 2007년 제24차 보훈심사위원회에서는 청구인이 입대 후 ' 수핵탈출증(요추4-5번간) ' 이 악화되어 수술까지 받게 되었다며 재등록 심사를 신청하였으나, 종전과 같이 기존의 비해당 의결을 번복할 수 있는 요건 변동이 없어 이를 공무관련 상이로 인정하기 곤란하다는 이유로 2007. 3. 27. 청구인을 「국가유공자 등 예우 및 지원에 관한 법률」 소정의 공상군경요건에 해당되지 않는 자로 심의·의결하였고, 이에 따라 피청구인은 2007. 4. 2. 청구인에게 이 사건 처분을 하였다.

5. 이 사건 처분의 위법·부당 여부

가. 「국가유공자 등 예우 및 지원에 관한 법률」 제4조제1항제6호와 같은 조 제2항제4호, 같은 법 시행령 제3조제1항과 별표 1 등에 의하면, 군인 또는 경찰공무원으로서 교육훈련 또는 직무수행 중 상이를 입고 전역 또는 퇴직한 자로서 그 상이 정도가 국가보훈처장이 실시하는 신체검사 상이등급에 해당하는 신체의 장애를 입은 것으로 판정된 자를 공상군경으로 인정하고 있고, 당해 상이의 발생 또는 악화가 공무수행과 상당한 인과관계가 있다고 의학적으로 판단된 상이를 공상으로 인정하고 있으며, 이 경우 그 인과관계는 반드시 의학적·자연과학적으로 명백히 입증되어야 하는 것은 아니라고 할지라도 제반사정을 고려할 때 당해 상이와 공무수행 사이에 상당한 인과관계가 있다고 인정되는 경우에 한하여 공상으로 인정하여야 할 것이다.

나. 위 인정사실에 의하면, 청구인이 군복무 중 요통으로 치료를 받고, ' 수핵탈출증(요추4-5번간) ' 의 진단을 받아 군병원에서 수술을 받고서 입원·치료하다가 의병 전역한 사실은 확인된다.

6. 결 론

그렇다면 피청구인이 청구인의 상이를 공상으로 인정하지 않은 피청구인의 이 사건 처분은 위법·부당하므로 취소되어야 한다.

첨 부 서 류

1. 갑 제1호증의 1	유공자 등록 신청서
1· 갑 제1호증의 2	국가유공자등요건관련사실확인서
1. 갑 제2호증의 1	심의의결서
1. 갑 제2호증의 2	국가유공자요건비해당 결정통보서
1. 갑 제3호증	병상일지
1. 갑 제4호증	주민등록등본 1부
1. 갑 제5호증	그 외 증명서류

20○○. ○. ○

대전지방보훈청 귀하

[서식 2] 국가유공자등록거부처분취소청구서 (등록대상여부를 결정함에 있어 상이 당시의 법령 또는 처분시의 법령을 기준으로 하는지 여부)

심 판 청 구 서

청 구 인 : 노 ○ ○
서울 ○○구 ○○동 100-90
(전화 : 000-0000, H.P :)

국가유공자등록거부처분취소청구서

청 구 취 지

피청구인이 2007. 6. 11. 청구인에게 한 국가유공자등록 거부처분을 취소한다.
라는 재결을 구합니다.

청 구 원 인

1. 사건개요

청구인은 2007. 3. 26. 국가유공자 등록신청을 하였으나, 보훈심사위원회는 청구인이 화상을 입은 것은 청구인의 과실에 의한 것으로 판단되어 국가유공자 등 예우 및 지원에 관한 법률(이하 '국가유공자법'이라 한다) 제73조의2제1항의 지원공상군경에 해당한다고 심의·의결하였고, 피청구인은 2007. 6. 11. 청구인에게 군 복무중 본인의 과실이 경합된 사유로 상이를 입은 것으로 인정되었음을 통지(이하 "이 사건 처분"이라 한다)하였다.

2. 청구인의 주장

국가유공자법 73조의2제1항의 지원공상군경은 1997년 1월 신설된 규정인데, 청구인은 이 규정이 신설되기 이전인 1982. 10. 14. 상이를 입었으므로 과실이 있다고 하더라도 그 당시 법률을 적용하여 공상군경으로 처분하여야 함에도 지원공상군경으로 처분한 것은 위법·부당하다.

3. 이 사건 처분의 위법·부당 여부

가. 국가유공자법 제4조제1항제6호에 의하면, 군인 또는 경찰공무원으로서 교육훈련 또는 직무수행 중 상이를 입고 전역 또는 퇴직한 자로서 그 상이정도가 국가보훈처장이 실시하는 신체검사 상이등급에 해당하는 신체의 장애를 입은 것으로 판정된 자를 공상군경으로 인정하고 있고, 같은 법 제73조의2제1항은 위 요건에 해당

하는 자로서 그 요건에서 정한 상이를 입은 자중 불가피한 사유없이 본인의 과실로 인하여 또는 본인의 과실이 경합된 사유로 인하여 상이를 입은 자는 같은 법 제4조제1항 및 제6조의 규정에 의하여 등록되는 국가유공자에서 제외하되, 제9조ㆍ제11조 내지 제62조의 규정을 준용하여 보상하도록 규정하고 있다.

나. 청구인은 국가유공자법 제73조의2제1항의 지원공상군경에 관한 규정은 1997. 1. 13. 개정된 법률 제5291호에서 신설되고, 2002. 1. 26. 법률 제6648호로 개정되었는바, 청구인은 이 규정이 신설되기 이전인 1982. 10. 14. 상이를 입었으므로 과실이 있다고 하더라도 상이를 입을 당시 법률을 적용하여 공상군경으로 처분하여야 함에도 지원공상군경으로 처분한 것은 위법ㆍ부당하다.

첨 부 서 류

1. 갑 제1호증의 1	유공자 등록 신청서
1· 갑 제1호증의 2	국가유공자등요건관련사실확인서
1. 갑 제2호증의 1	심의의결서
1. 갑 제2호증의 2	국가유공자요건비해당 결정통보서
1. 갑 제3호증	병상일지
1. 갑 제4호증	주민등록등본 1부
1. 갑 제5호증	그 외 증명서류

20○○. ○○. ○○.

위 청구인 노 ○ ○ (인)

마산보훈지청장 귀하

[서식 3] 국가유공자등록거부처분취소청구서

<table>
<tr><td colspan="5">행 정 심 판 청 구 서</td></tr>
<tr><td rowspan="2">청구인</td><td>① 성 명</td><td>이 보 훈</td><td>② 주민등록번호</td><td></td></tr>
<tr><td>③ 주 소</td><td colspan="3"></td></tr>
<tr><td>④ 선정대표자 · 관리인또는대리인</td><td colspan="4">선정대표자 · 관리인 또는 대리인이 있는 경우 성명 및 주소를 기재</td></tr>
<tr><td>⑤ 피청구인</td><td>서울지방보훈청장</td><td>⑥재결청</td><td colspan="2">국가보훈청장</td></tr>
<tr><td>⑦ 청구대상인 처분내용</td><td colspan="4">피청구인이 20○○. ○○. ○○. 청구인에 대하여 한 국가유공자등록거부처분</td></tr>
<tr><td>⑧ 처분이있음을 안 날</td><td colspan="4">20○○. ○○. ○○.</td></tr>
<tr><td>⑨ 심 판 청 구 취지 · 이유</td><td colspan="4">별지 기재와 같음</td></tr>
<tr><td>⑩ 처 분 청 의 고 지 유 무</td><td>행정심판청구에 대한 고지(안내)가 있었음</td><td>⑪ 고지내용</td><td colspan="2">국가유공자등록거부처분에 대한 이의시 행정심판청구방법</td></tr>
<tr><td>⑫ 증 거 서 류 (증 거 물)</td><td colspan="4">1. 국가유공자비해당결정통보서, 2. 진단서, 3. 병적증명서,
4. 주민등록등본, 5. 기타 청구인이 제시하기를 원하는 서류 등</td></tr>
<tr><td>⑬ 근거법조</td><td colspan="4">행정심판법 제28조, 동법시행령 18조</td></tr>
<tr><td colspan="5">위와 같이 행정심판을 청구합니다.

20○○. ○○. ○○.

청구인 이 보 훈 (서명 또는 인)

서울지방보훈청장 귀하</td></tr>
<tr><td colspan="4" rowspan="2">※ 첨부서류 : 청구서부본</td><td>수수료</td></tr>
<tr><td>없 음</td></tr>
</table>

[서식 4] 국가유공자유족 등록거부처분 취소청구

심판청구서

사건명 국가유공자유족 등록거부처분 취소청구
처분청 대구지방보훈청

청 구 취 지

피청구인이 2007. 2. 26. 청구인에게 한 국가유공자유족등록 거부처분을 취소한다.
라는 재결을 구합니다.

청 구 원 인

1. 사건개요

청구인은 고 ○○○(이하 " 고인 " 이라 한다)의 어머니로서, 고인이 1979. 12. 4. 육군에 입대하여 복무하던 중 1981. 11. 1. " 간경화 " 로 사망했다는 사유로 1999. 11. 5. 피청구인에게 국가유공자유족등록을 신청했으나, 피청구인은 2000. 3. 4. 고인의 질병과 군 공무수행과의 인과관계를 인정할 수 없다는 이유로 등록거부처분을 하였고, 이에 청구인이 2000. 5. 26. 피청구인의 처분의 취소를 구하는 행정심판을 제기하자, 국가보훈처장은 2000. 7. 22. 고인의 질병과 군 공무수행과의 인과관계를 인정할 수 없다는 이유로 기각재결을 했는바, 그 후 청구인이 2006. 7. 31. 병상일지를 추가하여 피청구인에게 다시 등록신청을 하였으나, 피청구인은 기존 결정을 번복할만한 자료가 없다는 등의 이유로 2007. 2. 26. 청구인에 대해 국가유공자유족등록 거부처분(이하 " 이 사건 처분 " 이라 한다)을 하였다.

2. 청구인 주장

고인이 공무원 채용신체검사 당시 아무 이상이 없는 것으로 확인되어 세무공무원으로 임용된 점, 고인이 사단 의무대에서 간염판정을 받았으나 간염에 대한 치료는 받지 않고 위궤양에 대한 치료만 받은 점, 당시 군의관이 위궤양출혈이 호전되어 정상적인 군생활이 가능한 것으로 진단하고 부대로 복귀시킨 점 등에 비추어 볼 때, 고인은 군 병원의 오진에 의한 의료사고로 사망에 이른 것이므로 피청구인이 국가유공자유족등록 거부처분을 한 것은 위법·부당하다.

3. 관계법령

국가유공자 등 예우 및 지원에 관한 법률 제4조제1항제5호, 제6조, 제83조제1항
국가유공자 등 예우 및 지원에 관한 법률 시행령 제3조, 제8조, 제9조, 제9조의2, 제102조제1항, 별표 1

4. 인정사실

청구인과 피청구인이 제출한 국가유공자유족등록신청서, 국가유공자요건관련사실확인서, 병적증명서, 병상일지, 심의의결서, 전사망심사의결서, 순직확인서, 국가유공자비해당결정통지서 등 각 사본의 기재내용을 종합해 보면, 다음과 같은 사실을 인정할 수 있다.

가. 청구인은 고인이 1979. 12. 4. 육군에 입대하여 복무하던 중 간경화가 발병하여 1981. 11. 1. 사망하였다는 사유로 피청구인에게 국가유공자유족등록을 신청하였으나, 보훈심사위원회는 2000. 2. 18. 고인에 대해 공상군경요건 비해당자로 의결하였다.

나. 이에 청구인이 2000. 5. 26. 피청구인의 처분의 취소를 구하는 행정심판을 제기하였고, 국가보훈처장은 2000. 7. 22. 고인의 질병인 간경화에 의한 사망과 군 공무수행과의 상당한 인과관계를 인정하기 어렵다는 이유로 청구인의 심판청구를 기각하였다.

다. 육군참모총장의 1999. 11. 1.자 국가유공자요건관련사실확인서에 의하면, 고인의 사망원인과 원상병명은 " 공무수행 중 " 으로, " 고인은 위장관 출혈로 수술을 받고 수혈과 수액을 주입함에도 불구하고 간경화에 의하여 사망함 " 으로 각각 기재되어 있다.

라. 대구시립병원의 1977. 8. 23.자 채용신체검사서에 의하면, 고인은 호흡기·순환기·소화기·신경계·비뇨기·정신병 등 각 항목에서 이상이 없는 것으로 검사되어 합격판정을 받았다고 기재되어 있다.

마. 육군참모총장은 1999. 10. 27. 고인이 군 복무 중 1981. 11. 1. 서울 강서지구에서 순직하였음을 확인하였다.

바. 국립현충원장은 2000. 5. 20. 고인이 국립묘지에 안장되었음을 확인하였다.

사. 병상일지에 의하면, 고인이 제15사단 통신대 소속으로 복무하던 중 평소 잦은 피로감과 황달증세로 1980. 4. 15. 사단 의무대에서 진료한 결과 간염으로 진단되어 1980. 4. 25. 제101야전병원에 입실하였고, 이후 궤양 치료 후 증세가 호전되어 소화성 궤양 진단 하에 1980. 7. 3. 퇴원하였다고 기재되어 있다.

아. 전사망심사의결서에 의하면, " 간경화(간경변)는 B형, C형 간염, 각종 약제와 독소, 알코올성 간질환, 각종 유전성 및 대사성 질환, 자가면역성 질환 등에 의해 서서히 간세포의 손실이 광범위하게 진행되어 섬유화 조직과 재생 간세포 결절로

대치되는 만성 진행성 질환이다. 상병 ○○○은 간경화증과 그로 인한 합병증인 식도 정맥류 파열로 사망한 경우로 1년 11개월의 군 복무가 질병의 발생 및 악화에 영향을 주었을 가능성을 배제할 수 없다 ″ 는 의학적 소견이 기재되어 있고, 이와 같이 군 복무가 동 질환을 발생 또는 악화시켰을 가능성을 배제할 수 없다는 의학적 소견 및 근거가 명확히 입증된다는 이유로 고인의 사망을 순직으로 결정하였다.

자. 보훈심사위원회는 2007. 2. 20. 고인은 2000년 제12차 보훈심사위원회에서 공상군경요건 비해당자로 의결된 자로서, 청구인이 피청구인의 처분의 취소를 구하는 행정심판을 제기하여 기각재결을 받은 후, 금번에 병상일지를 첨부하여 다시 등록신청을 하였으나, 간염이 간경변까지 되기에는 적어도 10년에서 20년 정도의 기간이 소요된다는 의학적 소견과, 만성 간질환을 일으키는 주요 원인으로는 바이러스, 약제, 알코올, 대사성 질환 등이 있으나, 육체적 과로와 스트레스로 인해 간질환이 악화된다는 근거는 제시되지 않고 있다는 간 학회의 간 질환 관련 업무상 질병 인정기준 보고서 등을 감안하여 기존의 비해당 의결을 번복할 만한 객관적인 자료가 없다는 이유로 고인을 「국가유공자 등 예우 및 지원에 관한 법률」 소정의 공상군경 요건에 해당하지 않는 자로 심의·의결하였고, 이에 따라 피청구인이 2007. 2. 26. 청구인에게 이 사건 처분을 하였다.

5. 이 사건 처분의 위법성

가. 「국가유공자 등 예우 및 지원에 관한 법률」 제4조제1항제5호나목, 같은 법 시행령 제3조, 별표 1에 의하면, 군인 또는 경찰공무원으로서 교육훈련 또는 직무수행 중 상이(공무상의 질병을 포함한다)를 입고 전역 또는 퇴직한 후 같은 법 제6조제1항에 의한 등록신청 이전에 그 상이로 인하여 사망한 자로서 해당 질병의 발생 또는 악화가 공무수행과 상당한 인과관계가 있다고 의학적으로 판단·인정된 질병에 의해 사망했다고 의학적으로 인정된 자가 순직군경에 해당한다고 되어 있다.

나. 청구인은 고인이 군 복무 중 간염 진단을 받았으나, 군 병원에서 간염에 대한 치료는 하지 않고 위궤양에 대한 치료만 하여 간염이 간경화로 진행되어 사망하였다고 주장하나, 위 인정사실에 의하면, 군 병원에서 고인의 간염에 대해 방치하여 간염이 자연경과속도 이상으로 진행되어 간경화에 이르러 사망하였다.

6. 결 론

그렇다면 피청구인이 청구인에 대하여 군 병원에서 고인의 간염에 대해 방치하여 간염이 자연경과속도 이상으로 진행되어 간경화에 이르러 사망하였으므로 국가유공자등록거부취소되어야 할 것이다.

첨 부 서 류

1. 갑 제1호증의 1 유공자 등록 신청서
1· 갑 제1호증의 2 국가유공자등요건관련사실확인서
1. 갑 제2호증의 1 심의의결서
1. 갑 제2호증의 2 국가유공자요건비해당 결정통보서
1. 갑 제3호증 병상일지
1. 갑 제4호증 주민등록등본 1부
1. 갑 제5호증 그 외 증명서류

20○○. ○. ○

대구지방보훈청 귀하

[서식 5] 국가유공자유족등록거부처분취소청구

심판청구서

사건명 국가유공자유족등록거부처분취소청구
처분청 수원보훈지청장

청 구 취 지

피청구인이 2006. 10. 30. 청구인에 대하여 한 독립유공자유족등록 거부처분은 이를 취소한다.
라는 재결을 구합니다.

청 구 원 인

1. 사건개요
   청구인이 1990년에 건국훈장 애족장이 추서된 고 김○○(이하 "고인" 이라 한다)의 자부(子婦, 며느리)라는 이유로 2006. 4. 18. 독립유공자유족등록신청을 하였으나, 피청구인은 2006. 10. 30. 청구인의 시부인 김△△와 고인이 동일인이라고 단정할 수 없고, 청구인이 고인의 자부임을 인정할만한 객관적인 자료가 없다는 등의 이유로 「독립유공자 예우에 관한 법률」 제5조의 규정에 정한 유족의 범위에 해당되지 않는다는 이유로 청구인에 대하여 독립유공자유족등록거부처분(이하 " 이 사건 처분 " 이라 한다)을 하였다.

2. 청구인 주장
   이에 대하여 청구인은, 고인의 판결문상 성명인 김○○는 어렸을 때 불리던 아명(兒名)일 뿐이고 호적상 본명은 김△△인 점, 청구인의 자인 김□□이 생존 시에 고인과 함께 살아 고인과 김△△가 동일인인 사실을 입증하고 있는 점, 1990년 고인의 건국훈장 애족장을 추서 받은 사람도 청구인의 자인 김□□인 점, 호적상 생년월일이나 성명에 상이한 점이 있다는 것일 뿐 고인과 김△△가 동일인이 아니라는 증거도 없는 점 등에 비추어 볼 때 애국지사로 추서된 고인의 자부인 청구인을 독립유공자유족으로 인정하지 않는 것은 위법·부당하다고 주장한다.

3. 이 사건 처분의 위법·부당여부
   가. 관계법령
      독립유공자 등 예우에 관한 법률 제4조, 제5조, 제6조, 제12조 및 제41조
      동법 시행령 제3조 및 제41조

나. 위법성

(1) 청구인 및 피청구인이 제출한 확인서, 유족(손자녀) 진술서, 족보, 훈장증, 계보도, 비문, 호적등본, 독립운동자료집, 독립유공자 유족 해당 심의여부 제안서 검토, 독립유공자유족등록신청심의의결서, 이 사건 처분서 등 각 사본의 기재를 종합하여 보면, 다음과 같은 사실을 인정할 수 있다.

(가) 고인(김○○)은 1990. 12. 26. 건국훈장 애족장을 추서 받았다.

(나) 보훈심사위원회에서는 2006. 10. 24. 관련 자료를 종합하여 판단한 결과, 청구인이 고인의 자부(子婦)임을 주장하고, 청구인이 상당기간 본적지 인근지번에서 거주한 사실과 동일지역 출신 독립유공자 중 김○○와 같은 성명 보유자가 없는 점은 확인되며, 청구인의 시부인 김△△의 생년월일이 일부 유사점은 있으나, 화성군 ○○면 ☆☆리 내에 판결문상 수훈자와 비슷한 김◇◇이라는 유공자가 있는 점을 감안할 때, 주소가 동일하다는 사유만으로 고인과 김△△가 동일인이라고 단정할 수 없으며, 청구인의 시부인 김△△의 생년도 추정치이며, 양자의 자(子)나 호(號)등에서라도 연계내용이 확인되는 기록이 없고, 기타 청구인이 독립유공자의 자부임을 입증할 수 있는 구체적이고 객관적인 자료가 없어, 청구인은 「독립유공자예우에 관한 법률」 제5조제1항제4호의 자부에 해당하지 아니한다고 심의·의결하였고, 이에 따라 피청구인이 2006. 10. 30. 청구인에 대하여 이 사건 처분을 하였다.

(다) 피청구인이 청구인에게 통보한 결정이유의 관련 입증자료에 의하면, 다음과 같이 기재되어 있다.

- 다 음 -

○ 판결문
- 성명 : 김○○
- 생년 : 1919년 당시 50세(1870년) 11월 23일
- 본적 : 화성군 ○○면 ☆☆리 584번지

○ 호적등본
- 성명 : 김△△
- 생년월일 : 1885년 11월 23일
- 본적 : 화성군 ○○면 ☆☆리 584번지(568로 전적변경)
- 사망년월일 : 1949. 2. 17.
- 배우자 : 이○○ 단기 4208. 2. 26.생

○ 족보(1957)
- 성명 : 김△△
- 생년월일 : 1870년 12월 23일

- 배우자 : 전주이씨 임술년 11. 28.생

(라) 보훈심사위원회에서 작성한 독립유공자 유족해당심의여부 제안서 검토서에 의하면, 고인과 청구인의 시부 김△△가 동일인인지 여부에 대하여 다음과 같이 기재되어 있다.

○ 긍정적 측면
- 양자의 생년 1) 과 본적지가 동일
- 청구인이 상당기간 본적지 인근 지번에서 거주사실 확인
- 포상등록 신청을 청구인의 자 김□□(김△△의 孫子)이 신청하여 훈장증 수령
- 동일지역 출신 독립유공자 중 김○○와 같은 성명보유자가 없는 점

○ 부정적 측면
- 공부상 성명이 확실하게 일치하지 아니하고, 청구인의 시부인 김△△의 생년도 추정치이며, 양자의 자(子)나 호(號)에서라도 연계내용이 확인되는 기록이 없어 양자가 동일인이라는 연결고리를 찾을 수 없는 점

(마) 독립운동사자료집 중 3·1운동재판기록에 의하면, 1920. 3. 22. 대정 8년 특예 제2호에 의하여 경성지방법원을 관할재판소로 지정하는 것으로 되어 있으며, 피고인 중 고인의 주소(본적)는 경기도 수원군 ○○면 ☆☆리 584번지로 기재되어 있으며, 고인과 유사한 성명의 김◎◎이라는 인물의 주소(본적)가 같은 리 72번지로 기재되어 있다.

(바) 주민등록초본에 의하면, 청구인의 주소는 경기도 화성군 ○○면 ☆☆리 568번지로 되어 있으며 1968. 10. 13. 주민등록표 최초 작성 시부터 위 주소에 거주한 것으로 되어 있다.

(사) 날짜가 기재되어 있지 아니한 청구인의 대리인의 진술서에 의하면, 고인은 대리인의 조부며 아명을 ‘ ○○ ’로 칭하였으며, 건국훈장 애족장 수령 시 동일인 증명으로 인정할 수 없다고 하였으나 족보, 판결문 등의 생년월일이 동일하여 동 훈장을 수령하였다는 내용이 기재되어 있다.

(아) 주소가 경기도 화성시 ○○면 ☆☆리인 청구외 김▷▷(1939년생)와 박♤♤(1945년생)의 인우보증서(동일인확인서)에 의하면, 청구인 대리인의 조부는 김○○가 아명이고, 호적상 성명은 김△△로 양자가 동일인이라고 기재되어 있다.

(2) 이 사건 처분의 위법·부당 여부

「독립유공자 예우에 관한 법률」 제4조제2호 및 제5조제1항의 규정에 의하면, 건국훈장·건국포장 또는 대통령표창을 받은 독립유공자(애국지사)와 그 유족 또는 가족은 동법에 의한 예우를 받도록 되어 있고, 동법 제5조제1항, 제6조제1항 및 제2항, 동법 시행령 제3조의 규정에 의하면, 이 법에 의하여 보상을 받을 독립유공자의 유족 및 가족의 범위는 “ 1. 배우자, 2. 자녀, 3. 손자녀, 4. 자부로서 1945년 8월 14일 이전에 입적된 자 ” 로서 동법의 적용대상자가

되고자 하는 자는 대통령령이 정하는 바에 따라 독립유공자의 유족 및 가족의 범위에 해당하는 자 중에서 선순위자가 국가보훈처장에게 등록을 신청하도록 되어 있는바, 동법의 취지가 일제로부터 조국의 자주독립을 위하여 공헌한 독립유공자와 그 유족에 대하여 국가가 응분의 예우를 함으로써 독립유공자와 그 유족의 영예로운 생활청구 원인지될 수 있도록 실질적인 보상이 이루어지도록 하려는 것임에 비추어 볼 때, 청구인은 판결문에 기재되어 있는 고인의 성명 김○○는 아명이며, 고인과 청구인의 시부인 김△△는 동일인인 사실이 분명하다. 청구인의 주장 및 위 인정사실을 종합적으로 고려하면, 판결문상 고인의 본적지와 호적상 청구인의 시부인 김△△의 본적지가 일치하고, 청구인이 상당기간 위 본적지 인근 지번에서 거주한 사실은 확인되며, 청구인의 시부의 성명이 호적과 족보에 모두 김△△로 기재되어 있다.

4. 결 론

그렇다면, 피청구인이 청구인에 대하여 애국지사로 추서된 고인의 자부인 청구인을 독립유공자유족으로 인정하지 않는 것은 위법·부당하다고 주장한다.

첨 부 서 류

1. 갑 제1호증의 1	유공자 등록 신청서
1· 갑 제1호증의 2	국가유공자등요건관련사실확인서
1. 갑 제2호증의 1	심의의결서
1. 갑 제2호증의 2	국가유공자요건비해당 결정통보서
1. 갑 제3호증	병상일지
1. 갑 제4호증	주민등록등본 1부
1. 갑 제5호증	그 외 증명서류

20○○. ○. ○

수원보훈지청장 귀하

[주] 생년월일의 경우 호적과 족보상 15년 차이가 발생하나, 호적상 장남 " ○○ " 의 생년이 1893년도인 것으로 보면 8세 차이 밖에 나지 아니하여 호적상 1885년 출생은 잘못된 것으로 보여 족보상 생년 1870년도가 맞는 것으로 판단되며, 1달의 생일차는 착오로 추정된다는 내용이 기재되어 있다.

[서식 6] 독립유공자공적재심사거부처분취소청구서

심 판 청 구 서

청 구 인 : 이 ○ ○
서울 ○○구 ○○동 ○○아파트 1동 123호
(전화 : 000-0000, H.P :)

피청구인 : 국가보훈처장

독립유공자공적재심사거부처분취소청구서

청 구 취 지

피청구인이 2007. 5. 17. 청구인에 대하여 한 독립유공자공적재심사거부처분은 이를 취소한다.
라는 재결을 구합니다.

청 구 원 인

1. 청구인 주장
   가. 청구인이 2006. 2. 27. 피청구인에게 고인에 대한 독립유공자공적조서를 작성하여 제출하면서 고인이 체포된 날과 석방일을 기재하지 못하고 제출하였으나, 피청구인이 고인이 최저3월 이상의 옥고를 치룬 것으로 인정하고 2006년 광복절에 대통령표창(7등급, 훈장서열이 아님)을 추서하였다.
   나. 고인에 대한 대통령표창이 추서된 후 청구인이 정부기록보존소 부산지소에서 발견한 대구복심법원의 1939. 5. 1.자 청구외 유○○에 대한 판결문에 의하면, 고인이 한 독립운동의 명칭은 "조선민족해방운동"이고 관련된 단체의 수가 11개이며, 당시 투옥된 신자의 수가 2000명이 넘었고, 고인은 1935. 1. 10.부터 조선민족해방운동이라는 대의를 위하여 조선예수교 의성기독청년면려회를 민족주의 조직으로 개혁하고 나아가 국제변혁의 목적으로 적극적으로 활동하다가 1938. 5. 21. 체포되었으며 고인이 의성기록 청년면려회 회장이라는 사실로 인하여 위 단체는 1938. 9. 19. 해체되었고 고인은 1939. 2. 4. 석방되었는 바, 고인이 1935. 1. 10.부터 1939. 2. 4. 석방되기까지 4년 이상 독립운동을 한 사실이 추가로 발견되어 2007. 3. 28. 공적재심사를 요청하였다.
   다. 피청구인은 청구인의 재심사 요청에 대하여 고인의 독립운동기간 4년은 이미 심사에 반영되었다며 재심사를 거부하였으니, 피청구인이 2006. 5. 12. 청구인에게 공적

입증보완안내를 하면서 고인의 구체적인 활동내용과 체포된 사실 및 기소유예를 받아 석방된 사실을 확인할 수 있는 판결문 등을 보완하도록 안내하였는 바, 그렇다면, 피청구인이 고인이 4년간의 활동에 대하여 이미 심사에 반영하였다는 것은 거짓이라 할 것이다.

라. 피청구인이 발행한 독립유공자포상안내에 따르면, 2년 이상 독립운동을 하였거나 독립운동으로 인하여 1년 이상의 옥고를 치룬 자에게는 건국훈장 장애족장(5급)을 추서하도록 되어 있는데 고인의 독립운동기간이 4년 이상이므로 고인에 대한 공적 재심사를 하여 건국훈장애족장(5급)으로 새롭게 추서하여야 한다.

첨 부 서 류

1. 갑 제1호증 독립유공자공적재심사거부처분 통지서
1. 갑 제2호증 광복절 포상 독립유공자공적서
1. 갑 제3호증 공적입증자료 보완안내문
1. 갑 제4호증 민원회신
1. 갑 제2호증 주민등록 등본 1부
1. 갑 제3호증 그 외 증명서류

20○○. ○○. ○○.

위 청구인 이 ○ ○ (인)

국가보훈처장 귀하

제9장

특별 행정심판

제9장 특별 행정심판

제1절 조세행정심판제도 연혁 및 개요

1. 조세행정심판제도

가. 연혁

개정 행정소송법이 시행되기 이전에는 조세소송을 포함한 모든 행정소송이 필요적 전치주의의 적용을 받았으나, 개정된 행정소송법이 시행된 1998. 3. 1.부터 일반 행정소송은 임의적 전치주의로 바뀌었고(행정소송법 제18조 제1항), 조세소송만이 필요적 전치주의가 적용되고 있다(국세기본법 제55조 제1항, 제3항, 제56조 제2항).

전심절차의 단계는 종전에는 국세청장에 대한 심사청구와 국세심판소장에 대한 심판청구의 필요적 2심급제로 되어 있었으나, 1999. 8. 31. 국세기본법이 개정되면서 단심급제로 변경되었다. 이에 따라 종전에는 심사청구와 심판청구를 차례로 거쳐야만 행정소송을 제기할 수 있었으나, 2000. 1. 1. 이후에는 심사청구와 심판청구 중 어느 하나만 선택적으로 거치면 행정소송을 제기할 수 있게 되었다(국세기본법 제55조 제1항, 제3항, 제56조 제2항).

다만, 심사청구나 심판청구에 앞서 당해 처분을 한 세무서장이나 지방국세청장에게 이의신청을 할 수 있으므로(국세기본법 제55조 제3항, 제66조, 관세법 제119조, 제132조), 결국 국세에 관한 불복절차는 원칙적 단심급제(심서청구 또는 심판청구)라고 할 수 있다. 이의신청을 거칠 것인지 여부는 납세자가 임의로 선택할 수 있다.

한편 감사원의 감사를 받는 자의 직무에 관한 처분 등에 관하여 이해관계 있는 자는 감사원에 그 행위에 대한 심사청구를 할 수 있고(감사원법 제43조 제1항), 그 심사청구가 이유 있다고 인정되면 감사원은 관계기관의 장에게 시정 기타 필요한 조치를 요구하는 결정을 할 수 있는데(같은법 제46조 제2항), 감사원법에 의한 심사청구를 거친 경우에는 국세기본법에 의한 전심절차를 거친 것으로 본다(국세기본법 제56조 제4항).

나. 개요

과세실무상 이의신청이나 심사청구 또는 심판청구(이하 '이의신청 등'이라고 한다)에 대한 결정의 한 유형으로 재조사결정이 빈번하게 행해지고 있다.

국세기본법상 종전의 판례가 재조사결정에 따른 불복청구기간이나 제소기간은 원칙적으로 재조사결정이 통지된 날부터 기산된다고 본 것에 대해서는 납세자의 재판청구권을 침해하는 결과를 초래한다는 문제점이 지적되어 왔다.

이에 따라 최근 선고된 대법원 2010. 6. 25. 선고 2007두12514 전원합의체 판결은 재조사결정의 성격을 일종의 변형결정으로 보면서 그에 딸린 불복청구기간이나 제소기간은 납세자가 재조사결정에 따른 후속 처분의 통지를 받은 날부터 기산된다고 판시하여 종전의 판례를 변경하였다.

다. 조세불복제도

(1) 이의신청

(가) 국세행정심판

1) 심사청구

① 국세청장 → 필요적 전심

② 국무총리 소속 조세심판원 → 필요적 전심

(나) 지방세행정심판

1) 심사청구

① 시·군세 → 도지사 → 임의적 전심

② 시·군세, 도세 → 국무총리 소속 조세심판원 → 임의적 전심

2. 조세소송의 종류

가. 항고소송

항고소송은 과세관청의 위법한 처분이나 부작위에 의하여 권리·이익을 침해받은 자가 제기하는 소송으로서, 그 처분 등을 행한 행정청을 피고로 한다(행정소송법 제13조, 제38조). 그 성질에 따라 취소소송, 무효등확인소송, 부작위위법확인소송으로 나뉜다(행정소송법 제3조 제1호, 제4조).

나. 당사자소송

조세소송으로서의 당사자소송은 과세처분 자체를 다투는 것이 아니라 그 처분 등에 의한 공법상의 권리 또는 법류관계에 관하여 다투는 소송으로(행정소송법 제3조 제2호), 항고소송에서는 당해 처분 등을 행한 처분청을 피고로 함에 반하여, 당사자 소송에서는 권리·의무의 귀속주체인 국가(국세 및 관세) 또는 지방자치단체(지방세)가 피고로 되는 점에 유의해야 한다(행정소송법 제39조).

- 행정심판은 모든 행정처분에 대하여 제소할 수 있되, 행정소송에 있어서는 법에 정한 바에 따라 행정청에 먼저 구제청구를 하는 행정심판(전취주의)을 거쳐야 한다는 점에 유의하여야한다.

- 조세행정심판절차는 일반 행정심판절차와는 달리 국세기본법이나 관세법 또는 지방세기본법의 특별규정에 의하여 독자적으로 규율되고 있고, 일반 행정소송의 경우에는 원처분과 아울러 행정심판의 재결도 항고소송의 대상으로 삼을 수 있는 것과는 다른 점에 유의할 필요가 있다(행정소송법 제19조, 제38조).
- 행정소송은 위법부당한 행정처분에대하여 이를 취소하거나 무효확인을 구하는 소송이므로(행정소송법 제3조 제1호, 제4조) 행정청이 아닌 법원으로 하여금 어떠한 행정처분을 구하거나 변경을 구하는 표시는 할수 없고, 변경이란 용어가 사용됐을 때는 이를 일부취소의취지로 보고 행정청으로 하여금 어떠한 처분을 하여달라고 할때는 수리거부처분(접수거부처분) 취소 또는 무효 확인으로 표시하여 한다.
- 행정소송에 앞서 거쳐야 할 행정심판은 ㉠행정심판법의 적용을 받는 일반행정심판과 ㉡개별법 의 적용을 받는 특별행정심판(예:국세 · 지방세 인사소청등)이 있으나 ㉢이곳에서는 여러 가지 특별행정심판중 국세와 지방세에 대하여만 설명 하려 한다.

제2절 지방세법에 의한 지방세 특별 행정심판

지방세의 부과 · 징수는 지방세법 및 관계법령 등에서 정한 바에 따라 적정하게 이루어져야 하지만, 현실적으로는 법령의 규정대로 실현되지 않는 경우가 있다. 이러한 경우에 납세자의 권익을 보호하고 잘못된 조세과징질서를 바로잡기 위해 처분청에 구제를 청구하는 이의신청제도와 이의신청에 대한 결정에 대해서 불복하는 경우에 상급감독관청에 구제를 청구하는 심사청구제도가 있다. 그리고 이러한 지방세법에 의한 구제절차를 다 거쳐도 다시 불복이 있는 때에는 행정소송법의 규정에 의한 행정소송을 제기할 수 있다.

1. 이의신청(1심)

가. 의의

지방세의 부과징수에 관한 위법 · 부당한 처분을 받거나 필요한 처분을 받지 못함으로서 권리 또는 이익의 침해를 받은 경우에 시 · 군 · 구세에 있어서는 시장 · 군수 · 구청장에게, 도세(특별시세, 광역시세)에 있어서는 도지사(특별시장, 광역시장)에게 그 취소 · 변경을 신청하는 구제절차를 말한다.

나. 성격

제1심적 구제절차인 동시에 상급기관에 하는 심사청구의 필요적 전심절차임.

다. 임의적 전치주의

2001. 12. 29. 지방세법 개정으로 삭제됨으로써 지방세의 경우는 임의적 전치주의로 되었다. 나아가 지방세의 전심절차를 거치는 경우에도 이의신청과 심사청구(또는 심판청구) 2단계를 모두 거치거나 1단계(심사청구 또는 심판청구)를 거치는 것이 원칙이나, 이의신청만을 거치고 바로 조세소송을 제기할 수도 있다.[1] 또한 감사원법상의 심사청구를 거쳐 제소할 수 있음은 국세와 같다(지방세기본법 제127조).

전심절차를 경유하지 않는 경우에는 처분이 있음을 안 날로부터 90일 이내에 직접 행정소송을 제기하여야 하고(행정소송법 제20조 제1항), 전심절차를 경유하는 경우에는 심사청구 또는 심판청구에 대한 결정의 통지를 받은 날부터 90일 이내(법정 결정기간 내에 결정통지를 받지 못한 경우에는 통지를 받기 전이라도 가능)에 소를 제기하여야 한다.

라. 신청대상

(1) 지방세의 부과징수에 관한 위법·부당한 처분이나 체납처분
(2) 과세권자가 납세의무자의 각종 신고를 수리하지 아니하거나 필요한 처분을 하지 아니함(부작위)으로써 발생되는 권리 또는 이익의 침해를 받는 경우

마. 신청절차

(1) 신청권자

지방세법에 의한 처분으로써 위법 또는 부당한 처분을 받거나 필요한 처분을 받지 못함으로써 권리 또는 이익의 침해를 당한 자(처분의 상대방인 납세의무자와 특별징수의무자, 기타 이해관계인 및 이들의 법정대리인, 이들로부터 청구권을 위임받은 대리인)[2]

(2) 신청서 제출기관

(가) 시·군·구세 - 시장, 군수·구청장에게 제출
(나) 도세 - 도지사에게 제출 (시장·군수로 접수가능)
(다) 특별시세, 광역시세 - 특별시장·광역시장에게 제출(구청장도 접수가능)
(라) 시·군·구세를 시장·군수·구청장의 하부기관인 읍·면·동장에게 제출한 경우에도 법정신청기간내에 결정기관에 접수되어야 유효하다.
(마) 납세고지서에 구제방법에 관한 안내를 잘못한 경우 그 안내에 따라 다른 기관에 신청 또는 청구된 경우에도 정당한 기관에 이의신청 된 것으로 본다.
(바) 타 기관(예 : 정부합동민원실 등)에 제출한 경우에는 법정신청기간내에 위 적법한 기관에 청구서가 이송되어야 유효하다.

---

1) 대법원 2001. 9. 18. 선고 2000두2662 판결, 대법원 2003. 8. 22. 선고 2001두3525 판결 등.
2) 대법원 1978.5.23 선고 78누 21 판결

(3) 신청기간

국세(관세포함) 부과처분에 대한 제1단계 불복절차인 이의신청, 심사청구나 심판청구, 지방세 부과처분에 대한 이의신청이나 심사청구는 처분 있음을 안 날(처분의 통지를 받은 때는 그 받은 날)로부터 90일 이내에 하여야 한다.[3)]

이의신청에 있어서 가장 유의할 점은 이의신청기간이다. 이의신청기간이 지나 버리면 아무리 억울한 경우라도 불복절차(이의신청 뿐만 아니라 심사 청구, 행정소송 포함)로서는 구제받지 못하고 형식적으로 확정되어 버리는 것이다 .다만, 그 내용이 당연무효인 경우에 있어서는 민사소송(부당이득 반환청구 소송)을 제기하거나 지방세법에 의한 직권 구제를 받을 수도 있다.

- 처분의 통지를 받은 때에는 받은 날로부터 60이내. 다만, 납세자가 외국에 주소를 둔 경우에는 90일 이내(불변기간)
  - 처분의 통지를 받지 못함으로써 권리 또는 이익의 침해를 당한 자는 그 처분이 있은 것을 안 날부터 90일 이내(지방세기본법 제118조, 제127조)
- 국세 및 지방세 부과처분에 대한 이의신청절차를 거친 경우에 있어서의 제2단계 불복절차인 심사청구 또는 심판청구는 각 그 전단계의 행정심판 결정문을 송달받은 날로부터 90일 이내에 하여야 한다.

  국세나 지방세 부과처분에 대한 행정심판인 이의신청이나 심사청구, 심판청구는 우편에 의할 경우는 청구기간 내에 발송한 것이면 적법한 청구로 보는 특별규정이 있으므로(국세기본법 제61조 제3항, 제66조 제6항, 제81조, 지방세기본법 제121조 제2항), 비록 이들 청구서가 청구기간이 지난 뒤에 재결청에 접수되었더라도 적법하다.
- 통지를 받은 날이라 함은 처분의 내용을 서면(고지서)으로 교부받았거나 그 서면이 신청권자의 주소, 거소 또는 영업장소에 도달되어 인지할 수 있는 상태를 뜻하므로 실제로 신청권자가 그 처분의 내용을 인지하였든, 인지하지 아니하였든 이는 문제가 되지 아니한다.[4)]
- 지방세법에서는 민법의 기간계산에 관한 규정을 준용하고 있으므로 특히 그 기산일과 기간만료일을 정확히 알아야 한다.

  ① 기산일 : 초일불산입원칙(민법 제157조)에 의하면 통지를 받은 날은 산입하지 아니하고 그 다음날로부터 기산한다.

  ② 기간만료일 : 기간말일의 종료(밤 12시)로 기간이 만료된다 (민법 제159조). 다만, 말일이 공휴일인 경우에는 그 익일에 만료된다(민법 159조). 다만, 말일이 공휴일인 경우에는 그 익일에 만료된다(민법 제161조).

---

3) 국세기본법 제61조 제1항, 제66조 제6항, 제68조 제1항, 관세법 제119조 제3항, 제121조 제1항, 제129조 제1항, 지방세기본법 제118조, 제127조

4) 대법원 1989.9.26. 선고 89누4963 판결

- 불변기간에 대한 예외 - 천재, 지변 기타 대통령령이 정하는 사유로 인하여 60일 이내에 신청·청구 또는 소송제기가능
- 이 경우 신청권자는 그 기간내에 신청할 수 없었던 사유와 그 사유가 발생한 날 및 소멸한 날 기타 필요한 사항을 기재한 문서를 함께 제출하여 결정권자로부터 승인을 받아야 한다.

(4) 제출서류

- 지방세법시행규칙에서 정한 서식에 의하여
- 시·군·구세에 있어서는 시장·군수·구청장에게, 도세에 있어서는 도지사 또는 시장·구수에게 2부를 제출하여야 한다.

(5) 수리 및 송달

경유기관이나 결정기관이 이의신청서를 접수한 경우에는 신청자에게 접수 일부인이 있는 접수증(별지 제41호의5서식)을 발부하여야 하며, 이 때에는 안내문을 함께 교부하여야 한다.

(6) 보정

- 결정기관은 이의신청시 서식 또는 절차에 결함이 있는 경우와 불복사유를 입증할 증빙의 미비로 심의할 수 없다고 인정될 경우에는 20일간의 보정기간을 정하여 그 결함의 보정을 요구할 수 있는 바, 보정요구는 문서로써 배달증명우편으로 송달하여야 한다.
- 보정요구기간(20일간)은 결정기간에 산입되지 아니하므로 실제로 보정하여 제출한 기간이 7일이내였다 하더라도 20일간은 결정기간(60일)에 산입되지 아니하고 이 경우에는 80일이내에 결정하여야 한다.[5]

바. 결정의 절차

(1) 결정권자

- 시·군·구세 - 시장·군수·구청장
- 도세 - 도지사
- 특별시세, 광역시세 - 특별시장, 광역시장

(2) 결정기간

결정기관에 접수된 날로부터 60일이내(단 보정기간은 제외)
연기제도 폐지

---

5) 대법원 1988.2.9. 선고 83누620 판결

- 소정의 결정기간내에 결정의 통지가 없을 때에는 청구인은 그가 원하는 경우 그 결정기간이 경과한 날로부터 심사청구 제기 가능[6]
- 결정기관은 경유기관으로부터 이의신청서를 접수한 경우에는 신청자에게 접수증을 통지(배달증명우편)하여야 한다.[7]

2. 심사청구(이심)

가. 의의

이의신청의 결정에 대하여 불복할 경우 또는 이의신청에 대한 결정기간내에 결정통지가 없는 경우에 이의신청에 대한 결정기관의 상급감독청에 구제를 청구하는 것을 말한다.

나. 성격

- 심사청구는 제2심적 구제절차인 동시에 행정소송제기의 필요적 전심절차
- 제1심에서의 결정이 적법 또는 정당하게 결정되었는지의 여부를 재검토

다. 청구대상

- 이의신청시에 청구되었던 지방세의 부과징수에 관한 처분이나 체납처분 또는 필요한 처분요청에 대한 거부처분
- 이의신청시에 불복한 처분내용과 다른 내용을 추가하여 청구한 경우에는 그 부분에 한해서는 각하대상이 된다.(예: 이의신청시에 재산세만을 다투었으나 심사청구시에는 취득세를 추가로 청구한 경우) 그러나, 불복의 사유를 달리하여 심사청구하는 것은 가능한다.(예: 고유업무사용을 다투다가 정당사유를 다투는 경우)
- 행정소송법은 행정심판 전치에 대한 원칙과 예외에 관하여 취소소송에서 규정하고(행정소송법 제18조 제1항, 국세기본법 제56조 제2항), 부작위위법확인소송에서 이를 준용하고 있으므로(행정소송법 제38조 제2항), 행정심판 전치주의는 항고소송 중 과세처분 취소소송(무효선언을 구하는 의미의 취소소송 포함)과 부작위위법확인소송에만 적용되고, 무효등확인소송과 당사자소송에는 그 적용이 없다.

라. 청구절차

(1) 청구권자

- 이의신청(제1심)을 한 자로서 이의신청의 결정에 대하여 불복이 있는 자와 이의신

---

6) 대법원 1990.5.22, 선고 88누7309 판결
7) 대법원 1993.3.23. 선고 92누7818 판결

청의 결정기간내에 결정의 통지를 받지 못한 자
- 심사청구를 위임받은 변호사, 공인회계사 세무사
- 이의신청시에 납세자가 신청한 경우에도 심사청구시에 변호사, 세무사, 공인회계사 등을 청구대리인으로 위임 가능

(2) **청구서 제출기관**

- 시장·군수·구청장의 이의신청결정에 대하여는 당해 도지사(서울특별시, 광역시장)에게 제출
- 서울특별시장, 광역시장, 도지사의 이의신청결정에 대하여는 행정자치부장관에게 제출
  ※ 심사청구서가 이의신청결정기관에 접수된 경우에도 정당한 기관에 접수된 것으로 본다.[8)]

(3) **청구기간**

- 이의신청에 대한 결정기간내에 결정통지가 있는 경우에는 그 통지를 받은 날의 다음날로부터 기산하여 60일이내(불변기간 단, 예외인정)
  - 접수기관은 의견서를 첨부하여 10일내 결정기관에 제출
- 이의신청에 대한 결정기간내에 결정통지가 없이 그 결정기간이 경과한 때에는 청구인은 그가 원하는 경우 그 결정기간만기일 다음날부터 기산하여 60일이내(불변기간, 단 예외인정)
- 심사청구의 청구기간계산은 정당한 접수기관에 접수된 날을 기준으로 판단[9)]

마. 決定節次

(1) **결정권자**

- 시·군세(시장·군수의 이의신청결정에 불복시) : 도지사
- 구세(구청장의 이의신청결정에 불복시) : 서울특별시장·광역시장
- 도세(도지사의 이의신청결정에 불복시) : 행정안전부장관
- 특별시세·광역시세(특별시장·광역시장의 이의신청결정에 불복시) : 행정안전부장관

(2) **결정기간**

- 결정기관에 접수된 날의 다음날부터 기산하여 60일이내(단, 보정기간은 제외)
- 결정기간내에 결정통지가 없이 그 결정기간이 경과한 때에는 청구인은 그가 원하는 경우 그 결정기간이 경과한 날로부터 법원에 행정소송제기 가능

---

8) 대법원 1992.11.10. 선고 92누3892 판결
9) 대법원 1987.8.25. 선고 86누899 판결

(3) 결정의 범위

심사청구사건에 대한 결정을 할 때에는 처분청의 원처분보다 청구인에게 불이익되게 하는 결정은 불가 불이익 변경금지의 원익

3. 시·군·구세에 대한 심사청구

가. 의의

시 · 군 · 구세는 시장 · 군수 · 구청장의 이의신청을 거친후 도지사 또는 행정자치부장관에 심사 청구를 하도록 지방세법이 개정('97. 10. 1)되었다.

나. 성격

종전과 같이 선택적 3심제로 할 경우 납세의무자에게 필요이상의 시간적 · 물질적 부담을 강요하게 되는 결과가 될 수도 있으므로 납세의무자가 원하는 경우에 한하여 선택적으로 심사청구를 할 수 있도록 하고 있다.

다. 청구기간

시 · 도지사의 심사청구결정통지를 받은 날 또는 그 결정기간이 만료된 다음 날로부터 기산하여 60일이내(불변기간 단, 예외인정)

라. 기타

행정소송의 제기는 심사청구결정서를 통지받은 날로부터 60일 이내에 제기하여야 한다.

[서식 1] 지방세심사청구서 (지방세기본법 시행규칙[별지 제76호서식])

(앞 쪽)

지방세 심사청구서				처리기간 90일
청구인	①성명(대표자)		②주민(법인, 외국인)등록번호	
	③상호(법인명)		④사업자등록번호	
	⑤주소(영업소)	□□□-□□□		
	⑥전 화 번 호	(휴대전화:)	⑦전자우편주소	
대리인	①성명(대표자)		②주민(법인, 외국인)등록번호	
	③상호(법인명)		④사업자등록번호	
	⑤주소(영업소)	□□□-□□□		
	⑥전 화 번 호	(휴대전화:)	⑦전자우편주소	
통지된 사항	⑧부과처분 세 목		세 액	
	⑧부과처분 처 분 청		고지서 수령일	
	⑨이의신청 이의신청 제 출 일		결정서수령일	
	⑨이의신청 결정사항		결 정 기 관	
⑩결정통지를 받지못한 경우의 경정기간이 경과한 날				
⑪불 복 사 유				
⑫심사결정서 전자송달 신청	□ 신청 □ 신청하지 않음			
⑬증명물건의 표시				

「지방세기본법」 제119조 및 같은 법 시행령 제96조에 따라 별지와 같이 증명서류를 첨부하여 심사를 청구합니다.

년 월 일

청구인(대리인) (서명 또는 인)

특별시장 · 광역시장 · 도지사 귀하

증명서류	심사청구 사유를 증빙할 수 있는 서류	수수료 없 음

이 지방세 심사청구에 관한 모든 권한을 위의 대리인에게 위임합니다.

위 임 자 (서명 또는 인)

지방세 심사청구서 접수증 (접수번호 호)			
성명(법인명)		주소(영업소)	
증명서류:		접 수 자	
		접수일자인	

210mm×297mm(일반용지 60g/㎡(재활용품))

(뒤 쪽)

작성방법

□ 인적사항(청구인, 대리인)란

① 성명(대표자): 개인은 성명, 법인은 법인 대표자 성명을 적습니다.

② 주민(법인, 외국인)등록번호: 개인(내국인)은 주민등록번호, 법인은 법인등록번호, 외국인은 외국인등록번호를 적습니다.

③ 상호(법인명): 개인사업자는 상호, 법인은 법인등기부상의 법인명을 적습니다.

④ 사업자등록번호: 「부가가치세법」 에 따라 등록된 사업장의 등록번호를 적고, 등록번호가 없는 경우 빈 칸으로 둡니다.

⑤ 주소(영업소):

- 개인: 주민등록표상의 주소를 원칙으로 하되, 주소가 사실상의 거주지와 다른 경우 거주지를 적을 수 있습니다.
- 법인 또는 개인사업자: 법인은 주사무소 소재지, 개인사업자는 주된 사업장 소재지를 적습니다. 다만, 주사무소 또는 주된 사업장 소재지와 분사무소 또는 해당 사업장의 소재지가 다를 경우 분사무소 또는 해당 사업장의 소재지를 적을 수 있습니다.

⑥ 전화번호: 연락이 가능한 일반전화(휴대전화)번호를 적습니다.

⑦ 전자우편주소: 수신이 가능한 전자우편주소(E-mail 주소)를 적습니다.

□ 청구내용란

⑧ 부과처분: 해당 세목, 지방세액, 고지서수령일 등을 적습니다.

⑨ 이의신청: 이의신청을 한 경우에만 적기 바랍니다.

⑩ 결정통지를 받지못한 경우의 경정기간이 경과한 날: 이의신청에 대한 결과통지를 받지 못한 경우에만 그 날짜를 적습니다.

⑪ 불복사유: 이의신청 결정 등 처분내용에 이의가 있는 경우 그 내용을 적습니다.

⑫ 전자송달 신청: 전자송달을 원하시면 신청란에 √ 표시합니다.

⑬ 증명물건의 표시: 증명서류로 제출하시는 목록을 적습니다.

[서식 2] 등록세등부과처분취소청구서

심 판 청 구 서

청 구 인 : △△건설 주식회사
대표이사 이 ○ ○
서울 ○○구 ○○동 200-89
(전화 : 000-0000, 팩스 : 000-0000)

피청구인 : 서울특별시 중랑구청장

등록세등부과처분취소청구서

근거법조 : 지방세법(1998. 12. 31. 법률 제5615호로 개정되기 전의 것) 제138조 제1항 제3호, 법인세법 제67조, 부가가치세법 제52조, 구 지방세법 제138조 제1항, 지방세법 시행령(1998. 7. 16. 대통령령 제15835호로 개정되기 전의 것) 제101조 제1항 제8호, 구 도·소매업진흥법(1995. 1. 5. 법률 제4889호로 전문 개정되고, 1997. 4. 10. 법률 제5327호 유통산업발전이 제정·시행됨으로써 폐지된 것) 제6조 제4항 별표 1

청 구 취 지

피청구인이 20○○. 6. 10. 청구인에 대하여 한 등록세 금 277,378,830원의 부과처분을 취소한다.

청 구 원 인

1. 사건개요
   가. 청구인은 1981. 3. 15. 서울 중랑구 면목동 123의 1에 본점을 두고 토목건축업, 주택건설업 등을 목적사업으로 하여 설립된 법인으로, 2002. 12. 29. 서울 중랑구 면목동 23의 3필지 대지 4,699.2㎡를 취득한 후 그 지상에 지상 17층, 지하 4층 연면적 31,434.38㎡의 주상복합건물(지하 1층부터 3층까지는 상가, 4층부터 17층까지는 아파트, 이하 '이 사건 건물'이라 한다)을 건축하고, 2004. 3. 4. 사용검사를 받아 같은 해 4. 29. 소유권보존등기를 경료한 후 같은 해 4. 30. 피청구인에게 체육시설업의 신고 및 피청구인으로부터 목욕장업 허가를 받고, 위 건물 중 지상 3층 부분 3,104.66㎡(이하 '이 사건 건물 3층 부분'이라 한다)에 대하여 2006. 10. 29. 도봉세무서장에게 업종을 부동산, 서비스업으로 하는 사업자등록을 하였습니다.

나. 피청구인은 2007. 6. 30. 이 사건 건물 3층 부분 및 그에 안분된 토지부분에 대한 청구인 명의의 등기를 지방세법(1998. 12. 31. 법률 제5615호로 개정되기 전의 것, 이하 같다) 제138조 제1항 제3호 소정의 대도시내에서의 법인의 지점 또는 분사무소(이하 '지점등' 이라 한다)의 설치에 따른 부동산등기로 보아 이에 따른 중과세율을 적용하여 세액을 산출한 후, 이미 자진신고 납부한 세액을 차감하여 청구취지 기재와 같은 등록세를 부과하기에 이르렀습니다.

2. 청구인의 주장

피청구인은 위와 같은 위법사실을 간과한 채 등록세를 부과하였으므로 이는 마땅히 취소되어야 할 부과처분이다.

3. 이 사건 처분의 적법·타당 여부

가. 청구인은 이 사건 건물을 신축하고 아파트 부분은 분양을 완료하였으나 상가부분에 대하여는 분양실적이 저조하여 입점상인들로부터 시장활성화가 되지 않는다는 이유로 계약해지 및 적자보전요구 등 집단항의를 받게 되어 상가부분의 분양촉진 및 상가활성화를 위하여 불가피하게 이 사건 건물 3층 부분에 임시적으로 체육시설 및 목욕장을 설치하게 운영하게 되었으며, 관할세무서에 사업자등록을 마친 것은 법인세법 제67조 및 부가가치세법 제52조의 규정에 따른 것에 불과한 것으로서, 청구인은 이 사건 건물 3층 부분에 청구인법인의 지점 등을 설치한 것은 아니었고, 또한 이 사건 건물 3층 부분 및 그에 안분된 토지 부분은 청구인법인의 지점 등과 관련 없이 취득한 것임에도 피청구인은 이 사건 건물 3층 부분 및 그에 안분된 토지부분에 관한 등기를 대도시내에서의 청구인법인의 지점 등의 설치에 따른 부동산등기로 보고 이 사건 부과처분을 한 것은 위법한 부과처분에 해당하는 것입니다.

나. 또한, 이 사건 건물 3층 부분 및 그에 안분된 토지부분에 과한 등기가 대도시내에서의 청구인법인의 지점 등의 설치에 따른 부동산등기라고 하더라도, 이사건 부과처분의 근거조문인 구 지방세법 제138조 제1항은 그 단서에서 '대통령령이 정하는 업종' 에 관한 부동산등기의 경우 중과세대상에서 제외하고 있고, 이에 따른 지방세법 시행령(1998. 7. 16. 대통령령 제15835호로 개정되기 전의 것, 이하 같다) 제101조 제1항 제8호는 '도·소매업진흥법에 의하여 개설허가를 받은 도·소매업' 을 중과세 대상 제외업종으로 명시하고 있는바, 청구인이 1995. 11. 23. 피청구인으로부터 이 사건 건물 3층 부분을 포함한 상가부분에 대하여 구 도·소매업진흥법(1995. 1. 5. 법률 제4889호로 전문 개정되고, 1997. 4. 10. 법률 제5327호 유통산업발전이 제정·시행됨으로써 폐지된 것, 이하 같다) 제6조 제4항 [별표 1]의 규정에 따라 이 사건 건물 3층 부분 및 그에 안분된 토지 부분은 등록세 중과세대상에서 제외되는 구 도·소매업에 해당하므로 이 사건 부과처분은 위법한 부과처분에 해

당하는 것입니다.

첨 부 서 류

생 략

20○○. ○○. ○○.

위 청구인 △△건설 주식회사
대표이사 이 ○ ○ (인)

서울특별시 중랑구청장 귀하

[서식 3] 취득세등부과처분취소청구서

심 판 청 구 서

청 구 인 : △△금융 주식회사
대표이사 민 ○ ○
서울 ○○구 ○○동 234-98
(전화 : 000-0000, 팩스 : 000-0000)

피청구인 : 서울특별시 강남구청장

취록세등부과처분취소청구서

근거법조 : 서울특별시세감면조례 제23조의2 제1항

청 구 취 지

피청구인이 청구인에 대하여 한, 20○○. 9. 29. 취득세 520,399,190원, 농어촌특별세 52,039,920원, 2007. 10. 28. 등록세 780,598,780원, 교육세 156,119,760원의 각 부과처분을 취소한다.

청 구 원 인

1. 사건개요
   가. 청구인은 2007. 9. 28. 주식회사 서홍(이하 소외 회사라고 한다)으로부터 서울 강남구 역삼동 134의 12외 1필지의 토지 및 그 지상의 10층 건물(이하 이 사건 부동산이라고 한다)을 300억원에 매수하고, 같은 해 9. 29. 이 사건 부동산에 관하여 청구인 명의의 소유권이전등기를 경료하고, 등록세 9억원 및 교육세 1억8천만원, 같은 해 10. 28. 취득세 6억원 및 농어촌특별세 6천만원을 각 신고납부하였습니다.
   나. 청구인은, 이 사건 부동산의 취득이 서울특별시세감면조례(이하 조례라고 한다) 제23조의2 제1항 본문에 해당함을 이유로 피청구인에게 위 각 지방세의 감면신청을 하였으나, 피청구인은 소외 회사가 이 사건 부동산의 매각대금 중 13.27%에 해당하는 3,980,040,959원만을 금융기관에 대한 부채상환에 사용하였으므로 그 부분에 대하여만 지방세를 감면하기로 하고, 이를 제외한 나머지 금액에 해당하는 부분에 대한 지방세는 감면하여 주지 않았습니다.
2. 청구인의 주장

   조세법률주의의 원칙상 과세요건은 물론 비과세요건이나 조세감면요건에 대하여도 조세법규는 조례 제23조의21 제1항에 의하면, 기업의 금융부채상환을 위하여 매각한 부동산을 취득한 자에 대하여 취득세와 등록세를 면제한다고 규정되어 있을 뿐이므로, 위와 같은 요건을 갖춘 경우에는 부동산의 매각대금 전부가 금융 부채상환에 사용되었는지의 여부 또는 금융부채 전부를 상환하였는지의 여부와 관계없이 취득세와 등록세가 면제되어야 할 것이고, 따라서 피청구인의 청구인에 대한 이건 부과처분은 마땅히 취소되어져야 합니다.

3. 이 사건 처분의 적법·타당 여부

가. 소외 회사는 1987. 12. 20. 설립된 이후 가죽제품 판매업 등을 영위하여 오다가 2007. 9. 1. 일승물산 주식회사와 일승식품 주식회사를 각 합병하였는데, 일승물산 주식회사는 2006. 6. 30. 이전에 이 사건 부동산을 담보로 하여 주식회사 국민은행, 럭키화재해상보험 주식회사, 고려투자금융 주식회사(상호가 동아증권 주식회사, 세종증권 주식회사로 변경되었다), 고려증권 주식회사, 대신증권 주식회사, 현대증권 주식회사 등의 금융기관에 대하여 채무를 부담하고 있었고, 소외 회사는 일승물산 주식회사를 합병하여 그 채무를 모두 승계한다음 그 채무를 상환하기 위하여 당해 금융기관의 동의를 얻어 이 사건 부동산을 청구인에게 매도하였으며, 청구인은 그 매각대금 중 일부의 지급에 갈음하여 소외 회사의 임대차보증금반환채무 및 이 사건 부동산을 담보로 한 채무 중 일부를 면책적으로 인수하기로 하였고, 소외 회사는 청구인으로부터 수령한 매각대금 중 3,980,040,959원을 신한은행 주식회사 및 한국수출입은행에 대한 채무상환에 사용하였습니다.

나. 또한 위 소외 회사는 이 사건 부동산의 양도일까지 계속하여 5년 이상 사업을 영위한 기업으로서 2006. 6. 30. 이전에 성립한 금융기관에 대한 채무의 상환을 위하여 금융기관의 담보물권이 설정된 이 사건 부동산을 그 금융기관의 동의를 얻어 양도하였으므로, 소외 회사로부터 이 사건 부동산을 취득한 청구인에 대하여는 특별한 사정이 없는 한 조례 제23조의 2 제1항 본문에 의하여 취득세와 등록세가 면제되어야 할 것입니다.

첨 부 서 류

생 략

20○○. ○○. ○○.

위 청구인 △△금융 주식회사

대표이사 민 ○ ○ (인)

서울특별시 강남구청장 귀하

[서식 4] 주민세등부과처분취소청구서

심 판 청 구 서

청 구 인 : 김 ○ ○
서울 ○○구 ○○동 234-98
(전화 : 000-0000, H.P :)

피청구인 : 서울특별시 성북구청장

주민세등부과처분취소청구서

근거법조 : 구 소득세법(1994. 12. 22. 법률 제4803호로 개정되기 전의 것) 제94조, 제95조, 제96조, 제94조, 제99조, 동법 시행령(1994. 12. 31. 대통령령 제14467호로 개정되기 전의 것) 제146조 제1항, 제142조 제3항, 구 지방세법(1993. 12. 27. 법률 제4611호로 개정되기 전의 것) 제30조의2, 제172조, 제175, 제176조 제2항, 제178조, 제179조, 구 국세기본법(1993. 12. 31. 법률 제4672호로 개정되기 전의 것) 제21조

청 구 취 지

피청구인이 20○○. 2. 10. 청구인에게 한 소득세할 주민세 금 19,797,800원의 부과처분을 취소한다.

청 구 원 인

1. 사건개요
   가. 청구인은 2001. 12. 10. 서울 성북구 성북동 165의 2 대지 332.6㎡(이하 이 사건 부동산이라 한다)를 소외 승리개발 주식회사에 양도한 후 같은 달 29 관할 세무서장에게 구 소득세법(1994. 12. 22. 법률 제4803호로 개정되기 전의 것, 이하 구 소득세법이라 한다) 제95조에 의한 자산양도차익 예정신고와 같은 법 제96조에 의한 자산양도차익 예정신고 자진납부를 하였습니다.
   나. 피청구인은 소외 서초세무서장이 2006. 10. 31. 확정결정하여 2006. 12. 19. 통보한 청구인의 2001년도 귀속분 양도소득세 과세자료에 의거하여 구 지방세법(1993. 12. 27. 법률 제4611호로 개정되기 전의 것, 이하 구 지방세법이라 한다) 제172조, 제176조 제2항, 제178조에 의하여 이 사건 부동산의 양도로 인한 양도소득세액 금 263,970,679원을 과세표준으로 하여 2007. 2. 10. 소득세할 주민세 금 19,797,800원을 부과하는 이 사건 부과처분을 하였습니다.
2. 청구인의 주장

피청구인의 주민세 부과처분은 이를 부과할 수 있는 날인 2002. 1. 29.부터 5년간의 제척기간을 경과하여 부과한 것이 역수상 명백하므로 2007. 2. 10.자로 행하여진 이 사건 부과처분은 제척기간이 도과된 뒤의 처분이므로 당연 무효의 부과처분이라 할 것이므로 위법하고 부당하므로 취소되어야 할 것입니다.

3. 이 사건 처분의 적법·타당 여부

가. 청구인은, 이 사건 부과처분은 지방세를 부과할 수 있는 날인 2002. 1. 29.로부터 제척기간 5년이 지난 후에 부과된 것으로 위법하다.

나. 구 지방세법 제172조, 제175내지 제179조에 의하면, 지방세인 주민세 중 소득세할 주민세는 소득세법의 규정에 의하여 부과된 소득세액을 과세표준으로 하여 부과하는 것으로 소득세의 납세의무 성립에 따라 그 납세의무가 성립되는 것이고 별도로 충족되어야 할 과세요건이 있는 것이 아니며, 같은 법 제30조의2는 지방세는 부과할 수 있는 날로부터 5년간 행사하지 아니할 경우에는 이를 부과할 수 없다고 하여 부과의 제척기간을 정하고 있습니다. 따라서 소득세할 주민세의 제척기간은 본세인 소득세를 부과할 수 있는 날로부터 진행된다고 할 것이다.

다. 구 국세기본법(1993. 12. 31. 법률 제4672호로 개정되기 전의 것, 이하 국세기본법이라 한다) 제21조에 의하면 자산의 양도차익에 대한 소득세는 원칙으로 구 소득세법 제8조 제1항에 의한 과세기간인 1. 1.부터 12. 31.까지의 기간이 종료하는 때 성립하는 것이나, 이 사건과 같이 예정신고납부하는 소득세에 있어서는 그 과세표준이 되는 금액이 발생한 달인 1992. 12.의 말일에 납세의무가 추상적으로 성립하고 구 소득세법 제99조, 제94조, 같은법시행령(1994. 12. 31. 대통령령 제14467호로 개정되기 전의 것, 이하 구 소득세법시행령이라 한다) 제146조 제1항, 제142조 제3항에 의하면 자산 양도자의 주소지 관할 세무서장은 자산양도차익예정신고 또는 위 예정신고 자진납부를 한 자에 대하여 신고 또는 자진 신고납부가 있은 날로부터 1월 이내에 양도차익과 세액을 예정결정하고 위 시행령 제183조를 준용하여 과세표준과 세율, 세액 기타 필요한 사항을 납세고지서에 기재하여 당해 거주자에게 통지함으로써 납세의무가 구체적으로 확정된다고 할 것이다.

첨 부 서 류

생 략

20○○. ○○. ○○.

위 청구인 김 ○ ○ (인)

서울특별시 성북구청장 귀하

제3절 국세기본법에 의한 국세특별 행정심판

1. 과세에 대한 결정의 유형

과세실무상 이의신청이나 심사청구 또는 심판청구(이하 '이의신청 등'이라고 한다)에 대한 결정의 한 유형으로 재조사결정이 빈번하게 행해지고 있다.

국세기본법상 종전의 판례가 재조사결정에 따른 불복청구기간이나 제소기간은 원칙적으로 재조사결정이 통지된 날부터 기산된다고 본 것에 대해서는 납세자의 재판청구권을 침해하는 결과를 초래한다는 문제점이 지적되어 왔다. 이에 따라 최근 선고된 대법원 2010. 6. 25. 선고 2007두12514 전원합의체 판결은 재조사결정의 성격을 일종의 변형결정으로 보면서 그에 딸린 불복청구기간이나 제소기간은 납세자가 재조사결정에 따른 후속처분의 통지를 받은 날부터 기산된다고 판시하여 종전의 판례를 변경하였다.

2. 구제방법의 개요

가. 조세사건의 구제절차

① 과세처분이 있기 이전의 사전적 구제절차인 과세전적부심, ② 부과처분이나 경정처분, 경정거부처분 등이 행해진 경우의 재판 이전의 행정기관에 의한 전심절차를 거쳐야 한다.

나. 결정(부과처분)에 의한 확정의 경우

국세의 경우 적법한 전심절차를 거쳐 제소기간 내에 부과처분 취소소송의 방법으로, 지방세의 경우 임의적 전치이므로 전심절차를 거치거나 또는 거치지 않고 제소기간 내에 부과처분 취소소송의 방법으로 다툴 수 있다.

다. 전심절차 재결서 등

국세와 관세의 과세처분 취소소송(무효선언을 구하는 의미의 취소소송 포함)과 부작위위법확인소송에는 국세기본법 제56조 제2항, 관세법 제120조 제2항 등에 따라 필요적 전치(이의신청, 심사청구 또는 심판청구, 감사원법에 의한 심사청구)가 요구된다.

라. 국세환급금결정 및 환급거부결정의 경우

국세기본법 제51조의 국세환급금결정이나 환급거부결정이 항고소송의 대상이 되는 행정처분인가에 대하여 견해의 대립이 있었으나, 대법원 1989. 6. 15. 선고 88누6436 전원합의체 판결로써 이를 부정하는 쪽으로 통일되었다.

3. 국세와 관세(필요적 전치주의)

2000. 1. 1. 이후 최초로 제기된 심사청구·심판청구부터는 심사청구와 심판청구 중 어느 하나만 선택적으로 거치면 행정소송을 제기할 수 있는 것으로 바뀌었다(국세기본법 제55조 제1항, 제3항, 제56조 제2항). 다만 심사청구에 앞서 당해 처분을 한 세무서장이나 지방국세청장에게 이의신청을 할 수 있으므로, 결국 국세에 관한 불복절차는 원칙적으로 단심급(심사청구 또는 심판청구)이고, 선택적으로 2심급(이의신청, 심사청구 또는 심판청구)이다.

한편, 감사원법에 의한 심사청구를 거친 경우에는 국세기본법에 의한 전심절차를 거친 것으로 보게 되므로(국세기본법 제56조 제4항, 제55조 제5항 제3호), 감사원법에 의한 심사청구절차를 거쳐 바로 소를 제기할 수도 있다.

국세(관세포함) 부과처분에 대한 제1단계 불복절차인 이의신청, 심사청구나 심판청구, 지방세 부과처분에 대한 이의신청이나 심사청구는 처분 있음을 안 날(처분의 통지를 받은 때는 그 받은 날)로부터 90일 이내에 하여야 한다.[10]

국세 및 지방세 부과처분에 대한 이의신청절차를 거친 경우에 있어서의 제2단계 불복절차인 심사청구 또는 심판청구는 각 그 전단계의 행정심판 결정문을 송달받은 날로부터 90일 이내에 하여야 한다.

국세나 지방세 부과처분에 대한 행정심판인 이의신청이나 심사청구, 심판청구는 우편에 의할 경우는 청구기간 내에 발송한 것이면 적법한 청구로 보는 특별규정이 있으므로(국세기본법 제61조 제3항, 제66조 제6항, 제81조, 지방세기본법 제121조 제2항), 비록 이들 청구서가 청구기간이 지난 뒤에 재결청에 접수되었더라도 적법하다.

4. 제소기간

가. 제소기간의 제한

(1) 국세(필요적 전치)

심사청구 또는 심판청구에 대한 결정의 통지를 받은 날부터 90일 이내(법정 결정기간 내에 결정통지를 받지 못한 경우에는 통지를 받기 전이라도 제소 가능)에 소를 제기하여야 한다.

나. 소송계속 중 과세관청의 처분변경에 따른 소의 변경

당초처분에 대하여 전심절차를 거쳤으면 변경된 처분에 대하여도 전심절차를 거친 것

10) 국세기본법 제61조 제1항, 제66조 제6항, 제68조 제1항, 관세법 제119조 제3항, 제121조 제1항, 제129조 제1항, 지방세기본법 제118조, 제127조

으로 간주하는 전치요건의 특례가 인정된다(행정소송법 제22조 제3항). 다만, 위 소 변경 신청은 처분의 변경이 있음을 안 날로부터 60일 이내에 하여야 하는 제한이 있음에 주의하여야 한다(행정소송법 제22조 제2항).

5. 세무서장 또는 지방청장에게 이의신청(1심)

가. 이의신청 등에 결정의 성격 및 그 유형

(1) 이의신청 등에 대한 결정의 성격

행정심판법 제2조 제1항 제3호는 행정심판에 대한 행정심판위원회의 판단을 '재결'이라고 부르고 있으나, 국세기본법은 재결이라는 용어를 사용하지 않고 심사청구에 관한 제65조에서 '결정'이라는 용어를 사용하면서 이를 심판청구뿐만 아니라 이의신청에도 준용하고 있다(제66조 제6항, 제81조).

그러나 국세기본법 제66조 제6항은 청구의 절차, 청구서의 보정, 결정절차, 결정의 유형 등에 관한 심사청구의 규정을 이의신청절차에 모두 준용하도록 규정하고 있으므로, 이의신청을 받은 세무서장과 지방국세청장은 경미한 사건 등을 제외하고는 국세심사위원회의 심의를 거쳐 결정하여야 하고(국세기본법 제66조 제4항, 제6항, 제64조 제1항 단서), 심사청구 역시 경미한 사건 등을 제외하고는 국세심사위원회의 심의를 거쳐 국세청장이 결정한다(제64조 제1항).

나. 국세기본법이 규정한 이의신청 등에 대한 결정의 유형

국세기본법은 심사청구에 관한 제65조 제1항에서 결정의 유형에 관하여 규정하고 있고, 이를 이의신청과 심판청구에 준용하고 있다(제66조 제6항, 제81조).

이의신청 등에 대한 결정의 유형은 본안심리에 앞서 청구의 적법요건을 갖추지 아니하였을 경우에 하는 각하결정(제65조 제1항 제1호)과 본안 심리 후에 청구의 당부에 대하여 판단하는 본안결정으로 나눌 수 있고, 본안결정은 다시 기각결정(제65조 제1항 제2호)과 인용결정으로 나눌 수 있는데, 인용결정은 처분을 취소하는 취소결정, 처분의 내용을 변경하는 경정결정 및 필요한 처분을 명하는 결정(제65조 제1항 제3호)으로 나눌 수 있다.

다. 이의신청은 당해처분을 하거나 하여야 할 세무서장에게 하거나 당해 세무서장을 거쳐 소관 지방국세청장에게 하여야 하고(법66①), 세무서장은 이의신청 대상이 된 처분이 지방국세청장이 조사·결정 또는 처분하거나 하여야 할 것인 경우에는 신청을 받은 날로부터 7일 이내에 의견서를 첨부하여 당해 지방구구세청장에게 송부하고 그 뜻을 이의 신청인에게 통지하여야 한다(법66·①), 세무서장은 이의신청 대상이 된 처분이 지방국세청장이 조사·결정 또는 처분하거나 하여야 할 것인 경우에는 신청을 받은 날로부터 7일 이내에 의견서를 첨부하여 당해 지방국세청장에게 송부하고 그 뜻을 이의 신청인에게 통지하여야 한다(법66② · 영54).

라. 심사청구는 당해 처분이 있은 것을 안날(처분통지를 받은 때는 받은 날)로부터 60일 (납세자 주소가 외국에 있을 때는 90일)이내에 하여야 하고(법61), 이의 신청에 대한 결정은 30일 이내에 하여야 한다(법66⑤).

6. 국세청장에게 심사 청구(2심)

가. 심사 청구에 있어서 이의신청을 거친 후 심사청구를 하려면 이의신청에 대한 결정의 통지를 받은 날부터 90일 이내에 제기하여야 한다. 다만, 제66조제6항 후단에 따른 결정기간 내에 결정의 통지를 받지 못한 경우에는 결정의 통지를 받기 전이라도 그 결정기간이 지난 날부터 심사청구를 할 수 있다(법61②).

나. 심사청구는 해당 처분이 있음을 안 날(처분의 통지를 받은 때에는 그 받은 날)부터 90일 이내에 제기하여야 한다(법61①).

다. 심사청구는 대통령령으로 정하는 바에 따라 불복의 사유를 갖추어 해당 처분을 하였거나 하였어야 할 세무서장을 거쳐 국세청장에게 하여야 하고, 이에 대한 결정은 90일이내에 하여야 한다(법62)

7. 국세심판소에 심판 청구(3심)

심판청구는 ① 심사청구에 대한 결정통지를 받은날로부터 60일 이내에 하여야 하되 심사청구 결정통지를 받지 못한 경우에는 결정기간이 경과한 날로부터 심판청구를 할 수 있고(법68), ② 심판 청구는 처분을 하였거나 하여야 할 세무서에 접수하여 국세청장을 거쳐 국세심판소장에게 하여야 하고(법69①), ③ 심판청구의 결정은 90일 이내에 하는 것이다(법81).

8. 각급 청구(신청)공통사항

가. 기간의 계산

행정심판청구는 원칙적으로 처분이 있음을 안 날로부터 90일(행정심판법 제27조 제1항), 처분이 있은 날로부터 180일(행정심판법 제27조 제3항) 내에 제기하여야 한다.

다만, 행정청이 처분을 하면서 심판청구기간을 행정심판법 제27조 제1항에 규정한 기간보다 길게 잘못 알려 준 경우에는 그 잘못 알린 기간 내에 제기하면 되고(같은 조

제5항), 심판청구기간을 고지받지 못한 처분 상대방은 처분이 있은 날로부터 180일 내에 청구하면 되나(같은 조 제6항),[11] 행정심판이 청구기간을 잘못 고지하였다 하여 행정소송 제기기간이 따라서 연장되는 것은 아니라는 점에 유위하여야 한다.[12]

9. 처분성 일반

국세기본법 제55조 제1항은 불복청구의 대상을 '이 법 또는 세법에 따른 처분'으로, 지방세기본법 제117조 제1항은 '이 법 또는 지방세관계법에 따른 처분'으로 각 규정하고 있다.

이의신청, 심사청구 또는 심판청구에 대한 처분, 감사원법에 따라 심사청구를 한 처분이나 그 심사청구에 대한 처분, 조세법처벌절차법에 따른 통고처분은 국세기본법 제55조 제15항, 지방세기본법 제117조 제2항에서 불복청구대상에서 명문으로 제외시키고 있다.[13]

10. 청구또는 신청에서 제외되는 처분

다음 각호의 처분은 신청 또는 청구할 수 있는 처분에 포함되지 아니한다.(법55③④)

1. 국세 기본법에 의한 이의신청·심사청구 또는 심판청구에 대한 처분. 다만, 이의신청에 대하여 심사청구를 하는 경우 또는 심사청구에 대한 처분에 대하여 심판청구를 하는 경우는 제외한다.
2. 조세법 처벌법에 의한 통고처분
3. 감사원 법에 의하여 심사청구를 한 처분이나 그 심사청구에 대한 처분
   이 감사원 심사 청구는 그 처분이 있는 것을 안 날(처분통지를 받은날)로부터 60일(납세자 주소가 외국에 있는 때는 90일)내에 하여야 하고, 감사원 심사청구를 거친 처분에 대한 행정소송은 감사원 결정통지를 받은 날로부터 60일 이내에 처분청을 당사자로 하여 제기하여야 한다.(법55④⑤)

11. 피고적격(처분청)

가. 항고소송

국세기본법 기타 세법에 의하여 세관장이 내국세에 관한 사무를 관장하는 경우(국세기본법 제2조 제17호, 관세법 제4조), 국세를 시장·구청장·군수에게 위탁하여 징수하는 경우(국세기본법 제2조 제17호, 국세징수법 제8조), 시장·구청장·군수가 도세, 특별시세, 광역시세

---

11) 대법원 2001. 11. 13. 선고 2000두536 판결
12) 대법원 2001. 5. 8. 선고 2000두6916
13) 행정소송법이 행정심판 재결을 행정처분(원처분)과 함께 항고소송의 대상으로 명시하면서, 재결에 대한소송의 경우에는 재결 자체의 고유한 위법이 있음을 이유로 하는 경우에 한하도록 규정(행정소송법 제19조, 제38조)하고 있는 점과는 다르다.

를 부과징수하는 경우(지방세기본법 제6조, 제67조) 등 권한위임이 있는 경우에는 실제로 처분을 한 수임행정청이 피고로 된다(대법원 1972. 5. 9. 선고 71누152 전원합의체 판결).

나. 잘못 지정한 피고의 경정

행정소송법은 제14조에서 피고경정제도를 두고 있다.

다. 행정소송에서의 피고경정

행정소송은 제2심(사실심 변론종결시)까지 허용되고, 행정소송에서는 피고의 동의를 요하지 않으며, 행정소송에서는 구두신청도 가능하다.

12. 징수권의 소멸시효

가. 소멸시효기간

국세의 징수를 목적으로 하는 국가의 권리와 지방자치단체의 징수금의 징수를 목적으로 하는 지방자치단체의 권리 및 관세의 징수권 등에 관하여 각 그 권리를 행사할 수 있는 때부터 5년간 행사하지 아니하면 소멸시효가 완성된다(국세기본법 제27조 제1항, 지방세기본법 제39조 제1항, 관세법 제22조 제1항).

나. 기산일

(1) 국세

(가) 신고에 의하여 납세의무가 확정되는 경우 : 법정 신고납부기한의 다음 날(국세기본법 시행령 제12조의4 제1항 제1호). 신고납세방식의 조세에서 과세표준과 세액을 신고는 하였으나 납부하지 않은 경우에 적용된다.

(2) 지방세 : 납세고지에 의한 납부기한(연장된 경우 연장된 기한)의 다음 날 (지방세기본법 시행령 제19조)

(3) 관세 : 관세법 시행령 제7조 제1항에서 별도로 규정하고 있다.

[서식 5] 심판참가 허가신청서 (행정심판법 시행규칙 [별지 제29호서식])

심판참가 허가신청서

접수번호	접수일	

사건명		
청구인	성명	
	주소	
피청구인		
참가 신청인	성명	
	주소	
	주민등록번호(외국인등록번호)	

신청 취지	
신청 이유	

「행정심판법」 제20조제2항에 따라 위와 같이 심판참가 허가를 신청합니다.

년 월 일

신청인 (서명 또는 인)

○○행정심판위원회 귀중

첨부서류	없음	수수료 없음

처리 절차						
신청서 작성	➜	접수	➜	결정	➜	통지
신청인		○○행정심판위원회		○○행정심판위원회		

210mm×297mm[백상지 80g/㎡]

[서식 6] 심사청구서 (국세기본법 시행규칙 [별지 제29호서식]) <개정 2024. 3. 22.>

심사청구서

(앞쪽)

접수번호	접수일	처리기간 90일

청구인				
청구인	성 명		주민등록번호 (사업자등록번호)	
	상 호		전화번호 (휴대전화번호)	
	주소(거소) 또는 사업장 소재지	(㊙) 전자우편(e-mail) :		

처 분 청		조 사 기 관	
처분통지를 받은 날(또는 처분이 있은 것을 처음으로 안 날) : 년 월 일 ※ 결정 또는 경정의 청구에 대해 아무런 통지를 받지 못한 경우에는 결정 또는 경정 기간이 경과한 날			
통지된 사항 또는 처분의 내용(과세처분인 경우에는 연도, 기분, 세목 및 세액 등을 적습니다) ※ 년도 기분 세 원 부과처분			
이의신청을 한 날	년 월 일	이의신청 결정통지를 받은 날 (또는 결정기간이 경과한 날)	년 월 일
불복의 이유(내용이 많은 경우에는 별지에 적어 주십시오)			

「국세기본법」 제62조 및 같은 법 시행령 제50조에 따라 위와 같이 심사청구를 합니다.

년 월 일

청구인 (서명 또는 인)

국세청장 귀하

위임장						
위임장	「국세기본법」 제59조제1항에 따라 아래 사람에게 위 심사청구에 관한 사항을 위임합니다. (심사청구의 취하는 이에 대한 별도의 위임이 있어야만 합니다)					
	위임자 (청구인)		(서명 또는 인)			
	대리인	사업장	상호	사업자등록번호	소재지	전자우편
			(서명 또는 인)			
		수행자	구분	성명	생년월일	(휴대)전화번호
			세 무 사 [ ] 공인회계사 [ ] 변 호 사 [ ] 배 우 자 등 [ ]			

첨부서류		수수료
첨부서류	1. 불복이유서(불복의 이유를 별지로 작성한 경우에 한정하여 첨부합니다) 2. 불복이유에 대한 증거서류(첨부서류가 많은 경우 목록을 별도로 첨부하여 주십시오)	없 음

210㎜×297㎜[백상지(80g/㎡) 또는 중질지(80g/㎡)]

국선대리인 제도 안내

□ 제도개요

○ 신청자격을 갖춘 심사청구인이 국선대리인 선정을 신청할 수 있는 제도로, 해당 심사청구인은 재결청이 위촉하는 변호사, 세무사 또는 공인회계사로부터 무료로 불복대리 서비스를 받을 수 있습니다.

□ 신청자격

○ 대리인 없이 청구세액 5천만원 이하의 심사청구를 제기하는 개인(종합소득금액이 5천만원 이하이고 소유 재산 가액이 5억원 이하인 경우로 한정) 또는 법인(수입금액이 3억원 이하이고 자산가액이 5억원 이하인 경우로 한정)인 납세자는 재결청에 국선대리인 선정을 신청할 수 있습니다.

- 다만, 심사청구의 대상이 되는 세목이 상속세, 증여세 및 종합부동산세인 경우에는 국선대리인 선정을 신청할 수 없습니다.

□ 신청절차

○ 국선대리인의 선정을 신청하려는 자는 「국세기본법 시행규칙」 별지 제28호의2서식의 국선대리인 선정 신청서를 재결청에 제출해야 합니다.

<table>
<tr><td colspan="3">심사청구서 접수증</td><td>(접수번호　　　호)</td></tr>
<tr><td>청구인</td><td></td><td>주　소</td><td></td></tr>
<tr><td colspan="2" rowspan="2">첨부서류
1. 불복이유서(　　)
2. 불복이유에 대한 증거서류(　　)</td><td>접수자</td><td></td></tr>
<tr><td>접수일자인</td><td></td></tr>
<tr><td colspan="4">납세자는 세무관서 방문 없이 국세청 홈택스 홈페이지(www.hometax.go.kr→전자불복청구)를 이용하여 심사청구서를 제출할 수 있고, 심사청구 관련 민원신청과 진행상황, 사전열람자료도 국세청 홈택스 홈페이지에서 조회 가능합니다.</td></tr>
</table>

[서식 7] 조세심판청구서 (국세기본법 시행규칙 [별지 제35호서식]) <개정 2024.3.22.>

조 세 심 판 청 구 서

접수번호	접수일	처리기간 90일

청구인				
청구인	성 명		주민등록번호(사업자등록번호)	
	상 호		전화번호(휴대전화번호)	
	주소 또는 사업장 소재지	(우 -) 전자우편(e-mail) :		

처 분 청		조 사 기 관	

처분통지를 받은 날(또는 처분이 있은 것을 처음으로 안 날) : 년 월 일

※ 결정 또는 경정의 청구에 대해 아무런 통지를 받지 못한 경우에는 결정 또는 경정 기간이 경과한 날

처분의 내용 또는 통지된 사항

※ 년도 기분 세 원

조세심판청구 취지 및 이유

(별지에 적어 주십시오)

이의신청을 한 날	년 월 일	이의신청의 결정통지를 받은 날	년 월 일

심리자료 사전열람 신청 여부: 여 [ ] 부 [ ]

의견진술 신청 여부: 여 [ ] 부 [ ]

[신청 시 의견진술신청서(「국세기본법 시행규칙」 별지 제26호서식)를 첨부하여 주십시오]

국선대리인 선정 신청 여부 : 여 [ ] 부 [ ]

[신청 시 국선대리인 선정 신청서(「국세기본법 시행규칙」 별지 제28호의2서식)를 첨부하여 주십시오]

「국세기본법」 제69조 따라 위와 같이 조세심판청구를 합니다.

년 월 일

청구인 (서명 또는 인)

조세심판원장 귀하

위임장						
위임장	「국세기본법」 제59조제1항(관세에 관한 사항인 경우에는 「관세법」 제126조제1항)에 따라 아래 사람에게 위 심판청구에 관한 사항을 위임합니다 (조세심판청구의 취하는 이에 대한 별도의 위임이 있어야만 합니다)					
	위임자 (청구인)		(서명 또는 인)			
	대리인	사업장	상호	사업자등록번호	소재지	전자우편
		수행자	구분	성명	생년월일	(휴대)전화번호
			세무사 [ ] 공인회계사 [ ] 변호사 [ ] 관세사 [ ]			

첨부서류		수수료
첨부서류	1. 조세심판청구 이유서 2부 2. 조세심판청구 이유에 대한 증거자료 2부 3. 2번 자료에 대한 증거목록(「국세기본법 시행규칙」 별지 제36호의2서식) 2부	없 음

210㎜×297㎜(백상지 80g/㎡(재활용품))

(뒤쪽)

국선대리인 제도 안내

□ 제도개요

○ 신청자격을 갖춘 심판청구인이 국선대리인 선정을 신청할 수 있는 제도로, 해당 심판청구인은 조세심판원이 위촉하는 변호사, 세무사 또는 공인회계사로부터 무료로 불복대리 서비스를 받을 수 있습니다.

□ 신청자격

○ 대리인 없이 청구세액 5천만원 이하의 심판청구를 제기하는 개인(종합소득금액이 5천만원 이하이고 소유 재산 가액이 5억원 이하인 경우로 한정) 또는 법인(수입금액이 3억원 이하이고 자산가액이 5억원 이하인 경우로 한정)인 납세자는 조세심판원에 국선대리인 선정을 신청할 수 있습니다.

- 다만, 심판청구의 대상이 되는 세목이 상속세, 증여세 및 종합부동산세인 경우에는 국선대리인 선정을 신청할 수 없습니다.

□ 신청절차

○ 국선대리인의 선정을 신청하려는 자는 「국세기본법 시행규칙」 별지 제28호의2서식의 국선대리인 선정 신청서를 조세심판원에 제출해야 합니다.

<table>
<tr><td colspan="3">조세심판청구서 접수증</td><td colspan="2">(접수번호 호)</td></tr>
<tr><td>청구인</td><td></td><td>주소</td><td colspan="2"></td></tr>
<tr><td colspan="3" rowspan="2">첨부서류
1. 조세심판청구 이유서( )
2. 조세심판청구 이유에 대한 증거자료( )
3. 증거목록( )</td><td>접수자</td><td></td></tr>
<tr><td>접수일자인</td><td></td></tr>
<tr><td colspan="5">납세자는 조세심판원 방문 없이 조세심판원 홈페이지(www.tt.go.kr→사이버심판접수)를 이용하여 심판청구서를 제출할 수 있고, 심판청구 관련 민원신청과 진행상황, 사전열람자료도 조세심판원 홈페이지에서 조회 가능합니다.</td></tr>
</table>

210㎜×297㎜[백상지(80g/㎡) 또는 중질지(80g/㎡)]

[서식 8] 조세심판청구에 대한 답변서제출 (국세기본법 시행규칙 별지 제36조 서식)

[별지 제36호서식] <개정 2024. 3. 22.>

기관명

수신자 조세심판원장(**행정실장 또는 상임심판관○**)
(경유)
제 목 조세심판청구에 대한 답변서 제출(접수번호 : ○○○, 청구인 : ○○○)

청구인 이(가) 년 월 일 제기한 조세심판청구와 관련하여「국세기본법」 제69조에 따라 아래와 같이 답변서를 제출합니다.

청구인	성명		주민등록번호 (사업자등록번호)	
	상호			
	주소 또는 사업장 소재지			

처분내용	세목		연도 기분	
	세액		처분이 있을 것을 안 날 또는 처분의 통지를 받은 날	

이의 신청	이의신청을 한 날		이의신청의 결정통지를 받은 날	

심리자료 사전열람 신청	여 [ ] 부 [ ]	의견진술 신청	여 [ ] 부 [ ]

첨부 서류	1. 조세심판청구에 대한 처분청의 답변서 2부 2. 과세전적부심사청구 및 이의신청에 대한 결정서(과세전적부심사청구 및 이의신청에 대한 결정이 있는 경우로 한정합니다) 3. 처분의 근거·이유, 처분의 이유가 된 사실을 증명할 서류(납세고지서 송달증명, 결정·경정결의서, 조사보고서 등을 포함합니다) 및 그 밖의 심리자료 일체 4. 3번 자료에 대한 증거목록(「국세기본법 시행규칙」 별지 제36호의2서식) 5. 청구인이 처분청에 조세심판청구서를 제출한 경우 청구인이 제출한 조세심판청구서, 증거서류 및 증거물 등 자료 일체 ※ 위 1번, 2번 및 4번 서류는 전자파일을 함께 첨부해야 합니다.

발신명의 **직인**

기안자 직위(직급) 서명 검토자 직위(직급)서명 결재권자 직위 (직급)서명
협조자
시행 처리과-일련번호(시행일) 접수 처리과명-일련번호(접수일)
우 주소 / 홈페이지 주소
전화( ) 전송( ) / 기안자의 공식전자우편주소 / 공개구분

210㎜×297㎜(백상지 80g/㎡(재활용품))

[서식 9] 상속세부과처분취소청구서

심 판 청 구 서

청 구 인 : 오 ○ ○
서울 ○○구 ○○동 123-4
(전화 : 000-0000, H.P :)

피청구인 : 영등포세무서장

상속세부과처분취소청구서

근거법조 : 지가공시및토지등의평가에관한법률 제60조, 제61조 제1항, 동법 시행령 제50조 제6항, 상속세및증여세법 제60조, 제63조 제1항 제1호 가목 및 나목, 동법 시행령 제50조

청 구 취 지

피청구인이 20○○. 7. 7. 청구인에 대하여 한 상속에 금 914,628,940원의 부과처분 중 금 708,230,602원을 초과하는 부분을 취소한다.

청 구 원 인

1. 사건개요

가. 청구인과 소외 조○○, 오○○, 오○○, 오○○은 소외 망 오○○(이하 '피상속인'이라 합니다.)이 2006. 3. 15. 사망함에 따라 피상속인 소유의 서울 마포구 도화동 123의 1 소재 대지 572.8㎡, 같은 동 234의 1 소재 대지 571㎡, 같은 동 231의 2 소재 대지 112.8㎡, 같은 구 공덕동 456의 5 소재 대지 241㎡, 경기도 양평군 단월면 ○○리 123 소재 임야 5,355㎡(이하 '쟁점 토지'라고 합니다.)를 상속받았습니다. 청구인 등은 상속개시일 이후에 고시된 2006년도 개별공시지가를 기준으로 위 쟁점토지의 상속재산 가액을 금 3,637,709,739원으로 평가하여 2006. 9. 10. 피청구인에게 상속세 금 157,008,214원을 신고, 납부하였습니다.

나. 이에 대하여 피청구인은 쟁점토지의 상속재산 가액을 상속개시당시에 고시되어 있던 2005년도 개별공시지가에 의하여 평가한 후 청구인이 2006년도 개별공시지가를 기준으로 평가하여 신고한 상속재산 가액과의 차액인 금 404,035,950원 및 신고 누락된 상속 재산인 구로구 ○○동 457의 증여가액 금 791,637,304원을 상속세 과세가액에 산입하여 2007. 7. 7. 이 사건 과세처분을 하였습니다

2. 청구인의 주장

당해 연도의 개별공시지가가 공시되기 이전에 상속이 이루어진 경우에는 상속개시시점에 유효한 개별공시지가를 적용하여야 하는 것인 바, 이에 반하는 내용으로 상속재산 가약을 평가하여 이루어진 이 사건 과세 처분은 위법합니다.

가. 상속세과세가액 산정의 원칙(시가주의 원칙)에 비추어

지가공시및토지등의평가에관한법률 제60조는 상속재산의 가액은 시가에 의한다고 하여 상속세 과세가액 산정방법에 관하여 시가주의 원칙을 채택하고 있습니다.

이와 같이 법이 상속재산의 평가방법에 관하여 시가주의 원칙을 취하고 있는 이상 상속재산인 토지의 시가의 산정이 어려운 경우 그 가액을 산정하기 위한 보충적인 평가방법으로 그 가액을 개별 공시지가에 의하도록 규정하고 있는 법 제61조 제1항, 시행령 제50조는, 법 제60조에 터잡아 상속재산의 평가에 관하여 시가주의 원칙을 이어받아 이에 근첩하려는 추지에서 규정된 것이라고 할 것(대법원 1995. 3. 10. 선고 94누14896판결)이지, 시가의 산정이 어려운 경우 시가주의를 포기하고자 하는 취지는 아닙니다.

위에서 본 바와 같이 시행령 제50조에서 열거하고 있는 보충적 평가방법이 법에서 정하고 있는 시가주의 원칙을 이어 받아 이에 근접하려는 취지하에서 규정된 이상, 토지의 상소개시 당시에는 당해 연도의 개별공시지가가 공시되지 아니하였다고 하더라도 상속개시 당시 공시되어 있던 전년도 개별공시지가보다는 상속개시 당시의 토지현황을 더 적정할게 반영하려 시가에 근접한 당해 연도의 개별공시지가를 기준으로 토지의 가액을 산정하는 것이 상속세 과세가액 산정의 원칙(시가주의 원칙)에 부합하는 것이라고 할 것입니다.

나. 상속세 신고시에는 당해 연도의 개별공시지가가 이미 공시된 상태입니다. 상속세 납부의무자는 상속개시일로부터 6개월 이내에 상속세신고를 하여야 합니다(법 제67조 제1항). 당해 년도의 개별 공시지가가 대개 6월경에 공시되므로, 상속세 납부의무자는 상속세 신고 당시 이미 공시된 당해 년도의 개별공시지가를 알 수 있습니다. 그렇다면 직전 년도 개별공시지가를 적용할 현실적인 이유도 없습니다.

다. 시행령 제50조 제6항

따라서 위 시행령 규정을 만연히 시행령의 규정 형식만을 좇아 그대로 적용할 경우에는 위 시행령은 모법에서 시가주의 원칙 하에서 구체적인 범위를 정하여 위임한 한계를 넘어 상속된 토지의 가액을 산정하도록 한 것으로서 조세법률주의 원칙에 위반되어 효력이 없다고 할 것이고, 무효인 시행령에 따라 위 각 토지의 가액을 산정한 피청구인의 이 사건 과세처분은 위법하다고 할 것입니다.

3. 이 사건 처분의 적법·타당 여부

가. 관련법령

(1). 상속세 및 증여세법(이하 '법'이라고 합니다) 제60조 [평가의 원칙 등]

(가) 이 법에 의하여 상속세 또는 증여세가 부과되는 재산의 가액은 상속개시

일 또는 증여일(이하 '평가기준일'이라 한다) 현재의 시가에 의한다. 이 경우 제63조 제1항 제1호 가목 및 나목에 규정된 평가방법에 의하여 평가한 가액(제63조 제2항 제1호의 규정에 해당하는 경우를 제외한다)은 이를 시가로 본다.

(나) 제1항의 규정을 적용함에 있어서 시가를 산정하기 어려운 경우에는 당해 재산의 종류, 규모, 거래상황 등을 감안하여 제61조내지 제65조에 규정된 방법에 의하여 평가한 가액에 의한다

(2). 법 제61조 [부동산등의 평가]

(가) 부동산에 대한 평가는 다음 각호의 1에서 정하는 방법에 의한다.

① 토지

지가고시 및 토지등의 평가에 관한법률에 의한 개별공시지가(이하 '개별공시지가'라 한다). 다만, 개별공시지가가 없는 토지의 가액은 납세지관할 세무서장이 인근 유사토지의 개별공시지가를 참작하여 대통령령이 정하는 지역의 토지에 대하여는 배율방법에 의하여 평가란 가액으로 한다.

(3). 상속세 및 증여세법 시행령(이하 '시행령'이라 합니다) 제50조 [부동산의 평가]

(가) 법 제61조 제1항 제1호의 규정을 적용함에 있어서 개별공시자가는 평가기준일 현재 고시되어 있는 것을 적용한다

나. 상속세는 부과주의 세목이므로 상속세 과세대상 자산을 조사하여 상속세 과세표준을 산정하는 의무는 본래 과세관청에 있는 것이고, 상속재산의 평가를 그르쳤다고 하여 상속세 납부의무자에게 신고불성실가산세를 부과하는 것은 부당합니다. 비록 이 건 상속재산의 가액이 평가에 관하여는 직전 연도 개별공시지가에 의하여 평가라는 것이 타당하다고 하더라도, 청구인이 이 건 상속재산에 의하여 당해 연도의 개별공시지가에 의하여 상속재산 가액을 평가하여 상속세를 신고 납부한 이상 신고불성실가산세를 부과하는 것은 위법합니다.

첨 부 서 류

생 략

20○○. ○○. ○○.

위 청구인 오 ○ ○ (인)

영등포세무서장 귀하

[서식 10] 증여세부과처분취소청구서

심 판 청 구 서

청 구 인 : 홍 ○ ○
서울 ○○구 ○○동 123-1
(전화 : 000-0000, H.P :)

피청구인 : 성북세무서장

증여세부과처분취소청구서

근거법조 : 지가공시및토지등의평가에관한법률 제60조, 제61조 제1항, 동법 시행령 제50조 제6항, 상속세및증여세법 제60조, 제63조 제1항 제1호 가목 및 나목, 동법 시행령 제50조

청 구 취 지

피청구인이 20○○. 11. 10. 청구인에 대하여 한 증여세 35,412,070원의 부과처분을 취소한다.

청 구 원 인

1. 사건개요
   가. 청구인은 2004. 8. 10. 청구인의 아들인 소외인으로부터 별지 목록 기재 광업권 1/4지분(이하 '이 사건 광업권 지분'이라 한다)을 증여받고, 이 사건 광업권 지분을 평가함에 있어 2001년부터 2003년까지 3년간 총수입금액에서 필요경비를 공제한 금액을 '평균소득'으로 보고, 상속세 및 증여세법(이하 '상속세법'이라 한다) 제64조 제2항, 상속세법 시행령 제59조 제6항, 상속세법 시행규칙 제19조 제5항에 따라 산정한 135,731,782원을 증여재산가액으로 하여 2004. 11. 9. 증여세 11,146,356원을 신고·납부하였다.
   나. 그러나 피청구인은 상속세법 시행령 제59조 제6항에 규정하고 있는 '평가기준일 전 3년간 평균소득'은 광물의 매출액에서 그 광물의 채굴까지 소요되는 생산비용을 차감한 것으로서 이때 당해 광물의 판매비와 일반관리비는 생산비용에 포함되지 아니한다는 이유로 각 해당연도의 총매출액에서 매출원가를 공제한 매출총이익을 평균소득으로 보아 이 사건 광업권 지분을 298,783,336원으로 평가하고 이를 증여재산가액으로 하여 2005. 11. 10. 청구인에게 증여세 35,412,070원을 경정·고지

하는 이 사건 부과처분을 하였다.

2. 청구인의 주장

이 사건 광업권 지분을 평가함에 있어 평가기준일 전 3년간의 각 해당연도 총매출액에서 매출원가만을 공제한 금액이 상속세법 시행령 제59조 제6항에 규정된 '평균소득'임을 전제로 이 사건 광업권 지분을 평가하여 청구인에게 증여세를 부과한 피청구인의 이 사건 부과처분은 위법하여 마땅히 취소되어야 할 것입니다.

3. 이 사건 처분의 적법·타당 여부

가. 광업권 지분을 평가함에 있어 적용되는 상속세법 시행령 제59조 제6항에 규정된 '평가기준일 전 3년간 평균소득'의 개념에 관한 명시적인 규정이 없으므로 조세법의 일반적인 개념에 따라 개인사업자의 경우 총수입금액에서 필요경비를 차감하여 계산하여 부과처분을 하여야 함에도 광물의 매출액에서 그 광물의 채굴까지 소요되는 생산비용인 매출원가를 차감한 매출총이익을 기준으로 하여 부과한 잘못이 있다.

나. 관련 법령

❖ 1 (광업권 목록 생략)

❖ 2 관계 법령

❖ 상속세 및 증여세법

제64조 (무체재산권의 가액) 무체재산권(無體財産權)의 가액은 다음 각 호에 따른 금액 중 큰 금액으로 한다.

1. 재산의 취득 가액에서 취득한 날부터 평가기준일까지의 「법인세법」상의 감가상각비를 뺀 금액
2. 장래의 경제적 이익 등을 고려하여 대통령령으로 정하는 방법으로 평가한 금액

[전문개정 2014.1.1]

❖ 상속세 및 증여세법 시행령

제56조 (1주당 최근 3년간의 순손익액의 계산방법) ① 제54조제1항에 따른 1주당 최근 3년간의 순손익액의 가중평균액은 다음 계산식에 따라 계산한 가액으로 한다. 이 경우 그 가액이 음수(陰數)인 경우에는 영으로 한다. <개정 2014. 2. 21.>

1주당 최근 3년간의 순손익액의 가중평균액 = {(평가기준일 이전 1년이 되는 사업연도의 1주당 순손익액 × 3) + (평가기준일 이전 2년이 되는 사업연도의 1주당 순손익액 × 2) + (평가기준일 이전 3년이 되는 사업연도의 1주당 순손익액 × 1)} ÷ 6

② 제1항에도 불구하고 다음 각 호의 요건을 모두 갖춘 경우에는 제54조제1항에 따른 1주당 최근 3년간의 순손익액의 가중평균액을 기획재정부령으로 정하는 신용평가전문기관, 「공인회계사법」에 따른 회계법인 또는 「세무사법」에 따른 세무법인 중 둘 이상의 신용평가전문기관, 「공인회계사법」에 따른 회계법인 또는 「세무사법」에 따른 세무법인이 기획재정부령으로 정하는 기준에 따라 산출한 1주당 추정이익의 평균가액으로 할 수 있다. <개정 2014. 2. 21.>

1. 일시적이고 우발적인 사건으로 해당 법인의 최근 3년간 순손익액이 증가하는 등 기

획재정부령으로 정하는 경우에 해당할 것

2. 법 제67조 및 제68조에 따른 상속세 과세표준 신고기한 및 증여세 과세표준 신고기한까지 1주당 추정이익의 평균가액을 신고할 것
3. 1주당 추정이익의 산정기준일과 평가서작성일이 해당 과세표준 신고기한 이내일 것
4. 1주당 추정이익의 산정기준일과 상속개시일 또는 증여일이 같은 연도에 속할 것

③ 제1항을 적용할 때 각 사업연도의 주식수는 각 사업연도 종료일 현재의 발행주식총수에 의한다. 다만, 평가기준일이 속하는 사업연도 이전 3년 이내에 증자 또는 감자를 한 사실이 있는 경우에는 증자 또는 감자전의 각 사업연도 종료일 현재의 발행주식총수는 기획재정부령으로 정하는 바에 따른다. <개정 1998. 12. 31., 1999. 12. 31., 2008. 2. 29., 2011. 7. 25., 2015. 2. 3.>

④ 제1항에 따른 순손익액은 「법인세법」 제14조에 따른 각 사업연도소득(이하 이 조에서 "각 사업연도소득"이라 한다)에 제1호의 금액을 더한 금액에서 제2호의 금액을 뺀 금액으로 한다. 이 경우 각 사업연도소득을 계산할 때 손금에 산입된 충당금 또는 준비금이 세법의 규정에 따라 일시 환입되는 경우에는 해당 금액이 환입될 연도를 기준으로 안분한 금액을 환입될 각 사업연도소득에 가산한다. <개정 1998. 12. 31., 1999. 12. 31., 2002. 12. 30., 2004. 12. 31., 2005. 8. 5., 2008. 2. 22., 2008. 2. 29., 2009. 2. 4., 2010. 12. 30., 2011. 7. 25., 2014. 2. 21., 2019. 2. 12., 2020. 2. 11., 2023. 2. 28.>

1. 다음 각 목에 따른 금액
   가. 「법인세법」 제18조제4호에 따른 금액
   나. 「법인세법」 제18조의2 및 제18조의4에 따른 수입배당금액 중 익금불산입액
   다. 「법인세법」 제24조제5항, 제27조의2제3항 및 제4항, 「조세특례제한법」(법률 제10406호로 개정되기 전의 것을 말한다) 제73조제4항에 따라 해당 사업연도의 손금에 산입한 금액
   라. 각 사업연도소득을 계산할 때 「법인세법 시행령」 제76조에 따른 화폐성외화자산·부채 또는 통화선도등(이하 이 조에서 "화폐성외화자산등"이라 한다)에 대하여 해당 사업연도 종료일 현재의 같은 조 제1항에 따른 매매기준율등(이하 이 조에서 "매매기준율등"이라 한다)으로 평가하지 않은 경우 해당 화폐성외화자산등에 대하여 해당 사업연도 종료일 현재의 매매기준율등으로 평가하여 발생한 이익
   마. 그 밖에 기획재정부령으로 정하는 금액
2. 다음 각 목에 따른 금액
   가. 해당 사업연도의 법인세액(「법인세법」 제18조의4에 따른 익금불산입의 적용 대상이 되는 수입배당금액에 대하여 외국에 납부한 세액과 같은 법 제57조에 따라 세액공제를 적용하는 경우의 외국법인세액을 포함한다), 법인세액의 감면액 또는 과세표준에 부과되는 농어촌특별세액 및 지방소득세액
   나. 「법인세법」 제21조제3호·제4호, 제21조의2 및 제27조에 따라 손금에 산입되지 않은 금액과 각 세법에서 규정하는 징수불이행으로 인하여 납부하였거나 납부할 세액
   다. 「법인세법」 제24조부터 제26조까지, 제27조의2 및 제28조에 따라 손금에 산입되지 않은 금액과 「조세특례제한법」(법률 제10406호 조세특례제한법 일부개정법률로 개정되기 전의 것을 말한다) 제73조제3항에 따라 기부금 손금산입 한도를 넘어 손금에 산입하지 아니한 금액, 같은 법 제136조의 금액, 그 밖에 기획재정부령으로 정하는 금액
   라. 「법인세법 시행령」 제32조제1항에 따른 시인부족액에서 같은 조에 따른 상각

부인액을 손금으로 추인한 금액을 뺀 금액

마. 각 사업연도소득을 계산할 때 화폐성외화자산등에 대하여 해당 사업연도 종료일 현재의 매매기준율등으로 평가하지 않은 경우 해당 화폐성외화자산등에 대해 해당 사업연도 종료일 현재의 매매기준율등으로 평가하여 발생한 손실

⑤ 제4항에 따라 순손익액을 계산할 때 평가기준일이 속하는 사업연도 이전 3년 이내에 해당 법인의 자본(출자액을 포함한다. 이하 이 항에서 같다)을 증가시키기 위하여 새로운 주식 또는 지분(이하 이 항에서 "주식등"이라 한다)을 발행(이하 이 항에서 "유상증자"라 한다)하거나 해당 법인의 자본을 감소시키기 위하여 주식등을 소각(이하 이 항에서 "유상감자"라 한다)한 사실이 있는 경우에는 유상증자 또는 유상감자를 한 사업연도와 그 이전 사업연도의 순손익액은 제4항에 따라 계산한 금액에 제1호에 따른 금액을 더하고 제2호에 따른 금액을 뺀 금액으로 한다. 이 경우 유상증자 또는 유상감자를 한 사업연도의 순손익액은 사업연도 개시일부터 유상증자 또는 유상감자를 한 날까지의 기간에 대하여 월할로 계산하며, 1개월 미만은 1개월로 하여 계산한다. <신설 2011. 7. 25., 2015. 2. 3.>

1. 유상증자한 주식등 1주당 납입금액 × 유상증자에 의하여 증가한 주식등 수 × 기획재정부령으로 정하는 율
2. 유상감자 시 지급한 1주당 금액 × 유상감자에 의하여 감소된 주식등 수 × 기획재정부령으로 정하는 율

제59조 (무체재산권등의 평가) ① 삭제 <2014. 2. 21.>

② 영업권의 평가는 다음 산식에 의하여 계산한 초과이익금액을 평가기준일 이후의 영업권지속연수(원칙적으로 5년으로 한다)를 고려하여 기획재정부령으로 정하는 방법에 따라 환산한 가액에 의한다. 다만, 매입한 무체재산권으로서 그 성질상 영업권에 포함시켜 평가되는 무체재산권의 경우에는 이를 별도로 평가하지 않되, 해당 무체재산권의 평가액이 환산한 가액보다 큰 경우에는 해당 가액을 영업권의 평가액으로 한다. <개정 1997. 11. 10., 1998. 12. 31., 2000. 12. 29., 2003. 12. 30., 2008. 2. 29., 2020. 2. 11., 2021. 1. 5.>

[최근 3년간(3년에 미달하는 경우에는 해당 연수로 하고, 제55조제3항제2호 각 목에 모두 해당하는 경우에는 개인사업자로서 사업을 영위한 기간을 포함한다)의 순손익액의 가중평균액의 100분의 50에 상당하는 가액-(평가기준일 현재의 자기자본×1년만기 정기예금이자율을 고려하여 기획재정부령으로 정하는 율)]

③ 제2항을 적용함에 있어서 최근 3년간의 순손익액의 가중평균액은 제56조제1항 및 제2항을 준용하여 평가한다. 이 경우 같은 조 제1항 중 "1주당 순손익액"과 같은 조 제2항 중 "1주당 추정이익"은 "순손익액"으로 본다. <개정 1999. 12. 31., 2014. 2. 21.>

④ 어업권 및 양식업권의 가액은 제2항의 영업권에 포함하여 계산한다. <개정 2020. 8. 26.>

⑤ 특허권·실용신안권·상표권·디자인권 및 저작권 등은 그 권리에 의하여 장래에 받을 각 연도의 수입금액을 기준으로 기획재정부령이 정하는 바에 의하여 계산한 금액의 합계액에 의한다. 이 경우 각연도의 수입금액이 확정되지 아니한 것은 평가기준일전 3년간의 각 연도 수입금액의 합계액을 기획재정부령이 정하는 바에 따라 평균한 금액을 각 연도의 수입금액으로 할 수 있다. <개정 1998. 12. 31., 2005. 6. 30., 2008. 2. 29.>

⑥ 광업권 및 채석권등은 평가기준일이후의 채굴가능연수에 대하여 평가기준일전 3년간 평균소득(실적이 없는 경우에는 예상순소득으로 한다)을 각 연도마다 기획재정부령이

정하는 방법에 의하여 환산한 금액의 합계액을 그 가액으로 한다. 다만, 조업할 가치가 없는 경우에는 설비등에 의하여만 평가한 가액으로 한다. <개정 1998. 12. 31., 2008. 2. 29.>

⑦ 제2항의 규정에 의하여 영업권을 평가함에 있어서 제시한 증빙에 의하여 자기자본을 확인할 수 없는 경우에는 다음 각호의 산식에 의하여 계산한 금액중 많은 금액으로 한다. <신설 2004. 12. 31., 2005. 8. 5.>

1. 사업소득금액 ÷ 「소득세법 시행령」 제165조제10항제1호에서 규정하는 자기자본이익률
2. 수입금액 ÷ 「소득세법 시행령」 제165조제10항제2호에서 규정하는 자기자본회전율

❖ 상속세 및 증여세법 시행규칙

제19조 (무체재산권등의 평가) ① 영 제59조제2항 산식에서 "기획재정부령이 정하는 율"이라 함은 100분의 10을 말한다. <개정 2008.4.30>

② 영 제59조제5항 전단에 따른 특허권·실용신안권·상표권·디자인권 및 저작권등의 가액은 다음의 산식에 의하여 환산한 금액의 합계액으로 한다. <개정 2009.4.23>

$$\frac{\text{각 연도의 수입금액}}{\left(1+\frac{10}{100}\right)^{n}}$$

n : 평가기준일부터의 경과연수

③ 제2항의 산식을 적용함에 있어서 평가기준일부터의 최종 경과연수는 당해 권리의 존속기간에서 평가기준일 전일까지 경과된 연수를 차감하여 계산한다. 이 경우 평가기준일부터의 최종 경과연수가 20년을 초과하는 때에는 20년으로 한다.

④ 영 제59조제5항 후단에 따라 특허권·실용신안권·상표권·디자인권 및 저작권 등의 권리에 의한 각 연도의 수입금액이 확정되지 아니한 경우에는 평가기준일전 최근 3년간(3년에 미달하는 경우에는 그 미달하는 연수로 한다. 이하 이 항에서 같다)의 각 연도의 수입금액의 합계액을 평균한 금액을 각 연도의 수입금액으로 하되, 최근 3년간 수입금액이 없거나 저작권(저작인접권을 포함한다)으로서 평가기준일 현재 장래에 받을 각 연도의 수입금액이 하락할 것이 명백한 경우에는 법 제6조제1항 본문에 따른 세무서장등이 2이상의 공신력있는 감정기관(「감정평가 및 감정평가사에 관한 법률」에 따른 감정평가법인등을 말한다) 또는 전문가의 감정가액 및 해당 권리의 성질 기타 제반사정을 감안하여 적정한 가액으로 평가할 수 있다. <개정 2002. 12. 31., 2005. 3. 19., 2009. 4. 23., 2016. 3. 21., 2017. 3. 10., 2022. 3. 18.>

⑤ 영 제59조제6항의 규정에 의한 광업권 및 채석권등의 가액은 다음의 산식에 의하여 환산한 금액의 합계액으로 한다.

$$\frac{\text{평가기준일전 3년간 평균소득}}{\left(1+\frac{10}{100}\right)^{n}}$$

n : 평가기준일부터의 채굴가능연수

[전문개정 1999.5.7]

❖ 법인세법

제14조 (각 사업연도의 소득) ① 내국법인의 각 사업연도의 소득은 그 사업연도에 속하는 익금(益金)의 총액에서 그 사업연도에 속하는 손금(損金)의 총액을 뺀 금액으로 한다. <개정 2018. 12. 24.>

② 내국법인의 각 사업연도의 결손금은 그 사업연도에 속하는 손금의 총액이 그 사업연도에 속하는 익금의 총액을 초과하는 경우에 그 초과하는 금액으로 한다.

③ 내국법인의 이월결손금은 각 사업연도의 개시일 전 발생한 각 사업연도의 결손금으로서 그 후의 각 사업연도의 과세표준을 계산할 때 공제되지 아니한 금액으로 한다. <신설 2018. 12. 24.>

❖ 소득세법

제19조 (사업소득) ① 사업소득은 해당 과세기간에 발생한 다음 각 호의 소득으로 한다. 다만, 제21조제1항제8호의2에 따른 기타소득으로 원천징수하거나 과세표준확정신고를 한 경우에는 그러하지 아니하다. <개정 2014. 1. 1., 2017. 12. 19., 2018. 12. 31., 2019. 12. 31.>

1. 농업(작물재배업 중 곡물 및 기타 식량작물 재배업은 제외한다. 이하 같다)・임업 및 어업에서 발생하는 소득
2. 광업에서 발생하는 소득
3. 제조업에서 발생하는 소득
4. 전기, 가스, 증기 및 공기조절공급업에서 발생하는 소득
5. 수도, 하수 및 폐기물 처리, 원료 재생업에서 발생하는 소득
6. 건설업에서 발생하는 소득
7. 도매 및 소매업에서 발생하는 소득
8. 운수 및 창고업에서 발생하는 소득
9. 숙박 및 음식점업에서 발생하는 소득
10. 정보통신업에서 발생하는 소득
11. 금융 및 보험업에서 발생하는 소득
12. 부동산업에서 발생하는 소득. 다만, 「공익사업을 위한 토지 등의 취득 및 보상에 관한 법률」 제4조에 따른 공익사업과 관련하여 지역권・지상권(지하 또는 공중에 설정된 권리를 포함한다)을 설정하거나 대여함으로써 발생하는 소득은 제외한다.
13. 전문, 과학 및 기술서비스업(대통령령으로 정하는 연구개발업은 제외한다)에서 발생하는 소득
14. 사업시설관리, 사업 지원 및 임대 서비스업에서 발생하는 소득
15. 교육서비스업(대통령령으로 정하는 교육기관은 제외한다)에서 발생하는 소득
16. 보건업 및 사회복지서비스업(대통령령으로 정하는 사회복지사업은 제외한다)에서 발생하는 소득
17. 예술, 스포츠 및 여가 관련 서비스업에서 발생하는 소득
18. 협회 및 단체(대통령령으로 정하는 협회 및 단체는 제외한다), 수리 및 기타 개인서비스업에서 발생하는 소득
19. 가구내 고용활동에서 발생하는 소득
20. 제160조제3항에 따른 복식부기의무자가 차량 및 운반구 등 대통령령으로 정하는 사업용 유형자산을 양도함으로써 발생하는 소득. 다만, 제94조제1항제1호에 따른 양도소득에 해당하는 경우는 제외한다.
21. 제1호부터 제20호까지의 규정에 따른 소득과 유사한 소득으로서 영리를 목적으로 자기의 계산과 책임 하에 계속적・반복적으로 행하는 활동을 통하여 얻는 소득

② 사업소득금액은 해당 과세기간의 총수입금액에서 이에 사용된 필요경비를 공제한 금액

으로 하며, 필요경비가 총수입금액을 초과하는 경우 그 초과하는 금액을 "결손금"이라 한다.

③ 제1항 각 호에 따른 사업의 범위에 관하여는 이 법에 특별한 규정이 있는 경우 외에는 「통계법」 제22조에 따라 통계청장이 고시하는 한국표준산업분류에 따르고, 그 밖의 사업소득의 범위에 관하여 필요한 사항은 대통령령으로 정한다.

[전문개정 2009.12.31]

첨 부 서 류

생 략

20○○. ○○. ○○.

위 청구인 홍 ○ ○ (인)

성북세무서장 귀하

[서식 11] 양도소득세부과처분취소부과처분취소청구서

심 판 청 구 서

청 구 인 : 왕 ○ ○
서울 ○○구 ○○동 124-2
(전화 : 000-0000, H.P :   )

피청구인 : 역삼세무서장

양도소득세부과처분취소청구서

근거법조 : 소득세법 제89조, 동법 시행령 제154조, 제156조, 부칙 제1조, 제3조, 제4조

청 구 취 지

피청구인이 20○○. 5. 1. 청구인에 대하여 한 20△△년 귀속 양도소득세 110,146,430원의 부과처분을 취소한다.

청 구 원 인

1. 사건개요

가. 청구인은 2002. 4. 9. 남편 소외 1로부터 서울 서초구 서초동 (지번 생략) 대 289.5㎡ 및 위 지상 1층 106.92㎡, 2층 88.13㎡, 지층 73.12㎡ 연면적 268.17㎡의 건물(이하 '이 사건 주택'이라 하고, 위 토지와 합하여 '이 사건 부동산'이라 한다)을 증여받은 다음 2002. 12. 30. 소외 2 외 1인에게 10억 3,000만 원에 양도하고, 이 사건 부동산의 양도가 1세대 1주택 비과세요건에 해당한다고 보아 별도로 양도소득과세표준 신고를 하지 않았다.

나. 그런데 피청구인은 서울지방국세청의 종합감사에서 '이 사건 주택의 연면적이 264㎡ 이상이어서 위 비과세대상에서 제외되는 고급주택에 해당한다'는 지적을 받고 2006. 1. 4. 청구인에게 2002년 귀속 양도소득세 103,433,000원을 산정하여 과세예고통지를 하였다가, 이에 청구인이 '이 사건 주택의 연면적에서 지하실 창고 부분 14.16㎡(이하 '이 사건 창고 부분'이라 한다)를 제외하면 이 사건 주택의 연면적이 254.01㎡가 되어 고급주택의 기준인 264㎡에 미달하므로 이 사건 부동산의 양도는 1세대 1주택 비과세대상에 해당한다'고 주장하며 과세전적부심사를 청구하자, 청구인의 위 심사청구를 받아들여 2006. 2. 16. 비과세로 직권시정하였다.

다. 그러나 피청구인 다시 감사원으로부터 '이 사건 창고 부분은 신발장, 운동기구 보

관장소 등 일상의 주거용 생활공간으로 사용되어 이 사건 주택의 연면적에 포함되어야 하므로 이 사건 주택은 고급주택에 해당한다'는 감사지적과 함께 위 비과세결정에 대한 시정을 요구받자, 2007. 5. 1. 청구인에 대하여 2002년 귀속 양도소득세 110,146,430원(원래 110,146,437원 중 10원 미만 버림, 신고불성실 및 납부불성실 가산세 합계 49,031,815원 포함)을 부과하는 이 사건 처분을 하였다.

2. 청구인의 주장

이 사건 처분 중 61,114,620원(이 사건 처분 당시 계산된 원래의 양도소득세액 110,146,437원 - 신고불성실 및 납부불성실 가산세 합계 49,031,815원, 10원 미만 버림)을 초과하는 부분은 취소되어야 함이 마땅하다..

3. 이 사건 처분의 적법·타당 여부

가. 이 사건 창고 부분은 주택의 연면적에 포함되는 주거전용으로 사용되는 지하실 부분이 아니므로 이 사건 주택의 연면적 산정에서 제외되어야 하고, 따라서 이 사건 주택은 그 연면적이 264㎡에 미달하여 고급주택에 해당하지 아니하는 만큼, 이 사건 주택이 고급주택에 해당함을 전제로 한 이 사건 처분은 위법하다.

나. 또한, 피청구인은 이 사건 부동산의 양도에 대하여 2006. 2.경 청구인의 과세전적부심사청구를 받아들여 비과세결정을 한 바 있는데 그 후 다시 이를 번복하여 이 사건 처분을 하는 것은 행정행위의 존속력에 반하여 이미 확정된 청구인의 법적 지위를 침해하는 것이므로, 이 사건 처분은 이 점에 있어서도 위법하다

다. 청구인은 이 사건 부동산의 양도 당시 피청구인의 세무상담내용에 따라 이 사건 창고 부분의 공부상 표시를 실지현황에 맞게 정리하는 등 위 양도가 비과세대상에 해당한다고 믿고서 별도로 양도소득과세표준 신고를 하지 않았을 뿐 아니라, 국세청 예규 등에도 고급주택 판정시 창고 등으로 사용하고 있는 지하실 면적은 연면적에 포함하지 않는다고 규정되어 있었고, 더욱이 청구인이 이 사건 양도소득세를 납부하지 않은 것은 피청구인이 위 과세전적부심사과정에서 직권시정을 통해 비과세결정을 하였기 때문인데 이후 피청구인이 위 비과세결정을 번복하고 이 사건 처분을 하면서 가산세까지 부과하는 것은 부당하므로, 이 사건 처분 중 가산세 부분은 위법하여 취소되어야 한다.

4. 관계 법령

❖ **소득세법**

제89조 (비과세 양도소득) ① 다음 각 호의 소득에 대해서는 양도소득에 대한 소득세(이하 "양도소득세"라 한다)를 과세하지 아니한다. <개정 2014. 1. 1., 2016. 12. 20., 2018. 12. 31., 2020. 8. 18., 2021. 12. 8.>

3. 다음 각 목의 어느 하나에 해당하는 주택(주택 및 이에 딸린 토지의 양도 당시 실

지거래가액의 합계액이 12억원을 초과하는 고가주택은 제외한다)과 이에 딸린 토지로서 건물이 정착된 면적에 지역별로 대통령령으로 정하는 배율을 곱하여 산정한 면적 이내의 토지(이하 이 조에서 "주택부수토지"라 한다)의 양도로 발생하는 소득

가. 1세대가 1주택을 보유하는 경우로서 대통령령으로 정하는 요건을 충족하는 주택

나. 1세대가 1주택을 양도하기 전에 다른 주택을 대체취득하거나 상속, 동거봉양, 혼인 등으로 인하여 2주택 이상을 보유하는 경우로서 대통령령으로 정하는 주택

❖ 소득세법 시행령

제154조 (1세대 1주택의 범위) ① 법 제89조제1항제3호가목에서 "대통령령으로 정하는 요건"이란 1세대가 양도일 현재 국내에 1주택을 보유하고 있는 경우로서 해당 주택의 보유기간이 2년(제8항제2호에 해당하는 거주자의 주택인 경우는 3년) 이상인 것[취득 당시에 「주택법」 제63조의2제1항제1호에 따른 조정대상지역(이하 "조정대상지역"이라 한다)에 있는 주택의 경우에는 해당 주택의 보유기간이 2년(제8항제2호에 해당하는 거주자의 주택인 경우에는 3년) 이상이고 그 보유기간 중 거주기간이 2년 이상인 것]을 말한다. 다만, 1세대가 양도일 현재 국내에 1주택을 보유하고 있는 경우로서 제1호부터 제3호까지의 어느 하나에 해당하는 경우에는 그 보유기간 및 거주기간의 제한을 받지 않으며 제5호에 해당하는 경우에는 거주기간의 제한을 받지 않는다. <개정 2022. 2. 15.>

③ 법 제89조 제3호의 규정을 적용함에 있어서 하나의 건물이 주택과 주택 외의 부분으로 복합되어 있는 경우와 주택에 부수되는 토지에 주택 외의 건물이 있는 경우에는 그 전부를 주택으로 본다. 다만, 주택의 면적이 주택 외의 면적보다 적거나 같을 때에는 주택 외의 부분은 주택으로 보지 아니한다. 〈2005. 12. 31. 대통령령 제19254호로 개정되기 전의 것〉

제156조 (고급주택의 범위) 〈2002. 12. 30. 대통령령 제17825호로 개정되기 전의 것〉 법 제89조 제3호에서 '거주용 건물의 연면적·가액 및 시설 등이 대통령령이 정하는 기준을 초과하는 고급주택'이라 함은 다음 각 호의 1에 해당하는 주택과 이에 부수되는 토지를 말한다.

1. 다음 각 목의 1에 해당하는 단독주택으로서 그 주택에 대한 법 제99조 제1항 제1호 (나)목의 규정에 의한 기준시가가 4천만 원 이상인 것

가. 주택의 연면적(제154조 제3항 본문의 규정에 의하여 주택으로 보는 부분과 주거전용으로 사용되는 지하실 부분의 면적을 포함한다)이 264㎡ 이상이고 그 주택 및 이에 부수되는 토지의 양도 당시의 실지거래가액의 합계액이 6억 원을 초과하는 것

나. 주택에 부수되는 토지의 연면적이 495㎡ 이상이고 그 주택 및 이에 부수되는 토지의 양도당시의 실지거래가액의 합계액이 6억 원을 초과하는 것

부 칙

제1조 (시행일) 이 영은 공포한 날부터 시행한다.

제3조 (1세대 1주택에 대한 경과조치) ① 이 영 시행 후 1년이 되는 날까지 당해 주택을 양도하는 경우에는 제154조 제1항의 개정규정에 불구하고 종전의 규정을 적용한다.

부 칙

제1조 (시행일) 이 영은 2003. 1. 1.부터 시행한다 〈단서 생략〉.

제4조 (양도소득세에 관한 일반적 적용례) 이 영중 양도소득세에 관한 개정규정은 이 영 시행

후 최초로 양도하는 분부터 적용한다.

첨 부 서 류

생략

20○○. ○○. ○○.

위 청구인 왕 ○ ○ (인)

역삼세무서장 귀하

[서식 12] 종합소득세부과처분취소부과처분취소청구서

심 판 청 구 서

청 구 인 : 황 ○ ○
청주시 ○○구 ○○동 125-3
(전화 : 000-0000, H.P :)

피청구인 : 동청주세무서장

종합소득세부과처분취소청구서

근거법조 : 소득세법 제89조, 동법 시행령 제154조, 제156조, 부칙 제1조, 제3조, 제4조

청 구 취 지

피청구인이 20○○. 9. 11. 청구인에 대하여 한 종합소득세 102,151,250원의 부과처분을 취소한다.

청 구 원 인

1. 사건개요

가. 청구인은 청주시 흥덕구 복대동 (지번 생략) 소재 공장 및 부속건물(면적 28,161㎡)과 서울 강남구 삼성동 소재 (명칭 생략) 빌딩(면적 7,907㎡, 지하 4층, 지상 6층)을 이용하여 부동산임대업을 영위하는 사업자이고, 2003. 11.부터 2005. 1.경까지는 (명칭 생략) 빌딩 지하 1층에서 ' (명칭 생략)'이라는 상호로 직접 식당을 운영하기도 하였다.

나. 청구인은 2002. 8. 27. 차량가격이 154,500,000원에 달하는 BMW 745LI 승용차(이하 '이 사건 차량'이라 한다)에 관하여 매월 리스료를 3,984,877원으로 하는 리스계약을 체결하였다.

다. 청구인은 피청구인에게 2002년부터 2005년 사이의 4년간 수입액으로 금 7,524,291,278원을 신고하였는데, 청구인이 사용하는 이 사건 차량의 4년간 리스료 159,395,080원과 차량 유지비 50,183,335원 합계 209,578,415원(이하 '이 사건 차량 유지비'라고 한다)을 필요경비로 신고하면서 위 유지비를 포함한 경비를 제하고 과세표준으로 금 2,506,070,471원을 신고하였다. 그 후 청구인은 이에 대한 종합소득세로 815,919,173원을 자신신고·납부하였다.

라. 그러나 피청구인은 청구인이 업무용으로 신고하고 필요경비로 공제한 이 사건 차

량 유지비를 필요경비로 인정하지 아니하여 2006. 9. 11. 청구인에게 2002년 귀속분 17,929,390원, 2003년 귀속분 31,725,110원, 2004년 귀속분 27,447,600원, 2005년 귀속분 25,049,150원 등 합계 102,151,250원의 종합소득세 부과처분(이하 '이 사건 처분'이라 한다)을 하였다.

2. 청구인의 주장

청구인이 업무용으로 신고하고 필요경비로 공제한 차량 유지비를 필요경비로 인정하지 아니하고 한 피청구인의 과세처분은 위법하므로 취소되어야 마땅하다.

3. 이 사건 처분의 적법 · 타당 여부

가. 청구인은 서울 강남구 삼성동 (명칭 생략) 빌딩과 청주시 청주공단 내에 임대용 부동산을 소유하여 이를 임대하는 사업을 영위하고 있고, 삼성동 (명칭 생략) 빌딩에는 직접 지하에 고급 음식점을 경영하기도 하였다. 청구인은 이러한 부동산 임대업과 식당 영업을 위하여 출퇴근 및 사업상 친교 등의 목적으로 이 사건 차량을 사용하였으므로 이 사건 차량 유지비는 필요경비로 산입되어야 하고, 위 유지비를 필요경비로 인정하지 아니한 피청구인의 이 사건 처분은 위법하여 취소되어야 한다.

나. 관계 법령

❖ 구 소득세법(2006. 12. 30. 법률 제8144호로 개정되기 전의 것)

제27조 (필요경비의 계산) ① 부동산임대소득금액·사업소득금액·일시재산소득금액·기타소득금액 또는 산림소득금액의 계산에 있어서 필요경비에 산입할 금액은 당해 연도의 총수입금액에 대응하는 비용으로서 일반적으로 용인되는 통상적인 것의 합계액으로 한다.

② 당해 연도 전의 총수입금액에 대응하는 비용으로서 당해 연도에 확정된 것에 대하여는 당해 연도 전에 필요경비로 계상하지 아니한 것에 한하여 당해 연도의 필요경비로 본다.

③ 필요경비의 계산에 있어서 필요한 사항은 대통령령으로 정한다.

제33조 (필요경비불산입) ① 거주자가 당해 연도에 지급하였거나 지급할 금액 중 다음 각 호에 규정하는 것은 부동산임대소득금액·사업소득금액·일시재산소득금액·기타 소득금액 또는 산림소득금액의 계산에 있어서 이를 필요경비에 산입하지 아니한다.

1호 내지 12호. (생략)

13. 각 연도에 지출한 경비 중 대통령령이 정하는 바에 의하여 직접 그 업무에 관련이 없다고 인정되는 금액

② 제1항 제5호· 제10호· 제11호 및 제13호의 규정이 동시에 적용되는 경우에는 대통령령이 정하는 순서에 따라 이를 적용한다.

③ 제1항의 규정에 의한 필요경비 불산입에 관하여 필요한 사항은 대통령령으로 정한다.

❖ 소득세법 시행령

제78조 (업무와 관련 없는 지출) 법 제33조제1항제13호에서 "직접 그 업무와 관련이 없다고 인정되는 금액"이란 다음 각 호의 어느 하나에 해당하는 것을 말한다. <개정 2023. 2. 28.>

1. 사업자가 그 업무와 관련 없는 자산을 취득·관리함으로써 발생하는 취득비·유지비·

수선비와 이와 관련되는 필요경비

2. (이하 생략)

❖ 소득세법 기본통칙 3-3 [사업과 가사에 공통으로 관련되는 비용의 필요경비 계산]

사업과 가사에 공통으로 관련되어 지급하는 금액에 대하여 사업과 관련된 필요경비의 계산은 다음 각 호와 같이 한다.

1. 지급금액이 주로 부동산임대소득 또는 사업소득·산림소득을 얻는 데 있어서 업무 수행상 통상 필요로 하는 것이고, 그 필요로 하는 부분이 명확히 구분될 때는 그 구분되는 금액에 한하여 필요경비로 산입한다.
2. 사업에 관련되는 것이 명백하지 아니하거나 주로 가사에 관련된 것으로 인정되는 때에는 필요경비로 산입하지 아니한다.

첨 부 서 류

생 략

20○○. ○○. ○○.

위 청구인 황 ○ ○ (인)

동청주세무서장 귀하

제4절 감사원법에 의한 심사청구(세금포함)

1. 감사원의 결정 절차와 요령

① 감사원법의 변상판정에 대하여는 감사원의 재심의를 거친 후 감사원을 당사자로 하여 행정소송을 제기할 수 있고(감사원법 제40조) ② 감사원에 심사청구를 한 경우에는 이를 행정심판을 거친 것으로 보아 처분청을 당사자로 하여 행정소송을 제기한다.

심사청구가 이유있다고 인정할 때에는 처분청 및 상급기관은 시정조치한 후 심사청구서에 시정조치한 내용과 기타 의견을 부쳐서 감사원에 이를 송부하는 동시에 청구자에게 그 조치결과를 통지하여야 한다(감사원 결정전까지 시정조치 가능).

가. 성 격

- 감사원의 감사를 받는 자의 직무에 관한 처분이나 그 밖의 행위에 관하여 이해관계가 있는 자는 감사원에 그 심사의 청구를 할 수 있다(감사원법 제43조 제1항).
- 이는 감사권 행사의 결과로 시정조치(관계관청을 내부적으로 구속) 하는 권리구제의 측면과 이에 불복하여 행정소송을 제기할 수 있는 전심절차의 측면을 동시에 지니고 있다.[14)]

나. 청구방법

감사원 심사청구를 위해서는 처분의 통지를 받은 날로부터 60일이내에 청구의 취지와 이유를 기재한 청구서 및 증빙서류를 작성 처분청에 제출하여야 한다.

다. 관계기관의 조치

- 감사원 심사청구서를 접수한 처분청은 심사청구의이유가 없다고 인정할 때에는 심사청구서에 대한 "변명서"와 관계증빙서류를 첨부하여 상급기관에 송부하고 상급기관은 원본에 의견서를 첨부하여 처분청의 접수일로부터 1개월 이내에 감사원에 송부한다.
- 접수기관은 접수일부일이 있는 접수증을 발부하여야 한다.
- 청구서를 접수한 관계기관의 장이 1개월 이내에 감사원에 송부하지 아니할 때에는 그 관계기관(경유기관)을 거치지 아니하고 감사원에 직접 심사청구를 할 수 있

14) 대법원 1991.2.26. 선고 90누7944 판결

고, 이 때에는 이 사항을 접수증을 첨부하는 등 서면으로 관계기관에 접수한지 1개월이 넘었다는 것을 입증하여야 한다.

- 감사원에 심사청구중인 사안에 대하여 행정심판 또는 소송이 제기된 때에는 지체없이 이를 감사원에 통보하여야 한다.
- 청구인은 심사청구에 대한 감사원의 결정이 있기 전까지 서면으로 심사청구를 취하할 수 있다.
- 처분청은 감사원으로부터 감사원법 제46조 및 제47조의 규정에 의한 시정 기타 필요한 조치를 요구하는 결정의 통지를 받은 때에는 특별한 사유가 없는 한 2개월 이내에 그 결정에 따른 조치를 취하고 그 결과를 지체없이 감사원에 통보하여야 한다.15)

라. 심사청구의 결정(감사원법 제46조)

- 감사원은 심사의 청구가 제43조 및 제44조와 감사원규칙으로 정하는 요건과 절차를 갖추지 못한 경우에는 이를 각하한다. 이해관계인이 아닌 자가 제출한 경우에도 또한 같다.

  <각하대상>

  · 감사원의 감사를 받는 자의 직무에 관한 처분, 기타 행위가 아닌 경우
  · 이해관계인이 아닌 경우
  · 청구기간이 경과한 경우
  · 행정심판법의 규정에 의한 행정심판(다른 법률의 규정에 의한 행정심판절차를 포함한다. 이하 같다) 의 재결이 있은 사안인 경우. 다만, 각하재결이 있은 경우를 제외한다.
  · 소송이 제기된 사안인 경우(심사청구의 심리중에 소송이 제기된 경우를 포함한다)
  · 기타 감사원법 또는 감사원심사규칙이 정하는 요건 및 절차를 갖추지 못한 경우
    - 보정할 수 있다고 인정하는 때에는 상당한 기간을 정하여 그 보정을 요구할 수 있으며, 그 기간내에 보정이 있는 경우에는 처음부터 적법한 심사청구가 제기된 것으로 본다. 다만, 소정 기간내에 보정하지 아니한 때에는 심사청구를 각하한다.
- 감사원은 심리결과 심사청구의 이유가 있다고 인정할 때에는 관계기관의 장에 대하여 시정 기타의 필요한 조치를 요구하며 심사청구의 이유가 없다고 인정할 때에는 이를 기각한다.
- 결정은 특별한 사유가 없는 한 그 청구를 수리한 날로부터 3월 이내에 하여야 하

15) 대법원 1985.6.25. 선고 85누265 판결

며, 결정을 한 때에는 7일 이내에 심사청구자와 관계기관의 장에게 심사결정서 등본을 첨부하여 문서로서 통지한다.

2. 법제처 유권해석

행정사가 「감사원법」 제43조제1항에 따른 심사청구의 대리인으로 선임될 수 있는지 여부(「감사원심사규칙」 제4조제1항제3호 등 관련)

【원 문】

법제처 [유권해석] 23-0439
법제처 [해석일자] 20231024

【질의요지】

「감사원법」 제43조제1항에서는 감사원의 감사를 받는 자의 직무에 관한 처분이나 그 밖에 감사원규칙으로 정하는 행위(이하 “처분등”이라 함)에 관하여 이해관계가 있는 자(이하 “이해관계인”이라 함)는 감사원에 그 심사의 청구(이하 “심사청구”라 함)를 할 수 있다고 규정하고 있고, 이러한 심사청구의 심리와 처리에 필요한 사항을 정하고 있는 「감사원심사규칙」 제4조제1항에서는 청구인(각주: 「감사원법」 제43조제1항에 따른 심사청구의 청구인을 말하며, 이하 같음.)은 청구인의 배우자, 직계존·비속 또는 형제·자매(제1호), 청구인인 법인의 임원 또는 직원(제2호), 다른 법률의 규정에 의하여 이의신청, 심판청구 등 불복에 관한 신청을 대리할 수 있는 자(제3호)를 대리인으로 선임할 수 있다고 규정하고 있는바,
이해관계인이 행정기관의 처분등에 불복하여 감사원에 심사청구를 하는 경우(각주: 청구인이 행정기관의 처분등에 불복하여 해당 처분등의 취소 또는 변경을 요청하는 취지로 감사원에 심사청구를 하는 경우로 논의를 한정함.), 행정사(각주: 「행정사법」 제4조 및 같은 법 시행령 제3조제1호에 따른 일반행정사를 말하며, 이하 같음.)가 「감사원심사규칙」 제4조제1항제3호에 따라 이해관계인의 심사청구를 대리할 수 있는지?

【회 답】

이 사안의 경우, 행정사는 「감사원심사규칙」 제4조제1항제3호에 따라 이해관계인의 심사청구를 대리할 수 없습니다.

【이 유】

「행정사법」 제2조제1항제5호에서는 행정사는 다른 사람의 위임을 받아 수행할 수 있는

업무의 하나로 “인가ㆍ허가 및 면허 등을 받기 위하여 행정기관에 하는 신청ㆍ청구 및 신고 등의 대리(代理)” 업무를 규정하고 있고, 같은 조 제2항의 위임에 따라 마련된 같은 법 시행령 제2조제5호에서는 같은 법 제2조제1항제5호에 따라 행정사가 수행할 수 있는 대리 업무의 내용과 범위를 ‘다른 사람의 위임을 받아 인가ㆍ허가ㆍ면허 및 승인의 신청ㆍ청구 등 행정기관의 일정한 행위를 요구하거나 신고하는 일을 대리하는 일’로 구체화하고 있는바, 행정사가 심사청구에 관하여 「감사원심사규칙」 제4조제1항제3호에 따른 “다른 법률의 규정에 의하여 이의신청, 심판청구 등 불복에 관한 신청을 대리할 수 있는 자”로서 심사청구를 대리할 수 있으려면 「감사원법」 제43조제1항에 따라 이해관계인이 행정기관의 처분등에 관하여 감사원에 심사청구를 하는 것이 「행정사법」 제2조제1항제5호의 ‘인가ㆍ허가 및 면허 등을 받기 위하여 행정기관에 하는 신청ㆍ청구 및 신고 등(이하 “인허가신청등”이라 함)’에 해당해야 할 것입니다.

이와 관련하여 「행정사법 시행령」 제2조에서는 행정사 업무의 구체적인 내용과 범위를 정하면서, 같은 조 제1호가목에서는 같은 법 제2조제1항제1호의 “행정기관에 제출하는 서류의 작성” 사무의 범위에 ‘행정기관에 제출하는 이의신청에 관한 서류의 작성’을 별도로 명시하여 포함하고 있는 것에 반해, 같은 영 제2조제5호에서는 같은 법 제2조제1항제5호의 “인가ㆍ허가 및 면허 등을 받기 위하여 행정기관에 하는 신청ㆍ청구 및 신고 등의 대리” 사무의 범위를 “인가ㆍ허가ㆍ면허 및 승인의 신청ㆍ청구 등 행정기관에 일정한 행위를 요구하거나 신고하는 일을 대리하는 일”로 규정하고 있을 뿐, 감사원에 제기하는 심사청구를 비롯한 이의신청, 심판청구 등 행정기관의 처분등의 불복에 관한 신청ㆍ청구를 행정사가 대리할 수 있는 행위에 명시적으로 포함하고 있지 않습니다.

그리고 「감사원법」 제43조제1항에서는 감사원의 감사를 받는 자의 직무에 관한 처분이나 그 밖에 감사원규칙으로 정하는 행위에 관하여 이해관계가 있는 자는 감사원에 그 심사의 청구를 할 수 있다고 규정하고 있고, 같은 법 제45조ㆍ제46조 및 「감사원심사규칙」에서는 감사원은 심사청구의 대상인 처분등보다 청구인에게 불이익한 결정을 하지 못하도록 하는 등(각주: 「감사원심사규칙」 제12조제1항에서는 감사원은 청구인이 주장하는 사항에 대해서 심리(본문)하나, 필요하다고 인정할 때에는 청구인이 주장하지 아니한 사실에 대해서도 심리할 수 있다(단서)고 규정하고 있고, 감사원은 심사청구의 대상인 처분 기타 행위 외의 사항에 대해서는 결정할 수 없으며, 그 처분 기타 행위보다 청구인에게 불이익한 결정을 하지 못한다고 규정하고 있는 등 통상적인 불복절차의 심리ㆍ결정 구조를 두고 있음.) 심사청구의 심리 및 결정에 대하여 규정하고 있으며, 같은 법 제47조에서는 관계기관의 장은 같은 법 제46조에 따른 시정이나 그 밖에 필요한 조치를 요구하는 심사결정의 통지를 받으면 그 결정에 따른 조치를 해야 한다고 규정하고 있는 점에 비추어 볼 때, 심사청구는 심사청구의 원인이 되는 행정기관의 처분등으로 인하여 침해된 이해관계인의 권익을 구제하고, 행정의 적법성을 확보(각주: 특히 국세의 경우 소송전심절차로서 국세청 심사청구, 조세심판원 심판청구, 감사원 심사청구 중 하나를 선택하여 이를 거쳐야만 행정소송을 제기할 수 있도록 하고 있음(「국세기본법」 제56조제2항 및

제4항))하고자 하는 일종의 불복절차에 해당(각주: 헌법재판소 1996. 12. 26. 선고 95헌마 257 결정례 등 참조)한다고 볼 수 있고, '인허가신청등'은 행정기관에 인·허가 등의 행정처분을 요구하기 위한 목적으로 민원인이 그 발단이 되는 신청·청구 등의 행위를 하는 것으로 이러한 민원인의 행위가 행정기관의 인·허가 등을 받기 위한 직접적인 계기가 되는 반면, 감사원에 대한 심사청구는 행정기관의 처분등에 대한 이의 또는 불복이 그 심사청구의 계기가 되는 것(각주: 법제처 2007. 12. 7. 회신 07-0367 해석례 참조)으로서, 청구인은 심사청구에 대한 감사원의 인용결정을 매개하여 간접적으로 청구인 자신의 권익을 구제받을 수 있다는 점에서, 이해관계인이 행정기관의 처분등에 불복하여 감사원에 심사청구를 하는 것은 「행정사법」 제2조제1항제5호에 따른 '인허가신청등'에 해당된다고 보기는 어렵습니다.
또한 행정사 제도는 일반적인 행정지식만으로 수행할 수 있는 기본적인 '행정절차'에 관한 사무를 분야별 전문자격자에게 맡기지 않고도 저렴한 비용으로 해당 서비스를 이용할 수 있도록 별도의 자격 제도를 마련한 것(각주: 법제처 2015. 10. 23. 회신 15-0443 해석례 참조)인데, 이러한 행정절차에 관한 공통적인 사항을 규율하고 있는 「행정절차법」 제3조제1항에서는 처분·신고·확약·위반사실의 공표, 행정계획, 행정상 입법예고, 행정예고 및 행정지도의 절차에 관하여 다른 법률에 특별한 규정이 있는 경우를 제외하고는 이 법에서 정하는 바에 따른다고 규정하면서도, 같은 조 제2항제8호에서는 "심사청구, 해양안전심판, 조세심판, 특허심판, 행정심판, 그 밖의 불복절차에 따른 사항"을 같은 법의 적용 대상에서 제외하도록 규정하고 있는 점에 비추어 보면, 기본적인 행정절차 사무를 처리하기 위해 자격을 부여받은 행정사가 대리할 수 있는 업무 범위인 '인허가신청등'에는 「행정절차법」의 적용이 배제되는 절차로서 행정기관의 처분등에 대한 불복절차 중 하나인 '심사청구'는 원칙적으로 포함되지 않는다고 보는 것이 타당합니다.
아울러 「변호사법」 제109조제1호나목에서는 '행정심판 또는 심사의 청구나 이의신청, 그 밖에 행정기관에 대한 불복신청 사건에 관한 대리'를 변호사의 업무로, 「세무사법」 제2조제1호에서는 '조세에 관한 신고·신청·청구(과세전적부심사청구, 이의신청, 심사청구 및 심판청구를 포함한다) 등의 대리'를 세무사의 업무로 규정하고 있고, 각 자격사에 해당하지 않는 자가 해당 업무를 수행한 경우 처벌하도록 규정하고 있는바(각주: 「변호사법」 제109조제1호나목 및 「세무사법」 제22조제1항제1호 참조), 이처럼 「세무사법」 등 다른 자격사에 관한 법률에서는 해당 자격사의 업무 범위에 심사청구의 대리 업무를 할 수 있음을 명시적으로 규정하고 있다는 점도 이 사안을 해석할 때 고려할 필요가 있습니다.
따라서 이 사안의 경우, 행정사는 「감사원심사규칙」 제4조제1항제3호에 따라 이해관계인의 심사청구를 대리할 수 없습니다.

<관계 법령>

감사원심사규칙

제4조 (대리인의 선임등) ① 청구인은 다음에 해당하는 자를 대리인으로 선임할 수 있다.
1. 청구인의 배우자, 직계존・비속 또는 형제・자매
2. 청구인인 법인(법인아닌 사단 또는 재단을 포함한다)의 임원 또는 직원
3. 다른 법률의 규정에 의하여 이의신청, 심판청구등 불복에 관한 신청을 대리할 수 있는 자

②・③ (생 략)

행정사법

제2조 (업무) ① 행정사는 다른 사람의 위임을 받아 다음 각 호의 업무를 수행한다. 다만, 다른 법률에 따라 제한된 업무는 할 수 없다.
1. ~ 4. (생 략)
5. 인가・허가 및 면허 등을 받기 위하여 행정기관에 하는 신청・청구 및 신고 등의 대리(代理)
6.・7. (생 략)

② 제1항에 따른 업무의 내용과 범위는 대통령령으로 정한다.

행정사법 시행령

제2조 (업무의 내용과 범위) 「행정사법」(이하 "법"이라 한다) 제2조제1항 각 호에 따른 행정사 업무의 내용과 범위는 다음 각 호와 같다.
1. ~ 4. (생 략)
5. 법 제2조제1항제5호의 사무: 다른 사람의 위임을 받아 인가・허가・면허 및 승인의 신청・청구 등 행정기관에 일정한 행위를 요구하거나 신고하는 일을 대리하는 일
6.・7. (생 략)

3. 감사원 심사청구 법령

가. 법적성격

※ 대한민국 헌법

제97조 국가의 세입·세출의 결산, 국가 및 법률이 정한 단체의 회계검사와 행정기관 및 공무원의 직무에 관한 감찰을 하기 위하여 대통령 소속하에 감사원을 둔다.

※ 감사원법

제20조 (임무) 감사원은 국가의 세입·세출의 결산검사를 하고, 이 법 및 다른 법률에서 정하는 회계를 상시 검사·감독하여 그 적정을 기하며, 행정기관 및 공무원의 직무를 감찰하여 행정 운영의 개선과 향상을 기한다. [전문개정 2009.1.30]

제43조 (심사의 청구) ① 감사원의 감사를 받는 자의 직무에 관한 처분이나 그 밖에 감사원규칙으로 정하는 행위에 관하여 이해관계가 있는 자는 감사원에 그 심사의 청구를 할 수 있다. <개정 2020.10.20>

② 제1항의 심사청구는 감사원규칙으로 정하는 바에 따라 청구의 취지와 이유를 적은 심사청구서로 하되 청구의 원인이 되는 처분이나 그 밖의 행위를 한 기관(이하 "관계기관"이라 한다)의 장을 거쳐 이를 제출하여야 한다.

③ 제2항의 경우에 청구서를 접수한 관계기관의 장이 이를 1개월 이내에 감사원에 송부하지 아니한 경우에는 그 관계기관을 거치지 아니하고 감사원에 직접 심사를 청구할 수 있다.

[전문개정 2009.1.30]

제46조의2 (행정소송과의 관계) 청구인은 제43조 및 제46조에 따른 심사청구 및 결정을 거친 행정기관의 장의 처분에 대하여는 해당 처분청을 당사자로 하여 해당 결정의 통지를 받은 날부터 90일 이내에 행정소송을 제기할 수 있다. [전문개정 2009.1.30]

감사원 심사청구는 행정심판을 거쳤다고 보는 것이므로 이 심사청구를 거친 경우 행정소송을 제가해야한다.(법 제46조의2, 19991. 2. 26. 90누7944)

(1) 제척기간

※ 감사원법

제44조 (제척기간) ① 이해관계인은 심사청구의 원인이 되는 행위가 있음을 안 날부터 90일 이내에, 그 행위가 있은 날부터 180일 이내에 심사의 청구를 하여야 한다.

② 제1항의 기간은 불변기간(불변기간)으로 한다.

[전문개정 2009.1.30]

(2) 청구대상

※ 감사원법

제43조 (심사의 청구) ① 감사원의 감사를 받는 자의 직무에 관한 처분이나 그 밖에 감사원규칙으로 정하는 행위에 관하여 이해관계가 있는 자는 감사원에 그 심사의 청구를 할 수 있다. <개정 2020.10.20>

② 제1항의 심사청구는 감사원규칙으로 정하는 바에 따라 청구의 취지와 이유를 적은 심사청구서로 하되 청구의 원인이 되는 처분이나 그 밖의 행위를 한 기관(이하 "관계기관"이라 한다)의 장을 거쳐 이를 제출하여야 한다.

③ 제2항의 경우에 청구서를 접수한 관계기관의 장이 이를 1개월 이내에 감사원에 송부하지 아니한 경우에는 그 관계기관을 거치지 아니하고 감사원에 직접 심사를 청구할 수 있다.

[전문개정 2009.1.30]

※ 감사원심사규칙

제3조의2 (청구변경 및 보충서면 제출) ① 청구인은 청구의 기초에 변경이 없는 범위에서 청구의 취지나 이유를 변경할 수 있다

② 제1항의 청구변경은 별지 제2호서식의 청구변경신청서에 의한다 <개정 2025.6.18>

③ 청구인은 심사청구서 등에서 주장한 사실을 보충하기 위해 보충서면을 제출할 수 있다 [본조신설 2011.10.19]

(3) 청구제외

※ 감사원심사규칙

제2조의2 (심사청구의 대상) 법 제43조의 "그 밖에 감사원 규칙으로 정하는 행위"란 감사원의 감

사를 받는 자의 직무에 관한 처분 외의 행위 또는 부작위(직무상 행위를 해야 할 법률상 의무가 있는 경우에 한한다)로서 상대방의 구체적 권리·의무에 직접적인 변동을 초래하는 것을 말하며, 다만 사법상의 법률관계로 인한 경우는 제외한다. [본조신설 2020.11.2]

(4) 결정

※ 감사원법

제46조 (심사청구에 대한 결정) ① 감사원은 심사의 청구가 제43조 및 제44조와 감사원규칙으로 정하는 요건과 절차를 갖추지 못한 경우에는 이를 각하한다. 이해관계인이 아닌 자가 제출한 경우에도 또한 같다.

② 감사원은 심리 결과 심사청구의 이유가 있다고 인정하는 경우에는 관계기관의 장에게 시정이나 그 밖에 필요한 조치를 요구하고, 심사청구의 이유가 없다고 인정한 경우에는 이를 기각한다.

③ 제1항 및 제2항의 결정은 특별한 사유가 없으면 그 청구를 접수한 날부터 3개월 이내에 하여야 한다.

④ 제2항의 결정을 하였을 때에는 7일 이내에 심사청구자와 관계기관의 장에게 심사결정서 등본을 첨부하여 통지하여야 한다.

[전문개정 2009.1.30]

(5) 관계기간 시정조치

※ 감사원법

제47조 (관계기관의 조치) 관계기관의 장은 제46조에 따른 시정이나 그 밖에 필요한 조치를 요구하는 결정의 통지를 받으면 그 결정에 따른 조치를 하여야 한다. [전문개정 2009.1.30]

※ 감사원심사규칙

제9조 (심사청구의 결정에 따른 조치) 관계기관의 장은 법 제46조에 따른 시정 그 밖에 필요한 조치를 요구하는 결정의 통지를 받은 때에는 특별한 사유가 없으면 2개월 이내에 그 결정에 따른 조치를 취하고 그 결과를 지체없이 감사원에 통보(「정보통신망 및 정보보호 등에 관한 법률」에 따른 정보통신망을 이용한 통보를 포함한다)하여야 한다. <개정 1994.4.19, 2009.12.17, 2025.6.18> [제8조에서 이동, 종전 제9조는 제10조로 이동<1994.4.19>]

(6) 불이익변경금지

※ 감사원심사규칙

제12조 (심리 및 심사결정의 범위) ① 감사원은 청구인이 주장하는 사항에 대해서 심리한다. 다만, 필요하다고 인정할 때에는 청구인이 주장하지 아니한 사실에 대하여도 심리할 수 있다 <신설 2011.10.19>

② 감사원은 심사청구의 대상인 처분 기타 행위외의 사항에 대하여는 결정할 수 없으며 그 처분 기타 행위보다 청구인에게 불이익한 결정은 하지 못한다. <개정 2011.10.19>

③ 삭제 <2025.6.18>

[본조신설 1994.4.19] [제목개정 2011.10.19]

[서식 13] 감사원 심사청구서 (감사원심사규칙 [서식 1])

(별지서식1)

감 사 원 심 사 청 구 서

<table>
<tr><td rowspan="3">1. 청구자</td><td>주 소
(사무소의 소재지)</td><td colspan="6"></td></tr>
<tr><td>성 명(상호)</td><td colspan="2"></td><td>전화번호</td><td colspan="3"></td></tr>
<tr><td>직 업
(업 종)</td><td></td><td>주민등록번호
(사업자등록번호)</td><td></td><td>연령</td><td colspan="2"></td></tr>
<tr><td colspan="4">2. 심사를 요하는 대상기관 및 관계자</td><td colspan="4"></td></tr>
<tr><td colspan="4">3. 심사청구의 대상이 되는 행위의 내용</td><td colspan="4"></td></tr>
<tr><td colspan="4">4. 심사청구의 취지 및 그 이유</td><td colspan="4"></td></tr>
<tr><td colspan="4">5. 행정심판(행정심판법외의 타법률에 의한 행정심판 절차를 포함) 또는 소송 제기 유무</td><td colspan="4"></td></tr>
<tr><td colspan="4">6. 관계기관의 처분 또는 행위가 있은 날 또는 그 처분 또는 행위가 있은 것을 안 날</td><td colspan="4"></td></tr>
<tr><td colspan="4">7. 대리인 또는 대표자의 성명 및 주소</td><td colspan="4"></td></tr>
</table>

감사원법 제43조 및 감사원심사규칙 제3조의 규정에 의하여 관계서류를 첨부하여 위와 같이 심사를 청구합니다.

20 . . .

청구인 (인)

첨부서류 : 표지포함 매.

감 사 원 귀중

[서식 14] 양도소득세 부과에 관한 심사청구서 (투기지정지역 소재 부동산에 대한 양도소득세 부과시 실지거래가액을 적용한 것이 정당한지 여부)

심 판 청 구 서

청 구 인 : 류 ○ ○
서울 ○○구 ○○동 737-7 00프라자 905호
(전화 : 000-0000, H.P :)

피청구인 : ○○ 세무서장

양도소득세부과에 관한 심사청구서

근거법조 : 구 소득세법(2005. 12. 31. 법률 제7837호로 개정되기 전의 것) 제96조 제1항, 소득세법 제98조, 구 소득세법 시행령(2003. 12. 30. 대통령령 제18173호로 개정되기 전의 것) 제162조 제1항

청 구 취 지

피청구인이 2008. 1. 18. 청구인에 대하여 한 양도소득세 85,135,420원의 부과처분을 취소한다.

청 구 원 인

1. 사건개요
청구인이 2003. 7. 31. 00도 00시 00구 00동 1396번지 00아파트 12동 704호(이하 "이 사건 아파트"라 한다)를 청구외 000에게 380,000,000원에 양도한데 대하여 피청구인은 위 아파트의 실지거래가액 380,000,000원을 양도가액으로 하고 환산가액 124,564,960원을 취득가액으로 하여 2008. 1. 18. 청구인에게 양도소득세 85,135,420원을 부과·고지(이하 "이 사건 부과처분"이라 한다)하였다.
2. 청구인의 주장
2003. 5. 18. 이 사건 아파트를 청구외 000에게 매도하는 계약을 체결한 날을 양도시점으로 보아야 하고 양도시점 이후에 해당 지역이 투기지정지역으로 지정되었으므로 양도소득세 산정시 기준시가를 적용하여야 한다
3. 이 건 처분의 위법 · 부당 여부
가. 인정사실
(1) 청구인은 000000로부터 1987. 6. 16. 분양받은 이 사건 아파트를 2003. 5. 18.

청구외 000에게 380,000,000원에 매도하기로 하는 계약을 체결하고 같은 해 7. 31. 잔금을 청산하였으며 청구외 000은 같은 날 자신 명의로 소유권이전등기를 접수하였다.

(2) 구 재정경제부장관은 2003. 5. 29. 이 사건 주택 및 그 부속토지가 소재하는 00도 00시 00구를 투기지정지역으로 지정하였다.

(3) 피청구인은 청구인의 이 사건 아파트의 양도에 대해 실지거래가액 380,000,000원을 양도가액으로 하고 환산가액 124,564,960원을 취득가액으로 하여 2008. 1. 2. 청구인에게 양도소득세 85,135,420원을 부과·고지하였다

나. 관계 법령의 규정

(1) 구 소득세법(2005. 12. 31. 법률 제7837호로 개정되기 전의 것, 이하 같다)제96조 제1항의 규정에 따르면 토지 및 건축물의 양도소득 산정에 있어 양도 가액은 당해 부동산의 양도당시의 기준시가에 의하되. 다만, 부동산가격상승률이 전국소비자물가상승률보다 높은 지역으로서 부동산가격이 급등하였거나 급등할 우려가 있어 재정경제부장관이 대통령령이 정하는 기준 및 방법에 따라 지정하는 지역(이하 "투기지정지역"이라 한다)에 소재하는 부동산 중 대통령령이 정하는 부동산에 해당하는 경우에는 양도자와 양수자간에 실제로 거래한 가액(이하 "실지거래가액"이라 한다)에 의한다고 규정되어 있다.

(2) 소득세법 제98조는 "자산의 양도차익을 계산함에 있어서 그 취득시기 및 양도시기에 관하여는 대통령령으로 정한다."고 규정하고 있다.

(3) 구 소득세법 시행령(2003. 12. 30. 대통령령 제18173호로 개정되기 전의 것, 이하 같다) 제162조 제1항의 규정에 따르면 법 제98조의 규정에 의한 취득시기 및 양도시기는 대금청산일이 분명하지 아니한 경우 등을 제외하고는 당해 자산의 대금을 청산한 날로 하는 것으로 규정되어 있다.

다. 청구인은 2003. 5. 18. 이 사건 아파트를 청구외 000에게 매도하는 계약을 체결하였고 이후 해당 지역이 투기지정지역으로 지정되었으므로 이 사건 아파트에 대한 양도소득세를 기준시가를 적용하여 산정하여야 함에도 실지거래가액을 기준으로 한 것은 부당하다

첨 부 서 류

생 략

20○○. ○○. ○○.

위 청구인 류 ○ ○ (인)

감사원 귀중

[서식 15] 요양승인 결정에 관한 심사청구 (근로자가 사고를 고의로 일으켰는지 여부)

심 판 청 구 서

청 구 인 : ○○ 주식회사
서울 ○○구 ○○동 5가 541
대표이사 ○ ○ ○
(전화 : 000-0000, 팩스 : 000-0000)
대리인 ○○○○법인 담당 공인노무사 ○○

피청구인 : 근로복지공단 △△△△지사장

요양승인 결정에 관한 심사청구

근거법조 : 산업재해보상보험법(2007. 12. 11. 법률 제8373호로 개정되기 전의 것) 제5조 제1호, 구 산업재해보상보험법 제37조 제1항, 구 산업재해보상보험법 시행규칙(2008. 3. 3. 노동부령 298호로 개정되기 전의 것) 제32조

청 구 취 지

피청구인이 2008. 1. 22. 청구인에 대하여 한 요양승인 결정을 취소한다.

청 구 원 인

1. 사건개요
   가. 청구인이 시행 중이던 0000건설공사의 재하도급업체인 00건설 소속 철근공 000는 2007. 11. 17. 0000시 00구 00동 소재 위 공사현장에서 철근을 구조물 옥상에서 아래로 내리는 업무를 수행하다가 구조물과 구조물 사이 공간으로 추락(이하 "이 사건 사고"라 한다)하여 바닥에 세워져 있던 철근에 좌측 대퇴부를 관통당하는 등 부상을 당한데 대하여 2007. 12. 10. 산업재해보상보험법에 따라 피청구인에게 요양승인을 신청하였다.
   나. 이에 대하여 피청구인은 2008. 1. 22. 청구인을 보험가입자로 하고 위 000가 이 사건 사고로 입은 부상을 업무상 재해로 인정하여 요양승인 결정(이하 "이 사건 요양승인 결정"이라 한다)을 하였다.

2. 청구인의 주장
   근로자 000이 사고 예행연습으로 보이는 행동을 하는 등 사고경위와 부상정도, 사고

후 위 000의 태도 등을 볼 때 이 사건 사고는 위 000이 보상금을 취득할 목적으로 계획적으로 일으킨 것이다.

3. 이 건 처분의 위법 · 부당 여부

가. 인정사실

(1) 용역회사인 00건설 소속 근로자 000은 2007. 11. 9.부터 청구인이 시행하고 있던 0000건설 공사현장에서 철근공으로 일하고 있었다.

(2) 위 000은 2007. 11. 17. 이 사건 사고가 발생하기 전에 위 공사현장 바닥에 세워져 있던 철근을 잡고 오르내리다가 철근반장인 000으로부터 위험한 행동을 한다고 질책을 받았다.

(3) 위 000은 2007. 11. 17. 위 공사현장에서 철근을 구조물 옥상에서 아래로 내리는 업무를 수행하다가 구조물과 구조물 사이의 공간으로 추락(이하 "이 사건 사고"라 한다)하여 바닥에 세워져 있던 철근에 좌측 대퇴부를 관통당하는 등 좌측 대퇴부 관통상, 요추부 및 둔부 염좌, 양측 상완부 및 주관절부, 두부 및 안면부 좌상을 입었다.

(4) 철근반장인 000을 포함한 작업동료 3명은 구조물 옥상에서 작업을 마치고 구조물 옆에 설치된 계단으로 내려와 보니 위 000이 보이지 않아 찾다가 위 000이 구조물에서 추락해 바닥에 세워진 철근에 매달려 있는 것을 발견하였다.

(5) 위 000이 이 사건 사고로 부상을 입은데 대하여 2007. 12. 10. 「산업재해보상보험법」에 따라 피청구인에 요양승인을 신청하자 피청구인은 2008. 1. 22. 요양을 승인하였다.

나. 관계 법령의 규정

(1) 구 산업재해보상보험법(2007. 12. 11. 법률 제8373호로 개정되기 전의 것, 이하 "산재법"이라 한다) 제5조 제1호는 ""업무상의 재해"란 업무상의 사유에 따른 근로자의 부상·질병·장해 또는 사망을 말한다."고 규정하고 있다.

(2) 구 산재법 제37조 제1항은 "요양급여는 근로자가 업무상의 사유로 부상을 당하거나 질병에 걸린 경우에 그 근로자에게 지급한다."고 규정하고 있다.

(3) 구 「산업재해보상보험법 시행규칙(2008. 3. 3. 노동부령 298호로 개정되기 전의 것, 이하 "산재법 시행규칙"이라 한다)」 제32조는 "사고로 인한 근로자의 사상이 다음 각호의 요건에 해당되는 경우에는 이를 업무상 재해로 본다."고 규정하면서 제1호에서"근로자가 근로계약에 의한 업무를 사업주의 지배관리하에 수행하는 상태에서 사고가 발생하거나 사업주가 관리하고 있는 시설물의 결함 또는 관리상의 하자로 인하여 사고가 발생하여 사상하였을 것", 제2호에서 "사고와 근로자의 사상간에 상당인과 관계가 있을 것", 제3호에서 "근로자의 고의·자해행위나 범죄행위 또는 그것이 원인이 되어 발생한 사상이 아닐 것" 이라고 각각 규정하고 있다.

다. 청구인은 이 사건 사고를 당한 근로자 000가 사고 전에 철근을 잡고 오르내리는 등 사고의 예행연습으로 보이는 행위를 한 점, 이 사건 사고 발생 당시 함께 일하던 근로자 3명은 작업을 마치고 아래로 내려가고 있었는데 위 000만이 동료들과 떨어져 혼자 사고 장소로 갔다가 추락한 점, 사고 발생시 다른 근로자들이 아무런 비명소리도 듣지 못한 점, 구조물의 벽에 아무런 추락흔적도 남아 있지 않은 점, 7미터 높이에서 많은 철근이 세워져 있는 바닥으로 떨어졌는데 위 000가 당한 부상이 지나치게 경미한 점, 위 000가 사고 직후 산업재해보상 보험법상 요양승인 신청을 거부하면서 청구인에게 보상금을 요구한 점 등 사고 경위, 부상정도, 사고 후 위 000의 태도 등을 고려할 때 위 000이 고의로 이 사건 사고를 일으킨 것으로 보이므로 이 사건 요양승인 결정은 부당하다.

첨 부 서 류

생 략

20○○. ○○. ○○.

위 청구인 ○○ 주식회사
대표이사 ○ ○ ○ (인)

감사원 귀중

[서식 16] 취득세 등 부과에 관한 심사청구 (교회가 부동산을 취득하여 교인들을 위해 주차장으로 사용하는 경우 취득세 등 비과세대상에 해당하는지 여부)

심 판 청 구 서

청 구 인 : 대한예수교장로회 ○○교회
○○도 ○○시 ○○동 200-4
대표 ○ ○ ○
(전화 : 000-0000, 팩스 : 000-0000)

피청구인 : ○○도 △△시장

요양승인 결정에 관한 심사청구

근거법조 : 구 지방세법(2005. 12. 31. 법률 제7843호로 개정되기 전의 것) 제105조 제1항, 제107조, 제127조 제1항, 구 지방세법(2005. 1. 5. 법률 제7332호로 개정되기 전의 것) 제181조, 제186조, 지방세법 제112조, 제183조 제1항, 제235조의2, 제260조의2, 지방세법 시행령 제79조 제1항, 농어촌특별세법 제3조

청 구 취 지

피청구인은 2007. 8. 10.자로 청구인에 대하여 한 ○○도 ○○시 ○○동 218-2번지 토지 300㎡, 218-15번지 토지 56㎡ 및 지상 건축물 230.36㎡에 대한 취득세 등 합계 56,751,400원의 부과처분에 관하여 위 토지 및 건축물 중 청구인이 주차장으로 이용하고 있는 면적을 재조사 확인하고 그 주차장 이용면적에 대한 취득세 등 부과처분을 취소한다.

청 구 원 인

1. 사건개요

청구인이 2003. 6. 20. 00도 00시 00동 218-2번지 외 1필지의 토지 3,356㎡ (공장용지 3,300㎡, 대지 56㎡)와 지상 건축물 2동 230.36㎡(토지를 포함하여 이하 ‘이 사건 부동산’이라 한다)를 취득한 후 이 사건 부동산이 종교 사업을 목적으로 하는 비영리사업자가 그 사업에 사용할 부동산이라는 이유로 취득세 등을 비과세받았으나 피청구인은 이 사건 부동산 취득일부터 2007년 3월경까지 종교 사업에 직접 사용하지 않고 있는 것으로 보아 취득가액인 635,000,000원을 과세표준으로 하여 산출한 취득세 15,240,000원, 농어촌특별세 1,397,000원, 등록세 22,860,000원, 지방교육세 4,191,000원, 합계 43,688,000원과 2004년도분 재산세 3,439,400원, 도시계획세 1,085,960원, 지방교육세

687,880원, 합계 5,213,240원, 2005년도분 재산세 2,446,130원, 도시계획세 922,560원, 지방교육세 489,220원, 합계 3,857,910원, 2006년도분 재산세 2,534,070원, 도시계획세 951,370원, 지방교육세 506,810원, 합계 3,992,250원을 2007.8.10. 각각 부과·고지(이하 '이 사건 부과처분'이라 한다)하였다.

2. 청구인의 주장

이 사건 부동산을 취득하여 예배시 교회 차량 및 교인 차량을 주차시키기 위한 교회 주차장으로 이용하고 평시에는 지역 주민들에게 무료로 개방 하되 일부는 청구인 소속 교인이 주차장관리 등을 하면서 무상으로 이용하고 있으므로 이 사건 부동산은 종교 사업에 직접 사용하는 부동산에 해당하여 취득세 등이 비과세되어야 한다.

3. 이 건 처분의 위법 · 부당 여부

가. 인정사실

(1) 청구인은 대한예수교소속 교회로서 2003년 6월 무렵 등록 교인은 2,000여 명이었고 교회차량 및 교인의 등록 차량은 179대이나 교회 내 주차공간은 30여 대 분이다.

(2) 청구인은 2003. 6. 20. 교회주차장으로 이용하기 위하여 00도 00시 00동 218-2번지 외 1필지 토지 3,356㎡와 지상 건축물 2동 230.36㎡(토지를 포함하여 이하 '이 사건 부동산'이라 한다)를 취득한 후 종교단체가 그 사업에 사용하기 위하여 부동산을 취득한 것으로 인정받아 취득세 등을 비과세 받았다.

(3) 청구인은 이 사건 부동산을 취득하여 교회주차장으로 사용하면서 일부는 교인인 청구외 000(0000)으로 하여금 창고 및 야적장으로 이용하도록 하였고 일부는 교인인 청구외 000(00광고사)으로 하여금 옥외간판을 제조하는 광고사 사무실로 이용하도록 하였다.

(4) 청구인은 2004. 10. 17. 인접도로에서 주차장에 이르는 계단을 설치하고 주차장 내 폐기물을 제거하는 등 주차장을 수선하는데 8,772,000원을 지출하였고 2004. 10. 24. 주차장 도장공사, 주차선도색 등에 1,220,000원을 지출하였다.

(5) 피청구인은 2007. 4. 12. 이 사건 부동산의 이용상태를 현지 확인한 결과 이 사건 부동산의 일부를 개인사업자로 하여금 수익사업에 이용하도록 하고 나머지는 주차장으로 이용하고 있음을 확인하고 청구인에게 이 사건 부과처분을 하였다.

나. 관계 법령의 규정

(1) 구 지방세법(2005. 1. 5. 법률 제7332호로 개정되기 전의 것, 이하 같다) 제181조는 "재산세는 토지, 건축물, 주택, 선박 및 항공기(이하 이 절에서 "재산"이라 한다)를 과세대상으로 한다."고 규정하고 있다.

(2) 구 지방세법 제186조의 규정에 따르면 제사·종교·자선·학술·기예 그 밖의 공익

사업을 목적으로 하는 대통령령이 정하는 비영리사업자가 그 사업에 직접 사용하는 부동산 등에 대하여는 재산세를 부과하지 아니한다고 규정되어 있다.

(3) 구 지방세법(2005. 12. 31. 법률 제7843호로 개정되기 전의 것, 이하 같다) 제105조 제1항은 "취득세는 부동산·차량·기계장비·입목·항공기·선박·광업권·어업권·골프회원권·콘도미니엄회원권 또는 종합체육시설이용회원권의 취득에 대하여 당해 취득물건 소재지의 도(골프회원권·콘도미니엄회원권 및 종합체육시설이용회원권은 골프장·콘도미니엄 및 종합체육시설 소재지의 도를 말한다)에서 그 취득자에게 부과한다."고 규정하고 있다.

(4) 구 지방세법 제107조의 규정에 따르면 제사·종교·자선·학술·기예 기타 공익사업을 목적으로 하는 대통령령으로 정하는 비영리사업자가 그 사업에 사용하기 위한 부동산의 취득 등에 대하여는 취득세를 부과하지 아니하나, 대통령령이 정하는 수익사업에 사용하는 경우와 취득일부터 1년(제1호의 경우에는 3년) 이내에 정당한 사유없이 그 용도에 직접 사용하지 아니하는 경우 또는 그 사용일부터 2년 이상 그 용도에 직접 사용하지 아니하고 매각하거나 다른 용도로 사용하는 경우 그 해당 부분에 대하여 취득세를 부과한다고 규정되어 있다.

(5) 구 지방세법 제127조 제1항의 규정에 따르면 제사·종교·자선·학술·기예 기타 공익사업을 목적으로 하는 대통령령으로 정하는 비영리사업자가 그 사업에 사용하기 위한 부동산에 대한 등기 등에 해당하는 것에 대하여는 등록세를 부과하지 아니하지만, 대통령령이 정하는 수익사업에 사용하는 경우와 등기·등록일부터 1년(제1호의 경우에는 3년) 이내에 정당한 사유없이 그 용도에 직접 사용하지 아니하는 경우 또는 그 사용일부터 2년 이상 그 용도에 직접 사용하지 아니하고 매각하거나 다른 용도로 사용하는 경우 그 해당 부분에 대하여 등록세를 부과한다고 규정되어 있다.

(6) 지방세법 제112조는 "등록세는 재산권 기타 권리의 취득·이전·변경 또는 소멸에 관한 사항을 공부에 등기 또는 등록(등재를 포함한다. 이하 같다)하는 경우에 그 등기 또는 등록을 받는 자에게 부과한다." 고 규정하고 있다.

(7) 지방세법 제183조 제1항은 "재산세 과세기준일 현재 재산을 사실상 소유하고 있는 자는 재산세를 납부할 의무가 있다."고 규정하고 있다.

(8) 지방세법 제235조의2은 "도시계획세의 과세기준일 현재 제183조의 규정에 의하여 토지·건축물 또는 주택에 대한 재산세의 납세의무가 있는 자는 도시계획세를 납부할 의무가 있다."고 규정하고 있다.

(9) 지방세법 제260조의2의 규정에 따르면 지방교육의 질적 향상에 필요한 지방교육재정의 확충에 소요되는 재원을 확보하기 위하여 이 법의 규정에 의한 등록세, 재산세 등의 납세의무자는 지방교육세를 납부할 의무를 진다.

(10) 지방세법 시행령 제79조 제1항의 규정에 따르면 지방세법 제107조 제1호에서 "대통령령으로 정하는 비영리사업자"라 함은 종교 및 제사를 목적으로 하는

단체 등을 말하는 것으로 규정되어 있다.

(11) 농어촌특별세법 제3조의 규정에 따르면 지방세법에 의한 취득세 또는 레저세의 납세의무자 등은 이 법의 규정에 의하여 농어촌특별세를 납부할 의무를 진다고 규정되어 있다.

다. 구 지방세법에 따르면 종교 등 공익사업을 목적으로 하는 비영리사업자가 그 사업에 직접 사용하는 부동산에 대하여는 취득세 등을 부과하지 아니한다고 규정되어 있는바 '그 사업에 직접 사용'한다고 함은 현실적으로 당해 부동산의 사용용도가 비영리사업 자체에 직접 사용되는 것을 뜻하고, '그 사업에 사용'의 범위는 당해 비영리사업자의 사업목적과 취득목적을 고려하여야 한다.

그런데 청구인의 종교사업의 목적 상다수의 교인들이 교회에 집합하는 것이 불가피하므로 이에 따른 주차 공간 확보가 필요했으며, 교인 수와 교인들의 등록차량에 비해 교회 내 주차공간이 부족하여 예배에 참석하는 교인들을 위한 주차장으로 사용할 목적으로 이 사건 부동산을 취득했고, 이 사건 부동산을 취득하여 계속 주차장으로 이용해 왔으며, 이후 주차장에 이르는 계단을 설치하고 주차선을 도색하는 등 이 사건 부동산을 지속적으로 주차장으로 관리해 왔으므로, 청구인이 이 사건 부동산을 종교 사업에 직접 사용한 것이다. 따라서 피청구인은 이 사건 부동산 중 청구인이 교회주차장으로 이용하고 있는 부분을 조사하여야 함에도 이 사건 부동산 전체에 대해 취득세 등을 부과한 잘못이 있다고 할 것이다.

첨 부 서 류

생 략

20○○. ○○. ○○.

위 청구인 대한예수교장로회 ○○교회

대표 ○ ○ ○ (인)

감사원 귀중

[서식 17] 국민연금보험료 체납 등에 관한 심사청구 (연금보험료 독촉장이 적법하게 송달되었는지 여부)

심 판 청 구 서

청 구 인 : 유 ○ ○
○○○○시 ○구 ○○동 417-10 1층
(전화 : 000-0000, H.P :   )

피청구인 : 국민연금관리공단 △△△지사장

국민연금보험료 체납 등에 관한 심사청구

근거법조 : 구 국민연금법(2007. 7. 23. 법률 제8541호로 전문 개정되기 전의 것) 제3조 제1항, 제8조 제1항, 제75조 제1항, 제76조 제1항, 제77조 제1항, 제79조 제1항, 제79조의2, 동법 시행령 제6조 제1항, 제19조 제1항, 제50조의2 제1항, 동법 시행규칙 제10조

청 구 취 지

피청구인은 2006. 10. 12.자로 청구인에 대하여 한 표준소득월액결정과 연금보험료 부과처분을 취소하여야 한다.

청 구 원 인

1. 사건개요

가. 청구인이 2004. 6. 1. 사업자등록을 한 후 컴퓨터 수리업을 영위하면서 2006. 2. 10. 청구인 및 청구인의 사용인인 청구외 000의 소득월액을 월 800,000원으로 하여 국민연금 사업장가입자 자격취득신고를 함에 따라 피청구인은 같은 해 2. 13. 청구인과 청구외 000의 표준소득월액을 19등급인 월 790,000원으로 자격취득결정을 하였고, 같은 해 2. 23.부터 2007. 11. 24.까지 22회에 걸쳐 청구인과 청구외 000의 국민연금보험료 납입고지서를 일반우편으로 청구인의 사업장 주소지인 0000시 0구 00 1동 417-10으로 발송하였다.

나. 피청구인은 청구인이 청구인과 청구외 000의 2006년 1월분부터 2007년 9월분까지 연금보험료를 납부하지 않자 2006. 3. 23.부터 2007. 10. 23.까지 연금보험료 독촉장(정기분)을 20회에 걸쳐 등기우편으로 청구인의 사업장으로 발송하였으며, 청구인이 2006년 1월분부터 2007년 2월분까지 연금보험료 2,143,510원(연체료 포함)를

체납하자 구 보건복지부장관의 체납처분승인을 받아 같은 해 10. 12. 청구인 소유 자동차 1대와 9개 은행의 예금 채권을 압류(이하 '이 사건 처분'이라 한다.)하였다.

2. 청구인의 주장

가. 적법한 독촉장 송달 없이 이 사건 처분이 있었는지 여부

피청구인에서 국민연금보험료 독촉장을 일반우편으로 송달하여 이를 받지 못하였으므로 이 사건 처분이 무효이다.

나. 청구인에 대한 표준소득월액 결정 및 연금보험료 부과처분이 위법한지 여부

청구인은 이 사건 표준소득월액이 종합소득세 신고금액보다 높게 결정된 것과 이를 기준으로 국민연금보험료를 산정, 납입고지한 것은 위법하다

3. 이 건 처분의 위법·부당 여부

가. 인정사실

(1) 청구인은 2004. 6. 1. 0000시 0구 00동 417-10 1층에 "0000"이라는 상호로 사업자등록을 하고 2007. 2. 28.까지 청구외 000을 고용하여 컴퓨터 및 인터넷 케이블TV 설치 수리업 영업을 하였다.

(2) 피청구인은 2005. 11. 28. 및 같은 해 12. 7. 유선으로 청구외 000에게 국민연금 사업장가입자 자격취득 신고 안내를 하였고, 2006. 1. 17. 청구인에게도 위 자격취득 신고방법과 신고 불이행시 직권 가입 조치한다는 등의 내용을 안내하였다.

(3) 청구인은 2006. 2. 10. 청구인 및 청구외 근로자인 000의 소득월액을 월 800,000원으로 하여 사업장가입자 자격취득 신고서를 제출하였다.

(4) 피청구인은 2006. 2. 13. 청구인과 청구외 000의 표준소득월액을 같은 해 1. 1. 자로 월 790,000원(19등급)으로 결정하여 통지하고 같은 해 2. 23.부터 2007. 11. 24.까지 22회에 걸쳐 청구인과 청구외 000의 연금보험료 납입고지서를 일반우편으로 청구인의 사업장으로 송달하였다.

(5) 피청구인은 청구인이 청구인과 청구외 000의 2006년 1월분부터 2007년 9월분까지 연금보험료를 계속해서 납부하지 않는데 대하여 2006. 3. 23.부터 2007. 10. 23.까지 20회에 걸쳐 연금보험료 독촉장(정기분)을 등기우편으로 청구인의 사업장으로 송달하였고, 2006. 5. 10.부터 2007. 8. 22.까지 9회에 걸쳐 연금보험료 독촉장(수시분)을 일반우편으로 송달하였다.

(6) 구 정보통신부 우정사업본부가 운영하는 「등기우편조회내역」에 의하면 청구인은 2007. 3. 27. 및 같은 해 5. 29. 등기우편으로 송달된 2006년 12월분부터 2007년 2월분, 2007년 2월분부터 같은 해 4월분까지 연금보험료에 대한 독촉장(정기분) 등 2건을, 청구외 000은 2006. 3. 24. 2006년 1, 2월분 연금보험료와

2007년 1월분부터 9월분까지 연금보험료에 대한 독촉장(정기분) 등 7건을 직접 받았으며, 나머지 11건은 등기우편으로 송달되었으나 수취인을 확인할 수 없는바, 특히 등기우편과 일반우편으로 송달된 독촉장 중 반송된 것은 1건도 없다.

(7) 구 보건복지부장관은 2006. 5. 26.부터 2007. 10. 26.까지 2006년 1월분부터 2007년 8월분까지 청구인의 연금보험료 미납에 대한 체납처분을 승인하였고, 피청구인은 이를 근거로 2007. 10. 12. 국민연금법 제79조 제3항에 따라 2006년 2월(1월분 포함)부터 2007년 9월까지의 연금보험료 및 연체금 2,765,640원에 대해 청구인 소유 자동차 1대와 국민은행 외 8개 은행의 예금 채권을 압류하였다.

(8) 청구인은 2007. 11. 2. 청구외 000이 같은 해 2. 28. 퇴사하여 구 국민 연금법 시행령(2007. 9. 10. 대통령령 제20256호로 개정되기 전의 것, 이하 구 국민연금법 시행령이라 한다.) 제19조의 규정에 따른 국민연금 당연적용 사업장이 아니라는 사유로 피청구인에 국민연금 당연적용 사업장 자격 상실신고를 하였다.

(9) 피청구인은 2007. 11. 8. 위 사업장을 같은 해 3. 1.자로 국민연금 당연적용 사업장 자격상실 처리하였고, 이에 따라 2007년 3월 이후 부과된 연금보험료는 취소되었으며, 최종 체납액은 2006. 1월부터 2007. 2월까지 13개월간 보험료 1,938,850원, 연체금 204,660원 계 2,143,510원이다.

나. 관계 법령의 규정

(1) 구 국민연금법(2007. 7. 23. 법률 제8541호로 전문 개정되기 전의 것, 이하 같다) 제3조 제1항에 "이 법에서 사용하는 용어의 뜻은 다음과 같다."라고 규정되어 있고, 같은 조 제3호에 ""소득"이라 함은 일정기간 동안의 근로의 제공 또는 사업 및 자산의 운영 등에서 얻는 수입을 말한다. 이 경우 국민연금가입자(이하 "가입자"라 한다)의 종별에 따른 소득의 범위는 대통령령으로 정한다.", 같은 조 제5호에 ""표준소득월액"이라 함은 연금보험료 및 급여의 산정을 위하여 가입자의 소득월액을 기준으로 하여 등급별로 대통령령이 정하는 금액을 말한다."라고 규정되어 있다.

(2) 구 국민연금법 제8조 제1항에서 "사업의 종류, 근로자의 수 등을 고려하여 대통령령으로 정하는 사업장(이하 "당연적용사업장"이라 한다)의 18세 이상 60세 미만인 근로자와 사용자는 당연히 사업장가입자가 된다.(단서 생략)"라고 규정되어 있다.

(3) 구 국민연금법 제75조 제1항에 "공단은 국민연금사업에 소요되는 비용에 충당하기 위하여 가입자 및 사용자로부터 가입기간 동안 매월 연금보험료를 징수한다."라고 규정하고 있고, 제2항에서 "사업장가입자의 연금보험료 중 기여금은 사업장가입자 본인이, 부담금은 사용자가 부담하되, 그 금액은 각각 표준소득월액의 1천분의 45에 해당하는 액으로 한다."라고 규정되어 있다.

(4) 구 국민연금법 제76조 제1항에 "연금보험료는 그 납부의무자가 다음 달 10일

까지 납부하여야 한다.(단서 생략)"라고 규정되어 있다.

(5) 구 국민연금법 제77조 제1항에 "사용자는 사업장가입자가 부담할 기여금을 그 에게 지급할 매월의 임금에서 공제하여 이를 공단에 납부하여야 한다."라고 규정되어 있다.

(6) 구 국민연금법 제79조 제1항에 "공단은 사업장가입자 및 지역가입자의 연금보험료 기타 이 법에 의한 징수금을 기한(괄호 생략)내에 납부하지 아니한 때에는 대통령령이 정하는 바에 의하여 기한을 정하여 이를 독촉하여야 한다." 라고 규정되어 있고, 제2항에 "공단은 제1항의 규정에 의하여 독촉을 함에 있어서는 10일 이상의 납부기한을 정하여 독촉장을 발부하여야 한다."라고 규정되어 있으며, 제3항에 "제1항의 규정에 의하여 독촉을 받은 자가 그 기한 내에 연금보험료 기타 이 법에 의한 징수금을 납부하지 아니한 때에는 공단은 보건복지부장관의 승인을 얻어 국세체납처분의 예에 따라 이를 징수할 수 있다."라고 규정되어 있다.

(7) 구 국민연금법」 제79조의2에 "제79조의 규정에 의한 서류의 송달은 국세기본법 제8조 내지 제12조의 규정을 준용한다"라고 규정되어 있고, 국세기본법 제10조 제2항에 "납세의 고지·독촉·체납처분 또는 세법에 의한 정부의 명령에 관계되는 서류의 송달을 우편에 의하고자 할 때에는 등기우편에 의하여야 한다.(단서생략)"라고 규정되어 있으며, 제4항에 "제2항 및 제3항의 경우에 송달할 장소에서 서류의 송달을 받아야 할 자를 만나지 못한 때에는 그 사용인 기타 종업원 또는 동거인으로서 사리를 판별할 수 있는 자에게 서류를 송달할 수 있으며, 서류의 송달을 받아야 할 자 또는 그 사용인 기타 종업원 또는 동거인으로서 사리를 판별할 수 있는 자가 정당한 사유없이 서류의 수령을 거부한 때에는 송달할 장소에 서류를 둘 수 있다"라고 규정되어 있다.

(8) 구 국민연금법 시행령 제6조 제1항에 "사업장가입자 또는 사업장임의계속가입자가 가입자 자격을 취득하여 연금보험료를 최초로 납부하거나 법 제77조의2의 규정에 의한 연금보험료의 납부예외기간이 종료되어 연금보험료의 납부를 재개하는 경우의 표준소득월액은 다음 각호의 규정에 의한 액을 소득월액으로 하여 국민연금관리공단이 결정하되, 그 적용기간은 자격을 취득한 날 또는 납부를 재개한 날이 속하는 달부터 제7조 제1항의 규정에 의하여 정기결정되는 표준 소득월액을 적용하는 달의 전달까지로 한다."고 규정하면서 제1호에 "월·주 기타 일정기간으로 소득이 정하여지는 경우에는 그 소득액을 그 기간의 총일수로 나눈 액의 30배에 상당하는 액", 제2호에 "일·시간·생산고 또는 도급으로 소득이 정하여지는 경우에는 가입자의 자격을 취득한 날 또는 납부를 재개한 날이 속 하는 달의 전 1월간에 당해사업장에서 같은 업무에 종사하고 또한 같은 소득이 있는 자가 받은 소득월액을 평균한 액", 제3호에 "소득월액을 산정하기 곤란한 자에 대하여는 가입자의 자격을 취득한 날 또는 납부를 재개

한 날이 속하는 달의 전 1월간에 그 지방에서 같은 업무에 종사하고 또한 같은 소득이 있는 자가 받은 소득월액을 평균한 액"이라고 규정되어 있다.

(9) 구 국민연금법 시행령 제19조 제1항에 "법 제8조 제1항의 규정에 의한 당연적용사업장은 다음 각호의 1에 해당하는 사업장으로 한다."라고 규정하면서 제1호에 "1인 이상의 근로자를 사용하는 사업장"이라고 규정되어 있다.

(10) 구 국민연금법 시행령 제50조의2 제1항에 "공단은 법 제79조 제1항의 규정에 의하여 사업장가입자의 연금보험료 등의 납부를 독촉하는 때에는 납기 경과 후 20일 이내에 당해 사업장가입자의 사용자에게 독촉장을 발부하여야 한다."라고 규정되어 있다.

(11) 구 국민연금법 시행규칙 제10조에 "사용자는 당해 사업장의 근로자나 사용자 본인이 법 제11조 제1항의 규정에 따라 사업장가입자의 자격을 취득하거나 법 제12조 제1항의 규정에 따라 사업장가입자의 자격을 상실한 경우에는 그 사유가 발생한 날이 속하는 달의 다음 달 15일까지 다음 각호의 구분에 의한 서류를 공단에 제출하여야 한다."고 규정하면서 제1호에 "사업장가입자의 자격을 취득한 경우 : 별지 제5호 서식의 사업장가입자자격취득신고서(괄호생략)", 제2호에 "사업장가입자의 자격을 상실한 경우 : 별지 제5호의2 서식의 사업장가입자자격상실신고서"라고 열거되어 있다.

다. 구 국민연금법 제79조 등의 관련법령에 따르면 피청구인은 가입자가 연금보험료를 납입하지 아니할 때 납부기한을 정하여 독촉장을 등기우편으로 송달하도록 규정되어 있고, 서류의 송달을 받아야 할 자를 만나지 못한 때에는 그 사용인 등에게 서류를 송달하도록 규정하고 있다.

청구인은 국민연금 사업장가입자 자격취득신고를 한 2006. 2월부터 압류처분통지서를 송달받은 2007. 10. 16.까지 연금보험료 체납에 대한 독촉장을 송달받지 못하였으므로 이 사건 처분은 취소되어야 한다.

라. 종합소득세 신고금액보다 높게 책정된 평균소득월액을 기준으로 매월 연금보험료를 산정하여 납입고지한 것은 위법하다.

첨 부 서 류

생 략

20○○. ○○. ○○.

위 청구인 유 ○ ○ (인)

감사원 귀중

[서식 18] 종합부동산세 부과에 관한 심사청구 (이 사건 토지가 재산세 종합합산과세 대상토지에 해당되어 종합부동산세 과세대상인지 여부)

심 판 청 구 서

청 구 인 : 정 ○ ○
○○○○시 ○○○구 ○○ 2동 175-8
(전화 : 000-0000, H.P :)

피청구인 : △△△세무서장

종합부동산세 부과에 관한 심사청구

근거법조 : 종합부동산세법 제11조, 제13조 제1항·제2항, 제22조 제1항, 지방세법 제182조 제1항, 제190조, 동법 시행령 제131조의2 제3항 제5호, 구 지방세법 시행령(2006. 6. 30. 대통령령 제19587호로 개정되기 이전의 것) 제131조의2 제3항

청 구 취 지

피청구인은 2007. 7. 5.자로 청구인에 대하여 한 종합부동산세 33,341,510원 및 농어촌특별세 6,668,300원,합계 40,009,810원 부과처분을 취소하여야 한다.

청 구 원 인

1. 사건개요

피청구인은 청구인이 2006년 재산세 과세기준일 현재 0000시 000구 00동 460-1 외 6필지 토지 28,381㎡(이하 '이 사건 토지'라 한다)를 소유함으로써 재산세 과세대상 토지에 대한 종합부동산세 과세표준액이 4,021,468,200원임에도 2006년도 종합부동산세를 신고하지 아니한 데 대하여 종합부동산세법의 규정에 따라 2007. 7. 5. 종합부동산세 33,341,510원 및 농어촌특별세 6,668,300원 합계 40,009,810원을 부과(이하 '이 사건 처분'이라 한다.)하였다.

2. 청구인의 주장

이 사건 토지가 컨테이너 적치장 용도로 사용되고 있으므로 종합합산과세대상이 아니라 별도합산과세대상으로 보아 종합부동산세를 과세하여야한다.

3. 이 건 처분의 위법·부당 여부

가. 인정사실

(1) 청구인은 ○○○○시 ○○○구 ○○동 453-2 등 3필지(지목 : 답) 354㎡는 1968. 6. 19. 취득하였고, 같은 동 460-1 등 4필지(지목 : 잡종지) 28,027㎡는 2004. 9. 23. 취득하여 2006년도 재산세 과세기준일인 2006. 6. 1.현재 소유하고 있었다.

(2) 위 청구인 토지 중 개발제한구역 내에 있는 잡종지 4필지 28,027㎡ 중 3필지 23,368㎡에는 2005. 12. 1.부터 2008. 10. 30.까지 부동산 임대업을 하고 있는 청구외 주식회사 0000(대표이사 000)가 000구청장으로부터 물건적치 및 가설건축물 행위허가를 받아 빈 컨테이너를 적치하고 관리사무실로 사용하고 있다.

(3) 피청구인은 2007. 5. 21. 위 컨테이너 적치장으로 사용하고 있는 청구인의 토지에 대하여 종합부동산세법 제22조 제1항의 규정에 따라 과세물건 관할인 000구청장에게 위 토지가 종합합산과세대상인지 별도합산과세대상인지 여부를 의견조회 하였고 관할 000구청장은 같은 해 5. 28. 위 토지가 종합합산과세 대상임을 회신하였다.

(4) 청구인은 2007. 9. 17. 이 사건 토지는 별도합산과세대상에 해당한다고 판단하여 이 사건 처분에 대한 경정청구를 하였고 피청구인은 같은 해 9. 19. 경정청구가 이유없음을 통지하였다.

나. 관계 법령의 규정

(1) 지방세법 제182조 제1항에는 "토지에 대한 재산세 과세대상은 종합합산과세대상, 별도합산과세대상 및 분리과세대상으로 구분한다."고 규정하면서, 그 제1호에 "종합합산과세대상 : 과세기준일 현재 납세의무자가 소유하고 있는 토지 중 별도합산 또는 분리과세대상이 되는 토지를 제외한 토지(단서생략)"라고, 제2호에 "별도합산과세대상 : 과세기준일 현재 납세의무자가 소유하고 있는 대통령령이 정하는 건축물의 부속토지 및 별도합산과세하여야 할 상당한 이유가 있는 것으로서 대통령령이 정하는 토지(단서생략)"라고, 제3호에 "분리과세대상 : 과세기준일 현재 납세의무자가 소유하고 있는 토지 중 다음 각목의 1에 해당하는 토지(각목생략)"라고 규정하고 있다.

(2) 같은 법 제190조에는 "재산세의 과세기준일은 매년 6월 1일로 한다."라고 규정하고 있다.

(3) 구 지방세법 시행령(2006. 6. 30. 대통령령 제19587호로 개정되기 이전의 것) 제131조의2 제3항은 "법 제182조 제1항 제2호 본문에서 '별도합산과세하여야 할 상당한 이유가 있는 것으로서 대통령령이 정하는 토지'라 함은 다음 각호의 어느 하나에 해당하는 토지를 말한다"고 규정하면서 제5호는 "「항만법」에 의하여 해양수산부장관 또는 시·도지사가 지정 또는 고시한 야적장 및 컨테이너장치장용 토지와 「관세법」에 의하여 세관장의 특허를 받는 특허보세구역 중 보세창고용 토지로서 당해 사업연도 및 직전 2개 사업연도 중 물품 등의 보관·

관리에 사용된 최대면적의 1.2배 이내의 토지"라고 규정하고 있다.

(4) 종합부동산세법 제11조에는 "토지에 대한 종합부동산세는 국내에 소재하는 토지에 대하여 지방세법 제182조 제1항 제1호의 규정에 의한 종합합산과세 대상과 동법 제182조 제1항 제2호의 규정에 의한 별도합산과세대상으로 구분하여 과세한다."라고 규정하고 있다.

(5) 종합부동산세법 제13조 제1항에는 "종합합산과세대상인 토지에 대한 종합부동산세의 과세표준은 납세의무자별로 당해 과세대상토지의 공시가격을 합한 금액에서 3억 원을 공제한 금액으로 한다."고 규정하고 제2항에는 "별도합산과세대상인 토지에 대한 종합부동산세의 과세표준은 납세의무자별로 당해 과세 대상토지의 공시가격을 합한 금액에서 40억 원을 공제한 금액으로 한다."고 규정하고 있다.

다. 청구인은 이 사건 토지가 지방세법시행령 제131조의2 제3항 제5호에서 규정하고 있는 별도합산과세대상토지에 해당하므로 종합합산과세대상으로 보아 종합부동산세를 과세한 이 사건 부과처분은 부당하고 지방세법에 의하여 재산세가 부과된 이 사건 토지에 또다시 종합부동산세를 부과한 것은 사유재산권을 지나치게 해치는 것으로 헌법에 위반된다.

첨 부 서 류

생 략

20○○. ○○. ○○.

위 청구인 정 ○ ○ (인)

감사원 귀중

2. 감사원 심사결정 사례

□ 취득세 등 부과에 관한 심사청구 (1996.9.24. '96감심 제165호)

《요지》

채권을 보전하거나 행사할 목적으로 취득하는 토지는 구 지방세법시행령 제84조의 4제4항에서 같은 조 제1항 내지 제3항의 규정에 불구하고 법인의 비업무용 토지로 보지 아니한다고 규정하면서 그 단서에서 취득 후 1년(은행법・보험업법・신탁업법 그밖의 법률에 의한 금융기관이 한국산업은행법에 의하여 설립된 성업공사에 매각을 위임한 토지 및 농지담보법 제3조의 규정에 의한 농지저당기관이 취득하는 농지와 농가주택의 부속토지는 2년 6월) 이내에 정당한 사유없이 매각하지 아니한 경우에는 그러하지 아니하다고 규정하고 있고,

그 정당사유의 유무를 판단함에 있어서는 그 중과의 입법취지를 충분히 고려하면서 그 중과의 입법취지를 충분히 고려하면서 그 해당 법인이 금융기관인지의 여부, 토지의 취득목적에 비추어 이를 매각하는데 걸리는 준비기간의 장단. 소정 기간내에 매각할 수 없었던 법령상. 사실상의 장애사유 및 그 장애 정도. 당해 법인이 채권보전용으로 취득한 토지를 매각하기 위한 진지한 노력을 다하였는지의 여부 등을 아울러 참작하여 구체적인 사안에 따라 개별적으로 판단하여야 할 것으로서 이러한 규정취지에 비추어 보아 법인이 토지를 채권보전용으로 취득하여 그 유예기간내에 매각할 수 없는 정당한 사유가 있다고 인정되면 이를 법인의 비업무용 토지로 된 경우에 해당한다고 볼 수 없다 할 것이다.

《관계법령》

- 구 지방세법 제112조 제2항 : 대통령으로 정하는 별장・골프장・고급오락장・법인의 비업무용 토지 …를 취득한 경우의 취득세율은 100분의 750으로 한다.
- 구 지방세법시행령 제84조의 4 제1항

청 구 인 : ○○○중앙회 대표자 회장 원○○

서울특별시 ○구 ○○로 1가 75

처 분 청 : ○○시장

위 청구인이 1996.1.5. 당원에 제출한 충청북도 소관 취득세 부과에 관한 심사청구에 대하여 감사원법 제45조의 규정에 의하여 이를 심리한 결과 주문과 같이 결정한다.

주 문

처분청은 1995.11.10.자로 청구인에 대하여 한 취득세 27,688,440원(가산세 포함)의 부과처분을 취소하여야 한다.

이 유

1. 원처분의 요지

처분청은 청구인이 1991.8.23. 충청북도 ○○시 ○○구 ○○동330-2 대지 2.376㎡(이하 "이사건 토지"라 한다)를 채권보전용으로 취득한 후 취득일로부터 1년 이내에 매각하지 아니한데 대하여 이 사건 토지를 법인의 비업무용 토지로 보아 구 지방세법(1994.12.22. 법률 제4794호로 개정되기 이전의 것) 제112조 제2항의 중과세율을 적용하여 산출한 세액에서 이미 자진신고 납부한 세액을 차감하여 추가 고지세액을 결정하고 1995.11.10.자로 청구인에 대하여 취득세 27,688,440원 (가산세 4,614,740원 포함)을 부과고지하는 처분(이하 이 사건 부과처분이라 한다)을 하였다.

2. 청구의 취지 및 이유

청구인은 처분청이 한 이사건 부과처분의 취소를 청구하면서 그 이유로서 청구인은 농업협동조합법에 의하여 설립된 금융기관으로서 채권을 보전할 목적으로 이 사건 토지를 1991. 8.23. 경락 취득한 후 1년 이내인 1992.3.11. 청구외 유○○와 매매계약을 채결하였으나, 위 유○○가 매매 대금을 지급하지 아니하므로 부득이 1993.9.11. 위 매매계약을 해체하고, 지체없이 재매각절차를 밟아 1994.7.28. 청구외 주식회사 ○○환경산업에 매각한 것으로서 이는 지방세법시행령 제84조의 4 제4항 제2호 단서 소정의 "이 사건 토지 취득후 1년 이내에 매각하지 아니한 정당한 사유"에 해당됨에도 처분청에서 이 사건 토지를 법인의 비어무용 토지로 보아 이 사건 취득세를 추징한 것은 부당하다고 주장한다.

3. 당원의 판단

이 사건 심사청구의 다툼은 청구인이 이 사건 토지를 취득한 후 1년 이내에 매각하지 아니한 정당한 사유가 있었는지의 여부에 있다.

먼저 청구인이 이 사건 토지의 취득·매각 경위와 처분청의 이 사건 취득세 추징경위 등 사실관계를 보면, 청구인은 1989.8.21. 이 사건 토지 및 지상건물, 기계기구에 채권최고액 504,000,000원의 근저당권을 설정하고, 청구외 동양청량음료주식회사에 이 사건 토지 등을 담보로 같은해 8.22. 90,000,000원 같은해 11.24. 190,000,000원 1960.6.16. 80,000,000원계 360,000,000원을 농기업시설자금으로 대출하였다가 위 동양청량음료주식회사가 그 대출금 360,000,000원을 상환하지 아니하므로 1991.4.22. 청주지방법원에 이 사건 토지 등에 대한 임의경매신청을 하여 같은 해 4.25. 경매절차가 개시결정된 사실.

동 경매절차에서 이 사건 토지 등의 최저경매가격을 당초 536,775,210원으로 정하였으나 응찰자가 없어 유찰되고, 2차 경매기일에 최저경매가격을 429,400,000원으로 낮추었으나 2차 경매마저 유찰되면 상당한 손해를 입게 될 것을 우려하여 청구인이 442,240,000원(이 사건 토지 177,490,000원, 건물 182,180,000원, 기계기구 85,570,000원)에 경락받아 같은 해 8.23. 경락대금을 완납하고 이 사건 토지 등을 취득한 사실, 그 후 곧바로 매각하기로 결정하고 같은 해9.30.자로 일간신문인 동아일보에 최저 매매가격을 526,890,000원 등으로 하여 3차례 공매를 실시한다는 공고를 한 다음 같은 해 10.8. 2차례, 같은 달 9. 1차례 공매를 실시하였으나 유찰되었고, 다시 최저 매매가격을 낮추어 같은 해 10.17.자로 일간신문인 국민일보에 최저 경매가격을 447,856,000원 등으로 하여 3차례 공매를 실시한다는 공고를 한 다음 같은 달 29. 2차례 공매를 실시하였으나 유찰되고 마지막 공매기일인 같은 달 30. 청구의 유○○에게 낙찰된 사실.

위 유○○는 1992.2.18. 처분청으로부터 토지거래계약허가를 받아 같은 해 3.11. 이사건 토지 등에 대한 매매계약(매매대금 591,950,000원중 계약금 60,000,000원을 계약당일에 지급하고 잔금 531,950,000원을 10회에 걸쳐 분할납부하기로 함)을 체결한 사실, 매수인인 위 유○○가 계약금만 지급한 채 1,2회 할부금을 지급기일(1992.9.11.과 1993.3.11.)에 지급하지 아니하자 청구인은 1993.8.30. 유○○에게 "3회 지급기일인 1993. 9.11.까지 1,2회 할부금 및 지연손해금 107,954,000원과 3회 할부금 53,000,000원을 지급하지 아니할 경우 별도 통지 없이 매매계약이 해체된 것으로 간주하여 처리하겠다"는 내용의 매매대금 납부최고를 하였고 위 유○○가 1993.9.11.까지 아무런 답변없이 위 할부금을 지급하지 아니하므로 위 매매계약이 동 일자로 해제된 사실.

청구인은 다시 이 사건 토지 등을 공매하기로 결정하고 1993.12.4.자로 일간신문인 서울신문에 이 사건 토지 등을 감정가격 455,840,000원과 제비용을 합한 476,442,000원을 1차 최저매매가격 등으로 하여 4차례 공매를 실시한다는 공고를 한 다음 같은 달 16. 2차례. 같은 달 17. 2차례 공매를 실시하였으나 응찰자가 없어 유찰되자. 다시 1994.2.17.자로 일간신문인 중앙일보에 최저매매가격을 381,153,000원으로 낮추어 3차례 공매를 실시한다는 공고를 한 다음 같은 달 24. 2차례. 같은달 25. 2차례 공매를 실시하였으나 응찰자가 없어 유찰된 사실.

그 후 다시 공매를 준비하던 중 같은 해 4.14. 청구의 주식회사 ○○환경산업으로부터 이 사건 부동산을 382,000,000원에 매수하겠다는 의사표시가 있자 청구인은 같은 금액으로 수의계약에 의하여 매매계약을 채결하기로 하고 같은 해5.25. 위 주식회사 ○○환경산업과 382,000,000원으로 매매계약을 채결하고 같은 해7.28. 동 회사 명의로 소유권 이전등기를 한 사실.

1995.11.11. 충청북도로부터 처분청에 대한 부분감사 결과 청구인이 이 사건 부동산 취득일부터 1년이 지난 후에 매각하였으므로 법인의 비업무용 토지로 보아 취득세를 추징하여야 함에도 추징하지 아니한 것은 잘못이라는 내용의 처분지시를 받고 처분청에서 1995.11.10.자로 이 사건 부과처분을 하게 된 사실을 일건 기록에 의하여 인정할 수 있다.

다음 법령의 규정을 살펴보면, 구 지방세법 제112조 제2항, 동 시행령 제84조의 4 제4항 제2호 본문에서 채권을 보전하거나 행사할 목적으로 취득하는 토지는 같은 조 제1항 내지 제3항의 규정에 불구하고 법인의 비업무용 토지로 보아 아니한다고 규정하면서 그 단서에서 취득 후 1년(은행법 · 보험업법 · 신탁업법 그밖의 법률에 의한 금융기관이 한국산업은행법에 의하여 설립된 성업공사에 매각을 위임한 토지 및 농지담보법 제3조의 규정에 의한 농지저당기관이 취득하는 농지와 농가주택의 부속 토지는 2년 6월) 이내에 정당한 사유 없이 매각하지 아니한 경우에는 그러하지 아니하다고 규정하고 있는 바.

이와 같은 법령의 입법취지는 법인이 채권을 보전하거나 행사할 목적으로 취득한 토지는 일반적으로 법인의 비업무용 토지로 보지 아니하나 그 토지를 취득한 후 1년 이내에 정당한 사유 없이 매각하지 아니한 경우에는 법인의 비업무용 토지로 보아 취득세를 중과세함으로써 비업무용 토지의 매각을 촉진시켜 법인의 고유목적 이외의 토지의 취득·보유로 인한 비생산적인 투기의 조장을 방지하고 토지의 효율적 이용을 기하고자 함에 있는 것이고,

여기서 정당한 사유란 법령에 의한 금지, 제한등 그 법인이 마음대로 할 수 없는 외부적인 사유는 물론 채권보전용으로 취득한 토지를 매각하기 위한 정상적인 노력을 다하였음에도 시간적인 여유가 없어 유예기간을 넘긴 내부적인 사유도 포함한다 할 것이고, 나아가 그 정당사유의 유무를 판단함에 있어서는 그 중과의 입법취지를 충분히 고려하면서 그 해당법인이 금융기관인지의 여부. 토지의 취득목적에 비추어 이를 매각하는데 걸리는 준비기간의 장단. 소정기간내에 매각할 수 없었던 법령상. 사실상의 장애사유 및 그 장애정도. 당해 법인이 채권보전용으로 취득한 토지를 매각하기 위한 진지한 노력을 다하였는지의 여부 등을 아울러 참작하여 구체적인 사안에 따라 개별적으로 판단하여야 할 것으로서 이러한 규정취지에 비추어 보아 법인이 토지를 채권보전용으로 취득하여 그 유예기간내에 매각할 수 없는 정당한 사유가 있다고 인정되면 이를 법인의 비업무용토지로 된 경우에 해당한다고볼 수 없다 할 것이다.

그러므로 살피건대 위의 사실관계에 의하면 청구인은 이 사건 토지등을 1991.8.23. 경락취득한후 공매절차를 통하여 1년 이내인 1992.3.11. 청구의 유○○에게 매각하였으나 매수인인 유○○가 계약 당일 계약금만 지급한 채 잔금 지급기일까지 특별한 사유 없이 잔금을 지급하지 아니하므로 부득이 매매계약을 해제하고, 즉시 공매방식으로 이 사건 토지를 매각하려 하였고, 위 매매계약을 해제한 후에는 감정가격 이하로 최저매매가격을 정하여 8차례에 걸쳐 공매(매 회마다 최저매매가격을 낮추었음)하였으나 모두 응찰자가 없어 유찰되었고, 다시 공매를 준비하던 중 주식회사○○환경산업으로부터 매수의사표시를 받자 바로 위 회사에게 매도하였다는 것이어서 청구인으로서는 이 사건 토지의 매각을 위하여 정상적인 노력을 하였음에도 청구인 자신에게 그 책임을 돌릴 수 없는 외부적인 사정으로 인하여 이 사건 토지를 취득한 후 1년 이내에 매각하지 아니한 경우라고 봄이 상당하므로 지방세법 소정의 정당한 사유가 있다고 할 것이다.

4. 결론

그렇다면 처분청이 이 사건 토지를 법인의 비업무용 토지로 보아 취득세를 중과세한 것은 잘못이고 이 사건 심사청구는 이유있으므로 감사원법 제46조 제2항의 규정에 의하여 주문과 같이 결정한다.

□ 법인세(특별부가세)부과에 관한 심사청구 (1996.6.12. '96감심 제112호)

《요지》

청구인이 대구 토지에 아파트를 신축할 목적으로 매매계약을 채결하고 계약금 또는 중도금을 순차적으로 지급하다가 잔금을 지급하기 전인 1989.4.29. 법령상 사용제한을 받았다면 이건 대구 토지는 취득후 법령상 사용제한이 있었다고 보아야 할것이며, 청구인은 대구 토지를 법령상 사용제한일로부터 3년이 경과되기 전에 공급용지로 양도하였으므로 이를 특별부가세 감면이 배제되는 법인의 비업무용 부동산의 양도로 볼 수는 없다고 하겠다.

또한 청구인은 포항토지를 1988.12.30. 주택신축판매용으로 취득한 후 1991.7.6. 도시계획시설결정고시일까지 2년이 넘도록 착공 및 공사진행을 하지 아니한채 보유하고 있었을 뿐 아니라 취득후 2년 이내에 착공 및 공사진행을 하지 못한 것이 법령상 사용제한에 의한 것이 아니므로 포항토지는 법인의 비업무용 부동산에 해당되어 이의 양도에 대하여는 특별부가세의 감면을 배제하는 것이 옳다고 하겠다.

《관계법령》

구 조세감면규제법 제66조(특별부가세의 비과세 및 감면의 배제) 법인의 업무와 직접 관련이 없는 부동산중 대통령령이 정하는 것에 대하여는 이 법 또는 다른 법률중 특별부가세의 비관세 및 감면에 관하나 규정은 이를 적용하지 아니한다.

청 구 인 : 주식회사 ○○(대표이사 이○○)
대구광역시 ○○구 ○○동 413-6

대리인 변호사 김○○
처 분 청 : ○○○세무서장

위 청구인이 1995.7.11. 당원에 제출한 재정경제원 소관 법인세(특별부가세) 부과에 관한 심사 청구에 대하여 감사원법 제45조의 규정에 의하여 이를 심리한 결과 주문과 같이 결정한다.

주 문

처분청은 1995.5.16. 청구인에 대하여 한 법인세(특별부가세) 1,973,965,820원의 부과처분에 관하여 양도토지중 대구광역시 ○○구 ○○동 681 전 외 4필지의 토지 계 48.833㎡의 양도에 대한 특별부가세를 감면하여 그 과세표준과 세액을 결정하여야 한다. 나머지 심사청구는 기각한다.

이 유

1. 원처분의 요지

처분청은 청구인이 1991사업연도 법인세를 신고하면서 대구광역시 ○○구 ○○동 681 전 외 4필지 토지 계 48.833㎡(이하 "대구토지"라 한다)를 1989.5.23. 취득하여 1991.8.23. 취득하여 ○○○○○○공사에. 경상북도 포항시 ○○○ 산 91-2 임야외 5필지 토지 계 20.847㎡(이하 "포항토지"라 한다)를 1988.12.30. 취득하여 1991.7.25 ○○○도 ○○교육청에 각각 공공용지로 양도한 후 구 조세감면규제법 제57조 제1항의 규정에 따라 특별부가세를 감면신청한데 대하여

가. 대구토지는 법령상 사용제한일(1989.4.29. 택지개발촉진법 제3조에 의하여 택지개발지구로 지정고시) 이후인 1989.5.23. 취득하였으므로 구 조세감면규제법 제66조의 규정에 의하여 특별부가세 감면대상이 아니고

나. 포항토지는 1991.7.1. 사용제한(경상북도고시 제234호로 학교시설부지로 지정)된 토지로서 사용제한 조치일 현재 업무에 직접 사용하지 아니한 비업무용 부동산이므로 특별부가세 감면대상이 아니라고 보아

청구인의 감면신청을 받아들이지 아니하고 1995.5.16. 법인세(특별부가세) 1,973,965,820원을 납부하도록 고지하였다.

2. 청구의 취지 및 이유

청구인은 1995.5.16. 처분청이 납부고지한 법인세(특별부가세) 1,973,965,820원의 부과처분을 취소할 것을 청구한다.

그 이유로서

가. 대구토지는 주택신축판매업을 영위하는 청구인이 당초 아파트를 신축할 목적으로 택지개발 지구로 지정되기 전인 1988.11.29.부터 1989.3.10.까지 사이에 각각의 토지에 대하여 매매계약을 채결하였으나 자금사정중 중도금과 잔금을 분할지급하던 중 잔금지급 완료전인 1989.4.29.택지개발지구로 지정됨으로써 사용제한이 되었는 바. 매매계약을 중도에 해약할 수 없어 부득이 잔금을 지급하였고 이어서 공공용지로 수용된 특수한 경우이므로 매매계약일을 사실상의 취득일로 보아야 하고 이러할 경우 취득후에 법령상 사용제한이 있은 토지의 양도에 해당되어 감면대상이며

나. 포항토지는 1988.12.30. 취득하고 1991.7.1. 학교시설부지로 지정고시되었으나 당시 건설부장관의 1986.8.22. 및 같은 해 11.6.자 지침에 의하면 각 시·군 도시계획공람공고시부터 동도시계획안에 저촉되는 건축허가신청사항에 대하여는 건축법 제44조 및 같은법시행령 제96조에 근거하여 허가를 유보 및 제한하도록 시달된 바 있으므로 사용제한일을 ○○시 도시계획시설결정 공람공고일인 1990.12.23.로 보아야 하며. 이러할 경우 보유기간은 취득일로부터 동 사용제한일까지 2년 미만으로서

사용제한에 따라 바로 공공용지로 양도하였으므로 감면대상이라고 주장한다.

3. 당원의 판단

이건 심사청구의 다툼은 청구인이 대구토지 및 포항토지를 각각 공공사업용으로 양도한데 대하여 법인의 업무와 직접 관련없는 부동산의 양도로 보아 구 조세감면규제법 제66조의 규정에 의하여 특별부가세 감면을 배제한 것이 타당한 지의 여부에 있다고 하겠다.

먼저 관계법령의 규정내용을 보면 구 조세감면규제법(1993.12.31. 법률 제4666호로 개정되기 이전의 것) 제66조에서 법인의 업무와 직접 관련이 없는 부동산은 이 법 또는 다른 법률중 특별부가세의 비과세 및 감면에 관한 규정은 이를 적용하지 아니하도록 규정하고 있고, 같은법시행규칙(1994.4.13 재무부령 제1970호로 개정되기 이전의 것) 제20조의 2 제1항에서 「양도일까지 1년 이상 계속하여 당해 법인의 업무에 직접 사용하지 아니한 것(매매사업용 부동산 포함)과 법인세법시행규칙 제18조 제3항 제2호 내지 제21호에 해당하는 것」을 법인의 업무와 관련이 없는 부동산으로 규정하고 있으며, 같은 조 제2항 제4호 및 구 법인세법시행규칙(1994.3.12. 재무부령 제1968호로 개정 되기 전의 것) 제18조 제4항 제1호에서는 「당해 부동산의 취득후 법령의 규정에 의하여 사용이 금지 또는 제한된 부동산으로서 그 사용이 금지 또는 제한된 날로부터 3년이 경과되지 아니한 것」은 법인의 업무와 관련이 없는 부동산에서 제외한다고 규정하고 있고, 구 법인세법시행규칙 제18조 제3항 제12호 본문에 「매매용부동산」을 법인의 업무와 관련이 없는 부동산으로 규정한 다음 그 단서에서 「부동산매매업을 주업으로 하거나 주택신축판매업을 하는 법인이 취득한 매매용부동산으로서 취득후 2년이 경과되지 아니한 것(주택 등 건물의 신축판매업용 부동산의 경우에는 토지를 취득한 후 2년 이내에 착공한 것으로서 공사 진행중에 있는것)」은 법인의 업무와 관련이 없는 부동산에서 제외한다고 규정하고 있다.

가. 대구토지의 양도에 대하여 살펴본다.

청구인이 제시한 부동산취득관련 자료에 의하면 청구인은 대구토지를 취득하기 위하여 1988.12.31.부터 1989.3.10.까지 사이에 계약금을 지급하였고 1989.1.4.부터 같은 해 3.13.까지 사이에 1차 중도금 내지 3차 중도금을 지급하였으며 대구토지 소재지가 택지개발지구로 지정(지정일 : 1989.4.29.)된 24일 후인 같은 해 5.23. 잔금을 지급하였음이 입증되는 바. 이에 대하여 청구인은 법령상 사용제한 이전에 대구토지를 취득한 것으로 보아야 한다고 주장하고 있고, 처분청은 구 법인세법시행령 제124조의 2 제13항의 규정에 의하여 준용되는 소득세법시행령 제53조 제1항 제1호의 규정을 근거로 청구인의 대구토지 취득일은 잔금지급일인 1989.5.23.이라고 주장하면서, 청구인이 대구토지를 공공용지로 양도하였다 하더라도 취득전에 법령상 사용제한이 있었으므로 법인의 업무와 관련없는 부동산에서 제외되지 아니하여 특별부가세 감면대상이 아니라고 주장한다.

살피건대, 구 법인세법시행규칙 제18조 제4항 제1호에서「당해 부동산의 취득후 법령의 규정에 의하여 사용이 금지 되는 제한된 부동산으로서 그 사용이 금지 또는 제한된 날로부터 3년이 경과되지 아니한 것」을 비업무용 부동산으로 보지 아니한다고 규정하고 있으나 그 유예기간 산정의 기준이 되는 부동산의 취득시기에 대하여는 관련규정인 구 법인세법시행규칙 제18조에서 따로 정한바가 없으므로, 설사 법인의 특별부가세에 관한 구 법인세법시행령 제124조의 2 제13항에서 그 대상부동산의 취득시기에 대하여 소득세법시행령 제53조의 규정을 준용하도록 하고 있다 하더라도, 법인의 비업무용 부동산의 판정과 법인자산의 양도차익에 대한 과세는 그 입법목적과 취지가 다르므로 과세요건에 관한 확장해석이나 유추해석을 허용하지 아니하는 조세법률주의 원칙에 비추어 볼 때 소득세법시행령 제53조의 규정을 법인의 비업무용 부동산의 판정에 그대로 적용할 수는 없다고 할 것이고,

부동산 취득후 법령에 의하여 사용이 금지 또는 제한된 부동산을 일정기간 법인의 비업무용 부동산으로 보지 않도록 규정하고 있는 취지는 부동산 취득후 정부시책에 의하여 사용제한될 경우 예측하지 못한 손해를 입게 되는 것을 구제하려는 것이라 할 것인 바,

청구인이 대구토지에 아파트를 신축할 목적으로 매매계약을 체결하고 계약금 또는 중도금을 순차적으로 지급하다가 잔금을 지급하기 전인 1989.4.29. 법령상 사용제한을 받았다면 이건 대구토지는 취득후 법령상 사용제한이 있었다고 보아야 할 것이며, 청구인은 대구토지를 법령상 사용제한일로부터 3년이 경과되기 전에 공공용지로 양도하였으므로 이를 특별부가세 감면이 배제되는 법인의 비업무용 부동산의 양도로 볼 수는 없다고 하겠다.

나. 포항토지의 양도에 대하여 살펴본다.

청구인은 주택신축판매업을 하는 자로서 1988.12.30. 포항토지를 아파트신축판매용으로 취득한 후 그대로 보유하고 있던 중 1990.12.23. ○○○도 ○○시에서 포항토지소재지 지역에 대한 도시계획시설결정공람공고를 거쳐 1991.7.6. 도시계획시설결정고시를 하였으며, 동 도시계획시설결정에 따라 청구인은 포항토지를 ○○교육청에 학교시설부지로 협의매각하였음이 청구인이 제시한 증빙자료에 의하여 입증된다.

이에 대하여 청구인은 1986.11.6. 당시 건설부장관의 "도시계획결정된 건축허가업무 운영개선지시"에 의하면 도시계획공람공고일로부터 도시계획결정고시일까지 도시계획(안) 내용에 저촉되는 건축허가를 유보하도록 되어있는 것으로 보아 포항토지는 1990.12.23. ○○○도 ○○시에서 도시계획시설결정공람공고를 함으로써 사실상 이 때부터 법령상 사용제한된 부동산에 해당된다고 주장하면서 포항토지를 1988.12.30. 취득한 후 사용제한된 1990. 12.23.까지의 보유기간이 2년 미만일 뿐 아니라 동 사용제한일로부터 3년이 경과되기 전인 1991.7.25. 양도하였으므로 특별부가세 감면대상이라고 주장한다.

살피건대, 당시 건설부장관의 지시내용은 도시계획공람공고에 따라 건축허가를 유보하는 경우에도 도시계획은 결정전에 건축제한이 특히 필요한 사항(대상구역, 기간, 제한사항 등)을 당시의 건설부장관에게 공고요청한후 시행하도록 되어 있음에도 ○○시장은 포항토지와 관련된 공고요청을 한 사실이 없는 것으로 보아 포항토지에 대한 사용제한일은 도시계획공람공고일이 아니라 도시계획시설결정고시일인 1991.7.6.이라고 할 것이고, 청구인은 포항토지를 1988.12.30. 주택신축판 매용으로 취득한 후 1991.7.6. ○○시 도시계획시설결정고시일까지 2년이 넘도록 착공 및 공사진행을 하지 아니한 채 보유하고 있었을 뿐 아니라 취득후 2년 이내에 착공 및 공사진행을 하지 못한 것이 법령상 사용제한에 의한 것이 아니므로 포항토지는 구 법인세법시행규칙 제18조 제3항 제12호의 규정에 의한 법인의 비업무용 부동산에 해당되어 이의 양도에 대하여는 특별부가세의 감면을 배제하는 것이 옳다고 하겠다.

4. 결 론

그렇다면 청구인이 공공사업에 필요한 대구토지 및 포항토지를 ○○○○○○공사 및 ○○○도 ○○교육청에 양도한 것중 대구토지의 양도에 대하여는 구 조세감면규제법 제57조 제1항의 규정에 의한 특별부가세 감면대상임에도 처분청에서 감면을 배제하고 한 당초의 법인세(특별부가세)부과처분은 부당하고, 이건 심사청구는 일부 이유있으므로 감사원법 제46조 제2항의 규정에 의하여 주문과 같이 결정한다.

□ 건축허가 취소처분에 관한 심사청구 (1996.1.30. '96감심 제120호)

《요지》

건축허가 신청에 의하여 그 건축허가처분이 일단 있게 되면 그 허가 자체가 벌써 허가받은 자에게는 일종의 이익으로 받아들이게 되는 이른바 수익적 행정행위가 되어 허가받은 자는 그 허가를 기초로 하여 사업계획을 확정하고 건물을 건축하게 되므로 처분청은 법령에 규정된 취소사유가 있는 때, 그 허가처분에 원시적인 하자가 내재하고 있는 것이 발견된 때, 위와 같은 취소사유의 유무에 불구하고 그 취소처분으로 인한 공익상의 필요나 제3자 이익보호의 필요와 허가받은 자가 받게 되는 기득권 및 신뢰보호의 침해 등을 비교형량하여 전자가 보다 더 크다고 보여지는 때 또는 허가를 받은 자의 동의가 있는 때에 한하여 그 허가취소처분을 할 수 있는 것이며 위와 같은 조건이 충족되지 아니한 상태에서 이루어진 이른바 수익적 행정행위의 취소는 그 자체가 위법임을 면하지 못한다고 할 것이다.

《관계법령》

건축법 제8조 제1항 : … 연면적 200㎡ 이상이거나 3층 이상인 건축물은 건축(증축의 경우에는 그 증축으로 인하여 당해 건축물의 연면적이 200㎡이상이 되거나 3층 이상이 되는 경우를 포함한다)하거나 대수선하고자 하는 자는 미리 시장 · 군수 · 구청장은 제1항의 규정에 의한 허가를 받은 자가 허가를 받은 날부터 1년 이내에 공사에 착수하지 아니하거나 공사의 완료가 불가능하다고 인정하는 경우에는 3월의 범위안에서 1회에 한하여 그 공사의 착수기간을 연장할 수 있다.

제69조 제1항 : 시장 · 군수 · 구청장은 대지 또는 건축물이 이 법 또는 이법의 규정에 의한 명령이나 처분에 위반한 경우에는 이 법의 규정에 의한 허가 또는 승인을 취소할 수 있다.

청 구 인 : ○○○○공사
서울특별시 ○○구 ○○동 167
대표자 사장 이○○
처 분 청 : ○○군수

위 청구인이 1996.3.29. 당원에 청구한 건설교통부 소관 건축허가 취소처분에 관한 심사청구에 대하여 감사원법 제45조의 규정에 의하여 이를 심리한 결과주문과 같이 결정한다.

주 문

처분청은 1996.1.30.자로 청구인에 대하여 한 영광원자력발전소 5·6호가 발전소 건물의 건축허가 취소처분을 취소하여야 한다.

이 유

1. 원처분의 요지

처분청은 청구인으로부터 전라남도 ○○군 ○○읍 ○○리 10-12외 3필지 땅위에 종전의 원자력 발전소 건물에 이어 지하 2층, 지상 4층의 영광원자력발전소 5·6호기 발전소용 철근콘크리트 및 철골조 건물 등 17개도 연면적 161.281.6㎡의 건물(이하 '이 사건 발전소 건물'이라 한다)을 증축하기 위한 건축허가신청을 받아 건축허가요건에 관한 건축법 및 관계법령의 각 규정에 적합한지 여부를 검토한 후 그 건축허가요건을 갖추었다고 판단하고 1996.1.22.자로 건축법 제8조 제1항의 규정에 의하여 이 사건 발전소 건물에 대한 건축을 허가한다는 내용의 처분(이하 '이 사건 허가처분'이라 한다)을 하였던 바, 그 후 이 사건 허가처분과 관련하여 이 지역 일부 주민과 반핵단체 구성원 등으로부터 집단항의를 받게 되자 처분청은 이로 인하여 건축행정집행이 불가능한 상태이므로 군의 행정수행상 불가피하다는 이유로 같은 달 30. 청구인에 대하여 한 이 사건 허가처분을 취소한다는 내용의 처분(이하 '이 사건 취소처분'이라 한다)을 하였다.

2. 청구의 취지 및 이유

청구인은 이 사건 취소처분의 취소를 청구하면서 그 이유로서 처분청이 건축법 및 관계법령의 각 규정에 적합하다고 판단하여 이 사건 허가처분을 하였다가 건축법상 아무런 그 허가처분 취소 사유가 새로이 생긴 바 없음에도 불구하고 이 사건 발전소 건설을 반대하는 지역 일부 주민과 반핵단체 구성원 등의 집단항의 등 때문에 군의 행정수행이 어렵게 된 사정이 생겼다는 이유만으로 이 사건 허가처분을 취소한 이 사건 취소처분은 법령에 근거가 없이 한 위법의 처분으로서 마땅히 취소되어야 한다고 주장한다.

3. 당원의 판단

이 사건 심사청구의 쟁점은 처분청이 이 사건 허가처분을 하였다가 그 뒤 8일만에 지역 일부 주민과 반핵단체 구성원 등의 집단항의 등이 있다 하여 이 사건 취소처분에 이른 것이 과연 적법한 것인지의 여부에 있다.

가. 먼저 이 사건 허가처분 및 그 취소처분 등이 있었던 전후의 사실관계를 본다.

청구인은 1991.11. 수립된 국가의 장기전력수급계획에 따라 이 사건 발전소 5호기와 6호기를 건설하여 2001.6월 및 2002.6월에 각 준공키로 하고, 그 준비를 하면서 1993.3.24.부터 1994.3.23.까지 사이에 전문기관인 한국해양연구소와 한국전력기술주식회사에 의뢰하여 환경영향평가를 수행하게 하는 한편 1993.7.12. 및 같은 달 13.에 전라남도 영광지역 및 전라북도 고창지역의 각 주요 기관장에 각계, 각층 주민을 대상으로 사업추진지역설명회를 각 개최하고, 1994.4.26.부터 같은해 9.27.까지 사이에는 위와 같이 마련한 환경영향평가서 초안에 대한 주민공람과 공청회를 개최하여 주민들의 의견이 반영된 최종 환경영향평가서를 작성하고 같은 해 11.30. 과학기술처장관에게 부지사전승인신청(이는 원자력법 제11조 제3항의 규정에 의한 것으로서 그 승인이 발전소용 건물에 대한 건축허가의 전제요건이 되는 것은 아니라고 보인다)을 하면서 위 환경영향 평가서를 제출한 사실.

처분청은 그 뒤인 1995.11.10.자로 청구인의 이 사건 발전소 건물 증축허가 신청을 받아 그 내용을 검토한 결과 건축법, 주차장법, 오수·분뇨및축산폐수처리에관한법률, 소방법 등이 정한 각규정에 적합하거나 소정의 협의를 마쳤고 관계기관으로부터 건물내통신설비설계 동의도 이미 받았으며, 기타 도시계획법, 국토이용관리법, 산림법, 사도법 농지의보전및이용에관한법률, 도로법, 공업배치및공장설립에관한법률 등에서 정한 각 제한사유에는 해당사항이 없으므로 건축법 및 관계법령에서 정한 건축허가 요건을 충족하는 신청이라고 판단하여 1996.1.22.자로 이 사건 허가처분을 한 사실, 한편 환경부장관은 과학기술처장관의 위 환경영향평가서를 첨부한 1994.12.1.자 이 사건 5·6호기 건설사업 환경영향평가협의 요청에 의하여 그 내용을 검토, 보완한 다음 위 사업과 관련하여 인·허가 또는 승인시에 그 내용을 반영하도록 하라는 취지의 협의결과를 1995.12.15. 과학기술처장관. 전라남도지사와 영광군수에게 각 통보하였고 이에 따라 처분청에서는 같은 달 19. 위 통보를 접수하여 그 협의내용을 검토, 참작한 후 이 사건 허가처분을 하였던 사실.

그리고 반핵단체 구성원 등에 의한 그 지역 원자력발전소 건설을 반대한다는 시위 등은 1988년도 이후부터 산발적으로 이어져 왔으며 특히 이 사건 건축허가 신청접수후 이 사건 취소처분이 있을 때까지 사이에는 1995.12.5. 이 사건 발전소 건설을 반대하는 영광군핵추방협의회 주관으로 지역주민 400여명이 영광군 실내체육관에 모여서 그 건설에 반대한다는 주제의 공청회를 가졌고, 이 사건 허가처분 후인 1996.1.25. 에는 위 핵추방협의회 회원 30여명이 영광군수를 방문하여 이 사건 허가처분에 대한 집단항의를 한 바 있었는데, 같은 달 26.에는 영광군의회 의원들의 간담회에서 이 사건 허가처분에 대한 항의방법으로 같은 달 31. 영광군수에게 이 사건 허가처분에 대한 공개질의를 할 것과 같은 해2.6. 영광우시장에서 이 사건 발전소 건설반대를 위한 전군민결의대회를 개최하기로 한다는 방침이 결의된 것을 알게 되자 처분청이 영광군의회와의 대립. 지역 일부 주민과 위 반핵단체 구성원 등의 집단저항으로 건축행정집행이 불가능한 상태에서 군의 행정수행상 불가피한 사정이 생겼다는 이유를 내세우고 위 공개질의 예정일의 하루 전날인 같은해 1.30. 자로 갑자기 이 사건 건축허가를 취소한다는 내용의 이 사건 취소처분을 한 사실을 일건기록에 의하여 인정할 수 있다.

나. 나아가 법령의 규정을 살펴본다.

건축법 제8조 제1항은 도시계획구역, 국토이용관리법에 의하여 지정도니 도시지역 및 준도시지역과 대통령이 정하는 구역안에서 건축물을 건축하거나 대수선하고자 하는 자와 기타 구역안에서 연면적 200㎡ 이상이거나 3층 이상인 건축물을 건축(증축의 경우에는 그 증축으로 인하여 당해 건축물의 연면적이 200㎡이상이 되거나 3층 이상이 되는 경우를 포함한다)하거나 대수선하고자 하는 자는 미리 시장·군수·구청장의 허가를 받아야 한다고 규정하고, 같은 조 제3항은 시장·군수·구청장은 제1항의 규정에 의하여 허가를 하고자 하는 경우 당해 용도·규모 또는 형태의 건축물을 그 건축하고자 하는 대지에 건축하는 것이 제33조·제37조·제44조·제45조·제47조 내지 제54조·제61조·제64조·제65조·제67조와 국토이용관리법 제15조·도시계획법 제4조 농지법 제36조·농어촌발전특별조치법 제44조 기타 대통령령이 정하는 관계법령의 규정에 적합한지의 여부를 확인하여야 한다고 규정하고, 같은 조 제8항은 시장·군수·구청장은 제1항의 규정에 의한 허가를 받은 자가 허가를 받은 날부터 1년 이내에 공사에 착수하지 아니하거나 공사의 완료가 불가능 하다고 인정하는 경우에는 그 허가를 취소하여야한다. 다만, 시장·군수·구청장은 정당한 이유가 있다고 인정하는 경우에는 3월의 범위안에서 1회에 한하여 그 공사의 착수시간을 연정할 수 있다고 규정하고, 같은 법 제69조 제1항은 시장·군수·구청장은 대지 또는 건축물이 이 법 또는 이 법의 규정에 의한 명령이나 처분에 위반한 경우에는 이 법의 규정에 의한 허가 또는 승인을 취소하거나 그 건축물의 건축주·공사시공자·현장관리인·소유자·관리자 또는 점유자(이하 "건축주"등이라 한다)에 대하여 그 공사의 중지를 명하거나 상당한 기간을 정하여 그 건축물의 철거·개축·증축·수선·용도변경·사용금지·사용제한 기타 필요한 조치를 명할 수 있다고 규정하고 있는바,

위에서 본 바와 같은 건축허가와 그 취소권의 행사와 관한 법률 규정들 그리고 행정행위의 취소에 관한 일반법리를 종합하여 보건대, 건축허가 신청에 의하여 그 건축허가처분이 일단 있게 되면 그 허가 자체가 벌써 허가받은 자에게는 일종의 이익으로 받아들이게 되는 이른바 수익적 행정행위가 되어 허가받은 자는 그 허가를 기초로 하여 사업계획을 확정하고 건물을 건축하게 되므로 처분청은 법령에 규정된 취소사유가 있는 때, 그 허가처분에 원시적인 하자가 내재하고 있는 것이 발견될 때, 위와 같은 취소사유의 유무에 불구하고 그 취소처분으로 인한 공익상의 필요나 제3자 이익보호의 필요와 허가받은 자가 받게 되는 기득권 및 신뢰보호의 침해 등을 비교형량하여 전자가 보다 더 크다고 보여지는 때 또는 허가를 받은 자의 동의가 있는 때에 한하여 그 허가취소처분을 할 수 있는 것이며 위와 같은 조건이 충족되지 아니한 상태에서 이루어진 이른바 수익적 행정 행위의 취소는 그 자체가 위법임을 며하지 못한다고 할 것이다.

다. 이제 이 사건의 경우를 살펴본다.

위 인정 사실에 의할 때에 이 사건 발전소 건설사업은 다가오는 21세기 선진국으로의 도약에 전제가 될 국가기간산업 운영에 필수적인 동력원을 원활하게 공급하

는 중요 사업이고 따라서 범국민적인 이해와 직결되는 중차대한 국책사업이어서 이를 수애하게 된 청구인은 국내와 세계적으로 이제까지 개발되고 축적된 원자력 발전의 기술과 경험을 토대로 하여 안전성의 면이나 자연환경에 미치는 영향의 면 등에 관하여 다각적으로 검토하고 현지 실정에 맞는 보완대책을 강구하면서 가장 최신시설의 발전소용인 이 사건 발전소 건물을 건축하고자 이 사건 건축허가신청을 하였던 것이고 이러한 점을 익히 잘 아는 처분청은 앞서 본 지역 일부 주민과 반핵단체 구성원 등의 동향으로 보아 이 사건 허가처분이 있게 되면 이들에 의한 집단항의가 더욱 거세질 것이라 함을 충분히 예상하면서도 이 사건 허가처분을 하였던 것이며 이 사건 허가처분을 받은 청구인에게 위에서 본 허가를 취소할 수 있는 법적사유인 건축법 제8조 제8항 소정의 사유(허가를 받은 날부터 1년 이내에 공사에 착수하지 아니하거나 공사의 완료가 불가능하다고 인정할 경우), 같은 법 제69조 제1항 소정의 사유(대지 또는 건축물이 건축법 또는 건축법의 규정에 의한 명령이나 처분에 위반한 경우)나 그밖의 이 사건 허가처분을 취소할 수 있는 어떠한 법령상의 취소사유가 새로이 발생한 바가 없고 또 이사건 행정처분에 원시적인 무슨 하자가 내재하고 있는 경우라고 볼 자료도 없으며 이 사건 허가를 받았던 청구인으로부터 이 사건 취소처분에 대한 동의가 있었던 것은 더욱 아닌데다가 처분청이 이 사건 취소처분의 이유로 내세우고 있는 앞서 본 지역 일부 주민과 반핵단체 구성원들이 산발적으로 행하는 이 사건 발전소 건설을 반대하는 집단항의 등 때문에 군의 행정수행이 어렵게 되었다는 사정은 처분청에게 전혀 예상하지 못했거나 새삼스럽게 생긴 사정이 아닌 것으로서 이것만으로는 이 사건 허가처분을 취소할만한 위의 어느 사유에도 해당한다고 할 수 없는 것임이 분명하고, 달리 범국민적 국책사업 수행을 위하여 이 사건 허가처분을 직권으로 취소하여야 할 만큼 안전상의 중대한 위협등 절실한 공익상의 필요나 제3자 이익보호의 필요가 없어 이를 우선시킬 사정도 찾아볼 수 없는 이 사건이고 보면 처분청이 한 이 사건 취소처분은 위에서 본 이른바 수익적 행적행위의 취소에 관한 법리에 어긋나게 한 행정처분으로서 그 자체가 위법한 처분임을 면할 수 없는 것이라고 하겠다.

4. 결　　론

그렇다면 처분청이 청구인에 대하여 한 이 사건 취소처분은 위법한 처분임이 명백하므로 청구인의 이 사건 심사청구는 이유있다고 인정하여 감사원법 제46조 제2항의 규정에 의하여 주문과 같이 결정한다.

□ 종합소득세 등 부과에 관한 심사청구 (1996.4.23.96감심 제84호)

《요지》

헌법재판소가 1995.11.30.선고, 93헌바32 결정에서 이 사건 쟁송의 전제가 되는 구 법인세법 제32조 제5항이 헌법에 위반 된다는 결정을 신고하였는 바, 헌법재판소가 한 위와 같은 위헌결정의 효력은 따로 위헌재정신청은 하지 아니하였지만 당해법률의 조항이 행정쟁송의 전제가 되어 당원의 심사를 받고 있는 이 사건에도 미친다고 할 것이므로 청구외 법인에게 위와 같은 금액이 사외에 유출된 바 없었다는 취지인 청구인의 주장들이 옳고 그른 것에 관계없이 이 사건 부과처분은 법률의 근거가 없이 행하여진 것으로서 위법한 처분이라고 볼 수 밖에 없다.

《관계법령》

구 법인세법 제32조 【결정과 결정】 ⑤ 제26조의 규정에 의하여 법인세의 과세표준을 신고하거나 제1항 내지 제4항의 규정에 의하여 법인세의 과세표준을 결정 또는 경정함에 있어서 익금에 산입한 금액의 처분은 대통령령이 정하는 바에 의한다.(1980.12.13.개정)

청 구 인 : ○○○
○○○○시 ○구 ○○○동 ○○○-○○ ○○빌라○동 ○○○호
대리인 세무사 ○○○
처 분 청 : ○○○세무서장

위 청구인이 1995.4.17. 당원에 제출한 재정경제원 소관 종합소득세 등 부과에 관한 심사청구에 대하여 감사원법 제45조의 규정에 의하여 이를 심리한 결과 主文과 같이 결정한다.

주 문

처분청은 1995.2.16.자로 청구인에 대하여 한 1989년도 귀속 종합소득세 84,945,830원과 방위세 18,533,630원 계 103,479,460원. 1990년도 귀속 종합소득세 51,257,860원과 방위세 11,183,530원 계 62,441,390원, 합계 165,920,850원의 부과처분을 취소하여야 한다.

이 유

1. 원처분의 요지

처분청은 청구의 ○○○○주식회사(이하 청구외 법인이라 한다)가 그의 출자자로서 특수관계에 있는 청구인과 청구인의 처인 청구외 ○○○로부터 1989.11.22.부터 1990.4.3.까지 사이에 3회에 걸쳐 ○○○도 ○○면 ○○리 산 ○○○오 2필지 임야 7.464㎡ 중 그들 지분에 속하는 3.732㎡를 취득한데 대하여,

이는 청구외 법인이 특수관계있는 자와의 거래에 있어서 시가 335,850,000원보다 283,981,283원이 비싼 619,831,283원에 취득함으로써 조세의 부담을 부당히 감소시킨 것으로 인정되는 경우에 해당한다고 보고서 법인세법 제20조, 같은 법시행령 제46조 제1항 제1호, 제2항 제4호의 규정에 따라 부당행위계산을 부인하고 그 시가와의 차액 합계 283,981,283원을 익금산입하면서 이 금액이 사외에 유출된 것이 분명하다고 하여 청구외 법인의 출자자겸 임원인 청구인과 출자자인 위 ○○○에게 구 법인세법(1980.12.13. 법률 제3270호로 개정된 것으로 1994.12.22.법률 제4804호로 개정되기 전의 것) 제32조 제5항과 이 법조항의 위임에 의한 같은법시행령(1993.12.31. 대통령령 제14080호로 개정되기 전의 것) 제94조의 2제 1항 제1호의 규정에 따라 이를 나누어 연도별로 각 상여 및 배당처분한 다음 주된 소득자인 청구인의 각 해당 연도 종합소득에 이를 합산, 각 그 종합소득세액 등을 산출하고 여기서 기 납부세액 등을 차감하여 추가 고지세액을 결정하고서 청구인에 대하여 1989년도 귀속 종합소득세 51,257,860원과 방위세 11,183,530원 계62,441,390원, 합계 165,920,820원을 1995.2.16.자로 각 추가 부과고지하는 처분(이하 "이 사건 부과처분"이라 한다)을 하였다.

2. 청구의 취지 및 이유

청구인은 처분청이 한 이 사건 부과처분의취소를 청구하면서 그 이유로서,

첫째로 청구외 법인이 1989.11.22. 청구인으로부터 취득한 ○○○도 ○○시 ○○면 ○○리 산○○○ 임야의 지분 해당 1.837㎡의 실지거래가액은 375,000,000원임에도 불구하고 처분청이 이보다 70,054,700원이 적은 304,945,300원에, 청구외 법인이 같은 날 위 ○○○로부터 취득한 같은 시 같은 면 같은 리 산 ○○○임야의 지분 해당 547.5㎡의 실지거래가액은 15,000,000원 임에도 불구하고 처분청이 이보다 75,855,983원이 많은 90,885,983원에 이를 각 취득한 것으로 평가한 것은 사실과 다른데다가, 청구외 법인이 청구인과 위 ○○○에게 위 임야대금을 위의 각 현금으로 지급한 것이 아니라 청구외 법인의 증자주식을 배정하는 방법으로 각 지급하였으므로 청구외 법인이 이 사건 위 임야의 지분들을 합계 181,256,283원 상당 차액이 나는 고가로 취득하였다면 청구인과 위○○○에게 양도대금으로 지급한 위 주식도 동액 상당의 고가로 평가되어 사외 유출된 것이 없었을 것인데도 이를 고려함이 없어 그 금액을 모두 청구인과 위 ○○○에게 상여 및 배당처분한 것은 부당하고,

둘째로 청구외 법인이 1990.4.3. 청구인으로부터 취득한 같은 시 같은 면 같은 리 산 ○○○-○임야의 지분 해당 1,347.5㎡의 취득가액 224,000,000원은 청구외 법인이 청구인에게 이를 지급하지 아니한 채 가수금으로 계상하였으므로 사외유출된 것이 전혀 없음에도 불구하고 처분청이 그 시가 121,275,000원과의 차액 102,725,000원을 청구인에게 상여처분한 것도 부당하며, 따라서 이 사건 부과처분 모두는 취소되어야 한다고 주장한다.

3. 당원의 판단

우선 직권으로 살피건대 헌법재판소가 1995.11.30. 선고, 93헌바32 결정에서 앞서 본 바와 같이 청구인과 위 ○○○에게 위 각 상여 및 배당처분하는 법률적 근거가 되고 이 사건 쟁송의 전제가 되는 위 구 법인세법 제32조 제5항이 헌법에 위반된다는 결정을 선고하였는 바 헌법재판소가 한 위와 같은 위헌결정의 효력은 따로 위헌제청신청은 하지 아니하였지만 당해 법률의 조항이 행정쟁송의 전제가 되어 당원의 심사를 받고 있는 이 사건에서도 미친다고 할 것이므로 이 점에서만 보더라도 청구외 법인에게 위와 같은 금액이 사외에 유출된 바 없었다는 취지인 청구인의 위 주장들이 옳고 그른 것에 관계없이 이제 결과적으로 이 사건 부과처분은 법률의 근거가 없이 행하여진 것으로서 위법한 처분이라고 볼 수밖에 다른 도리가 없게 되었다.

4. 결 론

그러므로 청구인 주장들의 당부에 관한 판단을 할 필요없이 직권으로 위와 같이 위법한 이 사건 부과처분을 취소하기로 하여 감사원법 제46조 제2항의 규정에 의하여 主文과 같이 결정한다.

□ 취득세 등 부과처분 취소청구 (1996.5.14 96감심 제96호)

《요지》

공장이전에 따른 지방세 감면과 관련하여 지방세법 제275조 및 구 지방세법 시행령 제224조의 규정에 대도시내에서 공장시설을 갖추고 사업을 영위하는 자가 그 공장을 폐쇄하고 사업을 영위하는 자가 그 공장을 폐쇄하고 대도시외의 지역으로서 공장설치가 금지되거나 제한되지 아니한 지역으로 이전한 후 당해 사업을 계속 영위하기 위하여 취득하는 부동산에 대하여는 취득세와 등록세를 면제하도록 되어 있고,

여기서 "대도시"라 함은 수도권정비계획법 소정의 과밀억제권역과 부산광역시 및 대구광역시를 말하되 부산광역시 및 대구광역시를 말하되 공업배치 및 공장설립에 과한 법률의 적용을 받는 공업단지를 제외한 것이고, "공장"이라 함은 지방세법 시행규칙 제115조 제1항 별표 3에 규정한 업종의 공장을 말하는 것으로서 이 건 부동산은 공업배치및공장설립에관한법률 및 위 지방세법시행규칙 소정의 국가공업단지내의 공장에 해당되므로 취득세와 등록세 면제대상이라 할것이다.

《관계법령》

구 지방세법 제275조 제1항 : 대도시내에서 공장시설을 갖추고 사업을 영위하는 자가 그 공장을 폐쇄하고 대도시외의 지역으로서 공장설치가 금지되거나 제한되지 아니한 지역으로 이전한후 당해 사업을 계속 영위하기 위하여 취득하는 부동산에 대하여는 취득세와등록세를 면제한다.

구 지방세법시(1995.8.21. 대통령령 제14753호로 개정되기 이전의 것)

제224조 : …"대도시"라 함은 수도권정비 계획법 제6조의 규정에 의한 과밀억제권역과 부산광역시 및 대구광역시를 말한다.

다만, 공업배치및공장설립에관한법률의 적용을 받는 공업단지를 제외한다.

지방세법시행규칙 제115조 제1항 : …공장의 범위는 별표 3에 규정한 업종의 공장으로서 생산설비를 갖춘 건축물의 연면적이 200제곱미터 이상인 것을 말한다.

공업배치및공장설립에관한법률 제2조 제7호 : "공업단지"라 함은 공장을 집단적으로 설립·육성하기 위하여 산업입지및개발에관한법률 제6조 내지 제8조의 규정에 의하여 지정·개발된 국가공업단지·지방공업단지·농공단지를 말한다.

청 구 인 : ○○○○○○○○주식회사(공동대표이사 ○○○○○, 김○○)
서울특별시 ○○○구 ○○○동 25-12
대 리 인 : 변호사 최○○, 김○○
처 분 청 : 서울특별시 ○○구청장

위 청구인이 1995.4.24. 및 같은 해 6.15. 당원에 제출한 서울특별시 소관 취득세 및 등록세 등 부과에 관한 심사청구에 대하여 감사원법 제45조의 규정에 의하여 이를 심리한 결과 主文과 같이 결정한다.

주 문

처분청은 1995.2.27., 같은 해 3.10. 및 같은 해 3.27. 청구인에 대하여 한 취득세 64,291,180원, 등록세 82,890,000원, 농어촌특별세 5,977,550원, 교육세 16,578,000원 계 169,736,730원의 부과처분을 각각 취소하여야 한다.

이 유

1. 원처분의 요지

처분청은 청구인이 공장이전목적으로 1995.1.27. 서울특별시 ○○구 ○○동 345-15 토지 3,559㎡와 지상건축물 3,086.71㎡(이하 "이 건 부동산"이라고 한다)를 취득한데 대하여 이를 지방세법 제275조 소정의 감면요건에 해당되지 아니한 것으로 보아 1995.2.27., 같은해 3.10. 및 같은 해 3.27. 취득세 64,291,180원, 등록세 82,890,000원, 농어촌특별세 5,977,550원, 교육세 16,578,000원 계169,736,730원을 각각 납부고지하였다.

2. 청구의 취지 및 이유

청구인은 처분청이 1995.2.27. 같은해 3.10 및 같은해 3.27. 납부고지한 취득세 64,291,180원(가산세 9,031,180원 포함). 등록세 82,890,000원, 농어촌특별세 5,977,550원, 교육세 16,578,000원 계 169,736,730원 부과처분을 취소할 것을 청구한다.

그 이유로서 청구인은 청구인은 서울특별시 ○○구 ○○동 299-38에서 공장시설을 갖추고 제조업을 영위하다가 그 공장을 폐쇄하고 1995.1.27. 한국수출산업 공업단지에서 당해 사업을 계속 영위하기 위하여 이 건 부동산을 취득하였으므로 지방세법 제275조(1994.12.22. 법률 제4794호로 신설된 것. 이하같다) 및 같은법시행규칙 제115(1994.12.31. 행정자치부령 제633호로 신설된 것, 이하 같다)의 규정에 의하여 취득세 및 등록세를 면제하여야 함에도 처분청에서 이를 면제하지 아니하고 위 세액을 납부고지한 것은 부당하다고 주장한다.

3. 당원의 판단

이 건 심사청구의 다툼은 이 건 부동산이 지방세법 제275조 소정의 공장의 지방이전에 따른 감면대상에 해당되는지의 여부에 있다.

먼저 청구인이 이 건 부동산을 취득한 경위와 처분청의 취득세 및 등록세 등 부과경위를 보면, 청구인은 1989.7.4. 서울특별시 ○○구 ○○동 299-37 대 1,332.69㎡와 지상의 공장 3,510.69㎡를 임차하여 컴퓨터, 주변기기, 계측기(한국표준산업분류번호 30019 :

자동자료처리장비 제조업)를 제조하여 오다가 1995.1.27. 공장이전을 목적으로 공업배치및공장설립에관한법률 제2조 제6호의 국가공업단지인 한국수출산업공업단지내에 있는 이 건 부동산을 취득하고 같은 해2.20. 처분청에 취득세 및 등록세 감면확인서의 발급을 신청한데 대하여 처분청은 한국수출산업공업단지가 지방세법 제275조 제1항의 "대도시외의 지역"에 해당되지 아니한다는 등의 이유로 위감면확인서의 발급을 거부하는 한편, 청구인에게 1995.2.27. 취득세 10,104,070원, 농어촌특별세 1,010,400원의 자진신고납부서를 발부하여 징수결정하였고 같은 해3.10. 취득세 54,187,110원(가산세 9,031,180원 포함) 농어촌특별세 4,967,150원을 추가 납부고지한 사실이 관계자료에 의하면 인정된다.

살피건대, 지방세법 제275조, 구 지방세법시행령 제224조(1994.12.31. 대통령령 제14481호로 신설되어 1995.8.21. 대통령령 제14753호로 개정되기 이전의 것, 이하 같다) 같은법 시행규칙 제115조의 규정을 종합하여 보면, 대도시내에서 공장시설을 갖추고 사업을 영위하는 자가 그 공장을 폐쇄하고 대도시외의 지역으로서 공장설치가 금지되거나 제한되지 아니한 지역으로 이전한 후 당해 사업을 계속 영위하기 위하여 취득하는 부동산에 대하여는 취득세와 등록세를 면제하도록 되어 있고, 여기서"대도시"라 함은 수도권정비계획법 제6조의 규정에 의한 과밀억제권역과 부산광역시 및 대구광역시를 말하되 공업배치및공장설립에관한법률의 적용을 받는 공업단지를 제외하는 것이고, "공장"이라 함은 지방세법시행규칙 제115조 제1항 별표3에 규정한 업종의 공장으로서 생산설비를 갖춘 건축물의 연면적이 200㎡(제조시설을 지원하기 위하여 공장경계 구역안에 설치되는 각종 부대시설포함) 이상인 것을 말한다고 되어 있다. 지방세법 제5장(과세면제 및 경감) 제3절(지역균형개발을 위한 감면)의 첫 번째 조항인 제274조 제1항에서 이 절(제274조 내지 제279조를 의미함)에서 대통령령이 정하는 대도시의 범위를 구 지방세법시행령 제224조에 위임하여 앞에 설시한 바와 같이 규정하였는데, 위 조항에 의하면 청구인이 공장을 이전할 목적으로 취득한 한국수출산업공업단지내에 있는 이 건 부동산은 공업배치및공장설립에관한법률 제2조 제7호의 규정에 의한 국가공업단지에 해당되어 지방세법 제274조 소정의 대도시에 해당되지 아니하는 것이 명백하므로 이는 같은 조항 소정의 "대도시외의 지역"에 해당하는 것이고, ○○○○시○○구○○동 299-38에 소재하는 종전의 임차공장을 1995.5.20. 폐쇄하였으므로 위 조항 소정의 감면요건에 해당된다고 하겠으며, 감면대상 공장의 범위를 규정한 지방세법시행규칙 제115조에서는 제1항 별표3에 규정한 업종의 모든 공장을 감면대상으로 규정하고 있어, 도시형 업종의 공장을 그 대상에서 배제하지 아니하고 있는 바, 도시형 업종의 공장도 취득세 및 등록세 감면대상에 포함되어야 하므로 청구인의 주장은 이유있다 할것이다.

4. 결　론

그렇다면 처분청이 이 건 부동산을 취득세 및 등록세 등 감면대상에서 제외하여 이 건 취세 및 등록세 등을 납부고지한 처분 등은 잘못이고 이 건 심사청구는 이유있으므로 감사원법 제46조 제2항의 규정에 의하여 主文과 같이 결정한다.

□ 양도소득세 부과에 관한 심사청구 (1998.2.3. 감심 제26호)

《요지》

처분청은 청구인이 '92.1.23.○○시 ○○구○○동 ○○○-○○ 대지 122.3㎡ 및 건물 433.76㎡를 양도하고 처분청이 산출하여 안내한 양도소득세 7,490천원을 자진납부하자, 기준시가로 재계산한 양도소득세 21,353천원을 추가 납부고지하였다가 ○○고등법원의 판결에 따라 이를 취소하고 실지 거래가액으로 계산한 양도차익 전액을 양도소득세로 부과, 고지하였다.

청구인은 양도차익에 세율을 곱하여 양도 소득세를 산출하여야 함에도 양도차익을 바로 양도소득세로 납부·고지한 것은 부당하고 이에 따라 청구인의 재산을 압류등기한 것도 부당하다고 주장하였다.

이를 심리한 결과 법원의 판결에 따라 당초 처분을 취소한 경우 부과처분의 법률효과는 소멸하므로 새로운 부과처분의 내용이 실질에서 감액경정처분이라 하더라도 달리 해석되는 것이 아니어서 이 사건 처분은 1997.4.1.을 결정일로 보아야 하고 청구인이 소송전 불복신청시 실지 거래가액 증빙을 제출하였으므로 이는 소득세법시행령 제166조 제4항 제3호의 규정에 의한 신고를 한 것으로 보아야 하며 실지 거래가액에 따라 양도소득세를 경정하고 재산압류등기는 말소하여야 한다고 판단된다.

《관계법령》

구 소득세법 제45조 (양도소득의 필요경비계산)① 거주자의 양도차익의 계산에 있어서 양도가액에서 공제할 필요경비는 다음 각 호에 게기하는 것으로 한다.

1. 취득가액(90.12.31. 개정)
   가. 제23조 제1항 제1호 ·제2호 및 제5호의 규정에 의한 자산의 경우에는 당해 자산의 취득당시의 기준시가 다만, 대통령령이 정하는 경우에는 그 자산의 취득에 소요된 실지거래가액에 의한다.
   나 : 생략

청 구 인 : ○ ○ ○

○○○도 ○○시 ○○구 ○○동 ○○

처 분 청 : ○○세무서장

위 청구인이 1997. 5. 9. 당원에 제출한 재정경제원 소관 양도소득세 부과에 관한 심사청구에 대하여 감사원법 제45조의 규정에 의하여 이를 심리한 결과 주문과 같이 결정한다.

주 문

처분청은 1997.4.1.자로 청구인에 대하여 한 양도소득세 11,702,560원의 부과. 과지처분에 관하여 그 양도소득세 과세표준 및 세액을 실지거래가액에 의하여 경정함과 동시에 경정결과 부과고지할 세액이 없으면 같은해 4.2.자로 청구인 소유인 ○○○도 ○○시 ○○구 ○○동 ○○ ○○아파트 ○○동 ○○호에 대하여 한 압류등기를 말소하여야 한다.

이 유

1. 원처분의 요지

처분청은, 청구인이 1992.1.23. ○○시 ○○구 ○○동 ○○○-○○ 대지 122.3㎡ 및 그 지상건물 433.76㎡(이하 '이사건 부동산' 이라 한다)양도하고 기준시가로 계산된 양도소득세를 자진납부(양도가액 209,243,770원, 취득가액 191,137,070원, 양도차익 12,483,380원, 납부세액 7,490,020원)한 데 대하여, 납부된 세액의 산출내용중 취득가액이 잘못 적용되었다는 이유로 양도가액은 당초 적용내용대로 적용하되 취득가액은 당초의 적용내용(191,137,070원)과는 달리 132,714,086원으로 적용하여 양도차익을 71,969,007원으로 산정한 후 이에 근거하여 산출한 양도소득세 21,353,040원을 부과, 고지하였다가 동 부과, 고지세액이 실지 양도차익(실지 양도가액 230,000,000원, 실지 취득가액 208,370,000, 필요경비 4,570,677원이므로 실지 양도차익이 17,059,323원이 된다)을 초과하여 부당하다는 이유로 그 처분을 취소하는 대신 1997.4.1.자로 실지 양도차익 17,059,323원에 신고불성실 기산세 등 2,133,263원을 가산하고 기납부세액 7,490,020원을 공제한 11,702,560원을 양도소득세로 추가로 부과, 고지하는 처분(이하 '이 사건 부과처분'이라 한다)을 하고 같은해 4.2. 청구인 소유인 ○○○도 ○○시 ○○구 ○○동 ○○ ○○아파트 ○○동 ○○호(건물면적 69㎡ 이하 '○○아파트'라 한다)에 대하여 압류등기를 하였다.

2. 청구의 취지 및 이유

청구인은 처분청이 한 이 사건 부과처분을 취소하고 ○○아파트에 대한 압류등기를 말소하게 하여 달라는 취지의 청구를 하면서, 그 이유로서 세법의 근거없이 이 사건 부동산에 대한 양도차익 전액을 바로 양도소득세 산출세액으로 하여 부과한 것은 부당하며, 따라서 이 사건 부과처분에 관련한 청구인 소유 ○○아파트에 대하여 압류등기한 것도 또한 부당하다고 주장한다.

3. 당원의 판단

이 사건 심사청구의 다툼은 법원의 판결에 따라 기준시가에 의한 양도소득세 부과처분을 취소하고 다시 부과하기 전에 실지 거래가액의 증빙서류가 제출된 경우 실지 거래가액으로 양도소득세를 부과하여야 하는지 여부에 있다.

먼저 관계법령의 규정을 보면, 구 소득세법91993.12.31. 법률 제4661호로 개정되기 전의 것) 제23조 제4항 제1호 및 제45조 제1항 제1호 가목, 1995.12.30. 대통령령 재14860호로 개정된 소득세법시행령 제166조 제 4항 제3호에 의하면 부동산 양도자가 양도소득세 과세표준 및 세액의 결정일 이내에 증빙서류를 갖추어 양도당시 및 취득당시의 실지 거래가액을 납세지 관할세무서장에게 신고하는 경우에는 실지 거래가액에 의하여 양도차익을 산정하도록 되어 있고 위와 같은 신고가 없거나 신고가 있더라도 신뢰할 수 있는 증빙서류의 제출이 없을 때에는 기준시가에 의하여 양도차익을 산정하도록 되어 있으며, 위 소득세법시행령 제166조는 그 부칙(1995.12.30. 대통령령 제14860호) 제1조 및 제8조의 규정에 따라 1996.1.1. 이후 양도소득금액을 결정하는 것부터 적용하도록 되어 있다.

다음으로 일건 기록에 의하여 처분청이 청구인에게 이 사건 부과처분을 한 경위를 보면, 청구인은 1989.4.27. ○○시 ○○구 ○○동 ○○○-○○ 대지 122.3㎡(이하 '이 사건 대지'라 한다)중 114.691㎡와 그 지상건물 433.76㎡(이하 '1차 취득 부동산'이라 한다)를 취득하고 1990.12.25. 이사건 대지중 나머지 7.609㎡를 취득한 후 1992.1.23.로 본 기준시가에 의하여 산정한 양도차익을 근거로 산출한 양도소득세 7,490,020원을 신고, 납부하도록 하는 양도소득세 안내문을 청구인에게 보냈으며 이 안내문에 따라 청구인은 같은해 8.31. 양도소득세 7,490,020원을 자진납부하였다.

그 후 처분청은 이 사건 부동산중 대지 114.691㎡ 및 그 지상건물 433.76㎡의 취득시기는 1990.12.15.이 아니라 1989.4.27. 이라는 사실을 확인하고 이에 따라 다시 계산한 취득당시의 기준시가를 적용하여 양도차익을 76,529,684원으로 산정한 후 이에 근거하여 산출한 양도소득세 21,353,040원(산출세액 25,101,385원 + 신고납부 불성실가산세 3,741,675원 - 자진납부세액 7,490,020 = 21,353,040원)을 1996.2.16.자로 청구인에게 부과. 고지하자

같은해 2.23. 청구인은 처분청의 안내문에 따라 납부한 것으로 실지 거래가액으로 신고하지 못한 것도 처분청의 책임이라는 주장을 하면서 양도가액 및 취득가액에 관한 증빙자료(양도가액230,000,000, 취득가액 208,370,000원)를 처분청에 제시하였으나 받아들여지지 않자 심사청구를 거쳐(1996.4.19. 당원이 감심 제75호로 심사청구를 기각결정하였다) ○○고등법원에 행정소송을 제기하였으며, 1997.2.14 ○○고등법원은 '처분청이 1996.2.16. 청구인에 대하여 한 양도소득세 21,353,040원의 부과처분은 이를 취소한다'라는 주문의 판결을 하였는 바 그 판결이유의 요지를 보면 기준시간에 의한 세액이 실지 양도차익을 넘을 수 없는 점과 청구인이 처분청의 안내에 따라 양도소득세액을 자진납부함으로써 사실상 양도차익 예정신고 등을 이행할 수 없었음을 보거나 이 사건 부동산의 실지 양도가액은 230,000,000원으로 인정되고 취득가액은 208,370,000원으로 인정되어 실지 양도차익이 21,630,000원에 불과함에도 기준시가에 의한 양도차익 76,529,684원을 근거로 양도소득세를 부과한 것은 위법하므로 양도소득세를 다시 산정할 수 있도록 하기 위하여 1996.2.16.자의양도소득세 부과처분은 전부 취소되어야 한다는 것이며(처분청은 이 판결내용에 대하여 상고를 포기하였다) 1997.4.1. 처분청은 위 판

결내용에 따라 1996.2.16.자의 처분내용을 취소하고 실지 거래가액에 의한 양도차익 11,702,560원을 청구인에게 다시 양도소득세로 부과, 고지하고 같은해 4.2. 청구인 소유인 ○○아파트에 대하여 압류등기를 하였다.

이에 대하여 청구인은 이 사건 부동산에 대한 실지 양도차익 전액을 바로 양도소득세로 납부하도록 한 처분은 부당하며 이 부당한 처분에 근거하여 청구인 소유의 ○○아파트에 대하여 압류등기한 것도 부당하다고 주장한다.

살피건대, 먼저 본 관계법령의 규정에서 알다시피 부동산 양도자가 양도소득세 과세표준 및 세액의 결정일 이내에 증빙서류를 갖추어 양도당시 및 취득당시의 실지 거래가액을 납세지 관할 세무서장에게 신고한 경우에는 실지 거래가액에 의하여 양도차익을 산정하도록 되어 있고 이에 거하여 양도소득세를 산출 및 부과하여야 함을 알 수 있으며 위 부과경위에서 본 바와 같이 이 사건 심사청구의 대상은 1996.2.16.자의 부과처분내용을 취소하고 1997.4.1.자로 새로운 부과처분을 한 것으로서 원래의 부과처분을 취소하면 그 부과처분으로 인한 법률효과는 일단 소멸하는 것이며 새로운 부과처분의 내용이 실질에 있어서는 당초의 부과처분의 감액 경정처분인 것이었다 하여 달리 해석되는 것이 아닐 뿐만 아니라

청구인은 이 사건 부과처분일 이전인 1996.2.23. 이미 이 사건 부동산에 관한 양도당시 및 취득당시의 실지 거래가액을 입증하는 증빙서류를 갖추어 처분청에 심사청구서를 제출하면서 그 실지 거래가액에 의하여 양도소득세를 부과하여야 한다고 주장한 바 있으므로 그 행위는 양도소득세 과세표준 및 세액의 결정일 이내에 증빙서류를 갖추어 양도당시 및 취득당시의 실지 거래가액을 납세지 관할세무서장에게 신고한 경우에 해당한다고 할 것이어서 이에 대하여는 실지 거래가액에 의하여 양도차익을 산정하고 이에 근거하여 양도소득세를 산출 및 부과, 고지하는 것이 정당하다고 한 것임에도 실지 양도차익을 바로 양도소득세 산출세액으로 보아 이 사건 부과처분을 하고 청구인 소유의 ○○아파트에 대하여 압류등기를 한 것은 잘못된 것이라 하겠다.

4. 결 론

그렇다면 청구인이 이 사건 부동산을 양도한 데 대하여 실지 거래가액에 의한 양도차익을 양도소득세 산출세액으로 하여 이 사건 부과처분을 한 후 그 조세채권을 보전할 목적으로 청구인 소유의 ○○아파트에 대하여 압류등기한 것은 부당하고 이 사건 심사청구는 이유있으므로 감사원법 제46조 제2항의 규정에 의하여 주문과 같이 결정한다.

□ 상속세 부과에 관한 심사청구 (1997.1.21.97감심 제7호)

《요지》

○ 처분청은 청구인들이 피상속인의 사망('94.2.5.)에 따라 상속세 신고를 한데 대하여 피상속인의 청구외 ○○산업주식회사(청구외 법인)에 대한 채무 2,168,748,306원중 1,282,295,408원(쟁점① 채무)은 가지급금 인정이자라는 이유로 상속재산가액에서 공제하지 아니하고 743,267,198원(쟁점② 채무)은 사용 용도가 불분명하다는 이유로 상속세 과세가액에 산입하여 상속세를 부과하였으나

- 쟁점①의 채무의 경우
  피상속인과 청구외 법인은 연간 가지급금 적수를 공제한 잔액에 대하여 지급이자를 지급하기로 이사회결의를 거쳐 약정하였고,
  청구외 법인은 동 약정에 따라 매년 대차대조표에 이를 대여금으로 정식 계상한 이상 이는 청구인들이 지급할 의무가 있는 확정 채무라 할 것이고
- 쟁점②의 채무의 경우
  상속세법 제7조의 2의 제2호의 채무인지 여부는 당사자간에 다툼이 없었으므로 살피지 아니하고
  그 사용 용도가 불확실한지 여부를 살펴보면 청구인이 주장하는 주식투자손실은 쟁점② 채무가 발생하기 이전인 1989.11.26. 매수한 (주)○○주식 27,200주 및 1990.6.4 ○○부품(주) 주식 20,000주에서 주로 발생하였으므로 쟁점2 채무의 사용 용도로 볼 수 없어 이에 대한 청구인의 주장은 이유없다.

《관계법령》

상속세법 기본통칙 18…4(미지급이자의 채무 인정범위)

상속개시일 현재 소비대차에 의한 피상속인의 채무에 대한 미지급이자는 법 제4조 제1항 제3호에 규정하는 채무에 해당한다. 다만 법인세법 제20조의 규정에 의한 부당행위계산의 부인으로 계상한 인정이자는 포함하지 아니한다.

청 구 인 : 김○○ 외 8인
인천광역시 ○구 ○○동
처 분 청 : ○○○세무서장

위 청구인들이 1996.2.23. 당원에 제출한 재정경제원 소관 상속세부과에 관한 심사청구에 대하여 감사원법 제45조의 규정에 의하여 이를 심리한 결과 주문과 같이 결정한다.

주 문

처분청은 1996.1.4.자로 청구인들에 대하여 한 상속세 합계 1,673,541,280원의 부과처분에 관하여 그 상속재산가액에서 채무 1,282,295,408원을 공제하여 그 과세표준과 세액을 경정하여야 한다. 나머지 청구를 기각한다.

이 유

1. 원처분의 요지

처분청은 청구외 망 김○○(1994.2.5.사망. 이하 '피상속인'이라 한다)의 공동재산 상속인인 청구인들이 1994.8.상속세 신고를 한 데 대하여 청구인들이 채무로 신고한 청구외 ○○산업주식회사(이하 '청구외 법인'이라 한다)에 대한 피상속인의 채무 2,168,748,306원중 1,282,295,408원(이하'쟁점①채무'라 한다)은 가지급금에 대한 인정이자로 보아 상속재산가액에서 공제할 채무로 인정하지 아니하고, 청구외 법인에 대한 피상속인의 위 신고채무중 743,267,198원(이하 '쟁점② 채무'라 한다)은 상속세법 제7조의 2 제2항 제2호의 채무로서 그 용도가 객관적으로 명백하지 아니하다고 보아 상속세 과세가액에 산입하여 그 과세표준을 결정하고 그 세액을 산출한 다음 동 세액에서 자진납부세액을 공제하여 차감고지세액을 산출하고 청구인들에 대하여 1996.1.4.자로 상속세 1,673,541,280원(가산세 488,021,588원 포함)을 추가 납부할 것을 고지하는 처분(이하 '이 사건 부과처분'이라 한다)을 하였다.

2. 청구의 취지 및 이유

청구인들은 처분청이 한 이사건 부과처분에 대하여 청구외 법인에 대한 피상속인의 위 쟁점①,② 채무 합계 2,025,562,606원을 상속재산가액에서 공제하여 그 과세표준과 경정하게 하여 달라고 청구하면서, 그 이유로서 쟁점① 채무는 청구외 법인과 피상속인 사이의 별도의 채권·채무계약에 의한 미지급이자로서 각 사업연도말 채무 원본에 산입하고 다음 연도에 실제 변제하고 있는 확정채무임에도 불구하고 처분청에서 이를 가지급금에 대한 인정이자로 보아 채무로 인정하지 아니한 채 이 사건 부과처분을 한 것은 위법하고

쟁점② 채무는 피상속인이 1989년부터 1992년까지 사이에 주식투자를 하면서 위 채무의 90%이상의 손실(667,972,800원)을 보았음이 입증되는 것이어서 그 용도가 객관적으로 명백함에도 불구하고 처분청에서 이를 명백하지 아니한 것으로 보아 이 사건 부과처분을 한 것은 위법하므로 이 위법한 부분들이 경정되어야 한다고 주장한다.

3. 당원의 판단

이 사건 심사청구의 쟁점은 첫째로 쟁점① 채무가 가지급금 인정이자로서 상속재산가액에서 공제할 채무에 해당하지 아니하는 것인지의여부와 둘째로 쟁점② 채무가 상속세법 제7조의2 제2항 제2호 소정의 채무로서 그 용도가 객관적으로 명백하지 아니한

것인지의 여부에 있다고 하겠다.

우선 피상속인이 쟁점① 채무 및 쟁점② 채무를 부담하게 된 경위와 처분청이 이 사건 부과처분을 하게 된 경위를 보면, 청구인들은 청구외 법인의 대표이사이었던 피상속인이 1990년도부터 상속개시일(1994.2.5.)까지 사이에 청구외 법인으로부터 합계 14,003,882,986원을 차입한 후 각 그 차입약정(피상속인은 차입금액이 큰 8건에 대하여만 약정서를 작성하고 이사회 승인을 얻은 바 있으나 각 약정서 모두 연말결산시 가지급금 적수에서 가수금 적수를 공제한 잔액이 있는 경우 이에 대한 인정이자와 지급이자 손금 불산입금액을 합산하여 이자를 계산하도록 약정되어 있는 것으로 보아야 할 것이다)에 따라 이에 대한 이자 합계 1,282,300,408원을 계상(재무부령이 정하는 당좌대월 이자율보다 높은 차입금이 없으므로 당좌대월 이자율에 의하여 계산)하여 각 사업연도말에 차입금 원본에 산입한 합계 금액중 13,117,435,088원을 상환한 후 잔액 2,168,748,306원이 남았다고 하여 이를 상속재산가액에서 공제하여 1994.8.3. 이 사건 상속세를 신고하였으나

처분청은 위 신고 채무중 쟁점① 채무부분은 가지급금에 대한 인정이자라고 보아 상속재산가액에서 공제할 채무로 인정하지 아니하였고 쟁점② 채무는 상속세법 제7조의 2 제2항 제2호에 해당하는 채무로서 그 용도가 객관적으로 명백하지 아니하다고 보아 상속세 과세가액에 산입하여 이 사건 부과처분을 하게 된 사실을 일건 기록에 의하여 인정할 수 있다.

<u>여기서 첫째 쟁점에 대하여 살펴본다</u>.

상속세법 제4조의 규정에 의하면 상속세 과세가액은 상속재산가액에서 채무 등을 공제한 금액으로 하도록 되어 있고 이 경우 공제할 채무라 함은 명칭의 여하에 불구하고 상속개시 당시 피상속인이 부담하여야 할 확정된 채무로서 공과금 이외의 모든 부채(증여채무에 관하여는 일정한 제한이 있다)를 말한다고 할 것이므로 법인세법 제20조 및 같은 법 시행령 제47조 제1항(1994.12.31. 대통령령이 제14468호로 개정되기 전의 것)의 규정에 의하여 출자자 등에게 무상 또는 재무부령이 정하는 당좌대월 이자율보다 낮은 이율로 금전을 대여한 경우 당좌대월 이자율에 의하여 계산한 이자 상당액과의 차액을 세무계산상으로만 익금에 산입하게 되는 가지급금 인정이자는 위의 공제할 채무에 해당하지 아니한다고 할 것이나 상속 개시전에 소비대차계약에 의한 피상속인이 부담하여야 하는 채무로서 확정시킨 미지급이자는 공제할 채무에 해당한다고 보는 것이 상당하다 할 것이다.

살피건대, 위에서 본 사실관계에 의하면 쟁점① 채무는 차입약정에 따라 적정하게 계산한 지급 이자를 각 사업연도말 차입금 원본에 가산한 것임을 알 수 있어 이를 가지급금에 대한 인정이자가 아닌 소비대차계약에 의한 피상속인의 채무에 대한 미지급이자로 보아야 할 것이고, 더욱이 한림합동회계사무소의 외부 감사결과 그 내용이 적정한 것으로 의견 제시된(1991년부터 1994년까지의 감사의견상 적정의견으로 되어있다.)청구외 법인의 각 사업연도 대차대조표에 쟁점① 채무는 가지급금 인정이자가 아닌 차입금 원본이 되어 상속재산가액에서 공제할 채무에 해당한다고 보아야 할것이다.

다시 둘째 쟁점에 대하여 살펴본다.

상속세법 제7조의 2 제2항 제2호 및 같은시행령 제3조 제4항의 규정에 의하면 피상속인이 국가·지방자치단체·대통령령이 정하는 금융기관 외의 자에 대하여 부담한 채무로서 이자지급 사실이나 상속재산에 담보 설정된 사실에 의하여 상속인이 변제할 의무가 있다고 확인되는 것이 아닌 경우에는 그 용도가 객관적으로 명백하지 아니하면 이를 상속세 과세가액에 산입하도록 규정하고 있는 바, 쟁점② 채무가 상속세법 제7조의 2 제2호 소정의 채무에 해당하는 경우라는 점에 대하여는 당사자간에 다툼이 없으나

그 용도가 객관적으로 명백하지 아니한 것인지의 여부에 대하여 살펴보면 청구인들은 쟁점② 채무가 피상속인의 주식투자 손실금액이라고 주장하나 청구인들이 주장하는 주식투자손실은 쟁점② 채무가 발생하기 이전인 1989.11.16. 매수한 주식회사 대우의 주식 27,200주 및 1990.6.4. 매수한 금성부품주식회사 주식의 20,000주에서 주로 발생하였던 것이라는 자료만 발견될 뿐이어서 위 주식투자손실을 가리켜 쟁점② 채무의 용도라고 볼 수 없는데다가 쟁점② 채무 발생 이후 매입한 일부 주식분에 대하여도 그 매입 및 매도자금의 입·출관계를 확인할 만한 자료가 거의 없으므로 결국 쟁점② 채무의 경우 그 용도가 객관적으로 명백하다고 볼 도리가 없으니 처분청이 이를 상속세 과세가액에 산입한 조치는 정당하고 이와 다르게 그 용도가 객관적으로 명백하다는 점을 전제로 한 청구인들의 위 주장은 받아들일 수 없다 할 것이다.

4. 결 론

그렇다면 이 사건 부과처분중 처분청이 쟁점② 채무가 그 용도가 객관적으로 명백하지 아니하다고 보아 이를 상속세 과세가액에 산입한 부분은 정당하다고 할 것이나 쟁점① 채무를 가지급금에 대한 인정이자로 보아 상속재산가액에서 공제할 채무로 인정하지 아니하고서 청구인들에 대하여 한 이 사건 부과처분 부분은 위법한 것이라 할 것이어서, 이사건 심사청구는 일부만 이유있다고 인정하여 감사원법 제46조 제2항의 규정에 의하여 주문과 같이 결정한다.

□ 재산세 등 부과에 관한 심사청구 (1997.2.19. 97감심 제24호)

《요지》

지방세법 제182조 제1항 및 제2항에서 재산세 과세기준일 현재 재산세 과세대장에 재산의 소유자로 등재되어 있는 자는 재산세를 납부할 의무를 지며, 재산세과세 대장에 그 재산의 소유자가 등재되어 있지 아니하였을 때에는 사실상의 소유자가, 그 사실상의 소유권자를 알 수 없는 경우에는 그 사용자가 재산세를 납부할 의무를 진다고 규정되어 있다.

따라서, 도시계획사업 준공과 동시에 그 시설물 등을 관할 지방자치단체에 기부채납하고 당해 지방자치단체가 정해주는 기간동안 무상사용 할 것을 조건으로 도시계획사업 허가를 받은 자가 그 사업준공과 기부채납의 이행이 이루어지기 전에 우선 신축한 건축물 등을 가(假)관리 · 위탁받은 경우에는 위 사업자가 위 지방세법 소정의 재산과세대장에 등재되지 아니하였을 때의 재산의 소유자로서 다해 연도분 재산세를 납부할 의무가 있다 하겠다.

청 구 인 : 주식회사 ○○
○○시 ○○구 ○○동
대표이사 ○○○
처 분 청 : ○○시 ○○구청장

위 청구인이 1996.6.8. 당원에 제출한 ○○시 ○○구 소관 재산세 등 부과에 관한 심사청구에 대하여 감사원법 제45조의 규정에 의하여 이를 심리한 결과 주문과 같이 결정한다.

주 문

심사청구를 기각한다.

이 유

1. 원처분의 요지

처분청은 청구인이 1991년도 재산세 과세기준일(5.1) 현재 ○○시 ○○구 ○○동 47외 1필지 소재 위락시설용 건축물 33동(연면적 15.185.84㎡, 과세시가표준액 2,242,142,870원. 이하 ‘이 사건 건축물’이라 한다) 및 그 곳 유회시설 5종(과세시가표준액 2,890,832,930원, 이하 “이 사건 유회시설”이라 한다)에 대한 소유자라고 보고, 위 재산에 대한 구 지방세법과교육세법 소정의 세율을 적용하여 재산세, 도시계획세 공동시설세 및 교육세를 각각 산출하고 청구인에 대하여 별지(‘91 ○○재산세 과세내역) 기재와 같은 각 그 세액 합계 35,873,490원(건축물 19,684,900원, 유회시설 16,188,590원)을 1996.4.10.자로 부과고지하는 처분(이하 '이 사건 부과처분'이라 한다)을 하였다.

2. 청구의 취지 및 이유

청구인은 처분청이 한 사건 부과처분의 취소를 청구하면서 그 이유로서 이 사건 건축물 및 유회 시설은 도시계획사업 준공과동시에 ○○시 ○○구(이하 '위 ○○구'라 한다)에 기부채납을 하고 위 ○○구가 정해 주는 기간 동안 무상 사용하기로 하는 조건으로 1987.10.17. ○○시장으로부터 도시계획사업(도시공원 조성, 공원시설 설치)허가를 받아 신축 및 설치한 것인데

1990.3.23. 처분청으로부터 도시공원 공원시설 가(假)관리를 위탁받은후 1996.1.31. 위○○구에 이 사건 건축물을 포함한 건축물 34동 15,202.84㎡와 이 사건 유회시설을 증여하는 절차를 마쳤는바, 이것들은 위 무상사용기간의 기산일이 되는 위 1990.3.23. 사실상 기부채납된 것으로 이 사건 부과처분 기준일인 1991.5.1. 현재로는 사실상 위 ○○구의 소유물이었다고 보아야 할 것임에도 처분청이 오히려 청구인에 대하여 이 사건 부과처분으로 재산세 등을 과세한 것은 위법한 것이라고 주장한다.

3. 당원의 판단

이 사건 심사청구의 다툼은 도시계획사업 준공과 동시에 그 시설물 등을 관할 지방자치단체에게 기부 체납하고 당해 지방자치단체가 정해주는 기간 동안 무상사용할 것을 조건으로 도시계획사업허가를 받은자가 그 사업준공과 기부채납의 이행이 이루어지기 전에 우선 신축한 건축물 등에 대하여 과세관청으로부터 기부채납의 이행이 이루어지기 전에 우선 신축한 건축물 등에 대하여 과세관청으로부터 가관리 위탁을 받은 일이 있는 경우에 위 사업자에게 위 가관리 위탁이 있은후 그 기부채납이 이행이 이루어지기 전에 해당하는 과세연 도분 재산세(이 사건 도시계획세, 공동시설세와 교육세 등은 이 재산세에 부과되는 세금이므로 이들에 대하여는 별도로 판단하지 아니한다)를 부과할 수 있는 것인지의 여부에 있다.

가. 먼저 청구인이 이 사건 건축물과 유회시설을 신축하거나 설치하여 그 기부채납의 이행을 하게 된 경우 및 처분청이 이 사건 부과처분을 하게 된 경위를 보면, 청구인은 ○○호수 근린공원의 위락시설 및 부대관리시설 등 ○○○○종합관광 옥외레저센타 조성사업을 시행하고자 1987.10.17. ○○시장으로부터 이 사업에서 조성한 모든 시설물은 도시계획사업 준공과 동시에 ○○시에 기부채납하고 그 채납 받은 쪽에서 정하는 기간 동안 무상 사용하기로 하는 조건으로 도시계획사업(도시공원 조성, 공원시설 설치)허가를 받아 그 사업 시행에 들어갔는데 1990.3.23.에 이르러 처분청으로부터 그때까지 우선 신축하거나 설치 완성한 이 사건 건축물과 유회시설에 대하여, 같은 날부터 도시계획사업준공과 동시에 위 ○○구에 기부채납하고 ○○구공유재산심의회에서의 무상사용기간 심의결과에 따라 하는 공원시설 본관리 위탁이 있을 때까지, 잠정적으로 위 도시공원시설관리를 하라는 취지의 가관리위

탁을 받았고 1995.6.24. 위 도시계획사업 전체에 대한 준공검사를 받은 다음 이 사건 건축물 및 유회시설을 같은 해10.17. 위 ○○구에게 기부채납 하겠다고 서면으로 기부 신청하여 1996.2.9.자로 같은 해 1.31. 증여계약을 원인으로 하여 이 사건 건축물에 대하여만(이 사건 유회시설은 위 ○○구가 그 기부를 승낙하는 채납의 의사표시를 유보하고 있는 중임) 위 ○○구 명의로 그 소유권 이전등기가 된 사실 및 이 사건 건축물과 유회시설은 청구인이 자재와 자금을 조달하여 신축하거나 시설하였던 것들인데 이 사건 과세기준일인 1991.5. 1.당시에는 재산세과세대장에 등재조차 되지 아니하였던 재산들이었고, 따라서 처분청은 위 기준일 현재 이들에 대한 소유자를 청구인이라고 보고서 이 사건 부과처분을 하였던 사실을 일건 기록에 의하여 인정할 수 있다.

나. 다음으로 관계법령을 보면 지방세법 제182조 제1항은 재산세 과세기준일 현재 재산세과세 대장에 재산의 소유자로 등재되어 있는 자는 재산세를 납부할 의무가 있다. 다만 권리의 양도·도시계획사어의 시행 또는 기타 사유로 인하여 재산세과세대장에 등재된 자의 권리에 변동이 생겼거나 재산세과세대장에 등재가 되지 아니하였을 때에는 사실상 소유자가 재산세를 납부할 의무를 진다고 규정하고 있고, 같은 조 제2항은 소유권의 귀속이 분명하지 아니하여 소유권자를 알 수 없는 경우에는 그 사용자가 재산세를 납부할 의무를 진다고 규정하고 있다.

다. 살피건대 위 인정의 사실에 의하면 이 사건 건축물과 유회시설은 위 가관리 위탁이 있을 당시로 보아 청구인이 자기의 자재와 자금으로 신축하거나 설치를 완성하여 원시적으로 그 소유권을 취득하였던 재산으로서 그 뒤인 이 사건 과세기준일인 1991.5.1. 현재까지에는 재산세과세대장에 등재되지도 아니 하였던 것들임을 알 수 있고 이때까지는 위 도시계획사업허가의 조건인 그 사업전체에 대한 준공이나 그 시설물에 대한 기부채납의 이행이 이루어지지도 아니하고 있었던 것이 분명한 바이니 이러한 사정을 종합하여 보면 결국 청구인은 위기준일 현재 위에서 본 지방세법 제182조 제1항 단서 후문 소정의 재산세과세대장에 등재가 되지 아니하였을 때의 재산의 소유자로서 재산세를 납부할 의무를 가진 자에 해당한다고 보는 것이 상당하고 그 전에 이 사건 건축물과 유회시설에 대한 위 가관리 위탁이 있었다고 하여 이를 달리 볼 것이 아니라고 하겠다.

4. 결　　론

그렇다면 처분청이 청구인을 1991년도 재산세 과세기준일 현재 이 사건 건축물 및 유회시설의 소유자라고 보고서 청구인에 대하여 한 이 사건 부과처분은 정당하다 할 것이고 이 사건 심사청구는 이유 없다고 인정되므로 감사원법 제46조 제2항의 규정에 의하여 주문과 같이 결정한다.

□ 특별소비세 및 교육세 환급에 관한 심사청구 (국세 분야)

《요지》

특별소비세법 제20조 제1항 및 제4항에서 특별소비세 환급신청은 그 사유가 발생한 날로부터 6월내에 하도록 되어 있는 바 이는 특별소비세의 신고납부세로서의 성질상 그 세액을 조속히 확정시키려는 조세행정의 편의를 위한 규정이라 할 것이고 이와 같은 취지와 같은 법 제11조 제1항의 규정에 의하면 소관 세무서장은 그 과세표준과 세액을 결정 또는 「경정결정」하도록 규정하고 있고 구 국세기본법 제226조의 2제1항에서 특별소비세의 「부과제척기간」을 이를「부과할 수 있는 날로부터 2년」으로 규정하고 있는 점으로 미루어 볼때, 특별소비세의 환급에 있어서도 관련 특별소비세의 부과제척기간내에 환급신청서가 제출되고 환급신청시 제출된 증빙서류에 의하여 환급사유가 입증되는 경우라면 특별소비세 과세물품에 대한 중복과세를 피하고 일반적인 조세형평을 기하기 위하여서라도 소관 세무서장이 그 과세표준과 세액을 부과 제척기간내에 경정하는 경우와 마찬가지로 환급결정하는 것이 옳다고 하겠다.

《관계법령》

개별소비세법 제20조【세액의공제와 환급】④ 제1항과 제2항에 따른 공제 또는 환급을 받으려는 자는 해당 사유가 발생한 날부터 6개월이 지난 날이 속하는 달의 말일까지 대통령령으로 정하는 서류를 제9조에 따른 신고와 함께 관할 세무서장 또는 세관장에게 제출하여야 한다. <개정 2011.12.31>

구 국세기본법 제26조의 2【국세부과의 제척기간】①국세는 다음 각 호에 규정하는 기간이 만료된 날 후에는 부과할 수 없다.

3. 제1호 및 제2호에 해당되지 아니하는 국세는 이를 부과할 수 있는 날로부터 2년간. 다만, 사기 기타 부정한 행위로서 이를 포탈하거나 환급·공제받은 경우에는 이를 부과할 수 있는 날로부터 5년간.

청 구 인 : ○○○○○주식회사(대표이사 ○○○)
○○○도 ○○시 ○○동 ○○○
처 분 청 : ○○세무서장

위 청구인이 1995.10.4. 당원에 제출한 재정경제원 소관 특별소비세 환급신청 거부에 관한 심사청구에 대하여 감사원법 제45조의 규정에 의하여 이를 심리한 결과 주문과 같이 결정한다.

주 문

처분청은 1995.7.7. 및 같은 해7.27. 청구인이 환급신청한 특별소비세 53,593,410원 및 교육세 16,070,020원을 환급하여야 한다.

이 유

1. 원처분의 요지

처분청은 청구인이 1993년부터 1995년까지 자동차용 카세트를 구입한 후 차량에 장착하여 수출하고 동 카세트 구입시 부담한 특별소비세 65,108,690원 및 교육세 19,532,600원을 1995.7. 및 같은 해 7.27. 환급신청한데 대하여 그중 특별소비세 53,593,410원 및 교육세 16,078,020원은 환급사유(수출)가 발생한 날로부터 6월이 지난 후 환급신청되어 특별소비세법 제20조 제4항에 위배된다는 이유로 1995.7.31. 및 같은 해 8.25. 환급거부통지하였다.

2. 청구인의 취지 및 이유

청구인은 처분청이 1995.7.31. 및 같은 해 8.25. 환급거부통지한 특별소비세 53,593,410원 및 교육세 16,078,020원을 환급하여 줄 것을 청구한다.

그 이유로서, 특별소비세법 제20조 제4항은 국세를 조기에 확정하려는 행정편의상 규정임에도 이 규정에 의한 환급신청기한을 넘겼다는 이유로 환급을 거부하는 것은 부당하다고 주장한다.

3. 당원의 판단

이건 심사청구의 다툼은 청구인이 자동차용 카세트 구입시 부담한 특별소비세 등을 동 물품 수출일로부터 6월이 지난 후 환급신청한 것이 환급대상인지의 여부에 있다.

먼저 관례법령의 규정내용을 보면, 특별소비세법 제9조 및 제10조에서 과세물품을 판매하는 자는 다음달 말일까지 소관세무서장에 과세표준을 신고함과 동시에 해당세액을 국가에 납부하도록 규정하고 있고, 같은 법 제11조에서 과세물품을 판매한 자가 과세표준을 신고하지 아니하거나 신고내용에 오류 또는 착오가 있는 때에는 소관세무서장은 그 과세표준과 세액을 결정 또는 경정결정한다고 규정하고 있으며,

같은 법 제20조 제2항에서「이미 특별소비세가 납부되었거나 납부될 물품 또는 원재료를 사용하여 제조가공한 물품을 수출한 때」에는 이미 「납부한 세액」「납부할 세액」에서 공제하거나 환급한다고 규정하고 같은 조 제4항에서 「공제 또는 환급」을 받고자 하는 자는 당해 사유가 발생한 날로부터 6월내에 대통령령이 정한 서류(환급사유의 발생사실을 증명하는 서류 및 특별소비세가 이미 납부된 사실을 증명하는 서류)를 갖추어 같은 법 제9조의 규정에 의한 과세표준신고서와 함께 소관세무서장에게 제출하여야 한다고 규정하고 있다.

살피건대, 특별소비세법 제20조 제1항 및 제4항은 특별소비세의 신고납부세로서의 성

질상 그 세액을 조속히 확정시키려는 조세행정의 편의를 위한 규정이라 할 것이고 특별소비세에 있어서 매입세액을 공제를 인정하는 취지가 과세물품에 대한 중복과세를 피하고 일반적인 조세형평을 기하기 위한 것이라 할 것인바, 이와 같은 취지와 특별소비세법 제11조 제1항에서「납세의무자가 과세표준신고서를 제출하지 아니하거나 신고의 내용에 오류가 있는때」에는 소관 세무서장은 그 과세표준과 세액을 결정 또는 「경정결정」하도록 규정하고 있고 구 국세기본법 제26조의 2 제1항에서 특별소비세의 「부과제척기간」을 이를 「부과할수 있는 날로부터 2년」으로 규정하고 있는 점으로 미루어 볼 때, 특별소비세의 환급에 있어서도 관련 특별소비세의 부과제척기간내에 환급신청서가 제출되고 환급신청시 제출된 증빙서류에 의하여 환급사유가 입증되는 경우라면 특별소비세 과세물품에 대한 중복과세를 피하고 일반적인 조세형평을 기하기 위하여서라도 소관 세무서장이 그 과세표준과 세액을 부과제척기간내에 경정하는 경우와 마찬가지로 환급결정하는 것이 옳다고 하겠으며,

청구인은 1993년부터 1995년까지 사이에 자동차용 카세트를 구입한 후 이를 차량에 장착하여 수추랗고 동 카세트 구입시 부담한 특별소비세 및 교육세를 동 자동차용 카세트 구입일로부터 2년이내인 1995.7.7. 및 같은 해7.27. 환급신청한 데에는 다툼이 없으므로 이에 대하여는 환급하여야 한다고 하겠다.

4. 결 론

그렇다면 청구인이 특별소비세 및 교육세를 부담하고 구입한 자동차용 카세트를 수출한 후 특별 소비세 65,108,960원 및 교육세 19,532,0600원을 환급신청한 데 대하여 처분청에서 그 중 특별 소비세 53,593,410원 및 교육세 16,078,020원을 환급거부한 것은 부당하고, 이 건 심사청구는 이유 있으므로 감사원법 제46조 제2항의 규정에 의하여 주문과 같이 결정한다.

□ 취득세 및 교육세·등록세부과에 관한 심사청구 (지방세 분야)

《요지》

인천광역시 주택건설에 대한 시세과세면제 및 불균일과세에 관한조례 제3조 제1항의 규정에 의하면 60㎡ 이하의 공동주택용 부동산으로서 그 준공검사일로부터 2월이내에 보존등기를 하는 경우 당해 건축물에 대하여 취득세와 등록세를 과세면제하도록 되어 있고, 처분청은 공동주택에 대한 사용검사필증을 교부하면 그 이후로는 언제라도 보존등기에 필수적인 건축물대장을 발급할 의무가 있음에도 건축물대장 발급을 위한 사무처리를 지연하다가 위 조례 소정의 기간이 지난 다음 날에야 청구인측에게 당해 건축물의 보존등기신청서에 필수적으로 첨부하여야 할 건축물 대장등본을 발급하여 줌으로써 위 조례 소정의 기간내에 보존등기를 하지 못하였다면 그 등기가 늦어진 책임을 청구인에게 돌려 청구인으로부터 이 사건 취득세와 등록세를 추징할 수는 없다고 할 것이다.

《관계법령》

지방세법 제7조 제1항 : 지방자치단체는 공익상 기타의 사유로 인하여 과세를 부적당하다고 인정할 때에는 과세하지 아니할수 있다.

인천광역시 주택건설에대한 시세과세면제 및 불균일과세에 관한조례 제3조 제1항 : 건축주가 건축한 공동주택용 부동산과 임대주택용 부동산에 대하여는 취득세와 등록세를 면제한다. 다만, 건축주가 공동주택과 보존등기를 하지 아니하는 경우에는 이미 임대주택의 준공검사일로부터 2월이내에 면제된 취득세 및 등록세를 추징한다.

청 구 인 : ○○자동차주식회사(대표이사 김○○)

○○광역시 ○구 ○○동 199

대 리 인 : 변호사 최○○, 강○○, 한○○

처 분 청 : ○○광역시 ○○구청장

위 청구인이 1995.3.20. 당원에 제출한 ○○광역시 소관 취득세 및 등록세 등 부과에 관한 심사청구에 대하여 감사원법 제45조의 규정에 의하여 이를 심리한 결과 주문과 같이 결정한다.

주 문

처분청은 1995.1.25.자로 청구인에 대하여 한 취득세 292,265,540원, 등록세 97,421,8410원 교육세 19,484,360원 계 409,171,740원의 부과처분을 취소하여야 한다.

이 유

1. 원처분의 요지

처분청은 청구인이 ○○광역시 ○○구 ○○동 940 대지 22,098.5㎡ 지상에 소속 근로자에게 분양할 목적으로 국민주택 규모의 20평(전유면적 53.01평방미터)형 아파트 408세대(이하 "이 사건 아파트"라고 한다)를 건축하여 1993.7.10. 사용검사를 마친 후 같은 해 9.11. 소유권 보존등한데 대하여 이 사건 보존등기가 아파트 사용검사후 2월 이내에 이루어지지 아니하여 인천광역시 주택건설에 대한 시세과세면제 및 불균일과세에 관한 조례(이하 "조례"라고 한다) 제3조 제1항 단서의 규정에 의한 취득세 및 등록세 추징 대상에 해당한다고 보고서 1995.1.25.자로 청구인에 대하여 취득세 292,265,540원 등록세 97,421,840원, 교육세 19,484,360원 계 409,171,740원을 부과고지하는 처분(이하 "이 사건 부과처분"이라고 한다)을 하였다.

2. 청구의 취지 및 이유

청구인은 처분청이 한 이 사건 부과처분의 취소를 청구하면서 그 이유로는 청구인은 이 사건 아파트의 소유권 보존등기신청서에 필수적으로 첨부하여야 하는 집합건축물 대장 등본의 발급을 1993.8.13. 신청하였으나 처분청이 업무과다를 이유로 지연하다가 같은 해9.11.에야 그 등본을 발급하였고 이에 따라 위와 같이 그 보존등기가 늦어진 것이기 때문에 이에 대하여는 자기에게 귀책사유가 없음에도 불구하고 이 사건 취득세 및 등록세를 추징하는 것은 부당하다고 주장한다.

3. 당원의 판단

이 사건 심사청구의 쟁점은 건축물의 준공검사일로부터 2월이 지난 후에 그 소유권 보존등기를 마친 이 사건 아파트에 대하여 취득세 및 등록세(이 사건 교육세는 이 등록세에 부가되는 세금이므로 교육세 부분을 별도로 판단하지는 아니한다)를 추징하는 것이 과연 정당한지의 여부에 있다.

먼저 이 사건 아파트의 준공경위와 처분청의 이 사건 취득세 및 등록세의 추징 경위 등 사실관계를 보면, 청구인은 주택건설촉진법 제44조 제3항 소정의 근로자를 고용하는 법인으로서 자기노동조합과 사이의 1990.6.5.자 임금협상 합의사항에 따라 이 사건 아파트를 신축하여 회사 근로자에게 유리한 조건 즉 아파트 건설투자비 원가 그대로의 분양 및 분양대금 일부의 저리융자 등 조건으로 이를 분양하는 사업을 시행하고자 하여 등록업자인 청구외 대림산업주식회사와 공동사업 주체가 되어 1992.7.3. 인천광역시장으로부터 같은 법 제33조 제1항의 규정에 의하여 이 사건 아파트 408세대를 건립한다는 내용의 주택건설사업계획 승인을 얻고 그 건축공사를 시행한 다음 1993.7.3. 처분청(당시는 인천광역시 남구청장)에게 건축법에 의한 사용검사 신청을 하여 처분청으로부터 같은 달 10.자로 이 사건 아파트의 사용검사필증을 송부 받은 사실, 처분청은 청구인이 1993.7.3. 위와 같이 이 사건 아파트의 사용검사 신청을 할 때에 건축물대장의기재및관리등에 관한규칙 제5조 제1항 소정의 건축물현황도면을 제출받지 아니한 채, 집합건축물의 경우 건축주가 이를 제출한다고 하더라도 스스로 이를 건축물 대장 이면에 압축, 복사할 수 있는 기계장치가 없기 때문에 건축주에게 설계사무소 직원의 도움을 받아 그 건축물 대장 원본을 작성하여 추후 제출하게 하는 것이 실무관행이라 하여, 그대로 사용검사를 실시하고 같은 달 10.자로 위와 같이 청구인측에게 사용검사필증을 교부하였는데 그 후 이 사건 아파트의 건축물 대장 작성을 위한 어떠한 조치도 취하지 아니하고 있던 중 같은 해 8.13. 청구인측에서 부동산등기법 제131조와 제132조 제2항의 규정에 의하여 이 사건 아파트의 보존등기신청서에 필수적으로 첨부하여야 하는 건축물 대장 등본의 발급 신청과 함께 그 건축설계와 감리를 맡았던 건축사사무소 직원을 시켜서 건축물 현황도면을 첨부한 건축물 대장의 기재신청을 하여오자 그때서야 그 내용을 검토하고 부대복지시설인 상가에 대한 전유부분과 공유면적 계산이 당초 허가면적과 상이하다는 등의 사유로 반려한 후 같은 해 9.4. 위미비점들이 보완되어 왔음에도 불구하고 그 업무처리를 지연하고 있다가 같은 달 10.에야 이 사건 아파트에 대한 건축물 대장을 작성하고 그 다음 날인 같은 달 11. 그 건축물 대장등본을 발급하여 준 사실 및 이리하여 청구인은 1993.9.11.에 이르러서야 위 건축물 대장 등본을 첨부하여 관할등기소에 이 사건 아파트에 관한 소유권 보존등기 신청을 하게 되었고 취득세와 등록세는 면제받은 것으로 하여 같은 날짜로 그 등기를 마쳤는데 1994.12.15. 행정자치부의 지방세 특별감사를 받으면서 이 사건 아파트가 준공검사일로부터 2월 이내가 되는 날 이 지나고 그 다음 날에야 보존등기가 되어 면제대상이 아님에도 불구하고 위지방세 등을 면제한 것이 잘못이라는 지적을 받은 처분청으로부터 새삼스럽게 1995.1.25.자의 이 사건 부과처분을 받게 된 사실을 일건 기록에 의하여 인정할 수 있다.

다음 법령의 규정을 살펴보면, 지방세법 제7조 제1항은 지방자치단체는 공익상 기타의 사유로 인하여 과세를 부적당하다고 인정할 때에는 과세하지 아니할 수 있다고 규정하고 같은 법 제9조는 제7조 및 제8조의규정에 의하여 지방자치단체가 과세면제, 불균일 과세 또는 일부 과세를 하고자 할 때에는 행정자치부장관의 허가를 얻어 당해 지방자치단체의 조례로써 정하여야 한다고 규정하고 있으며 이에 따라 제정된 조례 제3조 제1항과 제2조 제2호의 각 규정에 의하면 건축주가 건축 한 1구당 건축전용면적이 60제곱미터 이하로 구획된 10세대 이상의 아파트 등 공동주택용 부동산에 대하여는 취득세와 등록세를 면죄하되, 다만 건축주가 공동주택의 준공검사일로부터 2월 이내에 보존등기를 하지 아니하는 경우에는 이미 면제된 취득세 및 등록세를 추징하도록 규정하고 있는 바, 이와 같은 조례 규정의 입법 취지는 근로자 등을 위한 소규모 주택의 건설 및 공급의 원활을 기하기 위하여 건축주에 대한 세제지원이라는 측면에서 제정한 것이고, 또한 건축주가 준공검사후 소유권 보존등기를 지연함으로써 최초로 분양받은 입주자의 소유권 이전등기를 넘겨받아 재산권을 행사할 수 있는 권리가 장기간 인정되지 아니한 상태로 방치되는 것을 예방하자는데 그 목적이 있다고 새기는 것이 상당하다고 할 것이다.

한편, 주택건설촉진법(1994.1.7. 법률 제4723호로 개정되기 전의 것) 제33조의 2와 건축법(1995.1.5. 법률 제4919호로 개정되기 전의 것) 제18조 및 건축법 제29조와 같은법 시행규칙(1994.7.21.건설교통부령 제556호로 개정되기 전의 것) 제16조 건축물대장의기재및관리등에관한규칙(1992.6.1. 건설부령 제507호) 제5조의각 규정을 종합하여 보면 사업주체는 주택건설촉진법 제33조 제1항에 의한 사업계획의 승인을 얻어 시행하는 주택건설사업중 건축물에 대하여는 그 사업이 완료되면 그 완료한 날로부터 7일 이내에 시장·군수·구청장(이하 구청장 등이라 한다)에게 건축법에 의한 사용검사를 신청하여야 하고 이 신청을 접수한 날로부터 7일 이내에 사용검사필증을 교부받은 때에는 건축법에 의한 준공검사를 받은 것으로 보게 되어 있고, 건축물의 사용검사를 신청하는 건축주는 그 신청서에 건축물 현황도면 등을 첨부 제출하여야 하며, 구청장 등은 위와 같이 사용검사필증을 교부한 경우 별도의 건축물 대장 기재신청을 받을 것이 없이 건축물의 소유·이용상태를 확인하거나 건축정책의 기초자료로 활용하기 위하여 건축물현황도면이 건축물 및 대지의 실제현황과 합치되는지와 관계법령에 적합한지의 여부를 대조·확인한 후 바로 건축물 대장에 그 건축물에 관한 현황을 기재하고 이를 관리하도록 되어 있어 구청장 등으로서는 건축주에게 사용검사필증 교부시점 이후부터는 스스로의 책임 아래 능동적으로 건축물 대장을 작성·관리하고 있다가 건축주등 민원인으로부터 건축물대장 등본발급 신청을 받을 경우 민원사무처리규정(1988.12.31. 대통령령 제12598호) 제14조 제1항 및 민원사무처리기준표(1992.9.30.총무처고시 제1992-2호) 제31-135의 규정에 의하여 이를 즉시 발급하여야 할 의무를 부담하고 있다고 보아야 할 것이다.

그러므로 살피건대 위의 사실관계에 의하면 청구인은 앞서 본 조례 제3조 제1항 본문에 따라 그 소정의 건축주로서 공동주택용 부동산인 이 사건 아파트를 건축한 자에 해당하고 그 준공검사를 받은 것으로 보게 되어 있는 날짜인 1993.7.10.부터 2월 이내인 같은 해 9.10.까지 그 보존 등기를 하기만 하면 취득세와 등록세를 면제받을 수 있는 자인데 위 날짜까지 그 보존등기를 하지 아니하고 그 다음 날에야 등기를 하였으므로 같은 조항 단서의 규정에 따라 일단 이미 면제된 취득세 및 등록세를 추징당할 대상자에 해당한다고 할 것이나 다시 위에서 본 사실관계에 의하면 청구인의 이 사건 아파트에 대한 보존등기가 위와 같이 꼭 하루 늦게 이루어진 것이 처분청이 능동적으로 처리하여야 할 이 사건 아파트에 대한 건축물 대장 작성사무와 신속하게 처리하여야 할 그 대장등본 발급 사무처리를 태만히 하였고 더구나 관계 규정상 건축물 대장 기재 신청을 다시 할 의무가 없는 청구인측으로부터 그 기재 신청과 대장등본 발급6 신청을 받고서도 그 사무처리를 천연하다가 조례 제3조 제1항 소정의 위 기간이 지난 다음 날에야 청구인 측에게 이 사건 아파트의 보존등기신청서에 필수적으로 첨부하여야 할 건축물 대장등본을 발급하여 준 데 연유하였다고 하겠으므로 결국 청구인으로서는 그 등기를 위 조례의 규정에 따른 기간내에 마치려고 모든 노력을 다하였지만 위와 같은 어찌할 수 없는 사정으로 꼭 하루 늦게 그 등기를 마치게 되었다는 점을 알 수 있어 이러한 경우 앞서 본 법령들과 조례의 각 규정 및 그 입법취지에 비추어 볼 때 그 등기가 늦어진 책임을 청구인에게 돌려 청구인으로부터 이 사건 취득세와 등록세를 추징할 수는 없다고 보는 것이 사회정의와 공평의 이념에도 합치되는 상당한 결론이라고 할 것이다.

4. 결 론

그렇다면 처분청이 청구인의 이 사건 아파트에 관하여 한 소유권 보존등기가 취득세 및 등록세 추징대상에 해당하는 것으로 보아서 청구인에 대하여 한 이 사건 부과처분은 잘못이라 할 것이고 이 사건 심사청구는 이유있으므로 감사원법 제46조 제2항의 규정에 의하여 주문과 같이 결정한다.

□ 종합소득세 부과에 관한 심사청구 (1998.4.28.감심 제107호)

《요지》

처분청은, 비거주자인 청구인이 비상장법인의 청구외 ○○공업(주)의 주식 29,482주를 양도하면서 발생된 양도차손 2억4,764만원을 '94년 귀속 국내사업장의 사업소득 신고시 합산하여 기납부한 종합소득세액 4,983만원을 환급하여 달라고 청구한 데 대하여, 비상장주식의 양도차손을 다른 소득과 통산할 수 없다고 보아 위 환급청구를 거부함과 아울러 추가로 종합 소득세 3,870만원을 부과, 고지하자

청구인은 비거주자의 비상장주식 양도소득은 구소득세법 136조 2항에 의하여 다른 소득과 종합하여 과세하는 바, 이는 양도차익 뿐만 아니라 양도차손도 통산하여 과세하는 것이므로 이 사건 부과처분은 부당하다고 주장한 데 대하여

국내사업장이 있는 비거주자의 국내원천 소득에 대한 소득세의 과세표준과 세액의 계산에 관하여 구소득세법 137조에 의하면 거주자에 대한 관련규정을 준용하게 되어 있는 바, 거주자에 대한 관련규정을 적용하려면 오히려, 1,111만원의 양도차익이 발생하는 것으로 계산될 뿐 아니라 가사 청구인이 주장 하는 양도차손이 발생하였다 하더라도 거주자의 결손금 계산에 관한 58조 1항에 의하면 비치·기장한 장부에 의한 결손금을 당해 연도의 소득금액에 적용하게 되어 있고 58조 4항에 의하면 비상장주식의 양도차손율 기타자산의 과 양도차익과 통산하지 못하게 되어 있으므로, 위 비상장주식 양도차손을 다른 소득금액과 통산하지 않은 이 사건 부과처분은 정당하다고 판단됨.

《관계법령》

구 소득세법 제136조(비거주자에 대한 과세방법)

① 생략

② 제135조에 규정하는 국내사업장이 있는 비거주자와 제134조 제3호에 규정하는 부동산 소득이 있는 비거주자에 대하여는 제134조 제1호 내지 제7호 및 제11호 내지 제13호의 소득을 종합하여 과세하고 제134조 제8호 내지 제10호에 게기하는 소득이 있는 비거주자에 대하여는 주거자와 동일한 방법으로 과세한다.

③ 생략

청 구 인 : ○ ○ ○
○○도 ○○시 ○○동 ○○-○○
대리인 세무사 ○ ○ ○
처 분 청 : ○○세무서장

위 청구인이 1997.7.28. 당원에 제출한 재정경제부 소관 종합소득세부과에 관한 심사청구

에 대하여 감사원법 제45조의 규정에 의하여 이를 심리한 결과 주문과 같이 결정한다.

주 문

심사청구를 기각한다.

이 유

1. 원처분의 요지

처분청은, 청구인이 비상장법인인 청구외 ○○공업 주식회사(이하 '위청구외 법인'이라고 한다)가 발행한 주식 29,482주(이하 '이 사건 비상장주식'이라고 한다)를 1994.11.24. 대금 1,326,690,000원(1주당 45,000원)에 양도한 후 1995.5.31.자로 1994년도 귀속분 소득세·농어촌특별과세표준확정 신고를 하면서 그 종합소득금액 계산시 위 양도로 인하여 발생한 양도차손 247,648,800원을 당해 연도의 결손금으로 보아 사업소득 및 부동산소득 등 소득금액 합계 215,116,154원과 통산함으로써 계 32,532,646원의 결손금이 발생한 것으로 신고하고 기납부한 중간예납세액 및 원천징수세액 계 49,831,440원을 환급하여 달라고 청구한 데 대하여, 1997.6.10.자로 비상장주식의 양도차손은 다른 소득과 통산할 수 없는 것으로 보아 청구인에 대하여 위 환급청구를 거부하는 처분(이하 '이 사건 환급거부처분'이라고 한다)을 함과 아울러 청구인의 1994년 귀속분 종합소득세 과세표준을 214,396,154원으로 계산하여 종합소득세 38,705,510원을 부과, 고지하는 처분(이하 '이 사건 부과 처분'이라 한다)을 하였다.

2. 청구의 취지 및 이유

청구인은 처분청이 한 이 사건 환급거부처분 및 이 사건 부과처분을 취소하게 하여 달라는 취지의 청구를 하면서, 그 이유로서 청구인은 국내사업장이 있는 재일교포인 비거주자인 바 비거주자의 비상장주식 양도소득은 구 소득세법 제136조 제2항에 따라 다른 소득과 합산하여 과세하는데 이는 양도차익 뿐만 아니라 양도차손도 합산하여 과세한다는 의미이므로 이 사건 비상장주식의 양도로 인하여 발생한 양도차손도 이를 결손금으로 보아 다른 소득금액과 통산하지 아니하여 위 환급청구를 거부하고 이사건 부과처분을 한 것은 부당하다고 주장한다.

3. 당원의 판단

이 사건 심사청구의 다툼은 비거주자인 청구인에 대한 종합소득 과세표준 결정시 비상장주식의 양도차손을 결손금으로 보아 다른 소득금액과 통산하여 과세하여야 하는지의 여부에 있다.

우선, 청구인이 이 사건 비상장주식을 양도한 경위 및 처분청이 이 사건 부과처분을 하게 된 경위 등 사실관계를 보면, 청구인은 국외 주소를 ○○국 ○○○가 ○○시 ○

○부 ○○번지에 두고 있는 비거주자로서 국내사업장인 ○○도 ○○시 ○○동 ○○-○ 소재 ○○호텔을 경영하고 있는 사실, 청구인은 이 사건 비상장주식 29,482주 중 20,000주를 1979.2.23.자로 발행가액 200,000,000원(1주당 가액은 그 액면가액인 10,000원)에, 나머지 9,482주를 1984.12.31.자로 대금 311,009,600원(1주당 32,800원)에 각 취득하였다가 1994.11.24.자로 재일교포인 청구외 ○○○에게 이 사건비상장주식 전부를 대금 1,326,690,000원(1주당 45,000원)에 양도한 사실, 위 청구외 법인은 처분청에 이 사건 비상장주식의 양도상황에 관하여 1986.1.1. 의제취득일 현재의 기준시가는 1주당 53,400원으로, 1994.11.24. 양도당시의 기준시가는 53,850원으로 각 계산한 주식이동상황명세서를 제출한 사실, 청구인은 1995.5.31.자로 1994년 귀속 소득세·농어촌특별세 과세표준확정신고를 하면서 이 사건 비상장주식의 양도에 따른 양도소득금액에 관하여 그 수입금액은 위 실지양도가액(1,326,690,000원, 1주당 45,000원)을 적용하고 그 필요 경비는 1986.1.1.을 기준으로 평가한 위 청구외법인의 순자산가액을 기초로 산출한 위 1986.1.1. 현재의 기준시가 1,574,338,800원(1주당 53,400원)을 적용함으로써 247,648,800원의 양도차손이 발생된 것으로 계산하여 그 양도차손금액과 위 ○○호텔에 관한 사업소득 84,666,638원, 위 청구외 법인외 1개 회사로부터 받은 근로소득 111,532,000원 및 부동산소득 18,917,516원 등 소득합계 215,116,154원을 통산하여 종합소득금액을 32,532,646원의 결손금으로 산출하고 기납부한 중간예납세액 및 근로소득 원천징수세액 49,831,440원을 환급하여야 할 세액으로 신고한 사실, 이에 처분청은 비상장주식의 양도차손은 다른 소득금액과 통산할 수 없는 것으로 보아 이 사건 환급거부처분을 함과 아울러 이 사건 부과처분을 하게 된 사실을 일건 기록에 의하여 인정할 수 있다.

다음, 이 사건관계법령의 규정을 보면, 구 소득세법(1994.12.22. 법률 제4803호로 전면 개정되기 전의 것) 제134조 제12호의 규정에 의하면 내국법인이 발행한 주식 등을 양도함으로 인하여 발생하는 소득 중 대통령령이 정하는 소득을 비거주자의 국내원천소득으로 하도록 되어 있고, 그 위임을 받은 구 소득세법시행령(1994.12.31. 대통령령 제14467호로 전면 개정되기 전의 것) 제185조 제8항 제1호의 규정에 의하면 국내사업장을 가지고 있는 비거주자가 당해 주식 ·출자증권 기타의 유가증권을 양도함으로써 발생하는 소득을 구 소득세법 제134조 제12호에서 말하는 "대통령령이 정하는 소득"에 포함하도록 되어 있으며, 구 소득세법 제136조 제1항의 규정에 의하면 국내사업장이 있는 비거주자 등에 대하여는 제134조 제1호 내지 제7호 및 제11호 내지 제13호의 소득은 이를 종합하여 과세하고 제138조 제8호 내지 제10호에 게기하는 소득이 있는 비거주자에 대하여는 거주자와 동일한 방법으로 과세하도록 되어 있고, 구 소득세법 제137조 본문의 규정에 의하면 제136조 제2항에 규정하는 비거주자의 소득 등에 대한 소득세의 과세표준과 세액의 계산에 관하여는 이 법 중 거주자에 대한 소득세의 과세표준과 세액의 계산에 관한 규정을 준용한다고 되어 있다.

또한, 거주자에 대한 비상장주식의 양도로 인한 양도 및 취득가액의 결정에 관하여 구 소득세법 제23조 제1항 제4호의 규정에 의하면 한국증권거래소에 상장되지 아니한 주식 또는 출자지분으로써 대통령령이 정하는 것의 양도로 인하여 발생하는 소득을 당해 연도에 발생한 양도소득으로 하도록 되어 있고, 그 위임을 받은 구 소득세법시행령(1994.12.31. 대통령령 제14467호로 전면개정되기 전의 것) 제44조 제6항본문의 규정에 의하면 법 제23조 제1항 제4호에서 "한국증권거래소에 상장되지 아니한 주식 또는 출자지분으로서 대통령령이 정하는 것"이라 함은 양도일 현재 한국 증권거래소에 상장되지 아니한 것으로서 법 제23조 제1항 제5호에 해당하는 주식 등을 제외한 주식 또는 출자지분을 말한다고 되어 있고, 구 소득세법 제23조 제4항 제2호의 규정에 의하면 그 양도가액을 당해 자산의 양도 당시의 실지거래가액에 의하되, 다만, 대통령령이 정하는 경우에는 기준시가에 의하게 되어 있고, 제45조 제1항 제1호 나목의 규정에 의하면 양도가액에서 공제할 필요경비 중 취득가액은 당해 자산의 취득에 소요된 실지거래가액에 의하되, 다만 대통령령이 정하는 경우에는 그 자산의 취득 당시의 기준시가에 의하게 되어 있으며, 구 소득세법시행령 제170조 제1항 본문의 규정에 의하면 양도차익을 결정함에 있어서 양도가액 또는 취득가액 중 어느 하나를 실지거래가액에 의하여 결정하는 때에는 다른 하나도 실지거래가액에 의하여 결정하고, 어느 하나를 기준시가에 의하여 결정하는 경우에는 다른 하나도 기준시가에 의하여 결정하도록 하고 있으며, 그 단서의 규정에 의하면 제44조 제6항에 규정된 자산을 양도한 경우로서 양도가액 또는 취득가액 중 어느 하나만의 실지거래가액을 확인할 수 있는 때에는 실지거래가액을 확인할 수 있는 것은 실지거래가액에 의하고 실지거래가액을 확인할 수 없는 다른 하나는 다음 각호의 방법에 의하여 환산한 가액에 의하여 결정하여야 한다고 되어 있고 그 제1호 가목의 규정에 의하면 양도당시의 실지거래가액만 확인되는 경우의 취득가액은

$$\text{양도당시의 실지거래가액} \times \frac{\text{취득당시의 기준시가}}{\text{양도당시의 기준시가}}$$

의 산식에 의하여 계산한 가액에 의하도록 되어 있고, 제170조 제6항 제2호의 규정에 의하면 제44조 제6항의 자산으로서 1985.12.31. 이전에 취득한 것의 취득가액은 1986.1.1. 현재의 시가(시가를 알 수 없는 때에는 의제취득일 현재의 기준시가)에 의하여 평가한 가액으로 하되, 다만, 그 취득당시 실지거래가액이 확인되는 경우로서 당해 자산의 실지거래된 취득가액에 그 취득일로부터 의제취득일의 직전일까지의 보유기간에 의한 생산자물가상승률을 곱하여 계산한 금액을 합산한 금액이 위 의제취득일(1986.1.1.) 현재의 시가에 의하여 평가한 가액보다 많은 때에는 그 많은 금액을 취득가액으로 하게 되어 있고, 그 제7항 제1호의 규정에 의하면 제170조 제1항 제1호 가목에 해당하는 경우로서 제6항의 규정에 의하여 동항에 규정된 자산의 취득가액을 그 의제취득일 현재의 기준시가로 평가하는 경우 당해 취득가액은 제44조 제6항의 자산의 경우에는 제170조 제1항 제1호 가목의 산식에 의하여 환산한 가액에 의하게 되어 있다.

또한, 거주자에 대한 비상장주식의 기준시가의 결정에 관하여 구 소득세법 제60조의 규정에 의하면 제23조 제4항과 제 45조 제1항 제1호에 규정하는 기준시가의 결정은 대통령령이 정하는 바에 의하게 되어 있고, 그 위임을 받은 구 소득세법시행령 제115조 제1항 제3호 본문의 규정에 의하면 그 기준시가는 구 상속세법시행령 제5조의 규정을 준용하여 평가한 가액으로 하되 이 경우 재무부령이 정하는 바에 의한 평가기준시가나 평가액을 적용할 수 있게 되어 있고, 그 위임을 받은 구 소득세법 시행규칙(1995.5.3. 총리령 제505호로 전면개정되기 전의 것) 제56조의 5 제8항의 규정에 의하면 위 소득세법시행령 제115조 제1항 제3호 본문의 규정에 의하면 그 기준시가는 구 상속세법시행령 제5조의 규정을 준용하여 평가한 가액으로 하되 이 경우 재무부령이 정하는 바에 의한 평가기준시가나 평가액을 적용할 수 있게 되어 있고, 그 위임을 받은 구 소득세법 시행규칙(1995.5.3. 총리령 제505호로 전면개정되기 전의 것) 제56조의 5 제8항의 규정에 의하면 위 소득세법시행령 제115조 제1항 제3호의 규정에 의한 자산에 대하여 구 상속세법시행령 제5조의 규정을 준용하여 평가함에 있어서 1주당 가액은 당해 법인의 직전사업연도의 순자산가액 및 1주당 직전사업연도의 순손익액에 의하여 평가하게 되어 있다.

그리고 거주자에 대한 종합과세의 경우에 결손금의 통산에 관하여 구 소득세법 제58조 제1항 본문은 "사업자가 비치·기장한 장부에 의하여 당해 연도의 소득별 소득금액을 계산함에 있어서 발생하는 소득별 결손금은 당해 소득별 소득금액에 적용 하고, 당해 종합소득과세표준의 계산에 있어서도 이를 통산한다"고 규정하고 있고, 그 제4항은 "양도소득금액을 계산함에 있어서는 제23조 제1항 제1호 내지 제3호 및 제5호의 규정에 의한 소득과 동조 동항 제4호의 규정에 의한 소득을 구분하여 계산하되 각 소득금액을 계산함에 있어서 발생하는 결손금은 이를 다른 소득금액과 통산하지 아니한다"고 규정하고 있다.

살피건대, 위 규정들을 종합하여 보면 국내사업장을 가진 비거주자가 내국법인이 발행한 비상장주식을 양도함으로써 발생하는 소득은 국내원천소득과 합산하여 종합과세하되 그 과세표준액과 세액을 계산함에 있어서는 조세협약 등에 특별한 규정이 없는 한 거주자에 관한 관련 규정을 준용하여야 할 것이고, 거주자에 대한 소득금액 계산시 그 소득금액과 통산할 수 있는 결손금은 비치·기장한 장부에 의하여 소득별로 소득금액을 계산함으로서 발생하는 결손금이어야 하고 비상장주식의 양도로 인하여 발생하는 결손금은 토지 또는 건물 등 다른 양도소득금액과는 구분계산하여야 함은 물론 사업소득금액 등과도 통산하지 않도록 되어 있음을 알 수 있다.

그런데, 위 인정사실에 의하면 이 사건 비상장주식의 양도에 관하여 그 1주당 실지양도가액은 45,000원, 1986.1.1. 현재를 기준으로 한 기준시가는 53,400원, 그 양도당시의 기준시가는 53,850원임이 확인되므로 위 구 소득세법시행령 제70조 제1항 제1호 가목, 제6항 및 제7항의 규정에 의하여 그 양도차익을 계산하면 그 취득가액은 1주당 44,623원(45,000원×53,400원/53,850원)으로 산출되어 11,114,714원 {(1주당 45,000-1주당 44,623

원)×29,482주} 의 양도차익이 발생하는 것으로 계산되는데 청구인은 위 관련법령의 규정과는 달리 이 사건 비상장주식의 1986.1.1. 현재의 기준시가를 그대로 취득가액으로 하여 양도당시의 실지거래가액에서 차감함으로써 오히려 247,648,800원의 양도차손이 발생되었다고 신고한 사실을 인정할수 있는 바, 이와 같이 이 사건 관련법령의 규정에 따라 이 사건 비상장주식의 양도차익을 계산하면 결손금이 발생되었다고 할 수 없을 뿐 아니라 설령 청구인이 계산한 대로의 양도차손이 발생되었다고 하더라도 그 양도차손은 비치·기장한 장부에 의하여 산출한 결손금이 아님이 명백하므로 이 사건 비상장주식에 관한 양도차손금을 결손금으로 보아 다른 소득금액과 통산할 수는 없다 할 것이고 나아가 거주자의 비상장 주식 양도소득은 토지 등 다른 자산의 양도소득과 구분계산하도록 되어 있을뿐 아니라 그 결손금은 다른 소득과 통산할 수 없도록 되어 있어 비거주자의 경우에도 이를 준용하여야 할 것이므로 이와 다른 견해를 전제로 하는 청구인의 위 주장은 어느 모로 보나 받아들일 수 없는 것이라 할 것이다.

4. 결　　론

그렇다면 청구인이 주장하는 이 사건 비상장주식의 양도로 인한 양도 차손을 다른 소득금액과 통산하지 않고서 한 이 사건 거부처분 및 이 사건 부과 처분은 정당하다 할 것이고 이 사건 심사청구는 이유없다고 인정되므로 감사원법 제46조 제2항의 규정에 의하여 주문과 같이 결정한다.

제10장

행정심판 신청서

행정심판 신청서

제10장 행정심판 신청서

[서식 1] 가공용쌀공급업체지정취소처분취소청구서

심 판 청 구 서

청 구 인 : 서 ○ ○
대구 ○○구 ○○동 ○○아파트 1동 104호
(전화 : 000-0000, H.P :)

피청구인 : 대구광역시장

가공용쌀공급업체지정취소처분취소청구서

근거법조 : 행정심판법 제2조, 제4조, 양곡관리법 제9조제1항 및 제4항

청 구 취 지

피청구인이 2008. 10. 29. 청구인에 대하여 한 가공용쌀공급업체 지정취소처분은 이를 취소한다.
라는 재결을 구합니다.

청 구 원 인

1. 청구인 주장
   가. 청구인은'○○농산'이라는 가공용쌀공급업체를 운영하고 있는데, 대구광역시 서구 이현동 소재 △△정미소로부터 연간 80kg짜리 가공용쌀 약 8,000가마를 공급받아 이를 떡국용 쌀떡, 떡복이용 쌀떡으로 가공하여 식품재료도매상과 식료품가게에 납품해 오면서 알게 된 곡물판매업자인 박○완이 2008. 4. 경 가축사료대용으로 잡곡을 사러오는 손님들에게 사료용 잡곡에 섞어서 팔 쌀이 필요하다면서 청구인에게 청구인이 가지고 있는 가공용쌀과 위 박○완이 가지고 있는 일반쌀을 교환하자고 제안하여 처음에는 거절하였으나, 위 박○완이 계속하여 통사정을 해오자 종업원들의 야식에 이용하면 좋겠다는 생각에 결국 위 박○완의 제의를 받아들이게 되었다.
   나. 청구인은 위 박○완이 가공용쌀을 가축사료대용으로 사용하고 있는 줄만 알고 있었는데 2008. 9. 경 농수산물검사소 영남지소로부터 가공용쌀을 일반시장에 유출시킨 혐의로 조사를 받게 되면서 비로소 위 박○완이 청구인으로부터 받아간 가

공용 쌀을 일반시장에 유통시켰다는 사실을 알게 되었다.

다. 청구인은 이 사업을 경영하기 위하여 은행이나 친척들로부터 빌린 돈이 약 4억4천8백만원에 달하는 점, 공장을 가동한 지 1년도 되지 아니하였는데 이 건 처분을 받은 이후 가공용쌀을 일체 공급받지 못하게 됨으로써 공장의 가동이 중단된 점, 공장가동의 중단이 장기화될 경우 제조기계들이 노후될 뿐만 아니라 청구인 가족의 생계유지가 곤란해지는 점, 청구인의 공장에서 근무하는 종업원들이 일자리를 잃게 되는 점, 청구인의 이 건 위반행위는 청구인이 연중 공급받았던 약 8,000가마의 0.225%에 불과한 18가마였던 점, 청구인은 위 박○완이 청구인과 교환한 가공용쌀을 일반시장에 유통시켰으리라고는 미처 생각하지 못하였던 점, 청구인은 20○○년 가공용쌀공급업체로 지정된 이래 단 1회도 이러한 위반사례없이 성실히 운영해 온 점 등을 고려할 때 이 건 처분으로 달성하려는 공익상의 목적보다 청구인이 입게 되는 피해의 정도가 훨씬 커서 이 건 처분은 재량권을 일탈 내지 남용한 위법한 처분이므로 취소되어야 한다.

라. 한편 이 건 처분의 근거가 되는 가공용쌀 공급 및 관리지침 제8조제2항제2호의 행정처분기준은 그 성격상 행정청 내부의 사무처리준칙을 정한 것에 불과하여 대외적으로 국민을 기속하는 효력이 없으므로, 이 지침에 근거한 이 건 처분은 위법하다 할 것이므로 이는 당연히 취소되어야 할 것이다.

첨 부 서 류

1. 갑 제1호증 가공용쌀공급업체지정취소 통지서
1. 갑 제2호증 가공용정부미 사용각서
1. 갑 제3호증 가공용정부미 공급지정 위반업체 통보공문서
1. 갑 제4호증 가공용쌀 공급업체 지도점검표
1. 갑 제5호증 확인서
1. 갑 제6호증 가공용쌀 공급업체 지정취소공문서
1. 갑 제7호증 가공식품용 정부미 공급업체 상호 및 영업장소 변경 지정공문서
1. 갑 제8호증 주민등록등본 1부
1. 갑 제9호증 그 외 증명서류

20○○. ○○. ○○.

위 청구인 서 ○ ○ (인)

대구광역시장 귀하

[서식 2] 간접보상이행청구서 (공사 중 노선변경으로 도로와 가옥과의 거리가 당초 최소근접거리보다 가까워진 경우)

심 판 청 구 서

청 구 인 : 김 ○ ○외 1인
대전시 ○○구 ○○동 123의 45
(전화 : 000-0000, H.P :)

피청구인 : 대전지방국토관리청장

간접보상이행청구서

근거법조 : 행정심판법 제2조제1항제1호, 제3조제1항

청 구 취 지

1. 피청구인은 청구인 김○기가 2006. 12. 14. 신청한 간접보상청구에 대하여 이를 이행하라.
2. 피청구인은 청구인 박○덕이 2006. 6. 24. 신청한 간접보상청구에 대하여 이를 이행하라.

라는 재결을 구합니다.

청 구 원 인

1. 청구인 주장
   가. 청구인들은 이 건 공사중 노선변경으로 도로와 가옥과의 이격거리가 당초 65~25m서 40~10m로 근접됨에 따라 당초 최소근접거리인 26m보다 가까워진 가옥에 대하여 피청구인이 간접보상할 계획이라고 국민고충처리위원회로부터 통지를 받았으나, 이제 와서 간접보상의 대상이 되지 않는다는 것은 이해하기가 어렵다.
   나. 현재 청구인들의 가옥은 주위환경악화로 당초 가옥의 목적을 달성할 수 없고, 이주하려고 하여도 가옥매매가 이루어지지 않으며, 시세도 당초보다 절반가격으로 평가하고 있어 재산상 손해를 보고 있는 등 여러 가지로 불이익을 받고 있으므로 피청구인은 당연히 청구인들에게 간접보상을 하여야 한다.

첨 부 서 류

1. 갑 제1호증 가옥 간접보상에 대한 민원회신문

1. 갑 제2호증 가옥 간접보상에 대한 민원회신 고충민원 사건처리 결과 통지서
1. 갑 제3호증 주민등록등본 1부
1. 갑 제4호증 그 외 증명서류

20○○. ○○. ○○.

위 청구인 김 ○ ○ 외 1인 (인)

대전지방국토관리청장 귀하

[서식 3] 감정평가사업무정지처분취소청구서

심 판 청 구 서

청 구 인 : 이 ○
서울 ○○구 ○○동 123-45
(전화 : 000-0000, H.P :)

피청구인 : 국토해양부장관

감정평가사업무정지처분취소청구서

청 구 취 지

피청구인이 2007. 12. 10. 청구인에 대하여 한 1월(2007. 12. 16. ~ 2008. 1. 15)의 업무정지처분은 이를 취소한다.
라는 재결을 구합니다.

청 구 원 인

1. 청구인 주장

가. 청구인은 1982. 12. 27. 감정평가사 자격을 취득하여 현재 고려감정평가법인에 재직중에 있는 자로서, 2007. 7. 18. 이 건 토지에 대한 감정평가를 하였는데, 피청구인은 청구인이 표준지(①경기도 시흥시 △△동 1242-1,②경기도 시흥시 △△동 2027-9)와 이 건 토지가 인근지역에 소재함에도 지역요인을 비교하엿고, 이 건 토지의 매립목적인 화약성능시험장은 토지용도임에도 토지용도와 도시계획시설을 중복하여 비교하는 등 표준지와의 품등비교를 소홀히 하여 지가공시및토지등의평가에관한 법률 제27조제1항의 규정에 의한 신의·성실의무에 위반하였다는 이유로 이 건 처분을 하였다.

나. 감정평가이론에 따르면, 인근지역과 동일수급권내의 유사지역의 구분은 인문적 기준, 자연적 기준에 따라 설정하는 것으로서 전문가적 판단을 필요로 하는데, 이 건 토지는 한화매립지 134만평중 68만6,000평의 대규모토지로서 표준지와 같이 경기도 시흥시 정왕동에 소재하나, 이 건 토지는 2005. 1. 10. 준공인가를 받은 미성숙지인 반면, 표준지는 기조성되어 시가지로 성숙중에 있어 성숙도의 차이가 있고, 이 건 토지는 화약종합개발 및 성능시험장부지로 조성된 반면, 표준지는 시화공단 및 배후지로 매립되어 매립목적에 있어서도 차이를 보이므로 양자는 인근지역이 아닌 유사지역으로 구분할 수 있어 지역요인으로 비교하는 것이 가능한 바,

표준지의 용도는 공장지대, 배후주거지대로서 이 건 토지는 실질적인 토지이용면에서 상기 유사지역으로 용도로 전환될 개연성이 높으나, 해안매립지인 이 건 토지 매입 후의 연약지반 개량처리, 처리기간소요에 따른 수지불균형 및 가격경쟁력, 주변상업단지에 의한 주거환경 등을 종합적으로 검토한 결과, 지역요인의 비교항목중 토지용도에 있어서 표준지①은 공업용으로서 이 건 토지와 대등하고, 표준지②는 주거용으로서 이 건 토지가 10%열세인 것으로 판단되었다.

다. 이 건 토지는 한 필지이지만 68만평의 대규모토지로서 인근지역을 구성할 수 있는 규모로서 이를 표준지와 직접 비교하는 것은 무의미하여 지역차원에서 표준지가 속해있는 인근지역의 가로조건과 비교한 것이므로, 중로한면, 세로한면과 동일하게 본 것이 아니라 표준지가 속해있는 인근지역이 이 건 토지가 접해있는 광대한 면과 가로조건이 동일하다고 본 것이다.

라. 지역요인에서 토지용도를 비교한 것은, 개별필지의 용도가 아니라 대규모 토지인 이 건 토지의 표준적 이용상황과 관련하여, 주거용인지 또는 공업용인지 등의 지역적인 용도측면을 비교하기 위한 것이며, 개별요인에서 도시계획시설항목으로 비교한 것은 화약종합개발 및 성능시험장이 도시계획시설은 아니라 하여도 비교항목의 본래의 취지가 공법상 제한의 정도나 위험 및 혐오시설의 정도를 일반주거 및 일반공업지역과 비교하기 위한 것으로서 동일한 항목을 이중으로 적용한 것은 아니다.

마. 감정평가에관한규칙 제17조에서 규정하고 있는 지가변동에 영향을 미치는 기타사항중 제6항제2호의 '도시계획의 결정・변경 도는 도시계획사업의 시행'은 20년 단위로 수립되는 도시기본계획(안)에 관한 것이 아니고, 시흥도시기본계획(안)에는 이 건 토지뿐만 아니라 표준지도 포함되어 있으며, 제6항제6호의 '은행등 금융기관의 이자율의 변동'에서 평가시점(2006. 7. 15.)의 은행정기예금금리는 통상의 정기예금이율보다 높아서 지가의 상승요인은 되지 아니하고, 평가선례에 대한 검토미흡에 관하여는 청구외 나라감정평가법인에서 경기도 시흥시 정왕동 1772-1의 한화매립지를 일반거래목적으로 평가한 가액 13만원/㎡이나, 인접한 한화매립지인 경기도 시흥시 정왕동 1772-2를 준공감정목적으로 평가한 가액은 4만3,700원으로서 동일감정평가법인의 평가가액이 평가목적에 따라 3배 이상의 차이를 보이고 있고, 청구인이 2006. 7. 15. 5만5,000원/㎡으로 평가한 이 건 토지는 매수인과 매도인의 자유계약에 의하여 1998. 9. 17. 4만1,400원/㎡으로 매매되었다.

바. 피청구인이 이 건 토지의 가격산출에서 기타요인을 보정하는 것은 위에서 본 바와 같이 합당하지 아니한 바, 청구인은 결코 신의와 성실에 반하여 감정평가업무를 행하지 아니하였으므로, 피청구인의 이 건 처분은 위법・부당하다.

첨 부 서 류

1. 갑 제1호증 업무정지처분서
1. 갑 제2호증 청문문답서
1. 갑 제3호증 의견제출서
1. 갑 제4호증 한국감정평가협회의 감정평가 타당성조사자료
1. 갑 제5호증 청구인의 평가의견서
1. 갑 제6호증 감정평가사업무정지 통지서
1. 갑 제7호증 주민등록등본 1부
1. 갑 제8호증 그 외 증명서류

20○○. ○○. ○○.

위 청구인 이 ○ (인)

국토해양부장관 귀하

[서식 4] 감정평가사자격시험불합격처분취소청구서

심 판 청 구 서

청 구 인 : 이 ○ ○
서울 ○○구 ○○동 1701의 1
(전화 : 000-0000, H.P :)

피청구인 : 국토해양부장관

감정평가사자격시험불합격처분취소청구서

청 구 취 지

피청구인이 2002. 12. 18. 청구인에 대하여 감정평가사자격시험불합격처분은 이를 취소한다.
라는 재결을 구합니다.

청 구 원 인

1. 청구인 주장
   가. 감정평가사자격제2차시험 중 감정평가및보상법류 과목은 100점 만점으로 토지수용법, 공공용지취득및손실보상에관한특례법, 지가공시및토지등의 평가에관한법률등에 관한 문제가 출제되는데, 청구인이 응시한 제10회 감정평가사자격제2차시험에서도 1번 문제로 토지수용법과 관련된 문항이 출제되었으며 위 1번를 15점으로, 작은 2번문제를 믿고 답안을 기술한 수험생의 신뢰이익에 대한 심각한 침해를 초래하여 불합리한 합격자 결정에 이르게 하였으므로 피청구인의 이 건 처분은 위법·부당하며, 따라서 피청구인은 위 불합격처분을 취소하고, 새로운 채점자 및 기준을 마련하여 재채점을 실시하여야 한다.
   나. 피청구인은 채점자인 청구외 박○○이 부동산고시 3월호에 게재한 원고는 청구외 김○철의 답안에 대한 단순한 '강평'으로서 법적 구속력이 없다고 주장하나, 실제로 '강평'을 읽어보면 내용상 위 김○철이 작성한 답안에 대해서는 단 한줄의 언급도 없었고 채점자 자신이 제시한 채점기준에 대한 설명만을 기재하고 있는 점, 위 부동산고시가 감정평가사 자격을 취득하려는 수험생을 위한 유일한 전문잡지이고, 출제자의 강평이 수험생에게 미치는 영향력을 고려해 볼 때 바쁜 일정으로 인한 착오로 잘못 게시했다는 피청구인의 주장은 상식적으로 이해가 되지 않는 주장이며, 부동산고시 3월호에 게재되었던 채점기준표에 대한 정정내용의 게재요청이

청구인의 이 건 심판청구가 있고난 후에야 비로소 행해진 점도 의문이다.

다. 피청구인의 주장처럼 채점당시의 기준표가 문제지상의 배점과 일치하고 채점이 배점기준에 따라 이루어졌다고 하더라도 채점자인 청구외 박○○이 부동산고시 3월호에 게재한 배점기준표에 의하면, 문제1의 작은 2번의 소항목에서 ⑤번 소송내용중 ⓑ소송의 대상에 4점을 배정한 것은 감정평가및보상법규의 일반이론상 아무런 논의의 실익이 없는 사항에 대하여 과다하게 높은 배점을 한 것이며, 위 같은 항목의 ⓒ제소기간(30일)에 의하면 그 제소기간이 1월로서 30일과 1월은 법률상 그 의미가 명백하게 다른 것인 점에 비추어 볼 때 채점기준표 자체에 하자가 있었다고 보여지며 이에 기하여 행해진 피청구인의 이 건 처분은 위법·부당하므로 취소되어야 한다.

첨 부 서 류

1. 갑 제1호증	제10회 감정평가사자격제2차시험문제지
1. 갑 제2호증	부동산고시 3월호 32면~43면
1. 갑 제3호증	청구인 답안지 표지
1. 갑 제4호증	제2차시험채점결과
1. 갑 제5호증	행정심판에 대한 답변서 제출요구서
1. 갑 제6호증	답변서
1. 갑 제7호증	정정게재요청원고
1. 갑 제8호증	제10회 감정평가사자격제2차시험채점기준표
1. 갑 제9호증	감정평가사자격시험불합격 통지서
1. 갑 제10호증	주민등록등본 1부

20○○. ○○. ○○.

위 청구인 이 ○ ○ (인)

국토해양부장관 귀하

[서식 5] 건강보험요양기관업무정지처분취소청구서

심 판 청 구 서

청 구 인 : 사회복지법인 ○○노인복지원△△한의원
서울 ○○구 ○○동 ○○빌딩 1층
(전화 : 000-0000, 팩스 : 000-0000)

피청구인 : 보건복지가족부장관

건강보험요양기관업무정지처분취소청구서

청 구 취 지

피청구인이 2000. 9. 26. 청구인에 대하여 한 84일(2000. 10. 16. ~ 2001. 1. 7.)의 건강보험요양기관업무정지처분은 이를 취소한다.
라는 재결을 구합니다.

청 구 원 인

1. 청구인 주장
   가. 피청구인은 '곡지혈'에 대한 침술을 관절강내 침술로 인정하지 아니하나, 관절강내 침술의 적응경혈인 '곡지혈'을 진료기록부에 기재하였다면 이는 관절강내 침술로 보아야 한다.
   나. 청구외 환자 선○선의 진료기록부에 청구인은 "투자법 침술"의 적응경혈인 '삼음교'혈을 기재하였고, 청구외 환자 김○주의 진료기록부에도 "투자법 침술"의 적응경혈인 '견료'혈을 기재하였음에도 피청구인이 이를 시술하지 않은 것으로 간주하여한 이 건 처분은 위법·부당하다.
   다. 의료행위에 대한 세부적인 사항의 기재여부로 의료행위 자체의 유무를 판단한 것은 모순이 있으며, 청구인이 제출한 이의신청자료에 대한 피청구인의 검토결과에서 "미실시 시술료 청구의 건"에 대하여는 구체적으로 부당하다는 사유를 밝히지 아니하고 단지 부당금액 및 산출내역만을 기재하여 이 건 처분을 한 바, 이는 명백한 근거없이 단지 강요에 의해 제출한 확인서만을 근거로 한 위법·부당한 처분이다.

첨 부 서 류

1. 갑 제1호증 의료보험진료수가및약제비산정기준서
1. 갑 제2호증 한방의료보험 진료비 청구 및 심사기준서

1. 갑 제3호증 진료부
1. 갑 제4호증 진료비명세서
1. 갑 제5호증 확인서
1. 갑 제6호증 의견제출서
1. 갑 제7호증 수급내역 전화진술내용 보고서
1. 갑 제8호증 행정처분서
1. 갑 제9호증 건강보험요양기관업무정지 통지서
1. 갑 제10호증 사업자등록증 사본 1부

20○○. ○○. ○○.

위 청구인 사회복지법인 ○○노인복지원△△한의원 (인)

보건복지가족부장관 귀하

[서식 6] 계고처분무효확인청구서 (청구소유건물에 대한 대집행 계고처분)

<table>
<tr><td colspan="5">행 정 심 판 청 구</td></tr>
<tr><td rowspan="2">청 구 인</td><td>이름</td><td>○○○</td><td>주민등록번호</td><td>630120-1234567</td></tr>
<tr><td>주소</td><td colspan="3">서울시 중랑구 면목동 1번지</td></tr>
<tr><td>선정대표자 관리인 또는 대리인</td><td colspan="4">대리인 변호사 ○○○
서울시 ○○구 ○○동 ○번지</td></tr>
<tr><td>피청구인</td><td colspan="2">○○역장</td><td>재결청</td><td>서울지방철도철장</td></tr>
<tr><td>청구대상인 처분내용 (부착위의 전제가 되는 신청내용일자)</td><td colspan="4">피청구인이 청구인에 대해 20○○.○.○.자로 한 서울특별시 중랑구 면목동 1번지 위의 청구소유건물에 대한 대집행 계고처분</td></tr>
<tr><td>처분있음을 안날</td><td colspan="4">20○○. ○○. ○○.</td></tr>
<tr><td>심판청구취지 이유</td><td colspan="4">(별지 기재와 같음)</td></tr>
<tr><td>처분청의 고지유무</td><td colspan="2">없음</td><td>고지내용</td><td>해당없음</td></tr>
<tr><td>증거서류(증거류)</td><td colspan="4">1. 계고장
2.</td></tr>
<tr><td>근거법조</td><td colspan="4"></td></tr>
<tr><td colspan="5">위와 같이 행정심판을 청구합니다.

20○○. ○○. ○○.

청구인 대리인 ○○종합법무법인
담당변호사 ○○○

관리공단 귀하</td></tr>
<tr><td>첨부서류</td><td>청구서부본</td><td></td><td>수수료</td><td>없음</td></tr>
</table>

[서식 7] 건물철거계고처분취소청구서

심 판 청 구 서

청 구 인 : 임 ○
서울 ○○구 ○○동 1234-12
(전화 : 000-0000, H.P :)

피청구인 : 국립공원관리공단설악산관리사무소장

건물철거계고처분취소청구서

근거법조 : 행정심판법 제2조, 제3조
라는 재결을 구합니다.

청 구 취 지

피청구인이 2008. 5. 15. 청구인에 대하여 한 건물철거계고처분은 이를 취소한다.

청 구 원 인

1. 청구인 주장
   가. 청구외 이○준은 기존에 있던 대지상의 주택이 붕괴위험이 있어 재건축하기 위하여 관할관청에 재건축허가를 신청한 뒤, 그대로 방치할 경우 기존 건물이 붕괴될 위험이 있다는 이유로 허가를 받지 아니하고 위 벽돌적조조스페트 건물을 재건축하였다.
   나. 위 이○준은 청구인이 음식점영업허가를 득하여 위 건물에서 음식점영업을 할 수 있게 해 주겠다고 약속을 하였고, 청구인은 이 약속을 믿고 위 이○준으로부터 임차보증금 2,500만원에 위 건물을 임차하고, 1,500만원을 들여 부엌을 증축하고 화장실과 정화조를 설치한 뒤 음식점 영업을 하였다.
   다. 청구인은 2005. 8. 경 국립공원관리공단 설악산관리소장으로부터 부엌증축문제로 고발당하여 벌금 500만원의 형사처벌을 받은 바 있고, 위 건물을 철거하라는 독촉을 받고 있다.
   라. 위 이○준은 위 건물을 임대할 수 없다는 것을 알면서도 청구인에게 위 건물을 임대하였고, 청구인은 위 이○주에게 속아 엄청난 금전적 손해를 입었을 뿐만 아니라, 지금 건물이 철거된다면, 거주할 집조차 없어지게 되는 상황에 처해있다.
   마. 청구인의 처인 청구외 박○자가 위 건물의 임차권자임에도 불구하고 피청구인은

법률적으로 아무런 관계도 없는 청구인에게 위 건물의 철거계고처분을 하였는바 이는 원인무효의 잘못된 처분이다.

바. 위 이○준이 재건축을 한 동기가 명백하고, 청구인 또한 피해자일 뿐만 아니라. 이 건 건물의 철거가 공익상 필요불가결할 것이 아닌 점을 고려할 때, 이 건 처분은 재량권을 일탈한 위법·부당한 처분이므로 취소되어야 한다.

첨 부 서 류

1. 갑 제1호증 유권해석서
1. 갑 제2호증 질의회신문
1. 갑 제3호증 척산집단시설지구지정공고문
1. 갑 제4호증 척산집단시설지구기본설계공고문
1. 갑 제5호증 출장복명서
1. 갑 제6호증 시인서
1. 갑 제7호증 기존건물 및 증개축 건물사진현장조사서
1. 갑 제8호증 개략도
1. 갑 제9호증 고발서
1. 갑 제10호증 계고서
1. 갑 제11호증 계고서수령증
1. 갑 제12호증 민원사항조사위탁서
1. 갑 제13호증 철거지연에 따른 감사원의 직접조사촉구서
1. 갑 제14호증 건축물관리대장
1. 갑 제15호증 철거계고처분서
1. 갑 제16호증 주민등록등본 1부

20○○. ○○. ○○.

위 청구인 임 ○ (인)

국립공원관리공단설악산관리사무소장 귀하

[서식 8] 건설기술자업무정지기간정정처분취소청구서 (건설기술경력증 대여로 인한 업무정지기간을 가중한 경우)

심 판 청 구 서

청 구 인 : 성 ○ ○
대전 ○○구 ○○동 460-40
(전화 : 000-0000, H.P :)

피청구인 : 대전지방국토관리청장

건설기술자업무정지기간정정처분취소청구서

근거법조 : 건설기술관리법 제6조의4제1항, 동법 시행령 제60조제2항, 동법 시행규칙 제4조의4, 별표 2 제2호

청 구 취 지

피청구인이 2007. 5. 3. 청구인에게 한 건설기술자 업무정지기간 정정처분을 취소한다.
라는 재결을 구합니다.

청 구 원 인

1. 사건개요
   가. 피청구인은 2007. 1. 29. 청구인이 건설회사인 (주)◆◆에 건설기술경력증을 대여했다는 이유로 6개월(2007. 2. 1.~2007. 7. 31.)의 건설기술자 업무정지처분을 하였다.
   나. 피청구인은 2007. 5. 3. 국토해양부의 '건설기술관리법 위반업체 및 건설기술자 제재사무 처리요령'에 따라 업무정지기간을 12개월(2007. 2. 1. ~ 2008. 1. 31.)로 정정하여 통보하였다.

2. 청구인의 주장
   청구인은 졸업증명서를 대여할 당시에는 학력·경력자 제도를 인지하지 못하여 졸업증명서의 대여가 건설기술경력증 대여와 동일한 것임을 알지 못한 점, 위반행위에 대하여 잘못을 인정하고 자수한 점, 이 사건 처분과 관련된 것 외에 건설기술경력증을 대여하거나 유사한 위반행위를 한 사례가 없는 점 등을 고려하여 감경기준을 적용하여야 함에도 불구하고, 업무정지 처분을 할 때 이를 고려하지 아니하고 업무정지기간을 6개월에서 12개월로 정정한 이 사건 처분은 위법·부당하다.

3. 이 건 처분의 위법·부당 여부

가. 건설기술관리법 제6조의4제1항, 같은 법 시행령 제60조제2항, 같은 법 시행규칙 제4조의4, 별표 2 제2호에 의하면, 지방국토관리청장은 건설기술자가 자기의 성명을 사용하여 다른 사람에게 건설공사 또는 건설기술용역업무를 수행하게 한 때에는 12월 이내의 기간을 정하여 건설공사 또는 건설기술용역업무의 수행을 정지시킬 수 있고, 당해 위반행위의 동기와 그 결과 및 횟수 등을 참작하여 업무정지기간의 2분의 1의 범위 안에서 가중 또는 경감할 수 있도록 되어 있으며 행정청이 일단 행정처분을 한 경우에는 행정처분을 한 행정청이라도 법령에 규정이 있는 때, 행정처분에 하자가 있는 때, 행정처분의 존속이 공익에 위반되는 때, 또는 상대방의 동의가 있는 때 등의 특별한 사유가 있는 경우를 제외하고는 행정처분을 자의로 취소할 수 없다고 할 것이다.

나. 피청구인은 청구인이 건설기술경력증을 대여했다는 이유로 청구인에게 2007. 1. 29. 건설기술관리법령상의 경감기준을 적용하여 6개월(2007. 2. 1. ~ 2007. 7. 31.)의 건설기술자 업무정지처분을 한 후, 약 3개월이 지난 2007. 5. 3. 국토해양부 지침에 맞지 않는다는 이유로 업무정지기간을 12개월(2007. 2. 1. ~ 2008. 1. 31.)로 정정하는 이 사건 처분을 하였는바, 피청구인은 2007. 1. 29. 당시 국토해양부 지침이 존재하고 있었음에도 관계 법령에 따라 청구인에게 6개월의 업무정지처분을 하였고, 동 처분으로 인한 업무정지기간의 반 이상이 경과하였으므로 청구인에게는 이 사건 처분을 한 2007. 5. 3. 이전에 선행처분인 6개월(2007. 2. 1. ~ 2007. 7. 31.)의 건설기술자 업무정지처분에 대한 신뢰가 이미 형성되어 있었다고 인정할 수 있으며, 설령 위 선행처분이 국토해양부 지침에 맞지 않는 부분이 있다 하더라도 건설기술관리법령에는 위반행위의 동기와 그 결과 및 횟수 등을 참작하여 업무정지기간을 2분의 1로 경감할 수 있는 근거가 있는 점을 고려할 때, 피청구인이 업무정지기간의 반 이상이 경과한 시점에서 청구인에게 동일한 사유에 관해 보다 무거운 제재의 이 사건 처분을 한 것은 청구인의 신뢰와 법적 안정성을 침해하는 것으로서 허용될 수 없다 할 것이므로, 피청구인의 이 사건 처분은 위법·부당하다할 것이다.

첨 부 서 류

생 략

20○○. ○○. ○○.

위 청구인 성 ○ ○ (인)

대전지방국토관리청장 귀하

[서식 9] 건설업등록말소처분취소청구서

심 판 청 구 서

청 구 인 : (주)○○건설
부산시 ○○구 ○○동 123-45
(전화 : 000-0000, H.P :)

피청구인 : 부산광역시장

건설업등록말소처분취소청구서

청 구 취 지

피청구인이 2007. 11. 18. 청구인에 대하여 한 건설업등록말소처분은 이를 취소한다.
라는 재결을 구합니다.

청 구 원 인

1. 청구인 주장
   가. 연대보증사인 청구외 (주)○○종합건설이 부도를 내면서, 청구인이 위 (주)○○종합건설의 연대채무 약 8억원을 부담하게 되자, 건설공제조합측이 청구인의 출자증권을 임의 매각하여 청구인은 본의 아니게 출자좌수 미달의 상태에 놓이게 되었다.
   나. 더구나 청구인은 2004. 6.경 경상북도 포항시 △△리에 약 3만 4,000평의 토지에 아파트를 건립하고 2005. 3. 13. 모델하우스를 완공하여 현재 분양을 준비중인데, 청구인은 모든 자금, 여신 및 은행대출금을 위 사업에 투입하여 현재 출자좌수를 회복할 여력이 남아 있지 않다.
   다. 건설공제조합측은 부도난 위 (주)○○종합건설의 남은 정리자산에 대하여 채권확보를 할 수 있음에도 불구하고 이를 하지 아니하고, 안일하게 위(주)○○종합건설의 모든 채무를 청구인에게 부담시키고, 청구인의 출자증권을 임의매각하여 청구인의 출자좌수가 출자증권보유기준에 미달되게 되었다.
   라. 전 직원이 일치단결하여 노력한 결과 2000. 5. 경에는 위 아파트의 분양을 원만히 할 수 있는 여건이 마련되었고, 이에 따라 미달출자좌수를 충분히 충족할 수 있게 되었다.
   마. 더구나 대통령께서 IMF관리체제 이후 건설산업기본법 위반자에 대하여는 은전조치를 하도록 한 바 있고, 청구인은 이러한 은전조치의 대상이 되는데, 이러한 사정을 무시하고 청구인의 건설업등록을 말소하는 것은 부당하다.

바. 이러한 사정을 감안하지도 아니하고 출좌좌수 미달이라는 이유만으로 청구인의 건설업등록을 일방적으로 취소한 이 건 처분은 위법·부당하므로 취소되어야 한다.

첨 부 서 류

1. 갑 제1호증 건설공제조합통보공문서
1. 갑 제2호증 청문출석통지서
1. 갑 제3호증 건설업영업정지처분서
1. 갑 제4호증 건설업등록말소를 위한 청문통지서
1. 갑 제5호증 청문연기요청서
1. 갑 제6호증 청문일자재지정최종통보서
1. 갑 제7호증 건설업등록말소처분서
1. 갑 제8호증 신년대통령은전조치행정처분범위서
1. 갑 제9호증 한도거래용보증채무약정서
1. 갑 제10호증 일괄도급계약서
1. 갑 제11호증 주택건설승인서 및 사업(분양)계획서
1. 갑 제12호증 사업자등록증 사본 1부

20○○. ○○. ○○.

위 청구인 (주)○○건설 (인)

부산광역시장 귀하

[서식 10] 고용보험료등부과처분취소청구서 (상품매각촉진 인센티브 등이 고용보험료 등의 산정기초가 되는 임금에 해당하는지 여부)

심 판 청 구 서

청 구 인 : 봉 ○ ○
부산 ○○구 ○○동 420-78
(전화 : 000-0000, H.P :)

피청구인 : 근로복지공단 부산동부지사장

고용보험료등부과처분취소청구서

청 구 취 지

피청구인이 2006. 11. 30. 청구인에게 한 2003년도분 고용보험료, 산업재해보상보험료 및 가산금 총 9,404만 460원의 부과처분을 취소한다.
라는 재결을 구합니다.

청 구 원 인

1. 사건개요
2003년도의 고용보험료와 산업재해보상보험료에 있어 확정보험료의 산정기초가 되는 임금총액에 상품매각촉진 인센티브 등을 포함하지 아니하였다는 이유로 피청구인이 2006. 11. 30. 청구인에게 2003년도분 고용보험료 1,428만 8,560원과 가산금 142만 4,850원, 2003년도분 산재보험료 7,124만 2,790원과 가산금 712만 4,260원(이하 "고용보험료 등"이라 한다) 총 9,404만 460원을 추가로 부과하였다.

2. 청구인의 주장
상품매각촉진 인센티브는 시장상황과 회사의 영업정책적 판단에 따라 탄력적으로 지급하는 금품으로서, 임금단체협약이나 보수규정에도 전혀 명시되어 있지 않고, 개별 영업실적에 따라 일시적으로 지급하는 은혜적인 급부에 불과하며, 상품매각촉진 인센티브를 제외한 기타 인센티브 등은 지급조건의 충족 여부가 근로자 개인의 실적에 따라 달라지는 것으로서 근로자의 근로제공 자체를 대상으로 한 것이라고 볼 수 없으므로 상품매각촉진 인센티브 등을 임금으로 보고 행한 피청구인의 이 사건 처분은 위법하다.

3. 이 건 처분의 위법 · 부당 여부

가. 첫째, 분기 증권영업직 우수자성과급은 증권영업직 직원의 개인 실적을 상대평가하여 상위 30% 이내에 해당할 경우 일정 금액을 지급하는 것으로서, 증권영업직 직원이 어느 정도의 실적을 거두었다고 하여 동 성과급을 반드시 받을 수 있는 것은 아니다. 따라서 동 성과급은 일정 순위에 해당하는 자에게 특별히 지급되는 은혜적 성격의 금품으로 보는 것이 타당하므로 임금에 포함된다고 보기 어렵다, 둘째, 리서치센터 인센티브의 경우, 동 인센티브 중 타부서인 법인영업부 실적에 따라 인센티브를 제공받는 부분은 개인이 아닌 부서에 일정금액을 지급하는 것으로서, 이는 근로자 개인의 직접적인 근로를 대상으로 지급된 것이라기보다는 회사의 영업정책적 판단에 따라 특별히 지급되는 은혜적 성격의 금품이라 할 것이고, 또한, 투자설명회 등을 개최하는 경우 일정금액을 지원받는 부분은 실비변상 측면이 있다 할 것이므로 리서치센터 인센티브는 고용보험료 등의 산정기초가 되는 임금에 포함된다고 보기 어렵다. 마지막으로, 지점장 인센티브는 영업점별로 사업목표를 초과하는 경우 해당 영업지점장에게 지급하는 것으로서, 영업점의 실적은 지점에 속해있는 직원들의 능력에 따라 좌우되고, 지점장 개인의 성과측정에 의한 것이 아닌 영업점 단위의 매출이익 증가에 의한 것임을 고려할 때, 이는 회사의 영업정책적 판단에 따라 특별히 지급되는 은혜적 성격의 금품이라 할 것이므로 임금에 포함된다고 보기 어렵다.

나. 따라서 이 사건 처분 중 상품매각촉진 인센티브, 증권영업직 조정인센티브, 증권약정 성과급 및 증권법인부 성과급, 분기 증권 영업직 우수자 성과급, 리서치센터 인센티브 및 지점장 인센티브까지 임금총액에 포함하여 고용보험료 등을 부과한 것은 위법·부당하다.

첨 부 서 류

생 략

20○○. ○○. ○○.

위 청구인 봉 ○ ○ (인)

근로복지공단 부산동부지사장 귀하

[서식 11] 고용유지지원금거부처분취소청구서 (양도양수계약서상 지원금의 승계 여부가 명시되어 있지 않은 경우)

심 판 청 구 서

청 구 인 : 손 ○ ○
서울 ○○구 ○○동 500-11
(전화 : 000-0000, H.P :)

피청구인 : 서울노동청서울북부지청장

고용유지지원금거부처분취소청구서

청 구 취 지

피청구인이 2007. 1. 15. 청구인에게 한 지원금지급거부처분을 취소한다.
라는 재결을 구합니다.

청 구 원 인

1. 사건개요

가. 청구인 회사는 2005. 7. 25. ○○○(주)에서 △△△(주)로 명칭을 변경하고, 2006. 3. 29. 피청구인에게 2005년도 2월분 고용유지지원금의 지급을 신청하였으나, 피청구인은 양도양수계약서상 고용유지지원금(이하 "지원금"이라 한다)의 승계에 관한 사항이 명시되어 있지 않다는 이유로 2006. 5. 8. 지원금지급거부처분을 하였다.

나. 청구인은 다시 2007. 1. 2. 피청구인에게 2005년 2?3?4월분 지원금지급신청을 하였으나, 피청구인은 2007. 1. 15. 2005년도 2월분 지원금지급신청에 대해서는 2006. 5. 8. 이미 지급거부처분을 하였다는 이유로 반려하였고, 2005년도 3?4월분 지원금지급신청에 대하여서는 양도양수계약서상 지원금 승계여부가 명시되어 있지 않다는 이유로 지원금지급거부처분을 하자, 청구인이 이에 대하여 2007. 2. 22. 행정심판을 청구하였다.

2. 청구인의 주장

비록 양도양수계약서에 ○○○(주)의 모든 채권·채무 등에 관한 사항이 명시되어 있지 않으나, 법원이 청구인에게 ○○○(주)의 채무지급을 명령한 점에 비추어 실질적으로 ○○○(주)의 권한과 책임이 청구인에게 그대로 승계되었는바, 단지 회사명이 바뀌었다는 이유만으로 회사의 채무는 승계되면서 권리는 승계되지 않는다는 것은 부당하므로 피청구인의 이 건 처분은 취소되어야 한다.

3. 이 건 처분의 위법·부당 여부

가. 피청구인의 반려처분에 대한 심판청구의 적법성 여부

고용보험법령에 의하면, 지원금 지급신청이 거부되었다 하더라도 다시 이와 동일한 내용의 지급신청을 제한하는 규정이 없으므로, 한번 지급신청을 거부당한 자도 다시 지급신청을 할 수 있다 할 것이고, 이 경우 지급신청을 받은 행정청으로서는 신청내용과 관계규정을 검토하여 지급 여부를 결정하여야 할 것이다.

나. 따라서, 피청구인이 2007. 1. 15. 청구인의 지급신청서를 반려한 것은 이미 거부처분이 있었음을 알려주는 단순한 사실의 통지로는 볼 수 없고, 구체적 사실에 관한 법집행으로서의 공권력의 행사의 거부에 해당한다 할 것이므로 피청구인의 2005년 2월분 고용유지지원금지급신청 반려통보는 2007. 1. 15.자 지급거부처분이라 할 것이고, 심판청구일은 2007. 2. 22.이므로 이 건 심판청구는 심판청구기간 내에 제기된 청구이다.

다. 이 건 처분의 위법·부당여부

이 건 양도양수계약이 체결된 후 법인등기부등본상 2005. 8. 4. ○○○(주)의 임원이 변경되고 그 명칭이 현재의 청구인 회사의 명칭으로 변경되었을 뿐 청구인 법인이 별도로 설립된 것이 아니라는 점을 감안할 때, 이 건 양도양수계약은 실질적으로 ○○○(주)과 청구인 회사간의 계약이 아니라 ○○○(주)의 대표 □□□과 ▽▽▽ 간의 ○○○(주)의 "주식 등"의 양도양수계약이라 할 것이고, 따라서, ○○○(주)과 청구인 회사는 동일 법인이라 할 것이므로 양도양수계약서상의 "양도양수물건 외 장부상 재산은 일체 제외한다"는 규정의 존재 여부와 별개로 ○○○(주)의 지원금 신청권은 당연히 청구인에게 귀속된다 할 것이다.

라. 따라서, 지원금의 신청권이 청구인에게 귀속됨에도 불구하고 이미 거부처분을 하였다는 이유로 행한 반려처분과 양도양수계약서상 지원금의 승계 여부가 불분명하여 청구인에게 지원금의 신청자격이 없다는 이유로 피청구인이 행한 지원금지급거부처분은 모두 위법·부당하다.

첨 부 서 류

생 략

20○○. ○○. ○○.

위 청구인 손 ○ ○ (인)

서울노동청서울북부지청장 귀하

[서식 12] 고용촉진훈련실시기관지정이행청구서

심 판 청 구 서

청 구 인 : 임○ ○
양산시 웅상읍 △△라 576-3번지
(전화 : 000-0000, H.P :)

피청구인 : 경상남도지사

고용촉진훈련실시기관지정이행청구서

청 구 취 지

피청구인이 2005. 12. 1. 청구인에 대하여 한 고용촉진훈련신청기관 평가결과를 시정하고 고용촉진훈련실시기관으로 지정하라.
라는 재결을 구합니다.

청 구 원 인

1. 청구인 주장
경상남도 양산시 웅상읍 △△라 576-3번지 소재에서 ○○컴퓨터학원을 운영하고 있는 자로서, 2005. 3. 위○○컴퓨터학원을 고용촉진훈련실시기관으로 지정받아 고용촉진훈련을 실시하여 오던 중, 2006. 3.부터 시행하는 고용촉진훈련실시기관으로 지정을 받기 위하여 신청하였으나, 피청구인으로부터 탈락되었다는 구두통보를 받은 다음, 청구인에 대한 평가표를 면밀히 검토해 본 결과 그 평가표상의 자격취득을, 학원운영경력, 시설 및 장비, 중도 탈락율, 취업율 등의 항목에서 평가점수가 잘못 산정되었으므로 이는 시정되어야 하고, 고용촉진훈련실시기관으로 지정되어야 한다.

첨 부 서 류

1. 갑 제1호증 고용촉진훈련기관 지정현황 통지서
1. 갑 제2호증 주민등록등본 1부
1. 갑 제3호증 훈련실시기관지정계획 시달문
1. 갑 제4호증 고용촉진훈련기관지정신청 안내서
1. 갑 제5호증 고용촉진훈련기관 추천서
1. 갑 제6호증 고용촉진훈련신청기관 평가표
1. 갑 제7호증 그 외 증명서류

20○○. ○○. ○○.

위 청구인 임 ○ ○ (인)

경상남도지사 귀하

[서식 13] 공유수면매립목적변경인가신청반려처분취소청구서

심 판 청 구 서

청 구 인 : ○○종합건설주식회사
진해시 △△동 177의 4
(전화 : 000-0000, 팩스 : 000-0000)

피청구인 : 경상남도지사

공유수면매립목적변경인가신청반려처분취소청구서

청 구 취 지

피청구인이 2000. 3. 28. 청구인에 대하여 한 제덕지구 공유수면매립목적변경인가신청반려처분은 이를 취소한다.
라는 재결을 구합니다.

청 구 원 인

1. 청구인 주장
   가. 이 건 매립지역은 1991. 2. 경 건설부 고시 제52호로 경상남도 진해시 △△동 177의 4 일원 123,000㎡에 대하여 공유수면매립기본계획이 수립되면서 그 용도가 유보지역으로 고시되었고, 진해시가 1992. 9. 30. 진해시 도시계획재정비를 하면서 그 용도를 공업지역으로 도시계획을 변경함에 따라, 청구외 (주)○○,(주)△△ 및 (주)□□건설은 1994. 12. 31. 피청구인으로부터 이 건 매립지역에 대한 공유수면매립면허를 받은 다음, 1995. 8. 25. 공업용지 목적의 실시계획인가를 받아 1995. 9. 5. 공사를 착공하여 현재 약78%의 공정을 보이고 있다.
   나. 청구인은 (주)○○으로부터 이 건 공유수면매립면허에 관한 권리·의무 중 (주)○○의 지분을 모두 양수하고, 그에 따라 2000. 3. 6. 피청구인으로부터 공유수면매립면허증을 교부받은 다음, 2000. 3. 16. 이 건 매립지역에 대한 매립목적변경인가신청을 하였으나, 피청구인으로부터 구 공유수면매립법(1999. 2. 8. 법률 제5911호로 전문개정되어 1999. 8. 9. 시행되기 전의 것, 이하 "구 법"이라 한다)제21조의2에 의하여 당해 매립지가 준공되어 소유권을 취득한 자와 그 승계인은 준공허가를 받은 날부터 5년이내에는 면허 당시의 매립목적 변경을 제한하고 있어 매립목적의 변경이 불가하다는 이유로 이 건 처분을 받았다.
   다. 법 부칙 제3조제1항은 "이 법 시행당시 종전의 규정에 의하여 매립면허를 받은 자

(승계인 포함)가 매립목적을 변경하고자 하는 경우에는 제28조 내지 제30조의 개정규정을 적용하지 아니하고 종전의 제21조의2의 규정을 적용한다"라고 규정하고 있고, 구 법 제21조의2는 "14조의 규정에 의하여 매립지의 소유권을 취득한 자와 그 승계인은 제12조의 규정에 의한 준공허가를 받은 날부터 5년이내에는 매립목적을 변경하여 사용할 수 없다. 다만, 당해 매립지를 국가사업에 사용하기 위하여 필요한 경우나 공용 또는 공공의 용으로 변경하는 경우에는 그러하지 아니하다."고 규정하고 있는 바, 이 건 신청은 준공전의 매립목적의 변경에 해당되는 것이므로 준공인가를 받은 후 5년이내에 목적변경을 금하고 있는 구 법 제21조의2의 규정이 직접적으로 적용되지 아니하고, 가사 위 본문 규정이 준공인가전의 목적변경을 금지하는 조항이라고 하더라도, 이 건 매립지역에 대한 진해시의 제덕지구 시가지 조성사업에 관한 계획결정을 살펴보면 총 매립면적중 공용 또는 공공용 시설인 도시계획 시설이 32.4%를 차지하는 점, 이 건 매립지역에 대한 면허 당시의 매립목적은 공유수면기본계획에 의한 것이 아닌 진해시 도시계획결정에 의한 것인 점, 이 건 매립지역에 대한 용도는 공유수면기본계획수립시 유보지역으로 고시되었고, 현재까지도 그 기본계획은 유효한 점 등으로 미루어 볼 때 이 건 매립공사의 목적은 진해시 도시계획변경결정으로 인하여 충분하고 필요하게 공용 또는 공공용으로 변경하는 경우에 해당하여 구 법 제21조의2의 단서조항에 부합한다.

라. 구 공유수면매립법시행령(1999. 8. 6. 대통령령 제16515호로 전문개정되어 1999. 8. 9. 시행되기 전의 것, 이하 "구 시행령"이라 한다)제15조는 실시계획의 변경에 관하여 국가계획상 필요한 경우, 매립공사의 시공상 실시계획을 변경하여야 할 불가피한 사정이 있는 경우에 한하여 인가할 수 있다고 규정하고 있는 바, 전면적인 실시계획의 변경은 매립목적과 불가분의 관계에 있는 것으로서 매립목적의변경은 필연적으로 실시계획의 변경을 수반하는 관계에 있다 할 것인데, 실시계획의 변경에 관하여 공유수면에관한행정사무처리규정 제10조는 "시행령 제15조의 규정에 의한 실시계획의 변경은 다음 각호의 1에 해당하는 경우에 한하여 허가한다. 1. 국가계획상 필요한 경우, 2. 공사시공상 필요한 경우, 3. 항만계획 및 도시계획의 변경으로 인한 경우"라고 규정되어 있어, 구 시행령 및 위 사무처리규정은 비록 공유수명 매립목적의 변경에 관하여 예상한 것은 아니라고 하더라도, 이와 불가분의 관계에 있는 전면적인 실시계획의 변경도 인정될 수 있다는 점에서 이를 유추하여 매립목적의 변경도 인정될 수 있다고 보아야 하고, 이 건 도시계획변경과 공유수면매립목적의 변경은 동일한 피청구인의 처분권한내인 점, 이 건의 경우 양자는 필연적으로 연계되어 있으며, 공유수면매립목적의 변경이 이루어지지 않을 경우에는 이 건 도시계획도 다시 변경되어야 한다는 점 등을 고려하면 이 건 공유수면매립목적의 변경은 인가되어야 한다.

마. (주)○○이 진해시 도시계획변경결정이 고시됨에 따라 이 건 제덕지구 공유수면매립공사 실시계획변경인가를 신청하였으나, 피청구인은 1999. 3. 13. 주된 변경 목적

인 진해시 도시계획재정비결정사항이 반영되지 않았다는 이유로 반려하였고, 그 후 1998. 8. 11. 진해시 도시계획사업에 관한 계획미결정 및 진해시 도시계획사업에 관한 계획결정내용에 맞게 작성한 실시계획변경 상세 도서가 첨부되지 않았다는 이유로 다시 반려한 사실이 있는 바, 위 회신의 내용들은 보완사항만 보완해오면 변경인가를 해 주겠다는 취지로 해석되는 것으로서, 이에 따라 (주)○○이 서류를 보완했음에도 불구하고 무려 3년여가 지난 현재에 와서 구 법 제21조의2의 규정을 문제삼아 또 다시 목적변경인가를 해 주지 아니한 이 건 처분은 신뢰보호원칙에 위반한 위법·부당한 것이다.

바. 청구외 부산지방해양수산청장은 1997. 11. 27. 청구외○○금속주식회사에 대하여 공유수면 매립목적변경인가처분을 한 사실이 있는데, 당시 공유수면 매립목적은 어항기능 및 수산업 관련시설을 위한 부지조성이었으나, 다대포항의 운영 및 개발계획의 변경과 매립지내 접안시설 및 국유화 예정 배후부지를 해양오염방제조합 부산기지로 활용하는 방침에 따라 위 목적을 수산업관련시설 또는 준공업지역에 적합한 시설부지조성으로 변경하여 주었는 바,비록 처분관청은 다르지만 각 처분청이 공유수면의 매립을 관장하는 공통된 기능을 가지고 있고, 모두 위 사무처리규정 제10조의 규정에 해당되며, 국가 또는 지방자치단체의 필요에 의한 목적변경이고, 변경을 해주지 않을 경우 공익적 관점에서도 손실이 막대하다는 공통점을 가지고 있으므로 위 ○○금속주식회사에 대한 매립목적을 변경을 허용한 이상 청구인들에 대해서도 평등하게 매립목적의 변경을 허용하여야 하고, 또한 피청구인이 행한 진해시 도시계획재정비결정 등 정책결정 및 고시는 자기구속적 효력을 가지므로 그와 양립될 수 없는 이 건 매립의 당초목적은 변경이 허용되어야 한다.

사. 이 건 처분의 효력이 유지되어 청구인 등의 이 건 매립지역에 대한 공유수면매립공사가 진행되지 않는다면 투자된 공사비가 240억 가량이 되고, 무려 5년이상이나 계속되어 온 공유수면매립사업들은 중단되거나 그 효용의 상당부분을 상실할 수 밖에 없을 뿐만 아니라, 인근의 항만내 공업시설과 그 기능이 중복되므로 국토의 효율적 개발이라는 명제에 비추어 볼 때 이 건 변경인가처분은 반드시 허용될 필요가 있다.

첨 부 서 류

1. 갑 제1호증 건설부고시제52호
1. 갑 제2호증 진해시 도시계획(재정비)변경결정 고시문
1. 갑 제3호증 공유수면매립면허증,
1. 갑 제4호증 공유수면매립공사 실시계획인가서
1. 갑 제5호증 △△지구 공유수면매립사업 공사기간 연기서
1. 갑 제6호증 공유수면매립면허 권리·의무양수에 따른 매립면허증교

부서
1. 갑 제7호증 공유수면매립공사 실시계획변경인가신청서
1. 갑 제8호증 공유수면매립공사 실시계획변경인가신청서 보완서
1. 갑 제9호증 △△지구 공유수면매립공사 실시계획변경 인가신청보완제출서
1. 갑 제10호증 △△지구 공유수면매립공사 실시계획변경 인가 보완신청 일건서류 회송문
1. 갑 제11호증 △△지구 공유수면매립사업 매립목적변경 인가 신청서
1. 갑 제12호증 △△지구 공유수면매립목적변경인가신청서 반려 통보문
1. 갑 제13호증 △△지구 공유수면매립공사 실시계획변경 인가 신청서
1. 갑 제14호증 △△지구 공유수면매립공사 실시계획변경 인가신청 반려문
1. 갑 제15호증 공유수면 매립목적 변경인가서
1. 갑 제16호증 공유수면매립목적변경에 대한 질의회신문
1. 갑 제17호증 사업자등록증 사본 1부

20○○. ○○. ○○.

위 청구인 ○○종합건설주식회사 (인)

경상남도지사 귀하

[서식 14] 공유수면점용료추가징수처분등취소청구서

심 판 청 구 서

청 구 인 : ○○○○오일(주)
울산시 ○○구 ○○동 123-45번지
(전화 : 000-0000 팩스 : 000-0000)

피청구인 : 울산지방해양수산청장

공유수면점용료추가징수처분등취소청구서

청 구 취 지

피청구인이 2000. 6. 23. 청구인에 대하여 한 9억 3,991만 510원의 공유수면점용료추가징수처분은 이를 취소한다.
라는 재결을 구합니다.

청 구 원 인

1. 청구인 주장
   가. 청구인의 공유수면점용시설을 계선부표(원유하역용Buoy) 18만 7,686㎡ 및 그 부대시설인 송유관시설 1만 4,181㎡로서 피청구인은 공유수면관리법등 관계법령의 규정에 따라 울산광역시 울주군 온산읍 ○○리 68번지·86번지 및 ○○리 1206번지 등을 기준토지로 하여 점용료를 산출·부과하였으며, 청구인은 성실히 납부하여 왔다.
   나. 그런데, 피청구인은 기준토지 선정의 잘못으로 그동안 점용료가 잘못 부과되었다면서 울산광역시 울주군 온산읍 △△리 186-5번지를 기준토지로 하여 점용료를 다시 산출한 후 그 차액을 부과하였으나, 이는 점용현황을 전혀 고려하지 않았을 뿐 아니라 관계법령을 잘못 해석·적용한 것으로 위법·부당하다.
   다. 청구인의 점용시설 중 많은 면적을 차지하는 것은 원유하역용부이며, 부대시설인 송유관은 전체 점용면적의 극히 일부분만을 차지하고 있으므로, 점용료 산정의 대상은 당연히 계선부표를 기준으로 하여야 함에도 불구하고 부대시설에 불과한 송유관시설이 접하고 있는 토지를 기준으로 하여 점용료를 산정하는 것은 위법한 것이다.

라. 더구나, 피청구인이 점용료의 산정기준으로 제시하는 "공유수면에 접하는 토지"는 1997. 12. 20.의 공유수면관리법시행규칙 개정으로 비로소 점용료 산정의 기준이 되었으며, 그 이전에는 "인근토지"를 대상으로 점용료를 산정하도록 되어 있음에도 불구하고, 1998. 6. 24. 이전의 점용에 대하여 "공유수면에 접하는 토지"를 대상으로 점용료를 산정하여 그 차액을 부과한 것은 위법한 것이며, 1998. 6. 24. 이후의 점용료에 대하여도 공유수면관리법시행규칙 제4조의 규정에 의한 조정산식에 따라 1997년도의 정당한 점용료에 근거하여 부과하여야 함에도 마찬가지로 위의 "공유수면에 접하는 토지"를 기준으로 하여 다시 산정한 점용료에 따라 추가징수를 명한 것 또한 잘못된 것이다.

마. 설사 1995. 7. 29. 개정된 공유수면관리법시행규칙 별표2의 비고2에 "점용 및 사용허가를 받은 공유수면에 접한 토지가 여러 필지인 경우에는 공유수면에 접한 토지의 가격을 산술평균한 금액으로 한다"는 규정을 "공유수면에 접한 토지"를 기준으로 점용료를 산정하도록 규정한 것으로 가정한다 하더라고 동 개정규칙 적용이전에 청구인이 기납부하였던 1995년도 점용료(1996.; 6. 24. - 1996. 6. 23.)는 1995. 7. 29. 개정이전의 시행규칙이 적용되는 것이 마땅하므로 청구인이 납부하였던 1995년도 점용료는 정당하고, 그 이후의 점용료는 청구인이 1995년도 점용료를 기준으로 하여 조정계수를 적용·산정하여야 하는 것이므로 이 건 처분은 위법·부당하다고 하지 않을 수 없다.

바. 한편, 외국인투자촉진법령에 의하면, 일정한 외국인토자기업이 국가나 지방자치단체가 소유하는 국·공유재산을 사용·수익하거나 대부받음에 있어서 그 사용료나 대부의 산정에 특례를 두고 있으며, 나아가 사용료 등의 감면규정을 두고 있는 바, 청구인은 의결권 있는 주식총수의10%이상을 외국인이 소유하고 있는 기업으로서 위 법령에 따라 사용료 등의 감면대상임에도 불구하고, 사용료 감면은 고사하고 법규정을 부당하게 확대해석하고 실제적인 점용상황을 전혀 고려하지 아니한 채한 이 건 처분은 어느 모로 보나 위법·부당하므로 취소되어야 한다.

첨 부 서 류

1. 갑 제1호증　　　점용허가서
1. 갑 제2호증　　　점용료산정조서
1. 갑 제3호증　　　항만시설 사용기간연장허가 및 공유수면점·사용료 정산문서
1. 갑 제4호증　　　고지서 겸 영수증서
1. 갑 제5호증　　　공유수면점용현황도

1. 갑 제6호증 상업등기부등본(청구인) 1부
1. 갑 제7호증 감사원시정요구서
1. 갑 제8호증 감사원감사지적사항 조치내용 통보문
1. 갑 제9호증 공작물의 기준토지 및 점용료산정토지변경문

20○○. ○○. ○○.

위 청구인 ○○○○오일(주) (인)

울산지방해양수산청장 귀하

[서식 15] 공인중개사자격시험불합격처분취소청구서

<table>
<tr><td colspan="5">행 정 심 판 청 구 서</td></tr>
<tr><td rowspan="2">청 구 인</td><td>① 성명</td><td>○ ○ ○</td><td>③ 주민등록번호</td><td>650214-1231234</td></tr>
<tr><td>② 주소</td><td colspan="3">청구인의 주소 및 연락가능한 전화번호를 기재합니다.
송달장소 :
(송달주소 : 주민등록자가 아닌 장소에서 수령하기를 원할 경우에는 해당 주소를 기재합니다)</td></tr>
<tr><td>④ 선정대표자 관리인 또는 대리인</td><td colspan="4">변호사 등 대리인이 있는 경우 대리인의 성명 주소 및 연락처를 기재합니다.</td></tr>
<tr><td>⑤ 피청구인</td><td colspan="2">산업인력관리공단</td><td>⑥ 재결청</td><td>국토해양부장관</td></tr>
<tr><td>⑦ 청구대상인처분내용 (부작위의 전제가 되는 신청내용 일자)</td><td colspan="4">피청구인이 20○○. ○○. ○○.자로 청구인에 대하여 한 제○○회 공인중개사자격시험 제○차시험 불합격처분</td></tr>
<tr><td>⑧ 처분있음을 안날</td><td colspan="4">20○○. ○○. ○○.(합격자발표일을 기재합니다)</td></tr>
<tr><td>⑨ 심판청구취지 이유</td><td colspan="4">별지 기재와 같음(작성방법은 다음 면의 작성요령 참조)</td></tr>
<tr><td>⑩ 처분청의 고지유무</td><td colspan="2">처분시 행정심판청구에 대한 고지(안내)가 있었는지를 기재합니다.</td><td>⑪ 고지내용</td><td>처분청의 고지(안내)내용을 기재합니다.</td></tr>
<tr><td>⑫ 증거서류 (증거물)</td><td colspan="4">(청구인이 자신의 주장을 입증하거나, 기타 참고자료로 제출하기를 바라는 서류의 목록을 기재합니다)</td></tr>
<tr><td>⑬ 근거법조</td><td colspan="4">행정심판법 제28조, 동법시행령 제18조</td></tr>
<tr><td colspan="5">위와 같이 행정심판을 청구합니다.
20○○. ○○. ○○.
청구인 ○ ○ ○
산업인력관리공단 또는 국토해양부장관 귀하(제출하고자 하는 행정청명을 기재합니다)</td></tr>
<tr><td colspan="4" rowspan="2">※ 첨부서류 : 청구서부본</td><td>수수료</td></tr>
<tr><td>없음</td></tr>
</table>

<별지 작성 예시>

청 구 취 지

'피청구인이 20○○. ○○. ○○. 청구인에 대하여 한 ○○처분은 이를 취소한다.'
라는 재결을 구합니다.

청 구 원 인

1. 이 건 처분에 이르게 된 경위
   (청구인이 피청구인으로부터 이 건 처분을 받게 된 경위를 6하원칙에 의해 시간적인 순서에 따라 기재합니다.)
2. 이 건 처분의 위법·부당성
   가. 이 건 처분의 위법성
      (피청구인이 이 건 처분이나 이 건 처분의 원인이 되는 사실에서 적법한 절차를 준수하였는지 여부 등 적법성에 대하여 기재합니다)
   나. 이 건 처분의 부당성
      (이 건 처분으로 인해 청구인이 입게 되는 어려움 등 처분의 가혹성에 대하여 기재합니다)
3. 결 론
   따라서, 이 건 처분은·····하여(위법·부당사유를 요약합니다) 위법·부당하므로 취소되어야 합니다.

증 거 서 류

(청구인이 제출하는 증거서류의 목록을 기재하고 뒤에 첨부합니다)

20○○. ○○. ○○.

청구인 대리인 변호사 ○ ○ ○

피청구인 또는 재결청 귀하 (제출할 행정청명을 기재합니다)

[서식 16] 공인중개사자격취소처분취소청구서

심 판 청 구 서

청 구 인 : 윤 ○ ○
김천시 ○○구 ○○동 123
(전화 : 000-0000, H.P :)
피청구인 : 경상북도지사

공인중개사자격취소처분취소청구서

청 구 취 지

피청구인이 2000. 5. 24. 청구인에 대하여 한 공인중개사자격취소처분은 이를 취소한다. 라는 재결을 구합니다.

청 구 원 인

1. 청구인 주장
중국 부동산 시장을 개척하기 위하여 중국에 체류하는 동안 청구인의 사무보조원이 아파트전세2건을 중개한 것이 경찰에 적발되어 벌금형을 받게 된 것인바, 타인에게 자격증을 대여한 사실이 없으므로 이 건 처분은 위법하고, 또한 청구인이 중국부동산시장의 개척을 위하여 많은 시간과 노력을 다하여 온 점, 공인중개사자격의 취소로 한·중 부동산관련업무를 계속 추진하는데 많은 문제가 발생하게 되는 사정 등을 감안하면 이 건 처분은 지나치게 가혹하므로 취소되어야 한다.

첨 부 서 류

1. 갑 제1호증 부동산중계업위반업소 적발통보서
1. 갑 제2호증 대구지방법원 판결문
1. 갑 제3호증 부동산중개업 위반사건 처분결과 통보서
1. 갑 제4호증 공인중개사 자격취소처분 통지서
1. 갑 제5호증 주민등록등본 1부
1. 갑 제6호증 그 외 증명서류

20○○. ○○. ○○.

위 청구인 윤 ○ ○ (인)

경상북도지사 귀하

[서식 17] 과징금 부과처분취소청구서 (화물자동차운수사업법위반)

심 판 청 구 서

청 구 인 : (주)○○특송
부산 ○○구 ○○동 123
(전화 : 000-0000, 팩스 : 000-0000)

피청구인 : 부산광역시장

과징금 부과처분취소청구서

청 구 취 지

피청구인이 2000. 7. 5. 청구인에 대하여 한 화물자동차운수사업법위반 과징금부과처분은 이를 취소한다.
라는 재결을 구합니다.

청 구 원 인

1. 청구인 주장
   가. 사업관리 위탁을 법으로 허용한 이상, 그 계약은 업체와 차주간의 자율에 맡기는 것이 타당하고, 이에 대하여 신고라는 불필요한 행정규제를 두는 것은 잘못된 것이다.
   나. 그래서 정부에서도 관련법령을 개정하여 신고제도를 폐지하였는데, 청구인이 비록 법이 개정되기 전에 사업관리 위탁계약을 맺고 이를 신고하지 아니하였다하더라도, 법의 개정취지에 비추어 볼 때, 이미 개정되어 폐지된 구법을 근거로 하여 청구인에 대하여 행정처분을 하는 것은 부당하다.
   다. 더구나 화물자동차운수사업법시행령 부칙 제5조의 규정에 의하면, 특정의 행위에 대하여 현행 법규에 의한 처분이 종전의 처분에 비하여 상대적으로 경미한 경우에는 현행규정을 적용하도록 되어 있다.
   라. 따라서 신고제도가 불필요한 행정규제이기 때문에 현행법에서 이를 폐지한 취지와 현행법령의 규정에 의거할 때, 처분을 하여서는 아니될 과거의 행위에 대하여 종전의 규정에 의거하여 처분하는 것은 심히 부당하므로 이 건 처분은 취소되어야 한다.

첨 부 서 류

1. 갑 제1호증 과징금부과처분 통지서

1. 갑 제2호증　　자동차운수사업법위반 행정처분 및 고발조치문
1. 갑 제3호증　　자동차운수사업 위반업체 고발문
1. 갑 제4호증　　청문서
1. 갑 제5호증　　위탁관리계약서
1. 갑 제6호증　　고발장
1. 갑 제7호증　　질의에 대한 회신문 및 민원회신문
1. 갑 제8호증　　결정서 사본
1. 갑 제9호증　　사업자등록증 사본　　1부
1. 갑 제10호증　　그 외 증명서류

20○○. ○○. ○○.

위 원고 (주)○○특송 (인)

부산광역시장 귀하

[서식 18] 관광호텔업사업계획승인거부처분취소청구서

심 판 청 구 서

청 구 인 : 한 ○ ○
울산시 ○○구 ○○동 1701의1
(전화 : 000-0000, H.P :)

피청구인 : 울산광역시장

관광호텔업사업계획승인거부처분취소청구서

청 구 취 지

피청구인이 2000. 8. 11. 청구인에 대하여 한 관광호텔업사업계획승인거부처분은 이를 취소한다.
라는 재결을 구합니다.

청 구 원 인

1. 청구인 주장
관광숙박시설지원등에관한특별법(이하 "특별법"이라 한다) 제4조제1항 규정에 의하여 신청한 관광호텔업에 대한 사업계획승인신청은 개별법상 아무런 하자가 없고, 단지 입지여건상 부적합하다는 사유만으로 승인불가처분한 것은 동법에 대한 일관성이 없을 뿐만 아니라 울산광역시의 관광숙박시설 입지여건에 대한 고시 또는 지침이 없는 상태에서 심의한 것이므로 수용할 수 없으며 2002년 월드컵경기가 열리는 울산지역 숙박시설준비실태에 대한 감사원감사에서 한 시정조치지시에 위배되므로 이 건 처분은 위법·부당하다.

첨 부 서 류

1. 갑 제1호증 관광호텔업사업계획승인불가통지서
1. 갑 제2호증 관광호텔사업계획승인신청서
1. 갑 제3호증 관광호텔업인·허가일괄처리위원회 심의 결과보고서
1. 갑 제4호증 주민등록등본 1부

1. 갑 제5호증 그 외 증명서류

20○○. ○○. ○○.

위 청구인 한 ○ ○ (인)

울산광역시장 귀하

[서식 19] 광역교통시설부담금부과처분취소청구

심판청구서

사건명 광역교통시설부담금부과처분취소청구
처분청 울산광역시장

청 구 취 지

피청구인이 2006. 10. 26. 청구인에 대하여 한 광역교통시설부담금 3억 9,921만 1,000원의 부과처분을 취소한다.
라는 재결을 구합니다.

청 구 원 인

1. 사건개요

피청구인은 2006. 10. 26. 청구인이 시행하는 울산광역시 ○○구 ○○동 528번지 외 14 필지상 사업면적 48,468㎡(대지면적 31,197㎡, 도로기부체납면적 17,271㎡)의 주택건설 사업(이하 "이 사건 사업"이라 한다)이 구 「대도시권 광역교통관리에 관한 특별법(2007.1.19 법률 제8251호로 개정되기 전의 것)」 (이하 "광역교통관리특별법"이라 한다) 제11조제4호에 규정된 광역교통시설부담금 부과대상에 해당한다는 이유로 3억 9,921만 1천원의 광역교통시설부담금을 부과(이하 "이 사건 처분"이라 한다)하였고, 이에 청구인은 2006. 11. 22. 기부채납하는 도로 중 "대로 2-31, 대로 2-33"(이하 "이 사건 도로"라고 한다)은 "광역시도"이므로 광역교통관리특별법 시행령 제16조의2제4항 제2호 가목에 규정된 부담금의 공제대상에 해당한다는 이유로 이 사건 처분에 대해 이의신청을 하였으나, 피청구인은 2006. 12. 4. 이 사건 도로는 미설치된 도로이므로 광역시도로 인정할 수 없다는 이유로 청구인의 이의신청을 기각하였다.

2. 청구인 주장

가. 피청구인은 이 사건 도로에 대하여 2000. 3. 10. 도시계획시설(도로)로 고시하였고, 2001. 7. 19. 노선인정(울산광역시 공고 제2001-385호)을 한 바 있으므로, 이 사건 도로는 당연히 광역시도이며 부담금의 공제대상에 해당한다.

나. 또한, 피청구인의 주장과 같이 이 사건 도로가 개설된 후에야 광역시도로 인정받을 수 있다고 하더라도, 이 사건 사업은 위 도로를 기부채납하는 조건으로 승인되었으므로 청구인은 사업의 사용검사 이전에 도로를 개설하여 피청구인에게 기부채납할 것이고, 결국 이 사건 도로는 광역시도로 인정받게 될 것인바, 부담금의 10배를 상회하는 도로 개설비용을 부담하는 청구인에게 피청구인이 행한 이 사건

처분은 위법·부당하다.

3. 피청구인 주장

가. 광역교통관리특별법 시행령 제16조의2제4항제2호 가목은 광역교통시설부담금 공제대상을 도로관계 법령에 의한 광역시도 등으로 규정하고 있고, 건설교통부장관의 회신공문 등에 의하면 미설치된 도로에 대해서는 구 「도로법(2006.12.28 법률 제8124호로 개정되기 전의 것)」 (이하 "도로법"이라 한다)이 적용되지 않고 도로개설이 완료되어 개통이 된 후 도로관리체계에 들어가야만 광역시도로 인정관리될 수 있는바, 이 사건 도로는 미설치된 도로이므로 부담금의 공제대상인 광역시도로 볼 수 없다.

나. 청구인은 이 사건 사업 승인 전에 실시한 교통영향평가 시 사업상 필요에 의해 이 사건 도로를 개설하여 기부채납하기로 하였던 것인바, 이 사건 도로의 기부채납은 사업자인 청구인의 필요에 의한 것이므로, 이 사건 도로는 부담금의 공제대상이 될 수 없다.

4. 관계법령

구 대도시권 광역교통관리에 관한 특별법(2007.1.19 법률 제8251호로 개정되기 전의 것) 제11조, 제11조의3, 제11조의4

대도시권 광역교통관리에 관한 특별법 시행령 제15조, 제16조의2

구 도로법(2006.12.28 법률 제8124호로 개정되기 전의 것) 제14조, 제19조

5. 인정사실

당사자간 다툼 없는 사실 및 청구인과 피청구인이 제출한 주택건설사업계획승인서, 광역교통시설부담금 부과통보, 광역교통시설부담금 이의신청서 및 그에 대한 회신, 광역교통시설부담금 1차분 납부 영수증, 도시계획시설(도로)준용인가사항 고시, 노선인정에 관한 공고, ○○주택개발 도로개설 현황도, 이 사건 도로의 편입 토지비 산정조서·개설공사설계도 및 예산서, 보완서류 제출통보, 청구인·○○개발(주)·○○공영(주)의 합의서, 도시계획시설사업 사업시행자 지정 및 실시계획 인가 통보, 지구 외 도로개설구간 편입토지조서·설계도 및 예산서, 교통영향평가 협의내용 공문, 건설교통부장관의 회신공문, 피청구인 소속 건설도로과장의 회신 공문, 도면 등 각 사본의 기재를 종합하여 보면, 다음과 같은 사실을 각각 인정할 수 있다.

가. 청구인은 2005년 11월경 울산광역시 ○○구 ○○동 528번지 일원에 공동주택을 신축하기 위해 피청구인에게 주택건설사업계획 승인신청을 하였고, 피청구인은 2006. 10. 3. 주택건설사업계획 승인을 통보하였으며, 그 내용은 아래와 같다.

(1) 사업구분은 "주택건설사업, 승인", 대지위치는 "울산광역시 ○○구 ○○동 528번지 외 14필지", 사업면적은 "48,468㎡(대지면적 31,197.00㎡, 도로기부체납면적

17,271.00㎡)", 연면적은 "100,908.0823㎡", 총사업비는 "1,552억 799만 4천원", 사업기간은 "2006년 10월부터 2009년 4월까지", 승인조건은 "붙임과 같음"으로 되어 있다.

(2) 붙임 승인조건 30호에는 "교통영향평가 심의결과 내용을 이행하여야 하며, 광역교통관리특별법 제11조 및 같은 법 시행령 제15조에 따른 광역교통시설 부담금 부과대상이므로, 사업승인일로부터 10일 이내 교통기획과에서 영수증을 발급받아 납부하여야 함"이라고 되어 있고, 승인조건 40호에는 "「국토의 계획 및 이용에 관한 법률」 제99조 규정에 의거 제1종지구단위계획에 포함되는 대로 2-31호선, 대로 2-33호선, 중로 2-147호선은 도시계획시설사업 완료 후 당해 시설 관리청에 무상으로 귀속되므로, 사용검사 신청 전까지 소유권 이전에 필요한 조치를 취한 후 관련 증빙서류를 제출하여야 함"이라고 되어 있다.

나. 피청구인이 2005. 11. 4. 청구인에게 통보한 교통영향평가 협의내용 통보(통지)에 따르면, 사업명은 "○○동 ☆☆☆아파트 신축(재협의)", 사업시행자는 청구인, 평가기관은 "○○기술 주식회사", 심의일자 및 심의결과는 "2005. 10. 27. 조건부가결"로 되어 있고, 심의의결내용 중 진출입 동선과 관련하여, "북측 계획도로(대로 2-31호선, 30m) 일부개설(B 15m, L 76m)"은 동일하게 의결되었고, "서측 계획도로(대로 2-33호선, 30m) 일부개설(B 20, L 217)"은 "서측 계획도로 전폭개설(B 30m, L 217m)"로 의결되었다고 되어 있다.

다. 피청구인의 2006. 10. 26. 청구인에게 통보한 광역교통시설부담금 부과통보서에 따르면, 이 사건 사업이 광역교통관리특별법 제11조제4호에 규정된 광역교통시설부담금 부과대상에 해당하므로 이 사건 처분을 한다고 기재되어 있고, 산출내역에는 총 건축연면적 100,908.0823㎡에서 지하층과 건물안의 주차장 등 제외면적 24,457.4175㎡을 제외한 부과대상 건축연면적은 76,450.66㎡이며, 같은 법 시행령 제11조의2제2항에 의한 경감율은 "50%"로, 같은 법 시행령 제16조의2제4항에 의한 공제액은 "해당사항 없음"으로 되어 있으며, 부담금 고지금액은 "3억 9,921만 1천원"으로 되어 있다.

라. 청구인은 2006. 11. 22. 이 사건 사업의 승인조건 40호에 따라 개설 후 피청구인에게 기부채납하는 이 사건 도로의 개설비용은 광역교통관리특별법 시행령 제16조의2제4항에 따른 공제액에 해당되며, 위 도로의 개설비용은 청구인에게 부과된 광역교통시설부담금을 상회하는 금액이라는 이유로 피청구인에게 이의신청을 하면서, 다음의 피청구인이 회신한 공문 사본과 이 사건 도로의 개설공사 설계예산서를 제출하였다.

(1) 피청구인의 2006. 11. 21.자 질의회신(건설도로과-11987)에 따르면, "이 사건 도로는 울산광역시 공고 제2001-385호에 의거 도로법상 광역시도로 인정이 되었다"고 기재되어 있다.

(2) 울산광역시 공고 제2001-385호(노선인정에 관한 공고)에 따르면, 피청구인은

2001. 7. 19. 61개 노선에 대하여 "도로법 제19조의 규정에 의하여 도로노선을 인정하였음을 공고한다"고 기재되어 있고, 그 중 이 사건 도로에 대해서는 아래와 같이 되어 있다.

- 아 래-

노선명	광역시도 미정, 마동로, 동대로	광역시도 미정
노선번호	27	49
기점	○○구 ○○동	○○구 ○○동
종점	○○구 ○○동	○○구 ○○동
연장(㎞)	7.558	6.615
중요경과지	호계	
전용구간(㎞)	7.558	6.615
중용구간(㎞)	-	-
비고	대2-33외2	대2-31 대3-59

(3) 이 사건 도로의 개설공사 설계예산서에 따르면, 대로 2-31호선의 도급예정액(부가가치세 포함)은 1억 3,267만 1천원, 대로 2-33호선의 도급예정액(부가가치세 포함)은 33억 2,929만 3천원으로 각각 기재되어 있다.

마. 피청구인은 2006. 12. 14. 건설교통부장관의 회신과 피청구인 내부 검토의견을 고려할 때, "이 사건 도로는 일반의 교통에 공용되지 않아 도로법 제2조의 도로의 정의규정에 따라 광역시도로 인정할 수 없으므로, 광역교통관리특별법 시행령 제16조의2제4항의 공제대상이 아니다"라는 이유로 청구인의 이의신청을 기각하였다. 건설교통부장관의 질의회신과 피청구인 소속 ○○○○과장의 의견통보 내용은 다음과 같다.

(1) 건설교통부장관의 2006. 12. 6.자 질의회신에 따르면, 질의요지는 "도시계획사업으로 미설치된 도로에 대해 도로법 적용이 가능한지 여부"로 되어 있고, 회신내용에는 "도로법상 새로운 도로의 개설은 법 규정에 의한 도로노선의 지정 또는 인정의 공고, 도로구역 결정고시, 도로공사의 시행, 사용개시 공고 등의 절차를 거치게 되며, 미설치된 도로에 대하여는 도로법이 적용되지 않는다"는 취지로 기재되어 있다.

(2) 피청구인 소속 ○○○○과장의 2006. 12. 11.자 재질의 의견 통보에는 "도시계획도로는 도로공사 완료 후 실제 통행이 되어야만 도로법 제14조에 의한 광역시도로 완전히 인정되어 관리체계에 들어갈 수 있으며, 같은 법 제19조에 의한 도로인정고시는 광역시도로 인정하기 위한 절차의 일부이다"라는 취지의 의견이 기재되어 있다.

6. 이 사건 처분의 위법·부당 여부

가. 광역교통관리특별법 제11조제4호, 같은 법 시행령 제15조에 따르면, 광역교통계획이 수립·고시된 대도시권에서 「주택법」에 의한 주택건설사업을 시행하는 자는 광역교통시설 등의 건설 및 개량을 위한 광역교통시설부담금(이하 "부담금"이라 한다)을 납부도록 되어 있고, 같은 법 제11조의3제1항제2호, 제11조의4제1항, 같은 법 시행령 제16조의2제2호 가목에 따르면, 부담금은 사업이 시행되는 지역의 시·도지사가 부과·징수하되, 사업시행자가 국가 또는 지방자치단체로부터 사업의 승인 또는 인가 등을 받은 날부터 60일 이내에 산정한 부담금을 부과하도록 되어 있고, 부담금의 산정은 "{1㎡당 표준건축비 × 부과율 × 건축연면적} - 공제액"의 산식에 의하며, 사업이 시행되는 지구·구역 또는 사업지역 밖에서 도로관계 법령에 의한 고속국도, 자동차전용도로, 일반국도, 특별시도, 광역시도 또는 지방도를 설치하거나 그 비용의 전부 또는 일부를 부담하는 경우에는 그 금액을 공제액으로 하도록 규정되어 있다.

한편, 도로법 제2조, 제11조에 따르면, "이 법에서 도로라 함은 일반의 교통에 공용되는 도로로서 고속국도, 일반국도, 특별시도·광역시도, 지방도, 시도, 군도, 구도를 말한다"고 규정되어 있고, 같은 법 제14조, 제19조에 따르면, 광역시도란 광역시 구역안의 도로로서 광역시장이 그 노선을 인정한 것을 말하고, 광역시장이 노선을 인정하였을 경우에는 그 노선명, 기점과 종점, 주요구간 기타 필요한 사항을 건설교통부령으로 정하는 바에 의하여 공고하도록 규정되어 있다.

나. 피청구인은 이 사건 도로가 미개설되어 일반의 교통에 통용되지 않아 도로법이 적용되지 않으므로 "광역시도"로 볼 수 없으며 광역교통관리특별법 시행령 제16조의2제2호에 따른 부담금의 공제대상이 아니라고 주장하나, 도로법은 도로의 개설뿐만 아니라 도로의 관리·점용·보전·비용과 수익·감독·벌칙 등 도로의 유지·관리 등에 대해 포괄적으로 규정하고 있는바, 도로법이 적용되기 위해서는 당연히 도로가 개통되어 일반의 교통에 통용되며 도로관리청의 관리체계에 들어가야만 할 것이지만, 광역교통관리특별법에 따른 광역교통시설부담금이란, 대도시권에서 시행되는 택지개발이나 주택건설 등의 사업으로 인해 유발되는 교통문제에 대하여, 이를 해결하기 위해 필요한 광역교통시설 등의 건설 및 개량을 위한 비용을 해당 사업의 시행자에게 부담금의 형태로 부과하는 것이고, 만일 해당 사업의 시행자가 직접 광역교통시설 등을 설치하거나 그 비용의 전부 또는 일부를 부담한다면 교통문제의 해결을 위해 기여한 것으로 보아 그 금액만큼 부담금에서 공제하여주는 것인바, 광역교통관리특별법상 부담금의 공제대상으로서 "도로관계 법령에 의한 광역시도"에 해당하는지를 판단하는 데에 있어서는 도로법이 적용되는지 여부를 그 기준으로 하는 것은 타당하지 않다 할 것이고, 또한 광역교통시설부담금은 사업의 승인을 받은 날부터 60일 이내에 부담금을 산정하여 부과하도록 되어 있는

데, 피청구인의 주장처럼 이미 개설되어 있는 광역시도의 경우만 공제대상으로 한정한다면, 사업의 승인을 받고 60일 이내에 광역시도의 설치를 완료하거나 사업승인도 받기 전에 이미 광역시도를 설치한 경우에만 부담금의 공제대상에 포함되는 불합리한 결과가 도출되므로, 이에 대한 피청구인의 주장은 이유 없다.

7. 결 론

그렇다면 청구인은 2006. 10. 3. 주택건설사업계획 승인조건으로 이 사건 도로를 개설완료 후 기부채납하기로 하였고, 이 사건 도로는 피청구인이 2001. 7. 19. 울산광역시 공고 제2001-385호로 노선을 인정한 광역시도라 할 것이므로, 광역교통관리특별법 시행령 제16조의2제2호 가목에 의하여 이 사건 도로의 설치 금액은 부담금의 산정에 있어 공제액에 해당한다고 할 것인바, 이를 공제하지 아니하고 피청구인이 행한 이 사건 처분은 위법·부당하다.

첨 부 서 류

1. 갑 제1호증	도로건설계획서
1. 갑 제2호증	민자유치사업투자 희망자공모공고문
1. 갑 제3호증	민자유치사업시행협약서
1. 갑 제4호증	비관리청의 도로공사 시행허가공문서
1. 갑 제5호증	통행료징수허가신청서
1. 갑 제6호증	유료도로(국우터널 및 진입로)통행료징수 협약서
1. 갑 제7호증	주민설명회를 위한 통행료 징수계획문서
1. 갑 제8호증	국토해양부장관의 국우터널통행요금징수 인가공문서
1. 갑 제9호증	피청구인의 국우터널 및 진입로 통행료징수 허가공문서
1. 갑 제10호증	통행료징수허가내용공고
1. 갑 제11호증	유료도로 국우터널 수익성분석 및 통행료 산정보고서
1. 갑 제12호증	통행료징수허가 통지서
1. 갑 제13호증	주민등록등본 1부

20○○. ○. ○

울산광역시장 귀하

[서식 20] 광역교통시설부담금부과처분취소청구서 (부담금액 산정 기준 중 평균용적률의산정방법 및 부담금액 공제대상 해당 여부)

심 판 청 구 서

청 구 인 : 마 ○ ○
울산 ○○구 ○○동 220
(전화 : 000-0000, H.P :)

피청구인 : 울산광역시장

광역교통시설부담금부과처분취소청구서

청 구 취 지

피청구인이 2007. 4. 9. 청구인에게 한 광역교통시설부담금 210억 7,395만1,000원의 부과처분을 취소한다.
라는 재결을 구합니다.

청 구 원 인

1. 사건개요
   가. 피청구인이, 2006. 5. 17. 청구인을 울산광역시 ○○구 ○○동 ○○번지 일원 996,500㎡에 대한 도시개발사업(이하 '이 사건 사업'이라 한다)의 사업시행자로 지정하여 2007. 1. 4. 이 사건 사업 실시계획을 인가하였다.
   나. 이 사건 사업이 대도시권광역교통관리에관한 특별법 제11조제2호, 제11조의2제2항 제4호에 해당하는 사업이라는 이유로 2007. 4. 9. 청구인에게 광역교통시설부담금(이하 '부담금'이라 한다) 211억 7,467만 1,000원을 부과하였다가 이 사건 행정심판이 제기된 후인 2007. 9. 6. 청구인에게 부담금 210억 7,395만 1,000원으로 변경 부과하였다.

2. 청구인의 주장
   가. 피청구인은 이 사건 사업구역 중 상업시설용지에 공동주택인 주상복합건물이 건립될 수 있음을 전제로 공동주택의 용적률 250%와 상업시설용지의 용적률 1,200%의 산술평균값인 725%를 부담금액 결정을 위한 용적률로 산정하였으나, 이는 법률상 근거가 없고, 또한 이 사건 사업 상업시설용지는 대부분 상가 등 주민의 편의를 위한 시설이 설치될 예정으로서 공동주택(주상복합건물)이 건립될지 여부나 건립

되는 경우 그 면적에 대하여는 결정된 바 없다.

나. 이 사건 사업구역 밖에 기존 일반국도 △△호선을 대체하는 대로□□호선에 청구인이 설치할 예정인 인터체인지 2개와 진출입램프의 공사비용 및 청구인이 기부채납하는 대로●●호선 신설비용은 이 사건 부담금에서 공제되어야 하므로, 이 사건 처분은 위법·부당하다.

3. 이 건 처분의 위법·부당 여부

가. 이 사건 용적률 산정부분에 대하여.

(1) 대도시권광역교통관리에관한특별법 제11조제2호, 제11조의3, 같은 법 시행령 제15조, 제16조의2제1항·제2항 등을 종합하면, 광역교통시행계획이 수립·고시된 대도시권에서 도시개발법에 의한 도시개발사업을 시행하는 자는 ' 1㎡당 표준개발비 × 부과율 × 개발면적 × (용적률 ÷ 200)] - 공제액'에 해당하는 부담금을 납부하여야 하고, 개발면적은 당해 사업이 시행되는 지구·구역 또는 사업지역의 전체면적에서 공용의 청사용지 등의 면적을 제외한 면적으로 하며, 용적률은 해당사업이 시행되는 지구·구역 또는 사업지역 안에서 주택법 제16조제1항에 따른 사업계획의 승인(택지개발촉진법 제11조 또는 도시개발법 제19조에 따라 승인을 얻은 것으로 보는 경우를 포함한다)을 얻어 공동주택 또는 단독주택이 건립되는 경우, 공동주택만이 건립되거나 공동주택과 단독주택이 함께 건립되는 경우에는 공동주택이 건립되는 용지의 평균용적률을, 단독주택만이 건립되는 경우에는 단독주택이 건립되는 용지의 평균용적률을 적용하되, 시·도지사는 사업시행자가 해당 사업의 승인 또는 인가를 받은 날부터 60일 이내에 평균용적률을 산정할 수 없는 때에는 국토의계획및이용에관한법률 제78조에 따라 특별시·광역시·시 또는 군의 조례로 정하는 용적률의 최대한도를 적용할 수 있고, 다만 용적률의 최대한도와 평균용적률의 차이에 따른 부담금의 차액은 평균용적률을 산정할 수 있게 된 때에 지체 없이 정산하여야 하며, 이 경우 정산금액에는 부담금을 납부한 날부터 정산금액의 지급일 전날까지의 이자를 가산하여야 한다고 되어 있다.

(2) 피청구인이 2007. 1. 4.자로 인가한 이 사건 실시계획에 따르면, 토지이용계획상 주거용지 중 단독주택용지의 용적률은 150% 이하, 공동주택용지의 용적률은 250% 이하, 준주거용지의 용적률은 500% 이하이고, 상업시설용지의 용적률은 1,200%로 되어 있어 하나의 사업지구 안에서 각각 용적률을 달리하고 있고, 도시관리계획(지구단위계획 포함)의 결정내용 중 라. 지구단위계획에 관한 도시관리계획 결정(건축물에 대한 용도·건폐율·용적률·높이 및 기타사항 등에 관한 도시관리계획결정조서) 내용 중 공동주택용지, 준주거용지, 상업시설용지에는 공동주택의 건축이 계획되어 있는바, 하나의 사업지구 안에서 용적률이 각기 다른 용도지역에 공동주택의 건립이 계획되어 있는 이 사건 사업의 부담

금 산정시 적용되는 용적률은 각 공동주택의 건립이 계획되어 있는 공동주택용지, 준주거용지, 상업시설용지의 용적률을 산술평균한 용적률이라 할 것이므로 피청구인이 이 사건 부담금을 산정함에 있어 준주거용지를 제외한 공동주택용지와 상업시설용지의 용적률만을 산술평균한 용적률을 적용하여 행한 이 사건 처분은 위법·부당하다.

나. 이 사건 도로설치비용 공제부분에 대하여

(1) 대도시권 광역교통관리에 관한 특별법에 따른 광역교통시설부담금이란, 대도시권역 내의 택지개발사업 등으로 인해 급증하는 교통수요에 대비하여 원인 제공자 내지 수익자에게 교통시설 설치비의 일부를 부담시켜 대도시권의 교통난을 완화하기 위한 광역교통시설의 건설 및 개량에 소요되는 재원을 확보하고자 해당 사업의 시행자에게 부담금의 형태로 부과하는 것으로서, 대도시권광역교통관리에관한특별법 제11조의3제1항제1호, 같은 법 시행령 제16조의2제4항제2호에 따르면, 도시개발사업이 시행되는 지구·구역 또는 사업지구 밖에서 도로관계 법령에 의한 고속국도, 자동차전용도로, 일반국도, 특별시도, 광역시도 또는 지방도, 같은 법 제2조제2호가목에 의한 광역도로에 해당하는 시·군·구도, 같은 법 제7조제2항에 의하여 확정된 광역교통개선대책에 따라 건설 또는 개량되는 도로에 해당하는 도로를 설치하거나 그 비용의 전부 또는 일부를 부담하는 경우에는 그에 해당하는 금액을 부담금에서 공제하도록 되어 있는바, 같은 법 시행령 제16조의2제4항제2호의 규정 취지는 같은 호 각 목에 해당하는 도로의 경우 그 기능상 지역·광역 교통난의 완화에 기여하는 효과가 있어 부담금을 부과하는 취지와 공통하는 면이 있으므로 만일 해당 사업의 시행자가 직접 같은 호 각 목에 해당하는 도로를 설치하거나 그 비용의 전부 또는 일부를 부담한다면 지역·광역 교통난 문제를 해결하는데 기여한 것으로 보아 그 금액만큼 부담금에서 공제하여 사업시행자의 이중 부담을 방지하기 위한 것이라 할 것이다.

(2) 한편, 도로법은 도로의 개설·관리·점용·보전·비용과 수익·감독·벌칙 등 도로의 유지·관리 등에 대해 포괄적으로 규정하고 있어 도로법의 적용을 받는 도로에 해당하기 위하여는 도로가 개통되어 일반의 교통에 통용될 것이 요구된다 할지라도 대도시권광역교통관리에관한특별법시행령 제16조의2제4항제2호 각 목에 해당하는 도로를 부담금 공제대상이 되는 도로로 규정한 것은 사업시행자의 이중 부담을 방지하고자 하는 취지임에 비추어 볼 때, 대도시권광역교통관리에관한특별법시행령 제16조의2제4항제2호의 도로관계 법령에 의한 일반국도에 해당하는지를 판단하는 데에 있어서는 도로법이 적용되는 도로인지 여부를 그 기준으로 하는 것은 타당하지 않고, 또한 대도시권광역교통관리에관한특별법 제11조의4제1항에 따르면, 부담금은 사업의 승인을 받은 날부터 60일 이내에 산정하여 이를 부과하도록 되어 있는데, 같은 법 시행령 제16조의

2제4항제2호가목에 따른 광역교통시설부담금의 공제대상이 되는 도로관계 법령에 의한 일반국도는 도로관계 법령에 의하여 노선인정공고, 사용개시결정공고 등의 절차를 모두 거쳐 도로관계 법령이 적용되는 도로에 한정되는 것이 아니라 이러한 도로관계 법령에 의한 도로를 설치하기 위하여 비용의 전부 또는 일부를 부담하는 경우를 포함한다고 할 것이다.

(3) 청구인은 이 사건 ★★교차로(대로□□호선과 일반국도31호선을 연결), 산하교차로(대로●●호선과 대로1-12호선을 연결), 진출입 램프(대로□□호선과 이 사건 사업지를 연결)를 설치하기로 되어 있고, 대로□□호선은 기존 일반국도31호선(2차선)의 대체우회도로(4차선)로서 1999. 1. 14. 부산지방국토관리청에서 ◇◇~◉◉간 도로 4차선 확장 및 포장공사 시행으로 인하여 도로구역결정 변경고시를 한 일반국도라 할 것이므로 대도시권광역교통관리에관한특별법시행령 제16조의2제4항제2호에 따라 대로□□호선에 설치되는 ★★교차로, ★★교차로 및 진출입 램프의 설치비용은 이 사건 부담금 산정에 있어 공제액에 해당한다고 할 것인바, 이를 공제하지 아니하고 행한 피청구인의 이 사건 처분은 위법·부당하다.

첨 부 서 류

생 략

20○○. ○○. ○○.

위 청구인 마 ○ ○ (인)

울산광역시장 귀하

[서식 21] 광주민주화운동관련자유족보상금등환수금납부독촉처분취소청구서

심 판 청 구 서

청 구 인 : 이 ○ ○
전라남도 강진군 군동면 장산리 123
(전화 : 000-0000, H.P :)
피청구인 : 광주민주화운동관려자보상심의위원회

광주민주화운동관련자유족보상금등환수금납부독촉처분취소청구서

근거법조 : 광주민주화운동관련자보상등에관한법률 제1조, 제2조, 제5조, 제17조, 행정심판법 제2조, 제3조

청 구 취 지

피청구인이 2000. 12. 23. 청구인에 대하여 한 광주민주화운동관련자 유족보상금등환수금 납부독촉처분은 이를 취소한다.
라는 재결을 구합니다.

청 구 원 인

1. 청구인 주장
   가. 고인은 광주민주화운동 당시 강진농업고등학교에 재학하던 자로서 1980년 5월 중순경 다니던 위 학교가 휴교중인 시기에 고인의 사촌형인 청구외 김○서, 청구외 김○회를 만나러 전라남도 광주시(광역시로 승격되기 전)에 다니러 갔다가 진압군에 의해 구타를 당한 후 1980. 5. 22. 전라남도 강진군 소재 고인의 집으로 돌아왔으며, 이로 인하여 구토, 실신 등의 증세를 보여 부근의 병원 및 전라남도 광주시 소재 기독교병원 및 전남대학교부속병원에서 진료를 받았으나 결국 1980. 8. 10. 사망하였던 바, 청구인이 광주민주화운동관련자에 대한 보상금지급여부가 결정되지 않았던 1988. 6. 28. 고인의 명예회복을 위해 5·18 피해자신고를 하였던 점, 위 보상금등 수령과 관련한 청구인에 대한 사기죄의 유죄판결은 위 보상금 중 2,000만원을 마을에 기부하는 문제로 분쟁을 벌였던 청구외 김○환의 진정에 의하여 시작되어 청구인이 보상금을 수령할 의도로 허위의 사실을 신고하였다는 심증을 굳힌 수사기관에 의해 행해진 짜맞추기식 수사의 결과로 내려진 것인 점 등에 비추어 볼 때 이에 근거하여 행해진 청구인의 이 건 처분은 위법·부당하다.
   나. 고인이 광주민주화운동과 관련하여 사망한 것인지 여부에 관하여 피청구인이 세심한 조사 끝에 독자적으로 광주민주화운동과 관련하여 고인이 사망한 것으로 결정

하였던 것이며, 청구인이 피청구인의 위 사실판단에 관련하여 기망행위를 했다는 것은 있을 수 없는 것인 점, 청구인의 사기죄에 대한 유죄판결이 있다고 하더라도 고인이 광주민주화운동과 관련하여 사망한 것만은 사실인 점 등을 고려하면 피청구인의 이 건 처분은 위법·부당하다.

다. 설령 보상금의 환수가 불가피하더라도 보상금등의 전액을 환수하는 것과 보상금중에서 청구인으로부터 환수할 수 없는 부분에 대하여 위 보상금등지급결정당시 사실관계를 보증했던 보증인○ 대하여 환수조치를 하려는 것은 과잉금지의 원칙에 위배되는 것인 점등에 비추어 볼 때 피청구인의 이 건 처분은 위법·부당하므로 취소되어야 한다.

첨 부 서 류

1. 갑 제1호증 광주민주화운동관련자유족보상금등환수금 납부독촉 통지서
1. 갑 제2호증 보상결정서
1. 갑 제3호증 사실보증서
1. 갑 제4호증 사실확인서
1. 갑 제5호증 사진
1. 갑 제6호증 진료기록
1. 갑 제7호증 생활기록부
1. 갑 제8호증 의료기관폐업확인서
1. 갑 제9호증 증인신문조서
1. 갑 제10호증 5·18부상후사망추가신고서
1. 갑 제11호증 동의및청구서
1. 갑 제12호증 정부합동민원실전화신고사항통보서
1. 갑 제13호증 5·18광주민주화운동관련보상금허위수령자 수사의뢰서
1. 갑 제14호증 5·18사망자(부상후 사망)사실확인조사서
1. 갑 제15호증 참고인진술조서
1. 갑 제16호증 출장복명서
1. 갑 제17호증 주민등록등본 1부

20○○. ○○. ○○.

위 청구인 이 ○ ○ (인)

광주민주화운동관련자보상심의위원회 귀하

[서식 22] 교통사고기록말소이행청구서

심 판 청 구 서

청 구 인 : 박 ○ ○
창원시 ○○구 ○○동 124
(전화 : 000-0000, H.P :)

피청구인 : 경상남도지방경찰청장

교통사고기록말소이행청구서

근거법조 : 행정심판법 제2조, 제3조제1항
도로교통법시행규칙 제78조제3항

청 구 취 지

피청구인이 2007. 4. 2. 청구인에 대하여 한 물적피해의 교통사고기록은 이를 운전경력증명서에서 말소한다.
라는 재결을 구합니다.

청 구 원 인

1. 청구인 주장

청구인은 (유)○○교통에 소속된 영업용 택시운전기사로서 2007. 3. 15 물적피해의 교통사고를 야기하였으나 개인택시면허를 받을 일념으로 청구인이 변상금을 모두 지급하기로 피해자와 합의를 하였고 사건담당자도 교통사고 기록과는 관계없이 스티커를 받아야 된다고 하여 스티커를 받고 범칙금을 납부하고 안심하고 있었는데, 2007. 4. 6. 운전면허장에 가서 운전경력증명서를 발급받아 보니 사고기록이 기재된 사실을 알았으며 약 9년간 쌓아온 무사고 운전기록에 오점을 남기게 되어 개인택시운송사업면허가 물거품이 되었는바, 청구인의 사고수습과정, 무사고경력 등을 감안하여 볼 때 이건 운전경력증명서상의 사고기록은 말소되어야 한다.

첨 부 서 류

1. 갑 제1호증 운전경력증명서

1. 갑 제2호증 교통사고기록 통지서
1. 갑 제3호증 주민등록등본 1부
1. 갑 제4호증 그 외 증명서류

20○○. ○○. ○○.

위 청구인 박 ○ ○ (인)

경상남도지방경찰청장 귀하

[서식 23] 국가귀속항만시설타인사용료징수신고반려처분취소청구서

심 판 청 구 서

청 구 인 : 한국가스공사
서울시 ○○구 ○○동 123-45
(전화 : 000-0000, 팩스 : 000-0000)

피청구인 : 인천지방해양수산청장

국가귀속항만시설타인사용료징수신고반려처분취소청구서

청 구 취 지

피청구인이 2005. 12. 2. 청구인에 대하여 한 국가귀속항만시설타인사용료징수신고반려처분은 이를 취소한다.

청 구 원 인

1. 청구인 주장
   가. 1990. 7. 관계부처회의에서 수도권지역 도시가스 수요의 급격한 증가에 대비하여 제2LNG인수기지를 인천 송도에 건설할 것을 결정함에 따라 청구인은 2000. 10. 9. 청구외 해운항만청장으로부터 비관리청항만공사허가를 얻어 2000. 12. 2.부터 2005. 1. 9.까지 인천광역시 연수구 동춘동 전면간사지 해상에 LNG인수전용항만시설인 LNG선 접안시설(BUKER-C부두, 돌핀) 및 수역시설(항로 및 선회장)을 설치하였고, 위 시설은 항만법 제18조의 규정에 의하여 준공과 동시에 국가에 귀속되었으며, 피청구인은 청구인에 대하여 총사업비를 320억8,581만1,000원으로 산정·통보하였다.
   나. 청구인은 항만법 제18조제3항 및 동법시행령 제24조의 규정에 의하여 총사업비로 인정받은 범위내에서 국가귀속항만시설무상사용신고를 하여 이 건 시설에 대한 수역점용료 및 화물입항료를 면제받았다.
   다. 항만법 제17조제4항 및 제33조의 규정에 의하면, 국가에 귀속된 항만시설을 무상으로 사용하는 자는 인정받은 총사업비 범위내에서 당해시설을 사용하는 타인으로부터 사용료를 징수할 수 있도록 되어있는 바, 청구인은 국가귀속항만시설무상사용신고를 하였으므로 당해시설인 이 건 시설을 총사업비 범위내에서 무상사용하는 자이고, 이를 타인으로 하여금 사용하게 하고, 그로부터 사용료를 징수할 수 있다.
   라. 청구인이 신고한 사용료 징수대상은 청구인과 장기운송계약을 체결하고, 이 건 시

설을 이용하는 LNG수송선박에 대한 선박입항로와 정박료에 한정하고 있다.

2. 결론

그렇다면 피청구인이 청구인에 대하여 국가귀속항만시설타인사용료징수신고반려처분을 취소해야 할 것이다.

첨 부 서 류

1. 갑 제1호증 비관리청항만공사실시계획승인통보서
1. 갑 제2호증 비관리청항만공사준공통보서
1. 갑 제3호증 비관리청항만공사총사업비재산정통보서
1. 갑 제4호증 항만시설무상사용신고서
1. 갑 제5호증 항만시설무상사용신고수리통보서
1. 갑 제6호증 항만시설무상사용변경신고서
1. 갑 제7호증 항만시설무상사용신고수리통보서 및 청구인이 제출한 국가귀속항만시설타인사용료징수신고서
1. 갑 제8호증 국가귀속항만시설타인사용료징수신고반려통보서
1. 갑 제9호증 사업자등록증 사본 1부

20○○. ○○. ○○.

위 청구인 한국가스공사 (인)

인천지방해양수산청장 귀하

[서식 24] 국립묘지안장비대상처분취소청구

심판청구서

사건명 국립묘지안장비대상처분취소청구
처분청 국가보훈처장

청 구 취 지

피청구인이 2006. 11. 28. 청구인에게 한 국립묘지안장 거부처분을 취소한다.
라는 재결을 구합니다.

청 구 원 인

1. 사건개요

청구인은 국가유공자(무공수훈자)로 등록되어 있던 청구인의 부친 이○○(이하 ‘고인’이라 한다)이 사망하자 2006. 10. 12. 피청구인에게 고인을 국립대전현충원(이하 ‘국립묘지’라 한다)에 안장해 줄 것을 신청했으나, 피청구인은 국립묘지안장대상심의위원회에서 고인을 국립묘지의 영예성을 훼손하는 사람으로 인정했다는 이유로 2006. 11. 28. 고인을 국립묘지안장비대상자로 결정하고 이를 청구인에게 통보(이하 ‘이 사건 처분’이라 한다)하였다.

2. 청구인 주장

이에 대하여, 청구인은 다음과 같이 주장한다.

가. 고인은 2000년도에 국가보훈처의 충분한 심사를 거쳐 국가유공자로 등록되었고, 고인이 갑작스럽게 사망한 것이 아니고 장기간 투병 중이었기 때문에 사전에 피청구인에게 국립묘지에 안장이 가능한지에 대해 여러 차례 질문을 해서 피청구인으로부터 국립묘지 안장이 가능하다는 답변을 들었다.

3. 관계법령

국립묘지의 설치 및 운영에 관한 법률 제3조, 제5조, 제17조
국립묘지의 설치 및 운영에 관한 법률 시행령 제13조

4. 인정사실

청구인과 피청구인이 제출한 자료에 의하면, 다음과 같은 사실을 인정할 수 있다.

가. 고인은 1951. 5. 23. 육군에 입대해서 1955. 1. 10. 화랑무공훈장을 받은 후 1956. 8. 15. 전역했고, 2006. 10. 11. 사망하였다.

나. 청구인은 고인이 국가유공자(무공수훈자)라는 이유로 2006. 10. 12. 피청구인에게 국립묘지안장신청서를 전자문서로 제출했고, 동 신청서에 의하면, 고인의 계급은 '중사'로, 무공수훈은 '화랑'으로, 사망구분은 '일반사망'으로 되어 있다.

다. 피청구인은 고인이 1966. 7. 21. 부산지방법원에서 유가증권 위조 및 사기죄로 징역 8월의 실형을 선고받고 항소했으나 1966. 10. 28. 기각되어 형이 확정되었고, 1996. 12. 6. 부산지방법원에서 「부정수표단속법」 위반으로 징역 8월에 집행유예 2년의 형을 선고받은 후 항소기간이 경과되어 확정된 사실을 발견하고 서울기록정보센터와 부산지방검찰청으로부터 위 판결문 사본을 발급받아 국립묘지안장대상심의위원회에 고인이 「국립묘지의 설치 및 운영에 관한 법률」 제5조제3항제5호에 의한 국립묘지의 영예성(榮譽性)을 훼손한다고 인정되는지에 대한 심의를 의뢰하였다.

라. 국립묘지안장대상심의위원회는 2006. 11. 24. 고인이 중요범죄(유가증권 위조 등)로 금고 이상의 형을 받아 국립묘지의 영예성을 훼손한다고 인정했고, 이에 따라 피청구인이 2006. 11. 28. 청구인에게 이 사건 처분을 하였다.

마. 피청구인의 국립현충원안장관리시스템에 의하면, 청구인은 2006. 10. 12. 09:05 피청구인에게 고인의 안장신청을 했고, 피청구인은 2006. 11. 28. 09:53 청구인에게 국립묘지안장대상심의위원회 심의결과 고인이 국립묘지의 영예성을 훼손한다고 인정되어 국립묘지 안장이 승인되지 않았다고 답변한 것으로 되어 있다.

5. 이 사건 처분의 위법성

위 인정사실에 의하면, 고인은 화랑무공훈장을 수여받은 사람으로서 국립묘지안장대상자에 해당되기는 하나, 1966. 10. 28. 부산지방법원에서 유가증권 위조 및 사기죄로 징역 8월의 실형이 확정되었고, 1996. 12. 6. 부산지방법원에서 「부정수표단속법」 위반으로 징역 8월에 집행유예 2년의 형이 확정되었으며, 국립묘지안장대상심의위원회는 위 사실을 들어 고인이 국립묘지의 영예성을 훼손하는 자로 인정했는바, 비록 오래된 과거의 사건이긴 하지만 국민경제생활의 안전을 보장하기 위한 법률을 위반해 형사처벌을 받은 사람을 국립묘지에 안장한다면, 국가 또는 사회에 희생·공헌한 사람은 국가기관에서 큰 배려 있기 바랍니다.

6. 결 론

그렇다면 피청구인이 청구인에 대하여 국립묘지안장거부처분을 취소해야할 것입니다.

첨 부 서 류

1. 갑 제1호증의 1　　유공자 등록 신청서
1· 갑 제1호증의 2　　국가유공자등요건관련사실확인서

1. 갑 제2호증의 1 심의의결서
1. 갑 제2호증의 2 국가유공자요건비해당 결정통보서
1. 갑 제3호증 병상일지
1. 갑 제4호증 주민등록등본 1부
1. 갑 제5호증 그 외 증명서류

2007. 07. 16

국가보훈처장 귀하

[주] 「국립묘지의 설치 및 운영에 관한 법률」 제5조, 제17조와 같은 법 시행령 제13조에 의하면, 「상훈법」에 따라 무공훈장을 수여받은 사람으로서 사망한 사람과 「국가유공자 등 예우 및 지원에 관한 법률」 제4조제1항제4호 또는 제6호에 의한 상이를 입고 전역한 사람으로서 사망한 사람 등은 국립묘지에 안장하도록 하되, 국립묘지 안장신청을 받은 국가보훈처장은 안장 대상으로 신청된 사람이 금고 1년 이상의 실형을 선고받은 경우에는 국립묘지안장대상심의위원회에 심의를 의뢰하고, 위 위원회에서 국립묘지의 영예성을 훼손한다고 인정한 사람은 국립묘지에 안장할 수 없도록 하고 있다.

[서식 25] 국립호국원안장비대상처분취소청구

심 판 청 구 서

사건명 국립호국원안장비대상처분취소청구
처분청 국가보훈처장

청 구 취 지

피청구인이 2007. 3. 6. 청구인에게 한 국립호국원안장 비대상처분을 취소한다.
라는 재결을 구합니다.

청 구 원 인

1. 사건개요

청구인은 참전유공자로 등록되어 있던 청구인의 부친 김○○(이하 ' 고인 ' 이라 한다)이 사망하자 2006. 12. 21. 피청구인에게 고인을 국립호국원에 안장해 줄 것을 신청했으나, 피청구인은 국립묘지안장대상심의위원회가 고인을 국립묘지의 영예성을 훼손하는 자로 인정하였다는 이유로 2007. 3. 6. 고인을 국립호국원안장 비대상자로 결정하고 이를 통보(이하 " 이 사건 처분 " 이라 한다)하였다.

2. 청구인 주장

이에 대하여 청구인은, 고인이 1973. 10. 16. 서울형사지방법원에서 사기죄로 징역 1년의 실형을 선고받고 1974. 4. 23. 대법원에서 2형이 확정된 사실은 있으나, 20년이 지난 일을 이유로 고인을 국립호국원안장 비대상자로 결정·통보한 피청구인의 이 사건 처분은 위법·부당하다고 주장한다.

3. 이 사건 처분의 위법

가. 관계법령

국립묘지의 설치 및 운영에 관한 법률 제5조, 제17조
국립묘지의 설치 및 운영에 관한 법률 시행령 제13조
참전유공자 예우에 관한 법률 제2조제2호

나. 위법성

(1) 청구인 및 피청구인이 제출한 안장신청서, 법원판결문, 심의의결서, 국립호국원안장비대상결정통보서 등의 기재내용을 종합해 보면, 다음과 같은 사실을 인정할 수 있다.

(가) 고인은 1953. 6. 22. 해군에 입대하여 복무하다가 1955. 5. 11. 제대하였고,

2006. 12. 21. 사망하였다.

(나) 청구인은 고인이 6·25참전유공자라는 이유로 2006. 12. 21. 피청구인에게 국립호국원안장 신청서를 제출하였다.

(다) 고인은 1973. 10. 16. 서울형사지방법원에서 사기죄로 징역 1년의 실형을 선고받고 항소를 하였으나 1974. 4. 23. 대법원에서 징역 1년의 실형이 확정되었다.

(라) 국립묘지안장대상심의위원회는 2007. 2. 9. 고인이 국립묘지의 영예성(榮譽性)을 훼손한다고 인정하였고, 이에 따라 피청구인은 2007. 3. 6. 청구인에게 이 사건 처분을 하였다.

(2) 「국립묘지의 설치 및 운영에 관한 법률」 제5조, 제17조와 같은 법 시행령 제13조에 의하면, 「참전유공자 예우에 관한 법률」 제2조제2호에 의한 참전유공자로서 사망한 사람은 국립호국원에 안장하도록 하되, 국립호국원 안장신청을 받은 국가보훈처장은 안장 등의 대상으로 신청된 사람이 금고 1년 이상의 실형을 선고받은 경우에는 국립묘지안장대상심의위원회에 심의를 의뢰하고, 위 위원회로부터 국립묘지의 영예성을 훼손한다고 인정된 사람을 국립묘지에 안장할 수 없도록 하고 있는바, 청구인은 20년이 지난 일을 이유로 들어 고인을 국립호국원안장비대상자로 결정한 것은 위법·부당하다고 주장한다.

4. 결 론

그렇다면, 피청구인이 청구인은 20년이 지난 일을 이유로 들어 고인을 국립호국원안장비대상자로 결정한 것은 위법·부당하다고 주장한다.

첨 부 서 류

1. 갑 제1호증의 1　　유공자 등록 신청서
1· 갑 제1호증의 2　　국가유공자등요건관련사실확인서
1. 갑 제2호증의 1　　심의의결서
1. 갑 제2호증의 2　　국가유공자요건비해당 결정통보서
1. 갑 제3호증　　병상일지
1. 갑 제4호증　　주민등록등본　1부
1. 갑 제5호증　　그 외 증명서류

20○○. ○. ○

국가보훈처장 귀하

[서식 26] 귀화허가신청서접수거부처분취소청구서 (간이귀화 요건에 대한 내용 심사 없이 귀화신청서접수 자체를 거부하여 절차적 신청권을 침해한 경우)

심 판 청 구 서

청 구 인 : 장 ○ ○
중국 ○○성 ○○시 ○○구 ○○로 ○광장 10
(전화 : 00-0000-0000, H.P :   )

피청구인 : 서울출입국관리사무소장

귀화허가신청서접수거부처분취소청구서

청 구 취 지

피청구인이 2006. 5. 22. 청구인에 대하여 한 귀화허가신청서 접수거부처분은 이를 취소한다.
라는 재결을 구합니다.

청 구 원 인

1. 사건개요
   가. 청구인은 한국계 중국인으로서 1960. 10. 28. 출생, 2003. 7. 5. 국내 입국하였다.
      - 2003. 9. 15. 외국인 등록(체류자격: 비전문취업, 체류기한 "2006. 7. 4.")
   나. 청구인은 2006. 5. 22. 부모가 대한민국 국민이었고, 2003. 7. 5. 입국하여 이 건 신청일까지 적법하게 체류하여 간이귀화의 요건을 갖추었다며 귀화허가신청을 하였으나, 피청구인은 같은 날 청구인의 대한민국 체류기간이 만 3년이 되지 않아 간이귀화의 요건을 갖추지 못하였다는 이유로 동 신청서 접수를 거부하였다.

2. 청구인의 주장
   청구인은 2003. 7. 5. 입국하여 2006. 7. 4.까지 체류기한을 부여받았는바, 동 기간은 만 3년 이상의 범주에 속하고, 피청구인이 이 건 신청을 받아 주지 않으면 2006. 7. 4. 이후에 더 이상 체류연장을 할 수 없어 (불법체류자가 되어) 추후 귀화허가신청을 할 수 없게 되므로 접수 자체를 거부한 이 건 처분은 위법하다.

3. 이 건 처분의 위법·부당 여부
   가. 민원사무처리에관한법률 제9조제1항의 규정에 의하면, 행정기관의 장은 민원사항

의 신청이 있는 때에는 다른 법령에 특별한 규정이 있는 경우를 제외하고는 그 접수를 보류하거나 거부할 수 없으며 접수된 민원서류를 부당하게 되돌려 보내서는 아니된다고 되어 있는 바, 귀화허가를 받고자 하는 자가 귀화허가신청서 및 관련 첨부서류를 제출하면 법무부장관은 위 법령 소정의 형식적(절차적) 요건에 하자가 없는 한 이를 접수하고 그 후에 실체적 내용을 심사하는 것이 위 법령에 부합된다고 할 것이다.

나. 피청구인은 청구인이 국적법 제6조제1항제1호의 간이귀화 요건인 '대한민국에 3년 이상 계속하여 주소가 있는 자'에 해당되지 않고, 접수 당시 그 하자를 치유할 방법이 없다는 등의 실체적인 사유를 들어 귀하허가신청서 접수 자체를 거부하였는 바, 피청구인이 접수 자체를 거부한 이 건 처분은 청구인에게 보장된 절차적 신청권을 침해한 것으로 볼 수 있으므로 피청구인의 이 건 처분은 위법·부당하다.

첨 부 서 류

생 략

20○○. ○○. ○○.

위 청구인 장 ○ ○ (인)

서울출입국관리사무소장 귀하

[서식 27] 근로자공급사업허가처분취소청구서

심 판 청 구 서

청 구 인 : 조 ○ ○
제주시 이도 3동 145-34
(전화 : 000-0000, H.P :)

피청구인 : 제주지방노동사무소장

근로자공급사업허가처분취소청구서

근거법조 : 행정심판법 제13조 제1항

청 구 취 지

피청구인이 2008. 5. 1. 제주도항운노동조합에 대하여 한 근로자공급사업허가가처분은 이를 취소한다.
라는 재결을 구합니다.

청 구 원 인

1. 청구인 주장
   가. 제주도 북제주군 애월읍 애월항은 2004. 12. 29.까지는 수산청 소속 1종항이었다가, 2004. 12. 30자로 항만청 소속의 2종항으로 지정되었는데, 1990년까지는 애월리 청년협동회에서 항만하역작업을 직접하였다.
   나. 1991년 위 애월리 청년협동회 회원들이 제주도항운노조에 가입하였는데, 제주도항운노조가 기존 청년회 회원 14명을 조합원으로 받아주지 않았다.
   다. 관계기관에 문의한 결과 제주도항운노조는 근로자공급사업자이지 항만하역사업자가 아니라는 사실을 확인하고 청구인은 1991. 5. △△해운을 설립하여 위 제주도항운노조에 가입하지 못한 12명을 고용하여 항만하역작업을 하려고 하였으나 위 제주도 항운노조가 방해를 하여, 제주도와 제주지방노동사무소 등의 중재로 제주도항운노조가 △△해운에게 근로자를 공급하기로 하는 조건으로 문제를 해결한 후 청구인은 △△해운을 떠났다.
   라. 1994. 10. 청구외 이○민이 □□해운을 설립하여 감귤 등을 운송하려 하자 제주도항운노조 애월지부가 하역작업을 방해하기도 하였으나, 나중에□□해운과 제주도항운노조가 협의를 한 뒤 제주도항운노조가 □□해운에 근로자를 공급하여 □□

해운은 화물선을 3척이나 보유하는 등 수억원의 돈을 벌었다.

마. 1996. 4. 청구인은 ○○운수를 설립하여 애월리 실업자 12명을 고요하여 화물선적 작업을 하려 하였으나, 제주도항운노조 애월지부 조합원들이 하역작업을 방해하였기 때문에 위 하역작업을 방해하는 자들을 고소하여 위 사람들이 벌금 10만원 또는 기소유예형을 받았다

바. 그 후 청구인은 제주도항운노조가 직업안정법을 위반하였다는 이유로 노동부장관 및 제주도지사에게 근로자공급사업자허가취소를 요청하였으나, 노동부장관과 제주도지사는 이를 거부하였다.

사. 청구인은 전 노동부장관 청구외 이○기와 전 제주도지사 청구외 정○구와 청구외 이○수 등을 직무유기로 고발하는 한편, 전 대통령 청구외 전○환을 반국가단체육성자를 보호하였다는 이유로 고발하였으나, 오히려 청구인이 무고협의로 구속되었다가 징역 1년 집행유예3년형을 선고받고 출소하였으며, 대법원에 상고하였으나 이 또한 기각되었다.

아. 제주도항운노조와 위 애월지부는 청구인이 법률적 절차에 따라 직접 항만하역사업을 하려고 하면, 폭력으로 방해하고, 청구인이 근로자공급을 요청하면 독점적 권리를 악용하여 근로자공급요청을 거부하는 등 법률을 묵살하고 반국가적 행위를 자행하고 있다.

자. 피청구인은 이러한 사정을 알면서도 제주도항운노조와 그 애월지부를 보호육성하고 있는 바, 이는 참으로 비통한 현실이다.

2. 결론

그렇다면 피청구인이 청구인에 대하여 근로자공급사업허가가처분을 취소하여야 할 것이다.

첨 부 서 류

1. 갑 제1호증	근로자공급사업허가 통지서	
1. 갑 제2호증	주민등록등본	1부
1. 갑 제3호증	그 외 증명서류	

20○○. ○○. ○○.

위 청구인 조 ○ ○ (인)

제주지방노동사무소장 귀하

[서식 28] 금융분쟁조정신청에대한회신취소청구서

심 판 청 구 서

청 구 인 : (주)○○코리아
서울 ○○구 ○○동 ○○빌딩 2층
(전화 : 000-0000, 팩스 : 000-0000)

피청구인 : 금융감독원장

금융분쟁조정신청에대한회신취소청구서

근거법조 : 행정심판법 제2조제1항, 제3조제1항

청 구 취 지

피청구인은 2000. 1. 20. 청구인에 대하여 한 금융분쟁조정신청에 대한 회신을 취소한다. 라는 재결을 구합니다.

청 구 원 인

1. 청구인 주장
   가. 리스기간 만료로 리스회사의 미회수 리스원금은 "0"이 되었으므로 청구인 회사의 리스채무는 없으며, 위험부담책임에 따른 환율변동부담으로 취득원가의 1억 6,000만원 상당의 추가부담이 있었고, 나아가서 미국의 금융리스의 경우 리스기간 만료로 리스물건의 소유권을 리스이용자에게 자동적으로 이전하는 것을 명문화하였는바, 이상의 이유로 청구인은 리스기간에 걸쳐 약정한 리스료를 완납하였으므로 리스료 채무가 없다.
   나. 공정거래위원회는 청구외 (주)○○캐피탈의 리스약관 제24조제1항은 "리스계약과 재리스계약은 전혀 다른 별개의 계약이므로 리스기간이 종료되면 그 물건에 대한 처분, 즉 양도할 것인지 혹은 재리스할 것인지에 대하여 당사자의 자유로운 의사에 의하여 별도 약정하여야 할 것임"을 밝혔다. 즉 청구외 (주)○○캐피탈은 위 리스기간 만료시에 정당한 권리가 있다면 별도로 재리스계약을 체결하여야 하는 것이라는 공정거래위원회의 심결은 계약자유의 원칙에 합당하고, 이러한 심결은 대법원의 판결과 계약자유의 원칙에 터잡은 타당한 심결이다
   다. 그럼에도 피청구인은 "리스계약 기간만료시 리스물건의 처분과 관련된 리스계약 조항에 대하여 공정거래위원회가 수정 또는 삭제할 것을 권고한 사안이 기 약정

된 본건 리스계약에 효력을 미치는지 여부는 고도의 법률적 판단을 요하는 사안이어서 판단하기 곤란함"이라는 이유로 공정거래 위원회 심결의 적용을 배제하고 있다.

첨 부 서 류

1. 갑 제1호증	리스채무 부존재 확인신청서
1. 갑 제2호증	금융분재조정 신청에 대한 회신문
1. 갑 제3호증	변경리스(시설대여)계약서
1. 갑 제4호증	갱신리스계약서
1. 갑 제5호증	금융분쟁조정신청(민원)관련 자료제출요청금융 분쟁조정에대한 회신 통지서
1. 갑 제6호증	사업자등록증사본 1부
1. 갑 제7호증	그 외 증거서류

20○○. ○○. ○○.

위 청구인 (주)○○코리아 (인)

금융감독원장 귀하

[서식 29] 농업진흥지역용도구역변경신청반려처분취소청구서

심 판 청 구 서

청 구 인 : 최 ○ ○
전라북도 완주군 ○○면 ○○리 124
(전화 : 000-0000, H.P :)

피청구인 : 전라북도지사

농업진흥지역용도구역변경신청반려처분취소청구서

근거법조 : 행정심판법 제2조제1항 및 제3조제1항, 농지법 제30조 및 제33조, 농지법시행령 제33조

청 구 취 지

피청구인이 2005. 1. 8. 청구인의 농업진흥지역용도구역변경신청서를 완주군수에게 반려한 처분은 이를 취소한다.
라는 재결을 구합니다.

청 구 원 인

1. 청구인 주장
   가. 청구인은 농업진흥지역용도구역을 변경신청할 권리가 있으므로 청구인 적격이 있고 이 건 피청구인 등의 반려행위는 행정처분에 해당한다고 보아야 하므로 이 건 심판청구는 행정심판적격이 있다.
   나. 청구인의 토지중 공공사업으로 수용당하고 남은 이 건 신청지는 자투리 부지로 변하여 땅의 지면이 6~7m정도 낮아 농기계의 출입이 절대 불가능하여 농업생산을 할 수 없는 잡종지인 바, 농업생산활동의 가치가 없는 토지를 농업진흥지역제도라는 이유만으로 방치한다면 동제도의 본래목적에 반하는 것으로서 조속히 변경되어야 한다.
   다. 이 건 신청지에 있던 콘크리트 관 배수시설은 국도 27호선 도로확. 포장사업이전에 정비가 된 것으로서 도로건설이후 배수를 전혀 할 수 없게 되었고, 신청지에서 2004년도에 벼경작을 한 것은 위도로건설을 위한 성토작업이전에 파종을 하였기 때문에 어쩔 수 없이 경작을 한 것이며 향후 경작은 절대 불가능하다.
   라. 농업진흥구역이라 함은 “농지가 집단화되어 농업목적으로 이용하는 것이 필요한

지역"이라 할 것인데, 신청지는 경지정리가 되어있지 않고 하천과 도로로 3면이 둘러싸여 갖추지 못하고 있으며, 신청지는 도로 등 공공시설의 설치로 인해 용·배수로가 차단되어 영농이 곤란하게 된 경우이므로 용도구역을 농업보호구역으로 변경할 수 있는 요건에 해당한다.

마. 청구인은 그 동안 국도1번 도로의 확장, 수해조절하천 건설 및, 국도 27번 도로의 신설공사로 인해 청구인의 농지를 공공복리를 위해 충분히 제공했으며, 또한 향후 청구인이 신청지에 LPG충전소를 설치하여 지역주민과 통행차량에 편의를 도모하는 것이 농업진흥구역으로 지정만 해놓는 것보다 생산성향상 및 공공복리증진에 기여하는 것이므로 피청구인이 청구인의 용도구역변경신청을 반려한 것은 합당하지 아니한 처분이다.

첨 부 서 류

1. 갑 제1호증　농업진흥지역용도구역변경신청반려 통지서
1. 갑 제2호증　주민등록등본 1부
1. 갑 제3호증　농업진흥지역변경요청서반려 통지서
1. 갑 제4호증　농업진흥지역변경요청서반려 통지서
1. 갑 제5호증　농업진흥지역변경요청서전달서
1. 갑 제6호증　용도구역변경신청서
1. 갑 제7호증　서해LPG충전소신축부지 지반조사보고서

20○○. ○○. ○○.

위 청구인 최 ○ ○ (인)

전라북도지사 귀하

[서식 30] 농지전용변경허가신청반려처분취소청구서

심 판 청 구 서

청 구 인 : 한국가스공사
서울시 ○○구 ○○동 123-45
(전화 : 000-0000, 팩스 : 000-0000)

피청구인 : 충청남도지사

농지전용변경허가신청반려처분취소청구서

청 구 취 지

피청구인이 2007. 5. 18. 및 2007. 5. 22. 각각 청구인에 대하여 한 농지전용변경허가신청 반려처분은 이를 취소한다.
라는 재결을 구합니다.

청 구 원 인

1. 청구인 주장
   가. 청구인은 2004. 4. 8. 서해권(평택-군산)에 천연가스를 공급하기 위한 '천연가스 서해권 공급관리소 건설공사 사업실시계획'을 수립하여 지식경제부장관으로부터 승인을 받았는데, 그 승인과 관련하여 지식경제부장관은 피청구인을 포함하여 관계 행정기관의 장과 협의를 거쳤고, 피청구인은 몇가지 협의조건을 제시하였으나 위 사업실시계획에 동의하였으며, 피청구인의 협의조건에 따라 청구인은 1997. 9. 2. 농지조성비 7,565만 1,840원 및 농지전용부담금 3,001만20원을 납부하였다.
   나. 청구인은 협의매수가 여의치 않은 지역(서산·광천·웅천·비인 공급관리소)에서 사업구역을 변경하게 되어 지식경제부장관에게 사업실시계획변경승인요청을 하였고 지식경제부장관은 피청구인의 협의를 거쳐 2005. 6. 23. 청구인에게 동 사업실시계획의 변경승인을 하였다.
   다. 청구인은 2005. 9. 2. 서산과 비인의 공급관리소의 사업수행중 일부구역에서 변경사유가 발생하여 지식경제부장관에게 변경신고를 하였고, 2006. 7. 16. 대천 공급관리소의 사업계획부지에서도 협의매수의 어려움이 발생하여 관창공단(지방공단)으로 부지를 이전하기로 하고 지식경제부장관에게 사업실시계획폐지에 관한 승인을 받았다.
   라. 청구인은 위와 같이 지식경제부장관의 적법한 변경승인에 의하여 당연히 농지전용

변견허가가 의제된 것으로 판단하고 피청구인에게 농지조성비와 농지전용부담금을 환급받고자 하였으나, 피청구인이 협의절차의 흠결 및 이에 대한 절차의 이행을 요구하며 지식경제부장관의 농지조성비환급에 관한 협조요청도 묵살하면서 청구인에게 별도의 농지전용변경허가를 받을 것을 요구하여, 청구인은 이를 방관할 수 없어 2007. 5. 2.경 서산시 · 보령시 등 해당 공급관리소 소재지의 시장 · 군수에게 농지전용변경허가신청을 하였고 동 신청을 이관받은 피청구인은 2007. 5. 18. 및 2007. 5. 22. 각각 반려처분을 하였다.

마. 피청구인은 2004. 4. 8. 청구인에 대한 최초의 사업계획승인시 협의에 응한 바가 있어 이는 농지법 제34조제1항제1호의 규정에 의한 전용허가로 의제되는 협의를 이행한 것이므로 피청구인이 이 건 처분을 함에 있어 "당초 허가한 사항이 아니므로 변경허가할 수 없다"는 것을 그 처분사유로 한 것은 부당하고, 오히려 그후의 변경신고수리시 몇몇 지역에서 지식경제부장관이 피청구인에게 대하여 통보하지 않은 점이 검토되어야 할 것인데, 지식경제부장관이 변경신고수리시 협의절차를 이행하지 아니한 책임을 전적으로 청구인에게 떠넘기는 것은 부당하다.

바. 한국가스공사법 제16조의2의 규정에 의하면, 농지전용허가로 의제되는 사업실시계획승인에 있어 동 계획의 경미한 변경에 대하여는 지식경제부장관의 승인이 아닌 신고로 대신할 수 있고 이 경우 당연히 관계행정기관의 장과의 협의도 필요하지 않은데, 2005. 9. 2. 자 서산 · 비인공급관리소의 사업계획변경은 '변경승인제외대상'이어서 신고로 갈음하였으므로 이에 대하여 피청구인이 협의절차이행을 주장하는 것은 부당하다.

사. 농지전용허가가 취소되거나 사업계획의 변경 기타 이에 준하는 사유로 인하여 전용농지의 면적이 감소한 때에는 농지조성비를 납입한 자는 그에 상당하는 농지조성비를 환급받을 수 있고, 청구인은 사업계획변경 등으로 인하여 허가취소신청을 하였으므로 청구인에게는 환급받을 수 있는 권리가 공권으로 보장되어 있다 할 것이고, 이때의 환급행위는 기속재량행위이다.

아. 따라서, 피청구인의 이 건 처분은 한국가스공사법의 취지를 무시하는 것이고, 설사 그렇지 않다 하더라도 농지법상 당연히 청구인의 신청취지에 따라 처분을 하여야 함에도 이를 이행하지 않은 것이므로 위법한 것이어서 마땅히 취소되어야 한다.

첨 부 서 류

1. 갑 제1호증	농지전용변경허가신청서반려처분서
1. 갑 제2호증	천연가스서해권공급관리소건설공사 사업실시 계획 승인통보서
1. 갑 제3호증	서해권공급관리소건설공사사업실시계획협의 결과 및 조치계획서

1. 갑 제4호증 농지조성비(전용부담금)납입영수증
1. 갑 제5호증 천연가스서해권공급관리소건설공사 사업실시계획 승인통보서
1. 갑 제6호증 서해권공급관리소건설공사 사업실시계획변경승인서
1. 갑 제7호증 천연가스서행권공급관리소건설공사 사업실시 계획 변경승인에 따른 협의서
1. 갑 제8호증 천연가스서해권공급관리소(서산, 비인)건설공사 사업 실시계획변경신고수리통보서
1. 갑 제9호증 서해권 천연가스주배관중 대천관리소사업실시 계획 폐지문
1. 갑 제10호증 서해권농지조성비환수 지원요청서
1. 갑 제11호증 한국가스공사천연가스관리소농지조성비환급 협조 요청서
1. 갑 제12호증 천연가스공급관리소농지전용변경허가신청서
1. 갑 제13호증 농지전용변경허가신청서
1. 갑 제14호증 임시사용(기간연장)승인서
1. 갑 제15호증 사업자등록증 사본 1부

20○○. ○○. ○○.

위 청구인 한국가스공사 (인)

충청남도지사 귀하

[서식 31] 농지전용허가취소처분취소청구서

심 판 청 구 서

청 구 인 : 이 ○ ○
경상남도 함안군 함안면 △△리 326번지
(전화 : 000-0000, H.P :)

피청구인 : 경상남도지사

농지전용허가취소처분취소청구서

청 구 취 지

피청구인이 2006. 11. 29. 청구인에 대하여 한 농지전용허가취소처분은 이를 취소한다.
라는 재결을 구합니다.

청 구 원 인

1. 청구인 주장
청구인은 경상남도 함안군 함안면 △△리 326번지 외 7필지에 대하여 농지 전용허가를 받아 양어장 설치공사를 시작하자 청구외 임○진 등이 양어장 진입도로를 차단하여 이들과 누차 협의하여 도로를 개통하고자 하였으나 이를 거부하여 양어장 설치공사를 계속할 수 없었으며, 위 진입로차단사건과 관련하여 창원지방검찰청에서 수사가 진행 중이므로 이 사건이 종결되어 도로가 개통되면 양어장 설치공사를 계속할 계획인 바, 청구인이 예상하지 못한 진입로의 차단으로 부득이 공사가 지연된 점, 청구인은 2004. 3. 27. 양어장설치를 위한 농지전용허가를 받을 때 농지전용허가사항알림 공문을 받았을 뿐 농지전용허가증과 허가조서를 받지 못해서 허가일로부터 2년내 시공하여야 한다는 허가조건을 알지 못한 점, 청구인이 2006. 9. 29. 주소지를 옮겨 농지전용허가취소를 위한 청문공문을 청문기간이 지난 2006. 11. 18. 수령한 점 등을 감안할 때, 이 건 처분은 너무 가혹하여 취소되어야 한다.

첨 부 서 류

1. 갑 제1호증 농지전용허가공문서
1. 갑 제2호증 전용허가농지 목적사업 미착수 대상자보고서

1. 갑 제3호증 농지전용허가 취소를 위한 청문서공문서
1. 갑 제4호증 농지전용허가취소공문서
1. 갑 제5호증 주민등록등본 1부
1. 갑 제6호증 그 외 증명서류

20○○. ○○. ○○.

위 청구인 이 ○ ○ (인)

경상남도지사 귀하

[서식 32] 도시관리계획변경결정처분취소청구

심판청구서

사건명 도시관리계획변경결정처분취소청구
처분청 경기도지사

청 구 취 지

피청구인이 2006. 11. 15. 고시한 도시관리계획 변경결정(개발제한구역해제)처분을 취소한다.
라는 재결을 구합니다.

청 구 원 인

1. 사건개요

청구인은 2006. 11. 15. 청구인들 소유의 경기도 남양주시 ○○면 ○○리 ○○○번지(이하 "이 사건 제외토지"라 한다)를 제외하고 경기도 남양주시 ○○면 ○○리 △△△번지 일원(넉바위 취락)의 토지 60,249㎡를 비롯한 경기도 남양주시 일원의 개발제한구역 총 1,580,559㎡를 개발제한구역에서 해제하는 남양주 도시관리계획(개발제한구역해제) 변경결정 고시(이하 "이 사건 처분"이라 한다)를 하였다.

2. 청구인들 주장

이 사건 제외토지는 경기도 남양주시에서 행한 5년간의 공청회와 열람공고에서도 한 번도 빠지지 않고 남양주 도시관리계획안에 포함되어 있었으나 아무런 해명도 없이 심의시 개발제한구역 해제구역에서 제외되었는바, 도시관리계획 변경결정시 다른 취락지구의 경우 개발제한구역 해제면적과 지구단위계획 결정면적이 대부분 늘어나거나 위치만 변경되었음에도 불구하고 이 사건 제외토지만 개발제한구역 해제구역에서 제외된 것은 이해가 되지 아니하고, 이 사건 제외토지 중 경기도 남양주시 ○○면 ○○리 ○○○번지에는 청구인들 중 □□□가 살고 있는 관사가 있는데 그 일부는 주택이며 이 사건 제외토지가 평소 주민들의 편의를 위하여 이용되고 있음에도 불구하고 개발제한구역에서 해제되지 않은 것은 부당하므로, 다른 개발제한구역 해제구역과의 형평성과 주민생활의 불편을 해소하기 위하여 이 사건 제외토지가 개발제한구역에서 해제되도록 다시 결정하여야 한다.

3. 피청구인 주장

가. 경기도 ○○○시장은 청구인들 소유의 토지가 있는 경기도 남양주시 ○○면 ○○

리 일원 취락을 개발제한구역 해제요건을 갖추고 있는 것으로 보아, 개발제한구역 해제를 위한 도시관리계획을 입안하였으나, 입안 당시 포함되었던 청구인들 소유의 이 사건 제외토지는 농지로 이는 건설교통부의 「집단취락 등의 개발제한구역 해제를 위한 도시관리계획변경(안) 수립지침」의 주택호수 산정기준에 의한 요건에 해당되지 않고, 경기도도시계획위원회 분과위원회의 심의에서 과다 편입된 농지에 대하여 제척하라는 의견에 따라 입안 당시 계획한 면적보다 축소·조정하면서 도로·주차장 등 필요한 공공시설용지도 주택이 모여 있는 지역과 지역사이의 토지를 우선적으로 사용하라는 건설교통부 지침에 따라 개발제한구역 해제경계선에 위치한 청구인들의 이 사건 제외토지를 개발제한구역 해제구역에서 제외하는 것으로 심의·의결하였다.

나. 남양주 도시관리계획의 변경결정은 주변지역의 자연환경과 건축물의 분포 등을 고려하여 취락 내 주거환경정비와 개선을 위하여 건설교통부 지침과 도시계획전문가의 검토를 거쳐 경기도도시계획위원들의 전문적·기술적 판단에 기초하여 결정된 것이므로 재량권을 일탈·남용하였다고 보기 어려우므로 청구인들의 이 사건 청구는 기각되어야 한다.

4. 관계법령

행정심판법 제13조 제1항

개발제한구역의 지정 및 관리에 관한 특별조치법 제3조, 제4조, 제6조, 제7조, 제8조, 제28조

개발제한구역의 지정 및 관리에 관한 특별조치법 시행령 제2조, 제40조

국토의 계획 및 이용에 관한 법률 제2조, 제113조제1항제2호

5. 인정사실

청구인들과 피청구인이 제출한 도시관리계획변경결정고시, 도시관리계획 결정 신청서 등의 자료를 종합하여 보면, 다음과 같은 사실을 인정할 수 있다.

가. 경기도 ○○○시장은 이 사건 제외토지를 포함하여 경기도 남양주시 일원의 개발제한구역(○○면 ○○리 일원 취락의 경우 66,752㎡)에 관하여 개발제한구역에서 해제하는 도시관리계획안(개발제한구역해제, 제1종지구단위계획)을 입안하여 2005. 8. 1. 피청구인에게 도시관리계획결정신청을 하였다.

나. 경기도도시계획위원회와 경기도공동위원회에서는 경기도 남양주시에서 입안한 도시관리계획 중 개발제한구역 해제구역에 농지가 과다하게 편입되었음을 이유로 입안 당시 계획한 면적보다 개발제한구역 해제구역을 축소·조정하면서 경기도 남양주시 ○○면 ○○리 △△△번지 일원의 경우 당초 입안시 포함되었던 이 사건 제외토지 등을 제외한 60,249㎡를 개발제한구역에서 해제하는 것으로 심의·의결하였다.

다. 피청구인은 2006. 11. 15. 위 심의 등에 따라 경기도 고시 제2006-5169호로 「개발제한구역의 지정 및 관리에 관한 특별조치법」 제7조제6항에 의하여 이 사건 처분을 하였다.

6. 이 사건 청구의 행정심판적격

「행정심판법」 제13조 제1항 전단에서는 취소심판은 처분의 취소 또는 변경을 구할 법률상 이익이 있는 자기 제기할 수 있다고 규정되어 있으므로, 이 사건 제외토지가 개발제한구역에서 해제되도록 다시 결정하여야 할 것이다. 이 사건 처분은 「개발제한구역의 지정 및 관리에 관한 특별조치법」 제1조와 제3조, 같은 법 시행령 제2조제3항에 따라 도시의 개발을 제한할 필요가 인정되어 이미 개발제한구역으로 지정된 토지에 대하여 이를 해제함으로써 당해 토지의 이용이나 처분에 가하여진 제한에 일정한 법령상의 변동을 초래하는 행정처분이라고 할 것이다.

7 . 결 론

그렇다면 피청구인이 청구인에 대하여 「행정심판법」 제13조 제1항 전단에서는 취소심판은 처분의 취소 또는 변경을 구할 법률상 이익이 있는 자기 제기할 수 있다고 규정되어 있으므로, 이 사건 제외토지가 개발제한구역에서 해제되도록 다시 결정하여야 할 것이다.

첨 부 서 류

1. 갑 제1호증	건설부고시 제○○○호
1. 갑 제2호증	도시계획입안을 위한 공람공고 의뢰 및 시의회 의견청취안건 제출서
1. 갑 제3호증	남양주 도시계획입안을 위한 공람공고 사항 통보서
1. 갑 제4호증	공람공고문
1. 갑 제5호증	남양주 도시계획입안을 위한 공람 공고에 따른협의 회시
1. 갑 제6호증	도시계획입안을 위한 공람공고결과 제출서
1. 갑 제7호증	의안(조례안 · 기타안)이송결과 통지서
1. 갑 제8호증	제6회 도시계획위원회 개최결과 통보서
1. 갑 제9호증	경기도고시 제○○○○-○○○호
1. 갑 제10호증	○○도주변 경과호안 개방관련 협의서
1. 갑 제11호증	○○도해안 개방관련 재협의내용검토결과 통보서

1. 갑 제12호증 ○○도공원개발협의(안)에 대한 검토결과 통보서
1. 갑 제13호증 ○○도 근린공원조성계획서
1. 갑 제14호증 ○○도근린공원조성계획결정 및 지적승인 신청에 대한회신
1. 갑 제15호증 주민등록증등본 1부

20○○. ○. ○

경기도지사 귀중

[주] 이 사건 처분은 「개발제한구역의 지정 및 관리에 관한 특별조치법」 제1조와 제3조, 같은 법 시행령 제2조 제3항에 따라 도시의 개발을 제한할 필요가 인정되어 이미 개발제한구역으로 지정된 토지에 대하여 이를 해제함으로써 당해 토지의 이용이나 처분에 가하여진 제한에 일정한 법령상의 변동을 초래하는 행정처분이라고 할 것이다.

[서식 33] 도시관리계획변경결정취소청구

심판청구서

사건명 도시관리계획변경결정취소청구
처분청 경기도지사

청 구 취 지

1. 피청구인이 2006. 12. 26. 경기도제2청 고시 제2006-5203호로 한 도시관리계획(변경)결정고시에서 청구인 소유의 토지를 개발제한구역 해제대상에서 누락한 처분은 위법임을 확인한다.
2. 피청구인은 청구인 소유의 토지를 개발제한구역에서 해제하라.

라는 재결을 구합니다.

청 구 원 인

1. 사건개요

청구인은 경기도 ○○시 ○○구 ○○동 ○○번지 대지 516㎡와 같은 리 ○○번지 전 300㎡ 등 4필지 1,786㎡(이하 '이 사건 토지'라 한다)를 소유하고 있고, ○○시장은 이 사건 토지를 개발제한구역에서 해제하는 내용이 포함된 도시관리계획변경안을 입안해 2005. 6. 1. 피청구인에게 도시관리계획변경승인신청을 했으나, 피청구인은 2006. 12. 26. 경기도제2청 고시 제2006-5203호로 경기도 ○○시 ○○구 ○○동 ○○취락 등 28개 취락의 토지 2,845,602㎡를 개발제한구역에서 해제하여 제1종 지구단위계획구역으로 결정하는 내용의 도시관리계획(용도지역, 도시계획시설, 제1종 지구단위계획)변경결정고시(이하 '이 사건 처분'이라 한다)를 하면서 청구인 소유의 이 사건 토지를 개발제한구역의 해제대상에서 제외하였다.

2. 당사자들의 주장

이에 대하여 청구인은 이 사건 토지는 이 사건 처분으로 개발제한구역에서 해제된 토지와 인접해 있고, 청구인을 비롯한 4가구가 마을을 이루고 있으며, 이 사건 토지와 약 150m 정도 떨어진 인근 마을과는 폭 3m의 도로에 의해 연결된 동일한 생활권이고, 당초 ○○시장이 도시관리계획안을 입안할 때에는 이 사건 토지가 개발제한구역에서 해제되는 것으로 되어 있었음에도 불구하고 피청구인이 이 사건 토지에 있는 건물이 개발제한구역 해제지역에서 100m 이상 떨어진 독립가옥이라고 판단해서 한 이 사건 처분은 위법하다고 주장하고, 피청구인은 건설교통부지침에 100m 이상 이격된 독립가옥이나 이격된 사이에 보전이 필요한 토지가 있는 경우 그 가옥은 해제범위에서 제외한다고 되어 있고, 도시정책의 전문가로 구성된 경기도도시계획위원회에서 이 사건 토지와 같은 경우에는 모두 개발제한구역 해제대상에서 제외했으며, 이 사건 처분은 관련 법령의 규정에 따라 경기도도시계획위원회에서 개별 마을별로 심도 있는 심의를 하는 등 적법한 절차를 거쳤을 뿐만 아니라 공익적 견지에서 행정청의 적정한 판단 하에서 이루어진 적법·타당한 처분이라고 주장한다.

3. 관계법령
행정심판법 제4조, 제13조
개발제한구역의 지정 및 관리에 관한 특별조치법 제1조, 제3조

4. 인정사실
청구인과 피청구인이 제출한 서류와 기록에 의하면, 청구인은 이 사건 토지의 소유자이고, 이 사건 토지는 개발제한구역으로 지정되어 있으며, 피청구인이 2006. 12. 26. 경기도제2청 고시 제2006-5203호로 이 사건 처분을 하면서 청구인 소유의 이 사건 토지를 개발제한구역의 해제대상에서 제외한 사실을 인정할 수 있다.

5. 결 론
그렇다면 피청구인이 청구인에 대하여 이 사건 토지와 같은 경우에는 모두 개발제한구역 해제대상에서 제외했으며, 이 사건 처분은 관련 법령의 규정에 따라 경기도도시계획위원회에서 개별 마을별로 심도 있는 심의를 하는 등 적법한 절차가 이루어진 것이다.

첨 부 서 류

1. 갑 제1호증	건설부고시 제○○○호
1. 갑 제2호증	도시계획입안을 위한 공람공고 의뢰 및 시의회 의견청취안건 제출서
1. 갑 제3호증	경기도 도시계획입안을 위한 공람공고 사항 통보서
1. 갑 제4호증	공람공고문
1. 갑 제5호증	경기도 도시계획입안을 위한 공람 공고에 따른협의 회시
1. 갑 제6호증	도시계획입안을 위한 공람공고결과 제출서
1. 갑 제7호증	의안(조례안 · 기타안)이송결과 통지서
1. 갑 제8호증	제6회 도시계획위원회 개최결과 통보서
1. 갑 제9호증	경기도고시 제○○○○-○○○호

1. 갑 제10호증 ○○도주변 경과호안 개방관련 협의서
1. 갑 제11호증 ○○도해안 개방관련 재협의내용검토결과 통보서
1. 갑 제12호증 ○○도공원개발협의(안)에 대한 검토결과 통보서
1. 갑 제13호증 ○○도 근린공원조성계획서
1. 갑 제14호증 ○○도근린공원조성계획결정 및 지적승인 신청에 대한회신
1. 갑 제15호증 주민등록증등본 1부

20○○. ○. ○

경기도지사 귀중

[주] 1. 청구취지 1에 대하여

「행정심판법」 제4조에 의하면, 행정심판의 종류를 취소심판, 무효등확인심판, 의무이행심판으로 구분하고 있고, 취소심판과 구분해 처분의 효력 유무 또는 존재 여부에 대한 확인을 하는 무효등확인심판을 두고 있는 법규정의 취지에 비추어 볼 때, 단순한 위법의 확인을 구하는 것은 행정심판(무효등확인심판)의 대상이 될 수 없고, 설사 청구인의 이 건 위법확인청구가 행정심판의 대상이 된다고 하더라도 「행정심판법」 제13조 제2항에 의하면, 무효등확인심판청구는 처분의 효력 유무 또는 존재 여부에 대해 확인을 구할 '법률상 이익'이 있는 자가 제기하도록 하고 있고, 이 경우 '법률상 이익'이라 함은 당해 처분의 근거법령이나 관련 법령에 따라 보호되는 직접적·개별적·구체적 이익을 말하며, 공익보호의 결과로 인해 일반적으로 가지게 되는 추상적·사실적 이익이나 반사적·간접적 이익은 이에 포함되지 않는다.

2. 청구취지 2에 대하여

「행정심판법」 제4조제3호에 의하면, 의무이행심판은 행정청의 위법 또는 부당한 거부처분이나 부작위에 대해서 일정한 처분을 하도록 하는 심판을 말하고, 이러한 심판청구를 하기 위해서는 그 전제로서 의무이행심판의 대상이 되는 거부처분이나 부작위가 존재해야 할 것이며, 여기에서 부작위 또는 거부처분이 존재한다는 것은 당사자가 행정청에 일정한 행위를 요구할 수 있는 법규상 또는 조리상 신청권이 있어야 하고, 행정청이 이러한 당사자의 신청에 대해서 일정한 기간 내에 처분을 해야 할 법률상 의무가 있음에도 불구하고 이를 하지 않거나 당사자의 신청을 거부하는 처분이 행하여진 경우를 의미한다고 할 것이다.

[서식 34] 도시계획변경결정처분취소등청구서

심 판 청 구 서

청 구 인 : 문 ○ ○
인천시 ○○구 ○○동 123-45
(전화 : 000-0000, H.P :)
피청구인 : 한국토지공사

도시계획변경결정처분취소등청구서

청 구 취 지

피청구인이 2004. 1. 4. 인천광역시고시 제20○○-***호로 한 도시계획결정처분은 이를 취소한다.
라는 재결을 구합니다.

이 유

1. 청구인 주장
   가. 청구인은 인천광역시 연수구 △△동 산79-1번지 임야 6,058㎡의 소유자로서 동 토지는 이른바 ○○도라는 자그마한 섬인 바, 이에 대하여는 2002년 이미 근린공원으로 지정되었고, 피청구인은 2003. 10. 경 ○○도 주변해안에 친수공간을 조성하여 시민에게 휴식공간으로 제공하고자 경관호안 조성사업을 시행하고 관할 군부대와 ○○도 앞바위에 위치한 기존 군초소를 철거하고, 또 ○○도 정상의 기존초소를 고가초소로 교체하는 경우 해안의 개방이 가능하다는 업무협의까지 마친 다음, 청구인에게 ○○도 위의 기존초소를 고가초소로 설치하는 문제를 긍정적으로 검토해달라고 요청한 사실이 있다.
   나. 이에 청구인은 피청구인의 ○○도공원조성계획에 부응하여 청구인 소유의 토지를 해안공원의 일부로 제공하기로 결정하고 인천광역시 연수구청과 긴밀히 협의한 후 약 39억7,000만원이 소요되는 ○○도개발계획을 수립하여 2004. 4. 14. 인천광역시 연수구청장에게 ○○도 근린공원설치시행자지정및실시계획인가를 신청하였다.
   다. 그런데, 위 연수구청장이 공원조성기본계획이 수립되어 있지 않다는 등의 이유를 들어 청구인의 신청을 거부한 바, 그 사유를 알아보니 피청구인은 청구인에게 위 업무협의를 요청한지 얼마되지 아니한 2004. 1. 4. 토지소유자인 청구인은 물론 관련 기관사이의 협의절차도 거치지 아니한 채 위 지역을 청구인의 단독개발이 가능한 근린공원지역에서 단독개발이 불가능한 송도신도시공원지역(23호)로 도시계획을 변경한 사실을 확인하였다.

라. 그러나, 이러한 피청구인의 도시계획변경은 많은 자산을 들여 이 사건 토지를 매수하여 공원으로 조성한 다음, 인천시민들에게 휴식공간으로 제공하고자 하는 청구인에게 막대한 재산상의 손해를 끼치는 부당한 처분임을 물론 도시계획의 변경결정에 관한 행정기관 내부의 규정마저 무시한 채 현저히 재량권을 일탈하여 이루어진 것으로서 무효나 취소에 해당하는 위법·부당한 처분이라고 할 것이다. 따라서, 이 건 도시계획변경결정은 취소되어야 한다.

첨 부 서 류

1. 갑 제1호증	건설부고시 제288호
1. 갑 제2호증	도시계획입안을 위한 공람공고 의뢰 및 시의회 의견청취안건 제출서
1. 갑 제3호증	송도신도시 도시계획입안을 위한 공람공고 사항 통보서
1. 갑 제4호증	공람공고문
1. 갑 제5호증	송도신도시 도시계획입안을 위한 공람 공고에 따른협의 회시
1. 갑 제6호증	도시계획입안을 위한 공람공고결과 제출서
1. 갑 제7호증	의안(조례안·기타안)이송결과 통지서
1. 갑 제8호증	제6회 도시계획위원회 개최결과 통보서
1. 갑 제9호증	인천광역시고시 제1999-198호
1. 갑 제10호증	○○도주변 경과호안 개방관련 협의서
1. 갑 제11호증	○○도해안 개방관련 재협의내용검토결과 통보서
1. 갑 제12호증	○○도공원개발협의(안)에 대한 검토결과 통보서
1. 갑 제13호증	○○도 근린공원조성계획서
1. 갑 제14호증	○○도근린공원조성계획결정 및 지적승인 신청에 대한회신
1. 갑 제15호증	주민등록증등본 1부

20○○. ○○. ○○.

위 청구인 문 ○ ○ (인)

한국토지공사 귀하

[서식 35] 도시계획시설결정처분취소청구서

심 판 청 구 서

청 구 인 : 김○○외 1명
울산시 ○○구 ○○동 123-45
(전화 : 000-0000, H.P :)

피청구인 : 울산광역시장

도시계획시설결정처분취소청구서

청 구 취 지

피청구인이 2000. 6. 20. 울산광역시고시 제2000-79호로 한 울산도시계획시설(학교)결정처분은 이를 취소한다.
라는 재결을 구합니다.

청 구 원 인

1. 청구인들 주장
   가. 청구인들은 울산광역시 울주군 웅천면 △△리 산 77번지 임야 74,479㎡의 공유자이다.
   나. 관련법령 등에 의하면, 도시계획은 먼저 도시기본계획을 수립하여 이에 적합하도록 도시계획입안을 한 후 도시계획을 결정하고, 도시계획의 결정시 대학의 설치는 지방의회의 의견청취를 하여야 하며, 학교의 설치기준은 고등교육법이 정하는 바에 의하여야 하는데, 국토해양부의 도시계획(재정비)수립지침에서 도시계획입안시 원칙적으로 시설결정 대상토지면적의 80%이상을 확보하여 시설결정을 출원하는 경우에 입안하도록 하고, 대학(전문대학 포함)의 경우 수도권 이외의 지역에서는 대학설립운영규정에 의한 교지면적의 150%이내에 하도록 되어 있으며, 국가이외의 자가 학교를 설립하고자 하는 경우 교육부장관의 허가를 받고 재산소유권의 증명을 하도록 되어 있고, 대학에 관한 사무는 지방자치단체의 사무권한 밖으로 되어 있는 바, 피청구인은 도시기본계획수립도 없이 신청자의 신청에 의하여 도시계획시설입안을 하였고, 의회의 의견청취도 하지 않았으며, 도시계획결정도 없을 뿐만 아니라 이에 대한 개별통지도 하지 아니하였으므로 이 건 처분은 절차상 하자가 있다.
   다. △△대학은 4,721㎡의 교지를 소유하여 오다가 학과증설계획등에 따라 교육부장관에게 학교이전승인신청을 하여 대학설립운영규정에서 정한 교지면적 22,448㎡보다 많은 74,702㎡의 교지를 소유하였다는 이유로 그 면적에 대하여 승인을 받았으나, 피청구인은 관계법령에 따라 33,896㎡의 면적의 범위이내에서 도시계획시설결정을 하여야 하는데도 이를 무시하고 175,348㎡의 면적에 대하여 도시계획시설결정을 한 것은 위법하다. 설사, 피청구인이 관계법령의 규정범위를 초과한 시설용지가 필요하다고 하더라도 △△대학이 소유한 토지를 우선적으로 시설용지로 지정하여야 함에도 불구하고 △△대학 소유토지 74,702㎡ 중 53,105㎡만 지정하고 나머지 122,243㎡를 타인 소유의 토지로 지정한 것은 정당성이 결여된 행위이며, 또한 2005년까지 99,456㎡의 교지가 필요하다면 기 확보한 74,702㎡의 교지이외에 부족분 24,694㎡의 면적은 학교와 접하고 있는 최소화하도록 하여야 하고, 계획서의 배치도면성 122,243㎡의 타인의 토지 위에는 주차장, 운동장, 휴식공간 등이 대부분을 차지하고 있는데 주차장은 주차건물이나 지하공간 등으로 대체하여 활용할 방법이 있을 뿐만 아니라 휴식공간은 학교 남쪽의 공원을 이용하여도 충분함에도 불구하고 사유재산을 침해하면서까지 도시계획시설을 △△대학이 원하는 대로 과도하게 175,348㎡로 지정한 것은 재산권의 최소한의 침해원칙인 공익과 사익을 비교교량하여야 하는 제한성과 정당성 및 객관성을 결여한 것으로서 재량권을 일탈하거나 남용한 위법한 처분이다.

라. 그 동안 정부의 인구증가 억제정책으로 취학대상인원이 꾸준히 감소함에 따라 초등학생의 경우 폐교가 속출하고 있고, 2005년경에는 대학정원이 진학예정 학생수를 초과하므로 △△대학이 학생수를 현재의 4배나 되는 4,400명으로 하여 학과를 신설한 다는 것은 실현성이 없는 계획이며, 현재△△대학은 교사 및 제반시설을 설치하여 1999. 3.부터 신입생을 모집하여 아무런 어려움 없이 학교를 운영하고 있음에도 또다시 같은 위치에 학교신설을 위한 도시계획시설결정신청을 한 것은 공시지가와 시세의 차이를 노려 헐값으로 주위의 토지를 매입하려는 의도로 보이며, 피청구인이 상식에 벗어난 행정처분을 하는 것은 개인의 재산권을 침해하면서 사립학교에 특혜를 부여하는 것으로밖에 볼 수 없다.

마. △△대학에 대한 도시계획시설결정은 대학이 취득한 토지를 대상으로 하여야 하고, △△대학이 소유하고 사용할 수 있는 토지만으로도 대학의 장기발전계획에 아무런 저해요인이 없으며, 꼭 필요한 경우 타인의 토지를 포함시킨다고 하더라도 사업의 실행가능성, 확보한 토지와의 균형성을 유지하여야 할 것인 바, △△대학이 아직 취득하지 못하였을 뿐만 아니라 소유자들의 매도의사가 없어 매수가 예상되지 아니한 토지의 경우 이를 도시계획시설결정에서 제외하더라도 도시계획서결정에 하등의 장애가 없으므로 이 건 처분은 취소되어야 한다.

첨 부 서 류

1. 갑 제1호증 · 1999년 울산도시기본계획 승인서

1. 갑 제2호증	울산광역시공고 제1998-542호
1. 갑 제3호증	국토이용계획변경결정서
1. 갑 제4호증	공공시설(△△간호전문대학) 입지승인서 (울산광역시고시 제1997-62호)
1. 갑 제5호증	△△간호전문대학 이전계획 승인 공고문 (울산광역시 울주군 공고 제1999-322호)
1. 갑 제6호증	제 26회 울주군의회 제4차 본회의 의결사항 통보서
1. 갑 제7호증	울산도시계획시설(학교-△△대학)결정 신청서
1. 갑 제8호증	울산도시계획시설(학교)결정서 (울산광역시고시 제2000-79호)
1. 갑 제9호증	등기부등본 1부

20○○. ○○. ○○.

위 청구인 김○○외 1명 (인)

울산광역시장 귀하

[서식 36] 도시계획시설결정취소신청거부처분취소청구서

심 판 청 구 서

청 구 인 : 유 ○ ○
서울 ○○구 ○○동 124번지
(전화 : 000-0000, H.P :)

피청구인 : 서울특별시장

도시계획시설결정취소신청거부처분취소청구서

청 구 취 지

피청구인이 2005. 2. 10. 청구인에 대하여 한 서울특별시 송파구 잠실동 196-5외 3필지상의 토지에 대한 도시계획시설(도로)결정처분에 대한 취소신청(도시계획일부취소신청)거부처분은 이를 취소한다.
라는 재결을 구합니다.

청 구 원 인

1. 청구인의 주장
   가. 피청구인은 2000. 4. 29.자 당시 서울특별시고시 184호로 테헤란로 쪽에서 잠실종합운동장 쪽으로 좌회전이 필요할 때에 도시교통기능을 원활히 한다는 목적으로 청구인 소유의 이 건 토지와 이 건 토지의 반대편에 폭 20m의 루프식 p턴 도로를 설치하는 이 건 결정을 한 바 있다.
   나. 그러던 중 이 건 처분에 의한 계획도로가 사실상 그 기능이 필요하지 않게 되자 피청구인의 주무부서 및 올림픽계획단에서도 도로설치계획의 폐지를 요청한 바 있다고 들었으며, 이에 대한 공람공고까지 하였는데도 어떠한 영문인지 모르게 아직까지도 이 건 결정이 취소되지 않고 있으므로 이는 위법·부당하다.
   다. 이 건 토지의 북쪽인 서울특별시 송파구 잠실동 175번지등 3필지 토지상에는 이미 폭 12m의 p턴 도로가 이미 개설되어 있기 때문에 다시 이 건 토지상에 폭 20m의 p턴 도로가 건설될 필요성은 없는 것이며, 동 도로가 개설된다면 오로지 청소년들에게 유해한 유흥가를 늘림으로써 송파구청이 이에 대한 지방세 세수를 늘리기 위한 속셈으로 밖에 여겨지지 않으며, 불필요한 도로의 건설에 따른 예산의 낭비 측면으로 볼 때도 이 건 결정의 존치는 위법·부당하다.
   라. 또한 이 건 결정으로 인하여 당초 4m 골목 주변에 연립주택이나 단독주택밖에 짓

지 못하던 토지소유자들은 도로계획선에 일부 접한 면적에 대한 보상금을 지급받고 그 위에다 4층내지 8층의 상업용 건물을 짓도록 특혜가 주어진 반면, 청구인이 소유하였던 대로변 상가 토지는 도로부지로 편입되어 아무런 합리적 이유없이 심각한 재산적 침해를 입게되었는 바, 이러한 점을 고려하면 이 건 결정은 형평상 차원에서도 문제가 있는 위법·부당하므로 취소되어야 합니다.

첨 부 서 류

1. 갑 제1호증	도시계획시설(도로)결정고시 (서울특별시고시 제184호)
1. 갑 제2호증	도시계획사업(도로)실시계획인가고시분 (서울특별시 송파구고시 제20○○-11호)
1. 갑 제3호증	도시계획시설(도로)결정취소청구에 대한 민원서류이첩공문
1. 갑 제4호증	민원회신문서등사본
1. 갑 제5호증	도시계획결정시설결정취소신청거부 통지서
1. 갑 제6호증	주민등록등본 1부
1. 갑 제7호증	그 외 증거서류

20○○. ○○. ○○.

위 청구인 유 ○ ○ (인)

서울특별시장 귀하

[서식 37] 등록금부과처분취소청구서 (1과목을 수강하기 위해 납부한 1학기 대학등록금의 환불)

심 판 청 구 서

청 구 인 : 송 ○ ○
광주시 ○○구 ○○동 ○○아파트 1동 1204호
(전화 : 000-0000, H.P :)

피청구인 : 전남대학교총장

등록금부과처분취소청구서

청 구 취 지

피청구인이 2008. 8. 7. 청구인에 대하여 한 등록금부과처분은 이를 취소한다.
라는 재결을 구합니다.

청 구 원 인

1. 청구인 주장
이에 대하여 청구인은 2008년 1학기까지 20학점을 취득하여 5학기를 이수하였는데, 피청구인으로부터 청구인이 전공필수 1과목을 이수하지 아니하여 수료를 할 수 없으니 2학기에 전공필수 1과목을 수강신청하고 등록금을 전액 납부하여야 하며 납부된 등록금중 2/3의 금액을 학기중에 환불하여 준다는 전화연락을 받고 등록금을 납부하여 현재 학교에 다니고 있는 바, 피청구인은 청구인에게 청구인이 납부한 등록금중 2/3의 금액을 환불하여 주지 아니한 점, 청구인은 반드시 전공필수과목을 10학점 이수하여야 한다는 사실을 몰랐으며, 5학기 과정을 마칠 때까지 청구인이 전공필수 1과목을 이수하지 아니한 사실을 모르고 수강신청을 허가한 피청구인측에도 책임이 있으므로 청구인에게만 책임을 전가하는 것은 부당한 점, 적은 봉급으로 어렵게 학교에 다니고 있는 청구인에게 94만원의 금액을 부담시키는 것은 지나치게 가혹한 점 등을 고려할 때, 피청구인의 이 건 처분은 위법·부당하여 취소되어야 합니다..

첨 부 서 류

1. 갑 제1호증 등록금 부과 통지서
1. 갑 제2호증 1부

1. 갑 제3호증 그 외 증명서류

20○○. ○○. ○○.

위 청구인 송 ○ ○ (인)

전남대학교총장 귀하

[서식 38] 무상사용기간연장신청거부처분취소청구등 (시설변경 주차장)

심판청구서

사건명 무상사용기간연장신청거부처분취소청구등
처분청 서울특별시장

청 구 취 지

1. 피청구인이 2006. 1. 9. 및 2006. 11. 10. 청구인에 대하여 한 도시계획시설(주차장) 무상사용기간 연장신청 거부처분은 이를 모두 취소한다.
2. 피청구인은 청구인에 대하여 한 2004. 12. 8.자 도시계획사업(주차장) 실시계획변경(증축)인가 중 인가조건 제14조 및 2006. 8. 21.자 □□□ 지하주차장 무상사용허가조건 제2조 중 증축되는 지상부 시설에 대한 무상사용기간을 2018. 2. 8.까지로 연장하라.

라는 재결을 구합니다.

청 구 원 인

1. 사건개요
   가. 청구인이 1991. 6. 29. 서울특별시 ○○구 ○○동 251-7번지 일대(이하 '이 건 토지'라 한다)에 도시계획사업시행허가를 얻어 주차전용건축물을 건설하여 피청구인에게 기부채납하고, 피청구인으로부터 20년간(1993. 7. 9. ~ 2013. 7. 8) 무상사용허가를 얻어 동대문운동장 지하주차장을 운영하여 오던 중, 누적적자 등을 이유로 2000. 1. 8. 피청구인에게 이 건 토지 지상에 5층 규모의 주차장부대시설을 증축하는 내용의 도시계획사업(주차장)실시계획변경(증축)(이하 '주차장증축계획'이라 한다)인가신청을 하자, 피청구인은 2000. 5. 9. 청구인에 대하여 위 주차장부대시설을 증축하여 기부채납을 하여야 하고, 기타사항은 당초 실시계획 인가조건과 같다는 등의 조건을 붙여 주차장증축계획인가처분을 한 후 주차장증축계획을 반대하는 민원이 있다는 등의 이유로 2001. 3. 15. 위 주차장증축계획인가처분을 취소하였다.
   나. 청구인은 위 주차장증축계획인가취소처분의 취소를 구하는 행정심판 등 4회의 행정심판청구를 하여 모두 건설교통부장관의 인용재결을 받았고, 청구인이 2004. 11. 25. 피청구인에게 이 건 토지 지상에 5층 규모의 주차장부대시설을 증축하는 내용으로 또다시 주차장증축계획인가신청을 하자 피청구인이 2004. 12. 8. 청구인에 대하여 위 □□□ 지하주차장의 부대시설을 증축(사업기간: 2004년 12월 - 2005년 12월)하여 피청구인에게 기부채납하고, '증축되는 지상부 시설에 대한 사용기간은 □□□ 지하주차장 무상사용허가(주차91117-1121, 1993. 9. 13)조건 제2조(사용기

간)의 규정에 의한다.'(인가조건 14. 기타사항 사.의 내용임, 이하 '이 사건 인가조건'이라 한다)는 조건 등을 붙여 다시 주차장증축계획인가처분(이하 '이 건 인가처분'이라 한다)을 하였다.

다. 청구인은 2005. 12. 1. 피청구인에게 □□□ 지하주차장의 무상사용기간의 종기를 2013. 7. 8.에서 2018. 2. 8.까지로 연장하여달라는 무상사용기간연장신청을 하였으나 피청구인은 2006. 1. 9. 이 건 인가처분은 선행처분인 1991. 6. 29.자 인가처분의 내용을 변경한 것에 불과하므로 사용기간의 연장이 불가능하다고 회신하였고, 청구인이 2006. 10. 26. 피청구인에게 다시 무상사용기간연장신청을 하자 피청구인은 2006. 11. 10. 무상사용연장신청에 대하여는 2006. 1. 9. 이미 청구인에게 통보하였다고 회신하였다.

2. 청구인 주장

이에 대하여, 청구인은 다음과 같이 주장한다.

가. 행정청의 처분은 행정청에 대하여 자기구속의 효과를 나타내는 반면 상대방은 그 처분내용의 이행을 청구할 수 있는 법적 지위에 서게 되고 행정청은 그 내용을 이행할 의무를 진다고 할 것이다.

나. 피청구인은 2000. 5. 9. 청구인에 대하여 주차장부대시설의 증축에 따른 사업기간을 2000년 5월부터 2001년 5월까지로 하고, 위 시설에 대한 무상사용기간의 종기를 2013. 7. 8.로 함으로써 사실상 청구인에게 2001년 5월부터 2013. 7. 8.까지 약 12년 2월의 무상사용기간을 보장한다는 전제하에서 당초 주차장증축계획인가처분을 하였다고 할 것이나, 이 건 인가처분의 이 사건 인가조건은 사실상 청구인에게 2005년 12월부터 2013. 7. 8.까지 약 7년 7월의 무상사용기간을 허용하는 것으로 당초 주차장증축계획인가처분시 허용했던 기간보다 약 4년 7개월이 줄어든 것이다.

다. 청구인이 당초 주차장증축계획인가처분에 의한 사업을 진행하지 못한 것은 피청구인의 잘못으로 인하여 4차례에 걸친 행정심판의 절차를 거쳐 다시 이 건 인가처분을 받기까지 약 4년 7개월의 기간이 소요됨에 따른 것임에도 불구하고, 피청구인은 이 건 인가처분을 하면서 위와 같은 사정을 고려하지 아니한 채 지상증축시설에 대한 무상사용기간을 정한 것이다.

라. 청구인이 제출한 사업계획 및 피청구인이 한 이 건 인가처분의 내용을 보더라도 지상증축시설에 대한 투자사업비를 별도로 계상하였고, 지상증축시설 중 5층 전체와 4층 일부 면적은 피청구인에게 무상으로 사용하도록 제공하며, 준공 후에 별도의 기부채납 절차를 거치도록 되어 있는 점 등에 비추어 볼 때 종전의 지하주차장사업과 이 건 지상증축사업은 각각 별개의 독립된 것이므로 무상사용기간의 종기가 당초 주차장증축계획인가처분의 종기와 동일하여야 할 하등의 이유가 없음에도 불구하고 동일하여야 한다는 이유로 한 피청구인의 처분은 위법·부당하므로

모두 취소되어야 하고, 무상사용기간의 종기를 2018. 2. 8.까지 연장하여야 한다.

3. 피청구인 주장

피청구인은 다음과 같이 주장한다.

가. 2004. 12. 8.자 이 건 인가처분의 인가조건 제14호(사용기간)는 실질적으로 변경인가처분에 있어서 법적 의미의 '조건'으로 볼 수 없고, 당초 허가처분의 내용을 다시 한번 확인하는 의미로 기재한 것에 불과하며, 이 건 인가처분에서 비로소 당초 수익적 인가처분의 내용을 변경하거나 제한하는 의미의 침익적 규정으로 볼 수 없을 뿐만 아니라 이 건 인가처분에 따르는 새로운 부담으로도 볼 수 없다.

나. 당초 주차장증축계획인가 당시 이윤추구에 급급한 청구인이 법적으로나 현실적으로 인용되기 어려운 무리한 지상부 증축신청을 함에 대하여 피청구인 실무담당자들이 관련 법규정 해석상의 잘못으로 부적법한 인가를 하게 되고 이후 이를 시정하고자 하는 처분과정에 대하여 불복하는 행정심판이 계속되자 행정심판위원회에서 결과적으로는 공익적 요청보다 청구인 측의 기성 이익보호를 존중해 주는 결론을 내린 것뿐이며, 이의 결과만으로 피청구인의 그간의 처분이 위법하다거나 청구인의 사업이 늦어지게 된 데 대한 피청구인의 귀책사유가 있다고 인정할 수 없다.

다. 청구인은 2000. 1. 8. 당초 주차장증축계획인가신청서에 '신규(증축)투자분 시설물에 대한 무상사용기간은 기존 지하주차장사업의 계획변경이므로 주차장의 무상사용기간은 기존 지하주차장의 무상사용기한 만료일인 2013. 6. 30.까지로 한다고 되어 있다.

라. 청구인은 당초 주차장증축계획인가신청시 지하주차장의 운영이 예상과는 달리 적자가 누적되었다고 주장하나, 당초 지하주차장의 무상사용허가를 하면서 지하부분은 무상으로 사용하도록 하였으나 지상부 평면주차장은 유상으로 사용하는 조건으로 허가한 사항이고, 청구인은 1993년부터 매년 흑자로 경영하다가 1998년도만 적자로 결산되었으므로 위 사유가 사용기간을 연장해 달라는 요구의 논거로 사용될 수 없다.

마. 최초의 허가처분을 함에 있어 지하주차장의 사용기간이 명확하게 확정되어 있고, 또한 청구인의 당초 주차장증축계획인가신청서에도 사용기간의 종기 표기가 되어 있어 이 건 인가처분시 이를 더욱 명확하게 하기 위하여 인가조건에 확인의 의미에서 기재한 것이며, 전혀 새로운 내용의 변경이 없다 할 것이므로 무상사용기간을 연장하지 아니한 처분은 적법·타당하고, 청구인의 청구는 어느 모로 보나 이유 없는 무리한 요구에 불과하다.

4. 이 건 처분의 위법·부당 여부

가. 관계법령

국토의 계획 및 이용에 관한 법률 제88조
국토의 계획 및 이용에 관한 법률 시행령 제97조
구 지방재정법 제75조
(2005. 8. 4. 법률 제7663호로 전부개정되어 2006. 1. 1.부터 시행되기 전의 것)
구 지방재정법 시행령 제83조(2005. 12. 30. 대통령령 제19226호로 전부개정되어 2006. 1. 1.부터 시행되기 전의 것)
서울특별시 공유재산관리 조례 제42조

나. 위법성

(1) 청구인 및 피청구인이 제출한 도시계획시설(주차장)결정고시, 도시계획사업(주차장건설)시행허가, □□□ 지하주차장 무상사용허가, 도시계획사업시행자 지정 및 실시계획변경인가 신청, 도시계획사업(주차장)실시계획변경(증축)인가, □□□ 지하주차장 증축인가 취소통보, 도시계획시설(주차장)변경결정고시, 행정심판 재결서, 도시계획시설(주차장)사업실시계획변경(증축)인가신청서 등의 각 사본을 종합하여 보면, 다음과 같은 사실을 각각 인정할 수 있다.

(가) 피청구인은 1990. 1. 15. □□□지역의 주차난을 완화하기 위하여 공공용지 지하주차장 건설(사업조건은 지상부는 현재대로 평면주차장 및 도로로 조성하고, 평면주차장 부분은 추후 증축이 가능하도록 지하구조물을 시공하며, 기부채납 후 지하주차장의 무상사용기간은 20년으로 하고, 사업자는 지하주차장을 유료로 운영하는 것 등임) 및 운영사업자 모집공고를 한 후 1990. 6. 1. 청구인을 사업자로 선정하고, 1991. 6. 11. 도시계획시설인 주차장을 신설하는 도시계획시설(주차장)결정(서울특별시 고시 제172호)을 하였으며, 동 도시계획시설 결정조서에 의하면, 위치는 '중구 신당동 257-1 일대'로 되어 있고, 비고란에는 '□□□ 및 도로'로 되어 있다.

(나) 피청구인은 1991. 6. 29. 청구인에 대하여 도시계획사업(주차장건설)시행허가를 하였고, 동 허가증에 의하면, 사업의 명칭은 '□□□ 지하주차장 건설'로, 부지면적은 '9,560.4㎡'로, 사업기간은 '1991년 7월~ 1993년 6월(24개월)'로, 건설규모는 '연면적 48,915.49㎡(지하 6층, 지상 1층)'로, 주차대수는 '1,206대(지하 1,089대, 지상 117대)'로 하였고, 허가조건은 다음과 같다.

- 도시계획사업(주차장건설)시행 허가조건 -

1. 승인된 설계도서에 의거 지하주차장과 지상시설물 및 주차시설을 건설하고 준공일로부터 1개월 이내에 주차장 등 시설물 일체를 「지방재정법」 및 「서울특별시 공유재산관리 조례」의 규정에 따라 서울특별시에 기부채납하여야 한다.

2. 본 허가에 따라 점용되는 공공용지에 대한 공사기간 중의 점용료는 면제하며, 완공된 지하부분 주차장의 무상사용기간은 20년으로하고, 무상사

용허가에 대하여는 지하부분 주차장의 무상사용기간을 제외한 사항은 「지방재정법」 및 「서울특별시 공유재산관리 조례」의 규정에 의한다.

3. ~ 11. (기재 생략)

(다) 청구인은 1993. 7. 2. 위 □□□ 지하주차장의 건설(사업비: 약 228억원)을 완료한 후 동 시설을 1993. 7. 30. 피청구인에게 기부채납을 하였고, 피청구인은 1993. 9. 13. 청구인에 대하여 다음과 같은 허가조건을 붙여 동 시설에 대한 무상사용허가를 하였다.

- 공유재산무상사용 허가조건 -

제1조(사용목적) (기재 생략)

제2조(사용기간) 사용기간은 1993. 7. 9.부터 2013. 7. 8.까지로 한다.

제3조(사용료) 내지 제8조(사용인의 행위제한) (기재 생략)

제9조(사용허가의 취소) 다음 각호의 1에 해당할 때에는 언제든지 허가한 재산의 전부 또는 일부에 대하여 사용허가를 취소할 수 있다.

1. 공용·공공용 또는 공익사업에 필요한 때
2. 사용허가 재산의 보존을 해태하거나 허가조건에 위배한 때
3. 기타 서울특별시에서 재산관리상 필요하다고 인정하여 지시하는 사항을 이행하지 아니할 때

(라) 청구인은 2000. 1. 8. □□□ 지하주차장의 부진한 운영성과에 따른 누적적자 등을 이유로 위 지하주차장 지상에 5층, 연면적 17,188.53㎡(5,200평)의 규모의 부대시설을 증축하는 내용으로 공사설계도서 등을 첨부하여 도시계획사업시행자지정 및 실시계획변경인가신청을 한 후, 2000. 3. 21. 피청구인과의 협의결과에 따라 지상에 5층, 연면적 17,337.29㎡(5,245평) 규모의 부대시설을 증축하되, 부대시설의 패션디자인센터와 관련되는 4층 일부 1,878㎡(568평)와 5층 전체 3,600㎡(1,089평)를 피청구인이 무상으로 사용하도록 제공하고 나머지는 청구인이 사용한다는 내용의 주차장증축계획인가신청에 대한 수정제안서를 제출하였다.

(마) 청구인이 2000. 1. 8. 피청구인에게 위 도시계획사업(주차장) 시행자지정 및 실시계획변경인가신청시 제출한 '□□□ Fashion Town 발전계획'에 의하면, 계획의 배경은 '□□□지하주차장의 부진한 운영성과를 개선할 필요가 있고, □□□ 의류상권이 세계적인 패션메카가 되도록 기반여건을 제공해 줌으로써 중소영세산업지원, 국가경제발전에의 기여라는 사업외적 활동 등을 통해 기업이미지를 향상시키는 효과의 기대' 등으로, 도시계획사업 시설투자의 기본방향은 '신규(증축)투자분 시설물에 대한 무상사용기간은 기존 지하주차장사업의 계획변경이므로 주차장의 무상사용허가 만료기한인 2013년 6월 30일까지'로, 시설계획은 '패션쇼장, 전시장, 물류센터 및 상가시설 등'으로, 투자액은 '총 274억 9,800만원'으로, 수지분석은 연

금리 10%를 전제로 하여 임대수입이 882억원, 사용권 상각, 공공시설운영비 및 투자자금이자 등 비용 850억원이 소요되므로 2001년부터 2013년까지 13년간의 운영수익이 32억원이라는 등의 내용이 각각 기재되어 있다.

(바) 피청구인은 □□□ 지하주차장의 운영효율(평균 이용율 23%)이 낮아 투자비 회수가 불가능한 실정으로 투자자 보호를 위해 운영효율을 증대시킬 수 있는 방안이 필요하고, 무상제공부분에 대하여는 동·남대문 패션상권의 활성화를 위한 패션디자인센터로 활용할 계획으로 있어 실시계획변경(증축)인가를 해 주는 것이 타당할 것으로 사료된다는 이유로 2000. 4. 15. 서울특별시공고 제2000-237호로 이 건 토지 지상에 5층, 연면적 17,337.29㎡ 규모의 부대시설을 증축하는 것을 내용으로 하는 주차장증축계획인가를 위한 공람공고를 한 후 2000. 5. 9. 청구인에 대하여 이 건 토지 지상에 부대시설을 증축(사업기간: 2000년 5월 ~ 2001년 5월, 총공사비: 240억원)하는 내용으로 다음과 같은 인가조건을 붙여 이 건 인가처분을 하고, 2000. 5. 15. 이를 고시(서울특별시 고시 제2000-115호)하였다.

- 주차장증축계획 인가조건 -

1.·2. (기재 생략)

3. 건축허가도서에 의거 주차장을 건설하고 준공일로부터 1개월 이내에 증축한 주차장 등 시설물 일체를 「지방재정법」 및 「서울특별시 공유재산관리 조례」의 규정에 따라 서울특별시에 기부하여야 하며, 동시에 4층 일부(약 568평)와 5층 전체(약 1,089평)를 서울특별시가 무상으로 사용하도록 제공하여야 한다.

4. ~ 9. (기재 생략)

10. 기타사항

가. ~ 바. (기재 생략)

사. 본 인가조건 외의 기타사항은 당초 실시계획 인가조건과 같음.

(사) 피청구인은 2001. 3. 15. 청구인에 대하여 현재 대규모상가로 밀집 개발된 □□□지역의 향후 종합적인 도시계획을 고려할 때 open space로 유지할 필요성이 있다는 의견이 대세를 이루고 있고, 상가증축을 반대하는 민원(민원제기자 : □□□의류도매시장대표자협의회)이 상존하고 있으며, 위 주차장은 공공에 제공하기 위해 건설한 행정재산으로서 공익을 해하지 않는 범위 내에서 부대시설을 설치할 수 있으나 지상부에 임대 분양할 수 있는 5층 규모의 상가를 건설·운영하게 될 경우 주차장의 일부가 상가의 부설주차장화 되어 지역의 과밀을 심화시킬 뿐만 아니라 사익추구의 대상이 되어 공익을 현저히 해할 가능성이 크다는 이유로 「도시계획법」 제92조제1항에 근거하여 위 주차장증축계획인가처분을 취소하였다.

(아) 청구인은 국민고충처리위원회에 위 주차장증축계획인가취소처분을 취소하

라는 고충민원을 제출하였고, 국민고충처리위원회에서는 2001. 5. 15. 위 주차장증축계획인가취소처분을 취소하는 것이 타당하다는 이유로 피청구인에게 시정조치를 하도록 권고하였다.

(자) 청구인은 2001. 5. 18. 위 주차장증축계획인가취소처분의 취소를 구하는 행정심판을 청구하였고, 국무총리행정심판위원회는 2001. 8. 13. 위 인가취소처분의 사유인 '사정의 변경'이나 '도시계획시설사업의 계속시행이 현저히 공익을 해할 우려'가 있다고 보기도 어렵고, 청구인이 당초 주차장증축계획인가처분의 효력이 계속 유지될 것으로 신뢰하였다 할 것이며 청구인이 그러한 신뢰를 가지게 된 데에 특별히 청구인에게 과실이 있었다고 볼 만한 사정도 없다는 이유 등으로 피청구인의 위 주차장증축계획인가취소처분을 취소하라는 인용의결을 하였으며, 이에 따라 건설교통부장관은 2001. 9. 3. 인용재결을 하였다.

(차) 2001. 8. 13. 피청구인은 1991. 6. 11.자 도시계획시설(주차장)결정은 기존의 도시계획시설(운동장, 도로, 공원)부지 지하에 주차장을 결정하고자 한 것이었으나, 도시계획결정의 효력이 발생하는 고시에 기존시설 부지의 '지하'라는 내용이 표기되지 않아서 당초의 목적과 다르게 해석하는 등 오해의 소지가 발생한다는 이유 등으로 주차장시설의 위치를 '서울특별시 ○○구 ○○동 251-7 일대(□□□ 및 도로 지하)'로 도시계획시설변경결정을 하기 위하여 도시계획공람공고를 하였고, 2001. 9. 28. 개최된 제7차 도시계획위원회의 의결을 거쳐 2001. 10. 15. 당초 도시계획 결정취지에 맞게 변경한다는 취지로 주차장시설의 위치를 당초 '서울특별시 ○○구 ○○동 251-7 일대'에서 '서울특별시 ○○구 ○○동 251-7 일대(□□□ 및 도로 지하)'로 변경하는 도시계획시설(주차장)변경결정고시(서울특별시고시 제2000-325호)를 하였다.

(카) 청구인은 2002. 1. 12. 위 도시계획시설(주차장)변경결정처분을 취소하라는 행정심판을 제기하였고, 국무총리행정심판위원회는 2002. 6. 3. 주차장시설의 위치를 당초의 '서울특별시 ○○구 ○○동 251-7 일대'에서 '서울특별시 ○○구 ○○동 251-7 일대(□□□ 및 도로 지하)'로 변경할 만한 별다른 공익적 이유나 특별한 사정이 존재하지 아니한다는 점 등을 고려하면, 이는 청구인이 입는 불이익과 공익간의 이익형량을 하지 아니하였거나, 설령 이익형량을 하였더라도 정당성·객관성이 결여된 경우라 할 것이라는 이유 등으로 피청구인의 위 도시계획시설(주차장)변경결정처분을 취소하라는 인용의결을 하였고, 이에 따라 건설교통부장관은 2002. 6. 18. 인용재결을 하였다.

(타) 청구인은 2002. 11. 23. 위 지하주차장 지상에 5층, 연면적 17,337.29㎡의 규모의 주차장부대시설을 증축하고, 건물용도는 '자동차 관련시설(지하주

차장), 판매 및 영업시설, 업무시설, 문화 및 집회시설(패션쇼장)'로 하는 내용으로 서울특별시 ○○구청장에게 건축계획심의신청서를 제출하였고, 서울특별시 ○○구청장은 2002. 12. 23. 피청구인에게 위 신청서를 진달(進達)하였으며, 피청구인은 2003. 1. 29. 서울특별시 ○○구청장을 통하여 위 주차장부대시설의 용도가 「주차장법 시행령」 제1조의2제3항 및 「서울특별시 주차장 설치 및 관리 조례」 제2조제2항에 위배되므로 당초 인가처분은 무효인 처분이고, 이에 기반한 건축계획 또한 위법한 것이 된다는 등의 이유로 청구인의 건축계획심의신청을 거부하는 처분을 하였다.

(파) 청구인은 2003. 3. 26. 위 건축계획심의거부처분의 취소를 구하는 행정심판을 청구하였고, 국무총리행정심판위원회는 2003. 7. 21. 관계법령상 청구인이 제출한 건축계획이 관계법령에 위반한다는 것이 객관적으로 명백하다고 단정할 수는 없을 것이므로 일단 청구인의 건축계획을 건축위원회에 상정하여 심의를 받을 수 있도록 하여야 한다는 이유 등으로 피청구인의 위 건축계획심의거부처분을 취소하라는 인용의결을 하였고, 이에 따라 건설교통부장관은 2003. 8. 12. 인용재결을 하였다.

(하) 피청구인이 청계천 복원사업의 교통대책의 일환으로 이면도로를 개설하기 위하여 2003. 3. 26. 서울특별시 ○○구 ○○로 ○○가 4-1번지를 기점으로 하고 서울특별시 ○○구 ○○동 204-8번지를 종점으로 하는 도시계획시설(도로)결정을 함에 따라, 이 건 토지 일부가 위 도시계획시설(도로)결정에 의한 도로부지에 포함되었고, 그동안 3차례의 행정심판을 거치면서 사업기간이 장기간 경과되었다는 등의 이유로, 청구인이 2003. 12. 2. 피청구인에게 사업의 연면적을 17,337.29㎡에서 17,025.55㎡로, 사업기간을 '2000년 5월 ~ 2001년 12월'에서 '2003년 12월 ~ 2004년 12월' 로 하는 등의 내용으로 다시 주차장증축계획인가신청을 하였고, 피청구인이 2004. 3. 5. 청구인에게 위 주차장증축계획 변경인가신청의 건축물의 용도가 '판매시설, 문화 및 집회시설'로 되어 있어 「주차장법」 제12조제6항, 동법 시행령 제1조의2제3항 및 「서울특별시 주차장 설치 및 관리 조례」 제2조에 의한 '1급지 지역 중 상업지역에 설치되는 주차전용건축물의 주차장 외의 용도로 사용되는 부분에 설치할 수 있는 시설의 종류는 제1종 및 제2종 근린생활시설, 자동차관련시설, 업무시설, 운동시설로 한다'는 규정에 적합하지 아니하다는 이유로 위 주차장증축계획인가신청을 반려하였다.

(거) 청구인은 2004. 3. 23. 위 주차장증축계획인가신청 반려처분의 취소 및 주차장증축계획인가의 이행을 구하는 행정심판을 청구하였고, 국무총리행정심판위원회는 2004. 8. 2. 위 인가신청반려처분은 건설교통부장관의 2001. 9. 3.자 및 2002. 6. 18.자 행정심판 재결의 취지를 간접적·우회적으로 회피함으로써 이를 무력화하는 것에 다름없다는 점 등을 감안할 때 청구인이

입게 되는 불이익과 공익과의 이익형량을 하지 아니하거나 이익형량을 하였다고 하더라도 객관성·정당성이 결여된 경우라고 봄이 상당하다는 이유로 피청구인의 위 인가신청반려처분을 취소하고 청구인이 2003. 12. 2.자로 한 위 주차장증축계획인가신청에 대하여 이를 인가하라는 인용의결을 하였고, 이에 따라 건설교통부장관은 2004. 8. 16. 인용재결을 하였다.

(너) 청구인은 피청구인에게 2003. 12. 2.자 주차장증축계획인가신청서의 사업시행기간 '2003년 12월 ~ 2004년 12월'을 '2004년 8월 ~ 2005년 12월'로 변경하도록 하는 등의 내용으로 2004. 8. 24. 주차장증축계획인가신청의 사업기간변경을 요청하였고, 피청구인은 2004. 12. 8. 청구인에 대하여 이 건 토지 지상에 5층, 연면적 16,734.51㎡ 규모의 부대시설을 증축(사업기간: 2004년 12월 ~ 2005년 12월, 총공사비: 240억원)하는 내용으로 다음과 같은 인가조건을 붙여 이 건 인가처분을 하고, 이를 서울특별시고시 제2004-406호로 고시하였다.

- 주차장증축계획 인가조건 -

1.·2. (기재 생략)

3. 건축허가도서에 의거 주차장을 건설하고 준공일로부터 1개월 이내에 증축한 주차장 등 시설물 일체를 「지방재정법」 및 「서울특별시 공유재산관리 조례」의 규정에 따라 서울특별시에 기부하여야 하며, 동시에 4층 일부(약 644평)와 5층 전체(약 998평)를 서울특별시가 무상으로 사용토록 제공하여야 한다.

4. ~ 13. (기재 생략)

14. 기타사항

가. ~ 바. (기재 생략)

사. 증축되는 지상부 시설에 대한 사용기간은 □□□ 지하주차장 무상사용허가(주차91117-1121, 1993. 9. 13) 조건 제2조(사용기간)의 규정에 의한다.

아. 본 인가조건 외의 기타사항은 당초 실시계획 변경인가조건(2000. 5. 9) 및 도시계획사업시행 허가조건(1991. 6. 29)과 같음.

(더) 서울특별시 ○○구청장은 2005. 4. 15. 청구인에 대하여 이 건 주차장 부대시설 증축에 대한 건축허가를 하였다.

(러) 청구인은 2005. 12. 1. 피청구인에게 2004. 12. 8.자 이 건 인가처분의 인가조건에 기재된 □□□ 지하주차장의 무상사용기간의 종기를 2013. 7. 8.에서 2018. 2. 8.까지로 4년 7개월 연장하여 달라는 무상사용기간 연장신청을 하였으나 피청구인은 2006. 1. 9. 이 건 인가처분은 선행처분인 1991. 6. 29.자 인가처분의 내용을 변경한 것에 불과하므로 사용기간의 연장이 불가능하다고 회신하자 청구인은 2006. 4. 3. 위 거부처분의 취소를 구하는 이

건 행정심판을 청구하였다.

(머) 청구인이 □□□ 주차장 증축공사를 완료한 후 2006. 8. 8. 피청구인에게 기부채납원 및 공사비내역서(288억 8,200만원) 등을 제출하자 피청구인은 2006. 8. 21. 청구인에게 사용기간은 □□□ 지하주차장 무상사용허가(주차 91117-1121, 1993. 9. 13) 조건 제2조(사용기간)의 규정에 의한다는 등의 허가조건을 통보하였다.

(버) 청구인은 2006. 10. 26. 피청구인에게 위 허가조건에 의한 무상사용기간의 연장신청을 하였으나 피청구인은 2006. 11. 10. 청구인에게 무상사용기간 연장신청에 대하여는 2006. 1. 9. 이미 통보하였다는 회신을 하였다.

(2) 구「지방재정법」(2005. 8. 4. 법률 제7663호로 전부개정되어 2006. 1. 1.부터 시행되기 전의 것을 말한다. 이하 같다) 제72조에서 '공유재산'은 지방자치단체의 부담이나 기부의 채납 또는 법령이나 조례의 규정에 따라 지방자치단체의 소유로 된 재산이라고 규정하고, 구「지방재정법 시행령」 (2005. 12. 30. 대통령령 제19226호로 전부개정되어 2006. 1. 1.부터 시행되기 전의 것을 말한다. 이하 같다) 제83조 및 제92조에서 행정재산으로 할 목적으로 기부채납한 공유재산은 그 용도에 직접 사용하지 아니하는 기간 중 이를 무상으로 기부자 또는 그 상속인 기타 당해 재산에 관한 권리를 승계한 자에게 사용·수익을 허가할 수 있되, 무상사용기간은 기부채납한 공유재산의 가액을 연간 사용료로 나눈 연수를 초과할 수 없으며, 공유재산의 사용료는 당해 재산 평정가격의 1천분의 10을 하한으로 하여 당해 지방자치단체의 조례로 정하도록 되어 있다. 그리고 「서울특별시 공유재산 관리조례」제23조에 구「지방재정법 시행령」 제92조의 규정에 의한 사용요율은 당해 재산평정가격의 1,000분의 50 이상으로 하도록 되어 있고, 동 조례 제42조에는 기부채납된 재산의 무상사용기간은 구「지방재정법 시행령」제83조의 규정에 의하되, 그 기산일은 기부채납일을 기준으로 한다고 되어 있다.

청구인의 청구취지는, 피청구인이 2000. 5. 9. 청구인에 대하여 지하주차장증축계획인가(사업기간: 2000년 5월 - 2001년 5월, 무상사용기간: 2013. 7. 8.까지)를 하여 증축된 부분에 대하여 약 12년 2개월간의 무상사용기간을 인정한 후 청구인의 귀책사유가 없음에도 불구하고 위 지하주차장증축계획인가취소, 도시계획시설(주차장)변경결정고시, 건축계획심의신청반려 및 지하주차장증축계획인가신청반려 등의 처분을 하였고, 이에 따라 청구인이 4회의 행정심판청구를 하여 모두 인용재결이 되자 피청구인이 2004. 12. 8. 이 건 인가처분(사업기간: 2004년 12월 - 2005년 12월, 무상사용기간: 2013. 7. 8.까지)을 하였으며, 청구인은 위 지하주차장증축계획인가취소 및 4회의 행정심판청구로 4년 7개월 동안 지하주차장증축공사를 할 수 없었고, 결국 청구인이 위 지하주차장의 증축시설에 대한 무상사용을 할 수 있는 기간도 당초 계획보다 약 4년 7개월 정도 짧아지게 되었으므로 지하주차장증축시설에 대한 무상사용기간의 종기를 2013. 7. 8. 까지에서 2018. 2. 8.까지 4년 7개월간 연장하라는 취지이다.

일반적으로 공유재산에 관한 사용허가처분은 재량권의 범위를 일탈·남용하지 않는 한 공유재산 관리청의 재량권의 범위에 속한다고 할 것이고, 공유재산 관리청의 판단이 객관적으로 합리성 또는 타당성이 없다고 보이지 아니하는 이상 공유재산 관리청의 의사는 가능한 한 존중되어야 할 것이나 그 판단이 사회통념상 현저히 타당성을 잃었다면 공유재산 관리청의 재량권을 일탈·남용하였다고 할 것이며, 구 「지방재정법 시행령」 및 「서울특별시 공유재산 관리조례」의 입법취지는 행정재산으로 할 목적으로 기부를 채납한 공유재산은 그 용도에 사용하지 아니하는 기간 중 이를 무상으로 그 기부인 또는 그 상속인 기타의 포괄승계인에게 사용을 허용할 수 있다는 뜻이지 반드시 무상사용을 허용하여야 한다는 것은 아니며, 그 사용기간의 산정은 투자자본의 회수를 위한 사용허가처분의 본질적 요소이므로 관련 법규 및 조례에 그 산정에 관한 기준이 정하여져 있는 경우 그 기준에 따라야 하는 것이 타당할 것이나, 이와 같은 규정들이 행정청이 기부자에 대하여 기부채납된 재산의 가액을 연간 사용료로 나눈 연수 혹은 투자액과 사용료가 상계되는 연한에 이를 때까지 그 공유재산의 사용을 허가하여야 할 의무를 부담한다는 뜻이라고 해석하기도 어렵다.

따라서 사정변경으로 인하여 실제로 무상사용할 수 있는 기간이 당초 허가받은 기간보다 짧아진 경우 행정청이 그만큼 더 무상사용기간을 연장할 것인지 여부는 행정청의 재량에 속하는 사항이라 할 것이고, 행정청이 반드시 무상사용기간을 연장해 주어야 할 의무를 지는 것은 아니라 할 것이다.

이는 실제로 무상사용할 수 있는 기간이 짧아진 데 대하여 당해 행정청에게 귀책사유가 있는 경우에도 마찬가지라 할 것이고, 행정청의 책임있는 사유로 말미암아 실제로 무상사용할 수 있는 기간이 짧아진 경우 행정청이 이에 따른 손해를 배상할 것인지는 별론으로 하고 무상사용기간의 연장이 그 재산의 관리에 지장을 초래하거나, 기부자가 당초의 무상사용기간 동안 그 재산의 가액에 상당하는 이익을 취하였다고 판단되거나, 그 밖에 다른 공익상의 필요가 있다고 판단되는 경우에는 무상사용기간을 연장해주지 않을 수 있다 할 것이다.

위 인정사실에 의하면, 청구인이 제출한 2000. 1. 8.자 지하주차장증축계획인가신청서에도 신규(증축)투자분 시설물에 대한 무상사용기간은 기존 지하주차장 사업의 계획변경이므로 기존 지하주차장의 무상사용허가 만료기한까지로 한다고 되어 있는 점, 청구인은 행정심판청구 등으로 4년 7개월의 기간이 소요되었으므로 그 기간만큼 무상사용허가기간을 연장하여야 한다.

5. 결 론

그렇다면, 청구인에 대하여 피청구인의 판단이 객관적으로 합리성 또는 타당성이 없다거나 사회통념상 현저히 타당성을 잃어 재량권을 일탈·남용한 것이므로 취소되어야 할 것이다.

첨 부 서 류

생략

20○○. ○. ○

서울특별시장 귀하

[서식 39] 문책(면직상당)요구취소청구서

심 판 청 구 서

청 구 인 : 송 ○ ○
서울 ○○구 ○○동 124
(전화 : 000-0000, H.P)

피청구인 : 금융감독원장

문책(면직상당)요구취소청구서

청 구 취 지

피청구인이 2000. 12. 30. (경기)○○상호신용금고 대표이사에게 한 청구인에 대한 문책(면직상당)요구는 이를 취소한다.
라는 재결을 구합니다.

청 구 원 인

1. 청구인 주장
   가. 피청구인은 청구인이 ○○금고에 대표이사(1997. 3. 3. ~ 2000. 9. 20.)로 근무하면서 출자자에 대하여 31억9000만원을 부당하게 대출, 동일인 대출한도를 260억 700만원 초과하여 대출, 연체이자 등 정리를 위하여 부당하게 증액 대출, 여신업무를 부당하게 취급하여 2억5,500만원의 부실여신을 초래, 자산건전성에 있어 1,154억 5,700만원을 부당하게 분류하였다는 이유로 ○○금고에 청구인에 대하여 면직상당의 처분을 하도록 요구하였다.
   나. 출자자인 (주)△△관광에게 31억9,000만원을 부당하게 대출하였다는 것은, (주)△△관광은 청구외 최○○회장이 소유쥬식을 분산시킬 목적으로 대표이사로 부임할 당시에는 (주)△△관광에 대한 총 대출금이 38억이었으나 청구인이 부임한 후 강력하게 12억 5,000만원을 회수하였다.
   다. 동일인 대출한도를 초과하여 대출하였다는 것에 대하여 살펴보면, 청구인이 부임할 당시에 이미 (주)△△관광에 대하여 대출한도를 초과하여 있었고, 청구인은 부실채권을 회수하는 과정에서 대환처리를 하였는데 이를 동일인 한도를 초과하여 대출한 것으로 보고 그 책임을 청구인에게 지우는 것은 부당하다.
   라. 연체이자 등 정리를 위하여 증액대출한 것은 실질적으로 현금이 대출된 것이 아니라 부실채권에 대하여 원금과 이자를 받을 수 없어 이를 원가(미수이자부분 증대)

취급한 것으로 새로운 대출을 발생시킨 것은 아니다.

마. 여신업무를 부당하게 취급하여 2억5,500만원의 부실을 초래한 것은, 이는 □□건설의 진성어음을 할인받고자 한 청구외 탁○○의 신용상태를 조사하지 못하였으나 어음 할인 당시는 위 탁○○의 신용상태가 금융거래불량자가 아니었고 어음도 □□건설의 진성어음으로 문제될 것이 아니었다.

바. 자산건정성의 부당하게 분류한 것은 모든 금융기관이 가능한 회사에 유리한 쪽으로 분류하고자 하는 것으로 이는 고질적인 부실을 안고 있던 ○○금고를 회생시키기 위한 것으로 불가피한 것이었다.

사. 청구인은 ○○금고에 대표이사로 부임하면서 100여명에 이르던 직원을 30%로 감원하고, 부실채권의 고질화 및 장기화를 막기 위하여 4~6회 연체시 과감하게 담보물에 대한 경매를 신청하여 채권을 회수하였고, 고질적인 부실채권의 회수하는 등의 노력을 기울었으나 국가부도위기로 IMF관리체제에 들어가고 대주주인 청구외 최○○회장의 구속으로 증자가 불가능하여 경영정상화를 이루지 못하였던 것이며, 청구인은 재임시 직무에 충실하였다.

첨 부 서 류

1. 갑 제1호증	검사결과통보 및 조치요구서	
1. 갑 제2호증	검사서	
1. 갑 제3호증	질문서 및 답변서	
1. 갑 제4호증	자기계열집단 선정통보문	
1. 갑 제5호증	업무현황보고서	
1. 갑 제6호증	주민등록등본	1부
1. 갑 제7호증	그 외 증명서류	

20○○. ○○. ○○.

위 청구인 송 ○ ○ (인)

금융감독원장 귀하

[서식 40] 미곡종합처리장사업대상자동확정처분취소청구서

심 판 청 구 서

청 구 인 : ○○도정영농조합법인
전라남도 해남군 현산면 월동리 ○○번지
(전화 : 000-0000, 팩스 : 000-0000)

피청구인 : 전라남도지사

미곡종합처리장사업대상자동확정처분취소청구서

청 구 취 지

피청구인이 2008. 1. 25. 행한 2008년도 미곡종합처리장 사업대상자 및 사업비 확정처분은 이를 취소한다.
라는 재결을 구합니다.

청 구 원 인

1. 청구인 주장
   가. 청구인은 2003년도에 농수산식품부장관으로부터 2004년도 미곡종합처리장 사업대상자 및 사업비확정지정을 받은 이후 전라남도 해남군 현산면 월동리 286-3번지에 미곡종합처리장을 설치하였고, 2006년도에 농수산식품부장관이 청구인의 동의를 얻어 청구외 ○○농업협동조합 및 △△농업협동조합에 전라남도 해남군 북일면·북평면 농지 및 전라남도 해남군 화산면 농지를 미곡종합처리장 사업장소로 지정을 해주어 청구인은 남은 지역인 전라남도 해남군 현산면과 송지면2개 면에서 생산되는 2004년도부터 2008년 2월 현재까지 물벼를 수매하여 물벼건조 및 도정업을 경영해오고 있는 바, 피청구인은 2008. 1. 25. 청구인에게 2003년도 사업장 선정시 지정해준 물벼수매지역을 무시하고 청구외 ○○농업협동조합에게 전라남도 해남군 송지면의 물벼건조장사업을 허가하고 2000년도 미곡종합처리장 사업대상자 및 사업비확정처분을 해주었다.
   나. 청구인은 2007년도에 전라남도 해남군청에 미곡종합처리장 증설신청을 하였으나, 위 해남군청에서 피청구인에게 송부하지 않고 반려해 버렸다.
   다. 청구인의 미곡종합처리장의 물벼건조저장처리능력은 2007년도 현재 3,400t이었고, 2008년도에 800t 건조저장시설을 증설할 계획이었으므로 2008년도 가을에는 물벼 4,200t을 건조저장처리할 수 있어 청구인이 피청구인으로부터 배정받은 2007년도산 물벼

가 1,200t인 것과 대비하여 보면, 청구인 사업장의 물벼처리능력은 3.5배가 되며, 2005. 6. 13. 농수산식품부장관의 "미곡종합처리장사업 관련 보완사안시달"을 보면, 원료벼 확보가능 면적은 1,500~2,000ha로 되어 있고, 기존 미곡종합처리장과 원료비확보지역이 중복되지 아니하는 지역, 기존 미곡종합처리장이 실제로 원료벼를 수집·처리하고 있는 원료권역내에 건조·저장·가공시설중 어느 한 부분도 중복되지 않아야 한다고 명시하고 있는데도 피청구인이 청구인의 미곡종합처리장 원료수집지역에 청구외 ○○농업협동조합에 대하여 물벼건조장사업허가를 해주어 미곡종합처리장사업을 하게 한다면, 청구인이 갖춰놓은 대규모의 물벼건조처리장시설은 유휴시설이 되어 운영적자로 도산할 것이 분명하다.

라. 피청구인은 이 건 처분을 하면서 당해 지역이 2007년도에 ○○농업협동조합의 위성시설 사업자신청시 청구인의 원료수집지역이고 청구인과 직접 이해관계가 있는 지역이라 하여 반려처분한 지역인 점과 전라남도 해남군 송지면 답농지면적이 1,619ha로서 청구인 권역의 55%가 되고, 현산면의 답농지면적은 1,300ha로서 청구인 권역의 45%가 되는 점, 물벼 정부수매계획량은 5만7,715가마인 점 등을 전혀 고려하지 않았고, 또한 기존에 청구인이 갖춰놓은 미곡종합처리장 시설로도 턱없이 부족한 현실에도 청구인의 동의나 의견청취 없이 청구외 ○○농업협동조합에게 미곡종합처리장 사업대상자 및 사업비확정처분을 한 것은 신뢰의 원칙을 저버리고 재량권을 일탈한 권리남용이라 할 것이므로 이 건 처분은 취소되어야 한다.

첨 부 서 류

1. 갑 제1호증 2000년도 미곡종합처리장 사업대상자사업미확정통보 공문서
1. 갑 제2호증 1996년도 미곡종합처리장 설치사업 대상자 선정보고서
1. 갑 제3호증 2000년도 미곡종합처리장 증설후보지 정요청서
1. 갑 제4호증 미곡종합처리장 사업대상자 사업 미확정통지서
1. 갑 제5호증 사업자등록증 사본 1부
1. 갑 제6호증 그 외 증거서류

20○○. ○○. ○○.

위 청구인 ○○도정영농조합법인 (인)

전라남도지사 귀하

[서식 41] 민간자본투자사업불허가처분취소청구서

심 판 청 구 서

청 구 인 : (주)○○기업
서울 ○○구 ○○동 ○○빌딩
전화 : 000-0000, 팩스 : 000-0000)

피청구인 : 서울특별시장

민간자본투자사업불허가처분취소청구서

청 구 취 지

피청구인이 2008. 11. 9.청구인에 대하여 한 민간자본 투자사업불허가처분은 이를 취소한다.
라는 재결을 구합니다.

청 구 원 인

1. 청구인 주장
청구인이 공사비 전액을 부담하기로 하고 민간자본투자사업허가신청을 한 것은 지하철 이용시민의 편의를 도모하고 유사시 방공호, 수화물창고등 다목적으로 활용하여 국토이용의 효율화와 고용 및 세수증대의 효과가 있다고 판단되었기 때문이고 관계기관의 자료요구 및 보완지시에 충실히 응하였음에도 불구하고 피청구인이 민간자본 투자사업불허가처분을 한 것은 선의의 피해자를 생기게 하는 것이므로 이는 취소되어야 한다.

첨 부 서 류

1. 갑 제1호증 민간자본투자불허가 통지서
1. 갑 제2호증 사업자등록증 사본 1부
1. 갑 제3호증 그 외 증거서류

20○○. ○○. ○○.

위 청구인 (주)○○기업 (인)

서울특별시장 귀하

[서식 42] 방천시장정비사업추진계획추천서반려처분취소청구

심판청구서

사건명 방천시장정비사업추진계획추천서반려처분취소청구
처분청 대구광역시장

청 구 취 지

피청구인이 2006. 10. 30. ○○광역시 ○○구청장을 통하여 청구인에게한 방천시장정비사업 추진계획추천서 반려처분을 취소한다.
라는 재결을 구합니다.

청 구 원 인

1. 사건개요

가. 청구인이 ○○광역시 ○○구 ○○동 11번지 일대 21,674㎡(이하 '이 건 신청지'라 한다)에 시장정비사업 시행구역의 추천을 받기 위하여 ○○광역시 ○○구청장(이하 '○○구청장'이라 한다)에게 2006. 10. 2. 시장정비사업계획서(이하 '계획서'라 한다)를 첨부한 ○○시장정비사업 시행구역 추천신청서(이하 '추천신청서'라 한다)를 제출하였고, ○○구청장은 2006. 10. 24. 피청구인에게 계획서와 이에 대한 검토의견서를 첨부한 ○○시장정비사업 시행구역 추천서(이하 '추천서'라 한다)를 제출하였다.

나. 피청구인은 ○○구청장이 추천서를 피청구인에게 제출하기 전에 ○○시장정비사업 계획이 도시계획 및 건축관련 법령에 적합한 지 여부에 대하여 검토하여야 하나, 이러한 의무를 태만히 하여 도시계획 및 건축 관련 법령에 명백히 저촉되어 사업추진이 불가능한 추천서를 피청구인에게 제출하였다는 이유로 ○○구청장에게 2006. 10. 30. 추천서를 반려(이하 '이 건 처분'이라 한다)하고 ○○구청장은 이를 청구인에게 통보하였다.

2. 청구인 주장

이에 대하여 청구인은, 청구인이 ○○구청장에게 계획서 등을 첨부하여 추천신청서를 제출하여 중구청장이 위 계획서 등 관련서류를 검토한 후 검토의견서를 첨부한 추천서를 피청구인에게 제출하였음에도 불구하고, 피청구인은 ○○시장정비사업시행구역관련 안건을 사업시행구역심의위원회에 상정하지도 않고 ○○구청장에게 이 건 처분을 하였는바, 이 건 처분은 「재래시장육성을 위한 특별법」 제19조에 규정된 사업시행구역관련 심의절차를 위반한 위법한 처분이므로 취소되어야 한다고 주장한다고 주장한다.

3. 피청구인 주장

피청구인은 다음과 같이 주장한다.

가. 「재래시장육성을 위한 특별법 시행령」 제11조의 규정에 의하면 시장·군수·구청장은 추천신청서를 접수한 때에는 시장정비사업계획이 도시계획 및 건축관련 법령에 적합한 지 여부 및 시장정비사업계획에 따라 도시계획의 변경이 가능한 지 여부에 대하여 검토하도록 되어 있고, 검토한 결과 변경·수정 또는 보완이 필요하다고 인정되는 경우에는 이를 신청한 자에게 권고할 수 있도록 규정되어 있다.

나. ○○구청장은 ○○시장정비사업계획이 도시계획 및 건축관련 법령에 적합한지 여부에 대하여 검토할 의무를 태만히 하여 제2종일반주거지역·최고고도지구로 지정되어 7층 이하의 건축물만 건축할 수 있는 이 건 신청지에 35층의 주상복합건축물을 건축하겠다는 계획서를 추천서에 첨부하여 피청구인에게 제출하였는바, 피청구인은 신청서에 첨부된 ○○시장정비사업계획이 도시계획 및 건축관련 법령에 명백히 저촉되어 시장정비사업심의위원회에 상정이 불가능하여 이를 반려하였으므로 피청구인의 이 건 처분이 위법·부당하다고 할 수 없다.

4. 이 건 처분의 위법·부당여부

가. 관계법령

재래시장 및 상점가 육성을 위한 특별법 제33조, 제35조 내지 제37조, 제48조

같은 법 시행령 제14조, 제16조 내지 제18조, 제21조, 부칙 제6조

구 재래시장육성을 위한 특별법(2006. 4. 28. 법률 제7945호로 전부 개정되어 2006. 10. 29. 시행되기 전의 것) 제18조, 제19조

구 같은 법 시행령(2006. 10. 27. 대통령령 제19720호로 전부 개정되어 2006. 10. 29. 시행되기 전의 것) 제10조 내지 제13조, 제16조

국토의 계획 및 이용에 관한 법률 제37조, 제58조

같은 법 시행령 제74조

나. 위법성

(1) 청구인과 피청구인이 제출한 계획서, 추천신청서, 검토의견서, 추천서, 추천서 반려통보서 등 각 사본의 기재내용을 종합하면, 다음과 같은 사실을 인정할 수 있다.

(가) 청구인이 2006. 10. 2. ○○구청장에게 추천신청서를 제출하였고, 동 추천신청서에 첨부된 계획서에는 이 건 신청지에 지하 4층 지상 35층의 주상복합건축물을 건축하는 내용이 기재되어 있다.

(나) ○○구청장은 2006. 10. 24. 피청구인에게 추천서를 제출하였고, 동 추천서에 첨부된 검토의견서에는 35층의 주상복합건물을 건축하는 이 건 신청지에는 「국토의 계획 및 이용에 관한 법률 시행령」 제74조의 규정 및 ○○광역시 도시관리계획에 의해 7층을 초과하는 건축물을 건축할 수 없고,

○○광역시 도시관리계획은 2003. 11. 20. 결정 고시되었는바 원칙적으로 결정된 날부터 5년 이내에는 이를 변경할 수 없다는 내용이 기재되어 있다.

(다) 피청구인은 2006. 10. 30. ○○구청장에게 ○○구청장이 추천한 추천서에 첨부된 방천시장정비사업계획이 도시계획 및 건축 관련 법령에 명백히 저촉되어 사업시행구역심의위원회에 상정이 불가능하다는 이유로 이 건 처분을 하였다.

(2) 이 건 처분의 위법·부당 여부에 대하여 살펴본다.

(가) 구 「재래시장육성을 위한 특별법」

제18조 및 제19조와 구 동법 시행령 제10조 내지 제13조 및 제16조 의 규정에 의하면, '시장정비사업시행구역'의 추천을 받고자 하는 자는 시장정비사업계획서를 첨부하여 추천신청서를 구청장에게 제출할 수 있고, 구청장은 시장정비사업계획이 도시계획 및 건축관련 법령에 적합한 지 여부와 동 사업계획에 따라 도시계획의 변경이 가능한 지 여부 등에 대하여 검토하여야 하며, 동 계획의 변경·수정 또는 보완이 필요하다고 인정되는 경우에는 이를 신청한 자에게 권고할 수 있으며, 구청장은 특별한 사유가 없는 한 20일 이내에 시장정비사업계획서, 검토의견서 등의 서류를 첨부하여 광역시장에게 사업시행구역추천서를 제출하여야 하며, 광역시장은 특별한 사유가 없는 한 40일 이내에 사업시행구역의 선정에 관한 사항 등을 심의하는 사업시행구역선정심의위원회의 심의를 거쳐 그 결과를 구청장에게 통보하여야 한다고 되어있다. 구 「재래시장육성을 위한 특별법」과 같은 법 시행령은 각각 2006. 4. 28.과 2006. 10. 27. 각각 「재래시장 및 상점가 육성을 위한 특별법」과 같은 법 시행령으로 전부 개정되어 2006. 10. 29. 시행되었고, 종전의 시장정비사업시행구역의 선정절차는 시장정비사업추진계획의 수립 및 승인절차로 변경되었다. 「재래시장 및 상점가 육성을 위한 특별법」 제33조, 제35조 내지 제37조, 제48조와 같은 법 시행령 제14조, 제16조부터 제18조까지, 제21조, 부칙 제6조에 의하면, '시장정비사업추진계획'의 승인을 얻고자 하는 자는 '시장정비구역(종전의 시장정비사업시행구역)의 범위'가 포함된 시장정비사업추진계획을 수립하여 추천신청서를 구청장에게 제출하여야 하며, 구청장은 동 사업추진계획이 도시계획 및 건축·소방관련 법령에 적합한 지 여부 등에 대하여 검토하여야 하며, 동 계획의 변경·수정 또는 보완이 필요하다고 인정되는 경우에는 이를 신청한 자에게 권고할 수 있도록 되어 있으며, 구청장은 특별한 사유가 없는 한 20일 이내에 사업추진계획서, 검토의견서 등의 서류를 첨부하여 광역시장에게 사업추진계획승인추천서를 제출하여야 하며, 광역시장은 특별한 사유가 없는 한 40일 이내에 사업추진계획의 승인 등을 심의하는 시장정비사

업심의위원회의 심의를 거쳐 그 결과를 구청장에게 통보하여야 하고, 「재래시장 및 상점가 육성을 위한 특별법 시행령」 시행 당시 종전의 「재래시장육성을 위한 특별법 시행령」 제10조에 따라 시장·군수·구청장에게 제출한 사업시행구역 추천 신청은 이 영 제14조에 따른 시장정비사업추진계획 승인추천신청으로 본다고 되어있다. 또한, 「국토의 계획 및 이용에 관한 법률 시행령」 제74조에 의하면 고도지구에서는 도시관리계획으로 정하는 높이를 초과하거나 미달하는 건축물을 건축할 수 없는데, 이 건 신청지역이 2003. 11. 20. 고시된 대구광역시 도시관리계획에 의해, 7층을 초과하는 건축물을 건축할 수 없는 최고고도지구로 지정되었다는 사실에 대하여는 당사자에 다툼이 없다.

5. 결 론

그렇다면 피청구인이 청구인은 ○○구청장을 통하여 승인을 신청한 시장정비사업추진계획을 피청구인이 시장정비사업심의위원회의 심의를 거치지 않고 행한 이 건 처분이 위법·부당하다고 주장한다.

첨 부 서 류

1. 갑 제1호증	주민등록등본 1부
1. 갑 제2호증	△△동 주민지원사업세부추진계획서
1. 갑 제3호증	추가영향지역생활환경개선사업비 비대상자 서류반송문
1. 갑 제4호증	생활환경개선사업비지급거부 통지서
1. 갑 제5호증	그 외 증명서류

20○○. ○. ○

대구광역시장 귀하

[서식 43] 변상금부과처분취소청구서 (국유재산무단점유자에 대하여 사전통지나 의견진술의 기회를 주지 않고 변상금을 부과한 경우)

심 판 청 구 서

청 구 인 : 백 ○ ○
서울 ○○구 ○○동 450-30
(전화 : 000-0000, H.P :)

피청구인 : 한국철도시설공단 (수도권지역본부장)

변상금부과처분취소청구서

청 구 취 지

피청구인이 2006. 11. 21. 청구인에게 한 9,377만 2,750원의 변상금부과 처분을 취소한다. 라는 재결을 구합니다.

청 구 원 인

1. 사건개요
   피청구인은 2006. 11. 21. 청구인이 서울특별시 ○○구 △동 ◈◈번지 철도용지 1,133㎡(이하 "이 사건 토지"라 한다)를 2005. 1. 1.~2006. 9. 25. 무단으로 점유했다는 이유로 청구인에게 변상금을 부과하였다.

2. 청구인의 주장
   가. 청구인은, 철도청 소속 직원이 청구인에게 이 사건 토지로 사업장을 이전하도록 권유를 했고, 청구인이 2005. 1. 1.부터 이 사건 토지로 사업장을 이전하여 영업을 해왔으며, 이후 피청구인 소속 직원이 청구인에게 이 사건 토지에 대하여 사용·수익허가를 확약했으므로 이 사건 처분은 위법·부당하다.
   나. 청구인이 이 사건 토지를 무단 점유하여 사용하였더라도 피청구인이 이 사건 처분을 하면서 그 납부고지서 등에 공시지가, 적용요율 등 변상금의 산출근거를 명시하지 않은 절차상 중대한 하자가 있으므로 이 사건 처분은 위법·부당하다.

3. 이 건 처분의 위법 · 부당 여부
   가. 국유재산법 제51조제1항에 의하면 같은 법 또는 다른 법률에 의하여 국유재산의 대부 또는 사용 · 수익허가 등을 받지 아니하고 국유재산을 점유하거나 이를 사용·

수익한 자(대부 또는 사용·수익허가기간이 만료된 후 다시 대부 또는 사용 · 수익허가 등을 받지 아니하고 국유재산을 계속 점유하거나 이를 사용·수익한 자를 포함한다)에 대하여는 대통령령이 정하는 바에 의하여 당해 재산에 대한 대부료 또는 사용료의 100분의 120에 상당하는 변상금을 징수한다고 되어 있고, 국유재산법 시행령 제56조제5항에 의하면 변상금의 징수에 관하여는 제31조제2항 내지 제4항을 준용한다고 되어 있는데, 같은 법 시행령 제31조제3항에 의하면 가산금을 징수하는 때에는 그 금액·납부기한·납부 장소와 가산금의 산출근거를 명시하여 문서로 고지하여야 한다,

나. 이 사건 처분의 절차적 타당성 여부

국유재산 무단 점유자에 대하여 변상금을 부과함에 있어 그 납부고지서에 일정한 사항을 명시하도록 요구한 국유재산법 시행령의 취지와 그 규정의 강행성 등에 비추어 볼 때, 처분청이 변상금 부과처분을 함에 있어서 그 납부고지서 또는 적어도 사전통지서에 그 산출근거를 밝혀야 할 것이고, 국유재산법 시행령 제26조에 변상금 산정의 기초가 되는 사용료의 산정방법에 관한 규정이 마련되어 있다고 하여 공시지가, 적용요율 등 산출근거를 명시할 필요가 없다거나 간접적으로 산출근거를 명시하였다고는 볼 수 없다 할 것이다. 피청구인은 이 사건 토지에 대한 변상금을 부과함에 있어서 사용자, 면적, 변상금 등을 적시하고 이에 대하여 이의가 있을 때에는 의견서를 제출하여 달라는 내용의 2006. 10. 10.자 사전통지서를 보낸 후, 2006년 12월경 청구인의 사무실 직원에게 변상금 9,377만 2,750원을 2006. 12. 5.까지 ○○은행, 국고수납은행대리점 또는 우체국에 납입할 것을 통지하였을 뿐, 위 납입고지서나 사전통지서 어디에도 공시지가, 적용요율 등 위 변상금의 산출근거에 대하여는 명시하지 아니하였으므로, 이 사건 처분은 국유재산법 시행령이 정하고 있는 부과·고지상의 절차를 위반한 것으로 위법한 처분이다.

첨 부 서 류

생 략

20○○. ○○. ○○.

위 청구인 백 ○ ○ (인)

한국철도시설공단 (수도권지역본부장) 귀하

[서식 44] 병역(보충역)처분취소처분취소청구서

심 판 청 구 서

청 구 인 : 김 ○ ○
대구 ○○구 ○○동 △△빌라 12동 205호
(전화 : 000-0000, H.P :   )

피청구인 : 대구·경북지방병무청장

병역(보충역)처분취소처분취소청구서

청 구 취 지

피청구인이 2007. 10. 18. 청구인에 대하여 한 병역(보충역)처분취소처분은 이를 취소한다.
라는 재결을 구합니다.

청 구 원 인

1. 청구인 주장

가. 청구인은 2001년 △△경산대학교 철학과에 입학한 후 ROTC에 지원하여 2003년 1월말경 학생중앙군사학교에서 가입교군사훈련중 총검술훈련을 받다가 무릎에 통증을 느껴 1개월가량 정형외과와 한의원 등에서 물리치료를 받고 완쾌된 것을 믿고 4학년2학기때 학사장교를 지원했다가 체력장검사를 하면서 진료를 받았고 2005. 1. 23. 경북대학병원에서 양술관절내측추벽증후군과 작슬관절연골연학증의 병명으로 관절경수술을 받았으며, 이후 계속적으로 재활의학과에서 물리치료를 받았고, 치료를 한 후 입대를 하라는 의사의 권유에 따라 3차례에 걸쳐 입영연기를 한 후 2006. 3. 3. 신체검사를 실시하여 같은 병명으로 신체등위 4급을 판정받아 보충역처분을 받았다.

나. 청구인은 2007. 4. 27. 공익근무요원으로 소집되어 훈련을 받다가 통증이 심하여 경북대학병원에서 진료를 한 결과 기존 병명 외에 양측슬관절 대퇴슬개관절 부전정렬증세가 추가로 나타나서 병가를 신청하여 약 1개월 정도 물리치료를 받았으며, 이후 완쾌되지 않아 보행에 불편함을 느껴 재병가신청을 하려고 하였으나, 2회 이상 병가를 신청할 수 없다는 규정에 의해 부결되어 열심히 복무를 하고 있는데 피청구인이 2007. 10. 18. 이 건 처분을 하여 소집이 해제되어 다시 4급판정을 받았는 바, 위와 같이 청구인은 적법하게 신체검사를 실시한 결과 대구출입국관리소

에서 공익요원으로 18개월 정도 복무하고 있는데 병무비리사건을 이유로 일방적으로 병역처분을 취소한 것은 위법·부당하다.

첨 부 서 류

1. 갑 제1호증 병적기록표
1. 갑 제2호증 병역처분의 취소 및 신체검사실시서
1. 갑 제3호증 공소장
1. 갑 제4호증 병역처분취소통지서
1. 갑 제5호증 진단서
1. 갑 제6호증 주민등록등본 1부

20○○. ○○. ○○.

위 청구인 김 ○ ○ (인)

대구·경북지방병무청장 귀하

[서식 45] 보험사무대행지원금일부지급거부처분취소청구서
(법정양식이 아닌 임금총액신고서로 보험사무를 수임한 경우)

심 판 청 구 서

청 구 인 : 소 ○ ○
서울 ○○구 ○○동 490-70
(전화 : 000-0000, H.P :)

피청구인 : 근로복지공단 서울남부지사장

보험사무대행지원금일부지급거부처분취소청구서

청 구 취 지

피청구인이 2006. 12. 14. 청구인에게 한 보험사무대행지원금 일부지급거부처분을 취소한다.
라는 재결을 구합니다.

청 구 원 인

1. 사건개요
   가. 피청구인은 2005. 1. 14. 청구인을 보험사무대행기관으로 인가하였다.
      - 청구인은 2005년에 420개소 사업장으로부터 보험사무대행을 위탁받았다.
   나. 피청구인은 2006. 7. 10. 청구인의 2005년도 수임 내역에 대해 특별지도 · 점검을 하였다.
      - 청구인이 2005년도에 △△△(주) 등 234개사로부터 법정양식(사무위탁서)이 아닌 임금총액신고서로 사무수임을 한 사실을 적발하였다.
   다. 청구인은 2006. 7. 12. 피청구인에게 2005년도 하반기 징수사무대행지원금과 2005년도 3, 4분기 피보험자관리대행지원금 등 총 1,795만원의 지급신청을 하였다.
   라. 피청구인은 2006. 12. 14. 청구인의 신청금액중 1,088만 8,500원의 지원금 지급 거부를 하였다.
      - 청구인이 법정양식(사무위탁서)이 아닌 임금총액신고서로 보험사무를 수임했다는 이유

2. 청구인의 주장
   임금총액신고서에는 사무위탁서와 같이 위탁사항, 위임여부, 사업주의 날인 등이 존재

하여 민법상 위임의 효과가 발생되었음을 표시하고 있는 점, 피청구인이 이 사건 처분을 행한 2006. 12. 14.에는 사무위탁서라는 법정 서식이 존재하지 않는 점 등을 고려할 때 청구인으로서는 사무위탁서를 사용할 수 없었던 정당한 사정이 있으므로 이 사건 처분은 위법 · 부당하다.

3. 이 건 처분의 위법 · 부당 여부

가. 고용보험및산업재해보상보험의보험료징수등에관한법률 제33조 및 제36조, 같은 법 시행령 제44조 및 제51조의 규정을 종합해 보면, 근로복지공단으로부터 보험사무대행기관의 인가를 받은 일정한 요건을 갖춘 법인 등은 사업주의 위임을 받아 보험료의 신고, 고용보험 피보험자에 관한 신고 등 사업주가 지방노동관서 또는 근로복지공단에 대하여 행해야 할 보험에 관한 사무를 대행할 수 있도록 하고 있고, 보험사무대행기관은 보험사무대행기관과 사업주간의 보험사무위임관계서류 등을 사무소에 비치하도록 규정하고 있음. 또한, 같은 법 제37조, 같은 법 시행령 제52조 및 제53조에 의하면, 근로복지공단은 보험사무대행기관이 같은 법 제33조제1항의 규정에 따라 보험사무를 대행한 때에는 대통령령이 정하는 바에 따라 징수비용과 그 밖의 지원금을 교부할 수 있다고 규정하고 있다.

나. 비록 청구인이 사업주로부터 보험사무를 위임받으면서 별도의 사무위탁서를 작성하지 않은 것은 사실이나, 사업주가 작성한 임금총액신고서에 사무위탁서가 포함되어 있는 점, 위 사무위탁서에 사업주의 서명 · 날인은 없으나 임금총액신고서에 사업주가 서명 · 날인한 것으로 보아 위 서면에 기재되어 있는 보험사무 위탁과 관련하여 사업주가 위탁의사가 있음을 인정하고 서명 · 날인한 것으로 추정할 수 있는 점, 피청구인이 보험사무대행기관으로부터 이미 지급한 지원금을 회수하거나 지원금의 지급을 거부하는 것은 사무위탁서 등을 작성하지 않고 허위로 수임신고를 하고 지원금을 받거나 기타 부정한 방법으로 지원금을 받는 것을 막기 위한 취지인데, 청구인의 경우 피청구인이 주장하는 별도의 사무위탁서를 사용하지 않고 임금총액신고서로 갈음했을 뿐 실제로 보험사무를 위탁받아 수행한 점, 이 사건 처분일인 2006. 12. 14.을 기준으로 이전에 고용보험 및 산업재해보상보험의 보험료징수 등에 관한 법률, 같은 법 시행령 및 시행규칙 등 관계법령에는 사무위탁서라는 서식이 규정되어 있지 않았던 점, 피청구인의 지원금 회수 기준을 보면 사업주의 사무위탁서가 아닌 임의로 작성된 사무위탁서를 기초로 수임신고하고 지원금을 받은 경우에 보험사무대행지원금을 회수하도록 규정하고 있으나 이 사건의 경우 사업주가 위탁의사가 명시되어 있는 임금총액신고서를 작성한 것은 사실이므로, 청구인이 별도로 사무위탁서를 작성하지 않고 임금총액신고서로 갈음했다는 이유만으로 보험사무대행지원금을 지급하지 않은 이 사건 처분은 관계법령의 취지에 비추어 볼 때 위법 · 부당하다.

첨 부 서 류

생 략

20○○. ○○. ○○.

위 청구인 소 ○ ○ (인)

근로복지공단 서울남부지사장 귀하

[서식 46] 부당이득금징수처분등취소청구서 (협박과 공갈에 의한 고문조작감사를 통하여 허위의 환자를 기재한 장부를 만들어 법정위증에까지 이르게 된 경우)

심 판 청 구 서

청 구 인 : 신 ○ ○
서울 ○○구 ○○동 123-45
(전화 : 000-0000, H.P :)

피청구인 : 의료보험연합회장

부당이득금징수처분등취소청구서

청 구 취 지

1. 피청구인이 2000. 2. 12. 청구인에 대하여 한 부당이득금징수처분은 이를 취소한다.
2. 피청구인이 2008. 7. 28. 청구인에 대하여 한 부당이득금납부독촉고지처분은 이를 취소한다.

라는 재결을 구합니다.

청 구 원 인

1. 청구인 주장
   피청구인 소속직원 전○영이 헌병출신인 장○규와 공모하여 협박과 공갈에 의한 고문조작감사를 통하여 사실과 다른 확인서 등을 작성케 강요하고, 위 장○규는 인장을 도용하여 청구인의 장부가 아닌 허위의 환자를 기재한 장부를 만들어 법정위증까지 하여 이 건 처분을 초래한 것이므로 이 건 처분은 원인무효로서 취소되어야 하며, 그 처분을 근거로 하여 한 부당이득금납부독촉고지도 마찬가지로 원인무효이므로 취소되어야 한다.

첨 부 서 류

1. 갑 제1호증 부당이득금징수처분 통지서
1. 갑 제2호증 부당이득금납부독촉고지서
1. 갑 제3호증 주민등록등본 1부
1. 갑 제4호증 그 외 증명서류

20○○. ○○. ○○.

위 청구인 신 ○ ○ (인)

의료보험연합회장 귀하

[서식 47] 부정당업자입찰참가자격제한처분취소청구서

심 판 청 구 서

청 구 인 : (주)○○공영
서울시 ○○구 ○○동 ○○빌딩 3층
(전화 : 000-0000, 팩스 : 000-0000)

피청구인 : 국방부장관

부정당업자입찰참가자격제한처분취소청구서

청 구 취 지

피청구인이 2005. 10. 19. 청구인에 대하여 한 1월의 입찰참가자격제한처분은 이를 취소한다.
라는 재결을 구합니다.

청 구 원 인

1. 청구인 주장
가. 청구인은 17년간 수많은 국가기관을 상대로 사업을 해 오면서 단 한 건의 계약불이행이나 기타 잡음을 야기하지 않은 성실한 업체로서 2003. 3. 5. 피청구인이 실시한 LYNX헬기용 부품구매 공개입찰에 위 WYLAM HILL사의 대리인 자격으로 참가하여 낙찰받았는데. 국가를당사자로하는계약에관한법률시행령 제49조제1항의 규정에 의하면 피청구인은 계약 당사자를 결정한 때에는 지체없이 계약을 체결하도록 되어 있음에도 불구하고 미상의 이유로 입찰일로부터 288일이 지나도록 계약을 체결하지 않고 있다가 2003. 12. 17. 에야 계약을 체결하여 견적서에 명기된 유효기간(240일)초과라는 원가 상승요인을 발생시킴으로써 원 부품회사인 영국의 GKN WESTLAND사가 공급업체인 위 WYLAM HILL사에게 가격 인상을 요구하게 되는 계기를 제공하였고 결국은 계약 이행이 불가능하게 되었다.
나. 피청구인은 유효기간이 경과하였으면 계약에 응하지 않음면 되지 않느냐고 주장하지만, 청구인은 사실상 가능하면 국가기관의 업무에 협조할 수 밖에없는 처지인데다가 계약 당사자인 위 WYLAM HILL사가 계약이행의 의사를 보임으로써 어쩔수 없이 연대보증인의 자격으로 계약에 참여하였다.
다. 청구인은 계약 체결 이휴에 위 GKN WESTLAND사가 가격조건을 이유로 판매를 기피하여 위 WYLAM HILL사가 계약 이행을 지연시키는 과정이 지속되자 위 계약을 정상적으로 이행할 수 있도록 하기 위하여 공급업체를 대신하여 계약이행보증금을 설정하였고, L/C 유효기간을 연장하였으며 40여회의 FAX교신 및 100여차례의 국제통화를 통해 공급업체에 계약이행을 촉구하는 등 국내 대리점으로서 할 수 있는 모든 수단을 강구하였다.

라. 청구인은 계약 대상 품목을 직접 구매하여 납품할 의사까지 가졌으나 L/C개설 명의가 청구인이 아닌 공급업체로 되어 있고 연대보증인은 물품을 구매·선적할 수 있는 권한 및 법적 지위에 있지 않으므로 납품이 불가하여 결국 연대보증인으로서 계약을 불이행하게 되었으며, 이에 대한 제재로 계약이행보증금에 대하여 국고귀속 조치를 당하는 경제적 손해를 감수하였다.

마. 이와 같이 청구인은 이미 경제적인 제재조치를 받았음에도 불구하고 피청구인이 다시 이 건 처분을 하는 것은 동일한 사항에 대한 중복된 제재로서 너무 가혹한 점, 이 건 처분으로 인하여 청구인의 경제활동이 중담됨은 물론 개개 직원의 생계까지 위협을 받고 있는 점 등을 고려하여 볼 때 이 건 처분은 취소되어야 한다.

첨 부 서 류

1. 갑 제1호증 계약서
1. 갑 제2호증 연대보증서
1. 갑 제3호증 계약이행보증금납부독촉문
1. 갑 제4호증 계약해지통보서
1. 갑 제5호증 사업자등록증 사본 1부
1. 갑 제6호증 그 외 증명서류 1부

20○○. ○○. ○○.

위 청구인 (주)○○공영

국방부장관 귀하

[서식 48] 사단법인설립허가거부처분취소청구서

심 판 청 구 서

청 구 인 : 심 ○ ○
서울 ○○구 ○○동 ○○아파트 102동 1004호
(전화 : 000-0000, H.P :   )

피청구인 : 문화체육관광부장관

사단법인설립허가거부처분취소청구서

청 구 취 지

피청구인이 2000. 5. 23. 청구인에 대하여 한 사단법인설립허가거부처분은 이를 취소한다. 라는 재결을 구합니다.

청 구 원 인

1. 청구인 주장

가. 노래연습장이 처음 생겨나던 초기에 일부 인사들의 업주들의 권익보호를 표방하며 중앙회를 설립하였으나, 위 중앙회는 회원들의 권익보호라는 역할을 충분히 수행하지 못하여 왔고, 이에 따라 몇몇 전국의 노래연습장 업주들이 진정으로 노래연습장 업주들의 입장과 이익을 대변할 수 있는 단체를 만들기로 협의하였으며, 중앙회의 문제가 과도한 중앙집권적 구조에서 기인한 것을 반성하여 중앙집권과 지방분권의 장점을 살려 연합회를 만들기로 하였고, 이를 위하여 먼저 각 시·도협의회를 구성하여 법인설립을 마치고 시·도협의회를 통합하는 이 건 법인을 설립하고자 청구인이 대표자로 피청구인에게 사단법인설립허가를 신청하였다.

나. 그러나 피청구인은 각 시·도협의회가 법이허가를 받아 활동하고 있고, 또 이 건 법인의 사업목적상 임의단체로도 사업수행이 가능하다는 등의 애매한 사유를 들어 이 건 처분을 하였는 바, 위에서 살펴 본 바와 같이 각 시·도협의회는 각 지역에 산재한 업주들의 개별적인 입장을 대변하기 위한 단체임에 비하여, 이 건 법인은 노래연습장업 전체의 이익을 대변하고 통일된 목소리를 내기 위한 것으로, 현재 노래연습장이 전국민이 즐기는 오락시설로 확고하게 자리를 잡고 있는 점에 비추어 볼 때 노래연습장업계의 전국적인 조직체의 필요성이 절실하며, 이러한 단체를 임의단체로 둔다는 것은 결국 법적 규제영역 밖에 둔다는 의미로 이로 인하여 많은 문제들이 발생할 것이 예상되므로 이러한 사정에 비추어 볼 때 이 건 처

분은 부당하다.

다. 한편, 피청구인의 이 건 처분은 규제개혁을 추진하고 있는 정부의 방침에도 어긋나는 바, 규제개혁위원회에서는 비영리법인의 설립에 대한 활성화 방안을 모색하고 이에 따라 문화체육관광부및문화재청수관비영리법인의설립및감독에관한규칙을 상당부분 개정하여 비영리법인에 대한 과다한 규제를 대폭 축소함으로써 비영리법인의 설립을 활성화하고 자유로운 활동을 지원하도록 하였고, 이는 임의단체로 남아 있는 각종 단체를 법인화하여 불법적인 단체의 횡행을 방지하려는 의도라고 할 것이므로 이러한 사실에 비추어 보면 이 건 처분은 도저히 납득할 수 없는 부당한 처사이다.

첨 부 서 류

1. 갑 제1호증 법인설립허가신청서 반려 공문서
1. 갑 제2호증 법인설립허가신청서
1. 갑 제3호증 주민등록등본 1부
1. 갑 제4호증 그 외 증명서류

20○○. ○○. ○○.

위 청구인 심 ○ ○ (인)

문화체육관광부장관 귀하

[서식 49] 사법시험응시기회변경이행청구서

심 판 청 구 서

청 구 인 : 조 ○ ○
서울 ○○구 ○○동 1701의 1
(전화 : 000-0000, H.P :)

피청구인 : 행정안전부장관

사법시험응시기회변경이행청구서

청 구 취 지

피청구인은 청구인이 제44회 및 제45회 사법시험 제2차 시험에 응시할 수 있도록 시험응시기회변경을 이행한다.
라는 재결을 구합니다.

청 구 원 인

1. 청구인 주장
   가. 피청구인의 위법한 불합격처분으로 인하여 제40회 및 제41회 사법시험 제2차시험에 응시하지 못하고, 2000. 7.군에 입대하여 2002. 9. 경 군복무를 마칠 예정으로 있는 청구인은 제43회 및 제44회 사법시험 제2차시험에 응시하는 것이 물리적으로 불가능하다.
   나. 사법시험 제1차 시험 불합격처분취소소송과 관련하여 대법원은 "1차 시험에 응시하여 위법한 불합격처분을 받고 쟁송을 제기하여 불합격결정이 취소됨으로써 비로소 합격결정을 받았으나, 그 사이에 합격결정을 받은 그 회 또는 그 다음회의 사법시험 제2차 시험이 이미 끝나버려 그 시험에 응시하는 것이 물리적으로 불가능한 경우에는 합격결정을 받은 후에 최초로 실시되는 제2차 시험과 그 다음회의 제2차 시험에 응시할 자격이 부여된다고 해석함이 사법시험령 규정의 입법취지에 부합한다"고 판시하였는 바, 청구인은 군복무로 인하여 제43회 및 제44회 사법시험 제2차 시험을 응시하는 것이 물리적으로 불가능하게 되었기 때문에 피청구인은 청구인에 대하여 시험응시가 물리적으로 가능한 제45회 및 제46회 사법시험 제2차 시험을 응시할 수 있는 기회를 부여하여야 한다.
   다. 헌법 제39조제2항의 규정에 의하면, 누구든지 병역의무의 이행으로 인하여 불이익한 처우를 받지 아니하도록 되어 있는 바, 청구인은 피청구인이 청구인에게 부여

한 두 차례의 사법시험 제2차 시험시기에는 군복무를 하여야 하고, 이시기의 청구인의 사법시험응시 가능성은 청구인이 복무하는 군부대의 지휘관의 허가 여부에 의존해 있으며, 지휘관은 재량에 따라 청구인의 사법시험응시여부를 결정할 수 있도록 되어 있는 바, 이러한 사정을 고려하지 아니하고 청구인에게 제43회 및 제44회 사법시험 제2차 시험만을 응시하도록 한 피청구인의 이 건 처분은 위 헌법을 위반한 처분이다.

라. 피청구인은 청구인이 사법시험 제2차 시험에 응시할 자격이 있음에도 불구하고 청구인으로 하여금 응시가 불가능한 시기에 시험에 응시하도록 하여 청구인이 법률업무에 종사할 수 있는 가능성을 봉쇄하여 청구인의 직업선택의 자유를 침해하였다.

마. 피청구인은 청구인이 사법시험 제2차 시험을 제43회 및 제44회 시험에 한정하여 응시할 수 있도록 하여 청구인이 법조인으로 자아를 실현할 수 있는 가능성을 합리적 이유없이 제한하였다.

바. 따라서 피청구인은 법령에 따라 청구인이 현실적으로 시험응시가 가능한 제45회 및 제46회 사법시험 제2차 시험을 응시할 수 있도록 시험응시기회를 변경해 주어야 한다.

첨 부 서 류

1. 갑 제1호증 불합격처분 취소통지서
1. 갑 제2호증 복무증명서
1. 갑 제3호증 민원회심문
1. 갑 제4호증 주민등록등본 1부
1. 갑 제5호증 그 외 증명서류

20○○. ○○. ○○.

위 청구인 조 ○ ○ (인)

행정안전부장관 귀하

[서식 50] 산업기능요원배정중지처분취소청구서

심 판 청 구 서

청 구 인 : (주) ○○정밀
대구시 ○○구 ○○동 124
(전화 : 000-0000, 팩스 : 000-0000)

피청구인 : 대구 · 경북지방병무청장

산업기능요원배정중지처분취소청구서

청 구 취 지

피청구인이 2008. 3. 31 청구인에 대하여 한 산업기능요원배정중지처분은 이를 취소한다.
라는 재결을 구합니다.

청 구 원 인

1. 청구인 주장

가. 청구인회사는 2005. 1. 16. 진공 및 대기 정밀주조부품 제조 및 연구개발을 주목적으로 설립된 회사로서 2006. 11. 27. 병무청장으로부터 기업부실 및 철강분야에서 산업기능요원이 복무할 수 있는 기간산업체로 지정받았다.

나. 청구인회사와 같은 건물의 1층을 사용하던 청구외 (주)○○공업이 2006년 12월경 부도가 나 (주)○○공업에서 근무하던 산업기능요원이 이○환 · 유○대 · 이○영이 소속 기간산업체를 옮겨야 할 처지에 놓이자,(주)○○공업에서 근무하던 박○국등이 △△공업에 근무하도록 한 것을 적발하고 2008. 3. 7. 주의처분을 내렸으며, 피청구인은 인터넷민원을 통해 재차 병무비리에 관한 투서를 접수하였다면서 2008. 3. 16. 2차 실태조사를 하여 위 3인의 산업기능요원에 이○복을 추가로 적발하여 2008. 3. 31. 청구인에 대하여 이 건 처분을 하였다.

다. 이후 청구인회사의 대표이사는 2007. 12. 22. 피청구인으로부터 전직승인서를 받고 위 3인의 산업기능요원이 청구인회사에 소속되어 있는 것을 발견하고 즉시 피청구인 소속 소집계장을 만나 상담한 결과, 같은 기능을 가진 타사로 전출하면 된다는 답변을 받고 그와 같은 회사를 물색하던 중 피청구인이 2008. 2. 8. 인터넷민원을 통해 청구인회사에 병무비리가 있다는 투서를 접수하였다면서 1차 실태조사를 하여 청구인회사가 위 3인의 산업기능요원을 불법적으로 청구외 △△공업에 근무하도록 한 것을 적발하고 2008. 3. 7. 주의처분을 내렸으며, 피청구인은 인터넷민원을 통해 재차 병무비리에 관한 투서를 접수하였다면서 2008. 3. 16. 2차 실태조사를 하여 위 3인의 산업기능요원외에 이○복을 추가로 적발하여 2008. 3. 31. 청구인에 대하여 이 건 처분을 하였다.

라. 이 건 처분의 근거가 되는 병무청의 "전문연구요원 및 산업기능요원의 관리규정"은 병무청 내부지침으로서 국민의 권리나 의무에 관한 사항을 규율하여서는 안되는데도 불구하고 헌법이나 법령의 구체적 위임 없이 국민의 권리를 침해하는 것을 내용으로 하고 있기 때문에 위법하며, 그 처벌의 정도가 너무 과다하여 적합성의 원칙, 최소침해의 원칙, 비례의 원칙에 반하여 위법하므로 이를 근거로 한 이 건 처분은 지정업체의 이익을 고려하지 않고 병무청의 행정적 편의만 추구한 것으로 위법하다.

마. 청구인회사의 대표이사는 총무주임인 김○영으로 하여금 이 건과 관련한 서면질의를 피청구인에게 제출하도록 하였으나, 담당공무원이 서면질의서를 접수조차 하지 않고 돌려보냈고, 위 김○영 위 사실을 대표이사에게 알리지 않아 서면결의에 대한 답변을 기다리다가 결국 피청구인의 실태조사를 받게 되어 이 건 처분을 받게 되었으며, 2차 실태조사에서 문제가 된 청구외 이○복은 피청구인에게 보낸 신상이동통보서에도 기재되지 않은 사람인데도 피청구인은 2차 실태조사를 토대로 주의처분을 고발처분으로 변경하여 이 건 처분을 하였다. 따라서 이 건 처분은 청구인회사의 대표이사가 전혀 관여하지도 않았거나 전혀 알지도 못하는 사실을 토대로 이루어진 것이므로 위법하다.

바. 청구인회사의 대표이사는 위 3인의 산업기능요원이 청구인회사에 소속되어 있는 것을 발견하고 즉시 피청구인 소속 소집계장을 만나 상담한 결과, 같은 기능을 가지 타사로 전출하면 된다는 답변을 받고 그와 같은 회사를 물색하여 2008. 2. 29. 위 3인의 산업기능요원에 대한 전직을 완료하였는 바, 청구인은 담당공무원의 말을 신뢰하여 위와 같이 전직을 완료하였으므로 이 건 처분은 신뢰보호원칙에 위배되는 것으로 취소되어야 한다.

사. 청구인회사는 이른바 3D업종으로서 젊은 기술자들이 기피하고 있기 때문에 산업기능요원을 배정받지 못하면 전기용접 · 주조 · 코팅 · 사출 등 주요업무에 인력수급이 어려워져 조업을 중단할 수 밖에 없어 회사의 존립 자체가 어려운 상태이며, 청구인 회사가 조업중단할 경우 가스터빈 부품인 버켓과 블레이드 뿐만 아니라 국산화중인 대형선박 · 항공기의 엔진 등에 막대한 국가경쟁력 상실이 야기되고, 러시아 · 독일 · 미국업체등과 버켓과 블레이드를 합동연구중인데 이를 중단하게 되면 외국에 대한 청구인회사의 신뢰도를 추락시키게 될 것이므로 이 건 처분은 청구인에게 주는 불이익의 정도가 그 공익상의 필요보다 중대하여 적합성의 원칙, 최소침해의 원칙, 비례의 원칙에 위반하여 재량권을 남용하거나 재량권의 범위를 일탈한 것이라 할 것이다.

첨 부 서 류

1. 갑 제1호증 지정업체선정증서
1. 갑 제2호증 신상이동통보서
1. 갑 제3호증 산업기능요원편입건의요청서
1. 갑 제4호증 지정업체 불시 실태조사결과 통보서
1. 갑 제5호증 병역법 위반자 및 법인고발문
1. 갑 제6호증 사업자등록증 사본 1부
1. 갑 제7호증 그 외 증명서류

20○○. ○○. ○○.

위 청구인 (주) ○○정밀 (인)

대구·경북지방병무청장 귀하

[서식 51] 산업기능요원편입취소처분취소청구서

심 판 청 구 서

청 구 인 : 이 ○ ○
대구시 △△구 △△동 123-56번지
(전화 : 000-0000, H.P :)

피청구인 : 대구·경북지방병무청장

산업기능요원편입취소처분취소청구서

청 구 취 지

피청구인이 2005. 3. 11 청구인에 대하여 한 산업기능요원편입취소처분은 이를 취소한다.
라는 재결을 구합니다.

청 구 원 인

1. 청구인 주장

가. 청구인은 어릴 때부터 아토피성 피부염과 열병으로 인한 고환염을 앓아 왔는데, 피부병은 치료를 하였으나 고환염은 외관상 위축이 심하여 동네 목욕탕에도 가지 못하고 있는 실정이다.

나. 2003. △△대학교 도시환경공학부(건축전공)에 입학한 후 동년 7. 22. 징병검사통지서를 받고 동년 8. 28. 대구 국군병원에서 징발검사를 받아 신체등위 4급으로 공익근무대상자처분을 받았다.

다. 청구인은 공익근무요원으로 소집받아 공익근무요원으로 근무를 하다가 가정형편으로 2004. 4. 12.부터 병역특례업체인 (주)○○공업에서 산업기능요원으로 복무하던 중 2004. 12. 7. 피청구인은 청구인에 대한 병역처분이 위법·부당하게 이루어졌다는 이유로 청구인에 대한 병역처분을 취소하고 신체검사를 다시 받도록 하였다.

라. 청구인이 2005. 1. 13. 국군대구병원에서 다시 정밀 신체검사를 받고 또다시 4급 보충역 판정을 받았다.

마. 2005. 2. 18. 청구인은 다시 산업기능요원으로 편입되어 복무하고 있던 중, 2005. 3. 11. 피청구인은 청구인이 병역법 제68조(병역의무의 연기 및 감면의 제한)규정을 위반하였다는 이유로 또 다시 청구인에 대하여 산업기능요원편입취소처분을 하였다.

바. 청구인은 병역법 제68조 규정에 의한 병역의무의 연기 및 감면의 제한규정에 해당

하는 자가 아닐 뿐만 아니라 병역감면혜택을 받은 사실이 없는데도 불구하고 청구인이 병역법 제68조의 규정을 위반하였다는 이유로 피청구인이 청구인에 대하여 이 건 처분을 하는 것은 잘못이다.

사. 청구인은 2003. 7. 22. 신체검사에서도 4급 판정을 받았고, 2005. 1. 13. 재신체검사에서도 동일하게 4급 판정을 받았는데, 병무비리사건을 이유로 일방적으로 산업기능요원편입처분을 취소한 것은 위법·부당하다.

아. 더구나 청구인의 아버지는 청구인의 군문제에 관하여 금전을 지급하면서 청탁을 한 적이 없음에도 불구하고 일방적으로 청탁을 받았다는 청구외 김○용의 진술에만 의존하여 법원에서 청구인의 아버지에게 벌금형을 선고하였고, 피청구인은 이에 근거하여 청구인에 대하여 산업기능요원편입처분을 취소한 것은 잘못이다.

첨 부 서 류

1. 갑 제1호증　　병적기록표
1. 갑 제2호증　　병역처분의 취소 및 신체검사실시서
1. 갑 제3호증　　공소장
1. 갑 제4호증　　병역처분취소통지서
1. 갑 제5호증　　진단서
1. 갑 제6호증　　주민등록등본 1부

20○○. ○○. ○○.

위 청구인 이 ○ ○ (인)

대구·경북지방병무청장 귀하

[서식 52] 산업단지개발사업실시계획승인거부처분취소청구서

심 판 청 구 서

청 구 인 : ○○산업개발(주)
울산시 ○○구 ○○동 124-43
(전화 : 000-0000, 팩스 : 000-0000)

피청구인 : 울산광역시장

산업단지개발사업실시계획승인거부처분취소청구서

청 구 취 지

피청구인이 2000. 5. 20. 청구인에 대하여 한 산업단지개발사업실시계획 거부처분은 이를 취소한다.
라는 재결을 구합니다.

청 구 원 인

1. 청구인 주장
   가. 위 지역은 당초에는 공장용지로 계획되었으나, 울산·미포국가산업단지 개발계획의 변경으로 폐기물처리시설지역으로 변경된 지역이고, 청구인은 경상남도지사로부터 산업단지개발사업시행자로 지정받았다.
   나. 위 지역은 산업단지이면서 환경오염으로 주민이주가 완료된 지역이고, 3면이 철도와 임야로, 한 면은 (주)○○비료의 생산공장으로 막혀 있어 주민의 통행이 곤란하고, 산업도로, 시설녹지 및 인근공장 등으로 가시권에서 차단되어 일반주민의 접근이 거의 없는 곳으로서 폐기물처리시설을 위한 최적의 장소이다.
   다. 위 지역에 공장만 건립되면 주변환경과 환경오염이 걱정될 수 있으나, 폐기물 매립 후 녹지 공원 등으로 다양하게 개발하면 주변 환경과 더욱 잘 조화될 수 있다.
   라. 행정기관이 산업단지개발계획을 고시하고, 고시된 개발계획을 추진할 사업시행자로서 청구인을 지정한 후 개발계획 자체를 불가하다고 하는 것은 행정의 신뢰성과 사업시행자의 권익을 침해한 것으로서 위법·부당하다.
   마. 위 지역은 충분한 분석과 검토를 거쳐 공장용지를 폐기물처리지역으로 변경한 곳인데, 이제 와서 행정기관 상호간에만 제시할 수 있는 검토불충분이라는 사유를 사업시행자인 청구인에게 제시하는 것은 부당하다.
   마. 매립사업 종료 후 토지이용은 폐기물의 성상과 매립방법에 다라 규제간이 유동적

이고, 매립 후 다양하게 토지를 이용할 수 있을 뿐만 아니라, 위 지역은 도시 중심지역에서 격리되어 있으며, 비록 폐기물의 매립높이가 인근의 철도면 보다 높겟지만 철도와 위 매립예정지를 분리시키는 언덕보다 낮고, 현행 폐기물관리법의 규제가 매우 엄격하여 현행법을 준수하면 환경오염을 시키거나 도시미관을 해칠 우려가 없으므로 피청구인의 거부이유는 근거가 없다.

사. IMF관리체제 이후 어려운 기업환경 하에 있는 청구인은 이 사업에 사운을 걸고 자금을 동원하고, 협력업체와 협조를 도모하여 왔는데, 이제 와서 피청구인이 실시계획을 거부하여 이 사업을 못하게 하는 것은 청구인에게 사업을 그만두게 하는 것과 마찬가지다.

첨 부 서 류

1. 갑 제1호증 울산・미포국가산업단지개발계획 변경고시문
1. 갑 제2호증 산업단지개발사업시행자지정서
1. 갑 제3호증 부근현황도
1. 갑 제4호증 산업단지개발사업실시계획승인신청서
1. 갑 제5호증 산업단지개발사업실시계획불승인서
1. 갑 제6호증 울산・미포국가산업단지개발계획변경요청에 따른 의견제출서
1. 갑 제7호증 사업자등록증 사본 1부
1. 갑 제8호증 그 외 증명서류

20○○. ○○. ○○.

위 청구인 ○○산업개발(주) (인)

울산광역시장 귀하

[서식 53] 산업재해보상보험 요양급여결정 취소청구 (장식바 조립 사고)

심판청구서

사건명 산업재해보상보험 요양급여결정 취소청구
처분청 근로복지공단(서울지역본부)

청 구 취 지

피청구인이 2007. 6. 5. ○○○에게 한 산업재해보상보험 요양급여결정을 취소한다.
라는 재결을 구합니다.

청 구 원 인

1. 사건개요

○○○은 2007. 2. 2. 10:00경 ○○건설 주식회사가 시공하는 ○○건물 신축공사현장(이하 "이 사건 현장"이라 한다) B동 10층에서 장식바를 조립하던 중 2미터 아래로 거꾸로 떨어지면서 작업대 모서리에 갈비뼈가 부딪히는 사고를 당하자 2007. 3. 12. 피청구인에게 산업재해보상보험(이하 "산재보험"이라 한다) 요양신청서를 제출하였고, 피청구인은 2007. 6. 5. ○○○에게 산재보험 요양급여결정(이하 "이 사건 처분"이라 한다)을 하였다.

2. 청구인 주장

가. 청구인은 청구인이 제출한 ○○○에 대한 산재보험 요양신청의 날인거부 사유서에서 밝힌 바와 같이 ○○○은 작업현장의 여건상 장식바 조립과정에서 거꾸로 떨어지더라도 갈비뼈를 다치기가 어렵고, 갈비뼈를 다친 경우에는 의학적 소견에 의하면 그 통증과 고통으로 걷고 말하기도 힘든 상태일 것임에도 ○○○은 사고 발생 후 걸어서 귀가하였고 4일이 지나서야 서울특별시 영등포구에 있는 서울성모병원에서 초진을 받은 사실이 있으므로, ○○○의 상병이 이 사건 현장에서 떨어져 발생한 사고와 상당한 인과관계가 있다고 할 수 없다.

나. 또한, 피청구인은 ○○○이 주장하는 상병이 의사 소견상 좌상임에도 골절상으로 주장하자 ○○○에게 자료 보충을 요청하였고, ○○○은 성모병원, 보라매병원 등을 내원하면서 골절을 주장하였으나 그 주장이 입증되지 않다가 2007. 5. 17. 국립의료원에서 받은 늑골 골절 소견을 제출하였였다.

3. 피청구인 주장

「산업재해보상보험법」 제72조제5항에 따라 이 사건 처분에 대해서는 「행정심판법」에 따른 행정처분을 제기할 수 없으므로, 이 사건 처분에 대한 이 사건 심판청구는 부적법하다.

4. 관계법령

산업재해보상보험법 제72조부터 제78조까지

행정심판법 제3조제1항

5. 이 사건 처분의 위법·부당 여부

피청구인은 ○○○이 제출한 국립의료원의 소견이 타탕한 것인지 등에 대해 청구인과 ○○○을 조사·심의한 후 판단하여야 함에도 재해와 상병간의 인과관계 여부를 판단하지 않은 채 곧바로 피청구인이 ○○○에게 이 사건 처분을 하였는바, 피청구인의 이 사건 처분은 위법·부당하다.

6 . 결 론

그렇다면 피청구이 청구인에 대하여 이 사건 처분을 하였는바, 피청구인의 이 사건 처분은 위법·부당하다.

첨 부 서 류

1. 갑 제1호증	사업인수 이전 체납보험료 내역서
1. 갑 제2호증	산업재해보상보험료 납입고지서
1. 갑 제3호증	부동산매매계약서
1. 갑 제4호증	체납산재보험료납부최고 및 압류부동산공매 통보서
1. 갑 제5호증	사업자등록증 1부
1. 갑 제6호증	등기부등본 1부
1. 갑 제7호증	국세체납처분에의한압류등기촉탁서,
1. 갑 제8호증	보험관계변경신고서
1. 갑 제9호증	주민등록등본 1부
1. 갑 제10호증	그 외 증거서류

20○○. ○. ○

근로복지공단(서울지역본부) 귀하

[주] 「산업재해보상보험법」 제6장(제72조부터 제78조까지)에 따르면 요양급여결정에 불복하는 자는 근로복지공단에 심사청구를 할 수 있고, 그 심사청구에 대한 근로복지공단의 결정에 불복하는 자는 산업재해보상보험심사위원회에 재심사청구를 제기할 수 있다.

[서식 54] 산업재해보상보험급여액징수처분취소청구서 (상용근로자가 1명도 없어 상시근로자가 1명 이상인 사업장에 해당하는지가 불분명한 경우)

심 판 청 구 서

청 구 인 : 명 ○ ○
인천 ○○구 ○○동 300-23
(전화 : 000-0000, H.P :)

피청구인 : 근로복지공단(인천북부지사장)

산업재해보상보험급여액징수처분취소청구서

청 구 취 지

피청구인이 2007. 4. 27. 청구인에게 한 2,970만 5,000원의 산업재해보상보험급여액 징수처분을 취소한다.
라는 재결을 구합니다.

청 구 원 인

1. 사건개요
   가. 청구인(☆☆치킨 운영)은 2006. 10. 5. 근로자 망 ◎◎◎(이하 '고인'이라 한다)를 채용했는데 2006. 11. 2. 고인이 배달을 하다가 오토바이 교통사고로 사망하였다.
   나. 피청구인이 2007. 3. 5. 고인의 유족에게 5,941만원의 유족일시금을 지급할 것을 결정하고, 2007. 4. 27. 해당 재해가 청구인이 산재보험 가입신고를 게을리 한 기간 중에 발생한 재해라는 이유로 청구인에게 2,970만 5,000원(유족일시금의 50%)의 산재보험급여액을 부과하였다.

2. 청구인의 주장
   2006. 10. 5. 고인을 시급 4,000원씩 당일 임금을 지급하는 일용근로자로 고용하였는데 고인의 매출일지에 근거하여 산업재해보상보험법 시행규칙 제3조를 적용하면 해당 사업장의 상시근로자수가 1인이 되는 시점은 2006. 11. 1. 이고, 재해발생일은 2006. 11. 2. 이므로 이 사건 처분은 위법 · 부당하다.

3. 이 건 처분의 위법 · 부당 여부
   가. 구 산업재해보상보험법 제5조 본문, 보험료징수법 제11조, 제26조, 같은 법 시행령

제34조 제1항 등에 따르면, 산재보험은 원칙적으로 근로자를 사용하는 모든 사업장에 적용되고, 산재보험이 적용되는 사업의 사업주는 사업개시일부터 14일 이내에 보험관계의 성립을 신고해야 하고, 신고를 게을리한 기간 중에 재해가 발생한 경우에는 그 재해에 대해 지급한 산재보험급여액의 1/2을 사업주로부터 징수하도록 하고 있으며, 같은 법 제5조 단서와 같은 법 시행령 제3조제1항제5호에 따르면, 상시근로자가 1인 이상이 되지 않는 사업에 대해서는 산재보험의 적용대상에서 제외하도록 하고 있는데, 여기서 상시근로자가 1명 이상인지 여부가 문제되는 사업장은 상용의 근로자가 1인도 없는 사업장을 말한다고 할 것이고, 또한 같은 법 시행규칙 제3조제3항과 제4항은 상시 1인 이상의 근로자를 사용하는 사업에 대해 사업개시 후 최초로 근로자를 사용한 날부터 보험관계성립신고서를 제출한 날까지 당해 사업의 가동기간이 30일 미만인 경우에는 당해 사업가동기간 중 사용한 연인원을 그 가동일수로 나누어 평균 1인 이상이 되는 사업으로 하며, 평균 1인 이상이 되지 아니하는 때에는 최초로 근로자를 사용한 날부터 하루씩 순차적으로 미루어 보험관계성립신고서 제출일까지 사용한 연인원을 그 가동일수로 나누어 평균 1인 이상이 되는 사업으로 하되, 보험관계성립신고서 제출전 업무상 재해가 발생한 경우에는 업무상 재해가 발생한 날 보험관계성립신고서를 제출한 것으로 보아 해당 규정을 적용하여 평균 1인 이상 여부를 판단한다고 규정하고 있다.

나. 그런데 이와 같이 상용의 근로자가 1인도 없어 상시근로자가 1인 이상인 사업장에 해당하는지 여부가 불분명한 사업장의 경우 위 규정에 따라 평균 근로자의 수가 1인 이상이 되는 날 비로소 산재보험의 적용대상 사업임이 확정(확인)된다고 할 것이므로, 그 전까지는 청구인에게 보험관계성립신고를 기대할 수 없다 할 것이어서 보험관계성립신고의무 역시 적용대상 사업장임이 확정된 날에 발생한다고 할 것이다(산재보험법 시행규칙 제3조제5항은 평균 1인 이상이 되는 최초의 대상기간 첫날부터 산재보험법을 적용한다고 규정하고 있으나, 그렇다고 하여 보험관계성립신고의무의 발생일을 달리 볼 것은 아니라고 할 것이다).

다. 청구인은 2001. 12. 17. 사업을 개시하여 근로자 없이 남편과 둘이서 사업을 운영하다가 2006. 10 .5. 피재자를 최초로 고용했던 점, 청구인이 피재자를 고용할 때 근로계약서는 작성하지 않았다는 점, 피재자가 사고 당시 계산공업고등학교 3학년에 재학 중인 학생이었다는 점 등으로 경험칙상 피재자가 상용근로자였다고 보기는 어렵다 할 것이고, 그렇다면 산재보험법 시행규칙 제3조에 따라 청구인의 사업장이 상시근로자 1인 이상이 되는 사업장에 해당되는지 여부는 피재자에게 업무상 재해가 발생한 2006. 11. 2.이 되어 비로소 확정되었고 그때부터 청구인에게 보험관계성립신고의무가 발생했다고 할 것이므로 피청구인이 청구인의 보험관계성립신고의무 발생일을 2006. 10. 5.로 보아 2006. 11. 2. 피재자가 입은 재해가 청구인이 산재보험가입신고를 게을리 기간 중에 발생한 재해라는 이유로 한 이 사건 처분은 위법·부당하다.

첨 부 서 류

생 략

20○○. ○○. ○○.

위 청구인 명 ○ ○ (인)

근로복지공단(인천북부지사장) 귀하

[서식 55] 산업재해보상보험료등납부최고및부동산공매통보처분취소청구서

심 판 청 구 서

청 구 인 : 김 ○ ○
강릉시 ○○구 ○○동 124
(전화 : 000-0000, H.P :)

피청구인 : 근로복지공단(강릉지사장)

산업재해보상보험료등납부최고및부동산공매통보처분취소청구서

청 구 취 지

피청구인이 2008. 12. 8. 청구인에 대하여 한 상업재해보상보험료, 고용보험료 및 임금채권부담금 등 11,428,390원의 산업재해보험료 납부최고 및 압류부동산공매통보는 이를 취소한다.
라는 재결을 구합니다.

청 구 원 인

1. 청구인 주장
   가. 청구인은 청구외 신○○가 경영하던 강원도 강릉시 단봉동 480소재 △△1급자동차 정비공장을 2008. 6. 22인수하여 2008. 7. 1. 자로 신규로 사업자등록을 하여 현재까지 위 자동차정비공장을 경영하여 오고 있다.
   나. 청구인과 청구외 신○○간의 매매계약서에 의하면 위 체납 보험료의 인수여부에 관하여 아무런 언급이 없었으며, 청구인은 위 청구외 신○○로부터 단순히 강원도 동백시 단봉동 480번지 같은 동 481번지 소재 부동산만을 인수하는 계약을 체결한 것은 명백하므로 피청구인이 청구인에 대하여 한 이 건 처분은 위법·부당하다.

첨 부 서 류

1. 갑 제1호증 사업인수 이전 체납보험료 내역서
1. 갑 제2호증 산업재해보상보험료 납입고지서
1. 갑 제3호증 부동산매매계약서
1. 갑 제4호증 체납산재보험료납부최고 및 압류부동산공매통보서

1. 갑 제5호증 사업자등록증 1부
1. 갑 제6호증 등기부등본 1부
1. 갑 제7호증 국세체납처분에의한압류등기촉탁서,
1. 갑 제8호증 보험관계변경신고서
1. 갑 제9호증 주민등록등본 1부
1. 갑 제10호증 그 외 증거서류

20○○. ○○. ○○.

위 청구인 김 ○ ○ (인)

근로복지공단(강릉지사장) 귀하

[서식 56] 산업재해보상보험료등부과처분일부취소청구 (본사와 공장은 동일주소지(본사 · 공장))

심판청구서

사건명 산업재해보상보험료등부과처분일부취소청구
처분청 근로복지공단(서울관악지사)

청 구 취 지

피청구인이 2006. 11. 13. 청구인에게 한 산업재해보상보험료 36,729,880원 및 가산금 2,621,200원의 부과처분 중 산업재해보상보험료 22,546,600원 및 가산금 2,621,200원의 부과처분을 취소한다.
라는 재결을 구합니다.

청 구 원 인

1. 사건개요
   가. 청구인은 1997. 1. 9. 사업을 개시한 이래 2006. 9. 13. 산업재해보상보험(이하 "산재보험" 이라 한다) 사업종류 변경통보를 받아 같은 해 11. 13. 산업재해보상보험료(이하 "산재보험료"라 한다) 및 가산금을 부과받기 전까지 사업종류를 "도소매 및 소비자용품수리업" 으로 적용받아 산재보험료를 납부하였다.
   나. 피청구인은 청구인의 소속근로자인 문○○의 2006. 5. 13. 업무상 재해와 관련하여 청구인의 사업실태를 조사한 결과, 청구인이 1997. 1. 9. 사업을 개시한 이래 반사안전연관제품인 반사원단, 반사필름, 반사비닐, 반사실 등을 제조·생산해 왔다는 이유로 청구인의 산재보험 사업종류를 「고용보험 및 산업재해보상보험의 보험료징수 등에 관한 법률」에 의하여 노동부장관이 고시하는 산재보험료율표 사업종류 209 화학제품제조업 20910 플라스틱 가공제품 제조업으로 변경하여 2006. 9. 13. 통보하고, 2006. 11. 13. 청구인에게 위 변경으로 인한 보험료율 차이에 따른 2003년도 확정보험료 부족액 7,183,950원 및 가산금 718,390원, 2004년도 확정보험료 부족액 9,261,740원 및 가산금 926,170원, 2005년도 확정보험료 부족액 9,766,460원 및 가산금 976,640원, 2006년도 개산보험료 10,517,730원 등 모두 36,729,880원의 산재보험료 및 2,621,200원의 가산금을 부과(이하 "이 사건 처분" 이라 한다)하였다.

2. 청구인 주장
   이에 대하여 청구인은 다음과 같이 주장한다.
   가. 청구인의 본사와 공장은 동일주소지에 소재하고 있기는 하나, 공장은 지하1층에,

본사는 지상8층에 위치하고 있고 등기가 별도로 되어 있으며 공장과 본사 사이에 수많은 중소기업들이 입주하고 있어 공장과 본사가 공간적으로 동일한 장소 또는 동일한 재해발생 위험권에 있다고 할 수 없는 점, 본사는 사업관장 및 판매업무를, 공장은 제품의 개발 및 생산업무를 담당하고 있는 점, 본사의 평균인원은 17명으로 연평균임금지급액이 4억7천만원, 공장의 평균인원은 10명으로 연평균임금지급액이 2억8천만원인 점 등을 볼 때 피청구인이 청구인의 본사와 공장을 일괄하여 하나의 사업으로 보아 공장을 기준으로 사업종류를 "플라스틱 가공제품 제조업" 으로 일괄 적용하여 산재보험료를 부과한 이 사건 처분은 위법·부당하다.

나. 「고용보험 및 산업재해보상보험의 보험료징수 등에 관한 법률」 제19조, 제24조에 의하면, 사업주는 매 보험연도 말일까지 사용한 근로자에게 지급한 임금총액에 산재보험료율을 곱하여 산정한 금액을 다음 보험연도의 3월 31일까지 공단에 신고하여야 하고, 사업주가 이를 신고하지 않거나 그 신고가 사실과 다른 때에는 공단은 사실을 조사하여 보험료를 산정하고 그 부족액을 징수하여야 하며, 그 징수하여야 할 보험료의 100분의 10에 상당하는 금액을 가산금으로 징수하도록 되어 있는바, 여기에서 "그 신고가 사실과 다른 때"라 함은 사업주가 임금총액 또는 보험료 등을 사실과 다르게 신고한 경우를 뜻하는 것이고 이 사건과 같이 피청구인이 사업종류를 직권으로 변경하는 경우는 이에 해당되지 않으므로 가산금을 부과한 이 사건 처분은 위법·부당하다.

3. 피청구인 주장

이에 대하여 피청구인은 다음과 같이 주장한다.

가. 산재보험의 적용단위는 사업 또는 사업장으로, 계속사업의 경우 동일한 장소에서 행하는 사업은 하나의 사업으로 취급하고 장소적으로 분리되어 행하는 사업은 인사, 노무, 경리의 독립 및 별도의 사업자등록 여부 등과 관계없이 별개의 사업으로 적용단위를 각각 달리하여 적용하는바, 청구인의 본사와 공장은 비록 층과 호실을 달리하여 사용하고 있더라도 같은 지번의 동일 건물 내에 위치하고 있어 동일 위험권 내의 하나의 사업으로 판단되고, 동일 위험권 내에서 같은 목적 사업으로 경제활동이 이루어지고 있으므로 산재보험을 적용함에 있어 그 적용단위도 하나로 하여 적용함이 타당하다.

나. 「고용보험 및 산업재해보상보험의 보험료징수 등에 관한 법률」 제17조, 제19조에 의하면, 사업주는 보험연도마다 그 1년 동안에 사용할 근로자에게 지급할 임금총액 추정액 및 매 보험연도 말일까지 사용한 근로자에게 지급한 임금총액에 산재보험료율을 곱하여 산정한 금액을 공단에 신고 및 납부하여야 하는바, 산재보험 사업종류를 "도소매 및 소비자용품수리업"으로 사실과 다르게 신고하고 사실과 다른 산재보험료율을 적용하여 납부하였으므로 가산금을 부과한 이 사건 처분은 정당하다.

4. 이 사건 처분의 위법·부당여부

가. 관계법령

고용보험 및 산업재해보상보험의 보험료징수 등에 관한 법률 제14조, 제17조, 제19조, 제24조

동법 시행령 제13조, 제14조

동법 시행규칙 제12조

나. 위법성

(1) 청구인 및 피청구인이 제출한 산재보험 사업종류 변경 통보, 보험료부과조사징수통지서, 사업자등록증, 법인등기부 등본, 부동산등기부 등본, 연도별 조직도 및 인원현황, 연도별 손익계산서, 공장 및 본사 사진, □□□ 관리사무소 확인서, 조사(출장)보고서, 사업장실태조사서, 공장등록증명(신청)서 등 각 사본의 기재를 종합하여 보면, 다음과 같은 사실을 각각 인정할 수 있다.

(가) 사업자등록증에 의하면, 청구인은 1997. 1. 9. 설립되었고 업태는 "제조, 도매"로, 종목은 "반사안전연관제품, 반사직물, 일반무역"으로 되어 있다.

(나) 산재보험 사업종류 변경 통보에 의하면, 피청구인은 1997. 1. 9.자로 청구인의 사업종류를 "도소매 및 소비자용품수리업"으로 하여 산재보험관계를 성립시켰고, 2006. 9. 13. 사업종류를 "프라스틱 가공제품 제조업"으로 변경하였다.

(다) 법인등기부 등본에 의하면, 청구인의 목적은 "1. 반사안전연관 제품제조 및 판매업, 2. 반사직물 제조 및 판매업, 3. 반사안전연관제품 수출입업, 4. 각호에 관련된 부대사업"으로 기재되어 있고, 2001. 12. 1. 본점주소를 "서울 ○○구 ○○동 448 □□□ 815호" 로 변경하였다.

(라) 부동산등기부 등본에 의하면, 청구인의 본사와 공장이 입주하여 있는 서울 ○○구 ○○동 448 □□□은 12층 아파트형공장으로 1층 3,991.72㎡, 2층 4,136.04㎡, 3층 4,211.49㎡, 4층에서부터 11층까지 각 4,220.93㎡, 12층 919.72㎡, 지하1층 8,464.19㎡, 지하2층 8,180.31㎡로, 청구인의 본사는 제8층 제815호 336.75㎡, 공장은 제지층(지하1층) 제106호 394.5㎡를 사용하고 있고, 소유자는 모두 "주식회사 ☆☆ 서울 ○○구 ○○동 448 □□□ 815호" 로 표시되어 있다.

(마) 피청구인 소속 직원인 청구 외 박○○의 2006. 9. 11.자 조사(출장)복명서에는 다음과 같은 내용이 기재되어 있다.

1) 청구인은 산재보험 사업종류가 ' 도소매 및 소비자용품수리업 ' 으로 현재까지 적용받던 중 2006. 5. 13. 업무상 재해를 입은 피재근로자 청구 외 문○○의 재해경위가 공장창고 내에서 핸드 그라인더를 이용하여 알루미늄 프로파일 컷팅작업을 하던 중 재해를 입은 경위로 요양승

인 된 사실이 확인되어 산재보험 사업종류 검토가 필요함.

2) 현재 종사하는 근로자는 관리팀 7명(이사 2명, 상무 1명 포함), 영업팀 5명, 생산 및 개발팀 9명임.

3) 주생산품 및 작업공정

가) 주생산품 : 반사안전연관제품(반사원단, 반사필름, 반사비닐, 반사실 등)

나) 작업공정 : 원자재 입고 → 아크릴소재 형상 성형 → 연질PVC결합 → 표면성형용PET필름합지 → 냉각 → 재단 → 검수 → 완제품

4) 청구인은 1997. 1. 9. 한국○○(주)법인으로 개시(2001. 12. 현 상호로 변경)되어 1997. 9. 공장이 설립되었음이 회사연혁에서 확인되고, 위 사업개시일부터 컴퓨터시스템 및 전산기계 등의 기계장치 구입 및 개발실·생산부 직원이 채용되었음이 사업장실태조사서에서 확인됨. 또한 한국산업단지공단에 등록된 공장등록증명서에서는 2002. 2. 15. 업종 ' 플라스틱접착테이프 및 기타표면도포제품제조업 ' 으로 등록되었음이 확인됨.

5) 2003 ~ 2005년도 재무제표 등 확인에서 손익계산서의 제품매출 및 제조원가에서 원재료매입 등이 확인됨.

6) 조사자 의견

가) 청구인은 1997. 1. 9. 사업개시일부터 반사안전연관제품제조로 사업자등록이 되었고, 또한 사업개시일에 전산기계 등 기계장치를 구입하여 제품 개발업을 수행하였음이 사업장실태조사서에서 확인됨.

나) 근로자내역에서는 사업개시일부터 개발실 및 생산부 직원이 채용되어 원자재 입고 → 아크릴소재 형상 성형 → 연질PVC결합 → 표면성형용PET필름합지 → 냉각 → 재단 → 검수의 작업공정으로 반사안전연관제품인 반사원단, 반사필름, 반사비닐, 반사실 등의 최종생산품이 확인되므로 당초에 적용된 업종은 착오로 결정되어 적용되었으므로 최초 보험관계 성립일인 1997. 1. 9.부터 산재보험업종을 "플라스틱 가공제품 제조업(20910)"으로 변경함이 타당하다고 사료됨.

(바) 공장등록증명(신청)서에 의하면, 공장소재지는 "서울특별시 ○○구 ○○동 448 □□□ 815호"로, 청구인의 공장등록일은 "2002-02-15"로, 종업원수는 "남: 19명, 여: 4명"으로, 공장의 업종(분류번호)은 "플라스틱접착테이프 및 기타표면도포제품제조업"으로 기재되어 있다.

(사) 피청구인이 2006. 11. 13. 청구인에게 2003년도 확정보험료 부족액 7,183,950원 및 가산금 718,390원, 2004년도 확정보험료 부족액 9,261,740원 및 가산금 926,170원, 2005년도 확정보험료 부족액 9,766,460원 및 가산금 976,640원, 2006년도 개산보험료 10,517,730원 등 모두 36,729,880원의 산재

보험료 및 2,621,200원의 가산금을 부과하였다.

(2) 이 사건 처분의 위법·부당 여부에 대하여, 먼저 청구인의 본사와 공장이 각각 독립된 사업장으로 볼 것인지 여부를 살펴보고, 하나의 사업장으로 본다면 본사와 공장을 하나의 사업장에서 하나의 사업을 행하는 것으로 보고 사업종류를 판별할 것인지 아니면 하나의 사업장에서 보험료율이 다른 2가지 사업을 행하는 경우로 보고 「고용보험 및 산업재해보상보험의 보험료징수 등에 관한 법률 시행령」 제14조의 규정에 의하여 주된 사업을 판별할 것인지 여부를 살펴보며, 마지막으로 가산금 징수와 관련하여 피청구인이 사업종류를 직권으로 변경하는 경우가 「고용보험 및 산업재해보상보험의 보험료징수 등에 관한 법률」 제19조제4항의 "그 신고가 사실과 다른 때"에 해당되는지 여부에 대하여 살펴본다.

(가) 관련 법령을 살펴보면, 「고용보험 및 산업재해보상보험의 보험료징수 등에 관한 법률」 제14조제3항에 의하면, 산재보험료율은 매년 9월 30일 현재 과거 3년 동안의 임금총액에 대한 산재보험급여총액의 비율을 기초로 하여, 「산업재해보상보험법」에 의한 연금 등 산재보험급여에 드는 금액, 재해예방 및 재해근로자의 복지증진에 드는 비용 등을 고려하여 사업의 종류별로 구분하여 노동부령으로 정한다고 되어 있고, 같은 법 시행령 제14조에 의하면, 하나의 장소(동일사업주인 경우에 한한다)에서 사업의 종류가 다른 사업이 2 이상 행하여지는 경우에는 그 중 근로자수 및 임금총액 등의 비중이 큰 주된 사업에 적용되는 산재보험료율을 당해 장소안의 모든 사업에 적용하고, 주된 사업은 ① 근로자의 수가 많은 사업, ② 근로자의 수가 동일하거나 그 수를 파악할 수 없는 경우에는 임금총액이 많은 사업, ③ 위 ①과 ②에 따라 주된 사업을 결정할 수 없는 경우에는 매출액이 많은 제품을 제조하거나 서비스를 제공하는 사업의 순서에 따라 결정한다고 되어 있으며, 같은 법 시행규칙 제12조에 의하면, 산재보험료율은 재해발생의 위험성과 경제활동의 동질성 등을 기초로 분류한 사업종류별로 구분하여 노동부장관이 정하여 고시하도록 되어 있고, 이에 따라 노동부장관이 고시한 산재보험료율표 중 사업종류 예시표 총칙 제2조, 제4조에 의하면, 사업종류와 사업종류별 사업세목은 ① 재해발생의 위험성, 경제활동의 동질성 및 임금총액에 대한 보험급여 총액비율, ② 적용사업단위의 주된 최종제품, 완성품, 제공되는 서비스의 내용, ③ 작업공정 및 내용에 따라 분류하고, 사업에 적용하는 보험료율은 이 예시표상의 해당 사업종류에 해당하는 보험료율을 적용하되, 하나의 장소에서 보험료율이 다른 2 이상의 사업이 행하여지는 경우에 있어서의 보험료율의 적용은 "주된 사업"에 적용되는 요율을 당해 장소 안의 모든 사업에 적용하고 최종적으로 판매 또는 제공되는 재화·서비스를 산출하기 위한 보조활동(인

사·회계·경리 등 행정업무, 구매, 판매 등)은 별도로 분리하지 않고 최종재화 또는 서비스를 중심으로 사업종류를 결정하여 하나의 장소(동일사업주인 경우에 한한다)에는 하나의 보험료율을 적용한다고 되어 있다.

(나) 먼저 청구인의 본사 및 공장이 각각 독립된 사업장인지 여부에 대하여 살펴보면, 산재보험관계의 적용단위가 되는 사업 또는 사업장이라 함은 일정한 장소를 바탕으로 유기적으로 단일하게 조직되어 계속적으로 행하는 경제적 활동단위를 가리키는 것이고, 사업주 사이의 공평한 부담을 담보하여야 하는 법의 취지에 비추어 어떠한 사업 내지 사업장이 단일한 것인지 별개의 독립한 것인지를 판단하기 위해서는 반드시 각 사업장의 장소적 분리 여부만에 의하여 결정할 것은 아니고, 각 사업장에서 이루어지는 경제적 활동의 내용이 보험가입자의 최종적 사업목적을 위하여 유기적으로 결합되어 있는지, 각 사업장이 전체적으로 재해발생의 위험도를 공유한다고 볼 수 있는지 여부 등에 따라 합목적적으로 판단하여야 한다.

청구인은 본사와 공장이 동일주소지에 소재하고 있기는 하나, 공장은 지하1층에, 본사는 지상8층에 위치해 있고 등기가 별도로 되어 있으며 공장과 본사 사이에 수많은 중소기업들이 입주하고 있어 공장과 본사가 공간적으로 동일한 장소 또는 동일한 재해발생 위험권에 있다고 할 수 없기 때문에 청구인의 본사와 공장은 독립된 사업장이므로 본사는 “기타의 각종사업”으로, 공장은 “프라스틱가공제품제조업”으로 분리하여 적용해야 한다.

(다) 마지막으로 피청구인이 사업종류를 직권으로 변경하는 경우가 「고용보험 및 산업재해보상보험의 보험료징수 등에 관한 법률」 제19조제4항의 “그 신고가 사실과 다른 때”에 해당되는지 여부에 대하여 살펴보면, 「고용보험 및 산업재해보상보험의 보험료 징수 등에 관한 법률」 제19조, 제24조에 의하면, 사업주는 매 보험연도의 말일까지 사용한 근로자에게 지급한 임금총액에 고용보험료율 및 산재보험료율을 각각 곱하여 산정한 금액을 다음 보험연도의 3월 31일까지 공단에 신고하도록 되어 있고, 사업주가 이를 신고하지 아니하거나 그 신고가 사실과 다른 때에는 공단은 사실을 조사하여 보험료를 산정하고 부족액을 징수하여야 하며, 그 징수하여야 할 보험료의 100분의 10에 상당하는 금액을 가산금으로 징수하도록 되어 있는바, 여기에서 “그 신고가 사실과 다른 때”라 함은 청구인이 매년 사업종류를 피청구인에게 신고하는 것은 아니므로 사업주가 임금총액 또는 보험료 등을 사실과 다르게 신고한 경우를 말한다고 할 것이고, 가산금은 보험료의 성실한 신고의무 이행을 확보하기 위한 수단으로서 신고의무자에게 귀책사유가 있을 것을 전제로 하는 것이므로 청구인 사업장은 최초 피청구인이 “도소매 및 소비자용품수리업”으로 산재보험관계를 인정·성립한 사업장으로서, 청구인은 피청구인이 결정하여 준 사업종류의 보험요율대로

보험료를 지금까지 납부하여 왔으므로 청구인에게 귀책사유가 있다고 볼 수 없는 점, 조사(출장)보고서에 당초에 적용된 업종은 피청구인이 착오로 결정한 것으로 되어 있는 점 등을 고려할 때, 이 사건 처분 중 피청구인이 청구인의 사업종류를 직권으로 변경하여 소급 적용하면서 이에 따른 가산금을 부과한 부분은 위법·부당하다 할 것이다.

5. 결 론

그렇다면 피청구인이 청구인의 사업종류를 직권으로 변경하여 소급 적용하면서 이에 따른 가산금을 부과한 부분은 위법·부당하다 할 것이다.

첨 부 서 류

1. 갑 제1호증	사업인수 이전 체납보험료 내역서
1. 갑 제2호증	산업재해보상보험료 납입고지서
1. 갑 제3호증	부동산매매계약서
1. 갑 제4호증	체납산재보험료납부최고 및 압류부동산공매 통보서
1. 갑 제5호증	사업자등록증 1부
1. 갑 제6호증	등기부등본 1부
1. 갑 제7호증	국세체납처분에의한압류등기촉탁서,
1. 갑 제8호증	보험관계변경신고서
1. 갑 제9호증	주민등록등본 1부
1. 갑 제10호증	그 외 증거서류

20○○. ○. ○

근로복지공단(서울관악지사) 귀하

[서식 57] 산업재해보상보험료등부과처분취소청구 (도급에 의하여 원수급 인법적용)

심판청구서

사건명 산업재해보상보험료등부과처분취소청구
처분청 근로복지공단(대구지역본부)

청 구 취 지

1. 피청구인이 2006. 9. 19. 청구인에 대하여 한 산업재해보상보험 보험료 31만 4,320원과 고용보험 보험료 10만 5,070원의 부과처분을 취소한다.
2. 피청구인이 2006. 11. 1.과 2006. 12. 6. 청구인에 대하여 한 산업재해보상보험 급여징수금 3,995만 7,640원과 5,000원의 부과처분을 취소한다.

라는 재결을 구합니다.

청 구 원 인

1. 사건개요

청구인이 2006. 6. 2. 교회본당(A동)의 대수선 및 일부 증축공사와 교육관(C동) 증축공사를 시행함에 있어 A동의 대수선공사(이하 'A동 공사' 라 한다)는 주식회사 ☆☆종합건설(이하 ' (주)☆☆ ' 이라 한다)을 시공자로, A동과 C동의 증축공사(이하 'C동 공사' 라 한다)는 청구인의 직영공사로 구청에 신고하고 공사를 진행하던 중 2006. 7. 3. (주)☆☆에 의해 채용되어 공사현장에서 근무 중이던 고 배○○가 업무상 재해로 사망하자 피청구인은 2006. 9. 19. 청구인에게 산업재해보상보험 보험료 31만 4,320원과 고용보험 보험료 10만 5,070원을 부과하고 2006. 11. 1.과 2006. 12. 6. 청구인이 산재보험관계 성립신고를 게을리 한 기간 중에 업무상 재해가 발생했다는 이유로 재해근로자에게 지급한 보험급여액의 100분의 50에 해당하는 3,995만 7,640원(유족연금에 대한 징수분)과 5,000원(진료비에 대한 징수분)을 부과하는 처분(이하 '이 사건 처분' 이라 한다)을 하였다.

2. 당사자 주장

가. 청구인 주장

(본안 전 주장)

피청구인이 2006. 9. 21. 등기우편물을 수령했다고 주장하는 현장소장 김□□은 청구인과 전혀 관련이 없는 사람이므로 적법한 송달로 볼 수 없고, 피청구인이 보험료징수통지서를 팩스로 재송달한 2006. 10. 16. 비로소 처분이 있음을 알았으므로 심판청구기간이 도과하지 않은 적법한 청구이다.

(본안에 대한 주장)

(1) 청구인은 이 사건 공사를 모두 (주)☆☆에 도급을 주었고 도급계약도 유효하게 성립하였다. 착공신고일인 2006. 6. 2. (주)☆☆의 대표이사인 김○○에게 계약금을 전달하였는바, 800만원은 A동 공사의 계약금, 4,200만원은 C동 공사의 계약금으로 준 것이다.

(2) 김○○은 청구인 교회 집사신분으로 교회로부터 공사의 관리감독으로 선임되어 C동 공사를 하였다고 주장하나, 계약서 체결 이전에 김○○은 이미 건축기성회원이 아니었으며, 서리집사는 세례교인 정도의 신분일 뿐인데 청구인이 그를 공사감독으로 선임할 이유가 없다. 또한, C동 공사와 관련하여 각종 영수증의 발급을 청구인 교회 또는 김○○ 개인 명의가 아닌 (주)☆☆ 명의로 한 것은 김○○이 (주)☆☆의 대표이사 자격으로 공사를 수행하였음을 반증하는 것이다.

(3) 「고용보험 및 산업재해보상보험의 보험료징수 등에 관한 법률」 (이하 ' 보험료징수법 ' 이라 한다) 제9조제1항에 따르면, 건설업 등 대통령령이 정하는 사업이 여러 차례의 도급에 의하여 행하여지는 경우에는 그 원수급인을 이 법의 적용을 받는 사업주로 본다고 하고 있는바, 청구인으로부터 이 사건 공사를 모두 도급받은 원수급인인 (주)☆☆이 산재법상의 사업주로 책임을 져야한다.

(4) 대구지방법원이 2007. 4. 20. 김○○에 대해 「산업안전보건법」 위반으로 약식명령을 선고하고, 2007. 8. 21. 재해사고 당시 현장소장이었던 이○○에 대해 업무상과실치사를 이유로 금고 8월에 집행유예 2년을 선고한 것은 (주)☆☆이 이 사건 공사의 사업주라는 점을 인정한 것이다.

나. 피청구인 주장

(본안 전 주장)

청구인의 행정심판청구 중 2006. 9. 19.자 고용보험 보험료 10만 5,070원과 산업재해보상보험 보험료 31만 4,320원의 부과처분은 2006. 9. 21. 등기우편으로 청구인 사업장의 현장소장이던 김□□이 수령하였고 청구인은 2007. 1. 12. 이 사건 심판청구를 하였는바, 「행정심판법」 제18조제1항에 따르면 처분이 있음을 안 날로부터 90일을 도과한 것이므로 각하되어야 한다.

(본안에 대한 주장)

(1) (주)☆☆의 대표이사인 김○○은 A동 공사에 대해서는 계약이 성립하였으나, C동 공사에 대하여는 2006. 6. 2. 착공신고 이전에 건축기성회에 세금문제를 해결해 주지 않으면 계약할 수 없다는 의사를 전달하여 계약을 파기하고 이후

C동 공사에 대한 착공신고서에는 날인을 하지 않았으며, 착공신고일 이후에 다시 작성된 계약서도 없다. 김○○이 C동 공사와 관련하여 4,200만원을 받은 것은 계약금이 아닌 자재구입비 명목으로 받는 것이라고 청구인 교회 측에 의사표시를 하였다. 또한 A동 공사에 대한 공사포기 각서는 있어도 C동 공사에 대한 공사포기 각서가 없는 것은 C동 공사에 대한 계약이 없었다는 반증이다. 따라서 C동 공사에 대한 계약은 유효하게 해제되었고 이후 다시 계약이 체결된 바도 없다.

(2) 한편, 이후 진행된 C동 공사는 김○○이 교회 건축기성회원 및 집사의 신분으로 청구인 교회 측으로부터 공사관계 관리감독을 위임받은 선임된 공사관리자로서 청구인의 지휘·감독 하에 행한 것이며, 착공신고서에도 C동의 시공자를 청구인으로 한 점 등에 비추어 볼 때 청구인 직영으로 행한 공사라고 볼 것이다. 따라서 보험료징수법 제2조제4호에 따르면, 발주자가 사업의 일부를 직접 행하는 경우에는 발주자를 이 법에 의한 원수급인으로 본다고 규정하고 있는바, 청구인이 행한 C동 공사에 대하여는 청구인이 시공자로서 보험가입자가 되는 것이 타당하다.

(3) 청구인은 김○○이 고 배○○의 업무상재해와 관련하여 「산업안전보건법」 위반으로 법원으로부터 약식명령을 받았으므로 (주)☆☆을 산재법상의 사업주라고 주장하나, 「산업안전보건법」 은 「산업재해보상보험법」 과 입법목적이 전혀 다르므로 피청구인은 이에 구속되지 않는다.

3. 관계법령

행정심판법 제18조

산업재해보상보험법 제6조

고용보험 및 산업재해보상보험의 보험료징수 등에 관한 법률 제2조 및 제9조제1항

4. 인정사실

청구인과 피청구인이 제출한 건축허가대장, 착공신고서, 도급계약서, 조사복명서 등 각 사본의 기재내용을 살펴보면, 다음과 같은 사실을 인정할 수 있다.

가. 청구인은 2006. 5. 1. 대구광역시 ○○구청장으로부터 이 사건 공사에 대한 건축허가를 받았다.

나. 청구인과 (주)☆☆ 간에 2006. 5. 24.자로 작성된 도급계약서에 따르면, 두 차례에 걸쳐 계약금 등이 변경되었는데 그 내용은 다음과 같다.

- 다 음 -

계약서 1)

- 본당지붕수선공사; 4,023만 5,000원정(계약금 800만원정)
- 증축공사; 2억 9,241만 4,000원정(A동, C동, 계약금 4,200만원)

계약서 2)

- 본당지붕대수선공사: 7,600만원정(계약금 800만원정)
- 증축공사: 2억 5,990만원정(A동, C동, 계약금 4,200만원)

다. 2006. 6. 2.자로 작성된 입금표에 따르면, (주)☆☆이 청구인으로부터 800만원(세액 72만7,273원 포함)과 4,200만원(세액 미기재)을 각각 영수하였다고 기재되어 있고, 2006. 6. 2.자로 작성된 세금계산서에 따르면, 공급자 (주)☆☆이 수급자는 청구인에 대하여 본당지붕대수선공사 명목으로 800만원(공급가액 727만 2,727원, 세액 72만7,273원)을 수령한 것으로 기재되어 있다.

라. 2006. 6. 1.자 착공신고서에 따르면, 건축주는 청구인이고, 공사시공자는 "(주)☆☆"으로, 도급금액은 "7,600만원"으로, 도급일자는 "2006. 5. 24."로, 동별 건축행위자는 A동(101.1제곱미터)의 경우 "(주)☆☆종합건설"로, C동(468.33제곱미터)의 경우 청구인으로 기재되어 있다.

마. 피재자 고 배○○는 (주)☆☆에 의해 채용되어 2006. 6. 2.부터 2006. 6. 30.까지의 기간 중에 14일간 A동 공사현장에서 설비공으로 근무하던 자로서, 2006. 7. 3. C동 증축공사현장 지하에서 천공공사를 하던 중 내부 전선파열로 인한 감전 및 뇌진탕으로 사망하였다.

바. 피청구인 측 직원이 2006. 7. 25.자로 작성한 이○○과의 문답서에 따르면, 다음과 같은 내용이 기재되어 있다.

－ 다 음 －

문 : 망인(고 배○○)의 일당은 누가 결정하였나요?

답 : 본인(이○○)이 사업주(김○○)의 포괄적 위임을 받아 일용근로자의 채용 및 임금단가를 결정하였습니다.

문 : 망인이 사고당일 C동 현장에서 작업을 하게 된 경위는 무엇인가요?

답 : 사고당일은 폐사가 교회로부터 도급받은 공사현장에서 작업을 하지 않고 교회직영공사장인 C동에서 작업을 처음으로 하게 되었는데, 본인은 사전 사업주의 지시로 망인과 함께 C동 증축에 따른 추가 오수배관 설치작업을 위한 일련의 작업을 하게 되었습니다.

문 : 귀하가 C동 공사와 관련하여 사업주로부터 지시받은 내역은 구체적으로 무엇인가요?

답 : 본인은 사전에 사업주로부터 C동에 대해서는 교회에서 직영으로 공사를 하고 있으나 인력 및 자재 제공에 대하여 협조해 주기로 하였다는 이야기를 들은

바 있으며, C동 작업을 하는 경우 망인은 사업주가 교회로부터 일당을 받아 망인에게 지급하는 식으로 근로를 하였습니다.

문 : 사고당일 망인에게 C동 공사현장에서 작업을 하도록 지시한 사람은 누군가요?

답 : 본인은 사전에 사업주로부터 C동 공사현장에서 작업을 하도록 지시받았는바, 재해당일 망인은 본인의 지시로 본인과 함께 C동 공사현장에서 작업을 하였습니다.

문 : 망인은 평소 참으로 술을 마시지는 않았나요?

답 : 인부들은 근무시간 중 참으로 술을 마시지 못하도록 본인이 통제를 하였고, 망인의 경우 평소 술을 마시지 않았습니다.

사. (주)☆☆이 2006. 7. 6.자로 청구인에게 보낸 대수선공사중지의 건에 따르면, 청구인이 시공사로 착공신고서를 제출한 C동 교육관이 산재보험 의무가입대상임에도 산재보험 미가입 상태로 산재사고가 발생하였는데 청구인이 시공사로 되어 있어 (주)☆☆은 산재가입 자격이 없으므로 산재보험 가입 시부터 공사를 재개하겠다는 취지로 기재되어 있다.

아. (주)☆☆이 2006. 7. 28. 대구광역시 ○○구청장에게 제출한 공사포기각서에 따르면, 공사명은 "○○○ 서부교회 본당 지붕 대수선 공사"로, 공사기간은 "2006. 6. 1. ~ 2006. 8. 31."로, 공사금액은 "7,600만원"으로 기재되어 있고, 청구인(갑)과 (주)☆☆(을)간에 다음과 같은 합의 사항이 기재되어 있다.

- 다 음 -

1. 2006. 6. 1. ~ 2006. 7. 28.까지 시공한 공사에 대하여 정산한다(정산내역은 공사원가계산서로 한다).
2. 갑은 C동 공사 중 철 골조 부분은 ○○공업이 시공하도록 한다(공사금액은 을의 견적금액 4,817만 8,595원으로 한다).
3. 갑은 ○○공업과 계약 후 을이 ○○공업에 지급한 2,000만원을 을에게 지급한다.
4. C동에 대한 산재, 고용보험의 가입자격이 을로 지정이 될 경우에는 갑은 C동에 대한 모든 세금을 을에게 즉시 지급한다.

자. 청구인은 2006. 8. 10. ○○건설과 본당 및 지붕대수선공사에 대해 부가세 포함 1억 9,459만원에 도급계약을 체결하였다가, 2006. 9. 20. 도급금액을 2억 531만 5,000원으로 변경하였다.

차. 피청구인은 2006. 9. 18.자로 청구인에 대하여 산재보험료 31만 4,320원과 고용보험료 10만 5,070원을 부과한다는 처분을 하고 이를 2006. 9. 20. 등기우편으로 발송

하여 당시 ○○건설 소속의 현장소장인 김□□이 2006. 9. 21. 이를 수령하였다.

카. 피청구인은 2006. 10. 16. 청구인의 요청에 의해 위 부과처분의 내역을 청구인에게 모사전송의 방식으로 재송달하였다.

타. 피청구인은 2006. 11. 1. 고 배○○에 대하여 지급한 유족연금의 50%에 해당하는 보험급여액 징수금 3,995만 7,640원을 청구인에게 부과하였다.

파. 피청구인은 2006. 12. 6. 고 배○○에 대하여 지급한 진료비의 50%에 해당하는 보험급여액 징수금 5,000원을 청구인에게 부과하였다.

하. 2007. 2. 21. 피청구인 소속 직원의 유선통화복명서에 따르면, 피청구인은 2006. 9. 20.자 보험료 납부통지서 등이 들어 있는 등기우편물을 수령했던 김□□과 통화를 한 결과, 김□□은 (주)○○건설이 행한 청구인 교회 증축공사와 관련하여 내부개수공사를 하도급 받은 자로 등기우편물을 받아 교회 사무실에 있었던 사람에게 전하였는데 그 사람이 누구였는지는 기억이 나지 않는다고 진술한 것으로 기재되어 있다.

거. 검찰은 고 배○○의 사망과 관련하여 2007. 4. 9. (주)☆☆과 김○○에 대하여 「산업안전보건법」 제66조의2 위반으로 기소하였고, 대구지방법원은 2007. 4. 20. (주)☆☆과 김○○에 대하여 각각 벌금 200만원의 약식명령을 하였고, 동 약식명령은 확정되었다.

5. 이 사건 청구의 적법 여부

가. 피청구인이 이 사건 청구는 처분이 있음을 안 날로부터 90일이 경과되어 제기된 부적법한 청구로 각하되어야 한다고 주장하므로 이에 대하여 살펴보면, 「행정심판법」 제27조 제1항의 규정에 의하면, 행정심판청구는 처분이 있음을 안 날로부터 90일 이내에 제기하여야 한다고 되어 있고, 여기에서 "처분이 있음을 안 날"이라 함은 당사자가 통지·공고 기타의 방법에 의하여 당해 처분이 있었다는 사실을 현실적으로 안 날뿐만 아니라, 객관적으로 알 수 있는 상태에 이른 날도 포함하는 것이라 할 것이며, 등기우편으로 당해 처분통지서가 배달되는 경우에는 「우편법」 의 관련 규정에 의하여 우편배달원이 그 수령사실의 확인을 받고 배달하여야 하도록 되어 있으므로 처분의 내용을 기재한 서류가 당사자의 주소지에 송달되어 수취인·동거인, 또는 수령대리인 등이 당해 처분통지서를 수령한 때에는 사회관념상 처분이 있음을 당사자가 알 수 있는 상태에 놓여진 때에 해당하여 반증이 없는 한 그 처분이 있음을 알았다고 추정할 수 있다고 할 것이다. 한편, 「행정절차법」 제24조에 따르면, 행정청이 처분을 하는 때에는 다른 법령 등에 특별한 규정이 있는 경우를 제외하고는 문서로 하도록 하되, 신속을 요하거나 사안이 경미한 경우에는 구술 기타 방법으로 할 수 있도록 하고 있다.

나. 위 인정사실에 의하면, 피청구인이 2006. 9. 20. 이 사건 처분통지서를 청구인의 주소지로 발송하여, 국내등기우편조회서상 김□□이 2006. 9. 21. 이 사건 처분통지서를 수령한 것으로 기재되어 있으나, 위 김□□은 청구인으로부터 사업을 도급받은 (주)○○건설에 의해 고용된 직원으로 청구인의 피용자 내지 사무원 등 청구인과 직접적인 관련이 있는 자로 보기 어려운 점, 위 김□□이 처분통지서를 수령하여 누구에게 전달하였는지도 기억하지 못하고 있는 점 등을 감안할 때 위 김□□이 청구인의 피용자 등 수령대리인에 해당한다거나 청구인에게 처분통지서가 전달되었다고 보기도 어려운 점 등에 비추어 볼 때 위 김□□이 이 사건 처분통지서를 수령한 때 청구인이 객관적으로 처분이 있음을 알았다고 볼 수는 없다. 다만, 피청구인이 청구인의 요청에 의해 이 사건 처분을 청구인에게 모사전송의 방식으로 통지한 2006. 10. 16. 청구인에게 이 사건 처분의 통지가 도달하였음을 알 수 있고 이 날 청구인이 이 사건 처분이 있음을 객관적으로 알 수 있는 상태에 이르렀다고 할 수 있으므로 이 사건 청구는 청구인이 2007. 1. 12. 행정심판을 청구하여 처분이 있음을 안 날인 2006. 10. 16.부터 90일 이내에 청구된 것이 분명하므로 행정심판 청구요건을 갖춘 적법한 심판청구라 할 것이다.

6. 이 사건 처분의 위법성

가. 보험료징수법 제2조제2호 및 「산업안전보건법」 제2조제2호에 따르면, "근로자"는 「근로기준법」 상의 근로자를 의미한다고 되어 있어 양법 모두 "근로자" 의 정의가 같고, 「산업재해보상보험법」 제5조 및 보험료징수법 제5조에 따르면, 「산업재해보상보험법」 은 근로자를 사용하는 모든 사업에 적용되고, 「산업재해보상보험법」 의 적용을 받는 사업의 사업주는 당연히 산업재해보상보험의 보험가입자가 되는 것으로 규정하고 있어 "사업주"는 근로자를 사용하여 사업을 행하는 자를 의미하는바,「근로기준법」 상 근로자는 근로자가 사업 또는 사업장에 임금을 목적으로 종속적인 관계에서 사용자에게 근로를 제공하였는지 여부에 따라 판단하여야 하는 것이고, 이를 판단함에 있어서는 업무의 내용이 사용자에 의하여 정하여지며, 업무수행과정에 있어서도 사용자로부터 구체적이고 직접적인 지휘·감독을 받는지 여부, 사용자에 의하여 근무 시간과 근무 장소가 지정되고 이에 구속을 받는지 여부, 보수가 근로 자체의 대가적 성격을 갖고 있는지 여부와 사회보장제도에 관한 법령 등 다른 법령에 의하여 근로자로서의 지위를 인정하여야 하는지 여부 등을 종합적으로 고려하여야 한다.

나. 또한, 「근로기준법」 상 사용자는 사업주 또는 사업경영담당자 기타 근로자에 관한 사항에 대하여 사업주를 위하여 행위 하는 자라고 명시되어 있는바, 근로조건의 결정 등에 대하여 업무명령을 발동하거나 근로자에 대하여 구체적인 지휘·명령

권한을 가지는 자를 말하는 것이고, 이를 판단함에 있어서는 작업내용에 대해 개별적·구체적으로 지시가 있었는지 아니면 단순한 편의제공차원의 지원을 한 것인지 등을 종합적으로 고려하여야 한다.

다. 피청구인은 김○○이 C동 공사에 대하여는 착공신고일인 2006. 6. 2. 이전에 청구인 교회의 건축기성회에 세금문제를 해결해 주지 않으면 계약할 수 없다는 의사를 전달하여 계약을 파기하였고, 이후 진행된 C동에 대한 공사는 김○○이 청구인 교회의 건축기성위원 및 집사의 신분으로 청구인 교회 측으로부터 공사관계 관리감독을 위임받은 선임된 공사관리자로서 청구인의 지휘·감독 하에 행한 것이며, 착공신고서에도 C동의 시공자를 청구인으로 한 점 등에 비추어 볼 때 청구인을 산재법상의 사업주로 보아 행한 이 사건 처분은 적법·타당하다고 주장하나, 위 인정사실에 의하면, 비록 청구인이 이 사건 C동 공사와 관련하여 착공 신고서상에 시공자로 신고 되었다고 하더라도, 청구인과 (주)☆☆ 사이에 이루어진 도급계약의 계약서에 (주)☆☆의 대표이사가 날인을 한 점, 이후 계약해제의 의사표시가 공사착공 이전에 청구인 측에 전달되어 계약이 해제되었다거나 김○○이 청구인에 의해 공사관리자로 선임되었음을 입증할 만한 다른 증거방법이 없는 점, C동 공사와 관련하여 세금계산서 내지 입금표 등을 김○○ 개인 명의가 아닌 (주)☆☆의 명의로 발급하였고 여기에 기재된 금액이 계약서상의 A동에 대한 계약금 800만원 및 C동에 대한 계약금 4,200만원과 액수에 있어 일치하고 있는 점, 그 외 청구인이 C동 공사를 실제 시공하였음을 인정할 만한 다른 소명자료도 없는 점 등을 고려할 때 이에 대한 피청구인의 주장은 이유 없다.

라. 한편, 고 배○○는 (주)☆☆에 의해 일당 10만원의 임금을 받는 설비공으로 채용되어 2006. 6. 2.부터 공사현장에서 일용직 근로자로 근무한 점, 공사와 관련된 구체적인 작업지시는 (주)☆☆ 소속직원인 현장소장 이○○에 의해 이루어진 점 등에 비추어 고 배○○가 (주)☆☆의 사용자인 김○○의 실질적인 지휘·감독 하에 근무하고 있어서 지배·종속관계가 유지되었다고 볼 수 있는 점 등을 고려해 볼 때 고 배○○는 사고 당시 (주)☆☆에 임금을 목적으로 근로를 제공하는 근로자로 보는 것이 타당하다.

마. 따라서 위 사실들을 종합해 보면, 고 배○○는 (주)☆☆에서 임금을 목적으로 근로를 제공하여 (주)☆☆과 사용종속관계에 있는 근로자에 해당한다고 할 것이고, (주)☆☆이 고 배○○에 대한 관계에서 보험료 납부의무를 지는 사업주의 지위에 있다고 할 것이므로 피청구인이 청구인을 산재법상의 사업주로 보아 행한 이 사건 처분은 위법·부당하다.

7. 결 론

그렇다면 피청구인이 청구인을 산재법상의 사업주로 보아 행한 이 사건 처분은 위법·부당하다.

첨 부 서 류

1. 갑 제1호증 사업인수 이전 체납보험료 내역서
1. 갑 제2호증 산업재해보상보험료 납입고지서
1. 갑 제3호증 부동산매매계약서
1. 갑 제4호증 체납산재보험료납부최고 및 압류부동산공매통보서
1. 갑 제5호증 사업자등록증 1부
1. 갑 제6호증 등기부등본 1부
1. 갑 제7호증 국세체납처분에의한압류등기촉탁서,
1. 갑 제8호증 보험관계변경신고서
1. 갑 제9호증 주민등록등본 1부
1. 갑 제10호증 그 외 증거서류

20○○. ○. ○

근로복지공단(대구지역본부) 귀하

[서식 58] 산업재해보상보험료등부과처분취소청구 (청구인은 허가받은 건축물의 공사 전체를 도급)

심판청구서

사건명 산업재해보상보험료등부과처분취소청구
처분청 근로복지공단(성남지사)

청 구 취 지

피청구인이 2006. 10. 17. 청구인에 대하여 한 2006년도 고용보험 및 산업재해보상보험료 447만 9,300원의 부과처분을 취소한다.
라는 재결을 구합니다.

청 구 원 인

1. 사건개요

청구인은 2005. 12. 7.○○군으로부터 제조시설 등 용도의 건축물에 대한 건축허가를 받고 도급에 의해 건설공사를 하였으나, 피청구인은 위 공사 중 도급에 의한 건설공사 외에 청구인이 직영으로 공사한 부분이 있으며, 또한 인접 건축주인 김○○이 2005. 12. 26.○○군으로부터 건축허가를 받은 건축물도 청구인이 위임받아 공사하였다는 이유로, 청구인과 김○○의 건설공사 중 청구인이 직영으로 공사한 부분에 대한 임금을 산정한 후, 2006. 10. 17. 청구인에게 2006년도 고용보험료 및 산업재해보상보험료 447만 9,300원(연체금 포함)을 부과(이하 “이 사건 처분” 이라 한다)하였다.

2. 청구인 주장

가. 청구인은 허가받은 건축물의 공사 전체를 도급에 의해 진행하여 직접 공사한 부분이 없음에도 불구하고, 피청구인은 청구인이 어느 부분을 직영으로 공사하였다는 것인지 밝히지도 않은 채 획일적인 표준단가에 의해 총공사금액과 도급액을 산정한 후 그 차액을 청구인의 직영공사금액으로 간주하였다.

나. 또한, 청구인이 원가절감을 위해 인접한 건축주인 김○○과 자재의 공동구매, 공사수급인의 공동선정, 건축설계의 통일 등을 통해 긴밀히 협의하였다는 이유로, 피청구인은 김○○의 공사부분에 대해서까지 청구인에게 고용보험료 및 산업재해보상보험료를 부과하였으므로, 이 사건 처분은 위법·부당하다.

3. 피청구인 주장

가. 건설업자가 아닌 자가 시공하는 건설공사는 대부분 공사비 내역을 명시하지 않거

나 그 객관적 신뢰도가 부족하므로, 피청구인은 「고용보험 및 산업재해보상보험의 보험료징수 등에 관한 법률 시행령」 제2조제2호 단서에 의해 노동부장관이 정하여 고시하는 방법에 따라 이 사건 공사의 총공사금액을 산정하였고, 관련 법령에 의해 보험관계를 적용하여 이 사건 처분을 한 것이다.

나. 청구인과 김○○은 인접한 공사현장에서 유기적인 관계를 유지하며 자재의 공동구매, 공사수급인의 공동선정 등 원가절감을 이유로 공동시공을 하고 있었고, 비록 사후 정산을 통해 공사비를 각자 부담하였으나 한 건으로 도급계약을 체결하고 공사대금 역시 총괄 지급하는 등 공사현장의 구분이 없는 점으로 보아, 청구인은 모든 공사의 추진을 위임받은 것으로 보이므로 청구인에게 이 사건 처분을 하였다.

4. 관계법령

구 고용보험법(2006. 10. 4. 법률 제8050호로 개정되기 전의 것) 제7조

구 산업재해보상보험법(2007. 4. 11. 법률 제8373호로 개정되기 전의 것) 제5조

구 고용보험 및 산업재해보상보험의 보험료 징수 등에 관한 법률(2006. 12. 28. 법률 제8117호로 개정되기 전의 것) 제2조제4호, 제9조, 제13조

구 고용보험 및 산업재해보상보험의 보험료 징수 등에 관한 법률 시행령(2007. 3. 27. 대통령령 제19973호로 개정되기 전의 것) 제2조 및 제11조

5. 인정사실

당사자간 다툼 없는 사실 및 청구인과 피청구인이 제출한 보험료 납입고지서, 사업자등록증, 건축허가서, 도급계약서, 공장사진, 산재 및 고용보험 성립신고 안내 통지문, 공사의 각 부분 수급자 고용 및 산재보험성립통지서, 건설공사보험관계성립신고서 등 각 사본의 기재를 종합하여 보면, 다음과 같은 사실을 각각 인정할 수 있다.

가. 청구인은 경기도 ○○군 ○○면 ○○리 676번지에 위치한 식음료·축산물 가공·유통회사로 2005. 12. 7. 경기도 ○○군 ○○면 ○○리 산35번지의 제조업시설 및 소매점(이하 "A동"이라 한다)에 대해 ○○군으로부터 건축허가를 받았고, 2006. 2. 24. 경기도 ○○군 △△면 △△리 883-4번지 등의 농수산물 가공처리시설에 대해 ○○군으로부터 건축허가를 받았으며, 김○○은 "○○통상"이라는 상호로 창고업을 하던 자로서 2005. 12. 26. 경기도 ○○군 ○○면 ○○리 678-2번지의 제1종근린생활시설(이하 "B동"이라 한다)에 대해 ○○군으로부터 건축허가를 받았다.

나. 청구인과 김○○은 A동과 B동을 건축하기 위해 아래 공사에 대해 공사수급인의 공동선정, 계약서의 공동 작성 등의 방법으로 도급계약을 체결하였고, 도급계약서의 내용, 도급을 받은 수급자들이 고용보험 및 산업재해보상보험에 가입한 내역 등은 아래와 같다.

(1) 외벽 및 철골보수공사계약서에 따르면, 공사명은 "(주)○○ 공장 A동 및 B동

판넬 외벽 및 철골보수공사 시공” 으로, 공사총액은 “2,300만원(A동, B동 합계금액임)” 으로, 계약자는 “(갑)A동 건축주 청구인, B동 건축주 김○○, (을)공사 수급인 권○○” 라고 기재되어 있고, 수급자 권○○는 2006. 7. 19. 공사액 2,300만원으로 고용보험 및 산업재해보상보험에 가입하였다.

(2) 전기공사계약서에 따르면, 공사명은 “(주)○○공장 ㉮, ㉯, ㉰, ㉱동(4개동) 전기공사 일체 시공(㉮, ㉯동의 건축주는 청구인, ㉰, ㉱동의 건축주는 김○○이라고 기재됨)” 으로, 공사총액은 “1,700만원” 으로, 계약자는 “(갑)A동 건축주 청구인, B동 건축주 김○○, (을)공사 수급인 이○○” 이라고 기재되어 있고, 수급자 이○○은 2006. 9. 18. 공사액 1,700만원으로 고용보험 및 산업재해보상보험에 가입하였다.

(3) 철골공사의 경우, 수급자 조○○은 청구인 및 김○○과 각각 별도의 계약을 하였고, 각 계약서에 따르면 공사명은 “○○ ○○리 근린생활시설 신축공사” 로 동일하고, 도급총액도 3,200만원으로 같으며, 수급자 조○○은 2006. 10. 2. 공사액 3,200만원으로 고용보험 및 산업재해보상보험에 가입하였다.

다. 피청구인은 수급자들이 각각 고용보험 및 산업재해보상보험의 가입을 마친 후 위 보험가입이 A동 및 B동에 대한 도급공사임을 알게 되었고, A동 및 B동의 공사는 건설업자가 아닌 자가 시공하는 건설공사라는 이유로 노동부고시 제2004-68호에 의한 표준단가를 적용하여 아래와 같이 A동 및 B동의 총공사비를 2억 1,470만원과 2억 4,655만 2,260원으로 각각 산출하였다.

– 아 래 –

(1) A동(청구인의 건축물) 총공사비

용도	작업장	근린생활시설	계
구조	철골조	철근콘크리트	
단가(원/㎡)	145,000	50.,000	
연면적(㎡)	440.00	300,00	740.00
공사금액(원)	63,800,000	150,900,000	214,000,000

(2) B동(김○○의 건축물) 총공사비

용도	공장	근린생활시설	계
구조	철골조	철골조	
단가(원/㎡)	292,000	483,000	
연면적(㎡)	404.00	266.22	670.22
공사금액(원)	117,968,000	128,584,260	246,552,260

라. 피청구인은 위와 같이 산정한 총공사비에서 도급액을 제외한 금액을 A동과 B동의

공사에 있어서 청구인이 직영으로 공사한 금액으로 보았고, 그 금액은 각각 145,625,820원과 183,190,062원이었다. 단, 피청구인이 이 사건 청구와 관련하여 제출한 답변서에 따르면, 도급공사 중 권○○가 도급을 받아 공사한 외벽 및 철골보수공사 금액 2,300만원은 도급액에서 누락되었으므로, 추후 정산이 필요하다고 밝히고 있다.

(1) A동(청구인의 건축물) 공사비 중 직영 공사 금액
  ○ 직영공사금액 총공사금액 - 도급액(전기공사, 철골공사)
    214,700,000 - (8,500,000 + 60,574,180)
    145,652,820

(2) B동(김○○의 건축물) 공사비 중 직영 공사 금액
  ○ 직영공사금액 총공사금액 - 도급액(전기공사, 철골공사)
    246,552,260 - (8,500,000 + 54,862,198)
    183,190,062

마. 피청구인은 2006. 10. 17. A동과 B동의 공사 중 직영으로 한 공사에 대해 각각 관리번호 2006-0616927, 2006-0617001로 하고 가입자를 모두 청구인으로 하여 직권으로 고용보험 및 산업재해보상보험 관계를 인정 성립하였고, 같은 날 각각 보험료를 산정하여 청구인에게 이 사건 처분을 하였다.

바. 국무총리행정심판위원회가 피청구인에게 확인한 바에 따르면, 이 사건 보험관계 성립조치를 함에 있어 조사복명서 등 별도의 조사 자료는 작성되지 않았다.

6. 이 사건 처분의 위법성

가. 구 「고용보험법」 (2006. 10. 4. 법률 제8050호로 개정되기 전의 것) 제7조, 구 「산업재해보상보험법」 (2007. 4. 11. 법률 제8373호로 개정되기 전의 것) 제5조에 따르면, 고용보험 및 산업재해보상보험은 근로자를 사용하는 모든 사업 또는 사업장에 적용하도록 규정되어 있고, 구 「고용보험 및 산업재해보상보험의 보험료징수 등에 관한 법률」 (2006. 12. 28. 법률 제8117호로 개정되기 전의 것) 제2조제4호 및 제9조에 따르면 건설업 등 대통령령이 정하는 사업이 여러 차례의 도급에 의하여 행하여지는 경우에는 최초로 사업을 도급받아 행하는 원수급인을 이 법의 적용을 받는 사업주로 보며, 다만 발주자가 사업의 일부를 직접 행하는 경우에는 발주자를 원수급인으로 본다고 규정되어 있다. 그리고, 같은 법 제13조제1항 및 제6항, 같은 법 시행령(2007. 3. 27. 대통령령 제19973호로 개정되기 전의 것) 제2조제1항제2호 및 제11조에 따르면, 보험료는 근로자의 임금총액에 같은 종류의 사업에 적용되는 보험료율을 곱한 금액으로 하고, 보험료 산정을 위한 임금총액을 결정하기 곤란한 경우 임금총액의 추정액은 총공사금액에 노무비율을 곱한 금액으로 하며, 총공사금액은 계약상의 도급금액을 말하나, 다만 건설업자가 아닌 자가 시공하는 건설공사의 총공사금액은 노동부장관이 고시하는 방법에 따라 표준

단가에 건축허가서상 연면적을 곱하여 산정하도록 규정되어 있다.

나. 건설업자가 아닌 자가 시공하는 건설공사의 경우, 노동부장관이 고시하는 방법에 의해 산정한 금액을 총공사금액으로 하고, 동 총공사금액에 노동부장관이 고시하는 노무비율을 곱해서 임금총액을 결정한다 하더라도, 이는 당해 공사의 임금총액을 산정하는 방법에 지나지 않는 것이어서 당해 건설공사의 사업주가 누구인지와는 직접적인 관련이 없다고 할 것이다. 즉, 건설공사의 사업주는 건축주가 당해 공사의 전부를 도급으로 시공한 경우에는 그 도급을 받은 자(수급자)가 사업주가 되고, 건축주가 당해 공사의 전부를 직접 시공하거나 또는 일부를 직접 시공하고 나머지 일부는 타인에게 도급으로 시공한 경우에는 건축주가 사업주가 된다고 할 것이다. 이는 공사의 수급인이 신고한 도급금액과 위의 방법에 따라 산정한 총공사금액간에 차이가 큰 경우에도 마찬가지라고 할 것이므로, 이러한 경우 총공사금액은 위의 방법에 따라 산정한 금액이 된다 하더라도 당해 공사의 사업주는 건축주가 그 공사의 전부 또는 일부를 직접 시공했는지 아니면 그 공사의 전부를 도급으로 시공했는지에 따라 결정되어야 할 것이다.

다. 그런데 위 인정사실에 의하면, A동 공사의 경우 청구인은 전부를 도급으로 시공했다고 주장하고 있고, 공사의 내역(종류)별로 권○○, 이○○, 조○○이 각 공사의 수급자로서 각각 고용보험 및 산업재해보상보험에 가입한 사실이 있음에도 불구하고, 피청구인은 단지 위의 노동부장관이 고시한 방법에 따라 산정한 총공사금액과 신고 된 도급액(각 수급인이 수급한 금액의 합계)이 다르다는 이유만으로 막연히 전자에서 후자를 뺀 금액의 공사를 건축주인 청구인이 직접 시공한 것으로 보고 청구인을 동 공사의 사업주로 인정하여 이 사건 처분을 하였는바, 이는 처분청인 피청구인이 사실관계에 대한 조사 및 입증책임을 다하지 못한 위법·부당한 처분이라 할 것이다.

라. 그리고 B동 공사의 경우, 청구인은 원가절감을 위해 자재의 공동구매, 수급인의 공동선정, 건축설계의 통일 등을 통해 건축주인 김○○과 긴밀히 협조했을 뿐이고, 공사의 시공과 관련해서는 청구인과 관계가 없다고 주장하고 있고, 또한 공사의 내역(종류)별로 권○○, 이○○, 조○○이 각 공사의 수급자로서 각각 고용보험 및 산업재해보상보험을 가입한 사실이 있음에도 불구하고, 피청구인은 별다른 입증 없이 청구인이 김○○으로부터 B동 공사를 위임받은 사업주라는 이유로 이 사건 처분을 하였는바, 청구인이 김○○으로부터 B동의 공사를 위임받아 B동 공사의 실질적인 사업주에 해당하는지, 또한 B동의 공사를 함에 있어서 도급 외에 청구인이 직접 공사한 부분이 있는지에 대해 아무런 사실조사 및 입증을 하지 않은 채 피청구인이 행한 이 사건 처분은 위법·부당하다 할 것이다.

7. 결 론

그렇다면 피청구인은 청구인이 김○○으로부터 B동의 공사를 위임받아 B동 공사의 실질적인 사업주에 해당하는지, 또한 B동의 공사를 함에 있어서 도급 외에 청구인이 직접 공사한 부분이 있는지에 대해 아무런 사실조사 및 입증을 하지 않은 채 피청구인이 행한 이 사건 처분은 위법·부당하다 할 것이다.

첨 부 서 류

1. 갑 제1호증 사업인수 이전 체납보험료 내역서
1. 갑 제2호증 산업재해보상보험료 납입고지서
1. 갑 제3호증 부동산매매계약서
1. 갑 제4호증 체납산재보험료납부최고 및 압류부동산공매통보서
1. 갑 제5호증 사업자등록증 1부
1. 갑 제6호증 등기부등본 1부
1. 갑 제7호증 국세체납처분에의한압류등기촉탁서,
1. 갑 제8호증 보험관계변경신고서
1. 갑 제9호증 주민등록등본 1부
1. 갑 제10호증 그 외 증거서류

20○○. ○. ○

근로복지공단(성남지사) 귀하

[서식 59] 산업재해보상보험료등부과처분취소청구서 (산재가 발생한 공사의 도급자를 산재법상의 사업주로 본 경우)

심 판 청 구 서

청 구 인 : 박 ○ ○
대구 ○○구 ○○동 430-11
(전화 : 000-0000, H.P :)

피청구인 : 근로복지공단 대구지역본부장

산업재해보상보험료등부과처분취소청구서

청 구 취 지

1. 피청구인이 2006.9.19. 청구인에 대하여 한 산업재해보상보험 보험료 31만 4,320원과 고용보험 보험료 10만 5,070원의 부과처분을 취소한다.
2. 피청구인이 2006.11.1.과 2006.12.6. 청구인에 대하여 한 산업재해보상보험 급여징수금 3,995만 7,640원과 5,000원의 부과처분을 취소한다.

라는 재결을 구합니다.

청 구 원 인

1. 사건개요
   가. 2006.6.2. 교회본당(A동)의 대수선 및 일부 증축공사와 교육관(C동) 증축공사를 시행함에 있어 A동 공사는 '(주)서광을 시공자로, C동 공사는 청구인의 직영공사로 구청에 신고하고 공사를 진행하던 중 2006.7.3. (주)서광에 의해 채용되어 공사현장에서 근무 중이던 고 ◎◎◎가 업무상 재해로 사망하였다.
   나. 피청구인은 2006.9.19. 청구인에게 산업재해보상보험 보험료 31만 4,320원과 고용보험 보험료 10만 5,070원을 부과하고 2006.11.1.과 2006.12.6. 청구인이 산재보험관계 성립신고를 게을리 한 기간 중에 업무상 재해가 발생했다는 이유로 재해근로자에게 지급한 보험급여액의 100분의 50에 해당하는 3,995만 7,640원(유족연금에 대한 징수분)과 5,000원(진료비에 대한 징수분)을 부과하는 처분을 하였다.

2. 청구인의 주장
   가. 피청구인의 부과통지(산재보험료, 고용보험료)를 2006. 9. 21. 수령했다는 김정훈은 청구인과 관련이 없는 사람인바, 청구인은 피청구인이 보험료징수통지서를 팩스로

재송달한 2006. 10. 16. 처분이 있음을 알았으므로 청구기간이 도과하지 않았다.

나. 이 사건 공사들을 모두 (주)서광에 도급을 주었고, 착공신고일인 2006. 6. 2. (주)서광의 대표이사인 홍재영에게 계약금(A동 공사분 800만원, C동 공사분 4,200만원)을 전달하였으며, C동 공사와 관련하여 각종 영수증의 발급을 (주)서광 명의로 한 것은 홍재영이 (주)서광의 대표이사 자격으로 공사를 수행하였음을 반증하는 것이고, ○○지방법원이 2007. 4. 20. △△△에 대해 산업안전보건법 위반으로 약식명령을 선고한 것은 (주)서광이 이 건 공사의 사업주라는 점을 인정한 것인바, 관계법령상 도급의 경우 원수급인을 사업주로 보고 있으므로, 이 사건 처분은 위법·부당하다.

3. 이 건 처분의 위법·부당 여부

가. 고용·산재보험료 부과처분 취소청구의 행정심판 적격 여부

피청구인이 2006. 9. 20. 발송한 이 사건 처분통지서를 2006. 9. 21. 수령한 김정훈은 청구인으로부터 사업을 도급받은 건설회사에 의해 고용된 직원으로 청구인과 직접적인 관련이 있는 자로 볼 수 없는 점, 위 김정훈이 처분통지서를 수령하여 누구에게 전달하였는지도 기억하지 못하고 있는 점 등을 감안할 때 위 김정훈이 청구인의 피용자 등 수령대리인에 해당한다거나 청구인에게 처분통지서가 전달되지 않았던 점 등에 비추어 볼 때 위 김정훈이 이 사건 처분통지서를 수령한 때 청구인이 객관적으로 처분이 있음을 알았다고 볼 수는 없다. 다만, 피청구인이 청구인의 요청에 의해 이 사건 처분을 모사전송의 방식으로 통지한 2006. 10. 16. 청구인이 이 사건 처분이 있음을 객관적으로 알 수 있는 상태에 이르렀으므로 2007. 1. 12. 청구한 이 사건은 처분이 있음을 안 날로부터 90일 이내에 제기된 적법한 심판청구라 할 것이다.

나. 이 사건 처분의 위법·부당 여부

(1) 비록 청구인이 이 사건 C동 공사와 관련하여 착공 신고서상에 시공자로 신고되었다고 하더라도, 청구인과 (주)서광 사이에 이루어진 도급계약의 계약서에 (주)서광의 대표이사가 날인을 한 점, 이후 계약해제의 의사표시가 공사착공 이전에 청구인 측에 전달되어 계약이 해제되었다거나 홍재영이 청구인에 의해 공사관리자로 선임되었음을 입증할 만한 다른 증거방법이 없고, C동 공사와 관련하여 세금계산서 내지 입금표 등을 홍재영 개인 명의가 아닌 (주)서광의 명의로 발급하였으며, 그 외 청구인이 C동 공사를 실제 시공하였다는 소명자료도 없다.

(2) 한편, 고 박철수는 (주)서광에 의해 일당을 받는 설비공으로 채용되어 2006. 6. 2.부터 공사현장에서 일용직 근로자로 근무한 점, 공사와 관련된 구체적인 작업지시는 (주)서광 소속직원인 현장소장에 의해 이루어진 점 등에 비추어 고 박철수가 (주)서광의 사용자인 △△△의 실질적인 지휘·감독 하에 근무하고

있어서 지배·종속관계가 유지되었다고 볼 수 있으므로, 고 박철수는 사고 당시 (주)서광에 임금을 목적으로 근로를 제공하는 근로자로 따라서 고 박철수는 (주)서광과 사용종속관계에 있는 근로자에 해당하고, (주)서광이 고 박철수에 대한 관계에서 보험료 납부의무를 지는 사업주의 지위에 있다고 할 것이므로 피청구인이 청구인을 산재법상의 사업주로 보아 행한 이 사건 처분은 위법·부당하다.

첨 부 서 류

생 략

20○○. ○○. ○○.

위 청구인 박 ○ ○ (인)

근로복지공단 대구지역본부장 귀하

[서식 60] 산업재해보상보험료등연체금부과처분취소청구서

심 판 청 구 서

청 구 인 : 주식회사 ○○에스콤
서울 ○○구 ○○동 133번지
(전화 : 000-0000, 팩스 : 000-0000)

피청구인 : 근로복지공단(서울남부지사장)

산업재해보상보험료등연체금부과처분취소청구서

청 구 취 지

피청구인이 2007. 4. 12. 청구인에 대하여 한 2005년도 및 2006년도 산업재해보상보험료 및 임금채권보장부담금 연체금 67만7,750원은 이를 취소한다.
라는 재결을 구합니다.

청 구 원 인

1. 청구인 주장

가. 피청구인은 청구인의 이 건 심판청구가 심판청구기간을 도과한 부적법한 심판청구라고 주장하나, 청구인이 2007. 2. 9. 수령하였던 연체금에 대한 3건의 납부(납입고지)서 겸 영수증서중 2건의 고지서에는 행정심판을 청구할 수 있음에 대한 아무런 기재가 없었고, 그 중 행정심판을 청구할 수 있다는 문구가 기재되어 있는 1건의 납입고지서 겸 영수증서는 위 2건의 고지서 사이에 끼워져 있어서 청구인이 쉽게 이를 확인할 수 없었던 것이고, 2007. 4. 12.에 송달되었던 납입고지서겸 영수증서에 기재되어 있는 대로 행정심판을 청구하였던 것이므로 청구인의 이 건 심판청구는 적법하다.

나. 청구인은 2004. 12. 31.까지 기계기구 제조업을 영위하다가 IMF경제위기로 인하여 위 업종을 축소하고 2005. 1. 1.부터 업종을 경비업, 위생관리업 및 시설관리업으로 변경하여 2005. 3. 7. 피청구인에게 변경된 업종으로 산재보험 조사정산을 실시해 줄 것을 요구하였으나, 피청구인은 업무과다 등 핑계로 전년도와 동일한 업종으로 보험료를 신고한 후 추후 조사하고 정산하자는 식으로 2006년 12월경까지 업무처리를 지연시켰고, 이에 청구인은 1998년도 및 2006년도 확정 및 개산보험료를 2007. 1. 31.에야 납부할 수 있었던 바, 피청구인의 업무처리지연에 따라 발생한 연체금을 청구인에게 부과하는 것은 위법·부당하므로 이 건 처분은 취소되어야 한

다.

첨 부 서 류

1. 갑 제1호증 산업재해보상보험료등연체금부과 통지서
1. 갑 제2호증 납부(납입고지)서겸 영수증서 2부
1. 갑 제3호증 사업자등록증 사본 1부
1. 갑 제4호증 그 외 증명서류

20○○. ○○. ○○.

위 청구인 주식회사 ○○에스콤 (인)

근로복지공단(서울남부지사장) 귀하

[서식 61] 산업재해보상보험료부과처분취소청구 (청소용역계약체결 사업장에서 발생한 사고)

심판청구서

사건명 산업재해보상보험료부과처분취소청구
처분청 근로복지공단(서울강남지사)

청 구 취 지

피청구인이 2006. 11. 17. 청구인에 대하여 한 2003년도 확정 산업재해보상보험료 추가징수금·가산금, 2004년도 및 2005년도 확정 산업재해보상보험료 추가징수금·가산금·연체금 및 2006년도 개산 산업재해보상보험료 및 연체금 총 1억 2,143만 4,270원의 부과처분은 이를 취소한다.
라는 재결을 구합니다.

청 구 원 인

1. 사건개요
   청구인 사업장은 그간 아파트 등 경비업무와 관련하여 '임대 및 사업서비스업(90502)'으로 산업재해보상보험료율(이하 "산재보험료율"이라 한다.)을 적용받아 왔으나, 피청구인은 2006. 11. 17. 실사결과 청구인의 위 사업이 '건물 등의 종합관리사업(90101)'에 해당한다는 이유로 청구인에 대하여 사업종류 변경에 따른 산재보험료율을 적용하여 2003년도 확정 산업재해보상보험료(이하 "산재보험료"라 한다) 추가징수금·가산금, 2004년도 및 2005년도 확정 산재보험료 추가징수금·가산금·연체금 및 2006년도 개산 산재보험료 및 연체금 총 1억 2,143만 4,270원을 부과(이하 "이 건 처분"이라 한다)하였다.

2. 청구인 주장
   이에 대하여 청구인은 다음과 같이 주장한다.
   가. 청구인이 사업을 개시한 이래로 사업종류를 '임대 및 사업서비스업'을 적용하여 산업재해보상보험관계가 성립되었고, 이후 피청구인이 청구인 사업장에 대하여 사업을 분리하여 3개의 사업종류로 산재보험관계를 직권성립시킬 때에도 청구인 사업장의 경비업무에 대하여 '임대 및 사업서비스업'을 계속 적용하였다.
   나. 청구인 사업장은 경비용역 업무를 계약에 따라 도급받았고 실제로도 경비직 근로자들이 경비업무만을 수행하고 있으며, 일부 계약서 상의 외부차량 주차단속업무는 내방객과 상업차량의 무단진입 등으로 발생될 수 있는 혼잡과 위해발생을 예방하고자 하는 것으로 '건물 등의 종합관리사업'으로써 주자창 관리에 관한 업무

라고 할 수 없다.

다. 피청구인이 청구인 사업장에서 청소도중 등의 경위로 발생한 재해라고 제시하고 있는 6건의 재해 중 2건은 청소용역계약체결 사업장에서 발생한 것이고, 나머지 4건은 경비업무 수행 또는 그 업무에 부수하여 주민의 안전을 위해 일을 하다가 발생한 것으로 이를 경비업무와 무관하다 할 수 없고, 설사 경비업무와 다소 벗어난 상태에서 재해가 발생하였다 하더라도 특별한 상황에서 우연하게 발생한 일부 재해를 가지고 청구인 사업장이 경비업 이외에 이러한 업무를 하고 있다고 보는 것은 무리이다.

라. 따라서, 이상의 이유로 청구인 사업장의 업종은 '임대 및 사업서비스업'이라 할 것이고 '건물 등의 종합관리사업'에 해당한다고 볼 수 없으며, 설사 청구인의 경비용역계약 체결 사업장에서 경비업무 외에 청소업무 등 2개 이상의 사업이 행하여졌다고 하더라도, 노동부 장관이 고시한 산재요율표(노동부 고시 제2005-41호) 중 사업종류예시표 총칙 제4조 제1항의 규정에 의하여, 하나의 장소에서 보험료율이 다른 2이상의 사업이 행하여지는 경우에 있어서의 보험료율의 적용은 "주된 사업"에 적용되는 요율에 의하여야 하며 이를 결정하기 위하여 근로자수, 임금총액, 매출액 등의 사실조사를 하였어야 함에도 피청구인은 이러한 사실조사를 하지 아니한 채 이 건 처분을 하였는바, 이는 위법·부당하다.

3. 피청구인 주장

이에 대하여 피청구인은, 일부 도급계약서상 주차관리 등의 내용이 업무로 되어 있는 점, 근로계약서상 주차관리 및 청소 등의 구체적인 내용이 없다고 하더라도 현재 또는 과거 근무했던 근로자를 조사한 결과 순수하게 경비업무만을 하였다고 보기는 어려운 점, 청구인 사업장 소속 근로자의 산업재해요양승인 재해경위를 살펴보면 주로 재활용 분리수거 또는 청소 도중에 발생한 사고인 점 등에 비추어 볼 때 청구인 사업장의 경우 아파트, 건물 등 시설과 그 입주자 및 사용자의 편리를 위해 제공하는 관리업무를 병행하고 있어 고유한 경비업무에 국한되는 '임대 및 사업서비스업'이 아니라 '건물 등의 종합관리사업'에 해당한다고 보아야 하므로 이 건 처분은 적법·타당하다고 주장한다.

4. 이 건 처분의 위법·부당여부

가. 관계법령

고용보험 및 산업재해보상보험의 보험료징수 등에 관한 법률 제14조, 제17조, 제19조, 제24조 및 제25조

동법 시행령 제13조 및 제14조

동법 시행규칙 제12조

나. 위법성

(1) 청구인 및 피청구인이 제출한 청구인 사업장실태조사서, 노동부질의회신, 사업장별재해자내역 전산출력본, 업종변경 조사복명서, 2005년 산업재해료율표, 2003년 ~ 2006년 보험료조사징수통지서, 업종정보변경내역조회 및 보험관계적용현황 전산출력본, 용역계약서, 근로계약서, 급여명세서, 연도별 근무인원표, 아파트주차관리 현장사진, 파견지 근로자 문답서, 유선통화복명서 등 각 사본의 내용을 종합하여 보면, 다음과 같은 사실을 인정할 수 있다.

(가) 청구인의 법인등기부등본에 의하면, 청구인 사업장은 1999. 5. 14. 성립되었고, 본점은 서울특별시 강남구 ○○동 ○○(○○호)으로 되어 있으며, 목적은 인력경비 및 시설경비 용역업, 인력용역 제공업, 인력파견업, 청소파견업, 빌딩 및 주택관리업 등으로 되어 있다.

(나) 행정심판청구서에 의하면, 청구인은 주로 아파트 등의 경비업무를 수행하면서 2000년부터 청소용역업도 일부 사업장에서 수행하고 있으며, 경비용역업무는 건물관리 주체와 경비용역계약을 체결하고 그에 따라 업무를 수행하고 있으며, 2003년 12월 당시 14개소 198명, 2004년 12월 당시 17개소 228명, 2005년 12월 당시 18개소 228명, 2006년 11월 현재 17개소 181명이라고 기재되어 있다.

(다) 청구인 사업장은 1999. 6. 1. 용역경비를 주 사업으로 사업을 시작하여 1999. 7. 1. 사업종류를 '임대 및 사업서비스업'으로 하여 산업재해보상보험관계가 성립되었고, 이후 피청구인은 2003. 12. 9. 확정정산과정에서 근로자공급사업에 해당하는 청구인 사업장에 대하여 업무별로 관련 업종을 분리하였는바, 경비업무에 대해서는 '임대 및 사업서비스업(90502)'으로, 청소업무에 대하여는 '건물 등의 종합관리사업(90101)'로, 사무업무에 대해서는 '각급사무소'(99508)로 각각 분리하여 산재보험관계를 직권으로 재성립시키고 2000. 7. 1.부터 소급적용하였다.

(라) 근로복지공단 ○○지사 보상담당자가 청구인 사업장의 업종조사를 의뢰하여, 피청구인은 청구인 사업장을 하반기 확정정산대상으로 선정하였고, 2006. 11. 17. 현지조사결과 청구인의 사업장이 경비업무뿐만 아니라 실제 청소 및 주차관리 등 '건물 등의 종합관리사업(90101)'에 해당하는 업무를 병행하고 있어 '임대 및 사업서비스업(90502)'이 아닌 '건물 등의 종합관리사업(90101)"에 해당한다는 이유로 청구인 사업장의 사업종류를 변경하여 이 건 처분을 하였다.

(마) 2006년도 산재보험료율표(노동부고시 제2005-41호)에 의하면, '건물 등의 종합관리사업(90101)'에 대하여 ① 건물(빌딩) 등의 종합관리 사업, ② 아파트 등의 종합관리사업(i . 실내청소, 소독, 해충구제, 전기보일러·공기조절기구·급배수기 등 각종 건물설비의 운전 및 유지보수 등의 관리, 교환대 운영, 주차장 관리 등, ii. 아파트관리사무소 등 건물 등의 종합관리사

업의 사업주가 그 사업의 일부로 직접 행하는 경비업무), ③ 건물(빌딩) 및 아파트 등에서 행하는 사업, ④ 건물 등의 종합관리사업을 행하는 사업주에게 계약에 의해 경비서비스와 건물 등의 종합관리사업(90101)에 해당하는 업무의 일부 또는 전부를 겸하여 행하는 인원을 제공하는 사업을 예시하고 있고, 산재보험료율은 22/1,000으로 되어 있으며, 다만 순수하게 경비만을 행하는 경비업은 90502 임대 및 사업서비스업으로 분류한다고 되어 있다.

(바) 2006년도 산재보험료율표(노동부고시 제2005-41호)에 의하면, '기타의 각종 사업(905)'에 대하여, 기타의 사업까지 분류되지 않은 사업과 「고용보험 및 산업재해보상보험의 보험료징수 등에 관한 법률 시행령」 제3조제1항 각호에 게기한 사업 이외의 임의적용대상사업으로서 다른 것으로 분류되지 아니한 것은 위 사업으로 분류한다고 되어 있으며, 세부항목인 '임대 및 사업서비스업(90502)'에 대하여는 ①기계장치 및 소비용품임대업 ②기타서비스업으로 탐정업, 경호 및 경비업(건물 등의 종합관리사업은 제외) 등을 예시하고 있으며, 산재보험료율은 7/1,000으로 되어 있다.

(사) 근로복지공단이사장은 2006. 8. 23. 소속기관에 아파트 경비원 등을 용역계약서에 의해 인력공급하고 있는 사업장에 대한 사업종류 분류에 대하여 노동부 유권해석(산재보험과-1471. 2005. 4. 4.)에 의거 분류기준을 명확히 하여 업무지시하였는바, 구체적인 내용은 아래와 같다.

1) 파견업자와 사용업자간에 체결한 용역도급계약서상의 서비스 제공 약관을 원칙으로 하여 판단하되, 도급계약서가 없다거나 불명확한 경우 사업장 실태 조사를 토대로 실제 제공되는 서비스의 내용을 판단하여 업종을 분류하여야 함.

2) 사업종류예시표상 '90502. 임대 및 사업서비스업'의 내용 중 '탐정업, 경호 및 경비업' 중 경비업의 정의에 대하여 한국표준산업분류표와 5 「경비업법」 상의 정의를 적용하여 활용함.

○ 한국표준산업분류표(75912 경비업)

- 사무실, 주택, 오락시설, 유원지 및 주차장 등에서 인명보호, 재산보호, 도난방지 및 귀중품 운반업무 등을 수행하는 산업활동

<예시> 귀중품 운반, 자금운송 장갑차 서비스, 순찰활동, 경호견 서비스, 보디가드 서비스, 경호서비스, 사업체보안서비스, 화재예방서비스

<제외> 보험에 관련한 조사활동(67209), 탐정 및 경호를 경찰에서 수행하는 경우(76404)

○ 경비업법

제2조 (정의) "경비업"이라 함은 다음 각목의 1에 해당하는 업무(이하

"경비업무"라 한다)의 전부 또는 일부를 도급받아 행하는 영업을 말한다.

가. 시설경비업무 : 경비를 필요로 하는 시설 및 장소(이하 "경비대상시설"이라 한다)에서의 도난·화재 그 밖의 혼잡 등으로 인한 위험발생을 방지하는 업무

이하 생략

(아) 피청구인 소속 직원인 오○○가 작성한 2006. 11. 9.자 유선통화복명서에 의하면, 청구인 소속 근로자인 김○○이 2003년 ○○아파트에 경비로 근무시 주로 주차관리, 청소, 재활용품분리, 청소경비 등 잡다한 일을 하였고 다른 경비들도 주차관리, 청소 등의 일을 하고 있다고 답변한 것으로 기재되어 있다.

(자) 피청구인 소속 직원인 오○○가 작성한 2006. 11. 15.자 업종변경 조사복명서에 의하면, 청구인 사업장 출장시 청구인은 순수하게 경비업무만을 한다고 주장하였으나, 청구인 사업장의 일부계약서 상에도 주차관리 등의 내용이 있으며, 추후 제출한 근로계약서상 주차관리, 청소 등의 구체적인 내용이 없다 하여도 현재 또는 과거 근무했던 근로자의 조사결과 순수하게 경비업을 하였다고 보기에는 어렵고, 청구인 사업장의 아파트 관리사무소에 근무한 근로자의 업무내용 조사사항과 같이 주차관리, 청소, 재활용품정리 등은 그 업무가 고유한 경비업무라기 보다는 아파트, 건물 등 시설과 그 입주자 및 사용자의 편리를 위해 제공하는 관리 업무에 속한다고 사료된다는 등의 이유로, '건물 등의 종합관리사업(901010)'으로 업종변경하는 것이 타당하다는 조사자 의견이 기재되어 있다.

(차) 피청구인 소속 직원인 오○○가 작성한 2007. 1. 3.자 출장조사복명서에 의하면, 파견사업장 LG에클라트에 출장하여 조사한 결과 8명의 근로자가 청구인 사업장 소속으로 일하고 있었으며, 위 8명 중 4명씩 보안, 경비 및 주차관리 업무를 격일 교대로 하고 있었는데, 2명은 주차, 2명은 보안 및 경비(순찰)업무를 하고 있다는 내용이 기재되어 있다.

(카) 청구인 사업장의 사업장별재해자내역 전산출력본에 의하면, 2000. 1. 1.부터 2006. 11. 13.까지 기간 중 총 11건의 재해가 발생하였는데, 이 중 2건은 2001년 및 2002년에 청소용역계약을 체결한 파견사업장(문래동 엘지아파트 : 김○○, 영등포 : 강○○)에서 청소도중 중 발생한 것이고, 이 중 4건은 경비용역계약을 체결한 파견사업장에서 분리수거 및 청소도중 중 발생(서초동 ○○아파트 : 나○○, 연원마을 현대아파트 : 김○○, 미기재 : 박○○, 신봉동 ○○아파트 : 임○○)한 것으로 되어 있는바, 구체적인 재해발생 경위(관리번호 1999-○○)는 다음 표와 같다.

<사업장별 재해자 내역>

재해자명	재해일자	재해원인
김○○	2000. 12. 10.	작업을 마치고 고아현장 정문을 반포 신축공사현장에서 닫던 중 현장 정문이 갑자기 작동을 하지 않아 힘을 주어 당기는 순간 정문이 닫치면서 오른손 엄지손가락이 문에 끼어 사고
나○○	2001. 3. 14.	서초동 ○○아파트 단지내에서 유리병 재활용 분리수거 도중에 깨진 유리에 좌측 넷째 손가락 끝마디가 찔린 재해임
김○○	2001. 12. 19.	문래동 소재 ○○ 아파트 내에서 8층 청소 도중 방화수의 물이 얼어 미끄러지는 재해를 당함
박○○	2002. 10. 19.	경기도 용인시 기흥읍 ○○마을 ○○ 관리사무소에서 관리소장 지시로 쇼파 해체작업을 하기 위해 칼로 쿠숀을 찢다가 칼이 빗나가 눈을 다침.
김○○	2002. 12. 23.	용인시 구성읍 ○○마을 ○○아파트 사업장에서 주민과 함께 분리수거 작업을 하다가 묶어 놓은 핸드카의 신문종이를 풀다가 핸드카의 고무줄 고리가 풀리면서 왼쪽눈을 손상하게 됨.
이○○	2002. 12. 31.	분당 ○○아파트 ○○ 옥상물탱크가 터져 계단으로 흐르는 물기제거 작업을 하다가 계단이 얼어붙어 미끄러져 발생한 재해
강○○	2003. 2. 10.	영등포○○ 복지관에서 3층 계단에서 2층으로 계단청소를 하던중 뒷걸음으로 앞의 계단을 닦다가 왼쪽 발을 뒤로 내딛다가 헛딛어 넘어짐
박○○	2003. 11. 12.	아파트 단지내 놀이터옆 바위 위에 올라가 낙엽을 쓸다가 그날 비가 오는 관계로 바위에 습기가 있어 미끄러져 넘어지면서 손목으로 짚어서 팔꿈치 아래 쪽이 금이 가는 재해를 당함
김○○	2005. 1. 19.	신봉동 ○○아파트 ○○ 경비업무를 수행 중 담당구역을 야간순찰하다가 눈이 얼어있어 미끄러져 넘어지면서 오른 손을 땅에 부딪히는 사고가 발생함
임○○	2005. 3. 25.	용인시 ○○동 ○○ 아파트 단지에서 ○○ 주차장으로 쓰레기 분리수거통을 옮기다가 왼쪽 발등위로 수거통이 떨어짐
김○○	2006. 7. 6.	근무아파트 단지내 순찰도중 산책로 쪽 계단을 내려오다가 발을 헛딛어 넘어지면서 왼손 아랫부분 팔뚝을 콘크리트 난간에 부딪혀 골절됨

(타) 한국주택관리 주식회사와 청구인이 체결한 2006. 9. 13.자 경비용역계약서에 의하면, 청구인 사업장이 방범, 방제 및 주차관리 외부차량 주차단속 등 기타 경비용역 업무를 도급받은 것으로 기재되어 있으나, 대부분의 다른 경비용역계약서에는 청구인 사업장이 경비업무를 수행하는 것으로 되어 있다.

(2) 이 건 처분의 위법성

(가) 사업종류변경에 따른 산재보험료 부과처분의 위법·부당여부

1) 「고용보험 및 산업재해보상보험의 보험료징수 등에 관한 법률」 제5조·제14조 및 동법 시행규칙 제12조의 규정을 종합하여 보면, 「고용보험법」과 「산업재해보상보험법」의 적용을 받는 사업의 사업주와 근로자는 당연히 고용보험과 산업재해보상보험의 보험가입자가 되고, 위 산재보험료율은 재해발생의 위험성과 경제활동의 동질성을 기초로 분류한 사업종류별로 구분하여 노동부장관이 정하여 고시하도록 되어 있으며, 노동부 장관이 고시한 산재보험료율표(노동부 고시 제2005-41호) 중 사업종류예시표 총칙 제2조 내지 제4조의 규정에 의하면, 1. 재해발생의 위험성, 경제활동의 동질성 및 임금총액에 대한 보험급여 총액비율, 2. 적용사업단위의 주된 최종제품, 완성품, 제공되는 서비스의 내용, 3. 작업공정 및 내용에 따라 사업종류 및 사업종류별 사업세목을 분류하고 이를 명확히 하기 위한 기준으로 각 사업종류의 사업세목별로 내용예시를 하고 있으며, 개별 사업장에 적용하는 사업종류는 근로복지공단이사장이 사업종류예시표에 의하여 결정하고 이 예시표의 내용예시가 명백하지 않은 경우에는 위 사업종류 및 사업종류별 사업세목 분류원칙 및 통계청장이 고시하는 한국표준산업분류상의 사업내용 등을 종합적으로 고려하도록 되어 있으며, 사업에 적용하는 보험료율은 이 예시표상의 해당 사업종류에 해당하는 보험료율(하나의 사업장에는 하나의 보험료율)을 적용하되, 동일사업주인 경우에 한하여 하나의 사업장안에서 보험료율이 다른 2이상의 사업이 행하여지는 경우에 있어서의 보험료율의 적용은 영 제14조에서 정하는 바에 따라 "주된 사업"에 적용되는 보험료율을 (당해 장소안)의 모든 사업에 적용한다고 되어 있다.
2) 먼저, 청구인은 산재보험료율표(노동부 고시 제2005-41호) 등에 의하면, 하나의 장소에서 보험료율이 다른 2개 이상의 사업이 행하여지는 경우에 있어서의 보험료율의 적용은 "주된 사업"에 적용되는 보험료율에 의하여야 하며, 이를 결정하기 위하여 근로자수, 임금총액, 매출액 등의 사실조사를 하였어야 함에도 피청구인은 이러한 사실조사를 하지 아니한 채 이 건 처분을 하였다면서 이는 위법·부당하다고 주장하나, 청구인 사업장의 경비업무의 경우 노동부 장관이 고시한 산재보험료율표(노동부 고시 제2005-41호) 중 경비업무와 건물 등의 종합관리 사업이 병행하여 이루어지는 '건물 등의 종합관리사업(90101)' 〔예시 : 건물 등의 종합관리사업을 행하는 사업주에게 계약에 의해 경비서비스와 90101 건물 등의 종합관리사업에 해당하는 업무의 일부 또는 전부를 겸하여 행하는 인원을 제공하는 사업, 아파트관리사무소 등 건물 등의 종합관리사업의 사업주가 그 사업의 일부로 직접 행하는 경비업무 등 건물(빌딩) 및 아파트 등에서 행하는 사업 등〕에 해당하는 지 여부에

대한 사실관계에 다툼이 있는 것으로 하나의 장소에서 보험료율이 다른 2이상의 사업이 행하여지는 경우에 해당한다고 할 수 없고, 또한 피청구인이 청구인의 사업장에 대한 사실조사를 제대로 하지 아니한 채 이 건 처분을 하였다고 볼만한 자료도 없으므로 이에 대한 청구인의 주장은 이유없다.

다음으로 청구인은 청구인 사업장이 경비업무 관련하여 순수한 경비업무만을 계약에 따라 하고 있는 점, 일부계약서상의 주차단속업무는 혼잡과 위해발생을 예방하고자 하는 것이라는 점, 피청구인이 제시하고 있는 청구인 사업장에서 발생한 재해는 특별한 상황에서 우연하게 발생한 것인 점 등에 비추어 볼 때 청구인 사업장에서 행하고 있는 경비업무는 '건물 등의 종합관리사업(90101)'상의 주차장관리업무라고 할 수 없고 '임대 및 사업서비스업(90502)'에 해당한다고 주장하나, 위 인정사실에 의하면, 산재보험료율표(노동부 고시 제2005-41호)상, 건물 등의 종합관리사업을 행하는 사업주에게 계약에 의해 경비서비스와 '건물 등의 종합관리사업(90101)'에 해당하는 업무의 일부 또는 전부를 겸하여 행하는 인원을 제공하는 사업 등을 '건물 등의 종합관리사업(90101)'으로 예시하면서 순수하게 경비만을 행하는 경비업은 '임대 및 사업서비스업(90502)'으로 분류하고 있는데, 한국표준산업분류표 및 「경비업법」상의 정의 등에 비추어 볼 때 경비업은 도난, 화재 등 위험발생을 방지하는 업무라 할 것인 점, 2006. 11. 9.자 유선통화복명서에 의하면, 경비로 일하였다는 청구인 소속 근로자가 주차관리, 청소 및 재활용품 분리 등의 일을 하였고, 다른 경비들도 하고 있다고 답변한 것으로 기재되어 있는 점, 2007. 1. 3.자 출장조사복명서에 의하면, 파견사업장 LG에클라트에서 교대근무하는 4명의 경비인원 중 2명이 주차업무를 하고 있는 것으로 기재되어 있는 점 등에 비추어 볼 때 청구인 사업장은 경비업무 뿐만 아니라 주차관리 및 청소작업 등을 하고 있어 순수한 경비업무만을 수행하고 있다고 보기 어려운 점, 경비업무만을 하고 있다고 주장하고 있는 청구인 사업장에서 발생한 산업재해의 적지 아니한 부분이 실제 청소나 분리수거 작업 중 발생하였고, 이를 우연하게 발생한 재해로 보기는 어려운 점 등을 종합적으로 볼 때 청구인 사업장은 경비업무 뿐만 아니라 청소 및 주차장관리 등 아파트, 건물 등 시설과 그 입주자 및 사용자의 편리를 위해 제공되는 관리업무도 수행하고 있다고 보이고, 따라서 청구인의 업종은 '임대 및 사업서비스업(90502)'이라기 보다는 '건물 등의 종합관리사업(90101)'에 해당한다고 보는 것이 타당하므로 이 건 처분 중 2003년도 내지 2005년도 확정 산재보험료 추가징수금 및 2006년도 개산 산재보험료 부과처분은 위법·

부당하다고 할 수 없다.

(나) 가산금 및 연체금 부과의 위법·부당여부

1) 피청구인이 청구인 사업장에 대하여 사업종류를 변경한 것은 위법·부당하다고 할 수 없으나, 피청구인은 사업종류의 변경에 따른 산재보험료의 추가징수에 그치지 아니하고 나아가 추가징수액에 대한 가산금 및 연체금을 부과하였는바 이에 대하여 살펴보면, 「산업재해보상보험법」의 적용을 받는 사업의 사업주는 개산보험료는 그 보험연도의 3월 31일까지, 확정보험료는 다음 보험연도의 3월 31일까지 각각 신고·납부하여야 하는데, 「고용보험 및 산업재해보상보험의 보험료징수 등에 관한 법률」 제24조에 의하면, 사업주가 확정보험료의 신고를 하지 아니하거나 그 신고가 사실과 달라 근로복지공단이 그 사실을 조사하여 확정보험료를 징수하는 경우 등에 추가로 징수하여야 할 보험료의 100분의 10에 상당하는 금액을 가산금으로 징수하도록 되어 있고, 사업주가 납부기한까지 보험료, 동 법에 의한 그 밖의 징수금을 납부하지 아니한 때에 그 연체기간에 대하여 36월을 초과하지 아니하는 범위 안에서 은행의 연체이자율 등을 고려하여 대통령령이 정하는 바에 따라 월 단위로 연체금을 징수하도록 되어 있는바, 위 관계규정의 취지에 의하면, 가산금 및 연체금은 보험료의 성실한 신고 및 납부 의무이행을 확보하기 위한 수단으로서 신고의무자에게 귀책사유가 있을 것을 전제로 하고 있다 할 것이다.

2) 위 인정사실에 의하면, 청구인은 1999. 7. 1. 산재보험관계 성립 당시부터 사업종류를 '임대 및 사업서비스업(90502)'로 적용받아 왔고, 이후 피청구인이 청구인 사업장에 대하여 업종을 분리할 때에도 청구인 사업장이 수행하는 경비업무에 대하여 위 사업종류로 결정하여 이에 따라 보험료를 납부하여 왔던 점, 달리 청구인에게 허위신고 등의 귀책사유가 있다는 객관적인 증거자료도 없는 점 등을 감안할 때 청구인에게 그 책임을 물을 수 없다.

5. 결 론

그렇다면 피청구인이 청구인에 대하여 이 건 처분 중 2003년부터 2006년도까지의 추가산재보험료에 대한 가산금 및 연체금의 부과(총 2,011만 9,780원)는 위법·부당하므로 취소되어야 할 것이다.

첨 부 서 류

1. 갑 제1호증 사업인수 이전 체납보험료 내역서

1. 갑 제2호증 산업재해보상보험료 납입고지서
1. 갑 제3호증 부동산매매계약서
1. 갑 제4호증 체납산재보험료납부최고 및 압류부동산공매 통보서
1. 갑 제5호증 사업자등록증 1부
1. 갑 제6호증 등기부등본 1부
1. 갑 제7호증 국세체납처분에의한압류등기촉탁서,
1. 갑 제8호증 보험관계변경신고서
1. 갑 제9호증 주민등록등본 1부
1. 갑 제10호증 그 외 증거서류

20○○. ○. ○

근로복지공단(서울강남지사) 귀하

[주] 1. 2003년 5/1,000 → 13/1,000 2004년 5/1,000 → 13/1,000 2005년 9/1,000 → 27/1,000(개별요율)
2006년 7.84 → 24.64/1,000(개별요율)

[서식 62] 산업재해보상보험성립일자변경취소청구서

심 판 청 구 서

청 구 인 : (주)○○전자
광주시 ○○구 ○○동 124
(전화 : 000-0000, 팩스 : 000-0000)

피청구인 : 근로복지공단 (광주지역본부장)

산업재해보상보험성립일자변경취소청구서

청 구 취 지

피청구인이 2007. 9. 27. 청구인에 대하여 한 산업재해보상보험성립일자변경은 이를 취소한다.
라는 재결을 구합니다.

청 구 원 인

1. 청구인 주장
   청구인 배○○등 5인은 2007. 7. 13. 이전에는 청구외 ○○써키트 소속 근로자이어서 당시 청구인의 사업장은 상시 근로자수가 5인 미만이었고, 이들은 2007. 7. 14근로계약을 체결한 이후부터 청구인 소속 근로자가 된 것이므로 기존의 산업재해보상보험성립일자(2007. 7. 24.)를 2007. 6. 15일로 변경한 것은 부당하다.

첨 부 서 류

1. 갑 제1호증　　산업재해보상보험성립일자변경통지서
1. 갑 제2호증　　사업자등록증 사본1부
1. 갑 제3호증　　그 외 증거서류

20○○. ○○. ○○.

위 청구인 (주)○○전자 (인)

근로복지공단 (광주지역본부장) 귀하

[서식 63] 산업재해보상보험적용제외처분취소등청구서

심 판 청 구 서

청 구 인 : ○○중기
서울 ○○구 ○○동 123-45
(전화 : 000-0000, 팩스 : 000-0000)

피청구인 : 근로복지공단(관악지사장)

산업재해보상보험적용제외처분취소등청구서

청 구 취 지

1. 피청구인이 2005. 1. 3. 청구인과 청구외 김○재에 대하여 한 산업재해보상보험적용제외처분은 이를 취소한다.
2. 피청구인은 청구인에 대하여 2004. 7. 1.자로 산업재해보상보험관계성립을 이행하라.

라는 재결을 구합니다.

청 구 원 인

1. 청구인 주장
   2004. 7. 1.자로 청구인 사업장 소속 근로자가 5인 이상이 되었으므로 동일자로 산재보험 당연적용사업장이 되어야 하며, 따라서 이 건 처분은 취소되어야 한다.

첨 부 서 류

1. 갑 제1호증	진정서
1. 갑 제2호증	산업재해보상보험적용제외처분 통지서
1. 갑 제3호증	사업자등록증 사본 1부
1. 갑 제4호증	그 외 증명서류

20○○. ○○. ○○.

위 청구인 ○○중기 (인)

근로복지공단(관악지사장) 귀하

[서식 64] 산재보험금급여액징수처분취소청구 (출장 근무 후 회사로 복귀하던 중 교통사고)

심판청구서

사건명 산재보험금급여액징수처분취소청구
처분청 근로복지공단(여수지사)

청 구 취 지

피청구인이 2006. 9. 27. 청구인에 대하여 한 2억 81만 2,960원의 부당이득금 징수처분은 이를 취소한다.
라는 재결을 구합니다.

청 구 원 인

1. 사건개요
   청구인 소속의 근로자 윤○○은 출장 근무 후 회사로 복귀하던 중 교통사고가 발생하였다는 이유로 피청구인에게 요양신청을 하여 1억 40만 6,480원의 보험급여를 수령하였고, 이후 위 윤○○이 허위 그 밖의 부정한 방법으로 보험급여금을 수령하였음이 검찰조사 및 법원의 판결로 확인되자 피청구인은 윤○○이 청구인의 확인을 받아 위 보험급여금을 수령하였다는 이유로 2006. 7. 31. 청구인에 대하여 급여액의 2배에 해당하는 2억 81만 2,960원의 부당이득금을 윤○○과 연대하여 납부하라는 부당이득금 징수처분을 하였다.

2. 청구인 주장
   가. 청구인은 피청구인의 보험급여 부당이득금 회수결정을 2006. 9. 27. 공문을 통하여 알게 되었고, 이후 청구인은 2006. 10. 9. 피청구인에게 이의신청을 하였으며, 피청구인은 2006. 11. 10. 이의신청 회신으로 이의가 있으면 「행정심판법」에 따라 90일 이내에 행정심판을 청구하라고 하여 이 이의신청 회신을 송달받은 날부터 90일 이내에 이 사건 행정심판을 제기한 것이다.
   나. 윤○○은 청구인이 하도급 받은 "횡단보도 조명 등 설치공사"를 하고 청구인 회사로 복귀하던 중 정지중인 차량의 뒷범퍼를 윤○○ 운전의 차량 앞범퍼로 추돌하여 사고를 냈으며, 위 사고로 ○○화재해상보험 주식회사 및 □□화재보험 주식회사에서 보험금을 수령한 후 피청구인에게 보험급여를 수령하고자 청구인에게 확인을 요구한 것으로, 평소에 건강하고, 힘들고 위험한 일도 먼저 나서서 하는 윤○○의 과거 병력을 알지 못하는 청구인으로서는 달리 윤○○의 요구를 거절할 만한 이유가 없었고, 보험회사와 피청구인 같은 전문 보험기관에서도 윤○○의 기왕

증인 "외상성 상완신경총 손상(우측)"을 확인하지 못하였는바, 청구인이 이를 파악하는 것은 사실상 불가능하다고 할 것이므로 윤○○의 부정수급에 청구인의 책임은 없다고 할 것이다.

다. 청구인은 윤○○이 청구인 회사의 직원이었으므로 도움을 주고 싶은 마음이 있었으나, 윤○○의 기왕증을 알았다면 절대로 확인을 하지 않았을 것이며, 청구인으로서는 피청구인도 알 수 없었던 사실을 먼저 파악한다는 것이 불가능한 일이므로 피청구인의 이 사건 결정은 너무 가혹하다.

3. 피청구인 주장

(본안 전 항변)

청구인은 보험급여 부당지급액 회수결정을 안 날인 2006. 9. 27.부터 90일이 경과한 2007. 2. 8. 행정심판을 청구하였으므로 이 사건 심판청구는 청구기간을 도과하여 제기된 부적법한 청구이다.

(본안에 대한 답변)

가. 윤○○은 2004. 8. 31. 작업현장에서 사무실로 복귀하다가 교통사고를 낸 재해경위로 피청구인에게 산재보험 요양신청서를 제출하여 보험급여를 지급받았으나, 이후 광주지방법원 ○○지원에서 윤○○은 1998년 말경 내지 1999년 1월경 발생한 교통사고로 "상완신경총 장애"의 진단을 받았고, 마산교도소에서 복역하면서 상완신경총 장애 등으로 치료받은 사실이 있음에도 이를 숨긴 채 ○○화재해상보험 주식회사 및 □□화재보험 주식회사의 보험에 가입하여 보험금을 편취하고, 피청구인에게 산재보험 휴업급여, 요양비, 진료비 등을 편취하였다는 이유로 윤○○을 사기, 사기미수의 죄명으로 징역 1월 6월의 형을 선고하였다.

나. 피청구인은 위 판결에 근거하여 윤○○ 본인 외에 청구인이 연대하여 보험급여 부당지급액을 회수하도록 결정하였는바, 윤○○이 제출한 산재보험 요양신청서 등에 청구인이 사업주 확인 날인을 하였고, 청구인 회사 대표이사가 피청구인의 사무실에서 교통사고 사실을 확인하여 주었는바, 청구인은 「산업재해보상보험법」 제53조의 규정에 따라 허위 또는 부정한 방법에 의한 보험급여 지급이 보험가입자의 허위 신고 또는 증명에 인한 경우에 해당된다고 할 것이므로 피청구인의 부당이득금 징수처분은 적법·타당하다.

4. 관계법령

행정심판법 제27조

구 산업재해보상보험법(2007. 4. 11. 법률 제8373호로 개정되기 전의 것) 제53조

산업재해보상보험법 시행령 제47조

5. 인정사실

청구인 및 피청구인이 제출한 징수결정서 및 납입고지서, 이의신청서, 이의신청에 대한 회신, 조사복명서, 광주지방법원 ○○지원 판결문, 문답서, 요양급여신청서, 휴업급여청구서, 장해보상청구서 등 각 사본의 기재를 종합하여 보면, 다음 각호의 사실을 인정할 수 있다.

가. 법인 등기부등본에 의하면 청구인 회사의 성립 연원일은 "1999. 8. 4."이고, 본점 소재지는 "전라남도 ○○시 ○○동 19-44"이며, 목적은 "전기공사업, 통신공사업, 소방공사업, 전기, 통신, 소방관련 자재 제조 및 도·소매업"등으로 기재되어 있다.

나. 2005. 1. 21.자 전남○○경찰서장의 교통사고사실확인원에 의하면 2004. 8. 31. 18:20경 전라남도 ○○시 ○○동 ○○교회 앞 도로에서 윤○○은 청구인 소유의 화물차를 운전하여 진행하던 중 좌회전하기 위하여 정지중인 조○○ 운전의 차량 뒤범퍼를 윤○○ 운전의 차량 앞범퍼로 추돌한 사고(이하 "이 사건 사고"라 한다)를 야기하였다.

다. 2004. 8. 31.자 ○○병원의 응급환자기록지에 의하면 다음과 같이 기재되어 있다.

- 다 음 -

Present Illness
운전하고 가다 앞차와 추돌
목이 뻐근하고 오른쪽 팔 weakness 호소, Rt. knee pain 있음
Physical Examination
motor/sensory
upper ext.- motor(+/++)
sensory(+/++)
CRT, side motor sensory ↓
lower ext.- motor, sensory(++/++)
Rt. side LCM
OP & adm Hx
- 2001년 kidney donor op. (이후 Bw 20kg↓)
- 3일전 Lt. hand 인대손상으로 중앙병원 입원
- 20여년전 Lt. forearm 신경수술

라. 윤○○은 2005. 1. 18. 피청구인에게 산재보험 요양신청서를 제출하였는바, 위 신청서에 의하면 재해원인 및 발생상황에 대하여는 2004. 8. 31. 17:40분경 ○○시 ○○동 ○○사거리에서 근무 중에 윤○○이 운전하던 차량으로 조○○이 운전하던 차량 후미를 들이받아 일어난 사고라는 내용이 기재되어 있고, 재해발생 형태는 "교통사고"로, 목격자는 피해자인 조○○으로 기재되어 있으며, 청구인 회사 대표이사인 문○○은 위에 기재한 사실이 틀림없음을 확인하고 서명·날인하였다.

마. 피청구인 소속직원이 작성한 2005. 2. 1.자 윤○○의 문답서에 의하면 윤○○은

2004. 5. 5. 청구인 회사에 입사하여 기술부장 직책으로 현장총괄을 담당하며, 공사견적, 공사 감독 등을 하고 있고, 이 사건 사고 당일 가로등 설치 시 땅을 팔 경우 혹시 있을지 모르는 관로를 피하기 위하여 ◎◎직원과 현장을 둘러본 후 회사로 복귀하던 중이었고 사고 당시 급정거를 하면서 앞차와 추돌하였고, 차 앞부분이 무릎에 크게 부딪혀 피가 나고 있었으며, 윤○○이 타고 있던 차량의 자손보험으로 병원비를 처리하였으나, 병원비의 한도가 넘었고 그 동안 일을 하지 못한 것에 관한 보상이 되지 않아 사업주에게 계속적으로 산재처리를 요청하였으나, 사업주가 회사에 피해가 간다고 기피하였다가 최근에서야 산재로 처리를 해 준다고 하여 뒤늦게 산재처리를 한 것으로 기재되어 있다.

바. 피청구인 소속직원이 작성한 청구인 회사 대표이사 문○○에 대한 2005. 1. 25.자 문답서에 의하면 윤○○을 정보지를 통하여 채용하였으며, 과거에 윤○○이 폭행혐의로 수감된 적도 있고 세금 미납 등으로 주민등록이 말소되어 마땅한 거주지가 없어 문○○의 허락 하에 청구인 사업장을 주소로 주민등록을 발급하도록 하였으나 윤○○은 어머니 집에서 출퇴근을 하였고, 과거 공사 경험이 많아 현장소장 업무를 맡기고 있으며, 이 사건 사고 당일은 횡단보도 조명등 설치공사가 진행되고 있어 작업이 가능한 현장을 둘러보기 위하여 윤○○이 현장을 둘러보았던 것이고, 현장을 둘러보는 것에 대하여 사전에 보고를 받았고, 사고 직후에도 윤○○으로부터 보고를 받았으며, 사고 당시 자손보험, 운전자보험으로 병원비가 지급되었으나, 병원비 지급이 한도에 다다른 것으로 알고 있고, 요양신청서를 늦게 접수한 이유는 산재에 대해 모르고 있었고, 자동차보험에 가입한 것이 있어 보험처리 하였으나, 한도가 넘어 산재로 처리한 것이라는 내용 등이 기재되어 있다.

사. 피청구인 소속직원이 2005. 2. 2. 작성한 조사복명서에 의하면 윤○○이 이 사건 사고 당시 ◎◎소속 직원과 차후 공사가 진행될 현장에 관로가 있는지 여부를 확인한 후 사무실로 복귀하던 중 추돌사고로 재해를 입었고, 이 사건 사고 발생일 이전인 2004. 8. 27. ○○○ 진입로 가로등 설치 현장에서 바람 때문에 가로등이 기울여져 있는 것을 사다리를 타고 올라가 가로등을 밀다가 중심을 잃고 2m 높이에서 바닥으로 떨어져 허리에 차고 있던 칼에 왼쪽 손가락이 베이는 재해를 입은 것이 건강보험 수진내역 및 진료카드 등에 의하여 확인되었으며, 이에 대해서는 ○○ 중앙병원에 내원하여 수술 및 입원치료를 받은 것을 확인하였고, 그 치료 중 사업주의 지시를 받고 현장을 둘러 본 후 회사로 복귀하던 중 이 사건 사고로 재해를 입은 것으로 업무상 재해로 요양 승인함이 타당한 것으로 사료된다고 기재되어 있다.

아. ○○전남병원의 2005. 7. 11.자 장해진단서에 의하면 윤○○은 병명은 "우측 슬관절 외측 측부 인대 및 내측 반월상 연골판 손상"으로 검사소견은 "신체검사와 자기공명영상, 수술적 소견(2004. 9. 16.)상 상기 상병으로 진단됨, 수술 후 타 병원에서 주로 물리치료 함"으로, 장해상태는 "우측 슬관절 : 내반 불안정, 강직(5 -20°)"

으로, 장해로 인한 일상생활 또는 노동능력에 관한 의견은 "중증의 노동능력 상실"로 각각 기재되어 있고, ○○○신경외과의 2005. 7. 12.자 장해진단서에 의하면 윤○○의 병명은 "상완신경총 손상(우측), 우측슬관절 외측측부인대 및 내측 반월상 연골판 손상"으로, 장해상태는 "우측슬관절 ; 내반 불안정, 강직(5-20°) ; 여천전남병원 장애판정. 상완신경총 손상 ; 현재 우측 어깨 관절의 전상방거상 및 후방거상, 측상방거상, 내전, 내회전 및 외회전이 불가능하며, 팔꿈치 관절의 굴곡 150도, 내회전 30도, 외회전 30도 정도 가능하며, 손목관절의 배굴 10도, 장굴 20도, 요사위 10도, 측사위 5도 정도 가능하며, 우측손가락으로 젓가락질, 신발끈 및 단추잠그기, 용변처리 등이 불가능한 상태임"으로, 장해로 인한 일상생활 또는 노동능력에 관한 의견은 "중증의 노동능력 상실"로, 단기간 이내 악화 또는 재발가능성은 "없음"으로 각각 기재되어 있다.

자. 피청구인은 2005. 2. 3. 윤○○의 산재보험 요양신청에 대하여 승인결정을 하였고, 이후 윤○○의 장해보상급여와 관련하여 장해등급은 05급 00호로 결정되었는바, 그 구체적인 결정내역은 다음과 같다.

- 다 음 -

장해부위	팔(손)	다리(발)
장해계열	182	222
산정구분	준용	일반
장해급호	06급 00호	12급 07호
장해내용	팔꿈치관절폐용, 어깨관절기능장해, 손가락장해	한 다리의 3대 관절 중 1개 관절의 기능에 장해가 남은 사람

차. 윤○○은 피청구인에게 휴업급여, 진료비, 장해일시금 등을 청구하여 2006년 1월까지 총 1억 40만 6,480원을 지급받았는바, 그 구체적인 지급내역은 다음과 같다.

- 다 음 -

산재보험 보험유형	지급금액	지급일시
휴업급여	7,247,350	2005. 2. 4.
	2,261,170	2005. 2. 21
	349,300	2005. 3. 10.
	1,622,930	2005. 3. 10.
휴업급여	661,190	2005. 3. 23.
	2,103,800	2005. 4. 26.
	1,863,360	2005. 5. 26.
	1,983,580	2005. 6. 29.
2종 요양비	1,695,420	2005. 2. 22.

진료비	1,506,720	2005. 4. 14.
	1,193,350	2005. 5. 11.
	504,360	2005. 7. 7.
	42,260	2005. 7. 7.
	2,746,050	2005. 7. 7.
	5,000	2006. 1. 26.
장해일시금	75,620,640	2005. 8. 16.
합계	100,406,480	

카. 윤○○의 2005. 2. 3. 휴업급여청구서에 의하면 휴업청구기간은 "2004. 9. 1. ~ 2005. 2."로, 기재되어 있고, 근로자 확인란에는 휴업급여를 청구한 기간 중 요양을 하였고, 휴업급여를 청구한 요양기간 중 취업을 한 사실이 없으며, 본 재해와 동일한 사유로 사업주 또는 다른 보험에서 보상 또는 배상을 받은 적이 없다고 기재되어 있고, 청구인 회사 대표이사인 문○○은 위에 기재한 사실이 틀림없음을 확인하고 서명·날인하였고, 윤○○의 2005. 7. 12. 장해보상청구서에는 재해발생 연원일 및 주소 외에 다른 란에는 별도로 기재된 내용이 없고 청구인 회사의 대표이사 문○○이 청구서에 기재된 사실이 틀림없음을 확인하고 서명하였다.

타. 광주지방법원 ○○지원은 2006. 5. 30. 윤○○에 대하여 1998. 말경 내지 1999. 1. 경 발생한 교통사고로 오른쪽 어깨와 무릎을 다쳐 1999. 2. 5. "상완신경총장애"의 진단을 받고 동 장애로 장애인등록을 필하였으며, 「성폭력범죄의 처벌 및 피해자보호 등에 관한 법률」 위반(특수강간 등)죄 등으로 2002. 9. 17. 부산지방법원에서 징역 2년을 선고받고 2004. 5. 1. 마산교도소에서 형의 집행을 종료한 자로서 그 복역 중 상완신경총장애와 무릎인대 파열로 치료받은 사실이 있음에도, 이를 숨긴 채 ○○화재해상보험 주식회사의 교통사고 관련 자가운전자장기보험과 □□화재보험 주식회사의 교통사고관련 자가운전자보험에 가입하고, 2004. 8. 31. ○○시 ○○동 소재 ○○교회 앞 노상에서 교통사고를 야기하여 본인은 경미한 타박상 정도만 입었음에도 마치 위 교통사고로 어깨와 무릎을 다쳐 장애를 입을 것처럼 보험금청구서 등을 제출하여 이에 속은 ○○화재해상보험 주식회사로부터 의료비, 후유장해비, 임시생활비 등 총 7,050만원, □□화재해상보험 주식회사로부터 의료비, 후유장해비 등 총 1,749만 9,740원을 각각 지급받아 편취하고, 피청구인에게 같은 방법으로 산업재해보상보험 요양신청서를 제출하고, 휴업급여청구서, 장해보상청구서 등을 제출하여 총 1억 40만1,480원의 보험급여를 지급받아 편취하였다는 이유 등(사기, 사기미수)으로 징역 1년 6월을 선고하였고, 윤○○은 이에 항소한 상태이다.

파. 피청구인은 청구인에 대하여 2006. 7. 31. 윤○○이 출장 후 회사로 복귀하던 중 교통사고가 발생하였다고 허위로 청구인과 윤○○이 최초 요양신청을 하여 보험

급여를 지급받은 사실이 검찰조사로 확인되고 윤○○이 사기, 사기 미수로 유죄판결을 받게 되어 윤○○이 이미 지급받은 부당지급금액의 두 배인 2억 81만 2,960원을 회수 조치한다는 내용의 부당이득금 징수처분을 하였고, 이에 첨부된 납부고지서에 의하면 동 고지서에 이의가 있는 경우 고지서를 받은 날부터 90일 이내에 행정심판을 청구할 수 있다는 안내가 기재되어 있다.

하. 우편물배달증명서에 의하면 피청구인의 위 처분서는 2006. 8. 3. 수취인 불명으로 반송되었고, 피청구인은 2006. 9. 26. 위 부당이득금 2억 81만 2,960원의 납부 독촉장을 발송하여, 2006. 9. 28. 청구인 회사의 이○○이 이를 수령하였는바, 위 납부독촉장에는 행정심판을 청구할 수 있다는 안내가 기재된 바 없다.

거. 청구인은 2006. 10. 10. 피청구인에게 보험급여 부당지급액에 대한 이의신청서를 제출하였는바, 이에는 청구인이 윤○○을 채용할 당시 윤○○은 신체건강한 자로서 교통사고 후유증을 전혀 발견할 수 없었고 근무할 때에도 전봇대에 올라가 힘든 일도 마다하지 않고 열심히 일하였는바, 보험급여 지급과 관련하여 청구인은 아무런 귀책사유가 없으므로 윤○○에게 지급된 보험급여 환수를 청구인에게 청구하는 것은 부당하다는 내용이 기재되어 있다.

너. 피청구인은 2006. 11. 10. 위 이의신청에 대하여 윤○○에 대한 법원의 확정판결 후에 관련 자료를 검토하여 이의신청에 대한 확인이 가능함을 양해바라고, 「산업재해보상보험법」 제53조에 의한 부당이득의 징수에 대하여 이의가 있는 경우에는 처분이 있음을 안 날부터 90일 이내에 「행정심판법」 의 규정에 따라 행정심판을 청구할 수 있다는 내용의 회신을 하였다.

더. 청구인은 2007. 2. 8. 피청구인의 보험급여 부당지급액 징수처분에 대하여 이 사건 행정심판을 청구하였으며, 행정심판청구서에는 처분이 있음을 안 날이 "2006. 9. 27."로 기재되어 있다.

6. 이 사건 청구의 행정심판 적격 여부

가. 우선 피청구인이 이 사건 심판청구에 대하여 처분이 있음을 안 날부터 90일이 지난 후에 제기된 부적법한 청구라고 주장하므로 이에 관하여 살펴보면, 「행정심판법」 제27조 제1항, 제3항 및 제6항의 규정에 의하면, 행정심판은 처분이 있음을 안 날부터 90일 이내에 그리고 처분이 있은 날부터 180일 이내에 제기할 수 있으며, 행정청이 심판청구기간을 알리지 아니한 때에는 처분이 있는 날부터 180일의 기간 내에 심판청구를 할 수 있는 것으로 규정되어 있다.

나. 위 인정사실에 의하면 피청구인은 2006. 7. 31. 이 사건 부당이득금 징수처분서를 청구인에게 발송하였으나, 이는 2006. 8. 3. 수취인 불명으로 반송되어 청구인 회사에 도달하지 않았으므로 위 처분서의 효력은 발생하지 않았다고 할 것이고, 이후 피청구인이 위 부당이득금 납부에 관한 독촉장을 발송하여 이를 청구인 회사 동료 이○○이 2006. 9. 28. 이를 수령하였으며, 이후 2006. 10. 10. 청구인이 피청

구인에게 이 사건 부당이득금 징수처분에 대한 이의신청을 하였는바, 위 독촉장은 이 사건 부당이득금 징수처분서는 아니지만 독촉장을 통하여 부당이득금 징수절차가 개시되었다고 보아야 할 것이므로 위 독촉장이 청구인 회사에 도달한 날인 2006. 9. 28.을 이 사건 부당이득금 징수처분이 있은 날로 볼 수 있고, 위 독촉장에는 심판청구기간에 관한 고지가 없었으므로 「행정심판법」 제27조 제6항의 규정에 따라 청구인은 처분이 있은 날부터 180일 이내에 행정심판을 청구할 수 있다고 할 것이므로, 부당이득금 납부에 관한 독촉장이 도달된 2006. 9. 28.부터 180일 이내인 2007. 2. 8. 제기한 이 사건 심판청구는 심판청구기간 내에 제기된 적법한 청구이다.

7. 이 사건 처분의 위법·부당 여부

가. 구 「산업재해보상보험법」 (2007. 4. 11. 법률 제8373호로 개정되기 전의 것) 제53조제1항제1호의 규정에 의하면, 근로복지공단은 보험급여를 받은 자가 허위 기타 부정한 방법으로 보험급여를 받은 경우에는 그 급여액의 2배에 해당하는 금액을 징수하도록 되어 있고, 동조 제2항의 규정에 의하면, 제1항제1호의 경우 보험급여의 지급이 보험가입자의 허위의 신고 또는 증명으로 인한 것인 때에는 그 보험가입자도 연대하여 책임을 지도록 되어 있다.

나. 위 인정사실에 의하면, 윤○○은 광주지방법원 ○○지원에서 2006. 5. 30. 기왕증인 상완신경총 장애 및 무릎의 상이가 2004. 8. 31. 교통사고로 인하여 발생한 것처럼 보험금청구서 등을 제출하여 이에 속은 ○○화재해상보험 주식회사, □□화재해상보험 주식회사 및 피청구인으로부터 보험금 및 보험급여를 지급받아 편취하였다는 이유로 사기 및 사기미수죄로 징역 1년 6월을 선고받았고, 청구인이 윤○○의 산재보험 요양급여신청서, 휴업급여청구서 등에 사업주 확인을 한 사실은 인정되나, 윤○○의 2005. 1. 18.자 산재보험 요양급여 신청서에서 청구인이 확인한 내용은 2004. 8. 31. 윤○○이 자동차 사고를 일으킨 일시, 장소, 경위 등에 관한 것이고, 윤○○의 2005. 2. 3.자 휴업급여청구서에서 청구인이 확인한 내용은 윤○○이 휴업급여를 청구한 기간 중 요양을 하였는지 여부, 요양기간 동안 취업한 사실이 있었는지 여부, 같은 재해를 사유로 다른 보험에서 휴업급여에 상당하는 보상을 받은 바 있는지 등에 관한 것이며, 달리 윤○○이 기왕증인 상완신경총 장애 및 무릎의 상이가 2004. 8. 31. 교통사고로 인하여 발생한 것처럼 속여 보험급여를 지급받은 점에 대하여 청구인이 허위의 신고 또는 증명을 하였음을 확인할 수 있는 자료가 없는바, 청구인이 요양급여 신청서 등에 위와 같이 사업주 확인을 하였고, 피청구인이 윤○○에게 보험급여를 지급하였다는 사실만으로 이를 보험급여 부정수급자에 대한 보험급여 지급이 보험가입자의 허위의 신고 또는 증명에 의한 것인 때에 해당하는 것으로 보기는 어렵다고 할 것이므로, 윤○○에게 지급된 보험급여액의 2배에 해당하는 금액을 청구인에게 징수한 피청구인의 이

사건 부당이득금 징수처분은 위법·부당하다.

8. 결 론

그렇다면 피청구인이 청구인에게 징수한 피청구인의 이 사건 부당이득금 징수처분은 위법·부당하다.

첨 부 서 류

1. 갑 제1호증 사업인수 이전 체납보험료 내역서
1. 갑 제2호증 산업재해보상보험료 납입고지서
1. 갑 제3호증 부동산매매계약서
1. 갑 제4호증 체납산재보험료납부최고 및 압류부동산공매 통보서
1. 갑 제5호증 사업자등록증 1부
1. 갑 제6호증 등기부등본 1부
1. 갑 제7호증 국세체납처분에의한압류등기촉탁서,
1. 갑 제8호증 보험관계변경신고서
1. 갑 제9호증 주민등록등본 1부
1. 갑 제10호증 그 외 증거서류

20○○. ○. ○

근로복지공단(여수지사) 귀하

[서식 65] 산재보험료등부과처분취소청구서 (실제사업주가 아닌 사람에게 고용보험료와 산재보험료 등을 부과할 수 있는지 여부)

심 판 청 구 서

청 구 인 : 배 ○ ○
양산시 ○○면 ○○리 410-56
(전화 : 000-0000, H.P :)
피청구인 : 근로복지공단 양산지사장

산재보험료등부과처분취소청구서

근거법조 : 고용보험법 제8조, 산업재해보상보험법 제6조, 고용보험및산업재해보상보험의보험료징수등에관한법률 제5조, 제7조

청 구 취 지

피청구인이 청구인에게 2005. 5. 3.부터 2005. 11. 2.까지 한 2005년도 고용보험료 173만 3,950원과, 2005. 5. 4.부터 2006. 1. 9.까지 한 2003년도 산업재해보상보험료, 연체금 및 가산금, 2004년도 연체금, 2005년도 연체금과 산업재해보상보험급여징수금, 2006년도 산업재해보상보험급여징수금 653만 5,000원 합계 826만 8,950원의 부과처분을 취소한다.
라는 재결을 구합니다.

청 구 원 인

1. 사건개요
피청구인, 2005. 5. 3. ~ 2005. 11. 2. 사이에 청구인에게 ○○화학의 2005년도 고용보험료 173만 3,950원, 2005. 5. 4. ~ 2006. 1. 9. 사이에 2003년도 산재보험료, 연체금 및 가산금, 2004년도 연체금, 2005년도 연체금과 산재보험급여징수금, 2006년도 산재보험급여징수금 653만 5,000원, 합계 826만 8,950원을 부과함.
2. 청구인의 주장
2002년 10월경 현 ○○화학의 실제 사업주인 ★★★가 대표로 있던 ○○산업에 납품운전기사로 취업하였다가 2004년 3월경 퇴사한 자로, ○○산업에 재직하던 2003년 1월경 청구인의 인감증명서를 청구인의 부친인 ▲▲▲에게 주었고, ★★★는 이를 ▲▲▲에게서 건네받은 후 ○○산업을 폐업하고, ○○화학이라는 상호로 사업자등록을 하여 세무서에 매출신고, 근로복지공단에 고용보험과 산재보험 신고 등을 하였다. ○○화학의 사업자등록이 형식상 청구인의 명의로 되어 있으나, ○○화학의 실제 사업주는 ★★★나 ◎◎◎임에도 불구하고 청구인을 ○○화학의 사업주로 보고 행한 피청구인의 이 사건 처분은 위법·부당하다.

3. 이 건 처분의 위법 · 부당 여부
   가. 고용보험법 제8조, 산업재해보상보험법 제6조, 고용보험 및 산업재해보상보험의 보험료징수 등에 관한 법률 제5조, 제7조를 종합해 보면, 대통령령이 정하는 예외적인 경우를 제외하고는 모든 사업의 사업주는 당연히 고용보험 및 산재보험의 보험가입자가 되고, 그 사업주가 당연가입자가 되는 사업의 경우에는 그 사업이 시작된 날에 그 보험관계가 성립한다고 규정하고 있으므로, 이러한 경우 보험가입자인 사업주와 같은 보험관계의 당사자는 근로복지공단에 대한 신고내용과 관계없이 해당 사실의 실질에 의하여 결정된다고 할 수 있다.
   나. ○○화학의 임금대장에 청구인 앞으로 임금이 지급되다가 2004. 3. 29. 퇴사했다고 기재되어 있는 점, 청구인이 ◇◇◇◇◇◇주식회사에서 2004. 4. 1. ~ 2006. 1. 24. 기간 동안 건강보험자격을 취득하고, 2004년 6월부터 2006년 3월까지 매월 5일 전후로 하여 급여로 보이는 200만원~300만원 정도의 금액이 입금된 점, ◇◇◇◇◇◇주식회사가 발행한 재직증명서 등을 종합해 볼 때, 청구인은 ○○화학에서 직원으로 근무하다가 2004. 3. 29. 퇴사하여 2004. 4. 1.부터 ◇◇◇◇◇◇주식회사에 근무한 사실이 있으며, 비록 ○○화학에 관해 청구인 명의로 사업자등록이 이루어지기는 했으나, ○○화학의 직원이었던 ♧♧♧, ♣♣♣이 청구인은 ○○화학의 운전기사였을 뿐 실제 사업주는 ★★★였으며, ★★★ 역시 본인이 ○○화학을 실제로 경영하다가 자금난으로 ◎◎◎과 공동경영했다는 점 등을 종합해 볼 때, 사업자등록의 내용과 달리 실제로는 ★★★나 ◎◎◎이 ○○화학을 운영해 왔고, 청구인은 그 운영에 전혀 관여한 적이 없다. 그렇다면 ○○화학에 관한 사업주, 즉 산재보험의 보험가입자는 청구인이 아니라 ★★★나 ◎◎◎이라고 할 것이다.
   다. 명의를 대여해 줌으로 인해 대외적으로 법률행위에 책임을 지는지 여부는 민·상사상의 거래관계에서 발생할 수 있는 문제이고, 청구인이 산재보험법상의 사업주에 해당하는지 여부를 가리는 경우에 적용할 문제가 아니다. 따라서 청구인이 ○○화학의 사업주임을 전제로 한 피청구인의 이 사건 처분은 위법·부당하다.

첨 부 서 류

생 략

20○○. ○○. ○○.

위 청구인 배 ○ ○ (인)

근로복지공단 양산지사장 귀하

[서식 66] 상이등급구분신체검사 등급판정처분 취소청구

심판청구서

사건명 상이등급구분신체검사 등급판정처분 취소청구
처분청 순천보훈지청

청 구 취 지

피청구인이 2007. 5. 21. 청구인에게 한 상이등급구분신체검사 등외판정처분을 취소한다.
라는 재결을 구합니다.

청 구 원 인

1. 사건개요

청구인의 자인 고 ○○○(이하 " 고인 " 이라 한다)가 공상으로 인정받은 상이처인 " 열사병 " 에 대하여 광주보훈병원에서 2007. 5. 11. 재심신체검사를 실시한 결과 등급기준미달로 판정되자, 피청구인은 2007. 5. 21. 이를 청구인에게 통지(이하 " 이 사건 처분 " 이라 한다)하였다.

2. 청구인 주장

고인에 대한 상이등급의 판정은 현재 남아있는 기록을 토대로 퇴원당시의 장애상태를 기준으로 판단하여야 할 것인데, 병상일지에 의하면, 고인은 " 열사병으로 인한 뇌신경장애 " 로 4개월간 입원치료를 받았고, 의무조사상신서에 따르면 고인의 상태가 " 원시적인 감정표현, 간단한 의사표시 이외에 고차원적 지적활동이 불가능하고 앞으로 시일의 경과에 따라 약간의 호전 가능성이 있으나 영구적인 불구를 면치 못할 것으로 사료됨 " 이라고 기록되어 있으며, 고인은 퇴원 후에도 사지를 사용하지 못하고 대소변을 가리지도 못하는 상태로 누워 지내다가 사지가 강직되면서 결국 1979. 11. 10. 사망하였는바, 고인이 전역 당시 이미 " 신경계통의 기능장애로 인하여 개호 없이는 자력으로 일상생활을 전혀 할 수 없는 자 " 의 상태였으며 그 상태로 사망하였음이 분명한데도 자료부족 등을 이유로 등급미달판정을 내린 이 사건 처분은 위법·부당하다.

3. 피청구인 주장

청구인은 고인이 열사병 후유증으로 사망하였다고 주장하나 고인이 열사병후유증으로 사망하였다고 인정할 만한 증거가 없고, 고인의 상이정도는 사망당시의 열사병 후유증 정도를 가지고 판단하여야 하는데, 사망당시의 진료기록이나 사망진단서 등 객관

적 자료가 없어 사망당시 장애정도의 판단이 곤란하므로 이 사건 등외판정처분이 위법·부당하다고 할 수 없다.

4. 관계법령

국가유공자 등 예우 및 지원에 관한 법률 제4조 제1항 제6호, 제6조, 제6조의3, 제6조의4, 제83조제1항

같은 법 시행령 제9조의2, 제13조, 14조, 15조, 제102조제1항 및 별표 3

5. 사실인정

청구인 및 피청구인이 제출한 국가유공자등록신청서, 심의의결서, 제적등본, 신체검사표(신규, 재심), 재심신체검사신청서, 병상일지 등 각 사본의 기재를 종합하면, 다음과 같은 사실을 각각 인정할 수 있다.

가. 고인은 ○○대학 1학년으로 재학 중이던 1977. 7. 16. 하사관후보생 교육을 받기위하여 ○○사단 종합교육대에 하계병영훈련에 입소하였고 1978. 1. 31. 전역하였다.

나. 청구인은, 고인이 1977. 7. 28. 유격훈련 중 “ 열사병 ” 으로 쓰러져 광주통합병원에 입원하였다가 4개월 만에 퇴원하였으나 결국 “ 열사병으로 인한 뇌신경장애 ” 로 1979. 11.경(제적등본에는 1981. 2. 10. 오후 10시경 사망으로 기재) 사망하였으니 순직군경으로 인정해달라며 2006. 12. 12. 국가유공자등록신청을 하였다.

다. 보훈심사위원회는 2007. 2. 8. 관련 자료를 종합하여 판단한 결과 청구인과 인우보증인의 진술 외에 고인이 전역 4년 경과 후 공무 수행 중 발병한 질병으로 사망하였음을 입증할 수 있는 사망진단서 등 구체적이고 객관적인 거증자료가 없어 고인을 순직군경 요건 해당자로는 인정하지 아니하되, 병상일지 상 하사관후보생 훈련 중 “ 열사병 ” 이 발병한 사실이 확인된다는 이유로 공상군경으로 인정하였다.

라. 광주보훈병원에서 2007. 3. 23. 고인의 상이등급을 판정하기 위하여 신규신체검사를 실시한 결과 내과전문의의 “ 자료 부족 ” 이라는 소견에 따라 “ 등급기준 미달 ” 로 판정되었다.

마. 청구인이 2007. 3. 30. 재심신체검사를 신청하여 광주보훈병원에서 2007. 5. 11. 재심신체검사를 실시한 결과 내과전문의의 “ 판정기준 미달 ” 소견과 신경외과 전문의의 “ 신경외과 연관성이 명확하지 않음. 판정기준 미달 ” 이라는 소견에 따라 종합판정에서 등급기준미달로 판정되자, 피청구인이 2007. 5. 21. 이 사건 처분을 하였다.

바. 육군참모총장이 발행한 2007. 1. 4.자 국가유공자 등 요건 관련 사실확인서에 의하면 고인의 원상병명란에 “ 열사병 ” , 현상병명란에 “ 열사병 ” 이라고 기재되어 있고 “ 확인결과 : 상기 원상병명으로 1977. 7. 28. 광주병원 입원기록

" 이라고 기재되어 있다.

사. 광주통합병원의 병상일지에 의하면 고인은 1977. 7. 27. 열사병으로 쓰러져 의식이 없는 상태로 병원이 후송되어 4개월간 입원치료를 받았으며, 병상일지 중 1977. 12. 5.자 의무조사상신서에 의하면 " 고인이 열사병으로 병원에 응급 입원하여 약 4개월간의 내과적 보존요법으로 많은 호전을 보았으나 현재 원시적인 감정표현 및 간단한 의사표시 외에 고차적인 지적활동이 불가능하고, 사지운동 및 전신기능이 어려운 상태에서 계속적인 타인의 보호를 요하는 자로 앞으로 시일의 경과에 따라 약간의 호전가능성은 있으나 영구적인 불구를 면치 못할 것으로 사료된다 " 는 취지로 기재되어 있다.

아. 고인에 대한 제적등본에 의하면 고인은 1981. 2. 15. 오후10시 ○○군 ○○읍 ○○리 160번지에서 사망하였고 호주(청구인)가 같은 해 2. 24. 신고하였다고 기재되어 있다.

6. 이 사건 처분의 위법·부당 여부

가. 「국가유공자 등 예우 및 지원에 관한 법률」 제4조제1항제5호, 제6호, 제6조의3, 제6조의4, 제83조 등 관계규정에 의하면, 군인 또는 공상군경에 해당하는 자로서 신체검사를 통하여 같은 법 소정의 상이등급판정을 받은 자에 대하여는 같은 법에 의한 예우 등을 하도록 되어 있고, 상이등급판정을 위한 신체검사는 보훈병원에서 실시하도록 되어 있는데, 신체검사를 통한 상이등급판정은 고도의 전문적인 의료지식을 요하는 것으로서 당해 신체장애를 판정할 만한 의료지식을 지닌 전문가가 객관적인 의료법칙에 따라 상이등급을 판정하였다면 그 판정이 잘못되었다고 인정할 만한 특별한 사정이 없는 한 정당하다 할 것이다.

나. 고인의 경우와 같이 직접 신체검사를 할 수 없는 때에는 고인의 생존 당시의 상이정도를 판단할 수 있는 객관적인 자료를 통하여 신체검사를 실시할 수밖에 없는데, 위 인정사실에 의하면 고인의 사망당시 장애정도를 확정할 수 있는 기록은 없다 하더라도, 병상일지 상 병명이 " 열사병에 의한 뇌신경장애 " 로 기재되어 있고 의무조사상신서에 " 현재 원시적인 감정표현 및 간단한 의사표시 외에 고차적인 지적활동이 불가능하고, 사지운동 및 전신기능이 어려운 상태에서 계속적인 타인의 보호를 요하는 자로 앞으로 시일의 경과에 따라 약간의 호전가능성은 있으나 영구적인 불구를 면치 못할 것으로 사료 " 된다고 기재되어 있는 점, 고인의 사망에 열사병 후유증 외에 다른 사망원인이 개입하였다고 보기 어려운 점 등에도 불구하고, 광주보훈병원의 재심신체검사결과에서는 " 신경외과 연관성이 명확하지 않음. 판정기준 미달 " 이라고 기재되어 있어, 피청구인이 상이등급을 판정함에 있어 고인의 병상일지에 대한 실질적인 심사를 거쳐 이 사건 처분을 하였다고 보기 어려우므로 이 사건 처분은 사실관계를 오인한 위법·부당한 처분이라 할 것이다.

7. 결 론

그렇다면 피청구인이 청구인에 대하여 상이등급을 판정함에 있어 고인의 병상일지에 대한 실질적인 심사를 거쳐 이 사건 처분을 하였다고 보기 어려우므로 이 사건 처분은 사실관계를 오인한 위법·부당한 처분이라 할 것이다.

첨 부 서 류

1. 갑 제1호증 사망진단서
1. 갑 제2호증 소견서
1. 갑 제3호증 6급상이자 상이사망심의결과통보서
1. 갑 제4호증 순위변경심사결정서
1. 갑 제5호증 심의의결서
1. 갑 제6호증 상이사망신청자 인적사항문
1. 갑 제7호증 사망경위서
1. 갑 제8호증 신체 검사표
1. 갑 제9호증 고엽제후유의증 관련사실확인통보서
1. 갑 제10호증 진단서
1. 갑 제11호증 고엽제후유증환자등검진결과통보서
1. 갑 제12호증 법적용대상여부결정문
1. 갑 제13호증 주민등록등본 1부
1. 갑 제14호증 그 외 증명서류

20○○. ○. ○

순천보훈지청 귀중

[서식 67] 상이등급구분신체검사 등급판정처분 취소청구

심판청구서

사건명 상이등급구분신체검사 등급판정처분 취소청구
처분청 순천보훈지청

청 구 취 지

피청구인이 2007. 5. 21. 청구인에게 한 상이등급구분신체검사 등외판정처분을 취소한다.
라는 재결을 구합니다.

청 구 원 인

1. 사건개요

청구인의 자인 고 ○○○(이하 " 고인 " 이라 한다)가 공상으로 인정받은 상이처인 " 열사병 " 에 대하여 광주보훈병원에서 2007. 5. 11. 재심신체검사를 실시한 결과 등급기준미달로 판정되자, 피청구인은 2007. 5. 21. 이를 청구인에게 통지(이하 " 이 사건 처분 " 이라 한다)하였다.

2. 청구인 주장

고인에 대한 상이등급의 판정은 현재 남아있는 기록을 토대로 퇴원당시의 장애상태를 기준으로 판단하여야 할 것인데, 병상일지에 의하면, 고인은 " 열사병으로 인한 뇌신경장애 " 로 4개월간 입원치료를 받았고, 의무조사상신서에 따르면 고인의 상태가 " 원시적인 감정표현, 간단한 의사표시 이외에 고차원적 지적활동이 불가능하고 앞으로 시일의 경과에 따라 약간의 호전 가능성이 있으나 영구적인 불구를 면치 못할 것으로 사료됨 " 이라고 기록되어 있으며, 고인은 퇴원 후에도 사지를 사용하지 못하고 대소변을 가리지도 못하는 상태로 누워 지내다가 사지가 강직되면서 결국 1979. 11. 10. 사망하였는바, 고인이 전역 당시 이미 " 신경계통의 기능장애로 인하여 개호없이는 자력으로 일상생활을 전혀 할 수 없는 자 " 의 상태였으며 그 상태로 사망하였음이 분명한데도 자료부족 등을 이유로 등급미달판정을 내린 이 사건 처분은 위법·부당하다.

3. 피청구인 주장

청구인은 고인이 열사병 후유증으로 사망하였다고 주장하나 고인이 열사병후유증으로 사망하였다고 인정할 만한 증거가 없고, 고인의 상이정도는 사망당시의 열사병 후유증 정도를 가지고 판단하여야 하는데, 사망당시의 진료기록이나 사망진단서 등 객관적 자

료가 없어 사망당시 장애정도의 판단이 곤란하므로 이 사건 등외판정처분이 위법·부당하다고 할 수 없다.

4. 관계법령

국가유공자 등 예우 및 지원에 관한 법률 제4조 제1항 제6호, 제6조, 제6조의3, 제6조의4, 제83조제1항

같은 법 시행령 제9조의2, 제13조, 14조, 15조, 제102조제1항 및 별표 3

5. 사실인정

청구인 및 피청구인이 제출한 국가유공자등록신청서, 심의의결서, 제적등본, 신체검사표(신규, 재심), 재심신체검사신청서, 병상일지 등 각 사본의 기재를 종합하면, 다음과 같은 사실을 각각 인정할 수 있다.

가. 고인은 ○○대학 1학년으로 재학 중이던 1977. 7. 16. 하사관후보생 교육을 받기위하여 ○○사단 종합교육대에 하계병영훈련에 입소하였고 1978. 1. 31. 전역하였다.

나. 청구인은, 고인이 1977. 7. 28. 유격훈련 중 " 열사병 " 으로 쓰러져 광주통합병원에 입원하였다가 4개월 만에 퇴원하였으나 결국 " 열사병으로 인한 뇌신경장애 " 로 1979. 11.경(제적등본에는 1981. 2. 10. 오후 10시경 사망으로 기재) 사망하였으니 순직군경으로 인정해달라며 2006. 12. 12. 국가유공자등록신청을 하였다.

다. 보훈심사위원회는 2007. 2. 8. 관련 자료를 종합하여 판단한 결과 청구인과 인우보증인의 진술 외에 고인이 전역 4년 경과 후 공무 수행 중 발병한 질병으로 사망하였음을 입증할 수 있는 사망진단서 등 구체적이고 객관적인 거증자료가 없어 고인을 순직군경 요건 해당자로는 인정하지 아니하되, 병상일지 상 하사관후보생 훈련 중 " 열사병 " 이 발병한 사실이 확인된다는 이유로 공상군경으로 인정하였다.

라. 광주보훈병원에서 2007. 3. 23. 고인의 상이등급을 판정하기 위하여 신규신체검사를 실시한 결과 내과전문의의 " 자료 부족 " 이라는 소견에 따라 " 등급 기준 미달 " 로 판정되었다.

마. 청구인이 2007. 3. 30. 재심신체검사를 신청하여 광주보훈병원에서 2007. 5. 11. 재심신체검사를 실시한 결과 내과전문의의 " 판정기준 미달 " 소견과 신경외과전문의의 " 신경외과 연관성이 명확하지 않음. 판정기준 미달 " 이라는 소견에 따라 종합판정에서 등급기준미달로 판정되자, 피청구인이 2007. 5. 21. 이 사건 처분을 하였다.

바. 육군참모총장이 발행한 2007. 1. 4.자 국가유공자 등 요건 관련 사실확인서에 의하면 고인의 원상병명란에 " 열사병 " , 현상병명란에 " 열사병 " 이라고 기재되어 있고 " 확인결과 : 상기 원상병명으로 1977. 7. 28. 광주병원 입원기록

″ 이라고 기재되어 있다.

사. 광주통합병원의 병상일지에 의하면 고인은 1977. 7. 27. 열사병으로 쓰러져 의식이 없는 상태로 병원이 후송되어 4개월간 입원치료를 받았으며, 병상일지 중 1977. 12. 5.자 의무조사상신서에 의하면 ″ 고인이 열사병으로 병원에 응급 입원하여 약 4개월간의 내과적 보존요법으로 많은 호전을 보았으나 현재 원시적인 감정표현 및 간단한 의사표시 외에 고차적인 지적활동이 불가능하고, 사지운동 및 전신기능이 어려운 상태에서 계속적인 타인의 보호를 요하는 자로 앞으로 시일의 경과에 따라 약간의 호전가능성은 있으나 영구적인 불구를 면치 못할 것으로 사료된다 ″ 는 취지로 기재되어 있다.

아. 고인에 대한 제적등본에 의하면 고인은 1981. 2. 15. 오후10시 ○○군 ○○읍 ○○리 160번지에서 사망하였고 호주(청구인)가 같은 해 2. 24. 신고하였다고 기재되어 있다.

6. 이 사건 처분의 위법·부당 여부

가. 「국가유공자 등 예우 및 지원에 관한 법률」 제4조제1항제5호, 제6호, 제6조의3, 제6조의4, 제83조 등 관계규정에 의하면, 군인 또는 공상군경에 해당하는 자로서 신체검사를 통하여 같은 법 소정의 상이등급판정을 받은 자에 대하여는 같은 법에 의한 예우 등을 하도록 되어 있고, 상이등급판정을 위한 신체검사는 보훈병원에서 실시하도록 되어 있는데, 신체검사를 통한 상이등급판정은 고도의 전문적인 의료지식을 요하는 것으로서 당해 신체장애를 판정할 만한 의료지식을 지닌 전문가가 객관적인 의료법칙에 따라 상이등급을 판정하였다면 그 판정이 잘못되었다고 인정할 만한 특별한 사정이 없는 한 정당하다 할 것이다.

나. 고인의 경우와 같이 직접 신체검사를 할 수 없는 때에는 고인의 생존 당시의 상이정도를 판단할 수 있는 객관적인 자료를 통하여 신체검사를 실시할 수밖에 없는데, 위 인정사실에 의하면 고인의 사망당시 장애정도를 확정할 수 있는 기록은 없다 하더라도, 병상일지 상 병명이 ″ 열사병에 의한 뇌신경장애 ″ 로 기재되어 있고 의무조사상신서에 ″ 현재 원시적인 감정표현 및 간단한 의사표시 외에 고차적인 지적활동이 불가능하고, 사지운동 및 전신기능이 어려운 상태에서 계속적인 타인의 보호를 요하는 자로 앞으로 시일의 경과에 따라 약간의 호전가능성은 있으나 영구적인 불구를 면치 못할 것으로 사료 ″ 된다고 기재되어 있는 점, 고인의 사망에 열사병 후유증 외에 다른 사망원인이 개입하였다고 보기 어려운 점 등에도 불구하고, 광주보훈병원의 재심신체검사결과에서는 ″ 신경외과 연관성이 명확하지 않음. 판정기준 미달 ″ 이라고 기재되어 있어, 피청구인이 상이등급을 판정함에 있어 고인의 병상일지에 대한 실질적인 심사를 거쳐 이 사건 처분을 하였다고 보기 어려우므로 이 사건 처분은 사실관계를 오인한 위법·부당한 처분이라 할 것이다.

7. 결 론

그렇다면 피청구인이 청구인에 대하여 상이등급을 판정함에 있어 고인의 병상일지에 대한 실질적인 심사를 거쳐 이 사건 처분을 하였다고 보기 어려우므로 이 사건 처분은 사실관계를 오인한 위법·부당한 처분이라 할 것이다.

첨 부 서 류

1. 갑 제1호증	사망진단서
1. 갑 제2호증	소견서
1. 갑 제3호증	6급상이자 상이사망심의결과통보서
1. 갑 제4호증	순위변경심사결정서
1. 갑 제5호증	심의의결서
1. 갑 제6호증	상이사망신청자 인적사항문
1. 갑 제7호증	사망경위서
1. 갑 제8호증	신체 검사표
1. 갑 제9호증	고엽제후유의증 관련사실확인통보서
1. 갑 제10호증	진단서
1. 갑 제11호증	고엽제후유증환자등검진결과통보서
1. 갑 제12호증	법적용대상여부결정문
1. 갑 제13호증	주민등록등본 1부
1. 갑 제14호증	그 외 증명서류

20○○. ○. ○

순천보훈지청 귀중

[서식 68] 생활환경개선사업비지급거부처분취소청구서

심 판 청 구 서

청 구 인 : 박 ○ ○
서울 ○○구 △△동 △△빌라 1동 105호
(전화 : 000-0000, H.P :)

피청구인 : 수도권매립지운영관리조합

생활환경개선사업비지급거부처분취소청구서

청 구 취 지

피청구인의 2007. 11. 19자 생활환경개선사업비지급거부처분은 이를 취소한다.
라는 재결을 구합니다.

청 구 원 인

1. 청구인 주장
가. 청구인은 피청구인의 매립지 사업으로 인하여 환경피해를 입고 있는 주변영향권내에 거주하고 있는 주민이고, 피청구인은 서울특별시, 인천광역시, 경기도가 공동으로 건설한 수도권매립지를 효율적으로 운영관리하기 위한 특별지방자치단체이다.
나. 피청구인은 △△지역일대 주민들에게 사업비를 지원하기로 결정하고 가옥주에게는 734만7,000원, 세입자에게는 400만원씩을 지급하였고, 그 지원의 취지는 기준일인 2000. 2. 10. 이전부터 실제 거주한 사람으로서 피청구인의 매립지사업으로 인하여 환경피해를 입고 있는 주민들에게 그 생활환경의 개선사업자금을 지급하겠다는 것으로 실질은 피해보상이라고 할 수 있다.
다. 지원대상의 선정당시 그 기준은 주민등록상 2000. 2. 10. 이전부터 실거주하여 2000. 2. 10. 이후 2005. 12. 13.까지의 거주자로 정하고, 단독세대와 주민등록변동세대를 대상으로 추가지원하기로 하였다.
라. 피청구인은 주민등록부상의 등재여부를 마치 절대적인 기준인 것처럼 주장하나, 기준일 현재 주민등록부상의 등재여부는 사업비 지급 대상자 선정에 있어서 거주여부의 판단에 대한 보조적 기준에 불과한 것이며, 만약 피청구인 주장대로라면 주민등록부에 등재되어 있더라도 실거주하지 않은 사람의 경우도 지원금을 지급해 주어야 할 것인바, 이 건과 같은 사업비의 경우 영향권지역내에 거주하였다는 사실이 다른 객관적인 증거에 의하여 인정이 된다면 사업비는 지급되어야 한다.

마. 청구인은 영향지역에 기준일인 2000. 2. 10.부터 지금까지 실거주하였지만 개인적인 사정으로 주민등록만 잠시 이동하였을 뿐이므로 피청구인의 이 건 처분은 위법 · 부당하다.

첨 부 서 류

1. 갑 제1호증	주민등록등본 1부
1. 갑 제2호증	△△동 주민지원사업세부추진계획서
1. 갑 제3호증	추가영향지역생활환경개선사업비 비대상자 서류반송문
1. 갑 제4호증	생활환경개선사업비지급거부 통지서
1. 갑 제5호증	그 외 증명서류

20○○. ○○. ○○.

위 청구인 박 ○ ○ (인)

수도권매립지운영관리조합 귀하

[서식 69] 서울특별시지정무형문화재보유자인정처분취소청구서

심 판 청 구 서

청 구 인 : 이○회 외 1인
서울 ○○구 ○○동 124-54
(전화 : 000-0000, H.P :)

피청구인 : 서울특별시장

서울특별시지정무형문화재보유자인정처분취소청구서

청 구 취 지

피청구인의 2007. 7. 1. 자 서울특별시지정무형문화재(경기소리 휘모리잡가)보유자인정처분은 이를 취소한다.
라는 재결을 구합니다.

청 구 원 인

1. 청구인 주장
   가. 청구외 박○옥은 중요무형문화재 제19호 선소리산타령 보유자였던 청구외 고 이○배로부터 경기소리 휘몰이 잡가의 예능을 직접 구전심수하여 정당한 예맥을 전술한 사실이 없고, 위 이○배로부터 직접 전수받은 것처럼 서울특별시문화재위원회(이하 "위원회"라 한다)위원인 청구외 이○영 및 황○기와 공모하여 동위원회의 조사를 가쳐 이 건 처분을 받았으므로 이 건 처분은 부당하다.
   나. 위 이○배의 장남인 청구외 이○표는 위 이○배가 운영하던 사단법인 경기12잡가연구보존회에서 위 박○옥이 배운 것은 긴소리와 민요 등이었고, 경기소리 휘몰이 잡가의 예능을 전수받은 것을 보지 못하였으며, 청구인(이○회)이 휘모리잡가를 배우면서 전승한 사실이 있다고 확인하였고, 또 위 이○배로부터 경기 서도창을 배운 청구외 김○남도 이와 동일한 사실을 확인하고 있는 바, 위 박○옥에 대한 이 건 처분은 잘못된 위원회의 조상에 의한 것이고, 이에 대하여 청구인과 위 이○표 외 51인은 피청구인에게 위 박○옥에 대한 경기소리 휘모리잡가 보유자 인정에 대하여 이의를 제기한 바 있다.
   다. 그렇데 피청구인은 2008. 8. 18. 위 박○옥에 대한 이 건 처분이 위원회의 현장조사와 심의를 거쳐 적법하게 이루어진 것이라고 회신하였는 바, 무형문화재 보유자의 인정은 역사적·예술적·학술적으로 가치가 높고 우리 민족의 얼이 잘 전승된

전통적인 계보에 따라 인정하여야 함에도 불구하고 전통예능보유자로부터 전승을 받지 않고 다른 사람의 녹음테이프로 배운 사람을 그 보유자로 인정한 것은 부당하므로 이○배로부터 올바르게 경기소리 휘몰이잡가의 예능을 전수받은 사람을 그 보유자로 인정하여야 할 것이다.

첨 부 서 류

1. 갑 제1호증의 1 민원서
1. 갑 제1호증의 2 민원회신
1. 갑 제2호증 서울특별시무형문화재지정신청서
1. 갑 제3호증 위원회 회의자료
1. 갑 제4호증의 1 서울특별시 무형문화재 지정조사서
1. 갑 제4호증의 2 조사보고서
1. 갑 제5호증 의결서
1. 갑 제6호증 심의결과 보고서
1. 갑 제7호증 서울특별시무형문화재지정예고
1. 갑 제8호증 이의서
1. 갑 제9호증 서울특별시지정문화재지정고시
1. 갑 제10호증 서울특별시지정무형문화재보유자인정 통지서
1. 갑 제11호증 주민등록등본 1부

20○○. ○○. ○○.

위 청구인 이○회 외 1인 (인)

서울특별시장 귀하

[서식 70] 세무사징계처분취소청구서 (비용을 과다계상하는 등 매출을 누락한 것이 세무사법 제12조의 성실의 의무에 반하는지 여부)

심 판 청 구 서

청 구 인 : 고 ○ ○
의정부시 ○○동 100-23
(전화 : 000-0000, H.P :)

피청구인 : 기획재정부 장관

세무사징계처분취소청구서

청 구 취 지

피청구인이 2007. 5. 25. 청구인에게 한 세무사 징계처분(과태료 300만원)을 취소한다.
라는 재결을 구합니다.

청 구 원 인

1. 사건개요

청구인은 경기도 의정부시에 있는 '○○세무법인'(이하 "이 사건 법인"이라 한다)의 대표이던 자로서, 국세청장은 2006년 9월경 이 사건 법인에 대해 법인세조사를 실시한 결과 세무사의 직무와 관련된 수입금액의 누락 및 비용의 과다계상 등을 이유로 2007. 4. 23. 세무사징계위원회위원장에게 청구인에 대한 징계를 요구하였고, 세무사징계위원회는 청구인이 비용을 과다계상한 것이 세무사법 제12조의 성실의무에 반한다는 이유로 과태료 300만원의 징계의결을 하였으며, 이에 따라 피청구인은 2007. 5. 25. 청구인에게 과태료 300만원을 부과하는 징계처분(이하 "이 사건 처분"이라 한다)을 하였다.

2. 청구인의 주장

세무사법 제12조의 성실의무는 당연히 세무사의 직무관련성을 전제로 하고 있는 것인바, 청구인이 비용을 과다계상하는 등 매출을 누락한 것은 일반적인 납세의무자의 지위에서 본인의 납세의무를 적정하게 이행하지 못한 것으로 잘못된 것이기는 하지만, 이는 일반 납세자와 동등한 추징 등의 처분을 받아야 하는 것이지 세무사의 직무수행과 관련된 것이 아니기 때문에 세무사법의 적용을 받아서는 안되므로 이 사건 처분은 위법·부당하여 취소되어야 한다.

3. 이 사건 처분의 위법 · 부당 여부

구 세무사법 제12조제1항은 '세무사는 성실히 그 직무를 수행하여 그 품위를 지하여야 한다'고 규정하여 성실의무 및 품위유지와 관련하여 직무관련성을 명시적으로 규정하고 있고, 같은 법 제2조에서 세무사의 직무에 대해 조세에 관한 신고 · 신청 · 청구, 세무조정계산서 기타 세무관련 서류의 작성 등으로 정의하여 세무사의 직무를 납세자의 위임에 의해 처리하는 행위로서 납세자를 대리하여 행하는 업무로 정의하고 있는바, 청구인이 이 사건 법인의 귀속 법인세를 신고한 것은 납세자를 대리 또는 대행하여 한 행위가 아니라 청구인 자신의 조세에 관한 업무를 직접 한 것이어서 세무사가 그 직무에 관하여 한 업무라고 할 수 없으므로 청구인이 귀속 법인세 신고를 하면서 수입금액을 누락하거나 비용을 과다계상한 것은 같은 법 제12조 위반의 징계사유에 해당하지 않는다고 할 것이다. 따라서 청구인이 같은 법 제12조를 위반하였다는 이유로 한 피청구인의 이 사건 처분은 위법·부당하다.

첨 부 서 류

생 략

20○○. ○○. ○○.

위 청구인 고 ○ ○ (인)

기획재정부 장관 귀하

[서식 71] 송악산관광지개발사업시행승인처분취소청구서

심 판 청 구 서

청 구 인 : 진 ○ 진 외 10인
제주시 이도 1동 123-45
(전화 : 000-0000, H.P :)

피청구인 : 제주도 지사

송악산관광지개발사업 시행승인처분취소청구서

청 구 취 지

피청구인이 1999. 12. 30. 청구외 ○○○리조트개발(주)에 대하여 한 송악산 관광지개발사업시행승인처분은 이를 취소한다.

청 구 원 인

1. 청구인 주장
   가. 청구인 진○진과 이○옹은 이 건 사업에 관한 환경영향평가 대상지역에 거주하는 주민으로서 이 건 사업의 시행으로 인하여 이 건 지역에서 말을 방목하거나 어패류를 채취하지 못하는 직접적이고 중대한 피해를 입게 될 것이고, 개발공사로 인하여 각종 환경피해에 시달리게 됨으로써 그 환경상 이익이 침해될 우려가 있으며, 청구인 김○숙, 현○보, 강○훈, 신○범, 고○홍, 김○호, 김○옥, 최○, 서○원은 제주도 또는 그 외 지역에 거주하는 환경단체 회원으로서 이 건 지역에서 학술연구를 위한 조사활동 또는 주변 경관을 감상하는 동의 환경상 이익을 박탈당할 뿐만 아니라 개발공사의 시행으로 각종환경피해에 시달리게 됨으로써 그 환경상 이익의 침해가 예상되고, 이 건 사업으로 조성된 시설물을 이용하다가 생명 또는 신체상 위해를 입을 우려가 있다.
   나. 이 건 지역은 구 제주도개발특별법(2000. 1. 28. 법률 제6249호로 개정되기 이 전의 것, 이하 "특별법"이라 한다) 제20조제1항 및 제3항의 규정에 의하여 절대보축·공작물 기타 시설의 설치·토지의 형질변경·토석의 채취·도로의 신설 등의 행위를 할 수 없도록 되어 있음에도 이 건 사업의 시설물 배치계획에 의하면, 카지노가 포함된 호텔 4동(부지면적 12만3,446㎡), 콘도 1동(부지면적 3만7,761㎡), 빌라콘도 2동(부지면적 6만9,906㎡), 상가시설(2만9,309㎡)기타 레져시설(부지면적 1만

2,177㎡0등 총 95만 5,554㎡에 각종 위락시설을 설치하도록 되어 있는 바, 위 시설물을 계획대로 설치할 경우 이 건 지역에서의 절토량은 46만 2,000㎥, 용암호수를 메꾸는 성토량은 40만㎥나 되어 제1분화구의 원형이 완전히 소실될 것이므로 자연자원의 원형을 훼손 또는 변형시키도록 하는 이 건 처분은 특별법 규정을 위반한 위법한 처분이다.

다. 특별법 제11조의 규정에 의하면, 개발사업의 시행승인을 얻고자 하는 자는 사업계획 및 투자계획을 제출한 자의 투자타당성 등 선정기준을 참작하여 적합하다고 인정하는 자에게 사업시행을 승인하여야 한다고 되어 있는 바, 이 건 지역의 개발사업 시행자인 청구외 남제주리조트개발(주)은 개발사업부지 매입자금조차 금융기관의 대출에 의존할 정도로 자력을 갖추고 있지 못하여 스스로는 개발사업의 시행을 할 수 없는 기업이고, 위 시행자의 사업계획에 의하면 개발사업을 전적으로 외자를 유치하여 시행하겠다고 하고 있으나, 투자협정서에는 외국 기업인 아코르(ACCOR)그룹과 사토리((SARTORI)그룹의 투자방법 · 시기 · 절차에 관한 구체적 언급이 없어 계약서로서의 기본적인 조건조차 갖추지 못하고 있을 뿐만 아니라 지금까지 세부협정을 체결하지도 못한 실정에 있음을 살펴볼 때, 피청구인은 사업시행자의 자력과 투자유치계획에 대한 면밀한 검증을 거치지 아니하고 사업시행을 승인하였다.

라. 자연공원법 제18조제2항의 규정에 의하면, 집단시설지구는 공원 입장자에 대한 편의제공 및 공원의 보호 · 관리를 위하여 공원시설이 집단화되었거나 집단화되어야 할 곳으로 그 안에서의 허용행위는 탐방 · 휴양에 적합한 공원시설 및 그 부대시설의 설치행위라고 되어 있는 바, 이 건 지역에 대한 개발사업은 이러한 법의 목적에 벗어나 영리만을 목적으로 대규모로 행하여져 자연풍경지를 파괴하고, 적정한 이용을 저해하며, 인근 주민에게까지 피해를 입히는 것이어서 피청구인의 이 건 처분은 재량권을 일탈 · 남용한 위법한 처분이다.

마. 이 건 지역의 화산지질학적 가치의 중요성을 고려할 때, 환경영향평가를 함에 있어 화산지질 · 지형분야의 전문가가 조사 · 연구한 결과를 근거로 그 보존가치를 객관적으로 평가한 후 개발로 인한 손익을 비교형량하여야 함에도 불구하고, 이 건 지역의 환경평가를 대행한 청구외(주)○○해외기술공사는 이러한 점을 간과하고, 이 건 지역의 환경평가를 대행한 청구외 (주)○○해외기술공사는 이러한 점을 간과하고 입지선정의 타당서 여부나 이 건 지역의 보존적 가치에 대하여는 전혀 고려하지 않은 채 영향예측과 저감방안만을 형식적으로 설명하는 것에 그쳤으며, 이 건 지역에 대한 계절변화에 따른 각 분야의 환경적 영향에 대한 검토를 위하여는 적어도 14개월 이상의 기간이 소요됨에도 이 건 지역에 대한 환경영향평가가 3개월만에 이루어 진 점에 비추어 볼 때, 환경영향평가가 부실하게 이루어 졌음이 분

명하고, 피청구인이 이러한 환경영향평가와 합의를 근거로 개발사업시행을 승인한 것은 재량권을 일탈·남용한 것이다.

바. 이 건 지역은 바다 속에서 만들어진 화산의 쇄설물로 만들어진 퇴적층이고, 그 형성시기가 짧아 해파에 쉽게 무너질 우려가 있으며, 용암내부에 많은 부풀음 구조가 발달되어 있고, 하부층에 동굴과 같은 구조로 되어 있어서 개발사업과 같은 시설공사는 공사 근로자 및 시설 이용자들의 신체·생명에 중대한 위해를 초래할 우려가 있음에도 피청구인 이에 대한 뚜렷한 대책없이 이 건 처분을 한 것은 재량권을 일탈 남용한 것이다.

아. 자연공원법 제8조제2항 및 제15조제2항에 의하면, 공원구역의 확대편입은 공원계획이 결정된 날로부터 10년마다 공원구역에 대한 타당서 여부를 검토하여 공원지정기준에 부합되는 공원주변지역을 공원구역에 편입하도록 되어 있음에도 피청구인은 이 건 지역을 집단시설지구로 지정할 수 있도록 하기 위하여 공원구역 타당성 검토가 있은 지 불과 2년만에 이 건 지역을 마라해양군립공원구역에 편입시키는 공원구역변경승인처분을 하였고, 이어서 이 건 지역을 집단시설지구로 지정하는 공원계획변경결정허가처분을 하였는 바, 피청구인이 한 선행처분의 위법성이 이 건 처분으로 승계되었으므로 이 건 처분은 위법한 처분이다.

자. 구 제주도개발특별법시행령 제10조제7호의 규정에 의하면, 절대보전지역안에서 도지사의 허가를 받아 자연공원법 및 도시공원법에 의한 공원시설의 설치와 공원계획 및 공원조성계획에 의한 공원사업의 시행을 할 수 있도록 하고 있는 바, 이 규정은 모법의 위임 한계를 벗어난 것으로서 무효라고 할 것이고, 무효인 위 규정을 근거로 하고 있는 이 건 처분은 위법하다.

첨 부 서 류

1. 갑 제1호증	송악산관광지개발사업시행승인공고
1. 갑 제2호증	제주도종합개발계획서
1. 갑 제3호증	마라해양군립공원지정및고시
1. 갑 제4호증	마라해양군립공원구역조정고시
1. 갑 제5호증	마라해양군립공원집단시설지구공원사업 시행허가서
1. 갑 제6호증	남제주군도시계획변경결정서
1. 갑 제7호증	송악산관광지구개발사업등환경영향평가 초안공람및설명회개최공고
1. 갑 제8호증	송악산관광지구조성사업환경영향평가협의서

1. 갑 제9호증 송악산관광지구실시설계중지질조사보고서
1. 갑 제10호증 투자협정서
1. 갑 제11호증 군유지매매계약서
1. 갑 제12호증 송악산관광지개발에따른대정읍민성명서
1. 갑 제13호증 송악산관광지구조성사업환경(경관포함)영향평가서
1. 갑 제14호증 주민등록등본 1부

20○○. ○○. ○○.

위 청구인 진 ○ 진 외 10인 (인)

제주도 지사 귀하

[서식 72] 수입화장품반송또는폐기명령처분취소청구서

심 판 청 구 서

청 구 인 : 김 ○ ○
광주시 ○○구 ○○동 124-12
(전화 : 000-0000, H.P :)

피청구인 : 광주지방식품의약품안전청장

수입화장품반송또는폐기명령처분취소청구서

청 구 취 지

피청구인이 2004. 11. 29. 청구인에 대하여 한 수입화장품반송 또는 폐기명령처분은 이를 취소한다.
라는 재결을 구합니다.

청 구 원 인

1. 청구인 주장

2003. 10. 16. 헤어스트레이트너에 대한 품목허가를 받고 헤어스트레이트너에 해당되는 제품인 Dark & Lovely Relaxer super 및 Dark & Lovely Relaxer Regular를 수입하였으나, 피청구인은 위 제품에 대한 화장품기준 및 시험방법이 없다는 이유로 이 건 처분을 하였는 바, 위 제품은 청구인이 2001 (주)○○무역의 대표로 있었을 당시 수입하여 판매한 사실이 있고 지금도 일부에서 판매되고 있는 점, 한국에서는 여행자편으로 반입되어 미장원 및 개인이 사용하고 있는 점, 수입한 물건을 7개월이 지난 후 기준 및 시험방법이 없다는 이유로 반품한다면 국제무역거래상 신용을 떨어뜨리는 문제가 있는 점, 또한 90일이 지나 반송이 불가하며 이상없이 수입된 제품을 폐기하는 것도 곤란한 점 등을 고려할 때, 이 건 처분은 위법·부당하여 취소되어야 한다.

첨 부 서 류

1. 갑 제1호증 행정처분통보공문서
1. 갑 제2호증 무역업신고필증
1. 갑 제3호증 사업자등록증

1. 갑 제4호증	수입자확인증
1. 갑 제5호증	화장품제조(수입)종별허가증
1. 갑 제5호증	수입의약품등 통관예정보고서접수필증
1. 갑 제6호증	수입신고필증
1. 갑 제7호증	수입의약품 등 검정의뢰서
1. 갑 제8호증	확인서
1. 갑 제9호증	수입의약품등 품질검사결과부적합통보공문서
1. 갑 제10호증	시험성적서
1. 갑 제11호증	화장품품질검사관련 건의에 대한 회신공문서
1. 갑 제12호증	화장품질검사관련건의서
1. 갑 제13호증	의견제출서
1. 갑 제14호증	수입화장품 국문표시 검토의뢰서
1. 갑 제15호증	주민등록등본 1부

20○○. ○○. ○○.

위 청구인 김 ○ ○ (인)

광주지방식품의약품안전청장 귀하

[서식 73] 시외버스운송사업계획변경인가처분취소청구서

심 판 청 구 서

청 구 인 : 주식회사 ○○고속외 2인
서울 ○○구 ○○동 123-12
(전화 : 000-0000, 팩스 : 000-0000)

피청구인 : 충청북도지사

시외버스운송사업계획변경인가처분취소청구서

청 구 취 지

피청구인이 2005. 11. 6. 청구외 (주)△△고속에 대하여 한 시외버스운송사업계획변경인가처분은 이를 취소한다.
라는 재결을 구합니다.

청 구 원 인

1. 청구인 주장
   가. 서울-포항 운행계통은 매년 수송수요가 두 자리로 격감되는 상태이고, 강남터미널과 구의동터미널사이의 도로여건과 지하철을 비롯한 시내버스 연계수단이 좋아져 구의동 인근시민 뿐만 아니라 서울특별시 전지역의 시민이 현행 서울(강남)-포항노선을 이용하는데 큰 불편이 없고, 설사 동서울-포항 운행계통이 필요하다고 인정할 때에는 서울(강남) - 포항운행계통을 감차하여 동서울 - 포항운행계통으로 변경조치하면 가능하다.
   나. 여객자동차운수사업법시행규칙(이하 "시행규칙"이라 한다) 제7조제5항제1호의 규정에 의한 고속형 시외버스의 운행형태(운행거리가 100㎞ 이상이고, 운행구간의 60%이상을 고속국도로 운행하며, 기점과 종점의 중간에서 정차하지 아니하는 운행형태)에 해당되므로 여객자동차운수사업법(이하 "법"이라 한다) 제10조 및 여객자동차운수사업법시행령(이하 "시행령"이라 한다) 제26조제1항제6호의 규정에 의하여 국토해양부장관의 권한사항이라 할 것이어서 이 건 처분은 권한없는 자인 시도지사가 한 무효인 처분이다.
   다. 시행규칙 제7조제5항제2호의 규정에 의하면, 직행형 시외버스의 운행형태는 시외직행버스를 사용하여 50㎞를 기준으로 하는 운행거리마다의 정류소에 정차하면서 운행하여야 하고, 다만, 주민의 교통편의를 위하여 필요하다고 인정하는 때에는 중간정류소의 수를 조정할 수 있다고 되어 있는 바, 고속형 시외버스와 동일하게 중간정류소 없이 기·종점간만 운행하는 형태로 인가처분한 것은 월권이다.

라. 청구인들은 서울(강남) - 포항간 고속버스를 1일 총 35대 35회 운행하고 있고, 평균공급좌석이용률이 56.1%에 불과하여 공급과잉 상태라 할 수 있으므로 피청구인의 이 건 처분은 재량권을 남용한 것이다.

마. 피청구인이 2004. 9. 12. (주)△△고속에 대하여 시외버스사업계획인가시 인가일로부터 3개월 이내에 운송개시하도록 조건이 붙어 있었으나, 현재까지 운송개시도 하지 않은 상태임에도 불구하고 피청구인은 법 제85조제1항제1호의 규정에 의하여 면허취소처분을 하여야 하는데 이를 의도적으로 묵살하고 이 건 처분을 한 것은 기존 사업자들의 권익을 침해하고 면허의 공정성과 운송질서를 문란하게 한 것으로 재량권을 남용한 것이다.

바. 서울 - 포항 운행계통은 고속버스 수송실적을 보더라도 매년 수송수요가 격감하여 과잉공급력 상태에서 경영애로가 극심하여 정부의 유류절약정책과 원가절감등의 구조조정을 위하여 운행업체별 공급력 조정(감차조치) 협의중에 있는 상황에서 피청구인이 법 제5조제1항에 의한 수송수요와 공급력, 이용국민 교통편의도 등 구체적인 검토판단도 없이 장기간 운행하지도 않는 운행계통에 이 건 처분을 한 것은 특정업체에 이권을 조장하는 것이다.

사. 이 건 처분은 직행형 시외버스 운행계통의 신설 등 사업계획변경으로 기존의 고속형 시외버스 운행계통과 동일하게 할 수 없도록 한 시행규칙 제31조제2항제4호의 규정을 위반한 것이고 또한 시행규칙 제32조제1항제3호가목의 입법취지에도 배치되므로 취소되어야 한다.

첨 부 서 류

1. 갑 제1호증	시외버스운송사업계획변경인가 통지서
1. 갑 제2호증	시외버스운송사업양도양수 및 사업계획 변경인가공문서
1. 갑 제3호증	사업자등록증 사본　　1부
1. 갑 제4호증	그 외 증명서류

20○○. ○○. ○○.

위 청구인 주식회사 ○○고속외 2인 (인)

충청북도지사 귀하

[서식 74] 신규고용촉진장려금지급거부처분취소청구

심판청구서

사건명 신규고용촉진장려금지급거부처분취소청구
처분청 경인지방노동청장

청 구 취 지

피청구인이 2007. 1. 29. 청구인에게 한 신규고용촉진장려금지급거부처분을 취소한다.
라는 재결을 구합니다.

청 구 원 인

1. 사건개요

청구인이 2007. 1. 19. 김○○을 신규고용하였다는 이유로 피청구인에게 신규고용촉진장려금 600,000원을 신청하였으나, 피청구인은 김○○이 구직신청을 한 후 실업기간이 1월을 초과하지 않았다는 이유로 2007. 1. 29. 청구인에게 신규고용촉진장려금지급거부처분(이하 "이 사건 처분"이라 한다)을 하였다.

2. 청구인 주장

청구인은 2006. 11. 5. 김○○과 직무적합성 평가 후 합격판정을 받을 경우 2006. 12. 1. 근로계약을 체결하기로 합의하였고, KBS 인간극장 촬영팀의 촬영협조 요청 때문에 김○○이 제과점에서 일하는 모습을 촬영하도록 허락하였으며, 김○○의 아버지인 김△△의 통장으로 75만원을 보낸 것은 인간극장 방영으로 인한 제과점 홍보에 대한 고마움을 표시한 것이었고, 신규고용촉진장려금을 신청할 때 피청구인 소속 직원이 근로계약서의 고용날짜를 수정할 것을 요구하여 청구인의 대리인이 근로계약서의 고용날짜를 2006. 12. 1.에서 2006. 11. 5.로 수정(볼펜색깔이 달라 수정한 흔적을 확인할 수 있음)한 것으로 실제 김○○을 고용한 때는 2006. 12. 1.이므로 신규고용촉진장려금지급을 거부한 이 사건 처분은 위법·부당하다.

3. 피청구인 주장

청구인은 2006. 11. 5.부터 2006. 11. 30.까지 김○○의 직무적합성을 평가 중이었다고 주장하나, 신규고용촉진장려금의 경우 구직등록 후 해당 사업장 및 타사업장에서 수습, 인턴사원, 아르바이트, 일용근로, 계약직 등을 포함하여 어떤 형태로든 근로를 제공한 경력이 있을 경우에는 지원대상에서 제외되므로 위 기간동안 김○○이 실업상태에 있었다고 보기 어렵고, KBS 인간극장의 비디오자료에 의하면 김○○은 면접 후 2006. 11. 5. 첫 출근을 하였으며, 고용보험 이력에도 김○○이 2006. 11. 6. 고용보험

자격을 취득한 것으로 기재되어 있고, 청구인은 김○○의 아버지인 김△△에게 감사의 표시로 격려금을 입금하였다고 주장하나, 그 금액이 김○○의 급여액과 동일하여 이를 단순히 사례금으로 볼 수 없으며, 청구인은 피청구인 소속 직원이 근로계약서의 고용날짜를 수정할 것을 요구하여 근로계약서의 고용날짜를 2006. 12. 1.에서 2006. 11. 5.로 수정하였다고 주장하나, 피청구인 소속 직원은 청구인의 대리인이 신규고용촉진장려금신청서에 채용일자를 2006. 11. 5.로 기재하자 근로계약서와 관련서류를 이와 일치시켜 기재하여야 한다고 안내한 것에 불과하므로 이 사건 처분은 적법·타당하다.

4. 관계법령

구 고용보험법(2007. 5. 11. 법률 제8429호로 개정되기 전의 것) 제18조
고용보험법 시행령 제22조의2 및 별표 1

5. 인정사실

청구인 및 피청구인이 제출한 진술서, 중증장애인의 취업을 위한 안양시수리장애인종합복지관의 역할, 현장적응훈련동의서, 지원고용동의서(사업주), 까페·베이커리 운영일지, 보호작업장 이용자 명부, 영수증(납부자보관용), 무통장입금확인서, 신규고용촉진장려금 고용보험결정통지서(부지급), 고용보험 이력조회, 구직상세조회, 신규고용촉진장려금신청서, 기업은행 통장, 출근부, 근로계약서 등 각 사본의 내용을 종합하여 보면, 다음과 같은 사실을 인정할 수 있다.

가. 안양시수리장애인종합복지관 소속 직원인 김□□의 진술서에 의하면, 2006. 11. 5.부터 2006. 11. 30.까지 이루어진 김○○의 직무적합성평가과정은 지속적인 근로형태평가가 이루어지는 고용을 위한 수습기간과 달리 간헐적으로 훈련이 행해지는 정신지체장애인의 취업에 필요한 현장적응평가기간으로, 총 22일 중 8일 정도 복지관에서 훈련이 병행하여 이루어졌고, 현장적응평가기간 중 일정시간 또는 하루 종일 생산과 무관한 장소에서 KBS 인간극장 촬영을 하였으며, 청구인이 김○○을 고용하는 데 신규고용촉진장려금이 결정적인 고려사항이었고, 청구인이 김○○에게 격려금을 주고 싶다고 문의하여 격려금은 임금이 아니므로 김○○의 아버지 통장으로 지급하면 문제되지 않을 것이라고 대답한 바 있으며, 청구인의 처가 청구인을 대리하여 신규고용촉진장려금을 신청하는 과정에서 격려금으로 지급한 것을 급여지급의 근거서류로 제출한 것이라는 취지의 진술이 기재되어 있다.

나. 안양시수리장애인종합복지관 소속 직원인 김□□이 작성한 '중증장애인의 취업을 위한 안양시수리장애인종합복지관의 역할'에 의하면, 안양시수리장애인종합복지관은 장애인들이 현장에서 적응할 수 있도록 현장훈련을 진행하며, 현장훈련 후 근로자와 보호자 그리고 업체담당자와 취업 여부에 대해 협의를 지원하는 현장훈련사업을 실시하고 있다고 기재되어 있다.

다. 김○○과 김○○의 보호자 김△△은 2006. 10. 31. 성명은 "김○○"으로, 장애유형

은 "정신지체장애 3급"으로, 훈련과정은 "2006. 11. 6.(월)~11. 30.(금) 20일간"으로, 특기사항은 "현장훈련기간은 고용이 아닌 적응평가의 기간으로 복지관 담당자의 지도에 적극적으로 협력할 것을 동의함"으로 하여 안양시수리장애인종합복지관과 훈련기간 중 규칙을 준수하고, 훈련기간 중 본인의 부주의에 의한 사고에 대하여 복지관의 책임을 묻지 않을 것에 동의한다는 내용의 현장적응훈련동의서를 작성하였다.

라. 청구인은 2006. 10. 31. 사업체명은 "○○"으로, 현장직무지도원 성명은 "김□□"으로, 훈련직무는 "제빵실 업무보조"로, 직무적응예상 소요기간은 "1개월"로 하여 안양시수리장애인종합복지관과 연계하여 실시하는 지원고용에 대한 훈련취지를 이해하고, 청구인 사업체에서의 지원고용현장훈련 실시에 동의한다는 내용의 지원고용동의서를 작성하여 안양시수리장애인종합복지관에 제출하였다.

마. 안양시수리장애인종합복지관의 까페·베이커리 운영일지에 의하면, 2006. 11. 6. 일일업무내용에 "현장훈련 실시 (근로인 김○○ 6일~)", 2006. 11. 7. 일일업무내용에 "현장훈련 실시 (근로인 김○○ 6일~)", 2006. 12. 1. 일일업무내용에 "취업: 김○○(업체명: ○○)"이라고 기재되어 있다.

바. 안양시수리장애인종합복지관의 보호작업장 이용자 명부에 의하면, 11월 이용자 명부에는 김○○이 기재되어 있으나, 12월 이용자 명부에는 김○○이 기재되어 있지 않다.

사. 안양시수리장애인종합복지관이 발행한 영수증(납부자보관용)에 의하면, 김○○은 2006. 11. 1. 훈련생들이 훈련하는 동안 부담하는 훈련비용(보호작업장 훈련비용)으로 2006년 11월분 40,000원을 납부하였다.

아. 김○○의 보호자 김△△의 진술서에 의하면, 김○○은 2006. 11. 5.부터 2006. 11. 30.까지 안양시수리장애인종합복지관과 청구인의 도움으로 취업을 위한 훈련기간을 가졌고 고용에 의한 근로를 한 것은 아니었으며, 2006. 12. 1. 청구인과 정식으로 근로계약을 체결하였다는 취지의 진술이 기재되어 있다.

자. 고용보험 이력조회에 의하면, 김○○은 2006. 11. 6. 사업장명을 "○○"으로 하여 고용보험 자격을 취득하였다.

차. 구직상세조회에 의하면, 김○○은 2006. 10. 31. 구직등록을 하였다.

카. 김○○의 보호자 김△△ 명의 기업은행 통장에 의하면, 청구인은 2006. 12. 8. 김○○의 보호자 김△△에게 750,200원을 지급하였다.

타. 농협중앙회의 무통장입금확인서에 의하면, 청구인은 2007. 1. 4. 김○○에게 750,200원을 지급하였다.

파. 청구인의 출근부에 의하면, 김○○은 2006. 11. 6.부터 청구인의 사업장에 출근한 것으로 기재되어 있다.

하. 근로계약서에 의하면, 청구인은 2006. 11. 5. 기본급은 "750,200원"으로, 계약기간은 "2006. 11. 5.~2008. 1. 4."로 하여 김○○을 채용하였고, 계약체결일은 2006. 12.

1.에서 2006. 11. 5.로 수정된 흔적이 있다.

거. 이 사건 신규고용촉진장려금의 지급신청과 관련하여 청구인을 대리한 최득림(청구인의 처)의 진술서에 의하면, 위 최득림은 청구인이 최득림에게 김○○에게 격려금을 전달하려고 하니 알아서 적당한 금액을 입금하라고 하여 근로계약서의 임금을 기준으로 격려금을 지급하였고, 최득림이 피청구인에게 신규고용촉진장려금을 신청할 당시 김○○의 보호자 김△△ 명의의 통장사본을 김○○의 통장사본이라고 착각하여 임금지급 관련 서류 중 김○○의 보호자 김△△ 명의의 통장사본이 포함되어 있다는 사실을 알지 못한 채 신규고용촉진장려금신청서와 관련서류를 제출하였으며, 신규고용촉진장려금을 신청할 당시 근로계약서 계약체결일을 2006. 12. 1.로 하여 제출하였으나 피청구인 소속 직원이 2006년 11월부터 신규고용촉진장려금을 신청할 수 있다고 안내하여 김○○의 보호자 김△△에게 지급한 금원이 격려금이라는 사실을 설명하지 못한 채 피청구인 소속 직원의 안내에 따라 신청서, 11월 출근부 등 서식을 새로 작성하고 근로계약서의 계약체결일자를 2006. 11. 5.로 변경하였다는 취지의 진술이 기재되어 있다.

너. 청구인은 2007. 1. 19. 피청구인에게 사업장 명칭은 "○○"으로, 신규채용한 피보험자 성명은 "김○○"으로, 지원대상 구분은 "정신지체 3급"으로, 채용일자는 "2006. 11. 5."로, 신청기간은 "2006. 11. 5.~2006. 12. 4."로 기재하여 신규고용촉진장려금 600,000원을 신청하였으나, 피청구인은 2007. 1. 29. 부지급사유를 "김○○(정신지체 3급), 구직등록일 2006년 10월 31일, 고용보험 취득일 2006년 11월 6일, 구직신청 후 고시된 실업기간(중증장애인 1개월) 미초과로 부지급"으로 하여 청구인에게 이 사건 처분을 하였다.

6. 이 사건 처분의 위법·부당

가. 구 「고용보험법」(2007. 5. 11. 법률 제8429호로 개정되기 전의 것) 제18조, 「고용보험법 시행령」 제22조의2, 별표 1에 의하면, 노동부장관은 노동시장의 통상적인 조건하에서는 취업이 특히 곤란한 고령자 등의 고용을 촉진하기 위하여 사업주가 직업안정기관 등에 구직을 신청한 날부터 기산하여 1월을 초과하여 실업상태에 있는 중증장애인을 피보험자로 고용하고, 당해 고용 전 3월부터 고용 후 6월까지 고용조정으로 근로자를 이직시키지 아니한 경우에 신규고용촉진장려금을 지급한다고 되어 있다.

나. 피청구인은 2006. 11. 5.부터 2006. 11. 30.까지 김○○의 직무적합성 평가기간 동안 김○○이 실업상태에 있었다고 보기 어렵고, KBS 인간극장의 비디오자료에 의하면 김○○은 면접 후 2006. 11. 5. 첫 출근을 하였으며, 고용보험 이력에도 김○○이 2006. 11. 6. 고용보험 자격을 취득한 것으로 기재되어 있고, 김○○의 아버지인 김△△에게 감사의 표시로 청구인이 입금한 격려금이 김○○의 급여액과 동일하여 이를 단순히 사례금으로 볼 수 없으며, 피청구인 소속 직원은 청구인의 대리

인이 신규고용촉진장려금신청서에 채용일자를 2006. 11. 5.로 기재하자 근로계약서와 관련서류를 이와 일치시켜 기재하여야 한다고 안내한 것에 불과하므로 피청구인의 이 사건 처분은 적법·타당하다고 주장하나, 실업상태에 있었는지 여부는 근로의 형태나 시간에 상관없이 그 실질에 있어 근로자가 사용자에게 사업 또는 사업장에서 임금을 목적으로 종속적인 관계에서 근로를 제공하였는가에 따라 판단하여야 하는바, 위 인정사실에 의하면, 2006. 11. 5.부터 2006. 11. 30.까지 김○○의 직무적합성 평가기간 동안 청구인과 김○○은 안양시수리장애인종합복지관과 체결한 지원고용동의서와 현장적응훈련동의서에 따라 위 복지관 현장직무지도원의 지도 아래 현장훈련을 실시한 것으로 위 김○○이 임금을 목적으로 종속적인 관계에서 청구인에게 근로를 제공하였다고 보기 어려운 점, 김○○이 2006년 11월까지 위 복지관 보호작업장의 이용자로 기재되어 있고 훈련비용을 부담한 것을 보면 김○○이 2006년 11월까지 복지관의 훈련생 신분을 유지하고 있었다고 인정되는 점, KBS 인간극장은 사실을 방영하는 프로그램이기는 하나 프로그램의 완성도를 높이기 위한 인위적인 장면이 전혀 없다고 단정할 수는 없어 이를 그대로 김○○의 근무형태에 대한 법적 판단의 근거로 하기는 어려운 점, 청구인이 김○○이 아닌 김○○의 아버지인 김△△에게 2006. 11. 5.부터 2006. 11. 30.까지 한달이 되지 않은 기간에 대해 지급한 금액이 김○○의 한달 임금 전액에 해당하여 이를 김○○의 2006년 11월분 임금이라고 단정할 수 없는 점, 신규고용촉진장려금신청서와 근로계약서의 날짜가 신규고용촉진장려금과 관련된 법률관계나 청구인과 김○○ 간의 직무적합성 평가 합의과정을 잘 알지 못하는 청구인의 대리인에 의해 피청구인 소속 직원의 안내에 따라 변경된 점, 고용보험 자격취득일은 청구인의 신청에 의해 기재되나 김○○의 고용보험 자격취득일은 신규고용촉진장려금을 신청하는 과정에서 신규고용촉진장려금신청서와 관련서류의 날짜에 맞추어 신청된 것이므로 김○○의 고용보험 자격취득일 2006. 11. 6.을 김○○의 실제 채용일이라고 인정하는 직접적인 근거로 삼기는 어렵다고 판단되는 점 등에 비추어 볼 때, 김○○은 2006. 11. 5. 청구인에게 채용되어 청구인의 지휘·감독 하에 근로를 제공하고 그 대가로 임금을 지급받았다고 보기 어려우므로 김○○이 직업안정기관에 구직신청을 한 후 실업기간이 1월을 초과하지 않았다는 이유로 행한 피청구인의 이 사건 처분은 위법·부당하다.

7. 결 론

그렇다면 피청구인이 김○○은 2006. 11. 5. 청구인에게 채용되어 청구인의 지휘·감독 하에 근로를 제공하고 그 대가로 임금을 지급받았다고 보기 어려우므로 김○○이 직업안정기관에 구직신청을 한 후 실업기간이 1월을 초과하지 않았다는 이유로 행한 피청구인의 이 사건 처분은 위법·부당하다.

첨 부 서 류

1. 갑 제1호증	근로계약서
1. 갑 제2호증	고용보험 채용장려금지급신청서
1. 갑 제3호증	채용장려금 지급결정 통지서
1. 갑 제4호증	채용장려금 관련 질의서
1. 갑 제5호증	채용장려금 지원관련 질의회신문
1. 갑 제6호증	고용안정사업 부당이득반환금 반환결정통보서
1. 갑 제7호증	사업자등록증사본 1부
1. 갑 제8호증	그 외 증거서류

20○○. ○. ○

경인지방노동청장 귀하

[서식 75] 신규고용촉진장려금지급거부처분취소청구서 (근로계약기간이 1년 이하인 경우)

심 판 청 구 서

청 구 인 : 도 ○ ○
보령시 ○○동 200-30
(전화 : 000-0000, H.P :)

피청구인 : 대전지방노동청 보령지청장

신규고용촉진장려금지급거부처분취소청구서

청 구 취 지

피청구인이 2007. 7. 27. 청구인에게 한 신규고용촉진장려금 지급거부처분을 취소한다.
라는 재결을 구합니다.

청 구 원 인

1. 사건개요

청구인이 2007. 6. 14. 피청구인에게 신규 직원 ○○○에 대한 신규고용촉진장려금(이하 "장려금"이라 한다) 지급을 신청하였으나, 피청구인은 2007. 7. 27. 청구인과 ○○○이 체결한 근로계약기간이 1년 이하라는 이유로 청구인에게 해당 장려금의 지급을 거부(이하 "이 사건 처분"이라 한다)하였다.

2. 청구인의 주장

최초로 ○○○과 근로계약을 체결할 당시에는 근로계약기간이 1년이었으나, 피청구인 소속 업무담당자가 근로계약기간이 1년 미만이더라도 청구인이 해당 근로자와 재계약하면 장려금 지급이 가능하다고 안내하였고, 청구인 조합의 이사회에서 1년 계약직 채용 후 정식직원으로 채용한다는 승인을 받은 다음 ○○○과 정규직으로 재계약을 체결하였으므로, 청구인과 ○○○간 근로계약기간이 1년 이하라는 이유로 한 이 사건 처분은 위법 · 부당하다.

3. 이 사건 처분의 위법 · 부당 여부

가. 고용보험법 제23조, 제115조, 구 고용보험법 시행령 제22조의2, 제123조제1항제3호 및 구 고용보험법 시행규칙 제32조의5제2항 등의 규정을 종합해 보면, 직업안정기관의 장은 고령자 등 노동시장의 통상적인 조건하에서는 취업이 특히 곤란한 자의

고용을 촉진하기 위하여 고령자 등을 새로이 고용하거나 기타 이들의 고용안정에 필요한 조치를 취하는 사업주에 대해 필요한 지원을 할 수 있고, 사업주가 직업안정기관 등에 구직을 신청한 날부터 기산하여 대상자별 실업기간(청년실업자 3개월)을 초과하여 실업상태에 있는 자와 근로계약기간이 1년을 초과하는 근로계약을 체결하고 당해 고용 전 3월부터 고용 후 6월까지 고용조정으로 근로자를 이직시키지 아니하는 경우에는 장려금을 지급하도록 규정되어 있다.

나. 청구인은 이사회를 거쳐서 신규 직원을 1년간 계약직으로 채용하고 1년 이후 정식 직원으로 채용할 것으로 의결하였는바, 청구인은 ○○○(신규채용 근로자)을 1년 이상 장기적으로 고용할 의사가 있었고, 또한 청구인은 2007. 5. 7. ○○○과 최초로 근로계약을 체결한 후 시간적으로 상당히 근접한 9일 만인 2007. 5. 16. ○○○과의 근로계약기간을 2년으로 하는 근로계약을 다시 체결하면서 그 계약일을 최초 근로계약을 체결한 날인 2007. 5. 7.로 소급한 점에 비추어 볼 때, 청구인이 ○○○과 체결한 근로계약은 근로계약기간을 2년으로 볼 수 있다 할 것이고, 그렇게 보는 것이 신규 채용되는 근로자의 장기간 안정적 고용을 촉진하려는 장려금 제도의 입법 취지에도 부합한다고 할 것이다. 따라서 청구인이 ○○○을 채용할 당시에 장려금의 지급요건을 충족하지 못하였다고 보고 행한 피청구인의 이 사건 처분은 위법·부당하다고 할 것이다.

첨 부 서 류

생 략

20○○. ○○. ○○.

위 청구인 도 ○ ○ (인)

대전지방노동청 보령지청장 귀하

[서식 76] 신용정보시정요청이행청구서

심 판 청 구 서

청 구 인 : 박 ○ ○
서울시 ○○구 ○○맨션 12동 1004호
(전화 : 000-0000, H.P :)

피청구인 : 금융감독위원회

신용정보시정요청이행청구서

청 구 취 지

피청구인은 청구인이 2006. 6. 7. 피청구인에게 신청한 신용정보시정요청에 대하여 이를 이행하라.
라는 재결을 구합니다.

청 구 원 인

1. 청구인 주장
   가. 신용보증기금은 청구인이 부도난 ○○기공의 주식을 100분의 30이상 소유하고 있는 자로서 최다출자자에 해당한다는 이유로 청구인을 전국은행연합회에 "금융부실거래처 관련인"으로 등록하였으나, 청구인은 당초 위○○기공의 주식을 49.80% 보유하고 있다가 2001. 7. 11. 이 중 25%를 매매하여 최종적으로 24.80%만 소유하고 있다.
   나. 주주등의 출자주식에 변동사항이 있으면 이를 결산신고서에 표기하여 세무서에 신고하는 바, 청구인이 제출한 주식매매사실확인서를 보면 청구인이 12001. 7. 11. 에 ○○기공의 주식의 25%를 매각처리한 사실을 인정할 수 있는데, ○○기공이 2001. 11. 3. 부도처리되면서 폐업신고 및 폐업결산도 하지 못하는 상황에서 청구인이 주식매매사실을 신고하지 못하였던 것으로, 회사가 부도처리되지 아니하였다면, 청구인이 주식매매사실을 신고하여 출자주식변동상황명세서에 청구인의 주식매매사실이 표기되었을 것이다.
   다. 청구인은 2006. 1. 16. 법률적으로 인정된 공증변호사 앞에서 2001. 7. 11. 체결한 주식매매계약의 공증을 받았는 바, 공증변호사 앞에서 공증받은 공증서의 법적효력을 인정하지 아니하는 것을 이해할 수 없으며, 신용정보의이용및보호에관한법률

(이하 "신용정보법"이라 한다)제25조제5항의 규정에 의하면, "금융감독위원회는 시정을 요청받은 경우에는 금융감독원장으로 하여금 그 사실여부를 조사하게 하고 조사결과에 따라 신용정보업자등에 대한 시정을 명하거나 기타 필요한 조치를 할 수 있다"고 규정되어 있음에도 피청구인은 청구인의 시정요청에 대하여 사실조사를 하지 아니하고 아무런 조치도 취하지 아니하였다.

첨 부 서 류

1. 갑 제1호증 신용정보시정요청서
1. 갑 제2호증 민원에 대한 회신문
1. 갑 제3호증 신용불량정도 불법삭제 사례 발견 통보서
1. 갑 제4호증 인증서
1. 갑 제5호증 법률의견서
1. 갑 제6호증 주민등록등본 1부
1. 갑 제7호증 그 외 증명서류

20○○. ○○. ○○.

위 청구인 박 ○ ○ (인)

금융감독위원회 귀하

[서식 77] 실업자직업훈련과정6개월위탁배제처분취소청구서

심 판 청 구 서

청 구 인 : 최 ○ ○
통영시 ○○구 ○○동 124-11
(전화 : 000-0000, H.P :)

피청구인 : 통영지방노동사무소장

실업자직업훈련과정6개월위탁배제처분취소청구서

청 구 취 지

피청구인이 2005. 12. 23. 청구인에 대하여 한 실업자직업훈련과정 6개월 위탁배제처분은 이를 취소한다.
라는 재결을 구합니다.

이 유

1. 청구인 주장

2005. 3. 1.부터 기존시설을 재정비하여 현실에 맞는 지식근로자 양성을 위한 과정(인터넷 및 컴퓨터활용)으로 직종을 변경하여 6개월 과정의 교육프로그램으로 실업자직업훈련을 실시하고 있는 자로서, 오후반 훈련생인 청구외 공○회가 2005. 10. 1. ○○대학교 해양과학대학 구내식당 조리사로 취업하고도 취업처가 안정적이지 못하다는 생각에 취업사실을 숨긴채 당분간 야간에 훈련을 받기를 원하는 바람에 훈련강사인 청구외 유○옥이 인정에 이끌려 야간훈련을 시킨 사실로 인하여 6개월의 위탁배제를 받았으나, 현재 피청구인 관내에서는 청구인만이 위 과정에 대한 훈련을 실시하고 있는 관계로 청구인이 실업자직업훈련에서 6개월 위탁배제되면 실직자들이 훈련을 받기가 불가능하여 지식근로자로 되는 기회를 상실하고, 청구인은 이 건 훈련을 하기 위하여 네트워크환경 구축, 전용선 사용, PC구입 등 약 7,000만원정도의 시설투자를 하였으며, 지역의 컴퓨터교육을 선도해 왔고 훈련생들의 취업을 위하여 노력한 점 등을 감안하면 6개월 위탁배제는 너무 가혹하다.

첨 부 서 류

1. 갑 제1호증 실업자직업훈련위탁계약서,
1. 갑 제2호증 실업자재취직훈련과정 지도점검에 따른 조치사항 통지서
1. 갑 제2호증 실업자직업훈력과정6개월위탁배제 통지서
1. 갑 제3호증 주민등록등본 1부
1. 갑 제4호증 그 외 증명서류

20○○. ○○. ○○.

위 청구인 최 ○ ○ (인)

통영지방노동사무소장 귀하

[서식 78] 여객자동차운송사업양도·양수신고서반려처분취소청구서

심 판 청 구 서

청 구 인 : (주)○○운수
부산시 ○○구 ○○동 123-45
(전화 : 000-0000, 팩스 : 000-0000)

피청구인 : 부산광역시장

여객자동차운송사업양도·양수신고서반려처분취소청구서

청 구 취 지

피청구인이 2005. 3. 15. 청구인에 대하여 한 여객자동차운송사업양도·양수신고서반려처분은 이를 취소한다.
라는 재결을 구합니다.

이 유

1. 청구인 주장
   가. 청구인은 2004. 12. 18. 청구외 (주)○○택시의 일반택시 25대에 대한 여객자동차운송사업면허권을 5억7,200만원에 양도·양수하는 계약을 체결하고, 계약당일 계약금 3억원을 지불하였으며 잔금 2억7,200만원은 2005. 1. 20. 에 지급하기로 약정하고 이를 2005. 1. 20. 피청구인에게 신고하였다.
   나. 피청구인은 이 건 처분일까지 청구외 (주)○○택시에 대한 어떠한 행정처분을 한 사실이 없으며, 단지 취소예정이라는 이유로 신고서를 반려한 피청구인의 행위는 법령상 근거가 없을 뿐만 아니라 재량권을 남용한 것이므로 위법하다.

첨 부 서 류

1. 갑 제1호증 여객자동차운송사업양도·양수신고서
1. 갑 제2호증 민원서류반려공문서
1. 갑 제3호증 민원서류중간회신서
1. 갑 제4호증 택시운송면허권(일부)양수·양도계약서
1. 갑 제5호증 여객자동차운송사업양도·양수신고서반려통지서

1. 갑 제6호증 사업자등록증 사본 1부
1. 갑 제7호증 그 외 증명서류

20○○. ○○. ○○.

위 청구인 (주)○○운수 (인)

부산광역시장 귀하

[서식 79] 영양사업무정지처분취소청구서 (집단식중독 발생에 대하여 담당 영양사에게 위생 및 조리상의 책임이 있는지 여부)

심 판 청 구 서

청 구 인 : 이 ○ ○
서울 ○○구 ○○동 510-12
(전화 : 000-0000, H.P :)

피청구인 : 보건복지가족부장관

영양사업무정지처분취소청구서

청 구 취 지

피청구인이 2006. 12. 29. 청구인에게 한 영양사업무정지처분을 취소한다.
라는 재결을 구합니다.

청 구 원 인

1. 사건개요
   가. 청구인들이 영양사로 근무하던 상사법인 ○○주식회사의 △지점 및 □지점(△지점 및 □지점은 각각 학교에 설치되어 있음)에서 2006. 6. 21. 총 137명이 구토, 복통, 설사 등을 호소하고, 그 중 4명에게서 노로바이러스(Norovirus)가 검출되는 집단 식중독(이하 '이 건 사고'라 한다)이 발생하였다.
   나. 피청구인이 2006. 12. 29. 영양사가 식중독 기타 위생상 중대한 사고를 발생하게 하였다는 이유로 청구인들에게 1월(2007. 1. 10. ~ 2007. 2. 9.)의 영양사업무정지 처분(이하 '이 건 처분'이라 한다)을 하였다.
2. 청구인의 주장
   질병관리본부는 이 건 사고 등의 원인규명에 실패하였고, 검찰에서도 ○○주식회사에 대하여 무혐의 불기소처분을 하였으며, 노로바이러스가 발견된 4명은 △지점(□지점에서는 바이러스가 검출되지 않음)에서 제공한 급식으로 식중독이 발병한 것이 아니며, 더구나 조리·위생상의 책임을 지고 있음에 불과한 영양사에게 위탁급식업자인 ○○주식회사 공통식단에 따라 각급 학교에 일괄 공급한 식재료로 인한 결과에 대하여 법적책임을 묻는 것은 자기책임의 원칙에 반한다.
3. 이 건 처분의 위법·부당 여부
   이 건 사고의 원인식품이나 감염경로가 명확히 규명되지 아니한 점, 노로바이러스는 신체접촉이나 호흡기 등을 통해서도 전염이 가능하기 때문에 청구인이 제공한 음식물로 인하여 식중독이 발생하였다고 단정하기 어려운 점, 이 건 사고로 증상을 보인 학생들 중 노로바이러스가 검출된 학생은 소수에 불과하고, 함께 급식을 실시한 대다수의 학생들과 교직원들에게서는 아무런 증상이 나타나지 아니한 점(□지점의 경우 유증상자 38명의 가검물을 조사한 결과 식중독균이나 바이러스가 검출되지 않은 점) 등에 비추어 볼 때, 이 건 사고의 원인이 학교급식관리의 소홀이라고 단정하기 어렵고, 다른 감염경로로 인한 감염가능성을 배제할 수 없으며, 달리 청구인이 영양사업무를 수행함에 있어 급식시설·식품위생·품질관리 등에 문제를 발생시킨 사실이 발견되지 아니하여 이 건 사고의 발생이 청구인의 고의 또는 과실에 의한 것이라고 보기 어려우므로 청구인에게 사고발생의 책임을 물은 이 건 처분은 위법·부당하다.

첨 부 서 류

생 략

20○○. ○○. ○○.

위 청구인 이 ○ ○ (인)

보건복지가족부장관 귀하

[서식 80] 요트조종면허실기시험불합격처분취소청구서

심 판 청 구 서

청 구 인 : 강 ○ ○
서울 ○○구 ○○동 ○○아파트 1동 107호
(전화 : 000-0000, H.P :)

피청구인 : 해양경찰청장

요트조종면허실기시험불합격처분취소청구서

청 구 취 지

피청구인이 2000. 3. 16. 청구인에 대하여 한 요트조종면허실기시험불합격처분은 이를 취소한다.
라는 재결을 구합니다.

청 구 원 인

1. 청구인 주장
   가. 이 건 시험은 수상레저안전법에 근거하여 실시되는 것으로, 시험의 내용을 기술적·종합적으로 판정할 수 있는 소양과 문무를 겸비한 전문가에 의하여, 그리고 권한있는 자에 대하여 시험이 파행적으로 운영되고 그 결과에 따라 시험의 합격여부가 결정되었다면 이는 무효라 할 것이다.
   나. 수상레저안전법시행령 제6조의 규정에 의하면, 요트조종면허시험은 시험관 1명(실제로는 시험관 2명이 승선)이 주관하도록 되어 있으나, 이 건 시험에서는 요트와 수험생의 안전을 위한다는 이유로 안전요원 2명을 동승한 가운데 계류장 내에서 로우프 취급방법, 요트 이안·접안 등을, 외항에서 범주(콤파스에 의한 지정침로 유지), 방향전환(태킹, 자이빙) 등에 대한 시험이 치루어졌다.
   다. 청구인이 시험을 마친 후 강평을 요구하자 시험관은 요트를 잘 모른다는 이유로 공식적인 강평을 거부하고 안전요원이 청구외 한○회에게 강평을 하도록 요구하였고, 그 강평내용이 시험관의 채점표에 체크된 내용과 똑같은 점에 비추어 볼 때 안전요원이 시험에 결정적으로 영향을 끼친 사실이 분명한데, 안전요원은 외항범주협회 회원으로 안전문제 외에는 아무런 간섭을 할 수 없음에도 불구하고 실제로는 이들에 의하여 시험의 합격여부가 결정되었으므로 이 건 처분은 무효이다.
   라. 피청구인은 안전요원이 응시자에게 시험도중 이런저런 지시를 한 적이 없었다고

주장하나, 청구인 및 다른 응시자들에게 수차례에 걸쳐 위치이동지시 등을 한 사실이 분명하다.마. 피청구인이 제출한 청구인의 실기시험채점표에 의하면, 태킹, 자이빙 항목에 대하여 0점으로 되어 있는데, 이는 시험을 포기하거나 요트를 난생 처음 타보는 사람이 아니면 받을 수 없는 점수이다.

바. 청구인은 88서울올림픽 요트경기 등 수많은 요트경기에 운영요원으로 참여하여 봉사하였고, 대한요트협회에 등록된 선수로 각종 클럽간 요트시합에 참가하는 등 요트보급에 크게 기여하였다.

첨 부 서 류

1. 갑 제1호증 동력수상레저기구조종면허시험 시험관 교육실시 보고서
1. 갑 제2호증 요트종면허시험관 추가교육 실시 보고서
1. 갑 제3호증 응시표
1. 갑 제4호증 실기시험채점표
1. 갑 제5호증 경위서
1. 갑 제6호증 주민등록등본 1부

20○○. ○○. ○○.

위 청구인 강 ○ ○ (인)

해양경찰청장 귀하

[서식 81] 울산·마포국가산업단지개발계획변경처분무효확인청구서

심 판 청 구 서

청 구 인 : (주)○○중공업
울산시 ○○구 ○○동 123-45
(전화 : 000-0000, 팩스 : 000-0000)

피청구인 : 울산광역시장

울산·마포국가산업단지개발계획변경처분무효확인청구서

청 구 취 지

피청구인이 2007. 7. 1. 고시한 울산·미포국가산업단지개발계획변경처분은 무효임을 확인한다.
라는 재결을 구합니다.

청 구 원 인

1. 청구인 주장
  가. 청구인은 이 건 처분으로 인한 사업부지에 편입되는 토지를 소요하고 있는 자로서 청구외(주)○○기계산업은 산업단지내에 소재한 울산광역시 남구 고사동 산 9-1번지 일원 54,531㎡의 토지를 산업기계제작을 위한 공장부지로 조성하기 위하여야 한다는 것을 조건으로 산업단지 개발사업시행자 지정을 받았고, 1994. 12. 30. 울산시장으로부터 매립재로 사용할 일반폐기물에 대하여는 관계법에 따라 별도의 승인을 받을 것을 조건으로 산업단지개발사업실시계획의 승인을 받았으며, 2005. 11. 22. 경상남도지사로부터 폐기물처리시설은 산업단지내의 도시계획시설이므로 사업시행전에 국토해양부장관의 개발계획변경승인을 받을 것을 조건으로 하여 산업단지내 일반폐기물처리사업계획 적정통보를 하였다.
  나. 위(주)○○기계산업은 2006. 3. 19. 폐기물처리시설을 설치하고자 사업면적을 (주)△△ 소유의 부지를 포함한 69,088㎡로 확대하여 경상남도지사를 통해 국토해양부장관에게 개발계획변경을 신청하였으나 경상남도지사는 산업단지관리기본계획(통상산업부 고시95-15호)상 신청지역이 공장시설구역으로서 폐기물처리시설이 입지할 수 없는 지역이라는 이유로 신청서를 회송하였고, 국토해양부장관은 2006. 6. 26. 주변업체와 인근주민으로부터의 민원발생을 이유로 회송하였으며, 위 (주)○○기계산업이 위 회신에 대하여 이의를 제기하자 산업입지및개발에관한법률시행령의 개

정으로 2006. 6. 30. 자로 국토해양부장관으로부터 개발계획변경권한을 위임받은 경상남도지사는 2006. 11. 6. 주변업체의 동의나 사업계획의 일부변경 등 여건변화가 있을 경우 재검토할 것을 이유로 위 (주)○○기계산업의 신청을 회송하였고, 이에 위 (주)○○기계산업은 2006. 11. 7. (주)△△소유의 부지를 제외한 55,126㎡로 면적을 축소하여 다시 개발계획변경신청을 하였는데, 경상남도지사는 2007. 6. 7. 위(주)○○기계산업의 2006. 11. 7.자 변경신청에 대하여 인접공장과 주민반대에 대한 해결책, 진입도로의 이용계획에 따른 안전대책의 미비 등을 이유로 다시 회송하였고, 위 주)○○기계산업이 2007. 6. 9. 이에 대한 보완서류를 제출하자 경상남도지사는 2007. 7. 1. 이 건 처분을 하였는 바, 위 (주)○○기계산업의 신청지역은 산업단지 관리기본계획상 공장시설로서 폐기물시설이 입지할 수 없다는 고시가 변경되지도 아니하였고, 민원이 해결되지도 아니하는 등 위(주)○○기계산업의 개발계획변경신청이 회송된 후 이 건 처분전까지 아무런 사정변경이 없었음에도 이 건 처분을 한 것은 납득할 수 없다.

다. 경상남도지사가 2006. 11. 6. 위 (주)○○기계산업의 개발계획변경신청을 회송할 당시 청구인과 (주)△△의 소유토지를 침해하고 있으며, 장생포항의 환경오염방지 및 임직원의 건강이 침해될 수 있다는 이유로 위 (주)○○기계산업의 개발계획변경신청을 거부해 달라고 요청하였고, 또한 당시 장생포지역 시의원인 최형문은 장생포지역 주민의견서 형식으로 폐기물처리시설이 설치되면 폐기물에서 나오는 침출수, 유출수 등이 장생포항으로 흘러들어 생선횟집 등으로 생계를 연명하는 장생포 주민들의 생계에 치명적인 결과를 초래하는 등 환경오염을 이유로 폐기물매립장 설치를 반대하였다.

라. 위 (주)○○기계산업은 현재 폐기물매립을 위한 매립장조성을 위하여 토지를 굴착하고 있는데, 바닷물이 스며 올라와 이를 처리함에 어려움을 겪고 있다고 하며 이와 같이 위 (주)○○기계산업이 단순히 폐기물을 매립하여 평지로 만드는 것이 아니라 폐기물매립을 위하여 바다깊이까지 굴착하는 것을 볼 때, 위 (주)○○기계산업이 개발사업시행자로 지정받은 본래의 목적인 공장부지의 조성과는 달리 전적으로 폐기물매립사업을 영위하기 위한 것이라 아니할 수 없으며, 또한 이 건 처분을 하기 위하여는 산업입지및개발에관한법률 제6조제3항에 의하여 관계중앙행정기관의 장과 협의한 후 심의회를 거쳐야 함에도 그러한 절차를 거치지 아니한 채 이 건 처분을 한 점 등을 종합하여 볼 때, 이 건 처분의 하자는 중대하고도 명백하여 당연무효이고, 가사 당연무효에 이르는 하자가 아니라 하더라도 위 (주)○○기계산업에 대한 사업시행자 지정과 개발사업실시계획승인은 위 (주)○○기계산업이 민원을 해결할 것을 조건으로 한 것인데, 이 건 처분 후에도 위 (주)○○기계산업은 민원을 해결하지 못하고 있으며, 위 (주)○○기계산업이 변경신청한 지역이 바닷물이 스며 올라오는 등 폐기물매립지로서는 적절하지 아니함을 고려할 때, 이 건 처분은 취소되어야 할 것이다.

첨 부 서 류

1. 갑 제1호증	공업단지개발사업시행자지정공문서
1. 갑 제2호증	공업단지개발사업실시계획승인공문서
1. 갑 제3호증	일반례기물최종처리사업계획정정통지서
1. 갑 제4호증	울산·미포국가공업단지개발기본계획변경 신청서
1. 갑 제5호증	울산·미포국가국가공업단지개발기본계획 변경요청에 대한 회신
1. 갑 제5호증	울산·미포국가공업단지개발기본계획변경 요청서송부공문
1. 갑 제6호증	울산·미포국가산업단지개발계획변경요청서 회송공문서
1. 갑 제7호증	소장
1. 갑 제7호증	소취하 각서
1. 갑 제8호증	소취하서
1. 갑 제9호증	국토해양부장관명의의 재결서
1. 갑 제10호증	울산·미포국가산업단지개발계획변경통보문
1. 갑 제11호증	울산·미포국가산업단지개발계획변경고시
1. 갑 제12호증	토지세목조서
1. 갑 제13호증	사업자등록증 사본 1부

20○○. ○○. ○○.

위 청구인 (주)○○중공업 (인)

울산광역시장 귀하

[서식 82] 유기농업기사2차시험불합격처분취소청구서
(시험채점위원의 오채점 및 채점기준 착오로 인해 불합격처리된 경우)

심 판 청 구 서

청 구 인 : 송 ○ ○
서울 ○○구 ○○동 470-50
(전화 : 000-0000, H.P :)

피청구인 : 한국산업인력공단이사장

유기농농업기사2차시험불합격처분취소청구서

청 구 취 지

피청구인이 2006. 11. 6. 청구인에게 한 제3회 유기농업기사 2차 시험 불합격처분을 취소한다.
라는 재결을 구합니다.

청 구 원 인

1. 사건개요
   청구인이 2006. 9. 17. 응시한 제3회 유기농업기사 2차시험(이하 "이 사건 시험"이라 한다)에서 59점을 득점하여 합격점수인 60점에 미달하였다는 이유로 피청구인이 2006. 11. 6. 청구인에게 제3회 유기농업기사 2차시험 불합격처분(이하 "이 사건 처분"이라 한다)을 하였다.

2. 사실관계
   가. 시험 과목 : 제3회 유기농업기사자격시험 2차시험
      －필답형 25문항(각 문제당 배점 3점～7점)
      －만점 100점, 평균 60점 이상을 득점한 자를 합격자로 선정
   나. 이 사건 시험의 25문제 중 14개 문제(2번, 3번, 11번, 12번, 13번, 14번, 15번, 16번, 17번, 19번, 20번, 23번, 24번, 25번)는 가지수를 요구하는 문제로 출제되었다
      －가지수를 요구하는 14개 문제 중 8개 문제는 모범답안의 숫자보다 적은 수의 가지수를 요구하는 문제이고, 20번 문제를 포함한 6개 문제(11번, 13번, 20번, 23번, 24번, 25번)는 모범답안의 숫자와 같은 수의 가지수를 요구하는 문제이다.
   다. 이 사건 시험의 채점기준에 의하면,

-가지수를 요구하는 14개 문제 중 20번 문제를 제외한 13개 문제는 부분점수를 적용하도록 되어 있고, 20번 문제는 문제가 요구하는 3가지가 모두 맞아야 3점을 부여하는 것으로 되어 있다.

-가지수를 요구하는 문제 5개(11번, 13번, 23번, 24번, 25번)의 경우 20번 문제와 동일한 유형임에도 그 5개 문제에 대해서는 부분점수를 적용한다.

라. 이 사건 시험문제지에 기재된 수험생유의사항에 의하면, "한 문제에서 소문제로 파생되는 문제나, 가지수를 요구하는 문제는 대부분의 경우 부분배점을 적용한다"고 기재되어 있다.

마. 이 사건 시험의 20번 문제 및 피청구인의 채점내역

-20번 문제 : 친환경농산물 인증을 받기 위해 재배포장에서 시료를 채취하여 분석하는 대상 3가지를 쓰시오.(배점 : 3점)

-청구인이 작성한 답안

①토양(논, 밭), ②중금속유해물질, ③수질

-채점내역

채점위원이 "토양(논, 밭)"과 "수질"은 정답의 표시인 동그라미(○)로, "중금속유해물질"은 오답의 표시인 사선(/)으로 각각 표시하였고, 득점란에는 "2"점을 기재하였다가 다시 2점에 사선(/)으로 표시한 후 "0"점으로 채점하였다.

바. 이 사건 시험의 20번 문제에 대하여 부분점수를 적용하여 채점할 경우 추가합격인원은 6인(당초 합격인원 : 70인 → 추가 합격인원 포함 : 76인)이다.

3. 청구인의 주장

문제 1번 및 3번의 정답은 청구인이 작성한 답안이 맞고, 문제 16번은 출제의도를 파악할 수 없는 문제로 모든 답안을 정답으로 처리하여야 하며, 시험감독관이 필답형의 경우는 부분점수가 인정이 된다고 수험생에게 공지하였으므로, 7번 및 20번 문제의 경우 부분점수를 인정하여야 한다.

4. 이 건 처분의 위법·부당 여부

가. 국가기술자격법 제10조제1항, 같은 법 시행령 제20조제3항에 의하면, 국가기술자격을 취득하고자 하는 자는 당해 국가기술자격에 관한 사항을 관장하는 중앙행정기관의 장이 시행하는 국가기술자격 검정에 합격하여야 하고, 기술·기능분야의 국가기술자격 검정에 있어서의 실기시험 및 면접시험의 합격결정기준은 100점을 만점으로 하여 60점 이상으로 한다고 되어 있는바, 유기농업기사가 되려고 하는 자에게 필요한 학식과 능력의 유무 등을 검정하기 위한 이 사건 시험에 있어서 그 평가방법과 채점기준은 그 전문성과 정확성 등 시험의 성격상 유기농업기사시험의 목적과 내용 등을 고려하여 법령이 정하는 범위 내에서 자유로이 정할 수 있는 재량행위라 할 것이나, 반면에 그 재량권을 행사함에 있어서는 시험의 목적에

맞추어 수험생들의 능력을 평가할 수 있도록 출제의 내용과 구성 및 채점기준의 설정을 적정하게 행사하여야 할 내재적 한계가 있다고 할 것이므로, 만일 이러한 내재적 한계를 넘어 시험문제를 출제하거나 채점하는 행위는 재량권의 범위를 일탈·남용한 것으로서 위법하다 할 것이다.

나. 이 사건 시험문제지에 기재된 수험자 유의사항에 의하면 "가지수를 요구하는 문제는 대부분의 경우 부분배점을 적용한다"고 기재되어 있고, 부분점수를 적용하지 않는다는 예외적인 경우가 구체적으로 기재되어 있지 않아 수험생으로서는 20번 문제에 대하여 부분점수를 배제할 것이라는 것을 전혀 알 수 없는 점, 이 사건 시험에서 가지수를 요구하는 14문제 중 20번 문제를 제외한 13문제의 채점기준은 모두 부분점수를 적용하도록 되어 있고, 특히 가지수를 요구하는 14문제 중 5문제(11번, 13번, 23번, 24번, 25번)는 모범답안의 숫자와 같은 수의 가지수를 요구하는 20번 문제와 동일한 유형의 문제임에도 그 5문제에 대해서는 부분점수를 적용한 반면에 특별히 20번 문제에 대해서만 부분점수를 적용하지 않았는바, 피청구인이 특별히 20번 문제만 동일한 유형의 5문제와는 다르게 부분점수를 적용하지 않도록 한 채점기준의 설정이유에 대하여 달리 설명하지 못하고 있을 뿐만 아니라 20번 문제에 대해서는 부분점수를 배제하는 것이 타당하다고 인정할 만한 합리적인 사유가 있다고 보여지지도 않는 점, 청구인이 작성한 20번 문제의 답안에 대한 채점내역에 의하면 채점위원이 청구인이 작성한 답안 중 2개의 답안〔토양(논, 밭), 수질〕에 대해서는 정답의 표시인 동그라미(○)로 표시하고, 득점란에 2점을 기재하였다가 다시 0점으로 정정하여 채점한 것으로 보아 20번 문제에 대하여 채점위원도 당연히 부분점수를 적용하는 것으로 착오하였다고 보여지는 점 등을 종합적으로 고려하여 볼 때, 이 사건 시험 20번 문제에 대한 피청구인의 채점기준은 재량권의 범위를 일탈하였거나 남용하여 설정된 채점기준으로서 위법하다고 할 것이므로 이 사건 시험의 20번 문제는 부분점수를 적용하여 채점되어야 할 것이고, 그렇다면 청구인이 이미 득점한 59점에 20번 문제에 대한 부분배점 2점을 가산할 경우 이 사건 시험의 합격점수인 60점 이상을 득점하는 것이 되므로 청구인의 점수가 합격점에 미달하였다는 이유로 한 피청구인의 이 사건 처분은 위법·부당하다.

첨 부 서 류

생 략

20○○. ○○. ○○.

위 청구인 송 ○ ○ (인)

한국산업인력공단이사장 귀하

[서식 83] 유족연금지급비대상결정처분취소청구서

심 판 청 구 서

청 구 인 : 원 ○ ○
경주시 ○○구 ○○동 123-45
(전화 : 000-0000, H.P :)

피청구인 : 경주보훈지청장

유족연금지급비대상결정처분취소청구서

청 구 취 지

피청구인이 2005. 5. 31. 청구인에 대하여 한 유족연금지급비대상결정처분은 이를 취소한다.
라는 재결을 구합니다.

청 구 원 인

1. 청구인 주장
고인의 질병(말초신경병)이 고엽제휴유증으로 판명되어 고인은 고엽제후유증에 해당하는 자로 인정된 자로서, 고인은 위 후유증으로 20년이 넘는 세월을 병원에서 생활해왔으나 호전이 없어 2004. 6. 15. 대구보훈병원에서 입원가료를 받던 중 2004. 12. 25. 대구보훈병원에서 사망하였는 바, 보훈심사위원회에서는 말초신경병으로 인하여 중요한 기침반사를 형성하는 신경이 손상되었다는 것을 입증할 수 없다는 이유로 고인의 상이와 사망원인간에 인과관계를 인정할 수 없어 고인이 상이가 원인이 되어 사망한 경우에 해당하지 아니하는 자로 심의·의결하였으나, 대구보훈병원 사망진단서 및 소견서 상에는 고인의 선행사인 "말초신경병"으로 기재되어 있고 이로 인한 기침반사기능저하로 인하여 혈담 배출이 어려워 질식사한 것으로 기재되어 있으므로, 기침반사를 형성하는 신경손상을 입증 할 수 없다는 이유로 행한 피청구인의 이 건 처분은 취소되어야 한다.

첨 부 서 류

1. 갑 제1호증 사망진단서
1. 갑 제2호증 소견서

1. 갑 제3호증	6급상이자 상이사망심의결과통보서
1. 갑 제4호증	순위변경심사결정서
1. 갑 제5호증	심의의결서
1. 갑 제6호증	상이사망신청자 인적사항문
1. 갑 제7호증	사망경위서
1. 갑 제8호증	신체 검사표
1. 갑 제9호증	고엽제후유의증 관련사실확인통보서
1. 갑 제10호증	진단서
1. 갑 제11호증	고엽제후유증환자등검진결과통보서
1. 갑 제12호증	법적용대상여부결정문
1. 갑 제13호증	주민등록등본 1부
1. 갑 제14호증	그 외 증명서류

20○○. ○○. ○○.

위 청구인 원 ○ ○ (인)

경주보훈지청장 귀하

[서식 84] 의료용구제조업허가취소처분취소청구서

심 판 청 구 서

청 구 인 : (주)○○정밀공업
서울 ○○구 △△동 133-1
(전화 : 000-0000, 팩스 : 000-0000)

피청구인 : 식품의약품안전청장

의료용구제조업허가취소처분취소청구서

청 구 취 지

피청구인이 2000. 4. 18. 청구인에 대하여 한 의료용구제조업허가취소처분은 이를 취소한다. 라는 재결을 구합니다.

청 구 원 인

1. 청구인 주장
   청구인이 의료용구품질관리적합인정을 받지 못해 전 제조업무가 정지되었고 그 정지기간 중에 “빠삐자기방 및 빠삐자기방1300”을 (주)○○화학공업으로부터 위탁받아 제조한 것은 사실이나, 의료용구품질관리적합인정을 받지 못한 것은 잦은 노사분규 및 인력이동으로 인해 직원들의 업무 인수인계가 되지 않았기 때문인 점, 이 건 처분으로 위 제품 생산이 중단될 경우 직원들의 생계가 어려워지는 점 등을 감안할 때, 이 건 처분은 너무 가혹하여 취소되어야 한다.

첨 부 서 류

1. 갑 제1호증　　의료용구제조업허가취소 통지서
1. 갑 제2호증　　사업자등록증 사본 1부
1. 갑 제3호증　　그 외 증명서류

20○○. ○○. ○○.

위 청구인 (주)○○정밀공업 (인)

식품의약품안전청장 귀하

[서식 85] 의료재단설립허가취소청구서

심 판 청 구 서

청 구 인 : 조 ○ ○ 외 1인
수원시 ○○구 ○○동 ○○빌라 12동 104호
(전화 : 000-0000, H.P :)

피청구인 : 경기도지사

의료재단설립허가취소청구서

청 구 취 지

피청구인이 2006. 12. 14. 제기한 심판청구에 대하여 2008년도 제13회 국무총리행정심판위원회는 주문과 같이 의결한다.
라는 재결을 구합니다.

청 구 원 인

1. 청구인 주장
   가. 위 법인 의료법이설립허가를 신청할 당시 출연부동산이 가등기 및 가압류되어 있는 사실을 은폐한 채, 가등기 및 가압류되기 전에 발행된 등기부등본을 제출하여 피청구인의 심사기능을 방해하여 의료법인 설립허가를 득하였고, 보통재산으로 출연된 의료장비는 대부분 중고품으로 가액을 증액한 것이 확인되어 피청구인으로부터 2007. 1. 15. 까지 정관을 변경하여 신고하도록 시정명령을 받았으나, 2007. 10. 23.까지 위 시정명령 조치를 이행하지 않았다.
   나. 의료법인 설립허가신청을 하면서 사문서를 위조하여 신청을 한 경우에 의료법상 별도의 처벌규정이 없어 처벌을 할 수는 없으나, 설립허가 철회통지를 무시하고, 시정명령도 이행하지 아니하고 법인설립을 완료하는 것은 승복할 수 없는 행위이다.
   다. 위와 같이 법령을 위반하여 설립된 의료법인에 대하여 피청구인은 당연히 설립허가를 철회하여야 할 것이나, 피청구인이 이를 행하지 아니하므로 행정심판을 통해서라도 이것이 시정되어야 한다.

첨 부 서 류

1. 갑 제1호증 의료재단설립허가 통지서

1. 갑 제2호증 주민등록등본 1부
1. 갑 제3호증 그 외 증명서류

20○○. ○○. ○○.

위 청구인 조 ○ ○ 외 1인 (인)

경기도지사 귀하

[서식 86] 의사자보상금추가지급이행청구서

심 판 청 구 서

청 구 인 : 이○○, 김○○
김제시 ○○구 ○○동 124
(전화 : 000-0000, H.P :   )

피청구인 : 보건복지가족부장관

의사자보상금추가지급이행청구서

청 구 취 지

피청구인은 1999. 7. 2. 청구인들에 대하여 한 의사자보상금 310만원이외에 7,744만6,000원을 추가지급하라.
라는 재결을 구합니다.

청 구 원 인

1. 청구인 주장
   가. 고인은 1982. 5. 8. 13:00경 물에 빠진 두 여대생을 구하려고 물에 뛰어들었다가 헤어나지 못하고 사망하여 1999. 4. 7. 의사상자예우에관한법률(이하 "법"이라 한다)에 의하여 의사자로 인정을 받았고, 청구인들은 1999. 7. 2. 피청구인으로부터 보상금 310만원을 지급하겠다는 연락을 받았다.
   나. 의사자유족에 대한 의료급여는 법 제9조의 규정에 의하여 시행하면서 보상금은 법 제7조의 규정에 의하지 아니하고 사망당시의 법규정을 적용하는 것은 잘못된 법적용이다.
   다. 또한 1990. 12. 31 개정된 법 부칙 제2항에서는 "이 법 시행당시 종전의 규정에 의하여 이미 지급사유가 발생한 경우에는 종전의 규정에 의한다"라고 되어 있는 바, 동 법과 입법정신이 유사한 국가유공자등예우에 관한법률에서도 등록신청한 날이 속하는 달을 보상을 받을 권리의 발생시기로 한 점, 1996. 12. 30. 개정된 법의 개정취지가 "의사자의 의로운 행위가 정당하게 평가받을 수 있도록 보상금을 현실화한다"라고 되어 있는 점등을 고려하면, 위 부칙에서 규정한 지급사유의 발생시기는 사망시가 아니라 보상금을 신청할 수 있는 의사자로 지정된 때부터라고 해석하는 것이 타당하다.
   라. 따라서 고인은 1999. 4. 7. 의사자로 지정되었으므로 1996. 12. 30. 개정된 법에 의

하여 피청구인은 청구인들에게 의사자인정 당시의 최저임금액의 240배인 8,054만 6,000원을 보상금으로 지급하여야 하므로 기 지급통보된 310만원이외에 7,744만 6,000원을 추가로 지급하여야 한다.

첨 부 서 류

1. 갑 제1호증 보상금이행 통지서
1. 갑 제2호증 의사상자 보호 신청서
1. 갑 제3호증 의사상자사실조사확인서
1. 갑 제4호증 주민등록등본
1. 갑 제5호증 그외 증명서류

20○○. ○○. ○○.

위 청구인 이○○, 김○○ (인)

보건복지가족부장관 귀하

[서식 87] 이주대책대상자 제외처분 취소청구

심판청구서

사건명 이주대책대상자 제외처분 취소청구
처분청 한국토지공사

청 구 취 지

피청구인이 2007. 9. 7. 청구인에게 한 이주대책대상자 질의회신을 취소한다.
라는 재결을 구합니다.

청 구 원 인

1. 사건개요

피청구인이 시행하는 '☆☆☆ 개발사업'과 관련하여 청구인이 이주대책대상자에 해당되는지 여부에 대하여 2007. 8. 31. 피청구인에게 질의하자, 피청구인은 2007. 9. 7. 청구인에게 이주대책대상자의 요건 [이주자택지 : 인천경제자유구역 지정고시일 1년 이전(2002. 8. 11.)부터 계약체결일 또는 수용재결일까지 당해 가옥을 계속해서 소유하고 그 가옥에 계속 거주한 자, 주택특별공급 : 인천경제자유구역 지정고시일(2003. 8. 11.) 이전부터 계약체결일 또는 수용재결일까지 당해 가옥을 계속해서 소유하고 그 가옥에 계속 거주한 자] 에 관하여 회신(이하 "이 사건 회신"이라 한다)하였다.

2. 청구인 주장

청구인은 인천경제자유구역 지정고시일(2003. 8. 11.)보다 훨씬 전인 2002. 9. 10. 준공된 인천광역시 ○○구 ○○동 ○○○번지 ○○빌라의 A동 B01호(이하 "이 사건 부동산"이라 한다)에 2004. 4. 10.부터 거주하였으므로 청구인을 ☆☆☆ 이주대책대상자에 포함시켜야 함에도 불구하고, 청구인이 이주대책대상자인지에 대한 질의에 피청구인은 이주대책대상자의 요건을 인천경제자유구역 지정고시일(2003. 8. 11.) 이전부터 당해 가옥을 소유하고 그 가옥에 거주한 자로 한정하여 2007. 9. 7. 청구인에게 통보하였는 바, 이 는 청구인을 이주대책대상자에서 제외하는 처분에 해당하며 위법·부당하므로 취소되어야 한다.

3. 피청구인 주장

피청구인은 이주대책대상자 선정을 아직까지 하지 않았고, 2008년 하반기쯤에 되어야 「이주대책의 수립 및 시행에 관한 예규」 제8조의 이주대책대상자 선정 공고를 할 예정이며, 청구인에게 2007. 9. 7. 통보한 내용은 단순히 이주자대책대상자의 요건을 안내한 것일 뿐 이주대책대상자 제외처분을 한 적이 없으므로 이 사건 청구는 존재하지도 않는 처분을 대상으로 한 부적법한 청구로 각하되어야 한다.

4. 관계법령

행정심판법 제2조제1항, 제3조제1항

공익사업을 위한 토지 등의 취득 및 보상에 관한 법률 제78조제1항

공익사업을 위한 토지 등의 취득 및 보상에 관한 법률 시행령 제40조

이주대책의 수립 및 시행에 관한 예규 제8조

5. 인정사실

청구인과 피청구인이 제출한 지장물보상합의서, 등기부등본, 질의서, 질의회신 등 각 사본에 기재된 내용을 종합하여 보면, 다음과 같은 사실을 인정할 수 있다.

가. 재정경제부장관은 2003. 8. 11. 재정경제부 고시 제2003-19호로 이 사건 부동산이 포함된 인천광역시 영종지구 138k㎡ 등 총 209k㎡를 인천경제자유구역으로 지정하였고, 인천광역시장은 2004. 6. 21. 인천광역시경제자유구역청 공고 제2004-74호로 인천경제자유구역(영종지구) 개발계획 승인·공고를 하면서 피청구인을 그 사업시행자로 지정하였다.

나. 피청구인은 2006년 12월경 인천경제자유구역 영종지구 사업현황 및 보상안내를 하였고, 동 안내서에 의하면 다음과 같이 기재되어 있다.

(1) 이주대책대상자는 인천경제자유구역 지정고시일(2003. 8. 10.) 이전부터 계약체결일 또는 수용재결일까지 당해 사업지구 내의 가옥을 소유하면서 계속 거주한 자로서 손실보상을 받은 자이다.

(2) 이주자택지 공급은 인천경제자유구역 지정고시일 1년 이전(2002. 8. 10.)부터 계약체결일 또는 수용재결일까지 당해 사업구역 내의 가옥을 소유하면서 계속 거주한 자로서 손실보상을 받고 본 사업시행으로 이주하는 자를 대상으로 하며, 1필지(80평 이내)의 택지를 공급한다.

(3) 분양아파트 입주권 부여(주택특별공급)는 인천경제자유구역 지정고시일(2003. 8. 10.) 이전부터 계약체결일 또는 수용재결일까지 당해 사업구역 내에 허가가옥을 소유 및 거주하면서 손실보상을 받고 본 사업시행으로 이주하는 자, 이주자택지 공급대상자 중 이주자택지를 공급받을 권리를 포기하고 주택특별공급을 요청한 자 등을 대상으로 하며, 85㎡ 이하 분양아파트를 공급한다.

다. 등기부등본에 의하면, 이 사건 부동산은 2002. 10. 2. 최초로 등기되었으며, 청구인은 2004. 4. 10. 매매로 이 사건 부동산에 대한 소유권을 취득하였으며, 피청구인이 2007. 8. 21. 수용한 것으로 기재되어 있다.

라. 청구인이 2007. 8. 31. 피청구인에게 청구인이 이주대책대상자인지에 대하여 질의하자, 피청구인은 2007. 9. 7. 청구인에게 이주대책대상자의 요건을 안내하는 이

사건 회신을 하였다.

마. 피청구인은 2008년 하반기에 이주대책대상자 적격여부를 가옥소유자에게 개별통지하고, 이해관계인이 열람할 수 있도록 공고할 예정이다.

6. 이 사건 청구의 행정심판적격 여부

「행정심판법」 제3조제1항에 의하면, 행정심판은 행정청의 처분 또는 부작위에 대하여 제기할 수 있다고 규정되어 있고, 같은 법 제2조제1항에 의하면, 행정심판의 대상이 되는 처분은 행정청이 행하는 구체적 사실에 관한 법집행으로서의 공권력의 행사 또는 그 거부와 그 밖에 이에 준하는 행정작용을 말한다고 되어 있다.

7. 결 론

그렇다면 피청구인이 청구인에 대하여 이주대책자 질의회신은 취소되어야 할 것이다.

첨 부 서 류

1. 갑 제1호증 주민등록등본 1부
1. 갑 제2호증 이주대책대상자부적격통보서
1. 갑 제3호증 이주대책이의신청재심사결과통보서
1. 갑 제4호증 소유사실확인서
1. 갑 제5호증 이주 및 생활대책(1998년)건축물 사진
1. 갑 제6호증 국민고충처리위원회의 의결물
1. 갑 제7호증 항공촬영사진의 해당건축물 확대그림 등 각 사본
1. 갑 제8호증 그 외 증명서류

20○○. ○. ○

한국토지공사 귀중

[서식 88] 이주대책대상자제외처분취소청구서

심 판 청 구 서

청 구 인 : 유○○
서울시 ○○구 ○○동 ○○아파트 12동 106호
(전화 : 000-0000, H.P :)

피청구인 : 한국토지공사

이주대책대상자제외처분취소청구서

청 구 취 지

피청구인이 2007. 9. 21. 청구인에 대하여 한 이주대책대상자제외처분은 이를 취소한다.
라는 재결을 구합니다.

청 구 원 인

1. 청구인 주장
   가. 피청구인은 항공촬영사진의 정밀판독 결과 청구인의 가옥이 2000년도 2005년도 사진에 모두 존재하는 사실이 나타나고 있음에도 1995년도의 사진에 가옥이 완전히 달라져 있다는 이유로 2007. 9. 21. 이 건 처분을 하였으나, 실제로는 청구인의 아이들이 성장하여 부득이 기존건물에 잇대어서 건물을 일부 증축한 사실이 있으며, 그러한 사실을 인정하여 국민고충처리위원회에서 피청구인에게 시정조지하도록 권고한 바 있으므로, 이 건 처분은 위법・부당하여 취소되어야 한다.
   나. 청구인의 가옥이 그동안 부분변경된 것이라면, 그 부분을 제외한다고 하여도 기존의 가옥부분을 고려할 때 청구인을 이주대책대상자로 인정하여야 할 것이다.

첨 부 서 류

1. 갑 제1호증 주민등록등본 1부
1. 갑 제2호증 이주대책대상자부적격통보서
1. 갑 제3호증 이주대책이의신청재심사결과통보서
1. 갑 제4호증 소유사실확인서
1. 갑 제5호증 이주 및 생활대책(1998년)건축물 사진
1. 갑 제6호증 국민고충처리위원회의 의결물
1. 갑 제7호증 항공촬영사진의 해당건축물 확대그림 등

각 사본

1. 갑 제8호증 그 외 증명서류

20○○. ○○. ○○.

위 청구인 유 ○ ○ (인)

한국토지공사 귀하

[서식 89] 이주대책수립 대상자제외처분 등 취소청구

심판청구서

사건명 이주대책수립 대상자제외처분 등 취소청구
처분청 한국토지공사

청 구 취 지

피청구인은 경기도 ○○시 ○○면 ○○리 ○○○번지에 있는 토지와 가옥이 영덕-오산간 광역도로 건설사업에 편입됨에 따라 청구인 ○○○에게는 생활대책용지를 공급하고, 청구인 ○○○에게는 영업보상을 하라.
라는 재결을 구합니다.

청 구 원 인

1. 사건개요

청구인 한일연은 2007. 5. 30. 피청구인에게 경기도 ○○시 ○○면 ○○리 ○○○번지에 있는 토지와 가옥(이하 "이 사건 가옥"이라 한다)이 영덕-오산간 광역도로 건설사업에 편입됨에 따라 이주자택지 및 영업보상 등의 적절한 보상을 해달라는 취지의 이의신청을 제기하였고, 피청구인은 2007. 7. 3. ○○○에게 이 사건 가옥이 허가를 받지 않고 재건축된 가옥이기 때문에 ○○○은 이주자대책수립 대상에서 제외되었고, 영업보상과 관련하여 무허가 건물에서 사업자등록을 하고 자유영업을 하고 있는 경우 적법한 장소에서의 영업이라고 볼 수 없어 영업보상 대상에도 해당되지 않음을 통보하였다.

2. 청구인 주장

이 사건 가옥은 2002. 5. 12.경 집 옆을 지나던 덤프트럭에 의한 교통사고로 대파되었던 것을 가해차량이 가입한 전국화물공제조합에서 다시 건축해 준 것으로 청구인들은 현재까지 이 사건 가옥에 거주하면서 2006년까지 개축하기 전의 주택에 대한 재산세를 납부하고 있었다. 그런데 피청구인은 이 사건 가옥이 무허가건물이라는 이유로 청구인 ○○○을 이주대책수립 대상자에서 제외시켰고, 무허가 건물에서 사업자등록을 하고 자영업을 하는 경우 적법한 장소에서의 영업이라고 볼 수 없다는 이유로 영업보상에서도 제외시켰는바, 이 사건 가옥은 외형만 공부상 형태와 다를 뿐 청구인들은 공부상 면적에 대한 재산세를 납부하였으며, 사업자등록 당시 적법하게 건축된 건물에 사업자등록을 하였으므로 정당한 사업자라 할 것인바, 피청구인은 ○○○에게는 생활대책용지를 공급하고 청구인 ○○○에게는 영업보상을 하여야 한다.

3. 피청구인 주장

생활대책용지 공급은 사업시행자와의 법적 의무사항이 아니며, 피청구인은 원활한 사업추진을 위하여 영덕-오산간 광역도로가 화성동탄지구의 광역교통계획에 따라 신설 및 확장되는 도로임을 감안하여 화성동탄지구와 동일하게 영업보상을 받은 자를 대상으로 생활대책용지를 공급하고 있는데, 청구인들의 경우 무허가 건물에서 자유영업을 하고 있어 영업보상대상이 될 수 없고, 생활대책은 행정청의 법적의무사항이 아닌 재량행위인 점을 감안하면 이 사건 심판청구는 행정심판의 대상이 아닌 것을 대상으로 제기한 부적법한 청구이므로 각하되어야 한다.

4. 관계법령

행정심판법 제2조, 제3조, 제4조

5. 인정사실

청구인과 피청구인이 제출한 행정심판청구서, 답변서. 경기도 고시, 이의 신청서, 이주대책대상자 개인별 심사서 등 각 사본의 기재내용을 종합하여 보면, 다음과 같은 사실을 인정할 수 있다.

가. 경기도지사는 2006. 11. 6. 경기도 고시 제2006-368호로 "영덕 ~ 오산간 도로 건설사업"으로 인한 도로확장을 이유로 하여 지방도 317호선에 대한 도로구역(변경) 결정의 고시를 하였고, 위 도로 건설사업의 사업시행자는 피청구인으로 되어 있다.

나. 청구인 ○○○은 2007. 5. 30. 피청구인에게 이주자택지 및 영업보상 등의 적절한 보상을 해달라는 취지의 이의신청을 제출하였다.

다. 피청구인이 2007. 7. 3. 청구인 ○○○에게 한 이의신청에 대한 회신에 의하면, 이 사건 가옥이 허가 등을 받지 않고 재건축한 가옥이기 때문에 ○○○은 이주자대책 수립 대상에세 제외되었고, 영업보상과 관련하여 무허가 건물에서 사업자등록을 하고 자유영업을 하고 있는 경우 적법한 장소에서의 영업이라고 볼 수 없어 영업보상 및 생활대책용지 공급대상에도 해당되지 않는다는 취지로 기재되어 있다.

라. 이주대책대상자 개인별 심사서에 의하면, 이 사건 가옥의 가옥현황은 "형태 : 주택, 구조 : 판낼조, 함석즙, 면적 : 86㎡, 건축시기 : 2002년 5월경, 허가유무 : 무허가"로, 특기사항은 "종전 건물(건축물대장 및 등기된 가옥)이 2002년 5월경 교통사고로 대파되어 전국화물공제조합에서 손해배상조로 동 장소에 조립식건물을 축조하였으나 허가·신고 없이 건축된 무허가 건물이어서 이주대책 대상이 될 수 없음"

으로, 심사결과 "부적격"으로 기재되어 있다.

마. 등기부 등본에 의하면, 이 사건 건물은 1991. 3. 12.에 신축되었고, 건물내역은 "목조 세멘트기와지붕 단층주택 26.45㎡"로 되어 있으며, 2001. 5. 10. 청구인 ○○○가 소유권을 획득하였다가, 2002. 7. 6. △△△에게 소유권이 이전되었고, 2005. 2. 23. 청구인 ○○○에게 소유권이 이전된 것으로 기재되어 있다.

바. 수원세무서장이 2003. 7. 9. 발행한 청구인 ○○○의 사업자등록증에 의하면, 상호는 "□□□상회"로, 개업 연월일은 "1998. 5. 25."로, 사업장소재지는 "경기도 ○○시 ○○면 ○○리 ○○○번지"로, 사업의 종류는 "업태 : 소매, 종목 : 식잡·담배·철물"로 기재되어 있다.

사. ○○시 ○○면장이 2007. 5. 29. 발급한 세목별 과세(납세)증명서에 의하면, 청구인 ○○○은 "○○면 ○○리 ○○○번지(면적 21.0㎡)(외 5건)"에 대해 2005년과 2006년도 재산세(토지, 주택)를 납부하였다고 기재되어 있다.

아. 피청구인이 제출한 자료에 의하면, 공익사업의 시행으로 생활근거를 상실하게 되는 사람에 대한 '이주대책'(이주자택지, 이주정착금, 주거이전비, 이사비 등)과는 별도로 소정의 요건에 해당되는 자에게 '생활대책용지'를 공급한다고 되어 있는바, 생활대책용지를 공급받을 수 있는 대상자는 ①이주자택지 공급 대상자 ②영업보상(축산보상)을 받은 자 ③일정규모 이상의 영농자(자경농, 임차농) ④일정규모 이상의 시설채소농 및 화훼농이고, 이러한 대상자 중 보상대상 물건 등을 전부 협의에 의하여 양도하고 사업시행자가 제시한 기한까지 자진이주한 사람은 1순위로서 근린생활시설용지(부족할 경우 근린상업용지) 8평을, 그 밖의 2순위자는 같은 용지의 6평을 공급받을 수 있다.

6. 결 론

그렇다면 피청구인은 청구인에 대하여 생활대책용지를 공급하고 영업보상을 해야 할 것이다.

첨 부 서 류

1. 갑 제1호증	주민등록등본 1부
1. 갑 제2호증	이주대책대상자부적격통보서
1. 갑 제3호증	이주대책이의신청재심사결과통보서
1. 갑 제4호증	소유사실확인서
1. 갑 제5호증	이주 및 생활대책(1998년)건축물 사진
1. 갑 제6호증	국민고충처리위원회의 의결물

1. 갑 제7호증 항공촬영사진의 해당건축물 확대그림 등 각 사본
1. 갑 제8호증 그 외 증명서류

20○○. ○. ○

한국토지공사 귀중

[주] 1. 「행정심판법」 제2조, 제3조, 제4조에 의하면, 행정심판은 행정청이 행하는 구체적 사실에 관한 법 집행으로서의 공권력의 행사 또는 그 거부와 그 밖에 이에 준하는 행정작용인 처분 또는 부작위를 대상으로 하여 제기하도록 되어 있고, 의무이행심판은 행정청의 위법 또는 부당한 거부처분이나 부작위에 대하여 일정한 처분을 하도록 하는 심판이라고 되어 있는바, 이러한 의무이행심판의 대상이 되는 거부처분이나 부작위가 성립하기 위해서는 먼저 일정한 처분을 신청하고, 이러한 신청에 대하여 행정청이 이를 거부하거나 상당한 기간 내에 일정한 처분을 하여야 할 법률상의 의무가 있음에도 불구하고 아무 것도 하지 아니하는 상태가 존재하여야 한다. 또한 행정청의 처분 또는 부작위에 대하여 다른 법률에 특별한 규정이 있는 경우를 제외하고 「행정심판법」에 따라 심판을 제기할 수 있도록 되어 있다.

2. 영업상의 손실보상에 관하여는 당사자간에 협의가 성립되지 않은 경우 토지수용위원회에 재결을 신청할 수 있고, 「공익사업을 위한 토지 등의 취득 및 보상에 관한 법률」제50조는 수용할 토지의 구역, 손실의 보상 등을 토지수용위원회의 재결사항으로 규정하고 있는바, 이는 「행정심판법」 제3조에서 말하는 "다른 법률에 특별한 규정이 있는 경우"에 해당한다고 할 것이다.

[서식 90] 이주자택지공급대상자제외처분취소청구

심판청구서

사건명 이주자택지공급대상자제외처분취소청구
처분청 한국토지공사

청 구 취 지

피청구인이 2006. 10. 25. 청구인에게 한 이주자택지 공급대상자 제외처분을 취소한다.
라는 재결을 구합니다.

청 구 원 인

1. 사건개요

가. 피청구인이 2005. 11. 29. 청구인에게 청구인이 용인흥덕지구 택지개발사업과 관련된 이주자택지 공급대상 부적격자로 결정되었다는 사실을 통보하자, 청구인은 2006. 1. 23. 이의신청을 하였고, 피청구인이 2006. 6. 2. 청구인에게 다시 청구인이 이주자택지 공급대상 부적격자로 결정되었다는 사실을 통보하였다.

나. 청구인이 피청구인에게 이주자택지 공급을 요구하며 계속 민원을 제기함에 따라, 피청구인은 2006. 10. 25. 청구인에게 ○○도 ○○시 ○○읍 ○○리 ○○번지에 소재하고 지장물건조사서 평면도에 표시된 가옥(이하 "이 건 가옥"이라 한다)은 1989. 1. 24. 이전에 건축된 주거용 건축물로 볼 수 없다는 이유로 이주자택지 공급대상자 제외처분(이하 "이 건 처분"이라 한다)을 하였다.

2. 청구인 주장

이에 대하여, 청구인은 다음과 같이 주장한다.

가. 청구외 안○○이 청구외 이○○으로부터 ○○도 ○○시 ○○읍 ○○리 ○○번지에 소재하고 1987년 5월 국토지리정보원에서 촬영한 항공사진에 나타나는 건축물(이하 "구 가옥"이라 한다)을 임차하여 1987년부터 1989년까지 구 가옥에 살았다.

나. 청구인이 1990년 위 이○○으로부터 구 가옥을 임차할 당시 이○○에게 구 가옥과 구 가옥 옆에 있던 비닐하우스를 수리하여 달라고 요청하였으나 이○○이 이를 거부하여, 청구인이 직접 구 가옥과 비닐하우스를 수리하였으며 이후 비닐하우스는 벽지를 생산하는 공장(이하 "공장"이라 한다)으로 사용하였다.

다. 1992년 구 가옥과 공장 바로 옆으로 길이 생기면서 구 가옥의 창고와 공장의 일부가 훼손되었지만, 구 가옥과 창고가 훼손된 가옥 사이에 주거공간 자체의 변화는 없었으므로 구 가옥과 창고가 훼손된 가옥 사이의 동일성은 인정되어야 한다.

라. 그 이후 공장을 증축하였지만 청구인은 창고가 훼손된 가옥 즉 이 건 가옥에 계속 거주를 하였으므로, 구 가옥과 창고가 훼손된 가옥 사이의 동일성이 인정된다면, 이 건 가옥을 1989. 1. 24. 이전에 건축된 가옥으로 보아야 함에도 불구하고, 이 건 가옥을 1989. 1. 24. 이후에 건축된 가옥으로 보아 청구인을 이주자택지 공급대상자에서 제외한 피청구인의 이 건 처분은 위법·부당하므로 취소되어야 한다.

3. 피청구인 주장

피청구인은 다음과 같이 주장한다.

가. 지장물건조사서 평도면과 국토지리정보원에서 촬영한 항공사진을 대조해 보면, 1992년 11월에 촬영한 항공사진에서 이 건 가옥의 위치에는 어떠한 건축물도 존재하지 않다가, 1995년 6월에 촬영한 항공사진에서야 비로소 이 건 가옥의 위치에 건축물이 존재하므로, 이 건 가옥은 1992년 11월 이후에 건축되었음이 분명하다.

나. 따라서 이 건 가옥을 1989. 1. 24. 이후에 건축된 가옥으로 보아 청구인을 이주자택지 공급대상자에서 제외한 피청구인의 이건 처분은 적법·타당하다.

4. 이 건 처분의 위법성

가. 관계법령

공익사업을 위한 토지 등의 취득 및 보상에 관한 법률 제78조

같은 법 시행령 제40조, 부칙(대통령령 제17854호) 제6조

이주대책의 수립 및 시행에 관한 예규(한국토지공사 예규) 제3조, 제6조, 제6조의2, 제10조, 제11조 및 제14조

나. 위법성 여부

(1) 청구인과 피청구인이 제출한 이주자택지 공급대상자 부적격최종통보서, 주민등록초본, 지장물건조사서, 항공사진, 개인별심사서 등 각 사본의 기재내용을 종합해 보면, 다음과 같은 사실을 인정할 수 있다.

(가) 피청구인은 용인흥덕 택지개발예정지구(이하 "이 건 사업지구"라 한다)에 대한 택지개발계획승인을 받은 사업시행자인데, 용인시장은 2001. 9. 7. 피청구인이 제안한 이 건 사업지구 지정에 대한 제안내용을 「택지개발촉진법 시행령」 제5조제2항에 의하여 2001. 9. 7. 공람·공고하였고, 건설교통부장관은 2001. 12. 26. 이 건 사업지구에 대한 택지개발예정지구지정(건설교통부 고시 제2001-344호)을 하였으며, 경기도지사는 2004. 2. 16. 개발계획승인(경기도 고시 제2004-44호)을 하였다.

(나) 피청구인은 2004. 3. 22. 이 건 사업지구에서의 사업시행을 위하여 「공익사업을 위한 토지 등의 취득 및 보상 등에 관한 법률」 제15조에 따라 위 사업지구 내의 토지소유자 등에 대한 보상계획을 공고하였다.

(다) 청구인과 이○○의 명의로 된 날짜 미상의 합의서에 의하면, ○○리 ○○

번지 지장물에 대한 고○○와 이○○창간의 소유권 다툼에 있어서 지분을 각각 3/5과 2/5로 하는 것으로 합의하였다는 내용이 기재되어 있다.

(라) 피청구인이 작성한 지장물건조사서와 평면도에 의하면 다음과 같은 사항이 기재되어 있다.

물건내역	가옥, 공장, 화장실, 소각장, 바닥포장, 자재창고, 건조장 등	
소재지번	○○시 ○○읍 ○○리 ○○	
소유자	고○○	이○○
	가옥, 공장(3/5), 화장실, 소각장, 바닥포장	공장(2/5), 자재창고, 건조장

※ 가옥은 면적이 32.1㎡이며 구조는 목조 함석보온덮개즙이며, 공장은 면적이 520.9㎡이며 구조는 쇠파이프 보온덮개즙이고, 가옥과 공장은 층고가 다르다.

(마) 청구인과 피청구인 간에 지장물보상에 대하여 합의가 되지 않아 피청구인이 중앙토지수용위원회에 재결을 신청하였고, 중앙토지수용위원회는 2005. 7. 13. 피청구인이 청구인에게 이 건 가옥 등에 대하여 3,230만 8,820원의 지장물보상금을 지급하도록 재결하였으며, 이에 대하여 피청구인은 2005. 8. 30. 지출결의를 하였다.

(바) 주민등록초본에 의하면 청구인의 주소변경사항은 다음 표와 같다.

변동일	주소	변동사유
1984. 8. 8.	○○도 ○○군 ○○면 ○○리 612-2	전입
1989. 11. 29.	○○도 ○○군 ○○면 ○○리 662-13	전입
1990. 12. 28.	○○도 ○○군 ○○읍 ○○리 596	전입
1996. 3. 1.	○○도 ○○시 ○○읍 ○○리 596	행정구역변경
2005. 10. 31.	○○도 ○○시 ○○읍 ○○동 596	행정구역변경

(사) 이주대책대상자 개인별 심사서에 의하면, 다음 표와 같은 내용이 기재되어 있다.

〈현 황〉

소유자	고○○
가옥소재지	○○도 ○○시 ○○읍 ○○리 596
구조	목조 함석보온덮개즙
면적	32㎡
건축시기	1990년 이후(개조)
소유시기	미상

허가유무	무허가
전입일	1990. 12. 28.

(아) 피청구인이 2005. 11. 29. 청구인에게 청구인이 용인흥덕지구 택지개발사업과 관련된 이주자택지 공급대상 부적격자로 결정되었다는 사실을 통보하자, 청구인은 2006. 1. 23. 이의신청을 하였고, 피청구인이 2006. 6. 2. 청구인에게 다시 청구인이 이주자택지 공급대상 부적격자로 결정되었다는 사실을 통보하였다.

(자) 청구인이 계속하여 피청구인에게 이주자택지공급을 요구하여 민원을 제기함에 따라, 피청구인은, 이 건 가옥은 무허가 건물로서 1989. 1. 24. 이전에 건축되었어야 하나, 지장물건조사서 도면상 이 건 가옥의 위치에는 1992년 11월에 촬영된 항공사진에서 어떠한 건축물도 존재하지 않았다가 1995년 6월에 촬영된 항공사진에서야 비로소 건축물의 존재를 확인할 수 있어 이 건 가옥은 1989. 1. 24. 이전 건축물로 볼 수 없다는 이유로 2006. 10. 25. 청구인에게 이 건 처분을 하였다.

(차) 무허가건물관리대장에 이 건 가옥과 공장에 관련된 기록은 존재하지 않는다.

(2) 이 건 처분의 위법성

(가) 「공익사업을 위한 토지 등의 취득 및 보상에 관한 법률」 제78조제1항, 같은 법 시행령 제40조제2항·제3항과 부칙 제6조를 종합하여 보면, 사업시행자는 공익사업의 시행으로 인하여 주거용 건축물을 제공함에 따라 생활의 근거를 상실하게 되는 자(이하 "이주대책대상자"라 한다)를 위하여 이주를 희망하는 자가 10호 이상인 경우에 이주대책을 수립·시행하도록 하는데, 당해 건축물에 공익사업을 위한 관계법령에 의한 고시 등이 있은 날(이 사건의 경우 2001. 9. 7.)부터 수용재결일(이 사건의 경우 2005. 7. 13.)까지 계속하여 거주하고 있지 아니한 건축물의 소유자, 허가를 받거나 신고를 하고 건축하여야 하는 건축물을 허가를 받지 아니하거나 신고를 하지 아니하고 건축한 건축물의 소유자, 타인이 소유하고 있는 건축물에 거주하는 세입자는 이주대책대상자에서 제외하되, 예외적으로 1989. 1. 24. 이전에 건축된 무허가(무신고) 건축물에 공익사업을 위한 관계법령에 의한 고시 등이 있은 날부터 수용재결일까지 계속하여 거주하고 있는 건축물의 소유자는 위의 규정에 불구하고 이주대책대상자에 포함된다고 되어 있다.

(나) 「이주대책의 수립 및 시행에 관한 예규」 (한국토지공사 예규) 제3조, 제6조, 제6조의2, 제10조, 제11조와 제14조에 의하면, 이주자택지의 공급대상자는 수도권지역의 경우 택지개발예정지구지정 공람공고일(이 사건의 경우 2001. 9. 7.) 1년 이전부터 보상계약체결일(이 사건의 경우 2005. 7. 13.)까지 계속하여 사업지구 내 가옥을 소유하고 거주한 자에 한하고, 다만,

1989. 1. 25. 이후 건축된 무허가 건물의 소유자는 그러하지 아니하다고 규정되어 있으며, 가옥소유자의 확인은 가옥이 무허가건물인 경우에는 관할 읍·면·동의 장이 발급하는 소유자확인서에 의하고, 이러한 확인이 곤란할 때에는 당해 가옥의 소재지를 관할하는 리·통·반의 장이 발급한 소유자확인서 및 당해 사업지구에 거주하는 성인 2인 이상의 보증서에 의할 수 있다고 되어 있으며, 거주사실의 확인은 주민등록등본에 의하는 것이 원칙이나 보충적으로 관할 읍·면·동장이 발급하는 거주사실확인서 등 객관적인 증빙자료에 의하여 확인할 수 있다고 규정되어 있다.

(다) 청구인은 청구외 안○○이 1987년 청구외 이○○으로부터 구 가옥을 임차하여 1989년까지 거주하였고, 1990년 청구인이 청구외 이○○으로부터 구 가옥을 임차하여 직접 수리하여 거주하였으며, 1992년 구 가옥의 옆으로 길이 생기면서 창고부분이 일부 훼손되었을 뿐 구 가옥이 이 건 가옥과 동일한 건물이라고 주장할 것이다.

5. 결 론

그렇다면, 피청구인 청구인에 대하여 이건 가옥을 1989. 1. 24. 이후에 건축된 가옥으로 보아 이주자택지공급대상자에서 제외한 처분이 위법 · 부당하다고 할 것이다.

첨 부 서 류

1. 갑 제1호증	주민등록등본 1부
1. 갑 제2호증	이주대책대상자부적격통보서
1. 갑 제3호증	이주대책이의신청재심사결과통보서
1. 갑 제4호증	소유사실확인서
1. 갑 제5호증	이주 및 생활대책(1998년)건축물 사진
1. 갑 제6호증	국민고충처리위원회의 의결물
1. 갑 제7호증	항공촬영사진의 해당건축물 확대그림 등 각 사본
1. 갑 제8호증	그 외 증명서류

20○○. ○. ○

한국토지공사 귀중

[서식 91] 이주택지분양이행청구서

심 판 청 구 서

청 구 인 : 이○○ 외 11명
울산시 ○○구 ○○동 ○○아파트 12동 106호
(전화 : 000-0000, H.P :)

피청구인 : 울산광역시장

이주택지분양이행청구서

청 구 취 지

피청구인은 청구인들에게 이주택지를 분양하라.
라는 재결을 구합니다.

청 구 원 인

1. 청구인 주장
   가. 청구인들은 울산·온산공단 피해주민 이주대책사업 시행공공일인 2000. 10. 15. 이전부터 세입자로 생활하다가 2001년에서 2003년 사이에 위 주소지 지상에 주택을 신축하여 현재까지 거주하고 있다.
   나. 피청구인이 2005. 3. 20.부터 환경오염지구(울산·온산공단)손실보상금을 지급함에 따라 청구인들은 세입자로서 이주대책비 등의 손실보상금을 수령하였고, 청구인들의 건물은 손실보상금 지급일 전에 건물을 신축하였으므로 손실보상금에 청구인들의 건물에 대한 보상금 지급을 청구하엿으나 환경오염지구 고시공고일 이후에 신축한 건물이라고 하여 지급이 거부되었다.
   다. 울산·미포국가공업단지 △△4공구 공장용지 조성사업을 2007. 12. 31. 시행공고하면서 2004. 1. 24.자 기준으로 공익사업을위한토지등의취득및보상에관한법률(이하 "법"이라 한다)을 적용하여 2008년도에 청구인들의 주택을 감정평가한 보상금을 책정하였고, 피청구인은 청구인들에게 보상금을 수령하고 이주할 것을 촉구하고 있다.
   라. 청구인들은 이 건 사업 시행공고일(2007. 12. 31.)에 무허가건물에서 생활하고 있었으므로 법에 의하여 이주택지의 분양을 청구하는 것이며, 현재까지 건물에 대한 손실보상금을 수령하지 않고 있다.
   마. 청구인들과 같이 무허가 건물을 신축하여 생활하던 울산광역시 남구 △△동 342-3

번지에 거주하던 안성재외 26세대에 대하여는 환경오염지구 손실보상금인 주거비를 수령하지 아니하였다고 하여 울산광역시 병영지구 임대아파트에 입주하는 혜택을 주었고 임대아파트에 입주하지 못한 세대에게는 2008년 5월경에 제3차로 입주할 택지를 분양한 사실이 있다.

바. 피청구인은 환경오염지구에 의한 손실보상인 주거비 등 보상금을 수령한 세대에게 택지분양을 하면 이중보상이 되지 아니하므로 청구인들에게 이주택지를 분양하여야 한다.

첨 부 서 류

1. 갑 제1호증	울산·온산공단 피해주민 이주대책 추진공문서
1. 갑 제2호증	울산·온산 피해주민 이주대책산업 종료공고문
1. 갑 제3호증	울산·미포국가공업단지 용연지구 공장용지 조성 사업(4차)실시계획승인서
1. 갑 제4호증	질의회신문
1. 갑 제5호증	이주택지관련 이의신청에 따른 회신 등 각 사본
1. 갑 제6호증	주민등록등본 1부
1. 갑 제7호증	그 외 증명서류

20○○. ○○. ○○.

위 청구인 이○○ 외 11명 (인)

울산광역시장 귀하

[서식 92] 임원취임승인이행청구서

심 판 청 구 서

청 구 인 : 학교법인 ○○학원
서울 ○○구 ○○동 ○○빌딩
(전화 : 000-0000, 팩스 : 000-0000)

피청구인 : 교육부장관

임원취임승인이행청구서

청 구 취 지

피청구인은 청구인이 2005. 2. 11. 신청한 임원취임을 승인하라.
라는 재결을 구합니다.

청 구 원 인

1. 청구인 주장
   가. 청구인은 ○○대학교 등 7개와 사립학교를 설립·경영하기 위하여 사립학교법 제10조의 규정에 따라 1964. 1. 22. 설립허가를 받아 설립된 학교법인이다.
   나. 청구인은 1993. 10. 국회 교육위원회의 국정감사를 받은 바 있는데, 그 때 모의원의 질의에 대하여 당시의 이○찬 장관은 사립학교법을 개정하여 대학교육기관을 설립·경영하는 학교법인의 이사정수 중 3분의 1이상을 공익을 대표하는 자로 선임하도록 할 계획이라면서 청구인이 법개정 이전이라도 이사정수의 3분의 1이상을 관할도지사가 추천하는 공익이사로 선임하는 방안을 고려하면 좋겠다는 권고가 있었고, 그 후 그러한 내용이 포함된 사립학교법 개정안의 입법예고문을 피청구인으로부터 받은 바 있다.
   다. 이에 따라 청구인은 충청북도지사에게 공익이사 추천을 의뢰하였고, 동지사가 추천한 4인의 공익이사 후보 중 3인을 이사로 선임하여 2004. 1. 11. 피청구인에게 임원취임승인신청을 하였으나, 피청구인은 신청일로부터 7개월이 지난 2004. 8. 3.에 이르러서야 3인 중 1인(김준석)에 대하여만 취임승인을 하였다
   라. 그러나, 공익이사 선임에 관한 규정이 배제된 채로 사립학교법이 개정된 상태에서 이사 2인의 임기가 만료됨에 따라 청구인은 2005. 2. 29. 이사회를 개최하여 임기만료된 김○학의 후임으로 김○배를, 같이 임기가 만료된 민○탁은 재선임하기로 의결하고, 2005. 2. 11. 피청구인에게 위 2인에 대한 임원취임승인신청을 하였다.

그런데, 그 처리가 지연됨에 따라 청구인이 설립·경영하는 ○○대하교의 교무위원회 구성원 전원과 ○○대학교교수연합회, 전국대학노동조합○○대학교지부장 및 청구인이 설립·경영하는 초중고등학교 교장단에서는 피청구인에게 청원서를 제출하기까지 하였는데도, 피청구인은 2005. 3. 30. "우리부가 학원의 안정을 위해 '03년도의 귀 법인에 대해 공익이사 3인 선임방안을 제시한 당시와 비교하여 학원내 갈등이 완화되어 가는 경향이 있음은 인정되나, 지역사회 및 학내구성원들의 상황인식에 근본적인 변화가 없다고 판단" 된다는 이유로 이 건 처분을 하였다.

마. 그러나, 학교법인의 임원취임승인에 관하여 규정하고 있는 사립학교법 제20조제1항 및 제2항의 규정에 의하면, 학교법인의 임원은 학교법인 이사회에서 선임한 후 관할청의 취임승인을 받음으로써 그 선임의 효력이 완성되도록 하고 있고, 여기의 취임승인은 성질상 학교법인의 임원선임행위를 보충하여 효력을 완성시켜 주는 보충적 행정행위로써 기속행위에 속하는 것이고, 취임승인신청이 사립학교법 소정의 요건을 갖춘 적법한 것인 때에는 관할청으로서는 그 인가를 거부할 수 없는 것이 당연하다.

바. 피청구인은, 지역사회의 시민단체와 ○○대학교 교수협의회가 이 건 임원취임승인을 반대하고 있으며, 분규법인인 청구인에 대하여는 임원취임승인에 대하여도 지도·감독을 할 수 있는 것이라고 주장하나, 위에서 제시한 바와 같이 ○○대학교 교수연합회를 비롯하여 다수의 법인관련자들이 임원취임승인을 하여 달라는 반대청원을 한 바 있고, 피청구인 자신도 2002. 3. 25. 청구인에 대하여 임원취임승인을 하면서, 전 이사장 김○철의 횡령 등에 대한 조치가 미흡하다는 이유로 제재를 하였다가 2002. 10. 13.에 이르러 그 제한을 해제한 것만 보더라도 더 이상 학원분규를 이유로 행정지도를 운위하는 것은 자기모순이며, 설사 행정지도권을 인정한다 하더라도 행정지도라는 것은 법적 구속력이 없는 것으로서 그 지도내용의 수용여부는 당사자의 임의적인 선택에 달려 있는 것이다.

사. 결국, 피청구인의 이 건 거부처분은 어느 모로 보나 위법한 것이므로 피청구인은 이제라도 청구인의 임원취임승인신청에 대하여 승인하여야 한다.

첨 부 서 류

1. 갑 제1호증	사립학교법중개정법률안입법예고통지서
1. 갑 제2호증	법인이사후보 추천의뢰문 및 추천문
1. 갑 제3호증	이사회 회의록
1. 갑 제4호증	임원취·해임신청서 및 취·해임승인문
1. 갑 제5호증	이력서
1. 갑 제6호증	각서
1. 갑 제7호증	청원서

1. 갑 제8호증　　　　　　　처분서
1. 갑 제9호증　　　　　　　교육부종합감사결과서
1. 갑 제10호증　　　　　　감사원감사결과 처분요구에 따른 조치문
1. 갑 제11호증　　　　　　○○대학교 교수협의회 민원서
1. 갑 제12호증　　　　　　사업자등록증 사본 1부

20○○. ○○. ○○.

위 청구인 학교법인 ○○학원 (인)

교육부장관 귀하

[서식 93] 입찰참가자격제한처분취소청구서

심 판 청 구 서

청 구 인 : (주)○○화재해상보험
서울시 ○○구 ○○동 123-56
(전화 : 000-0000, 팩스 : 000-0000)

피청구인 : 해양경찰청장

입찰참가자격제한처분취소청구서

청 구 취 지

피청구인이 2000. 5. 2. 청구인에 대하여 한 6월(2000. 5. 10. ~ 2000. 11. 9.)의 입찰참가자격제한처분은 이를 취소한다.
라는 재결을 구합니다.

청 구 원 인

1. 청구인 주장
   가. 청구인의 인천지점 소속 영업담당직원인 청구외 정○수가 이 건 입찰업무를 담당하였는데, 그는 1차 유찰이후 영업실적을 올리려는 과잉의욕과 착오로 인해 금융감독원이 정하고 있는 규정과 지침 및 회사의 적정가격유지방침을 망각한 채 본사와 사전연락없이 독자적으로 적정보험료에 크게 미치지 못하는 저가로 응찰하여 최저가격으로 낙찰을 받게 되었다.
   나. 청구인 본사에서는 위 사실을 나중에 통보받고 저가로 계약할 경우 보험모집질서를 문란하게 하고 공정거래질서를 위반하여 제재를 받을 수 있을 뿐만 아니라 회사내부에서도 나쁜 선례를 남기게 되어 장차 영업활동에 지장을 초래할 염려가 있다고 판단하여 피청구인의 양해를 얻을 수 있다는 기대하에 이 건 계약을 포기하게 된 것인 바, 청구인의 계약포기는 나름대로의 정당한 이유가 있다.
   다. 청구인은 이 건 처분으로 인하여 6개월동안 국가·지방자치단체·교육청 및 정부투자기관 등과 수의계약을 비롯하여 각종보험계약을 체결할 수 없게 되어 청구인이 입게 되는 보험료 손실액은 약 40억원을 상회할 것으로 예상되는바, 피청구인의 이 건 처분은 과도한 제한기간을 정함으로써 재량권을 일탈 또는 남용하였다.
   라. 위와 같은 청구인의 손해와 비교해 볼 때 계약상대방이 피청구인이 입는 손해는 미미하여 절차상의 번거로움 외에 다른 문제는 없고, 청구인의 계약보증금 341만

9,170원에 대해 국고귀속조치를 하였으므로 그만큼 경제적 이득을 얻은 결과가 되었으며, 한편, 공익성과 사회성이 높은 자동차보험을 일반물품구매나 공사계약 등과 같이 경쟁입찰을 통해 계약을 체결하도록 한 것은 불합리하다.

첨 부 서 류

1. 갑 제1호증 차량보험입찰공고문
1. 갑 제2호증 입찰등록자명부(공고5호, 공고6호)
1. 갑 제3호증 일반경쟁입찰참가지원서
1. 갑 제4호증 입찰조서
1. 갑 제5호증 차량보험관련 업무통보서
1. 갑 제6호증 차량보험입찰관련회신문
1. 갑 제7호증 보증보험료청구공문서
1. 갑 제8호증 부정당업자제위원회 구성 및 개회알림문
1. 갑 제9호증 부정당업자 제재위원회 개최결과 및 관보게재의뢰 공문서
1. 갑 제10호증 부정당업장에 대한 입찰참가자격제한 결정사항통보서
1. 갑 제11호증 사업자등록증 사본 1부

20○○. ○○. ○○.

위 청구인 (주)○○화재해상보험 (인)

해양경찰청장 귀하

[서식 94] 입회공무원서명날인이행청구서

심 판 청 구 서

청 구 인 : 한국전력공사
태백시 ○○구 ○○동 123-45
(전화 : 000-0000, 팩스 : 000-0000)

피청구인 : 강원도 지사

입회공무원서명날인이행청구서

청 구 취 지

피청구인은 수용재결신청의 첨부서류인 토지조서 및 협의경위서에 서명날인할 입회공무원을 지명하고 날인의무를 이행하라.
라는 재결을 구합니다.

청 구 원 인

1. 청구인 주장
   가. 이 건 사업은 우리나라 장기전력계통구성계획에 따라 지속적인 전력수요 증가에 대비하고 안정적 전력공급과 계통안정도 향상을 위하여 울진 원자력 전원단지의 발전전력을 수송하기 위한 전원개발사업으로서 전원개발촉진법 제5조의 규정에 의거하여 지식경제부장관으로부터 2001. 1. 7. 실시계획의 승인을 받은 바 있다.
   나. 청구인은 2001. 4.부터 현재까지 이 건 사업지구에 편입되는 토지를 협의에 의한 방법으로 취득하고자 그 토지소유자들과 협의를 진행하여 왔으나 동 과정이 순조롭게 이루어지지 아니하여 협의취득이 사실상 어렵게 된 토지들에 대한 수용재결절토지조서 및 협의경위서에 입회공무원의 날인을 받고자 2001. 11. 10. 먼저 태백시장에게 입회공무원의 지명을 요청하였으나 2001. 11. 20. 태백시장으로부터 이를 거부하는 회신을 받게 되어 다시 관련법령에 의하여 피청구인에게 입회공무원의 지명 및 동 입회공무원의 서명날인의 이행을 2차례 요청하였는데 피청구인은 이를 이행하지 않고 있어 청구인의 사업에 막대한 차질을 빚게 되었다.
   다. 관련법령에 의하면 토지조서 및 협의경위서에 토지소유자 및 관계들이 서명·날인을 하지 않거나 못할 경우, 1차로 사업지구를 관할하는 시·군·구 소속 공무원의 입회하에 동 문건에 서명날인을 하도록 하고 있으며, 동 공무원 역시 서명·날인을 하지 아니할 경우에는 동 시·군·구가 포함된 시·도지사가 사업자의 신청에 의하여 그 소속 공무원으로 하여금 입회하여 서명·날인하는 것을 의무규정으로 두고 있음에도 불구하고 피청구인이 청구인의 2차례에 걸친 신청에도 불구하고 이를 이행하지 아니하는 것은 위법·부당한 부작위이므로 피청구인은 신속히 동 절차를 이행하도록 하여야 한다.

첨 부 서 류

1. 갑 제1호증 전원개발사업실시계획승인통보문서
1. 갑 제2호증 전원개발사업실시계획승인신청서
1. 갑 제3호증 전원개발사업실시계획승인에따른 협의문서
1. 갑 제4호증 전원개발사업실시계획승인신청에대한협의문
1. 갑 제5호증 전원개발사업실시계획승인신청협의요청에대한 회신문
1. 갑 제6호증 신태백변전소편입토지보상계획알림문서
1. 갑 제7호증 손실보상협의및계획체결안내서
1. 갑 제8호증 공고용지의 취득협의서
1. 갑 제9호증 신태백변전소토지조서등의서명날인요청서
1. 갑 제10호증 토지수용에따른입회공무원지명요청서 (청구인→태백시장)
1. 갑 제11호증 입회공무원지명불가회신 (태백시장→청구인)
1. 갑 제12호증 토지수용에따른입회공무원 지명요청 (청구인→피청구인),
1. 갑 제13호증 토지수용에따른입회공무원지명유보회신 (피청구인→청구인)
1. 갑 제14호증 사업자등록증 사본 1부
1. 갑 제15호증 그 외 증명서류

20○○. ○○. ○○.

위 청구인 한국전력공사 (인)

강원도 지사 귀하

[서식 95] 자동차대여사업등록전부취소처분취소청구서

심 판 청 구 서

청 구 인 : (유)○○렌트카
광주시 ○○구 ○○동 31-1번지
(전화 : 000-0000 팩스 : 000-0000)

피청구인 : 광주광역시장

자동차대여사업등록전부취소처분취소청구서

청 구 취 지

피청구인이 20○○. 12. 1. 청구인에 대하여 한 자동차대여사업등록전부취소처분은 이를 취소한다.
라는 재결을 구합니다.

청 구 원 인

1. 청구인 주장
   가. 청구인은 광주 60허 4008호, 광주 60호4010호, 광주 60허 4023호, 광주 60허 4025호, 광주 60허 4033호, 광주 60허4043호, 광주 60허 4052호, 광주 60허 4068호 각 8대를 청구인 회사 명의로 확보한 후 위 차량을 청구외 김○철, 김○환, 한○남, 최○기, 김○형, 한○남, 정○춘, 유○종에게 대여한 것에 대해 잘못을 깊이 반성하고 있다.
   나. 청구인이 위 차량 8대를 구입할 때 차량구입자금이 부족하자 평소에 알고 지내는 위 청구외인들로부터 돈을 받아 청구인들로부터 차량구입 자금으로 받은 돈을 돌려주려고 하였으나 돈이 없어 돌려주지 못하고 청구인 명의로 등록된 차량 8대를 차용금 명목으로 청구인외인들에게 주었으나 현재는 자진감차처분을 하여 위 차량 8대의 번호판은 존재하지 않으며 청구인이 부당이득을 취하였다고 하는 부가세 환급분은 회사 운영비로 지출된 것으로 부당이득은 없다.
   다. 설사 청구인이 차량 8대를 구입하여 고의적으로 청구외인들에게 매매를 하였다고 하더라도 청구인이 3개의 사업장에서 총 135대의 차량을 운영하고 있는데 대여사업을 할 수 없게 되면 청구인에게 회복할 수 없는 손해가 수억원이 발생되는 점, 이 건 처분으로 인하여 청구인이 135대의 차량을 처분할 수도 없고 모두 처분한다고 하더라도 그 손해는 형언할 수가 없으며 135대의 차량 번호판을 피청구인에게 반납하고 다시 번호판 없는 차량을 처분한다고 하더라도 이는 고철가격이나 다름 없는 점 등을 고려하면 피청구인의 이 건 처분은 지나치게 가혹하다고 할 것입니다.

첨 부 서 류

1. 갑 제1호증 자동차대여사업등록전부취소처분통지서
2. 갑 제2호증 청문통지서
3. 갑 제3호증 청문서
4. 갑 제4호증 광주지방법원 약식명령
5. 갑 제5호증 사업자등록증사본 1부
6. 갑 제6호증 그 외 증명서류

20○○. ○○. ○○.

위 청구인 (유)○○렌트카 (인)

광주광역시장 귀하

[서식 96] 장기구직자고용촉진장려금반환명령취소청구

심판청구서

사건명 장기구직자고용촉진장려금반환명령취소청구
처분청 대구지방노동청영주지청장

청 구 취 지

피청구인이 2006. 12. 29. 청구인에게 한 신규고용촉진장려금(2004년 7월분과 8월분) 120만원의 회수결정을 취소한다.
라는 재결을 구합니다.

청 구 원 인

1. 사건개요

청구인은 2004. 6. 21. 채용한 ○○○에 대하여 2004년 7월분과 8월분의 신규고용촉진장려금을 신청하여 피청구인으로부터 총 120만원을 지급받았으나, 피청구인은 2006. 12. 29. 청구인이 「고용보험법 시행령」 제22조의2제1항에 의한 감원방지기간 내에 기존의 고용근로자 ○○○을 권고사직시켰다는 이유로 이미 지급한 신규고용촉진장려금 120만원을 회수하는 결정을 하고 이를 통보(이하 "이 건 통보"라 한다)하였다.

2. 청구인 주장

이에 대하여 청구인은, 피청구인이 장려금지급통지시에 준수사항 등에 관한 통지를 들은 사실을 전혀 없었고, 고용보험법 시행령 제22조의2제1항의 입법취지는 신규고용촉진장려금 지급대상자를 고용하면서 기존근로자를 고용조정에 의해 이직시키는 것을 방지하기 위한 것인데, 장려금지급대상자인 ○○○가 2004. 9. 30. 자진퇴사한 후인 2004. 11. 13.에 ○○○이 고용조정에 의해 퇴사한 것이므로 위 법의 입법취지에 위배되는 것이 아니며, 또한 위 ○○○의 퇴직시점이 감원방지기간에서 불과 1개월 9일이 미달하는 데도 장려금 지급시부터 2년이 경과한 시점에 와서 행한 피청구인의 이 건 통보는 위법·부당하다고 주장한다.

3. 피청구인 주장

피청구인은, 「고용보험법」 제18조와 같은 법 시행령 제22조의2제1항에서 실업상태에 있는 자를 고용하고 당해 고용전 3월부터 고용후 6월까지 고용조정으로 근로자를 이직시키지 아니하는 경우에 신규고용촉진장려금을 지급하도록 규정하고 있는바, 청구인이 ○○○을 2004. 11. 12. "회사인력운영문제로 권고사직" 조치한 사실이 고용보험전산망에 확인되는 점,「고용보험법 시행령」제22조의2에 지급요건이 구체적으로 명시되어 있는 점, 피청구인 측 업무담당자가 장려금 지급 전에 사업장을 방문하여 직접 청구인과 면담하였고, 통상 면담시 지급요건 등에 대해 상세히 설명을 해주고 있는 점 등을 종합적으로 고려할 때, 피청구인의 이 건 통보는 적법·타당하다고 주장한다.

4. 관계법령
행정심판법 제2조, 제3조
고용보험법 제18조, 제26조의5
동법 시행령 제22조의2

5. 인정사실
청구인 및 피청구인이 제출한 신규고용촉진장려금지급신청서, 근로계약서, 신규고용촉진장려금지급 결정통지서, 고용보험 피보험자별 상실신고내역, 사실확인내용서 등 각 사본의 내용을 종합하여 보면, 다음과 같은 사실을 인정할 수 있다.

가. 청구인은 2004. 6. 21. ○○○를 채용하였으며, ○○○는 2004. 6. 21. 청구인의 사업장에서의 고용보험 피보험자격을 취득하였다.

나. 청구인은 ○○○를 채용한 후 피청구인에게 2004년 7월분과 8월분 신규고용촉진장려금을 신청하여 총 120만원의 신규고용촉진장려금을 수령하였다.

다. 청구인은 2004. 11. 12. ○○○을 권고사직시켰고, 피청구인은 ○○○에 대한 권고사직사실을 고용보험전산망에서 확인한 후 2006. 12. 29. 청구인이 「고용보험법 시행령」 제22조의2제1항 본문에 의한 감원방지기간 내에 청구인 사업장의 근로자인 ○○○을 권고사직시켰다는 이유로 이 건 통보를 하였다.

라. 고용보험 피보험자 이직확인서에 의하면, ○○○의 피보험자격취득일은 "2003. 12. 10."로, 이직일은 "2004. 11. 12."로, 이직사유는 "회사인력운영문제로 권고사직 시킴"으로 기재되어 있다.

마. 청구인의 사실확인서에 의하면, ○○○이 2004. 12. 10.자로 퇴직하려 하였으나 회사운영상 바쁜 신고철이라 부득이한 회사사정상 한달 전에 퇴직을 하고 새로운 직원을 구하기 위해 퇴사처리한다고 기재되어 있고, ○○○의 사직원에 의하면, 2004. 11. 12. 본인의 일신상의 사유로 사직서를 제출한 것으로 기재되어 있다.

6. 이 사건 처분의 위법·부당

가. 「고용보험법」 제18조와 같은 법 시행령 제22조의2제1항에 의하면, 노동부장관은 사업주가 직업안정기관 그 밖의 노동부령이 정하는 기관에 구직을 신청한 날부터 기산하여 별표 1에서 정한 대상자별 실업기간을 초과하여 실업상태에 있는 자를 피보험자로 고용하고, 당해 고용 전 3월부터 고용 후 6월까지 고용조정으로 근로자를 이직시키지 아니하는 경우에는 신규고용촉진장려금을 지급한다고 규정되어

있고, 같은 법 제26조의5제1항, 같은 법 시행령 제35조의4제1항에 따르면, 노동부장관은 거짓 그 밖의 부정한 방법으로 신규고용촉진장려금을 지급받거나 받고자 하는 자에 대하여는 그 잔여 장려금 또는 지급받고자 한 장려금은 이를 지급하지 아니하며, 이미 지급된 장려금에 대하여는 반환을 명하여야 한다고 되어 있으며, 「행정심판법」 제3조제1항에 의하면, 행정심판은 행정청의 처분 또는 부작위에 대하여 제기할 수 있고, 같은 법 제2조제1항제1호에 의하면, 처분이라 함은 행정청이 구하는 구체적 사실에 관한 법집행으로서 공권력의 행사 또는 그 거부와 그 밖에 이에 준하는 행정작용을 말한다고 규정되어 있다.

나. 위 인정사실에 의하면, 청구인은 2004. 6. 21. ○○○를 신규채용하여 피청구인으로부터 2004년도 7월분과 8월분 신규고용촉진장려금을 지급받았고, 피청구인은 청구인이 2004. 11. 12. ○○○을 해고하여 신규고용촉진장려금의 지급요건에 해당하지 않는다는 이유로 이미 지급된 위 신규고용촉진장려금의 회수를 통보하였는바, 청구인이 지급받은 2004년 7월분과 8월분의 신규고용촉진장려금은 허위 기타 부정한 방법으로 받은 것이라고 보기 어려우므로 피청구인의 이 건 회수 통보는 「고용보험법」 제26조의5 및 같은 법 시행령 제35조의4의 규정에 의한 반환명령이라 하기 어렵다할 것이므로, 제2번 지방산업단지지정고시처분은 취소되어야 한다.

7. 결 론

그렇다면 피청구인이 청구인에 대하여 지방산업단지지정고시처분은 취소되어야 할 것이다.

첨 부 서 류

1. 갑 제1호증 근로계약서
1. 갑 제2호증 고용보험 채용장려금지급신청서
1. 갑 제3호증 채용장려금 지급결정 통지서
1. 갑 제4호증 채용장려금 관련 질의서
1. 갑 제5호증 채용장려금 지원관련 질의회신문
1. 갑 제6호증 고용안정사업 부당이득반환금 반환결정통보서
1. 갑 제7호증 사업자등록증사본 1부
1. 갑 제8호증 그 외 증거서류

20○○. ○. ○

대구지방노동청영주지청장 귀중

[서식 97] 장애인고용부담금부과처분취소청구서 (장애인복지법상 장애인등록을 할 수 없는 장애인을 고용한 경우)

심 판 청 구 서

청 구 인 : 강 ○ ○
서울시 ○○구 ○○동 123-45
(전화 : 000-0000, H.P :   )

피청구인 : 한국장애인고용촉진공단(서울지사)

장애인고용부담금부과처분취소청구서

청 구 취 지

피청구인이 2007. 12. 14. 청구인에게 한 장애인고용부담금 및 가산금 부과처분을 취소한다.
라는 재결을 구합니다.

청 구 원 인

1. 사건개요
청구인이 2006년도에 의무고용인원에 미달하는 장애인을 고용하였다는 이유로 피청구인이 2007. 12. 14. 청구인에게 2006년도 장애인고용부담금 300만원과 가산금 30만원 합계 330만원을 부과(이하 "이 사건 처분"이라 한다)하였다.

2. 청구인의 주장
청구인이 1998년부터 고용하고 있는 ○○○교수를 장애인근로자 수에 포함시키면 청구인은 2006년도에 장애인 의무고용인원인 연 180명을 모두 고용한 것이 됨에도 피청구인은 단지 ○○○이 등록장애인이 아니라는 이유로 인원수에서 제외시킴으로서 청구인이 장애인 의무고용인원수보다 연 12명(월 평균 1명)을 부족하게 고용하였다고 판단하였다고 주장하며, 외국의 영주권을 가지고 있는 사람은 주민등록법 제6조제3항에 의하여 주민등록이 말소되므로 장애인복지법에 따른 장애인등록을 할 수 없는데, ○○○은 대학교수로서 미국에서 학위를 받았고, 학문적 교류와 연구수행 등을 위하여 불가피하게 미국영주권을 포기하기 어려워 장애인임이 명백함에도 같은 법에 따른 등록을 하지 못하고 있다고 주장한다. 따라서, ○○○도 당연히 장애인 수에 포함시켜야 할 것이고, ○○○을 포함하면 청구인은 2006년도에 연 180명의 장애인을 고용하여 장애인 의무고용인원을 충족하였으므로 이 사건 처분은 위법·부당하여 취소되어야 한다.

3. 이 사건 처분의 적법·타당 여부
   가. 구 장애인고용촉진법 시행령 제3조에 의하면, 장애인의 기준을 "① 장애인복지법 시행령 제2조에 따른 장애인 기준에 해당하는 자, ② 국가유공자 등 예우 및 지원에 관한 법률 시행령 제14조제3항에 따른 상이등급 기준에 해당하는 자"로 한다고 되어 있을 뿐 반드시 장애인복지법에 따라 등록된 장애인이어야 한다고 규정하고 있지 않고, 같은 법 시행규칙의 각 규정에도 반드시 등록장애인이어야 한다는 규정이 없으므로 단지 별지 서식에 있는 "장애인근로자명부"의 서식에 장애인정일 등을 기재하도록 되어 있고, 작성요령 중 장애인정구분란에 "장애인복지법상 등록장애인"이라고 명시되어 있다고 하더라도 이는 피청구인이 장애인고용촉진법에서 말하는 "장애인"임을 인정함에 있어 "장애의 유무 및 정도"에 대한 판단의 편의를 도모하기 위한 것으로 보이고, 등록장애인이 아니라고 하더라도 얼마든지 별도의 절차를 마련하여 "장애의 유무 및 정도"를 증명할 수 있도록 할 수 있다.
   나. 따라서 피청구인은 ○○○이 장애인고용촉진법에서 말하는 장애인에 해당하는지 여부를 실질적으로 판단하여야 했음에도 불구하고 그와 같은 판단을 전혀 하지 않은 상태에서 단지 ○○○이 장애인등록을 하지 않았다는 이유만으로 장애인이 아닌 자로 단정한 것은 잘못이므로 ○○○을 장애인근로자 수에서 제외시키고 행한 이 사건 처분은 위법·부당하다.

첨 부 서 류

생 략

20○○. ○○. ○○

위 청구인 강 ○ ○ (인)

한국장애인고용촉진공단(서울지사) 귀하

[서식 98] 재단법인설립허가취소청구서

심 판 청 구 서

청 구 인 : 서울특별시교육감
서울 △△구 ○○동 123
(전화 : 000-0000, H.P :)
피청구인 윤 ○ 삼

재단법인설립허가취소청구서

청 구 취 지

피청구인이 2000. 7. 20.자로 한 ○○장학문화재단 설립허가처분은 이를 취소한다.
라는 재결을 구합니다.

청 구 원 인

1. 청구인 주장
위 윤○삼은 청구인들의 재산을 침탈하기 위하여 허위서류를 작성하여 청구인들에게 상속되어야 할 재산을 청구외 성○순 명의로 상속등기를 하고 재단법이 설립신청을 하였는데, 동 재단법인 출연재산에 대하여 서울지방법원에서 2000. 6. 3.자로 공동상속재산 침탈에 의한 재산상속회복청구권을 행사하기 위한 가처분 결정을 하였는데도 피청구인아 이를 확인하지 아니하고 법인설립을 허가하여 청구인들의 재산권이 침해되었다.

첨 부 서 류

1. 갑 제1호증 재단법인설립허가 통지서
1. 갑 제2호증 주민등록등본 1부
1. 갑 제3호증 그 외 증명서류

20○○. ○○. ○○.

위 청구인 서울특별시교육감 (인)

서울특별시교육감 귀하

[서식 99] 재분류신체검사등급(7급)판정처분취소청구

심판청구서

사건명 재분류신체검사등급(7급)판정처분취소청구
처분청 마산보훈지청장

청 구 취 지

피청구인이 2007. 2. 2. 청구인에게 한 재분류신체검사 상이등급(7급)판정처분을 취소한다.
라는 재결을 구합니다.

청 구 원 인

1. 사건개요

청구인이 공상으로 인정받은 " 우안 중심성 맥락망막병증 " 에 대하여 2007. 1. 26. 부산보훈병원에서 재분류신체검사를 받은 결과 종전과 동일하게 7급 201호로 판정되자, 피청구인은 2007. 2. 2. 이를 청구인에게 통보(이하 " 이 사건 처분 " 이라 한다) 하였다.

2. 청구인 주장

청구인은 2004. 11. 30. 신규신체검사에서 우안 황반부 변성으로 7급 판정을 받은 후 몇 달 전부터 우안 시력이 현저히 나빠져 앞에 있는 사물조차 식별이 어려워졌고, ○○대학교병원과 ○안과의원에서 우안교정시력을 0.02보다 낮은 안전수지(眼前手指)로 진단하였는바, 이는 상이등급표상 6급 2항(51)에 해당됨에도 종전과 같이 7급 201호로 판정한 이 사건 처분은 부당하다고 주장한다.

3. 이 사건 처분의 위법·부당

가. 관계법령

국가유공자 등 예우 및 지원에 관한 법률 제4조제1항제6호·제6조의3·제6조의4 및 제83조제1항

동법 시행령 제9조의2·제14조·제15조 및 제102조 및 별표3

동법 시행규칙 제8조의3 및 별표 3

나. 위법성

(1) 청구인과 피청구인이 제출한 등록신청서, 심의의결서, 신체검사표(신규, 재분류), 진단서, 신체검사결과통지서 등 각 사본의 기재 내용을 종합하여 보면, 다

음과 같은 사실을 각각 인정할 수 있다.

(가) 청구인은 공상으로 인정받은 " 우안 중심성 맥락망막병증 " 의 상이에 대하여 2004. 11. 30. 부산보훈병원에서 신규신체검사를 받은 결과 안과 전문의의 " 우안 황반변성 " 의 소견으로 7급 201호로 판정되었다.

(나) 청구인은 2007. 1. 26. 부산보훈병원에서 재분류신체검사를 받은 결과 안과 전문의의 " 우안) 황반부 변성 " 의 소견으로 종전과 같이 7급 201호로 판정되었고, 위 안과 전문의가 작성한 신체검사문진표에 의하면, 청구인은 진단서 1매를 제출하였는데, 안과 전문의는 청구인의 상이처에 대하여 문진(問診)과 시진(視診) 외에 기타(S.L)의 방법으로 검진을 한 것으로 기재되어 있으며, 이에 따라 피청구인이 2007. 2. 2. 이 사건 처분을 하였다.

(다) 청구인이 제출한 경상남도 마산시 소재 ○안과의원의 2007. 1. 22.자 진단서에 의하면, 청구인의 병명은 " 우안, 황반변성 " 으로, 향후치료의견은 " 우안, 교정시력 안전수지로 실명상태이며, 안저검사상 상병소견 보임. " 으로 기재되어 있고, ○○대학교병원의 2007. 3. 15.자, 2007. 4. 9.자 진단서에 의하면, 청구인의 병명은 " 우안) 황반변성 " 으로, 향후치료의견은 " 상기 환자 2007년 2월 8일부터 본원 외래 진료 받아 오신 분으로, 해당 상병명으로 현재 외래를 통한 경과 관찰 중임. 최대교정시력 우안) 안전수지, 좌안) 1.0으로 측정됨. " 으로 각각 기재되어 있다.

(2) 「국가유공자 등 예우 및 지원에 관한 법률」 제4조제1항제6호, 제6조의3, 제6조의4 및 제83조 등에 의하면, 공상군경에 해당하는 자로서 신체검사를 통하여 같은 법 소정의 상이등급판정을 받은 자에 대하여는 동법에 의한 예우 등을 하도록 되어 있고, 상이등급판정을 위한 신체검사는 보훈병원에서 실시하도록 되어 있으며, 같은 법 시행령 별표 3의 규정에 의하면, 눈의 장애에 대하여 상이등급을 구분하는 경우에는 교정시력을 그 주요한 결정기준으로 규정하고 있다.

위 인정사실에 의하면, 청구인은 " 우안 중심성 맥락망막병증 " 의 상이에 대하여 2004. 11. 30. 부산보훈병원에서 신규신체검사를 받은 결과 " 우안 황반변성 " 의 소견으로 7급 201호로 판정받았고, 2007. 1. 26. 부산보훈병원에서 재분류신체검사를 받은 결과 " 우안) 황반부 변성 " 의 소견으로 종전과 같이 7급 201호로 판정받았으며, 위 신체검사시의 신체검사문진표에 의하면, 안과 전문의는 청구인의 상이처에 대하여 문진(問診)과 시진(視診) 외에 기타(S.L)의 방법으로 검진을 한 것으로 기재되어 있는바, 청구인의 재분류신체검사시 신체검사표 및 신체검사문진표에는 청구인 우안의 교정시력이 기재되어 있지 않은 점, 청구인이 제출한 민간병원(○○대학병원, ○안과의원)

의 진단서에 의하면, 청구인의 교정시력은 우안 안전수지로, 좌안 1.0으로 기재되어 있는 점, 상이등급구분표상 한눈의 교정시력이 0.02이하인 자는 6급 2항 51호로 구분하도록 되어 있는 점 등을 종합적으로 고려해 볼 때, 부산보훈병원에서 청구인에 대한 신체검사를 행하는 과정에서 청구인의 교정시력에 대하여 정확하고 신뢰할 만한 검사를 거쳐 상이등급을 결정하였다고 보기 어려우므로 이 사건 처분은 위법·부당하다고 할 것이다.

4. 결 론

그렇다면, 피청구인이 부산보훈병원에서 청구인에 대한 신체검사를 행하는 과정에서 청구인의 교정시력에 대하여 정확하고 신뢰할 만한 검사를 거쳐 상이등급을 결정하였다고 보기 어려우므로 이 사건 처분은 위법·부당하다고 할 것이다.

첨 부 서 류

1. 갑 제1호증 등록신청서
1. 갑 제2호증 국가유공자요건해당사실확인서
1. 갑 제3호증 심의의결서
1. 갑 제4호증 신체검사표
1. 갑 제5호증 진단서
1. 갑 제6호증 병상일지
1. 갑 제7호증 재분류신체검사상이등급판정(4등급) 통지서
1. 갑 제8호증 주민등록등본 1부
1. 갑 제9호증 그 외 증명서류

20○○. ○. ○

마산보훈지청장 귀중

[서식 100] 재분류신체검사등급판정처분취소청구 (두 다리 무릎 관절)

심판청구서

사건명 재분류신체검사등급판정처분취소청구
처분청 마산보훈지청장

청 구 취 지

피청구인이 2007. 2. 16. 청구인에게 한 재분류신체검사등급판정처분을 취소한다.
라는 재결을 구합니다.

청 구 원 인

1. 사건개요
청구인이 전상으로 인정받은 " 양 수지 굴건 유착, 양측 족부 다발성 연부조직 손상 " 에 대해 2007. 2. 9. 부산보훈병원에서 재분류신체검사를 받은 결과 종전과 같이 4급504호로 판정되자, 피청구인이 2007. 2. 16. 청구인에게 이를 통보(이하 " 이 사건 처분 " 이라 한다)하였다.
2. 청구인 주장
경찰에 임용되어 복무 중이던 1953년 12월경 덕유산 공비토벌 동계작전에 참전하여 동상으로 " 양 수지 굴건 유착, 양측 족부 다발성 연부조직 손상 " 의 상이를 입었는바, 현재 <두 다리 무릎 관절> 이하에 걸을 수 없을 정도의 고도의 기능장애가 있어 보호자의 도움이 없이는 일상생활을 전혀 할 수 없음에도 재분류신체검사 당시 근전도 검사도 하지 않고 " 양측 족부 " 에 대해 7급809호로 분류하여 종전과 같이 4급504호로 판정한 것은 부당하다.
3. 관계법령
국가유공자 등 예우 및 지원에 관한 법률 제4조제1항제4호, 제6조, 제6조의3, 제6조의4, 제83조제1항
국가유공자 등 예우 및 지원에 관한 법률 시행령 제9조의2, 제12조, 제14조, 제17조, 제102조제1항, 별표 3
4. 인정사실
청구인과 피청구인이 제출한 재분류신체검사신청서, 전상확인증, 재분류신체검사결과통지서, 진단서 등 각 사본의 기재내용을 종합하면, 다음과 같은 사실을 인정할 수 있다.
가. 청구인은 1950. 7. 26. 경찰공무원으로 임용되어 1956. 4. 27. 퇴직한 자로서, 1953년 12월경 덕유산 공비토벌 동계작전에 참전하였다가 동상에 걸려 " 양 수지 굴건 유착, 양측 족부 다발성 연부조직 손상 " 의 상이를 입었다는 사유로

1986. 4. 10. 전상군경으로 등록되었다.

나. 청구인은 전상으로 인정받은 " 양 수지 굴건 유착 " 에 대해 1986. 4. 22. 국군진해통합병원에서 신규신체검사를 받은 결과, 정형외과 전문의의 " 양측 수부 변형으로 인해 좌 수부 좌 지 운동 장애, 양측 족부 다발성 연부조직 손상 " , 진료부장의 " 정형외과 전문의와 소견동일 " 이라는 소견으로 3급64호의 상이등급판정을 받았다.

다. 청구인은 " 양 수지 굴건 유착 " 에 대해 1990. 5. 15. 부산보훈병원에서 재분류신체검사를 받은 결과, 정형외과 전문의의 " 양 수부 동상으로 칼퀴손 변형, 좌 지 불가(6급2항64호, 6급2항64호), 양측 족부 연부조직 손상(해당 무) " , 진료부원장의 " 정형외과 전문의와 소견 동일(6급2항64호, 6급2항64호) " 이라는 소견으로 4급504호의 상이등급판정을 받았고, 2004. 7. 5. 같은 병원에서 재분류신체검사를 다시 받은 결과, 정형외과 전문의의 " 1990. 5. 15. 소견과 동일, 양측 수부(모든 손가락)의 기능이 상실됨 " 이라는 소견으로 " 6급2항64호, 6급2항64호 " 로 분류되어 종전과 같이 4급504호로 종합판정을 받았다.

라. 그 후 청구인은 " 양 수지 굴건 유착, 양측 족부 다발성 연부조직 손상 " 에 대해 2006. 8. 17. 재분류신체검사를 다시 신청하여 2007. 2. 9. 부산보훈병원에서 재분류신체검사를 받은 결과, 정형외과 전문의가 " 양측 하지에 단순 방사선 및 근전도 검사 후 재평가 요함 " 이라는 소견으로 청구인에 대한 판정을 보류하였고, 이후 다른 정형외과 전문의가 청구인에 대해 근전도 검사 등을 생략한 채 " 양 수부 기능장애 " 라는 소견으로 양 수부의 기능장애 각각에 대해 " 6급2항64호, 6급2항64호 " 로, " 양 족부 기능장애 " 라는 소견으로 " 7급809호 " 로 각각 분류하여 종전과 같이 4급504호로 종합판정을 받았으며, 이에 따라 피청구인이 2007. 2. 16. 청구인에게 이 사건 처분을 하였다.

마. 행정자치부장관은 1986. 4. 10. 청구인의 상이를 전상으로 확인했는바, 전상확인증(행정자치부 제574호)에 의하면, 소속은 " 대구 ○○경찰서 " 로, 계급은 " 순경 " 으로, 퇴직연월일은 " 1956. 4. 27. " 로, 전상일시는 " 1953년 12월경 " 으로, 장소는 " 전라북도 무주군 덕유산 " 으로, 전상경위는 " 덕유산 공비토벌 동계작전에 참전하여 작전 중 혹한으로 동상을 입어 양측 수지 굴건 유착 " 으로 칼퀴손 현상이 있고, 양측 족부 다발성 연부조직이 손상되는 부상을 당함 " 으로 각각 기재되어 있다.

바. 부산광역시 ○구 ○○동에 있는 ○○의원의 2004. 4. 7.자 진단서에 의하면, 청구인의 병명은 " ①우 제1,2,3,4,5, 수지 불량 강직 ②좌 제1,2,3,4,5, 수지 불량 강직 ③우 상지 신경부분 마비 ④좌 손목관절, 우 발목관절 운동 제한 ⑤좌, 우 전 족지 동상에 의한 후유증 ⑥요추부 운동 제한 " 으로, 향후치료의견은 " 위 병명으로 좌, 우 손 사용 불능 상태이고 보행 및 노동에 심한 장애가 있을 것으로 사료되며, 좌 족부는 동상에 의한 궤양 증상이 있어 상당기간 치료를 요함 " 으로

각각 기재되어 있다.

사. 경상남도 밀양시 ○○동에 있는 △△△△병원의 2007. 7. 9.자 진단서에 의하면, 청구인의 병명은 " 근육 위축 대퇴부 양측 " 으로, 향후치료의견은 " 위 상태로 보행 불가능하여 정밀검사 요할 것으로 사료됨 " 으로 각각 기재되어 있다.

5. 이 사건 처분의 위법·부당 여부

「국가유공자 등 예우 및 지원에 관한 법률」 제4조제1항제4호, 제6조의3, 제6조의4, 제83조 등에 의하면, 전상군경에 해당하는 자로서 신체검사를 통하여 같은 법 소정의 상이등급판정을 받은 자에 대해서는 같은 법에 의한 예우 등을 하도록 되어 있고, 상이등급판정을 위한 신체검사는 보훈병원에서 실시하도록 되어 있다. 청구인의 상이등급이 종전과 같이 4급504호로 종합판정을 받았는바, 청구인에 대한 부산보훈병원의 상이등급판정에 달리 잘못이나 오류가 있다할 것이므로 이 사건 처분이 부당하다.

6. 결 론

그렇다면 피청구인이 청구인에 대한 부산보훈병원의 상이등급판정에 달리 잘못이나 오류가 있다할 것이므로 이 사건 처분이 부당하다.

첨 부 서 류

1. 갑 제1호증 등록신청서
1. 갑 제2호증 국가유공자요건해당사실확인서
1. 갑 제3호증 심의의결서
1. 갑 제4호증 신체검사표
1. 갑 제5호증 진단서
1. 갑 제6호증 병상일지
1. 갑 제7호증 재분류신체검사상이등급판정(4등급) 통지서
1. 갑 제8호증 주민등록등본 1부
1. 갑 제9호증 그 외 증명서류

20○○. ○. ○

마산보훈지청장 귀하

[주] 「국가유공자 등 예우 및 지원에 관한 법률」 제4조제1항제4호, 제6조의3, 제6조의4, 제83조 등에 의하면, 전상군경에 해당하는 자로서 신체검사를 통하여 같은법 소정의 상이등급판정을 받은 자에 대해서는 같은 법에 의한 예우 등을 하도록 되어 있고, 상이등급판정을 위한 신체검사는 보훈병원에서 실시하도록 되어있다.

[서식 101] 재분류신체검사상이등급판정처분취소청구서

심 판 청 구 서

청 구 인 : 강 ○ ○
진주시 ○○구 ○○동 123-56
(전화 : 000-0000, H.P :)

피청구인 : 진주보훈지청장

재분류신체검사상이등급판정처분취소청구서

청 구 취 지

피청구인이 2000. 6. 29. 청구인에 대하여 한 재분류신체검사상이등급(4급)판정처분은 이를 취소한다.
라는 재결을 구합니다.

청 구 원 인

1. 청구인 주장
청구인은 전쟁 당시 눈을 다쳐 양안 모두 실명상태이고, 허리는 고도로 강직되어 있으며, 한쪽 팔은 신경이 눌려 사용하지 못하고 있는 상태인 바, 신체등급표를 열람하여 보면 양안의 경우 상이등급 1급2항 내지 1급3항에 해당한다고 되어 있으므로 이 건 처분은 위법·부당하여 취소되어야 한다.

첨 부 서 류

1. 갑 제1호증 등록신청서
1. 갑 제2호증 국가유공자요건해당사실확인서
1. 갑 제3호증 심의의결서
1. 갑 제4호증 신체검사표
1. 갑 제5호증 진단서
1. 갑 제6호증 병상일지
1. 갑 제7호증 재분류신체검사상이등급판정(4등급) 통지서
1. 갑 제8호증 주민등록등본 1부

1. 갑 제9호증 그 외 증명서류

20○○. ○○. ○○.

위 청구인 강 ○ ○ (인)

진주보훈지청장 귀하

[서식 102] 재확인신체검사등외판정처분취소청구서

심 판 청 구 서

청 구 인 : 전 ○ ○
강릉시 △△구 △△동 123-45
(전화 : 000-0000, H.P :)
피청구인 : 강릉보훈지청장

재확인신체검사등외판정처분취소청구서

청 구 취 지

피청구인이 2008. 8. 2. 청구인에 대하여 한 재확인신체검사등외판정처분은 이를 취소한다.
라는 재결을 구합니다.

청 구 원 인

1. 청구인 주장
청구인은 군복무중이던 1953년 10월 대관령지구 전투중에 좌대퇴부 및 각하부 파편창의 상이를 입고도 국가로부터 아무런 대우를 받지 못하고 신체상 고통을 받아 오던 중 2008. 7. 23. 국군원주병원에서 신체검사를 하였는 바, 그 상시 군의관이 “상이처는 인정되니 근전도 검사만 해오면 된다”고 하였으나, 전년도에 근전도 검사를 하고 전신의 통증이 심해 겁이나 “그냥 검사를 하여 달라”하고 귀가하였는데 그 후 피청구인으로부터 등외판정되었다는 통지를 받고 억울하여 행정심판을 청구하니 선처해 주어야 한다.

첨 부 서 류

1. 갑 제1호증 심의 의결서
1. 갑 제2호증 신체검사표
1. 갑 제3호증 재확인신체검사등외판정 통지서
1. 갑 제4호증 주민등록등본 1부

20○○. ○○. ○○.

위 청구인 전 ○ ○ (인)

강릉보훈지청장 귀하

[서식 103] 전공상비해당결정취소청구서

심 판 청 구 서

청 구 인 : 김 ○ ○
안동시 ○○구 ○○동 122번지
(전화 : 000-0000, H.P :)

피청구인 : 육군참모총장

전공상비해당결정취소청구서

청 구 취 지

피청구인이 2002. 12. 17. 청구인에 대하여 한 전공상비해당결정은 이를 취소한다.
라는 재결을 구합니다.

청 구 원 인

1. 청구인 주장

청구인은 1950. 8.경 안동지구전투에서의 전공을 인정받아 화랑무공훈장을 받았고, 피청구인은 군인개인신상에 대한 기록을 보존할 의무가 있는 바 그 의무를 소홀히 하여 그 기록이 유실되었다면 이는 피청구인의 책임이며, 더구나 청구인은 전상을 입고도 국가를 위하여 충성을 다하였음에도 불구하고 병원입원기록 등의 입증자료가 없다는 이유만으로 한 피청구인의 이 건 처분은 청구인에 대한 면담 등 직접심사를 거치지 아니한 것으로서 부당하여 취소되어야 한다.

첨 부 서 류

1. 갑 제1호증 전공상비해당결정통지서
1. 갑 제2호증 주민등록등본 1부
1. 갑 제3호증 그 외 증명서류

20○○. ○○. ○○.

위 청구인 김 ○ ○ (인)

육군참모총장 귀하

[서식 104] 전문연구요원편입취소처분취소청구서

심 판 청 구 서

청 구 인 : 배 ○ ○
서울 △△구 ○○동 133-1
(전화 : 000-0000, H.P :)

피청구인 : 서울지방병무청장

전문연구요원편입취소처분취소청구서

청 구 취 지

피청구인 2004. 12. 9. 청구인에 대하여 한 전문연구요원편입취소처분은 이를 취소한다. 라는 재결을 구합니다.

청 구 원 인

1. 청구인 주장
   가. 청구인은 2002. 9월 △△대학교 건축공학과 박사과정에 입학하고 구 병역법 제37조 및 구 동법시행령 제78조 소정의 절차를 거쳐 2002. 11. 10. 자로 전문연구요원에 편입되었다.
   나. 청구인은 2002년 9월 박사과정에 입학하여 2004년 8월까지 4학기 동안 박사과정 수료에 필요한 소정의 학점을 모두 이수하고 박사과정수료자격요건의 하나인 외국어 시험을 치루지 아니하여 5학기가 끝나는 2005년 2월 박사과정을 수료할 예정으로 외국어시험일정을 잡아놓고 대학원에서 수업은 받지 아니한 채 해당 전공분야연구에 종사하지 아니하고 있었다.
   다. 청구인은 병역특례지정업체로 선정된 자연계대학원에서 박사과정을 수학하면서 전문요원으로 편입되었고, △△대학교 대학원 내규에는 수료기간 제한조건이 특별히 명시된 바 없으며, 대학원 병무담당직원으로부터 수학기간 연장승인 신청서를 제출하라는 지시를 받은 바 없었기 때문에 5학기중에 어학시험을 치르고 박사과정 수료를 하더라도 전문연구요원으로서의 자격이 인정되는 것으로 알고 있었는데 2004년 11월 중 순경 대학원 병문담당직원이 5학기 수학기간연장승인신청서를 병무청에 제출하여야 한다는 사실을 알려주어 연장신청서를 제출하였으나 피청구인은 위 연장신청서를 접수받고서 청구인이 박사과정수학승인을 받지 않고 수학한 것이 확인된다며 이 건 처분을 하였다.

라. 피청구인은 승인된 수학기간이 4학기를 넘어 승인을 받지 아니하고 5학기에도 수학하였다는 이유로 이 건 처분은 하였으나, 구 병역법시행령 제88조의 규정에 의하면, 전문연구요원은 의무종사기간중 교육기관에서 "수학"을 할 수 없도록 되어 있고, 여기서 "수학"이란 대학원의 경우에는 "수업"을 말한다고 되어 있는 바, 청구인은 4학기동안 박사과정수료에 필요한 소정의 학점을 모두 이수하였고 다만, 어학시험을 치르지 아니하여 박사과정을 수료하지 못하였을 뿐이고, 5학기부터는 수강신청이나 수업료를 내지 아니하였고 수업도 전혀 받지 않고 해당전공연구분야에 종사하였으므로 5학기에도 수학하였다는 이유로 한 이 건 처분은 위법·부당한 처분이다.

마. 설사, 5학기가 수학기간에 해당한다고 하더라도 청구인이 고의적으로 수학기간연장승인을 받지 아니한 것이 아니고 병역법관계조항을 숙지하지 못한 것이고 나중에 이를 알고 2004. 11. 23. 스스로 수학기간연장신청을 한 점, 병역법에 전문연구요원이 수학승인규정위반을 하였더라도 그 위반기간이 6월 미만일 때에는 전문연구요원에게 편입취소처분을 하지 아니하고 그 위반기간 만큼 의무종사기간을 연장하여 복무할 수 있도록 되어 있는 점 등을 종합적으로 고려하면, 이 건 처분은 위법·부당하다.

첨 부 서 류

1. 갑 제1호증	전문연구요원 편입취소 통지서	
1. 갑 제2호증	확인서	
1. 갑 제3호증	탄원서	
1. 갑 제4호증	성실종사서약서,	
1. 갑 제5호증	학위수여증명서	
1. 갑 제6호증	전문연구요원 편입원서	
1. 갑 제7호증	전문연구요원 편입처분서	
1. 갑 제8호증	승인신청서	
1. 갑 제9호증	성적증명서	
1. 갑 제10호증	주민등록등본	1부

20○○. ○○. ○○.

위 청구인 배 ○ ○ (인)

서울지방병무청장 귀하

[서식 105] 전세버스운송사업등록취소처분취소청구서

심 판 청 구 서

청 구 인 : (주)○○전세고속관광
부산시 ○○구 ○○동 123-56
(전화 : 000-0000, 팩스 : 000-0000)

피청구인 : 부산광역시장

전세버스운송사업등록취소처분취소청구서

청 구 취 지

피청구인이 2007. 11. 3. 청구인에 대하여 한 전세버스운송사업등록취소처분은 이를 취소한다.
라는 재결을 구합니다.

청 구 원 인

1. 청구인 주장
   가. 전세버스운송사업의 등록을 받기 위하여는 소정의 버스 30대를 보유하여야 하는데, 청구인은 23대만을 보유한 상태에서 나머지는 3개월 내에 보완하기로 하는 조건으로 2007. 6. 29. 피청구인으로부터 전세버스운송사업등록증을 교부받았다.
   나. 청구인은 위 등록조건을 이행하기 위하여 2007. 7. 27. (주)○○자동차와 차량 9대의 공급계약을 체결하여 늦어도 2007. 8. 27.까지는 차량을 납품받기로 하는 매매계약을 체결하였으나, (주)○○자동차의 노사분규 등의 사정으로 인하여 약정기일까지 납품받지 못하였고, 그 후 (주)○○자동차는 2007. 9. 15. 까지 납품완료하도록 하겠다고 재차 약정을 하고도 이를 이행하지 아니하여 청구인은 불가피하게 위 등록조건을 이행하지 못한 것이며, 청구인은 이러한 사정을 피청구인에게도 통지하여 양해를 구한 바 있다.
   다. 피청구인 2007. 11. 3. 청구인이 3개월 내에 등록기준 차량대수를 보유하지 아니하였다는 이유로 이 건 처분을 하였는 바, 피청구인이 3개월 내에 차량 30대를 보유하도록 하는 조건하에 등록신청을 수리하였다 하더라도, 조건부등록은 법령상 근거가 없는 행정행위이므로 법규의 효력을 갖는 것이 아니고 다만 행정단속의 대상으로 될 뿐인 점, 3개월이라는 기간을 지키지 못한 것은 자동차회상의 노사분규로 인하여 자동차 회사에서 판매계약을 불이행한 데에 그 원인이 있는 점, 현재 법규정에 따른 등록기준대수인 30대를 보유하고 있는 점, 청구인은 전세버스운송사업을 위하여 막대한 자금을 투자하여 차고지, 휴게실, 대기실, 교육훈련시설 등 차량운행에 필요한 모든 시설을 갖추어 놓았고, 피청구인의 지시에 따라 차량 30대에 대하여 모두 보험에 가입하고 있는 점, 등록이 취소되면 취소일부터 2년이 경과되지 아니하면 다시 등록을 할 수 없어 막대한 손해가 발생하는 점 등을 고려할 때, 이 건 처분은 위법·부당하여 취소되어야 한다.

첨 부 서 류

1. 갑 제1호증 전세버스운송사업 등록공문서
1. 갑 제2호증 여객자동차운송사업등록증
1. 갑 제3호증 여객자동차운수사업법 위반 청문통지공문서
1. 갑 제4호증 청문조서
1. 갑 제5호증 여객자동차운수사업법 위반 행정처분(등록취소) 통보공문서
1. 갑 제6호증 차량공급지연확인서
1. 갑 제7호증 자동차등록증 등 각 사본
1. 갑 제8호증 사업자등록증 사본 1부
1. 갑 제9호증 그 외 증명서류

20○○. ○○. ○○.

위 청구인 (주)○○전세고속관광 (인)

부산광역시장 귀하

[서식 106] 전세버스운송사업신규등록신청수리거부처분취소청구서

심 판 청 구 서

청 구 인 : ○○우등고속관광(주)
부산시 ○○구 ○○동 123-45
(전화 : 000-0000, 팩스 : 000-0000)

피청구인 : 부산광역시장

전세버스운송사업신규등록신청수리거부처분취소청구서

청 구 취 지

피청구인이 1999. 11. 9. 청구인에 대하여 한 전세버스운송사업 신규등록신청 수리거부처분은 이를 취소한다.
라는 재결을 구합니다.

청 구 원 인

1. 청구인 주장
   청구인은 1999. 9. 7. 부산광역시에 전세버스사업 신규등록 신청을 하였으나, 피청구인이 등록기준에 적합하지 않다는 이유로 등록신청의 수리를 거부하였고, 미비점을 보완하여 다시 1999. 10. 9. 전세버스운송사업 신규등록 신청서를 제출하였으나, 차량이 노후되어 등록기준에 적합하지 않다는 이유로 1999. 11. 9. 등록신청의 수리를 거부하였던 바, 현행 법령상 전세버스운송사업은 등록제로 운영되고 있어서 면허제로 운영될 때와 달리 법령상 요구하고 있는 기준에 적합하기만 하면 행정관청은 등록신청을 수리하여야 하며, 피청구인이 보완을 요구한 사항은 모두 보완했는데도 불구하고 등록신청의 수리를 거부한 것은 위법·부당하므로 취소되어야 한다.

첨 부 서 류

1. 갑 제1호증	전세버스운송사업 등록신청서류
1. 갑 제2호증	민원서류 보완통보서
1. 갑 제3호증	민원서류 반려통보서
1. 갑 제4호증	보완서류제출

1. 갑 제5호증 민원제기서
1. 갑 제6호증 민원제기에 대한 회신문
1. 갑 제7호증 민원사항에 대한 조치사항 통보지시문
1. 갑 제8호증 ○○우등고속관광(주) 차량소유현황서
1. 갑 제9호증 사업자등록증 사본 1부

20○○. ○○. ○○.

위 청구인 ○○우등고속관광(주) (인)

부산광역시장 귀하

[서식 107] 전통민속주문화재지정거부처분취소청구서

심 판 청 구 서

청 구 인 : 이 ○ ○
충청남도 부여시 ○○구 ○○동 124번지
(전화 : 000-0000, H.P :)

피청구인 : 충청남도지사

전통민속주문화재지정거부처분취소청구서

청 구 취 지

피청구인이 2000. 1. 15. 청구인에 대하여 한 전통민속주문화재지정거부처분은 이를 취소한다.
라는 재결을 구합니다.

청 구 원 인

1. 청구인 주장

가 청구인이 문화재 지정을 신청한 △△△에 대하여 부여군 관계자들이 이미 문화재로 지정된 한산 소곡주와 제조방법 및 맛이 다름을 인정하였고, 현재△△△은 친가와 숙모님 댁만 명맥을 이어오고 있는데 오빠내외는 70세를 넘었고 숙모님은 치매상태라 청구인을 전승자로 인정하였음에도 불구하고, 피청구인이 2여년간의 조사를 거친후에 제조방법, 전수경위, 집안내력, 고문집의 기록 등에 대한 구체적인 검토없이 도지정문화재로서의 지정가치가 다소 미흡하다는 이유로 이 건 처분을 하는 것은 부당하다.

나. 청구인이 부여군의 담당자에게 부결이유를 묻자 담당자의 말이 청구인의 오빠와 동네분들이 연명으로 한 추천서에 "본가의 소곡주"라는 문구가 있고, 이미 문화재로 지정된 한사의 소곡주와 맛이나 제조방법에 별다른 차이가 없어 문화재지정이 부결되었다고 하나, △△△은 고문집에 나오는 소곡주와는 제조방법이 다르고 맛도 다르며, △△△은 고문집에 나오는 제조법 그대로 만들고 있으며, 다만, 제조시기만 봄에서 가을로 바뀌었을 뿐이다.

다. 또한, 위 담당자가 청구인이 △△△의 이름을 고문집을 보고 알았지 않았느냐고 하였으나, 청구인이 이름도 없이 대대로 전해 내려오는 것을 세상에 내놓으려니까

이름이 필요하여 고문집을 보고 △△△이라고 이름지었으나, 소곡주로 알고 제조하였던지 아니면 다른 이름으로 제조하여 왔던지 전승경위가 확실하고 맛이△△△이면 되었지 이름을 어떻게 알았느냐는 문제의 본질과 상관없다.

라. 기능보유자 자격요건중 "문화재 지정 신청일 이전 5년이상 거주"가 있는데, 이는 신청일 직정 5년이상 거주라는 의미가 아니며 청구인은 충청남도에서 출생하여 △△△제조기능을 전수하고도 남을 기간만큼 거주하였으므로 거주기간을 문제삼는 것은 부당하다.

첨 부 서 류

1. 갑 제1호증 지정문화재 또는 문화재자료지정신청서
1. 갑 제2호증 △△△도지정문화재지정신청에 대한 회신서
1. 갑 제3호증 추천서
1. 갑 제4호증 무형문화재 현황조사서
1. 갑 제5호증 전통미속주문화재지정거부 통지서
1. 갑 제6호증 주민등록등본 1부
1. 갑 제7호증 그 외 증거서류

20○○. ○○. ○○.

위 청구인 이 ○ ○ (인)

충청남도지사 귀하

[서식 108] 제11회공인중개사자격시험불합격처분취소청구서

심 판 청 구 서

청 구 인 : 조 ○ ○
수원시 ○○구 ○○동 123-45
(전화 : 000-0000, H.P :)

피청구인 : 경기도지사

제11회공인중개사자격시험불합격처분취소청구서

근거법조 : 공인중개사의 업무 및 부동산 거래신고에 관한 법률 제4조
동법시행령 제5조, 제6조, 제7조, 제10조

청 구 취 지

피청구인이 2000. 11. 11. 청구인에 대하여 한 제11회 공인중개사자격시험불합격처분을 이를 취소한다.
라는 재결을 구합니다.

청 구 원 인

1. 청구인 주장
   가. 청구인은 연합신문과 시민신문 등에 재직하면서 수년에 거쳐 언론인 생활을 해 왔으며 현재에는 경기신문 편집장으로 근무하고 있는데, 1999.4월에 실시한 제10회 공인중개사 자격시험에서 1차 시험에 합격하고 2차 시험에서는 1문제 차이로 불합격 처분을 받은 적이 있어 2000. 9. 24. 시행한 제11회 공인중개사 자격시험에서는 무난히 합격할 것으로 기대해 왔다.
   나. 청구인은 제11회 공인중개사자격시험에서는 1차 시험이 면제되어 2차 시험만 응시하였는데, 이 경우 2차 응시자만 별도의 수험번호와 응시장소를 배정받아 수험생에 대한 주의사항이나 필기도구에 대한 점검을 받아야 함에도 불구하고 행정관청의 착오로 1차 응시자와 동일한 일련의 수험번호(2900038)와 응시장소를 배정받음으로써 1차시험 전에 시행하는 주의사항 고지 및 필기도구에 대한 점검을 받지 못함으로써 그러한 점검을 받은 다른 수험생에 비해 불이익을 받았다.
   다. 청구인은 시험에 앞서 지참한 수성사인펜에 대한 의심이 들어 감독관에게 사인펜을 보여주면서 “사용이 가능하냐”라고 물었는데, 감독관이 고개를 끄덕이는 긍정

적인 답변을 함에 따라 의심없이 시험에 임하였던 바, 청구인은 1982. 2월 경희대학교 법학과를 졸업한 후 여러차례 사법고시에 응하면서 컴퓨터용 답안지에 익숙한 상태였고 수성사인펜을 사용하여 컴퓨터용 답안지 시험을 유효하게 치른 적이 있어 이와 같은 주의의무로 충분하다고 생각하였다.

첨 부 서 류

1. 갑 제1호증	제11회 공인중개사시험 시행공고문
1. 갑 제2호증	응시표
1. 갑 제3호증	답안지
1. 갑 제4호증	제11회 공인중개사시험 시행지침서
1. 갑 제5호증	질의회신문
1. 갑 제6호증	제11회공인중개사자격시험불합격 통지서
1. 갑 제7호증	주민등록등본 1부
1. 갑 제8호증	그 외 증명서류

20○○. ○○. ○○.

위 청구인 조 ○ ○ (인)

경기도지사 귀하

[서식 109] 제1회텔레마케팅관리사실기시험불합격처분취소청구서 (시험문제 지문에 용어에 관련된 사전 공지를 하지 않고, 약어나 축약어로 답한 경우 오답처리하여 불합격처리된 경우)

심 판 청 구 서

청 구 인 : 엄 ○ ○
서울 ○○구 ○○동 540-56
(전화 : 000-0000, H.P :)

피청구인 : 한국산업인력공단이사장

제1회텔레마케팅관리사실기시험불합격처분취소청구서

청 구 취 지

피청구인이 2006. 6. 5. 청구인에 대하여 한 2006년 제1회 텔레마케팅관리사실기시험 불합격처분은 이를 취소한다.
라는 재결을 구합니다.

청 구 원 인

1. 사건개요
   가. 2006. 4. 23. 2006년도 제1회 텔레마케팅관리사실기시험을 실시하였다.
   나. 청구인들은 57점을 취득하여 합격기준인 60점에 미달하였다는 이유로 2006. 6. 5. 불합격처분을 받았다.

2. 이 건 시험의 개요
   가. 문항구성 : 총 23개 문항 필답형(70점, 총 21문항), 작업형(30점, 총 2문항 : 상황별로 고객에 대한 응대내용을 주어진 원고지 양식에 기술하는 문제) - 응시 : 1,835명 - 합격 : 184명 합격, 합격률 10.2% (60점 이상 절대평가)
   나. 문항구성 : 총 23개 문항 필답형(70점, 총 21문항), 작업형(30점, 총 2문항 : 상황별로 고객에 대한 응대내용을 주어진 원고지 양식에 기술하는 문제) - 응시 : 1,835명 - 합격 : 184명 합격, 합격률 10.2% (60점 이상 절대평가)
3. 청구인의 주장
   피청구인 문제를 출제할 때 약어 또는 축약어가 안된다는 공지를 하지 아니한 점, 다수의 책자·학술도서 등에 B2B라는 용어가 상용화되고 있는 점, 청구인들은 문제의 뜻을 알고 정확한 답을 기재하였음에도 오답처리한 것은 부당한 점 등을 고려할 때 피청구인의 이 건 처분은 취소되어야 한다.

4. 이 건 처분의 위법·부당 여부
   가. 이 건 문제의 지문에는 원어로 적어야 한다는 등의 용어와 관련한 조건이 부여되지 아니하였다.
   나. 통계청 전자상거래통계조사 결과, 학술논문, 신문기사 등의 사본 및 국회전자도서관 소장자료 중 상당수가 B2B라는 용어를 사용하고 있는 점 등에 비추어 볼 때 청구인들이 답으로 기재한 B2B 또한 일상생활뿐 아니라 학술분야 등에서도 광범위하게 통용되고 있다.
   다. 텔레마케팅관리사실기시험에 응시한 평균수준의 수험생이라면 B2B도 이 건 문제가 요구하는 정답에 해당하는 용어로 판단할 수 있고, 청구인들 또한 이 건 문제가 의미하는 내용을 알고 답을 기재한 것이다.
   라. 그 외에 청구인들이 이 건 문제의 답을 Business to Business라는 전체 용어로 표기하지 아니하였다고 하여 이 건 문제에 대한 이해나 숙지가 부족하였다고 보기도 어렵다.
   마. 피청구인이 문제출제에 있어 용어기재와 관련한 어떠한 조건도 제시하지 아니한 채 문제가 의미하는 답을 쓰라고 하였음에도 불구하고 B2B라는 용어의 정확성 여부와는 관계없이 실제 일상생활, 학술분야 등에서 광범위하게 통용되고 있는 B2B를 잘못된 답으로 채점하여 처리한 이 건 처분은 재량권의 범위를 일탈하여 위법·부당하다.

첨 부 서 류

생 략

20○○. ○○. ○○.

위 청구인 엄 ○ ○ (인)

한국산업인력공단이사장 귀하

[서식 110] 제9회주택관리사보자격시험불합격처분취소청구

심판청구서

사건명 제9회주택관리사보자격시험불합격처분취소청구
처분청 대한주택공사사장

청 구 취 지

피청구인이 2006. 12. 26. 청구인에 대하여 한 제9회 주택관리사보자격시험 제2차시험 불합격처분은 이를 취소한다.
라는 재결을 구합니다.

청 구 원 인

1. 사건개요

청구인이 2006. 11. 26. 시행된 제9회 주택관리사보자격시험 제2차시험(객관식 선택형으로 1차 시험과 동시 실시됨. 이하 "이 건 시험"이라 한다)에서 평균 58.75점을 득점하여 합격점수인 60점에 미달하였다는 이유로 피청구인은 2006. 12. 26. 청구인에 대하여 불합격처분(이하 "이 건 처분"이라 한다)을 하였다.

2. 청구인 주장

청구인은 이 건 시험문제의 각 지문은 「주택법」 제57조제1항에서 주택관리사 등의 자격을 취소하거나 정지시킬 수 있는 사유로 되어 있으나, 동법 시행령의 별표 11(주택관리사등에 대한 행정처분기준)에서 지문④에 대하여는 '자격정지 1년'으로, 나머지 지문에 대하여는 '자격취소'로 처분기준을 정하고 있으므로 이 건 시험문제의 지문에서 주택관리사 등의 자격을 취소하거나 정지시킬 수 있는 경우는 없다 할 것이다. 따라서 이 건 시험문제는 정답이 없는 문제인바, 피청구인은 이 건 시험문제의 지문 모두를 정답으로 인정하여야 한다고 주장한다.

3. 피청구인 주장

이 건 시험문제에서 지문①, ②, ③, ⑤는 「주택법」 제57조제1항에 의한 자격의 필요적 취소사유이고, 지문④는 동법 제57조제1항에 의한 자격의 취소 또는 정지사유인바, 이 건 시험문제에서 '자격을 취소하거나 정지할 수 있는 경우는'이라고 묻고 있으므로 주어진 지문 중에서 이에 해당하는 지문④가 이 건 시험문제의 정답이 될 것이고, 이 건 시험문제의 정답이 없다는 청구인의 주장은 출제의도를 파악하지 못한 잘못된 주장이라고 주장한다.

4. 이 건 처분의 위법·부당 여부

가. 관계법령

주택법 제56조, 제57조

동법 시행령 제74조, 제75조, 제118조제1항제4조 및 별표 11

나. 위법성

(1) 청구인 및 피청구인이 제출한 행정심판청구서, 답변서 등 각 사본의 기재를 종합하여 보면, 다음과 같은 사실을 인정할 수 있다.

(가) 이 건 시험의 시험과목 및 청구인의 각 과목별 취득점수는 다음과 같다.

시험과목	청구인의 취득점수	총점	평균
주택관리관계법규	60.0	117.5	58.75
공동주택관리실무	57.5		

(나) 피청구인은 매 과목 100점을 만점으로 하여 매 과목 40점 이상이고 전 과목 평균 60점 이상 득점한 자를 합격자로 결정하였다.

(다) 청구인이 다투고 있는 문제인 주택관리사관계법규 A형 26번 문제는 다음과 같다.

【주택관리관계법규 A형 26번】

주택법상 주택관리사 등의 일정한 행위에 대하여 시·도지사가 그 자격을 취소하거나 정지시킬 수 있는 경우는?

① 동시에 2개 이상의 다른 공동주택단지에 취업한 때

② 자격정지기간 중에 주택관리업무를 수행한 때

③ 공동주택의 관리업무와 관련하여 금고 이상의 형의 선고를 받은 때

④ 고의에 의한 주택관리상의 하자로 입주자에게 재산상 손해를 가한 때

⑤ 다른 사람에게 자기의 명의를 사용하여 업무를 수행하게 하거나 자격증을 대여한 때

피청구인발표정답	
청구인 주장 정답	
표기 정답	④
모두 정답	⑤

※문항별 선택비율

- 정답률 : 37.64%
- ① : 10.35%, ② : 8.28%, ③ : 10.48%, ⑤ : 33.08%

(2) 이 건 처분의 위법·부당 여부에 대하여 살펴본다.

(가) 행정행위로서의 시험의 출제업무에 있어서 출제 담당위원은 법령규정의 허용범위 내에서 어떠한 내용의 문제를 출제할 것인가, 그 문제의 문항과 답항을 어떤 용어나 문장형식을 써서 구성할 것인가를 자유롭게 정할 수 있다는 의미에서 재량권을 가진다고 할 것이며, 반면에 그 재량권에는 그 시험의 목적에 맞추어 수험생들의 능력을 평가할 수 있도록 출제의 내용과 구성에서 적정하게 행사되어야 할 한계가 내재되므로 그 재량권의 행사가 그 한계를 넘을 때에는 그 출제행위는 위법하게 될 것인데, 객관식 문제의 출제에 있어서 법리상의 오류를 범하지는 아니하였더라도 그 문항이나 답항의 문장구성이나 표현용어 선택이 지나칠 정도로 잘못되어 결과적으로 평균수준의 수험생으로 하여금 정당한 답항을 선택할 수 없게 만든 때에는 재량권의 남용 또는 일탈이라고 할 것이지만, 법리상의 오류는 없고 문항이나 답항의 일부 용어표현이 미흡하거나 부정확한 편으로서 객관식 답안작성 요령이나 전체의 문항과 답항의 종합·분석을 통하여 진정한 출제의도 파악과 정답선택에 있어 평균수준의 수험생으로서는 장애를 받지 않을 정도에 그친 때에는, 특별한 사정이 없는 한, 그러한 잘못을 들어 재량권의 남용 또는 일탈이라고 하기는 어려울 것이므로, 출제행위에서 재량권을 벗어났다거나 재량권이 남용되었다고 할 수 있으려면 출제와 답안작성 관련 규정의 규정내용, 출제과목의 성격, 출제의 동기, 다툼이 된 문항과 답항의 내용과 표현 및 구성, 응시자의 이해능력의 수준 등 전체 법질서의 관점에서 관련되는 모든 사정에 관한 구체적이고도 종합적인 검토가 선행되어야 할 것이다.

그러므로 객관식 시험에서 문제를 전체적으로 관찰하여 그 출제의도를 충분히 파악할 수 있고 어느 모로 보나 정답일 수밖에 없는 답항이 있다면, 수험생은 개개의 표현의 비엄밀성, 비문법성을 따지기보다는 전체적으로 그 문제의 출제의도를 파악하고 각 문제의 정답이 1개뿐인 점을 감안하여 여러 개의 답항 중 어느 모로 보나 정답인 답항만을 정답으로 골라야 할 것이고, 명백히 정답으로 판단되는 답항 외에 표현이 다소 애매하거나 불분명하여 해석하기에 따라서는 정답으로 볼 수도 있고 정답이 아닌 것으로 볼 수도 있는 답항이 있는 경우에는, 그 애매하거나 불분명한 답항은 정답이 아닌 것으로 출제된 것으로 해석하여 그 답항을 정답이 아닌 것으로 처리하여야 할 것이다. 따라서 골라야 할 정답이 1개뿐인 것으로 제시되어 있고 어느 모로 보나 정답인 것이 있어 그 답항을 정답으로 요구한 출제의도를 파악하는데 어려움이 없는 이상, 일부 다른 답항의 표현이 다소 애매하거나 불분명하다는 사유만으로 그 출제나 채점에 어떠한 위법사유가 있다고 볼 수는 없다 할 것이다.

다만, 위와 같은 기준 하에서도 출제자가 자신의 주관적인 해석이나 관점, 학설, 특정교재 등에 의하여 답항이 달라질 수 있는 문제 또는 당해 시험에 응시한 일반적인 수험생의 지력과 능력으로 해석하여 보아도 그 출제 의도가 도저히 파악되지 않는 문제를 출제한 경우에는 문제 자체로 타당성을 상실한다고 할 것이며, 또한 일반적인 수험생의 지력과 능력으로 해석할 때 명백히 출제자의 의도와 다른 답이 정답으로 선택될 수밖에 없다거나 출제자가 선정한 것 외에도 다른 답이 정답으로 인정될 수밖에 없다면 출제자의 위와 같은 출제나 정답선정의 잘못은 객관식 시험의 출제에서 허용되는 재량권의 범위와 한계를 일탈·남용한 것으로써 위법하게 될 것이고, 이와 같은 출제행위에 있어서의 재량권 일탈·남용 여부를 판단하기 위해서는 출제와 답안작성 관련 규정의 규정내용, 출제과목의 성격, 출제의 동기, 다툼이 된 문항과 답항의 내용과 표현 및 구성, 응시자의 이해능력의 수준 등 전체 법질서의 관점에서 관련되는 모든 사정에 관한 구체적이고도 종합적인 검토가 선행되어야 할 것이다.

(나) 「주택법」 제57조제1항 본문에 의하면, '고의에 의한 주택관리상의 하자로 입주자에게 재산상의 손해를 가한 때(지문④)'에는 그 자격을 취소하거나 정지시킬 수 있다고 되어 있고, 동조동항 단서에 의하면, '동시에 2개 이상의 다른 공동주택단지에 취업한 때(지문①), 자격정지기간 중에 주택관리업무를 수행한 때(지문②), 공동주택의 관리업무와 관련하여 금고 이상의 형의 선고를 받은 때(지문③), 다른 사람에게 자기의 명의를 사용하여 업무를 수행하게 하거나 자격증을 대여한 때(지문⑤)'에는 시·도지사가 그 자격을 취소하여야 한다고 되어 있으며, 동법 제57조제2항에서 처분기준에 관하여 위임을 받은 동법 시행령 별표 11의 행정처분기준에 의하면, 지문①, ②, ③, ⑤의 경우는 자격취소로, 지문④의 경우는 자격정지 1년으로 되어 있다.

이 건 시험문제는 「주택법」상 주택관리사 등의 일정한 행위에 대하여 시·도지사가 그 자격을 취소하거나 정지시킬 수 있는 경우를 5개의 지문 중에서 선택하도록 하는 문제로, 피청구인은 5개의 지문 중 지문④가 「주택법」 제57조제1항 본문에서 자격의 취소 또는 정지사유로 규정되어 있으므로 이를 정답이라고 주장하나, 「주택법」 제57조를 보면 동조 제1항에서 자격의 취소 또는 정지 사유를 열거하는 외에 동조 제2항에서는 구체적인 처분기준을 대통령령에 위임하고 있고, 그 위임을 받은 동법 시행령 별표 11의 행정처분기준에 의하면, 지문④의 경우 자격정지 1년으로 그 구체적인 처분기준이 정하여져 있어서 행정청으로서는 지문④의 경우 자격정지처분을 하게 될 뿐 자격취소처분은 하지 아니하게 된다 할 것인바, 결과적으로 이 건 시험문제의 지문 중에 주택관리사 등의 자격을 취소하거나 정지시킬 수 있는 경우는 없다 할 것이므로 이 건 시험문제의 정답은 없다고 보는 것이 타당하다. 따라서 지문④를 정답으로 선정하여 처리한 피청구인의 이 건 처분은 재량권의 범위를 일탈한 위법·부당한 처분이다.

5. 결 론

그렇다면, 피청구인이 청구인에 대하여 이 건 처분은 재량권의 범위를 일탈한 위법·부당한 처분이다.

첨 부 서 류

1. 갑 제1호증 제11회 공인중개사시험 시행공고문
1. 갑 제2호증 응시표
1. 갑 제3호증 답안지
1. 갑 제4호증 제11회 공인중개사시험 시행지침서
1. 갑 제5호증 질의회신문
1. 갑 제6호증 제11회공인중개사자격시험불합격 통지서
1. 갑 제7호증 주민등록등본 1부
1. 갑 제8호증 그 외 증명서류

20○○. ○. ○

대한주택공사사장 귀하

[서식 111] 조업정지처분취소청구서 (폐수 배출시설 및 방지시설에 대하여 불특정된 공소사실만으로 조업정지처분을 한 경우)

심 판 청 구 서

청 구 인 : 변 ○ ○
부산 ○○구 ○○동 440-22
(전화 : 000-0000, H.P :)

피청구인 : 부산광역시장

조업정지처분취소청구서

청 구 취 지

피청구인이 2007. 2. 26. 청구인에게 한 10일(2007. 3. 5. ~ 2007. 3. 14.)의 조업정지처분을 취소한다.
라는 재결을 구합니다.

청 구 원 인

1. 사건개요

피청구인은 2007. 2. 1. 부산지방검찰청으로부터 청구인이 2003년 1월부터 2006년 7월까지의 기간 동안 폐수배출시설을 가동하면서 발생되는 도금폐수를 방지시설에 유입하지 아니하고 불법으로 배출했다는 사실을 통보받고, 이를 근거로 2007. 2. 26. 청구인에게 폐수 배출시설 및 방지시설에 대하여 10일(2007. 3. 5.~2007. 3. 14.)의 조업정지처분을 하였다.

2. 청구인의 주장

청구인은 사업장을 운영하면서 발생한 도금폐수를 전량 위탁 처리하였고, 무단방류 등 불법행위를 한 사실이 없음에도 불구하고, 부산지방검찰청에서는 공소사실에 청구인의 불법행위 기간이 "2003년 1월경부터 2006년 7월경까지" 라고만 추상적으로 적시하여 범죄사실을 특정하지 않은 채 피청구인에게 통보하였는데, 피청구인은 단지 부산지방검찰청의 불특정된 공소사실만으로 이 사건 처분을 행한 것이므로 위법·부당하다.

3. 이 건 처분의 위법 · 부당 여부

가. 행정절차법 제23조제1항, 같은 법 시행령 제14조의2에 따르면, 행정청이 처분을 하

는 때에는 ① 신청내용을 모두 그대로 인정하는 처분인 경우 ② 단순·반복적인 처분 또는 경미한 처분으로서 당사자가 그 이유를 명백히 알 수 있는 경우 ③ 긴급을 요하는 경우를 제외하고는 당사자에게 그 근거와 이유를 제시하여야 하고, 행정청이 처분의 이유를 제시하는 경우에는 처분의 원인이 되는 사실과 근거가 되는 법령 등의 내용을 구체적으로 명시하여야 한다고 되어 있는바, 행정청이 처분을 함에 있어서는 그 근거가 되는 법령뿐만 아니라 처분을 받은 자가 어떠한 위반사실에 대하여 해당 처분이 있었는지를 알 수 있을 정도로 구체적인 사실을 적시하여야 할 것이다,

나. 피청구인이 청구인에 대하여 한 이 사건 조업정지처분명령서에 위반일시를 부산지방검찰청 문서접수일인 "2007. 2. 1."로 하여 "청구인이 수질환경보전법 제38조제1항을 위반하여 폐수를 위탁처리치 않고 그냥 배출한 행위로 인하여 같은 법 제71조 규정에 따라 조업정지 10일을 명한다" 라고만 되어 있어서 청구인의 위반행위의 일시, 도금폐수의 배출정도, 도금폐수에 함유된 수질유해물질의 함량 등 구체적인 내용이 전혀 적시되어 있지 아니한 점에 비추어 볼 때, 청구인이 어떠한 위반사실에 대하여 이 사건 처분이 있었는지를 알 수 있을 정도로 구체적인 사실을 적시하지 않았다고 할 것이므로, 피청구인이 행한 이 사건 조업정지처분은 위법·부당하다 할 것이다.

첨 부 서 류

생 략

20○○. ○○. ○○.

위 청구인 변 ○ ○ (인)

부산광역시장 귀하

[서식 112] 주택관리사보자격취소처분취소청구서

심 판 청 구 서

청 구 인 : 홍 ○ ○
원주시 △△면 소재○○현대아파트 1동 104호
(전화 : 000-0000, H.P :)

피청구인 : 강원도지사

주택관리사보자격취소처분취소청구서

청 구 취 지

피청구인이 2006. 12. 22. 청구인에 대하여 한 주택관리사보자격취소처분은 이를 취소한다.
라는 재결을 구합니다.

청 구 원 인

1. 청구인 주장
   가. 피청구인은 청구인이 강원도 원주시 △△면 소재○○현대아파트 관리사무소에 자격증을 대여하였다는 이유로 이 건 처분을 하였으나, 청구인이 2004. 7. 1.부터 관리소장으로 근무하다가 2004. 9. 4. 직무태만 등을 이유로 해임되었으며, 당시 경리담당직원인 청구외 백○순에게 관리소장 해임신고를 하여 줄 것을 부탁하였고, 청구인을 해고한 위 관리사무소에 자격증을 대여하였다는 것은 부당하다.
   나. 청구인이 위 아파트 관리소장으로 재직할 당시에도 자격증과 관련하여 아무런 수당도 받지 못하였고, 본인이 자격증을 대여하고 그 대가로 돈을 요구한 적이 없음에도 불구하고 위 아파트의 위탁관리를 맡은 (합)○○주택관리공사가 자격증을 소지한 관리소장을 구하지 못하자 청구인에 대한 해임신고를 하지 아니하고 청구인의 주택관리사보자격증을 도용한 것이다.
   다. 위 아파트 관리사무소에서 청구인에게 2004. 10. 25, 2004. 11. 25. 및 2004. 12. 24.에 74만8,800원을 입금하였으나, 청구인이 당시에는 입금된 사실을 전혀 알지 못하였고 1998년 1월경 이 사실을 알았으나 당시 왼쪽다리 고관절을 다쳐 인공관절 교체수술을 받는 등 정신적·육체적 및 경제적으로 어려워 돌려주지 못하고 있다가 1999. 5. 29.에 아파트 입주자 대표에게 돌려주었다.
   라. 주택건설촉진법(이하 "법"이라 한다)제48조의2에 의하면, 주택관리사자격을 취소하

고자 하는 경우에는 청문을 실시하도록 되어 있으므로, 피청구인은 이 건 처분을 함에 있어 청구인에게 청문을 통하여 의견진술 및 변명의 기회를 주어야 함에도 불구하고 그러하지 아니하고 행한 이 건 처분은 위법하다.

마. 피청구인이 위 통지를 일반우편으로 송부하였고, 또한 청구인의 주소를 잘못 기재하여 청구인에게 배달되지 아니하였다.

바. 청구인은 인공관절을 삽입한 5급3호의 지체부자유자이며, 2006년 1월경부터 발가락이 썩어 들어가는 버거씨를 앓고 있고, 2006년 12월부터 강원도 원주시 우산동 소재 ○○주공아파트 관리소장으로 일하고 있는데 이 건 처분으로 인하여 다시 실직하게 되어 가족의 생계유지가 어려운 점 등을 고려할 때, 이 건 처분은 지나치게 가혹하여 취소되어야 한다.

첨 부 서 류

1. 갑 제1호증	(합)○○관리주택관리공사의 주택관리사(보) 자격증 대여적발 통보서
1. 갑 제2호증	주택관리업체 및 주택관리사보 위법보고서
1. 갑 제3호증	주택관리사(보)자격증 대여와 관련 청문 참석 통보서
1. 갑 제4호증	주택관리사행정처분통보서
1. 갑 제5호증	주택관리사보자격취소통보서
1. 갑 제6호증	재직증명서
1. 갑 제7호증	농협중앙회통장
1. 갑 제8호증	주민등록등본 1부
1. 갑 제9호증	그 외 증명서류

20○○. ○○. ○○.

위 청구인 홍 ○ ○ (인)

강원도지사 귀하

[서식 113] 중소기업전문인력활용장려금지급거부처분취소청구서
(사실상 전문인력으로 근무한 자들이 법인등기부상 임원으로 기재되어 있는 경우)

심 판 청 구 서

청 구 인 : 임 ○ ○
부산 ○○구 ○○동 530-34
(전화 : 000-0000, H.P :)

피청구인 : 부산지방노동청장

중소기업전문인력활용장려금지급거부처분취소청구서

청 구 취 지

피청구인이 2006. 5. 25. 청구인에 대해서 한 중소기업전문인력활용장려금 1,920만원의 지급거부처분은 이를 취소한다.
라는 재결을 구합니다.

청 구 원 인

1. 사건개요

가. 청구인은 000, 000(이하 '신청대상인들'이라 한다)를 2005. 5. 1. 전문인력으로 신규채용하였다는 이유로 피청구인에게 중소기업전문인력활용장려금의 지급을 신청(2005년도 2분기분 480만원, 2005년도 4·4분기분 1,440만원)하였다.

나. 피청구인은 2006. 4. 25. 청구인에게 신청대상인들이 법인등기부상 설립인원으로 등재된 자들로서 신규전문인력에 해당되지 않는다는 이유로 장려금지급을 거부(이하 '이 건 처분'이라 한다)하였다.

2. 청구인의 주장

신청대상인들은 예전 직장에서 청구인과 같이 근무하거나 거래처를 통해 알게 된 사이로 청구인의 부탁과 급여 문제로 청구인회사에 입사하게 되었으며, 이들의 전근무지에서의 고용보험 및 국민연금가입경력을 확인하면 이들이 신규채용 되었음을 알 수 있고, 신청대상인들이 법인등기부상 임원으로 등재된 것은 법인설립요건을 충족하기 위한 형식적인 행위로서 불과 0.001%의 주식을 보유하고 있을 뿐 사실상 근로자로서 근로기준법상 근로자에 해당되므로, 이 건 처분은 위법·부당하다.

3. 이 건 처분의 위법 · 부당 여부

가. 근로기준법 제14조에 의하면, "근로자"라 함은 직업의 종류를 불문하고 사업 또는 사업장에 임금을 목적으로 근로를 제공하는 자를 말한다고 되어 있는 바, 근로기준법의 적용을 받는 근로자에 해당하는지 여부는 비록 등기상으로는 이사 또는 감사로 등기되어 있다 하더라도 그 형식에 관계없이 실질에 있어서 임금을 목적으로 종속적인 관계에서 사용자에게 근로를 제공하였는지 여부에 따라야 할 것이다.

나. 신청대상인들이 비록 법인등기부등본상 2005. 1. 20. 이사 및 감사로 각각 등재되어 있으나 실제로는 2005. 5. 1.부터 청구인 회사에서 근무하고 있고, 청구인 회사는 대표이사 000이 전체 주식의 99.8%를 소유하고 있는 실질적 의미의 1인 주식회사로서 대표이사 000이 회사의 소유자라고 할 수 있으며, 정관에 전무이사나 상무이사와 달리 이사 또는 감사는 대표이사 유고시 업무집행권이 인정되지 않으며, 신청대상인들은 개발1팀 차장 및 개발2팀 차장으로 각각 재직하면서 일정한 노무를 담당하고 직원급여규정에 준하는 임금을 매월 지급받고 있고, 청구인 회사는 신청대상자들이 근로자임이 전제되는 고용보험료를 납부하거나 매월 임금에서 원천공제한 점, 달리 신청대상인들이 이사 또는 감사로서 업무집행권 등 회사의 대표기관으로서의 권한을 행사한 사정을 발견할 수 없다.

다. 따라서 신청대상인들은 청구인 회사 대표이사의 지휘·감독 하에 일정한 노무를 제공하고 그 대가로 일정한 급여를 지급받아 왔으므로 근로기준법상의 근로자에 해당된다고 할 것이므로, 피청구인이 등기부에 이사 또는 감사로 등기되어 있는 신청대상자들을 근로자로 인정할 수 없다 등의 이유로 행한 이 건 처분은 위법·부당하다.

첨 부 서 류

생 략

20○○. ○○. ○○.

위 청구인 임 ○ ○ (인)

부산지방노동청장 귀하

[서식 114] 진폐유족위로금지급거부처분취소청구서 (청구인의 주장과 인우보증인들의 진술서 만으로 고인의 근무경력을 인정할 수 있는지 여부)

심 판 청 구 서

청 구 인 : 공 ○ ○
강원 영월군 ○○면 ○○리 100-34
(전화 : 000-0000, H.P :)

피청구인 : 근로복지공단(영월지사)

진폐유족위로금지급거부처분취소청구서

청 구 취 지

피청구인이 2007. 12. 28. 청구인에게 한 진폐유족위로금 지급거부처분을 취소한다.
라는 재결을 구합니다.

청 구 원 인

1. 사건개요

청구인은 청구인의 남편인 고 김○○(이하 "고인"이라 한다)이 1979년부터 동성메이저(주) 동해공장에서 근무하기 전에 1960년부터 1970년까지 강원도 영월군 ○○면 ○○리에 있는 □□광업(주) □□광업소(이하 "이 사건 회사"라 한다)에서 근무하다가 퇴직하여 2005. 6. 20. 진폐증으로 사망하였다는 이유로 2007. 10. 31. 피청구인에게 진폐유족위로금 지급신청을 하였으나, 피청구인은 고인이 산업재해보상보험법(이하 "산재보험법"이라 한다)상 진폐증 진단을 받을 당시 근무한 사업장인 동성메이저(주) 동해공장이 진폐의 예방과 진폐근로자의 보호 등에 관한 법률(이하 "진폐법"이라 한다) 소정의 법적용 사업장이 아니라는 이유 등으로 2007. 12. 28. 청구인에 대하여 진폐유족위로금 지급거부처분(이하 "이 사건 처분"이라 한다)을 하였다.

2. 청구인의 주장

고인이 진폐로 사망하여 피청구인에게 유족급여를 청구하여 수령하였고, 근로자가 진폐로 사망하여 그 유족이 산재보험법에 따른 유족급여의 대상이 된 경우에 지급한다는 진폐법 제24조제4항 규정에 따라 유족위로금을 청구하였으며, 진폐법 적용 사업장인 이 사건 회사에서 고인이 근무한 경력을 인정받고자 청구인과 당시 이 사건 회사에서 같이 일했다고 주장하는 동료근로자의 진술서 등의 자료를 피청구인에게 제출하였으나, 현실적으로 불가능한 자료(경력증명서, 거주지증명)의 미제출을 이유로 들어 유족위로금을 부지급한 피청구인의 이 사건 처분은 위법·부당하다.

3. 이 사건 처분의 적법 · 타당 여부

가. 진폐법 제2조, 제3조, 제24조제4항 등 관련규정에 따르면, 진폐법 상의 유족위로금은 대통령령이 정하는 분진작업을 행하는 사업에 종사하다가 진폐로 인하여 사망한 근로자의 유족이 산재보험법에 따른 유족급여의 대상이 된 경우에 지급한다고 되어 있고, 같은 법 시행령 제2조 및 별표 1의 규정에 의하면, '대통령령이 정하는 분진작업을 행하는 사업'이란 첫째, 별표 1의 규정에 의한 적용광업으로서 연탄과 그 밖의 응집 연료 생산업을 제외한 석탄광업, 철광업, 텅스텐광업, 금·은광업, 연·아연광업, 규석채굴광업, 흑연광업, 활석광업 등이며, 둘째, 그 외의 광업 중 진폐로 인하여 산재법에 의한 유족급여를 지급받은 자 또는 같은 법에 의한 장해급여를 지급받고 퇴직한 자가 있는 광업에 해당하는 사업을 말한다고 되어 있다.

나. 청구인은 근로자가 진폐로 사망하여 그 유족이 산재보험법에 따른 유족급여의 대상이 된 경우에 지급한다는 진폐법 규정에 따라 유족위로금을 청구하였으며, 이 사건 회사에서 고인이 1961년부터 1970년까지 근무하였는데 현실적으로 불가능한 자료(경력증명서, 거주지증명)의 미제출을 이유로 들어 유족위로금지급을 거부한 이 사건 처분이 위법 · 부당하다.

첨 부 서 류

생 략

20○○. ○○. ○○.

위 청구인 공 ○ ○ (인)

근로복지공단(영월지사) 귀하

[서식 115] 집단에너지사업변경신고수리처분등취소청구서

심 판 청 구 서

청 구 인 : ○○도시가스 주식회사
서울 ○○구 ○○동 123-45
(전화 : 000-0000, 팩스 : 000-0000)

피청구인 : 지식경제부장관

집단에너지사업변경신고수리처분등취소청구서

청 구 취 지

피청구인이 청구외 한국지역난방공사에 대하여 한 2005. 2. 9. 자 집단에너지사업변경수리처분 및 2005. 4. 29.자 집단에너지공급시설공사계획승인처분은 이를 각각 취소한다.
라는 재결을 구합니다.

청 구 원 인

1. 청구인 주장
   가. 청구인은 일반가스업, 가스부산물의 제조가공판매업, 가스기기의 판매업, 건설업(설비공사업)등을 목적으로 1995. 3. 7. 설립된 법인으로서, 가스공급지역은 인천광역시 부평구를 포함한 중구, 동구, 남동구, 계양구, 서구 등이고, 청구외 한국지역난방공사는 2000. 5. 23. 집단에너지사업법에 의해 설립된 회사로서 경기도 부천시 중동 1차택지개발지구, 인천광역시 계산 및 부개 택지개발지구를 공급구역으로 하고 있다.
   나. 집단에너지사업허가에 관한 집단에너지사업법(이하 "법"이라 한다)에 의하면, 사업허가나 그 허가변경의 경우에도 역시 허가를 받아야 하는 것이 원칙인데, 법시행규칙 제9조는 허가내용중 열공급구역의 증가 또는 열발생설비의 용량의 변경의 경우에는 신고로만 족하도록 규정하고 있는바, 이는 법에서 위임한 사실이 없기 때문에 위법한 규칙이고, 법 제9조제2항에서 허가기준을 공급용량이 공급구역의 수요에 적합할 것, 공급구역이 다른 사업자의 공급구역과 중복되지 아니할 것 등으로 엄격하게 규정하고 있으므로 허가된 사업허가를 변경하는 경우에도 허가기준에 적합한지 엄격하게 심사하여 변경허가를 하는 것이 법 취지상 명백하다.
   다. 한편, 도시가스사업허가에 관한 도시가스사업법 제3조의 규정취지도 법 제9조와 마찬가지로 도시사업법시행규칙 제4조에 공급권역 또는 공급능력의 변경 등의 경

우에는 신고가 아닌 변경허가를 받아야 한다고 규정하고 있는바, 법과 도시가스사업법과의 균형을 고려하더라도 법시행규칙 제9조는 법의 위임을 받지 아니하였거나 위임의 범위를 초과한 무효의 규정이다. 따라서 사업허가중 공급구역의 변경사항을 허가사항임에도 단순한 신고로 처리한 것은 위법하다. 또한 열공급구역의 증가(100분의 20미만인 경우)에 대하여 이를 신고사항으로 하는 것은 계속하여 열공급구역을 증가하는 경우에 당초의 사업허가는 전혀 무의미하게 된다.

라. 설사, 위 법시행규칙 제9조가 유효하다고 하더라도, 이 사건 지역난방에 대한 주민의사를 결정함에 있어 부평지역아파트 15단지중 8단지에 대하여는 공동설명회를 개최하지 아니하고 한국지역난방공사측에서 일방적인 설명회만을 거쳐 주민들의 투표를 거치게 함으로써 주민들로 하여금 정확한 판단의 기회를 박탈한 채 투표를 실시하였기 때문에 주민들의 의사결정에 중대한 하자가 발생하였는바, 피청구인의 집단에너지 사업변경신고수리처분은 주민들의 의사결정절차에 중대한 잘못이 있는 방법에 의한 주민들의 의사에 터잡은 위 한국지역난방공사의 집단에너지사업변경시고는 위법하고, 이를 그대로 수리한 위 수리처분 및 그 이후의 공사계획승인처분은 모두 위법하다.

첨 부 서 류

1. 갑 제1호증 도시가스사업허가증
1. 갑 제2호증 부평 집단에너지 사업 변경신고서
1. 갑 제3호증 집단에너지사업 변경신고 수리통보서
1. 갑 제4호증 부천지역 집단에너지사업 열수송관공사계획 승인요청서
1. 갑 제5호증 집단에너지사업공급시설 공사계획 승인서
1. 갑 제6호증 사업자등록증 사본 1부
1. 갑 제7호증 그 외 증명서류

20○○. ○○. ○○.

위 청구인 ○○도시가스 주식회사 (인)

지식경제부장관 귀하

[서식 116] 채용장려금회수통지취소청구서

심 판 청 구 서

청 구 인 : ○○열기기산업(주)
양산시 ○○구 ○○동 124번지
(전화 : 000-0000, 팩스 : 000-0000)

피청구인 : 양산지방노동사무소장

채용장려금회수통지취소청구서

청 구 취 지

피청구인이 2008. 3. 3. 청구인에 대하여 한 547만 5,000원의 채용장려금회수통지는 이를 취소한다.
라는 재결을 구합니다.

청 구 원 인

1. 청구인의 주장

   청구인은 피청구인을 방문하여 위 박○현이 채용장려금지급대상자에 해당된다는 확약을 받고 위 박○현을 채용한 후 6개월분의 채용장려금을 지급받았으며, 위 박○현은 청구인 회사에 채용되기 전인 2004. 10. 28. ~ 2005. 11. 1.까지 고용보험비적용 사업장이 △△산업기계(주)에서 한 흔무는 일용근로자로서 생계유지를 위하여 잠시 노동을 제공한 것으로 보아야 하고, 따라서 위 박○현의 이직 전 직장은 (주)○○기기로 보아야 하므로 채용장려금 지급대상자이다.

첨 부 서 류

1. 갑 제1호증	근로계약서
1. 갑 제2호증	고용보험 채용장려금지급신청서
1. 갑 제3호증	채용장려금 지급결정 통지서
1. 갑 제4호증	채용장려금 관련 질의서
1. 갑 제5호증	채용장려금 지원관련 질의회신문
1. 갑 제6호증	고용안정사업 부당이득반환금 반환결정통보서

1. 갑 제7호증 사업자등록증사본 1부
1. 갑 제8호증 그 외 증거서류

20○○. ○○. ○○.

위 청구인 ○○열기기산업(주) (인)

양산지방노동사무소장 귀하

[서식 117] 체당금지급대상부적격확인처분취소청구서 (실질적인 '근로자'가 법인등기부상 '이사'로 등록되어 있다는 사유로 지급대상 불가된 경우)

심 판 청 구 서

청 구 인 : 서 ○ ○
서울 ○○구 ○○동 480-60
(전화 : 000-0000, H.P :)

피청구인 : 서울노동청서울동부지청장

체당금지급대상부적격확인처분취소청구서

청 구 취 지

피청구인이 2007. 4. 19. 청구인에게 한 체당금지급사유 확인불가처분을 취소한다.
라는 재결을 구합니다.

청 구 원 인

1. 사건개요
   가. ○(주)△△(이하 "이 사건 회사"라 함) 소속 직원 □□□, 2006. 10. 24. 피청구인에게 도산등사실인정을 신청하자, 피청구인이 2007. 1. 12. 이 사건 회사가 도산등사실인정대상 사업장임을 통지하였다.
   나. 청구인은 2007. 3. 30. 피청구인에게 체당금지급대상확인신청(총 1,020만원)을 하였다.
   다. 피청구인은 2007. 4. 19. 청구인이 이 사건 회사의 등기이사로서 근로자로 볼 수 없다는 이유로 체당금지급대상 확인불가처분을 하였다(※ 피청구인은 청구인과 함께 신청서를 제출한 이 사건 회사 등기감사 ☆☆☆에 대하여는 체당금지급대상으로 인정하였다.).

2. 사실관계
   가. 법인등기부등본
      －이사 : 대표이사 ◎◎◎, 이사 ★★★, 청구인
      청구인은 이 사건 회사 설립 당시부터 도산할 때까지 계속 이사로 등기
   나. 이 사건 회사의 정관
      －이사는 사장(대표이사)을 보좌하고 이사회에서 정하는 바에 따라 이 사건 회사

의 업무를 분장 집행함

다. 이 사건 회사의 급여대장 등

－이 사건 회사의 조직구조

－청구인은 특별한 직책을 맡은 바 없이 이 사건 회사의 기획관리 이사로 재직

－사장(대표이사)을 제외하고는 가장 높은 보수(연봉 4천만원, 월 333만3천원)

－근로소득세, 국민연금액, 의료보험료, 고용보험료가 월급여액에서 원천징수

기획관리 분야(3인)	마케팅 분야(3인)	연구소(5인)
대표이사 1인	마케팅 이사(△△△) 1인	연구소장 1인
기획관리 이사(청구인) 1인	선임연구원 1인	선임연구원 1인
사원 1인	사원 1인	연구원 3인

라. 피청구인의 2007. 4. 13.자 (대표이사 ◎◎◎에 대한) 참고인 진술조서

－이 사건 회사 설립시 청구인에게 이사로 등기하도록 강요

－청구인은 급여나 근무규정에 있어서 다른 직원과 동일하게 적용받았으며, 사업장 내에서 근무하게 하였고, 주례회의를 통해 청구인에게 매일 여러 차례 소소한 내용까지 보고하고 결재 또는 지시를 받아 업무를 수행하게 하였다.

－총금액 30만원 이하의 경우에만 선 지급 후 보고하는 형태로 운영하게 하여 청구인에게 경영에 대한 자율적인 권한이나 전결권을 부여한 사항이 없다.

마. 법무법인 ♠♠이 2001. 3. 23.자로 공증인가한 주식명의신탁 인증서

－이 사건 회사의 대표이사와 ▽▽▽(공동설립자) 소유의 주식을 청구인 명의로 주주명부에 기재, 실질소유자는 대표이사와 ▽▽▽ 양인(각각 50% 소유)

바. 청구인이 제출한 이사회 의사록

－2003. 9. 15. 11:00경 우선주 · 보통주 · 전환사채 발행 등에 대하여 의결권 행사

사. 청구인이 제출한 자금이체 의뢰서

－이 사건 회사의 연구소는 2004. 11. 22. '노트북 하드 디스크 데이터 복구비(165만원)'의 집행시 협조란에 청구인이 서명 후 대표이사의 결재를 받았다.

－2004. 11. 12. '모듈제작비(380만 832원)', 2004. 11. 22. '중국출장일비(144만 7,530원)'와 '운영자금(45만 2,470원)'의 집행시 청구인의 결재 후 대표이사가 결재하였다.

3. 청구인의 주장

피청구인은 청구인이 법인등기부상 "이사"로 기재되어 있다는 이유만을 들어 이 사건 처분을 하였으나, 이 사건 회사의 마케팅본부장과 연구소장에 비하여 청구인의 연봉이 같거나 작았고 부하직원도 가장 적었던 점, 퇴직금과 4대 보험에 있어서 다른 직원들과 동일한 대우를 받았던 점, 청구인은 자금, 총무, 인사 등 관리업무를 하였고 임원으로서의 실질적인 권한을 행사하지 않았던 점, 다른 이사 및 대표이사와는 달리 대규모

자금이 소요되거나 신규인력을 채용하는 경우에 있어 청구인에게는 실질적인 결정권한이 없었던 점, 이 사건 회사의 설립 당시 법인 설립 요건인 이사 수를 충족하기 위해 불가피하게 이사로 등기된 점, 대표이사 등이 실질적인 소유자인 주식을 명의신탁에 의해 보유하고 있었던 점 등에 비추어 볼 때 청구인이 "근로자"임이 분명하므로 피청구인의 이 사건 처분은 위법·부당하다.

4. 이 건 처분의 위법·부당 여부

가. 근로기준법 제2조제1항제1호, 임금채권보장법 제2조·제3조·제6조와 같은 법 시행령 제4조부터 제10조까지의 규정을 종합해 보면, '근로자'란 직업의 종류와 관계없이 임금을 목적으로 사업이나 사업장에 근로를 제공하는 자이고, 산업재해보상보험법에 따른 사업장으로서 6개월 이상 해당 사업을 행한 사업주가 도산등사실인정을 받은 경우에는 도산등사실인정신청일의 1년 전이 되는 날 이후부터 3년 이내에 해당 사업장에서 퇴직한 근로자는 지급받지 못한 최종 3개월분의 임금, 최종 3년분의 퇴직금 및 최종 3월분의 휴업수당(이하 "체당금"이라 한다)에 대하여 피청구인에게 도산등사실인정이 있은 날부터 2년 이내에 지급을 청구할 수 있으며, 체당금의 지급을 청구하는 근로자는 도산등사실인정이 있은 날, 퇴직일, 지급받아야 할 체당금 등에 관하여 체당금 지급청구와 함께 피청구인의 확인을 받도록 규정하고 있다.

나. 근로기준법에 따른 근로자(이하 "근로자"라 한다)에 해당하는지 여부는 근로자가 사업 또는 사업장에 임금을 목적으로 종속적인 관계에서 사용자에게 근로를 제공하였는지 여부에 따라 판단하여야 하고, 여기서 말하는 종속적인 관계가 있는지 여부는 업무 내용을 사용자가 정하고 취업규칙 또는 복무(인사)규정 등의 적용을 받으며 업무 수행 과정에서 사용자가 상당한 지휘·감독을 하는지, 사용자가 근무시간과 근무장소를 지정하고 근로자가 이에 구속을 받는지, 보수의 성격이 근로자체의 대상적(對償的) 성격인지, 기본급이나 고정급이 정하여졌는지 및 근로소득세의 원천징수 여부 등 보수에 관한 사항, 근로 제공 관계의 계속성과 사용자에 대한 전속성의 유무와 그 정도, 사회보장제도에 관한 법령에서 근로자로서 지위를 인정받는지 등의 경제적·사회적 여러 조건을 종합하여 판단하여야 하는바, 일반적으로 주식회사로 등기된 이사, 감사 등 임원은 회사로부터 일정한 사무처리의 위임을 받고 있는 것이므로, 사용자의 지휘·감독 아래 일정한 근로를 제공하고 소정의 임금을 받는 고용관계에 있는 것이 아니며, 따라서 일정한 보수를 받는 경우에도 이를 근로기준법 소정의 임금이라 할 수 없다고 할 것이다. 다만, 주식회사의 이사 또는 감사 등 임원이라고 하더라도 그 지위 또는 명칭이 형식적·명목적인 것이고 실제로는 매일 출근하여 업무집행권을 갖는 대표이사나 사용자의 지휘·감독 아래 일정한 근로를 제공하면서 그 대가로 보수를 받는 관계에 있다거나 또는 주식회사로부터 위임받은 사무를 처리하는 외에 대표이사 등의 지휘·감

독 아래 일정한 노무를 담당하고 그 대가로 일정한 보수를 지급받아 왔다면 그러한 임원은 근로자에 해당한다고 할 것이다.

다. ① 주식명의신탁 인증서에 따르면 이 사건 회사의 설립 당시 실제 청구인이 보유한 주식이 없었고, 이 사건 회사의 대표이사에 대한 참고인 진술조서에 따르면 청구인이 등기이사로 등재된 것도 대표이사의 강력한 요구에 의한 것이라는 점, ② 이 사건 회사의 인력현황 및 급여대장에 따르면 청구인은 이사로서의 업무 외에도 기획, 재무 등 일반관리업무를 수행한 것으로 볼 수 있는 점, ③ 이 사건 회사의 대표이사에 대한 참고인 진술조서에 따르면 청구인은 기획, 재무 등 일반관리업무 전반을 대표이사의 결재 또는 지시를 받아 일일이 처리한 것으로 볼 수 있는 점, ④ 이 사건 회사의 자금이체의뢰서와 급여지급문서에 따르면 청구인이 약 50만원 이상의 자금집행을 함에 있어서도 대표이사의 결재가 있어야 처리가 가능했던 것으로 볼 수 있는 점, ⑤ 이 사건 회사는 도산할 당시 상시근로자수가 약 10인 정도에 지나지 않는 소규모 회사인 점, ⑥ 급여대장에 따르면 다른 직원들과 마찬가지로 월 333만 3,000원을 고정적으로 지급받고 있었고 청구인의 근로소득세와 4대 사회보험료가 원천징수 되고 있었던 점, ⑦ 등기감사이면서 마케팅 이사로 재직한 지형원에 대해서는 근로자로 보아 체당금을 지급한 점을 볼 때, 그 지위 또는 명칭이 형식적·명목적인 것이고 실제로는 이 사건 회사로부터 위임받은 사무를 처리하는 외에 대표이사의 지휘·감독 아래 일정한 노무를 담당하고 그 대가로 일정한 보수를 지급받아 왔다고 할 것이므로, 청구인은 근로자에 해당하고, 따라서 피청구인이 청구인이 근로자가 아니라는 이유로 행한 이 사건 처분은 위법·부당하다고 할 것이다.

첨 부 서 류

생 략

20○○. ○○. ○○.

위 청구인 서 ○ ○ (인)

서울노동청서울동부지청장 귀하

[서식 118] 체육특기자이적동의의무이행청구서

심 판 청 구 서

청 구 인 : 원 ○ ○
춘천시 ○○구 ○○동 124
(전화 : 000-0000, H.P :)

피청구인 : 강원도교육감

체육특기자이적동의의무이행청구서

청 구 취 지

피청구인은 청구인에 대하여 체육특기자 이적동의의무를 이행하라
라는 재결을 구합니다.

청 구 원 인

1. 청구인 주장
   가. 청구인은 춘천시 소재 ○○여자중학교에서 체육특기자로(농구)로 입학하여 선수생활을 하다가 2004. 6. 30. 부모님이 이혼하여 현재 어머니와 함께 서울특별시에서 생활하고 있다.
   나. 청구인은 적법한 절차를 거쳐 재학증명서를 발급받아 2004. 7. 21. 서울특별시 소재 △△여자중학교로 전학하였다.
   다. 청구이은 체육특기자로 △△여자중학교에서 선수생활을 계속하기 위하여 피청구인에게 수차례에 걸쳐 이적동의를 하여 주도록 요청하였으나, 피청구인은 청구인에 대한 이적동의를 할 경우 지역체육발전을 저해한다는 등의 이유로 이적동의를 거부하고 있다.
   라. 국민고충처리위원회에서 피청구인이 지역체육발전의 저해, ○○여중 농구부의 해체위기, 문화체육관광부장관 및 대한체육회의 지침 등을 들어 청구인에 대한 이적동의를 거부하는 것은 권한의 범위를 일탈하여 위법한 것이므로 이적도의를 하여 주도록 권고하였다.
   마. 피청구인의 이 건 국민고충처리위원회의 권고를 무시한 것이고, 또한 헌법이 보장하고 있는 거주이전의 자유 등 청구인의 기본적인 권리를 누릴 수 없게 하는 것으로 위법・부당하다.
   바. 피청구인은 청구인이 비합리적이고 비도덕적으로 스카웃된 것으로 매도하고 있으

나, 청구인은 가정사정으로 불가피하게 전학하고자 한 것이다.

첨 부 서 류

1. 갑 제1호증 재학증명서
1. 갑 제2호증 중학교배정통지서
1. 갑 제3호증 전학(편입학)서류 송부서
1. 갑 제4호증 탄원서(이적동의요청서)
1. 갑 제5호증 운동선수 이적동의요청서
1. 갑 제6호증 민원(이적동의)회신서
1. 갑 제7호증 학교장의견서
1. 갑 제8호증 국민고충처리위원회 의결서
1. 갑 제9호증 교육부장관의 민원처리 협의 요청서
1. 갑 제10호증 주민등록등본 1부

20○○. ○○. ○○.

위 청구인 원 ○ ○ (인)

강원도교육감 귀하

[서식 119] 총포소지허가신청서 (총포·도검·화약류 등 단속법 시행규칙 [별지 제9호서식])

<개정 2020.12.31.>

총포 소지 허가 신청서

※ 뒤쪽의 안내사항을 참고하시기 바라며, [ ]에는 해당되는 곳에 √표를 합니다. (앞 쪽)

접수번호	접수일자	처리일자	처리기간	경찰서장 허가 7일 지방경찰청장 허가 10일

신청인	성명	주민등록번호
	직업	운전면허번호
	주소	전화번호

관리책임자 (예술소품용 총포 등 소지허가를 신청하는 경우에만 해당한다)	성명	주민등록번호	휴대전화번호	성명	주민등록번호	휴대전화번호

총포내용	총종(銃種)· 형식	[ ]산탄외대 [ ]산탄상하쌍대 [ ]산탄수평쌍대 [ ]삼연쌍대 [ ]라이플 [ ]공기총스프링 [ ]공기총(펌프) [ ]공기총(가스) [ ]권총회전 [ ]권총착탈 [ ]공간 [ ]원절 [ ]중절 [ ]레바 [ ]수동장전 [ ]자동장전 [ ]기타		
	총명	제조국명	명칭	
	구경	공칭 번(구경)	총신의 길이 cm	
		실측치수 ㎜	총 전체의 길이 cm	
	대체총신	구경 번(구경) ㎜	총신의 길이 cm	
	총번(銃番)	제 호	총중량	kg
	적합실탄 공포탄명		탄창장전 탄수	개

용도	[ ]호신 [ ]수렵 [ ]유해조수 구제 [ ]사격경기 [ ]어획 [ ]건축 [ ]공업 [ ]기타 산업 [ ]신호·구명 [ ]도살·마취 [ ]시험·연구 [ ]예술소품용

입수경위	양 도 인	성명	주민등록번호
		직업 또는 직위	주소
		허가청	업소명
		허가번호 제 호	허가연월일 년 월 일
		양도양수연월일 년 월 일	
	수입내용	수입면장번호 제 호	수입연월일 년 월 일
		수입국명	수입지
	임 대	임대업소명	임대업소 주소
보 관	총포 소지 허가증이 발급될 때까지 보관합니다.		보관연월일 년 월 일
	보관처		보관책임자 (서명 또는 인)

허가증 발급		조사복명		신원·전과조회	

「총포·도검·화약류 등 단속법」 제12조제1항 및 같은 법 시행규칙 제21조제1항에 따라 위와 같이 신청합니다.

년 월 일 신청인 : (서명 또는 인)

지방경찰청장·경찰서장 귀하

210㎜×297㎜(백상지 80g/㎡)

(뒤 쪽)

첨부서류		수수료
첨부서류	1. 신체검사서 2. 총포의 출처를 증명할 수 있는 서류 3. 총포의 용도를 소명할 수 있는 서류 4. 사진(가로 2.5㎝, 세로 3㎝) 5. 정신건강의학과 전문의 진단서 또는 소견서(수렵용 또는 유해조수구제용 총포를 소지하려는 경우에만 해당합니다) 6. 병력신고 및 개인정보 이용 동의서(수렵용 또는 유해조수구제용 총포를 제외한 총포를 소지하려는 경우에만 해당합니다)	3,000 ~ 5,000원

유의사항

1. 신체검사서는 공기총·가스발사총·마취총·산업용총 및 구명줄발사총의 경우 외에는 종합병원 또는 병원에서 발행한 것에 한하며, 가스발사총·산업용 타정총의 경우 「도로교통법」 제80조에 따른 운전면허가 있는 사람은 신체검사서를 첨부하지 아니합니다.
2. 총포 출처 증명서류는 입수경위에 따라 다음과 같습니다.
   가. 기존 허가 총포의 경우는 총포 소지 허가증
   나. 소지 허가 총포로서 상품화할 경우에는 총포 소지 허가증 반납증명 서류
   다. 수입 또는 양도 총포의 경우에는 수입면장
   라. 국내 제품인 경우에는 제조명세서
3. 총포의 용도를 소명할 수 있는 서류는 다음과 같습니다.
   가. 사격경기용 총포: 사격선수확인증
   나. 수렵용 총포: 제1종 수렵면허증 또는 수렵면허시험 합격증
   다. 유해조수구제용 총포: 제1종 수렵면허증, 제1종 수렵면허시험 합격증 또는 유해야생동물 포획허가증
   라. 그 밖의 용도에 필요한 총포: 총포의 해당 용도를 소명할 수 있는 서류

처리절차

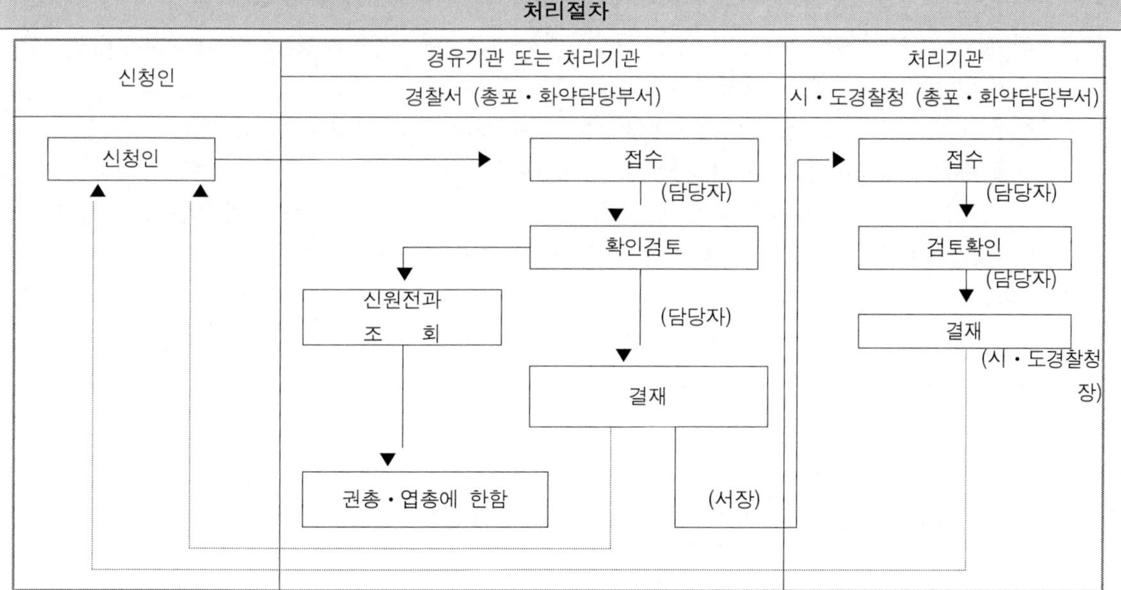

[서식 120] 치과의사면허자격정지처분취소청구서

심 판 청 구 서

청 구 인 : 박 ○ ○
서울 ○○구 ○○동 1701의 1
(전화 : 000-0000, H.P :)

피청구인 : 보건복지가족부장관

치과의사면허자격정지처분취소청구서

청 구 취지

피청구인이 2007. 7. 24. 청구인에 대하여 한 3월(2007. 8. 16. - 2007. 11. 15.)의 치과의사면허자격정지처분은 이를 취소한다.
라는 재결을 구합니다.

청 구 원 인

1. 청구인 주장

가. 청구인은 미국 남가주치과대학에서 치과의무학 박사학위를 취득하고 뉴욕치과대학원에서 소아치과학 전문의자격 등을 취득하고 현 주소지에서 ○○○치과라는 상호로 개원한 치과의사이다.

나. 청구인은 2005년 2월 중순경 연세대학교 치과대학 외래교수인 김○국 교수의 추천으로 2005. 1. 30.자로 치과의사 국가시험에 합격하고 2005년 2월말에 졸업이 예정된 연세대학교 치과대학 4학년에 재학중인 이○민으로 하여금 청구인이 운영하는 ○○○치과에서 실습을 위한 의료행위를 하도록 한 바 있다.

다. 2005. 2. 20. 청구인은 환자 이○령을 치료하기 전에 구강내시경을 통하여 치아상태 등을 환자에게 확인하게 한 후 간호사로 하여금 현상태와 치료내용, 치료비용 등에 대한 설명을 한 후 환자로 하여금 치료동의서에 서명을 하게 한 다음 치료에 임하였는데 동 환자의 사랑니 발치는 청구인이 직접 시술하였고 이○민은 본인의 진단 및 지시한 바에 따라 충치치료를 하였다.

라. 피청구인은 청구인이 치과의사면허를 받지 아니한 무자격자로 하여금 의료행위를 하였다는 이유로 이 건 처분을 하였으나, 의료법 제27조제1항제3호 및 동법시행규칙 제18조제1항을 종합하여 보면, 치과의학을 전공하는 학생은 의료인의 지시, 감독을 받아 전공분야와 관련되는 의료행위를 할 수 있고 이러한 법위내의 의료행위

는 무면허 의료행위에 해당되지 아니하다고 할 수 있다.

마. 치과의사 국가시험에 합격하고 피청구인의 면허발부라는 형식적인 절차만 남아 있는 상태에서 한 이○민의 충치치료행위는 보건위생상 위해가 생길 우려가 전혀 없어 의료법이나 관련 대법원의 판례의 취지에 비추어 보아 무면허 의료행위라고 볼 수 없다.

바. 설사 이○민의 치료행위가 무면허 의료행위에 해당된다고 하더라도 청구인이 위법행위에 대한 인식이 없었고 국내에 레이저를 이용한 치과시술의 전파보급에 노력해 온 점, CO2 레이저, 아르곤레이져 등 초현대식 의학장비에 수억원을 투자하고 4명의 직원을 고용하여 3개월간 병원을 운영하지 못하면 청구인 및 직원들의 생계유지가 어렵게 될 뿐만 아니라 영업상의 신용훼손으로 병원을 폐쇄할 수 밖에 없는 처지에 놓일 위험이 있는 점 등을 종합적으로 고려하면 이 건 처분은 위법·부당한 처분이다.

첨 부 서 류

1. 갑 제1호증 의사행정처분 통지서
1. 갑 제2호증 질의회신
1. 갑 제3호증 치과의사면허증
1. 갑 제4호증 재직증명서
1. 갑 제5호증 확인서
1. 갑 제6호증 주민등록등본 1부

20○○. ○○. ○○.

위 청구인 박 ○ ○ (인)

보건복지가족부장관 귀하

[서식 121] 토지수용이의신청재결재심등청구서

심 판 청 구 서

청 구 인 : 고 ○ ○ 외 10인
울진시 ○○군 ○○리 123-45
전화 : 000-0000, H.P :)

피청구인 : 중앙토지수용위원회

토지수용이의신청재결재심등청구서

청 구 취 지

피청구인은 2004. 1. 25. 청구인에게 한 이의신청재결에 대하여 재심 및 재감정을 실시하라.
라는 재결을 구합니다.

청 구 원 인

1. 청구인 주장
   한국전력공사는 울진원자력발전소 5·6호기의 부지조성시 주민의 이해와 동의 없이 청구인들의 토지를 원자력발전소부지로 고시·편입하고, 토지감정시에는 당사자 합의하에 감정기관을 의뢰하여야 하는 등 통례를 무시하고 지주도 모르게 일방적으로 감정을 하였으며, 2002. 5. 28. 감정시에는 감정사에게 향응을 접대하는 등 감정비리의혹을 조성하여 공정치 못한 감정과 불신을 초래하였고, 2003. 12. 21. 재감정시에는 감정의 기본업무인 토지공시지가변동사항을 확인하지 않아 2003년도 공시지가 30%이상 인상분을 반영하지 않았으며 농로폐쇄에 따른 7년간의 농사미경작분을 고려하지 않는 등 형식적이고 위법적인 감정이어서 한국전력공사 및 피청구인의 판정을 합법적이라고 인정할 수 없는바, 청구인들의 사유재산권 침해를 방지하기 위해 피청구인의 이의신청재결에 대한 재심 및 재감정이 이루어져야 한다.

첨 부 서 류

1. 갑 제1호증 재결서
1. 갑 제2호증 민원회신

1. 갑 제3호증 토지수용이의신청재결 통지서
1. 갑 제4호증 주민등록등본 1부
1. 갑 제5호증 그 외 증명서류

20○○. ○○. ○○.

위 청구인 고 ○ ○ 외 10인 (인)

중앙토지수용위원회 귀하

[서식 122] 통행료징수허가처분취소청구서

심 판 청 구 서

청 구 인 : 권 ○ 이 외3인
대구시 ○○구 ○○동 ○○빌라 2동 405호
(전화 : 000-0000, H.P :)

피청구인 : 대구광역시장

통행료징수허가처분취소청구서

청 구 취 지

피청구인이 1999. 7. 19. (주)○○건설 , (주)△△건설 및 (주)□□산업에 대하여 한 국우터널통행료징수허가처분은 이를 취소한다.
라는 재결을 구합니다.

청 구 원 인

1. 청구인들 주장
   가. 국우터널은 대구광역시 북구 국우동 산 53-3번지외 일대에 위치한 터널길이 370m, 진입도로 1,310m의 터널로서 대구광역시 북구 칠곡지구(이하 "칠곡지역"이라 한다) 로 들어갈 수 있는 도로는 현재 중앙고속도로, 팔달교, 국우터널, 공사중에 있는 제2팔달교가 있으나, 중앙고속도로와 국우터널이 유료화가 되어 있고, 제2팔달교 역시 민자유치로 건설된 도로이므로 유료화가 확실시되고 있으며, 팔달교는 통행료를 징수하지 아니하나 상습적인 교통체증을 유발하므로 팔달교를 이용하여 대구시내를 왕래하려는 것이 불가피한 바, 청구인들은 이 건 처분으로 인하여 국우터널을 지나갈 때마다 소형차는 500원, 대형차는 600원씩 통행료를 납부하게 되어 월 6-7만원의 재산상 손해를 보고 있고, 이러한 사정으로 인하여 청구인들이 칠곡지역의 아파트에 입주할 당시에 비하여 아파트의 시세가 약 2000만원 정도 하락하였다.
   나. 칠곡지역의 주민들은 대부분 대구시내에 직장 등의 생계유지기반을 두고 있을 뿐만 아니라, 학교통학, 생활용품의 구입 등 일상생활을 유지하기 위하여도 매일 수차례씩 팔달교 또는 국우터널을 이용하여 대구시내를 왕래하여야 하는데, 팔달교를 제외한 대구시내연결도로를 유료화하는 것은 이미 아파트입주시에 600여만원의 세금을 납부했던 청구인들을 비롯한 이 지역 주민들에게 큰 경제적 부담을 주

는 것으로서 인간다운 생활을 할 권리를 침해하는 처분이므로 취소되어야 한다.

다. 피청구인은 대구광역시 외곽간선도로(읍내동, 서변동, 도동, 안심, 범물동, 상인동, 성서공단, 지천을 연결하는 4차순환도로)를 계획하여 재정부족으로 민간자본을 유치하여 건설하였는데 4차순환도로 내에 있는 상인동, 시지동, 범물동, 성서공단 등 다른 지역의 주민들에 대하여는 어느 곳도 도로에 대한 통행료를 부과하고 있지 아니하며, 특히 시지동, 대곡동, 성서지역에 대하여는 도로의 무료화뿐만 아니라 지하철 건설까지 하여 그곳 주민의 편의를 보장하고 있는 사실에 비추어 볼 때, 피청구인의 이 건 처분은 사회적 생활영역에 있어서 헌법이 보장하고 있는 평등원칙에 반하는 위법한 처분이다.

라. 한편, 국우터널의 유료화는 실질적으로 칠곡지역의 주민의 이해관계와 직결되는 사안이므로, 행정의 공정성, 투명성, 신뢰성을 확보하고, 국민의 권익을 보호하기 위하여는 행정절차법의 규정에 의하여 이 건 처분을 하기에 앞서 당사자 등의 의견을 직접 듣고 증거를 조사하며, 공청회 등 당사자 등이 충분히 의견을 제출할 수 있도록 하는 절차를 거쳤어야 함에도 불구하고 피청구인은 그러한 절차를 거치지 아니하고 이 건 처분을 하였다.

마. 또한, 교통의 발달과 공공복리의 향상에의 기여함을 목적으로 하는 도로법의 취지에 비추어 볼 때, 도로를 유료도로화 하려면 최소한 대체도로가 있어서 당해도로의 통행을 불가피하게 하지 아니하여야 하고, 도로의 이용자가 통행료를 징수당함으로 인하여 얻는 불이익과 그 도로를 이용함으로써 얻는 이익을 비교형량하여 이용자의 진입에 이용될 수 있는 도로인 팔달교는 상기한 바와 같이 통행량이 너무 많아 사실상 국우터널을 이용한 통행이 불가피하다.

바. 청구인들이 칠곡지역으로 입주할 당시에 택지개발과 도로부담금으로 많은 세금을 부담하였으므로, 피청구인은 그 부담금으로 신의에 따라 성실히 이 지역 도로를 비롯한 제반시설의 확충을 하도록 하여야 함에도 불구하고 청구인들과 전혀 관련이 없는 도로건설에 주민들의 도로개선분담금을 사용하였고, 국우터널을 건설함에 있어서 민간자본을 유치하고 (주)○○건설 등에게 이 건 처분을 하여 청구인들을 비롯한 칠곡지역 주민들에게 이중으로 부담을 지우는 것은 신의성실의 원칙에 현저히 반하는 처분이므로 이 건 처분은 취소되어야 한다.

첨 부 서 류

1. 갑 제1호증	도로건설계획서
1. 갑 제2호증	민자유치사업투자 희망자공모공고문
1. 갑 제3호증	민자유치사업시행협약서
1. 갑 제4호증	비관리청의 도로공사 시행허가공문서
1. 갑 제5호증	통행료징수허가신청서

1. 갑 제6호증	유료도로(국우터널 및 진입로)통행료징수 협약서
1. 갑 제7호증	주민설명회를 위한 통행료 징수계획문서
1. 갑 제8호증	국토해양부장관의 국우터널통행요금징수 인가공문서
1. 갑 제9호증	피청구인의 국우터널 및 진입로 통행료징수 허가공문서
1. 갑 제10호증	통행료징수허가내용공고
1. 갑 제11호증	유료도로 국우터널 수익성분석 및 통행료 산정보고서
1. 갑 제12호증	통행료징수허가 통지서
1. 갑 제13호증	주민등록등본 1부

20○○. ○○. ○○.

위 청구인 권 ○ 이 외3인 (인)

대구광역시장 귀하

[서식 123] 특허권리이전가등록신청수리거부처분취소청구서

심 판 청 구 서

청 구 인 : 조○○외 1인
서울시 ○○구 ○○동 ○○아파트 1동 1234호
(전화 : 000-0000, H.P :)

피청구인 : 특허청장

특허권리이전가등록신청수리거부처분취소청구서

청 구 취 지

피청구인이 2007. 8. 25. 청구인에 대하여 한 18건의 특허권리이전가등록신청수리거부처분은 이를 취소한다.
라는 재결을 구합니다.

청 구 원 인

1. 청구인 주장
   가. 청구인은 2007. 8. 18. 청구외 (합)○○무약(이하 "○○무약"이라 한다)으로부터 특허 제179320호 외 19건의 특허권을 양도받았으나, ○○무약이 청구인과 공동으로 신청하여야 하는 권리이전등록신청에 소극적이고, 청구인도 이전 등록에 많은 비용이 소요되기 때문에 권리이전등록청구권을 보전하기 위하여 2007. 8. 21. 권리이전가등록신청서를 피청구인에게 제출하였음에도, 피청구인은 (1)가등록신청의 등록원인증명서류는 양도증이 아닌 조건부양도증서, 예약증서 등으로 제출하여야 하고, (2) 일부신청건은 권리가 소명하였다는 이유로 2007. 8. 25. 이를 불수리 하였다.
   나. 이에 대하여 청구인이 이의를 제기하자, 피청구인은 당일까지 제3자의 신청이 없어서 다시 신청하더라도 우선순위를 확보할 수 있으므로 양도예약증서를 등록원인증명서류로 하여 다시 신청하라고 하였고, 피청구인은 양도예약증서를 준비하여 2007. 8. 28. 권리이전가등록신청서를 다시 제출하였으나, 8건의 특허권에 대하여는 제3자인 (주)○○은행이 선순위로 가압류 등록을 함으로써 청구인이 불측의 피해를 입게 되었다.
   다. 청구인이 2007. 8. 21.자로 신청한 권리 20건 중에서 2건(등록 제52207호, 등록 제53436호)은 권리가 소명되었으므로 이에 대한 불수리처분은 수용할 수 있으나, 18건에 대하여는 특허등록령 제2조에 1. 등록신청에 필요한 절차상의 요건이 구비되

지 아니할 경우, 2. 특허권·전용실시권 및 통상실시권과 이를 목적으로 하는 질권의 설정·이전·변경 또는 소멸에 관하여 청구권을 보전하고자 할 경우, 3. 제2호의 청구권이 시기부이거나 정지조건부인 경우 기타 장래에 있어서 확정될 것인 경우에 가등록을 할 수 있도록 규정되어 있는데, 양도인인 ○○무약이 공동으로 이전등록신청을 하는데 소극적인 것은 특허등록령 제2조제1호에 해당하며, 청구인이 이전등록을 하는데 많은 비용이 소요되므로 이전등록청구권만을 보전하기 위한 것은 특허등록령 제2조제2호에 해당하는 경우로써 청구인의 가등록신청은 적법하다.

라. 특허청 등록업무편람에 가등록의 등록원인증명서류로 대물변제예약증서와 대물변제증서가 함께 기재되어 있는데, 대물변제예약서는 양도예약증서처럼 조건부 또는 시기부 청구권의 원인서류가 되지만, 대물변제증서를 등록원인으로 하는 경우에는 등록청구권이 이미 발생되어 있다는 점에서 양도증과 같은 것으로 인정할 수 있고, 특허등록령 제2조 제1호 및 제2호의 경우에도 제3호의 경우처럼 가등록원인증명서류로서 조거 또는 시기가 명시된 등록원인증명서류를 제출하여야만 한다고 하는 것은 결국 특허등록령 제2조 제1호와 제2호를 사문화시키는 것이므로 명백한 법리오해가 아닐 수 없다.

마. 상표법 제54조제3항의 삭제는 상표권이전의 요건으로 규정되어 있던 상표권이전공고제도를 삭제한 것이므로 이 사건 특허권 이전가등록신청과는 전혀 무관한 내용이며, 특허청 등록과의 담당자가 과거에 가등록신청의 등록원인 증명서류로 양도증이 사용되어 왔다는 사실을 인정하면서도 조건부양도예약증서가 아니어서 수리할 수 없다고 하는 것은 특정인을 배려하기 위한 부당한 업무처리로밖에 볼 수 없다.

첨 부 서 류

1. 갑 제1호증 특허권리이전가등록신청수리거부 통지서
1. 갑 제2호증 주민등록등본 1부
1. 갑 제3호증 그 외 증명서류

20○○. ○○. ○○.

위 청구인 조○○외 1인 (인)

특허청장 귀하

[서식 124] 한의사면허자격정지처분취소청구서

심 판 청 구 서

청 구 인 : 김 ○ ○
서울 ○○구 ○○동 123 ○○아파트 101동 1203호
(전화 : 000-0000, H.P :)

피청구인 : 보건복지가족부장관

한의사면허자격정지처분취소청구서

청 구 취 지

피청구인이 2000. 6. 29. 청구인에 대하여 한 3월(2000. 7. 15. ~ 2000. 10. 14.)의 한의사면허자격정지처분은 이를 취소한다.
라는 재결을 구합니다.

청 구 원 인

1. 청구인 주장
   가. 청구인은 서울한의원을 운영하는 한의사이고, 청구인의 한의원에는 청구인의 조부로부터 침술과 부항 뜨는 법을 배운 바 있는 청구인의 부친 청구외 김○기가 가끔 들러 한의원 정리를 해 주고 있었다.
   나. 청구인은 2000. 2. 17. 18:00경에 서울롯데호텔에서 있은 서울시한의사회회장선거합동연설회에 참석하기 위하여 일찍 퇴근한 사실이 있으며, 청구인이 퇴근한 후에도 위 김○기가 청구인의 한의원에 있다가 저녁 늦게 찾아온 환자인 청구외 장○임이 침을 놓아 줄 것을 부탁하여 위 장○임에게 침을 놓고 부항을 뜬 사실은 있으나, 청구인이 직접 의료행위를 시킨 것도 아니고, 위 김○기의 침술 등으로 의료사고가 발생하지 아니하였음에도 불구하고 청구인의 한의사면허자격을 정지한 이건 처분은 위법·부당하다.

첨 부 서 류

1. 갑 제1호증 의료법위반 의료인(한의사)행정처분의료서
1. 갑 제2호증 청문통지서
1. 갑 제3호증 의견제출서
1. 갑 제4호증 행정처분서

1. 갑 제5호증　　무면허 의료행위자 등 통지서
1. 갑 제6호증　　서울지방법원 서부지원 약식명령서
1. 갑 제7호증　　고소장
1. 갑 제8호증　　주민등록등본　　1부

20○○. ○○. ○○.

위 청구인 김 ○ ○ (인)

보건복지가족부장관 귀하

[서식 125] 환급가산금지급이행청구서 (택지초과소유부담금환급가산금)

심 판 청 구 서

청 구 인 : (주)○○건설
서울 ○○구 ○○동 123-56
(전화 : 000-0000, 팩스 : 000-0000)

피청구인 : 국토해양부장관

환급가산금지급이행청구서

근거법조 : 구 택지소유상한에관한법률(1989. 12. 30. 법률 제4174호로 제정되고 1997. 8. 30. 법률 제5410호로 개정되었다가 1998. 9. 19 법률 제5571호로 폐지된 법률) 제27조, 제38조, 동법시행령 제32조제4항

청 구 취 지

피청구인은 청구인에게 택지초과소유부담금환급가산금을 지급하라.

청 구 원 인

1. 청구인 주장

가. 헌법재판소에서 위헌으로 결정되기 전까지는 택지소유상한에관한법률에 근거하여 부과한 이 건 택지초과소유부담금부과처분은 당연무효가 아니라 취소할 수 있는 행정처분에 불과하였고, 따라서 청구인이 납부한 부담금의 반환청구는 부당이득금의 반환에 해당하지 않기 때문에 민법이 정하는 5%의 이자율을 적용할 수 없다.

나. 헌법재판소의 위헌결정은 모든 국가기관을 기속하고, 위헌으로 결정된 법률은 별도의 절차없이 장래를 향하여 그 효력을 상실하기 때문에 모든 국가기관은 그 법률에 근거하여 어떠한 행위도 할 수 없으나, 이러한 위헌결정을 이유로 시행당시의 법률에 규정된 이율에 의한 환급가산금을 가산하여 환급하지 않는다면 위헌결정으로 인한 법규범의 공백상태로 오히려 법적 상태가 헌법질서에서 더욱 멀어지는 결과를 초래하고 결국 위헌결정의 의미가 없어지게 되기 때문에 모든 국가기관은 비록 특정법률이 위헌으로 결정되었다 하더라도 헌법상의 원칙과 원리에 부합하도록 그 법률을 합헌적으로 이해하고 이에 맞게 행동하여야 한다.

첨 부 서 류

1. 갑 제1호증 1, 2	환급신청서 및 반환통지서
1. 갑 제2호증	납부영수증
1. 갑 제3호증	사업자등록증사본 1부
1. 갑 제4호증	그 외 증명서류

20○○. ○○. ○○.

위 청구인 (주)○○건설 (인)

국토해양부장관 귀하

[서식 126] 훈장수여사실기록이행청구서

심 판 청 구 서

청 구 인 : 신 ○ ○
서울 ○○구 ○○동 33-11
(전화 : 000-0000, H.P :)

피청구인 : 육군참모총장

훈장수여사실기록이행청구서

청 구 취 지

피청구인은 청구인이 금성화랑무공훈장을 수여받은 사실을 상훈대장에 기록하라.
라는 재결을 구합니다.

청 구 원 인

1. 청구인 주장
   청구인은 1950. 7. 27. 육군에 입대하여 1957. 7. 2. 7사단5연대에서 하사로 만기제대한 자로서, 1953. 7. 19.~25.간 휴전당시 강원 금화지구전투에서 용감히 싸운 공로로 금성화랑무공훈장(후기번호 제2458호) 등 2회의 무공훈장을 받은 사실이 있는데, 그 중 위 훈기번호 제2458호의 무공훈장 수여사실을 확인하여 달라는 민원을 피청구인, 국방부 등 관계부처에 제기하였으나, 관계부처로부터 상훈명령에 발령되지 않아 훈장수여사실을 확인할 수 없다는 회신을 받았는 바, 이는 오기, 착오, 누락 등 피청구인의 하자있는 행위로서 피청구인은 청구인이 수여받은 위 훈장을 상훈대장에 기록하여야 한다.

첨 부 서 류

1. 갑 제1호증 훈장수여사실 통지서
1. 갑 제2호증 청원서
1. 갑 제3호증 회신문민원에 대한 회신문
1. 갑 제4호증 탄원서
1. 갑 제5호증 병적증명서
1. 갑 제6호증 무공훈장증

1, 갑 제7호증 주민등록등본 1부
1. 갑 제8호증 그 외 증명서류

20○○. ○○. ○○.

위 청구인 신 ○ ○ (인)

육군참모총장 귀하

[서식 127] 행정심판위원회송달서

[별지 제1호서식]

<table>
<tr><td colspan="4">○○○행정심판위원회
송달서</td></tr>
<tr><td>① 사건</td><td colspan="3">행심
심판청구사건</td></tr>
<tr><td>② 청구인</td><td></td><td>③ 피청구인</td><td></td></tr>
<tr><td>④ 송달서류</td><td colspan="3"></td></tr>
<tr><td>⑤ 근거 법조문</td><td colspan="3">「행정심판법」 제 조제 항, 같은 법 시행령 제 조제 항</td></tr>
<tr><td colspan="4">위와 같이 송달합니다.

. . .

○○○행정심판위원회 (인)

귀하</td></tr>
</table>

210mm×297mm

[일반용지 60g/㎡(재활용품)]

[서식 128] 행정심판위원회통지서

[별지 제2호서식]

<table>
<tr><td colspan="4">○ ○ ○ 행정심판위원회
통지서</td></tr>
<tr><td>① 사건</td><td colspan="3">행심
심판청구사건</td></tr>
<tr><td>② 청구인</td><td></td><td>③ 피청구인</td><td></td></tr>
<tr><td>④ 통지사항</td><td colspan="3"></td></tr>
<tr><td>⑤ 근거 법조문</td><td colspan="3">「행정심판법」 제 조제 항, 같은 법 시행령 제 조제 항</td></tr>
<tr><td colspan="4">위와 같이 통지합니다.

. . .

○ ○ ○ 행정심판위원회 (인)

귀하</td></tr>
</table>

210mm×297mm

[일반용지 60g/㎡(재활용품)]

[서식 129] 우편송달통지서

[별지 제3호서식]

① 행심		② 우편번호	
우편송달통지서		③ 발송일	
		④ 요금	원

⑤ 송달서류
⑥ 송달받을 사람　　기관명　　. . .발송
귀하

⑦ 영수인

1.	⑧ 송달받을 사람 본인에게 내주었음
2.	⑨ 송달받을 사람이 부재중이므로 사리를 잘 아는 다음 사람에게 내주었음
	가. 사무원
	나. 고용인
	다. 동거인
3.	⑩ 다음 사람이 정당한 사유없이 송달받기를 거부하므로 그 장소에 서류를 두었음
	가. 송달받을 사람
	나. 사무원
	다. 고용인
	라. 동거인

⑪ 송달 연월일	. . . 시 분
⑳송달장소	

위와 같이 송달하였습니다.

. . .

우체국

우편집배원 [인]

⑫ 배달하지 못한 사유			
배달횟수 / 구분	1회	2회	3회
1. 수취인 부재			
2. 폐문 부재			
3. 수취인 불명			
4. 주소 불명			
5. 이사 불명			
배달일	/	/	/
확인	㊞	㊞	㊞

1. 영수인란에 받은 사람이 서명 또는 날인하게 하시기 바랍니다.
2. 송달장소란에는 시, 군, 읍, 면, 리, 번지를 자세하게 쓰시기 바랍니다.
3. 각 난 중 불필요한 난은 비워 두시기 바랍니다.

210mm×297mm [일반용지 60g/㎡(재활용품)]

[서식 130] 접수증

[별지 제4호서식]

<table>
<tr><td colspan="4">접 수 증

접수번호</td></tr>
<tr><td>① 접 수 내 용</td><td colspan="3"></td></tr>
<tr><td>② 청 구 인</td><td></td><td>③ 피청구인</td><td></td></tr>
<tr><td>④ 제 출 내 용</td><td colspan="3"></td></tr>
<tr><td colspan="4">위와 같이 접수하였습니다.
. . .
접수자 ()

○○○행정심판위원회 (인)</td></tr>
</table>

210mm×297mm [일반용지 60g/㎡(재활용품)]

[서식 131] 행정심판위원회 출석통지서

[별지 제5호서식]

<table>
<tr><td colspan="4">○○○행정심판위원회
출석통지서</td></tr>
<tr><td>① 사 건</td><td colspan="3">행심
심판청구사건</td></tr>
<tr><td>② 청구인</td><td></td><td>③ 피청구인</td><td></td></tr>
<tr><td>④ 출석할 사람</td><td colspan="3"></td></tr>
<tr><td>⑤ 근거 법조문</td><td colspan="3">「행정심판법」 제36조, 제40조제1항</td></tr>
<tr><td colspan="4">위 사건에 관하여 귀하의 진술을 청취하고자 하오니 아래와 같이 출석해 주시기 바랍니다.
-아 래-

1. 일시: . . . 오전:
오후:
2. 장소:

. . .

○○○행정심판위원회 (인)
귀하</td></tr>
<tr><td colspan="4">주의사항
1. 문의사항이 있으면 우리 위원회(전화:)로 연락하시기 바랍니다.
2. 출석하실 때에는 이 통지서, 주민등록증, 도장 및 그 밖의 참고자료를 지참하시기 바랍니다.</td></tr>
</table>

210mm×297mm

[일반용지 60g/㎡(재활용품)]

[서식 132] 행정심판위원회결정서

[별지 제6호서식]

<table>
<tr><td colspan="4">○○○ 행정심판위원회
결정서</td></tr>
<tr><td>① 사 건</td><td colspan="3">행심
심판청구사건</td></tr>
<tr><td>② 청구인</td><td></td><td>③ 피청구인</td><td></td></tr>
<tr><td>④ 신청인</td><td></td><td>⑤ 피신청인</td><td></td></tr>
<tr><td>⑥ 주문(主文)</td><td colspan="3"></td></tr>
<tr><td>⑦ 신청취지</td><td colspan="3"></td></tr>
<tr><td>⑧ 근거 법조문</td><td colspan="3">「행정심판법」 제 조제 항, 같은 법 시행령 제 조제 항</td></tr>
<tr><td colspan="4">위 사건에 대하여 주문과 같이 결정합니다.

. . .

○○○ 행정심판위원회 (인)</td></tr>
</table>

210mm×297mm

[일반용지 60g/㎡(재활용품)]

[서식 133] 행정심판위원회 위원장 결정서

[별지 제7호서식]

<table>
<tr><td colspan="4">○○○ 행정심판위원회 위원장
결정서</td></tr>
<tr><td>① 사 건</td><td colspan="3">행심
심판청구사건</td></tr>
<tr><td>② 청구인</td><td></td><td>③ 피청구인</td><td></td></tr>
<tr><td>④ 신청인</td><td></td><td>⑤ 피신청인</td><td></td></tr>
<tr><td>⑥ 주 문</td><td colspan="3"></td></tr>
<tr><td>⑦ 신청취지</td><td colspan="3"></td></tr>
<tr><td>⑧ 근거법조</td><td colspan="3">「행정심판법」 제 조제 항, 같은 법 시행령 제 조제 항</td></tr>
<tr><td colspan="4">위 사건에 대하여 주문과 같이 결정합니다.

. . .

○○○ 행정심판위원회 위원장 (인)</td></tr>
</table>

210mm×297mm

[일반용지 60g/㎡(재활용품)]

[서식 134] 행정심판위원회 심판참가 요구서

[별지 제8호서식]

<table>
<tr><td colspan="4">○○○행정심판위원회
심판참가 요구서</td></tr>
<tr><td>① 사건</td><td colspan="3">행심
심판청구사건</td></tr>
<tr><td>② 청구인</td><td></td><td>③ 피청구인</td><td></td></tr>
<tr><td>④ 참가를
요구받은 자</td><td colspan="3"></td></tr>
<tr><td>⑤ 근거 법조문</td><td colspan="3">「행정심판법」 제21조제1항, 같은 법 시행령 제18조</td></tr>
<tr><td colspan="4">위 사건의 심리 결과에 대하여 이해관계가 있다고 판단되어 참가를 요구하오니 . . .까지 참가 여부를 우리 위원회에 알려 주시기 바랍니다.

. . .

○○○행정심판위원회 위원장 (인)

귀하</td></tr>
</table>

210mm×297mm[일반용지 60g/㎡(재활용품)]

[서식 135] 행정심판위원회 보정요구서

[별지 제9호서식]

<table>
<tr><td colspan="4">○○○행정심판위원회
보정요구서</td></tr>
<tr><td>① 사건</td><td colspan="3">행심
심판청구사건</td></tr>
<tr><td>② 청구인</td><td></td><td>③ 피청구인</td><td></td></tr>
<tr><td>④ 보정할 사항</td><td colspan="3"></td></tr>
<tr><td>⑤ 보정이 필요한 이유</td><td colspan="3"></td></tr>
<tr><td>⑥ 그 밖에
필요한 사항</td><td colspan="3"></td></tr>
<tr><td>⑦ 근거 법조문</td><td colspan="3">「행정심판법」 제32조제1항, 같은 법 시행령 제24조제1항</td></tr>
<tr><td colspan="4">위와 같이 보정할 것을 요구하오니 . . .까지 「행정심판법 시행규칙」 별지 제36호서식에 따른 보정서를 작성하여 제출하시기 바랍니다.

. . .

○○○행정심판위원회 위원장 (인)
귀하</td></tr>
</table>

210mm×297mm

[일반용지 60g/㎡(재활용품)]

[서식 136] 행정심판위원회증거조사조서

[별지 제10호서식]

<table>
<tr><td colspan="4">○○○행정심판위원회
증거조사조서</td></tr>
<tr><td>① 사건</td><td colspan="3">행심
심판청구사건</td></tr>
<tr><td>② 청구인</td><td></td><td>③ 피청구인</td><td></td></tr>
<tr><td>④ 일시</td><td>. . .</td><td>⑤ 장소</td><td></td></tr>
<tr><td>⑥ 참여한 위원</td><td colspan="3"></td></tr>
<tr><td>⑦ 출석한 당사자 등</td><td colspan="3"></td></tr>
<tr><td>⑧ 증거조사의 방법 및 대상</td><td colspan="3"></td></tr>
<tr><td>⑨ 조사 결과</td><td colspan="3">별지에 적은 내용과 같음</td></tr>
<tr><td>⑩ 근거 법조문</td><td colspan="3">「행정심판법」 제36조, 같은 법 시행령 제25조제3항부터 제5항까지</td></tr>
<tr><td colspan="4">위와 같이 증거조사를 하였습니다.

. . .
조사자 소속:
직급: 성명 (서명 또는 인)
○○○행정심판위원회 위원장 (서명 또는 인)</td></tr>
</table>

210mm×297mm

[일반용지 60g/㎡(재활용품)]

[서식 137] 행정심판위원회증거자료 영치증명서

[별지 제11호서식]

<table>
<tr><td colspan="4">○○○행정심판위원회
증거자료 영치증명서</td></tr>
<tr><td>① 사건</td><td colspan="3">행심
심판청구사건</td></tr>
<tr><td>② 청구인</td><td></td><td>③ 피청구인</td><td></td></tr>
<tr><td>④ 영치일</td><td></td><td>⑤ 영치장소</td><td></td></tr>
<tr><td>⑥ 제출인</td><td colspan="3"></td></tr>
<tr><td>⑦ 영치 목적</td><td colspan="3"></td></tr>
<tr><td>⑧ 영치 물건
(품명 · 수량)</td><td colspan="3"></td></tr>
<tr><td>⑨근거법조</td><td colspan="3">「행정심판법」 제36조제1항</td></tr>
<tr><td colspan="4">위와 같이 증거자료를 영치합니다.
. . .
○○○행정심판위원회 (인)</td></tr>
</table>

210mm×297mm

[일반용지 60g/㎡(재활용품)]

[서식 138] 행정심판위원회감정의뢰서

[별지 제12호서식]

<table>
<tr><td colspan="4">○○○행정심판위원회
감정의뢰서</td></tr>
<tr><td>① 사건</td><td colspan="3">행심
심판청구사건</td></tr>
<tr><td>② 청구인</td><td></td><td>③ 피청구인</td><td></td></tr>
<tr><td>④ 감정의 대상</td><td colspan="3"></td></tr>
<tr><td>⑤ 감정사항</td><td colspan="3"></td></tr>
<tr><td>⑥ 참고사항</td><td colspan="3"></td></tr>
<tr><td>⑦ 근거 법조문</td><td colspan="3">「행정심판법」 제36조제1항</td></tr>
<tr><td colspan="4">위와 같이 감정을 의뢰하오니 「행정심판법 시행규칙」 별지 제13호서식에 따른 감정통보서를 작성하여 . . .까지 그 결과를 알려 주시기 바랍니다.

. . .

○○○행정심판위원회 (인)

귀하</td></tr>
</table>

210mm×297mm [일반용지 60g/㎡(재활용품)]

[서식 139] 감정통지서

[별지 제13호서식]

<table>
<tr><td colspan="4">감정통지서</td></tr>
<tr><td>① 사건</td><td colspan="3">행심
심판청구사건</td></tr>
<tr><td>② 청구인</td><td></td><td>③ 피청구인</td><td></td></tr>
<tr><td>④ 감정의 대상</td><td colspan="3"></td></tr>
<tr><td>⑤ 감정사항</td><td colspan="3"></td></tr>
<tr><td>⑥ 감 정 의 견</td><td colspan="3">별지에 적은 내용과 같음</td></tr>
<tr><td>⑦ 참고사항</td><td colspan="3"></td></tr>
<tr><td>⑧ 감 정 인</td><td colspan="3">직위:
성명:</td></tr>
<tr><td>⑨ 감정료
지급계좌</td><td colspan="3">은행명:
예금주: (주민등록번호 -)
계좌번호:</td></tr>
<tr><td>⑩ 근거 법조문</td><td colspan="3">「행정심판법」 제36조제1항</td></tr>
<tr><td colspan="4">위와 같이 감정의견을 알려 드립니다.

. . .
감정인 (서명 또는 날인)

○○○행정심판위원회 귀중</td></tr>
</table>

210mm×297mm

[일반용지 60g/㎡(재활용품)]

[서식 140] 행정심판위원회증거조사 촉탁서

[별지 제14호서식]

<table>
<tr><td colspan="4">○○○행정심판위원회
증거조사 촉탁서</td></tr>
<tr><td>① 사건</td><td colspan="3">행심
심판청구사건</td></tr>
<tr><td>② 청구인</td><td></td><td>③ 피청구인</td><td></td></tr>
<tr><td>④ 증거조사의 대상</td><td colspan="3"></td></tr>
<tr><td>⑤ 증거조사 사항</td><td colspan="3"></td></tr>
<tr><td>⑥ 참고사항</td><td colspan="3"></td></tr>
<tr><td>⑦ 근거 법조문</td><td colspan="3">「행정심판법」 제36조제2항, 같은 법 시행령 제25조제5항</td></tr>
<tr><td colspan="4">위와 같이 증거조사를 촉탁하오니 「행정심판법 시행규칙」 별지 제10호서식에 따른 증거조사 조서를 작성하여 . . .까지 알려 주시기 바랍니다.

. . .

○○○행정심판위원회 (인)

귀하</td></tr>
</table>

210mm×297mm

[일반용지 60g/㎡(재활용품)]

[서식 141] 행정심판위원회서면심리 통지서

[별지 제15호서식]

<table>
<tr><td colspan="4">○○○행정심판위원회
서면심리 통지서</td></tr>
<tr><td>① 사건</td><td colspan="3">행심
심판청구사건</td></tr>
<tr><td>② 청구인</td><td></td><td>③ 피청구인</td><td></td></tr>
<tr><td>④ 신청인</td><td colspan="3"></td></tr>
<tr><td>⑤ 신청 취지</td><td colspan="3"></td></tr>
<tr><td>⑥ 근거 법조문</td><td colspan="3">「행정심판법」 제40조제2항</td></tr>
<tr><td colspan="4">귀하의 구술심리 신청에 대하여 우리 위원회는 서면심리만으로 결정할 수 있다고 인정하여 서면심리를 하게 되었음을 알려 드립니다.

. . .

○○○행정심판위원회 위원장 (인)
귀하</td></tr>
</table>

210mm×297mm

[일반용지 60g/㎡(재활용품)]

[서식 142] 행정심판위원회 재결서

[별지 제16호서식]

<table>
<tr><td colspan="5">○○○ 행정심판위원회
재결서</td></tr>
<tr><td>① 사 건</td><td colspan="4">행심
심판청구사건</td></tr>
<tr><td rowspan="2">청 구 인</td><td>② 이름</td><td colspan="3"></td></tr>
<tr><td>③ 주소</td><td colspan="3"></td></tr>
<tr><td rowspan="2">선정대표자 · 관리인 · 대리인</td><td>④ 이름</td><td colspan="3"></td></tr>
<tr><td>⑤ 주소</td><td colspan="3"></td></tr>
<tr><td>⑥ 피청구인</td><td colspan="2"></td><td>⑦ 참가인</td><td></td></tr>
<tr><td>⑧ 주 문</td><td colspan="4"></td></tr>
<tr><td>⑨ 청구 취지</td><td colspan="4"></td></tr>
<tr><td>⑩ 이 유</td><td colspan="4">별지에 적은 내용과 같음</td></tr>
<tr><td>⑪ 근거 법조문</td><td colspan="4">「행정심판법」 제46조</td></tr>
<tr><td colspan="5">위 사건에 대하여 주문과 같이 재결합니다.

. . .

○○○ 행정심판위원회 (인)</td></tr>
</table>

210mm×297mm

[일반용지 60g/㎡(재활용품)]

[서식 143] (승계)집행문

[별지 제16호의2서식] <신설 2017. 10. 19.>

([ ]승계)집 행 문

사 건	행심 간접강제사건

이 정본은 위원장의 명에 따라 피신청인(○○○ 또는 ○○○의 승계인 △△△)에 대한 강제집행을 실시하기 위하여 신청인(××× 또는 ×××의 승계인 □□□)에게 내어 준다.

<유의사항>

※ 이 집행문은 간접강제 (변경)결정서 정본과 분리하여서는 사용할 수 없습니다.

년 월 일

○○○행정심판위원회
○○○ 부서의 장

직인

210mm×297mm[백상지(150g/㎡)]

[서식 144] 행정심판위원회회의록

[별지 제17호서식]

<table>
<tr><td colspan="2">○○○행정심판위원회
회의록</td></tr>
<tr><td>① 사건</td><td>행심
심판청구사건 외 건</td></tr>
<tr><td>② 일시</td><td></td></tr>
<tr><td>③ 장소</td><td></td></tr>
<tr><td>④ 참석위원</td><td></td></tr>
<tr><td>⑤ 회의내용</td><td>별지에 적은 내용과 같음</td></tr>
<tr><td>⑥ 근거 법조문</td><td>「행정심판법 시행령」 제28조</td></tr>
<tr><td colspan="2">위 사건들에 관한 년도 제 회 ○○○행정심판위원회의 회의록을 작성합니다.

○○○행정심판위원회 위원장 (서명 또는 인)</td></tr>
</table>

210mm×297mm

[일반용지 60g/㎡(재활용품)]

[서식 145] 행정심판위원회 위원 (제척, 기피) 신청서

■ 행정심판법 시행규칙 [별지 제18호서식] <개정 2025. 9. 24.>

행정심판위원회 위원 [ ] 제척 [ ] 기피 신청서

접수번호	접수일	

사건번호	※ 이미 행정심판을 청구한 경우에만 작성합니다.

청구인	성명	
	주소	
피청구인		

신청 취지	
신청 원인	
소명 방법	

「행정심판법」 제10조에 따라 위와 같이 신청합니다.

년 월 일

신청인 (서명 또는 인)

○○행정심판위원회 귀중

첨부서류	없음	수수료 없음

처리 절차

신청서 작성 → 접수 → 결정 → 송달

신청서 작성	접수	결정	송달
신청인	○○행정심판위원회	○○행정심판위원장	

210mm×297mm[백상지 80g/㎡]

[서식 146] 선정대표자 선정서

■ 행정심판법 시행규칙 [별지 제19호서식] <개정 2025. 9. 24.>

선정대표자 선정서

접수번호	접수일	

사건번호	※ 이미 행정심판을 청구한 경우에만 작성합니다.
청구인	○○○외 ○명
피청구인	

선정대표자		
	1.	성명
		주소
	2.	성명
		주소
	3.	성명
		주소

「행정심판법」 제15조제1항에 따라 위와 같이 선정대표자를 선정합니다.

년 월 일

선정인 (서명 또는 인)

○○행정심판위원회 귀중

첨부서류	없음	수수료 없음

유의사항

1. 여러 명의 청구인이 공동으로 심판청구를 할 때에는 청구인들 중에서 3명 이하의 선정대표자를 선정할 수 있고, 선정대표자가 선정되면 다른 청구인들은 그 선정대표자를 통해서만 그 사건에 관한 행위를 할 수 있습니다.
2. 선정대표자는 다른 청구인들을 위해 그 사건에 관한 모든 행위를 할 수 있습니다. 다만, 심판청구를 취하하려면 다른 청구인들의 동의를 받아야 하며, 이 경우 동의받은 사실을 서면으로 소명해야 합니다.

작성방법

1. 청구인란은 행정심판을 청구한 청구인의 수에 맞게 작성합니다.
2. 선정대표자란은 2명 이하의 선정대표자를 선정하는 경우에는 해당 인원수만큼만 작성합니다.
3. 선정인은 선정대표자를 제외한 청구인을 말하며, 모든 선정인이 성명을 적고 서명해야 합니다. 적을 공간이 부족한 경우 별지에 작성하여 첨부합니다.

처리 절차

선정서 작성	➜	접수
선정인		○○행정심판위원회

210㎜×297㎜[백상지 80g/㎡]

[서식 147] 선정대표자 해임서

■ 행정심판법 시행규칙 [별지 제20호서식] <개정 2025. 9. 24.>

선정대표자 해임서

접수번호	접수일	

사건번호		
청구인	○○○외 ○명	
피청구인		
해임된 선정대표자	1.	성명
		주소
	2.	성명
		주소
	3.	성명
		주소

「행정심판법」 제15조제5항에 따라 위와 같이 선정대표자를 해임합니다.

년 월 일

해임인 (서명 또는 인)

○○행정심판위원회 귀중

첨부서류	없음	수수료 없음

작성방법

1. 청구인란은 행정심판을 청구한 청구인의 수에 맞게 작성합니다.
2. 해임된 선정대표자란에는 선정대표자에서 해임된 사람의 성명과 주소를 적습니다.
3. 해임인은 해임된 선정대표자를 제외한 청구인을 말하며, 모든 해임인이 성명을 적고 서명해야 합니다. 적을 공간이 부족한 경우 별지에 작성하여 첨부합니다.

처리 절차

해임서 작성	➜	접수
해임인		○○행정심판위원회

210㎜×297㎜[백상지 80g/㎡]

[서식 148] 청구인 지위 승계 신고서

■ 행정심판법 시행규칙 [별지 제21호서식] <개정 2025. 9. 24.>

청구인 지위 승계 신고서

접수번호	접수일	

사건번호		
청구인	성명	
	주소	
피청구인		

승계인	성명	
	주민등록번호(외국인등록번호)	
	주소	
승계 원인		
증명 방법		

「행정심판법」 제16조제3항에 따라 위와 같이 신고합니다.

년 월 일

신고인 (서명 또는 인)

○○행정심판위원회 귀중

첨부서류	사망 등에 의한 권리·이익의 승계 또는 합병 사실을 증명하는 서류	수수료 없음

처리 절차

신고서 작성	➜	접수
신고인		○○행정심판위원회

210mm×297mm[백상지 80g/㎡]

[서식 149] 청구인 지위 승계 허가신청서

■ 행정심판법 시행규칙 [별지 제22호서식] <개정 2025. 9. 24.>

청구인 지위 승계 허가신청서

접수번호	접수일	
사건번호		
청구인	성명	
	주소	
피청구인		
승계인	성명	
	주민등록번호(외국인등록번호)	
	주소	
승계 원인		
증명 방법		

「행정심판법」 제16조제5항에 따라 위와 같이 허가를 신청합니다.

년 월 일

신청인 (서명 또는 인)

○○행정심판위원회 귀중

첨부서류	없음	수수료 없음

처리 절차

신청서 작성	➜	접수	➜	결정	➜	송달
신청인		○○행정심판위원회		○○행정심판위원회		

210mm×297mm[백상지 80g/㎡]

[서식 150] 행정심판위원회 결정에 대한 이의신청서

■ 행정심판법 시행규칙 [별지 제23호서식] <개정 2025. 9. 24.>

00행정심판위원회 결정에 대한 이의신청서

접수번호	접수일	

사건번호		
청구인	성명	
	주소	
피청구인		
신청대상 결정의 종류	[ ] 청구인 지위 승계 불허가 결정	
	[ ] 피청구인 경정 불허가 결정	
	[ ] 심판참가 불허가 결정	
	[ ] 청구변경 불허가 결정	
결정 일자		
결정서 수령일		
이의신청 취지		
이의신청 이유		
소명 방법		

「행정심판법」 제16조제8항·제17조제6항·제20조제6항·제29조제7항 및 같은 법 시행령 제14조제1항·제15조제3항·제17조·제21조에 따라 귀 위원회의 결정에 대하여 이의신청합니다.

년 월 일

신청인 (서명 또는 인)

○○행정심판위원회 귀중

첨부서류	이의신청 이유를 소명할 수 있는 서류	수수료 없음

처리 절차

신청서 작성	➜	접수	➜	결정	➜	통지
신청인		○○행정심판위원회		○○행정심판위원회		

210mm×297mm[백상지 80g/㎡]

[서식 151] 피청구인 경정신청서

■ 행정심판법 시행규칙 [별지 제24호서식] <개정 2025. 9. 24.>

피청구인 경정신청서

접수번호	접수일	

사건번호		
청구인	성명	
	주소	
피청구인		

신청 취지	
신청 이유	

「행정심판법」 제17조제2항・제5항 및 같은 법 시행령 제15조제1항에 따라 위와 같이 신청합니다.

년 월 일

신청인 (서명 또는 인)

○○행정심판위원회 귀중

첨부서류	없음	수수료 없음

처리 절차

신청서 작성	➜	접수	➜	결정	➜	통지
신청인		○○행정심판위원회		○○행정심판위원회		

210mm×297mm[백상지 80g/㎡]

[서식 152] 대리인 선임서(위임장)

■ 행정심판법 시행규칙 [별지 제25호서식] <개정 2025. 9. 24.>

대리인 선임서(위임장)

접수번호	접수일	

사건번호		
청구인	성명	
	주소	
피청구인		
대리인	성명	
	주소	
	주민등록번호(법인등록번호, 외국인등록번호)	
대리인과의 관계	[ ] 청구인의 배우자, 청구인 또는 배우자의 사촌 이내의 혈족 [ ] 청구인이 법인이거나 「행정심판법」 제14조에 따른 청구인 능력이 있는 법인이 아닌 사단 또는 재단인 경우 그 소속 임직원 [ ] 변호사 [ ] 다른 법률에 따라 심판청구를 대리할 수 있는 자 [ ] 피청구인 소속 직원	
선임 이유		
증명 방법		

「행정심판법」 제18조에 따라 위와 같이 대리인을 선임합니다.

년 월 일

선임인 (서명 또는 인)

○○행정심판위원회 귀중

첨부서류	없음	수수료 없음

처리 절차

선임서 작성	➜	접수
선임인		○○행정심판위원회

210mm×297mm[백상지 80g/㎡]

[서식 153] 대리인 선임 허가신청서

■ 행정심판법 시행규칙 [별지 제26호서식] <개정 2025. 9. 24.>

대리인 선임 허가신청서

접수번호	접수일	

사건번호		
청구인	성명	
	주소	
피청구인		

대리인	성명	
	주소	
	주민등록번호(법인등록번호, 외국인등록번호)	
선임 이유		
대리인과의 관계		
증명 방법		

「행정심판법」 제18조제1항제5호, 같은 조 제2항 및 같은 법 시행령 제16조제1항에 따라 위와 같이 대리인 선임 허가를 신청합니다.

년 월 일

신청인 (서명 또는 인)

○○행정심판위원회 귀중

첨부서류	없음	수수료 없음

처리 절차

신청서 작성	➜	접수	➜	결정	➜	통지
신청인		○○행정심판위원회		○○행정심판위원회		

210mm×297mm[백상지 80g/㎡]

[서식 154] 대리인 해임서

■ 행정심판법 시행규칙 [별지 제27호서식] <개정 2025. 9. 24.>

대리인 해임서

접수번호	접수일	

사건번호		
청구인	성명	
	주소	
피청구인		
해임된 대리인	성명	
	주소	

「행정심판법」 제18조제3항에 따라 위와 같이 대리인을 해임합니다.

년 월 일

해임인 (서명 또는 인)

○○행정심판위원회 귀중

첨부서류	없음	수수료 없음

처리 절차		
해임서 작성	➜	접수
해임인		○○행정심판위원회

210mm×297mm[백상지 80g/㎡]

[서식 155] 국선대리인 선임 신청서

■ 행정심판법 시행규칙 [별지 제27호의2서식] <개정 2025. 9. 24.>

국선대리인 선임 신청서

※ [ ]에는 해당되는 곳에 √표시를 합니다.

사건번호	※ 이미 행정심판을 청구한 경우에만 작성합니다.	
청 구 인	성명	주민등록번호
	주소	
	연락처(전화번호, 휴대전화번호)	
피청구인		
국선대리인 선임 신청 요건	[ ] 1. 「국민기초생활 보장법」 제2조제2호에 따른 수급자 [ ] 2. 「한부모가족지원법」 제5조 및 제5조의2에 따른 지원대상자 [ ] 3. 「기초연금법」 제2조제3호에 따른 기초연금 수급자 [ ] 4. 「장애인연금법」 제2조제4호에 따른 수급자 [ ] 5. 「북한이탈주민의 보호 및 정착지원에 관한 법률」 제2조제2호에 따른 보호대상자 [ ] 6. 그 밖에 위원장이 경제적 능력으로 인하여 대리인을 선임할 수 없다고 인정하는 사람	

「행정심판법」 제18조의2제1항 및 같은 법 시행령 제16조의2에 따라 위와 같이 국선대리인의 선임을 신청합니다.

년 월 일

신청인 (서명 또는 인)

○○○**행정심판위원회** 귀중

신청인 첨부 서류		
3. 「기초연금법」 제2조제3호에 따른 기초연금 수급자	「기초연금법」 제2조제3호에 따른 기초연금 수급자임을 소명하는 서류	수수료 없음
5. 「북한이탈주민의 보호 및 정착지원에 관한 법률」 제2조제2호에 따른 보호대상자	「북한이탈주민의 보호 및 정착지원에 관한 법률」 제2조제2호에 따른 보호대상자임을 소명하는 서류	

행정정보 공동이용 동의서

본인은 이 건의 업무처리와 관련하여 담당공무원이 「전자정부법」 제36조제1항에 따른 행정정보의 공동이용을 통하여 본인에 대한 「행정심판법 시행령」 제16조의2제1항 다음 각 호의 사항을 확인하는 것에 동의합니다(해당되는 곳에 √표시를 합니다).

[ ] 1. 「국민기초생활 보장법」 제2조제2호에 따른 수급자임을 소명하는 서류

[ ] 2. 「한부모가족지원법」 제5조 및 제5조의2에 따른 지원대상자임을 소명하는 서류

[ ] 4. 「장애인연금법」 제2조제4호에 따른 수급자임을 소명하는 서류

[ ] 6. 관련 소명서류 중 국세청 소득금액증명

* 동의하지 않는 경우에는 신청인이 직접 관련 서류를 제출해야 합니다.

신청인 (서명 또는 인)

처리 절차

신청서 작성	→	접수	→	선정 여부 결정	→	통지
신청인		○○행정심판위원회		○○행정심판위원회		

210mm×297mm[백상지(80g/㎡)]

[서식 156] 대표자 등의 자격상실 신고서

■ 행정심판법 시행규칙 [별지 제28호서식] <개정 2025. 9. 24.>

대표자 등의 자격상실 신고서

접수번호	접수일	

구분	[ ] 대표자 [ ] 관리인 [ ] 선정대표자 [ ] 대리인
사건번호	

청구인	성명
	주소
피청구인	
대표자	성명
	주소

자격상실일	
자격상실 사유	
증명 방법	

「행정심판법」 제19조제2항에 따라 위와 같이 대표자 등의 자격상실을 신고합니다.

년 월 일

신고인 (서명 또는 인)

○○행정심판위원회 귀중

첨부서류	대표자 등의 자격상실을 소명할 수 있는 자료	수수료 없음

처리 절차

신고서 작성	➜	접수
신고인		○○행정심판위원회

210mm×297mm[백상지 80g/㎡]

[서식 157] 심판참가 허가신청서

■ 행정심판법 시행규칙 [별지 제29호서식] <개정 2025. 9. 24.>

심판참가 허가신청서

접수번호	접수일	

사건번호	

청구인	성명
	주소
피청구인	
참가 신청인	성명
	주소
	주민등록번호(외국인등록번호)

신청 취지	
신청 이유	

「행정심판법」 제20조제2항에 따라 위와 같이 심판참가 허가를 신청합니다.

년 월 일

신청인 (서명 또는 인)

○○행정심판위원회 귀중

첨부서류	없음	수수료 없음

처리 절차

신청서 작성	➜	접수	➜	결정	➜	통지
신청인		○○행정심판위원회		○○행정심판위원회		

210mm×297mm[백상지 80g/㎡]

[서식 158] 행정심판 청구서

■ 행정심판법 시행규칙 [별지 제30호서식] <개정 2025. 9. 24.>

행정심판 청구서

(앞쪽)

접수번호	접수일

청구인	성명
	주소
	주민등록번호(외국인등록번호)
	전화번호
[ ] 대표자 [ ] 관리인 [ ] 선정대표자 [ ] 대리인 ※ 해당사항이 있는 경우 하나의 [ ]만 작성합니다.	성명
	주소
	주민등록번호(외국인등록번호)
	전화번호
피청구인	
소관 행정심판위원회	[ ] 중앙행정심판위원회 [ ] ○○시·도행정심판위원회 [ ] 기타

처분 내용 또는 부작위 내용	
처분이 있음을 안 날	
청구 취지 및 청구 이유	별지로 작성
처분청의 불복절차 고지 유무	[ ] 유 [ ] 무
처분청의 불복절차 고지 내용	
증거 서류	
국선대리인 선임 신청 여부	[ ] 여 [ ] 부 ※ 국선대리인 선임을 신청하는 경우에는 「행정심판법 시행규칙」 별지 제27호의2서식에 따른 국선대리인 선임 신청서를 별도로 첨부하시기 바랍니다.
구술심리 신청 여부	[ ] 여 [ ] 부 ※ 구술심리를 신청하는 경우에는 「행정심판법 시행규칙」 별지 제39호서식에 따른 구술심리 신청서를 별도로 첨부하시기 바랍니다.

「행정심판법」 제28조 및 같은 법 시행령 제20조에 따라 위와 같이 행정심판을 청구합니다.

년 월 일

청구인 (서명 또는 인)

○○행정심판위원회 귀중

첨부서류	1. 대표자, 관리인, 선정대표자 또는 대리인의 자격을 소명하는 서류(대표자, 관리인, 선정대표자 또는 대리인을 선임하는 경우에만 제출합니다) 2. 주장을 뒷받침하는 증거서류나 증거물	수수료 없음

(뒤쪽)

국선대리인 제도 안내

1. 제도개요

청구인이 경제적 능력으로 인해 대리인을 선임할 수 없는 경우에는 행정심판위원회에 국선대리인을 선임해 줄 것을 신청할 수 있습니다.

2. 신청자격

가. 「국민기초생활 보장법」 제2조제2호에 따른 수급자

나. 「한부모가족지원법」 제5조 및 제5조의2에 따른 지원대상자

다. 「기초연금법」 제2조제3호에 따른 기초연금 수급자

라. 「장애인연금법」 제2조제4호에 따른 수급자

마. 「북한이탈주민의 보호 및 정착지원에 관한 법률」 제2조제2호에 따른 보호대상자

바. 그 밖에 행정심판위원회의 위원장이 경제적 능력으로 인해 대리인을 선임할 수 없다고 인정하는 사람

3. 신청절차

국선대리인의 선임을 신청하려는 청구인은 「행정심판법 시행규칙」 별지 제27호의2서식에 따른 국선대리인 선임 신청서를 제출해야 하며, 신청자격에 해당하는 사람이라는 사실을 소명하는 서류를 함께 제출해야 합니다.

구술심리 제도 안내

1. 제도개요

행정심판의 심리는 구술심리나 서면심리로 합니다. 다만, 당사자가 구술심리를 신청한 경우에는 서면심리만으로 결정할 수 있다고 인정되는 경우 외에는 구술심리로 진행합니다.

2. 신청절차

당사자가 구술심리를 신청하려면 행정심판위원회에「행정심판법 시행규칙」 별지 제39호서식의 구술심리 신청서를 제출하거나 구술로 신청해야 합니다.

처리 절차

청구서 작성	➜	접수	➜	재결	➜	송달
청구인		○○행정심판위원회		○○행정심판위원회		

210㎜×297㎜[백상지 80g/㎡]

[서식 159] 청구변경신청서

■ 행정심판법 시행규칙 [별지 제31호서식] <개정 2025. 9. 24.>

청구변경신청서

접수번호	접수일	

사건번호	

청구인	성명
	주소
피청구인	

변경 대상	[ ] 청구 취지 [ ] 청구 이유
변경 내용	

「행정심판법」 제29조에 따라 위와 같이 청구변경을 신청합니다.

년 월 일

신청인 (서명 또는 인)

○○행정심판위원회 귀중

첨부서류	없음	수수료 없음

처리 절차

신청서 작성	➜	접수	➜	결정	➜	송달
신청인		○○행정심판위원회		○○행정심판위원회		

210mm×297mm[백상지 80g/㎡]

[서식 160] 집행정지결정 취소신청서

■ 행정심판법 시행규칙 [별지 제32호서식] <개정 2025. 9. 24.>

집행정지결정 취소신청서

접수번호	접수일	

사건번호		
청구인	성명	
	주소	
피청구인		

집행정지 결정일		
신청인	성명	
	주소	
신청 취지		
신청 원인		
소명 방법		

「행정심판법」 제30조제5항에 따라 위와 같이 집행정지결정의 취소를 신청합니다.

년 월 일

신청인 (서명 또는 인)

○○행정심판위원회 귀중

첨부서류	신청의 이유를 소명하는 서류 또는 자료	수수료 없음

처리 절차

신청서 작성	➜	접수	➜	결정	➜	송달
신청인		○○행정심판위원회		○○행정심판위원회		

210mm×297mm[백상지 80g/㎡]

[서식 161] 집행정지신청서

■ 행정심판법 시행규칙 [별지 제33호서식] <개정 2025. 9. 24.>

집행정지신청서

접수번호	접수일	

사건번호		※ 이미 행정심판을 청구한 경우에만 작성합니다.
신청인	성명	
	주소	
피신청인		

신청 취지	
신청 원인	
소명 방법	

「행정심판법」 제30조제5항 및 같은 법 시행령 제22조제1항에 따라 위와 같이 집행정지를 신청합니다.

년 월 일

신청인 (서명 또는 인)

○○행정심판위원회 귀중

첨부서류	1. 신청의 이유를 소명하는 서류 또는 자료 2. 행정심판청구와 동시에 집행정지 신청을 하는 경우에는 심판청구서 사본과 접수증명서	수수료 없음

처리 절차						
신청서 작성	➜	접수	➜	결정	➜	송달
신청인		○○행정심판위원회		○○행정심판위원회		

210mm×297mm[백상지 80g/㎡]

[서식 162] 임시처분 신청서

■ 행정심판법 시행규칙 [별지 제34호서식] <개정 2025. 9. 24.>

임시처분 신청서

접수번호	접수일	

사건번호		※ 이미 행정심판을 청구한 경우에만 작성합니다.
신청인	성명	
	주소	
피신청인		

신청 취지	
신청 원인	
소명 방법	

「행정심판법」 제31조제2항에 따라 위와 같이 임시처분을 신청합니다.

년 월 일

신청인 (서명 또는 인)

○○행정심판위원회 귀중

첨부서류	1. 신청의 이유를 소명하는 서류 또는 자료 2. 행정심판청구와 동시에 임시처분 신청을 하는 경우에는 심판청구서 사본과 접수증명서	수수료 없음

처리 절차

신청서 작성	➜	접수	➜	결정	➜	송달
신청인		○○행정심판위원회		○○행정심판위원회		

210㎜×297㎜[백상지 80g/㎡]

[서식 163] 임시처분 취소신청서

■ 행정심판법 시행규칙 [별지 제35호서식] <개정 2025. 9. 24.>

임시처분 취소신청서

접수번호	접수일	

사건번호		
청구인	성명	
	주소	
피청구인		

임시처분 결정일	
신청 취지	
신청 원인	
소명 방법	

「행정심판법」 제31조제2항에 따라 위와 같이 임시처분의 취소를 신청합니다.

년 월 일

신청인 (서명 또는 인)

○○행정심판위원회 귀중

첨부서류	신청의 이유를 소명하는 서류 또는 자료	수수료 없음

처리 절차

신청서 작성	➜	접수	➜	결정	➜	송달
신청인		○○행정심판위원회		○○행정심판위원회		

210mm×297mm[백상지 80g/㎡]

[서식 164] 심판청구 보정서

■ 행정심판법 시행규칙 [별지 제36호서식] <개정 2025. 9. 24.>

심판청구 보정서

접수번호	접수일	

사건번호		
청구인	성명	
	주소	
피청구인		

보정을 요구받은 사항	
보정 사항	
보정 이유	

「행정심판법」 제32조제2항에 따라 위와 같이 보정합니다.

년 월 일

보정인 (서명 또는 인)

○○행정심판위원회 귀중

첨부서류	다른 당사자의 수만큼의 보정서 부본	수수료 없음

처리 절차

보정서 작성	➜	접수
보정인		○○행정심판위원회

210mm×297mm[백상지 80g/㎡]

[서식 165] 증거서류 등 제출서

■ 행정심판법 시행규칙 [별지 제37호서식] <개정 2025. 9. 24.>

증거서류 등 제출서

접수번호	접수일	

사건번호	

청구인	성명
	주소
피청구인	

구분	[ ] 증거서류 [ ] 증거물
제출 내용	

「행정심판법」 제34조제1항 및 제2항에 따라 위와 같이 증거서류(증거물)를 제출합니다.

년 월 일

제출인 (서명 또는 인)

○○행정심판위원회 귀중

첨부서류	증거서류 또는 증거물(이 경우 증거서류는 다른 당사자의 수만큼 증거서류 부본을 함께 제출하여야 합니다)	수수료 없음

처리 절차

증거서류 등 작성·제출	➜	접수
제출인		○○행정심판위원회

210mm×297mm[백상지 80g/㎡]

[서식 166] 증거조사 신청서

■ 행정심판법 시행규칙 [별지 제38호서식] <개정 2025. 9. 24.>

증거조사 신청서

접수번호	접수일	

사건번호		
청구인	성명	
	주소	
피청구인		

증명할 사실	
증거 방법	

「행정심판법」 제36조제1항 및 같은 법 시행령 제25조제1항에 따라 위와 같이 증거조사를 신청합니다

년 월 일

신청인 (서명 또는 인)

○○행정심판위원회 귀중

첨부서류	증거조사 관련 서류	수수료 없음

처리 절차		
신청서 작성	➜	접수
신청인		○○행정심판위원회

210mm×297mm[백상지 80g/㎡]

[서식 167] 심리기일 변경 신청서

■ 행정심판법 시행규칙 [별지 제38호의2서식] <신설 2025. 9. 24.>

심리기일 변경 신청서

※ 색상이 어두운 칸은 신청인이 작성하지 않습니다.

접수번호	접수일

사건번호	

청구인	성명
	주소
피청구인	

당초 심리기일	
희망 심리기일	
변경 신청 사유	

「행정심판법」 제38조제2항에 따라 위와 같이 심리기일 변경을 신청합니다.

년 월 일

신청인 (서명 또는 인)

○○행정심판위원회 귀중

첨부서류	없음	수수료 없음

처리 절차						
신청서 작성	➜	접수	➜	결정	➜	통지
신청인		○○행정심판위원회		○○행정심판위원회		

[서식 168] 구술심리 신청서

■ 행정심판법 시행규칙 [별지 제39호서식] <개정 2025. 9. 24.>

구술심리 신청서

접수번호	접수일	

사건번호	※ 이미 행정심판을 청구한 경우에만 작성합니다.	
청구인	성명	
	주소	
피청구인		
신청 취지		
신청 이유		

「행정심판법」 제40조제1항 단서 및 같은 법 시행령 제27조에 따라 위와 같이 구술심리를 신청합니다.

년 월 일

신청인 (서명 또는 인)

○○행정심판위원회 귀중

첨부서류	없음	수수료 없음

처리 절차						
신청서 작성	➜	접수	➜	결정	➜	통지
신청인		○○행정심판위원회		○○행정심판위원회		

210mm×297mm[백상지 80g/㎡]

[서식 169] 심판청구 취하서

■ 행정심판법 시행규칙 [별지 제40호서식] <개정 2025. 9. 24.>

심판청구 취하서

접수번호	접수일	

사건번호		
청구인	성명	
	주소	
피청구인		
청구인과의 관계	[ ] 본인 [ ] 대표자 [ ] 관리인 [ ] 선정대표자 [ ] 대리인	

취하 취지	[ ] 전부 [ ] 일부(심판청구를 취하하려는 부분:)
취하 이유	

「행정심판법」 제15조제3항, 제42조제1항・제3항 및 같은 법 시행령 제30조에 따라 위와 같이 심판청구를 취하합니다.

년 월 일

취하인 (서명 또는 인)

○○행정심판위원회 귀중

첨부서류	선정대표자가 취하하는 경우에는 다른 청구인들의 취하 동의서	수수료 없음

작성방법

취하 취지란에는 심판청구를 취하하는 부분이 해당 청구의 전부인지 일부인지를 확인하여 전부・일부 중 해당하는 [ ] 안에 "√" 표시를 하고, 일부에 해당하는 경우에는 심판청구를 취하하려는 부분을 적으십시오.

처리 절차

취하서 작성	➜	접수
취하인		○○행정심판위원회

210mm×297mm[백상지 80g/㎡]

[서식 170] 심판참가신청 취하서

■ 행정심판법 시행규칙 [별지 제41호서식] <개정 2025. 9. 24.>

심판참가신청 취하서

접수번호	접수일	

사건번호	
청구인	성명
	주소
피청구인	
참가인	
참가인과의 관계	[ ] 본인 [ ] 대표자 [ ] 관리인 [ ] 선정대표자 [ ] 대리인

취하 취지	[ ] 전부 [ ] 일부(심판참가신청을 취하하려는 부분:)
취하 이유	

「행정심판법」 제42조제2항·제3항 및 같은 법 시행령 제30조에 따라 위와 같이 심판참가신청을 취하합니다.

년 월 일

취하인 (서명 또는 인)

○○행정심판위원회 귀중

첨부서류	없음	수수료 없음

작성방법

취하 취지란에는 심판참가신청을 취하하는 부분이 해당 신청 취지의 전부인지 일부인지를 확인하여 전부·일부 중 해당하는 [ ] 안에 "√" 표시를 하고, 일부에 해당하는 경우에는 심판참가신청을 취하하려는 부분을 적으십시오.

처리 절차

취하서 작성	➜	접수
취하인		○○행정심판위원회

210mm×297mm[백상지 80g/㎡]

[서식 171] 의무이행심판 인용재결 이행신청서

■ 행정심판법 시행규칙 [별지 제42호서식] <개정 2025. 9. 24.>

의무이행심판 인용재결 이행신청서

접수번호	접수일	

사건번호		
청구인	성명	
	주소	
피청구인		

재결서 정본 수령일	
재결불이행을 안 날	

「행정심판법」 제50조제1항에 따라 위와 같이 의무이행심판 인용재결의 이행을 신청합니다.

년 월 일

신청인 (서명 또는 인)

○○행정심판위원회 귀중

첨부서류	없음	수수료 없음

처리 절차

신청서 작성	➜	접수
신청인		○○행정심판위원회

210mm×297mm[백상지 80g/㎡]

[서식 172] 간접강제 신청서

■ 행정심판법 시행규칙 [별지 제42호의2서식] <개정 2025. 9. 24.>

간접강제 신청서

※ 색상이 어두운 란은 신청인이 적지 않습니다.

접수번호	접수일	

심판청구 사건번호	

신청인	성명
	주소
피신청인	

신청 취지	
신청 이유	
소명 방법	

「행정심판법」 제50조의2제1항 및 같은 법 시행령 제33조의2제1항에 따라 위와 같이 간접강제를 신청합니다.

년 월 일

신청인 (서명 또는 인)

○○행정심판위원회 귀중

첨부서류	신청의 이유를 소명하는 서류 또는 자료	수수료 없 음

처 리 절 차						
신청서 작성	➔	접수	➔	결정	➔	송달
신청인		○○행정심판위원회		○○행정심판위원회		

210mm×297mm[백상지(80g/㎡) 또는 중질지(80g/㎡)]

[서식 173] 간접강제결정 변경신청서

■ 행정심판법 시행규칙 [별지 제42호의3서식] <개정 2025. 9. 24.>

간접강제결정 변경신청서

※ 색상이 어두운 란은 신청인이 적지 않습니다.

접수번호	접수일	

간접강제 사건번호		
신청인	성명	
	주소	
피신청인		
간접강제 결정일		
변경신청인	성명	
	주소	
신청 취지		
신청 이유		
소명 방법		

「행정심판법」 제50조의2제2항 및 같은 법 시행령 제33조의2제1항에 따라 위와 같이 간접강제결정의 변경을 신청합니다.

년　　월　　일

신청인　　　　　　　　　　　　　　　　　　　　(서명 또는 인)

○○행정심판위원회　　　　　　　귀중

첨부서류	신청의 이유를 소명하는 서류 또는 자료	수수료 없음

처 리 절 차

신청서 작성	→	접수	→	결정	→	송달
신청인		○○행정심판위원회		○○행정심판위원회		

210mm×297mm[백상지(80g/㎡) 또는 중질지(80g/㎡)]

[서식 174] 집행문부여 신청서

■ 행정심판법 시행규칙 [별지 제42호의4서식] <개정 2025. 9. 24.>

집행문부여 신청서

※ 색상이 어두운 란은 신청인이 적지 않습니다.

접수번호	접수일	

간접강제(변경) 사건번호	

신청인	성명
	주소
피신청인	

신청 취지	(예시) 위 당사자 간 사건의 간접강제 (변경)결정서 정본에 집행문을 부여하여 주시기 바랍니다.
신청 이유	

「행정심판법」 제50조의2제5항에 따라 위와 같이 집행문 부여를 신청합니다.

년 월 일

신청인 (서명 또는 인)

○○행정심판위원회 귀중

첨부서류	1. 간접강제 (변경)결정서 정본 2. 대리인에 의하여 절차를 밟는 경우 그 대리권을 증명하는 서류	수수료 없음

처리절차						
신청서 작성	➔	접수	➔	명령	➔	부여
신청인		○○행정심판위원회		○○행정심판위원장		담당부서장

210mm×297mm[백상지(80g/㎡) 또는 중질지(80g/㎡)]

[서식 175] 승계집행문 부여신청서

■ 행정심판법 시행규칙 [별지 제42호의5서식] <개정 2025. 9. 24.>

승계집행문 부여신청서

※ 색상이 어두운 란은 신청인이 적지 않습니다.

접수번호	접수일	

간접강제(변경) 사건번호	

신청인	성명
	주소
피신청인	

승계인	성명
	주민등록번호(외국인등록번호, 법인등록번호)
	주소
신청 취지	(예시) 위 사건에 관하여 ○○○의 승계인 △△△를 위하여(또는 ×××의 승계인 □□□에 대하여) 승계집행문을 부여하여 주시기 바랍니다.
신청 이유	

「행정심판법」 제50조의2제6항 및 「민사집행법」 제31조에 따라 위와 같이 승계집행문 부여를 신청합니다.

년 월 일

신청인 (서명 또는 인)

○○행정심판위원회 귀중

첨부서류	승계사실을 증명하는 서류	수수료 없음

처 리 절 차						
신청서 작성	➔	접수	➔	명령	➔	부여
신청인		○○행정심판위원회		○○행정심판위원장		담당부서장

210mm×297mm[백상지(80g/㎡) 또는 중질지(80g/㎡)]

[서식 176] 증거서류 등 반환신청서

■ 행정심판법 시행규칙 [별지 제43호서식] <개정 2025. 9. 24.>

증거서류 등 반환신청서

접수번호	접수일	

사건번호		
청구인	성명	
	주소	
피청구인		
제출인	성명	
	주소	

반환신청 물건 (품목, 수량)	

「행정심판법」 제55조에 따라 위와 같이 위와 같이 반환을 신청합니다.

년 월 일

신청인 (서명 또는 인)

○○행정심판위원회 귀중

첨부서류	없음	수수료 없음

처리 절차

신청서 작성	➜	접수
신청인		○○행정심판위원회

210mm×297mm[백상지 80g/㎡]

[서식 177] 재결경정신청서

■ 행정심판법 시행규칙 [별지 제44호서식] <개정 2025. 9. 24.>

재결경정신청서

접수번호	접수일	

사건번호		
청구인	성명	
	주소	
피청구인		

재결일	
신청 취지	
신청 이유	

「행정심판법 시행령」 제31조제1항에 따라 위와 같이 재결경정을 신청합니다.

년 월 일

신청인 (서명 또는 인)

○○행정심판위원회 귀중

첨부서류	없음	수수료 없음

처리 절차

신청서 작성	➜	접수	➜	결정	➜	송달
신청인		○○행정심판위원회		○○행정심판위원회		

210mm×297mm[백상지 80g/㎡]

[서식 178] 행정심판 청구사건 접수 · 처리부

[별지 제45호서식]

행정심판 청구사건 접수 · 처리부

① 사건 번호	② 사건명	③ 처분청 접수일 ④ 위원회 접수일	청구인 ⑤ 이름	⑥ 주소	⑧ 피청구인	⑨ 재결일	⑩ 처리 결과	⑪ 집행정지 ⑫ 구술심리	⑬ 행정 소송결과	⑭ 비고
				(전화번호) (우편번호)		(제 회)				
		⑦ 대리인 (전화번호)		(우편번호)						
				(전화번호) (우편번호)		(제 회)				
		⑦ 대리인 (전화번호)		(우편번호)						
				(전화번호) (우편번호)		(제 회)				
		⑦ 대리인 (전화번호)		(우편번호)						
				(전화번호) (우편번호)		(제 회)				
		⑦ 대리인 (전화번호)		(우편번호)						

297mm×210mm [일반용지 60g/㎡(재활용품)]

[서식 179] 증거물 대장

[별지 제46호서식]

증거물 대장

① 일련 번호	② 접수일	③ 사건번호	④ 품명	⑤ 수량	⑥ 제출인	반환			⑩ 비고
						⑦ 신청일	⑧ 반환일	⑨ 수령인	

210mm×297mm

[일반용지 60g/㎡(재활용품)]

[서식 180] 의무이행심판 인용재결 직접 처분 대장

[별지 제47호서식]

의무이행심판 인용재결 직접 처분 대장

① 일련번호	② 사건	③청구인	⑤재결일	⑦ 소관 부서	⑧ 처분번호	⑨ 처분 내용	⑩ 비고
		④피청구인	⑥직접 처분일				

297mm×210mm

[일반용지 60g/㎡(재활용품)]

[서식 181] 행정심판 후 소 제기 현황표

[별지 제48호서식]

행정심판 후 소 제기 현황표

1. 총괄표

①작성 기관명	제기건수		④ 제기 건수 합계	심급별	소송결과(판결확정)				⑨ 소 취하 (간주)	⑩ 계류 중	⑪ 그 밖의 사항	⑫ 처리 건수 합계
	② 전년 이월	③ 금년 제기			⑤ 원고 승	⑥ 원고 일부 승	⑦ 원고 패	⑧ 각하				
				1심								
				2심								
				3심								
				계								

2. 세부 현황

① 작성 기관명	행정심판						행정소송								
							1심			2심			3심		
	② 심판 청구일	③ 사건 번호	④ 사건명	⑤ 피청구인	⑥ 재결 결과	⑦ 재결일	⑧ 소 제기일	⑨ 소송 결과	⑩ 선고일	⑪ 소 제기일	⑫ 소송 결과	⑬ 선고일	⑭ 소 제기일	⑮ 소송 결과	⑯ 선고일
계															

297mm×210mm [일반용지 60g/㎡(재활용품)]

[서식 182] 대표자선정서

<table>
<tr><td colspan="4">대표자선정</td></tr>
<tr><td>① 사 건</td><td colspan="3">행심
심판청구사건</td></tr>
<tr><td>② 청 구 인</td><td>외 명</td><td>③ 피청구인</td><td></td></tr>
<tr><td rowspan="6">선 정
대 표 자</td><td>④ 성 명</td><td colspan="2"></td></tr>
<tr><td>⑤ 주 소</td><td colspan="2"></td></tr>
<tr><td>⑥ 성 명</td><td colspan="2"></td></tr>
<tr><td>⑦ 주 소</td><td colspan="2"></td></tr>
<tr><td>⑧ 성 명</td><td colspan="2"></td></tr>
<tr><td>⑨ 주 소</td><td colspan="2"></td></tr>
<tr><td>⑩ 근 거 법 조</td><td colspan="3">행정심판법 제11조 제1항</td></tr>
<tr><td colspan="4">위 사람들을 심판청구인들의 대표자로 선정합니다.
. . .
공동심판청구인(별지 기재와 같음)
○○○행정심판위원회 귀중</td></tr>
</table>

[서식 183] 대표자해임서

<table>
<tr><td colspan="4">대표자해임</td></tr>
<tr><td>① 사 건</td><td colspan="3">행심 심판청구사건</td></tr>
<tr><td>② 청 구 인</td><td>외 명</td><td>③ 피청구인</td><td></td></tr>
<tr><td rowspan="6">해 임 된
대 표 자</td><td>④ 성 명</td><td colspan="2"></td></tr>
<tr><td>⑤ 주 소</td><td colspan="2"></td></tr>
<tr><td>⑥ 성 명</td><td colspan="2"></td></tr>
<tr><td>⑦ 주 소</td><td colspan="2"></td></tr>
<tr><td>⑧ 성 명</td><td colspan="2"></td></tr>
<tr><td>⑨ 주 소</td><td colspan="2"></td></tr>
<tr><td>⑩ 근 거 법 조</td><td colspan="3">행정심판법 제 11 조 제 5 항</td></tr>
<tr><td colspan="4">심판청구인들이 대표자로 선정하였던 위 사람들을 해임합니다.

. . .

공동심판청구인(별지 기재와 같음)

○○○행정심판위원회 귀중</td></tr>
</table>

[서식 184] 대표자 등의 자격상실 신고서

<table>
<tr><td colspan="4">대표자등의 자격상실신고</td></tr>
<tr><td>① 사 건</td><td colspan="3">행심 심판청구사건</td></tr>
<tr><td>② 청 구 인</td><td></td><td>③ 피 청 구 인</td><td></td></tr>
<tr><td>④ 대표자 · 관리인 · 선정대표자 또는 대리인</td><td colspan="3"></td></tr>
<tr><td>⑤ 자격상실일</td><td colspan="3"></td></tr>
<tr><td>⑥ 자격을 상실하게 된 이유</td><td colspan="3"></td></tr>
<tr><td>⑦ 입 증 방 법</td><td colspan="3"></td></tr>
<tr><td>⑧ 근 거 법 조</td><td colspan="3">행정심판법 제 15 조 제 2 항</td></tr>
<tr><td colspan="4">위와 같이 신고합니다.
. . .
청구인 주소
성명 (서명 또는 인)
○○○ 행정심판위원회 귀중</td></tr>
</table>

[서식 185] 심판참가 신청에 대한 이의신청서

<table>
<tr><td colspan="4">심판참가신청에 대한 이의신청</td></tr>
<tr><td>①사 건</td><td colspan="3">행심
심판청구사건</td></tr>
<tr><td>②청 구 인</td><td></td><td>③피 청 구 인</td><td></td></tr>
<tr><td>④ 신 청 취 지</td><td colspan="3"></td></tr>
<tr><td>⑤신 청 이 유</td><td colspan="3"></td></tr>
<tr><td>⑦근 거 법 조</td><td colspan="3">행정심판법 제16조항, 동법시행령 제17조 제3항</td></tr>
<tr><td colspan="4">참가신청에 대하여 위와 같이 이의신청합니다.

. . .

이의신청인 주소
성명 (서명 또는 인)

○○○ 행정심판위원회 귀중</td></tr>
</table>

[서식 186] 심판청구보정

<table>
<tr><td colspan="4">심판청구보정</td></tr>
<tr><td>①사 건</td><td colspan="3">행 심 심판청구사건</td></tr>
<tr><td>②청 구 인</td><td></td><td>③피 청 구 인</td><td></td></tr>
<tr><td>④보 정 사 항</td><td colspan="3"></td></tr>
<tr><td>⑤보 정 이 유</td><td colspan="3"></td></tr>
<tr><td>⑥근 거 법 조</td><td colspan="3">행정심판법 제 23 조 제 2 항</td></tr>
<tr><td colspan="4">위와 같이 보정합니다.
. . .
청구인 주소
성명 (서명 또는 인)
○○○ 행정심판위원회 귀중</td></tr>
<tr><td colspan="3" rowspan="2">※첨부서류 : 보정서부본</td><td>수수료</td></tr>
<tr><td>없 음</td></tr>
</table>

[서식 187] 영치물 반환신청서 관리자

<table>
<tr><td colspan="4">영치물반환신청</td></tr>
<tr><td>① 사 건</td><td colspan="3">행심 심판청구사건</td></tr>
<tr><td>② 청 구 인</td><td></td><td>③피 청 구 인</td><td></td></tr>
<tr><td>④ 반환신청물건
(품목수량)</td><td colspan="3"></td></tr>
<tr><td>⑤ 근 거 법 조</td><td colspan="3">행정심판법 제 40 조</td></tr>
<tr><td colspan="4">위와 같이 반환을 신청합니다.
. . .
신청인 주소
성명 (서명 또는 인)
귀하</td></tr>
<tr><td colspan="4">영치물수령증
반환신청한 위 영치물을 수령하였음
. . .
수령인 ㉒</td></tr>
</table>

[서식 188] 의무이행심판 인용재결 이행신청서 관리자

<table>
<tr><td colspan="3">의무이행심판 인용재결 이행신청</td><td>처리기간

</td></tr>
<tr><td>① 사　　건</td><td colspan="3">행 심　　　　　　　　　　　　　　　　심판청구사건</td></tr>
<tr><td>② 청　구　인</td><td></td><td>③피 청 구 인</td><td></td></tr>
<tr><td>④ 재결서정본수령일자</td><td colspan="3"></td></tr>
<tr><td>⑤ 재 결 불 이 행 을 안 날</td><td colspan="3"></td></tr>
<tr><td>⑥ 근 거 법 조</td><td colspan="3">행정심판법 제 37 조 제 2 항</td></tr>
<tr><td colspan="4">위와 같이 의무이행심판인용재결의 이행을 신청합니다.

.　　.　　.

신청인　　　　(서명 또는 인)

귀하</td></tr>
<tr><td colspan="3">※첨부서류 : 소명서류 또는 자료 1부</td><td>수수료
없 음</td></tr>
</table>

[서식 189] 재결경정 신청서 관리자

<table>
<tr><td colspan="4">재결경정신청</td></tr>
<tr><td>①사 건</td><td colspan="3">행 심 심판청구사건</td></tr>
<tr><td>②청 구 인</td><td></td><td>③피 청 구 인</td><td></td></tr>
<tr><td>④신 청 취 지</td><td colspan="3"></td></tr>
<tr><td>⑤신 청 이 유</td><td colspan="3"></td></tr>
<tr><td>⑥근 거 법 조</td><td colspan="3">행정심판법시행령 제27조제1 항</td></tr>
<tr><td colspan="4">위와 같이 신청합니다.
. . .
신청인 주소
성명 (서명 또는 인)
귀하</td></tr>
</table>

[서식 190] 제척·기피 신청서 관리자

<table>
<tr><td colspan="4">□ 제척
□ 기피 신청</td></tr>
<tr><td>① 사 건</td><td colspan="3">행심 심판청구사건</td></tr>
<tr><td>② 청 구 인</td><td></td><td>③ 피 청 구 인</td><td></td></tr>
<tr><td>④ 신 청 취 지</td><td colspan="3"></td></tr>
<tr><td>⑤ 신 청 원 인</td><td colspan="3"></td></tr>
<tr><td>⑥ 소 명 방 법</td><td colspan="3"></td></tr>
<tr><td>⑦ 근 거 법 조</td><td colspan="3">행정심판법 제7조, 동법시행령 제10조</td></tr>
<tr><td colspan="4">위와 같이 신청합니다.
. . .
신청인 주소
성명 (서명 또는 인)
귀하</td></tr>
<tr><td colspan="3">※첨부서류 : 소명자료</td><td>수수료
없 음</td></tr>
</table>

[서식 191] 청구변경 신청서 관리자

<table>
<tr><td colspan="4">청구변경신청</td></tr>
<tr><td>① 사 건</td><td colspan="3">행 심 심판청구사건</td></tr>
<tr><td>② 청 구 인</td><td></td><td>③ 피 청 구 인</td><td></td></tr>
<tr><td>④ 변경하고자 하 는 부 분</td><td colspan="3">□ 청구취지
□ 청구이유</td></tr>
<tr><td>⑤ 변 경 내 용</td><td colspan="3"></td></tr>
<tr><td>⑥ 근 거 법 조</td><td colspan="3">행정심판법 제 20 조</td></tr>
<tr><td colspan="4">위와 같이 신청하오니 허가하여 주시기 바랍니다.
. . .
이의신청인 주소
성명 (서명 또는 인)
○○○ 행정심판위원회 귀중</td></tr>
<tr><td colspan="3" rowspan="2">※첨부서류 : 청구서부본</td><td>수수료</td></tr>
<tr><td>없 음</td></tr>
</table>

[서식 192] 청구인지위 승계신고서 관리자

<table>
<tr><td colspan="4">청구인지위승계신고</td></tr>
<tr><td>①사 건</td><td colspan="3">행심 심판청구사건</td></tr>
<tr><td>②청 구 인</td><td></td><td>③피 청 구 인</td><td></td></tr>
<tr><td>④승 계 인</td><td colspan="3"></td></tr>
<tr><td>⑤승 계 원 인</td><td colspan="3"></td></tr>
<tr><td>⑥입 증 방 법</td><td colspan="3">1. 호적등본(법인등기부등본) 통
1.</td></tr>
<tr><td>⑦근 거 법 조</td><td colspan="3">행정심판법 제 12 조 제 1 항, 제 2 항, 제 3 항</td></tr>
<tr><td colspan="4">위와 같이 신고합니다.
. . .
승계신고인 주소
성명 (서명 또는 인)
○○○ 행정심판위원회 귀중</td></tr>
<tr><td colspan="3" rowspan="2">※첨부서류 : 입증자료</td><td>수수료</td></tr>
<tr><td>없 음</td></tr>
</table>

[서식 193] 청구인지위 승계허가 신청서 관리자

<table>
<tr><td colspan="4">청구인지위승계허가신청</td></tr>
<tr><td>①사 건</td><td colspan="3">행심 심판청구사건</td></tr>
<tr><td>②청 구 인</td><td></td><td>③피 청 구 인</td><td></td></tr>
<tr><td>④승계신청인</td><td colspan="3"></td></tr>
<tr><td>⑤신 청 원 인</td><td colspan="3"></td></tr>
<tr><td>⑥입 증 방 법</td><td colspan="3"></td></tr>
<tr><td>⑦근 거 법 조</td><td colspan="3">행정심판법 제 12 조 제 5 항, 동법시행령 제 14 조 제 1 항</td></tr>
<tr><td colspan="4">위와 같이 신청하오니 허가하여 주시기 바랍니다.
승계신고인 주소
성명 (서명 또는 인)
○○○ 행정심판위원회 귀중</td></tr>
<tr><td colspan="3" rowspan="2">※첨부서류 : 입증자료</td><td>수수료</td></tr>
<tr><td>없 음</td></tr>
</table>

[서식 194] 특별대리인 선임허가 신청서 관리자

<table>
<tr><td colspan="5">특별대리인선임허가신청</td></tr>
<tr><td>①사 건</td><td colspan="4">행심 심판청구사건</td></tr>
<tr><td>②청 구 인</td><td colspan="2"></td><td>③피 청 구 인</td><td></td></tr>
<tr><td rowspan="2">대리인이될자 의 인 적 사 항</td><td>④성 명</td><td></td><td>⑤주민등록번호</td><td></td></tr>
<tr><td>⑤주 소</td><td colspan="2"></td><td></td></tr>
<tr><td>⑦대 리 인 선 임 이 유</td><td colspan="4"></td></tr>
<tr><td>⑧청구인 또는 피청구인과대 리인과의관계</td><td colspan="4"></td></tr>
<tr><td>⑦근 거 법 조</td><td colspan="4">행정심판법 제14조제1항제5호(제2항), 동법시행령 제16조, 제17조제6항</td></tr>
<tr><td colspan="5">위와 같이 특별대리인을 선임하고자 하오니 허가하여 주시기 바랍니다.
. . .
신청인 주소
성명 (서명 또는 인)
○○○ 행정심판위원회 귀중</td></tr>
<tr><td colspan="4" rowspan="2">※첨부서류 : 입증자료</td><td>수수료</td></tr>
<tr><td>없 음</td></tr>
</table>

[서식 195] 피청구인 경정신청

<table>
<tr><td colspan="4">피청구인경정신청</td></tr>
<tr><td>①사 건</td><td colspan="3">행심 심판청구사건</td></tr>
<tr><td>②청 구 인</td><td></td><td>③피 청 구 인</td><td></td></tr>
<tr><td>④신 청 취 지</td><td colspan="3"></td></tr>
<tr><td>⑤신 청 이 유</td><td colspan="3"></td></tr>
<tr><td>⑥근 거 법 조</td><td colspan="3">행정심판법 제 13 조 제 2 항, 제 5 항, 동법시행령 제 15 조</td></tr>
<tr><td colspan="4">위와 같이 피청구인의 경정을 신청합니다.
. . .
신청인 주소
성명 (서명 또는 인)
○○○ 행정심판위원회 귀중</td></tr>
</table>

[서식 196] 심판참가 허가신청서 관리자

<table>
<tr><td colspan="5">심판참가허가신청</td></tr>
<tr><td>①사 건</td><td colspan="4">행심 심판청구사건</td></tr>
<tr><td>②청 구 인</td><td colspan="2"></td><td>③피 청 구 인</td><td></td></tr>
<tr><td rowspan="2">참 가 신 청 인</td><td>④성 명</td><td></td><td>⑤주민등록번호</td><td></td></tr>
<tr><td>⑤주 소</td><td colspan="3">(전화번호:)</td></tr>
<tr><td>⑦참 가 취 지</td><td colspan="4"></td></tr>
<tr><td>⑧참 가 이 유</td><td colspan="4"></td></tr>
<tr><td>⑦근 거 법 조</td><td colspan="4">행정심판법 제 16 조 제 1 항, 동법시행령 제 17 조 제 1 항</td></tr>
<tr><td colspan="5">위와 같이 심판참가를 신청하오니 허가하여 주시기 바랍니다.
. . .
참가신청인 성명 (서명 또는 인)
○○○ 행정심판위원회 귀중</td></tr>
<tr><td colspan="4" rowspan="2">※첨부서류 : 신청서부본</td><td>수수료</td></tr>
<tr><td>없 음</td></tr>
</table>

[서식 197] 증거조사 신청서 관리자

<table>
<tr><td colspan="4">증거조사신청</td></tr>
<tr><td>① 사 건</td><td colspan="3">행 심 심판청구사건</td></tr>
<tr><td>② 청 구 인</td><td></td><td>③ 피 청 구 인</td><td></td></tr>
<tr><td>④ 증명할 사실</td><td colspan="3"></td></tr>
<tr><td>⑤ 증 거 방 법</td><td colspan="3"></td></tr>
<tr><td>⑥ 근 거 법 조</td><td colspan="3">행정심판법 제 28 조 제 1 항, 동법시행령 제 24 조 제 1 항</td></tr>
<tr><td colspan="4">위와 같이 증거조사를 신청합니다.
. . .
신청인 주소
성명 (서명 또는 인)
○○○ 행정심판위원회 귀중</td></tr>
</table>

[서식 198] 증거서류등 제출서 관리자

<table>
<tr><td colspan="4">증거서류등제출</td></tr>
<tr><td>①사 건</td><td colspan="3">행심 심판청구사건</td></tr>
<tr><td>②청 구 인</td><td></td><td>③피 청 구 인</td><td></td></tr>
<tr><td>④증 거 서 류
또는 증거물</td><td colspan="3"></td></tr>
<tr><td>⑤첨 부 서 류</td><td colspan="3">1. 증거서류 부본 통
1.</td></tr>
<tr><td>⑥근 거 법 조</td><td colspan="3">행정심판법 제 27 조 제 1 항 · 제 2 항</td></tr>
<tr><td colspan="4">위와 같이 증거서류(증거물)를 제출합니다.
. . .
제출인 주소
성명 (서명 또는 인)
○○○ 행정심판위원회 귀중</td></tr>
</table>

[서식 199] 구술심리 신청서 관리자

<table>
<tr><td colspan="4" align="center">구술심리신청</td></tr>
<tr><td>①사 건</td><td colspan="3">행심 심판청구사건</td></tr>
<tr><td>②청 구 인</td><td></td><td>③피 청 구 인</td><td></td></tr>
<tr><td>④신 청 취 지</td><td colspan="3"></td></tr>
<tr><td>⑤신 청 이 유</td><td colspan="3"></td></tr>
<tr><td>⑥근 거 법 조</td><td colspan="3">행정심판법 제 26 조 제 2 항, 동법시행령 제23조 제1항</td></tr>
<tr><td colspan="4">위와 같이 구술심리를 신청합니다.
. . .
신청인 주소
성명 (서명 또는 인)
○○○ 행정심판위원회 귀중</td></tr>
</table>

[서식 200] 집행정지 신청서 관리자

<table>
<tr><td colspan="4">집행정지신청</td></tr>
<tr><td>①사 건</td><td colspan="3">행 심 심판청구사건</td></tr>
<tr><td>②청 구 인</td><td></td><td>③피 청 구 인</td><td></td></tr>
<tr><td>④ 청구취지</td><td colspan="3"></td></tr>
<tr><td>⑤ 신청원인</td><td colspan="3"></td></tr>
<tr><td>⑥ 소명방법</td><td colspan="3"></td></tr>
<tr><td>⑦근 거 법 조</td><td colspan="3">행정심판법 제 21 조, 동법시행령 제 19 조 제 1 항</td></tr>
<tr><td colspan="4">위와 같이 신청합니다.
. . .
신청인 주소
성명 (서명 또는 인)
귀하</td></tr>
<tr><td colspan="3" rowspan="2">※첨부서류 : 소명서류 또는 자료</td><td>수수료</td></tr>
<tr><td>없 음</td></tr>
</table>

[서식 201] 청구서 작성 요령 관리자

청구서 작성 요령

구분	내용
청구인	먼저 청구인이 개인인지 법인·단체인지를 먼저 선택합니다. <개인의 경우> 1. 청구인의 성명과 주민등록번호를 기재합니다. 주민등록번호는 사건진행 현황 조회시 사건번호를 모르는 경우 필요합니다. ※ 청구인이 여러 명일 경우에는 대표자의 성명만 기재하고, 그 외 다수의 청구인의 인적사항은 청구서에 별지로 첨부합니다. 2. 연락가능한 전화번호, 휴대전화번호, E-mail 주소 등을 기재합니다. 휴대전화번호, E-mail 주소는 심판진행 과정에서의 각종 SMS, E-mail 안내를 위하여 필요합니다. 3. 주소는 주민등록표상 주소, 거주하는 장소를 기재하여, 주소 외에 행정심판 관련서류를 받고자 하는 장소가 있는 경우에는 송달장소란에 기재할 수 있습니다. <법인 또는 단체의 경우> 1. 법인이나 단체의 이름을 법인/단체명란에 기재하고 대표자의 성명을 대표자성명란에 기재하며, 법인이나 단체의 법인번호나 사업자등록번호 또는 대표자 주민등록번호 등을 기재합니다. 법인번호나 사업자등록번호, 대표자 주민등록번호는 사건진행 현황 조회시 필요합니다. 2. 대표자의 연락가능한 전화번호, 휴대전화번호, E-mail 주소 등을 기재합니다. 휴대전화번호, E-mail주소는 심판진행 과정에서의 각종 SMS, E-mail 안내를 위하여 필요합니다. 3. 주소는 법인인 경우 법인의 주된 사무소가 소재하는 곳(법인등기부상의 주소)를 기재하고, 단체인 경우 단체의 주된 사무소가 소재하는 곳 또는 대표자의 주소를 기재합니다. 주소 외에 행정심판 관련서류를 받고자 하는 장소가 있는 경우에는 송달장소란에 기재할 수 있습니다.
대리인	1. 행정심판법에서 정하는 아래의 대리인이 선임된 경우 기재합니다. - 법정대리인 - 청구인의 배우자, 직계존·비속 또는 형제자매 - 청구인인 법인의 임원 또는 직원 - 변호사 - 다른 법률의 규정에 의하여 심판청구의 대리를 할 수 있는 자 - 위 이외의 자로서 위원회의 허가를 받은 자 2. 대리인이 개인인 경우, 대리인의 성명과 주민등록번호를 기재하며, 법인이나 단체인 경우 법인이나 단체의 이름을 법인/단체명란에 기재하고 대표자의 성명을 대표자성명란에 기재한 후, 법인이나 단체의 법인번호나 사업자등록번호 또는 대표자 주민등록번호 등을 기재합니다. 대리인이 법무법인, 노무법인 등의 구성원인 변호사 또는 노무사인 경우에는 해당 구성원을 대표자란에 기재합니다. 대리인의 기재사항은 법인·단체인 청구인의 기재사항을 참고하시기 바랍니다. 3. 대리인의 유형은 반드시 기재하여야 합니다. 4. 대리인의 주소를 기재합니다. 대리인이 선임된 사건은 심판진행과정에서 발생하는 각종 통지 및 문서의 송달을 대리인의 주소지나 연락처로 합니다.
피청구인	1. 행정심판의 상대방으로 반드시 기재하여야 합니다. 2. 피청구인이란 귀하께서 행정심판을 청구한 행정기관으로서, 귀하께서 무효· 위법 또는 부당하다고 주장하시는 행정처분을 행한 행정기관을 말합니다. 3. 피청구인의 명칭은 보통 귀하에 대한 처분을 한 행정기관의 장이 됩니다.

	4. 피청구인의 기관검색 목록에 없는 기관은 온라인 행정심판이 지원되지 않거나 국무총리행정심판위원회의 소관이 아닌 기관입니다.
재결청	1. 재결청은 피청구인의 상급관청, 감독관청 등으로 귀하의 심판청구에 대하여 최종적인 판단인 재결을 하는 행정기관을 말합니다. 2. 본 사이트에서는 처분청별로 재결청을 자동적으로 제시하나, 재결청은 처분청과 처분의 내용에 따라 달라지므로 재결청을 잘 모르는 경우 기재하지 않아도 됩니다.
처분내용	1. 심판청구에서 다투고자 하는 행정기관의 처분내용을 기재합니다. (예시) 제0종 자동차운전면허 취소·정지처분, 허가거부처분, 과징금부과처분, 영업(업무)정지·취소처분 등 2. 일정한 신청 또는 청구에 대하여 아무런 처분을 하지 아니하는 것에 대한 심판청구인 경우에는 "○○○부 작위처분"으로 기재합니다. 3. 처분의 내용은 행정심판의 대상물을 확정하는 것이므로 반드시 기재하여야 합니다.
처분일	1. 심판대상인 처분을 알게 된 날을 기재합니다. 문서로써 처분을 통지받은 경우 문서에 기재된 날이 아닌 실제로 처분을 알게 된 날을 기재합니다. (예시) 행정관청으로부터 2006년 1월 20일부터 2006년 1월 30일까지 처분을 한다는 내용의 문서를 2006년 1월 10일 발송하여 2006년 1월 15일 수령하였다면 처분일은 2006년 1월 15일입니다. 2. 처분일을 잘 모를 경우 기재하지 않아도 됩니다.
고지여부 및 고지내용	1. 행정관청이 처분당시 처분에 대하여 불복하고자 하는 경우의 절차 및 기한 등에 대하여 청구인에게 알려주었는지 여부와 알려준 내용을 기재합니다. 2. 대부분의 고지는 처분을 한 문서에 기재되므로 처분을 한 문서의 내용을 확인 후 고지 유무를 기재하고, 고지의 내용은 처분한 문서에 기재된 내용을 옮겨 적으시면 됩니다. 3. 고지여부 및 고지내용을 잘 모를 경우 기재하지 않아도 됩니다.
청구취지	1. 행정심판을 청구하여 재결청으로부터 구하고자 하는 재결의 내용을 간략히 기재합니다. (예시) "피청구인이 2006년 1월 1일 청구인에 대하여 한 자동차운전면허취소처분은 이를 취소한다"는 재결을 구함. "피청구인이 2006년 1월 1일 청구인에게 한 과징금부과처분은 이를 취소한다."라는 재결을 구함. 2. 청구취지는 반드시 기재하여야 합니다.
청구원인	행정심판을 청구하게 된 이유와 처분의 위법·부당성 등에 대한 청구인의 구체적인 주장으로 반드시 기재하여야 합니다. 청구원인의 기재는 따로 형식이 정하여 진 것은 아니나 일반적으로 다음과 같은 순서로 기재합니다. 1. 이 건 처분에 이르게 된 경위 - 청구인이 처분 등을 받게 된 경위를 6하 원칙에 따라 기재합니다. 2. 이 건 처분의 위법·부당성 - 피청구인의 처분이 위법하거나 부당하다고 생각하는 이유와 근거를 제시합니다. 3. 결 론 - 청구인이 결론적으로 주장하고자 하는 바를 기재합니다. ※ 청구원인은 본란에서 직접 작성하거나 워드프로세서로 작성하여 파일로 제출하여도 됩니다.

제11장

헌법재판

제11장 헌법재판

제1절 헌법재판의 개념

1. 헌법재판이란

헌법재판이라 함은 헌법재판소 또는 이에 준하는 국가기관인 국가의 최고법규인 헌법상의 분쟁을 처리하기 위하여 위헌법률심판, 위헌정당해산심판 탄핵심판, 권한쟁의 심판 및 헌법소원 심판을 행하는 것을 말한다(헌법 제111조 1항).

헌법재판은 헌법상의 분쟁해결이 그 목적이므로 일반판결이나 결정이 당사자만을 기속함에 대하여 헌법재판의 경우에는 모든 국가기관과 지방자치단체를 기속하면 헌법재판소의 결정은 법규적 효력이 있는 국민의 기본권이 공권력에 의하여 침해되었을 때 이의 구제를 소원할 수 있는 제도이다.

2. 헌법재판소의 일반적 심판절차

가. 당사자

(1) 청구인・피청구인

헌법소송에 있어서 당사자라 함은 자기의 이름으로 헌법상의 권리보호를 요구하거나, 요구받는 자인 바, 권리보호를 요구하는 자를 청구인이라 하며, 요구받는 자를 피청구인이라 한다.

심판의 종류	청구인	피청구인
위헌법률 심판	헌법재판소에 위헌여부의 심판을 제청한 법원 또는 군사법원	
탄핵심판	공무원에 대하여 탄핵소추를 의결하는 국회	탄핵소추를 당한 공무원
정당해산심판	정당의 해산을 청구한 정부	해산의 요구를 받은 정당
권한쟁의심판	심판청구를 한 국가기관 또는 지방단체	심판청구를 요구받은 상대방
헌법소원심판	공권력의 행사 또는 불행사로 인하여 헌법상 보장된 기본권을 침해받아 이의 구제를 청구한 자(법 제68조 제1항), 또는 법률의 위헌 여부 제청 신청이 기각된 경우 위헌심사를 청구한 자(제68조 제2항)	심판청구를 요구받은 상대방(단, 위헌심사를 청구한 헌법소원 심판에 있어서는 피청구인은 없다고 보인다)

(2) 변호사 강제주의

각종심판 절차에 있어서 당사자인 사인(私人)은 자신이 변호사 자격을 가진 경우를 제외하고는 변호사를 대리인으로 선임하지 아니하면 심판청구를 하거나 심판수행을 할 수 없다.

한편 소원심판을 청구하는 자가 변호사 선임의 자격이 없을 때에는 헌법재판소에 국선대리인의 선임신청을 할 수 있고 헌법재판소는 규칙이 정하는 바에 따라 국선 대리인을 선임하여 국선대리인에 대한 보수는 국고에서 지급한다(법 제70조).

(가) 접견교통권과 그 제한

1) 변호인과의 접견교통

피고인의 변호인과의 자유로운 접견은 헌법상 보장된 변호인의 조력을 받을 권리의 가장 중요한 내용이어서 국가안전보장, 질서유지, 공공복리 등 어떠한 명분으로도 제한될 수 없다(헌법재판소 1992. 1. 28. 선고 91헌마111 결정). 접견교통에 있어서는 교통내용에 대하여 비밀이 보장되고 부당한 간섭이 없어야 한다. 이러한 취지는 접견의 경우뿐만 아니라 변호인과의 서신에도 적용되어 그 비밀이 보장되어야 할 것인데, 서신의 비밀이 보장되기 위해서는, 첫째, 교도소 측에서 상대방이 변호인이라는 사실을 확인할 수 있어야 하고, 둘째, 서신을 통하여 마약 등 소지금지품의 반입을 도모한다든가 그 내용에 도주·증거인멸·수용시설의 규율과 질서의 파괴·기타 형벌법령에 저촉되는 내용이 기재되어 있다고 의심할 만한 합리적인 이유가 있는 경우가 아니어야 한다(헌법재판소 1995. 7. 21. 선고 92헌마144 결정).

한편, 변호인의 구속된 피고인 또는 피의자와의 접견교통권은 피고인 또는 피의자 자신이 가지는 변호인과의 접견교통권과는 성질을 달리하는 것으로서 헌법상 보장된 권리라고는 할 수 없고, 형사소송법 제34조에 의하여 비로소 보장되는 권리이지만, 신체구속을 당한 피고인 또는 피의자의 인권보장과 방어준비를 위하여 필수불가결한 권리이므로, 수사기관의 처분 등에 의하여 이를 제한할 수 없고, 다만 법령에 의하여서만 제한이 가능하다(대법원 2002. 5. 6. 자 2000모112 결정, 헌법재판소 1991. 7. 8. 선고 89헌마181 결정).

2) 비변호인과의 접견교통

가) 구속된 피고인은 법률의 범위 내에서 타인과 접견하고 서류 또는 물건을 수수하며 의사의 진료를 받을 수 있다(법 제89조). 법률의 범위 내에서만 이러한 권리가 허용되는 것인바, 이에 관한 법률 규정은 다음과 같다.

① 형사소송법 제91조(비변호인과의 접견, 교통)

② 행형법 제18조(접견), 제18조의2(서신), 제18조의3(전화통화), 제19조(서신

등의 영치), 제26조(병실수용), 제28조(자비치료)

나) 법원은 피고인이 도망하거나 죄증을 인멸할 염려가 있다고 인정할 상당한 이유가 있는 때에는 직권 또는 검사의 청구에 의하여 결정으로써 구속피고인과 변호인(및 변호인이 되려는 자) 이외의 타인과의 접견을 금하거나 수수할 서류 기타 물건의 검열, 수수금지 또는 압수를 할 수 있다(법 91조 본문). 다만 의류・양식・의료품의 수수를 금자하거나 압수할 수 없다(같은 조 단서). 의류 등에서도 검열은 허용된다.

다) 검사의 접견금지 등 청구가 있을 때에는 재판사무시스템에 신청사건 입력을 한 후 표지를 붙여 기록을 조제한 다음, 별책으로 편철하며[형사소송서류의 전산입력 및 편철방법에 대한 예규(재형 2003-11)], 그 후에 제출 또는 작성되는 모든 서류를 그 별책기록에 철한다.

[서식 1] 국선대리인 선임신청서

국선대리인선임신청서

신 청 인 : ○ ○ ○ (주민등록번호 ××××××-×××××××)
○○시(도) ○○구(군) ○○동(면) ○○리 ○○번지
(전화 ○○○-○○○○)

신청인은 헌법소원심판을 청구하고자 하나 변호사를 선임할 자력이 없으므로 헌법재판소법 제70조에 따라 국선대리인을 선임하여 주실 것을 신청합니다.

첨 부 서 류

1. 헌법소원의 사유를 명시한 서면
2. 무자력임을 증명하는 서류
(예 : 생활보호대상자 증명서, 지방세미과세증명서 또는 기타의 대리인선임 자력없다는 것을 소명하는 서면)

20 . . .

신 청 인 ○ ○ ○

헌법재판소 귀중

나. 소송의 개시

헌법재판소의 심판청구는 심판사항별로 정하여진 청구서를 헌법재판소에 제출함으로써 한다.

다만, 위헌법률 심판에 있어서는 법원의 제청시, 탄핵심판에 있어서는 국회의 소추의결서 정본으로 청구서에는 필요한 증거서류 또는 참고자료를 첨부할 수 있다(법 제40조)

헌법재판소가 청구서를 접수한 때에는 지체없이 그 등본을 피청구기관 또는 피청구인에게 송달하며, 위헌법률 심판의 제청이 있는 때에는 법무부장관 및 당해사건의 당사자에게 그 제청서의 등본을 송달한다(법 제34조).

재판장은 심판청구가 부적합하나 보정할 수 있다고 인정하는 경우에는 상당한 기간을 정하여 보정을 요구하여야 하며, 청구서 또는 보정서면의 송달을 받은 피청구인은 헌법재판소에 답변소를 제출할 수 있다.

(1) 심판절차

헌법재판소의 심판에 관하여는 헌법재판소법에 특별한 규정이 있는 경우를 제외하고는 민사소송에 관한 법령의 규정을 준용한다.

탄핵과 심판, 정당해산의 심판 및 권한 쟁의의 심판은 구두변론에 의한다.

위헌법률의 심판과 헌법소원에 관한 심판은 서면심리에 의하되, 필요하다고 인정되는 경우에는 변론을 열어 당사자, 이해관계인 기타 참고인의 진술을 들을 수 있다.

3. 위헌법률심판

가. 개념

위헌법률 심판이라 함은 구체적 소송에서 적용한 법률이 헌법에 위반되는지 여부를 심판하여 위반된다고 판단되는 경우에 그 효력을 상실케 하거나 그 적용을 거부하는 제도이다.

나. 위헌법률심판의 제청

법률이 헌법에 위반되는 여부가 재판의 전제가 된 경우에는 법원은 헌법재판소에 심판을 제청하여야 한다(법 제107조 제1항)

현행법상 헌법재판소가 법률의 위헌여부를 심판하는 위헌법률심판에는 첫째, 헌법 제107조 제1항, 제111조 제1항 제1호 및 헌법재판소법 제41조 제4항에 의한 법원의 제청에 의하여 헌법재판소가 법률의 위헌여부를 심판하는 경우(현재 1989. 1. 12. 선고 88헌가 7 결정) 둘째, 입법권의 행사와 기본권을 침해받은 자의 헌법소원에 의한 위헌 여부를 심판하는 경우(헌재 1990. 6. 25. 선고, 89헌220결정) 넷째, 공권력의 행사 또는 불행사가 위헌인 법률 또는 법률조항에 기인한 경우 인용결정이 당해 법률 또는 법률조항이 위헌임을 선고하는 경우(헌재 1992. 1. 25. 91헌마111결정)가 있다.

다만 헌법재판소법 제68조 제2항에 의한 헌법소원을 헌법재판소에 청구할 수 있다.

'법원'에는 수소법원은 물론 집행법원도 포함되며, 군사법원 및 비송사건 담당법관의 경우에도 제청권이 있다.

다. 심사의 대상기준

(1) 심사의 대상이 되는 것은 국회가 제정한 형식적 의미의 법률은 물론 그와 동일한 효력을 가진 긴급명령, 위헌심사의 대상이 되며 헌법 제60조 제1항에서 국회의 동의를 얻어 비준된 조약도 위헌심사의 대상이 된다고 하겠다.

(2) 관습헌법도 심판의 기준이 된다[헌재 2004. 10. 21. 2004헌마 554 · 566(병합)]

(3) 위헌제청의 대상적격이 있는 법규범

(가) 법률

① 대한민국의 법률

국회가 입법절차에 의거한 의결을 거쳐 제정된 이른바 '형식적 의미의 법률' 만이 이에 해당된다.(헌재 1996. 6. 13. 94헌바20)

② 시행되어 효력이 발생한 법률

현재 시행중이거나 과거에 시행되었던 것이어야 하고 제청 당시에 공포는 되었으나 시행되지 않은 법률은 심판대상법률에서 제외된다(헌재 1997. 9. 25. 97헌가4)

③ 유효한 법률

위헌심판시에 '유효한 법률'이어야 함이 원칙임. 그러므로 이미 위헌결정이 선고된 법률조항에 대한 위헌법률심판제청은 부적법(헌재 1989. 9. 29. 89헌가86)

폐지된 법률에 대한 위헌심판제청은 부적법(헌재 1989. 5. 24. 88헌가12), 폐지된 법률이라 하더라도 당해소송사건에 적용될 수 있어 재판의 전제가 있는 경우에는 예외적으로 위헌제청의 대상이 될 수 있다.(헌재 1989. 7. 14. 88헌가5등)

④ 입법부작위의 경우

국회의 입법부작위는 위헌제청의 대상이 될 수 없다. 다만 법률이 불완전 · 불충분하게 제정된 이른바 '부진정입법부작위'는 입법부작위로 다툴 것이 아니라 불완전한 법률조항 자체를 대상으로 위헌제청하여야 한다.(헌재 1996. 3. 28. 93헌바27)

(나) 긴급명령, 조약

① 형식적 의미의 법률과 동일한 효력이 있는 대통령의 긴급명령이나 조약은 위

헌제청의 대상이 될 수 있다.(헌재 1995. 12. 28. 95헌바3)

(다) 헌법규정

① 헌법규정은 위헌제청의 대상이 될 수 없다.(헌재 1996. 6. 13. 94헌바20)

(라) 명령, 규칙, 조례, 관습법

① 명령·규칙은 위헌제청의 대상이 되지 않고(헌법 제107조 제2항 참조), 조례나 관습법 역시 위헌제청의 대상이 되지 않다.

라. 재판의 전제성

(1) 재판의 '전제성'

(가) 구체적인 사건이 법원에 계속중일 것

① 위헌제청결정 당시는 물론이고 헌법재판소의 결정시까지 구체적 사건이 법원에 계속중이어야 한다(헌법재판소법 제68조 제2항의 헌법소원의 경우에는 위헌제청신청 당시에 구체적 사건이 법원에 계속중이기만 하면 된다).

② 당해 사건이 법원에 적법하게 계속되어 있을 것을 요한다. 그러므로 당해 사건이 부적법하여 각하인 경우에는 재판의 전제성을 흠결한 것임(헌재 1992. 8. 19. 92헌마36), 당해 사건이 소취하(취하간주)된 경우도 재판의 전제성이 부인된다.

(나) 위헌 여부가 문제되는 법률이 당해 소송사건의 재판에 적용되는 것일 것

① 직접 적용되는 법률

어떤 법률규정이 위헌의 의심이 있다고 하더라도 그것이 당해사건에 적용될 것이 아니라면, 재판의 전제성 요건은 충족되지 않다.

예컨대 공소가 제기되지 아니한 법률조항의 위헌 여부는 당해 형사사건의 재판의 전제가 될 수 없다.(헌재 1989. 9. 29. 89헌마 53)

② 간접 적용되는 법률

당해 사건에 직접 적용되지 않고 간접적으로 적용되더라도 예외적으로 재판의 전제성을 인정한다.(헌재 1998. 10. 15. 96헌바77)

㉮ 그 위헌 여부에 따라 당해 재판에 직접 적용되는 법률조항의 위헌여부가 결정되는 경우(헌재 1996. 10. 31. 93헌바14)

㉯ 그 위헌 여부에 따라 당해 재판의 결과가 좌우되는 경우(헌재 1996. 12. 26. 94헌바1)

㉰ 당해 사건의 재판에 직접 적용되는 규범(예컨대 시행령 등 하위규범)의 의미가 달라짐으로써 재판에 영향을 미치는 경우(헌재 1994. 06. 30. 92헌가18)

(다) 그 법률이 헌법에 위반되는지의 여부에 따라 당해 사건을 담당하는 법원이 다른

내용의 재판을 하게 되는 경우일 것

① 당해 재판의 주문에 영향을 미치는 경우
법률이 위헌일 때는 합헌일 대와 다른 판단을 할 수밖에 없는 경우 즉 판결 주문이 달라질 경우 재판의 전제성 인정(헌재 1998. 5. 28. 96헌가12)

② 당해 재판의 이유 또는 내용·효력에 영향을 미치는 경우
법률의 위헌여부가 재판의 결론을 이끌어 내는 이유를 달리하는 데 관련되어 있거나, 재판의 내용이나 효력 중에 어느 하나라도 그에 관한 법률적 의미가 달라지는 경우에는 재판의 전제성이 있다.(헌재 1992. 12. 24. 92헌가8; 헌재 2002. 11. 28. 2001헌가28)

(라) 특수문제

① 평등원칙 위반과 재판의 전제성
당해소송의 원고를 평등원칙에 반하여 특정한 급부의 수혜대상으로부터 제외시키고 있는 법률규정의 위헌성을 다투는 경우에 그 규정이 위헌으로 선언되어도 원고는 그 급부를 요구할 수 없으므로 이에 관련하여 재판의 전제성이 있다고 볼 수 있는지 문제된다
헌법재판소는 재판의 전제성이 없다고 판시한 적도 있었으나(헌재 1993. 11. 25. 90헌바47등), 그 후 심판대상조항이 평등권 침해라는 이유로 헌법불합치결정이 내려지고 입법자가 그 결정취지에 따라 수혜대상을 확대하여 청구인과 같은 경우에도 관리비를 반환하도록 법을 개정할 경우, 법원은 당해사건에 관한 판결을 달리 하여야 할 것이므로 재판의 전제성이 있다고 판시하고 있다.(헌재 1999. 7. 22. 98헌바14; 헌재 2000. 8. 31. 98헌바100)

② 쟁송기간 도과 후 행정처분의 근거 법률을 다투는 경우의 재판의 전제성
원칙적으로 행정처분의 근거가 된 법률이 헌법재판소에서 위헌으로 선고된다고 하더라도 그 전에 이미 집행이 종료된 행정처분이 당연무효가 되지는 않으므로(대법원 1995. 7. 11. 선고 94누4615 판결) 행정처분에 대한 쟁송기간이 도과한 후에는 행정처분의 근거법률이 위헌임을 이유로 무효확인소송 등을 제기하더라도 행정처분의 효력에는 영향이 없다. 이러한 경우 근거법률의 위헌여부는 재판의 전제가 되지 않음이 원칙임. 다만 그 행정처분을 무효로 하더라도 법적 안전성을 크게 해치지 않는 반면에 그 하자가 중대하여 구제가 필요한 경우에 대하여는 그 예외를 인정하여 이를 당연무효사유로 보아서 쟁송기관 경과 후에라도 무효확인을 구할 수 있는 것으로 보아야 하며, 이 경우에 한해 재판의 전제성을 인정한다(헌재 1994. 6. 30. 92헌바23). 위와 같은 경우 행정처분이 무효인지 여부는 당해사건을 재판하는 법원이 판단할 사항이다(헌재 1994. 6. 30. 92헌가18)

③ 기판력과 재판의 전제성
과세처분이 무효임을 이유로 그 후행처분인 압류처분이 무효라고 주장하는 당해 사건(압류처분무효확인의 소)에서 위 과세처분의 무효여부는 선결문제인데, 전소인 과세처분취소소송에서 확정된 원고 청구기각 판결의 기판력은 후소인 당해 사건에도 미치게 되므로, 구 소득세법 제82조 제2항이 위헌이어서 그에 기초한 위 과세처분이 무효라고 하더라도 확정된 전소의 기판력에 의하여 당해사건에서 위 과세처분이 무효라고 판단할 수 없어 재판의 전제성이 없다(헌재 1998. 3. 26. 97헌바13).

(2) '재판'의 의미

① '재판'이라 함은 원칙적으로 본인재판이거나 소송절차에 관한 것이거나를 불문하며(증거채부결정에 관한 헌재 1996. 12. 26. 94헌바1), 판결과 결정 그리고 명령 모두 여기에 포함되며(인지첩부보정명령에 관한 헌재 1994. 2. 24. 91헌가3), 종국재판뿐만 아니라 중간재판도 이에 포함된다(구속기간갱신결정에 관한 헌재 2001. 6. 28. 99헌가14)

② 체포·구속·압수·수색영장, 구속적부심사청구, 보석허가에 관한 재판도 여기서 말하는 재판의 개념에 포함된다(구속영장심사에 관한 헌재 1996. 2. 16. 96헌가2등; 보석허가결정에 관하여 헌재 1993. 12. 23. 93헌가2)

(3) 재판의 전제성 요건의 심사

① 제청법원 견해의 존중
법원의 위헌심판제청에 있어서 재판의 전제성 요건을 갖추고 있는지 여부에 대해 헌법재판소는 되도록 제청법원의 법률적 견해를 존중함을 원칙으로 한다(헌재 1996. 10. 4. 96헌가6)

② 법원의 견해와 달리 판단한 경우
헌법재판소는 판단의 전제성의 관한 제청법원의 법률적 견해가 명백히 유지될 수 없을 때에는 이를 직권으로 조사할 수 있으며(헌재 1993. 5. 13. 92헌가10 등; 헌재 1999. 9. 16. 99헌가1), 그 결과 전제성이 없다고 판단되면 그 제청을 부적법 각하할 수 있다(헌재 1997. 9. 25. 97헌가4; 헌재 1997. 9. 25. 97헌가5)

(4) 법률의 위헌성에 대한 의심의 정도

① 법원은 문제되는 법률조항이 담당 법관 스스로의 법적 견해에 의하여 단순한 의심을 넘어서 합리적인 위헌의 의심이 있으면 위헌여부심판을 제청(헌재 1993. 12. 23. 93헌가2)

(5) 전제성 판단 기준시점과 위헌제청의 철회

① 재판의 전제성은 법원에 의한 위헌심판제청 당시뿐만 아니라 헌법재판소의 위헌

법률심판의 시점에도 충족되어야 한다.(헌재 1993. 12. 23. 93헌가2)

② 당해 소송의 당사자가 당해 소송의 종료를 초래하는 소송행위(소 · 항소 · 상고 등의 취하, 화해, 인낙 등)를 한 경우, 당사자가 사망한 경우, 법률이 개정 · 폐지된 경우 등에는 제청법원이 제청요건 존부를 검토하여 위헌제청을 철회하여야 한다.

③ 실무상 제청법원이 그 위헌제청을 철회한 경우에는 헌법재판소는 별다른 재판 없이 위헌심판절차가 종료된 것으로 처리하고 있다. 만일 제청법원이 제청 이후의 사정변경으로 재판의 전제성이 소멸하였음에도 그 제청을 철회하지 않는 경우에는 헌법재판소가 그 위헌제청을 부적법 각하한다.(헌재 1989. 4. 17. 88헌가4)

(6) 헌법적 해명의 필요가 있는 재판의 전제성

① 당해 소송사건이 종료되어 재판의 전제성이 소멸된 경우이거나 또는 심판대상조항에 대한 헌법소원이 인용된다 하더라도 당해 소송사건에 영향을 미칠 수 없어 재판의 전제성이 없는 경우에도 헌법적 해명이 필요한 긴요한 사안인 경우에는 예외적으로 재판의 전제성을 인정한다(헌재 1993. 12. 23. 93헌가2; 헌재 1993. 9. 27. 92헌바21; 헌재 2001, 4, 26, 98헌바79 등).

마. 일사부재리의 원칙과 결정의 기속력에 따른 적법요건 심사

(1) 일사부재리 원칙

① 헌법재판소법 제39조에서는 헌법재판소 결정에 기판력을 명문으로 규정하고 있다. 따라서 동일한 법원이 동일한 법률 또는 법률조항에 대하여 사정변경이 없다에도 불구하고 다시 헌법재판소에 위헌제청하는 것은 허용되지 아니한다.

(2) 기속력과 적법요건

① 헌법재판소가 특정 법률을 이미 위헌으로 선언한 경우에는, 모든 법원은 헌법재판소의 위헌결정에 기속되기 때문에(헌법재판소법 제47조 제1항, 제75조 제6항)

② 다만 헌법재판소는 이미 합헌으로 선언된 법률에 대한 위헌제청은 적법한 것으로 봄으로써 합헌결정에 대한 기속력을 인정하고 있지는 않는다.(간통죄 규정에 대해 헌재 1990. 9. 10. 89헌마82에서 합헌결정을 하였음에도, 헌재 1993. 3. 11. 90헌가70에서 다시 합헌결정을 선고하였음)

③ 한정합헌결정이 선고된 법률규정에 대하여 다시 위헌법률심판이 청구된 경우에도 헌법재판소는 이를 부적법한 것으로 보지 않고 다시 한정합헌을 선언한 바 있다 (헌재 1998. 27. 97헌바85)

바. 위헌결정

위헌심판 제청이 이유있을 때에는 헌법재판소는 심판의 대상이 된 법률 또는 법률 조항이 위헌임을 선언하는 결정을 한다.
다만 법률조항의 위헌 결정으로 인하여 당해 법률 전부를 시행할 수 없다고 인정될 때에는 그 전부에 대하여 위헌의 결정을 할 수 있다(법 제45조).
결정서에는 이유를 붙여야 하고 관여한 재판관의 의견을 첨부하여야 한다. 헌법재판소는 결정일로부터 15일 이내에 결정서 정본을 대법원을 경유하여 제청한 법원에 송달한다.
※ 유의사항
법원이 위헌법률심판을 제청한 때에는 당해 소송사건의 재판은 헌법재판소의 위헌 여부의 결정이 있을 때까지 정지된다. 다만, 법원이 긴급하다고 인정하는 경우에는 종국재판 외의 소송절차를 진행할 수 있다(법 제58조 제1항), 재판정지기간의 기산점은 법원이 위헌제청결정을 한 때, 그 만료점은 헌법재판소의 위헌여부결정서 정본이 위헌제청법원에 송달된 때로 본다.

결정 주문 예

▣ 위헌선언

심판의 대상이 된 법률 또는 조항을 폐기하여도 좋은 경우. 「소송촉진등에 관한 특례법(1981. 1. 29. 법률 제3361호)」 제6조 제1항 중 『다만 국가를 상대로 하는 재산권의 청구에 관하여는 가집행의 선고를 할 수 없다』 라는 부분은 헌법에 위반된다(헌재 89. 1. 25. 선고 88헌가7).

▣ 불합치선언

헌법에 합치하지 아니한다는 위헌선언에 그치고 무효선언까지는 이르지 않는 경우 「국회의원 선거법 제 32조 및 제35조는 헌법에 합치되지 아니한다. 위 법률조항은 1991년 5월말을 시한으로 입법자가 개정할 때까지 그 효력을 지속한다.」 (헌재 89. 9. 8. 결정 88헌가6)

▣ 함정합헌선언

법률이 해석당시의 그 상태로는 합헌적이라고 볼 수 없지만 그 내용의 일부를 제한하는 경우에는 위헌이라고 볼 수 없는 경우에 입법자의 입법취지나 법목적이 본질적으로 침해되지 않는 한 제한적인 법률해석에 의해 그 합헌성을 인정 「상속세법 제32조의 1 제1항은 조세회피의 목적이 없는 경우에는 적용되지 아니하는 것으로 해석하는 한 헌법에 위반되지 아니한다」 (헌재 89.7.1. 결정 89헌마38)

사. 심판대상의 확정

(1) 원칙적으로 제청법원에 의하여 위헌제청된 법률 또는 법률조항만을 심판의 대상으로 한다.

(2) 그러나 헌법재판소는 ① 제청법원이 단일 조문 전체를 위헌제청하고 그 조문 전체에 같은 심사척도가 적용될 경우(헌재 1996. 11. 28. 96헌가13), ② 재판의 전제성이 있는 부분과 체계적으로 밀접불가분한 규정의 경우(헌재 1994. 4. 28. 92헌가3), ③ 심판의 대상이 된 법률조항이 적용되기 위하여 전제가 되는 규정인 경우(헌재 1994. 6. 30. 93헌가 15등) 등에는 위헌제청된 법률 또는 법률조항에만 국한시키지 아니하고 다른 법률 또는 법률조항에까지 심판대상을 확장하고 있다.

아. 위헌결정의 효력

법률의 위헌결정은 법원 기타 국가기관 및 지방자치단체에를 기속한다.
위헌으로 결정된 법률 또는 법률의 조항은 그 결정이 있는 날로부터 효력을 상실한다.
다만, 형별에 관한 법률 또는 법률의 조항은 소급하여 효력을 상실한다.

▣ 판 례 ▣

가. 호주제 사건 민법 제781조 제1항 본문 후단 부분 위헌제청 등
(헌재 2005. 2. 3. 2001헌가9 등)
(1) 제청법원 서울지방법원 서부지원 등
(2) 주 문 헌법불합치(헌법불합치의견 6인/합헌의견 3인)
(3) 이 유
민법 제778조는 당사자의 의사와 자결권을 외면한 채 법률로 호주의 지위를 강요한다는 점에서 개인의 존엄에 반할 뿐만 아니라 호주 지위의 획득에 있어 남녀를 차별하고 있으며, 민법 제781조 제1항 본문 후단 및 민법 제826조 제3항 본문은 당사자의 의사와 자율적 선택권을 무시한 채 혼인 및 자녀에 관한 신분관계를 일방적으로 형성한다는 점에서 개인의 존엄에 반하고 나아가 정당한 이유없이 남녀를 차별하고 있어 헌법불합치(심판대상 규정들 잠정 적용)

나. 학교용지부담금 사건 구 학교용지확보에관한 특례법 제2조 제2호 등 위헌제청
(헌재 2005. 3. 31. 2003헌가20)
(1) 제청법원 인천지방법원
(2) 주 문 위 헌(전원일치)
(3) 이 유

(a) 의무교육에 필요한 학교시설은 국가의 일반적 과제로서 이를 위한 비용은 국가의 일반재정으로 충당하여야 하므로, 부담금과 같은 별도의 재정수단을 동원하여 특정한 집단으로부터 그 비용을 추가로 징수하여 충당하는 특례법 조항은 의무교육의 무상성을 선언한 헌법에 반한다.

(b) 또한 의무교육이 아닌 중등교육에 관한 것이라 하더라도, 수분양자들의 구체적 사정을 거의 고려하지 않은 채 수분양자 모두를 일괄적으로 동일한 의무자 집단에 포함시켜 동일한 부담금을 부과하는 것은 합리적 근거 없는 차별에 해당하여 위헌

다. 부부자산소득합산과세제도 사건 구 소득세법 제80조 등 위헌제청
(헌재 2005. 5. 26. 2004헌가6)

(1) 제청법원 대법원

(2) 주문 위 헌(위헌의견 7인/합헌의견 2인)

(3) 이 유
누진과세제도 하에서 혼인한 부부에게 조세부담의 증가를 초래하는 부부자산소득합산과세를 규정하고 있는 구 소득세법 제80조 제1항 제2호는 혼인한 부부를 비례의 원칙에 반하여 사실혼 관계의 부부나 독신자에 비하여 차별하는 것으로서 위헌

라. 공무원 노동운동 금지 사건 지방공무원법 제58조 제1항 등 위헌소원
(헌재 2005. 10. 27. 2003헌바50 등)

(1) 당사자 노○○(전공노 부위원장) 외 3인

(2) 주 문 합헌(합헌의견 5/위헌의견 4)

(3) 이 유
공무원(사실상 노무에 종사하는 공무원 제외)의 노동운동 기타 공무 이외의 일을 위한 집단행위를 금지하고 이를 위반한 자에게는 형벌을 과하도록 규정한 지방공무원법 제58조 제1항, 제2항, 제82조는 죄형법정주의를 위반한다거나 국민의 근로3권, 언론·출판·집회·결사의 자유, 평등권을 침해한다고 할 수 없으므로 헌법에 위반되지 아니한다.

4. 탄핵심판

가. 개념

탄핵이란 일반적인 사법절차나 파면절차에 따라서 파면·소추가 곤란한 국가의 중요공무원의 직무상의 위헌·위법행위를 국회가 적발하여 이를 소추하여 처벌하거나 파면하

는 제도를 말한다.

나. 탄핵소추 절차

대통령·국무총리·국무위원·행정각부의장·헌법재판소 재판관과 사법부 법관·중앙선거관리위원회 위원·감사원장·감사위원·기타 법률이 정한 공무원이 직무집행에 있어서 헌법이나 법률에 위배한 경우에 국회가 탄핵의 소추를 의결한다. 대통령에 대해서는 국회재적의원 과반수의 찬성으로 발의가 있어야 하고 의결은 재적의원 3분의 2이상이 찬성이 있어야 한다(헌법 제65조 제2항, 제111조 제1항 제2호, 법 제48조 이하).

탄핵소추의 의결을 받은 자는 탄핵심판이 있을 때까지 그 권한 행사가 정지된다(헌법 제65조 제3항).

탄핵소추의 의결이 있는 때에는 국회의장은 지체없이 소추의결서의 정본을 소추위원인 국회법제사법위원장에게 송달하고 소추위원은 그 정본에 증거 기타 심판에 필요한 자료를 첨부하여 헌법재판소에 제출함으로써 탄핵심판을 청구한다.

다. 탄핵심판 절차

증거 및 증거조사에 관하여는 형사소송에 관한 법령의 규정을 준용하고 또 심판정에서의 심리·조서의 작성 및 절차의 내용에 관하여는 형사소송법에 관한 법령의 규정을 준용한다.

피청구인에 대한 탄핵심판청구와 동일한 사유로 형사소송이 진행되고 있는 때에는 재판부는 심판절차를 정지할 수 있다(법 제52조).

라. 탄핵결정과 효력

(1) 청구가 이유있는 때에는 헌법재판소는 피청구인을 당해 공직에서 파면하는 결정을 선고한다. 다만, 피청구인이 결정신고 전에 당해 공직에서 파면된 때에는 심판청구를 기각하여야 한다(법 제53조).

(2) 탄핵결정은 피청구인의 민사상이나 행사상의 책임이 면제되는 것이 아니므로 탄핵심판과 민사재판 사이에는 일사부재리의 원칙이 적용되지 아니한다.
탄핵결정에 의하여 파면된 자는 결정선고가 있는 날로부터 5년을 경과하지 아니하면 공무원이 될 수 없다(법 제54조).

▣ 판 례 ▣

대통령 탄핵 사건(헌재 2004. 5. 14. 2004헌나1)

(1) 당사자 (a) 청구인 국회
소추위원 국회 법제사법위원회 위원장
(b) 피청구인 대통령
(2) 주 문 기 각
(3) 이 유
(a) 대통령의 법위반이 헌법질서에 미치는 효과를 종합하여 본다면, 대통령의 구체적인 법위반행위에 있어서 헌법질서에 역행하고자 하는 적극적인 의사를 인정할 수 없으므로, 자유민주적 기본질서에 대한 위협으로 평가될 수 없다
(b) 파면결정을 통하여 헌법을 수호하고 손상된 헌법질서를 다시 회복하는 것이 요청될 정도로 대통령의 법위반행위가 헌법수호의 관점에서 중대한 의미를 가진다고 볼 수 없고, 또한 대통령에게 부여한 국민의 신임을 임기중 다시 박탈해야 할 정도로 국민의 신임을 저버린 경우에 해당한다고 볼 수 없으므로, 대통령에 대한 파면결정을 정당화하는 사유가 존재하지 아니한다.

5. 정당해산심판

가. 개념

정당의 목적이나 활동이 민주적 기본질서에 위배될 때에는 정부는 헌법재판소에 그 해산을 제소할 수 있고, 정당은 헌법재판소의 심판에 의하여 해산된다(헌법 제8조 제4항, 제111조 제1항 제3호, 법 제55조 이하).

나. 제소절차

정부는 국무회의의 심의를 거쳐 헌법재판소에 정당해산심판을 청구할 수 있는 바, 청구서에는 해산을 요구하는 정당의 표시, 청구의 이유를 기재하여야 한다(법 제56조).

다. 심판절차

헌법재판소는 정당해산심판의 청구를 받은 때에는 청구인의 신청 또는 직권으로 종국결정의 선고시까지 피청구인의 활동을 정지하는 가처분의 결정을 할 수 있으며(법 제75조) 정당해산심판의 청구가 있는 때, 가처분결정을 한 때 및 그 심판이 종료한 때에는 헌법재판소장은 그 사실을 국회와 중앙선거관리위원회에 통지하여야 한다.

라. 종국결정

정당은 해산을 명하는 결정이 선고된 때에는 정당은 해산되고 대체정당의 구성은 금지된다. 해산명령의 집행은 정당법의 규정에 따라 중앙선거관리위원회가 행한다(법 제60조).

정당해산으로 정당의 당원은 당원자격을 상실하고 정당도 정당자격을 상실하며 정당의 잔여재산은 국고에 귀속된다.

6. 권한쟁의심판

가. 개념

국가기관 상호간 국가기관과 지방자치단체간 및 지방자치단체 상호간에 권한의 존부 또는 범위에 관하여 다툼이 있는 경우에 헌법재판소가 그 권한의 존부범위·내용·한계 등을 명백하게 함으로써 그 분쟁을 해결하는 제도이다(헌법 제111조 제1항 제4호, 법 제61조 이하).

나. 현행 권한쟁의심판제도의 특징

(1) 헌법재판소가 관장하는 권한쟁의심판에는 국가기관간의 권한쟁의뿐 아니라, 상이한 법주체인 구가기관과 지방자치단체간 및 지방자치단체 상호간의 권한쟁의도 포함된다.
(2) 권한쟁의심판에서 논의되는 '권한'(Komptenz)이란 주관적 권리의무가 아니라 국가나 지방자치단체 등 공법인 또는 그 기관이 헌법 또는 법률에 의하여 부여되어 법적으로 유효한 행위를 할 수 있는 능력 또는 그 범위를 말한다.
(3) 법원에 의한 일차적 권리구제를 요구하여 보충성 요건을 설정한 헌법소원제도와는 달리, 권한쟁의심판은 원칙적으로 헌법재판소의 관할로 한다.(헌법 제111조 제1항 제4호)
(4) 법원에 의한 일차적 권리구제를 요구하여 보충성 요건을 설정한 헌법소원제도와는 달리, 권한쟁의심판은 원칙적으로 헌법재판소의 관할로 한다.(헌법 제111조 제1항 제4호, 법 제2조 제4호)

다. 권한쟁의심판의 종류

(1) 국가기관 상호간의 권한쟁의

① 법 제62조 제1항 제1호는 국가기관간의 권한쟁의를
② 국가기관 간의 권한쟁의는 헌법상의 국가기관간의 권한분쟁을 해결함으로써 국가기능의 원활한 수행을 도모하고 국가권력 간의 균형을 유지하여 헌법질서를 수호·유지하고자 하는 제도이다(헌재 1997. 7. 16. 96헌라2)

(2) 국가기관과 지방자치단체 간의 권한쟁의

① 국가기관과 지방자치단체 간의 권한쟁의는 상호 독립된 법인격체인 국가와 지방자치단체간의 수직적 권력분립관계에서 헌법상 제도적으로 보장되는 지방자치권을 보호한다는 의미와, 국가기관과 지방자치단체간의 권한의 분배에 관한 다툼을

조정하는 의미를 가짐

(3) 지방자치단체 상호간의 권한쟁의

① 법 제40조 제1항 제3호는 지방자치단체 상호간의 권한쟁의심판으로 특별시, 광역시 또는 도 상호간의 권한쟁의심판, 시·군 또는 자치구 상호간의 권한쟁의심판, 특별시, 광역시 또는 도와 시·군(또는 자치구)간의 권한쟁의심판을 규정하고 있다.

(4) 권한쟁의와 기관소송의 관계

① 행정소송법 제3조 제4호는 국가 또는 공공단체의 기관 상호간에 권한의 존부 또는 그 행사에 관한 다툼이 있을 때에 제기하는 소송(기관소송)에 관하여 법원의 관할을 인정하고 있으나, 국가기관 상호간의 권한쟁의는 헌법재판소가 관할하고 헌법재판소의 관장사항으로 되는 것은 법원의 기관소송 대상에서 제외되기 때문에(행정소송법 제3조 제4호 단서), 국가기관 상호간의 권한쟁의심판과 행정소송법상의 기관소송과는 관할충돌의 문제가 발생하지 아니한다.

② 현행법에 의하면 공공단체인 지방자치단체 내에서 지방자치단체의 장과 지방의회 사이의 기관소송(지방자치법 제98조 제3항 및 제159조 제3항) 및 교육감과 시·도의회 또는 교육위원회간의 기관소송(지방교육자치에관한법률 제31조 제3항)이 인정된다.

라. 제소절차

피청구인의 처분 또는 부작위가 헌법 또는 법률에 의하여 부여받은 청구인의 권한을 침해하였거나 침해할 현저할 위험이 있는 경우에 청구인은 그 사유가 있다는 것을 안 날로부터 60일 이내에 그 사유가 있은 날로부터 180일 이내에 헌법재판소에 제소할 수 있다(법 제63조).

청구서에는 다음의 사항을 기재한다.

① 청구인 및 심판수행자 또는 대리인 표시

② 피청구기관의 표시

③ 심판의 대상이 되는 피청구기관의 처분 또는 부작위

④ 청구의 이유

⑤ 기타 필요한 사항(법 제64조)

⑥ 현행법상 헌법재판소의 권한쟁의심판에 소송참가를 할 수 있는지 여부 및 그 구체적 절차에 관여하는 행정소송법과 민사소송법이 준용된다(법 제40조 제1항, 행소법 제17조)

⑦ 법원은 다른 행정청을 소송에 참가시킬 필요가 있다고 인정할 때에는 당사자 또는 당해 행정청의 신청 또는 직권에 의하여 결정으로써 그 행정청을 소송에 참가시킬 수 있으며, 참가의 허부에 관한 결정을 하고자 할 때에는 당사자 및 당해 행정청의 의견을 들어야 한다(행소법 제17조 제1항, 제2항)

⑧ 헌법재판소의 결정에 의해 권한쟁의심판에 참가한 자는 심판에 관하여 공격, 방어, 이의 그 밖의 모든 소송행위를 할 수 있다. 다만, 참가할 때의 소송의 진행정도에 따라 할 수 없는 소송행위는 그러하지 아니한다. 참가인의 소송행위가 피참가인의 소송행위에 어긋나는 경우에는 그 참가인의 소송행위는 효력을 가지지 아니한다(행소법 제17조 제3항, 민소 제76조).

마. 가처분

(1) 법 제65조에 의해, 헌법재판소는 권한쟁의심판의 청구를 받은 때에 직권 또는 청구인의 신청에 의하여 종국결정의 신고시까지 심판대상이 된 피청구인의 처분 효력을 정지하는 결정을 할 수 있다
(2) 헌법재판소는 성남시와 경기도간의 권한쟁의 사건에서 피청구인 경기도지사의 처분 효력을 정지하는 가처분결정을 내린 바 있다(헌제 1999. 3. 25. 98헌사98)

바. 심판절차

① 헌법재판소는 권한쟁의사건을 심리하기 위해 반드시 구두변론(법 제42조 제1항)을 거쳐야 하며, 재판부가 변론을 열 때에는 기일을 정하고 당사자와 관계인을 소환(출석요구)하여야 한다(법 제42조 제3항).
② 부적법한 권한쟁의심판청구로서 그 흠을 보정할 수 없는 경우에는 민소법 제219조의 규정을 준용하여 변론 없이 결정으로 심판청구를 각하할 수 있다(법 제40조).

사. 종국결정과 효력

헌법재판소는 심판의 대상이 되는 국가기관 또는 지방자치단체의 권한의 존부는 범위에 관하여 판단하며 이 경우 피청구기관의 처분 또는 부작위가 이미 청구인의 권한을 침해한 때에는 이를 취소하거나 그 무효를 확인할 수 있다(법 제66조).
결정의 효력은 모든 국가기관과 지방자치단체를 기속한다(법 제67조).

▣ 판 례 ▣

가. 복수차관제 등 정부조직법 관련 권한쟁의사건 국회의원과 국회의장 간 권한쟁의 (헌재 2006. 2. 23. 2005헌라6)
(1) 당사자 국회의원 장○○ 외 20인
(2) 주 문 기 각(기각의견 6인/인용의견 3인)
(3) 이 유
복수차관제와 일부청의 차관급 격상을 내용으로 하는 정부조직법 개정안(원안)에

대해 국회의장이 방위사업청 신설을 내용으로 하는 의안을 별개의 안이 아닌 수정안으로 보고 의안을 처리하였다 하더라도 개념상 이를 '수정안'이라고 인정할 수 있다 할 것이므로 국회법에 위반되지 아니한다.

7. 헌법소원심판

가. 개념

헌법소원심판이라 함은 공권력 작용 공권력의 행사 또는 불행사로 인하여 헌법상 보장된 기본권을 침해받은 자가 다른 법률에 의한 구제절차를 모두 거친(법 제68조 제1항, 법 제41조 제1항) 다음 헌법재판소에 그 구제를 청구하는 경우에 헌법재판소가 그 당부를 심사하여 기본권 침해의 원인이 된 공권력 작용을 취소하거나 위헌임을 확인하는 심판절차를 말한다(법 제88조 제1항 제75조 제3항).

나. 헌법소원의 종류와 청구요건

헌법재판소법 제68조 제1항의 헌법소원(권리구제형 헌법소원심판)과 법 제68조 제2항의 규정에 의한 헌법소원심판(위헌심사형헌법소원심판) 위 2가지 종류로 볼 수 있다.

(1) 공권력의 행사 또는 불행사로 인하여 헌법상 보장된 기본권을 침해받은 자가 제기하는 권리구제형 헌법소원(법 제68조 제1항에 의한 헌법소원. '헌마' 사건)
(2) 재판의 당사자가 법원에 위헌법률심판제청신청을 하였으나 기각된 경우에 제기하는 규범통제형(위헌심사형) 헌법소원(법 제68조 제2항에 의한 헌법소원. '헌바' 사건)

▣ 권리구제형 헌법소원심판 결정고서

- 검사의 부릭소처분에 대한 헌법소원(헌재 1989. 7. 14. 선고 89헌마10결정)
- 부정선거로 인한 기본권 침해의 구제를 구하는 헌법소원(헌재 1990. 9. 30. 선고 89헌마90결정)
- 토지수용법 제46조 2항 위헌여부에 대한 헌법소원(헌재 1990. 6. 25. 선고, 89헌마107 결정
- 형법 제241조의 위헌여부(헌재 1989. 9. 4. 선고, 88헌마22결정)

▣ 위헌심사형 헌법소원심판 결정고시

- 법률에 대한 헌법소원(헌재 1989. 3. 17. 선고 88헌마1결정)
- 불기소처분에 대한 헌법소원(헌재 1989. 4. 17. 선고, 88헌마3결정)
- 기소중지처분에 대한 헌법소원(헌재 1991. 4. 1. 선고 90헌마65결정)
- 기소유예처분에 대한 헌법소원(헌재 1991. 4. 1. 선고 90헌마65결정)
- 명령규칙에 대한 헌법소원(헌재 1990. 10. 15. 선고, 89헌마178결정)

• 행정청의 부작위에 대한 헌법소원(헌재 1989. 9. 4. 선고 88헌마22결정)

다. 청구권자 (청구인능력)

(1) 자연인

(가) 대한민국 국적을 가진 모든 자연인은 기본권의 주체가 되며, 따라서 대한민국 국적을 가진 모든 국민이 헌법소원을 청구할 수 있다(헌재 1994. 12. 29. 93헌마120)

(나) 외국 국적 또는 무국적의 자연인은 자연권적 성질을 갖는 기본권과 관련해서만 헌법소원을 제기할 수 있다

(다) 자연인은 원칙적으로 살아 있는 동안 기본권 주체성을 가짐.
출생 이전의 태아가 기본권능력이 있는가 하는 점에 대하여는, 이를 인정한 독일의 헌법재판소 결정이 있다
청구인이 사망한 경우에는 심판절차가 종료된다. 이 원칙이나(헌재 1992. 11. 12. 90헌마33), 재산권과 같이 일신전속성이 상대적으로 약한 기본권의 경우에는 상속인에 의한 헌법소원절차의 수계를 인정할 수 있을 것임

(2) 사법인과 기타 사적 결사

(가) 사법인이나 기타 권리능력 없는 결사도 그 성질상 누릴 수 있는 기본권의 침해가 문제된 경우에는 헌법소원을 제기할 수 있다

(나) 단체의 부분기관에는 청구인능력이 인정되지 아니한다.

(3) 공법인 등

(가) 헌법재판소법 제68조 제1항의 규정에 의한 헌법소원은, 헌법이 보장하는 기본권의 주체가 국가기관의 공권력 행사 또는 불행사로 인하여 그 기본권을 침해받았을 경우 이를 구제하기 위한 수단으로 인정된 것이므로 헌법소원을 청구할 수 있는 자는 원칙적으로 기본권 주체로서의 국민에 한정되면 국민의 기본권을 보호 내지 실현할 책임과 의무를 지는 국가기관이나 그 일부는 헌법소원을 청구할 수 없다(헌재 1995. 2. 23. 90헌마125)

(나) 다만, 국·공립대학이나 공영방송국과 같이 국가에 대하여 독립성을 가지고 있는 독자적인 기구로서 해당 기본권영역에서 개인들의 기본권 실현에도 이바지하는 경우에는 예외적으로 기본권주체가 될 수 있다
국립서울대학교에 대하여 학문의 자유 및 대학의 자치와 관련된 기본권주체성 인정(서울대학교 입시요강 사건, 헌재 1992. 10. 1. 92헌마68등)

라. 공권력행사 또는 불행사의 존재

(1) 헌법재판소법 제68조 제1항에 의하면 '공권력의 행사 또는 불행사로 인하여' 헌법상 보장된 기본권을 침해받은 자는 헌법소원심판을 청구할 수 있으므로, 그 취소를 구하는 공권력 행사 자체가 존재하지 아니하거나 위헌확인을 구한 대상인 공권력 불행사의 존재를 인정할 수 없으면 그 헌법소원은 부적법하다.(헌재 1990. 12. 26. 90헌마2; 헌재 1994. 5. 6. 89헌마35)

(2) 헌법재판소법 제68조 제1항은 공권력의 행사 또는 불행사로 인하여 기본권을 침해받은 자가 헌법소원을 청구할 수 있다고 규정하고 있는바, 여기서 공권력이란 입법권·행정권·사법권을 행사하는 모든 국가기관·공공단체 등의 고권적 작용을 의미한다.(新한일어업협정 사건, 헌재 2001. 3. 21. 99헌마139 등 결정)

(가) 입법작용

① 법률

㉮ 법률이 집행행위를 기다리지 않고 직접적·현재적으로 기본권 침해하는 경우에는 그 법률에 대한 헌법소원 가능하다.(헌재 1989. 3. 17. 88헌마1)

㉯ 현재 시행중인 유효한 법률이어야 함이 원칙이나, 법률이 일반적 효력을 발생하기 전이라도 이미 공포되어 있고, 청구인이 불이익을 입게 될 수 있다는 것을 충분히 예측할 수 있는 경우에는 예외적으로 헌법소원을 제기할 수 있다(헌재 1994. 12. 29. 94헌마201)

㉰ 법률의 개폐는 입법기관의 소관사항이므로 기본권의 침해를 주장함이 없이 단순한 법률 개폐 요구는 헌법소원심판청구의 대상이 될 수 없다(헌재 1992. 6. 26. 89헌마132)

② 조약·헌법의 개별조항

㉮ 헌법 제6조 제1항에 의하여 국내법과 같은 효력을 가지는 조약은 헌법소원심판의 대상이 된다(헌재 2001. 3. 21. 99헌마139등)

㉯ 형식적 의미의 법률에 해당하지 아니하는 헌법의 개별조항은 위헌심사의 대상이 될 수 없으므로 이를 대상으로 한 헌법소원심판청구는 부적법(헌재 1998. 6. 25. 96헌마47)

③ 입법부작위

㉮ 진정입법부작위 : 입법자가 헌법상 입법의무가 있는 어떤 사항에 관하여 전혀 입법을 하지 아니함으로써 입법행위의 흠결이 있는 경우

㉠ 헌법에서 기본권보장을 위해 법령에 명시적인 입법위임을 하였음에도 입법자가 이를 방치하고 있거나 헌법해석상 특정인에게 구체적인 기본권이 생겨 이를 보장하기 위한 국가의 행위의무 내지 보호의무가 발생하였음이 명백함에도 입법자가 전혀 아무런 입법조치를 취하고 있지 않은 경우에만 헌법소원의 대상이 된다(헌재 1989. 3. 17. 88헌마1)

㉡ 군정법령에 따른 보상절차가 이루어지지 않은 단계에서 조선철도의통일폐지법률에 의하여 군정법령을 폐지하고 그 보상에 관하여 아무런 입법조치를 취하지 않은 것은 위헌(조선철도주식회사 사건, 헌재 1994. 12. 29. 89헌마2)이라고 인정한 외에는 입법의무를 긍정한 경우가 거의 없다

㉯ 부진정입법부작위 : 입법자가 어떤 사항에 관하여 입법은 하였으나 그 입법의 내용·범위·절차 등이 당해 사항을 불완전·불충분 또는 불공정하게 규율함으로써 입법행위에 결함이 있는 경우

㉠ 법률(조항)이 존재하므로 당해 법률(조항)에 대한 헌법소원심판청구의 형식으로 그 심판을 청구하여야 한다.(헌재 1996. 10. 31. 94헌마108)

㉡ 부진정입법부작위의 예로는, 입법자가 혜택부여규정에서 일정 인적 집단을 배제한 경우(헌재 1996. 11. 28. 93헌마258), 도시계획법 제21조에 의하여 개발제한구역이 지정된다. 이것으로 인하여 재산권이 제한된 자에 대하여 정당한 보상을 지급하는 법률을 제정하지 아니한 것(헌재 1999. 1. 28. 97헌마9), 국내에 주민등록이 되어 있지 아니한 제외국민에 대하여 국내에서 실시되는 선거에 참여할 수 있는 절차를 규정하지 않은 것(제외국민선거권 사건, 헌재 1999. 1. 28. 97헌마253등), 국가유공자의 범위를 규정하면서 특수부대원을 그 범위에 포함시키지 아니한 것(헌재 2000. 4. 27. 99헌마76) 등을 들 수 있다.

④ 입법기관의 내부행위 등

㉮ 국회의장이 국회의원을 상임위원회의 위원으로 선임하는 행위(헌재 1999. 6. 24. 98헌마472등)와 같은 입법기관의 내부행위는 국민의 권리의무에 대하여 직접적인 법률효과를 발생시키지 않기 때문에 기본권 관련성이 결여되어 부적법하다.

㉯ 국회의장의 청원시마 부작위 : 국회는 청원에 대하여 심사할 의무를 지고 청구인에게는 심사를 요구할 수 있는 권리가 있으므로, 헌법소원의 대상이 된다(헌재 2000. 6. 1. 2000헌마18)

(나) 검사의 처분

① 검사가 행하는 모든 종류의 불기소처분과 군검찰관의 기소유예처분은 헌법소원의 대상에 포함된다.

기소유예처분 및 기소중지처분에 대해서는 범죄피해자뿐 아니라 범죄피의자도 헌법소원심판을 청구할 수 있다(헌재 1992. 6. 26. 92헌마7; 헌재 1997. 2. 20. 95헌마362)

② 검사의 공소제기가 청구인(피고인)의 기본권을 침해하였는지의 여부는 당해 형사재판절차에 의하여 권리구제가 가능하므로 형사재판을 위한 사전준비행위

로서의 기소처분은 독립하여 헌법소원심판의 청구대상이 될 수 없다(헌재 1992. 12. 24. 90헌마158)

③ 공소취소처분의 취소를 구하는 심판청구는 부적법하다.(헌재 1997. 3. 27. 96헌마219)

(다) 행정작용

① 행정작용에 대한 헌법소원에 있어서는 보충성요건 및 재판소원금지규정 때문에 검사의 불기소처분, 행정입법에 의한 직접적 기본권침해, 행정입법부작위, 권력적 사실행위 등 행정소송에 의하여 권리구제를 받을 수 없거나 행정소송을 거친다 하더라도 구제받을 수 있는 기대가능성이 없어 보충성원칙의 예외가 인정되는 경우로 제한된다.

㉮ 통치행위

㉠ 고도의 정치적 결단에 의하여 행해지는 국가작용(통치행위)이라고 할지라도 그것이 국민의 기본권 침해와 직접 관련되는 경우에는 당연히 헌법재판소의 심판대상이 될 수 있다(헌재 1996. 2. 29. 93헌마186)

㉯ 행정입법

㉠ 행정입법이 별도의 집행행위를 거치지 않고 직접 기본권을 침해하는 경우에는 헌법소원의 대상이 될 수 있다(법무사법시행규칙 사건. 헌재 1990. 10. 15. 89헌마178)

㉡ 행정규칙은 일반적으로 행정조직 내부에서만 효력을 가지고 대외적인 구속력을 갖는 것이 아니므로 원칙적으로 헌법소원의 대상이 아님

그러나 ① 법령의 규정에 의하여 행정관청에 법령의 구체적 내용을 보충할 권한을 부여한 경우나, ② 재량권행사의 준칙인 규칙이 그 정한 바에 따라 되풀이 시행되어 행정관행이 성립되면 평등의 원칙이나 신뢰보호의 원칙에 따라 행정기관은 그 상대방에 대한 관계에서 그 규칙에 따라야 할 자기구속을 당하게 되는 경우에는 대외적인 구속력을 가지게 되는바, 이러한 경우에는 행정규칙이 헌법소원의 대상이 될 수 있다(헌재 1990. 9. 3. 90헌마13)

또한 ③ 법령의 직접적인 위임에 따라 수임행정기관이 그 법령을 시행하는 데 필요한 구체적 사항을 정한 것이면, 그 제정형식은 고시·훈련·예규 등과 같은 행정규칙이더라도 대외적인 구속력을 갖게 되므로(형식은 행정규칙이나 실질은 법규명령), 청구인이 법령과 예규의 관계규정으로 말미암아 직접 기본권침해를 받았다면, 헌법소원의 대상이 될 수 있다(헌재 1992. 6. 26. 91헌마25)

㉰ 행정입법부작위

㉠ 행정명령의 제정의 지체가 위법으로 되어 그에 대한 법적 통제가 가능하기 위하여는 ① 행정청에게 시행명령을 제정할 법적 의무가 있고, ② 상당한 기간이 지났음에도 불구 ③ 명령제정권이 행사되지 않아야 한다(치과전문의 자격시험 불실시 위헌확인 등 사건, 현재 1998. 7. 16. 96헌마246).

㉡ 부진정행정입법부작위에 해당하는 경우에는 불완전한 행정입법에 대하여 적극적으로 헌법소원을 제기하여야 한다.(헌재 1998. 11. 26. 97헌마310)

㉣ 조례

㉠ 조례 자체로 인하여 직접 그리고 현재 자기의 기본권을 침해받은 자는 그 권리구제의 수단으로서 조례에 대한 헌법소원을 제기할 수 있다(헌재 1995. 4. 20. 92헌마264등)

다만, 대법원은 조례가 집행행위의 개입 없이 그 자체로서 직접 국민의 구체적인 권리의무나 법적 이익에 영향을 미치는 등의 법률상 효과를 발생하는 경우 그 조례는 항고소송의 대상이 되는 행정처분에 해당한다고 판시한 바 있다(두밀분교폐지조례 사건, 대법원 1996. 9. 20. 선고 95누8003 판결)

㉤ 행정계획, 공고 등

㉠ 행정계획이란 행정에 관한 전문적·기술적 판단을 기초로 하여 특정한 행정목표를 달성하기 위하여 서로 관련되는 행정수단을 종합·조정함으로써 장래의 일정한 시점에 있어서 일정한 질서를 실현하기 위한 활동기준으로 설정된 것임(대법원 1996. 11. 29. 선고 96누8567 판결)

㉡ 일반적으로 국민적 구속력을 갖는 행정계획(예컨대 도시계획결정)은 행정행위에 해당되지만, 구속력을 갖지 않고 행정기관 내부의 행동지침에 지나지 않는 행정계획은 행정행위가 될 수 없으며, 비구속적 행정계획안이나 행정지침이라도 국민의 기본권에 직접적으로 영향을 끼치고 앞으로 법령의 뒷받침에 의하여 그대로 실시될 것이 틀림없을 것으로 예상될 수 있을 때에는, 예외적으로 헌법소원의 대상인 공권력의 행사가 된다(헌재 2000. 6. 1. 99헌마538등)

서울대학교 입시요강발표 사건 : 서울대학교의 '1994학년도 대학입학고사 주요요강'은 현 시점에서는 법적 효력이 없는 '행정계획안'에 불과하나 이러한 사실상의 준비행위나 사전안내라도 그 내용이 국민의 기본권에 직접 영향을 미치는 내용이고 앞으로 법령의 뒷받침에 의하여 그대로 실시될 것이 틀림없을 것으로 예상되므로 헌법소원의 대상이 되는 공권력의 행사에 해당된다(헌재 1992. 10. 1. 92헌마68등)

개발제한구역제도개선방안발표 사건 : 개발제한구역의 운용에 대한 국가의 기본방침을 천명하는 정책계획안으로서 대외적 효력이 없는 비구속적 행정계획안에 불과하며, 장차 도시계획결정을 통하여 그대로 실시될 것이 틀림없다고 예상되지도 아니하므로 헌법소원의 대상이 되는 공권력의 행사에 해당되지 않는다.(헌재 2000. 6. 1. 99헌마538 등)

㉢ 공고는 일반적으로 특정의 사실을 불특정 다수에게 알리는 행위로서 그것이 어떠한 법률효과를 가지는지에 대해서는 일률적으로 말할 수 없고 개별 공고의 내용과 관련 법령의 규정에 따라 구체적으로 판단하여야 한다.

사법시험 1차시험 시행일자 사건 : 2000년도 공무원 임용시험 시행계획에서 제42회 사법시험 제1차 시험일자를 일요일로 정하여 공고한 것은 헌법소원의 대상이 되는 공권력의 행사에 해당한다.(헌재 2001. 9. 27. 2000헌마159)

2000년도 공무원 임용시험 시행계획에서 제36회 기술고등고시 및 제6회 지방고등고시에 관하여 응시연령을 20세 이상 32세 이하, 해당생년월일을 1967. 1. 1.부터 1980. 12. 31.까지로 공고한 것은 그 내용이 공무원임용및시험시행규칙과 대전광역시지방공무원인사규칙의 응시연령에 관한 규정들과 실질적으로 동일한 내용으로서 그에 대한 확인적 의미만을 갖고 있을 뿐, 위 규칙조항에 규정된 응시연령에 아무런 변경을 가져오는 것이 아니므로 헌법소원의 대상이 될 수 없다(헌재 2001. 9. 27. 2000헌마173 등)

㉯ 권력적 사실행위

㉠ 어떤 행정행위가 헌법소원의 대상이 되는 권력적 사실행위에 해당하는지의 여부는 당해 행정주체와 상대방과의 관계, 그 사실행위에 대한 상대방의 의사·관여정도·태도, 그 사실행위의 목적·경위, 법령에 의한 명령·강제수단의 발동 가부 등 그 행위가 행하여질 당시의 구체적 사정을 종합적으로 고려하여 개별적으로 판단하여야 한다(헌재 1994. 5. 6. 89헌마35).

㉡ 인정한 경우

국제그룹해체 사건 : 재무부장관이 제일은행장에 대하여 한 국제그룹 해체준비 착수지시와 언론발표지시(헌재 1993. 7. 29. 89헌마31)

교도소장의 미결수용자의 서신에 대한 검열·지연발송·지연교부행위(헌재 1995. 7. 21. 92헌마144)

구치소장이 미결수용자로 하여금 체포된 피의자에게 차폐시설이 불충

분한 화장실을 사용하도록 강제한 행위(헌재 1999. 5. 27. 97헌마137)

유치장관리자가 현행범으로 체포된 피의자에게 차폐시설이 불충분한 화장실을 사용하도록 강제한 행위(헌재 2001. 7. 19. 2000헌마546)

경찰서장이 피의자를 유치장에 수용하는 과정에서 실시한 정밀신체수색(헌재 2002. 7. 18. 2000헌마327)

㉢ 부정한 경우

경제기획원장관의 정부투자기관예산편성공통지침의 통보행위(헌재 1993. 10. 25. 92헌마 293)

공납금을 완전히 납부하지 않으면 졸업장의 교부와 졸업증명서의 발급을 하지 않겠다고 한 공립중학교의 통고(헌재 2001. 10. 21. 2001헌마113)

㉳ 행정기관의 내부행위

㉠ 정부투자기관예산편성공통지침통보 사건 : 경제기획원 장관이 정부투자기관에 통보한 1993년도 정부투자기관예산편성공통지침은 각 정부투자기관의 출자자인 정부가 정부투자기업의 경영 합리화와 정부출자의 효율적인 관리를 도모하기 위하여 예산편성에 관한 일반적 기준을 제시하여 출자자로서의 의견을 개진하는 것에 지나지 아니한다고 할 것이고 이러한 예산편성공통지침의 통보행위는 성질상 정부의 그 투자기관에 대한 내부적 감독작용에 해당할 뿐이고 국민에 대하여 구체적으로 어떠한 권리를 설정하거나 의무를 명하는 법률적 규제작용으로서의 공권력작용에 해당한다고 볼 수 없으므로 헌법소원의 대상이 되는 공권력의 행사라 볼 수 없다(헌재 1993. 11. 25. 92헌마293)

㉴ 행정청의 부작위

㉠ 공권력의 주체에게 헌법에서 유래하는 작위의무가 특별히 구체적으로 규정되어 이에 의거하여 기본권의 주체가 행정행위를 청구할 수 있다에도 공권력의 주체가 그 의무를 해태하는 경우에 그 부작위는 헌법소원의 대상이 될 수 있다(헌재 1996. 11. 28. 92헌마 237)

㉡ 헌법소원 대상성 인정 사례

공정거래위원회가 독점규제및공정거래에관한법률위반의 탄원서를 접수하여 심의한 후 시정명령만을 발하고, 형사고발을 하지 아니한 경우(헌재 1995. 7. 21. 94헌마136)

㉢ 헌법소원 대상성 부정 사례

탈세사실을 고발, 제보한 자에 대하여 세무서장이 소송계속사실을 알리지 아니하고, 증인으로 신청하지 아니한 경우(헌재 1993. 2. 2. 93헌마2)

국방부장관이 국가유공자의 유족이 보상금을 받도록 유가족 등록이나

대리 등록하지 아니한 경우(헌재 1998. 2. 27. 97헌가10 등)

도시저소득주민의주거환경개선을위한임시조치법을 시행하면서 사인(私人)의 대지에 건축후퇴선을 적용한 결과 그 대지 일부가 사실상 도로로 사용되게 되었음에도 행정청이 보상을 하여 주지 아니한 경우(헌재 2001. 1. 18. 99헌마636)

㉶ 행정기고나 상호간의 내부적 의사결정

㉠ 행정기관의 내부적 의사결정에 불과하여 직접 국민의 권리의무에 어떠한 영향을 미치지 않는 경우 헌법소원의 대상이 되는 행정관청의 처분으로 볼 수 없으므로 헌법소원심판의 대상이 되지 아니하다.

농림수산부장관이 원유공급부족에 따른 유가공업체 사이의 집유질서 문란행위를 단속하기 위하여 각 시도지사에게 보낸 집유질서(集乳秩序) 확립을 위한 대책지시(헌재 1994. 4. 28. 91헌마55)

정부의 법률안 제출(헌재 1994. 8. 31. 92헌마174)

㉷ 사법상의(私法上) 행위

㉠ 행정기관의 행위라도 사법상의 행위는 헌법소원의 대상이 되지 아니하다.

공공용지의취득및손실보상에관한특례법에 의한 토지 등의 협의취득에 따르는 보상금의 지급행위(헌재 1992. 11. 12. 90헌마160)

폐천부지의 교환행위(헌재 1992. 11. 12. 90헌마160)

㉸ 법원의 재판을 거친 행정처분

㉠ 당해 행정처분을 심판의 대상으로 삼았던 법원의 재판이 헌법재판소가 위헌으로 결정한 법령을 적용하여 국민의 기본권을 침해한 결과 헌법소원심판에 의하여 그 재판 자체가 취소되는 경우에 한하여 당해 행정처분에 대한 심판청구 가능(헌재 1997. 12. 24. 96헌마172등)

(다) 사법작용

① 재판

㉮ 헌법재판소법 第68조 제1항은 법원의 재판을 헌법소원심판의 대상에서 명문으로 제외하고 있는바, 여기서 규정하는 법원의 재판에는 사건을 종국적으로 해결하기 위한 종국판결 외에 본안전 종국판결 및 중간판결이 모두 포함되고 기타 소송절차의 파생적·부수적인 사항에 대한 공권적 판단도 포함된다.(헌재 1992. 12. 24. 90헌마158)

㉯ 헌법재판소법 第68조 제1항이 법원의 재판을 헌법소원심판의 대상에서 제외한 것은 원칙적으로 헌법에 위반되지 아니하나, 법원이 헌법재판소가 위헌으로 결정하여 그 효력을 전부 또는 일부 상실하거나 위헌으로 확인

된 법률을 적용함으로써 국민의 기본권을 침해한 경우에도 법원의 재판에 대한 헌법소원이 허용되지 않는 것으로 해석한다면, 동 법률조항은 그러한 한도 내에서 헌법에 위반된다(재판소원허용 사건, 헌재 1997. 12. 24. 96헌마172 등)

㉰ 헌법재판소가 위헌이라고 결정한 법령에 기한 행정처분이 당연무효가 아니라 취소할 수 있는 행정행위에 불과하다고 판단한 법원의 재판은 헌법재판소의 헌법소원 심판대상이 되는 재판에 해당하지 아니하다.(헌재 1998. 4. 30. 95헌마93등)

② 사법입법

㉮ 사법부에서 제정한 규칙도 그것이 별도의 집행행위를 기다리지 않고 직접 기본권을 침해하는 것일 때에는 헌법소원심판의 대상이 될 수 있다(법무사법시행규칙 사건, 헌재 1990. 10. 15. 89헌마 178)

③ 재판부작위(재판의 지연)

㉮ 법원은 국민의 재판청구권에 근거하여 법령에 정한 국민의 정당한 재판청구 행위에 대하여만 재판을 할 의무를 부담하고 법령이 규정하지 아니한 재판청구 행위에 대하여는 그 의무가 없다(헌재 1994. 6. 30. 93헌마161)

㉯ 법이 정한 판결선고기간 내에 판결을 선고해야 할 법률상의 의무가 발생한다고 볼 수 없다(헌재 1999. 9. 16. 98헌마75)

④ 법원행정처장의 질의회신

㉮ 법원행정처장의 민원인에 대한 법령질의회신은 법규나 행정처분과 같은 법적 구속력을 갖는 것이 아니므로 이에 대한 헌법소원심판청구는 부적법하다.(헌재 1992. 6. 26. 89헌마132)

마. 기본권침해

(1) 헌법상 보장된 기본권

(가) 헌법에서 명문으로 규정하거나 헌법에서 도출되는 기본권을 의미하는 것으로서 그 범위는 헌법의 해석을 통하여 정해짐

(2) 기본권의 침해가능성

(가) 헌법재판소는 헌법소원심판청구인의 주장에만 얽매여 판단하는 것이 아니고 모든 범위에서 헌법상 기본권 침해 유무를 직권으로 심사한다.(헌재 1989. 9. 4. 88헌마22)

바. 법적관련성

자신의 기본권이, 현재 그리고 직접 침해당한 경우에만 헌법소원을 제기할 수 있다

(1) **자기관련성**

(가) 공권력의 행사 또는 불행사의 직접 상대방이 아니고 단순히 간접적·사실적 또는 경제적 이해관계에 있을 뿐인 제3자는 원칙적으로 헌법소원심판을 청구할 수 없다(헌재 1990. 12. 26. 90헌마20)

(나) 헌법소원심판의 청구인은 원칙적으로 자기의 기본권이 침해된 것만 다툴 수 있으므로 제3자의 소송담당(타인의 이익을 위하여 헌법소원을 제기)은 허용되지 아니한다.

단체가 단체구성원을 위하여 자신의 이름으로 헌법소원을 제기한 것은 부적법(헌재 1991. 6. 3. 90헌마56)

(다) 공권력 작용의 직접 상대방이 아닌 제3자도 입법목적, 실질적인 규율대상, 법규정에서의 제한이나 금지가 제3자에게 미치는 효과나 진지성의 정도 및 규범의 직접적인 수규자에 의한 헌법소원심판청구의 기대가능성 등을 판단하여 예외적으로 자기관련성이 인정되는 경우가 있다(헌재 1997. 9. 25. 96헌마133)

(라) 자기관련성을 인정한 경우

공정거래위원회의 고발권 불행사에 대하여 불공정거래행위의 상대방이 헌법소원심판을 청구한 경우(헌재 1995. 7. 21. 94헌마136)

광고방송물에 대하여 방송되기 전에 방송위원회가 그 내용을 사전에 심의하여 방송 여부를 결정하도록 하는 방송법의 규정에 대하여 광고회사에 소속되어 광고표현물의 제작에 참여하는 광고인이 헌법소원심판을 청구한 경우(헌재 1998. 11. 26. 94헌마207)

직장의료보험조합과 지역의료보험조합을 통합하는 국민건강보험법에서 직장의료보험조합을 강제로 해산시키도록 하고 그 조합의 재정적립금을 강제로 국민건강보험공단에 이전시키도록 하는 규정에 대하여 직장의료보험조합의 조합원이 헌법소원심판을 청구한 경우(헌재 2000. 6. 29. 99헌마289)

지방의회의원의 선거에 후보자로 나가고자 준비하는 자가 지방의회의원선거의 후보요건을 제한하고 있는 법률조항에 대하여 헌법소원심판을 청구한 경우(헌재 1991. 3. 11. 91헌마21)

치과전문의 자격시험제도 불시행에 대하여 치과의사가 헌법소원심판을 청구한 경우

(마) 자기관련성을 부정한 경우

범죄피해자가 아닌 고발인이 검사의 불기소처분에 대하여 헌법소원심판을 청구한 경우(헌재 1989. 12. 22. 89헌마145)

의료사고의 피해자가 생존해 있는 경우 피해자의 아버지가 검사의 불기소처분에 대하여 헌법소원심판을 청구한 경우(헌재 1993. 11. 25. 93헌마81)

학교법인에 대한 과세처분에 관하여 그 학교법인이 운영하는 중·고등학교에 재학중인 학생들이 헌법소원심판을 청구한 경우(헌재 1993. 7. 29. 89헌마123)

세무대학교폐지법률에 대하여 고등학교 학생이 헌법소원심판을 청구한 경우(헌재 2001. 2. 22. 99헌마613)

백화점 등의 셔틀버스운행을 금지하는 법률조항에 대하여 백화점 고객이 헌법소원심판을 청구한 경우(셔틀버스운행금지 사건, 헌재 2001. 6. 28. 2001헌마132)

(2) **현재성(現在性)**

(가) 청구인의 기본권이 현재 현실적으로 침해되어야 한다.

(나) 다만 기본권침해가 장래에 발생하더라도 그 침해가 틀림없을 것으로 현재 확실히 예측된다면 기본권구제의 실효성을 위하여 침해의 현재성을 인정한다.(서울대학교입시요강 사건, 헌재 1992. 10. 1. 92헌마68등)

(다) 헌법소원심판의 청구기간은 기본권의 침해가 현존하는 때를 기준으로 하고, 장차 기본권의 침해가 발생할 것이 확실히 예상되어 기본되어 현실적으로 침해되는 시점보다 앞당겨 헌법소원심판을 청구하는 경우에도 청구기간 종기가 앞당겨지는 것은 아니다.

(라) 현재성이 인정된 사례

장래 선거를 실시할 것이 확실히 예상되는 경우에 선거에 입후보하고자 하는 자가 입후보하기 전에 입후보요건을 제한하거나 기탁금을 기탁하지 않은 자에게 후보등록이 거부된다는 것을 정하고 있는 선거법의 조항에 대하여 헌법소원심판을 청구한 경우(지방자치단체장 공직선거 입후보금지 사건, 헌재 1999. 5. 27. 98헌마214)

결혼일을 정하여 혼인을 앞둔 자가 혼례일로부터 약 4개월 이전에 하객들에게 음식물의 접대를 금지하는 가정의례에관한법률의 조항에 대하여 미리 헌법소원심판을 청구한 경우(가정의례에관한법률 사건 헌재 1998. 10. 15. 98헌마168)

(마) 현재성이 부인된 사례

고소 또는 고발을 한 사실이 없는 청구인이 장차 언젠가는 형사소송법의 규정(제260조 제1항)으로 인하여 권리침해를 받을 우려가 있다는 이유로 헌법소원심판을 청구한 경우(헌재 1989. 7. 21. 89헌마12)

(3) **직접성(直接性)**

(가) 공권력작용으로 인하여 직접적으로 기본권이 침해되어야 한다.

(나) 직접성의 요건은 법령에 대한 헌법소원에서는 특히 중요한 의미를 가지는바, 법률 또는 법률조항 자체가 헌법소원의 대상이 될 수 있으려면 구체적인 집행행위에 의하지 아니하고 그 법률 또는 법률조항 자체에 의하여 자유의 제한, 의무의 부과, 권리 또는 법적 지위의 박탈이 생긴 경우이어야 한다.(헌재 1992. 11. 12. 91헌

마192)

(다) 집행행위에는 입법행위도 포함되므로 법률규정이 그 규정의 구체화를 위하여 하위 규범의 시행을 예정하고 있는 경우에는 당해 법률의 직접성은 부인되는바, 풍속영업법 제2조 제6호는 구체적 내용을 대통령령으로 정하도록 규정하고 있어 그 자체로 직접 노래연습장업자의 기본권을 침해하고 있지 않으므로 직접성의 요건이 흠결되어 부적법하다(헌재 1996. 2. 29. 94헌마213)

(라) 구체적 집행행위가 존재하는 경우라도 ① 국민에게 일정한 행위의무 또는 행위금지의무를 부과하는 법규정을 정한 후 이를 위반할 경우 제재수단으로서 형벌 또는 행정벌 등을 부과할 것을 정할 경우(헌재 1998. 3. 26. 97헌마194), ② 국민의 권리관계가 집행행위의 유무나 내용에 의하여 좌우될 수 없을 정도로 확정된 상태인 경우(헌재 1997. 7. 16. 97헌마38) ③ 그 집행행위를 대상으로 하는 구제절차가 없거나 구제절차가 있다고 하더라도 권리구제의 기대가능성이 없고 다만 기본권 침해를 당한 청구인에게 불필요한 우회절차를 강요하는 것밖에 되지 않는 경우(헌재 1997. 8. 21. 96헌마 48)에는 직접성이 인정된다

(마) 직접성이 인정된 사례

1994년 생활보호사업지침상의 '94년 생계보호기준'에 대하여 지급대상자가 헌법소원심판을 청구한 경우(헌재 1997. 5. 29. 94헌마33)

이자소득 및 배당소득에 대하여 분리과세를 도입하고 20%의 세율로 원천징수하도록 규정한 금융실명거래및비밀보장에관한법률 부칙 제12조 제1항, 제2항에 대하여 헌법소원심판을 청구한 경우(헌재 1999. 11. 25. 98헌마55)

지방자치단체를 폐지하는 법률에 대하여 폐지 대상의 지역의 주민이 헌법소원심판을 청구한 경우(헌재 1994. 12. 29. 94헌마201)

종전에 자유로이 어로활동을 영위할 수 있었던 수역에서 더 이상 자유로운 어로활동을 영위할 수 없게 한 대한민국과일본국간의어업에관한협정(1998. 11. 23.조약 제1477호로 체결되고 1999. 1. 22. 발효된 것)에 대하여 어민들이 헌법소원심판을 청구한 경우(헌재 2001. 3. 21. 99헌마139등)

(바) 직접성이 부인된 사례

광업권의 존속기간의 마감일이 도래하였으나 토지형질변경 불허가로 인하여 존속기간의 갱신을 받을 수 없어 결국 광업권을 상실하게 된 자가 청구한 헌법소원에서, 도시계획법 규정은 건설부장관의 개발제한구역의 지정·고시라는 별도의 구체적인 집행행위에 의하여 비로소 재산권침해여부의 문제가 발생할 수 있는 것이므로 직접성이 인정되지 아니한다고 판시한다(헌재 1991. 6. 3. 89헌마46)

공정거래법위반 범죄행위에 대하여는 공정거래위원회의 고발이 있어야 공소를 제기할 수 있다는 독점규제및공정거래에관한법률 규정(헌재 1995. 7. 21. 94헌마191)

및 관세의 부과 대상과 세율을 정하고 있는 관세법의 관세율표(헌재 1998. 3. 26. 96헌마166)는 모두 구체적인 집행행위에 의해 비로소 기본권 침해 여부가 문제된다는 점에서 직접성을 부여하였다

사. 보충성

(1) 의의

(가) 다른 법률에 구제절차가 있는 경우에는 그 절차를 모두 거친 후에 헌법소원심판 청구를 하여야 한다(헌법재판소법 제68조 제1항 단서)

(나) 다만, 먼저 헌법소원을 제기하고 나서 종국결정 전에 권리구제절차를 거쳤을 때에는 사전에 구제절차를 거치지 않은 하자가 치유될 수 있다(헌재 1996. 3. 28. 95헌마211)

(다) 여기서 말하는 권리구제절차는 공권력의 행사 또는 불행사를 직접 대상으로 하여 그 효력을 다툴 수 있는 권리구제절차를 의미하는 것이지, 사후적·보충적 구제수단인 손해배상청구나 손실보상청구를 의미하는 것이 아니다(헌재 1989. 4. 17. 88헌마3)

(라) '다른 법률에 의한 구제절차를 거친 후'란 다른 법률에 의한 구제절차를 '적법하게' 거친 경우를 의미한다(헌재 1999. 9. 16. 98헌마265)

(2) 보충성과 법령에 대한 헌법소원

(가) 법령 자체에 의한 직접적인 기본권침해가 문제될 때에는 그 법령 자체의 효력을 직접 다투는 것을 소송물로 하여 일반법원에 소송을 제기하는 길이 없어(대법원 1994. 4. 26.자 93부32 결정), 구제절차가 있는 경우가 아니므로 바로 헌법소원을 청구할 수 있다(헌재 1996. 10. 4. 94헌마 68등)

(3) 다른 법률의 구체절차의 예

(가) 검사 또는 군검찰관의 불기소처분에 대한 헌법소원의 경우

① 혐의없다, 죄가 안된다, 공소권 없다, 각하, 기소유예, 기소중지 등 검사의 불기소처분에 대한 헌법소원을 제기하고자 하는 자는 그 구제절차로서 먼저 검찰청법이 정한 항고 및 재항고절차를 거쳐, 재항고기각결정을 통지받은 날로부터 30일 이내에 청구하여야 한다(헌법재판소법 제69조 제1항 단서, 헌재 1992. 7. 23. 92헌마103)

② 재정신청과 검찰항고는 불기소처분에 대한 불복제도로서 병존적·선택적 제도라고 할 수 있으나, 두 제도를 모두 거치는 것은 사실상 불가능하므로, 재정신청과 검찰항고가 모두 가능한 범죄에 관한 불기소처분에 대하여 헌법소원을 제기함에 있어서 그 구제절차로서 검찰항고를 선택하여 이를 모두 거친

경우에는, 비록 재정신청을 거치지 아니하였더라도 다른 법률에 의한 구제절차를 모두 거친 것으로 해석하여야 한다(헌재 1993. 7. 29. 92헌마262)

(나) 행정권의 작용에 대한 헌법소원의 경우

① 건설부장관의 개발제한구역 지정행위(도시계획결정, 헌재 1991. 6. 3. 89헌마46), 교도소장의 이송처분(헌재 1992. 6. 19. 92헌마110), 구청장의 택지초과소유부담금 부과처분(헌재 1995. 1. 20. 94헌마27), 재소자가 발송의뢰한 서신을 교도소장이 발송 거부한 행위(미결수서신검열 사건. 헌재 1995. 7. 21. 92헌마144)에 대하여 행정심판 및 행정소송이 가능함에도 이러한 절차를 거치지 아니한 채 한 헌법소원심판을 청구한 경우 부적법하다

(다) 사법권의 작용에 대한 헌법소원의 경우

① 집행관의 강제집행방법이나 집행절차(헌재 1989. 10. 7. 89헌마203), 접수담당자의 소속법원인 대법원에 접수처분(헌재 1991. 11. 25. 89헌마235)에 대한 이의신청의 구제절차를 거치지 아니한 채 제기한 헌법소원심판청구는 부적법하다

② 대법원장의 법관에 대한 인사처분에 대하여는 국가공무원법 소정의 절차를 따라 동 인사처분에 대하여 법원행정처 소청심사위원회에 그 구제를 청구할 수 있고, 그 절차에서 구제를 받지 못한 때에는 국가공무원법 제16조, 법원조직법 제70조, 행소법 제1조의 규정에 비추어 다시 행정소송을 제기하여 그 구제를 청구할 수 있으므로, 그와 같은 구제절차를 거치지 아니한 채 제기한 헌법소원심판청구는 부적법하다(헌재 1993. 12. 23. 92헌마247)

(4) 보충성의 예외

(가) 사전에 구제절차를 거칠 것을 기대하기 곤란한 경우

① 헌법소원심판청구인이 그의 불이익으로 돌릴 수 없는 정당한 이유 있는 착오로 전심절차를 밟지 않은 경우, 전심절차로 권리가 구제될 가능성이 거의 없거나 권리구제절차가 허용되는지 여부가 객관적으로 불확실하여 전심절차 이행의 기대가능성이 없을 경우(헌재 1995. 12. 28. 91헌마80)

(나) 법률상 구제절차가 없는 경우

① 세무대학장의 '재임용추천거부행위'와 같은 총학장의 임용제청이나 그 철회는 행정기관 상호간의 내부적인 의사결정과정일 뿐 행정소송의 대상이 되는 행정처분이라고 볼 수 없다는 것이 대법원의 일관된 판례이므로, 이 사건의 경우에는 다른 법률에 구제절차가 있는 경우에 해당하지 아니하여 청구인이 행정소송을 거치지 아니하고 바로 헌법소원심판을 청구하였다고 하더라도 보충성의 원칙에 반하는 것이라고 볼 수 없다(헌재 1993. 5. 13. 91헌마190)

② 범죄피해자는 그가 고소를 제기한 바 없었어도 검사의 불기소처분에 대하여 헌법소원심판을 청구할 자격이 있고, 그는 고소인이 아니므로 불기소처분에 대하여 검찰청법에 정한 항고·재항고의 제기에 의한 구제를 받을 방법이 없으므로, 곧바로 헌법소원심판을 청구할 수 있다(헌재 1992. 1. 28. 90헌마227)

③ 토지대장 등 지적공부에 일정한 사항을 등록하거나 등록된 사항을 변경하는 행위는 당해 토지의 실체상의 권리관계에 어떤 변동을 가져오는 것은 아니라는 이류로, 소관청이 그 등록사항을 직권으로 정정하는 행위나, 등록사항에 대한 변경신청을 거부(반려)하는 행위는 행정소송의 대상이 되는 행정처분이 아니라는 것이 법원의 일관된 판례이므로, 지적공부상의 토지의 지목을 정정하여 달라는 청구인의 신청을 반려한 처분에 대하여는 행정소송을 통한 구제의 길이 없고, 달리 다른 법률에 구제절차가 있는 것도 아니어서, 위 반려처분에 대하여 바로 헌법소원을 청구하였다고 하더라도 보충성의 요건에 반하지 아니한다(헌재 1999. 6. 24. 97헌마315)

아. 청구기간

(1) 의의

(가) 제68조 제1항의 규정에 의한 헌법소원의 심판은 그 사유가 있다는 것을 안 날부터 90일 이내에, 그 사유가 있은 날부터 1년 이내에 청구하여야 하나, 다른 법률에 의한 구제절차를 거친 헌법소원의 심판은 그 최종결정을 통지받은 날로부터 30일 이내에 청구하여야 한다(헌법재판소법 제69조 제1항)

(나) 헌법소원의 제기기간은 헌법이나 법에 특별한 규정이 없는 이상 일반원칙인 도달주의에 따라 헌법재판소에 심판청구서가 접수된 날부터 기산하여야 하므로, 청구인이 심판청구서를 발송한 시점을 기준으로 하면 청구기간 내라 하더라도 동 심판 청구서가 헌법재판소에 도달한 시점에는 이미 청구기간이 경과한 경우라면 부적법하다(헌재 1990. 4. 10. 90헌마50)

(2) 청구기간의 적용

(가) 헌법재판소가 설치되기 전에 발생한 사건의 경우 그 청구기간의 기산점은 헌법재판소가 구성된 1988. 9. 19.이다(헌재 1991. 9. 16. 89헌마151)

(나) 다른 법률에 의한 구제절차가 없는 경우

① 다른 법률에 의한 구제절차가 없거나 보충성요건에 대한 예외가 인정되어 다른 법률에 의한 구제절차를 거칠 필요가 없는 경우를 의미하며, 이 경우에는 헌법소원 청구의 사유, 즉 기본권침해가 있다는 것을 안 날부터 90일이 지났거나 또는 그 사유가 있은 날부터 1년이 지났으면(즉, 둘 중 어느 하나의 기간이

지났으면) 그 심판청구는 부적법하다

② 그 사유가 '있은 날'이라 함은 기본권을 침해한 공권력의 행사가 현실적으로 효력을 발생한 날을 의미한다.

③ 그 사유가 있다는 것을 '안 날'은 적어도 공권력의 행사에 의한 기본권침해의 사실관계를 특정할 수 있을 정도로 현실적으로 인식하여 심판청구가 가능해진 경우를 뜻하며(국제그룹해체 사건, 헌재 1993. 7. 29. 89헌마31, 판례집 5-2, 87, 109), 헌법소원청구기간의 기산점인 '사유가 있다는 것을 안 날'이라 함은 '법령의 제정 등 공권력행사에 의한 기본권침해의 사실관계를 안 날'을 뜻하는 것이지 법률적으로 평가하여 그 위헌성 때문에 헌법소원의 대상이 된다는 것을 안 날을 뜻하는 것은 아니라 할 것이므로, 헌법소원의 대상이 된다는 것을 안 날은 '청구기간을 도과한 헌법소원을 허용할 정당한 사유'의 평가자료로 참작된다은 별론으로 하고 청구기간의 기산점과는 무관하다(헌재 1993. 11. 25. 89헌마36)

(다) 다른 법률에 의한 구제절차를 거친 경우

① 헌법재판소법 제69조 제1항 단서에서 말하는 '통지를 받은 날'이라 함은 사실상 통지를 받은 날을 의미하는바, 최종결정이 서면의 형식으로 우편으로 배달된 때에는 특별한 사정이 없는 한 최종결정서의 등본이 송달된 날이 통지받은 날이다(헌재 1989. 2. 14. 89헌마9)

② 기소유예처분의 통지를 받지 않았다고 하더라도 처분청에 출석하여 기소유예처분이 있은 사실을 알고 이에 순응하겠다는 취지의 서약서를 작성하였다면 그로부터 '안 날'의 청구기간을 계산한다(헌재 1992. 1. 28. 92헌마217)

(라) 부작위에 대한 헌법소원의 경우

① 공권력의 불행사로 인한 기본권침해는 그 불상사가 계속되는 한 기본권침해의 부작위가 계속되므로 가령 입법권의 불행사, 즉 진정입법부작위에 대한 헌법소원심판은 그 불행사가 계속되는 한 기간의 제약 없이 적법하게 청구할 수 있고, 이는 행정입법부작위의 경우에도 마찬가지이다(헌재 1998. 7. 16. 96헌마246)

② 부진정입법부작위, 즉 결함이 있는 입법권의 행사에 대하여 재판상 다툴 경우에는 입법부작위 위헌확인의 심판청구가 아니라 그 불완전한 이법규정 자체가 헌법위반이라는 적극적인 헌법소원을 제기하여야 할 것이고, 이 때에는 헌법재판소법 제69조 제1항 소정 청구기간의 적용을 받는다(헌재 1996. 10. 31. 94헌마204)

(마) 법률에 대한 헌법소원심판의 청구기간

① 법령에 대한 헌법소원의 청구기간은 그 법률의 시행과 동시에 기본권의 침해

를 받게 되는 경우에는 그 법률이 시행된 사실을 안 날부터 90일 이내에, 법률이 시행된 날부터 1년 이내에 헌법소원을 청구하여야 하고(헌재 1999. 4. 29. 96헌마352등), 법률이 시행된 뒤에 비로소 그 법률이 해당되는 사유가 발생하여 기본권의 침해를 받게 되는 경우에는 그 사유가 발생하였음을 안 날부터 90일 이내에(헌재 1996. 8. 29. 94헌마113), 그 사유가 발생한 날부터 1년 이내에(헌재 1998. 7. 16. 95헌바91등) 헌법소원을 청구하여야 한다

② 법령에 대한 헌법소원의 청구기간도 기본권을 침해받은 때로부터 기산하여야 할 것이지 기본권을 침해받기도 전에 그 침해가 확실히 예상되는 등 실체적 제요건이 성숙하여 헌법판단에 적합하게 된 때로부터 기산할 것은 아니다(헌재 1996. 3. 28. 93헌마198)

③ 개정된 법령이 종전에 허용하던 영업을 금지하는 규정을 신설하면서 부칙에서 유예기간을 둔 경우에 그 법령시행 전부터 영업을 해오던 사람은 그 법령 시행일에 이미 유예기간 이후부터는 영업을 할 수 없도록 기간을 제한받은 것이므로, 부칙에 의한 유예기간과 관계없이 그 법령 시행일이 청구기간의 기산점인 기본권의 침해를 받은 날이다(헌재 1996. 3. 28. 93헌마198)

(3) 청구기간의 도과와 정당한 사유

(가) 헌법재판소법 제40조 제1항에 의하면 정당한 사유가 있는 경우 제소기간을 경과한 행정소송을 허용하는 행정소송법 제20조 제2항 단서가 헌법소원심판에도 준용된다고 할 것이고, 여기의 '정당한 사유'라 함은 청구기간 경과의 원인 등 여러 사정을 종합하여 지연된 심판청구를 허용하는 것이 사회통념상으로 보아 상당한 경우를 의미한다(국제그룹해체 사건, 헌재 1993. 7. 29. 89헌마31)

(4) 청구취지 변경과 청구기간

(가) 헌법소원심판청구에 대한 청구추지 변경이 이루어진 경우 청구기간의 준수여부는 헌법재판소법 제40조 제1항 및 민소법 제265조에 의하여 추가(또는 변경)된 청구서가 제출된 시점을 기준으로 판단한다(헌재 1998. 5. 28. 96헌마151)

(5) 국선대리인선임신청과 청구기간

(가) 헌법소원심판을 청구하고자 하는 자가 변호사를 대리인으로 선임할 자력이 없어 헌법재판소에 국선대리인을 선임하여 줄 것을 신청하는 경우에는 헌법재판소법 제69조에 의한 청구기간은 국선대리인의 선임신청이 있는 날을 심판의 청구가 있은 것으로 보고 청구기간의 도과 여부를 판단한다(헌재 1998. 7. 16. 96헌마268)

자. 권리보호이익

(1) 의의

(가) 헌법소원제도는 국민의 기본권침해를 구제해 주는 제도이므로 그 제도의 목적상 권리보호의 이익이 있는 경우에 비로소 이를 제기할 수 있고, 권리보호의 이익이 없는 헌법소원심판청구는 부적법 각하한다(헌재 1997. 1. 16. 90헌마110)

(2) 공소시효와 권리보호이익

(가) 심판청구 당시 불기소처분의 대상이 된 피의사실에 대한 공소시효가 이미 완성된 검사의 불기소처분에 대한 헌법소원은 권리보호의 이익이 없어 부적법하고(헌재 1989. 4. 17. 88헌마3), 헌법소원심판이 청구되더라도 심판대상인 피의사실에 대한 공소시효는 정지되지 아니한다(헌재 1993. 9. 27. 92헌마284)

(나) 대통령의 재직 중 범죄에 대하여는 비록 헌법 제84조에는 "대통령은 내란 또는 외환의 죄를 범한 경우를 제외하고는 재직중 형사상의 소추를 받지 아니한다"고만 규정되어 있을 뿐 헌법이나 형사소송법 등의 법률에 대통령의 재직중 공소시효의 진행이 정지된다고 명백히 규정되어 있지는 않다고 하더라도, 위 헌법규정의 근본취지를 대통령의 재직중 형사상의 소추를 할 수 없는 범죄에 대한 공소시효의 진행은 정지되는 것으로 해석하는 것이 원칙이다(헌재 1995. 1. 20. 94헌마246)

(3) 심판청구 후 사정변경으로 권리보호이익이 없어진 경우

(가) 권리보호이익은 헌법재판소의 결정 당시에도 존재해야 하므로, 헌법소원심판청구 당시 권리보호이익이 인정되더라도 심판 계속 중에 사실관계 또는 법률관계의 변동으로 말미암아 청구인이 주장하는 기본권의 침해가 종료된 경우에는 원칙적으로 권리보호이익이 없다(헌재 1997. 3. 27. 93헌마251)

(나) 교원에 대하여 복수노조설립을 금지하던 것이 교원의 노동조합설립및운영등에관한법률에 의하여 교원의 복수노조를 허용하게 된 경우(헌재 1999. 7. 22. 96헌마141), 임용결격공무원이 임용결격공무원에 대하여 퇴직급여를 지급하지 않던 것이 헌법소원심판이 청구되어 계속중에 임용결격공무원등에대한퇴직보상금지급등에관한특례법이 공포되어 퇴직보상금을 지급할 수 있게 된 경우(헌재 1999. 9. 16. 98헌바46) 등에는 권리보호이익이 없어졌으므로 부적법하여 각하한다

(4) 청구인의 사망 등과 권리보호이익

(가) 청구인이 비록 심판절차 계속중에 사망하였다고 하더라도 헌법재판소가 헌법소원을 인용한다면 형사소송법상 그 배우자나 직계친족 등은 확정된 유죄판결에 대하여 재심을 청구할 수 있는 것이므로 권리보호의 이익이 있다(헌재 1997. 1. 16. 89헌마240)

(나) 그러나 농업기반공사및농지관리기금법 위헌확인 사건에서 청구인들의 농지개량조합연합회의 노동조합 대표로서의 자격 또는 노동조합연합 노동조합 대표로서의 자격은 법의 시행(2000. 1. 1.)에 앞서 조직·명칭 변경, 합병 및 해산으로 이미 소멸되거나 변경되어 더 이상 유지되지 않게 되어 위 법으로 인하여 더 이상 그 지위나 직무를 침해당할 여지가 없게 되었으므로 이 부분 권리보호의 이익이 없다(헌재 2000. 11. 30. 99헌마190)

(5) 예외적으로 심판의 이익이 인정된 경우

(가) 헌법소원은 주관적 권리구제뿐만 아니라 객관적인 헌법질서의 보장의 기능도 겸하고 있으므로 가사 청구인의 주관적 권리구제에는 도움이 되지 아니한다 하더라도 같은 유형의 침해행위가 앞으로도 반복될 구체적인 위험이 있고, 헌법질서의 수호·유지를 위하여 그에 대한 헌법적 해명이 긴요한 사항에 대하여는 심판청구의 이익을 인정한다(수사기록열람 사건, 헌재 1997. 11. 27. 94헌마60)

차. 청구절차

헌법재판소법 제69조 제1항의 헌법소원심판청구를 하는 경우에는 청구서에 다섯 가지 사항을 기재한 후 대리인의 선임을 증명하는 서류 또는 국선대리인의 선임통지서를 첨부하여 헌법재판소에 제출하여야 한다.

첫째, 청구인의 표시, 둘째 침해된 권리, 셋째 침해의 원인이 되는 공권력의 행사 또는 불행사, 넷째 청구의 이유, 다섯째 기타 필요한 사항.

카. 심판절차

헌법소원 심판 사건은 먼저 지정재판부의 사전심사를 받는다(법 제72조).

사전심사를 하는 지정재판부는 헌법소원 심판의 청구가 ① 다른 법률에 의한 구제절차를 모두 거치지 아니한 경우 ② 법원의 재판에 대하여 청구한 경우 ③ 청구기간이 경과한 후에 청구한 경우 ④ 대리인의 선임 없이 청구한 경우 ⑤ 기타 보정할 수 없는 요건의 흠결이 있는 경우에는 재판관 전원일치의 결정으로 심사청구를 각하할 수 있다.

헌법소원심판사건의 심리를 마치면 평의를 거쳐 종국결정을 한다.

종국결정에는 각하결정, 기각결정, 인용결정의 3종이 있는데 인용결정을 할 때에는 재판관 6인 이상의 찬성이 있어야 한다(헌법 제113조 제1항, 법 제32조 제2항).

▣ 판 례 ▣

가. 국군 이라크 파병 위헌확인 사건(헌재 2004. 4. 29. 2003헌마814)

(1) 당사자 (a) 청구인 이○○

(b) 피청구인 대통령

(2) 주 문 각 하

(3) 이 유

외국에의 국군의 파견결정은 파견군인의 생명과 신체의 안전뿐만 아니라 국제사회에서의 우리나라의 지위와 역할, 동맹국과의 관계, 국가안보문제 등 궁극적으로 국민 내지 국익에 영향을 미치는 복잡하고도 중요한 문제로서 국내 및 국제정치관계 등 제반 상황을 고려하여 미래를 예측하고 목표를 설정하는 등 고도의 정치적 결단이 요구되는 사안이므로 대통령과 국회의 그와 같은 고도의 정치적 결단은 존중되어야 한다.

나. 신행정수도의건설을위한특별조치법 위헌확인 사건

[헌재 2004. 10. 21. 2004헌마554 · 556(병합)]

(1) 당사자 -청구인 최○○외 168인

(2) 주문 위헌 (위헌의견 8/각하의견 1)

(3) 이 유

수도의 이전을 확정함과 아울러 그 이전절차를 정하는 이 사건 법률은, 우리나라의 수도가 서울이라는 관습헌법사항을 헌법개정절차를 이행하지 않은 채 법률의 방식으로 변경한 것이어서 이 사건 법률은 헌법 제130조에 따라 헌법개정에 있어서 국민이 가지는 국민투표권을 침해하여 헌법에 위반된다

다. 신행정수도후속대책을 위한 연기 · 공주지역행정중심복합도시건설을위한 특별법 위헌확인 사건[헌재 2005. 11. 24. 2005헌마579 · 763(병합)]

(1) 당사자 청구인 최○○외 222인

(2) 주 문 각하 (각하의견 7/위헌의견 2)

(3) 이 유

(a) 행정주심복합도시가 정치 · 행정의 중추기능을 담당하는 수도로서의 지위를 획득한다고 볼 수 없고 복합도시로 인해 서울의 수도로서의 기능이 해체된다고도 볼 수 없으므로, 이 사건 법률은 수도가 서울이라는 관습헌법에 위반되지 않고 국민의 헌법개정에 대한 국민투표권을 침해할 가능성이 없다

(b) 국민에게 특정의 국가정책에 관하여 국민투표에 회부할 것을 요구할 권리가 인정된다고 할 수 없으므로, 헌법 제72조에 규정된 국민투표권의 침해가능성도 없다

라. 국가유공자예우및지원에관한법률 제31조 제항 등 위헌확인

(헌재 2006. 2. 23. 2004헌마675등)

(1) 당사자 주○○외 6,878인

(2) 주 문 헌법불합치 (위헌의견 7/합헌의견 2)

(3) 이 유

국가기관이 채용시험에서 국가유공자의 가족에게 10%의 가산점을 부여하는 이 사건 조항은 일반 응시자의 공무담임권과 평등권을 침해하므로 헌법에 합치되지 아니하다.

마. 신문등의자유와기능보장에관한법률・언론중재및피해구제등에관한법률 위헌확인 사건 (헌재 2006. 6. 29. 2005헌마 165, 2005헌마314, 2005헌마555, 2005헌마807, 2006헌가3)

(1) 당사자 -강○○ 외 8

(2) 주 문 일부 위헌, 일부 헌법불합치, 일부 각하, 일부 기각

(3) 이 유

(a) 신문사업자의 시장지배적 사업자 추정을 용이하게 한 신문법 제17조, 시장지배적 신문사업자를 신문발전기금의 지원대상에서 배제하는 신문법 제34조 제2항 제2호는 신문의 자유, 평등권을 침해하여 위헌이고, 신문의 복수소유를 금지하는 신문법 제15조 제3항은 신문의 자유를 침해하여 헌법불합치

(b) 정정보도청구의 소를 민사집행법상의 가처분절차에 의하여 재판하도록 한 언론중재법 제26조 제6항 본문 전단은 신문사의 공정한 재판을 받을 권리를 침해하여 위헌이고, 언론중재법의 시행 전에 행하여진 언론보도에 대하여도 위 법을 적용하도록 한 언론중재법 부칙 제2조 진정소급입법으로서 위헌

타. 인용결정과 효력

헌법소원의 인용결정은 모든 국가기관과 지방자치단체를 가속하며 피청구인은 결정취지에 따라 새로운 처분을 하여야 한다(법 제75조 제1항・제4항).

헌법재판소법 제68조 제2항의 헌법소원이 인용된 경우에 당해 헌법소원과 관련된 소송사건이 이미 확정된 때에는 당사자는 재심을 청구할 수 있으며, 이 경우 형사사건에 대하여는 형사소송법의 규정을 그 외의 사건에 대하여는 민사소송법의 규정을 준용한다(법 제68조 제7항・제8항).

헌법재판소법 제68조 제1항의 헌법소원에 있어서 청구가 이유 있는 경우에 헌법재판소는 침해된 기본권과 침해의 원인이 된 공권력의 행사 또는 불행사를 특정하고 그 공권력의 행사를 취소하거나 그 불행사가 위헌임을 확인하는 결정을 한다. 또한 헌법재판소는 공권력의 행사 또는 불행사가 위헌인 법률 또는 법률의 조항에 기인한 것이라고 인정될 때에는 인용결정에서 당해 법률 또는 법률의 조항이 위헌임을 선고할 수 있다(법 제75조 제2항・제3항・제5항).

헌법재판소법 제68조 제2항의 헌법소원에 있어서 청구가 이유있는 경우에 헌법재판소는 심판의 대상이 된 법률 또는 법률의 조항이 위헌임을 선언하는 결정을 한다. 다만, 법률조항의 위헌결정으로 인하여 당해 법률 전부를 시행할 수 없다고 인정한 때에는 그 법률 전부에 대하여 위헌결정을 할 수 있다(법 제75조 제6항, 제45조).

제2절 헌법재판 심판절차

I 일반심판절차

1. 개 요

가. 각종 심판절차에 일반적으로 적용되는 것으로서 법에 특별한 규정이 있는 경우를 제외하고는 민사소송에 관한 법령의 규정을 적용된다(법 제40조 제1항)
나. 권한쟁의심판 및 헌법소원심판의 경우는 행정소송법이 민사소송법보다 우선 적용된다(법 제40조 제2항)

2. 재판부

가. 전원재판부

법에 특별한 규정이 있는 경우가 아니면 심판관 전원으로 구성되는 재판부에서 관장하며, 재판부의 재판장은 헌법재판소장이 된다(법 제22조)

나. 지정재판부

재판관 3인으로 구성되는 지정재판부는 헌법소원심판사건에 있어서 사전심사를 담당하며 소속재판관 전원의 일치된 의견으로 헌법소원심판청구를 각하할 수 있다(법 제72조)

다. 재판관의 제척·기피·회피

해당 사건과 재판관의 특별한 관계로 인하여 재판의 공정성이 우려될 때 해당 재판관을 재판에서 배제하여 재판의 공정성을 기하는 제도이다(법 제10조)

3. 헌법소송의 당사자

가. 헌법재판과 당사자의 범위

(1) 청구인 : 헌법재판절차에 있어서 자기 이름으로 심판을 청구하는 자를 가리킨다.
(2) 피청구인 : 헌법재판절차에 있어서 청구의 상대방을 가리키며, 위헌법률심판사건과 위헌심사형 헌법소원사건의 경우에는 성질상 피청구인이 존재하지 아니한다.

나. 청구인 변경의 허용여부

청구인 변경을 자유로이 허용한다면 심판절차의 진행에 혼란을 초래하고 상대방의 방어권 행사에도 지장을 줄 우려가 있기 때문에 원칙적으로 허용되지 아니한다고 보아야 할 것이다(헌재 1998. 11. 26. 94헌마207)

다. 이해관계기관 및 이해관계인

이해관계기관 및 이해관계인은 헌법재판소에 의견서를 제출하는 등 소송행위를 할 수 있다.

※ 이해관계 있는 국가기관의 범위는 구체적인 사안마다 다르지만, 통상적으로는 당해 법률 시행의 주무관청 및 관련 관청, 법령이 처분의 전제가 된 경우 그 처분 및 감독 관청 등이 이에 해당될 것이며, 일반적인 재판절차에 있어서의 이해관계인보다 그 범위가 넓다고 할 수 있다.

4. 대표자 · 대리인

가. 정부가 당사자인 경우

각종 심판절차에 있어서 정부가 당사자인 때에는 법무부장관이 이를 대표한다(법 제33조 제1항).

나. 국가기관 또는 지방자치단체가 당사자인 경우

변호사 또는 변호사 자격이 있는 소속직원이 대리할 수 있고(법 제33조 제2항). 따라서 헌법재판에서 변호사 자격 없는 소속 직원을 소송수행자로 지정하여 변론출석 등의 소송수행을 하게 할 수는 없다.

다. 사인(私人)이 당사자인 경우

변호사강제주의가 적용되어 당사자인 사인은 변호사를 대리인으로 선임하지 아니하면 심판청구하거나 심판수행을 하지 못하고, 다만 자신이 변호사 자격이 있는 경우에는 변호사강제주의가 적용되지 아니한다(법 제33조 제3항).

5. 심판의 청구

가. 심판청구의 방식

서면주의 : 청구서 제출(위헌법률심판 : 법원의 제청서, 탄핵심판 : 국회의 소추의결서)에 의한다.

나. 청구서 송달

사건의 접수 및 배당 후 피청구인에게 청구서를 송달하여야 한다(법 제34조 제1항).

다. 심판청구의 보정

심판청구가 부적법하나 보정할 수 있다고 인정하는 경우에는 상당한 기간을 정하여 보정을 요구하여야 하고(법 제36조 제1항), 보정 불응시에는 심판청구에 대해 각하결정을 하며, 보정시에는 처음부터 적법한 심판청구가 있는 것으로 본다.

사건부호	사건의 구분
헌가	위헌법률심판사건
헌나	탄핵심판사건
헌다	정당해산심판사건
헌라	권한쟁의심판사건
헌마	헌재법 제68조 제1항 헌법소원심판사건
헌바	헌재법 제68조 제2항 심판사건
헌사	각종 신청사건
헌아	각종 특별사건

6. 심리의 방식

가. 구두변론과 서면심리

(1) 필요적 구두변론 : 법 제42조에 의하여 탄핵심판・정당해산심판・권한쟁의심판의 경우에는 구두변론에 의한다.

(2) 임의적 구두변론 : 위헌법률심판・헌법소원심판의 경우 서면심리에 의하되 재판부가 필요하다고 이정하는 경우 변론을 열 수 있다.

나. 의견서의 제출

(1) 위헌법률심판사건이 접수되거나 법 제68조 제2항의 규정에 의한 헌법소원이 재판부에 심판회부된 경우에 당해 소송사건의 당사자 및 법무부장관은 법률의 위헌 여부에 대한 의견서를 제출할 수 있다(법 제44조, 제74조 제2항).

(2) 법 제68조 제1항의 규정에 의한 헌법소원의 경우에도 그 심판에 이해관계가 있는 국가기관 또는 공공단체와 법무부장관은 헌법재판소에 그 심판에 관한 의견서를 제출할 수 있다(법 제74조 제1항).

다. 증거조사, 자료제출요구 등

재판부는 사건의 심리를 위하여 필요하다고 인정하는 경우에는 당사자의 신청 또는 직권에 의하여 증거조사를 할 수 있으며(법 제31조 제1항), 다른 국가기관 또는 공공단체의 기관에 대하여 심판에 필요한 사실을 조회하거나, 기록의 송부나 자료의 제출을 요구할 수 있다(법 제43조).

라. 심판의 장소 및 공개

심판의 변론과 종국결정의 선고는 심판정에서 행하고 이를 공개함이 원칙이나, 국가의 안전보장, 안녕질서 또는 선량한 풍속을 해할 염려가 있는 때에는 결정으로 변론을 공개하지 아니할 수 있다(법 제45조, 법원조직법 제57조 제1항 단서, 제2항, 제3항).

7. 가처분

가. 가처분의 의의

헌법재판의 본안사건에 대한 결정의 실효성을 확보하고 국가작용의 혼선과 헌법질서의 동요를 방지하기 위하여, 본안결정이 있기 전에 본안사건과 관련하여 다툼이 있는 법관계를 잠정적이고 임시적으로 규율하는 것을 내용으로 하는 제도이다.

나. 현행법상 가처분의 허용여부

(1) 우리 법은 정당해산심판과 권한쟁의심판의 경우에만 명문으로 인정하고 있다(법 제57조, 제65조).
(2) 헌법재판소는 법 제68조 제1항의 헌법소원심판사건을 본안으로 하는 사법시험령 제4조 제3항 효력정지 가처분신청사건의 결정에서, 사법시험령 제4조 제3항이 효력을 유지하면, 신청인들은 곧 실시될 차회 사법시험에 응시할 수 없어 합격기회를 봉쇄당하는 돌이킬 수 없는 손해를 입게 되어 이를 정지시켜야 할 긴급한 필요가 인정되는 반면 효력정지로 인한 불이익은 별다른 것이 없다는 것을 이유로 가처분을 허용하였다(헌재 2000. 12. 8. 2000헌사471).

다. 가처분절차의 개시

이미 계속중이거나 장래 계속될 본안소송의 청구인적격이 있는 자의 서면에 의한 가처분 신청 또는 직권에 의해 가처분절차가 개시된다.

라. 가처분의 적법요건

(1) 당사자능력이 있어야 함은 물론 본안인 헌법재판의 당사자적격이 있는 자가 당사자가 될 수 있으나, 본안의 피청구인과 가처분의 피신청인이 다른 경우도 있을 수 있다(헌재 1998. 7. 14. 98헌사31).
(2) 본안사건이 헌법재판소의 관할에 속하고, 본안사건의 종국결정 선고시까지 신청하여야 한다.

마. 가처분의 실체적 요건

(1) 본안심판의 승소 가능성

원칙적으로 고려의 대상이 아니지만, 본안심판이 명백히 부적법하거나 명백히 이유 없는 경우에는 인정되지 아니한다(헌재 1999. 3. 25. 98헌사98).

(2) 가처분 사유

(가) 침해행위가 위헌으로 판명될 경우 발생하게 될 회복하기 어려운 손해(또는 회복 가능하지만 중대한 손해)의 방지를 위한 것이어야 한다.
(나) 기존의 법률관계나 공권력 행사의 효력 등을 긴급하게 정지시킬 필요가 있어야 한다.
(다) 가처분신청을 인용한 뒤 본안심판이 기각되었을 때 발생하게 될 불이익과, 가처분신청을 기각한 뒤 본안심판이 인용되었을 때 발생하게 될 불이익을 비교 형량하여 후자의 불이익이 전자보다 크다면 가처분을 인용할 수 있다.

제3절 헌법재판 의견서 작성 방법

I 의견서 작성 일반론

1. 헌법재판 의견서 작성의 중요성

가. 헌법재판절차에서 피청구인은 헌법재판소에 답변서를 제출할 수 있고(헌법재판소 법 제29조), 이해관계 잇는 국가기관 또는 공공단체와 법무부장관은 그 심판에 대한 의견서를 제출할 수 있는바(동법 제44조, 제74조), 헌법재판소에서는 심판통지를 하면서 이에 대해 의견이 있으면 의견서와 증거자료・참고자료를 제출하라고 통지하고 있다.
나. 헌법재판소로부터 이해관계기관으로 선정되어 의견조회를 요청받았다 할지라도 이해관계기관은 여러 가지 불가피한 정책적・실무적 사정을 이유로 헌법재판소에 의견을

제시하지 않을 수도 있으며, 반대로 헌법재판소로부터 의견조회를 받지 않은 기관이라 할지라도 스스로 당해 재판에 이해관계가 있다고 판단되면 적극적으로 의견 개진을 할 수 있다.

다. 그러나 이해관계기관의 의견서는 국가의 입장을 대변하여 관계 법령○의 입법취지 또는 공권력 행사·불행사의 절차법적·실체법적 정당성을 주장하고 입증한다는 점에서 매우 중요한 의미를 가지고 있으므로, 해당 기관은 사실상으로는 헌법재판 당사자라는 인식을 가지고 적극적으로 의견을 개진하는 것이 바람직하다.

라. 헌법재판소도 이해관계 있는 국가기관 또는 법무부장관의 의견서를 헌법재판 심리과정에서 비중 있게 참고하고 있으며, 결정 선고시 이해관계기관 등의 의견 요지를 모두 결정문에 적시할 뿐만 아니라 경우에 따라서는 이해관계기관 등의 의견 요지를 모두 결정문에 적시할 뿐만 아니라 경우에 따라서는 이해관계기관들의 주장에 대한 개별적 판단을 이유에서 설시하기도 한다.

2. 충실한 주장 및 입증자료 제출 필요성

가. 헌법재판은 직권주의적 심리구조를 원칙으로 하므로 당사자 및 이해관계기관의 주장 및 입증책임의 문제가 크게 대두되지는 않지만, 헌법재판소가 직권으로 모든 사실자료 및 정책자료를 조사하고 수집하는 데는 한계가 있을 수밖에 없으므로 해당 이해관계기관이 국가에 유리한 자료를 수집하여 제출하지 않는다면 현실적으로 국가에 불리하게 작용할 가능성을 배제할 수 없다.

나. 따라서 이해관계기관은 자료 미제출로 인한 관계 법령의 입법 배경 및 취지(처분의 경우 구체적 사실관계), 이와 관련된 각종 실태자료 및 통계자료, 그리고 정책적 타당성을 입증할 수 있는 모든 자료를 빠짐없이 주장하고 제출하여 국가 법질서의 합헌성 및 정당성을 주장·입증할 필요가 있으며, 헌법재판소도 심리과정에서 이러한 사실자료들을 중요시하고 있다.

다. 특히 고도의 전문적 지식을 요하는 분야이거나 관계 법령이 수차례 복잡하게 개정된 경우, 일정한 사실관계의 확인을 필요로 하는 경우에 있어서는 이해관계기관이 의견서 및 참고자료 제출을 통해 전문적 지식에 관한 부분이나 난해한 부분을 일목요연하게 설명하여 적절한 결정이 이루어질 수 있도록 하여야 할 것이다.

라. 또한 결정 결과에 따라 정부시책에 중대한 영향을 미치거나 사회적으로 큰 파장을 일으키는 사건의 경우에는 위헌 선고시 어떠한 파급효 내지 부작용을 가져올 수 있는지에 대한 정책적 자료도 제시할 필요가 있다.

3. 의견서 제출 시기

가. 헌법재판소는 통상 30일 안에 의견서와 참고자료를 제출하라고 의견조회를 요청하는데, 위 기간은 불변기간이 아니므로 위 기간을 지키지 못하였다고 하여 어떤 법적 불이익을 받지는 않다.

나. 그러나 헌법재판소는 장기간 의견서 제출이 없을 경우 이해관계기관과의 의견 없이 자체 연구 및 조사결과를 가지고 재판관 평의를 진행하여 곧바로 선고를 하기도 하므로, 가능한 한 빠른 시일 내에 의견서를 제출함이 바람직하다.

다. 다만 헌법재판소는 예외적으로 10일 또는 15일의 짧은 기간으로 의견조회를 하는 경우가 있는데, 이 경우는 헌법재판소가 사건을 신속하게 결정하고자 하는 특별한 사정이 있는 경우가 대부분이므로 그 기간을 준수하여야 할 것이며, 가처분사건의 경우에는 신속하게 의견서를 제출함이 바람직하다.

4. 의견서 작성시 주의사항

가. 의견서 양식 및 기재사항 준수

(1) 이해관계기관의 의견서 중에는 일반적인 의견서 양식에 따르지 않고 기관 내부 보고서 양식(서술식 문장이 아닌 요약·단문식 문장)으로 작성하여 제출하는 사례가 종종 있으며, 의견서의 필수 기재사항을 누락한 채 제출하는 경우도 있는데, 이러한 의견서들은 성의가 부족하거나 품격이 결여되어 있다는 느낌을 줄 수 있어 적절하지 않다.

(2) 그러므로 의견서의 필수 기재사항(특히 의견서 말미에 첨부서류, 참고자료 목록을 기재하는 것과, 의견서 표지 또는 마지막 면에 "헌법재판소 귀중"이라고 기재하는 것을 자주 누락함)을 빠짐없이 확인하고, 요약·단문식 문장을 사용하지 않고 서술식 경어체 문장을 구사하여 의견서의 품격을 높일 필요가 있다.

나. 각하사유와 기각사유 혼동

(1) 각하사유란 청구자체가 적법요건을 구비하지 못하여 심판의 대상 자체가 되지 못하는 사유이고, 기각사유는 청구자체는 심판의 대상이 될 수 있지만 처분이나 처분의 근거가 된 법률이나 명령이 헌법에 합치하므로 심판청구가 이유 없다는 사유를 의미한다.

(2) 따라서 각하사유와 기각사유를 구별하여 먼저 각하사유를 주장하고, 그 다음 기각사유를 주장하여야 하는데 이를 혼동하여 '심판청구의 각하' 라는 제목 하에 기각사유를 설시하거나 기각이유를 설명하는 부분에서 각하사유를 주장하는 경우가 있다.

다. 각하사유의 미기재

(1) 대부분의 헌법소원심판청구는 형식적 요건(적법요건)을 구비하지 못하여 각하사유에 해당하는 사례가 적지 않음에도 이를 간과하고 각하사유를 기재하지 않은 경우가 많은데, 뒤에서 설명하는 적법요건 부분 기재례를 참조하여 빠짐없이 각하사유를 주장할 필요가 있다.

라. 헌법재판소법 제68조 제1항 헌법소원과 제68조 제2항 헌법소원 혼동

(1) 헌법재판소법 제68조 제1항 헌법소원(헌마 사건)의 적법요건과 제68조 제2항 헌법소원(헌바 사건)의 적법요건은 서로 다름에도 불구하고 이를 혼동하여 의견서를 제출하는 경우가 있는데, 양자를 분명히 구분하여 검토할 필요 있다

(2) 또한 헌법재판소는 헌법재판소법 제68조 제1항 헌법소원이 이유 없는 경우에는 "심판청구를 기각한다"라는 주문을 선고(법령에 대한 헌법소원의 경우도 마찬가지임)함에 반하여, 제68조 제2항 헌법소원이 이유 없는 경우에는 "○○법 제○조 제○항은 헌법에 위반되지 아니한다"고 주문을 내고 있으므로, 청구취지 및 청구원인이 이유 없이 이에 대한 의견을 제출함에 있어서도 헌법재판소법 제68조 제1항 헌법소원의 경우에는 '기각'을 주장하고 헌법재판소법 제68조 제2항 헌법소원의 경우는 '합헌'을 주장하여야 함을 유의한다.

마. 청구기간 도과 판단시 주의사항

(1) 헌법소원심판을 청구하고자 하는 자가 변호사를 대리인으로 선임할 자력이 없어 헌법재판소에 국선대리인을 선임하여 줄 것을 신청하는 경우에는 헌법재판소법 제69조에 의한 청구기간은 국선대리인의 선임신청이 있는 날을 기준으로 정하므로(헌법재판소법 제70조 제1항 후문), 국선대리인 선임 신청 여부를 확인하지 않고 만연히 심판청구서 접수일을 기준으로 하여 청구기간이 도과되었다고 각하 주장을 하지 않도록 주의 요망한다.

[서식 2] 헌법소원심판청구 (법 제68조제1항, 법령)

헌법소원심판청구

청 구 인 ○ ○ ○
○○시 ○○구 ○○동 ○○ (우편번호 ○○○ - ○○○)
대리인 변호사 ○ ○ ○
○○시 ○○구 ○○동 ○○ (우편번호 ○○○ - ○○○)

청 구 취 지

"○○법 제○○조는 헌법에 위반된다"라는 결정을 구합니다.

침 해 된 권 리

헌법 제 10조 행복추구권, 제11조 평등권, 제12조 신체의 자유

침 해 의 원 인

"○○법 제○○조

청 구 이 유

1. 사건의 개요
2. 위 규정의 위헌성
3. 심판청구에 이르게 된 경위
4. 청구기간의 준수여부 등

첨 부 서 류

1. 심판청구서 3부
1. 각종 입증서류
1. 소송위임장(소속변호사회 경유)

20○○년 ○월 ○일

청구인 대리인
변호사 ○ ○ ○ (인)

헌법재판소 귀중

[서식 3] 헌법소원심판청구 (법 제68조제1항, 행정부작위)

헌법소원심판청구

청 구 인 ○ ○ ○
○○시 ○○구 ○○동 ○○
대리인 변호사 ○ ○ ○
○○시 ○○구 ○○동 ○○(우편번호 : ○○○ - ○○○)

피청구인 △△시장

청 구 취 지

"청구인이 피청구인에게 20○○. ○. ○.부터 같은 해 ○. ○.경까지 수차에 걸쳐 ○○시 ○○구 ○○동 ○○ 소재 토지에 대한 토지조사서의 열람·복사신청를 하였음에도 이에 대한 피청구인의 부작위는 청구인의 알권리를 침해한 위법임을 확인한다."라는 결정을 구합니다.

침 해 된 권 리

헌법 제 21조 알권리

침 해 의 원 인

청구인이 피청구인에게 20○○. ○. ○.부터 같은 해 ○. ○.경까지 수차에 걸쳐 ○○시 ○○구 ○○동 ○○ 소재 토지에 대한 토지조사서의 열람·복사신청를 하였음에도 이에 대한 피청구인의 부작위

청 구 이 유

1. 사건의 개요
2. 위 부작위의 위헌성
3. 심판청구에 이르게 된 경위
4. 청구기간의 준수여부 등

첨 부 서 류

1. 심판청구서 3부
1. 각종 입증서류
1. 소송위임장(소속변호사회 경유)

20○○년 ○월 ○일

청구인 대리인
변호사 ○ ○ ○ (인)

헌법재판소 귀중

[서식 4] 헌법소원심판청구 (법 제68조제1항, 행정행위)

헌법소원심판청구

청 구 인 ○ ○ ○
○○시 ○○구 ○○동 ○○
대리인 변호사 ○ ○ ○
○○시 ○○구 ○○동 ○○(우편번호 : ○○○ - ○○○)

피청구인 사회보호위원회

청 구 취 지

"피청구인이 20○○. ○. ○. 청구인에 대하여 한 가출소취소결정은 청구인의 신체의 자유를 침해한 것이므로 이를 취소한다"라는 결정 구합니다.

침 해 된 권 리

헌법 제 10조 행복추구권, 제12조 신체의 자유

침 해 의 원 인

피청구인이 20○○. ○. ○. 자 청구인에 대하여 한 가출소 취소결정

청 구 이 유

1. 사건의 개요
2. 위 결정의 위헌성
3. 심판청구에 이르게 된 경위
4. 청구기간의 준수여부 등

첨 부 서 류

1. 심판청구서 3부
1. 각종 입증서류
1. 소송위임장(소속변호사회 경유)

20○○년 ○월 ○일

청구인 대리인
변호사 ○ ○ ○ (인)

헌법재판소 귀중

[서식 5] 헌법소원심판청구 (법 제68조제1항, 불기소처분)

헌법소원심판청 구

청 구 인 ○ ○ ○
○○시 ○○구 ○○동 ○○
대리인 변호사 ○ ○ ○
○○시 ○○구 ○○동 ○○ (우편번호 : ○○○ - ○○○)

피청구인 △△지방검찰청 검사

청 구 취 지

"피청구인이 20○○. ○. ○. △△지방검찰청 20○○년 형제○○○○호 횡령사건에 있어서 피의자 □□□에 대하여 한 불기소처분은 청구인의 평등권을 침해한 것이므로 이를 취소한다"라는 결정을 구합니다.

침 해 된 권 리

헌법 제 10조 행복추구권, 제11조 평등권, 제27조 재판절차에서의 진술권

침 해 의 원 인

피청구인이 20○○. ○. ○. △△지방검찰청 20○○년 형제○○○○호 횡령사건에 있어서 피의자 □□□에 대하여 한 무혐의 불기소처분

청 구 이 유

1. 사건의 개요
2. 위 불기소처분의 위헌성
3. 심판청구에 이르게 된 경위
   - 고소, 불기소처분, 항고, 재항고 과정 등
4. 청구기간의 준수여부 등

첨 부 서 류

1. 심판청구서 3부
1. 각종 입증서류
1. 소송위임장(소속변호사회 경유)

20○○년 ○월 ○일

청구인 대리인
변호사 ○ ○ ○ (인)

헌법재판소 귀중

[서식 6] 헌법소원심판청구서 (법 제68조 제2항)

헌법소원심판청구

청 구 인 1. ○ ○ ○
○○시 ○○구 ○○동 ○○
2. ○ ○ ○
○○시 ○○구 ○○동 ○○
대리인 변호사 □ □ □
○○시 ○○구 ○○동 ○○(우편번호 : ○○○-○○○)

청 구 취 지

"형법 제241조는 헌법 제10조, 제11조, 제12조, 제17조, 제36조, 제37조 제2항 등에 위반한다."
라는 결정을 구합니다.

당 해 사 건

○○지방법원 ○○지원 20○○고단○○○○호 간통
피고인 ○ ○ ○, ○ ○ ○
위헌이라고 해석되는 법률 또는 법률조항형법 제241조

청 구 이 유

1. 사건의 개요
청구인들은 현재 형법 제241조의 규정에 의하여 기소되어 이 사건은 현재 ○○지방법원 ○○지원 20○○고단○○○○호로 계류 중입니다.

2. 위헌이라고 해석되는 이유
가. 형법 제241조
형법 제241조 제1항은 "배우자 있는 자가 간통한 때에는 2년이하의 징역에 처한다. 그와 상간한 자도 같다."라고 규정하고, 제2항은 "전항의 죄는 배우자의 고소가 있어야 논한다. 단 배우자가 간통을 종용 또는 유서한 때에는 고소할 수 없다.", 형사소송법 제229조는 제1항에서 "형법 제214조의 경우에는 혼인이 해소되거나 이혼소송을 제기한 후가 아니면 고소할 수 없다", 제2항에서는 "전항의 경우에 다시 혼인을 하거나 이혼소송을 취하한 때에는 고소는 취소된 것으로 간주한다"라고 규정하고 있습니다.

나. 간통죄의 위헌성에 관하여

(1) 제한되는 헌법상 권리

인간은 누구나 자기 운명을 스스로 결정할 수 있는 자기결정권을 가지고 있고 그 중에서도 성행위여부 및 그 상대방을 결정할 수 있는 성적 자기결정권이 보장되어 있으며 이는 헌법 제10조를 근거규정으로 한다 할 것입니다. 간통죄는 성행위여부와 상대방결정을 제한하고 있으므로 이러한 성적 자기 결정권을 제한하고 있습니다.

또한 성행위여부등의 결정권은 신체의 자유와도 같은 맥락에 있다할 것이므로 간통죄는 헌법 제12조 신체의 자유권을 제한하고 있는 것입니다.

나아가 성관계의 문제는 인간의 가장 사적인 부분에 대한 것이므로 이는 사생활의 자유 및 비밀에 관한 권리에 해당한다 할 것이고 따라서 간통죄는 가장 사적인 부분을 국가가 간섭하고 외부에 공개하도록 하고 있으므로 어느 의미로든 이러한 헌법상의 권리를 제한하고 있다 할 것이고, 뿐만 아니라 사행활의 자유 및 비밀에 관한 권리의 본질적인 부분을 제한하고 있는 것이므로 헌법 제37조 제2항에 위반하여 제한하고 있다할 것입니다.

(2) 평등원칙의 위반

위 결정은 간통죄의 규정이 평등원칙에 어긋나지 않는다고 보았으나 간통죄의 규정은 여성에게 불합리한 차별을 함으로써 양성간의 평등원칙에 위반된다 할 것입니다.

연혁적으로 여성을 남성의 소유물로 보아 그의 침해를 처벌하기 위한 것으로 규정되어 규율하여 왔고 이것이 대한민국형법 제정시 위헌논란에 부딪히자 간신히 그 개정안이 과반수로 의회를 통과함으로써 그 명맥을 유지하게 된 것입니다.

비록 평등한 처벌의 방향으로 개정되기는 하였으나 이것이 과연 그 목적대로 남녀를 평등하게 규율하고 있는지는 의문입니다. 현실적으로 이혼소송을 전제로 한 고소의 요건과 여성의 사회적 지위의 열악함으로 인하여 여성이 남성을 고소하여 간통죄로 처벌되도록 하기가 어렵다는 점뿐만 아니라, 간통의 원인에 있어 남성의 경우는 주로 성적 욕구의 해소에 있지만 여성의 경우는 그렇지 않아 간통이 남성의 경우와 여성의 경우가 그 사회적 평가를 달리하는 것이 현실입니다 나아가 헌법재판소도 간통죄의 보호법익이 1부1처제를 근간으로 하는 가족제도라고 하고 있는바, 이는 정면으로 간통죄의 처벌대상이 여성임을 적시하고 있는 것이라 할 것입니다. 결국 간통죄는 형식적으로는 남녀의 구분없이 처벌규정을 두고 있지만 여성을 처벌대상으로 하는 그 본질을 감출 수가 없는 것이며 따라서 이는 남녀를 불합리하게 차별하고 있는 것으로 헌법 제11조 평등원칙에 위반되어 위헌이라 할 것입니다.

(3) 헌법 제36조 제1항 위반

1990. 9. 10. 89헌마82 형법 제241조의위헌여부에 관한 헌법소원사건에서 헌법재판소는 "간통죄의 규정은 선량한 성도덕과 일부일처주의 혼인제도의 유지, 가족생활의 보장 및 부부쌍방의 성적성실의무의 확보를 위하여 그리고 간통으로 인하여 생길 수 있는 사회적 해악의 사전예방을 위하여 필요한 법률이어서 그것이 개인이 갖는 인간의 존엄과 가치 및 행복추구권이나 신체의 자유 및 평등의 원칙에 반하는 것이" 아니며 "헌법 제36조 제1항의 규정에 반하는 법률이 아니라 오히려 위 헌법규정에 의하여 국가에게 부과된, 개인의 존엄과 양성의 평등을 기초로 한 혼인과 가족생활의 유지·보장 의무이행에 부합하는 법률이라 할 것"이라고 하고 있습니다.

그러나 헌법 제36조 제1항이 규정하고 있는 것은 혼인과 가족생활이 "개인의 尊嚴과 兩性의 平等을 기초로 成立되고 유지"되어야 한다는 것입니다. 헌법이 유지시키려 하는 것은 단순히 형해화된 상태로라도 존속하는 혼인과 가족관계가 아니라 개인의 존엄과 평등을 기초로 한 실질적인 가족관계입니다.

부부관계에 대한 불만이 바로 가족관계의 파탄을 의미하는 것은 아니겠지만 간통의 원인(특히 여성의 경우)의 대부분은 부부관계의 불만에 있으며 간통과 이혼소송, 고소에까지 이르는 가족관계는 이미 파탄난 관계라 할 것입니다. 간통죄는 당해 규정과 함께 고소에 관련된 형사소송법의 규정으로 인하여 가족관계를 마감할 것을 요구하고 있습니다. 어디에도 가족관계의 존속을 위한 취지는 살펴볼 수 없으며, 보호해야할 가족관계도 존재하지 않는다 할 것입니다. 간통죄의 일반예방기능조차 입증되지 않았으며 그 반대라고 볼 여지조차 있습니다

또한 위 헌법규정은 존엄과 양성평등을 기초로 한 가족관계의 '유지'만이 아니라 '성립'도 규정하고 있습니다. 이혼을 불가하다고 보는 것이 아니라면 가족관계는 새로이 형성될 수 있는 것입니다. 존엄과 양성평등을 기초로 한 가족관계는 기존 가족관계의 유지 속에서만 찾아야 하는 것이 아니라, 새로운 가족관계의 형성에 의해서도 찾을 수 있어야 하는 것입니다. 성립과 유지가 조화가 되지 못하고 성립이나 유지 어느 일방만이 강조가 된다면 어느 쪽으로든 가족은 존재하지 않는 것입니다.

위 헌법재판소 결정은 1부1처제가 위 가족제도에 관한 헌법규정에 의하여 보호되는 것처럼 설명하고 있으나 개인의 존엄과 양성평등을 기초로 한 가족제도가 1부1처제만을 의미하는지는 의문입니다. 개인의 존엄과 양성평등은 어떤 가족형태에서든 가능합니다. 중요한 것은 가족이라는 틀이나 1부1처제라는 형식이 아닙니다.

(4) 헌법 제37조 제2항 과잉금지원칙 위반

(가) 입법재량의 한계

형사처벌 규정이 과잉금지 원칙에 위배되지 않기 위하여는 그 입법목적이

헌법 및 법률의 체계상 정당성이 인정되고, 그 목적 달성을 위하여 그 방법이 효과적이고 적절하여야 하며, 입법권자가 선택한 기본권 제한의 조치가 입법목적달성을 위하여 적절하다 할지라도 보다 완화된 형태나 방법을 모색함으로써 기본권의 제한이 필요한 최소한도에 그치도록 하여야 하며, 그 입법에 의하여 보호하려는 공익과 침해되는 사익을 비교형량할 때 보호되는 공익이 더 커야 합니다. 그리고 범죄의 규정 및 그에 대한 형벌의 정도는 원칙적으로 입법자가 우리의 역사와 문화, 입법당시의 시대적 상황과 국민일반의 가치관 내지 법감정, 범죄의 실태와 죄질 및 보호법익 그리고 범죄예방효과 등을 종합적으로 고려하여 결정하여야 할 국가의 입법정책에 관한 사항으로서 광범위한 입법재량 내지 형성의 자유가 인정된다고 합니다.

그러나, 재량도 그 일탈이나 남용이 있으면 위헌이라 할 것입니다.

(나) 한계일탈

간통죄의 입법목적에 대하여 헌법재판소는 위의 결정에서 "선량한 성도덕과 일부일처주의 혼인제도의 유지, 가족생활의 보장 및 부부쌍방의 성적성실의무의 확보를 위하여 그리고 간통으로 인하여 생길 수 있는 사회적 해악의 사전예방"이라고 하고 있습니다. 그러나 이는 간통죄가 본질적으로 여성의 성을 제약하기 위한 것이라는 점을 간과한 것입니다. 간통죄의 입법목적은 아무리 포장하여도 여성의 성을 제약함으로써 남성중심의 혈연관계와 상속을 유지하기 위한 것임을 감출 수 없는 것입니다. 따라서 간통죄는 그 목적이 헌법에 의해서 보호될 수 없는 것이므로 위헌이라 할 것입니다.

설사 위 결정과 같이 입법목적을 이해한다 할지라고 간통을 형사처벌하는 것이 적정한 것인지는 의문입니다. 선량한 성도덕이라는 것은 모호한 표현이고 그 내용을 알 수 없는 것이므로 판단대상에서 배제하고, 일부일처제의 유지 및 가족생활의 보장에 관하여는 위에서 본 바와 같습니다. 부부쌍방의 성적 성실의무에 관하여 보자면 이는 당사자간의 가족법상의 계약에 의한 법률효과로서 이를 형법에 의하여 처벌하고 강제하는 것은 타당하지 않습니다.

나아가 위에서 본 바와 같이 간통죄는 사생활의 자유와 비밀에 관한 권리의 가장 본질적인 부분인 성적 행위여부 및 상대방결정권을 제한하고 이를 들추어 낼 것을 형사적으로 강제함으로써 헌법상 권리의 본질적인 부분을 제한하고 있다할 것이므로 제한의 한계를 일탈하고 있다 할 것입니다.

따라서 간통죄 규정은 과잉금지원칙에 반하여 위헌이라 할 것입니다.

다. 결어

앞에서 살펴본 바와 같이 형법 제241조는 위헌이라고 판단되므로, 신청인의 소송대리인은 귀원에 위헌법률심판을 제청해주실 것을 신청하기에 이르렀습니다.

3. 심판청구에 이르게 된 경위

피고인은 위 법률규정에 대하여 피고사건인 위 20○○고단○○○○호 사건이 계류 중인 ○○지원 ○○1단독에 20○○. ○. ○. 위헌법률심판제청신청을 하였으나 위 법원으로부터 20○○. ○. ○. 기각결정의 고지가 있어 이에 귀 원에 헌법소원심판청구를 하게 되었습니다.

첨 부 서 류

가. 위헌제청신청서
나. 위헌제청신청기각 결정문 및 동결정의 송달증명서
다. 공소장
라. 심판청구서 부본 3부
마. 소송위임장

20○○년 ○월 ○일

청구인 대리인
변호사 ○ ○ ○ (인)

헌법재판소 귀중

[서식 7] 헌법소원심판청구서 (예시 1)

헌법소원심판청구서

신 청 인 : 주민등록번호 : 전화 :
주 소 :

대리인(변호사) : 전화 :
주 소 :

당해서건 및 당사자의 표시

법원, 사건번호 및 사건명
원고 : 피고(피고인) :
위헌이라고 해석되는 법률 또는 법률의 조항
위헌이라고 해석되는 이유

기타 필요한 사항

위 사건에 관하여 위헌심판제청신청을 하였으나 20 년 월 일 기각되었으므로 이 사건 청구에 이른 것입니다.

첨 부 서 류

1. 대리인 선임서, 또는 국선대리인 선임통지서 1통
2. 위헌심판제청신청 기각결정서정본 1통
3. 헌법소원심판청구서 1통, 부본 2통
4. 기타 증거자료 및 참고자료

20 . . .

위 청구대리인 (인)

헌법재판소 귀중

[서식 8] 헌법소원심판청구서 (예시 2)

헌법소원심판청구서

청 구 인 ○ ○ ○ (한자 ○ ○ ○)
○○시(도) ○○구(군) ○○동(면) ○○번지
(전화 ○○○-○○○○)
위 대리인변호사 ○ ○ ○
○○시(도) ○○구(군) ○○동(면) ○○번지
(전화 ○○○-○○○○)

침해된 권리
헌법 제○○조 ○○○○권
침해의 원인이 되는 공권력의 행사
○○○○법(령, 규칙) (제○○조)

청 구 취 지

○○○○법(령, 규칙) (제○○조)은 청구인의 ○○○권을 침해한 것이므로 위헌이다 라는 결정을 구합니다.

청 구 이 유

1. 사건의 요지 및 심판청구에 이르게 된 경우(간략히 기재) (직접성, 현재성, 자기관련성 등의 언급)
2. ○○○○법(령, 규칙) (제○○조)의 위헌이라고 주장하는 이유.

첨 부 서 류

1. 변호사 대리인 선임서(지방변호사회 경유증 첨부)
2. 각종 입증서류

청구인 대리인 변호사 ○ ○ ○

헌법재판소 귀중

[서식 9] 헌법소원심판청구서 (예시 3)

헌법소원심판청구서

청 구 인 ○ ○ ○ (한자 ○ ○ ○)
○○시(도) ○○구(군) ○○동(면) ○○번지
(전화 ○○○-○○○○)
위 대리인변호사 ○ ○ ○
○○시(도) ○○구(군) ○○동(면) ○○번지
(전화 ○○○-○○○○)
피청구인 ○○지방검찰청(○○지청)검사

침해된 권리 헌법 제○○조 ○○○○권
침해의 원인이 되는 공권력의 행사
○○지방검찰청(○○지청)○○년 형 제○○○호 ○○사건의 피의자 ○○○에 대한 검사의 ○○년 ○월 ○일자 불기소처분

청 구 취 지

○○지방검찰청(○○지청)○○년 형 제○○○호 ○○사건에 있어서 검사가 ○○년 ○월 ○일 피의자 ○○○에 대하여 한 불기소처분의 ○○○○권을 침해한 것이므로 이를 취소한다.

청 구 이 유

1. 사건의 요건(간략히 기재)
2. 심판청구에 이르게 된 경우(고소, 불기소처분, 항고, 재항고 과정약술)
3. 불기소처분이 위헌이라고 주장하는 이유

첨 부 서 류

1. 사건처분결과 통지서(『사실과 이유』 첨부하여)
2. 항고사건처분 통지서
3. 재항고사건처분 통지서 및 통지서수령일자 증명서류(우편송달서 등본 또는 송달증명원)
4. 변호인 대리인 선임서(지방변호사회 경유증 첨부)

청구인 대리인 변호사 ○ ○ ○

헌법재판소 귀중

[서식 10] 헌법소원심판청구서 (예시 4)

헌법소원심판청구서

청 구 인 ○ ○ ○ (한자 ○ ○ ○)
○○시(도) ○○구(군) ○○동(면) ○○번지
(전화 ○○○-○○○○)
위 대리인변호사 ○ ○ ○
○○시(도) ○○구(군) ○○동(면) ○○번지
(전화 ○○○-○○○○)

침해된 권리
헌법 제○○조 ○○○○권
침해의 원인이 되는 공권력의 불행사
○○○○의 ○○○○하지 아니한 부작위

청 구 취 지

○○○○의 ○○○하지 아니한 부작위는 헌법상 보장된 청구인의 ○○○권을 침해한 것이므로 위헌임을 확인한다라는 결정을 구합니다.

청 구 이 유

1. 사건의 요지 및 심판청구에 이르게 된 경우(간략히 기재)(직접성, 현재성, 자기관련성 등의 언급
2. 공권력의 불행사가 위헌이라고 주장하는 이유

첨 부 서 류

1. 변호인 대리인 선임서(지방변호사외 경유증 첨부)
2. 각종 입증서류

청구인 대리인 변호사 ○ ○ ○

헌법재판소 귀중

[서식 11] 헌법소원심판청구서 (예시 5)

헌법소원심판청구서

청 구 인 ○ ○ ○ (한자 ○ ○ ○)
○○시(도) ○○구(군) ○○동(면) ○○번지
번지
(전화 ○○○-○○○○)
위 대리인변호사 ○ ○ ○
○○시(도) ○○구(군) ○○동(면) ○○번지
번지
(전화 ○○○-○○○○)

침해된 권리 헌법 제○○조 ○○○○권

침해의 원인이 되는 공권력의 불행사

○○○○이 20○○년 ○○월 ○○일 ○○○○법 제○○조에 의거 ○○○한 ○○○○○처분

청 구 취 지

○○○○이 20○○년 ○○월 ○○일 ○○○○법 제○○조에 의거 ○○○한 ○○○○○처분은 청구인의 ○○○권을 침해한 것이므로 이를 취소한다라는 결정을 구합니다.

청 구 이 유

1. 사건의 요지(간략히 기재)
2. 심판청구에 이르게 된 경우(신청, 처분<다른 법률에 의한 구체절차를 거친 경우에는 구체절차>과정약술)
3. 처분이 위헌이라고 주장하는 이유

첨 부 서 류

1. 처분통지서, 다른 법률에 의한 구체절차를 거친 경우에는 구체절차결정통지서 및 최종결정통지서 수령일자 증명서류(송달증명원 등)
2. 각종 입증서류
3. 변호인 대리인 선임서(지방변호사회 경유증 첨부)

청구인 대리인 변호사 ○ ○ ○

헌법재판소 귀중

[서식 12] 헌법소원심판청구서 (예시 6)

헌법소원심판청구서

사 건 공권력의 행사로 인한 피의자와 변호인간의 접견·교통침해에 대한 헌법소원

청 구 인 1. ○ ○ ○
변호인선임인 ○ ○ ○의 부 ○ ○ ○
주 소 :
2. ○ ○ ○
변호사 ○ ○ ○
변호사선임인 ○ ○ ○의 매(妹)○ ○ ○
주 소 :
위 청구인의 변호인 및 심판청구대리인
변호사 ○ ○ ○
주 소 :
변호사 ○ ○ ○
주 소 :

피청구인 국가안전기획부장

청 구 취 지

국가안전기획부장이 2010. 10. 3. 및 같은 달 5. 같은 달 7. 청구인 등 및 청구인 등의 변호인(대리인) 등에 대하여 한 청구인들과 청구인들의 변호인(대리인)들과의 접전·교통을 불허한 처분은 헌법에 위반된다.

청 구 이 유

1. 청구인 ○○○이 2010. 7. 30. 23:10경, 같은 ○○○가 같은 날 23:30경에 각각 국가보안법위반혐의로 구속되었는데 변호사인 청구인의 대리인들은 위 ○○○, ○○○의 변호인으로 선임된 뒤 그들을 접견하기 위하여 같은 해 8. 3. 10:30경 국가안전기획부장에게 접견신청을 하였으나 같은 날 11:20경 위 국가안전기획부장은 위 청구인들과 변호인의 접견·교통을 불허한다는 취지의 처분을 하여 위 청구인들과 위 청구인들의 대리인은 접견·교통하지 못하였습니다.
2. 위 청구인들의 대리인은 2010. 8. 3. 위 국가안기부장의 변호인접견·교통불허처분에 대하여 헌법 제12조 제4항, 형사소송법 제91조의 피의자와 변호인과의 접견·교통권을

침해한 위법함을 이유로 서울중앙지방법원에 준항고를 제기하였고, 위 법원은 이를 받아들여 위 국가안전기획부장의 청구인들과 변호인간의 접견·교통불허처분이 위법임을 이유로 동 처분을 취소한다라는 결정을 하였습니다.

3. 위 청구인들의 변호인 ○○○은 다시 2010. 8. 5. 10:30경 국가안기부장에게 법원의 결정문을 소지하고 위 ○○○, ○○○의 접견신청을 하였으나, 같은 날 12:00경 국가안전기획부장은 청구인들과 변호인의 접견을 불허한다는 처분을 하였습니다.
   이에 위 청구인들의 변호인 변호사 ○○○, 같은 ○○○은 양인은 다시 2010. 8. 7. 10:30경 국가안전기획부장에게 법원의 결정문을 소지하고 위 ○○○, ○○○의 접견신청을 하였으나, 같은 날 12:00경 위 국가안전기획부장은 청구인들과 변호인의 점견·교통을 불허한다는 처분을 하여 법원의 결정을 무시하는 위헌적 처사를 단행하였습니다.
4. 위 국가안기부장의 고속당한 피의자인 청구인들과 변호인과의 접견·교통을 불허하는 처분은 공권력의 행사로서 헌법 제12조 제4항 "누구든지 체포 또는 구속을 당할 때에는 즉시 변호인의 조력을 받을 권리를 가진다"라는 인신보호를 위한 사법절차적인 기본권을 침해한 것이 되어 위헌무효라고 하지 않을 수 없고, 더 나아가 법원의 준항고 결정마저 무시하고 접견을 거부하는 처사는 위헌무효라 하지 않을 수 없어 이 건 헌법소원을 청구하기에 이른 것입니다.

소 명 방 법

1. 선임계	1통
2. 주민등록등본	2통
3. 접견신청서사본	1통
4. 구속통지서	2통
5. 확인서	2통
6. 준항고장	1통
7. 결 정	1통

2010. 8. 10

청구인들의 변호인 겸 대리인
변호사 ○ ○ ○ ㉑
변호사 ○ ○ ○ ㉑

헌법재판소 귀중

[서식 13] 헌법소원심판청구서 (예시 7)

헌법소원심판청구서

사 건 공권력에 의한 재산권침해에 대한 헌법소원

청 구 인 별지 1 목록기재와 같음
위 청구인의 대리인 법무법인 ○○법률
주 소 :
담당변호사 ○ ○ ○

피청구인 ○○○○ 공사
주소 :
이사장 ○ ○ ○

침해된 권리 헌법 제10조(행복을 추구할 권리
헌법 제11조(평등권)
헌법 제14조(거주, 이전의 자유)
헌법 제23조(재산권 보장)
헌법 제34조 제1항(인간다운 생활을 할 권리)

침해의 원인이 된 공권력의 행사 및 불행사

○○○○지구 택지개발사업의 시행주체인 피청구인이 당해 사업을 위하여 가옥을 수용, 철거당하여 생활의 근거를 상실한 청구인들의 이주대책을 충분히 수립하지 아니하는 행위 및 이를 무시한 채 생활대책 용지 공급을 공고한 행위

청 구 이 유

1. 머리말

피청구인이 2003. 11. 19.(건설부고시 제○○○호)에 의하여 ○○○○지구(○○광역시 ○구 ○○, ○○, ○○동일대) 약 185만평에 대하여 대단위 택지개발을 하면서 이 지역에 거주하고 있던 그 주민들이 그 주거를 철거당하고 다른 곳으로 이주하게 된다에 따라 그 근거를 상실하게 되었습니다.

즉, 피청구인은 택지개발사업을 하면서 청구인들과 같은 철거이주민들에게 충분한 이주대책을 수립하지 아니함은 물론, 소위 생활대책이라는 명목아래 헐값으로 수용한 땅을 엄청난 고가로 수의 계약을 통하여 공급한다고 공고하기에 이르렀는바, 이는 피청

구인이 헌법에 보장된 행복추구권, 평등권, 재산권, 인간다운 생활을 할 권리 등을 침해한 것이라고 아니할 수 없습니다.

2. 생활대책 상업용지 공급경
   가. 피청구인은 2010. 11. 29. "○○○○지구 생활대책용지 공급공고"를 낸 바 있습니다.
      그 내용은 ○○○○택지개발사업시행에 따른 생활대책대상자로 선정된 자에 한하여 세대당 6평 또는 8평의 생활대책 용지를 공급하겠다는 것입니다.
   나. ○○○○지구내 철거이주민은 약 1,400여 세대가 되는데, 그들의 주 생계수단으로 농업, 목축업, 영세상업이었습니다.
      하지만 피청구인의 택지개발사업으로 인하여 거의 90% 이상의 생활의 터전을 잃게 되었고, 이에 따라 이주정착지내에서의 철거 이주민의 생계보호 및 생활재건의 일환으로 생활대책상업용지가 공급되게 된 것입니다.
      (1) 철거이주민이 집을 지어 살 수 있도록 이주자 택지 및 실수요자 택지로 세대당 약 70평내외를 공급하는 것과,
      (2) 이주정착지내에서의 생업을 계속 영위할 수 있도록 하기 위하여 세대당 6평 또는 8평의 상업용지를 공급하는 것을 그 골자로 하고 있었습니다.

3. 피청구인의 공권력행사 또는 불행사로 인한 기본권 침해
   가. 행복을 추구할 권리의 침해
      모든 국민은 인간으로서 행복을 추구할 권리를 가지고 있습니다. 청구인들은 소외 ○○○○지구내에서 대대로 농업, 목축업, 영세상업을 영위하면서 생계를 유지하여 온 사람들로서 이곳은 청구인들에게 있어서는 보금자리였습니다.
      그런데, 피청구인의 택지개발사업으로 인하여 어느 날부터 그 보금자리를 잃게 되었습니다.
      이는 인간이라면 스스로 원하는 곳에서 살 수 있는 거주이전의 자유를 침해하여 그 근본이라고 할 수 있는 인간으로서 행복을 추구할 권리를 침해하였다고 아니할 수 없습니다.
   나. 평등권의 침해
      피청구인은 철거이주민인 청구인들의 토지를 평당 약 4~11만원의 헐값을 보상하면서 수용한 뒤 적게는 평당 약 519만원에서 많게는 평당 약 760만원의 가격으로 공급하고 있습니다.
      이는 피청구인이 토지보상가격과 비교하여 약 60~120배의 엄청난 고가로 토지를 공급하겠다는 것을 뜻합니다.
      무릇 모든 주민은 법 앞에 평등합니다.
      그리고, 누구든지 경제적으로 처벌을 받지 아니한다고 우리 헌법은 규정하고 있습

니다.

일반적으로 토지를 수용한 뒤 이에 상응한 생활이주대책을 마련함에 있어서는 위 양자 사이에 형평성가 합리성이 있어야 합니다. 하지만, 위와 같은 피청구인의 행위는 헌법상 보장된 평등권을 침해하여 그 형평성을 결한 것으로 위법하다고 아니 할 수 없습니다.

다. 재산권 침해

우리 헌법은 제23조에서 "모든 국민의 재산권은 보장된다. 공공필요에 의한 재산권은 수용사용 또는 제한 및 그에 대한 보상은 법률로써 하되, 정당한 보상을 지급하여야 한다"고 규정하고 있습니다.

그런데, 피청구인이나 그 주무감독관청인 소외 건설부는 공공유지의 취득 및 손실보상에 관한 특례법에 따라 실질적인 이주대책을 수립하지 아니하고, 현행법에도 없는 생활대책이라는 용어를 사용하면서 마치 철거 이주민들에게 온전을 베푸는 양 가장을 하고 있습니다.

하지만, 피청구인은 앞서 본대로 토지를 헐값으로 수용한 뒤 고가로 다시 청구인들에게 토지를 공급함으로써 상당한 차익을 노리고 있는 "땅장사"를 하고 있다고 보지 않을 수 없습니다.

다시 말하여, 피청구인으로서는 철거 이주민들이 토지를 수용당함으로써 잃은 희생을, 최소한 택지개발조성원가 수준으로 공급하여 이를 보장해 주어야 함에도 불구하고 합리적인 법적근거 없이 앞서 본대로 수용가의 약 60~120배의 가격으로 용지를 공급한다는 것은 정당보상을 저버린 국민의 재산권보장을 침해한 것임에 틀림없습니다.

더구나 보상은 공공용지의 취득 및 손실보상에 관한 특례법에 따라 이루어져야 함에도 건설부지침에 따라 공급가격을 결정한다는 것은 있을 수도 없는 일입니다.

라. 생존권의 침해

모든 국민은 인간다운 생활을 할 권리를 가집니다.

피청구인이 청구인들에게 생활대책용지를 공급하겠다는 것은 철거 이주민들이 생활의 터전을 잃은 것에 대한 최소한의 보상으로 기본적 생계를 영위할 수 있도록 하겠다는 생존권보장의 한 일환이라고 보입니다.

그렇다면, 청구인들이 수용할 수 있는 공급가격을 책정하여 생활대책대상자로 선정된 사람들이 공급계약에 응하도록 배려를 해야 할 것입니다.

즉, 평당 약 4~11만원씩 보상을 받은 사람들이 무슨 돈으로 보상가격의 약 60~120배에 해당하는 금원을 지급하고 생활대책용지를 공급받을 수 있을지 의문입니다.

결국 이는 피청구인이 생활대책대상자들이 계약을 포기함을 유도하고 이에 따라 추후 수의계약 등으로 상당한 금전적 이득을 취하려고 하는 속셈이 있다고 아니할 수 없습니다.

4. 결론

이처럼, 피청구인이 공권력의 행사 또는 불행사로 인하여 청구인들에게 토지 수용에 따른 이주대책을 수립하지 아니한 채 생활대책용지를 공급하겠다는 것은 헌법 제10조의 행복을 추구할 권리, 제11조의 평등권, 제14조의 거주·이전의 자유, 제23조의 재산권 보장, 제34조 제1항의 인간다운 생활을 할 권리를 침해한 것으로 위헌 무효라 하지 아니할 수 없어 이 건 헌법소원을 청구하기에 이른 것입니다.

소 명 방 법

1. ○○○○지구 생활대책용지공급공고
2. 청 원 서
3. 청원서 회부 통지
4. 청원처리 결과 통지
5. ○○○○지구 이주민생활대책자 진정서(2007. 8. 25.)
6. 건설부고시 제○○○호
7. 신문(2007. 8. 7.자 내외 경제신문
8. ○○○○지구 이주민생활대책자 진정서(2007. 9. 1.)
9. ○○○○지구 이주민생활대책자 진정서(2007. 10. 26.)
10. ○○○○지구 이주민생활대책자 진정서(2007. 10. 22.)
11. 진정에 대한 중간 회신(2007. 10. 22.)
12. 진정에 대한 회신(2007. 11. 17.)
13. 택지개발 및 공급에 관한 지침
14. 택지개발 및 공급에 관한 지침
14. 철거 이주민 생활대책용 상업용지 공급에 관한 청원검토 보고서
15. 대리인 선임서(위임장)

청구인들의 변호인 겸 대리인
법무법인 우리법률
변호사 ○ ○ ○

헌법재판소 귀중

[서식 14] 재산권침해에 대한 위헌확인에 따른 보정명령서

헌법재판소
제2지정재판부
보정명령

사 건 2010헌마20 재산권침해 위헌확인

청 구 인 ○ ○ ○ 외 310
대리인변호사 ○ ○ ○ 외 1

피청구인 한국토지개발공사

위 사건에 관하여 청구인이 제출한 헌법소원 심판청구서에 아래와 같이 보정할 점이 있으니, 이 명령을 송달받은 날로부터 7일 이내에 서면으로 보정하시기 바랍니다.

보정할 사항

청구취지의 행정부작위 및 생활대책공급공고처분에 대하여 택지개발촉진법 소정의 행정심판 및 행정소송법상의 구제절차를 모두 취하였는지 여부 및 취하였다면 심판청구 등의 제기일자, 각 심급의 결과와 대법원판결을 송달받은 일자를 적시하여 보정할 것. 끝.

2010. 1. 27.

재판장 재판관 ○ ○ ○

[서식 15] 재산권침해에 따른 위헌확인의 보정서

보 정 서

사 건 2010헌마20 재산권침해위헌확인

청 구 인 ○ ○ ○외 310

피청구인 한국토지개발공사

청구인들은 아래와 같이 헌법소원 심판청구서를 보정합니다.

아 래

1. 청구인들이 이미 제기한 헌법소원의 내용은, 헌법재판소법 제68조 제1항에 규정되어 있는 헌법소원의 보충성 요건을 충족하고 있습니다.
   (1) 이는, 이 사건의 내용과 유사한 사건에서 법원이 이주대책 자체를 공공사업을 시행하는 행정기관이 그로 인하여 생활근거를 상실한 개개국민들의 기본권 보장을 위하여 실행하여야 할 의무의 대상으로 파악하지 아니하고, 다만 공공사업의 주체가 당해 사업의 원활한 시행과 민원의 감소를 위하여 재량적으로 실시하는 은혜적인 행위로 파악하여 그 내용에 대한 심사자체를 거부하고 있는 까닭에 법원의 태도가 바뀌지 않는 이상 청구인들로서는 헌법소원 이외에 다른 법률상의 구제절차가 없기 때문입니다.
   (2) 예컨대, 우리 대법원은 서울특별시의 무허가 건물 철거 및 이주대책의 내용 중 철거주택 세입장에 대한 임대아파트 방 1칸 입주권 부여 방침은, 법률상 아무런 근거가 없는 행정청 내부의 사무처리 지침으로서 법적 구속력이 없고, 또 아파트입주권 제외통보는 민원에 대한 회신에 불과할 뿐 이를 가지고 항고소송의 대상이 되는 신청거부의 행정처분이라고 할 수 없으며, 철거 및 이주대책이 행정관청내부의 사무처리지침에 불과한 이상 입주권을 부여키로 결정한 것만으로는 어떠한 권리를 취득하는 것은 아니다라고 판시하고 있습니다(대법원 1991. 11. 26. 선고 91누3109 판결, 같은 법원 1991. 11. 26. 선고 91누 3352 등 다수).
   (3) 또한, 도시개발사업으로 인한 이주자들의 이주대책 일환으로 행한 이주토지 분양행위를 행정목적달성을 위하여 공권력의 발동으로서 행한 권력행위가 아니라 사법상의 법률행위에 속한다 할 것이어서 행정소송의 대상이 되는 행정처분이 아니라고 한 예(서울고등법원 1982. 11. 22. 선고, 82구81 판결)가 이에 속한다고 할 것입니다.

(4) 하물며, 이 사건의 경우 같은 생활대책공급공고는, 피청구인이 공공사업의 시행에 필요한 토지 등을 제공함으로 인하여 생활의 근거를 상실하게 되는 청구인들과 같은 이주자들을 위하여 법에도 없는 용어를 써 가면서, 먼저 우선권을 주고, 이에 응하지 아니할 경우에는 일반분양을 하겠다는 것으로, 여기에 대해 우리 법원이 이주자들에 대해 종전의 생활상태를 원상으로 회복시키면서 동시에 인간다운 생활을 보장하여 주기 위한 이른바 생활보상의 일환으로 국가의 적극적인 의무로 해석하리라고 기대하기는 현시점에서 곤란한 것입니다.

(5) 다행히도, 이주대책 대상자 선정신청을 한 데 대하여 사업시행자가 이주대책 대상자가 아니라고 하여 이주대책 대상자로의 확인, 결정 등의 처분을 하지 않고, 이를 제외시키거나 또는 거부 조치한 경우, 우리 대법원이 이주자로서는 당연히 사업시행자를 상대로 항고소송에 의하여 그 제외처분 또는 거부처분의 취소를 구할 수 있다고 판시한 것은 진일보한 감이 없지 않습니다(대법원 1994. 5. 24. 선고 92다35783 판결 참조).

하지만, 이주자가 사업시행자에 대한 이주대책 대상자 선정신청 및 이에 따른 확인, 결정 등 절차를 밟지 아니하여 구체적인 수분양권을 아직 취득하지 못한 상태에서 곧바로 분양의무의 주체를 상대방으로 민사소송이니, 공법상의 당사자소송으로 이주대책상의 수분양권의 당사자소송으로 이주대책상의 수분양권의 확인 등을 구하는 것은 허용될 수 없다는 것입니다(위 92다35783 판결 참조).

(6) 물론, 택지개발법 제27조에 의하면, "이 법에 의하여 시행자가 행한 처분에 대하여 이의가 있는 때에는… 건설부장관에게 행정심판을 제기할 수 있다"고 규정되어 있습니다만, 이 사건의 경우 택지개발촉진법에 의하여 시행자가 행한 처분이 없습니다.

이 사건의 경우 당초 철거 이주민들에게 충분한 이주대책을 수립하지 아니한 채 사후에 생활대책을 은혜적으로 세워 주면서 헐값으로 수용한 땅을 엄청난 고가로 수의 계약을 통해 생활대책용지를 공급한다고 피청구인이 공고하기에 이르렀기에 이 사건 헌법소원을 제기하였던 것입니다.

따라서, 청구인들로서 위 택지개발촉진법에 의한 행정심판을 제기할 요건을 갖추지 못하였고, 판단하였기에 막바로 이 헌법소원을 제기한 것입니다.

2. 더구나, 청구인들이 통상적인 권리구제 절차 예컨대, 행정심판 및 행정소송을 거칠 경우, 상당한 시일이 소요될 것이 예상되는바 이렇게 되면 청구인들에게 회복할 수 없는 중대한 불이익이 발생하리라는 것은 쉽게 예측할 수 있는 것입니다.

즉, 이 사건의 경우, 앞서 본대로 전심절차로 권리가 구제될 가능성이 거의 없고, 게다가 권리구제절차가 허용되는지의 여부가 객관적으로 불확실하여 전심절차이행의 기대가능성이 없다고 할 것이어서 마땅히 헌법소원의 보충성에 대한 예가 인정되어야 할 것입니다(헌법재판소 1989. 9. 4. 선고 88헌마22결정, 같은 재판소 1992. 1. 28. 선고 91

헌마 111결정 참조).

결국, 위와 같은 이유로 청구인들은 행정심판 및 행정소송을 제기한 사실이 없다는 것을 첨언합니다.

소명방법 및 첨부서류

1. 법원공보 대법원 1991. 11. 26. 선고 91누3109 판결
2. 법원공보 대법원 1991. 11. 26. 선고 91누3352 판결
3. 하급심판결요지집 서울고법 1982. 11. 22. 선고 82구81판결
4. 법원공고 대법원 1994. 5. 24. 선고 92다35783 판결

2010. 10. .

청구인들의 대리인
법무법인 ○○○○
담당변호사 ○○○

헌법재판소 제2지정 재판부 귀중

[서식 16] 재산권침해에 따른 위헌결정확인서

헌법재판소
제2지정재판부
결 정

사 건 2010헌마20 재산권침해 위헌확인

청 구 인 ○○○외 310

피청구인 한국토지개발공사

이 사건에 관하여 헌법재판소법 제72조 제4항의 규정에 의하여 아래와 같이 결정한다.

주 문 이 사건재판부의 심판에 회부한다.

2010. 10. .

재판장 재판관 ○ ○ ○
재판관 ○ ○ ○
재판관 ○ ○ ○

[서식 17] 공권력에 의한 재산권침해에 따른 답변서

답 변 서

사 건 2010헌마20 공권력에 의한 재산권침해

청 구 인 ○ ○ ○외 310

피청구인 토지개발공사

본안전항변

이 사건 헌법소원심판청구를 각하한다.
라는 결정을 구합니다

본안전항변의 이유

1. 청구인들은 이 사건 헌법소원심판청구의 원인이 되는 침해된 권리로서 행복을 추구할 권리(헌법 제10조), 평등권(헌법 제11조), 거주 · 이전의 자유(헌법 제14조), 재산권(헌법 제34조), 인간다운 생활을 할 권리(헌법 제34조 제1항) 등을 들고 있습니다. 그리고 이러한 권리를 침해한 원인행위로서 피청구인 한국토지개발공사가 이 사건 ○○○○지구 대단위 택지개발사업과 관련된 이주대책과 관련하여 실시한 "공권력의 행사 및 불행사"를 지목하고 있습니다.

그런데 심판청구대상행위는 하나이지 둘은 될 수 없습니다. 그럼에도 불구하고 청구인들은 전시와 같은 피청구인이 청구인들의 기본권을 침해한 행위로서 공권력의 행사와 불행사를 두고 있습니다. 행사는 작위이고 불행사는 부작위입니다. 이 두 개념은 상호모순 개념입니다. 하나가 존재하면 다른 하나는 저절로 존재할 수 없게 됩니다. 이 점에 있어서 원고들은 무슨 권리를 침해당하였느냐 하는 문제를 다루기 이전에 무슨 행위가 자기들의 권리를 침해하였느냐 하는 점에서부터 혼동을 일으키고 있다 할 것입니다.

청구인들은 자신들이 주장하고 있는 "공권력의 행사 및 불행사"를 구체적으로 "청구인들의 이주대책을 충분히 수리하지 아니한 행위 및 이를 무시한 채 생활대책용지 공급을 공고한 행위"라고 적시하고 있습니다. 여기서도 "이주대책을 수립하지 아니한 행위"는 부작위에 속하는 것이고 "생활대책용지 공급을 공고한 행위"는 상호모순개념입니다. 그런데 청구인들은 피청구인의 하나의 행위를 두 가지 측면에서 평가하고 있는 것인지 아니면 둘 중의 하나만을 문제 삼고 있는 것인지 혹은 피청구인이 두 가지 행위를 모두 하였다는 것인지 전혀 알 수가 없습니다.

"생활대책용지를 공급한 행위"가 청구인들의 기본권을 침해하였다는 주장은 전혀 어불성설입니다. "용지공급행위"는 어떠한 기본권을 막론하고, 이를 침해할래야 침해할 수가 없습니다. 이 문제에 대한 해답은 간단하게 얻을 수 있습니다. 청구인들이 피청구인의 "용지공급"을 거부하면 되기 때문입니다. 그러므로 위에서 가정한 세 가지 경우 중 첫째 가정과 셋째 가정은 자연히 무의미한 것으로 됩니다. 결국 남은 것은 둘째 가증 즉 "이주대책을 충분히 수립하지 아니한 행위" 또는 "생활대책용지 공급을 공고한 행위" 중의 하나를 문제 삼는 길만 남는 것입니다.

청구인들이 그 두 행위 중 어느 것을 문제 삼고 있는 것인지는, 전술과 같이 불분명합니다. 그러나 이미 지적한 바와 같이 "생활대책용지 공급공고" 행위는 기본권침해행위로서는 전혀 무의미한 것입니다. 그러므로 결국 청구인들은 "청구인들의 이주대책을 충분히 수립하지 아니한 행위"를 헌법소원청구의 대상으로 삼고 있는 것이라는 결론에 이르게 됩니다.

2. 헌법소원의 청구사유는 "공권력의 행위 또는 불행사"로 인한 기본권의 침해입니다(헌법재판소법 제68조 제1항). 그런데 청구인들의 헌법소원청구 사안은 앞에서 본 바와 같이 "공권력의 불행사"로 낙착됩니다. 그런데 여기서 말하는 "공권력의 불행사"가 모든 부작위를 다 포함하는 개념이 아닌 것은 재언을 요하지 아니합니다. 국민이 국가기관에 대하여 청원이나 신청을 하였다가 거부 또는 기각되는 경우에 있어서 기각 등의 이유여하를 막론하고 헌법소원청구사유가 발생하는 것은 아닙니다(기본권침해가 되었다고 주장할 만한 사유가 있더라도 결론은 마찬가지입니다).

   그런 견지에서 볼 때 청구인들의 이 사건 헌법소원청구는 헌법재판소법 제68조 제1항이 규정하고 있는 공권력의 "불행사"에는 해당될 수가 없습니다. 어째서 해당되지 아니하느냐 하는 구체적인 이유는 생략합니다. 보다 더 중대한 사유가 있기 때문입니다.

   헌법소원청구의 대상이 되는 행위는, 주지하는 바와 같이 "공권력"의 행사 또는 불행사입니다. "공권력"의 주체는 "국가기관" 또는 "지방자치단체"에 한정되어 있습니다. 한국토지개발공사는 특별법에 의하여 설립된 법인입니다(한국토지개발공사법 제1조, 동법 제2조). 토지개발공사 직원은 공무원이 아니고 그 업무(동법 제9조도 공무가 아닙니다. 그러므로 토지개발공사가 공권력을 행사할 수 있는 길은 전혀 없습니다.

   청구인들은 토지수용법 제75조의2 제1항에 의하여 피청구인이 행정소송의 비고가 되는 경우를 들어서 피청구인이 공권력행사의 주체가 된다고 주장할런지 알 수 없습니다. 그러나 그 규정이야말로 피청구인이 공권력의 주체가 아니라는 것을 명백하게 보여주고 있는 것이라고 할 것입니다. 그 규정이 있기 때문에 공권력의 주체가 아닌 피진정인이 행정소송의 피고가 될 수 있는 것입니다. 환언하면 위의 규정은 창설적 규정이지, 선언적 규정이 아닙니다. 그리고 그 규정은 피청구인이 공권력의 주체로 의제하는 규정도 아닙니다. 동법 해당의 사안에 한해서 행정소송의 피고가 될 수 있도록 길을 열어 놓은 데 불과합니다. 그러므로 피청구인은, 동법 해당사항 이외의 경우에는 행정소송의 피고가 되지 못하는 것입니다.

   청구인들은 또 특정범죄가중처벌법 제4조 및 동법시행령 제2조에 의해서 피청구인 간

부직원이 형법 제129조 내지 제132조의 적용에 있어서 공무원으로 취급받게 되는 사실을 들어 피청구인이 공권력의 목적을 위해서 피청구인을 일정한 범위 내에서 공무원으로 의제하는 규정이지 피청구인을 일방적인 공권력의 주체로 보는 규정이 아닙니다. 역으로 말하면 위 규정은 바로 피청구인이 공권력의 주체가 아니라는 것을 우회적으로 선언하고 있는 규정이라고 봐야 할 것입니다.

요컨대, 헌법재판소법 제68조 제1항이 규정하는 "공권력"은 의제된 공권력이 아니고 본래적인 공권력을 말하는 것으로 봐야 한다고 생각합니다. 그러므로 피청구인이 헌법소원청구의 대상이 되기 위해서는 헌법재판소법에 "한국토지개발공사의 행위는 이 법 제68조 제1항의 공권력의 행사 또는 불행사로 본다"라는 규정이 있어야 할 것입니다. 그렇지 아니하면 최소한도로 공공용지의 취득 및 손실보상에 관한 특례법에 피청구인이 행위에 대해서 헌법소원청구를 할 수 있다는 규정을 두어야 할 것입니다. 헌법재판소법이나 공특법에 이러한 특별규정을 두고 있지 아니하는 한 본질적으로 공권력의 주체가 아닌 피청구인의 행위는 헌법소원청구의 대상이 될 수 없습니다.

청구인들은 이 사건에 대해서 헌법소원청구를 제기한 이유로서 "보정서"에 여러 가지 사유를 들고 있습니다. 그런데 그 이유들을 종합하여 보면 이 사건과 동일한 성격을 가지고 있는 사건에 대해서는 법원이 이를 행정소송의 대상으로 보지 아니하기 때문에 부득이 헌법소원청구를 하게 된 것이라는 논리로 귀결됩니다. 그러나 이 논리는 전혀 설득력이 없는 것이라고 봅니다. 청구인들은 적극적으로 이 사건 헌법소원청구 대상이 되는 이유를 설치하여야 할 것입니다.

법원이 유사사건을 행정소송으로 받아들이지 아니한다는 사실은 이 사건 헌법소원청구에 대한 정당화의 근거가 되지 못합니다. 청구인들은 위의 사건에 대한 판례의 태도를 비난하고 있으나 그것은 청구인들의 주관적 단정에 불과하고 객관적인 설득력을 가지지 못한다고 봅니다. 각 판시 이유들은 너무나 명백하고 정당한 것이기 때문입니다.

3. 결 론

결국, 피청구인이 공권력의 주체임을 전제로 한 이 사건 헌법소원청구는 다른 판단을 기다릴 필요 없이 각하되어야 한다고 생각합니다.

2010. 3.

위 피청구인의 소송대리인
법무법인 ○○○○사무소
담당변호사 ○ ○ ○
담당변호사 ○ ○ ○

헌법재판소 귀중

[서식 18] 헌법소원심판청구보충서 (재산권침해위헌확인)

헌법소원심판청구보충서

사 건 2010헌마20 재산권침해위헌확인

청 구 인 ○ ○ ○외 310

피청구인 ○○○○개발공사

청구인은 아래와 같이 청구이유를 보완합니다.

아 래

1. 행복을 추구할 권리의 침해
   (1) 헌법 제10조 제1문 후단은 "모든 국민은… 행복을 추구할 권리를 가진다"라고 하여 행복추구권을 규정하고 있습니다. 여기서 행복이라는 관념은 다의적이고, 주관적인 것으로 사람마다 그 내용이 상이할 수 있겠으나, 일응 행복 추구권이라 함은 인간으로서 안락하고 만족스러운 삶을 추구할 수 있는 권리라고 할 수 있을 것입니다.
   (2) 청구인들을 포함한 ○○○○지구 철거이주민 1,384세대는 조상대대로 물려받은 토지위에서 농업, 목축업, 영세농업 등을 영위하면서 생계를 유지해온 사람들로서, 피청구인이 대단위 택지개발에 의하여 충분한 물질적, 정신적 보상을 받지 못한 채 보금자리를 잃게 되었습니다.
   (3) 피청구인은 위 철거이주민들에게 평당 4~11만원 정도의 헐값으로 토지를 수용한 뒤 생활대책 용지를 공급한다는 미명 아래 평당 약 519~760만원씩 엄청난 고가로 매수하려는 것은, 인간으로서 생활터전을 잃은 청구인들에게 생활대책을 세워준 것이 아니고, 오히려 청구인들을 상대로 법률이나, 어떤 합당한 근거제시도 없이 부동산 거래, 혹한 표현을 쓴다면 땅투기를 함으로써 청구인들에게 엄청난 정신적, 경제적으로 고통을 주어 결국 인간으로서의 행복추구권을 침해하였다고 아니할 수 없습니다.
2. 평등권의 침해
   (1) 헌법 제11조 제1항은 "모든 국민은 법에 평등하다. 누구든지 성별, 종교 또는 사회적 신분에 의하여 정치적·경제적·사회적·문화적 생활의 모든 영역에 있어서 차별을 받지 아니한다"라고 하여 평등의 원칙을 선언하고 있습니다. 여기서 평등이라 함은 모든 인간에게 균등한 기회를 주고 자의를 금지함으로써 사회정의를 실현

하려는 것일 것입니다.

(2) 앞서 본대로 피청구인은 청구인들을 포함한 철거이주민의 토지를 평당 약 4~11만원의 헐값으로 수용한 뒤 적게는 평당 약 519만원에 많게는 평당 약 760만원의 가격으로 공급한다는 것으로, 이는 피청구인이 토지보상가격과 비교하여 약 60~120배의 고가로 땅투기를 하겠다는 것을 뜻합니다.

(3) 건설교통부가 2007. 6. 17.부터 실시하고 있는 택지개발 및 공급지침에 의하더라도 생활대책으로서의 상가부지 공급은 수의계약 형식으로 하되, 그 공급가격은 감정가격으로 하도록 되어 있습니다.

또, 피청구인은 2008. 8. 23.자 민원회신에 의하더라도, 공급가격을 조성원가 이하로 공급해 달라는 민원사항에 대하여 피청구인은 생활대책용 상업용지는 생계보호차원에서 생활대책의 일환으로 공급한다고 분명히 밝히고 있으면서 2008. 5. 17.자 국회청원심사결과 내용과 같이 감정가격으로 공급하여야 한다고 답하고 있습니다.

(4) (가) 청구인등 철거이주민의 약 60%이상이 피청구인으로부터 받은 보상액이 약 1,000만원 이하인데 비하여 생계대책용지 6~8평의 공급가격이 약4,000~5,000만원인 점.

(나) 청구인들 중에서 임차농가들은 이실능비로 약 100만원 내외를 받았음에도 그 생계대책용지 6평의 값으로써 약 4,000만원을 지급해야만 하는 점.

(다) 종교용지나 국가 또는 지방자치단체에게 시장, 유치원, 공용의 청사, 주차장, 사회복지시설, 종합의료시설, 통신시설 등의 용도로 사용할 경우에는 조성원가로 공급하면서도 정작 보호해야만 할 생계대책대상자인 청구인들에게 당초 토지보상가의 약 60~120배, ○○지구 택지개발조성원가의 약 25배 정도로 공급하려고 계획하고 있다는 점

(라) 5개 신도시에서의 생활대책용지의 공급가격은 당초 토지보상가의 약 20배, 조정원가의 3~6배였던 전례나, 피청구인이 ○○광역시 ○○구에 남동공단 및 고잔공단 약 300만평을 조성하면서 연수지구 철거이주민중 공장 및 축신 경영자의 일부에게 공단용지를 조성원가의 약 2~3배의 저렴한 가력으로 공급했던 전례에 비추어 볼 때, 이는 경제적 정의나 평등을 무시한 피청구인의 자의적인 처사라고 아니할 수 없습니다.

(5) 일반적으로 토지를 수용한 뒤 이에 상응한 이주대책이나 생활대책을 마련함에 있어서는 위 양자 사이에 형평성과 합리성이 있어야 하는데, 위와 같은 피청구인의 행위는 헌법상 보장된 평등권을 침해하여 그 형평성을 길한 것으로 위법하다고 아니할 수 없습니다.

어쨌든, 피청구인의 처사는 철거이주민이라고 해서 일반수용자보다 혜택을 준 것이 하나도 없으며, 피청구인은 감정가격으로 공급하는 것이라고 항변할지 모르지만, 이 감정가격도 여러 사정을 고려하여 청구인들이 수긍할 수 있는 가격이어야 하는데 그렇지 못한 것이 현실입니다.

3. 거주이전 및 직업선택의 자유의 침해.
   (1) 헌법 제14조는 "모든 국민은 거주이전의 자유를 가진다"라고 제15조는 "모든 국민은 직업선택의 자유를 가진다"라고 각 규정하고 있습니다.
   인간이라면, 자기가 원하는 곳에서 자신이 원하는 생활을 할 수 있는 자유가 있는 것입니다.
   자본주의 경제 체제하에서는 인간과 재화의 자유로운 이동이 필수 선결문제이기 때문에 거주이전의 자유는 토지소유권의 보장, 직업선택의 자유, 영업의 자유와 더불어 자본주의의 존립에 직결되는 자유인 것입니다.
   (2) 피청구인은 청구인들에게 생활대책용지를 공급하는 목적이 청구인들의 생계보호를 위한 생계보전차원이라고 밝힌 바 있습니다.
   그렇다면, 피청구인이 제시한 생활대책용지의 공급가격으로는 도저히 공급받을 수 없는 청구인들로서는 자유로이 원하는 곳에서 살고, 생활할 수 있는 자유를 누릴 수 없게 된 것입니다. 왜냐하면, 피청구인이 제시하는 조건으로는 청구인들이 이주정착지내에서 생계수단에 필요한 최소한의 직업마저 자유로이 선택하여 생업을 계속적으로 영위할 수 없기 때문입니다.
   (3) 그런데, 피청구인이나 국가기관 어느 누구도 청구인들과 같은 철거이주민에게 적극적으로 생활의 터전을 마련해 주지 않고 있습니다. 이에 따라 위 철거이주민들은 피청구인의 택지개발로 인하여 종전 직업을 상실한 채 마땅한 일자리를 찾지 못하고 방황하고 있으며, 이와 같은 생계수단의 상실에서 오는 정신적 고통은 이루 말할 수 없는 실정입니다.
4. 재산권의 침해
   (1) 재산권에 관하여 우리 헌법 제23조는 "모든 국민의 재산권은 보장된다. 그 내용과 한계는 법률로 정한다. 재산권의 행사는 공공복리에 적합하도록 하여야 한다. 공공필요에 의한 재산권의 수용, 사용 또는 제한 및 그에 대한 보상은 법률로써 하되, 정당한 보상을 지급하여야 한다"라고 규정하고 있습니다.
   (2) 무릇 국민의 재산권을 제한하려면 법률에 의하여야 하는데도, 피청구인이나 그 주무감독관청인 건설교통부는 <공공용지의 취득 및 손실보상에 관한 특례법>이나 피청구인의 용지규정에 따라 실질적인 이주대책을 수립하지 아니한 채 현행법에도 없는 생활대책이라는 용어를 써가면서 마치 철거이주민에게 은전을 베푸는 것처럼 가장을 하고 있습니다.
   즉, 피청구인은 건설교통부지침에 따른 공급가격을 결정함으로써 앞서 본대로 토지를 헐값으로 수용한 뒤 청구인들과 사전협의 없이 엄청난 고가로 다시 청구인들에게 토지를 공급함으로써 상당한 차익을 노리고 있는 "땅투기"나 다름없다고 할 것입니다. 다시 말하여, 피청구인으로서는 철거이주민들이 청구인의 목적사업인 택지개발에 협조한 탓에 토지를 수용당함으로써 상대적으로 잃은 희생을 최소한 택지개발조성원가 수준으로 공급하여 이를 보상해 주어야 함에도 불구하고 합리적인 법적 근거 없이 수용가의 약 60~120배의 가격으로 용지를 공급한다는 것은 정당보상을 저버린 채 국민의 재산권보장을 침해한 것임이 틀림없습니다.

5. 생존권의 침해
   (1) 헌법 제34조 제1항은 "모든 국민은 인간다운 생활을 할 권리를 가진다"라고 규정하고 있습니다. 여기서 인간다운 생활이란 인간으로서 인간의 존엄성에 상응하는 건강하고 문화적인 기본적인 삶을 영위할 수 있는 최소한의 권리라고 할 것입니다.
   (2) 피청구인이 청구인들에게 생활대책용지를 공급하겠다는 것도 철거이주민들이 생활의 터전을 잃은 것에 대한 최소한의 보상으로써 기본적 생계를 영위할 수 있도록 하겠다는 것으로 청구인들의 생존권을 보장해 주기 위한 일환으로 보여집니다.
   그렇다면, 피청구인으로서는 마땅히 청구인들이 수용할 수 있는 공급가격을 책정하여 공급가격에 응할 수 있도록 배려를 하여야 할 것입니다. 평당 약 4~11만원씩 보상받은 사람들이 무슨 돈으로 보상가격의 약 60~120배에 해당하는 금원을 지급하고 생활대책용지를 공급 받을 수 있겠습니까?
   결국, 이는 피청구인이 생활대책대상들이 계약을 포기하도록 유도하고 이에 따라 추후 금전이득을 취득하려고 하는 속셈이 있다고 보지 않을 수 없습니다. 공공시책에 협조한 청구인들에게 그에 상응하는 보상이 따를 때 진정한 의미의 재산권보장이 이루어지고, 그들의 인간다운 삶도 보장되지 않겠습니까?

6. 기타사정

얼마전 피청구인이 ○○○○지구 택지개발을 시행하면서 APT건설업자들에게 평당 약 29~33만원씩 저렴한 가격으로 약76,000평을 공급하였는데 이중 약 13,200여평에 대하여는 원래 분양 목적을 어겨가면서까지 백화점식 대형복합상가를 건축할 수 있도록 묵인함으로써 약 845억원의 부당특례를 준 사건이 사회적으로 문제가 된 적도 있습니다.

이처럼, 수용당시 전혀 이해관계 없는 건축업자들에게는 저렴한 가격으로 특혜분양을 하면서, 이해관계인인 철거이주민들에게는 현시가로 공급하려는 저의가 무엇인지 의심하지 아니할 수 없는 것입니다.

소명방법 및 첨부서류

1. 관보 제10231호(2002.11.19.)
2. 용지 규정
3. 민원회신(2008. 8. 23.)
4. 민원회신(2008. 10. 2.)
5. 수지 분석표
6. 민원회신(2009. 9. 5.)
7. 생활대책대상자 명단.

8. 신문(○○일보, ○○일보, ○○일보)

2010. 10. .

청구인들의 대리인
법무법인 ○ ○ ○ ○
담당변호사 ○ ○ ○

헌법재판소 귀중

사항색인

사항색인

ㄱ

ㅇ

ㅊ

ㅌ

ㅍ

ㅎ

기 타

[저자 약력 및 저서]

<약　력>

법무사(행정학 박사), 경기대 강사

<저　서>

1. 호적실무대전
2. 부동산등기실무총람
3. 실무호적비송
4. 섭외호적절차
5. 부동산등기실무총람
6. 등기실무편람
7. 법무서식총람
8. 한국법무사 100년사
9. 회사상업등기절차
10. 최신공탁실무총람
11. 호적법
12. 실무세무소송(상·하)
13. 법원행정실무문제집
14. 국제등기절차
15. 창씨개명연구외 다수

최신 법령에 따른 (2026년)

행정심판 · 특별행정심판

• 운전면허(정지 · 취소) / • 건축공사 중지처분 / • 식품접객업 영업정지 / • 정보공개처분
• 교원 불이익 처분 / • 국가유공자 부당한 처분 / • 헌법소원 포함 / • 조세 · 감사원 심사청구

2010年　6月　1日　初　版　發行
2014年　2月　20日　二　刷　發行
2016年　5月　5日　三　刷　發行
2026年　1月　10日　개정판　發行

編　著 : 정 주 수
發行處 : 법률정보센타

주소　서울특별시 성북구 아리랑로4가길 14
전화　(02) 953-2112
등록　1993.7.26. NO.1-1554
www.lawbookcenter.com

ISBN 978-89-6376-584-6　　定價 : 80,000원